JANN MARKUS WITT

Master next God?

Schriften des
Deutschen Schiffahrtsmuseums

Für das Deutsche Schiffahrtsmuseum
herausgegeben von Uwe Schnall

Band 57

JANN MARKUS WITT

Master next God?

Der nordeuropäische Handelsschiffskapitän vom 17. bis zum 19. Jahrhundert

CONVENT

Danksagung

An erster Stelle möchte ich meinen Eltern Wolf und Barbara Witt sowie meiner Schwester Katrin Witt danken. Diese Dissertation wäre ohne ihre Hilfe nicht möglich gewesen. Ebenso danke ich der Friedrich-Naumann-Stiftung, die mir aus Mitteln des Bundesministeriums für Bildung und Wissenschaft ein Promotionsstipendium gewährte. Für ihre fachliche Unterstützung meiner Arbeit danke ich insbesondere PD Dr. Martin Rheinheimer, Heiko Vosgerau, M.A., und Dr. Arne Bialuschewski.

Große Anerkennung gilt auch meinen Freunden Inga Böttcher, Marie von Felbert, Stefan und Nicol Gerlach, Tilo Seeling und Rolf Schirakow, die mir während der Arbeit an dieser Dissertation mit Rat und Tat den Rücken gestärkt und meine Launen klaglos ertragen haben. Ronja Roxane Tripp danke ich für die Hilfe bei der Übersetzung des englischen Nachworts und für die unermüdliche und zuverlässige Korrektur-Arbeit trotz ihrer großen zeitlichen Belastung.

Redaktion: Ursula Feldkamp
Redaktion des englischen Textes: Judith Rosenthal
Englische Übersetzung der Zusammenfassung: Ronja Roxane Tripp
Französische Übersetzung der Zusammenfassung: Laurence Wuillemin
Umschlagentwurf: Peter Albers
Satz und Reproduktion: Stiedenrod GmbH, Wiefelstede
Druck und Bindung: Druckerei zu Altenburg GmbH, Altenburg
ISBN 3-934613-25-X

Inhaltsverzeichnis

1 Der Kapitän – Eine Einleitung

Kapitäne, wie der durch die Meuterei auf der BOUNTY berüchtigte Kapitän William Bligh, Kapitän Ahab aus Melvilles »Moby Dick« oder Kapitän Smith von der TITANIC, gehören zu den berühmtesten Figuren in der Geschichte wie in der Literatur.[1] Diese literarischen Figuren haben auch das allgemein gültige Bild von Kapitän und Seefahrt geprägt.

Mit dieser volkstümlichen Interpretation der Verhältnisse in der Seefahrt sind zahllose Stereotype und Klischees verbundenen. Die bekanntesten betreffen die Figur des Kapitäns und bewegen sich zumeist zwischen dem romantisch-glorifizierenden Bild vom einsamen Mann auf dem Achterdeck und der überzeichneten Sicht vom Tyrannen in der Kapitänskajüte. Aber auch andere Stereotype tauchen in der populären Vorstellung von der Seefahrt immer wieder auf, das bekannteste ist vielleicht das des »Drangs zur See« als der wichtigsten Motivation bei der Ergreifung des Seemannsberufes.[2]

In dieser Studie soll versucht werden, diese allgemein üblichen Klischees über die Rolle des Kapitäns zu hinterfragen und sich der historischen Realität des Phänomens Kapitän und des sozialen Mikrokosmos an Bord im Zeitraum von der zweiten Hälfte des 17. bis zur zweiten Hälfte des 19. Jahrhunderts mit Hilfe unterschiedlicher Quellen, wie Seerechten, Schiffahrtsakten und Seegerichtsverhandlungen sowie Selbstzeugnissen von Kapitänen und Seeleuten, anzunähern.

Doch nicht nur die Rolle und Funktion des Kapitäns für das Leben an Bord sind dabei von Interesse, auch die Frage nach der sozialen Herkunft und Rekrutierung der Seeleute sowie der sozialen Durchlässigkeit der Schiffshierarchie soll hier untersucht werden. Dazu ist zu klären, welche Voraussetzungen eine Karriere in der Seefahrt erforderte und ob damit ein sozialer Aufstieg verbunden war. Da die seemännische Bevölkerung Nordeuropas bereits zu einem sehr frühen Zeitpunkt eine regional höchst mobile Bevölkerungsgruppe war, die über nationale Grenzen hinaus agierte, soll dabei eine Art »gesamteuropäischer Ansatz« verfolgt werden.

1.1 Was ist ein Kapitän?

Der Titel Kapitän stammt ursprünglich aus dem militärischen Sprachgebrauch. Noch heute bezeichnet das Wort im Englischen (captain) wie auch im Französischen (capitaine) sowohl den militärischen Rang Hauptmann als auch den Führer eines Kriegsschiffs. Erst zu Beginn des 18. Jahrhunderts wurde die militärische Rangbezeichnung Captain bzw. Kapitän wohl aus Höflichkeit auch auf die Handelsschiffahrt übertragen

Redaktioneller Hinweis:
Die Zitierweise der Anmerkungen in der Dissertation wurde hier beibehalten. Demnach werden Belege nach der ersten vollständigen Erwähnung nur noch durch Autorennamen und Seitenangaben berücksichtigt. Wird ein zitierter Autor in der Literaturliste mit mehr als einem Beitrag erwähnt, wird der Kurztitel der gemeinten Quelle genannt.

1 Peter Krahé: Literarische Seestücke, Darstellungen von Meer und Seefahrt in der englischen Literatur des 18. bis 20. Jahrhunderts, Schriften des Deutschen Schiffahrtsmuseums, Bd. 31. Hamburg 1992, S. 112ff.
2 Ebd., S. 75.

und bürgerte sich in der Folgezeit allmählich in allen europäischen Sprachen als Synonym für den älteren, seit dem Mittelalter gebräuchlichen Begriff Schiffer, bzw. im Englischen Master ein.[3] Dementsprechend bemerkte Theodor Friedrich Maximilian Richter zu Beginn des 19. Jahrhunderts in seiner Reisebeschreibung über die Verwendung des Titels Kapitän: *Die Befehlshaber der Kauffahrer sind bloß zu der Benennung ›Schiffer‹ berechtigt, ob ihnen schon häufig jene ehrenvollere beigelegt wird.*[4]

Die Anrede Kapitän wurde zunächst nur für die Führer großer Handelsschiffe benutzt, für die Schiffsführer von kleineren oder Küstenfahrzeugen blieb die Bezeichnung Schiffer gebräuchlich. Noch heute heißt der angestellte Kapitän eines Küstenmotorschiffes im seemännischen Sprachgebrauch Setzschiffer.[5] In den Niederlanden dagegen richtete sich die Bezeichnung des Schiffsführers auch nach dem jeweiligen Fahrtgebiet. So hieß er in der Nord- und Ostseefahrt Schipper, in der Mittelmeer- und Westindienfahrt Kapitein, während er in der Asien- und Australienfahrt Gezagvoerder genannt wurde. Die Schiffsführer auf Walfangschiffen wurden dagegen im Niederländischen wie auch im Deutschen allgemein als Kommandeur bezeichnet.[6]

Allmählich fand der neue Sprachgebrauch auch offizielle Anerkennung, obwohl es lange Zeit dauerte, bis sich der Titel Kapitän als amtliche Bezeichnung für den Führer eines Handelsschiffs endgültig durchgesetzt hatte. Bereits in der Mitte des 18. Jahrhunderts verwendet der Vordruck einer Musterrolle aus Flensburg die synonyme Bezeichnung Capitaine oder Schiffer, gleiches gilt auch für eine königlich dänische Verordnung aus dem Jahre 1756.[7] Ebenso benutzen der französische Code de Commerce aus dem Jahre 1807 wie auch der Altonaer Obergerichtsadvokat Jacobsen in seinem »Seerecht des Friedens und des Krieges« aus dem Jahre 1815 durchgängig den Begriff Capitaine bzw. Capitain.[8] Doch noch 1877 führt William Lewis in seinem Kommentar zum deutschen Seerecht an, daß zwar in der deutschen seemännischen und kaufmännischen Sprache im allgemeinen der Begriff Kapitän für den Führer eines Handelsschiffs üblich war, diese Bezeichnung aber amtlicherseits dem Kommandanten eines Kriegsschiffs vorbehalten blieb.[9] So ist in vielen Staaten der Titel Kapitän erst seit dem beginnenden 20. Jahrhundert die offizielle Bezeichnung für den Schiffsführer auf einem Handelsschiff. In Deutschland führte er diesen Titel seit Inkrafttreten der revidierten Seemannsordnung von 1902.[10] Ähnliches gilt auch für England, Schottland und die USA. Auch hier wurde der Führer eines Handelsschiffs umgangssprachlich Captain genannt, offiziell aber bis zum Ende des 19. Jahrhunderts als Master bezeichnet.[11] Dem heutigen, allgemeinen Sprachgebrauch Rechnung tragend, wird daher trotz einer gewissen anachronistischen Unschärfe in dieser Arbeit durchgängig der Begriff Kapitän für den Führer eines Handelsschiffs verwendet.[12]

Die herkömmliche Vorstellung von der Seefahrt ist in erster Linie von einer streng hierarchischen oder gar monarchischen Sozialstruktur an Bord geprägt, an deren Spitze unangefochten der Kapitän steht.[13] Das literarische Motiv des mit absoluter Befehlsgewalt gegenüber der Besatzung ausgestatteten Kapitäns reicht bis in die Antike zurück.[14] Auch wenn es fraglich erscheint, inwieweit es sich bei diesen Schilderungen um tatsächliche Beobachtungen sozialer Verhältnisse an Bord handelt, spiegeln sie zumindest die literarischen Topoi und Konventionen wider, die für die populäre Rezeption des Kapitäns charakteristisch wurden. Besonders in Schriften, die sich mit dem Wesen und der Theorie von Herrschaft auseinandersetzen, wurde das Bild vom Staatsschiff gerne zur Illustration der Notwendigkeit des Prinzips von Über- und Unterordnung, besonders in Zeiten der Not und Bedrängnis, herangezogen. Die Darstellung der sozialen Struktur beschränkt sich zumeist auf die Darstellung der Hierarchie an Bord mit dem Kapitän oder Steuermann, zwischen denen meistens nicht differenziert wird, als der Personifikation des Herrschers und der in der Regel hierarchisch nicht weiter gegliederten Mannschaft als Abbild der Beherrschten, die in Zeiten der Gefahr der Führung des Schiffsführers bedürfen, um nicht unterzugehen. Ebenso wird durch die Darstellung der verhängnisvollen Folgen von Streit und Zwietracht an Bord die Bedeutung von Disziplin und Unterordnung unterstrichen.[15] Ein charakteristisches Beispiel für diese Analogiebildung sind die Ausführungen von Johann Gottfried Herder: *Das Schiff ist das Urbild einer sehr besondern und strengen Regierungsform. Da es ein kleiner Staat ist, der überall Feinde um sich siehet, Himmel, Ungewitter, Wind, See, Strom, Klippe, Nacht, andre Schiffe, Ufer, so gehört ein Gouvernement dazu, das dem Despotismus der ersten feindlichen Zeiten nahe kommt. Hier ist ein Monarch und sein erster Minister, der Steuermann: alles hinter ihm hat seine angewiesenen Stellen und Ämter, deren Vernachlässigung und Empörung so scharf bestraft wird.*[16]

Allerdings entbehrt die Vorstellung einer hierarchischen Struktur in der Seefahrt nicht einer realen Grundlage. Vor allem die besondere Situation eines auf See befindlichen und von der Gesellschaft an Land isolierten Schiffs hat die Ausformung einer eigenständigen Sozialordnung an Bord begünstigt, die sich mit Hilfe der soziologischen Theorie der Totalen Institution recht gut beschreiben läßt. Jedoch darf diese Theorie nicht mit dem politischen Begriff der totalitären Herrschaft verwechselt oder vermengt werden, der eine alle Lebensbereiche umfassende, willkürliche und unbeschränkte Form der diktatorischen Herrschaft bezeichnet.[17] Die Bezeichnung Totale Institution beschreibt dagegen allein Formen sozialer Strukturen, in denen die übliche räumliche Trennung von Arbeit, Freizeit und Erholung aufgehoben ist und die Betroffenen zudem in ihren sozialen Beziehungen depriviert

3 Paul Heinsius: Das Schiff der hansischen Frühzeit, Weimar 1986, S. 230f., und Wörterbuch zur Deutschen Militärgeschichte, Bd. 1. Berlin (Ost) 1985, Artikel »Kapitän«, S. 356. Vgl. zum Wandel des Sprachgebrauchs im 18. Jahrhundert z.B. die 1735 eingereichte Klage gegen den lübischen Capitain Wede, AHL, ASA, Interna/Seesachen, Nr. 26/5; Henry Fielding: The Journal of a Voyage to Lisbon, in: The Works of Henry Fielding, Esq., a new edition in eleven volumes, Bd. X, hrsgg. von James P. Brown, M.D., London 1903, S. 222, sowie Conrad Glashoff: Sammlung einiger bey der Schiffahrt und dem Assecuranz-Geschäfte vorkommenden Fälle, durch Fleiß und aus der Erfahrung zusammengetragen. Erstes Heft, Hamburg 1792., S. 100f. Vgl. auch Nathaniel Uring: The Voyages and Travels of Captain Nathaniel Uring, London 1726. – Die Memoiren werden im folgenden stets mit der kursiven Nennung des Nachnamens zitiert, so z.B. Nathaniel Uring als *Uring.* –Die gelegentlich geäußerte These, daß mit der Übernahme der Bezeichnung Kapitän vor allem im 19./20. Jahrhundert eine besondere Wertung und die Betonung der Herrschaft des Schiffsführers an Bord bezweckt war, erscheint dagegen vor dem Hintergrund der langen Tradition des synonymen Gebrauchs doch eher unwahrscheinlich. Vielmehr gibt es bis heute neben dem offiziellen Gebrauch der Bezeichnungen Kapitän und Schiffer eine umgangssprachliche und traditionelle Verwendung dieser Benennungen. Vgl. zu dieser These Ulrich Welke: Der Kapitän, Die Erfindung einer Herrschaftsform, Münster 1997, S. 95ff. und 179ff., sowie Heide Gerstenberger und Ulrich Welke: Vom Wind zum Dampf, Sozialgeschichte der deutschen Handelsschiffahrt im Zeitalter der Industrialisierung, Münster 1996, S. 137ff.

4 Theodor Friedrich Maximilian Richter: Reisen zu Wasser und zu Land in den Jahren 1805–1817, 10 Bde, Dresden 1821, Bd. 4, S. 94.

5 Richard Wossidlo: Reise, Quartier, in Gottesnaam, das Seemannsleben auf den alten Segelschiffen im Munde alter Fahrensleute, bearb. von Paul Beckmann, Rostock 1956, S. 67. Vgl. auch Jens Jacob *Eschels:* Lebensbeschreibung eines Alten Seemannes, von ihm selbst und zunächst für seine Familie geschrieben. Altona 1835, Nachdruck, hrsgg. von Albrecht Sauer. Hamburg 1995, S. 61ff., und Richter, Bd. 3, S. 1 und 10f.: beide verwenden bei größeren Schiffen die Bezeichnung Capitain, während sie die Führer eines Küstenfahres Schiffer nennen. Zur heutigen Verwendung des Begriffs Setzschiffer vgl. Gert Uwe Detlefsen: Reeder und Kapitän von drei »Seeschlangen«, in: Eckernförder Zeitung, 11. Februar 1999.

6 Jaap R. Bruijn: Zeevarenden, in: Maritieme Geschiednis der Nederlanden, Bd. 3: Achtiende eeuw en eerste helft negentiende eeuw, van ca. 1680 tot 1850–1870, hrsgg. von F.J.A. Broeze, Jaap R. Bruijn und F.S. Gaastra, Bussum 1977, S. 156. Auch *Eschels* erwähnt auf S. 29 die variierenden Bezeichnungen für einen Schiffsführer, wie *Commandeur* in der Grönlandfahrt und *Capitain* in der Westindienfahrt.

7 Vgl. den Abdruck der Musterrolle des Flensburger Schiffs DIE STADT FLENSBURG aus dem Jahr 1757, in: Fritz Joachim Falk: Grönlandfahrer der Nordseeinsel Römö, Bredstedt 1983, S. 43, und Reglement und Verordnung Betreffend Was die commercirende Unterthanen sämmtlicher Sr. Königl. Majestät Reichen, Fürstenthümer, Graffschaften und Landen zu Kriegszeiten zwischen Seemächten in Ansehung der Schiffahrt zu beachten haben. Friedensburg, den 6. August Anno 1756. Die aus der ursprünglich mündlichen germanischen Rechtstradition herrührenden Doppelbenennungen wie *Capitaine oder Schiffer,* in der Rechtsgeschichte auch als Paarformel bezeichnet, stellen eine Präzisierung des gemeinten, abstrakten Rechtsinstituts mit Hilfe der Beschreibung durch die Verwendung konkreter, synonymer Begriffe dar. Vgl. dazu Ruth Schmidt-Wiegand: Paarformeln, in: Handbuch zur deutschen Rechtsgeschichte, Bd. III, hrsgg. von Adalbert Erler und Ekkehart Kaufmann, Berlin 1984, Sp. 1387ff.

8 Code de Commerce, in: Les Cinq Codes, Die fünf französischen Gesetzbücher, hrsgg. von Johann Cramer, Koblenz o.J., sowie Friederich Johann Jacobsen: Seerecht des Friedens und des Krieges in Bezug auf die Kauffahrteischiffahrt, Altona 1815, »Von dem Capitain«, S. 108ff.

9 William Lewis: Das deutsche Seerecht, ein Kommentar zum Buch des Allgemeinen Deutschen Handelsgesetzbuchs, Bd. 1, Leipzig 1877, S. 78.

10 Otto Weber: Die Schiffsgewalt des Kapitäns und ihre geschichtlichen Grundlagen, Jur. Diss., Bonn 1907, S. 90f. Allerdings verwendet noch Julius von Gierke in seinem Werk über »Handelsrecht und Schiffahrtsrecht«, Berlin und Leipzig 1921, den Begriff Schiffer neben der Bezeichnung Schiffskapitän.

11 Noch der britische Merchant Shipping Act, 1894, with notes, appendices, and index, hrsgg. von James Dundas White, London, 1894, bezeichnet den Führer eines Handelsschiffs als Master, genauso wie die Navigation Laws of the United States of America aus dem Jahre 1886. Für Schottland siehe Thomas Riis: Navigation et formations des marins en Ecosse vers 1600, in: Horizons marins itinéraires spirituels (Ve–XVIIIe siècles), Vol. II: Marins, Navires et affaires, Histoire ancienne et médiévale 21, Université de Paris IV – Paris-Sorbonne, hrsgg. von Henri Dubois, Jean-Claude Hocquet und André Vauchez, Paris 1987, S. 295–304.

12 Neben der einheitlichen Verwendung des Begriffs Kapitän für den Führer eines Handelsschiffes werden in dieser Arbeit die Bezeichnungen Steuermann und Maat bzw. engl. Mate als Synonyme für die nautischen Offiziere verwendet.

13 Krahé, S. 79 und 134f. sowie Greg Dening: Mr. Bligh's Bad Language, Passion, Power and Theatre on the BOUNTY, Cambridge 1992, S. 341, S. 341.

14 Dietmar Peil: Untersuchungen zur Staats- und Herrschaftsmetaphorik in literarischen Zeugnissen von der Antike bis zur Gegenwart, Münstersche Mittelalterschriften, Bd. 50, München 1983, S. 778 und 788f., und Krahé, S. 79, 112f. und 134f.

15 Peil, S. 788f., und Krahé, S. 79, 112f. und 134f.

16 Johann Gottfried Herder: Journal meiner Reise im Jahre 1769, Historisch-kritische Ausgabe, hrsgg. von Katharina Mommsen unter Mitarbeit von Momme Mommsen und Georg Wackerl, Stuttgart 1976, S. 19.

17 Vgl. dazu Hans-Joachim Lieber: Zur Theorie der totalitären Herrschaft, in: Politische Theorien von der Antike bis zur Gegenwart, Bonn 1991, S. 881ff.

Lange Reisen und gefährliche Situationen bei der Arbeit auf See erforderten eine klare Befehlsstruktur mit dem Kapitän an der Spitze. Im Bild eine Walfangszene aus der Grönlandfahrt. Stich von Adolf van der Laan um 1720.

sind, also in der Anzahl ihrer sozialen Kontakte auf ihre wenigen Personen beschränkt sind.[18] Zudem handelt sich bei Totalen Institutionen um zweckgebundene, zur Erreichung eines bestimmten Zieles entstandene oder geschaffene Gemeinschaften, in denen das Zusammenleben durch eine strenge Hierarchie geordnet und geregelt ist. Beispiele dafür sind das Kloster, das Gefängnis – und das Schiff. Auch an Bord arbeiten, leben und schlafen die Seeleute auf einem eng begrenzten Raum und sind in ihren sozialen Kontakten, von den Aufenthalten im Hafen abgesehen, auf die übrige Schiffsmannschaft beschränkt.[19] Dabei orientiert sich der Status der einzelnen Besatzungsmitglieder im wesentlichen an ihrer seemännischen Qualifikation und ihrer Funktion an Bord.[20] Dementsprechend drückt sich die Hierarchie an Bord vor allem durch die unterschiedlichen Rangbezeichnungen aus, die die jeweilige Tätigkeit exakt umschrieben.[21] Auch wenn diese Theorie auf der Beschreibung heutiger sozialer Verhältnisse beruht, lassen sich die einzelnen Elemente durchaus auch in der Realität der Seefahrt des 18./19. Jahrhunderts wiederfinden, etwa die Zusammenfassung von Arbeit und Freizeit auf engstem Raum, die Beschränkung der sozialen Kontakte auf die übrige Mannschaft während der Seereise oder eine ausgeprägte Rangordnung an Bord.[22]

Im Fall der Seefahrt war die Entstehung einer hierarchischen Organisation an Bord vor allem aufgrund der ständigen Auseinandersetzung mit den Naturgewalten erforderlich. Auf See können Notsituationen jederzeit und völlig unerwartet auftreten.[23] Zugleich setzt die sichere Beherrschung eines so komplexen technischen Systems, wie es ein hochentwickeltes Segelschiff darstellt, ein hohes Maß an Organisation und Koordination voraus.[24] Daher sind strikte Disziplin an Bord sowie ein rasches und aufeinander abgestimmtes Handeln aller Besatzungsmitglieder entscheidend für die Sicherheit des Schiffs und das Überleben der Besatzung, wie der englische Seefahrtshistoriker N.A.M Rodger mit Nachdruck betont: *A ship at sea under sail depended utterly on disciplined teamwork, and any seaman knew without thinking that at sea orders had to be obeyed for the safety of all. ... it was because the prospect of drowning concentrates a man's mind wonderfully.*[25]

Dieses Prinzip gilt sowohl für Kriegs- wie für Handelsschiffe. Damit die Mannschaft auch bei plötzlich auftretenden Krisensituationen schnell, diszipliniert und ohne Koordinationsschwierigkeiten reagieren kann, ist an Bord eine eindeutige und klare Befehlshierarchie notwendig, die, vom Kapitän abwärts, jedem Besatzungsmitglied eine genau umrissene Position und Aufgabe zuweist.[26] Der Friedrichstädter Navigationslehrer Brarens faßte in einer Schrift diese Grundbedingungen der Seefahrt und die seemännischen Aufgaben des Kapitäns prägnant zusammen: *Mit dem Schiffe, als einer dem Wind und Wetter blosgestellten Maschine, übernimmt daher der Führer eine Art von voraussorgender Unruhe. Er muß immer auf neue Mittel und neue Maasregeln bedacht sein, sowohl wenn das Schiff vor Anker liegt, als auch wenn es im Ocean segelt: denn Strohm, Wind und Seegang können sich plötzlich ändern.*[27] Diese Notwendigkeit von Ordnung und Disziplin an Bord kommt auch in der Klageschrift einer Lübecker Reederei aus dem Jahr 1780 gegen einen aufrührerischen Schiffskoch deutlich zum Ausdruck: *Mit wie vieler Gefahr für Ihn, für das Schif und für die Ladung war es nicht verknüpft mit diesem Zänker und Aufwiegeler in See zu gehen, der die hier nothwendige Subordination nicht erkennen wollte.*[28]

Bei einem ähnlichen Anlaß im Jahre 1786 äußerten sich die Vertreter der großen Kaufleute- und Schifferkompagnien der Stadt Lübeck ebenfalls über die Bedeutung von Disziplin und strikter Subordination an Bord und rechtfertigten diese ebenfalls mit den besonderen Bedingungen der Seefahrt: *Da man weis wie viel es oft bey gefährlichen Witterungen auf die Versäumung einer eintzigen Minute und auf die Begehung eines eintzigen Fehlers ankommt, wodurch oft Schif und Guth und Volck mit einander verlohren gehen mus. Es ist demnach denen Rhedern, denen Befrachtern derer Schiffe, und denen Assecuranten auf das äußerste daran gelegen, daß diesem höchstschädlichen und gefährlichen Unwesen, denen Empörungen, Aufwiegeleyen und dem Ungehorsam des Schifs-Volcks wider ihre Schiffer mit aller macht vorgebäugt werden möge, welches bey dergleichen rohen Leuten nicht anders als durch Furcht der Strafe geschehen kann.*[29]

Aber auch die Seeleute selbst erkannten deutlich die Notwendigkeit von Disziplin und einer strikten Hierarchie an Bord. So beschreibt der sächsische Seiler Friedrich Gottlob Köhler seine Erfahrungen an Bord des Altonaer Walfangschiffs GRÖNLAND: *Jeder trägt gern alles Mögliche zur Erhaltung des Schiffes bei, und der wahre Seemann ist von selbst schon bedacht, die Ordnung zu erhalten, ohne welche das Zusammenleben auf der See nicht möglich sein würde und selbst die Gesundheit nicht erhalten werden könnte. Daher die strengen Vorschriften und Gesetze, die auch auf unserm Schiff galten.*[30]

18 Vilhelm Aubert und Oddvar Arner: On the social structure of the ship, in: Vilhelm Aubert: The Hidden Society, Totowa, N.J. 1965, S. 200f., und Ralf Lisch: Totale Institution Schiff, Soziologische Schriften, Bd. 20, Berlin 1976, S. 11f.

19 Lisch S. 97, und Knut Weibust: Deep Sea Sailors, A Study in Maritime Ethnology, Stockholm 1969, S. 214.

20 Weibust, S. 259, und Michel Mollat du Jourdin: Europa und das Meer, München 1993, S. 197f. Vgl. auch Richard van Dülmen: Kultur und Alltag in der Frühen Neuzeit, Bd. 2 – Dorf und Stadt 16.–18. Jahrhundert, München 1992, S. 181ff.

21 Mollat du Jourdin, S. 197f.

22 Vgl. dazu z.B. Weibust, S. 214, und Peter Earle: Sailors, English Merchant Seamen 1650–1775, London 1998, S. 85–106.

23 Weibust, S. 251ff., und N.A.M. Rodger: The Wooden World, An Anatomy of the Georgian Navy, London 1986, S. 205–211.

24 John Harland: Seamanship in the Age of Sail: An Account of the Shiphandling of the sailing Men-of-War 1600–1800, London 1984, S. 91–279, und Gerstenberger und Welke: Vom Wind zum Dampf, S. 55ff.

25 Rodger, 207. Eine ähnliche Argumentation findet sich auch bei Rudolf Brommy: Die Marine. Berlin 1848, S. 127ff.

26 Rodger, S. 205–211. Die Notwendigkeit der hierarchischen Bordstruktur wird auch in der zeitgenössischen nautischen und seerechtlichen Fachliteratur hervorgehoben, so z.B. bei Charles Abbott: A Treatise of the Law relative to Merchant Ships and Seamen, London 1802, S. 123ff., und bei Hinrich Brarens: System der praktischen Schifferkunde, Friedrichstadt 1807, S. 1. Vgl. zu Brarens auch Ingwer Ernst Momsen: Hinrich Brarens, in: Biographisches Lexikon für Schleswig-Holstein und Lübeck, Bd. 6, Neumünster 1982, S. 36–37.

27 Brarens, S. 1.

28 AHL, ASA Interna/Seesachen, Nr. 39/1.

29 AHL, ASA Interna/Seesachen, Nr. 44/1.

30 Friedrich Gottlob *Köhler:* Die »Reise ins Eismeer und nach den Küsten von Grönland und Spitzbergen im Jahre 1801« des Friedrich Gottlob Köhler, Seilermeister in Pirna. Leipzig 1820. Textauszüge und kritischer Kommentar von Harald Voigt, in: Nordfriesisches Jahrbuch, Bd. 18/19, 1982/83, S. 155–179, hier S. 163.

Die Klischees vom Kapitän als einsamen Helden oder Tyrannen treffen auf den Alltag der Schiffahrt kaum zu. Im Bild ein Arbeitsschiff der niederländischen Binnengewässer. Kupferstich von Johannes Porcellis, 1627.

Seit dem Mittelalter besteht daher auch auf Handelsschiffen grundsätzlich eine hierarchische Struktur mit dem Kapitän an der Spitze.[31] So gibt es deutliche Hinweise, daß es in der nordischen Schiffahrt bereits im hohen Mittelalter zur Übertragung der nautischen Verantwortung für Schiff und Reise an eine einzige Person, den Schiffer, gekommen ist.[32] In der Rotterdamer Ordonnanz von 1655 wird der Kapitän schon ganz offiziell als *Schipper ofte Bevelhebber,* also als Schiffer oder Befehlshaber, bezeichnet, womit ihm eindeutig eine herausgehobene Stellung an Bord zugewiesen wird.[33] Dementsprechend begründet zum Beispiel auch der englische Seerechtler Abbott die umfassende Befehlsgewalt des Kapitäns mit den besonderen Bedingungen der Seefahrt: *Such an authority is absolutely necessary to the safety of the ship, and of the lives of the persons on board.*[34] Auch der deutsche Seerechtler Reinhold Nizze führte 1857 die gleichen Gründe für die umfassenden Befehlsbefugnisse des Kapitäns sowie ihrer Grundlagen und prinzipiellen Notwendigkeit durch die Besonderheiten der Seefahrt an: *Sie rechtfertigt sich im Hinblick auf das Leben der Personen und die Größe des Capitals, welche den Händen des Schiffers anvertraut sind, so wie durch die Gefährlichkeit und Unbeständigkeit der Elemente. Wenn beides einerseits eine unausgesetzte Aufmerksamkeit von Seiten des Schiffers erheischt, so müssen auf der andern Seite dem Schiffer auch die Mittel in die Hand gegeben sein, die Ausführung seiner zur Handhabung von Schiff und Ladung gemachten Anordnungen von seinen Leuten ohne Zögern und augenblicklich zu erwirken.*[35]

Die praktische Notwendigkeit, die Ordnung und Disziplin an Bord zu gewährleisten, fand daher mit der Übertragung der dazu notwendigen Rechte und Befugnisse auf den Kapitän durch das europäische Seerecht ihre juristische Rechtfertigung. Auch in späteren Quellen wird durch Formulierungen wie *Schiffer nächst Gott* die besondere Stellung des Kapitäns an Bord von Handelsschiffen deutlich akzentuiert und zugleich immer wieder die grundlegende Notwendigkeit von Disziplin und Unterordnung unter die Bordhierarchie betont.[36]

Gerade die literarische Konvention reduziert die Figur des Kapitäns vor allem auf diese Herrschaftsfunktion, doch bleibt die Frage, ob der Schiffsführer dadurch ausreichend charakterisiert wird. Dabei bewegt sich das populäre Bild vom Kapitän im allgemeinen zwischen dem romantisch-glorifizierten, um das Wohl der Mannschaft besorgten *einsamen Helden*, wie ihn z.B. Cecil Scott Foresters mit seiner Romanfigur Captain Horatio Hornblower geschaffen hat, und dem brutalen, die Seeleute ausbeutenden Tyrannen auf dem Achterdeck, wie dem aus zahlreichen Büchern und Filmen bekannten Kapitän der BOUNTY, William Bligh.[37] Obwohl es sich bei Kapitän Hornblower um eine rein fiktive Gestalt handelt und auch Kapitän Bligh, wie neuere Forschungen ergeben haben, nicht der in zahllosen Büchern und Filmen dargestellte finstere, peitschenschwingende Schurke war[38], basieren die populären Vorstellungen über das Leben auf See im 18. und 19. Jahrhundert zu einem Großteil allein auf solchen literarischen Darstellungen und haben auch Eingang in die zahllosen populärhistorischen Darstellungen über die Seefahrtsgeschichte gefunden.[39] Bei der Darstellung von Handelsschiffskapitänen tritt noch das Problem hinzu, daß diese Vorstellungen ungeachtet der Tatsache, daß es sich bei diesen Protagonisten um Marineoffiziere handelt, oftmals auch auf die Verhältnisse in der Handelsschiffahrt übertragen werden, ohne die grundlegenden Unterschiede zwischen diesen beiden Ausprägungen der Seefahrt zu berücksichtigen. Im Gegensatz zur Kriegsmarine, die ein unter direkter staatlicher Kontrolle stehendes Instrument zur Durchsetzung hoheitlicher Aufgaben zur See darstellt, befaßt sich die Handelsschiffahrt vorwiegend mit dem Transport von Handelswaren und Passagieren auf Schiffen privater Eigner.[40] Diese völlig unterschiedlichen Aufgabenstellungen und ungleichen Besitzverhältnisse von Kriegs- und Handelsmarine haben trotz der aus den besonderen Bedingungen der Seefahrt resultierenden prinzipiellen Grundbedingung von Ordnung und Disziplin an Bord völlig divergierende soziale Strukturen zur Folge, die einen direkten Vergleich beider Formen der Seefahrt sehr erschweren.

Der grundlegende Unterschied zur Kriegsmarine ergibt sich bereits aus den Bezeichnungen Handelsschiffahrt oder Kauffahrtei, die besagen, daß dieser Bereich der Seefahrt zwei unterschiedliche Bereiche – nämlich Handel und Schiffahrt – umfaßte, die auch den Umfang der Aufgaben des Kapitäns auf einem Handelsschiff definierten. So charakterisiert der preußische Jurist von Sahme 1747 in seiner »Einleitung zum See-Recht des Königreich Preußen« den Kapitän und seine Aufgaben an Bord wie folgt: *Hierauf folgt der Schiffer, lateinisch Magister navis oder auch Nauarchus genannt, (Bey den Franzosen heisset er Maitre de vaisseau, imgleichen Patron, zuweilen, wenn das Schiff groß ist, Capitaine) dem von dem Rehder die Aufsicht über das ganze Schiff anvertrauet ist, welcher auch davor sorgen muß, daß die nöthigen Schiffsleute und Schiff-Bedienten, als der Steuer-Mann, Boots-Mann und die Matrosen angenommen, die Fracht und Einschiffung der*

31 Christina Deggim: Seemannsarbeit in der Handelsschiffahrt Norddeutschlands und Skandinaviens vom 13. bis zum 17. Jahrhundert, in: Hansische Geschichtsblätter, 117 Jg., Köln, Weimar, Wien 1999, S. 7f.; Klaus Friedland: Schiff und Besatzung – Seemännische Berufsgemeinschaft im spätmittelalterlichen Nordeuropa, in: Mensch und Seefahrt zur Hansezeit, hrsgg. von Antjekathrin Graßmann, Rolf Hammel-Kiesow und Hans-Dieter Loose (Quellen und Darstellungen zur hansischen Geschichte, N. F., Bd. 42). Köln 1995, S. 258ff., und Heinsius, S. 230ff.

32 Deggim, Seemannsarbeit in der Handelsschiffahrt, S. 7f., und Max Pappenheim: Styrimenn und Hásetar im älteren nordischen Seeschiffahrtsrecht, in: Deutsche Islandforschung 1930, Bd. 1: Kultur, hrsgg. von Walther Heinrich Vogt. Breslau 1930, S. 246–282, hier S. 249ff.

33 Ordonnance de Rotterdam du 16 Mats 1655, in: Pardessus, J.M.: Collection de Lois Maritimes antérieures au XIIIe siècle, Bd. 6, Paris 1845, S. 513–534, z.B. § 41. (Im folgenden zitiert als Rotterdamer Ordonnanz von 1655).

34 Abbott (1802), S. 123ff.

35 Reinhold Nizze: Das allgemeine Seerecht der civilisierten Nationen. Mit besonderer Hervorhebung des Hanseatischen, Mecklenburgischen Particular und Rostockschen Statutar-Seerechts, Bd. 1, Das öffentliche Seerecht, Rostock 1857, S. 370.

36 Vgl. z.B. zwei Musterformulare in Niederländisch und in Deutsch bei Johann Andreas Engelbrecht: Der wohl unterwiesene Schiffer, oder Unterricht was derselbe vor, während und nach abgelegter Reise zu beachten hat, nebst einem Anhange, Lübeck 1792, S. 133 und 164. Vgl. zu Engelbrecht auch Heinrich Stettner: »Um sich in vorkommenden besondern Fällen selber rathen zu können, was rechtens (sey)...« – »Der wohl instruierte Schiffer«: ein bordpraxisnahes deutschsprachiges Handbuch des Seerechts aus der zweiten Hälfte des 18. Jahrhunderts, in: Deutsches Schiffahrtsarchiv, 16, 1993.

37 So z.B. Rolf Geffken: Jammer & Wind, Eine alternative Geschichte der deutschen Seefahrt vom Mittelalter bis zur Gegenwart, Hamburg 1985, als Beispiel für die »Bligh«-Schule, während sich das Hornblower-Klischee vom einsamen Helden bei Rolf Reinemuth: Master next God, Das Buch der Kapitäne, Herford 1979, wiederfindet. Vgl. auch Krahé, S. 79 und 134f., sowie Dening, S. 341.

38 Dening, S. 113–124.

39 Etwa bei Reinemuth. Vgl dazu auch Krahé, S. 79 und 134f., sowie Dening, S. 341.

40 Peter Kemp: The Oxford Companion to Ships and the Sea. Oxford 1988, Artikel »Navy«, S. 586f.

Waaren bey Zeiten bestellet, die Absegelung zu rechter Zeit befördert, auf dem Schiffe gute Ordnung gehalten, mit denen sich etwa angegebenen Passagiers contrahiret, die Waaren an Stelle und Ort nach Innhalt der Fracht-Briefe richtig abgeliefert, und die Retour oder Zurückkunft nebst denen Waaren, die ihm committiret worden, fördersamst beschleuniget werden.[41] In seiner Definition unterscheidet von Sahme deutlich zwischen zwei unterschiedlichen Aufgabenbereichen des Kapitäns. Dessen Funktion umfaßt neben der Führung des Schiffs auch die Verantwortung für die Ladung, deren sicheren Transport vom Abfahrts- zum Bestimmungsort und die Übergabe der Waren an die Empfänger. Da es sich bei der Handelsschiffahrt nicht um einen reinen Selbstzweck handelt, sondern um eine Tätigkeit, die zur Erfüllung einer bestimmten kommerziellen Absicht unternommen wird, existiert demnach neben dem rein nautischen Kommando des Kapitäns ein zweiter Bereich, der die ökonomischen Aspekte der Seefahrt, wie den Abschluß von Frachtverträgen und den An- bzw. Verkauf von Handelswaren, umfaßt.

Eine ähnliche Beschreibung der verschiedenen Aufgaben des Kapitäns findet sich auch in den Ausführungen des englischen Juristen Charles Abbot zu Beginn des 19. Jahrhunderts: *The Master of a ship is the person entrusted with the care and management of it. His power and authority are so great, and the trust reposed in him is of so important a nature, that the greatest care and circumspection ought to be used by the owners in the choice and appointment of him.*[42] Diese vorstehend genannten Aufgaben des Kapitäns wurden in der Mitte des 19. Jahrhunderts in einer Darstellung des europäischen Seerechts durch einen anonymen Hamburger Juristen noch einmal prägnant zusammengefaßt: *Sowie an der Spitze der Rhederei der Director steht, so hat die oberste Leitung auf dem Schiffe der Capitain (Schiffer), der als solcher denn auch die übrige Schiffsmannschaft auszuwählen und zu engagieren hat. Als Führer des Schiffes steht ihm nicht allein der oberste Befehl auf demselben, sondern auch die Aufsichtsführung über die Ladung zu, soweit er in der Regel auch die Ablieferung der eingeladenen Waaren zu besorgen, Zahlungen dafür in Empfang zu nehmen und Rückfrachten zu engagiren ermächtigt ist.*[43] Ebenso bemerkt auch der Norweger Knut Weibust in seiner ethnographischen Studie der sozialen Strukturen in der Seefahrt über die Rolle des Kapitäns in der Handelsschiffahrt: *The master is the commander of the ship. He has full charge of and personal responsibility for the navigation and control of the ship, crew and cargo.*[44]

Demnach hatte der an der Spitze des Schiffshierarchie stehende Kapitän neben seiner offensichtlichen Aufgabe, das Schiff zu führen, also der nautisch-administrativen Tätigkeit, auch in der einen oder anderen Weise Aufgaben im ökonomisch-kaufmännischen Bereich der Handelsschiffahrt wahrzunehmen. Der erste Bereich umfaßt alle Aufgaben, die unmittelbar mit der Kontrolle über das Schiff zusammenhängen, wie die Herrschaft und Aufrechterhaltung der Disziplin an Bord, die Sorge für Schiff und Mannschaft und vor allem der sichere Transport der Ladung. Der zweite Bereich dagegen umfaßt die kommerziellen Aspekte der Seefahrt, wie den Abschluß von Frachtverträgen und den An- bzw. Verkauf von Handelswaren. Dementsprechend stellt Ralph Davis in seiner grundlegenden Untersuchung über die Entwicklung der britischen Schiffahrt im 17. und 18. Jahrhundert über die umfassenden kaufmännischen Aufgaben des Handelsschiffskapitäns fest: *All these tasks were very different from the technical job of sailing the ship which was the minimum task for which the master was appointed. To whatever extent they were left to him, it was desirable that the limit of his responsibility, and of his discretion in performing his commercial functions, should be carefully defined in advance. ... The master always left England with instructions, often very detailed instructions, in writing.*[45]

Diese deutlich hervortretende funktionale Trennung in einen nautisch-administrativen und einen ökonomisch-kaufmännischen Tätigkeitsbereich des Kapitäns legt daher nahe, dessen Funktion als wesentlich differenzierter anzusehen, als es die literarische Konvention und historische Darstellungen zunächst erahnen lassen.[46] Eine unzureichende Unterscheidung zwischen diesen beiden Bereichen kann dabei zu erheblichen Mißverständnissen über die Sozialstruktur und die Funktion des Kapitäns in der Handelsschiffahrt führen.

So verneint beispielsweise Ulrich Welke in seinen Ausführungen für den Bereich der deutschen Handelsschiffahrt die Existenz einer der Seefahrt grundsätzlich inhärenten hierarchischen Sozialordnung, wobei er sich vor allem auf einige seit dem Mittelalter in der deutschen Seefahrt existierende Traditionen und Bräuche bezieht. Welke behauptet, daß sowohl die ökonomische Beteiligung der Mannschaft am Erfolg der

Reise, etwa durch die Führung, d.h. die Berechtigung, unentgeltlich eine gewisse Menge eigener Handelswaren an Bord nehmen zu dürfen, als auch ein angeblich existierendes Mitspracherecht der Mannschaft an der Schiffsführung, etwa beim sogenannten Seewurf, dem Überbordwerfen von Ladungsteilen in Notsituationen, auf eine sowohl im ökonomischen als auch nautischen Bereich ursprünglich genossenschaftliche Organisation der Seefahrt hindeuten.[47]

Allerdings lassen sich diese Hinweise bei einer Trennung der ökonomisch-kaufmännischen und nautisch-administrativen Funktion des Kapitäns auch in einer anderen Richtung als der von Welke angeführten interpretieren. Wenn man von einer genossenschaftlichen Organisation an Bord im ökonomischen Bereich ausgeht, z.B. daß sich einige Seeleute zusammenschließen, um gemeinsam und gleichberechtigt mit einem eigenen Schiff Handel zu treiben, liegt eine gemeinschaftliche Entscheidungsfindung in diesem Bereich durchaus nahe: Alle Seeleute haben ein gleiches Interesse am Gelingen der Fahrt, und soziale Unterschiede ergeben sich höchstens aus der Höhe der Beteiligung an den gemeinschaftlichen Investitionen. Daher erscheint auch eine gemeinsame Entscheidungsfindung in Fragen, die den ökonomischen Aspekt der Reise betreffen, naheliegend. Dies gilt auch für den Seewurf, der bei einer genossenschaftlichen Form der Seefahrt nicht nur die Frage der Sicherheit des Schiffs in einer Notsituation, sondern auch das ökonomische Interesse aller Besatzungsmitglieder betrifft. Allerdings bedeutet die Beteiligung der Mannschaft an der nautischen Führung des Schiffs in diesem speziellen Fall nicht zwangsläufig, daß die Seeleute über den ihre wirtschaftlichen Interessen berührenden Seewurf hinaus auch in allen anderen nautischen Fragen über ein Mitspracherecht verfügten. Daher schließt eine genossenschaftliche Form des ökonomisch-kaufmännischen Aspektes nicht notwendigerweise eine hierarchische Organisation des nautisch-administrativen Bereichs der Seefahrt aus.

Bei der unbekümmerten Vermischung unterschiedlichster Sachverhalte in der Wahrnehmung des Kapitäns in Literatur und Historiographie verwundert es daher kaum, daß sich eine im wesentlichen auf Klischees basierende Vorstellung von dessen Aufgaben und Funktion entwickelt hat.

1.2 Ein neuer Ansatz

In der bisherigen Forschung fanden bei der Definition der Rolle des Kapitäns an Bord seine wirtschaftlichen Aufgaben gegenüber der Betonung der Kapitänsherrschaft relativ wenig Beachtung.

Deshalb soll im folgenden versucht werden, die administrativen und ökonomischen Funktionen des Kapitäns und deren Entwicklung in Europa unter Berücksichtigung des historischen Kontexts zu untersuchen. Da die Seefahrt naturgemäß länder- und grenzübergreifend ist, beschäftigt sich diese Arbeit nicht nur mit den deutschen Seefahrtsregionen, sondern auch mit dem dänischen Gesamtstaat, den Niederlanden, Großbritannien und den mit dem europäisch-atlantischen Raum kulturell, rechtlich und ökonomisch eng verbundenen englischen Kolonien in Nordamerika, den späteren USA. Dieser Ansatz umfaßt nicht nur die Definition der Rolle und Aufgaben des Kapitäns an Bord sowohl in rechtlicher als auch in praktischer Hinsicht sowie die Formen seiner sozialen Interaktion, sondern auch seine soziale Stellung und vor allem die Herkunft und Karriere der Kapitäne.

Zeitlich wird diese Untersuchung vor allem durch die zur Verfügung stehenden Quellen eingegrenzt. Dabei steht für die Zeit vor 1650 nur in sehr eingeschränktem Umfang Quellenmaterial zur Verfügung[48], für das 19. Jahrhundert gilt allerdings bezogen auf Zahl wie Umfang der Quellen das genaue Gegenteil. Hier ergibt sich die notwendige zeitliche Begrenzung aus dem Übergang von der traditionellen Segel- zur neuen Dampfschiffahrt. Diese Umwälzung beschränkte sich nicht nur auf technologische und ökonomische Veränderungen, sondern hatte auch durch den Übergang zu

41 Reinhold Friderich von Sahme: Einleitung zum See-Recht des Königreich Preußen, worinnen das Königliche Preußische See-Recht in einer richtigen Ordnung vorgestellet und erleutert wird. Königsberg 1747, S. 8.

42 Abbott (1802), S. 72f.

43 Gemeinfaßliche Darstellung des Europäischen Seerechts, insbesonderheit der Havarie, Assecuranz und Bodmerei, von einem praktischen Juristen, Hamburg 1853, S. 17.

44 Weibust, S. 340.

45 Ralph Davis: The Rise of the English Shipping Industry in the Seventeenth and Eighteenth Centuries, Newton Abbot 1972, S. 168.

46 Abbott (1802), 72ff.; von Sahme, S. 8., und Gemeinfaßliche Darstellung des Europäischen Seerechts, S. 17.

47 Ulrich Welke: Der Kapitän, S. 11–36.

48 Vgl. dazu z.B. Peter Earle: Sailors, English Merchant Seamen 1650-1775, London 1998, S. XI.

neuen Formen der Arbeit und des Lebens an Bord erhebliche soziale Wandlungen in der Seefahrt zur Folge.[49] Die Begrenzung auf die Handelsschiffahrt wiederum ergibt sich aus den grundsätzlich unterschiedlichen Aufgaben und Bedingungen der Kriegs- und Handelsseefahrt.[50]

Für die Beschreibung der Lebensrealität in der Seefahrt bieten sich verschiedene Herangehensweisen an. Man kann zum Beispiel versuchen, diesen Bereich durch die Analyse der zeitgenössischen Rechtsquellen zu erfassen, um so die rechtlichen Verhältnisse zwischen den einzelnen Beteiligten an der Seefahrt zu definieren. Zwar kann die bloße rechtshistorische Betrachtungsweise wertvolle Hinweise auf die zeitgenössische Sicht des Kapitäns und seiner Rolle an Bord geben, spiegelt aber zugleich nur den normativen Status quo der jeweiligen juristischen Bewertung des Kapitäns und seiner Funktion wider. Ebenso bleibt bei der bloßen Hinzuziehung normativer Rechtsquellen der weite Bereich des Gewohnheitsrechts völlig oder zumindest weitestgehend ausgeklammert. Dieser Rechtsbereich kann allerdings durch die Hinzuziehung einschlägiger Seerechtsfälle aus den betreffenden Archiven verschiedener Rechtsräume und -traditionen zumindest in einem gewissen Grad erschlossen werden.

Durch die Untersuchung der in verschiedenen Archiven erhaltenen Quellen zur Seefahrtsgeschichte ergibt sich ein zweiter Weg, die Verhältnisse in der Handelsfahrt zu rekonstruieren. Dieser Ansatz kann darüber hinaus auch gewisse Aussagen über die tatsächlichen Lebensverhältnisse an Bord machen, besitzt zugleich jedoch auch wiederum enge, den Quellen immanente Grenzen, vor allem Seegerichtsakten. Weil die Gerichte nur bei besonders schwerwiegenden Störungen des Bordfriedens zu Rate gezogen wurden, spiegeln diese Quellen hauptsächlich die negative Seite der Lebensrealität in der Seefahrt wider. Aus diesem Grund und da sie immer Zwischenfälle an Bord einzelner Schiffe untersuchen, können die Seegerichtsakten über die alltäglichen, quasi »normalen« Lebensumstände in der Handelsschiffahrt kaum Auskunft geben. Bei den Seegerichtsakten tritt überdies das Problem hinzu, daß sie zumeist nicht direkt aus der Hand der Beteiligten stammten, sondern in der Regel aus Protokollen von Befragungen, juristischen Schriftwechseln u. ä. bestehen, die ihrerseits durch die damit verbundene Verengung des Blickwinkels allein auf die für den jeweiligen Rechtsstreit relevanten Sachverhalte den Umfang der Informationen über die Lebensrealität an Bord noch weiter beschränken. Ebenso verlieren diese Aussagen durch die protokollarische Niederschrift viel von ihrer subjektiven Ursprünglichkeit, da sie nur durch die Gerichtsschreiber gefiltert und durch deren subjektive Wahrnehmung überlagert überliefert sind.[51]

Eine dritte Variante ist eine Auswertung sogenannter Ego-Dokumente, in diesem Falle vorwiegend Seeleute-Memoiren, die aufgrund der in ihnen enthaltenen Aussagen über die Selbstwahrnehmung und Entwicklung des Verfassers in seinem sozialen Umfeld einen unmittelbaren Zugang zur Lebenswirklichkeit ihrer Verfasser bieten.[52] Die Lebenswirklichkeit, auch als Lebenswelt bezeichnet, kann Aufschluß über die von den Individuen oder sozialen Gruppen wahrgenommene, gesellschaftlich konstituierte und kulturell ausgeformte Realität geben. Vor allem aber erlauben die Ego-Dokumente Rückschlüsse auf die kulturellen Sinnzusammenhänge und deren Symbole und Zeichen, die die Lebensrealität erst wirklich verstehbar machen.[53] Damit können die Ego-Dokumente eine Annäherung an die »subjektiven Welten«, also die individuelle Lebens- und Vorstellungswelt, in der der einzelne lebt, leisten.[54]

Da der Begriff Ego-Dokumente aber neben Memoiren und Tagebüchern auch andere Formen autobiographischer Quellen, etwa Briefe u.a., umfaßt, ist er aufgrund der Beschränkung auf Lebenserinnerungen für diese Untersuchung zu unscharf. Daher wird in dieser Arbeit für diese Quellen durchgehend der Begriff Memoiren gewählt, auch wenn er unter literaturwissenschaftlichen Gesichtspunkten nicht immer treffend sein mag.[55] Dabei bezieht sich der Begriff Memoiren auch auf solche Lebenserinnerungen, die sich als Tagebuch bezeichen. Allerdings ist nur das Tagebuch von Peter Illum[56] wirklich als solches zu bezeichnen, da andere sogenannte Tagebücher, wie z.B. im Fall von Schaap[57], erst im hohen Alter verfaßt oder zumindest überarbeitet wurden und damit eher Memoiren ähneln.[58]

Doch auch bei diesem Ansatz ergeben sich spezifische Probleme. So wird häufig die Subjektivität der

Memoiren als wichtigstes Argument für deren eingeschränkten Quellenwert angeführt, da das vielleicht auch nur unbewußte Interesse des Verfassers, sich und seine Taten in einem möglichst positiven Licht darzustellen, zu Verzerrungen bei der Darstellung von Ereignissen, Personen und Tatsachen führt. Insbesondere bei Memoiren von Seeleuten liegt die Vermutung eines gewissen Maßes an »Seemannsgarn« durchaus nahe.[59]

Dementsprechend sind die Memoiren ebenso wie einzelne Abschnitte darin von durchaus unterschiedlichem Quellenwert. Nicht zuletzt wirkte sich auch die unterschiedliche Motivation für das Verfassen der Memoiren auf den ihnen zuzumessenden Glaubwürdigkeitsgrad aus. Zunächst ist zu unterscheiden zwischen den privaten, nicht für eine Veröffentlichung vorgesehenen Memoiren und denen, die von vornherein für eine Publikation verfaßt wurden.

Aber auch innerhalb dieser Gruppen gibt es noch beträchtliche Unterschiede in der Motivation. Während einige Seeleute im Alter auf ihr Leben zurückblickten oder aber ihre persönliche Entwicklung, etwa ihre religiöse Bekehrung, nachzuvollziehen suchten und ihre Memoiren nur durch Zufall überliefert wurden, verfaßten andere ihre Memoiren ganz bewußt als Lebens- und Erfolgsbericht für ihre Nachkommen. Andere Seeleute dagegen geben an, daß sie von einem interessierten Publikum aufgefordert wurden, ihre Memoiren zu verfassen und zu veröffentlichen. Wiederum andere versuchten sich nach dem Ende ihrer Bordzeit durch den Verkauf ihrer Lebensbeschreibungen finanziell über Wasser zu halten, während einige sich mit der Veröffentlichung gegen tatsächliche oder vermeintliche Angriffe und Verleumdungen zu wehren suchten.[60]

So sind beispielsweise die Memoiren von Jens Jacob Eschels ohne Frage durch ihren Detailreichtum und den großen Informationsgehalt, wie auch durch die selbstkritische Haltung, die der Autor oftmals an den Tag legt, von sehr hohem Quellenwert.[61] Die Autobiographie von Peter Hansen ist dagegen wesentlich kritischer zu bewerten, da dieser versuchte, seinen während der schleswig-holsteinischen Erhebung durch ein peinlich gescheitertes Kommandounternehmen lädierten Ruf durch die Veröffentlichung seiner Autobio-

49 Simon P. Ville: Transport and the Developement of the European Economy 1750–1918, London 1990, S. 49ff., F.J.A. Broeze: Rederij, in: Maritieme Geschiednis der Nederlanden, Bd. 3: Achtiende eeuw en eerste helft negentiende eeuw, van ca. 1680 tot 1850–1870, hrsgg. von F.J.A. Broeze, Jaap R. Bruijn und F.S. Gaastra, Bussum 1977, S. 118, und Gerstenberger und Welke: Vom Wind zum Dampf, S. 270. Vgl. auch Richard Humble: Geschichte der Seefahrt, Wien 1993, S. 16ff.

50 Rodger, S. 62ff.

51 Zum Quellenwert der englischen Seegerichtsakten vgl. Earle, S. 5. Zu der Problematik von Gerichtsakten als historischen Quellen äußert sich auch Martin Rheinheimer: Professor Kortholt und der besessene Knabe oder: Der Historiker, das historische Subjekt und die Fallen der Subjektivität, in: Subjektive Welten – Wahrnehmung und Identität in der Neuzeit, Studien zur Wirtschafts- und Sozialgeschichte Schleswig-Holsteins, Bd. 30, hrsgg. von Martin Rheinheimer. Neumünster 1998, S. 12f.

52 Eine genauere Definition des Begriffs »Ego-Dokumente« findet sich bei Winfried Schulze: Ego-Dokumente: Annäherungen an den Menschen in der Geschichte, Vorüberlegungen für die Tagung »Ego-Dokumente«, in: Ego-Dokumente, Annäherungen an den Menschen in der Geschichte, Berlin 1996, S. 28.

53 Zum Begriff Lebenswelt vgl.: Rudolf Vierhaus: Die Rekonstruktion historischer Lebenswelten – Probleme der modernen Kulturgeschichtsschreibung, in: Wege zu einer neuen Kulturgeschichte, Göttinger Gespräche zur Geschichtswissenschaft, Bd. 1, hrsgg. von Hartmut Lehmann, Göttingen 1995, S. 13ff., und Richard van Dülmen: Historische Anthropologie in der deutschen Sozialgeschichte – Ein Bericht, in: Gesellschaft der Frühen Neuzeit: kulturelles Handeln und sozialer Prozeß, Beiträge zur historischen Kulturforschung, Köln 1993, S. 192ff. Unter Umständen können aber auch die bereits erwähnten Seegerichtsakten, insbesondere die Verhörprotokolle, die oftmals einen detaillierten Einblick in das Untersuchungsgeschehen und die Tathintergründe geben, als »Ego-Dokumente« angesehen werden. Vgl. dazu Karl Härter: Strafverfahren im frühneuzeitlichen Territorialstaat: Inquisition, Entscheidungsfindung, Supplikation, in: Kriminalitätsgeschichte – Beiträge zur Sozial- und Kulturgeschichte der Vormoderne, hrsgg. von Andreas Blauert und Gerd Schwerhoff. Konstanz 2000, S. 459–480, hier S. 470.

54 Zu den »subjektiven Welten« vgl. Rheinheimer, S. 11ff.

55 So unterscheidet z.B. Bernd Neumann in seiner Untersuchung: Identität und Rollenzwang, Zur Theorie der Autobiographie, Frankfurt/M. 1970, S. 9 bis 42, deutlich zwischen Autobiographie und Memoiren. Nach Neumann behandelt die Autobiographie die Sozialisation, also die persönliche und soziale Entwicklung des Autors während der Vermittlung des sozialen und gesellschaftlichen Wertesystems bis zur Übernahme einer sozialen Rolle, die Memoiren dagegen die weitere Entfaltung der Persönlichkeit nach deren Übernahme.

56 Peter *Illum*: Skipper P. Illums Dagbog 1804–1893, hrsgg. von Ole Mortensøn, Faaborg 1992.

57 Maarten *Schaap*: Maarten Schaap, een Katwijker ter koopvaardij (1782–1870), Een biografie en een dagboek, Verhandlingen der Koninklijke Nederlandse Akademie van wetenschapen, Afd. Letterkunde, Nieuwe Reeks, deel 135, Werken uitgegeven door de Commissie voor Zeegeschiedenis XVII, hrsgg.: J.R. Bruijn und E.S. van Eyck van Heslinga unter Mitwirkung von E.M. Jacobs, Amsterdam 1988.

58 Rudolf Dekker: Ego-Dokumente in den Niederlanden vom 16. bis zum 17. Jahrhundert, in: Ego-Dokumente, Annäherungen an den Menschen in der Geschichte, hrsgg. von Winfried Schulze,. Berlin 1996, S. 33–57.

59 Zum Wahrheitsgehalt von Autobiographien vgl. z.B. Roy Pascal: Die Autobiographie, Gehalt und Gestalt, Stuttgart/Berlin/Köln/Mainz 1965, S. 78–103, und Klaus-Detlef Müller: Autobiographie und Roman, Studien zur literarischen Autobiographie der Goethezeit, Tübingen 1976, S. 57–64. Zum Thema Seemannsgarn vgl. auch Percy G. Adams: Travelers und Travel Liars 1660–1800, Berkeley/Los Angeles 1962.

60 Vgl. hierzu die Kurzbiographien im Anhang.

61 Vgl. z.B. bei *Eschels* das Nachwort von Albrecht Sauer, S. 350ff.

graphie wieder etwas aufzupolieren.[62] Zwischen diesen beiden Extremen gibt es sicherlich zahlreiche Abstufungen an Wahrhaftigkeit und Glaubwürdigkeit der Memoiren.[63] Dabei eröffnet aber die recht große Zahl der gesammelten Memoiren die Möglichkeit, den Wahrheitsgehalt oder auch die Richtigkeit der dort gemachten Angaben bereits durch den Vergleich mit entsprechenden Angaben in anderen Memoiren zu überprüfen. Ebenso können unter Umständen die Zweifel an der Glaubwürdigkeit gewisser Informationen der Memoiren auch durch die Hinzuziehung einer oder der beiden anderen Quellenarten, der normativen Rechtsquellen und der Seegerichtsakten, ausgeräumt werden.

Darüber hinaus sind es oftmals beiläufige Informationen über die tagtäglichen Verhältnisse an Bord, die für diese Arbeit am aufschlußreichsten sind. Zudem stellen die hier geschilderten Lebensläufe von Seeleuten aufgrund des Mangels umfassender, systematischer Statistiken über Seeleute und Kapitäne eine Möglichkeit dar, in gewissem Maß quantifizierbare Informationen über Herkunft und Karriere der Seeleute zu gewinnen, zum anderen bieten sie individuelle Informationen über konkrete Situationen an Bord. Daher wurden die Memoiren, mit Ausnahme von Richter und Dana, die aufgrund ihrer Herkunft und ihres Lebenslaufs nicht zu den echten Seeleuten zu zählen sind, zur besseren Auswertung systematisiert und in Form von Kurzbiographien im Anhang zugänglich gemacht, um so die leichte Zugänglichkeit und Vergleichbarkeit der jeweiligen Informationen zu ermöglichen.

Alles in allem ermöglichen die einzelnen Quellengruppen und die sich daraus ergebenden Ansätze aufgrund ihrer spezifischen Nachteile und informatorischen Beschränkungen für sich genommen keine genaue Rekonstruktion der Rolle des Kapitäns an Bord und der Lebenswirklichkeit in der Seefahrt. Dabei besteht die wesentliche Problematik darin, die Subjektivität der in den Memoiren geschilderten Ereignisse mit dem eingeschränkten Blickwinkel der normativen und archivalischen Rechtsquellen zu einer Einheit zu verbinden.

Ein gangbarer Weg, diese Schwierigkeit zu überwinden, besteht in der Übertragung der Prinzipien des von Clifford Geertz entwickelten Ansatzes der Dichten Beschreibung, durch die Verknüpfung der verschiedenen Quellengruppen über die aus den jeweiligen Quellen allein zu gewinnenden Informationen hinauszugehen. Bei der Dichten Beschreibung wird versucht, sich durch die Verknüpfung und das Beziehen von sich gegenseitig kontrollierenden Quelleninformationen sowie durch ein ständiges Hinterfragen und Neubewerten der bereits vorgenommenen Quellendeutungen und Schlußfolgerungen während dieses Interpretationsprozesses der historischen Realität möglichst nahe zu kommen und sie zu rekonstruieren.[64] Dieser ursprünglich anthropologische Ansatz hat sich im Sinne einer historischen Anthropologie auch für historische Untersuchungen als tragfähig erwiesen.[65]

So kann auch das soziale System des Schiffs durchaus als ein spezifisches, kulturelles System verstanden werden, dessen typisches Zeichen- und Kommunikationssystem es zu entschlüsseln gilt[66], wie auch der australische Historiker Greg Dening in seiner historisch-anthropologischen Untersuchung zur Meuterei auf der BOUNTY anführt: *The Wooden World of sailors was classified in a complex system of signs whose mastery gave seamen their identity and set them apart.*[67]

Durch den Ansatz von Geertz und die Verknüpfung von Erkenntnissen aus normativen Rechtsquellen, der Negativdefinition durch die in den Seerechtsfällen geschilderten, im kulturellen System der Seefahrt nicht mehr tolerierten Auswüchse und die aus den Memoiren zu rekonstruierende, allerdings subjektiv verzerrte Schilderung der Lebensrealität an Bord soll daher versucht werden, einen neuen Einblick in die tatsächlichen Verhältnisse der Seefahrt zu gewinnen. Alle diese Informationen bilden sozusagen Mosaiksteinchen, die, entsprechend zusammengefügt, ein wesentlich genaueres, detaillierteres Bild von der historischen Realität bieten als diese Einzelbetrachtungen für sich genommen. In diesem Sinne soll die Methode der Dichten Beschreibung als Mittel zur möglichst vollständigen Rekonstruktion dienen: *Die Alltagswelt, in der sich die Mitglieder einer jeden Gemeinschaft bewegen, der ihnen selbstverständliche Bereich sozialen Handelns, ist nicht mit beliebigen, gesichts- und eigenschaftslosen Menschen bevölkert, sondern mit ganz bestimmten Personen und Personenklassen, die positiv charakterisiert und entsprechend gekennzeichnet sind. Die Symbolsysteme nun, die diese Klassen abgrenzen, sind nicht natürlich gegeben; es sind historisch entstandene, gesellschaftlich bewahrte und individuell angewandte Systeme.*[68]

Greg Dening führt über diesen methodischen Ansatz und die darin enthaltenen Möglichkeiten historischer Erkenntnis des weiteren aus: *If I were asked what ethnographic history may ultimately be, I would answer that it is an attempt to represent the past as it was actually experienced in such a way that we understand both its ordered and its disordered natures. We live in a world already made for us but also of our own making. We live in a world that has its clarities and its ambivalences. We live in a world that is at the same time full of meanings that are simple and of meanings that are multiple. These qualities of the world of the present, we must assume, were qualities of the world of the past. If I ambition to tell what actually happened, I must ambition as well to describe the painful mix of force and freedom that life tends to be.*[69]

Vor dem Hintergrund der den verschiedenen Quellengruppen innewohnenden Vor- und Nachteile bzw. ihrer informatorischen Beschränkungen soll in dieser Arbeit versucht werden, durch eine Kombination der verschiedenen Quellengruppen und mit Hilfe der Dichten Beschreibung die bekannten Klischees und Stereotypen zu hinterfragen und eine genauere Rekonstruktion der Lebenswirklichkeit in der Seefahrt im nordwesteuropäisch-atlantischen Raum in der Zeit von ca. 1650 bis etwa 1870 zu ermöglichen, um ein möglichst umfassendes Bild von der Theorie und Praxis der Rolle des Kapitäns und des Lebens an Bord zu gewinnen. Diese neue Sichtweise umfaßt aber nicht nur die rechtliche Definition der Rolle und der in einen nautisch-administrativen und ökonomisch-kaufmännischen Tätigkeitsbereich unterteilten Aufgaben des Kapitäns an Bord, sondern auch den Blick auf die soziale Stellung sowie die Herkunft und Karriere der Kapitäne.

1.3 Quellen und Literatur

Die Quellenbasis für diese Arbeit besteht neben Rechtsquellen und Archivalien aus verschiedenen Seerechtstraditionen vor allem aus den Memoiren von Seeleuten aus sieben verschiedenen Nationen.

Die Rechtsquellen geben dabei Aufschluß über die gemeinsamen Wurzeln, aber auch über die Unterschiede der jeweiligen nationalen Seerechtstraditionen. Neben Seegesetzen und -verordnungen bieten dabei auch zeitgenössische Seerechtshandbücher und Abhandlungen zum Seerecht, in denen nicht nur die jeweilig geltenden Seegesetze, sondern auch das geltende Gewohnheitsrecht sowie dessen Stellung zum normativen Recht umfassend kommentiert wurde, wichtige Aufschlüsse über die juristische Bewertung seerechtlicher Normen und Sachverhalte.

Die sicherlich umfassendste Quellensammlung zum europäischen Seerecht ist das sechsbändige Kompedium des französischen Seerechtlers Pardessus. Hier finden sich die wichtigsten seerechtlichen Normen, nach Ländern geordnet, sowohl in der jeweiligen Landessprache als auch in französischer Übersetzung.[70] Obwohl es eine erstrangige Quelle für das europäische Seerecht der Frühen Neuzeit darstellt, ist dieses Werk bislang noch nicht systematisch untersucht worden, wie auch allgemein die Geschichte des Seerechts und der intensive Vergleich der europäischen Seerechtsnormen ein Desiderat der Forschung darstellt. Überhaupt besteht in diesem Bereich noch ein erheblicher Forschungsbedarf, da das frühneuzeitliche Handelsrecht und die diesbezügliche zeitgenössische juristische Literatur bislang nur wenig erschlossen sind.[71]

Wie aus einer Übersicht über die behandelten Seerechte deutlich wird, konzentriert sich Pardessus vor allem auf das Seehandelsrecht. Die für diese Arbeit interessanteren seearbeitsrechtlichen Normen finden dabei weniger Beachtung. Zudem beschränkt er sich zeitlich auf die Wiedergabe des Seerechts bis zum Ende des 17. Jahrhunderts, neuere Normen finden sich nicht in seinem Werk. Ebenso gibt Pardessus außer einer allgemeinen Einleitung zum jeweiligen nationalen See-

62 Peter *Hansen:* Biographie des Schiffscapitains Peter Hansen von Amalienburg bei Arnis im Herzogthum Schleswig, Nachdruck, Lebensbilder aus Schleswig-Holstein, Bd. 3, Flensburg 1989, S. 322ff.
63 Pascal, S. 78–103, und Müller: Autobiographie, S. 57–64. Von Interesse ist in diesem Zusammenhang auch Adams.
64 Vgl. dazu Clifford Geertz: Dichte Beschreibung, Beiträge zum Verstehen kultureller Systeme, Frankfurt/M. 1997, S. 7–43.
65 Vierhaus: Rekonstruktion, S. 15ff.
66 Geertz, S. 7–43, und van Dülmen: Historische Anthropologie, S. 192ff.
67 Dening, S. 379.
68 Geertz, S. 137.
69 Dening, S. 5.
70 J.M. Pardessus: Collection de Lois Maritimes antérieures au XIIIe siècle, 6 Bde., Paris 1828–1845.
71 Karl Otto Scherner: Die Wissenschaft der gemeineuropäischen Wissenschaft vom Handelsrecht, in: Handbuch der Quellen und Literatur der neueren europäischen Privatrechtsgeschichte, Bd. 2.1: Neuere Zeit (1500–1800), Das Zeitalter des Gemeinen Rechts – Wissenschaft, hrsgg. von Helmut Coing, München 1977, S. 799f.

recht nur wenig Erläuterungen, so daß andere Seerechtskompilationen oder -kommentare aus dem 18. und 19. Jahrhundert oftmals wesentlich aufschlußreicher waren.[72]

Besonders hervorzuheben ist hier das Werk von Abbott[73], das für diese Arbeit in zwei mehr als fünfzig Jahre auseinanderliegenden Auflagen benutzt wurde, die einen wesentlichen Aufschluß über die Kontinuität wie auch die Entwicklung des englischen Seerechts vom 18. bis zur Mitte des 19. Jahrhunderts geben konnten. Ähnlich informativ war auch die umfassende Abhandlung europäischen Seerechts von Reinhold Nizze[74], die nicht nur das geltende Seerecht um die Mitte des letzten Jahrhunderts kompiliert und kommentiert, sondern auch intensiv auf dessen Wurzeln eingeht. Ebenso aufschlußreich waren die Abhandlungen von Surland, Jacobsen und Engelbrecht[75], die wichtige Erkenntnisse über das europäische Seerecht und seine Wurzeln in der Mitte, am Ende des 18. und zu Beginn des 19. Jahrhunderts boten.

Eine ähnliche Vielfalt wie bei den rechtlich-normativen Quellen wurde auch bei den archivalischen Quellen angestrebt. Daher wurde versucht, betreffende Archivalien aus allen untersuchten Seerechtstraditionen heranzuziehen. Für den Bereich des hansischen Seerechts sind dies vor allem die Archive in Lübeck und Bremen, in denen zum Teil zahlreiche Bestände an einschlägigen Quellen vorhanden sind. Zahlreiche Archivalien zum dänischen Seerecht, welches u.a. auch im Herzogtum Schleswig Geltung hatte, während Holstein zum Bereich des lübischen Seerechts gehörte[76], finden sich im schleswig-holsteinischen Landesarchiv in Schleswig, während das Public Record Office in London über einen schier unermeßlichen Bestand an Quellen zur englischen Seefahrtsgeschichte verfügt. Die große Zahl der bereits in diesen Archiven gefundenen Quellen läßt es daher geraten sein, nicht zuletzt, um diese Arbeit in einem überschaubaren Rahmen zu halten, auf weitere Archivrecherchen im In- und Ausland zu verzichten. Allerdings werden die Untersuchungen zu den gemeinsamen Traditionen und Entwicklungen des europäischen Seerechts deutlich zeigen, daß die wesentlichen Prinzipien des Seerechts während des gesamten hier behandelten Zeitraums in allen europäischen Seerechtstraditionen im wesentlichen identisch waren. Daher ist m.E. der Verzicht auf Quellen aus weiteren Archiven auch im Interesse der Überschaubarkeit dieser Untersuchung vertretbar.

Neben den zeitgenössischen juristischen Kommentaren und Abhandlungen sowie den Archivalien bilden vor allem die bereits erwähnten Memoiren von Kapitänen und Seeleuten die wichtigste Quellenbasis für diese Arbeit. Dabei wurden insgesamt 43 Lebensläufe aus sieben Nationen im Zeitraum zwischen ca. 1650 und ca. 1860 ausgewertet.[77]

Tabelle 1 *Nationale Herkunft der Lebensläufe*

Großbritannien	insgesamt	15
Engländer	12	
Schotten	3	
Dänischer Gesamtstaat	insgesamt	13
Schleswiger	7	
Dänen	5	
Norweger	1	
USA		6
Niederlande		6
Deutschland	insgesamt	3
Bremen	1	
Hannover	1	
Preußen	1	

Neben den genannten Memoiren werden aber auch vier weitere Erinnerungen als Quellen herangezogen. Zum einen handelt es sich dabei um Erinnerungen des sächsischen Seilers Friedrich Gottlob Köhler, der 1801 aus Neugier auf einem Altonaer Walfangschiff anheuerte und gleichsam aus der beobachtenden Perspektive des Nicht-Seemanns über die sozialen Verhältnisse an Bord berichtet.[78] Aus dem gleichen Grund sind auch die Reisebeschreibungen des sächsischen Lehrers Theodor Friedrich Maximilian Richter sehr aufschlußreich. Von 1805 bis 1817 bereiste Richter zunächst als Hauslehrer für die Söhne eines Kapitäns, später auch in anderen Funktionen, an Bord von Handels- und Kriegsschiffen verschiedener Nationen fast die ganze Welt und erwies sich dabei als hervorragender Beobachter aller Aspekte der Seefahrt.[79]

Das dritte Werk ist das bekannte Buch »Two Years Before the Mast« des amerikanischen Juristen Richard Henry Dana. Er beschreibt darin seine Erlebnisse auf amerikanischen Handelsschiffen in den 1830er Jahren, nachdem er zur Genesung von einer Augenkrankheit als einfacher Matrose angeheuert hatte.[80] Obwohl es sich dabei um die halbfiktionale Aufbereitung seiner Erlebnisse als Seemann handelt, in der Dana, um auf die schlechten Lebensbedingungen der Seeleute aufmerksam zu machen, einige der negativen Auswüchse an Bord überzeichnet darstellt, kann das Werk dennoch in seiner Schilderung der allgemeinen Verhältnisse in der US-amerikanischen Handelsschiffahrt während der ersten Hälfte des 19. Jahrhunderts als zuverlässig gelten.[81]

Für die Spätzeit der Segelschiffahrt gegen Ende des 19. Jahrhunderts ist dagegen das Tagebuch des Schiffsjungen Franz von Wahlde aufschlußreich, der 1884 als 16-jähriger Gymnasiast von zu Hause weglief, um als Schiffsjunge anzuheuern.[82] Seine detaillierten Schilderungen machen deutlich, wie sich die in diesem Buch beschriebenen sozialen Verhältnisse an Bord von Segelschiffen bis zum Übergang zur Dampfschiffahrt erhalten haben.

Nicht nur die Literatur, auch die wissenschaftliche Forschung hat sich immer wieder mit der Rolle und Funktion des Kapitäns beschäftigt und diese unter verschiedenen Blickwinkeln betrachtet. So wurde insbesondere in den ersten Jahrzehnten unseres Jahrhunderts in der deutschen Rechtswissenschaft die Frage der staats- bzw. privatrechtlichen Natur der Schiffsgewalt diskutiert, wobei die rechtlichen Aspekte der Herrschaftsbefugnisse des Kapitäns und deren historische Entwicklung im Vordergrund des Interesses standen.[83] An neueren Forschungen auf diesem Gebiet ist vor allem die Dissertation von Dieter Hanses zu nennen, die sich mit der historischen Entwicklung der rechtlichen Stellung der Kapitäne im deutschen Rechtsgebiet beschäftigt.[84] Für den skandinavisch-hansischen Seerechtsbereich ist zudem der Aufsatz von Christina Deggim über die Seemannsarbeit in der Handelsschiffahrt Norddeutschlands und Skandinaviens zu erwähnen, der sich mit der zunehmenden rechtlichen Normierung des Seearbeitsrechts im Zeitraum vom 13. bis 17. Jahrhundert befaßt.[85]

Aber auch die wirtschaftsgeschichtliche Forschung hat sich mit der Seefahrt und dem Kapitän auseinandergesetzt. Hier sind vor allem die Werke von Ralph

72 Pardessus, Bd. 6, S. 629–638. Für den niederländischen Seerechtskreis findet sich allerdings bei Pardessus in Band 6., S. 513–534, mit dem Seerecht der Stadt Rotterdam, der »Ordonnance de Rotterdam du 16 mars 1655«, eine umfassende seearbeitsrechtliche Gesetzgebung für das 17. und 18. Jahrhundert.

73 Charles Abbott: A Treatise of the Law relative to Merchant Ships and Seamen, London 1802, und ders.: A Treatise of the Law relative to Merchant Ships and Seamen, 10th. ed. by William Shee. London 1856. Earle bezeichnet in seinen Anmerkungen auf S. 229 das Werk von Abbott als ... *the clearest book in the subject which I have seen.*

74 Reinhold Nizze: Das allgemeine Seerecht der civilisierten Nationen. Mit besonderer Hervorhebung des Hanseatischen, Mecklenburgischen Particular und Rostockschen Statutar-Seerechts, Bd. 1.: Das öffentliche Seerecht, Rostock 1857.

75 Friederich Johann Jacobsen: Seerecht des Friedens und des Krieges in Bezug auf die Kauffahrteischiffahrt, Altona 1815; Johann Andreas Engelbrecht: Der wohl unterwiesene Schiffer, oder Unterricht was derselbe vor, während und nach abgelegter Reise zu beachten hat, nebst einem Anhange, Lübeck 1792, und Johannes Julius Surland: Grund-Sätze des Europäischen See-Rechts, Hannover 1750.

76 Nicolaus Falck: Handbuch des Schleswig-holsteinischen Privatrechts, Bd. 2, Altona 1831, S. 488ff., und P.D. Christian Paulsen: Lehrbuch des Privat-Rechts der Herzogthümer Schleswig und Holstein, wie auch des Herzogthums Lauenburg, Kiel 1842, S. 178ff.

77 Neben 40 Memoiren und einem Tagebuch sind auch zwei Biographien über Handelsschiffskapitäne mit ausgewertet worden: P. Dekker: Willem *t'Hart* 1750–1830, Een Zijper zeevaarder in de nadagen der Republiek, Zaltbommel 1966, und John Howard: Master Mariner extraordinary, The Life and Times of Captain Edward *Theaker* of Staithes 1786–1865, Regional Studies Series, Hull 1995. Kurzbiographien aller 43 Kapitäne und Seeleute finden sich im Anhang. – Wie bereits erwähnt, wird für all diese biographischen Quellen unabhängig von literaturwissenschaftlichen Gesichtspunkten durchgehend der Begriff Memoiren verwendet. Dabei bezieht sich der Begriff Memoiren hier auch auf solche Lebenserinnerungen, die sich als Tagebuch bezeichen. Allerdings ist nur das Tagebuch von Peter *Illum* wirklich als solches zu bezeichnen, da andere sogenannte Tagebücher, wie z.B. im Fall von *Schaap*, erst im hohen Alter verfaßt oder zumindest überarbeitet wurden und damit eher Memoiren ähneln. Vgl. dazu auch Neumann, S. 9 bis 42.

78 Friedrich Gottlob Köhler: Die »Reise ins Eismeer und nach den Küsten von Grönland und Spitzbergen im Jahre 1801« des Friedrich Gottlob Köhler, Seilermeister in Pirna, Leipzig 1820, Textauszüge und kritischer Kommentar von Harald Voigt, in: Nordfriesisches Jahrbuch, neue Folge, Bd. 18/19, 1982/83, S. 155–179.

79 Theodor Friedrich Maximilian Richter: Reisen zu Wasser und zu Land in den Jahren 1805–1817, 10 Bde, Dresden 1821.

80 Richard Henry Dana: Two Years before the Mast, New York 1936.

81 Krahé, S. 11ff., und Kemp: Companion, Stichwort »Dana«, S. 227f.

82 Franz von Wahlde: Ausgebüxt. Das Tagebuch des Schiffsjungen Franz von Wahlde über seine Reise mit der Bark PALLAS nach Südamerika, Mauritius, Indien und Java 1884 bis 1886, unter Mitarbeit von Ursula Feldkamp eingeleitet, mit Anmerkungen versehen und herausgegeben von Uwe Schnall, Hamburg 1999. Nach seinem zweijährigen Seeabenteuer schloß Franz von Wahlde seine Schulausbildung ab und studierte Tiermedizin. Er fuhr nie wieder zur See und starb 1923.

83 So z.B. Karl Hamilkar Bernsten: Die Schiffsgewalt, Jur. Diss., Göttingen 1904, oder Werner Schiege: Die Schiffsgewalt, Jur. Diss, Leipzig 1910.

84 Dieter Hanses: Die rechtliche Stellung des Kapitäns auf deutschen Seeschiffen unter besonderer Berücksichtigung der historischen Entwicklung, Schriften zum Sozial- und Arbeitsrecht, Bd. 65, Berlin 1983.

85 Christina Deggim: Seemannsarbeit in der Handelsschiffahrt ..., S. 1–37.

Davis[86] und Simon P. Ville[87] zu nennen. Während sich Davis vor allem mit der Entwicklung der englischen Handelsschiffahrt im 17. und 18. Jahrhundert beschäftigt, untersucht Ville die englische Handelsschiffahrt während der Industriellen Revolution anhand der Londoner Reederei Henley and Son. Beide widmen sich jedoch neben rein wirtschaftshistorischen Fragestellungen auch den sozialen Bedingungen und Verhältnissen in der britischen Handelsschiffahrt, wobei der Kapitän und seine Funktion naturgemäß in beiderlei Hinsicht eine wichtige Rolle spielt.

Bezüglich sozialgeschichtlicher Untersuchungen soll zunächst ein Aufsatz von Jürgen Brockstedt über den wirtschaftlichen Aufstieg und die soziale Mobilität deutscher Seeleute erwähnt werden, der diese Arbeit insbesondere bei der Betrachtung der Frage des beruflichen und gesellschaftlichen Aufstiegs der Seeleute thematisch inspiriert hat.[88] Ebenfalls informativ war die ethnographische Studie von Knut Weibust über Seeleute und deren soziale Strukturen, die sich allerdings vorwiegend auf die zweite Hälfte des 19. und die ersten Jahrzehnte des 20. Jahrhunderts bezieht.[89] Doch auch die bereits erwähnte exzellente Studie von N.A.M. Rodger über die Sozialgeschichte der Royal Navy um die Mitte des 18. Jahrhunderts bot sehr viele Anregungen, da sich Rodger über seine eigentliche Fragestellung hinaus ebenfalls mit allgemeinen Fragen der Seefahrt, die auch die Handelsfahrt betreffen, auseinandergesetzt hat.[90]

An aktuellen sozialgeschichtlichen Arbeiten zur Handelsschiffahrt sind vor allem die Studien von Marcus B. Rediker aus den USA[91], von Peter Earle aus Großbritannien[92] und von Ulrich Welke aus Bremen[93] zu nennen. Während es sich bei den beiden ersten um Untersuchungen zur allgemeinen Sozialgeschichte der anglo-amerikanischen Seefahrt des 17./18. Jahrhunderts handelt, beschäftigt sich Welke spezifisch mit der Rolle des Kapitäns in der deutschen Seefahrtsgeschichte des 18. und vor allem des 19. Jahrhunderts. Ausgehend von unterschiedlichen Ansätzen kommen diese drei Autoren zu durchaus divergierenden Ansichten über die Charakteristika der Herrschaftsbefugnisse des Kapitäns. Einige Autoren, so etwa Welke und Rediker, vertreten die Ansicht, daß sich die ursprünglich genossenschaftliche Organisation der Seefahrt erst später aufgrund der Interessen von Kaufleuten und Reedern erst allmählich zu einer monarchisch-autokratischen Form der Herrschaft entwickelt hat. Dabei geht beispielsweise Rediker von dem klassisch marxistischen Ansatz eines Klassenkampfs zur See aus, in dem die Seeleute im Konflikt mit Kapitänen und Reedern den Prototyp des Industrieproletariers des 19. Jahrhunderts bildeten: *When the sea captain, in the later guise of the factory master, sought to make »authority and obedience« the »rule of the land,« he confronted Jack Tar's heirs, the weavers, the Woobblies, the industrial workers, who continued the fight for democracy and freedom.*[94]

Ähnlich sieht auch Welke den Kapitän. Er geht in seinen verschiedenen Publikationen über den Kapitän und dessen Herrschaftsbefugnisse davon aus, daß deren quasi autokratische Form eine relativ späte Entwicklung in der Geschichte der Seefahrt gewesen ist, die sich erst während der Industriellen Revolution im 19. Jahrhundert herausgebildet hat.[95] Er betrachtet die traditionelle, auch in der literarischen Konvention dominierende Argumentation einer hierarchischen, der Seefahrt durch deren spezifische Bedingungen quasi inhärente Form der Ordnung an Bord als nicht stichhaltig: *In der wissenschaftlichen Literatur werden diese landläufigen Vorstellungen keineswegs grundsätzlich in Zweifel gezogen. Demnach ergibt sich die Machtposition der Schiffsführung quasi naturnotwendig sowohl aus den sozialen, als auch aus den technischen Besonderheiten der Schiffahrt. Die zweckrationale Begründung personaler Herrschaft bedarf somit keiner weiteren Legitimation. Es genügt, darauf zu verweisen, daß die Gewalten der Natur solche Verhältnis diktieren.*[96]

Für Welke bedeutet die Durchsetzung dieses Ordnungsmodells eine Entrechtung und soziale Deklassierung der Seeleute, die in direktem Zusammenhang mit dem Prozeß der Industrialisierung steht.[97] In seiner Dissertation breitet Welke seine Ansichten über die Durchsetzung der Kapitänsgewalt auf Kosten traditioneller Rechte der Seeleute weiter aus: *Im Kampf um die Abschaffung traditioneller Rechte von Seeleuten entwickelte sich die Frage der Subordination zum Brennpunkt der Organisation von Arbeit und Leben an Bord. ... Erst als den Seeleuten immer mehr überkommene Rechte genommen wurden, wuchs sich das Gewaltmonopol des Schiffers über sein Volk zu jener Form der Herrschaft aus, die in literarischen Darstellungen späterer Tage als master next god bezeichnet und als die natürlichste Sache der Schiffahrt behandelt werden sollte.*

Darstellung eines typischen niederländischen Kapitäns.

Doch handelt es sich eben nicht um eine immer schon vorhandene soziale Form, sondern um das Ergebnis eines sozialen Kampfes, in dessen Verlauf das Schiffsvolk seiner alten Rechte verlustig ging. Es handelt sich somit um einen jener Prozesse der Proletarisierung, die in der Phase der Frühindustrialisierung durchaus üblich waren.[98] Ebenso wie Rediker sieht auch Welke im 18./19. Jahrhundert einen von der Obrigkeit bzw. durch kommerzielle Interessen durchgesetzten Übergang von einer handwerklich-genossenschaftlichen zu einer autokratisch-hierarchischen Organisation der Seefahrt. Laut ihrer Ansicht bildeten die Seeleute nun nicht länger einen Teil einer Bord- und Interessengemeinschaft mit dem Kapitän, sondern wurden auf den Status von bloßen, der Herrschaft des Kapitäns unterworfenen Lohn- und Befehlsempfängern herabgedrückt.[99]

Im Gegensatz zu Rediker und Welke geht Earle dagegen nicht von einem gesellschaftstheoretischen, sondern von einem streng quellenorientierten Ansatz aus. Er nähert sich den sozialen Verhältnissen der Seefahrt und dem Phänomen des Kapitäns in erster Linie anhand der einschlägigen Quellen, insbesondere der Seegerichtsakten des britischen High Court of Admiralty.[100] Earle vertritt eine eher evolutionäre Ansicht über die Entwicklung und Ausprägung von Herrschaft an Bord und geht ebenfalls von der Notwendigkeit einer hierarchischen Bordstruktur aus.

Die zentrale Figur in der europäischen Seefahrt war der Kapitän, da die Interessen aller Beteiligter, vom Reeder über den Befrachter bis hin zur Besatzung, bei ihm zusammenliefen.[101] Folglich setzte auch im europäischen Seerecht bereits früh eine Entwicklung zu einer immer dichteren gesetzlichen Regelung seiner vielfältigen Aufgaben und Pflichten ein.[102]

86 Ralph Davis: The Rise of the English Shipping Industry in the Seventeenth and Eighteenth Centuries, Newton Abbot 1972.
87 Simon P. Ville: English Shipowning during the industrial revolution; Michael Henley and Son, London Shipowners, 1770–1830, Manchester 1987.
88 Jürgen Brockstedt: Wirtschaftlicher Aufstieg und soziale Mobilität in deutschen Seefahrerregionen vom 17. bis 19. Jahrhundert. Probleme einer partiellen und abgebrochenen Modernisierung, in: Arbeit, Mobilität, Partizipation, Protest – Gesellschaftlicher Wandel in Deutschland im 19. und 20. Jahrhundert, Schriften des Zentralinstituts für sozialwissenschaftliche Forschung der Freien Universität Berlin, Bd. 47, Opladen 1986, S. 99–158.
89 Weibust: Deep Sea Sailors, Stockholm 1969.
90 N.A.M. Rodger: The Wooden World, An Anatomy of the Georgian Navy, London 1986.
91 Marcus B. Rediker: Between the Devil and the Deep Blue Sea, Merchant Seamen, Pirates and the Anglo-American Maritime World 1700–1750, Cambridge 1993.
92 Peter Earle: Sailors, English Merchant Seamen 1650-1775. London 1998.
93 Ulrich Welke: Der Kapitän, Die Erfindung einer Herrschaftsform, Münster 1997.
94 Rediker, S. 298.
95 Welke: Der Kapitän, S. 7ff., und ders.: Obrigkeit auf dem Achterdeck, in: Das Handwerk der Seefahrt im Zeitalter der Industrialisierung, hrsgg. von Heide Gerstenberger und Ulrich Welke, Bremen 1995, S. 69.
96 Welke: Obrigkeit auf dem Achterdeck, S. 68.
97 Gerstenberger und Welke: Vom Wind zum Dampf, S. 274.
98 Welke: Der Kapitän, S. 81.
99 Rediker, S. 199ff., und Welke: Der Kapitän, S. 7ff.
100 Earle, S. XI.
101 Abbott, S. 72f., und von Sahme, S. 8. Vgl. auch Weibust, S. 340, und Davis, S. 168.
102 Deggim, S. 37.

2 Der Kapitän und seine Funktion im europäischen Seerecht

2.1 Die Entwicklung des europäischen Seerechts

Wie in vielen Rechtsgebieten, liegen auch die Wurzeln des modernen europäischen Seerechts in der Antike und im Mittelalter. Bereits das römische Recht hatte ein hochentwickeltes Regelsystem für den Abschluß von Verträgen der verschiedensten Art, wie z.B. Verpfändung, Verkauf, Vermietung etc. Dennoch gab es noch keine rechtstheoretische Analyse anhand von allgemeinen Grundsätzen, wie auch die einzelnen Rechtsregeln noch nicht miteinander in Beziehung gesetzt wurden. Ebenso gab es auch noch keine Differenzierung zwischen Handelsverträgen und anderen Verträgen, alle galten als zivilrechtliche Verträge.[103]

Da allerdings aufgrund der weitverzweigten Handelsverbindungen des römischen Reiches viele Verträge nicht unter römischen Bürgern geschlossen wurden und daher nicht in den Wirkungsbereich des römischen bürgerlichen Rechts fielen, sondern in den Bereich des gewohnheitsrechtlichen Völkerrechtes, des Ius gentium, das die Beziehungen zu den nichtrömischen Völkern regelte, entstand hier auch ein Gewohnheitshandelsrecht, zu dem unter anderem auch das auf 300 v.Chr. datierte Seerecht von Rhodos gehörte.[104]

Obwohl sich einige dieser handelsrechtlichen Regeln auch nach dem Untergang des Weströmischen Reichs in Westeuropa erhalten hatten, zeigte sich seit dem späten 11. und 12. Jahrhundert, daß sie, wie auch die vollständigeren Bestimmungen der in dieser Zeit wiederentdeckten Justinianischen Rechtstexte, nicht mehr ausreichend waren, den veränderten nationalen und internationalen Handelsmethoden und -probleme gerecht zu werden.[105] So entwickelte sich schon bald, vorwiegend durch die Kaufleute und ihre Organisation des westeuropäischen Handelsnetzes ein regional übergreifendes neues, gewohnheitsrechtliches Kaufmanns- und Handelsrecht. Darin traten die regionalen und lokalen Besonderheiten des Rechts zugunsten von Einheitlichkeit und Allgemeingültigkeit der Rechtssätze zurück. Das neue Recht setzte universelle und objektive Rechtsregeln fest, die entsprechend dem Prinzip der Gegenseitigkeit sowohl die Rechte der Kaufleute als auch die Handelsbeziehungen verbindlich regelten. Damit wurde ein Grundmaß an Rechtssicherheit geschaffen, das in der Folge zu einer der wichtigsten Grundlagen der weiteren wirtschaftlichen Entwicklung Europas werden sollte. Ebenso aber zeigte sich das Handelsrecht entsprechend der weiteren Entwicklung von Handel und Wirtschaft in Europa als ein überaus flexibles Instrument, das sich durch die gewohnheitsrechtliche Anpassung des Rechts an ökonomische Neuerungen und Wandlungen ständig weiterentwickelte.[106]

Das mittelalterliche Handelsrecht wurde als in der Praxis entstandenes Gewohnheitsrecht zunächst rein mündlich überliefert. Allerdings bedeutete das Fehlen von schriftlichen Normen und Gesetzen nicht, daß es größere Freiräume gab, vielmehr existierte ein differenzierter Corpus strikter Normvorstellungen über das, was man zu tun und zu lassen hatte, der im Bedarfsfall durch Rat und Urteil rechtskundiger und -erfahrener Männer gefunden und ausgelegt wurde.[107] Im Laufe der Zeit wurde allerdings auch in diesem Bereich der Bedarf nach einer erschöpfenden und einheitlichen schriftlichen Fixierung des Rechts in einer Kodifikation immer dringender. Deshalb wurden seit dem späten 11. Jahrhundert die Normen des Handelsrechts gesammelt, zusammengefaßt und als geltendes gemeinsames Recht von vielen verschiedenen Städten und Regionen anerkannt und weiterentwickelt.

Besonders für den Seetransport über Ländergrenzen hinweg waren solche allgemeingültigen Normen erforderlich, weshalb vor allem im Bereich des Seerechts schon recht früh solche Kodifikationen entstanden.[108] Eines der frühesten Beispiele dafür ist die als »Tafel von Amalfi« bekannte Sammlung von Seegesetzen, deren Normen seit dem ausgehenden 11. Jahrhundert nach und nach alle italienischen Stadtrepubliken übernahmen. Um 1150 wurde eine Sammlung von Seeurteilen, die nach einer Insel vor der französischen Atlantikküste benannten »Rollen von Oléron«, von vielen Häfen an Atlantik und Nordsee einschließlich der englischen als geltendes Recht anerkannt. Ebenso entwickelte sich das Seerecht von Visby auf Gotland, das sich im wesentlichen auf die Bestimmungen der Rollen von Oléron als Quelle stützte, um die Mitte des 14. Jahrhunderts zum geltenden maritimen Normenkodex im Ostseeraum, aus dem schließlich das hansische Seerecht entstand.[109]

Neben dem Visbyschen Seerecht und den Rollen von Oléron als primären Quellen entwickelte sich das hansische Seerecht vor allem aus den ungeschriebenen Regeln des Gewohnheitsrechts und den Entscheidungen der Hansetage über Schiffahrtsfragen, so daß im hansischen und skandinavischen Raum gewohnheitsrechtliche Regelungen neben gesetztem Recht, etwa in der Gestalt einzelner Artikel oder Abschnitte in den Stadtrechten oder auch in Form spezieller Seegesetze, standen.[110] Da es sich bei der Hanse um eine ökonomische Zweckgemeinschaft handelte, in der der ausgeprägte Partikularismus der Mitgliedsstädte das beherrschende Element und die gemeinsamen wirtschaftlichen Interessen das einzige verbindende Moment bildeten, stand vor allem das Interesse der Kaufleute im Mittelpunkt der rechtlichen Ausgestaltung des hansischen Seerechts. Da in den Augen der hansischen Kaufleute vor allem die sichere Beförderung von Handelswaren Sinn und Zweck der Seefahrt war, hatten im hansischen Seerecht fracht- und handelsrechtliche Bestimmungen Vorrang vor der Regelung disziplinar- oder arbeitsrechtlicher Fragen.[111]

Obwohl sich die Prioritäten und Ausprägungen einzelner Teile des hansischen Seerechts im Laufe der Zeit wandelten, standen die grundlegenden Prinzipien des Seerechts seit dem 15. Jahrhundert, zum Teil sogar seit dem 13. Jahrhundert beständig fest. Allerdings fehlte es dem hansischen Seerecht, das sich ja aus verschiedenen Quellen und zu unterschiedlichen Anlässen entwickelt hatte, zunächst an der notwendigen Einheitlichkeit und Systematik. Daher bemühten sich die Hansestädte seit dem ausgehenden 16. Jahrhundert, diese Defizite zu beseitigen und die einzelnen Rechtsgrundsätze zu einem für den gesamten Hanseraum geltenden Recht zusammenzuführen. Es entstand neben den umfangreichen lokalen Rechtskodifikationen, z.B. den Neufassungen des Lübecker und Hamburger Stadtrechts in den Jahren 1586, bzw. 1602, die auch seerechtliche Bestimmungen umfaßten, quasi als gesamthansisches Seerecht die Hansische Schiffsordnung von 1591, die 1614 noch einmal revidiert wurde.[112] Dieses hansische Seerecht wies eine große Kontinuität auf und blieb trotz des Niedergangs der Hanse im 17. Jahrhundert bis zur Einführung des Allgemeinen Deutschen Handelsgesetzbuches von 1861 im deutschen Raum weithin und im wesentlichen unverändert gültig. Zugleich fand es auch im Ausland als Quelle für Seerechtsprinzipien und Seegewohnheits-

103 Harold J. Berman: Recht und Revolution, Die Bildung der westlichen Rechtstradition. Frankfurt/M. 1995, S. 536ff.
104 Berman, S. 536ff.
105 Berman, S. 536ff. u. 558ff., und Uwe Wesel: Geschichte des Rechts, München 1997, S. 442.
106 Berman, S. 536ff. u. 558ff., und Wesel, S. 442.
107 Gert Althoff: Spielregeln der Politik im Mittelalter, Darmstadt 1997, S. 287f., und Hans Hattenhauer: Europäische Rechtsgeschichte, Heidelberg 1992, S. 247f.
108 Hattenhauer, S. 302ff., und Berman, S. 536ff.
109 Berman, S. 536ff.; Hattenhauer, S. 247f., und Philippe Dollinger: Die Hanse, Stuttgart 1989, S. 195ff.
110 Deggim, S. 5, Dollinger, S. 196, und Friedland, S. 265.
111 Dollinger, S. 196, und Friedland, S. 265, sowie Jann M. Witt: Lübeck als Haupt der Hanse im 15. und 16. Jahrhundert, dargestellt an ausgewählten Beispielen, Magisterarbeit, Kiel 1995, S. 183.
112 Dollinger, S. 196; Gerd Lau: Das Hamburgische Seehandelsrecht im 18. Jahrhundert, Jur. Diss., Hamburg 1975, S. 242, und Wilhelm Ebel: Hansisches Seerecht um 1700, in: Hansische Geschichtsblätter, 70. Jg., Marburg / Lahn 1951, S. 84.

Bereits im 17. Jahrhundert waren die Arbeitsverhältnisse der Kapitäne und ihrer Besatzungen in Nordeuropa durch das hansische Seerecht geregelt. Im Bild eine Heringsbüse, die erstaunlicherweise mit Kanonen bestückt ist. Kupferstich von Johannes Porcellis, 1627.

recht neben den Rollen von Oléron und dem Seerecht von Visby noch für lange Zeit große Beachtung.[113]

Diese im mittelalterlichen Seerecht entwickelten allgemeinen Prinzipien flossen in der Folge in die nationalen Seerechtsordnungen der europäischen Staaten ein und wurden hier weiterentwickelt. So beruhten das dänische Seerecht von 1561, das Schwedische Seerecht von 1667, die französische Ordonnance de la Marine von 1681, das auch die seerechtlichen Bestimmungen neu fassende Danske Lov von 1683 ebenso wie das Königlich Preußische Seerecht von 1727 im wesentlichen auf einer Rezeption der seerechtlichen Grundsätze der Rollen von Oléron sowie des Visbyschen und hansischen Seerechts, modifizierten diese jedoch und paßten sie den veränderten Bedingungen an. Das frühneuzeitliche Handelsrecht, zu dem auch das Seerecht gezählt wird, besaß dabei einen gesamteuropäischen Charakter. Erst seit der Mitte des 17. Jahrhunderts lassen sich allmählich divergierende Tendenzen in der Entwicklung der nationalen Rechte feststellen.[114]

Zudem entwickelte sich seit dem 16. Jahrhundert, von Italien ausgehend, in den Niederlanden, Schweden und Deutschland allmählich eine selbständige Seerechtswissenschaft, die für das Seerecht in den folgenden Jahrhunderten dogmatisch prägend werden sollte.[115] Dabei war auch der Beitrag der englischen und schottischen Seerechtswissenschaft für die Entwicklung des europäischen Seerechts von beträchtlicher Bedeutung. So gilt etwa der Schotte William Welwood mit seinem 1613 erschienenen »An abridgement of all sea lawes« als einer der Begründer der frühneuzeitlichen Seerechtswissenschaft. Das schottische Seerecht stand zunächst in enger Verbindung zur niederländischen Seerechtstradition, nach der Union mit England

1707 kam es zu einer stärkeren gegenseitigen Beeinflußung des englischen und schottischen Rechts im Bereich des Handelsrechts und der Seerechtsliteratur.[116]

Da die Rechtskodifikationen der Frühen Neuzeit in der Regel kein neues Recht schufen, sondern in erster Linie das bestehende Recht ordneten, katalogisierten und zusammenfaßten, seien es schriftlich überlieferte Normen oder gewohnheitsrechtliche Bestimmungen, ähnelten sich die Bestimmungen der einzelnen Seerechte sehr, zum einen, da sie letztlich auf den gleichen Quellen und damit auf identischen Prinzipien beruhten, zum anderen, weil sich die europäische Gesetzgebung zum Teil sehr stark gegenseitig beeinflußte. So lassen sich etwa die seerechtlichen Bestimmungen des Danske Lov von 1683 sowohl auf das dänische Seerecht von 1561, das wiederum stark vom hansischen Seerecht geprägt war, als auch auf das schwedische Seerecht von 1667 zurückführen, während das preußische Seerecht von 1727, dessen Normen später in das Preußische Allgemeine Landrecht von 1794 einflossen, neben dem hansischen Seerecht auch erheblich durch die französische Ordonnance de la Marine von 1681 beeinflußt war, die ihrerseits ebenfalls zum Teil auf die Bestimmungen des mittelalterlichen und hansischen Seerechts zurückging.[117] Der auf identischen Grundlagen basierende Charakter des Seerechts spiegelt sich auch in den Seerechtskompendien wider, die vom 17. bis weit ins 19. Jahrhundert in großer Zahl verfaßt wurden. In diesen Zusammenfassungen wurde das europäische Seerecht nach den wesentlichen Regelungsbereichen gegliedert und die einzelnen Normen wie auch deren Übereinstimmungen und Unterschiede in den einzelnen Seerechtsbestimmungen dargelegt und kommentiert. Dabei wurden diese Normen auch hier mehr als Teile eines quasi gesamteuropäischen Seerechts betrachtet denn als konkurrierende, nationale Gesetzgebungen.[118] So sollten beispielsweise nach der Rotterdamer Ordonnanz alle Fälle, in denen die Normen der Ordonnanz nicht ausreichten oder nicht zutrafen, nach dem gültigen Seerecht entschieden werden.[119] Ebenso wurden in der europäischen Jurisprudenz auch die alten mittelalterlichen Seerechtsquellen bis weit ins 18. Jahrhundert als Referenzquellen für die allgemein gültigen Prinzipien des europäischen Seerechts herangezogen.[120] Noch 1802 beschrieb Abbott, daß diese alten Quellen auch in der englischen Seerechtsprechung von Bedeutung waren, auch wenn sie in England nie geltendes Recht gewesen waren: *The Ordinances most frequently quoted are those of Oléron and Wisbuy, the two Ordinances of the Hanse-Towns, and the Ordonnance de la marine du mois d'Aoust 1681. The Ordinance of Oléron and Wisbuy and the first Hanseatic Ordinance are in the Hands of every lawyer.*[121]

Der französische Seerechtler Pardessus beschrieb diesen Entwicklungsvorgang im europäischen Seerecht bereits im 18. Jahrhundert. Seine Feststellung besaß, wie das folgende Zitat aus der handelsrechtlichen Abhandlung von Levi aus dem Jahre 1850 deutlich macht, bis weit ins 19. Jahrhundert hinein Gültigkeit: *The comparison of Codes discovers to each country the imperfections and wants of its own legislation, and assists it in correcting them.*[122]

Diese gegenseitige Beeinflussung der einzelnen See-

113 Lau, S. 242, und Ebel, S. 84.

114 Scherner, S. 799f.

115 Götz Landwehr: Die Bedeutung des Lübischen Seerechts während des 18. Jahrhunderts, in: Schiffe und Seefahrt in der südlichen Ostsee, Mitteldeutsche Forschungen, Bd. 91, hrsgg. von Helge bei der Wieden, Köln 1986, S. 149; ders.: Seerecht (Seehandelsrecht), in: Handbuch zur deutschen Rechtsgeschichte, Bd. IV, hrsgg. von Adalbert Erler und Ekkehard Kaufmann, Berlin 1990, Sp. 1606–1614, und Eva-Christine Frentz: Das Hamburgische Admiralitätsgericht (1623–1811), Peter Lang, Rechtshistorische Reihe, Bd. 43, Frankfurt/M. 1985, S. 248.

116 Scherner, S. 851f. und 989ff., und Thomas Riis: Should Auld Acquaintance Be Forgot ..., Scottish-Danish Relations c. 1450–1707, Bd. 1, Odense 1988, S. 130ff. Riis weist darauf hin, daß sich Welwood in seiner Abhandlung auch kritisch mit Hugo Grotius' These über die Freiheit der Meere auseinandergesetzt hat.

117 Jean-Nicolas Morisset: Der Frachtvertrag in der *Ordonnance de la marine* von 1681, Peter Lang, Rechtshistorische Reihe, Bd. 146, Frankfurt/M. 1996, S. 119ff., und Kong Christian den Femtes Danske Lov af 15. April 1683, udgivet paa grundlag af V.A. Sechers tekstudgave ved Stig Iuul, Kopenhagen 1949, S. 183–192. Vgl. auch Landwehr: Lübisches Seerecht, S. 149; ders.: Seerecht (Seehandelsrecht), Sp. 1608ff., und Frentz, S. 248.

118 Vgl. unter anderem: Compendium Juris Maritim oder: Kurtzer Auszug des See-Rechts, aus denen Wißbyschen, Dänischen, Hansischen, Lübischen, Hamburgischen und anderen See- und Wasser-Rechten genommen, Lübeck 1648 (zitiert als: Compendium Juris Maritim); Scriptorum de iure nautico et maritimo usw., hrsgg. von Gottlieb Heineccius, Magdeburg 1740; Joseph Chitty: Lex Mercatoria: or, a Complete Code of Commercial Law; being a general guide to all men in Business, 6th ed., considerably enlarged and improved, Vol. I., London 1813; Carl von Kaltenborn: Grundsätze des praktischen Europäischen Seerechts, besonders im Privatverkehre, mit Rücksicht auf alle wichtigeren Partikularrechte, 2 Bde, Berlin 1851; Leone Levy: Commercial Law, Its Principles and Administrations; or, the Mercantile Law of Great Britain compared with the Codes and Laws of Commerce of the Following Mercantile Nations etc., Vol. I, London 1850, und Vol. II, London 1852, sowie Jacobsen: Seerecht; Surland und Nizze. Vgl. auch Landwehr: Seerecht (Seehandelsrecht), Sp. 1608ff.

119 Rotterdamer Ordonnanz, § 53.

120 Frentz, S. 132f., und Abbott (1856), S. VII.

121 Abbott (1856), S. VII.

122 Levy, Vol. I., S. VIII.

Neben verschiedenen seerechtlichen Verordnungen hatten auf See die sogenannten Usancen, gewohnheitsrechtliche Regelungen, Gültigkeit. Im Vordergrund des Bildes ein Leichter oder Weitschiff. Kupferstich von Johannes Porcellis, 1627.

rechtsverordnungen, etwa die Übernahme seerechtlicher Normen aus anderen Seerechtsverordnungen, läßt sich immer wieder feststellen. Obwohl das europäische Seerecht bis ins 19. Jahrhundert nicht grundsätzlich neu kodifiziert wurde, entwickelte es sich stetig weiter, wurden unvollständige und teilweise veraltete Bestimmungen durch die Gerichts- und Schiffahrtspraxis den veränderten Gegebenheiten angepaßt und mit Hilfe der sogenannten Usancen der See revidiert. Hinter diesem Begriff verbargen sich Normen des Seerechts sowie gewohnheitsrechtliche Regelungen, die gemeinhin als praktisch anerkannt waren und daher durch die allgemeine Anwendung universelle Gültigkeit erlangten.[123] So wurde beispielsweise die als General-Reglement bezeichnete, vom Direktorat der für dieses Unternehmen gegründeten Gesellschaft erlassene und durch den Bremer Rat genehmigte Schiffsordnung für das erste nach Indien bestimmte Bremer Schiff, die VISURGIS, nach dem Vorbild ähnlicher Reglements im europäischen Ausland abgefaßt: *Sie (die Direktion des Unternehmens) hat daher aus ähnlichen Reglements bey anderen Nationen nachstehendes Reglement, was sie ihre Ansicht völlig angemessen erachtet, entworfen.*[124]

Besonders wichtig für die Weiterentwicklung und die Anpassung des europäischen Seerechts an die tatsächlichen Erfordernisse des Seehandels war das maritime Gewohnheitsrecht. Diesen Vorgang beschreibt zum Beispiel Nizze: *Die See-Usancen haben, wie alles Gewohnheitsrecht, ihre Quelle im praktischen Leben. Es bilden sich aus der Art und Weise, wie die durch den lebendigen Seeverkehr ins Leben gerufenen Verhältnisse in praxi rechtlich beurtheilt und gehandhabt werden. Die See-Usancen sind gebietende und bestimmende Rechtssätze, von gleicher Bedeutung und mit gleicher Kraft, wie Gesetze. Darum entsteht eine Usance nur dann, wenn jene Beurtheilung und Behandlungsweise ein zuverlässiger und getreuer Ausdruck einer vorhande-*

nen Rechtsüberzeugung ist. Es ist daher erforderlich, daß die Praxis andauernd und gleichmäßig, und in der Ueberzeugung der handelnden Personen ausgeübt worden ist, daß sie die rechtmäßige und den Verhältnissen angemessene sei.[125]

Die Quellen diese Gewohnheitsrechts waren vielfältig. Neben der bereits erwähnten allgemeinen Übernahme von seerechtlichen Bestimmungen der verschiedenen nationalen Seegesetze als allgemein gültige Usance spielte auch die praktische Auslegung der Normen und Usancen durch die Gerichte ein große Rolle bei der Weiterentwicklung und Anpassung des Seerechts an veränderte Verhältnisse. Dabei hatten gerade in den Hansestädten die auch mit der Seerechtsprechung betrauten Schifferkorporationen, deren Mitgliedern als erfahrenen Kapitänen sowohl die Praxis wie die Probleme der Seefahrt bestens bekannt waren, eine wichtige Funktion bei der Anpassung der seerechtlichen Bestimmungen.[126] Dementsprechend wurden in Seerechtsfällen nicht nur die jeweiligen gültigen Gesetzestexte des Gerichtsortes herangezogen, sondern auch fremde schriftliche Normen und gewohnheitsrechtliche Normen, die Usancen. Sie besaßen eine Bedeutung für die Rechtsfindung, zumindest in subsidiärer Form.[127]

Allerdings wurden in vielen Seegerichtsfällen sowohl in den Klageschriften als auch in den Urteilen seerechtliche Normen nur in Ausnahmefällen explizit erwähnt. Der Kontext dieser seltenen Erwähnungen deutet jedoch darauf hin, daß die positiven seerechtlichen Normen dennoch eine wesentliche Grundlage in der juristischen Bewertung der betreffenden Fälle bildeten. So zitierte etwa das lübische Gericht im Fall der widerspenstigen Seeleute des Kapitäns Mackeprang in seiner Urteilsbegründung das Hanseatische Seerecht wegen des ... *ohne permission des Schiffers geschehen Abgehen vom Schiffe die Hanseatische Sch. Ordn. d. 1591 art. 22 et das Hans Schr. Recht T. 4 § 16.*[128] und auch das lübische Stadtrecht, worin festgelegt ist, daß nach: ... *Cur. Lub. C. 6 T. 1, der Bothsman, der die volle Reise nicht halten will, dem Schiffer den ganzen Lohn wiedergeben soll, den er von ihm empfing, und dazu noch die Hälfte das ihm der Schiffer gelobt hatte.*[129]

Auch 1786 führten die Vertreter der Kaufleute- und anderer Kompagnien sowie der Schiffergesellschaft in einer Eingabe an den Lübecker Senat wegen der Insubordination eines Schiffszimmermanns eine Norm der Hansischen Schiffsordnung an, um ihren Antrag auf Strafverschärfung zu rechtfertigen: ... *indem Derselbe bereits vorher eines ähnlichen Frevels halber zu Cronstadt auf Waßer und Brodt gefangen gesessen, und nur unter der Angelobung einer friedlichen Aufführung auf Fürbitte seines beleidigten Schiffers seine Freyheit wieder erhalten hatte, weswegen Wir nicht geglaubt hätten, daß ein solches criminelles wiederholtes Verbrechen mit einer bloßen Geld Strafe würde geahndet worden seyn, da schon in der HanseStädte Schifs-Ordnung und See Recht Tit. 4 art. 26 verordnet ist: Wenn jemand des Schifs Volcks dem Schiffer einige Gewalt im Schiffe zufügen würde, oder auch Rath und That dazu gäbe, der sollte willkührlich und etwa nach Befindung an seinem freyen Höchsten gestraft werden.*[130] Auch 1804 wurde in der Klageschrift einer Lübecker Reederei die Anzeige wegen Insubordination nicht zuletzt mit einer Norm der Hansischen Schiffsordnung begründet, nach der einer eidlichen Aussage des Kapitäns besonderer Glauben geschenkt werden sollte: *Daß der Koch Hansen sich gegen unsern Schiffer Bünning auf der ganzen Reise unordentlich, widerspenstig und grob betragen, ergiebt des Schiffers Aussage, die wenn sie beeidigt worden -als wozu selbiger erböttig ist- vollen Glauben verdient. Hans. Schiffsordnung Lit. 3 art. 9. Inzwischen ergiebt schon das eigene Geständnis des Kochs seine Schuld größtentheils ...*[131]

Ebenso wurde in Bremen 1835 anläßlich eines Insubordinationsfalles eine seerechtliche Norm erwähnt, deren grundsätzliche Bedeutung für die rechtliche Bewertung von Ungehorsam an Bord explizit hervorgehoben wird: ... *den C a p i t a i n, welchen er sogar bei der Gelegenheit angefaßt hat, zur Ruhe zu ermahnen, was auf keinen Fall derjenigen Subordination entspricht, die auf See-*

123 Lau, S. 243f.
124 General-Reglement für das nach Indien bestimmte Schiff VISGURIS, Bremen 1795, Einleitung.
125 Nizze, S. 11. Ähnlich äußert sich auch die Gemeinfaßliche Darstellung des Europäischen Seerechts, S. 3.
126 Ebel, S. 85f. und 102; Landwehr: Lübisches Seerecht, S. 149, 156 und 170; Thomas Brück: Korporationen der Schiffer und Bootsleute – Untersuchungen zu ihrer Entwicklung in den Seestädten an der Nord- und Ostseeküste vom Ende des 15. bis zum Ende des 17. Jahrhunderts, Abhandlungen zur Handels- und Sozialgeschichte, Bd. 29, Weimar 1994, S. 141, und Gerhard Kraack: Das Flensburger Schiffergelag in Vergangenheit und Gegenwart, Kleine Reihe der Gesellschaft für Flensburger Stadtgeschichte, Heft 3, Flensburg 1979, S. 15–21 und 34ff.
127 Frentz, S. 132f., und Ebel, S. 85f.
128 AHL, ASA Interna/Seesachen, Nr. 26/6.
129 Ebd.
130 Ebd., Nr. 44/1.
131 Ebd.

Noch um die Mitte des 19. Jahrhunderts, als die technischen Umwälzungen im Schiffbau die Seefahrt veränderten, hatten die alten Seerechtsverordnungen des 17. und 18. Jahrhunderts Gewicht. Im Bild ein englischer Dampfer und ein Vierländer Ewer vor Hamburg. Gemälde von Hermann Mevius, 1856.

reisen unerläßlich ist und die auch die hanseatischen und Bremischen Seegesetze, namentlich die Verordnung vom 5ten Dec. 1731 Art. 15 bei schwerer Leibesstrafe zur Pflicht macht.[132]

Gleichfalls nahm der Apenrader Magistrat 1845 in einem Rechtsstreit neben der »Seeenrollierungsverordnung vom 17. April 1838« auch explizit auf das dänische Seerecht Bezug, das, obwohl es für die im Herzogtum Schleswig liegende Stadt eigentlich keine Gültigkeit besaß, dennoch gewohnheitsrechtlich auch in Apenrade Anwendung fand: *... da die Supplicanten selbst eingeräumt hätten, daß sie sowohl dem Schiffsführer ungehorsam gewesen, als auch dem Befehle des General Consuls sich widersetzt und sich geweigert hätten, dem Schiffer zu folgen, so sie die im Seerecht König Christian V. cap: I art 9. sie ein solches Vergehen angedrohte öffentliche Strafe wider sie erkannt worden, und dieses rechtfertige sich daraus, daß das dänische Seerecht durch den Gebrauch in Apenrade recipirt sey.*[133] Auch hier diente die Hinzuziehung einer positivrechtlichen Norm vor allem der Erläuterung der grundlegenden Rechtsprinzipien in der Seefahrt.

Beginnend mit den mittelalterlichen Seerechtskodifikationen hatte sich also bis zum Ende des 18. Jahrhunderts durch die normative und gewohnheitsrechtliche Weiterentwicklung ein gesamteuropäischer Seerechtskomplex herausgebildet, wobei die einzelnen Seerechtsbestimmungen, trotz der graduellen Unterschiede in der Ausgestaltung einzelner Normen, auf gemeinsamen Quellen beruhten und sich in unterschiedlicher Ausprägung gegenseitig beeinflußten, ohne daß sich nach dem bisherigen Stand der Forschungen allerdings die Richtungen dieser Einwirkungen deutlich machen lassen.[134] Dieses Seerecht erhielt auch über die Grenzen Europas hinaus Geltung. Namentlich das Seerecht der Vereinigten Staaten von Amerika, deren Rechtssystem auf der britischen Rechtstradition beruhte, rezipierte die Prinzipien des europäischen, vor allem des britischen Seerechts und entwickelte es auch in seiner nationalen Gesetzgebung weiter.[135]

Dabei wurde das europäische Seerecht bis weit in das 19. Jahrhundert hinein in einer Form überliefert, die der der englischen Rechtstradition sehr ähnlich ist. Wie im englischen Recht bis heute das common law als ausgeprägtes Juristenrecht, das sich im wesentlichen durch die Krone und die Auslegung der Gerichte ausgeprägt und weiterentwickelt hat, dem durch das Parlament erlassenen und kodifizierten statute law gegenübersteht[136], war auch das europäische Seerecht der Frühen Neuzeit in erster Linie vom allgemeinen See-Gewohnheitsrecht und weniger von den positiven Seerechtsnormen der nationalen Rechtsbestimmungen geprägt, obwohl es durchaus eine gegenseitige Beinflussung beider Rechtsformen gab.[137]

Spätestens zu Beginn des 19. Jahrhunderts hatte sich gezeigt, daß trotz der Weiterentwicklung und Anpassung der seerechtlichen Normen eine Zusammenfassung und Strukturierung des Seerechtes in einer Neukodifikation überfällig war[138], wie auch der Altonaer Seerechtsexperte Jacobsen 1815 die zunehmende Unzulänglichkeit der bis dahin gültigen Regelungen, die zum Teil den gewandelten Anforderungen nicht länger gewachsen waren, betont: *Uebrigens ist es von keinem Gesetzbuche richtiger bemerkt, dass es nicht gegeben werden könne, sondern entstehen müsse, als wie von dem Seerechte. Nur Schade, dass die kaufmännischen und sachkenntnisvollen Sammler des Consulats in ganzen Jahrhunderten keine Nachfolger hatten, und dass in vielen Ländern noch statuarische Gesetze gelten, die zum Theil auf die Kindheit der Schiffahrt Bezug haben.*[139]

Gründe für diese Neukodifikationen waren nicht nur veraltete Normen, sondern auch die Bestrebungen einer rationalen Systematisierung der Rechtswissenschaft und der damit verbundenen Entwicklung einer neuen Rechtsdogmatik. Diese fand im Gefolge der Aufklärung und der Idee der Rechtsvereinheitlichung, vor allem mit dem französischen Code Civil in ganz Europa Verbreitung.[140] Mit Hilfe allgemeiner Grundsätze, aus denen sich die Einzelheiten mehr oder weniger ableiteten, wurde das unsystematische und unstrukturierte alte, traditionelle Recht besonders seit dem ausgehenden 18. Jahrhundert nach dem Vorbild des römischen Rechts abstrahiert, rationalisiert und kodifiziert.[141] Die neue Rechtsdogmatik differenzierte deutlich zwischen verschiedenen Rechtsgebieten, vor allem aber zwischen dem öffentlichen Recht und dem Privatrecht. Dabei regelt das öffentliche Recht generell die Beziehungen des einzelnen zum Staat, während das Privatrecht die Beziehungen der einzelnen untereinander regelt, wobei hier das Zivil- oder bürgerliche Recht im Mittelpunkt steht.[142]

Dieser Dualismus bestand weder zu allen Zeiten noch in allen Rechtstraditionen. Während diese Unterscheidung im Mittelalter und in der Frühen Neuzeit aufgrund der damaligen Rechts- und Verfassungsstrukturen noch keine große Rolle spielte, wurde sie nicht zuletzt durch die fortwährende Erweiterung des staatlichen Herrschaftsbereiches und die Übernahme neuer Aufgaben durch das Vordringen des Staates und seiner Regelungskompetenz in Bereiche, die zuvor »staatsfrei« gewesen oder die früher anderen Institutionen, wie etwa Zünften, der Dorfgemeinde oder der Kirche,

132 STAB 2 – R. 11. l. 8. (Desertion und Meuterei Bd. 1, 1771–1860.).
133 LASH, Abt. 65.2, Nr. 836 I.
134 Landwehr: Lübisches Seerecht, S. 170.
135 Levy, S. 27; Nizze, S. 4f., sowie Richard Henry Dana: The Seaman's Friend: Containing a Treatise on Practical Seamanship, with Plates, A Dictionary of Sea Terms; Customs and Usages of the Merchant Service; Laws Relating to the Practical Duties of Master and mariner, Reprint von 1851, Delmar/N.Y. 1979, S. 131f. Vgl. auch Landwehr: Seerecht (Seehandelsrecht), Sp. 1608ff.
136 H. Peter: Englisches Recht, in: Handbuch zur deutschen Rechtsgeschichte, Bd. I, hrsgg. von Adalbert Erler und Ekkehard Kaufmann, Berlin 1971, Sp. 925–940.
137 Morisset, S. 119ff.; Landwehr: Lübisches Seerecht, sowie Frentz, S. 248.
138 Lau, S. 243.
139 Jacobsen: Seerecht, Vorrede, S. XII f.
140 Wesel, S. 361ff., 437 und 442, sowie S.W.P.C. Braunius: Zeerecht, in: Maritieme Geschiednis der Nederlanden, Bd. 3, S. 142; Christoph Krampe: Privatrecht, in: Staatslexikon, Recht – Wirtschaft – Gesellschaft, Bd.4: Naturschutz und Landschaftspflege – Sozialhilfe, Freiburg 1995, Sp. 573; Helmut Coing: Allgemeine Züge der privatrechtlichen Gesetzgebung im 19. Jahrhundert, in: Handbuch der Quellen und Literatur der neueren europäischen Privatrechtsgeschichte, Bd. 3.1, München 1982, S. 5ff., und Barbara Dölemeyer: Kodifikationsbewegung, ebd., S. 1421.
141 Wesel, S. 359ff., und Richard van Dülmen: Entstehung des frühneuzeitlichen Europa 1550–1648, Fischer Weltgeschichte, Bd. 24, Augsburg 1998, S. 353ff.
142 Wolfgang Rüfner: Öffentliches Recht, in: Staatslexikon, Recht – Wirtschaft – Gesellschaft, Bd.4, Sp. 119f., und Krampe, Sp. 570.

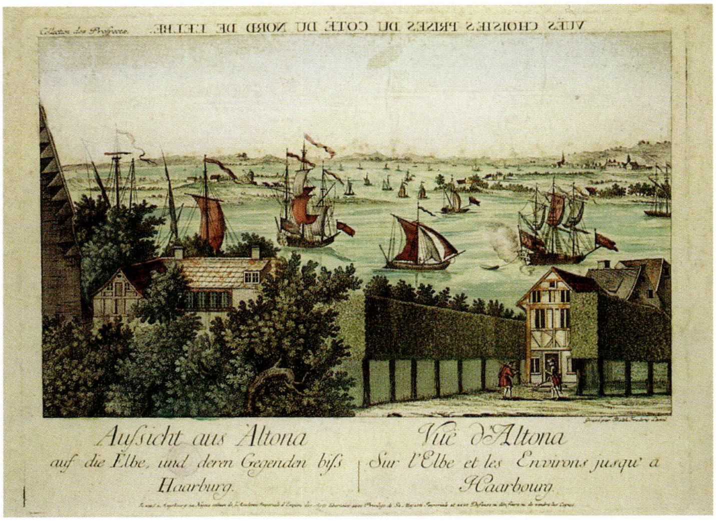

Guckkastenbilder aus der zweiten Hälfte des 18. Jahrhunderts mit Ansichten der Reede von Altona, Lissabon und Cadiz. Kolorierte Kupferstiche von Balthasar Frederic Leitzel.

vorbehalten gewesen waren, seit dem Ende des 18. Jahrhunderts zu einer der wesentlichen Grundlagen der neuentstehenden Rechtsdogmatik.[143] Auch auf wirtschaftlichem oder sozialem Gebiet setzte sich dieser Trend zur rechtlich-satzungsmäßigen Durchdringung aller Lebensbereiche immer mehr durch, während im strafrechtlichen Bereich der Staat mehr und mehr das Sanktionsmonopol an sich zog. Durch diese Trennung von Zivil- und Strafrecht wurden die privatrechtlichen durch öffentlich-rechtliche, von staatlichen Gerichten verhängte Strafen ersetzt. Privatrechtlich blieb allein die Möglichkeit, durch zivilrechtliche Klage einen Schadensersatz in der Höhe des tatsächlichen Wertverlustes zu erstreiten.[144]

In England wie auch in den Vereinigten Staaten von Amerika nahm die Rechtsentwicklung dagegen eine völlig andere Richtung. Hier konnte sich die neue kontinentale Rechtsdogmatik nicht durchsetzen, weshalb in diesen beiden Ländern das traditionelle Common Law als Einheitsrecht bestehen blieb. In Großbritannien kam der Gedanke einer seerechtlichen Kodifikation erst mit dem Merchant Shipping Act von 1854 zum Tragen. Bis zu diesem Zeitpunkt galten in Großbritannien die traditionellen seerechtlichen Bestimmungen, die sich im Lauf der Zeit im wesentlichen durch das Gewohnheitsrecht ausgeprägt hatten.[145]

In der kontinentalen Rechtswissenschaft setzte sich die neue Rechtstheorie auch im Seerecht durch. War dieses bis zum Beginn des 19. Jahrhunderts mehr den Praktikern als den Rechtstheoretikern überlassen gewesen, drang nun in verstärktem Maß auch in diesen Rechtsbereich die zivilrechtliche Dogmatik ein.[146] Hatten die Seerechtsverordnungen des 16. bis 18. Jahrhunderts alle relevanten Bereiche, also die handels- und vertragsrechtlichen ebenso wie die disziplinarischen und arbeitsrechtlichen Bestimmungen ohne Unterscheidung in einem einzigen Rechtstext zusammengefaßt, wurde nun auch im Seerecht zwischen öffentlich- und zivilrechtlichen Aspekten unterschieden. Dabei umfaßte nun das öffentliche Seerecht alle Bestimmungen, die eine ungestörte und vor allem sichere Seereise gewährleisten sollten, während das zivile Seerecht die handels- und vertragsrechtlichen Fragen behandelte.[147] Diese dogmatische Differenzierung des Seerechtes warf allerdings durchaus Probleme auf, wie auch Nizze 1857 bemerkte: *Bei einer Beurtheilung dieser Arbeit sollte die Schwierigkeit derselben nicht übersehen werden, über welche Pöhls (S. 4) und v. Kaltenborn (§3, Not. 8) sich dahinausgesprochen haben, daß vielleicht in keinem Zweige des Rechts die Trennung des öffentlichen und Privatrechts schwieriger und unthunlicher sei, als gerade im Seerechte.*[148]

◀ *Vorhergehende Doppelseite:* Blick auf Hamburg von der Elbseite. Ölgemälde von Elias Galli, um 1672.

Diese Schwierigkeiten galten insbesondere für die Person des Kapitäns und die von ihm ausgeübte Schiffsgewalt. In den letzten Jahrzehnten des 19. und den ersten Jahrzehnten des 20. Jahrhunderts entspann sich in der seerechtlichen Literatur ein langanhaltender Streit über die Frage der staats- bzw. privatrechtlichen Natur der Schiffsgewalt, in dem die rechtlichen Aspekte der Herrschaftsbefugnisse des Kapitäns und deren historische Entwicklung intensiv beleuchtet wurden.[149] Weber faßt in seiner Abhandlung diese Diskussion und die dabei verwandten juristischen Argumente treffend zusammen: *Dreht sich die Kontroverse also nur um die Frage, ob die rechtliche Basis der Schiffsgewalt in letzter Linie eine privat- oder eine staatsrechtliche ist, so ist zweifellos die Zornsche* [staatsrechtliche] *Lehre die allein richtige. Sie hat ihre logische Stütze in zwei gleich unanfechtbaren Sätzen, dass nämlich erstens das Schiff schwimmender Bestandteil des Staates ist, dessen Flagge es rechtmässig führt, und dass zweitens alle innerhalb des Staatsgebietes rechtmässig ausgeübte Gewalt juristisch eine von der territorialen Staatsgewalt abgeleitete ist. ... Nach Wagner würde der Schiffsführer bei der Ausübung zahlreicher wichtiger Herrschaftrechte als Kapitalist oder Angestellter eines Kapitalisten erscheinen, dem zur besseren Durchführung privater wirtschaftlicher Bestrebungen die Befugnis verliehen ist, seinen Willen mit Zwang anderen freien Staatsbürgern aufzunötigen. Die Schiffsgewalt des Kapitäns wäre hiernach ein Institut, das im wesentlichen auf eine Stufe mit anderen, Privatinteressen dienenden Gewaltverhälthnissen des Mittelalters (Leibeigenschaft, Gutsuntertänigkeit u. dgl.) gestellt werden müsste.*[150]

Da die Normen des traditionellen Seerechts im wesentlichen durch die Erfordernisse der Praxis entstanden, und nicht auf der Basis einer Rechtstheorie, und es daher die verschiedenen Rechtsbereiche praxisorientiert, aber dogmatisch unstrukturiert, unbekümmert miteinander verband, versagten die Bemühungen, das Seerecht bei der Neufassung im 19. Jahrhundert der neuen Rechtstheorie entsprechend zu kategorisieren: Das differenzierte, durch das traditionelle Seerecht entstandene Rechtsinstitut des Kapitäns war kaum in die neue Dogmatik einzuordnen.[151]

Bei der Neuordnung des Seerechts wurde kein neues Recht geschaffen. Vielmehr knüpften auch die neuen

143 Hattenhauer, S. 510f.; Wesel, S. 363, und Rüfner, Sp. 119f. Vgl. auch Konrad Köstlin: Die Verrechtlichung der Volkskultur, in: Konrad Köstlin u. Kai Detlev Sievers (Hrsg.): Das Recht der kleinen Leute, Beiträge zur rechtlichen Volkskultur, Festschrift für Karl-Sigismund Kramer, Berlin 1976, S. 144ff.; Gerhard Oestreich: Strukturprobleme des europäischen Absolutismus, in: ders.: Geist und Gestalt des frühmodernen Staates, Ausgewählte Aufsätze, Berlin 1969, S. 195; Johann Baptist Müller: Herrschaft/Neuzeit, in: Peter Dinzelbacher (Hrsg.): Europäische Mentalitätsgeschichte, Hauptthemen in Einzeldarstellungen, Stuttgart 1993, S. 476f.; Rudolf Vierhaus: Deutschland im Zeitalter des Absolutismus, Deutsche Geschichte Bd. 2: Frühe Neuzeit, Göttingen 1985, S. 471ff., sowie van Dülmen: Entstehung des frühneuzeitlichen Europa, S. 350 – 367, und ders.: Kultur und Alltag, Bd. 2, S. 225

144 Frans van der Ven: Sozialgeschichte der Arbeit, Bd. 2: Hochmittelalter und Neuzeit. München 1972, S. 120ff., und Wesel, S. 381ff.

145 Hattenhauer, S. 621ff.; Peter, Sp. 930f. und 936f.; Rüfner, Sp. 120f., sowie Heimdal Segger: Entwicklung des Seerechts unter besonderer Berücksichtigung der Schiffahrt Bremens, Jur. Diss, Bremen 1952, S. 29f. Vgl. auch Nizze, S. 4f.

146 Landwehr: Lübisches Seerecht, S. 157, und Bruijn: Zeevarenden, S. 182f.

147 Braunius, S. 142; Siegbert Lammel: Die Gesetzgebung des Handelsrechts, in: Helmut Coing (Hrsg.): Handbuch der Quellen und Literatur der neueren europäischen Privatrechtsgeschichte, Bd. 2.2, München 1976, S. 607f., und Walter Kresse: Materialien zur Entwicklungsgeschichte der Hamburger Handelsflotte, Mitteilungen aus dem Museum für Hamburgische Geschichte, Neue Folge, Bd. III., Hamburg 1966. Vgl. auch Hattenhauer, S. 510f., und Wesel, S. 363.

148 Nizze, S. VII.

149 Vgl. z.B.: Bernsten oder Schiege. Obwohl die frühere Unterscheidung zwischen Privat- und Öffentlichem Recht anhand Gleichstellung (Privatrecht) bzw. Über- und Unterordnung (Öffentliches Recht) der an einem Rechtsverhältnis Beteiligten mittlerweile durch andere Kriterien abgelöst wurde, bereitet die Unterscheidung zwischen beiden Rechtsformen manchmal auch heute noch Schwierigkeiten. Vgl. dazu: Hermann Avenarius: Die Rechtsordnung der Bundesrepublik Deutschland, Bundeszentrale für Politische Bildung, Schriftenreihe Bd. 333, Bonn 1995, S. 9f.

150 Weber: Schiffsgewalt, S. 44f.

151 Max-Paul Herding: Die Machtbefugnisse des Kapitäns auf deutschen Kauffarteischiffen, insbesondere seine Befehlsgewalt über die Schiffsmannschaft und sein Verhältnis zu den Reisenden, Jur. Diss.. Hamburg 1938, S. 18.

Seegesetzbücher, beginnend mit den seerechtlichen Bestimmungen des französischen Code Civil von 1804 über die von diesem stark beeinflußten niederländischen Handelsgesetzbücher von 1826 und 1838 bis hin zum Allgemeinen Deutschen Handelsgesetzbuch von 1861, inhaltlich an das im 18. Jahrhundert entstandene Seerecht an. Zwar wurden veraltete und nicht länger praktikable Normen aufgehoben und das Seerecht den veränderten Erfordernissen des internationalen Seehandels des 19. Jahrhunderts angepaßt, allerdings wurden hier kaum grundlegend neue Normen geschaffen, da es sich in der Praxis gezeigt hatte, daß die Prinzipien und Bestimmungen des traditionellen Seerechts den tatsächlichen Anforderungen durchaus gerecht geworden waren.[152]

Trotz der dogmatischen Trennung zwischen dem kontinentaleuropäischen und dem anglo-amerikanischen Rechtsraum blieb das europäische Seerecht nach wie vor in den Grundsätzen und Normen von starken Gemeinsamkeiten geprägt und beeinflußte sich auch jetzt noch in der Ausprägung der jeweiligen Regelungen gegenseitig. Dies wird z.B. in der synoptischen Darstellung des europäischen und nordamerikanischen Seerechts durch den englischen Juristen Leone Levy aus dem Jahre 1852 deutlich.[153] Überdies fanden nach wie vor auch die Usancen, ebenso wie die *allgemeinen seerechtlichen Prinzipien* in der Seerechtsprechung Anwendung.[154] Ebenso wurden noch zu Beginn des 20. Jahrhunderts die gesamteuropäischen Wurzeln der nationalen Seerechtsbestimmungen betont, wie auch immer noch ausländische Seerechte als Referenznormen für Lücken im deutschen Seerecht herangezogen wurden, ... *weil der größte Teil des Seerechts aus dem Seebrauche erwachsen ist und daher mehr oder weniger eine internationale Färbung trägt.*[155]

Die wesentliche Leistung bei der Neugestaltung des Seerechts im 19. Jahrhundert bestand demnach darin, das traditionelle Seerecht in die neue Dogmatik einzufügen und, dem Charakter des Seerechts entsprechend, das vor allem den Warenverkehr über nationale Grenzen hinweg ermöglichen und sicherstellen sollte, die jeweiligen nationalen Normen mit denen des europäischen und außereuropäischen Auslands in Einklang zu bringen. Wie schon im 18. Jahrhundert wurden auch jetzt Praktiker als Sachverständige herangezogen und ihre Meinung gehört, ebenso wie man auch fremde Seerechtsbstimmungen als Referenz bei der Ausgestaltung der einzelnen Normen berücksichtigte.[156] Allerdings nahmen im Zuge dieser Neuordnung Anzahl und Umfang der seerechtlichen Bestimmungen erheblich zu. Während die traditionellen Verordnungen recht knapp gehalten waren und sich im wesentlichen darauf beschränkten, Grundsätze und Prinzipien zu formulieren, enthielten die Neufassungen des 19. Jahrhunderts darüber hinaus in zunehmendem Maße umfangreiche Detailregelungen, in denen die verschiedenen Aspekte bis in die kleinste Einzelheit genauestens geregelt wurden.[157] So bestimmten beispielsweise die traditionellen Bestimmungen lediglich, daß sich bei jeder Reise eine ausreichende Menge an Proviant von angemessener Qualität an Bord zu befinden hatte, während die Bremer »Obrigkeitliche Verordnung« von 1852 in § 49 den Umfang und die Qualität der mitzuführenden Verpflegung ebenso wie den Speiseplan an Bord der Schiffe detailliert vorschrieb.[158]

Insgesamt hatte sich also, ausgehend von seinen mittelalterlichen Wurzeln, bis zum Ende des 18. Jahrhunderts ein gesamteuropäischer Seerechtskomplex entwickelt, der durch die Rezeption vor allem des britischen Seerechts in den Vereinigten Staaten von Amerika auch über die Grenzen Europas hinaus Geltung besaß. Die hier entwickelten Rechtsprinzipien wurden auch bei den Neukodifikationen des Seerechts im 19. Jahrhundert rezipiert, die demnach kein neues Recht schufen, sondern die traditionellen Normen lediglich den Anforderungen der neuen kontinentalen Rechtsdogmatik anpaßten. Daher kann man von einer grundsätzlichen normativen Kontinuität des europäischen Seerechts sprechen.

2.2 Die ökonomisch-kaufmännischen Aufgaben des Kapitäns

Die rechtliche Stellung des Kapitäns ist in erster Linie auf seinem Verhältnis zu seinen Reedern begründet. Sofern er nicht der alleinige Eigner des von ihm geführten Schiffs war, stand er sowohl bei der Wahrnehmung seiner ökonomisch-kaufmännischen Aufgaben wie auch in seiner nautisch-administrativen Funktion in einer engen Beziehung zu seinem Reeder bzw. seinen Reedern und handelte in deren Auftrag. Als Setzschiffer verpflichtete sich der Kapitän mit dem Abschluß des Vertrages, das Schiff entsprechend den Anweisungen der Reeder zu führen.[159]

Obwohl es im frühen Mittelalter durchaus Formen einer genossenschaftlichen Organisation des ökonomisch-kaufmännischen Bereiches der Seefahrt gegeben haben mag, wie von einigen Autoren behauptet, hatte die Zahl der Schifferreeder[160], also der Kapitäne, die zumindest einen Anteil an dem von ihnen geführten Schiff besaßen, seit dem Ende des Mittelalters gegenüber den Setzschiffern, d.h. den Kapitänen, die als bloße Angestellte fuhren, immer mehr abgenommen, so daß in den Seerechtsverordnungen des ausgehenden 18. und beginnenden 19. Jahrhunderts der Setzschiffer als Normalfall galt. Obwohl einige Kapitäne auch jetzt noch gelegentlich Voll- oder Teilreeder der von ihnen geführten Schiffe waren, befanden sich die Schiffe in den meisten Fällen im Besitz eines oder mehrerer Reeder und wurden von angestellten Kapitänen kommandiert.[161] Die Reeder hatten dabei das Recht, den Kapitän jederzeit wieder zu entlassen. Nur für den Fall, daß er Teileigner des von ihm geführten Schiffs war, sahen einige Seerechtsordnungen eine Abfindung durch die übrigen Reeder vor.[162]

Um mögliche Streitigkeiten von vornherein zu vermeiden und beiden Vertragsparteien ein größtmögliches Maß an Rechtssicherheit zu gewährleisten, wurde seit dem 16. Jahrhundert in zunehmendem Maße die schriftliche Ausführung des Vertrags üblich und seit dem 17. Jahrhundert in einigen Seerechtsordnungen sogar vorgeschrieben. So sah bereits die Hansische Schiffsordnung von 1614 explizit einen schriftlichen Kontrakt vor.[163]

Laut Vertrag bestanden die Aufgaben des Kapitäns neben dem Kommando über Schiff und Besatzung in der Gewährleistung eines schnellen und sicheren Transports der Fracht an den von den Reedern oder den Befrachtern bestimmten Ort. Zugleich war der Kapitän auch für die Anheuerung einer qualifizierten und

152 Morisset, S. 120; Lau, S. 243, sowie Ernst Holthöfer: Das Handelsrecht der Niederlande, in: Helmut Coing (Hrsg.): Handbuch der Quellen und Literatur der neueren europäischen Privatrechtsgeschichte, Bd. 3.3, München 1986, S. 3458f., und Rüdiger Schulz: Die Entstehung des Seerechts des Allgemeinen Deutschen Handelsgesetzbuches unter besonderer Berücksichtigung der Bestimmungen über die Reederei, den Schiffer und die Schiffsmannschaft, Peter Lang – Rechtshistorische Reihe, Frankfurt/M. 1987, S. 193.

153 Vgl. Levy.

154 Vollständige Sammlung der vom Ober-Appellations-Gerichte zu Lübeck im Jahre 1856 in hamburgischen Rechtssachen abgegebenen Urtheile sammt Motiven, mit den Vorentscheidungen der verschiedenen Unterinstanzen, Leipzig 1859. Vgl. z.B. Nr. 31 und 32: R. M. Sloman jr. vs. Mutzenbacher Söhne, S. 370ff.

155 Bernsten, S. 12.

156 Schulz, S. 193, und Morisset, S. 120. Vgl. auch Walter Kresse: Die Diskussion über das Hamburger Seemannsrecht um 1850 – nebst Vorgeschichte, in: Zeitschrift des Vereins für Hamburgische Geschichte, Bd. 67, Hamburg 1981, S. 110f. sowie den Antrag, betreffend Hamburgische Seemanns-Ordnung und Reglement des Wasserschouts, Hamburg 1854, S. 3; den Entwurf zu einer Revidirten Seemanns-Ordnung; Anlage zu dem betreffenden Antrage der Commerz-Deputation an Einen Hochedlen Rath vom 23. September 1853 (Anmerkungen zu den vorgeschlagenen Änderungen), Hamburg 1853, sowie STAB 2 - R. 11. l. 2. (Manualakten betr. die Revision der Verordnung vom 15.11.1852 (brem. Seemannsordnung) 1855 – 1868).

157 Vgl. etwa für das traditionelle Seerecht: Compendium Juris Maritim sowie das Allgemeine Landrecht für die Preußischen Staaten von 1794, mit einer Einleitung von Hans Hattenhauer, Frankfurt/M. und Berlin 1970, und für das neugefaßte Seerecht z.B. Levy oder das Handels-Gesetzbuch für das Königreich der Niederlande, nach der amtlichen Bekanntmachung in den Haager Staats-Zeitungen von 1826, übersetzt von Fr. Chr. Schumacher, Assecuranz-Mäkler in Hamburg, Mit einer Vorrede von P.D.W. Tonnies, Altona 1827, sowie die Obrigkeitliche Verordnung, die Pflichten und Rechte der auf bremischen Seeschiffen fahrenden Seeleute und die Musterrolle betreffend, Publicirt am 15. November 1852.

158 Vgl. z.B. Wolfgang-Peter Osten: Das schwedische Seerecht von 1667, Entstehung und Inhalt der seearbeitsrechtlichen Vorschriften (Skepmanna Balk), Jurist. Schriftenreihe Bd. 28, Münster/Hamburg 1992, Rechtstext im Anhang, 1. Abt., 11. Kap.: Von der Schiffsleute Speisung und die Obrigkeitliche Verordnung Bremen 1852, § 49. Vgl. auch § 18 der Hamburgischen Musterrolle von 1849 und Hamburger Revidirte Seemannsordnung von 1854 (im folgenden als Hamburgische Musterrollen 1849 und 1854 zitiert).

159 Abbott, S. 72f.; Jacobsen: Seerecht, S. 115ff., und von Sahme, S. 8. Vgl. auch Weibust, S. 340, und Davis, S. 168. Jacobsen: Seerecht, S. 115ff.; Abbott (1802), S. 82ff.

160 Begriff nach Werner Schiege: Die Schiffsgewalt. Jur. Diss., Leipzig 1910, S. 35.

161 Der Erbaren Hansee-Städte Schiffs-Ordnung und See-Recht, Deren sich ihre Bürger sonderlich die Schiffs-Rhedere, Befrachtere, Schiffer und Schiffs-Volck zu verhalten, Lübeck 1647 (zitiert als: Hansische Schiffsordnung), 2. Titel, § 3; Handels-Gesetzbuch für das Königreich der Niederlande, 2. Buch, 3. Teil, § 1; Abbott (1802), S. 82f., Abbott (1856), S. 127f., und Jacobsen: Seerecht, S. 115ff. Vgl. auch Landwehr: Lübisches Seerecht, S. 153; Heinsius, S. 230ff.; Friedland, S. 258ff.; Broeze: Rederij, S. 113; Jan Bill, Bjørn Poulsen, Fleming Rieck und Ole Ventegodt: Fra Stammebåd til Skib, Dansk Søfartshistorie Band I (indtil 1588), Kopenhagen 1997, S. 239, und Ole Feldbæk: Storhandelens tid, Dansk Søfarts Historie, Bd. 3, 1720 – 1814, Kopenhagen 1997, S. 158. Für die Theorie der genossenschaftlichen Organisation vgl.: Welke: Der Kapitän, S. 11 – 36. Allerdings gab es noch bis in die jüngste Zeit z.B. in Frankreich genossenschaftliche Organisationsformen in der Fischerei. Dabei war der Anteil der Besatzungsmitglieder am Fangerlös abhängig von ihrer Stellung an Bord und der Größe ihres Mitbesitzes an Fahrzeug und Ausrüstung. Siehe dazu: Mollat de Jourdin, S. 193ff. und 213f.

162 Hansische Schiffsordnung, 2. Titel, § 6; Ordonnance de la marine von 1681, 2. Buch, 8. Titel, § 4, Danske Lov von 1681, 4. Buch, 1. Kap., §§ 33 und 34, sowie Mattheo Schlütern: Historisch- und Rechtsbegründeter Tractat von dem Verlassungsrecht, wie selbiges nicht nur in Hamburg und Lübeck etc. Hamburg 1703, und das Compendium Juris Maritim, 8. Titel, § 6.

Der Reeder übertrug dem Kapitän die Verantwortung für Schiff und Ladung sowie die Anmusterung einer tüchtigen Besatzung. Im Bild die Galeasse FLORA aus Blankenese, 1829. Aquarellierte Federzeichnung.

tüchtigen Besatzung verantwortlich. Dabei war der Kapitän das einzige Besatzungsmitglied, das in einem direkten Vertragsverhältnis mit den Reedern stand.[164] Als Gegenleistung für seine Dienste erhielt der Kapitän neben dem vertraglich vereinbarten Gehalt zumeist auch, ebenfalls vertraglich festgelegt, zusätzliche Gratifikationen, wie die sogenannten Kaplaken, einen prozentualen Anteil an den Erlösen aus dem Frachtgeschäft, und eventuell auch gewisse Prämien.[165] Einige Kapitäne nutzten ihre Stellung auch für Eigenhandel, wobei jedoch die Befugnis des Kapitäns, Waren auf eigene Rechnung an Bord zu nehmen, an das Einverständnis der Reeder geknüpft war. Nach der Hansischen Schiffsordnung war dem Schiffer der Eigenhandel über die sogenannte Führung hinaus verboten.[166]

Durch den Dienstvertrag wurde der Kapitän im Auftrag der Reederei mit der sicheren Führung des Schiffs betraut, zum anderen begründete dieser Vertrag ein Mandatsverhältnis, also eine Beauftragung des Kapitäns mit der Wahrnehmung der Interessen des oder der Reeder, womit diese zugleich verbindlich an die Entscheidungen und Maßnahmen des Kapitäns gebunden wurden.[167] Dies kommt auch im Königlich Preußischen Seerecht von 1727 deutlich zum Ausdruck: *Als ein Schiffer wegen des ihm untergebenen Schiffes handelt und schliesset, daran sind auch seine Rehder gebunden: Jedoch mögen dieselbe durch Abtretung oder Cedirung des Schiffes und Fracht-Geldes an diejenigen, mit denen der Schiffer contrahiret, keineswegs aber mit dem Einwande, daß sie dem Schiffer dazu keine Vollmacht gegeben sich davon befreyen und loßmachen.*[168]

Die Pflichten und Befugnisse, die dem Kapitän mit Abschluß seines Vertrages mit der Reederei übertragen wurden, waren, da sie für Schiff, Besatzung und Ladung und für den gesamten Zeitraum seiner Verantwortung galten, umfassend und andauernd. Da der Kapitän in einem direkten Vertragsverhältnis zu den Reedern stand und diesen gegenüber allein verantwortlich war, waren diese Pflichten und Befugnisse zudem unteilbar und nicht übertragbar.[169]

Durch diese mit dem Vertrag verbundene gesetzliche Vollmacht agierte der Kapitän als Stellvertreter der Reederei. Dies galt jedoch nur, wenn das Schiff sich außerhalb des Heimathafens befand und der oder die Reeder für den Kapitän nicht erreichbar waren, so daß er trotz seiner prinzipiellen Verpflichtung, mit seinen Reedern möglichst engen Kontakt zu halten und sie über den Stand der Reise und eventuelle Notfälle und Schwierigkeiten, wie Schiffbruch, Beschädigungen des Schiffs, Aufbringungen durch Kaper- oder Kriegsschiffe usw., zu informieren, keine Rücksprache mit ihnen nehmen und ihre Anweisungen einholen konnte. Andernfalls war der Kapitän für allen angerichteten Schaden verantwortlich.[170] Dieses zeigen exemplarisch die Bestimmungen des Königlich Preußischen Seerechts von 1727: *Der Schiffer ist schuldig, auf der Reise von allen hauptsächlichen Vorfällen, so ihm in Ansehung des Schiffes begegnen, als von seiner Ankunft, Absegelung, gesuchten Noth-Hafen, Fracht-Schliessung, Ablieferung der Fracht-Gelder und dergleichen seinen Rhedern bey Zeiten behörige Nachricht zu ertheilen, oder ihnen, da er hierinnen nachläßig seyn würde, wegen allen daher entstehenden Nachtheils Rede und Antwort zu geben.*[171]

Durch das im Vertrag implizierte Mandatsverhältnis hatte der Kapitän des Schiffs über seine rein nautischen Aufgaben hinaus in Notfällen über eine weitreichende Verfügungsgewalt über Schiff und Ladung und konnte zudem auch mit kaufmännischen Befugnissen ausgestattet werden.[172] Bereits aufgrund seiner Amtspflicht und Verantwortung für die Sicherheit von Schiff, Ladung und Besatzung verfügte der Kapitän im Ausnahme- oder Notfall auch ohne eine explizite kaufmännische Ermächtigung seitens der Reeder über

163 Abbott (1802), S. 82f., und Abbott (1856), S. 127f.; die Sammlung der Hamburgischen Gesetze und Verfassungen in Bürger- und Kirchlichen, auch Cammer-Handlungs- und den übrigen Policeyangelegenheiten und Geschäften samt historischen Einleitungen. Der siebente Theil, in welchem der dritten Abtheilung der Handels-Rechte zwote Unterabteilung vom Schiffs- und See-Rechte etc., Hamburg 1769, S. 78f.; das schwedische Seerecht von 1667, 1. Abt., 1. Kap.; das Danske Lov von 1681, 4. Buch, 1.Kap., § 1, §§ 33 und 34, und Jacobsen: Seerecht, S. 115ff. Vgl auch die Hansische Schiffsordnung, 2. Titel, § 3: *Wir wollen auch die Schiffs-Freunde unnd Rehder / alles Fleißes ermahnet haben / daß sie zu jederzeit / bey erster Annehmung der Schiffer / oder da das nicht geschehen were / bey erster nechstkünftiger Außrehdung / richtige klare und deutliche Abred / Geding und Vergleichung mit ihnen machen / und sie unter andern / vermittelst ihres Eydes angeloben / und darüber offene Instrument, oder sonst glaubliche Schrifft aufrichten lassen, daß sie nemlich / ihrem Ampt getrewlich vorseyn / der Erb: Städte Ordnung gehorsamlich geleben / den Freunden und Rehdern mit erbarer richtiger Rechnung jedesmal fürkommen / Und da deßwegen Streit zwischen ihnen fürfallen solte / ohne alles appeliren und reduciren sich gänzlich begnügen lassen wollen / Dann damit gedencken wir / mit GOttes Hülff / der wachsenden Untrew und aller Gelegenheit derselben zu begegnen / alle gefährliche Außzüge zu verhüten / und auffrichtigen Handel und Wandel / zu gemeinem besten / zu befordern.*

164 Sammlung der Hamburgischen Gesetze, S. 78f.; Jacobsen: Seerecht, S. 115ff.; Abbott (1802), S. 82ff., sowie Abbott (1856), S. 127f. Vgl. auch das schwedische Seerecht von 1667, 1. Abt., 1. Kap.; Code de Commerce, 2. Buch, 4. Titel, § 221, und das Handels-Gesetzbuch für das Königreich der Niederlande, 2. Buch, 3. Teil, § 4.

165 Engelbrecht, S. 10; Davis, S. 147; Ville: Shipowning, S. 81 – 87, und Gerstenberger und Welke: Vom Wind zum Dampf, S. 125. Vgl. auch das Preußische Allgemeine Landrecht, 2. Teil, 8. Titel, § 1518.

166 Hansische Schiffsordnung, 3. Titel, § 6; Schwedisches Seerecht von 1667, 1. Abt., 10. Kap.; Handels-Gesetzbuch für das Königreich der Niederlande, 2. Buch, 3. Teil, § 37; Obrigkeitliche Verordnung Bremen 1852, § 13 und Hamburger Revidirte Seemannsordnung von 1854, § 12. Ebenso Engelbrecht, S. 21f.; Jacobsen: Seerecht, S. 174, und die Gemeinfaßliche Darstellung des Europäischen Seerechts, S. 17. Vgl. auch die Kurzbiographien im Anhang (u.a. *Eschels* und John *Bechervaise:* Thirty-Six Years of a Seafaring Life, by an old Quartermaster, Portsea 1839).

167 Sammlung der Hamburgischen Gesetze, S. 78f.; das Königlich-Preußische Seerecht von 1727, 3. Kap., § 26 und das Preußische Allgemeine Landrecht, 2. Teil, 8. Titel, §§ 1526 und 1534, sowie Abbott (1802), S. 82f., und A Manual of Maritime Law, being a digest of the laws of Shipping an Insurance, for the use of merchants, shipowners, shipmasters and the legal profession, by a Member of the Faculty, Edinburgh 1842, S. 32, sowie Lau, S. 120ff., und Schulz, S. 113.

168 Königlich Preußisches Seerecht von 1727, in: Reinhold Friderich von Sahme: Einleitung zum See-Recht des Königreich Preußen, worinnen das Königliche Preußische See-Recht in einer richtigen Ordnung vorgestellet und erleutert wird, Königsberg 1747, Kap. III, § 26.

169 Sammlung der Hamburgischen Gesetze, S. 78f.; Abbott (1802), S. 82f.; Brarens, S. 9; Steel's Ship-Master's Assistant and Owners manual, containing Information necessary for Persons connected with Mercantile Affairs, London 1837, S. 13ff. Vgl. auch Lewis, S. 80ff.

170 Sammlung der Hamburgischen Gesetze, S. 78f.; Abbott (1802), S. 82f.; Manual of Maritime Law, S. 32; Lau, S. 120ff.; Schulz, S. 113. Vgl. auch das Preußische Allgemeine Landrecht, 2. Teil, 8. Titel, §§ 1504 und 1505, sowie Lewis, S. 102ff.

171 Königlich-Preußisches Seerecht 1727, Kap. 3, § 28.

172 Sammlung der Hamburgischen Gesetze, S. 78f.; Abbott, S. 82f.; Manual of Maritime Law, S. 32; Lau, S. 120ff., und Schulz, S. 113. Vgl. auch die Hansische Schiffsordnung, 6. Titel, § 1; Code de Commerce, 2. Buch, 4. Titel, § 234, und das Handels-Gesetzbuch für das Königreich der Niederlande, 2. Buch, 3. Teil, § 30.

173 Engelbrecht, S. 5ff.; Abbott (1802), S. 82ff.; Abbott (1856), S. 127f.; Jacobsen: Seerecht, S. 115ff.; Gemeinfaßliche Darstellung des Europäischen Seerechts, S. 17; Steel, S. 13ff., und das Manual of Maritime Law, S. 28. Vgl. auch Landwehr: Lübisches Seerecht, S. 153, und Feldbæk: Storhandelens tid, S. 158.

umfangreiche Handlungsbefugnisse.[173] Unfälle, wie Strandungen oder Kollisionen mit anderen Schiffen, Seenotsituationen, in denen das Schiff nur durch verzweifelte Maßnahmen, wie das Überbordwerfen der Ladung oder das Kappen der Masten, gerettet werden konnte, oder andere Notlagen, wie schwere Sturmschäden, die aufwendige Reparaturen notwendig machten, konnten auf See jederzeit eintreten. Sie bargen erhebliche Risiken für die Sicherheit von Schiff und Ladung und erforderten selbständige und rasche Entscheidungen, um Schaden von Schiff, Mannschaft und Ladung abzuwenden. Daher war der Kapitän in solchen Notsituationen, in denen er weder seine Reederei verständigen noch Rücksprache nehmen konnte, berechtigt, einen Nothafen anzulaufen, oder, wenn er dringend Geldmittel für Reparaturen oder sonstige unbedingt notwendige Ausrüstungsgegenstände oder Proviant benötigte, Wechsel auf den Namen der Reederei zu ziehen oder aber eine Bodmerei zu schließen, d.h. ähnlich einer Hypothek Geld unter Belastung des Schiffs als Sicherheit für die geliehene Summe aufzunehmen. Wenn auf keine andere Weise Geld zu beschaffen war, hatte er sogar die Befugnis, als allerletztes Hilfsmittel auch Teile der Ladung zu veräußern oder das Schiff zu verkaufen, wenn es aufgrund eines Sachverständigengutachtens für irreparabel und seeuntüchtig erklärt wurde.[174] In all diesen Fällen waren die Handlungen des Kapitäns auch für die Reeder verbindlich und verpflichtend, denn sie mußten für alle Aktionen und die daraus möglicherweise resultierenden finanziellen Verpflichtungen der Kapitäne in jedem Fall einstehen. Dagegen war der Kapitän verpflichtet, sich für alle von ihm getroffenen Maßnahmen vor seinen Reedern zu rechtfertigen.[175] Um aber Fehlentscheidungen und Mißbräuchen nach Möglichkeit vorzubeugen, sah das europäische Seerecht in diesen Notsituationen die Einberufung eines Schiffsrates vor, der im Mittelalter noch aus den Schiffsoffizieren und den erfahrensten Männern an Bord bestand und dem Kapitän in solchen Situationen beratend zur Seite stehen sollte. Später reduzierte sich dieses Beratungsgremium allerdings auf die höchsten Offiziere an Bord.[176]

Der Umstand, daß die Mannschaft im Notfall im Schiffsrat mit ihrer Meinung gehört werden mußte, hat zur Annahme einer eingeschränkten Autorität des Kapitäns in früheren Jahrhunderten und eines Mitentscheidungsrechts der Besatzung an den navigatorischen Entscheidungen der Schiffsführung geführt.[177] Aber schon zum Ausgang des Mittelalters wird in den Seerechtsverordnungen deutlich, daß dieses vermeintliche Mitbestimmungsrecht vorwiegend versicherungsrechtliche Bedeutung hatte, da sich der Kapitän hierdurch gegen Regreßforderungen absichern konnte. Dies galt nicht nur für den Schiffsrat, sondern auch für den sogenannten Seewurf, d.h. das Überbordwerfen von Ladungsteilen, wobei hier allerdings nach den mittelalterlichen Seerechtsbestimmungen zunächst der begleitende Kaufmann zu fragen sowie generell Schadenersatz zu leisten war. Auch hier mußte im Zweifelsfall die Meinung der Mannschaft eingeholt werden.[178] Damit wird deutlich, daß die Bestimmungen über den Schiffsrat in erster Linie dem Bemühen entsprangen, in Ausnahmesituationen durch die Anhörung verschiedener kompetenter Meinungen dem Kapitän die Entscheidungsfindung zu erleichtern. Seine Befehlsgewalt und Autorität an Bord wurde dadurch nicht berührt.[179] Der Kapitän war laut der seerechtlichen Bestimmungen zwar zur Einberufung und Anhörung des Schiffsrats verpflichtet, jedoch nicht zur Befolgung von dessen Ratschlägen. Überging er allerdings den Ratschlag des Schiffsrats ohne einen schwerwiegenden, klar ersichtlichen Grund, war der Kapitän für alle entstehenden Schäden schadenersatzpflichtig. Diese Pflicht des Kapitäns zum Schadenersatz galt auch im englischen Seerecht, das allerdings einen Schiffsrat nicht explizit vorsah.[180] Zudem mußte sich der Kapitän im 18. und 19. Jahrhundert für seine Handlungen bei solchen Vorfällen wie auch allgemein bei Notfällen auf See nachträglich rechtfertigen und mitsamt seiner Besatzung im nächsten Hafen eine sogenannte Verklarung ablegen, eine beeidigte Aussage über die Notsituation und die dabei getroffenen Maßnahmen, wobei auch das Logbuch oder das Schiffsjournal Beweiskraft erhielt. Allmählich trat die Verklarung generell an die Stelle des Schiffsrats.[181]

Schiffsrat und Verklarung waren somit Instrumente zur Rechtfertigung der Handlungen des Kapitäns und dessen Absicherung vor eventuellen Schadenrsatzklagen wegen einer Fehlentscheidung, möglicher Fahrlässigkeit oder gar Vorsatz. Da jedoch der Kapitän die letztliche Entscheidungsgewalt besaß und damit auch in die alleinige Verantwortung trat, bedeutete das rechtliche Instrument keinerlei Einschränkung der alleinigen Befehlsgewalt des Kapitäns oder gar eine irgendwie geartete »Arbeitnehmermitbestimmung« im modernen Sinne an Bord. Es handelt sich hierbei vielmehr um eine versicherungsrechtliche Absicherung der Richtigkeit der getroffenen Entscheidungen durch den Kapitän im Hinblick auf etwaige Schadenersatzforderungen. Daher fällt das Instrument des Schiffsrats eher in den ökonomisch-kaufmännischen und nicht in den nautisch-administrativen Bereich der Seefahrt: Die nautische Befehlsgewalt und Verantwortung des Kapitäns bleibt uneingeschränkt, die Einberufung des Schiffsrats konnte ihn nur vor etwaigen Regreßforderungen schützen.

Ähnlich ist auch die Stellung des Kapitäns zum Lotsen zu bewerten. In bestimmten, besonders schwierigen Fahrwassern war der Kapitän verpflichtet, mit dem Lotsen einen nautischen Spezialisten an Bord zu nehmen, der über eingehende Kenntnisse des betreffenden Seegebiets verfügte. Zwar war der Kapitän auch hier bei Androhung von Strafe und Regreßforderungen verpflichtet, den nautischen Anweisungen des Lotsen Folge zu leisten, doch ebenso wie beim Schiffsrat war mit der zeitweisen Übertragung der Kommandogewalt auf den Lotsen keine direkte Einschränkung der Verantwortung oder der nautischen Befehlsgewalt des Kapitäns verbunden.[182]

Kapitäne konnten aber auch über ihre Handlungsbefugnisse im Notfall hinaus im ökonomisch-kaufmännischen Bereich tätig werden. Prinzipiell konnten Handelsschiffe entweder für den Transport der eigenen Handelswaren des Reeders genutzt werden, wobei das Reedereigeschäft hier zumeist nur als Ergänzung zum Handelsgeschäft betrieben wurde, oder sie wurden in der sogenannten Frachtfahrt, d.h. dem Transport von Waren im Auftrage Dritter, des oder der sogenannten Befrachter, eingesetzt. Mit der Etablierung von Reedereifirmen, die ihre Schiffe vorwiegend oder ausschließlich in der Frachtfahrt beschäftigten, entwickelte sich im 18. und 19. Jahrhundert allmählich eine neue Form des Reedereigeschäftes. Der ökonomisch-kaufmännische Bereich spielte sich nun zwischen dem Kapitän und den Reedern oder, wenn diese nicht Eigentümer der Ladung waren, dem Kapitän und den Befrachtern ab.[183] Daher konnte der Kapitän entsprechend den Normen des europäischen Seerechts und aufgrund des erwähnten Mandatsverhältnisses auch im ökonomisch-kaufmännischen Bereich die Befugnis haben, als Stellvertreter für seine Reeder han-

174 Preußisches Allgemeines Landrecht, 2. Teil, 8. Titel, §§ 1461 und 1462, und das Handels-Gesetzbuch für das Königreich der Niederlande, 2. Buch, 3. Teil, § 2. Zu den seerechtlichen Bestimmungen vgl. Jacobsen: Seerecht, S. 452 – 520; Engelbrecht, S. 52; Abbott (1802), S. 94; Steel, S. 13ff., sowie Lewis, S. 102ff. und 108ff.

175 Engelbrecht, S. 59 und 84f.; Abbott (1802), S. 94, und Steel, 16f. Zur Verpflichtung der Reeder, für die Handlungen ihrer Kapitäne einzustehen vgl. auch Lord Robert Raymond: Reports of Cases argued and adjudged in the »Courts of King's Bench« and »Common Pleas«, in the Reigns of The late King William, Queen Anne, King George the First, and King George the Second. Taken and collected by the Right Honourable Robert Lord Raymond late Lord Chief Justice of the Court of King's Bench, 4th Edition, by John Bayley. London 1790. Vol. I. S. 22 (Wilson vs. Bird – 1695), und S. 152 (Benzen vs. Jeffries – 1698).

176 Weibust, S. 236; Jacobsen: Seerecht, S. 134ff., und Engelbrecht, S. 33f. Vgl. auch Surland, S. 18f. sowie das Handels-Gesetzbuch für das Königreich der Niederlande, 2. Buch, 3. Teil, § 23.

177 Vgl. etwa Welke: Der Kapitän, S. 12f., oder van der Ven, S. 102ff.

178 Heinsius, S. 192ff. Vgl. die Normen des Wisbyschen Seerechts im Compendium Juris Maritim, 2. Titel, 8. Titel, § 8: *Da ein Schiff in der Noth gerieth / so daß der Schiffer begehret / daß man Gut werffen solte / so soll er dennoch nicht werffen / ehe und bevor er sich mit denen im Schiff verhandenen Kaufleuten beredet / und deren Gutdünken darüber vernommen; will dann der Kaufmann nicht zulassen / daß man werffen soll / der Schiffer aber / und zwey oder drey von seinem Schiffs-Volck es für gut befinden würden / daß besser gethan sey zu werffen / als Schiff / leib und Gut zu verliehren / so mag der Schiffer wohl werffen / und solches nicht unterlassen; und begehrete es der Kaufmann / da sie zu lande gekommen / so sollen zwey oder drey von dem Schiffs-Volck schweren / daß es die Noth also erfordert habe* ...

179 Jacobsen: Seerecht, S. 134ff. und 482ff.; Engelbrecht, S. 33ff.; Abbott, S. 123ff., und Steel, S. 13ff. Vgl. auch Bernsten, S. 20f.

180 Sammlung der Hamburgischen Gesetze, S. 78f.; Preußisches Allgemeines Landrecht, 2. Teil, 8. Titel, §§ 1463–1466. Ebenso Engelbrecht, S. 33f.; Abbott, S. 123ff.; Jacobsen: Seerecht, S. 134ff., und Steel, S. 13ff. Zur Praxis des Schiffsrats vgl. auch z.B. *Eschels,* S. 70, und George *Coggeshall:* Voyages to Various Parts of the World, Made between the Years 1799 and 1844, selected from his Ms. Journal of eighty voyages, New York 1851, S. 51, oder die Kurzbiographien im Anhang.

181 Jacobsen: Seerecht, S. 482; Nizze, S. 340f.; Gemeinfaßliche Darstellung des Europäischen Seerechts, S. 20ff., und Engelbrecht, S. 158ff. (Beispiel einer Verklarung). Vgl. auch den Code de Commerce, §§ 246 und 247, und das Handels-Gesetzbuch für das Königreich der Niederlande, 2. Buch, 3. Titel, § 30. Die Ansicht einer bloßen Absicherung der Entscheidung des Kapitäns durch den Schiffsrat vertritt auch Lewis, S. 87.

182 Jacobsen: Seerecht, S. 170f.; Engelbrecht, S. 38ff., und Bernsten, S. 19ff.

183 Abbott (1802), S. 82f., und Jacobsen: Seerecht, S. 115ff. Vgl. auch Ville: Shipowning; Lars N. Henningsen: Provinsmatadorer fra 1700-Årene, Reder-, købmands- og fabrikantfamilien Otte i Ekernførde i økonomi og politik, 1700–1770, Flensburg 1985, und Theodor Link: Flensburgs Überseehandel von 1755 bis 1807, Seine wirtschaftliche und politische Bedeutung im Rahmen des dänisch-norwegischen Seehandels, Quellen und Forschungen zur Geschichte Schleswig-Holsteins, Bd. 38. Neumünster 1959.

deln und im Namen der Reeder Frachtverträge schließen, die auch für diese rechtlich verbindlich waren.[184] Der Frachtvertrag, auch als Certepartie bezeichnet, stellte die Grundlage des Seetransportgeschäfts dar und war eine schriftliche Vereinbarung zwischen einem oder mehreren Befrachtern und dem oder den Reedern des Schiffs oder deren Bevollmächtigten, sei es der Kapitän oder andere, über die Überlassung des kompletten oder eines Teils des Schiffs. Der Frachtvertrag wurde durch das sogenannte Konnossement, die Empfangsbestätigung des Kapitäns an den Befrachter und dessen Versprechen, das Frachtgut am Bestimmungsort an den legitimierten Inhaber des Konnossements auszuliefern, beurkundet. Frachtvertrag und Konnossement basierten auf juristischen Prinzipien, die im gesamten europäischen Seerecht weitgehend identisch waren.[185] Sowohl im Frachtvertrag wie auch im Konnossement mußten der Name und Heimathafen des Schiffs sowie die Namen des Kapitäns und des Befrachters verzeichnet sein, ebenso Ort und Zeit der Be- und Entladung, die Höhe der zu entrichtenden Frachtgelder, sowie andere Vertragsbedingungen, die zum Teil frei verhandelbar waren.[186]

Die ökonomische Handlungsberechtigung des Kapitäns galt allerdings nur, wenn er entweder seitens der Reeder ausdrücklich dazu bevollmächtigt worden oder nicht in der Lage war, zu kontaktieren und Anweisungen einzuholen, oder wenn die Reeder keine anderweitigen Regelungen getroffen hatten. Befand sich das Schiff dagegen im Heimathafen, waren allein die Reeder befugt, Frachtverträge zu schließen.[187] Über den genauen Umfang der Befugnisse eines Kapitäns im ökonomisch-kaufmännischen Bereich bestimmten allein die Reeder und ihr Vertrauen in die kaufmännischen Fähigkeiten ihrer Schiffsführer. Diese konnten daher innerhalb einer großen Spannbreite variieren, von einer völlig unabhängigen Stellung bis hin zur völligen Entbindung des Kapitäns von kaufmännischen Aufgaben.[188] So war zuweilen dem Kapitän seitens des Reeders oder Befrachters ein sogenannter Supercargo oder Cargadeur beigegeben, der dem Kapitän gegenüber in allen ökonomisch-kaufmännischen Belangen weisungsberechtigt war und ihn in diesem Bereich aller Zuständigkeit und Verantwortlichkeit enthob. Der Kapitän war in diesem Fall als reiner Spediteur allein auf den nautisch-administrativen Bereich beschränkt und nur für den sicheren Transport der Fracht vom Abgangs- zum Bestimmungsort zuständig.[189] Dennoch war der Kapitän auch im Fall einer bloßen Transporttätigkeit ohne weitergehende kaufmännische Befugnisse für die Sicherheit der von ihm beförderten Fracht haftbar. Sobald die Güter an Bord waren, war er für diese verantwortlich und im Falle eines Unfalls aufgrund seiner oder seiner Mannschaft Nachlässigkeit schadenersatzpflichtig.[190] Allerdings hatte der Kapitän wiederum das Recht, seine Mannschaft für den aus ihrer Nachlässigkeit entstandenen Schaden haftbar zu machen und seinerseits von dieser Schadenersatz für die aus seiner Haftungspflicht entstandenen Kosten zu fordern: *A master of a ship may reimburse himself out of the mariners wages for a loss happening by their negligence.*[191]

Bei der Erfüllung all seiner Aufgaben war der Kapitän verpflichtet, die Interessen seiner Reeder sorgfältig und gewissenhaft wahrzunehmen und stets zu deren Besten und Vorteil zu handeln.[192] Engelbrecht faßt dieses Verhältnis so zusammen: *Ein Schiffer ist schuldig seiner Rheder Bestes und Vortheil nach Vermögen zu befördern, und ihren Schaden und Nachtheil soviel an ihm ist zu verhüten; dagegen sie aber auch an alles gebunden sind, was der Schiffer wegen des Schiffes handelt und vornimmt.*[193] Aufgrund der Distanz und der schlechten Kommunikationsverbindungen lag die eigentliche Basis der Beziehung zwischen Reeder und Kapitän allerdings außerhalb der Möglichkeiten des juristischen Regelungsbereiches, nämlich im notwendigen Vertrauen des Reeders in die Fähigkeiten, die Ehrlichkeit und den Charakter des Kapitäns[194], wie auch in der juristischen Literatur deutlich gemacht wurde: *Ueberhaupt ist das Verhältniß zwischen Capitain und Rheder weniger ein Dienstverhältniß, als vielmehr ein Verhältniß des Vertrauens, weshalb denn der Capitain auch zur äußersten Sorgfalt für die Wahrnehmung der Interessen seines Rheders verbunden ist.*[195]

Bedingt durch die fehlenden Kontrollmöglichkeiten und dem daraus resultierenden erheblichen Vertrauensvorschuß, mit dem die Kapitäne ausgestattet waren, gab es genügend Gelegenheit für unaufrichtige Kapitäne, ihre Reeder zu betrügen, etwa bei der Aufnahme von Bodmereigeldern, durch überhöhte Reparaturrechnungen oder durch zahlreiche andere Gaunereien oder gar kriminelle Handlungen, wie absichtliche Strandungen von Schiffen, Unterschlagungen oder Diebstahl an der Ladung.[196] Daher ermahnt Brarens die Kapitäne, solchen Versuchungen zu widerstehen und das vom Reeder in sie gesetzte Vertrauen nicht zu enttäuschen: *Der Schiffer findet bei dem ihm anvertrauten Schiffe nicht selten eine Gelegenheit, welche ihn einladet, sich unrechtmäßig zu bereichern. Die große Pflicht: SEI RECHTSCHAFFEN! kostet, besonders dem Schiffsführer, manchmal große Überwindung. Will er aber den ihm so nöthigen frohen Muth behalten, so hüte er sich vor jeder Veruntreuung. Anmerkung: Das Gewissen ist ein zartes Ding: Es geht mit zur Koye und steht mit auf.*[197]

Seiner besonderen Stellung entsprechend, wurden Vergehen des Kapitäns gegenüber den Reedern streng geahndet. Wurden Kapitäne bei solchen Verfehlungen ertappt, mußte der betreffende Kapitän nicht nur mit Schadenersatzforderungen seitens der Reeder, sondern auch mit schwerer Strafe rechnen. Dies galt natürlich auch für die übrigen Besatzungsmitglieder.[198] Dementsprechend erklärt Engelbrecht im Jahr 1792: *Wenn der Schiffer in seiner Rechnung, etwas von der Fracht, dem Proviant und andern Schiffszubehörungen unterschlägt, verschweiget, verkauft, oder verschenkt, so wird er solcher Untreue halber als ein Dieb gestrafet.*[199] Vor allem ungerechtfertigte oder gar betrügerische Bodmereiaufnahmen seitens des Kapitäns wurden streng bestraft: *Schiffer, welche muthwillig ein Schiff mit Bodmerey beschweren und dabey ungetreu handeln, müssen nicht nur ihren Reedern allen nachweislichen Schaden verantworten, sondern ihnen ist in den Gesetzen Landesverweisung, ja Leib- und Lebensstrafe gedrohet.*[200]

Solche Verfehlungen des Kapitäns und der Besatzung wurden rechtlich als Veruntreuung und Betrug betrachtet und auch als Baratterie bezeichnet. Dabei wurden im deutschen Sprachgebrauch unter Baratterie vor allem die Unredlichkeit von Kapitän und Besatzung in Bezug auf die Ladung verstanden, während der Begriff im Englischen alle Formen der Unehrlichkeit der Schiffsbesatzung gegenüber dem Reeder umfaßte.[201] Dementsprechend definierte auch Abbott im Jahre 1802 den Begriff Baratterie: *The term Barratry, which is often used as well by foreign writers, as those of our own nation, is generally understood in this and in most other countries to denote a fraudulent act of the master or mariners committed to the prejudice of the owners of the ship. In France it is often used in a more enlarged sense, and comprehends acts of mere ignorance or unskilfulness, not accompanied with a*

184 Engelbrecht, S. 5ff.; Abbott (1802), S. 82ff.; Steele, S. 13ff.; Manual of Maritime Law, S. 28., und Landwehr: Lübisches Seerecht, S. 153.
185 Abbott (1802), S. 82f.; Engelbrecht, S. 5ff.; Jacobsen: Seerecht, S. 229ff. und 295ff., sowie Steel, S. 19ff. Vgl. auch Landwehr: Lübisches Seerecht, S. 153; Link, S. 165.
186 Abbott (1802), S. 82f.; Engelbrecht, S. 5ff.; Jacobsen: Seerecht, S. 229ff., und 295ff., und die Ordonnance de la marine, 3. Buch, Titel 1, § 3.
187 Ordonnance de la marine, 3. Buch, 1. Titel, §§ 1–5; Danske Lov, 4. Buch, 1. Kap., §§ 1–3; Sammlung der Hamburgischen Gesetze, S. 125f.; Preußisches Allgemeines Landrecht, 2. Teil, 8. Titel, §§ 1620, 1622 – 24; Gemeinfaßliche Darstellung des Europäischen Seerechts, S. 17. Vgl. auch Engelbrecht, S. 5ff.; Abbott (1802), S. 82ff.; Steel, S. 13ff.; Manual of Maritime Law, S. 28, und Landwehr: Lübisches Seerecht, S. 153.
188 Engelbrecht, S. 5ff.; Abbott (1802), S. 82ff.; Steele, S. 13f.; Dana: The seaman's friend, S. 131ff., sowie Lau, S. 125.
189 Chitty, S. 46 und 51; Jacobsen: Seerecht, S. 174, und Gemeinfaßliche Darstellung des Europäischen Seerechts, S. 17.
190 Nizze, S. 361; Abbott (1802), S. 82f.; Engelbrecht, S. 3 und 22, und Manual of Maritime Law, S. 33. Vgl. auch das Preußische Allgemeine Landrecht, 2. Teil, 8. Titel, §§ 1461 und 1462, und das Handels-Gesetzbuch für das Königreich der Niederlande, 2. Buch, 3. Teil, § 2.
191 Reports of Cases argued and adjudged in the Courts of King's Bench and Common Pleas, Vol. I. S. 639 (Marginalie: Lane vs. Cotton Easter Term 13 Will. 3.).
192 Sammlung der Hamburgischen Gesetze, S. 78f.; das schwedische Seerecht von 1667, 1. Abt., 1. Kap., Code de Commerce, 2. Buch, 4. Titel, § 221, und das Handels-Gesetzbuch für das Königreich der Niederlande, 2. Buch, 3. Teil, § 4, sowie Franz Ludwig von Cancrin: Abhandlung von dem Wasserrechte, sowol dem natürlichen, als positiven, vornemlich aber dem deutschen, Bd. 3., Halle 1800, S. 25f.; Jacobsen: Seerecht, S. 115ff.; Abbott (1802), S. 82ff., und Abbott (1856), S. 127f. Vgl. auch Deggim, S. 30.
193 Engelbrecht, S. 5. Ähnlich beschreibt auch Nizze auf S. 336f. die Verantwortung des Kapitäns: *Die Capitaine müssen daher stets im wohlverstandenen Interesse und zum Besten der Rheder handeln, und sind, da ihnen durch die Einsetzung in ihr Amt ein ganz besonderes Vertrauen geschenkt wird, zur Anwendung der größten Sorgfalt in allen ihren auf Schiff und Ladung bezüglichen Handlungen und Geschäften verpflichtet. Der Capitain soll überall, wie ein ordentlicher und gewissenhafter Verwalter, die Angelegenheiten seiner Auftraggeber besorgen (omnem diligentiam praestare).*
194 Abbott (1856), S. 127f.; Nizze, S. 332f.; Ville: Shipowning, S. 68ff., sowie Joachim *Nettelbeck*: Lebensbeschreibung des Seefahrers, Patrioten und Sklavenhändlers Joachim Nettelbeck, von ihm selbst aufgezeichnet und herausgegeben von J.C.L Haken, Reprint der Ausgabe von 1821, Frankfurt/M. 1992, S. 90 und 115. Vgl auch Christof Dipper: Deutsche Geschichte 1648–1789, Moderne Deutsche Geschichte, hrsgg. von Hans-Ulrich Wehler, Bd. 3, Frankfurt/M. 1991, S. 170ff.
195 Gemeinfaßliche Darstellung des Europäischen Seerechts, S. 18.
196 Brarens, S. 161f., und Engelbrecht, S. 77 und 120ff.; Nizze, S. 436f.
197 Ebd.
198 Hansische Schiffsordnung, 6. Titel, § 1, Ordonnance de la marine von 1681, 2. Buch, 1. Titel, §§ 35 und 36 und Compendium Juris Maritim, 8. Titel, § 9. Vgl. auch Brarens, S. 161, und Engelbrecht, S. 77 und 120ff.; Nizze, S. 436f.
199 Engelbrecht, S. 120. Vgl. auch von Sahme, S. 14f.
200 Engelbrecht, S. 101.
201 Abbott (1802), S. 129ff.; Brarens, S. 161, und Engelbrecht, S. 77 S. und 120ff.; Nizze, S. 436f. Vgl. auch Grosses vollständiges Universallexikon aller Wissenschaften und Künste, verlegt von Johann Heinrich Zedler, Halle und Leipzig 1733, S. 516; A. Stenzel: Deutsches Seemännisches Wörterbuch, Berlin 1904, S. 38, und Kemp: Companion, S. 62.
202 Abbott (1802), S. 129.

fraudulent design...[202] Eines der schlimmsten Verbrechen war natürlich ein vorsätzlicher Schiffsverlust durch den Kapitän. Darauf stand die Todesstrafe, wie z.B. der englische Seerechtler Chitty 1813 bemerkte: *If any captain, master, mariner, and other officer, belonging to any ship, shall willfully cast away, burn, or destroy the ship, or procure the same to be done, he shall suffer death as a felon.*[203]

Aus dem Jahre 1806 ist auch aus England ein Fall überliefert, wo ein Kapitän, der, um die Versicherungssumme einzustreichen, vor der Küste von Sussex sein Schiff vorsätzlich auf Grund setzte, zusammen mit einem Seemann zum Tode verurteilt wurde.[204] Um solchen Unterschlagungen und Veruntreuungen vorzubeugen, waren die Kapitäne ihren Reedern gegenüber verpflichtet, über ihr Handeln, ihr Tun und Unterlassen bei ihrer Rückkehr Rechenschaft abzulegen.[205] Dabei war es ohne Belang, ob der Kapitän ein sogenannter Setzschiffer, d.h. bloßer Angestellter der Reederei, oder als Schifferreeder Anteilseigner an dem Schiff war. In jedem Fall war der Kapitän gegenüber seinen Reedern, bzw. Mitreedern rechenschaftspflichtig. War der Kapitän allerdings der Volleigentümer des von ihm geführten Schiffs, wie es bis ins 19. Jahrhundert durchaus vorkam, fiel die Rechenschaftspflicht natürlich weg.[206]

Damit der Kapitän seine Handlungen rechtfertigen und seine richtige und gewissenhafte Abrechnung beweisen konnte, wurden alle Frachtpapiere, wie Ladungslisten, Quittungen über Lade- und Löschvorgänge und Frachtverträge, in mehrfacher Ausfertigung ausgestellt und in Kopie der Abrechnung beigelegt. Ebenso war der Kapitän gehalten, über alle Einnahmen und Ausgaben, alle Frachtgeschäfte usw. genauestens Buch zu führen.

Darüber hinaus wurden Kapitäne seit dem 18. Jahrhundert in zunehmendem Maße verpflichtet, ein Journal oder Logbuch über den Verlauf und die Ereignisse während der Reise zu führen. In Großbritannien wurde dagegen die Journalpflicht erst im Jahre 1850 eingeführt, wobei die Logbücher aber auch hier in rechtlichen Angelegenheiten und vor Gericht Beweiskraft erhielten. Dieses diente aber nicht nur zur Kontrolle des Kapitäns und seines Verhaltens nach Beendigung der Reise durch den Reeder, sondern auch als Beweismittel bei allen eventuell im Zusammenhang mit der Reise auftretenden Streitigkeiten.[207]

Mit der Einführung der Journalpflicht nahmen zum einen die Rechtssicherheit und die Möglichkeiten der nachträglichen Kontrolle von Kapitän und Reiseverlauf in der Seefahrt stetig zu, ebenso stiegen aber auch die Anforderungen an die Bildung von Kapitänen und Offizieren. Ein gewisses Maß an formaler Bildung wurde mehr und mehr zu einer grundlegenden Qualifikationsanforderung für die höheren Ränge in der Seefahrt.[208]

So läßt sich zusammenfassend festhalten, daß der Kapitän in einer direkten Vertragsbindung mit seinen Reedern stand, die am ehesten als Mandatsverhältnis beschrieben werden kann. Auch nach der juristischen Definition des Kapitäns im europäischen Seerecht lassen sich dessen Aufgaben ebenso wie der Umfang der damit verbundenen ihm zustehenden Rechte und Befugnisse in einen fakultativen, dem Kapitän nach Ermessen des Reeders übertragenen ökonomisch-kaufmännischen und einen obligatorischen nautisch-administrativen, die rein seemännische Führung des Schiffs umfassenden Bereich unterteilen.

2.3 Die nautisch-administrativen Aufgaben des Kapitäns

Die grundlegende Aufgabe des Kapitäns bestand darin, die schnelle und sichere Reise des von ihm geführten Schiffs zu gewährleisten. Daher erhielt der Kapitän mit der Übernahme seines Kommandos und dem Abschluß des Heuervertrags auch automatisch die dazu notwendigen Befugnisse, ohne daß diese vom Reeder definiert oder ihm in besonderer Weise übertragen werden mußten.[209] So stellte auch Dana eindeutig fest: *Unless the master is also supercargo, his duties, before sailing, are mostly confined to looking after the outfit of the vessel, and seeing that she is in sea order.*[210]

Eine der grundlegenden Voraussetzungen für das Gelingen einer Reise war eine gute und ausreichend große Schiffsbesatzung.[211] Daher war eine der wichtigsten Pflichten des Kapitäns die Auswahl und Anmusterung qualifizierter Seeleute für die Mannschaft des Schiffs. Diese bestand aus den Schiffsoffizieren, zu denen die Steuerleute, Zimmerleute, Bootsleute etc. gerechnet wurden, und den Matrosen.[212] Dabei war es dem Kapitän allerdings verboten, Seeleute von anderen Schiffen abzuwerben.[213] Da die Auswahl der Crew allein in den Kompetenzbereich des Kapitäns fiel, war es den Reedern im allgemeinen nicht gestattet, über seinen Kopf hinweg selbst Offiziere oder Seeleute anzuheuern.[214]

Dennoch kam es gelegentlich vor, daß die Reeder selbst über den Kopf des Kapitäns hinweg einen Steuermann heuerten. Daß dies nicht immer ohne Probleme vor sich ging, zeigt das Beispiel Jepsen, der sich darüber mit seinem Reeder überwarf und sein Kommando zurückgab.[215]

2.3.1 Der Heuervertrag

Der Heuerkontrakt stellte sowohl den Beginn und als auch die Grundlage der rechtlichen Beziehungen zwischen Kapitän und Mannschaft dar.[216] Da die Mannschaft ihren Heuervertrag mit dem Kapitän schloß, der damit als Vertragspartner der Seeleute auftrat, stand die Besatzung, anders als der Kapitän, nur in einer mittelbaren rechtlichen Beziehung zu den Reedern. Dennoch war sie auch in diesem mittelbaren Verhältnis über den Kapitän vertraglich an die Reeder gebunden und konnte von diesen für Vertragsverletzungen zur Rechenschaft gezogen werden.[217]

Bei dem Heuervertrag handelte es sich um einen Dienstvertrag, den der Seemann für eine vom Reeder gezahlte Vergütung, sei es eine feste Summe Geldes für eine Fahrt, eine bestimmte Summe Geldes pro Monat oder eine Beteiligung am Gewinn der Fahrt, schließt.[218] Mit dem Abschluß des Heuervertrags verpflichteten sich die Seeleute ihrerseits zu allen üblichen Dienstleistungen, die zum Erhalt des Schiffs und zur sicheren Vollendung der Reise erforderlich waren, sowie zum Gehorsam gegenüber dem Kapitän und den Offizieren. Da die gesamte Dauer der Reise als Arbeitszeit galt, war es den Seeleuten darüber hinaus auch untersagt, das Schiff während der Fahrt ohne Erlaubnis zu verlassen.[219] Besonders anschaulich faßt der sächsische Seiler Friedrich Gottlob Köhler in seiner Beschreibung der Anmusterung von Seeleuten auf einem Altonaer Walfangschiff das Wesen des Heuervertrags zusammen: *Vor der Abfahrt mußten wir sämmtlich Treue schwören,*

203 Chitty, S. 175.
204 PRO-HCA 1/27 Pt. 2 No. 34. Vgl. auch die Ordonnance de la marine von 1681, 2. Buch, 1. Titel, §§ 36.
205 Brarens, S. 161ff.; Surland, S. 14; Engelbrecht, S. 118ff.; Abbott, S. 82f., und Jacobsen: Seerecht, S. 157. Vgl. auch das Preußische Allgemeine Landrecht, 2. Teil, 8. Titel, § 1519.
206 Brarens, S. 161ff.; Surland, S. 14; Engelbrecht, S. 120; Abbott (1802), S. 82f.; Gemeinfaßliche Darstellung des Europäischen Seerechts, S. 20ff., und Lau, S. 120.
207 Brarens, S. 118ff., und Jacobsen: Seerecht, S. 102ff., und 120ff., sowie die Hansische Schiffsordnung, 2. Titel, § 3. und 12. Titel, § 1, die Ordonnance de la marine von 1681, 2. Buch, 1. Titel, § 10, und das Handels-Gesetzbuch für das Königreich der Niederlande, 2. Buch, 3. Teil, § 46, sowie An Act for improving the Conditions of Masters, Mates, and Seamen, and maintaining discipline in the Merchant Service, 14. August 1850 (im folgenden zitiert als: Mercantile Marine Act 1850), §§ 82–93. Zu den in der Seefahrt üblichen verschiedenen Papieren und Verträgen, wie auch deren juristischer Bedeutung und weiterführender seerechtlicher Literatur vgl. z.B. Jacobsen: Seerecht, S. 411–451, und zur Kontrollfunktion des Journals auch Lewis, S. 87f. Daß die Kapitäne und Reeder der gesetzlichen Einführung der Journale nicht unbedingt mit Begeisterung begegneten, sondern diese vielmehr als zusätzliche Arbeitsbelastung, obrigkeitliche Schikane und, seitens der Kapitäne, auch als demütigende staatliche Kontrolle ihrer Vertrauenswürdigkeit betrachteten, wird u.a. deutlich in einer Eingabe der Grossirer-Societät an die dänische Kanzlei aus dem Jahre 1817, die sich gegen die Einführung der Journalpflicht in den Herzogtümern Schleswig und Holstein wandte: LASH, Abt. 65.2, Nr. 831 II.
208 Ville: Shipowning, S. 68f., und Earle, S. 20f.
209 Engelbrecht, S. 5ff.; Abbott (1802), S. 82ff.; Abbott (1856), S. 127f.; Jacobsen: Seerecht, S. 115ff.; Gemeinfaßliche Darstellung des Europäischen Seerechts, S. 17; Steele, S. 13ff., und das Manual of Maritime Law, S. 28. Vgl. auch Landwehr: Lübisches Seerecht, S. 153, und Feldbæk: Storhandelens tid, S. 158.
210 Dana: The seaman's friend, S. 131f.
211 Ebd., S. 132.
212 Surland, S. 16; Abbott (1802), S. 123ff.; Brarens, S. 9f.; Dana: The seaman's friend, S. 132f., und die Gemeinfaßliche Darstellung des Europäischen Seerechts, S. 20ff.
213 Hansische Schiffsordnung, 1. Titel, § 3; Rotterdamer Ordonnanz, § 24; Manual of Maritime Law, S. 33, sowie Deggim, S. 21, und Feldbæk: Storhandelens tid, S. 162f.
214 Surland, S. 16; Gemeinfaßliche Darstellung des Europäischen Seerechts, S. 20ff.; Engelbrecht, S. 3; Abbott (1802), S. 123ff.; Brarens, S. 9f.; Dana: The seaman's friend, S. 132f., und Manual of Maritime law, S. 33.
215 Lorens Friedrich Jepsen: Die vornemsten Lebensremittenden, Privatdruck Neuenhain/Ts. 1976, S. 45ff.
216 Hansische Schiffsordnung, 1. Titel, §§ 2 und 3; Danske Lov, 4. Buch, 1. Kap. § 1 und 2; Ordonnance de la Marine, 2. Buch, 1. Titel, § 5. Vgl. auch Surland, S. 16; Abbott (1802), S. 123ff.; Brarens, S. 9f.; Dana: The seaman's friend, S. 132f., und die Gemeinfaßliche Darstellung des Europäischen Seerechts, S. 20ff.
217 Engelbrecht, S. 3f.; Manual of Maritime Law, S. 33, sowie Deggim, Seemannsarbeit ..., S. 21, und Feldbæk: Storhandelens tid, S. 162f.
218 Jacobsen: Seerecht, S. 180ff.; Nizze, S. 387, und Max Pappenheim: Die geschichtliche Entwicklung des Seehandels und seines Rechts, mit besonderer Berücksichtigung des Arbeitsvertrages, in: Die Lage der in der Seeschiffahrt beschäftigten Arbeiter, Bd. 1, Schriften des Vereins für Socialpolitik CIII., Leipzig 1903, S. 185.
219 Hansische Schiffsordnung, 3. Titel, §. 8; Danske Lov, 4. Buch, 1. Kap. § 9; Ordonnance de la Marine, 2. Buch, 1. Titel, §§ 22 und 23; Sammlung der Hamburgischen Gesetze, S. 112f.; Preußisches Allgemeines Landrecht, 2. Teil, 8. Titel § 1604; Hamburgische Musterrollen von 1849 und 1854, §§ 15 und 16, und Obrigkeitliche Verordnung, Bremen 1852, § 37. Vgl. auch Surland, S. 17; Abbott (1802), S. 123ff.; Brarens, S. 77f.; Steel, S. 23f.; Gemeinfaßliche Darstellung des Europäischen Seerechts, S. 22f.; Dana: The seaman's friend, S. 192f.; Nizze, S. 370, und Lewis, S. 167ff. Siehe auch Deggim, Seemannsarbeit ..., S. 32f., und Osten, S. 106.

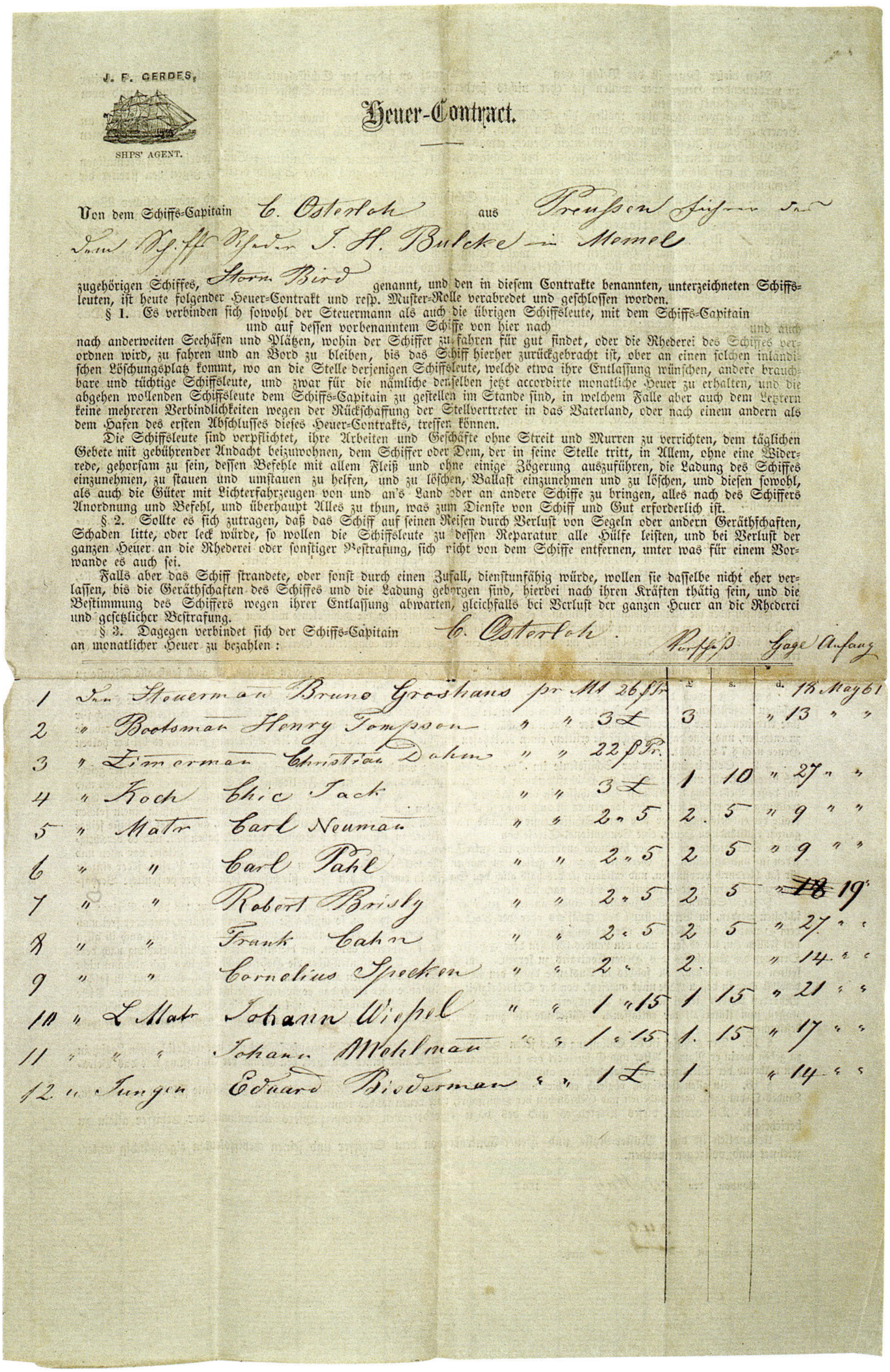

J. F. GERDES,
SHIPS' AGENT.

Heuer-Contract.

Von dem Schiffs-Capitain C. Osterloh aus Preußen gehörigen dem Schiff Rheder J. H. Bulcke in Memel

zugehörigen Schiffes, Storm Bird genannt, und den in diesem Contrakte benannten, unterzeichneten Schiffsleuten, ist heute folgender Heuer-Contrakt und resp. Muster-Rolle verabredet und geschlossen worden.

§ 1. Es verbinden sich sowohl der Steuermann als auch die übrigen Schiffsleute, mit dem Schiffs-Capitain und auf dessen vorbenanntem Schiffe von hier nach und auch nach anderweiten Seehäfen und Plätzen, wohin der Schiffer zu fahren für gut findet, oder die Rhederei des Schiffes verordnen wird, zu fahren und an Bord zu bleiben, bis das Schiff hierher zurückgebracht ist, oder an einen solchen inländischen Löschungsplatz kommt, wo an die Stelle derjenigen Schiffsleute, welche etwa ihre Entlassung wünschen, andere brauchbare und tüchtige Schiffsleute, und zwar für die nämliche denselben jetzt accordirte monatliche Heuer zu erhalten, und die abgehen wollenden Schiffsleute dem Schiffs-Capitain zu gestellen im Stande sind, in welchem Falle aber auch dem Letztern keine mehreren Verbindlichkeiten wegen der Rückschaffung der Stellvertreter in das Vaterland, oder nach einem andern als dem Hafen des ersten Abschlusses dieses Heuer-Contrakts, treffen können.

Die Schiffsleute sind verpflichtet, ihre Arbeiten und Geschäfte ohne Streit und Murren zu verrichten, dem täglichen Gebete mit gebührender Andacht beizuwohnen, dem Schiffer oder Dem, der in seine Stelle tritt, in Allem, ohne eine Widerrede, gehorsam zu sein, dessen Befehle mit allem Fleiß und ohne einige Zögerung auszuführen, die Ladung des Schiffes einzunehmen, zu stauen und umstauen zu helfen, und zu löschen, Ballast einzunehmen und zu löschen, und diesen sowohl, als auch die Güter mit Lichterfahrzeugen von und an's Land oder an andere Schiffe zu bringen, alles nach des Schiffers Anordnung und Befehl, und überhaupt Alles zu thun, was zum Dienste von Schiff und Gut erforderlich ist.

§ 2. Sollte es sich zutragen, daß das Schiff auf seinen Reisen durch Verlust von Segeln oder andern Geräthschaften, Schaden litte, oder leck würde, so wollen die Schiffsleute zu dessen Reparatur alle Hülfe leisten, und bei Verlust der ganzen Heuer an die Rhederei oder sonstiger Bestrafung, sich nicht von dem Schiffe entfernen, unter was für einem Vorwande es auch sei.

Falls aber das Schiff strandete, oder sonst durch einen Zufall, dienstunfähig würde, wollen sie dasselbe nicht eher verlassen, bis die Geräthschaften des Schiffes und die Ladung geborgen sind, hierbei nach ihren Kräften thätig sein, und die Bestimmung des Schiffers wegen ihrer Entlassung abwarten, gleichfalls bei Verlust der ganzen Heuer an die Rhederei und gesetzlicher Bestrafung.

§ 3. Dagegen verbindet sich der Schiffs-Capitain C. Osterloh. an monatlicher Heuer zu bezahlen:

					£	s.	d. Hage Anfang
1	Den Steuerman	Bruno Groshans	pr M.	26 f Pr.			18 May 61
2	" Bootsman	Henry Tompson	" "	3 £	3		" 13 " "
3	" Zimmerman	Christian Dahm	" "	22 f Pr.			
4	" Koch	Chic Jack	" "	3 £	1	10	" 27 " "
5	" Matr	Carl Neuman	" "	2 . 5	2	5	" 9 " "
6	" "	Carl Pahl	" "	2 . 5	2	5	" 9 " "
7	" "	Robert Brisly	" "	2 . 5	2	5	~~18~~ 19
8	" "	Frank Cahn	" "	2 . 5	2	5	" 27 " "
9	" "	Cornelius Specken	" "	2 .	2		" 14 " "
10	" L. Matr	Johann Wiepel	" "	1 . 15	1	15	" 21 " "
11	" "	Johann Mehlman	" "	1 . 15	1	15	" 17 " "
12	" Jungen	Eduard Biederman	" "	1 £	1		" 14 " "

Vorderseite eines Heuerkontrakts aus dem Jahre 1853.

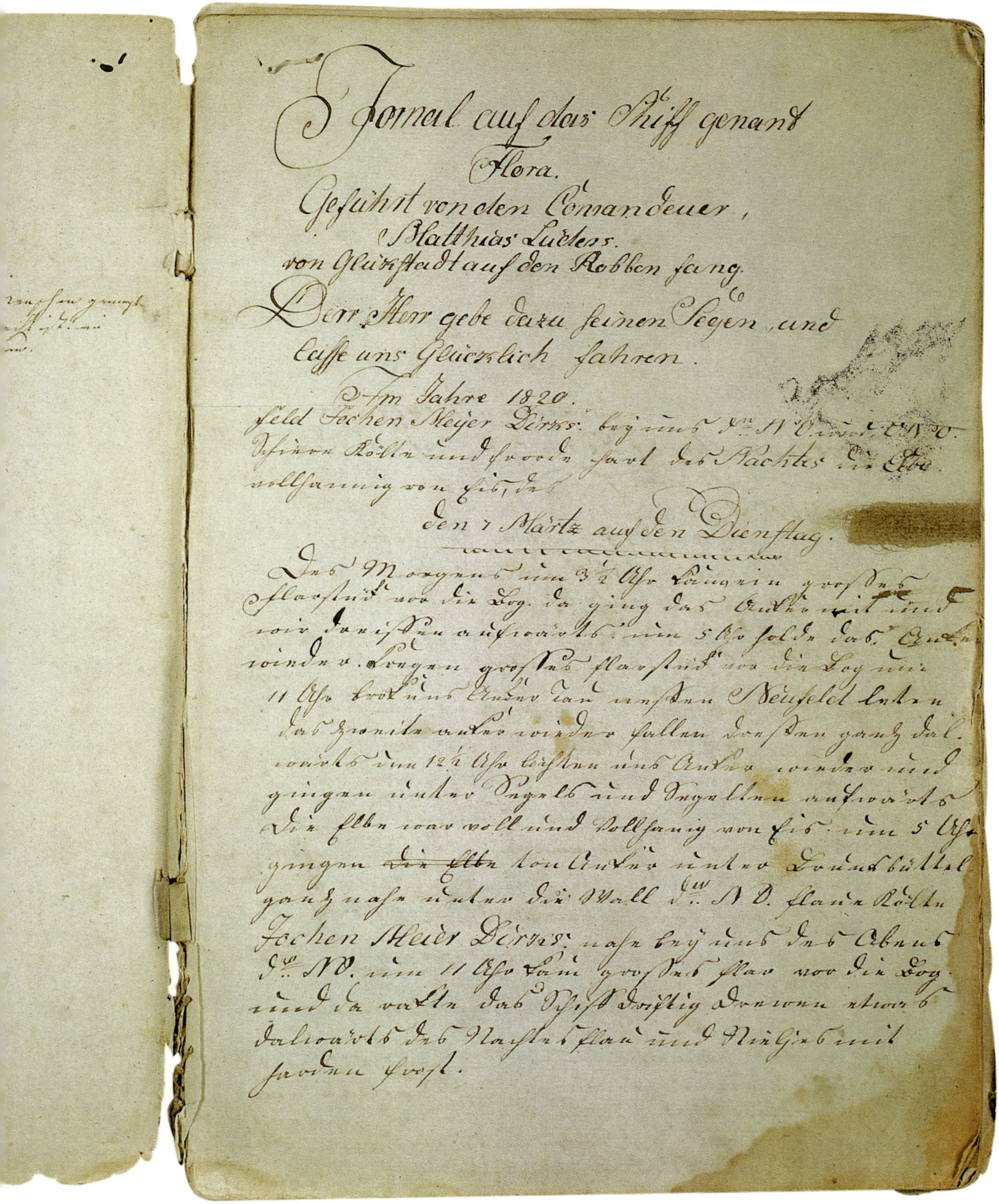
Jornal auf das Schiff genant
Flora.
Geführt von den Comandeuer,
Matthias Lüders.
von Glückstadt auf den Robben fang.
Der Herr gebe dazu seinen Segen und
laße uns Glücklich fahren.
Im Jahre 1820.

den 7 Märtz auf den Dienstag.

Erste Seite des Schiffsjournals des Glückstädter Robbenfängers FLORA, 1820.

und versprechen, das Schiff nicht zu verlassen, solange Kiel, Steng, Stach, Mast und Wand nocht steht. [220] Mit anderen Worten, die Seeleute verpflichteten sich bei der Anmusterung zum Gehorsam, zur Disziplin und zur Ableistung der gesamten Reise; während der Kapitän Kost, Logis und die Zahlung der vereinbarten Heuer zusicherte, hatte die Mannschaft im Gegenzug ihre Arbeitskraft für das Schiff zur Verfügung zu stellen und den Befehlen des Kapitäns zu gehorchen.[221] Aufgrund dieser im Heuervertrag implizierten Gehorsamspflicht stand die Besatzung in einem Subordinationsverhältnis zum Kapitän, weshalb dieser bei Verstößen der Seeleute gegen gegen ihre Dienstpflichten auch das Recht hatte, die Täter zu bestrafen.[222]

Der Heuervertrag band also beide Seiten in einer Art gegenseitiger Solidargemeinschaft, die sowohl für den Kapitän als auch für die Seeleute wechselseitige Rechte und Pflichten konstituierte, wie es auch Abbott ausdrückte: *The duties of the mariners and the master are reciprocal: from the former are due, obedience and respect, from the latter, protection and good treatment*.[223] Der Gedanke einer auf gegenseitigen Rechten und Pflichten beruhenden Vertragsgemeinschaft an Bord läßt sich bereits in der Hansischen Schiffsordnung feststellen. Diese legte explizit fest, daß die Seeleute zum einen zum Gehorsam und zur Erfüllung ihrer vertraglichen Aufgaben verpflichtet waren[224], während die Kapitäne angehalten waren, ihre Mannschaft gut zu behandeln und ihr, sofern sie ihre Pflichten erfüllt hatte, die vereinbarte Heuer korrekt und ohne Abzüge auszuzahlen.[225] Der Heuervertrag galt im allgemeinen für die gesamte Reisedauer und endete erst mit der Entlassung des Seemanns durch den Kapitän, in der Regel am Ende der Reise, u.U. gelegentlich aber auch während der Fahrt.[226]

Im Mittelalter und im 16./17. Jahrhundert wurde der Heuervertrag noch traditionell vor Zeugen mündlich geschlossen. Doch obwohl dieser mündliche Vertrag prinzipiell seine Gültigkeit noch lange behielt, setzte sich aus praktischen Gründen, etwa bei Heuerstreitigkeiten, im 18. Jahrhundert allmählich der schriftliche Heuervertrag durch und wurde in immer mehr Staaten bald gesetzlich vorgeschrieben.[227] Erste Ansätze zu einer Verschriftlichung der Heuervereinbarungen finden sich bereits in der Hansischen Schiffsordnung von 1614, nach der jeder Kapitän verpflichtet wurde, zwei Exemplare dieser Schiffsordnung an Bord zu führen. Dabei sollte das eine Exemplar vom Kapitän und den Reedern unterschrieben werden, das andere dagegen von der Mannschaft oder, wenn diese Analphabeten waren, vom Schiffsschreiber oder einem Notar unterzeichnet werden. Mit der Unterzeichnung erkannten beide Vertragsparteien die Gültigkeit des Seerechts und der entsprechenden Heuervereinbarung an.[228] Damit war der spätere schriftliche Heuervertrag in gewisser Weise vorweggenommen.

Bereits 1655 wurde in der Rotterdamer Ordonnanz ein schriftlicher Heuervertrag vorgeschrieben.[229] In England war seit 1729 durch den »Act for better Regulation of the Merchants Service« eine schriftliche Vereinbarung zwingend vorgeschrieben[230], ebenso wie auch in Preußen der Heuervertrag schriftlich zu fassen war.[231] Dieser schriftliche Heuervertrag konnte zwar ein eigenes Dokument sein, hatte aber zumeist die Form der sogenannten Musterrolle. Diese Art der Heuervereinbarung diente nicht nur als Besatzungsliste, sondern war auch als kollektiver Heuervertrag aller an Bord befindlichen Offiziere und Seeleute zu betrachten. Erst später trat der einzelne, individuelle Heuervertrag an die Stelle der Musterrolle, die damit nur noch die Funktion eines offiziellen und amtlichen Verzeichnisses aller an Bord befindlichen Personen hatte. Daher galt diese auch als juristisches Beweismittel und diente bei Streitfällen wie auch vor Gericht als beweiskräftige Bestätigung der Zugehörigkeit der Besatzungsmitglieder zum Schiff. Im Ausland diente die Musterrolle darüber hinaus auch als Nachweis ihrer Nationalität.[232]

Die Form und der Inhalt der Musterrolle waren oftmals gesetzlich vorgeschrieben und umfaßten entsprechend dem dogmatisch undifferenzierten Charakter des Rechts im 18. Jahrhundert arbeitsrechtliche und disziplinarrechtliche Bestimmungen.[233] Dies zeigt auch das Beispiel der Hamburger Musterrolle von 1786:

Wir unterschriebene Schiffs-Officiere und Matrosen bekennen durch Unterzeichnung dieses uns verhäuret zu haben auf folgende Conditiones:

1. Verbinden wir uns zu fahren mit dem Schiffe, genannt N.N., worauf für Schiffer commandirt N.N., von dieser Stadt Hamburg nach N.N., und hiernächst wieder anhero nach dieser Stadt, oder wo unser destinirter Lösch-Platz seyn wird.

2. Geloben wir auf Verlangen des Schiffers in 24 Stunden nach der Musterung an Bord zu seyn, dem Schiffer, oder demjenigen, der durch Veränderung oder Sterbefall in seine Stelle kommen möchte, wie auch den Officieren zu gehorsamen, und ihren Befehlen willig nachzukommen, uns iederzeit während der ganzen Reise nüchtern, ordentlich, friedfertig, und, wie ehrliche Schiffs-Leuten gebühret, zu betragen, das Schiff selbst in Person zu laden, zu löschen, auch andere daran zu verrichtende Arbeit, und überhaupt alles, was zum Besten des Schiffs und der Ladung gereichen kann, unweigerlich zu thun, bey Verlust eines Monats Gage an der Wasser-Schout. ... 8. Soll niemand ausserhalb Landes seinen Abschied fordern, noch das Schiff treulos verlassen, bey Verlust seiner ganzen Gage, und fernern Ahndung, wenn er ertappt wird.[234]

Voraussetzung für die Verschriftlichung der Heuervereinbarungen war allerdings ein ausreichender Grad der Alphabetisierung der seefahrenden Bevölkerung, der im Verlauf des 18. Jahrhunderts allmählich auch in den unteren Bevölkerungsschichten erreicht wurde.[235] Um aber auch Analphabeten mit den beiderseits vereinbarten Bestimmungen des Heuervertrages bekannt zu machen und um möglichen Einwänden, man wisse nicht, wozu man sich verpflichtet habe, vorzubeugen, war dessen öffentliche Verlesung in Gegenwart der versammelten Besatzung vor der Unterzeichnung vorgeschrieben.[236] Eide berichtet sogar, er sei als Kapitän verpflichtet gewesen, während der Reise seiner Mannschaft den Heuervertrag regelmäßig zu verlesen.[237]

Der wichtigste Grund für die Einführung eines schriftlichen Heuervertrags lag wohl in der erhöhten Rechtssicherheit für beide Seiten durch eine schriftlich fixierte, unterschriebene Vereinbarung, die im Zweifelsfall als eindeutiges Beweismittel diente, mit der die Pflichten und Rechte sowohl des Kapitäns als auch der Mannschaft und die eventuellen Vertragsverletzungen nachgewiesen werden konnten. Bei den mündlichen Heuerverträgen dagegen gab es trotz der Anwesenheit von Zeugen beim Vertragsschluß oftmals Streitigkeiten über den exakten Inhalt der getroffenen Abmachung, vor allem natürlich, wenn die Streitigkeiten außerhalb des Heimathafens entstanden und dort vor Fremden verhandelt werden mußten.[238] Daher betont von Cancrin explizit die Bedeutung schriftlicher Heuerverträge für die Rechtssicherheit beider Vertragsparteien: *Um*

220 *Köhler,* S. 159. Laut Kommentar von Harald Voigt ist die von Köhler zitierte Eidesformel nicht nachweisbar, allerdings entspricht sie inhaltlich den Bestimmungen des Seerechts. Vgl. dazu Surland, S. 77, Brarens, S. 77f., oder die Revidierte Musterrolle von 1786.
221 Surland, S. 17; Abbott (1802), S. 123ff.; Brarens, S. 77f.; Steel, S. 23f.; Gemeinfaßliche Darstellung des Europäischen Seerechts, S. 22f.; Dana: The seaman's friend, S. 192f.; Nizze, S. 370; Lewis, S. 167ff.
222 Engelbrecht, S. 3f.; Manual of Maritime Law, S. 33, sowie Deggim, S. 21, und Feldbæk: Storhandelens tid, S. 162f. Vgl. auch Surland, S. 17; Abbott (1802), S. 123ff.; Brarens, S. 77f.; Dana: The seaman's friend, S. 192f.; S. 370.
223 Abbott (1802), S. 136.
224 Hansische Schiffsordnung, 3. Titel: Von des Schiffsvolckes Auffnehmung und Ampts-Gebühr, § III.
225 Deggim, S. 34.
226 Abbott (1802), S. 124f.; Jacobsen: Seerecht, S. 180ff.; Abbott (1856), S. 136, und Steel, S. 26f. Vgl. auch die Hamburger Musterrollen von 1849 und 1854, §§ 21–23, und die Obrigkeitliche Verordnung Bremen 1852, § 6. Siehe auch Deggim, S. 26.
227 Earle, S. 30.
228 Hansische Schiffsordnung, 15. Titel, § 1, und Deggim, S. 22.
229 Rotterdamer Ordonnanz, §§ 22 und 23.
230 Vgl. den Act for the better Regulation and Government of Seamen in the Merchant Service, Anno 2° Georgii II c. 36. (1729) (Im folgenden zitiert als Regulation Act 1729). Ebenso Abbott (1802), S. 123ff.; Chitty, S. 172, sowie Earle, S. 30, und Rediker, S. 141.
231 von Sahme, S. 21.
232 Jacobsen: Seerecht, S. 215ff.; Steel, S. 36f., und Dana: The seaman's friend, S. 203f. Vgl. auch von Gierke, S. 436, und van der Ven, S. 99ff.
233 Jacobsen: Seerecht, S. 215ff.; Steel, S. 33f., und Dana: The seaman's friend, S. 203f. Vgl. auch Kresse: Hamburger Seemannsrecht, S. 110f. Zu der undifferenzierten Form der Heuerverträge in der ersten Hälfte des 19. Jahrhunderts vgl. die Vordrucke von Musterrollen aus den 1830er Jahren aus den Städten Lübeck, Wismar, Stettin, Rostock und Hamburg. Die einzelnen Bestimmungen der Rolle weichen zudem nur in Details voneinander ab, die wesentlichen Normen und Prinzipien sind identisch.
234 Hamburger Revidirte Musterrolle von 1786. Vgl. dazu die Musterrolle vom 28. December 1849, Einleitung: *Wir unterschriebene Schiffsofficiere und Matrosen bekennen durch Unterzeichnung dieses, und verhäuert zu haben auf folgende Bedingungen:*
1) Verbinden wir uns zu fahren mit dem Schiffe, genannt: ..., worauf als Capitain commandirt: ... oder wer an seine Stelle treten sollte, von dieser Stadt Hamburg nach ... und von dort zu allen Zeiten weiter zu segeln, sowie die Ordres und Frachten fallen und hiernächst wieder anher dieser Stadt.
2) Bekennen wir, daß uns die Verordnung über die Stellung der Mannschaft auf den Seeschiffen und Disciplinar-Ordnung für dieselbe wohl bekannt ist, und versprechen, den uns betreffenden Vorschriften derselben in allen Stücken nachzukommen.
3) Für folgende Gagen per Monat vom Tage der Anmusterung angerechnet bis zur Abmusterung und bekennen wir von demselben ein Jeder für ... Monate allhier empfangen zu haben.
235 Richard van Dülmen: Kultur und Alltag, Bd. 3 – Religion; Magie, Aufklärung 16.–18. Jahrhundert, München 1994, S. 168ff., und Jörg Requate: Kommunikation / Neuzeit, in: Peter Dinzelbacher (Hrsg.): Europäische Mentalitätsgeschichte, Stuttgart 1993, S. 391f.
236 Rotterdamer Ordonnanz, §§ 22 und 23; Patent wegen der mit dem Schifsvolk bei Seefahrten nach Ost- und Westindien oder andern langen Reisen zu errichtenden Häuercontracte ..., vom 12. März 1783, in: Systematische Sammlung der für die Herzogthümer Schleswig und Holstein erlassenen, annoch gültigen, königlichen, Fürstlichen, Großfürstlichen und gemeinschaftlichen Verordnungen und Verfügungen, Bd. 7, Kiel 1834, S. 298ff., und Revidiertes Reglement des Wasser-Schouts nebst der revidierten Muster-Rolle, auf Befehl eines Hochedlen Raths der Kayserl. freyen Reichs-Stadt Hamburg, zuerst publicirt den 5ten December 1766 und, revidirt, den 15ten May 1786, § 6. Eine Beschreibung der Anheuerung vor dem Wasserschout findet sich z.B. bei Richter, Bd. 2, S. 3.
237 Henrik Olsen *Eide:* Tilsjøs under Napoleonskrigene, en norsk sjømanns oplevelser 1802–1854, Utgitt ved Henry Berg, Olso 1936, S. 151.
238 Earle, S. 30f.

allen Streit zwischen dem Schiffer und seinen Seeleuten zu vermeiden, so werden in den meisten Staaten die Contracte über die Heuer der Seeleute gedruckt, und darin sowol ihr Lohn, als ihre Verbindlichkeiten bestimmt ...[239]

Diese Beweggründe kommen neben dem britischen »Act for the better Regulation and Government of Seamen in the Merchant Service« von 1729[240] auch in der dänischen Verordnung von 1756 deutlich zum Ausdruck: *So kann demnächst der Allergnädigst anbefohlene Contract und Accord, der sowol in Friedens, als Kriegszeiten über die Volks-Häuer oder Monats-Geld samt was zu Antret- und Fortsetzung der Reise hingehöret und desfalls beschlossen, imgleichen die Pflichten des Schiffs-Volks gegen die Rheder und Schiffer währender Reise, welche sie sich mittels ihrer Hände Unterschrift von beiden Seiten verbunden zu halten und nachzukommen verfasset werden soll, auf diese Rolle angeführet werden; solchergestalt, wie das auf dem Schifer-Gelachshaus in Copenhagen bey dem Wasserschouten befindliche Formular weiter ausweiset. Welche Rolle der Capitaine, oder Schiffer auf jede Reise Unsern Consuls, Agenten oder ihren Factoren an fremden Oertern, oder auch benöthigten Falls vor den Gerichten, so wol in als ausserhalb Landes vorzuweisen hat.*[241]

Die Bemühungen, durch einen schriftlichen Heuervertrag möglichen Problemen und Streitigkeiten zwischen den Vertragspartnern vorzubeugen und für beide ein größeres Maß an Rechtssicherheit zu gewährleisten, wird auch von einem dänischen Patent über Heuerverträge aus dem Jahre 1783 noch einmal deutlich gemacht: *Von diesem Häuercontract behält der Enrollirungschef bei der Musterung der Mannschaft das eine, der Schiffer das andere und das Schiffsvolk das dritte Exemplar, damit ein jeder von letzterem seine Gerechtigkeiten daraus ersehe und den Schifsleuten in vorkommenden Fällen desto schleuniger von der Obrigkeit des Orts, wo sie sich befinden, zu ihrem Rechte verholfen werden könne ...*[242]

Daß es dennoch Probleme und Schwierigkeiten über den genauen Umfang des Heuervertrages geben konnte, zeigt der Streit zwischen dem Lübecker Kapitän Schröder und seiner Mannschaft im Jahre 1786, in dem es um angeblich gemachte mündliche Zusatzversprechungen zu einem schriftlichen Heuervertrag ging und der in Aufruhr und Widersetzlichkeiten der Mannschaft gegen den Kapitän gipfelte.[243] In dieser Angelegenheit stellte der Agent der Hansestädte in Kopenhagen namens Meinig eindeutig fest: ... *das ihnen bey Unterzeichnung der Muster Rolle von dem Schoute dieses in Lübeck mündlich gegeben und nachher unerfüllt geblieben Versprechen die wahre Ursache ihrer Erbitterung gegeneinander sey.*[244]

Trotz der Behauptungen seitens der Mannschaft, die ausgestellte Musterrolle sei gefälscht, wurde deren Richtigkeit vom Wasserschout eindeutig festgestellt, was der Haupträdelsführer schließlich auch bestätigte, der vom Wasserschout, dem offiziellen Musterungsbeamten, daraufhin wegen Beleidigung verklagt wurde.[245] Allerdings gab es in Lübeck tatsächlich einen gewissen Widerstand gegen die Einführung schriftlicher Heuerverträge und Musterrollen. So erklärte das Lübecker Commerz-Collegium 1781 auf die Einwände der Schiffergesellschaft, die seit 1669 auch offiziell für alle nautischen Belange in Lübeck zuständig war, gegen diese Neuerung: ... *daß, ohngeachtet der von der Schiffergesellschaft bemerkten Bedencklichkeit, es werde dadurch die Volcks-Häuer nicht erniedriget, vielleicht der Volcks-Mangel noch vermehrt werden, und ohngeachtet es in der Conferenty mit den Aeltesten der Commercierenden Collegiorum ungewiß geblieben, ob in Hamburg Volcks-Mangel oder Volck genug sey, im gleichen ob seit dem mit Holland ausgebrochenen Kriege das Volck in Hamburg ab- oder zugenommen habe, es schwer seyn dürfte, dieser zur höchsten Nothwendigkeit qualificierten Verbesserung auszuweichen oder dieselbe auch nur zu verschieben, weil Supplicierende Collegia frey bekennen, daß ihnen der eingewandte VolcksMangel keine Sorge mache, weil es bey einer ähnlichen Einrichtung in Hamburg an Leuten nicht fehle weil auch die hiesigen bald anderen Sinnes werden würden, wenn sie sähen, daß man auswärtiges SchiffsVolck wenn auch vors erste etwas theurer erhalten könne, und wie den Widerspenstigen an allen Oerten wohin sie sich wenden könnten der unsrigen ähnliche Musterrollen vorgelegt werden würden.*[246]

Es ging der Schiffergesellschaft demnach nicht um eine grundsätzliche Ablehnung der schriftlichen Heuerverträge, sondern allein um die Befürchtung, daß ein momentaner Mangel an Seeleuten durch die Einführung der Musterrolle noch verstärkt werden könnte. Von dieser Einschränkung abgesehen, gab es keine Einwände gegen die ... *entworfene Musterrolle selbst wider deren Innhalt sonst die Schiffergesellschaft nichts einzuwenden gehabt, und welche auch in der bürgerlichen Conferentz bereits genehmigt worden ...*[247] Also nicht eine prinzipielle Abwehrhaltung, sondern konkrete, situationsbedingte Vorbehalte bestimmten die kritische Haltung der Schiffergesellschaft gegenüber der Musterrolle, denn nicht die Idee der Einführung eines schriftlichen Heuervertrags an sich, sondern deren Zeitpunkt war der Ansatzpunkt der Kritik.

Trotz dieser Einwände setzten sich die schriftlichen Heuerverträge im 18. und beginnenden 19. Jahrhundert aufgrund ihrer eindeutigen Vorteile, vor allem wegen der erhöhten Rechtssicherheit bei etwaigen Streitigkeiten und Vertragsverletzungen, allmählich in ganz Europa durch, bis sie die mündlichen Heuervereinbarungen fast völlig ersetzt hatten.

Die Vorgänge bei der Einführung der Lübecker Musterrolle weisen zugleich darauf hin, daß neben dem Gedanken der verbesserten Rechtssicherheit auch die fortwährende Erweiterung des staatlichen Herrschaftsbereiches durch die Übernahme neuer Aufgabenbereiche eine Rolle bei der Einführung der schriftlichen Heuerverträge gespielt haben dürfte. So drang der Staat im Laufe des 18. Jahrhunderts allmählich in Bereiche vor, etwa auf wirtschaftlichem oder sozialem Gebiet, die zuvor »staatsfrei« gewesen oder die früher anderen Institutionen vorbehalten gewesen waren. Dementsprechend verstärkte sich in diesem Zeitraum auch die obrigkeitliche Kontrolle der Seefahrt.[248]

Dies wird besonders deutlich bei der Einführung des sogenannten Wasserschouts in einigen kontinentalen Staaten im Verlauf des 17. und 18. Jahrhunderts nach niederländischem Vorbild. Mit diesem eigens für die Regelung der Musterung von Seeleuten und die dabei entstehenden Schwierigkeiten und Probleme eingesetzten öffentlichen Musterungsbeamten erweiterten die staatlichen Stellen ihre Kontroll- und Regelungskompetenz entsprechend der allgemeinen staatlichen Entwicklung auch im Bereich der Seefahrt.

Bereits zuvor war in einigen Seerechtsverordnungen, wie dem Dänischen Seerecht von 1561, dem Hamburgischen Seerecht von 1530 und dem hansischen Seerecht der sogenannte Paßport eingeführt worden, der den Seeleuten nach beendigter Reise als Arbeitszeugnis von ihrem Kapitän ausgehändigt wurde. Nur bei schwerwiegenden Verstößen gegen die Schiffsdisziplin durfte der Kapitän einem Seemann die Ausstellung eines Paßport verweigern. Dieser Paßport war eine unerläßliche Voraussetzung für den Heuerkontrakt und mußte vom Seemann bei der Anmusterung dem Kapitän vorgelegt werden. Dabei stellten die Paßporte sowohl ein individuelles Arbeitszeugnis, als auch eine erste Form der obrigkeitlichen Kontrolle von Heuerangelegenheiten dar, da ihre Ausstellung bereits früh von obrigkeitlicher Seite beaufsichtigt wurde.[249] Die logische Konsequenz der zunehmenden obrigkeitlichen Kontrolle des Heuerwesens war daher vielerorts die Einsetzung eines eigenen staatlichen Musterungsbeamten, des sogenannten Wasserschouts.

Die Aufgaben und Befugnisse des Wasserschouts wurden bereits in der Rotterdamer Ordonnanz von 1655 detailliert festgelegt. Danach besaß der Wasserschout bei strafrechtlichen Verfehlungen polizeiliche Befugnisse und war ermächtigt, Straffällige oder Verdächtige festzunehmen und den zuständigen Behörden zu übergeben.[250] Auch hatte der Wasserschout darüber zu wachen, daß die geheuerten Matrosen auch wirklich ihren Dienst antraten, und überdies die Aufgabe, Deserteuren nachzuspüren.[251]

Entsprechend ihrer Tendenz zur Monopolisierung und Ausdehnung der staatlichen Herrschaft besaßen besonders die absolutistischen Staaten Westeuropas in ihrem Bemühen, Wirtschaft und Handel den staatli-

239 von Cancrin, S. 29.
240 Regulation Act 1729, § VIII: *And be it further enacted, That no seaman or mariner by entring into or signing such Contract or Agreement as aforesaid, shall be deprived of or hindred from using any Means or Methods for the Recovery of Wages against any Ship, the Masters or Owners thereof, which he may now lawfully make use of, and that in all Cases where it shall or may be necessary that the Contract or Agreement in Writing aforesaid should be produced in Court, no Obligation shall lie on any Seaman or Mariner to produce the same, but on the Master, Owner or Owners of the Ship for which the Wages shall be demanded; and no Seaman or Mariner shall fail in any Suit, Action or Process for Recovery of Wages for want of such agreement or Contract being produced; any Law, Usage or Custom to the contrary notwithstanding.*
241 Reglement und Verordnung Betreffend Was die commercirende Unterthanen sämmtlicher Sr. Königl. Majestät Reichen, Fürstenthümer, Graffschaften und Landen zu Kriegszeiten zwischen Seemächten in Ansehung der Schiffahrt zu beachten haben. Friedensburg, den 6. August Anno 1756.
242 Patent wegen der mit dem Schifsvolk bei Seefahrten nach Ost- und Westindien oder andern langen Reisen zu errichtenden Häuercontracte ..., S. 298ff.
243 AHL, ASA Interna/Seesachen, Nr. 41/1.
244 Ebd.
245 Ebd.
246 AHL, ASA Interna/Seesachen, Nr. 38/1.
247 Ebd.
248 Vgl.: Oestreich, S. 195, Müller: Herrschaft/Neuzeit, S. 476f.; van Dülmen: Entstehung des frühneuzeitlichen Europa, S. 350–367; ders.: Kultur und Alltag, Bd. 2, S. 225, und Vierhaus: Absolutismus, S. 471ff., sowie Deggim, Seemannsarbeit in der Handelsschiffahrt, S. 37.
249 Deggim, Seemannsarbeit in der Handelsschiffahrt, S. 23ff.
250 Rotterdamer Ordonnanz, § 14.
251 Rotterdamer Ordonnanz, §§ 30, 35.

chen Interessen entsprechend zu lenken und zu regulieren[252], auch in der Seefahrt eine gewisse Vorreiterrolle bei der Durchsetzung obrigkeitlicher Kontrolleinrichtungen. So sah die französische Ordonnance de la Marine von 1681 einen staatlichen Musterungsbeamten vor, in diesem Fall den Gerichtsschreiber der zuständigen Admiralschaft, bei dem die Namen aller an Bord befindlichen Personen anzugeben und von diesem in ein amtliches Verzeichnis aufzunehmen waren.[253]

Auch in Dänemark gab es bereits seit 1695 einen Wasserschout in Kopenhagen, dessen Aufgaben 1752 in einer neuen Instruktion neu geregelt wurden, die bis 1871 in Kraft blieb. Alle Kapitäne, die auf eine Überseereise gingen, waren verpflichtet, ihre Mannschaft vor dem Schout zu heuern. Daneben gab es auch in Altona und Bergen einen Wasserschout. In den Hafenstädten der dänischen Provinz, wie auch in Schleswig und Holstein war die Abfassung des Heuervertrags dagegen auch weiterhin den Kapitänen überlassen, hier waren sie allerdings durch einen Erlaß verpflichtet, den Vertrag vor der Mannschaft und einem Repräsentanten des örtlichen Magistrats zu verlesen und damit allen zur Kenntnis zu bringen.[254]

Ebenso gab es seit 1691 in Hamburg einen Wasserschout, in Lübeck seit 1782, in Bremen allerdings erst seit 1805, nachdem ein erster Versuch der Einführung am Widerstand der Bürgerschaft gescheitert war.[255] In Großbritannien wurde allerdings erst 1850 die Möglichkeit eröffnet, in den Hafenstädten mit dem sogenannten Shipping Office und dem diesem vorstehenden Shipping Master eine dem Wasserschout ähnliche Einrichtung zu etablieren, um so die An- und Abmusterung der Seeleute zu organisieren und zu regulieren.[256] Auch dieser Prozeß zunehmend staatlicher Regulierung verlief jedoch nicht ohne Schwierigkeiten. So hatte im Jahre 1805 in Bremen ein Kapitän Herklots Schwierigkeiten, eine Mannschaft zu finden, da sich dessen alte Mannschaft nicht vor dem Wasserschout mustern lassen wollte und dieser nicht in der Lage war, adäquate Seeleute an deren Stelle zu finden:

Einige Zeit nachher erschien die revidirte Verordnung wegen des Wasserschouts, der Capt. J.M. Herklots ließ sich bey dem Wasserschout dem Gesetze gemäs einzeichnen, und da die bisherige Schiffsmannschaft sich dieser Verordnung und den darin enthaltenen Vorschriften nicht fügen, und sich dort nicht wollte einschreiben lassen, so gaben wir dem Capt. Herklots auf, dieselbe abzudanken und sich an den Wasserschout zu wenden, um durch dessen Hülfe solche Mannschaft zu bekommen, die sich jener Verordnung fügen wolle. Wie der Capt. Herklots sich jedoch deshalb an den Wasserschout wandte, so erwiderte ihm dieser, daß er nicht im Stande sey, ihm solche Mannschaft anzuschaffen, und ihm deren Anschaffung mit Sicherheit zu versprechen. Der Capitain sah sich also genöthigt, die vorige Mannschaft zu behalten, und da einige derselben ihren Abschied nahmen, dafür drey neue Matrose anzunehmen. Während dieser Zeit hatte das Schiff seine Ladung völlig eingenommen, und wir trugen dem Capitain dieser Tage auf, nach der Jahde zu reisen, und bey der Schiffsmannschaft nochmahls einen Versuch zu machen, ob sie nicht willig zu machen wären, nach jener Verordnung sich zu fügen. Allein auch dieser Versuch lief fruchtlos ab. Wie der Capitain Herklots vor einigen Tagen die Ausfertigung seiner Schiffspapiere auf hiesiger Canzley verlangte, ward ihm dieselbe aus dem Grunde abgeschlagen, weil seine Mannschaft nicht bey dem Wasserschout eingeschrieben sey.[257]

Da sich die Mannschaft weiterhin weigerte, sich mustern zu lassen, wurde dem Schiff die Auslaufgenehmigung verweigert. Aufgrund dieser Schwierigkeiten baten die Reeder von Kapitän Herklots um eine Ausnahmeregelung für dessen Schiff, da eine weitere Verzögerung hohe Kosten nach sich ziehen würde. Leider sind in diesem Fall nicht die Beweggründe der Seeleute überliefert, die zur Ablehnung der Musterung durch den Wasserschout führten, so daß die Frage, ob es sich hierbei, wie behauptet, um eine Fundamentalopposition der Seeleute gegen Wasserschout und schriftliche Heuerverträge handelte, leider offenbleiben muß.[258]

Der Wasserschout diente vor allem als Arbeitsvermittlungsstelle für Seeleute, da er ein Verzeichnis aller zur Verfügung stehenden Seeleute zu führen hatte. Er setzte den Heuervertrag bzw. die Musterrolle auf und heuerte die Besatzung ebenso wieder ab. Er hatte auch die Aufgabe und Befugnis, bei kleineren Streitigkeiten zwischen Kapitän und Mannschaft zu schlichten und zu vermitteln, oder aber gegebenenfalls auch kleinere Strafen zu verhängen. Ebenso war er befugt, bei größeren Vergehen an Bord Verhaftungen vorzunehmen.[259] In einigen Städten, so in Hamburg, haftete der Wasserschout darüber hinaus auch bis zum Auslaufen für etwaige Desertionen von Seeleuten und war verpflichtet, dem Kapitän ohne zusätzliche Kosten neue Seeleute zu stellen.[260] Im Jahre 1843 wurden die umfassenden Regelungs- und Kontrollaufgaben des Bremer Wasserschouts wie folgt definiert: *Der Zweck dieser Verordnung und der Anstellung eines Wasserschouts ist wie man sieht, eine Art von Controlle über die Seeleute, über ihre Annehmung, dienstliche Stellung, ihr Betragen und ihre Entlassung zu führen. Darum soll kein Individuum auf einem Bremer Seeschiffe dienen, es sei denn in die Listen des Schout eingetragen, und von demselben auf seine Pflichten, wie sie die Musterrolle enthält, aufmerksam gemacht, auch zu deren Innehaltung verpflichtet. Und ebenso solle keine Ablöhnung eines Schiffskindes erfolgen, sie geschehe denn vor dem Schout oder es werde ihm wenigstens vom Capitain Kunde gegeben, daß und wie sie geschehe. Der Schout soll tunlich achten, daß nur qualificierte Personen den Seedienst verrichten, daher muß er von jedem Capitain oder Schiffs-Officier Nachweis seines Bürgerrechts fordern.*[261]

Um eine reibungslose Seeschiffahrt zu gewährleisten, hatte der Wasserschout in Bremen auch die Aufgabe, für die Aufrechterhaltung gewisser Qualifikationsstandards zu sorgen, also nur examinierte Steuerleute anheuern zu lassen und untüchtige und unzuverlässige Seeleute aus der Liste der Bremer Seefahrenden zu streichen.[262] Dies betraf vor allem unruhige und aufsässige Matrosen: *Nach Vollendung jeder Reise ist jeder Capitain verpflichtet, dem Schout von jedem Schiffskinde anzuzeigen, wie es sich während der Reise betragen habe, damit er das Betragen controlliren könne.*[263]

Erste Bemühungen von Seiten der Obrigkeit, die Kontrolle über die Seefahrt zu verstärken und eine ausreichende Befähigung und Zuverlässigkeit der Seeleute sicherzustellen, finden sich bereits in den Niederlanden des 17. Jahrhunderts. So waren die Kapitäne nach der Rotterdamer Ordonnanz von 1655 bei Strafe verpflichtet, nach Beendigung der Reise dem Wasserschout Bericht über das Betragen und etwaige Verfehlungen ihrer Besatzungen zu erstatten.[264] Zugleich war es verboten, Seeleute anzuheuern, die keine ordentlichen Entlassungspapiere ihres vorherigen Kapitäns vorweisen konnten.[265] Dieser Gedanke der Sicherung eines gewissen Qualifikationsstandards durch eine Kontrollfunktion des Wasserschouts findet sich auch in der Hamburger Wasserschout-Ordnung von 1786.[266] Durch das Seeleute-Verzeichnis und die Verpflichtung der Kapitäne bei Strafe, nur Seeleute anzuheuern, die in diesem Verzeichnis registriert waren und dies mit Hilfe eines vom Wasserschout ausgestellten Scheines nachweisen konnten, ergaben sich erweiterte Möglichkeiten der staatlichen Beaufsichtigung und Regulierung in diesem obrigkeitlich zuvor kaum kontrollierten Bereich der Seefahrt.[267] Darüber hinaus boten sich auch neue Möglichkeiten, von staatlicher Seite aktiv gestaltend in das Wirtschaftsleben einzugreifen, etwa die Lohnkosten in der Seefahrt durch die Regulierung der Heuerhöhe zu beschränken, wie z.B. das lübische Commerz-Collegium 1820 dem Rat der Stadt empfahl: *Ueberhaupt fällt es dem Schiffer lästig, allemal für eine jede Reise die Gage oder Häuer mit dem Schiffsvolke besonders zu bedingen, zumal dasselbe gar häufig die Forderung bis zur Unbilligkeit steigert, so daß oftmals für ansehnliche Häuer kein Volk zu haben ist. Ja die Schiffer, welche um Volk verlegen sind, müssen sich unter einander überbieten und den Preis vertheuern oder gar aus der Fremde Mannschaft verschreiben. Sehr angemessen scheint daher der Vorschlag der löblichen Schiffer-Gesellschaft, dem Schout aufzugeben, alljährlich, ehe die Fahrt offenkömmt, und ferner so oft es nöthig seyn dürfte, mit der Schiffer-Gesellschaft zusammen zu treten*

252 Vgl.: Oestreich, S. 187ff.; van Dülmen: Kultur und Alltag, Bd. 2, S. 225 und 280, und Dieter Wyduckel: Princeps Legibus Solutus, Eine Untersuchung zur frühmodernen Rechts- und Staatslehre, Schriften zur Verfassungsgeschichte, Bd. 30. Berlin 1979, S. 16 und 30f.
253 Ordonnance de la marine, 2. Buch, 1. Titel, § 16.
254 Feldbæk: Storhandelens tid, S. 162f., und Reglement und Verordnung ..., Friedensburg, den 6. August Anno 1756.
255 Gerstenberger und Welke: Vom Wind zum Dampf, S. 25. Vgl. auch STAB 2 – R. 11. h. (Wasserschout Bd. 3. 1807–1854).
256 Mercantile Marine Act 1850, § 35.
257 STAB 2 - R. 11. h. 2. (Wasserschout Bd. 2. 1805–1806 April).
258 Zur angeblichen Fundamentalopposition der Seeleute gegen den Wasserschout und die Einführung schriftlicher Heuerverträge vgl. Gerstenberger und Welke: Vom Wind zum Dampf, S. 274.
259 Revidiertes Reglement des Wasser-Schouts ..., 1766 und, 1786, §§ 10 und 11, und den Antrag, betreffend Hamburgische Seemanns-Ordnung 1854, hier: Entwurf zu einem revidirten Reglement des Wasserschout, S. 25–30 (alte und vorgeschlagene neue Fassung). Vgl. auch Feldbæk: Storhandelens tid, S. 162f.
260 Jacobsen: Seerecht, S. 181f., und Antrag, betreffend Hamburgische Seemanns-Ordnung 1854, hier: Entwurf zu einem revidirten Reglement des Wasserschout, S. 27, § 8 (alte und vorgeschlagene neue Fassung).
261 Des Herrn Sen. Dr. Droste dem Herrn Sen. Behrens in Lübeck über die hiesige Wasserschout-Ordnung ertheilte Auskunft. 1843, STAB 2 - R. 11. h. (Wasserschout Bd. 3. 1807–1854).
262 Ebd.
263 Ebd.
264 Rotterdamer Ordonnanz, § 52.
265 Ebd., § 20.
266 Revidiertes Reglement des Wasser-Schouts, Hamburg 1786, § 9.
267 Ebd., §§ 1–8, und Antrag, betreffend Hamburgische Seemanns-Ordnung 1854, hier: Entwurf zu einem revidirten Reglement des Wasserschout, S. 25, §§ 1–3 (alte und vorgeschlagene neue Fassung).

und mit derselben die Häuer und Monats-Gage für alle Fahrwasser zu regulieren, so daß jeder Steuermann, Matrose u.s.w. die feste Bestimmung derselben beym Schout zu vernehmen hätte, und das Collegium findet sich veranlaßt, denselben bey Einem HochEdlen Rath zu unterstützen.[268] Auch in Bremen hatte der Wasserschout in der Frage der Heuer eine wenn auch nur vermittelnde Regulierungsfunktion.[269]

Eine seit dem frühen 18. Jahrhundert geführte sogenannte Enrollierungsliste, in der alle unter dänischer Hoheit stehenden und zum Dienst in der königlichen Flotte verpflichteten Seeleute verzeichnet waren, gab dem absolutistischen dänischen Gesamtstaat die Möglichkeit zu Eingriffen in den nautischen Arbeitsmarkt. So wurde es den dänisch-gesamtstaatlichen Seeleuten mehrfach verboten, auf fremden Schiffen anzuheuern, solange die dänischen Handelsschiffe noch unbemannt waren, und andererseits den dänischen Reedern und Kapitänen vorgeschrieben, nach Möglichkeit nur enrollierte Matrosen anzuheuern. So bestimmte die »Verordnung und Privilegia für die Seeleute im Herzogthum Schleswig, welche sich in unseren Seediensten auf die Kriegs-Flotte gebraucht zu werden, enrolliren lassen« vom 30. September 1739 in § 5: *Gleichwie Wir ferner, um diese zu Unsern Diensten enrollirte Seeleute noch mehr zu beneficiren, für gut befunden, hiemit und in Kraft dieses allen und jeden nicht enrollirten Personen die Seefahrt, sey es auf eine weit entlegene Fischerey, oder auf andere Seereisen, ernstlich zu verbieten, imgleichen, daß solche sich von keinem aus Unserm Herzogthum Schleswig absegelnden Schiffer miethen lassen dürfen ...*[270]

Die Reeder betrachteten die See-Enrollierung allerdings als Eingriff in ihre kaufmännischen Freiheiten. Vor allem fürchteten sie aufgrund des starken Konkurrenzdrucks auf dem internationalen nautischen Arbeitsmarkt durch die mit der Enrollirung verbundenen Beschränkungen bei der Anheuerung nicht mehr genügend Seeleute für ihre Schiffe zu bekommen.[271] Vor allem Lockerungen dieser Bestimmungen, wie etwa durch eine Verordnung von 1741, die den Seeleuten größere Freiheiten bei der Fahrt auf ausländischen Schiffen gestattete, führten zu Engpässen bei der Bemannung dänisch-gesamtstaatlicher Schiffe. Kapitäne und Reeder versuchten daher gleichermaßen, die Bestimmungen wieder aufheben zu lassen, wie es auch an einer Eingabe aus Eckernförde im Jahre 1748 deutlich wird.[272] Man bat in dieser Bittschrift die zuständigen Stellen, dafür zu sorgen, daß: ... *denen enrollirten Matrosen zur Früh-Jahrs-Zeit nicht ehender erlaubt werde nach Hamburg, Holland, oder andere Oerter zu fremder Unterthanen See-Diensten zu gehen, bis und zuvorderst die von hierab zum Ausgehen destinirten Kauffardey-Schiffe besetzt sind ...*[273]

Hier wird das Pro und Contra staatlicher Interventionspolitik im 18. Jahrhundert deutlich. Während der dänische Staat einerseits durch eine gezielte Wirtschaftsförderungspolitik den Seehandel begünstigte, errichtete er auf der anderen Seite durch Eingriffe in den Arbeitsmarkt für Seeleute neue Hemmnisse für die Reeder des Gesamtstaats. Neben diesen militärischen und wirtschaftlichen Regulierungsaufgaben hatte die See-Enrollirung allerdings auch einen interessanten Effekt auf die fachliche Ausbildung der Seeleute, da sie durch die Gewährung von Diensterleichterungen und -befreiungen für examinierte Steuerleute und Kapitäne durchaus einen attraktiven Qualifikations- und Weiterbildungsanreiz und damit verbunden auch verbesserte Chancen zum beruflichen und sozialen Aufstieg bot.[274]

Ähnliches gilt auch für die sogenannten Apprentices in England und Schottland. Hier waren die Kapitäne bis Mitte des 19. Jahrhunderts verpflichtet, zur Sicherung des seemännischen Nachwuchses für die englische Seefahrt, je nach Größe des von ihm geführten Schiffs, eine gewisse Anzahl als Apprentice bezeichnete Jungen für einen Zeitraum von sieben bis neun Jahren an Bord zu nehmen, um sie als Lehrlinge in den Grundlagen der Seemannschaft zu unterweisen.[275]

2.3.2 Beendigung des Heuerverhältnisses

Durch den Heuervertrag hatten sich beide Seiten, Kapitän wie Besatzung, für die Dauer der gesamten Reise zu einer Schiffsgemeinschaft verbunden. Diese gegenseitige Bindung endete erst mit der Entlassung des Seemanns durch den Kapitän, in der Regel am Ende der Reise, gelegentlich jedoch auch während der Fahrt.[276]

Den Seeleuten war ein Recht auf Kündigung während der Fahrt grundsätzlich verwehrt. Sofern der Kapitän nicht seine Erlaubnis zu einer vorzeitigen Beendigung des Heuervertrags gab, hatten sie über die gesamte Geltungsdauer des Heuervertrages, also im allgemeinen für die gesamte Fahrtdauer, an Bord zu bleiben. Nur bei Schiffbruch oder dem Verkauf des Schiffs endete entsprechend der Normen einiger Seerechtsordnungen der Heuervertrag vorzeitig, während den Seeleuten bei mehrjährigen Reisen gelegentlich das Recht eingeräumt wurde, nach Ablauf einer gewissen Zeit ihre Entlassung zu fordern.[277] Nach einigen, vorwiegend älteren Seerechtsbestimmungen hatten Seeleute allerdings das Recht auf Entlassung, wenn sie ein eigenes Schiff kauften, ein eigenes Kommando erhielten oder heirateten.[278]

Allein im englischen Seerecht gab es bis nach 1860 eine weitere Ausnahme. Hier war es allen Seeleuten gestattet, während der Reise das Schiff unter Aufrechterhaltung aller Heueransprüche auch gegen den Willen des Kapitäns zu verlassen, wenn sie sich freiwillig zum Dienst auf einem Schiff der Royal Navy meldeten.[279] Daß diese Regelung nicht unbedingt die Zustimmung der betroffenen Kapitäne fand, wird in den Anhörungen des »Select Committee« des englischen Parlaments zu Schiffahrtsfragen aus dem Jahre 1860 deutlich, in denen der vorgeladene ehemalige Kapitän Sproule auf die Frage, ob er die Abschaffung dieser Regelung befürworte, antwortete: *I decidedly have long been of that opinion, and have long both written it and spoken it. The system has a very bad effect upon ships' companies when they know that they can, by applying to a man of war, get away from their ship in a foreign port.*[280]

Allerdings war der Wechsel in die Royal Navy für britische Seeleute nicht immer freiwillig, da die britische Marine zur Bemannung ihrer Schiffe in Kriegszeiten bis zum Ende der Napoleonischen Kriege 1815 regelmäßig auf die Zwangsrekrutierung von Seeleuten, das sogenannte Pressen, zurückgriff. Nicht nur die betroffenen Matrosen waren davon zumeist wenig erfreut, auch viele Handelsschiffskapitäne erbitterte es, wenn ein Preßkommando der Marine einen Teil ihrer oft genug knapp bemessenen Besatzung kurzerhand von Bord holte.[281]

Die Gründe für die Beschränkungen im Kündigungsrecht der Seeleute lagen in erster Linie in den Schwierigkeiten, in außereuropäischen Häfen genügend und ausreichend qualifizierte Seeleute als Ersatz für die abgemusterten Matrosen zu finden. Denn während in Europa, besonders in den großen Häfen Nordeuropas, das Anheuern einer neuen Crew in der Regel relativ einfach war, konnte die Suche nach neuen Matrosen in Übersee für erhebliche Probleme sorgen: Sofern sich überhaupt Leute finden ließen, waren dies oftmals unzuverlässige Seeleute, die von anderen Schiffen desertiert waren und überdies auf-

268 AHL, ASA Interna/Seesachen, Nr. 39/1.
269 Des Herrn Sen. Dr. Droste dem Herrn Sen. Behrens in Lübeck über die hiesige Wasserschout-Ordnung ertheilte Auskunft. 1843.
270 Verordnung und Privilegia für die Seeleute im Herzogthum Schleswig, welche sich in unseren Seediensten auf die Kriegs-Flotte gebraucht zu werden, enrolliren lassen, 30. September 1739, § 5; Henningsen, S. 133.
271 *Henningsen,* S. 128f.
272 *Henningsen,* S. 128f.
273 LASH, Abt. 10, Nr. 247. »Allergnädigst anbefohlene, zur Aufnahme der Stadt Eckernförde abzielende alleruntherthänigste Vorschläge, mit denen jeden Articul illustrirenden Fundamentis«, 16. May 1748.
274 Patent zur Aufrechterhaltung und nähern Bestimmung des See-Enrollirungswesens, für die dazu gehörigen Städte und Districte der Herzogthümer, 11. März 1796, und Verordnung, betr. das Seeenrollirungswesen vom 17. April 1838, in: Chronologische Sammlung der im Jahre 1796 ergangenen Verordnungen und Verfügungen für die Herzogthümer Schleswig und Holstein. Kiel 1797.
275 Earle, S. 22ff.; Chitty, 167ff.; Riis: Navigations et Formations, S. 296ff., und Minutes of Evidence, taken before the Select Committee on Merchant Shipping, 29. März 1860: Capt. Benjamin Sproule, called in; and examined, S. 248f.
276 Abbott (1802), S. 124f.; Jacobsen: Seerecht, S. 180ff.; Abbott (1856), S. 136; Steel, S. 26f. Vgl. auch die Hamburger Musterrollen von 1849 und 1854, §§ 21–23; Obrigkeitliche Verordnung Bremen 1852, § 6.
277 Mercantile Marine Act 1850, §§ 46 und 98; Hamburger Musterrollen von 1849; Revidierte Seemannsordnung von 1854, §§ 22, sowie die Obrigkeitliche Verordnung Bremen 1852, §§ 6 und 54. Vgl. auch Engelbrecht, S. 78; Brarens, S. 11; Manual of maritime Law, S. 36ff.; Abbott (1856), S. 135f.; Nizze, S. 388f.; Steel, S. 28f. Dagegen erklärt Dana: The seaman's friend, S. 208, daß bei Küstenfahrten die Seeleute jederzeit das Recht hatten, ihre Entlassung zu fordern, solange Schiff und Reise dadurch nicht gefährdet waren.
278 Jacobsen: Seerecht, S. 188.
279 Abbott (1802), S. 125, und Abbott (1856), S. 139.
280 Minutes of Evidence, S. 237ff.
281 Diese seit dem 16. Jahrhundert übliche Form der zwangsweisen Dienstverpflichtung, engl. »Impressment«, war der Royal Navy allerdings ausschließlich in Kriegszeiten gestattet. Die Matrosen wurden entweder in den Häfen ergriffen oder noch auf See von heimkehrenden englischen Handelsschiffen geholt und für die Dauer des Krieges zum Dienst in der Royal Navy gepreßt. Obwohl laut Gesetz eigentlich alle Seeleute dieser Dienstpflicht unterlagen, gab es zahlreiche Ausnahmeregelungen. So waren beispielsweise die Kapitäne und Ersten Offiziere von Handelsschiffen ebenso wie Auszubildene in der Seefahrt, sogenannte »Apprentices«, bis zu ihrem 18. Lebensjahr sowie Fischer, Bootsleute und Walfänger von der Dienstpflicht ausgenommen und durch von verschiedenen Behörden ausgestellte Pässe, sogenannte »Protections«, vor einer Pressung geschützt. Erst durch die Neustrukturierung der Royal Navy in der Mitte des 19. Jahrhunderts verlor das »Pressen« als Rekrutierungsmethode an Bedeutung. Vgl. dazu: Rodger, S. 164–182; Daniel A. Baugh: The eighteenth century Navy as a national institution, in: J.R. Hill (Hrsg.): The Oxford illustrated History of the Royal Navy, Oxford 1995, S. 135ff., und Kemp: Companion, Stichwort »Impressment«, S. 415f.

grund der Mangelsituationen zum Teil exorbitante Heuerforderungen stellen konnten.[282] Zudem hatte sich während des 18. und 19. Jahrhunderts die Mannschaftsgröße auf Schiffen gleicher Tragfähigkeit stetig verringert. Die Schiffe hatten nun, vor allem aus ökonomischen Gründen, nur noch die für den Schiffsbetrieb zwingend notwendige Zahl von Seeleuten an Bord, so daß der Wegfall einer jeden Arbeitskraft an Bord deutlich zu spüren war und Mannschaftsmangel im Extremfall sogar dazu führte, daß Schiffe ihre Reise nicht fortsetzen konnten.[283] Diese für den Kapitän extrem unangenehme Situation beschreibt auch der englische Kapitän Sproule in seiner Aussage vor einem englischen Parlamentsausschuß: *I consider that when a ship's complement is reduced (for we none of us carry more than we can help) you do disable her in a measure. I have frequently seen that in my own experience, and I have frequently seen it occur on board other ships.*[284]

Dem versuchte man durch gesetzliche Bestimmungen vorzubeugen. So galt zunächst die Regelung, daß die Seeleute auf Schiffen, die über einen längeren Zeitraum nicht in den Heimathafen zurückkehrten, generell das Recht besaßen, spätestens nach zwei Jahren ihre Entlassung zu fordern, doch zeigte sich diese Regelung als unzureichend und wurde durch differenzierte Bestimmungen ersetzt. Dabei wurden trotz der Dominanz ökonomischer Erwägungen die Belange der Seeleute bei der Revidierung des Seerechts nicht ignoriert.[285]

Während die Möglichkeiten der Seeleute, das Schiff während der Fahrt vorzeitig zu verlassen, eng begrenzt waren, besaß der Kapitän unter gewissen Umständen die Möglichkeit, Seeleute, etwa nach Disziplinarverstößen, auch während der Reise gegen ihren Willen vom Schiff zu entfernen.[286] Diese Befugnis stieß jedoch an eng umschränkte Grenzen, die einer mißbräuchlichen Entlassung von Seeleuten, vor allem im Ausland, vorbeugen sollte. Rechtfertigende Gründe für die Entlassung von Seeleuten während der Fahrt und im Ausland waren allein die nachweisliche Unfähigkeit des Seemanns, dessen Aufsässigkeit oder nachhaltige disziplinarische Verfehlungen. Auch in diesem Fall hatte der Matrose jedoch meistens Anspruch auf seine bis zum Zeitpunkt seiner Entlassung verdiente Heuer, allerdings unter Abzug eventuell verhängter Geldbußen.[287]

Eine solche Entlassung im Ausland setzte zum Schutz der Seeleute vor einem möglichen Mißbrauch der Befugnis durch den Kapitän zwingend ein Untersuchungsverfahren vor einem Konsul des betreffenden Flaggenstaates und die eidliche Aussage des Kapitäns und seiner Offiziere über die eine Entlassung rechtfertigenden Ereignisse an Bord voraus. War kein Konsul erreichbar, konnte dieses Verfahren auch mit Hilfe der örtlichen Obrigkeit vonstatten gehen.[288] Ebenso besaß der Kapitän bei selbstverschuldeten Unfällen und Verwundungen der Seeleute, etwa durch Alkoholmißbrauch und daraus resultierenden Auseinandersetzungen und Tätlichkeiten, oder bei Krankheiten, die sich die Matrosen außerhalb des Schiffsdienstes zugezogen hatten, wie etwa Geschlechtskrankheiten, das Recht zur vorzeitigen Entlassung.[289] Im Gegensatz zum Fürsorgeanspruch bei Verwundungen und Krankheiten, die sich die Seeleute im Dienst des Schiffs zugezogen hatten, hatten sie bei eigenem Verschulden keinen Anspruch auf Heilfürsorge auf Kosten von Schiff und Reeder.[290] Vielmehr galten solche Vorkommnisse als Vertragsbruch, da die Seeleute ihren Dienst, zu dem sie sich bei der Anheuerung verpflichtet hatten, nicht nachkamen. Daher war es den Kapitänen erlaubt, solche Seeleute während der Fahrt, auch im Ausland, unter Auszahlung ihrer bis dahin verdienten Heuer zu entlassen.[291] Darüber hinaus hatte der Kapitän zwar das Recht, seine Seeleute auch aus beliebigen anderen Gründen zu entlassen, jedoch nur unter Zahlung einer Entschädigung in Höhe von mehreren Monatsheuern zuzüglich zu der diesem zustehenden Heuersumme und gelegentlich auch der notwendigen Reisekosten, um in den Heimathafen zurückzukehren.[292] Damit war das Kündigungsrecht für beide Seiten eingeschränkt. Während aber der Kapitän Seeleute bei erheblichen Verfehlungen oder in Fällen, wo ihr weiteres Verbleiben an Bord die Disziplin gefährdete, ohne Entschädigung entlassen durfte, war den Matrosen das Recht verwehrt, während der Reise ihre Entlassung gegen den Willen des Kapitäns zu fordern.

Aufgrund ihres beschränkten Kündigungsrechts versuchten daher viele Seeleute, etwa aus Unzufriedenheit mit dem Kapitän oder den Verhältnissen an Bord, oder weil auf anderen Schiffen höhere Heuern geboten wurden, das Schiff heimlich zu verlassen, obwohl jegliches unerlaubte Entfernen von Bord seit dem Mittelalter im gesamten europäischen Seerecht unter Strafe stand.[293] Während das stunden- oder tageweise Verlassen des Schiffs ohne Wissen und Einwilligung des Kapitäns relativ milde, etwa durch Geldbußen oder Heuerabzüge, bestraft wurde, stand eine Flucht von Bord mit dem Willen und Vorsatz, sich dem Schiff und dem Heuervertrag dauerhaft zu entziehen, seit alters her unter schwerer Strafandrohung.[294] So bestimmten die Hansische Schiffsordnung und das Seerecht von 1618: *Wurde einig Boßmann oder Officier, wann er die halbe hewre empfangen / vom Schiff entlauffen / dem sol / da er betretten / ein Boßhaecke auff die Backen gebrandt werden.*[295]

Nach der Rotterdamer Ordonnanz von 1655 wurde die unerlaubte Entfernung aus dem Schiffsdienst nicht nur mit einer Geldstrafe in Höhe von fünfzehn Gulden für Offiziere und zehn Gulden für Matrosen, sondern zudem noch mit einer zusätzlichen Strafe entsprechend der Schwere des Vergehens nach der Rückkehr des Schiffs geahndet.[296] Dieser Vorgang, in den älteren Quellen als *Entweichen* bezeichnet, wurde seit dem 18. Jahrhundert sowohl in literarischen wie auch in juristischen Quellen in zunehmenden Maß *Desertion* genannt, ein Begriff, der auch hier verwendet wird.[297] Dabei stehen der Vorgang wie auch der Begriff in Analogie sowohl zur militärischen Fahnenflucht und zum unerlaubten Entweichen der Dienstboten im Gesinderecht.[298]

Der Tatbestand der Desertion setzte die klar erkennbare Absicht eines Seemanns, sich dauerhaft seiner Dienstpflicht zu entziehen, voraus. Im Gegensatz zu dem bloßen Überziehen des Landurlaubs, der aufgrund übermäßigen Alkoholkonsums versäumten rechtzeitigen Rückkehr oder der unerlaubten Abwesenheit von Bord, waren die Merkmale einer Desertion das heimliche Verlassen des Schiffs direkt vor dem Auslaufen oder unter Mitnahme aller Effekten, das An-

282 Wossidlo, S. 10ff., und ein Bericht des bremischen Geschäftsträgers in Konstantinopel aus dem Jahre 1856 STAB 2 - R. 11. l. 2. (Manualakten betr. die Revision der Verordnung vom 15.11.1852 (brem. Seemannsordnung 1855–1868).

283 Earle, S. 27; Ville: Shipowning, S. 94ff.; Davis, S. 70ff., sowie Dana: Two years before the Mast ..., S. 331.

284 Minutes of Evidence, S. 237ff.

285 Ebd., 250ff.; Entwurf zu einer Revidierten Seemanns-Ordnung, Hamburg 1853, S. 8ff., und Antrag, betreffend Hamburgische Seemanns-Ordnung 1854, S. 6. Vgl. ebenso Schulz, S. 195.

286 Rotterdamer Ordonnanz, §§ 26 und 41; von Cancrin, S. 157f.; Abbott (1802), S. 124 und S. 128ff.; Jacobsen: Seerecht, S. 180ff. und 201ff.; Steel, S. 26f.

287 Rotterdamer Ordonnanz, § 27; Hamburgische Musterrollen von 1849 und 1854, §§ 6 und 23, und Obrigkeitliche Verordnung Bremen 1852, § 46. Vgl. auch Abbott (1802), S. 128ff.; Jacobsen: Seerecht, S. 201ff.; Dana: The seaman's friend, S. 208 und 216ff.; Nizze, S. 408ff. Dagegen sahen die Hansische Schiffsordnung, 3. Titel, §. 8, sowie das Danske Lov, 4. Buch, 1. Kap. § 9, wie auch von Cancrin, S. 157f., keine Heuerzahlungen für die an Land gesetzten Seeleute vor.

288 Revidierte Seemannsordnung, Hamburg 1854, § 23 und Steel, S. 20f.

289 Schwedisches Seerecht von 1667, 1. Abt. 11. Kap.; Hamburgische Musterrollen von 1849 und Revidierte Seemannsordnung von 1854, §§ 3 und 19; Obrigkeitliche Verordnung Bremen 1852, § 61. Vgl. auch von Sahme, S. 24; von Cancrin, S. 157f.; Chitty, S. 184; Jacobsen: Seerecht, S. 201ff.

290 Surland, S. 77ff.; Nizze, S. 397f., und Gemeinfaßliche Darstellung des Europäischen Seerechts, S. 22f.

291 Schwedisches Seerecht von 1667, 1. Abt. 11. Kap.; Hamburgische Musterrollen von 1849 und Revidierte Seemannsordnung von 1854, §§ 3 und 19, sowie Obrigkeitliche Verordnung Bremen, 1852, § 61. Vgl. auch von Sahme, S. 24; Chitty, S. 184, und Jacobsen: Seerecht, S. 201ff.

292 Preußisches Allgemeines Landrecht, 2. Teil, 8. Titel, §§ 1552 und 1553; Hamburgische Musterrollen von 1849 und 1854, § 23, sowie Obrigkeitliche Verordnung Bremen 1852, § 53. Vgl. Nizze, S. 408ff., und Dana: The seaman's friend, S. 191. Steel stellt allerdings auf S. 23f. für das englische Seerecht des 19. Jahrhunderts fest, daß dieses Kapitäne bestraft, die eigenmächtig Seeleute entlassen.

293 Abbott (1802), S. 124; Jacobsen: Seerecht, S. 180ff.; Steel, S. 26f. Zu den Motivationen, das Schiff heimlich zu verlassen vgl. u.a. Entwurf zu einer Revidierten Seemanns-Ordnung, Hamburg 1853, S. 7; STAB 2 - R. 11. l. 2. [Manualakten betr. die Revision der Verordnung vom 15.11.1852 (brem. Seemannsordnung) 1855 – 1868], und Lewis, S. 170. Vgl. auch Earle, S. 167ff.; Deggim, S. 32f.; Frans van der Ven, S. 121ff. Nach Walther Vogel: Geschichte der Deutschen Seeschiffahrt, Berlin 1915, S. 440f., fand die Desertion aufgrund zunehmender Probleme mit entlaufenden Seeleuten erst im Laufe des 14. Jahrhunderts als Straftatsbestand im Seerecht Niederschlag und wurde zu diesem Zeitpunkt zumeist als Vertragsbruch betrachtet.

294 Hansische Schiffsordnung, 4. Titel, § 25; Preußisches Allgemeines Landrecht, 2. Teil, 8. Titel, §§ 1546 und 1547; Danske Lov, 4. Buch, 1. Kap. § 6; Hamburgische Musterrolle von 1849 und 1854, § 17, sowie die Obrigkeitliche Verordnung Bremen 1852, §§ 21 und 22. Vgl. auch Sahme, S. 24; von Cancrin, S. 157f.; Abbott (1802), S. 124; Jacobsen: Seerecht, S. 180ff.; Steel, S. 26f.; Nizze, S. 429.

295 Hansische Schiffsordnung und Seerecht, 4. Titel, § 25.

296 Rotterdamer Ordonnanz, § 36.

297 So wird im englischen Regulation Act von 1729 explizit von Desertion gesprochen, wie auch in dem Fall des entwichenen Seemanns Cordt Meyer aus Bergen aus dem Jahre 1731 dieser als der *deserteurte Matros* bezeichnet wird [STAB 2-R.11.b.7. (Schiffergilde, auch Seegericht 7. Protokolle des Seegerichts)]. Auch 9, *Uring* berichtet in seinen Memoiren aus dem Jahre 1726 auf S. 252: *men deserted me.*

298 STAB 2 - R. 11. l. 8. (Desertion und Meuterei, Bd. 1, 1771–1860.): Untersuchungssachen wider den Matrosen Friedrich August Franke wegen Desertion, 1824, und AHL, ASA Interna/Seesachen, Nr. 44/2. (Auszug aus: Protocoll der Commission für Handlung und Schiffahrt, 28 Juli 1841). Vgl. zur militärischen Desertion auch Peter Burschel: Die Erfindung der Desertion, Strukturprobleme in deutschen Söldnerheeren des 17. Jahrhunderts, in: Ulrich Bröckling und Michael Sikora (Hrsg.): Armeen und ihre Deserteure, vernachlässigte Kapitel einer Militärgeschichte der Neuzeit, Göttingen 1998, S. 72ff., und zum Gesinderecht z.B. das Preußische Allgemeine Landrecht, 2. Teil, 5. Titel, §§ 167 bis 170 (Verlassung des Dienstes.)

heuern auf einem anderen Schiff oder das Aufsuchen eines Verstecks.[299]

Dies galt auch für den Heimathafen. So bestimmte etwa die Rotterdamer Ordonnanz von 1655, daß ein Seemann nach Abschluß des Heuervertrages verpflichtet sei, sich innerhalb von 24 Stunden zum Dienst an Bord des Schiffs zu melden. Erschien er nicht, so war der Kapitän bei Strafe verpflichtet, nach Ablauf von weiteren 24 Stunden den Betreffenden als Deserteur beim Wasserschout anzuzeigen und suchen zu lassen.[300]

Im amerikanischen Seerecht wurde allerdings jede unerlaubte Abwesenheit von mehr als 48 Stunden bereits als vollendete Desertion gewertet, was für den betreffenden Seemann entsprechende Konsequenzen nach sich zog.[301] Dagegen galt im englischen Seerecht ein Verlassen des Schiffs mit dem Ziel, sich freiwillig zum Dienst in der Royal Navy zu melden, nicht als Desertion, und dem betreffenden Seemann standen sowohl seine Heuer als auch seine Effekten zu.[302]

In einigen Darstellungen wird die Desertion als ein sich von den Seeleuten vorbehaltenes informelles Recht verstanden, den Heuervertrag einseitig zu lösen, und damit als Zeichen ihrer ökonomischen Autonomie im Kampf gegen Kapitäne und Reeder.[303] Diese Auffassung findet sich jedoch in der rechtlichen Bewertung der Desertion in den zeitgenössischen juristischen Quellen nicht wieder. Vielmehr wurde dieses Vergehen als Vertragsbruch betrachtet und dementsprechend geahndet. Der Reeder konnte die noch ausstehende Heuersumme einbehalten, und im Falle seiner Festnahme wurde der Deserteur mit zusätzlichen Geld- und Freiheitsstrafen sowie, vor allem in den älteren Seerechtsverordnungen auch mit körperlichen Züchtigungen bestraft.[304]

In seiner Einleitung zum preußischen Seerecht von 1727 erläutert von Sahme diese Rechtsauffassung über die Desertion und die dafür angedrohten Sanktionen: *Hingegen ist das Schiffs-Volck auch schuldig, die Miethe treulich auszuhalten, und ohne rechtmäßige Ursachen nicht aus dem Dienste zu gehen, wiedrigenfalls derjenige, der seine Miethe bricht, durch rechtliche Zwangs-Mittel seine Zeit auszudienen kan angehalten, auch mit willkührlicher Straffe vor die See-Armen beleget werden; wenn aber der Schiffer den ausgetretenen nicht wieder annehmen will, muß dieser nicht allein den empfangenen Lohn zurückgeben, sondern auch eben so viel Straffe dem Licent-Amt erlegen, oder in Ermangelung des Geldes mit der Karre oder anderer Leibes-Straffe beleget werden.*[305]

Dabei führte allerdings seit dem Ende des 17. Jahrhunderts eine allgemeine Tendenz der Milderung von Strafrecht und -sanktionen in zunehmendem Maße zur allmählichen Ablösung der traditionellen Körperstrafen durch Freiheitsstrafen, so daß in der Mitte des 19. Jahrhunderts die alten körperlichen Strafen mit Ausnahme der Todesstrafe für Kapitalverbrechen fast völlig aus den europäischen Strafrechtsbestimmungen verschwunden waren.[306]

Dies galt auch für die Bestimmungen des europäischen Seerechts, in denen die teilweise drastischen körperlichen Strafandrohungen allmählich Freiheits- und Geldstrafen wichen. In einigen Seerechtsregelungen hielten sich die Bestimmungen über körperliche Strafen noch bis ins 19. Jahrhundert.[307] So drohte das Allgemeine Preußische Landrecht von 1794 in seinen seerechtlichen Bestimmungen noch eine körperliche Bestrafung für desertierte Seeleute an.[308] Auch die Disziplinarbestimmungen für das Bremer Schiff VISURGIS von 1795 sahen im Artikel 29 noch solche Sanktionen vor: *Es soll sich keiner, wie genannt, unterstehen, so lange die Expedition dauert, und er im Dienste derselben stehet, das Schiff zu verlassen und zu desertiren. Ein solcher, falls er nicht wieder habhaft zu werden, soll alles dasjenige verlieren, was er bis dahin verdienet und zu gute hat. Sollte er wieder gekrigt werden; so ist er den Umständen nach an Gage mit Gefängniss oder am Leibe vom Schiffs-Rath zu bestrafen.*[309]

Dagegen wurde etwa in der Sammlung der Hamburgischen Gesetze von 1769 den Seeleuten unter Verzicht auf körperliche Strafen als Sanktion für den Fall, daß sie von einem Schiff nach Empfang des Heuervorschuß entliefen, angedroht, daß sie ... *auf 14 Tage mit Gefängnis auf Wasser und Brodt in der Nocken-Kiste gezüchtiget, und aus der Stadt und deren Gebiete verwiesen* werden.[310] Auch im britischen Seerecht stand auf Desertion neben dem Verlust der Heuer und aller noch an Bord befindlichen Effekten im Falle der Ergreifung eine durch ein ordentliches Gericht zu verhängende Gefängnisstrafe mit oder ohne Zwangsarbeit zwischen vierzehn und dreißig Tagen, wobei die Höchststrafe im Jahre 1850 auf zwölf Wochen erhöht wurde.[311]

Auch im Fall der Desertion fand im Gefolge der neuen Rechtsdogmatik ein Wandel der rechtlichen Bewertung statt. Das traditionelle, undifferenzierte Seerecht hatte im Heuervertrag alle relevanten arbeits- und disziplinarrechtlichen Bestimmungen einfach nach den Gesichtspunkten der praktischen Erfordernisse zusammengefaßt. Diese bis dahin allgemein übliche Mischung aus Arbeitsvertrag und Disziplinarordnung stieß im 19. Jahrhundert zunehmend auf Ablehnung seitens der Juristen.[312] Dementsprechend wurde die Desertion nun nicht mehr als Vertragsbruch betrachtet, sondern dem Bereich des Strafrechts zugeordnet. Dennoch blieben die alten, traditionellen seerechtlichen Normen noch lange in Kraft und dienten auch weiterhin als die wesentlichen Referenznormen.[313]

2.3.3 Entlohnung

Die Heuer war die Gegenleistung für die auf einem Schiff geleistete Arbeit und bestand neben der an Bord ausgegebenen Verpflegung in der Zahlung einer vertraglich vereinbarten Geldsumme.[314] In dem hier behandelten Zeitraum hatte sich mit Ausnahme der Kaper- und der Walfangfahrt, wo noch eine Gewinnbeteiligung üblich war, die Monatsheuer durchgesetzt.[315] Die Höhe der Heuer bemaß sich zum einen nach der beruflichen Qualifikation des Seemannes und des Ranges, für den er sich verheuerte, zum anderen nach der wirtschaftlichen Lage, da die Heuerhöhe entsprechend der Konjunkturen und der Angebots- bzw. Nachfragesituation auf dem Arbeitsmarkt für Seeleute durchaus erheblich variieren konnte.[316] Für Leistungen allerdings, die über den üblichen Umfang der Schiffsdienste, wie sie im Heuervertrag festgelegt waren, hinausgingen, hatten die Seeleute einen Anspruch auf eine zusätzliche Entschädigung.[317] Meistens wurde vor Beginn der Reise ein Vorschuß geleistet, während der Rest der Heuersumme erst nach Beendigung der Fahrt ausgezahlt wurde.[318] So schrieb die Rotterdamer Ordonnanz von 1655 beispielsweise die Zahlung eines Heuervorschusses von sechs Stüvern vor, womit zugleich auch der Heuervertrag als ordnungsgemäß geschlossen galt.[319]

Bezüglich der Heuer galt lange Zeit vielfach der rechtliche Grundsatz »Die Fracht ist die Mutter der Gage«. D.h., die Crew hatte erst einen Anspruch auf die Heuer, wenn der Kapitän oder die Reeder die Frachtgelder für die zurückgelegte Reise in Empfang genommen hatten.[320] Andere Seerechtsverordnungen, wie z.B. die Rotterdamer Ordonnanz von 1655, sahen dagegen die Auszahlung der noch ausstehenden Heuer innerhalb einer gewissen Frist nach Rückkehr und Entladung des Schiffs vor.[321] Das Anrecht der Seeleute auf ihre Heuer geht auch deutlich aus der Hansischen Schiffsordnung hervor: *Die Schiffere sollen ihrem Schiffsvolck / zu Verhütung alles Muthwillens und Auffstandes / ihre wolverdiente und versprochene Hewre nicht vorenthalten / noch ihnen daran nichts bescheiden und abbrechen / Es were den / daß auff vorgehende Verhör und Gutachten der Schiffs-Freunde / wann die Reyse vollenzogen / jemands seiner Verbrechung halb / etwas zu kürzen und abzuziehen were.*[322]

299 Abbott (1856), S. 136f. Hier werden auch diverse Fälle angeführt, bei denen solche Vorgänge eindeutig nicht als Desertion betrachtet wurden.
300 Rotterdamer Ordonnanz, § 28 und 29. Vgl. auch die Hansische Schiffsordnung und Seerecht, 4. Titel, § 25; Regulation Act 1729, § 3.
301 Jacobsen: Seerecht, S. 186f., und Dana: The seaman's friend, S. 207f.
302 Chitty, S. 172f., und Mercantile Marine Act 1850, § 70.
303 Rediker, S. 101.
304 Hansische Schiffsordnung, 4. Titel, § 25; Danske Lov, 4. Buch, 1. Kap. § 6; Hamburgische Musterrolle von 1849 und 1854, § 17; Preußisches Allgemeines Landrecht, 2. Teil, 8. Titel §§ 1546 und 1547. Vgl. auch von Sahme, S. 24., Abbott (1802), S. 124; Chitty, S. 172f.; Jacobsen: Seerecht, S. 180ff.; Steel, S. 26f.; Nizze, S. 429.
305 von Sahme, S. 24.
306 Wesel, S. 388f.
307 Allerdings wurde in Bremen noch 1824 ein Deserteur zu 25 Rutenstreichen verurteilt. STAB 2 - R. 11. l. 8. (Desertion und Meuterei Bd. 1, 1771–1860.): Untersuchungssachen wider den Matrosen Friedrich August Franke wegen Desertion.
308 Preußisches Allgemeines Landrecht, 2. Teil, 8. Titel, §§ 1546 und 1547.
309 General-Reglement für das nach Indien bestimmte Schiff VISGURIS, Bremen 1795.
310 Sammlung der Hamburgischen Gesetze, S. 120f.
311 Abbott (1802), S. 124f.; Abbott (1856), S. 137f., und Mercantile Marine Act 1850, § 70.
312 Kresse: Hamburger Seemannsrecht, S. 110f. Zu der undifferenzierten Form der Heuerverträge in der ersten Hälfte des 19. Jahrhunderts vgl. die Vordrucke von Musterrollen aus den 1830er Jahren aus den Städten Lübeck, Wismar, Stettin, Rostock und Hamburg. Die einzelnen Bestimmungen der Rollen weichen zudem nur in Details voneinander ab, die wesentlichen Prinzipien sind identisch.
313 Nizze, S. 429.
314 Jacobsen: Seerecht, S. 180ff.; Nizze, S. 387; Pappenheim: Seehandel, S. 185.
315 Ebd.
316 Zu den konjunkturellen Schwankungen in der Heuerhöhe vgl. Davis, S. 133–158; Ville: Shipowning, S. 91–118
317 Sammlung der Hamburgischen Gesetze, S. 124f.; Surland, S. 29ff.; Nizze, S. 387.
318 Steel, S. 39ff. Vgl. auch Earle, S. 32, und Pappenheim: Seehandel, S. 187f.
319 Rotterdamer Ordonnanz, § 22.
320 Steel, S. 39ff. Vgl. auch Earle, S. 32, und Pappenheim: Seehandel, S. 187f.
321 Rotterdamer Ordonnanz, §§ 43 und 44.
322 Hansische Schiffsordnung und Seerecht, 3. Titel: Von des Schiffers Ampt, § V.

Wurden die Heuerabsprachen nicht eingehalten, stand den Seeleuten der Rechtsweg offen, wie z.B. Lübecker Ratsurteile aus dem 13. bis 16. Jahrhundert belegen. Nach der Rotterdamer Ordonnanz von 1655 war der Anspruch der Besatzung auf ihre Heuer sogar einklagbar.[323]

Während der Reise hatten die Seeleute keinerlei Anspruch auf Heuerzahlungen, es lag aber oftmals im Ermessen des Kapitäns, ihnen weitere Heuervorschüsse zu gewähren. Dabei war allerdings in einigen Seerechtsverordnungen die Höhe dieser Vorschüsse auf einen gewissen, prozentualen Anteil der Gesamtheuer beschränkt.[324] Über die Heuer hinaus hatten die Seeleute das Recht auf gute Behandlung, quantitativ und qualitativ hinreichende Verpflegung und auf medizinische Fürsorge im Falle einer im Schiffsdienst zugezogenen Verletzung oder Krankheit.[325] Dabei waren oftmals die Konsuln angewiesen, erkrankten oder sonstigen bedürftigen Seeleuten bei der Heimreise behilflich zu sein.[326]

Auch wenn prinzipiell nach dem Vertragsschluß die vereinbarten Bedingungen von beiden Seiten nicht mehr veränderbar waren, gaben dennoch gewisse Umstände Anlaß zu partiellen Modifizierungen der Heuerbedingungen. Dies war vor allem die Änderung des Reisezieles während der Fahrt und die Überwinterung in fremden Häfen, die sogenannte Winterlage. In diesen Fällen war der Kapitän verpflichtet, sich notfalls unter Zuhilfenahme einer Schiedsstelle mit der Besatzung über eine Heuererhöhung zu einigen, wobei die Besatzung allerdings verpflichtet war, in jedem Fall an Bord des Schiffs zu bleiben.[327] Mit der Ausweitung der Fahrtgebiete und dem Übergang zu längeren Fahrten wurden diese Bestimmungen im 19. Jahrhundert allerdings dahingehend geändert, daß nun nach einer gewissen Zeit automatisch eine Heuererhöhung, bzw. für Schiffsjungen und Leichtmatrosen auch eine Beförderung in den nächsthöheren Rang erfolgte.[328]

In den mittelalterlichen Seerechtsverordnungen wurde den Seeleuten wie auch den Schiffern als Vergütung für ihre Dienste über die Heuer hinaus auch die sogenannte Führung zugestanden, die von einigen Autoren als Überbleibsel der genossenschaftlichen Seefahrtsorganisation betrachtet wird. Dabei handelte es sich um die Berechtigung der Seeleute, eine gewisse Warenmenge auf eigene Rechnung ohne Zahlung von Frachtgebühren an Bord nehmen zu dürfen, wobei die Größe dieses Kontingents vom Rang des betreffenden Seemanns abhing. Daher könnte man den Heuervertrag zu diesem Zeitpunkt durchaus als eine Kreuzung von Fracht- und Arbeitsvertrag bezeichnen.[329] In dem hier behandelten Zeitraum wurde die Führung jedoch allmählich abgeschafft oder durch eine Zahlung in Geld abgelöst.[330] So sagt Surland bereits 1750: *Die Führung ist an verschiedenen Orten fast gänzlich abgeschafft, und an deren Stelle eine Belohnung am Gelde eingeführt.*[331] Die Gründe dafür lagen in erster Linie in den allgemeinen wirtschaftlichen Umwälzungen des 16. und 17. Jahrhunderts und den veränderten ökonomischen Voraussetzungen in der Seefahrt.[332] So wurde im Zuge der allgemeinen Monetarisierung der Wirtschaft, d.h. der durch die verbesserte Verfügbarkeit von Münzgeld endgültigen Durchsetzung der Geldwirtschaft und dem damit verbundenen Übergang von der Entlohnung durch Naturalien oder anderer geldwerter Vorteile, auch im Fall der Seeleute das traditionelle Recht auf Führung durch eine generelle Vergütung in Geld abgelöst.[333]

Zugleich sorgte aber auch der Mißbrauch der Führung durch die Seeleute für deren allmähliche Abschaffung, da eine irreguläre Nutzung dieses Privilegs durch die Seeleute erhebliche Probleme für das Schiff und den schnellen, ungestörten Verlauf der Reise zur Folge haben konnte. So brachten die Seeleute oftmals entweder zuviel oder verbotene, allerdings besonders gewinnträchtige Waren, etwa Konterbande oder Schmuggelgut, an Bord und konnten, z.B. durch Überladung oder im Falle einer Durchsuchung des Schiffs, durch die Beschlagnahme der Banngüter Schiff und Ladung gefährden. Oft verzögerte sich auch die Abreise des Schiffs, wenn die Seeleute es versäumten, ihre Waren rechtzeitig vor der Abfahrt zu besorgen, was die Kapitäne unter Umständen in erhebliche zeitliche Bedrängnis bringen oder sogar zur Beschlagnahme von Schiff und Ladung führen konnte.[334] Diese Gefährdung durch den Schmuggel von verbotenen Gütern unter dem Deckmantel der Führung wird auch in den Bestimmungen der Hamburger revidierten Musterrolle aus dem Jahre 1786 deutlich, die der Besatzung die Mitführung von Waren außer für den eigenen Bedarf während der Reise eindeutig untersagte: *Soll niemand mehr Toback, als zu seinem eigenen Gebrauch, noch sonst einige contrebande Güter an Bord bringen. Sollte iemand dawider handeln, und Schiff und Gut darüber in Anspruch genommen werden, der soll mit schwerer, und, nach Befinden, mit Leibes-Strafe belegt werden.*[335]

Ebenso hing die Abschaffung der Führung aber auch mit den veränderten ökonomischen Voraussetzungen in der Seefahrt durch den Übergang zur Frachtfahrt zusammen. Da es sich hierbei um ein reines Transportgeschäft handelte, bei dem der Schiffsraum zum Transport fremder Waren vermietet wurde, bedeutete die kostenlose Überlassung von Frachtraum an die Besatzung nicht nur eine Einschränkung der Transportkapazität, sondern auch der ökonomischen Verfügungsgewalt des Befrachters über das von ihm gemietete Schiff.[336]

So wurde bereits im schwedischen Seerecht die Führung prinzipiell durch eine Geldzahlung ersetzt, es sei denn, daß der Befrachter seine ausdrückliche Zustimmung zum Anbordnehmen von Eigenwaren der Seeleute gab.[337] Auch das preußische Seerecht von 1727 verbot das Anbordnehmen der Führung ohne die Einwilligung des Kapitäns.[338] In England gab es zwar auf einigen Fahrtrouten, vor allem in der Indienfahrt noch im 18. Jahrhundert das Recht auf Führung, allerdings scheint dies mehr auf Brauch und Tradition beruht zu haben, da die rechtliche Grundlage hier sehr fragwürdig erscheint.[339] Im Bereich des hansischen Seerechts galt dagegen das Recht auf Führung nur noch auf bestimmten Routen, etwa auf der Archangelsk-Fahrt, und wurde im Verlauf des 18. Jahrhunderts allmählich ungebräuchlich und im 19. Jahrhundert auch hier wegen des Mißbrauchs und aufgrund ökonomischer Erwägungen endgültig abgeschafft.[340] Dementsprechend schlug das lübische Commerz-Collegium[341] im Jahre 1820 dem Rat der Stadt die Änderung der betreffenden Artikel der lübischen Muster-

323 Rotterdamer Ordonnanz, § 39.
324 Sammlung der Hamburgischen Gesetze, S. 114 und 124f.; Mercantile Marine Act 1850, §§ 58–62, Entwurf zu einer Revidirten Seemanns-Ordnung, Hamburg 1853.
325 Hansische Schiffsordnung, 3. Titel, § 5 und 6. Titel, §. 1 und 2; Schwedisches Seerecht von 1667, 1. Abt. 11. Kap.; Hamburgische Musterrollen von 1849 und 1854, §§ 3 und 19, sowie die Obrigkeitliche Verordnung Bremen 1852, § 61. Vgl. auch Surland, S. 77ff.; Nizze, S. 397f.; Gemeinfaßliche Darstellung des Europäischen Seerechts, S. 22f.
326 So etwa, wie Nizze auf S. 314 ausführt, im preußischen Seerecht. Auch der dänische Konsul Wilson streckte 1842 dem in London erkrankten Seemann Volkerts die für die Heimreise notwendigen Mittel vor. Vgl. dazu LASH, Abt. 65.2, Nr. 831 II.
327 Hansische Schiffsordnung, 3. Titel, § 8; Sammlung der Hamburgischen Gesetze, S. 124ff.; Hamburgische Musterrolle von 1849 und Revidierte Seemannsordnung von 1854, §§ 15 und 16. Vgl. auch Abbott (1802), S. 123ff.; Jacobsen: Seerecht, S. 194ff.; Dana: The seaman's friend, S. 203f. Demgegenüber stellt Abbott (1856), S. 136, einschränkend fest, daß Heuerverträge ohne festes Reiseziel oder mit unbestimmten Reiseangaben unzulässig waren.
328 Hamburgische Musterrolle von 1849 und Revidierte Seemannsordnung von 1854, §§ 22. Vgl. auch Brarens, S. 77f., und Nizze, S. 401ff.
329 Hansische Schiffsordnung, 6. Titel, § 6: *Damit auch der Führung halben / eine gewißheit seyn / und sich niemand / weder Schiffer / noch Schifskind / darüber zu geben / oder zu nehmen unterwinden möge / So sol es hinführo also gehalten werden / nemblich / dem Schiffer und Steurman / jedem zwölff Tonnen vor die Last / die Officianten jedem sechs Tonnen / den Boßleuten jedem vier Tonnen / dem Pütker / Cajütenwächter / Kochsknecht / jedem zwey Tonnen unnd den letzten fünf Scheffel / und sol ihnen solches frey stehen / wann sie es selbst schaffen.* Vgl. auch Surland, S. 78f.; Heinsius, S. 240; Deggim, S. 9, und van der Ven, S. 91ff.
330 Engelbrecht, S. 107; Jacobsen: Seerecht, S. 191. Vgl. auch Deggim, S. 13, und Feldbæk: Storhandelens tid, S. 176.
331 Surland, S. 79. Jacobsen sagt 1815 auf S. 154 über die Führung: *Nach den alten Seerechten hatten die Matrosen eine Führung; nach den neueren Seerechten und der Praxis ist dieses für die mehrsten Reisen bei den mehrsten Nationen abgeschafft; bei den Amerikanern ist sie noch am häufigsten, und es ist eine eignene Rubrik auf ihren Musterrollen, wie viel jedem an Führung (privilege) zu gestanden ist.*
332 Ville: Transport, S. 48f. und 73–80; Henningsen, S. 451–464; Link, S. 26f.; Pappenheim: Seehandel, S. 186f., und van der Ven, S. 95ff. Vgl. auch Hermann Kellenbenz: The Rise of the European Economy, an economic history of continental europe 1500–1750, New York 1976, S. 302ff.; Geoffrey Parker: Die Entstehung des modernen Geld- und Finanzwesens in Europa 1500 – 1730, in: Europäische Wirtschaftsgeschichte, Bd. 2, 1978, S. 335 – 379.
333 Zur Monetarisierung der europäischen Wirtschaft im Mittelalter und der Frühen Neuzeit vgl. Michael North: Das Geld und seine Geschichte, München 1994, S. 33ff und 53ff. Vgl. auch Kellenbenz, S. 302ff.; Parker, S. 335–379; van der Ven, S. 95ff., und Hermann van der Wee: Monetary, Credit and Banking Systems, in: Cambridge Economic History of Europe, Bd. 5, Cambridge 1977, S. 306ff.
334 Pappenheim: Seehandel, S. 186f., und Feldbæk: Storhandelens tid, S. 176.
335 Revidiertes Reglement des Wasser-Schouts nebst der revidirten Muster-Rolle, Hamburg 1786.
336 Ville: Transport, S. 48f. und 73–80; Henningsen, S. 451–464; Link, S. 26f.; Pappenheim: Seehandel, S. 186f.
337 Schwedisches Seerecht, 1. Abt., 10. Kap. Vgl. auch Osten, S. 113f.
338 Von Sahme, S. 26.
339 Davis, S. 147, und Rediker, S. 131f.
340 Sammlung der Hamburgischen Gesetze, S. 122ff., und Pappenheim: Seehandel, S. 186f.
341 Die Commerz-Collegien waren in der Frühen Neuzeit für die Handels- und Gewerbepolitik zuständig. In Lübeck war ein solches Collegium 1672 gegründet worden und bestand aus je zwei Mitgliedern der Kaufleute-Kompagnien. Auch in anderen Staaten gab es ähnliche Einrichtungen, so war z.B. im Rahmen der Neuordnung der Verwaltung der zum dänischen Gesamtstaat gehörigen Teile der Herzogtümer Schleswig und Holstein 1670 ein Commerz-Collegium gegründet worden. Vgl. Antjekathrin Graßmann: Lübeck im 17. Jahrhundert: Wahrung des Erreichten, in: Lübeckische Geschichte, Lübeck 1989, S. 474f., und Ulrich Lange: Stände, Landesherr und große Politik – Vom Konsens des 16. zu den Konflikten des 17. Jahrhunderts, in: Geschichte Schleswig-Holsteins – Von den Anfängen bis zur Gegenwart, Neumünster 1996, S. 264f.

rolle, die nach wie vor die unüblich gewordene Führung beinhaltete, vor: *Denn jetzt findet eine Führung überhaupt nur noch bey den von St. Petersburg, Riga und Reval rückkehrenden Schiffen Statt, sonst überall nicht, ferner nur bey größeren Schiffen, und es pflegt dieselbe auch in der Regel jetzt zu Gelde gesetzt zu werden. Hieraus geht zunächst hervor wie unrichtig es sey, wenn jede Muster-Rolle, ohne Ausnahme, die Clausel enthält: ›außer der uns bewilligten Führung,‹ und es scheint schon um deswillen gerathen dieselbe wegzulassen. Allein das Collegium hält es überhaupt für räthlich, die Führung sowohl für Schiffer als Volk künftig in dem Maasse cessiren zu lassen, daß selbige in den Fällen wo und so weit sie noch üblich ist, immer zu Gelde gesetzt und der ganzen Schiffsbesatzung, mit Ausnahme des Schiffers, der sich jedoch mit dem Rheder für seine mitzubringenden Waaren wegen der Fracht zu verständigen hat, alles Mitbringen von Waaren aus der Fremde gänzlich untersagt werde.*

Wenn Ein HochEdler Rath geneigen wird sich alle diejenigen Verhandlungen ins Gedächtniß zurück zu rufen welche seit 15 bis 20 Jahren – und gewiß schon früher, wegen Verhütung der Schiffsdiebstähle und der Unzulänglichkeiten aller deshalb erlassenen Verordnungen Statt gefunden haben, so wird auch erinnerlich seyn, wie eine Haupt-Schwierigkeitt in der Befugniß des Schiffsvolks gefunden war, Waaren an so genannter rechtmäßiger Führung mitzubringen, unter deren Vorwande dem gar häufig der Absatz gestohlener Güter ausgeführt ward. Die in der Polizey-Verordnung von 1805 und 1819 dawider enthaltenen Verfügungen sind offenbar nicht zureichend. Angemessener scheint es, man verbietet künftig alles Mitbringen von Waaren, und überlaße dagegen den Schiffern, sich, bey Annahme der Mannschaft, mit derselben wegen einer angemeßenen besonderen Gratification, statt der Führung, zu vereinigen.

Sollte Ein HochEdler Rath diesem, auch von der löblichen Schiffergesellschaft für zweckmäßig erachteten Vorschlage Seinen Beifall ertheilen, so dürfte erforderlich seyn,

a) aus dem Art: 2 der Muster-Rolle die Worte ›mit der uns bewilligten Führung,‹ gänzlich weg zu lassen,

b) in Stelle des künftig wegfallenden Art: 3 eine Verpflichtung des Schiffsvolks einzuschalten, sich alles Mitbringens von Waaren gänzlich zu enthalten, und

c) dem Schout zur Pflicht zu machen, in den Fällen wo der Schiffer seiner Mannschaft eine besondere Gratification, statt der Führung, bewilliget, die desfalsigen besondere Stipulation der Muster-Rolle nachträglich anzuhängen. – Ueberdieß aber müßte annoch

d) durch eine besondere Verordnung die frühere dahin modificiret werden, daß künftig, so wie von Ballastböten, aller Ankauf von Waaren auch von Schiffsleuten gänzlich solle verboten, und jedes Individuum der Schiffsbesatzung, mit Ausnahme des Schiffers, bey welchem Waaren irgend einer Art betroffen werden; hinfüro als des Diebstahls vedächtig, und das Gut als gestohlen solle angesehen und behandelt werden.[342]

In den Kompendien zum europäischen Seerecht aus der Mitte des 19. Jahrhunderts findet die Führung schon überhaupt keine Erwähnung mehr. Hier wird unter Heuer allein die Zahlung einer Summe Geldes für die vertraglich vereinbarte Dienstleistung verstanden.[343]

Aber wie schon in dem obigen Zitat anklingt, war es den Kapitänen sowohl im Bereich des hansischen Seerechts als auch nach anderen Seerechtsverordnungen nach wie vor gestattet, mit dem Einverständnis der Reeder und gegen die Zahlung von Frachtgeldern weiterhin Waren auf eigene Rechnung an Bord zu nehmen, wie es z.B. auch der Föhrer Kapitän Jens Jacob Eschels mit großem Erfolg gemacht hat.[344] Zumindest in England gab es diese Möglichkeit im 18. Jahrhundert für alle Besatzungsmitglieder, die bereit waren, die Frachtgelder zu zahlen.[345]

Die Abschaffung der Führung hatte also in erster Linie ihren Grund in den veränderten Bedingungen der Seefahrt sowie im Mißbrauch durch die Seeleute. Es handelte sich dabei keineswegs, wie teilweise angenommen, um den Versuch der Reeder, Kaufleute und Kapitäne, die Seeleute zu entrechten oder sozial zu deklassieren und von gleichberechtigten Partnern des Kapitäns, der dementsprechend angeblich ein bloßer »Primus inter pares« war, zu Lohnarbeitern herabzudrücken, um so die Stellung des Kapitäns an Bord zu stärken.[346] Das Recht auf Führung ist vielmehr zu jeder Zeit ein Teil der Heuerzahlung gewesen, die in einem Dienstvertrag zwischen Seemann und Kapitän vereinbart wurde. Denn ob diese Zahlung in Geld oder durch die Berechtigung, ein gewisses Kontingent an Waren kostenlos zu befördern, erfolgte, blieb für das grundsätzliche Wesen des Vertrages unerheblich, ebenso wie das Recht der Seeleute auf Führung die besondere rechtliche und ökonomische Stellung des Kapitäns in der Schiffshierarchie nicht relativieren konnte.

2.4 Die Kapitänsgewalt

Durch den Heuervertrag stand die Besatzung an Bord in einem Subordinationsverhältnis zum Kapitän und war verpflichtet, allen seinen Befehlen zu gehorchen.[347] Diese Gehorsamspflicht ergab sich in erster Linie aus den besonderen Bedingungen der Seefahrt, denn die Grundlage für den sicheren Betrieb eines so hochentwickelten und komplexen technischen Systems wie es ein mehrmastiges Segelschiff ist, war vor allem ein hohes Maß an Organisation und Koordination.[348] Daher besaß jedes Besatzungsmitglied eine genau definierte Aufgabe und Position an Bord, so daß die Mannschaft unter allen Umständen schnell reagieren konnte.[349] Besonders in Notsituationen, die auf See schnell und völlig unerwartet auftreten können, etwa durch eine plötzliche Bö, war rasches und koordiniertes Handeln für das Schicksal von Schiff und Besatzung entscheidend.[350]

Im Gegensatz zu der Auffassung, daß die Disziplinargewalt des Kapitäns in früheren Zeiten noch nicht existierte und erst aus dem 19. Jahrhundert resultiert[351], lassen sich Hinweise auf eine auch disziplinarisch herausgehobene Stellung des Schiffsführers bereits in Rechtstexten des hohen Mittelalters nachweisen.[352] So nimmt das schleswigsche Stadtrecht des frühen 13. Jahrhunderts die allerdings nicht genau definierten Vergehen von Seeleuten, die auf See gegen den Kapitän verübt werden, explizit von der Gerichtsgewalt des Vogtes als dem Vertreter des Stadtherren aus: *Was Schiffleute verbrechen gegen den Schiffer, wenn sie noch draußen auf See sind, da gehöret dem Vogt nichts von.*[353] Auch Heinsius erwähnt die Disziplinargewalt des Kapitäns auf hansischen Schiffen und dessen Befugnis, Vergehen an Bord mit dem Aussetzen des Straftäters zu ahnden. Der Kapitän allein trug die Verantwortung für Besatzung, Schiff und Ladung und hatte daher auch die Aufgabe, für Ordnung an Bord zu sorgen.[354] Für das hamburgische und das hansische Seerecht stellt Pardessus fest, daß sich die Bestimmungen über die herausgehobene Stellung des Kapitäns auf weit ältere seerechtliche Bestimmungen zurückführen lassen. So verfolgt er z.B. den § 17 über die Bestrafung von Aufsässigkeiten der Seeleute gegenüber dem Kapitän vom hamburgischen Seerecht von 1603 über den § 20 im Seerecht von 1497 bis hin zu ähnlichen Bestimmungen im wisbyschen Seerecht (§§ 20 und 26) und in den Roles d'Oleron (§§ 6 und 12) zurück.[355]

Wie weit die Befugnisse des Kapitäns tatsächlich gingen, bleibt aber weitgehend unklar, da sich die betreffenden mittelalterlichen seerechtlichen Bestimmungen nur sehr allgemein über das disziplinarische Verhältnis zwischen Kapitän und Mannschaft äußerten.[356] In den seerechtlichen Bestimmungen der Frühen Neuzeit werden diese Befugnisse dagegen deutlicher. Schon das hansische Seerecht von 1614 verpflichtete die Seeleute explizit zum Gehorsam dem Kapitän gegenüber: *Die Schiffs-Kinder sollen bey ihrer annehmung angeloben / dem Schiffer getrew / hold und gehorsam zu seyn / und sich alles frevels / meuterey und Zusammen-verstrickung zu enthalten / bey straffe / wie unterschiedlich hernach folge.*[357] Auch nach der Rotterdamer Ordonnanz von

342 AHL, ASA Interna/Seesachen, Nr. 39/1.

343 Steel, »Wages«, S. 39ff.; Gemeinfaßliche Darstellung des Europäischen Seerechts, S. 22f., und Nizze, S. 381ff. Eine Ausnahme stellte allerdings das Herzogtum Schleswig dar. Hier galten noch die Bestimmungen des alten Danske Lov, in denen die Führung noch zu den Rechten der Besatzung gehörte. Vgl.dazu: Paulsen, S. 180f.

344 Rediker, S. 131f.

345 Rediker, S. 132.

346 Van der Ven, S. 98ff.; Gerstenberger und Welke: Vom Wind zum Dampf, S. 20ff.; Osten, S. 113f.

347 Engelbrecht, S. 3f.; Manual of Maritime Law, S. 33, sowie Deggim, Seemannsarbeit, S. 21, und Feldbæk: Storhandelens tid, S. 162f. Vgl. auch Surland, S. 17; Abbott (1802), S. 123ff.; Brarens, S. 77f.; Dana: The seaman's friend, S. 192f.; Nizze, S. 370.

348 Harland, S. 91–279, und Gerstenberger und Welke: Vom Wind zum Dampf, S. 55ff. Zur Komplexität eines Segelschiffes siehe auch Franz Ulffers: Handbuch der Seemannschaft von 1872, Reprint, Hannover 1993. Zwar bezieht sich dieses Werk im wesentlichen auf die seemännischen Arbeiten und Abläufe auf Kriegsschiffen, dennoch werden die komplizierten Arbeitsabläufe, die zum Betrieb eines hochentwickelten Segelschiffs notwendig sind, mehr als deutlich, etwa bei der Beschreibung des In-See-gehens (S. 252–283).

349 Rodger, S. 207ff.; Earle, S. 42; Aubert/Arner, S. 209.

350 Rodger, S. 207ff.; Weibust, S. 360.

351 Welke: Der Kapitän, S. 249.

352 Deggim, Seemannsarbeit, S. 32 und 37.

353 Schleswigsches Stadtrecht vom Jahre 1155, Cap. 69: Von der Schiffleute Brüche, in: Sammlung der Statute, Verordnungen und Verfügungen welche das bürgerliche Recht des Herzogthums Schleswig betreffen, herausgegeben von Esmarch, Schleswig 1846. Die Datierung Esmarchs ist allerdings wohl unzutreffend, laut Walther Lammers: Das Hochmittelalter bis zur Schlacht von Bornhöved, Geschichte Schleswig-Holsteins Bd. 4.1, Neumünster 1981, S. 255, vermutet man heute die früheste Niederschrift für die Zeit um 1200.

354 Heinsius, S. 232f.

355 Pardessus, Bd. 3, S. 363ff.

356 Heinsius, S. 232f., und Bernsten, S. 65.

357 Hansische Schiffsordnung, 3. Titel, § III.

1655 unterlagen die Seeleute explizit der Gehorsamspflicht gegenüber dem Kapitän. Gehorsamsverweigerung oder gar tätlicher Angriff waren unter Strafe gestellt und sollten entweder während der Reise nach dem jeweiligen Ortsrecht oder nach dem Ende der Reise durch den Wasserschout und die Obrigkeit bestraft werden.[358]

Grundsätzlich handelte es sich bei der Disziplinargewalt des Schiffsführers um ein auf der im Heuervertrag implizierten Gehorsamspflicht beruhendes Subordinationsverhältnis, wie aus den verschiedenen Seerechtsverordnungen und Heuerverträgen eindeutig hervorgeht. Mit Abschluß des Heuervertrages, spätestens aber beim Anbordgehen, begaben sich die Seeleute unter die Disziplinargewalt des Kapitäns. Somit war die Gehorsamspflicht eindeutig ein integraler Teil des Heuervertrags.[359] Dies wird auch in den Bestimmungen des schwedischen Seerechts deutlich: ... *Alle Schiffsleute, hohe und niedrige, sie mögen entweder für eine gewiße Heuer oder einen Theil der Schiffsfracht segeln, sollen dem Schiffer gehorsam und unterwürfig seyn, sich seinen Befehlen nicht mit Gewalt widersetzen, was er ihnen auch anbefehlen möge, ohne Halsstarrigkeit und Bosheit, bei Strafe an ihrem Eigentum Leib und Leben, je nach dem die Sache beschaffen ist; doch vor dem behörigen Gericht.*[360]

In vielen Seerechtsverordnungen wurde die Befehls- und Herrschaftsgewalt des Kapitäns über seine Mannschaft zudem analog zu der eines Hausvaters zu seinem Gesinde bzw. zu der eines Vaters über seine Kinder oder eines Lehrherren über seine Lehrlinge betrachtet. Im schwedischen Seerecht begab sich die Mannschaft, wie in einem Gesindevertrag die Hausangestellten, beim Abschluß des Heuervertrags explizit in ein Unterordnungsverhältnis gegenüber dem Kapitän.[361] Ebenso stellte das Preußische allgemeine Landrecht von 1794 fest: *Das Schiffsvolk steht gegen den Schiffer in eben dem Dienstverhältnis, wie das Gesinde gegen seine Dienstherrschaft.*[362] In ähnlicher Weise setzten auch das englische und französische Seerecht die disziplinarischen Befugnisse des Kapitäns in eine Analogie zu anderen Herrschaftsverhältnissen an Land: ... *his authority in this respect being analogous to that of a parent over his child, or of a master over his apprentice or scholar.*[363] Dies galt auch für das dänische Seerecht. Hier wurden neben Parallelen zum Gesinderecht auch die militärischen Verhältnissen vergleichend herangezogen.[364] Ähnlich argumentierte man auch in Lübeck, wo 1786 in einer Klageschrift der Kaufleute- und Schifferkompagnie über das Verhältnis zwischen Kapitän und Besatzung ausgeführt wurde: *Wie nothwendig die Subordination in menschlichen Leben sey, ist einem jeden bekannt, nirgends ist sie strenger als bey der Milice, billig sollte sie eben so strenge bey der Seefahrt seyn, wenn der Schiffer sich unter einer Menge von rohen Leuten und Aufwieglern ohne Hülfe allein befindet, weswegen ein Matrose der sich an seinem Schiffer vergreift nicht unbillig eben so scharf zu bestrafen seyn würde, als ein Soldat bestraft wird, der seine Hand an den Officier legt.*[365]

In Amerika wiederum sah man im Verhältnis des Kapitäns zu seiner Crew eine Parallele zur väterlichen Gewalt über seine Kinder.[366] Diese Analogien hatten bis weit in das 19. Jahrhundert Bestand. So führte Nizze noch 1857 zu diesem Thema aus: *Die Disciplinargewalt des Capitains hat denselben Charakter wie das Recht des Meisters über seine Gesellen, und des Dienstherrn über seine Leute, ist jedoch von größerem Umfange und mit größerer Strenge zu handhaben.*[367] Dementsprechend finden sich in allen Seerechtsverordnungen ähnliche Bestimmungen über die Verpflichtung der Crew, dem Kapitän in allen Schiffsangelegenheiten den nötigen Gehorsam zu leisten. Daher stellt auch Steel die Verpflichtung der Seeleute zum Gehorsam fest: *By the Common Law, the Master has authority over all the mariners on board the ship, and it is their duty to obey his commands in all lawfull matters relating to the navigation of the ship, and the preservation of good order: and such obedience they expressly promise to yield to him by the agreement usually made for their service.*[368]

Über die allgemeine Gehorsamspflicht hinaus wurde die Crew zumeist in zusätzlichen Artikeln weiterhin bei Strafe verpflichtet, dem Kapitän in allen kritischen Situationen zur Seite zu stehen.[369] So war die Besatzung beispielsweise nach der Rotterdamer Ordonnanz von 1655 im Falle von Schiffbrüchen und Havarien bei empfindlicher Geldstrafe verpflichtet, bei der Bergung zu helfen und so lange an Bord zu bleiben, bis der Kapitän die Erlaubnis zum Verlassen des Schiffs gab.[370] Auch in den älteren Rechtsquellen nahmen unter den Normen über die Verpflichtungen der Mannschaft Ordnungsvorschriften und die für Zuwiderhandlungen gegen die Borddisziplin angedrohten Strafen eine herausgehobene Stelle ein. Vor allem Verstöße gegen die Gehorsamspflicht wurden streng bestraft, am strengsten, wenn sie von mehreren gemeinsam begangen wurden oder gar die Gestalt der Meuterei annahmen.[371] So beschreibt von Sahme die Pflichten der Mannschaft gegenüber dem Kapitän, die im wesentlichen mit denen der Crew in der Hansischen Schiffsordnung auferlegten übereinstimmen: *Die Schuldigkeit der Schiffsleute sowohl insgemein als auch fürnehmlich vor, auf und nach der Reise bestehet hauptsächlich darinnen, daß Sie 1) dem Schiffer in allen gewöhnlichen Schiffsgeschäften Gehorsam leisten ... alle Gewaltthätigkeit, Meuterey und Aufstand sowohl wieder den Schiffer als gegen einander zu unterlassen und zu verhüten ...*[372]

In früheren Jahrhunderten war der Begriff der Meuterei oder des Aufruhrs, wie dieser Tatbestand in zeitgenössischen Quellen auch genannt wird, noch wesentlich unbestimmter als heute. So wurde der Begriff Meuterei in der Frühen Neuzeit anders als heute auch für individuelle Akte der Insubordination verwendet, da sich erst im Laufe des 19. Jahrhunderts die moderne Definition durchsetzte, nach der eine Meuterei die gemeinsame und vorsätzliche Befehlsverweigerung, bzw. den tätlichen Widerstand mehrerer Untergebener gegen eine übergeordnete Autorität zur Durchsetzung eines eigenen, kollektiven Verlangens, die mit der Bedrohung, Nötigung oder dem tätlichen Angriff auf einen oder mehrere Vorgesetzte verbunden sein kann, darstellt.[373]

Meuterei galt in der streng hierarchischen Gesellschaft der Frühen Neuzeit als Anschlag auf die rechtmäßige Herrschaftsordnung. Der Rebellion gleichgestellt, stand Meuterei dementsprechend unter hoher Strafandrohung.[374] Folglich definierte »Das Grosse Universallexikon aller Wissenschaften und Künste« den Begriff Meuterei 1739 als: *Meut oder Meuterey machen, soviel als einen Auffruhr oder Rebellion anstiften.*[375] Bereits die »Die Peinliche Gerichtsordnung Kaiser Karls V.« sah in Fällen von Rebellion eine schwere Bestrafung vor.[376] Ähnliches galt auch für die Seefahrt. So

358 Rotterdamer Ordonnanz, §§ 41 und 42.

359 Schwedisches Seerecht von 1667, 1. Abt., 7. Kap.; Preußisches Allgemeines Landrecht, 2. Teil, 8. Titel, § 1534; Hamburgische Musterrolle von 1849 und Revidierte Seemannsordnung von 1854, § 3 und Obrigkeitliche Verordnung Bremen 1852, § 7. Vgl. auch Surland, S. 16ff.; Abbott (1802), S. 123ff.; Brarens, S. 77f.; Steel, S. 23f.; Dana: The seaman's friend, S. 192f.; Nizze, S. 370. Siehe auch Osten, S. 106; Lau, S. 141.

360 Schwedisches Seerecht von 1667, 1. Abt., 7. Kap.

361 Osten, S. 102f.

362 Preußisches Allgemeines Landrecht, 2. Teil, 8. Titel, § 1534. Zum Gesinderecht vgl. z.B. das Preußische Allgemeine Landrecht, 2. Teil, 5. Titel: Von den Rechten und Pflichten der Herrschaften und des Gesindes. Diese Analogie zwischen See- und Gesinderecht erstreckte sich auch auf die Behandlung der unerlaubten Entfernung bei Seeleuten und Dienstboten, vgl. ebd., §§ 167 bis 170.

363 Abbott (1802), S. 123ff.; Steele, S. 23, und Manual of Maritime Law, S. 39. Zur Analogiebildung im französischen Seerecht: *Magister nullam habet jurisdictionem ingentem suarum navium, sed quandam tantum oeconomicam potestatem vel disciplinam, quaeusque ad levem castigationem, pro corrigenda insolentia et male morata vita seu licentia nautarum et vectorum; quemadmodum eam tenet pater in filios, magister in discipulos, dominus in servos vel familiares.* Casa regis, Disc. 136 n. 14. cit. by Valin, on the French Ordinance, tom. I. p. 449. (zitiert nach: Abbott (1802), S. 123ff.)

364 Feldbæk: Storhandelens tid, S. 172.

365 AHL, ASA Interna/Seesachen, Nr. 44/1.

366 Dana: The seaman's friend, S. 192f.

367 Nizze, S. 370.

368 Abbott, S. 125.

369 Hansische Schiffsordnung, 4. Titel, §§ 25–27; Danske Lov, 4. Buch, 1. Kap. § 10; Preußisches Allgemeines Landrecht, 2. Teil, 8. Titel § 1613; Hamburgische Musterrollen von 1849 und 1854, §§ 16 und die Obrigkeitliche Verordnung Bremen 1852, §§ 25–33 und 37. Vgl. auch Abbott (1802), S. 125ff.; Brarens, S. 77f.; Steel, S. 23ff., und Abbott (1856), S. 129ff.

370 Rotterdamer Ordonnanz, § 48.

371 Hansische Schiffsordnung von 1591, § 30; Hansische Schiffsordnung, 3. Titel, § 5; Ordonnance de la marine, 2. Buch, 1. Titel, §§ 22; Sammlung der Hamburgischen Gesetze, S. 112f.; Königlich-Preußisches Seerecht von 1727, 4. Kap., § 32; von Cancrin, S. 32f.; Hamburgische Musterrollen von 1849 und 1854, §§ 3 und 16; Obrigkeitliche Verordnung Bremen 1852, §§ 7 und 28. Vgl. auch Abbott (1802), S. 123ff.; Brarens, S. 10f.; Steel, S. 23f.; Dana: The seaman's friend, S. 213ff.; Abbott (1856), S. 129ff. Siehe auch Deggim, S. 32., Pappenheim: Seehandel, S. 184, und Jaap R. Bruijn: Meutereien an Bord niederländischer Ostindienfahrer im 17. und 18. Jahrhundert, in: Wirtschaftskräfte und Wirtschaftswege, Beiträge zur Wirtschaftsgeschichte, Bd. 8, Stuttgart 1981, S. 258–261.

372 Von Sahme, S. 25.

373 Rodger, S. 221 und 238., Byrn, S. 169, und Bruijn:, Meutereien, S. 252f. Vgl. auch Adalbert Erler: Meuterei, in: Handbuch zur deutschen Rechtsgeschichte, Bd. III, Berlin 1984, Sp. 531f. Zu den ambivalenten frühneuzeitlichen Verbrechensvorstellungen siehe auch Richard van Dülmen: Theater des Schreckens, Gerichtspraxis und Strafrituale in der Frühen Neuzeit, München 1995, S. 10ff. Vgl. zur heutigen Rechtsaufassung z.B. Wehrstrafgesetz der Bundesrepublik Deutschland, in der Fassung vom 24. Mai 1974, geändert durch Gesetz vom 21. Dezember 1979, § 27.

374 Oestreich, S. 185ff. und 195; Wyduckel, S. 16ff.; Schulze: Staat und Nation, S. 64-88ff.; Müller: Herrschaft/Neuzeit, S. 476f., und van Dülmen: Entstehung des frühneuzeitlichen Europa, S. 350–359, und ders.: Kultur und Alltag, Bd. 2, S. 225. Vgl. auch Das Grosse Universallexikon aller Wissenschaften und Künste, Halle und Leipzig 1741, Stichwort »Rebellion«, Sp. 1233ff.

375 Das Grosse Universallexikon aller Wissenschaften und Künste, Halle und Leipzig 1739, Bd. XX, Sp. 1458.

376 Die Peinliche Gerichtsordnung Kaiser Karl's V., nebst der Bamberger und der Brandenburger Halsgerichtsordnung sämmtlich nach den ältesten Drucken, und mit den Projecten der peinlichen Gerichtsordnung Kaiser Karl's V., von 1521 und 1529 beide zum erstenmale vollständig nach Handschriften herausgegeben von H. Zoepfl, Giessen 1787, § 127: *So einer in einem Lande, Stadt, Obrigkeit oder Gebiete, gefährliche, fürsetzliche und boßhafte Auffruhren des gemeinen Volckes wider die Obrigkeit macht, und das also auff ihn erfunden würde, der soll nach der Grösse und Gelegenheit seiner Mißhandlung je zu Zeiten mit Abschlagung seines Hauptes gestrafft, oder mit Ruten gestrichen und aus der Land-Gegend, Gericht, Stadt, Flecken oder Gebiet, darinnen er Aufruhr erwecket, verweist werden.* Vgl. zur »Peinlichen Gerichtsordnung« auch Wesel, S. 384f.

wurde die Meuterei auf Schiffen beispielsweise durch von Cancrin als *See-Staatsverbrechen* und damit als dem Straf- und nicht dem Vertragsrecht zugehörig bewertet.[377] Kam es infolge einer Meuterei gar zu einer versuchten oder tatsächlichen Schiffsübernahme durch die aufrührerische Besatzung, galt dies nicht allein als Rebellion gegen die rechtmäßige Befehlsgewalt des Kapitäns, sondern auch als Piraterie. 1688 definierte der englische Seerechtler Charles Molloy in einer Abhandlung den Begriff des Piraten: *A Pirate is a Sea-Thief, or Hostes humani generis, who for to enrich himself, either by surprise or open force, sets upon Merchants and other trading by Sea, ever spoiling their Lading if by any possibility they can get the mastery ...*[378] Allein in der Kaperei, dem durch Kriegs- oder private Kaperschiffe ausgeübten Seeraub im staatlichen Auftrag, war die gewaltsame Aneignung von fremden Schiffen oder Schiffsladungen nach See- und Völkerrecht legal, alle anderen Formen der Wegnahme von Schiffen oder deren Fracht, wie etwa durch eine Meuterei, fielen dagegen nach dem damaligen Rechtsverständnis unter den Tatbestand der Piraterie, die ausnahmslos mit dem Tode bestraft wurde.[379] So wurde beispielsweise im Jahr 1826 auch eine versuchte Meuterei an Bord eines britischen Handelsschiffs bei der Gerichtsverhandlung vor dem High Court of Admiralty explizit als piratischer Akt bezeichnet: ... *then and there piratically and Feloniously did betray their Trust as such mariners as last as aforesaid and turn pirates and did piratically and feloniusly endeavour to make a revolt in the said ship called the Alert ...*[380]

Folglich drohte das europäische Seerecht den Seeleuten bei Tätlichkeiten gegenüber dem Kapitän, Meuterei und anderen Disziplinarverstößen schwere Strafen an und verpflichtete sie, ebenfalls bei Strafandrohung, dem Kapitän in Fällen von Insubordination beizustehen.[381] So bestimmte etwa das hansische Seerecht im Falle meuterischer Umtriebe an Bord: *Wurde sich der Schiffs-Kinder einer oder mehr gegen den Schiffer muthwillig stellen / oder Untrew erzeigen / welches mit zween andern Schiffs-Kindern zu beweise / Den / oder dieselbige mag der Schiffer zu gelegener Zeit / wol an land / jedoch daß Leute darauff wohnen / setzen / dawider sich die übrigen Schiffs-Kinder nicht aufflehnen / sondern dem Schiffer nichts weniger die Reyse vollenden helffen sollen / bey Verlust ihrer Hewr / und hoher straff der Obrigkeit.*[382] Daß auch die Befehlsverweigerung von Seeleuten nicht allein als Gefährdung für die Schiffahrt sondern auch als Angriff auf die bestehende Gesellschaftsordnung betrachtet wurde, wird in einer Klageschrift lübischer Reeder aus dem Jahre 1804 deutlich: *Welcher Gefahr ist ein Schiffer ausgesetzt, wenn auf der Reise seine Person nicht heilig seyn soll? Welchem Unheil die ganze Schiffahrt, wenn ein Verbrechen wider die Subordination mit einer unbedeutenden Geldstrafe gebüßt werden kann?*[383]

Ordnung und Disziplin an Bord wurden demnach für die Sicherheit des Schiffs als unerläßlich und als besonders schützenswertes Rechtsgut betrachtet. Aus diesem Grund war jeglicher Streit an Bord auch unter den Seeleuten verboten, ebenso galt das friedvolle und einvernehmliche Verhalten aller Personen als die wichtigste Verhaltensmaßregel auf allen Schiffen. Dementsprechend finden sich diese Gedanken auch in den Seerechtsverordnungen wieder.[384] Im schwedischen Seerecht allerdings wurde dieses Prinzip besonders deutlich herausgehoben. Hier wurde die Schutzwürdigkeit des Friedens an Bord durch die Regel *Schiffsfriede ist Königsfriede* explizit ausformuliert.[385] Um Ordnung und Disziplin an Bord aufrechtzuerhalten und den Schiffsfrieden zu wahren, mußte der Kapitän notwendigerweise über Befugnisse verfügen, die ihm die Durchsetzung dieser Aufgabe möglich machten. Dazu gehörte natürlich in erster Linie das Recht, seine Autorität und die erforderliche Disziplin nötigenfalls zu erzwingen und Verstöße gegen die Ordnung an Bord zu ahnden.[386] Die daraus resultierende Strafbefugnis des Kapitäns umfaßte verschiedene, nach Vergehen abgestufte und deren Schwere entsprechende Sanktionsmöglichkeiten. So konnte der Kapitän bei Verstößen gegen die Ordnung und Disziplin an Bord durch aufsässige oder ungehorsame Seeleute unter anderem Heuerabzüge, die vorzeitige Entlassung während der Reise, Geldstrafen oder das zeitweilige Einsperren von Seeleuten verfügen und besaß darüber hinaus nach den Normen der älteren Seerechtsverordnungen, das Recht, die Seeleute in moderatem Umfang körperlich zu strafen.[387]

Den Umfang der Strafbefugnis des Kapitäns und die diesem zur Verfügung stehenden Zwangsmittel beschreiben exemplarisch die seerechtlichen Bestimmungen des Königlich Preußischen Allgemeinen Landrechts von 1794: *Der Schiffer ist befugt, das Volk durch die erforderlichen Zwangsmittel und Strafen, welche sich jedoch über mäßige Schläge, achttägiges Gefängniß, oder Fünf Thaler Geldbuße nicht erstrecken dürfen, zu seiner Schuldigkeit anzuhalten.*[388] Auch nach dem hamburgischem Seerecht des 18. Jahrhunderts stand dem Kapitän explizit die Befugnis zu, die Seeleute notfalls auch körperlich zu züchtigen: *Und er ist dagegen befugt, die Widerspenstigen mit Hand und Faust zu schlagen, iedoch ohne Gewehr zu ergreifen, imgleichen aus dem Schiffe wegzuschaffen, und andere an ihre Stelle zu häuren ...*[389] Dieses Recht stand dem Kapitän auch nach dem englischen Seerecht zu, wie Abbott ausführt: *In case of disobedience or disorderly conduct, he may lawfully correct them in a reasonable manner ...*[390] Damit besaß der Kapitän diverse Möglichkeiten, seine Autorität und die Disziplin an Bord durchzusetzen und nötigenfalls sogar zu erzwingen. Allerdings waren seiner Strafbefugnis durchaus Grenzen gesetzt, denn er war, wie auch in den zitierten Normen deutlich wird, gesetzlich verpflichtet, nach dem Prinzip der Verhältnismäßigkeit die Anwendung unangemessener Zwangsmittel zu unterlassen.[391] Diese bereits im traditionellen Seerecht entwickelte Disziplinar- und Strafgewalt des Kapitäns wurde auch in den Neufassungen des Seerechts im Verlauf des 19. Jahrhunderts weiter verfestigt.[392] In besonderen Fällen, wie etwa Tätlichkeiten an Bord oder Meutereien, die ein sofortiges Eingreifen des Kapitäns erforderten, besaß der Kapitän allerdings Rechte und Befugnisse, die über seine gewöhnliche, quasi alltägliche Disziplinargewalt weit hinaus gingen und in seinem besonderen Mandatsverhältnis zu seinen Reedern wurzelten. Da der Kapitän durch seinen Vertrag mit den Reedern mit der Wahrnehmung ihrer Interessen betraut war, mußte er konsequenterweise in Notfällen wie Meutereien neben seinen Notrechten in bezug auf Schiff und Ladung auch über besondere Befugnisse zur Durchsetzung und Aufrechterhaltung von Disziplin und Ordnung an Bord verfügen.[393]

Diese weitreichenden Notrechte des Kapitäns beschreibt Nizze wie folgt: *Wenn dem Schiffer oder dessen Stellvertreter auch kein Recht zusteht, begangene Criminalverbrechen selbst zu bestrafen, so darf er doch gegen den Verbrecher diejenigen Maaßregeln in Anwendung bringen, welche zur Sicherheit von Schiff, Ladung und Leuten erforderlich sind. Er kann daher den Verbrecher einsperren, auch nöthigenfalls binden und knebeln lassen; äußersten Falls kann er den unbändigen Verbrecher aushauen und aussetzen, ja ihn*

377 von Cancrin, S. 155f.
378 Charles Molloy, De jure Maritimo et navali: Or, a Treatise of Affairs Maritime and of Commerce ..., London 1688, S. 51.
379 Vgl. zum Thema Piraterie und Kaperei Jann M. Witt, »Vor den Kapern hatte ich viel mehr Furcht wie vor Seegefahren«, Eine kurze Einführung in die Geschichte der Kaperei, in: Hartmut Roder (Hrsg.): Piraten – Die Herren der sieben Meere, Bremen 2000, S. 90–100. Vgl. Surland, §§ 633–639; Dana: The Seaman's Friend, Delmar/N.Y. 1979, S. 215f., und Captain Charles Johnson: A General History of the Robberies and Murders of the Most Notorious Pyrates, London 1724, Facsimile, London und New York 1972, Anhang: An Abstract of the Civil Law and Statute Law now in Force, in Relation to Pyracy, S. 317–320. Hier findet sich ein kurzer Überblick über die rechtliche Definition der Piraterie zu Beginn des 18. Jahrhunderts.
380 PRO – HCA 1/94, f. 28.
381 Hansische Schiffsordnung, 4. Titel, §§ 25–27; Danske Lov, 4. Buch, 1. Kap. § 10; Preußisches Allgemeines Landrecht, 2. Teil, 8. Titel § 1613; Hamburgische Musterrollen von 1849 und 1854, §§ 16 und Obrigkeitliche Verordnung Bremen 1852, §§ 25–33 und 37. Vgl. Abbott (1802), S. 125ff.; Brarens, S. 77f.; Steel, S. 23ff., und Abbott (1856), S. 129ff.
382 Hansische Schiffsordnung, 3. Titel, §. 8.
383 AHL, ASA Interna/Seesachen, Nr. 44/1.
384 Danske Lov, 4. Buch, 1. Kap. § 9; Sammlung der Hamburgischen Gesetze, S. 112f.; Königlich Preußisches Seerecht von 1727, 3. Kap., § 57; Hamburgische Musterrollen von 1849 und 1854, § 3, und Obrigkeitliche Verordnung Bremen 1852, § 9.
385 Osten, S. 108. In Anmerkung 287 zitiert er ein Schreiben vom 19.5.1774, in dem seitens des Königs festgestellt wird: »Schiffsfriede ist Königsfriede«.
386 Hansische Schiffsordnung, 3. Titel, §. 8; Danske Lov, 4. Buch, 1. Kap. § 9; Ordonnance de la marine, 2. Buch, 1. Titel, §§ 22 und 23; Preußisches Allgemeines Landrecht, 2. Teil, 8. Titel § 1604; Hamburgische Musterrollen von 1849 und 1854, §§ 15 und 16 und Obrigkeitliche Verordnung Bremen 1852, § 37. Vgl. auch Surland, S. 17; Abbott (1802), S. 123ff.; Brarens, S. 77f.; Steel, S. 23f.; Dana: The seaman's friend, S. 192ff.; Nizze, S. 370.
387 Hansische Schiffsordnung, 3. Titel, §. 8; Danske Lov, 4. Buch, 1. Kap. § 9; Ordonnance de la Marine, 2. Buch, 1. Titel, §§ 22 und 23; Preußisches Allgemeines Landrecht, 2. Teil, 8. Titel § 1604; Hamburgische Musterrollen von 1849 und 1854, §§ 15 und 16, und Obrigkeitliche Verordnung Bremen 1852, § 37. Vgl. auch Surland, S. 17; Abbott (1802), S. 123–129; Brarens, S. 77f.; Jacobsen: Seerecht, S. 201ff.; Steel, S. 23f.; Dana: The seaman's friend, S. 192ff., S. 208 und 216ff; Nizze, S. 370 und S. 408ff.; Manual of Maritime Law, S. 39; Handbuch für Schiffsführer und Schiffs-Rheeder von J.F. Marquardt, 1. Teil, Danzig 1842, S. 103ff.
388 Preußisches Allgemeines Landrecht, 2. Teil, 8. Titel, § 1604.
389 Sammlung der Hamburgischen Gesetze, S. 112f.
390 Abbott (1802), S. 123ff.
391 Hansische Schiffsordnung, 3. Titel, §. 8; Danske Lov, 4. Buch, 1. Kap. § 9; Ordonnance de la Marine, 2. Buch, 1. Titel, §§ 22 und 23; Preußisches Allgemeines Landrecht, 2. Teil, 8. Titel § 1604; Hamburgische Musterrollen von 1849 und 1854, §§ 15 und 16, und Obrigkeitliche Verordnung Bremen 1852, § 37. Vgl. auch Surland, S. 17; Abbott (1802), S. 123ff.; Brarens, S. 77f.; Steel, S. 23f.; Dana: The seaman's friend, S. 192f.; Nizze, S. 370.
392 Nizze, S. 420; Bernsten, S. 73; Schulz, S. 195.
393 Hansisches Schiffsordnung, 6. Titel, § 1; Königlich Preußisches Seerecht von 1727, 3. Kap., § 26; Preußisches Allgemeines Landrecht, 2. Teil, 8. Titel, §§ 1526 und 1534; Sammlung der Hamburgischen Gesetze, S. 78f.; Code de Commerce, 2. Buch, 4. Titel, § 23; Handels-Gesetzbuch für das Königreich der Niederlande, 2. Buch, 3. Teil, § 30 und 4. Teil, § 4. Vgl. auch Abbott (1802), S. 82f.; Manual of Maritime Law, S. 32; ebenso Lau, S. 120ff.; Schulz, S. 113.

sogar todtschießen lassen, wenn die Noth es gebietet. Ueberall rechtfertigen Nothstand und Nothwehr die Anwendung jeden Mittels, welches zur Erhaltung und zur Sicherheit von Schiff, Ladung und Menschenleben geboten ist.[394]

Daher hatte der Kapitän im Falle einer Meuterei, des tätlichen Widerstandes eines oder mehrerer Matrosen gegen die Befehle oder Autorität des Kapitäns das Recht, zur Verteidigung des Schiffs, seines Lebens und zur Wiederherstellung der Ordnung an Bord alle dazu notwendigen Maßnahmen zu ergreifen. Dazu gehörte neben der Anwendung körperlicher Gewalt vor allem die Befugnis, Meuterer festzusetzen und in Eisen legen zu lassen. Im äußersten Notfall war der Kapitän durch dieses Recht sogar im Fall der Tötung eines oder mehrerer Meuterer gedeckt.[395] So erklärt Abbott zu den umfassenden Notwehrrechten des Kapitäns im Fall einer Meuterei: *In the case of actual and open mutiny by the crew or any part of them, the resistance of the master becomes an act of self-defence, and is to be considered in all its consequences from that point of view.*[396]

Die Befugnisse des Kapitäns beinhalteten also alle Maßnahmen, die zur Aufrechterhaltung von Ruhe und Ordnung an Bord notwendig waren. Trotz gegenteiliger Auffassungen war der Kapitän demnach rein rechtlich auch in früheren Zeiten in keiner Weise der Widerspenstigkeit und dem Ungehorsam seiner Seeleute wehrlos ausgesetzt.[397] Dieses Recht des Kapitäns, Disziplin und Ordnung an Bord im äußersten Falle sozusagen als »ultima ratio« auch mit Anwendung körperlicher Gewalt durchzusetzen, während es den Seeleuten bei hoher Strafandrohung verboten war, gegen den Kapitän tätlich zu werden, unterstreicht wiederum deutlich die herausgehobene Stellung des Schiffsführers im europäischen Seerecht.[398]

Die Kapitänsgewalt war jedoch nicht unumschränkt.[399] Auch in den Darstellungen zum Seerecht wird immer wieder betont, daß sich der Umfang der Strafbefugnis des Kapitäns nach den tatsächlichen Ereignissen an Bord zu richten hatte und nur der Situation angemessene und verhältnismäßige Sanktionen verhängt werden durften.[400] So wird auch in dem »General-Reglement« des bremischen Schiffs VISURGIS aus dem Jahre 1795, das speziell für eine der ersten Reisen eines Bremer Schiffs nach Indien vom Direktorat der für dieses Unternehmen gegründeten Gesellschaft erlassen und durch den Bremer Rat[401] genehmigt worden war, ausdrücklich angemerkt, der Kapitän und die Offiziere müßten ... *Zwangsmittel in den Händen haben, bey der zahlreiche Equipage eine gute und vollkommende Ordnung zu erhalten ...*, daß aber zugleich diese dem Kapitän zur Verfügung stehenden *Zwangsmittel ... nicht der Willkühr überlassen*[402] werden dürften. Vielmehr regelte die Schiffsordnung detailliert die Fragen der Disziplin und Ordnung an Bord: ... *theils damit ein jeder positiv wisse wornach er sich zu achten, was er zu thun und zu unterlassen habe, theils damit eine gleiche Handhabung derselben gegen jeden Frevler eintrete.* Für alle Strafmaßnahmen und Mißhandlungen, die über eine verhältnismäßige Ahndung der an Bord begangenen Disziplinarverstöße hinausgingen, konnte der Kapitän nach der Rückkehr oder bei besonders schwerwiegenden Fällen auch unterwegs haftbar gemacht werden.[403] Dementsprechend schreibt Dana über das Strafrecht des Kapitäns: ... *that the master possesses this right to a limited extent, and that he is strictly answerable for the abuse of it.*[404]

Ebenso war mit der Herrschaftsgewalt des Kapitäns keine richterliche Befugnis verbunden. Er konnte also aus eigener Macht keine Straftaten an Bord ahnden, da dies den zuständigen Gerichten vorbehalten blieb. Damit wird erneut deutlich, daß der Kapitän zwar eine herausgehobene Stellung an Bord besaß, aber bei Ausübung seiner Schiffsherrschaft dennoch Recht und Gesetz unterworfen war.[405] Dies geht auch aus den juristischen Quellen hervor. So führt etwa Abbott über die Beschränkungen der Kapitänsgewalt auf bloße Disziplinarverstöße an Bord aus: *But although the master may by force restrain the commission of great crimes, he has no judicial authority to punish the criminal, but ought to secure his person, and cause him to be brought before a proper tribunal, to be tried for his crime according to the laws of his country.*[406] Ähnlich äußerte sich auch Nizze über die Strafbefugnis des Kapitäns: *Die Strafen für die Disciplinarvergehen der Seeleute verhängt der Capitain, eventualiter die competente Schiffahrtsbehörde des Heimathshafens, nach summarischer Untersuchung der Vergehen und ohne an die Beobachtung einer bestimmten Form gebunden zu sein.*[407]

Die dem Kapitän zustehende Disziplinargewalt bezog sich also, wie gezeigt, in erster Linie auf kleinere Vergehen, bei denen sich die Strafgewalt des Kapitäns direkt aus dem durch den Heuervertrag konstituierten Unterordnungsverhältnis ergab. Sie erstreckte sich jedoch nicht auf an Bord begangene Verbrechen, wie z.B.

Mord oder Totschlag, deren Schwere eine gerichtliche Untersuchung erforderten. Hier war der Kapitän, der Vorrangstellung der ordentlichen Gerichtsbarkeit entsprechend, nur zur Ergreifung der notwendigen Maßnahmen ermächtigt, die für eine Gefangennahme und die Überstellung des Übeltäters an das zuständige Gericht notwendig waren.[408] So war der Kapitän etwa befugt, in solchen Fällen den Täter bis zum Erreichen des nächsten Hafens in Eisen zu legen: *Trüge sichs zu / daß einer den andern im Schiff erschlüge / und umbs Leben brächte / den Thäter sol der Schiffer in die Eysen schlagen / und ins erste Gerichte bringen / damit er allda seine straffe empfange.*[409]

Allerdings darf man wohl davon ausgehen, daß mit dem Recht, Verbrecher in Eisen zu legen, auch die damit möglicherweise verbundene Gewaltanwendung zur Bändigung des Täters verbunden war. Dies galt auch für an Bord begangene und mit strafrechtlichen Konsequenzen bedrohte Disziplinarvergehen. Zwar konnte der Kapitän den betreffenden Seemann unterwegs mit Hilfe der ihm aufgrund seiner Disziplinargewalt zur Verfügung stehenden Zwangsmittel zur Räson bringen, die jeweiligen strafrechtlichen Sanktionen jedoch konnte nur das zuständige Gericht an Land verhängen.[410] So bestimmte das Königlich Preußische Allgemeine Landrecht in solchen Fällen: *Macht ein Schiffsmann sich auf See einer Gewaltthätigkeit, Aufstands, oder Meuterey gegen den Schiffer oder eines andern schweren Verbrechens schuldig: so ist der Schiffer, bey nachdrücklicher Strafe verpflichtet, einen solchen Missethäter in Verhaft bringen zu lassen.*[411] Auch Brarens stellte 1807 über die bei schweren Vergehen eingeschränkten Befugnisse des Kapitäns fest: *Den Ungehorsamen kann er strafen lassen – den Meuterei und Unruhe Stiftenden am nächsten Christenlande aussetzen, oder in Eisen schließen lassen, um ihn hernach an die Obrigkeit abzuliefern.*[412]

Diese Bestimmungen galten auch noch in der Mitte des 19. Jahrhunderts. Auch jetzt hatte der Kapitän zwar die Disziplinargewalt inne, strafrechtlich sanktionierte Vergehen jedoch waren vor dem zuständigen Gericht zu verhandeln und zu entscheiden, wie Marquart ausführt: *Ein Schiffsmann, welcher den wiederholten Befehlen des Schiffs-Capitains den Gehorsam verweigert, hat Gefängniss oder Strafarbeit von vierzehn Tagen bis zu Einem Jahre verwirkt. ... Ein Schiffsmann, welcher dem Capitain thätlich sich widersetzt, oder mit thätlichem Widerstande droht, soll mit Gefängnissstrafe oder Strafarbeit von zwei Monaten bis zu zwei Jahren belegt werden.*[413] Diese Bestimmungen, die den Kapitän ermächtigten, bei einem mit strafrechtlichen Sanktionen geahndeten Verbrechen die notwendigen Maßnahmen zur Sicherstellung des Übeltäters zu ergreifen, fanden im Verlauf der zweiten Hälfte des 19. Jahrhunderts auch ihren Niederschlag in den verschiedenen nationalen Seerechtsbestimmungen.[414]

Allerdings gab es gewisse Ausnahmen, die dem Kapitän zusammen mit dem Schiffs- oder Offiziersrat eine gewisse beschränkte richterliche Gewalt verliehen. In

394 Nizze, S. 437f.
395 Hamburgische Musterrolle von 1849 und Revidirte Seemannsordnung von 1854, §§ 15 und 16; Obrigkeitliche Verordnung Bremen 1852, § 37. Vgl. auch Surland, S. 17; Abbott (1802), S. 123ff.; Brarens, S. 77f.; Steel, S. 23f.; Nizze, S. 437ff.; Dana: The seaman's friend, S. 192f.
396 Abbott, S. 123.
397 Vgl. etwa: Bruijn: Zeevarenden, S. 182f., oder Welke: Obrigkeit auf dem Achterdeck, S. 68ff.
398 Hansische Schiffsordnung, 3. Titel, §. 8; Danske Lov, 4. Buch, 1. Kap. § 9; Ordonnance de la marine, 2. Buch, 1. Titel, §§ 22 und 23; Preußisches Allgemeines Landrecht, 2. Teil, 8. Titel § 1604; Hamburgische Musterrollen von 1849 und 1854, §§ 15 und 16; Obrigkeitliche Verordnung Bremen 1852, § 37. Vgl. auch Surland, S. 17, Abbott (1802), S. 123ff.; Brarens, S. 77f.; Steel, S. 23f.; Dana: The seaman's friend, S. 192f.; Abbott (1856), S. 131f.; Nizze, S. 370.
399 General-Reglement für das nach Indien bestimmte Schiff VISGURIS, Bremen 1795, Einleitung.
400 Revidiertes Reglement des Wasser-Schouts nebst der revidirten Muster-Rolle, Hamburg 1786, § 13; Antrag, betreffend Hamburgische Seemanns-Ordnung 1854, S. 28; Entwurf zu einem revidirten Reglement des Wasserschout, Hamburg 1853, § 9. Vgl. auch Surland, S. 69f.; Steel, S. 23; Manual of Maritime Law, S. 39; Abbott (1856), S. 131ff.; Dana: The seaman's friend, S. 192f. sowie Deggim, Seemannsarbeit, S. 27f.
401 General-Reglement für das nach Indien bestimmte Schiff VISGURIS, 1795.
402 Ebd.
403 Revidiertes Reglement des Wasser-Schouts nebst der revidirten Muster-Rolle, Hamburg 1786, § 13; Antrag, betreffend Hamburgische Seemanns-Ordnung 1854, S. 28; Entwurf zu einem revidirten Reglement des Wasserschout, Hamburg 1853. § 9. Vgl. auch Surland, S. 69f.; Steel, S. 23; Manual of Maritime Law, S. 39; Abbott (1856), S. 131ff.; Dana: The seaman's friend, S. 192f.; Deggim, Seemannsarbeit, S. 27f.
404 Siehe: Dana: The seaman's friend, S. 212.
405 Abbott (1802), S. 124ff., und Nizze, S. 437ff. Vgl. auch Deggim, Seemannsarbeit, S. 27f.
406 Abbott (1802), S. 123ff.
407 Nizze, S. 419.
408 Abbott (1802), S. 124ff., und Nizze, S. 437ff. Vgl. auch Deggim, S. 27f.
409 Hansische Schiffsordnung, 3. Titel: Von des Schiffers Ampt, § 11.
410 Abbott (1856), S. 132ff.; Dana: The seaman's friend, S. 192f.; Nizze, S. 437ff. Vgl. auch Hansische Schiffsordnung, 3. Titel, §. 8; Danske Lov, 4. Buch, 1. Kap. § 9; Ordonnance de la Marine, 2. Buch, 1. Titel, §§ 22 und 23; Allgemeines Landrecht für die Preußischen Staaten, 2. Teil, 8. Titel, § 1604; Hamburgische Musterrollen von 1849 und 1854, §§ 15 und 16; Obrigkeitliche Verordnung Bremen 1852, § 37.
411 Preußisches Allgemeines Landrecht, 2. Teil, 8. Titel, § 1606.
412 Brarens, S. 10f.
413 Marquardt: Handbuch für Schiffsführer, S. 103ff.
414 Nizze, S. 437ff.; Abbott (1856), S. 132f.; Lewis, S. 176f., und Bernsten, S. 50.

der englischen Afrikafahrt etwa besaßen der Kapitän und seine Offiziere unter bestimmten Umständen Befugnisse, die denen eines behelfsmäßigen Untersuchungsgerichtes entsprachen. Bei Fällen von Aufruhr und Meuterei war der Kapitän zusammen mit zwei Offizieren berechtigt, sofern kein kommandierender Offizier eines Schiffs der Royal Navy oder Gouverneur einer englischen Besitzung erreichbar war, nach Abfassung eines schriftlichen vom Kapitän und den beiden beteiligten Offizieren unterzeichneten Berichtes der Ereignisse Seeleute für einen längeren Zeitraum in Gewahrsam zu nehmen, bis es möglich war, diese einem ordentlichen Gericht zur weiteren Untersuchung der Ereignisse zu übergeben.[415] Diese Untersuchungsbefugnis des Kapitäns und der Offiziere bestand auch nach der Einrichtung der Naval Courts, die jetzt in Übersee über weitreichende gerichtliche Entscheidungsbefugnisse in Streitfällen verfügten, weiter fort.[416] Ähnliche Bestimmungen über eine *behelfsmäßige Untersuchungsgerichtsbarkeit* an Bord sahen auch das französische und preußische Seerecht in Fällen von Mord, Totschlag oder anderen schweren Verbrechen vor. Auch hier war der Kapitän mit seinen Offizieren gehalten, die notwendigen Untersuchungen an Bord durchzuführen, den oder die Beschuldigten in Haft zu nehmen und einem kompetenten Gericht an Land zu übergeben.[417] Im schwedischen Seerecht dagegen läßt sich ein Ansatz zu einer niederen Bordgerichtsbarkeit mit dem Kapitän an der Spitze erkennen, da dieser hier unter Hinzuziehung der Meinung seiner Offiziere und der erfahrensten Seeleute leichtere Strafen gegen Missetäter an Bord verhängen durfte. Bei größeren Vergehen war der Kapitän allerdings auch hier verpflichtet, den oder die Übeltäter an die zuständigen Gerichte an Land zu übergeben.[418]

Weitergehende Befugnisse einer richterlichen Gewalt an Bord finden sich nur in dem »General-Reglement« des bremischen Schiffs VISURGIS aus dem Jahre 1795. Hier war der Kapitän wiederum zusammen mit den Offizieren in Form des Schiffsrats befugt, gegen Straftäter an Bord je nach Art des Verbrechens Sanktionen, auch Haft- und Körperstrafen, zu verhängen.[419] Allerdings handelte es sich bei diesem General-Reglement um eine Schiffsordnung, die speziell für eine der ersten Reisen eines Bremer Schiffs nach Indien erlassen worden war. Die Ordnung war vom Direktorat der für dieses Unternehmen gegründeten Gesellschaft nach dem Vorbild ähnlicher, auf Schiffen anderer Nationen gültigen Bordordnungen entworfen und danach dem Bremer Rat vorgelegt worden, der diese auch bestätigte. Daher handelt es sich bei den sehr weitreichenden disziplinarischen Befugnissen des Kapitäns der VISURGIS nicht nur um gewöhnliche, auf dem normalen Heuervertrag beruhende Kompetenzen, sondern auch um zusätzliche durch den Bremer Rat übertragene Befugnisse.[420] In diesem besonderen Fall liegt der Schluß nahe, daß etwa die umfassende richterliche Kompetenz des Kapitäns und des Schiffsrats auf die ungewöhnliche Situation des Schiffs zurückzuführen ist, da es zu diesem Zeitpunkt noch keine bremischen oder hanseatischen Konsuln[421] in Asien gab, die in solchen Fällen notwendige Entscheidungsgewalt besaßen. Aus diesem Grund wurde der Kapitän mittels der vom Rat genehmigten Schiffsordnung ermächtigt, zusammen mit dem Schiffsrat auch solche Strafsachen, die normalerweise vor einem Bremer Gericht hätten verhandelt werden müssen, direkt an Bord zu verhandeln und zu bestrafen. Auch hier war aber mit dem Institut des Schiffsrats keine Einschränkung der prinzipiellen Befehlsgewalt des Kapitäns verbunden.

Da es sich bei den geschilderten Fällen im englischen, französischen und preußischen Seerecht allein um die Befugnis des Kapitäns handelt, im Notfall ein Untersuchungsgerichtsverfahren an Bord durchzuführen, erscheint die Hinzuziehung des Schiffsrats, ähnlich wie bei den Seenotfällen, vor allem die Sicherstellung eines ordnungsgemäßen Verfahrens zu bezwecken und nur zur rechtlichen Absicherung der getroffenen Entscheidung zu dienen. Im Falle des schwedischen Seerechts dagegen ist letztlich allein der Kapitän zur Verhängung der betreffenden Strafe befugt, während der Schiffsrat nur beratend zur Seite steht. In allen Fällen bleibt somit die Stellung des Kapitäns als Schiffsführer und Disziplinarvorgesetzter der gesamten Schiffsmannschaft völlig unangetastet.

Betrachtet man den Umfang der Herrschaftsbefugnisse des Kapitäns an Bord, so läßt sich ohne weiteres mit Jacobsen feststellen, daß diese besondere Rechtsstellung außergewöhnlich war: *Es giebt in friedlichen Beziehungen wenige Individuen, welchen ein so ausgedehntes Mandatum praesumtum verliehen ist, wie den Schiffscapi-*

tainen.[422] Diese umfassende rechtliche Ermächtigung des Kapitäns galt jedoch im allgemeinen lediglich für an Bord begangene Verstöße gegen die Schiffsdisziplin. Bei unterwegs an Bord begangenen Straftaten durfte der Kapitän den Täter zwar festsetzen oder mit Hilfe von Zwangsmitteln zur Räson bringen, die Verhängung von strafrechtlichen Sanktionen blieb aber den zuständigen Gerichten an Land vorbehalten. Dabei waren weder seine Kommando- noch seine Strafgewalt unumschränkt. Zum einen galten seine weitgehenden Disziplinarbefugnisse nur auf See und bezogen sich allein auf Angelegenheiten, die in direktem Zusammenhang mit dem Schiffsbetrieb standen. So beschränkt etwa von Sahme die Befehlsgewalt des Kapitäns und die Pflicht der Seeleute explizit darauf, daß sie dem ... *Schiffer in allen gewöhnlichen Schiffsgeschäften Gehorsam leisten.*[423] Auch Brarens stellt für den Geltungsbereich der Befehlsgewalt des Kapitäns eindeutig fest, daß sich diese allein auf die Schiffsangelegenheiten bezieht: *Die sämtliche Mannschaft ist dem Schiffsführer ohne alle Widerrede zu gehorsamen verpflichtet, nemlich in soweit er einiges, was zur Fortsetzung der Reise, und zum Besten des Schiffs befiehlt.*[424] Wie Abbott stellt auch Steel unmißverständlich fest, daß die Kommandobefugnisse des Kapitäns keinesfalls grenzenlos waren und dementsprechend auch die Gehorsamspflicht der Mannschaft nicht unbeschränkt bestand: *The duty of seamen is to obey all lawful commands of the master.*[425]

Der Kapitän war also keineswegs berechtigt, jeden beliebigen Befehl zu geben. Hieraus ergibt sich deutlich, daß es keinesfalls ein absolute und unbeschränkte Herrschaft des Kapitäns an Bord gegeben hat und dessen Befehlsgewalt dort an ihre Grenzen stieß, wo keinerlei Schiffsbelange betroffen waren. Bei der Verhängung von Strafen hatte der Kapitän zudem das Prinzip der Verhältnismäßigkeit von Vergehen und Sanktion zu beachten. Die Befehls- und Strafgewalt des Kapitäns fand überdies auch durch dessen Pflicht, auf Verlangen sich und seine Handlungen zu rechtfertigen, eine Grenze. Zwar war durch die besonderen Bedingungen der Seefahrt, vor allem die Abwesenheit von zu Hause und die damit fehlende Möglichkeit, den Kapitän und seine Handlungen während der Fahrt zu kontrollieren, ein etwaiger Machtmißbrauch während der Fahrt kaum zu verhindern, allerdings bestand durchaus die Möglichkeit, nach Beendigung der Reise rechtlich dagegen vorzugehen.[426]

2.5 Die Seegerichtsbarkeit

Allen Beteiligten an der Seefahrt stand nach der Rückkehr zur Klärung von Streitigkeiten grundsätzlich der Rechtsweg offen. In der Rotterdamer Ordonnanz von 1655 war sogar der Klage- und Instanzenweg bei allen Streitigkeiten an Bord zwingend vorgeschrieben und den Seeleuten bei Geldstrafe verboten, bei einem Konflikt an Bord zu meutern oder sich den Befehlen des Kapitäns zu widersetzen.[427] Dabei sollte zunächst versucht werden, den Streit mit Hilfe qualifizierter und erfahrener Personen in einem Schiedsverfahren beizulegen, bevor die Gerichte angerufen werden durften.[428]

415 Abbott (1802), S. 123ff.
416 Abbott (1856), S. 132ff.
417 Ordonnance de la marine, 2. Buch, 1. Titel, § 23, und Preußisches Allgemeines Landrecht, 2. Teil, 8. Titel, §§ 1606 und 1607.
418 Schwedisches Seerecht von 1667, 1. Abt., 22 Kap.: Vom Schiffer-Recht und Einforderung der Strafgelder.
419 General-Reglement ... VISGURIS, 1795, §§ 5, 6 und 29. Vgl. etwa § 29: *Es soll sich keiner, wie genannt, unterstehen, so lange die Expedition dauert, und er im Dienste derselben stehet, das Schiff zu verlassen und zu desertiren. Ein solcher, falls er nicht wieder habhaft zu werden, soll alles dasjenige verlieren, was er bis dahin verdienet und zu gute hat. Sollte er wieder gekrigt werden; so ist er den Umständen nach an Gage mit Gefängniss oder am Leibe vom Schiffs-Rath zu bestrafen.*
420 General-Reglement ... VISGURIS, 1795: Sie [die Direktion des Unternehmens – JMW] *hat daher aus ähnlichen Reglements bey anderen Nationen nachstehendes Reglement, was sie ihre Ansicht völlig angemessen erachtet, entworfen, und solches einem hochedlen hochweisen Rath dieser Reichsfreyen Hansee-Stadt Bremen vorgeleget, und die hochobrigkeitliche Bestätigung desselben geziemend nachgesuchet und groszügig erhalten.*
421 In Westeuropa und in Übersee schlossen die drei Hansestädte seit dem 17. Jahrhundert bis zu ihrem Beitritt zum Norddeutschen Bund zahlreiche Verträge mit auswärtigen Mächten, bei denen die Städte völkerrechtlich als gemeinschaftliche Verhandlungspartner auftraten. Ebenso unterhielten sie auch gemeinschaftliche Konsulate. Vgl. Graßmann, S. 438f., und Gerhard Ahrens: Von der Franzosenzeit bis zum Ersten Weltkrieg 1806–1914: Anpassung an die Forderungen der neuen Zeit, in: Lübeckische Geschichte, Lübeck 1989, S. 574f.
422 Jacobsen: Seerecht, S. 108.
423 Von Sahme, S. 25.
424 Brarens, S. 10f.
425 Steel, S. 23. Vgl. auch Abbott, S. 125: *By the Common Law, the Master has authority over all the mariners on board the ship, and it is their duty to obey his commands in all lawfull matters relating to the navigation of the ship ...*
426 Schwedisches Seerecht, 1. Abt., 22. Kap.; Mercantile Marine Act 1850, § 53; Hamburgische Musterrolle von 1849 und 1854, § 28; Obrigkeitliche Verordnung Bremen 1852, § 66. Vgl. auch Surland, S. 69f.; Abbott (1802), S. 126ff.; Abbott (1856), S. 131ff.; Deggim, Seemannsarbeit, S. 27f.
427 Rotterdamer Ordonnanz, §§ 46.
428 Rotterdamer Ordonnanz, §§ 1–7.

Dabei fungierten oftmals die Älterleute der örtlichen Schiffergesellschaft, als erfahrene Kapitäne mit allen Problemen der Seefahrt vertraut, als nautische Sachverständige und Schlichter in maritimen Streitfällen, wobei jedoch richterliche Entscheidungen den zuständigen Gerichten vorbehalten blieben. So sollte z.B. in Hamburg bei den bereits erwähnten den Paßport betreffenden Streitigkeiten zunächst die Schiffergesellschaft als Schlichtungsinstanz angerufen werden. Erst wenn der Streit nicht durch die Vermittlung der Älterleute der Schiffergesellschaft beigelegt werden konnte, hatte die Stadtobrigkeit über den Fall zu entscheiden.[429] Auch in Lübeck hatte sich die Rolle der Schiffergesellschaft seit dem 16. Jahrhundert stark gewandelt. Ursprünglich war die Schiffergesellschaft eine rein berufsständische Organisation gewesen, doch hatte der Lübecker Rat diese im Zuge der Ausweitung des staatlichen Kompetenzbereichs in der Frühen Neuzeit in zunehmenden Maß in die obrigkeitliche Kontrolle der Schiffahrt eingebunden. Im Jahre 1669 wurde die Mitwirkung der Schiffergesellschaft an den öffentlichen Angelegenheiten der Stadt, die sie, etwa in Form der nautischen Schiedsgerichtsbarkeit, im Rahmen der noch nicht schriftlich niedergelegten Lübecker Verfassung bereits früher in der Hansestadt ausgeübt hatte, schriftlich fixiert. Damit wurde die Schiffergesellschaft auch offiziell mit der nautischen Schiedsgerichtsbarkeit und der Aufsicht über alle nautischen Angelegenheiten in Lübeck beauftragt.[430] Auch in Flensburg fungierte die dortige Schiffergesellschaft, das Schiffergelag, offiziell als nautisches Schiedsgericht und erste Instanz bei Rechtsstreitigkeiten. Auch hier galt die Regel, daß der Fall erst nach dem Scheitern der Schlichtung durch die Älterleute des Schiffergelags der Stadtobrigkeit vorgelegt und durch diese entschieden wurde.[431]

Nach der Einführung einer städtischen Musterungsbehörde in Hamburg und Lübeck stand bei Streitigkeiten in beiden Städten den Seeleuten zunächst der Weg zum Wasserschout offen. Kam hier keine einvernehmliche Lösung zustande, waren die Schifferältesten als Schiedsstelle die nächste Instanz, bevor die Streitsache schließlich staatliche Stellen beschäftigte.[432] So führt 1843 der Bremische Senator Droste aus: *Differenzen zwischen dem Capitain und seinen Leuten sind nicht selten, allein in der Regel legt der Schout sie bei, und wo ihm das nicht gelingen will, lasse ich den Capitain und den Gegner erst zu mir kommen, ehe ich deshalb die Deputation versammle, wo dann in der Regel der Vergleich zu Stande kommt, so daß wohl in Jahr und Tag kein Fall vor die Deputation gebracht ist. Muß das dennoch geschehen so gebührt der Deputation keine Entscheidung, sondern nur ein Güte-Versuch. Das competente Gericht entscheidet.*[433]

Ähnliche Regelungen finden sich auch in anderen Seerechtsbestimmungen. Dementsprechend hatten die Seeleute also generell die Möglichkeit, den Rechtsweg zu beschreiten, sei es vor staatlichen Gerichten oder vor einer nichtstaatlichen Schiedsinstanz, etwa einem kaufmännischen Schiedsgericht.[434] Damit stand es den Seeleuten frei, sofern sie das nötige Geld aufbringen konnten oder wollten, um einen Advokaten zu nehmen und für die Dauer des Prozesses ihren Lebensunterhalt zu bestreiten, bei Streitigkeiten und Konflikten mit dem Kapitän, sei es in Heuer- oder anderen Angelegenheiten, diesen zu verklagen. Ebenso konnten sie bei ungerechtfertigten Übergriffen des Kapitäns, etwa bei Mißhandlungen, ungerechten Bestrafungen etc., gegen diesen gerichtlich vorgehen.[435] Abbott führt über mögliche Mißbräuche und unverhältnismäßig harte Bestrafungen durch den Kapitän aus:

And if the master strike a mariner without a cause, or use a deadly weapon as an instrument of correction, where moderate correction may be inflicted, and death ensue, he will be guilty either of manslaughter or murder (Captain Kidd's case. 5 State Trials, 287), according to the rules and distinctions of the criminal law of England in analogous cases, all of which are applicable to persons in this situation; and by the late extension of the jurisdiction of the Commissioners appointed for the trial of crimes committed at sea, all offences there may now be punished as if they had been committed on shore.[436]

Demnach besaßen die Seeleute das Recht, nach dem Ende der Reise rechtlich gegen Kapitäne und Offiziere vorzugehen. Bereits aus der Zeit vom 13. bis 16. Jahrhundert sind aus Lübeck Ratsurteile von Klagen von Seeleuten gegen ihre Kapitäne überliefert. Allerdings besaß die Aussage des Kapitäns vor Gericht besondere Beweiskraft, wie schon das hansische Seerecht festlegte: *Wann das Schiffsvolck wider ihre Ampts-Gebühr / davon im nechstfolgenden Titul geordnet wird / ichts verbricht / und es wolt einer dem andern zuwidern dißfals nicht Zeugnus geben / so sol des Schiffers Eydlicher Außsage geglaubt / und die Vorbrechere darnach gestraffet werden.*[437] Nach späteren seerechtlichen Regelungen mußte eine Klage wegen Mißhandlung oder schlechter Behandlung seitens der Seeleute gegen den Kapitän durch die Aussage der übrigen Mannschaft und der Offiziere bekräftigt werden, um einen erfolgreichen Schuldnachweis führen zu können. Erst nach dieser Aussage wurde die Klage vor Gericht zugelassen, wobei der Kapitän im Falle der Verurteilung nach Ermessen der Behörden zu bestrafen war. Da den Klägern die Beweislast oblag, dürfte sich der Kapitän vor Gericht in einer günstigeren Lage als die Seeleute befunden haben.[438] Zudem wurden in Hamburg den Anzeigenden auch schwere Strafen für fälschliche und verleumderische Anklagen und Falschaussagen angedroht.[439]

Daher war der Gang vor Gericht damals wie heute auch mit einem gewissen Risiko verbunden, da man ja nicht wußte, wie das betreffende Gericht entscheiden würde, und sich unter Umständen sogar bei einem erfolgreichen Prozeßausgang nach Abzug der notwendigen Auslagen der finanzielle Gewinn als nur marginal erweisen konnte, von einem verlorenen Prozeß ganz zu schweigen.[440] Doch nicht nur der finanzielle Verlust konnte hier zu Buche schlagen, ebenso konnte die verlorene Zeit bedeuten, daß den Seeleuten durch das damit verbundene Versäumen von Heuern erhebliche Lohnsummen verloren gingen. Daher ist es wohl nicht abwegig anzunehmen, daß etliche Seeleute, diese Risiken kalkulierend, lieber auf ihr Recht verzichteten, um statt dessen sicheres Geld zu verdienen oder aber bei Streitigkeiten mit dem Kapitän einfach desertierten, um ihr Glück auf einem anderen Schiff zu suchen.[441]

Hinzu kommt, daß sich der Gedanke einer prinzipiellen Gleichheit aller vor dem Gesetz erst im Gefolge der Aufklärung im 18. und beginnenden 19. Jahrhundert allmählich durchsetzte. Zuvor gab es nur die ständisch geprägte Gerichtsbarkeit, in der Stand und gesellschaftliche Stellung durchaus einen Einfluß auf die Behandlung vor Gericht und die Rechtsprechung haben konnten und daher die Chancen einfacher Seeleute, vor Gericht ihr Recht zu bekommen, unter Umständen eingeschränkt waren.[442] Es gab allerdings Ausnahmen. So basierte das dänische Rechtswesen bereits während der Zeit Christians IV. zu Beginn des 17. Jahrhunderts im wesentlichen auf rechtsstaatlichen Prinzipien. Die Gerichte entschieden unabhängig von Stand oder Position der Kläger und Beklagten. Obwohl es demnach prinzipiell jedermann unabhängig von Stand oder Vermögen offen stand, sein Recht vor Gericht zu

429 Deggim, Seemannsarbeit, S. 24f.; Brück, S. 143–150, und Kraack, S. 15–21 und 34ff.

430 Siehe Brück, S. 143–150.

431 Kraack, S. 15–21 und 34ff. So legte beispielsweise die bei Kraack, S 105–110, wiedergegebene Satzung oder »Schrage« des Flensburger Schiffergelags von 1654 in Artikel 3 fest: *Da auch streitige Sachen vorfielen, die vorher vor Bürgermeister und Raht eingeklaget, und wieder an die Elterleute remittieret worden, sollen dieselben, wan ihnen Solches durch des Rahtsdiener vorgemeldet ist, sich uff gewisse zeitt uff der Compagnie zusammen thun, solche streitige Parteyen daselbst vor sich bescheiden, und Sie so weit müglich, von einander scheiden. Da nun ein oder ander theill, an solcher scheidung sich nicht wolte begnügen laßen, soll demselben frey stehen, Sich vor einem E: E: Rahtt zue schießen, und alda die sache weiter außzuführen, Jedoch Sollen die Partheyen gehalten sein, den Elterleuten vor ihre mühe zue geben einen halben Rhtlr: und den Armen 8. ß lübsch.*

432 Surland, S. 69f.; Revidiertes Reglement des Wasser-Schouts, Hamburg 1786, § 13; Antrag, betreffend Hamburgische Seemanns-Ordnung 1854, hier: Entwurf zu einem revidirten Reglement des Wasserschout, S. 28, § 9 (alte und vorgeschlagene neue Fassung). und »Des Herrn Sen. Dr. Droste dem Herrn Sen. Behrens in Lübeck über die hiesige Wasserschout-Ordnung ertheilte Auskunft«, STAB 2 - R. 11. h. (Wasserschout Bd. 3. 1807–1854). Vgl. auch Brück, S. 172ff.

433 STAB 2 - R. 11. h, ebd.

434 Schwedisches Seerecht, 1. Abt., 22. Kap.; Revidiertes Reglement des Wasser-Schouts, Hamburg 1786, §§ 13–14; Mercantile Marine Act 1850, § 53; Hamburgische Revidierte Seemannsordnung von 1854, § 28; Obrigkeitliche Verordnung Bremen 1852, § 66. Vgl. auch Surland, S. 69f.; Abbott (1802), S. 126f.; Abbott (1856), S. 132; Feldbæk: Storhandelens tid, S. 162f.

435 PRO-CO 412 / 22: An Act for punishing mutinous and disobedient Seamen for the now speedy determination of Controversy arising between Masters of ships and their Crews. Virginia 1722 May 4. Vgl. auch Abbott (1802), S. 123ff., und Steel, S. 24f.

436 Abbott (1802), S. 123ff.

437 Hansische Schiffsordnung, 3. Titel, § 9.

438 Hansische Schiffsordnung, 3. Titel, § 9; Preußisches Allgemeines Landrecht, 2. Teil, 8. Titel, § 1613; Obrigkeitliche Verordnung Bremen 1852, § 66; Hamburgische Revidirte Seemannsordnung von 1854, § 28.

439 Hamburger Musterrolle von 1849 und 1854, § 28.

440 Beispielsweise PRO HCA 24 /136: Heuerklage von Henry Topping und Henry Howard gegen das Schiff SEA FLOWER. Vgl. auch John *Cremer:* See-Stromer Jack, Die großmäulige Geschichte meines Lebens, Erzählt von Kapitän John Cremer in seinem achtundsechtzigsten Jahr 1768, hrsgg. von Reynell Bellamy, dt. Übersetzung von Erich Franzen, Berlin 1936, S. 206f.; *Eschels,* S. 88: *Illum,* S. 51f. Vgl auch Svend Ellehøj: Christian 4.s Tidsalder 1596–1660, Danmarks Historie bind 7, Kopenhagen 1977, S. 91ff.

441 *Illum,* S. 51f., erhielt seine Heuersumme erst, als er die Hoffnung schon fast aufgegeben hatte, während Edward *Barlow* bei einer ungerechtfertigten Heuerkürzung resigniert und auf eine Klage verzichtet hat. Edward *Barlow:* Barlow's Journal, Of His Life at Sea in King's Ships, East & West Indiamen & Other Merchantmen from 1659 to 1703, transcribed from the original manuscript by Basil Lubbock, 2 Vols., London 1934, S. 326. Zur Desertion vgl. auch Earle, S. 167ff.

442 Hattenhauer, S. 507ff.; Härter: Strafverfolgung, S. 476ff.; Hagen Schulze: Staat und Nation in der europäischen Geschichte, München 1999, S. 93ff.; van Dülmen: Theater des Schreckens, S. 184f.; Wolfgang Schild: Die Geschichte der Gerichtsbarkeit, Vom Gottesurteil bis zum Beginn der modernen Rechtsprechung, Hamburg 1997, S. 106; Kai Detlev Sievers, S. 195ff.

suchen, war eine Klage allerdings mit einem erheblichen zeitlichen und monetären Aufwand und auch mit einem nicht unerheblichen Prozeßrisiko verbunden.[443]

Für die englische Seerechtsprechung zeigt sich anhand der erhaltenen Prozeßakten dagegen deutlich, daß, wie andere Angehörige der unteren Schichten auch, die Seeleute daran gewöhnt waren, ihr Recht vor Gericht zu suchen, und dabei eine reelle Chance hatten, Recht zu bekommen.[444] In Großbritannien hatte das Prinzip »Rule of Law« wie auch die Beachtung und der Schutz der Rechte des Individuums bereits eine lange Tradition, und die betreffenden Gerichte gehorchten bereits im 18. Jahrhundert Rechts- und Verfahrensnormen, die durchaus als rechtsstaatlich bezeichnet werden können. So war beispielsweise bei Kriminalprozessen die Frage nach dem Motiv und den Intentionen das entscheidende Kriterium bei der Bewertung von Schuld und Unschuld der Angeklagten.[445]

Die britischen Seeleute besaßen seit alters her das Recht, vor dem High Court of Admiralty zu klagen, was in der Gesetzgebung auch immer wieder neu verankert wurde. Hier konnten sie gegebenenfalls ihre Heuer einklagen und Beschwerde gegen ihre Kapitäne und Offiziere einlegen.[446] So sagte z.B. der englische Richter Sir Thomas Salisbury 1766 über die Funktion des High Court of Admiralty: *I shall always endeavour to discourage obstinacy and disobedience in the mariner and to prevent cruelty and tyranny in the captain, whose behaviour on this occasion appears wantonness and violence.*[447] Diese Haltung des Gerichts war durchaus typisch für die englische Rechtsprechung des 18. Jahrhunderts, aber warf zugleich ein gewisses Licht auf die Probleme solcher Gerichtsverhandlungen, da die fraglichen Begriffe »Widersetzlichkeit«, »Ungehorsam«, »Grausamkeit« und »Tyrannei« kaum je allgemeingültig definiert werden konnten und daher der Interpretation durch Juristen, Seeleute und Kapitäne unterlagen.[448] Allerdings entwickelten sich in Großbritannien während der industriellen Umbruchphase zu Beginn des 19. Jahrhunderts neben sozialen Unruhen durchaus Ansätze zu einer den unteren Schichten gegenüber ungerechteren Gerichtspraxis, bevor die englische Reformpolitik der 1820/30er Jahre auch in diesem Bereich zu greifen begann.[449] Dennoch waren Klagen von Seeleuten gegen Kapitäne keineswegs grundsätzlich hoffnungslos, wie ein Beispiel aus Großbritannien zeigt, in dem ein Kapitän wegen unverhältnismäßiger Gewaltanwendung zur Zahlung von Schadenersatz verurteilt wurde: *... a case was tried in Michaelmas term, 1834, at Westminster, where the jury gave heavy damages against a master, for undue severity, by confining a seaman to his berth, in manacles, nearly all the voyage from India, for an offence of trivial nature.*[450]

Allerdings war die Möglichkeit der Mannschaft, bei Streitigkeiten die Gerichte anzurufen, auf den Heimathafen des Schiffs beschränkt, da es ihnen verboten war, ihr Recht vor ausländischen Gerichten zu suchen. Im Ausland hatten sie aber ebenso wie der Kapitän die Möglichkeit, ihre Streitigkeiten und Beschwerden vor Ort den betreffenden Konsuln vorzutragen, die ermächtigt waren, bis zur endgültigen Entscheidung der Angelegenheit durch die Behörden zu Hause verbindliche, vorläufige Verfügungen zu treffen.[451] Das englische Seerecht sah seit 1850 in solchen Fällen auch die Etablierung von Naval Courts vor, die durch Konsuln und Kommandanten von Schiffen der Royal Navy einberufen werden sollten und weitreichende Entscheidungsbefugnisse in Streitfällen besaßen.[452] Da im Falle eines Streits an Bord der Kapitän jedoch zumeist zuerst an Land und damit zum Konsul gelangte und diesem seine Version der Ereignisse darlegen konnte, läßt sich eine faktische Entkräftung dieses prinzipiellen Rechts durch die praktischen, alltäglichen Umstände allerdings kaum leugnen.[453]

Dennoch blieb den Seeleuten und natürlich auch den Kapitänen das unbestrittene Recht, sich wegen Streitereien und Zwischenfällen während der Reise nach deren Beendigung an das zuständige Gericht zu wenden. Auch wenn die Seeleute bei einem solchen Vorgehen nicht zwangsläufig von vornherein chancenlos waren, konnten die Unwägbarkeiten und praktischen Probleme eines Gangs vor Gericht allerdings eine reale Benachteiligung darstellen.

2.6 Die Auswirkungen der Seerechtsänderungen des 19. Jahrhunderts

Noch im Seerecht des 18. und beginnenden 19. Jahrhunderts hatten Gewohnheitsrecht und allgemeiner Rechtsbrauch eine große Rolle gespielt, doch gerade im Bereich des staatlich normierten Rechts setzte sich im Verlauf des 19. Jahrhunderts im Zuge der Verwissenschaftlichung und Modernisierung der Rechtswissenschaft neben der neuen Rechtsdogmatik vor allem der Gedanke des Rechtspositivismus immer mehr durch. Dieser betrachtete im Gegensatz zum Naturrecht nur das geschriebene, staatlich gesetzte »positive« Recht als geltend. Gewohnheitsrecht und Naturrecht wurden nicht als objektive Rechtsquellen und damit als irrelevant betrachtet.[454] Daher wurde in den Neufassungen des Seerechts dieses nicht nur dogmatisch neu strukturiert, sondern auch, dem Gedanken des »positiven Rechts« entsprechend, in dem Bemühen, ein möglichst vollständiges und umfassendes Recht zu schaffen, wesentlich detaillierter ausgestaltet. Wo früher gewohnheitsrechtliche Regeln ausreichten, entstanden nun wesentlich differenziertere gesetzliche Normen, die die betreffende Rechtsmaterie grundlegend und erschöpfend zu behandeln suchten.[455]

Auch die Rolle und Funktion des Kapitäns im Seerecht wurde dabei einer Überprüfung unterzogen und dieser zudem einer stärkeren rechtlichen Kontrolle unterworfen. So schränkten beispielsweise die Konferenzteilnehmer bei den Beratungen zu den seerechtlichen Bestimmungen des Allgemeinen Deutschen Handelsgesetzbuches die nach dem preußischen Entwurf sehr weitgehenden Befugnisse des Kapitäns deutlich ein und versuchten, bessere Möglichkeiten zur effektiveren Kontrolle von Kapitänen und zur Verhütung des Mißbrauchs seiner Befugnisse zu etablieren.[456] Dementsprechend wurde um die Mitte des 19. Jahrhunderts in vielen deutschen Staaten das Recht des Kapitäns zur körperlichen Züchtigung der Seeleute bei Vergehen an Bord weitgehend aufgehoben. Lediglich das Preußische und Hannoversche Landrecht sahen auch weiterhin das Recht des Kapitäns auf eine *mäßige Züchtigung* der Seeleute vor. Ähnliches geschah auch in Großbritannien, wo das Recht des Kapitäns zur Verhängung von Körperstrafen ebenfalls abgeschafft worden war.[457] Im Jahr 1860 wurde der englische Kapitän Sproule vor einem Untersuchungsausschuß des britischen Parlaments über seine Ansichten über Umfang und Kontrolle der Kapitänsgewalt befragt. Auch Sproule sprach sich dabei für eine Beschränkung der Disziplinargewalt und die Schaffung von Einrichtungen aus, um auch in fremden Häfen seegerichtliche Entscheidungen zu ermöglichen: *I am not an advocate for placing too much power in the hands of masters of vessels; but what I want is, that there should be a proper tribunal in a foreign port to do justice to them when they get there; that is all we require. I do not think that we require to see much more power vested in the hands of commanders and officers, because though many men would not abuse it, others might, but certainly there ought to be a provision, so that in every port justice might be done.*[458]

Aber nicht nur mit der Beschränkung der Kapitänsgewalt, auch mit der Einführung einer gesetzlichen Verpflichtung der Kapitäne, ein Logbuch oder ein Journal über den Verlauf und die Ereignisse während der Reise zu führen, war eine verbesserte Aufsicht des Kapitäns verbunden. Dies gestattete nicht nur den Reedern die nachträgliche Kontrolle der Handlungen des Kapitäns, ebenso dienten die Journale bei Streitigkeiten oder einer Anzeige über die mißbräuchliche Ausübung der Kapitänsgewalt durch die zuständigen

443 Ellehøj, S. 91ff.
444 Christopher Harvie: Revolution and the Rule of Law (1789–1851), in: Kenneth O. Morgan: The Oxford History of Britain, updated edition, Oxford 1993, S. 491.
445 Hattenhauer, S. 621ff.; Schulze: Staat und Nation, S. 92f.; Harvie, S. 473f. Vgl. auch Byrn, S. 168.
446 Regulation Act 1729, § VIII, Abbott (1802), S. 375ff.; Chitty, S. 166, Abbott (1856), S. 132; Steel, S. 25ff. Vgl. auch Reports of Cases argued and adjudged in the Courts of King's Bench and Common Pleas, Vol. II, S. 1206 (Bens vers. Parre/1706) und S. 1247f. (Brown vers. Bennet alios./1707); Mercantile Marine Act 1850, § 53.
447 Zitiert nach Earle, S. 147.
448 Ebd.
449 Hattenhauer, S. 621ff.; Peter, Sp. 930f., und Harvie, S. 491f.
450 Steel, S. 23.
451 Mercantile Marine Act 1850, §§ 102 und 115, und Abbott (1856), S. 132.
452 Mercantile Marine Act 1850; Abbott (1856), S. 133.
453 Obrigkeitliche Verordnung Bremen 1852, § 67.
454 Hattenhauer, S. 609ff.; Wesel, S. 460f.
455 Vgl. z.B. Die traditionellen Heuerverträge in der ersten Hälfte des 19. Jahrhunderts, etwa die Vordrucke von Musterrollen aus den 1830er Jahren aus den Städten Lübeck, Wismar, Stettin, Rostock und Hamburg und die Regelungen in der Obrigkeitlichen Verordnung Bremen 1852 und in dem Entwurf zu einer Revidirten Seemanns-Ordnung, Hamburg 1853.
456 Schulz, S. 195. Vgl. auch Lewis, S. 173ff.
457 Nizze, S. 420.
458 Minutes of Evidence, S. 242ff.

staatlichen Stellen als Beweismittel.[459] Dementsprechend waren die Kapitäne verpflichtet, alle gegen die Mannschaft verhängten Strafen und Disziplinarmaßnahmen in dieses Journal einzutragen und zur Überprüfung nach der Rückkehr und gegebenenfalls vor Gericht einzureichen.[460] Daß allerdings auch diese Methode nicht ohne Probleme war, zeigt sich in der Aussage des englische Kapitäns Sproule in einer Anhörung eines englischen Parlamentsausschusses im Jahre 1860. In dieser erwähnt er u.a. Schwierigkeiten mit Seeleuten, bei denen die Eintragung von Strafen in das Logbuch die gegenteilige Wirkung, also ein weiteres Nachlassen der Disziplin zur Folge hatte: *I must tell you that I cannot speak from experience, because during my time at sea, there was no official log book and therefore I never had it to do; but I have heard many complaints against it, and I can easily understand that, if a man finds that he is put down for some great offence in the official log book, he will say to himself, »I cannot be any worse; it is of no use now; I shall be punished,« and he will not care what he does. I should have the official log book kept and signed by the captain and two officers at least at the time; but I certainly would not give the man the gratification of reading the entry over to him. I would let the laws of the country deal with that log book when it came home, if they thought proper.*[461] Sproule sprach sich daher für eine generell strengere Disziplin an Bord und auch für erweiterte Befugnisse für Kapitäne aus, ihre Mannschaft zu bestrafen.[462]

Insgesamt wurden die disziplinarischen Befugnisse des Kapitäns in der seerechtlichen Diskussion des 19. Jahrhunderts sowohl im kontinentalen als auch im englischen Rechtsraum durchaus kritisch und aus einer vielschichtigen Perspektive betrachtet. Da jedoch bereits das traditionelle Seerecht zahlreiche disziplinarische Vorschriften enthalten hatte, erscheint die Ansicht, daß erst durch die gesetzlichen Neufassungen des Seerechts im 19. Jahrhundert die autokratische Stellung des Kapitäns auch juristisch verfestigt wurde, zweifelhaft. Allerdings wurde auch die Kapitänsgewalt jetzt rechtlich wesentlich genauer und detaillierter gefaßt, als es das traditionelle Seerecht getan hatte.[463] Ebenso wurde, vor allem seit Ende des 19./Anfang des 20. Jahrhunderts, in zunehmendem Maße über die Frage der staats- bzw. privatrechtlichen Zugehörigkeit der Schiffsgewalt diskutiert, wobei dieser Streit allerdings nicht den Wesenskern dieser Befugnisse, die Gewährleistung einer sicheren Reise und der Aufrechterhaltung von Ordnung und Disziplin an Bord, betraf. Da das im traditionellen Seerecht entstandene Rechtsinstitut des Kapitäns allerdings kaum in die neue Dogmatik einzuordnen war, versagten die Bemühungen, dieses bei der Neufassung im 19. Jahrhundert der neuen Rechtstheorie entsprechend zu kategorisieren, jedoch weitgehend.[464]

Auch im Bereich des Arbeits- und Disziplinarrechts gab es erhebliche Veränderungen. Ursprünglich waren im Heuervertrag alle diesbezüglich relevanten Bestimmungen allein nach dem Gesichtspunkt der praktischen Erfordernisse zusammengefaßt. Daher standen bei den Strafvorschriften zivilrechtliche Schadenersatzforderungen und strafrechtliche Sanktionsdrohungen einmütig nebeneinander. Diese Mischung aus Arbeitsvertrag und Disziplinarordnung, wie sie im traditionellen, undifferenzierten Seerecht üblich war, stieß im 19. Jahrhundert zunehmend auf Ablehnung seitens der Juristen.[465] Bereits in den seerechtlichen Bestimmungen des Code de Commerce und des Niederländischen Handelsgesetzbuchs von 1826 wie auch später im Allgemeinen Deutschen Handelsgesetzbuch, die wegen ihres handelsrechtlichen Charakters aus rechtsdogmatischen Gründen nur privatrechtliche Bestimmungen enthalten sollten, wurde die Regelung disziplinarischer Angelegenheiten ausgeklammert.[466] Das niederländische Handelsgesetzbuch behandelte beispielsweise disziplinarische Vorschriften nur noch sehr allgemein im Abschnitt über den Inhalt der Musterrolle, die unter anderem die Verpflichtung der Mannschaft zum gehorsamen und friedlichen Betragen an Bord zu enthalten hatte.[467] In Belgien entstand daher 1849 ein eigenes Seestrafgesetzbuch, während die Niederlande 1856 ein entsprechendes Gesetz erließen.[468] Ebenso schufen auch die Hansestädte Hamburg und Bremen in den 1850er Jahren detaillierte Seemannsordnungen zur Regelung arbeits- und disziplinarrechtlicher Fragen.[469]

Die Kritik der Juristen betraf auch die rechtliche Bewertung der Desertion. Im traditionellen Seerecht wurde die Desertion als Vertragsbruch betrachtet, wie z.B. durch von Cancrin, der um 1800 die Desertion als ein *See-Privatverbrechen* und damit als dem Vertragsrecht zugehörig bezeichnete.[470] Sie wurde daher zivilrechtlich mit der Einbehaltung der seitens der Reeder noch ausstehenden Heuersummen bestraft. Zugleich wurden den Deserteuren je nach Schwere des Vergehens aber auch zusätzliche Geld-, Haft- und Körperstrafen, also strafrechtliche Sanktionen, angedroht.[471] Diese Mischung aus zivil- und strafrechtlichen Strafen wurde im 19. Jahrhundert auf dem europäischen Kontinent in zunehmendem Maße von den dogmatisch geschulten Juristen bemängelt. Im Gegensatz zum englisch-amerikanischen Rechtsraum, wo aufgrund der Kontinuität des Common Law keine rechtliche Neubewertung der Desertion notwendig war, begann die kontinentale Rechtswissenschaft auch in diesem Bereich aufgrund der neuen Rechtsdogmatik, jetzt eine strikte Trennung zwischen zivil- und strafrechtlichen Bestimmungen zu unterscheiden. Diese Neubewertung stieß allerdings zunächst noch auf Schwierigkeiten, denn trotz der neuen Rechtstheorie waren sich die Seerechtler noch nicht völlig im klaren, ... *ob ein vom Schiff laufender Seemann als Deserteur zu behandeln und zu bestrafen sey, ob er ein Criminal-Verbrechen verschulde, oder nur eines Contractsbruches zu zeihen sey ...*[472]

Dabei stellten aber auch die jetzt zu Tage tretenden Diskrepanzen zwischen der neuen Dogmatik und den traditionellen, teilweise durch die Rechts- und Lebenswirklichkeit überholten, aber immer noch gültigen Rechtsnormen das Seerecht vor zum Teil erhebliche Anpassungsschwierigkeiten, wie es z.B. in Lübeck deutlich wurde:

Das 1586 revidirte Stadtrecht enthält in Lib. 6 Tit. 1. Art. 7. die Vorschrift, daß der Matrose, welcher mit der Heuer entläuft, auf drey Monate bey Wasser und Brod in den Thurm gesperrt werden soll, die Hanseatische Schiffsordnung von 1591 droht für das Entlaufen nach Empfang halber Heuer das Einbrennen eines Bootshakens auf die Backen, und das hanseatische Seerecht von 1614 ordnet für das gleiche Vergehen die gleiche Strafe. Dagegen bestimmt die revidirte Musterrolle von 1839 in Art. 1., daß der Matrose, welcher treulos seine Verpflichtung mit dem Schiffe zu fahren bricht, vom Verlust des Soldes getroffen werden und angemessene G e f ä n g n i ß - strafe leiden soll, und nur diese gelindere Strafe würde im vorkommenden ohne allen Zweifel zur Anwendung kommen dürfen, da der Matrose sich mit Recht darauf berufen würde, daß er keine strengere Ahndung unterzogen werden dürfe, als der bey seiner Annahme eventualiter ihm angedrohten.[473]

Die Probleme bei der rechtlichen Bewertung der Desertion versuchte man zunächst durch Heranziehung ähnlicher Sachverhalte aus anderen Rechtsgebieten und die freiere Auslegung der älteren Normen zu kompensieren. So wurde beispielsweise 1824 eine Desertion von einem Bremer Gericht sowohl durch einen Analogieschluß zur militärischen Fahnenflucht als auch durch Bezug auf ältere Normen bewertet: *Was erstere anlangt, so fehlt es zwar an besonderen dafür berechneten Strafgesetzen. Allein theils fällt doch schon eine solche Entweichung zumal wenn der Entweichende fortgeht ohne den empfangenen noch auf keine Weise verdienten Lohn erstattet zu haben, in die allgemeine Kategorie betrügerischer Handlungen, theils liegt es in der Natur des Verhältnisses der Seefahrer, daß jede willkührliche Entfernung von dem ihnen angewiesenen Posten auf ähnliche Weise wie beym Militair die Desertion als eine höchst strafbare Handlung betrachtet werden muß, theils endlich folgt die Straafbarkeit einer solchen Handlung schon daraus, daß der 15.te Art. der Schiffsordnung von 1731 schon den bloßen Ungehorsam der Matrosen gegen den Schiffer und die bloße Entfernung vom Schiffe ohne des Schiffers Erlaubniß mit schwerer Leibesstrafe geahndet wissen will.*[474]

459 Brarens, S. 118ff., und Jacobsen: Seerecht, S. 102ff. und 120ff. Zu den in der Seefahrt üblichen verschiedenen Papieren und Verträgen wie auch deren juristischer Bedeutung und weiterführender seerechtlicher Literatur vgl. Jacobsen: Seerecht, S. 411–454, sowie Hansische Schiffsordnung, 2. Titel, § 3. und 12. Titel, § 1; Ordonnance de la marine, 2. Buch, 1. Titel, § 10, und Handels-Gesetzbuch für das Königreich der Niederlande, 2. Buch, 3. Teil, § 46, und Mercantile Marine Act 1850, §§ 82–93.

460 So z.B. in der Obrigkeitliche Verordnung Bremen 1852, § 70.

461 Minutes of Evidence, S. 242ff.

462 Ebd.

463 Steele, S. 24f., und Herding, S. 18.

464 So z.B. Bernsten oder Schiege. Vgl. auch Lewis, S. 134–181.

465 Kresse: Hamburger Seemannsrecht, S. 110f. Zu der undifferenzierten Form der Heuerverträge in der ersten Hälfte des 19. Jahrhunderts vgl. die Vordrucke von Musterrollen aus den 1830er Jahren aus den Städten Lübeck, Wismar, Stettin, Rostock und Hamburg. Die einzelnen Bestimmungen der Rolle weichen zudem nur in Details voneinander ab, die wesentlichen Normen und Prinzipien sind identisch.

466 Schulz, S. 193, und Lau, S. 141.

467 Handelsgesetzbuch für das Königreich der Niederlande, Zweites Buch, Dritter Teil, §. 4.

468 Bruijn: Zeevarenden, S. 182f.

469 Obrigkeitliche Verordnung Bremen 1852 und Entwurf zu einer Revidirten Seemanns-Ordnung, Hamburg 1853.

470 Von Cancrin, S. 157f.

471 Hansische Schiffsordnung, 4. Titel, § 25; Danske Lov, 4. Buch, 1. Kap. § 6; Hamburgische Musterrolle von 1849 und 1854, § 17; Preußisches Allgemeines Landrecht, 2. Teil, 8. Titel §§ 1546 und 1547. Vgl. auch von Sahme, S. 24; von Cancrin, S. 157f.; Abbott (1802), S. 124; Chitty, S. 172f.; Jacobsen: Seerecht, S. 180ff.; Steel, S. 26f., und Nizze, S. 429.

472 AHL, ASA Interna/Seesachen, Nr. 44/2. (Auszug aus: Protocoll der Commission für Handlung und Schiffahrt, 28 Juli 1841).

473 Ebd.

474 STAB 2 - R. 11. l. 8. (Desertion und Meuterei Bd. 1, 1771–1860.): Untersuchungssachen wider den Matrosen Friedrich August Franke wegen Desertion, 1824.

Die Frage der rechtlichen Zuordnung der Desertion wurde bis zur Mitte des 19. Jahrhunderts heftig diskutiert und führte in den verschiedenen Staaten zu durchaus unterschiedlichen Ansichten. Während also die Desertion in Bremen bereits 1824 als strafrechtlich zu ahndendes Verbrechen betrachtet wurde[475], sah man in Lübeck noch 1841 die Desertion lediglich als einen zivilrechtlich zu behandelnden Vertragsbruch an: *Herr Bürgermeister Smidt bemerkte ueber Einsendung dieses Schreibens, daß er von unseren Seiten über die hier in Erwägung kommenden Fragen Gutachten eingezogen habe, welche er ebenfalls mittheilte, und von denen das eine dahin ging, daß das Ausreissen des Schiffsvolks nicht als Verbrechen, sondern nur als Contractbruch angesehen werden könne ...*[476]

Daher blieben die traditionellen seerechtlichen Normen noch lange in Kraft, sogar in Bremen. So wurde etwa in den Bremer Wöchentlichen Nachrichten vom 28. Februar 1825 folgende Entscheidung des Bremer Criminalgerichts bekannt gemacht, in der explizit die alten Normen genannt wurden: *Der hiesige Matrose Friedrich Schmidt ist wegen heimlicher Entweichung vom Bord eines segelfertig liegenden Seeschiffs in Gemäßheit der Hansischen Schiffsordnungen von 1614 und 1731 zu sechswöchentlicher Gefängnißstrafe verurtheilt, wobei der t. t. Inspection bei dem Wasserschout außerdem dessen Ausstreichung aus der Liste hiesiger Seefahrenden überlassen bleibt. Gildemeister.*[477]

Doch trotz der unterschiedlichen Ansichten über das Wesen der Desertion kommt Nizze 1857 in seiner Abhandlung über das europäische Seerecht letztendlich zu der Ansicht, daß es sich bei der Desertion mit Ausnahme des englischen Rechts um ein strafrechtlich zu ahndendes Verbrechen handelt: *Jeder Seemann, welcher seinem Schiffer, mit dem er den Heuercontract in gesetzlicher Form vollzogen und von dem er einen Theil seiner Gage empfangen hat, entläuft, macht sich des Verbrechens der Desertion schuldig und hat dadurch Criminalstrafe verwirkt. ... Das Englische Recht behandelt die Desertion nicht als Criminal-Verbrechen, sondern als Disciplinarvergehen und bestraft sie mit Gefängniß bis zu 12 Wochen, mit oder ohne harte Arbeit.*[478]

Im Zuge der rechtlichen Neubewertung der Desertion versuchte man zugleich, den mit dem eigenmächtigen Entlaufen der Seeleute verbundenen Problemen und Schwierigkeiten zu begegnen. Dies kommt besonders in den Diskussionen um die Revision der Hamburger Musterrolle deutlich zum Ausdruck.[479] Unter anderem änderte man die Bestimmungen der Musterrolle über den Verlust von Seeleuten während der Reise. Die Hamburgische Musterrolle von 1849 sah in allen Fällen der Verringerung der Mannschaft während der Reise, also auch bei Desertion, alternativ den Ersatz der Seeleute oder die anteilige Auszahlung der durch die Mannschaftsverringerung eingesparten Heuergelder als Ausgleich für die zu leistende Mehrarbeit an die restliche Mannschaft vor. In der Revidierten Seemannsordnung von 1854 dagegen wurden im Fall der Desertion von Seeleuten sowohl der Ersatz der fehlenden Seeleute als auch der Heuerbonus gestrichen. Man ging dabei in Hamburg von der Annahme aus, daß in den meisten Fällen die übrigen Seeleute an Bord vom Vorhaben der Deserteure gewußt hatten und wollte diese daher nicht noch für ihre stillschweigende Komplizenschaft belohnen.[480]

Neben der rechtlichen Zuordnung erwies sich in den hamburgischen Diskussionen über die Neufassung des Seerechts auch die Frage des bei Desertion zu verhängenden Strafmaßes als problematisch. Es hatte sich deutlich gezeigt, daß die nach 1849 eingeführte Strafverschärfung für die Desertion kaum den gewünschten Abschreckungseffekt erzielte und zudem im Vergleich mit anderen Seerechtsverordnungen das Delikt mit unverhältnismäßig hohen Strafen bedrohte. So stellte man in Hamburg 1853 über die in den vorangegangenen Jahren gemachten Erfahrungen mit der strafrechtlichen Behandlung der Desertion durchaus selbstkritisch fest: *Eine zu milde Auffassung der Desertion in unserer Verordnung hat die Desertion gewiß nicht begünstigt. Unsere frühere Musterrolle (vor 1849) bedrohte den Deserteur, außer dem Verlust der Gage nur ganz allgemein mit fernerer Ahndung, wenn er ertappt werde; die Verordnung von 1849 hat dagegen ausdrücklich eine sehr harte Strafe bestimmt, nämlich 1 bis 2 Jahre Zuchthaus. Die Höhe der Strafe hat jedoch augenscheinlich den beim Erlaß der Verordnung beabsichtigten Zweck der Abschreckung nicht erreicht, während sie andererseits in einzelnen vorgekommenen Fällen die Behörden in Verlegenheit gesetzt hat, da eine unbedingte Zuchthausstrafe nicht im richtigen Verhältniß zu dem fraglichen Vergehen und den entsprechenden Bestimmungen der Seegesetzgebung anderer Staaten steht.*[481]

Nachdem der Versuch, durch die Androhung höherer Strafen Seeleute von der Desertion abzuschrecken, gescheitert war, versuchte man, auch durch die Einbeziehung fremder, u.a. englischer und bremischer Rechtsnormen und Erfahrungen, in einem empirischen »Trial and Error«-Verfahren eine sowohl juristisch wie auch der Problematik angemessene Straf- und Verfahrensform zu finden.[482] In Hamburg kam man schließlich zu folgendem Schluß:

Unter diesen Umständen ist es rathsam, das Strafmaaß nicht noch höher zu setzen, sondern vielmehr dafür ein angemesseneres Verhältniß zu bestimmen, dieses dann aber mit aller Aufmerksamkeit auf Contraventionsfälle und mit voller Strenge zur Ausführung zu bringen.[483]

Ähnliches galt auch für andere Staaten, etwa für Lübeck.[484] So wandte sich beispielsweise 1854 das Großherzogtum Mecklenburg-Schwerin an andere deutsche Küstenstaaten, unter anderem auch an Bremen, und bat um Informationen über die jeweiligen Bestimmungen über die Desertion wie auch über die damit gemachten Erfahrungen.[485] Ebenso wurden auch zwischenstaatliche Verträge über die Ergreifung und Rückführung von desertierten Seeleuten an Bord ihrer Schiffe geschlossen, so etwa 1852 zwischen Bremen und Großbritannien.[486] Um 1853 hatten alle Hansestädte mit Großbritannien ein gültiges Abkommen über die gegenseitige Auslieferung von Deserteuren.[487]

Daß es sich bei diesen Veränderungen in der Bewertung der Desertion in der kontinentalen Rechtswissenschaft um eine bewußte Kriminalisierung gehandelt hat, wie teilweise behauptet wird[488], läßt sich bei näherer Betrachtung der Rechtsentwicklung also kaum feststellen. Vielmehr handelte es sich, wie erwähnt, um die bloße Anpassung einer seit altersher mit Strafen bedrohten Tat im Zuge der dogmatischen Neustrukturierung des Rechts. Wie in anderen Bereichen des Seerechts spielten auch bei diesem Vorgang Erfahrungen und die Beeinflussung durch seerechtliche Regelungen anderer Staaten eine wichtige Rolle. Dies wird auch durch die rechtliche Kontinuität und die Ähnlichkeit der betreffenden Normen sowohl im neuen kontinentalen Rechtssystem als auch im weiterhin auf dem Common Law beruhenden englischen und amerikanischen Seerecht verdeutlicht.

Bei allen Seerechtsänderungen standen natürlich vor allem die Sorge um die Konkurrenzfähigkeit der jeweiligen nationalen Schiffahrt und die Anpassung an die veränderten Rahmenbedingungen des internationalen Seehandels während der ersten Hälfte des 19. Jahrhunderts im Mittelpunkt des Interesses.[489] Vor allem die Vergrößerung der Tonnage und die daraus resultierenden Rekrutierungsprobleme sorgten für große Schwierigkeiten, da sich kaum noch qualifizierte Seeleute in ausreichendem Maße finden ließen, wie auch aus einem Bericht aus dem Jahre 1856 hervor geht: *Die große Ausdehnung der Schiffahrt in den letzten Jahren findet in der seetüchtigen Bevölkerung unserer Gegenden nicht diejenige Zunahme, welche das Bedürfniß erfordert, wodurch die Rheder und Schiffer gezwungen sind hohe Gagen zu zahlen und in der Auswahl ihrer Mannschaften weniger delikat zu sein.*[490]

Auch der englische Kapitän Sproule klagte 1860 vor einem Ausschuß des englischen Parlamentes über die gesunkene Qualität der Seeleute und die daraus resultierenden disziplinarischen Schwierigkeiten: *Then is it your opinion, from experience, that discipline is better maintained on board foreign ships than on board English ships? -- I think so myself, because I am sorry to say that our seamen have deteriorated to such a degree that almost any foreign sailors are better men than ours; they have fallen off dreadfully since the doing away with the apprentice law; we have no sailors now to speak of in the merchant service.*[491]

Zugleich machen aber gerade die Bemühungen des britischen Parlamentsausschusses um Ausgewogenheit wie auch die verschiedenen Eingaben im Zuge der Revision der Hamburgischen Musterrolle im Jahre 1854 deutlich, daß es sich keinesfalls um einen Versuch handelte, die Seeleute aus wirtschaftspolitischen Gründen ihrer Rechte zu berauben.[492] Vielmehr traten immer

475 Ebd.
476 AHL, ASA Interna/Seesachen, Nr. 44/2.
477 Bremer Wöchentliche Nachrichten, 28.2.1825.
478 Nizze, S. 429.
479 Entwurf zu einer Revidirten Seemanns-Ordnung, Hamburg 1853 und Antrag, betreffend Hamburg. Seemanns-Ordnung 1854, S. 4ff.
480 Ebd. und Hamburgische Musterrolle von 1849, § 9, und von 1854, § 9.
481 Entwurf zu einer Revidirten Seemanns-Ordnung, Hamburg 1853, Anmerkungen zu § 17, S. 7f.
482 Ebd. und Antrag, betreffend Hamburgische Seemanns-Ordnung 1854, S. 4ff.
483 Entwurf In einer Revidirten Seemanns-Ordnung, Hamburg 1853, ebd.
484 AHL, ASA Interna/Seesachen, Nr. 44/2.
485 STAB 2 - R. 11. 1. 8. (Desertion und Meuterei Bd. 1, 1771–1860.).
486 Ebd.
487 Entwurf ... 1853, S. 7f.
488 Vgl. etwa Welke: Der Kapitän, S. 205.
489 Kresse: Hamburger Seemannsrecht, S. 113, und Schulz, S. 195.
490 STAB 2 - R. 11. l. 2. (Manualakten betr. die Revision der Verordnung vom 15.11.1852 (brem. Seemannsordnung) 1855–1868).
491 Minutes of Evidence,S. 248f.
492 Minutes of Evidence, S. 248f. Vgl. auch die Ausführungen in dem Entwurf zu einer Revidierten Seemanns-Ordnung, Hamburg 1853, und den Antrag, betreffend Hamburg. Seemanns-Ordnung 1854.

wieder Bemühungen zutage, die Rechtsstellung der Seeleute zu verbessern, obgleich sie in keiner Form, weder direkt noch durch eine Interessenvertretung, z.B. in Form einer Seeleutegilde, wie es sie an vielen Orten seit dem Mittelalter gab, oder einer Seeleutegewerkschaft, an den Beratungen beteiligt waren.[493] So bemerkte das Lübecker Commerz-Collegium beispielsweise 1838 anläßlich der Anhörungen zu dem Vorschlag einer Änderung der Musterrolle seitens der Schiffergesellschaft, daß sie ... *einen Zusatz wünschen, wodurch dem Schiffsvolke, welchem für sich überall in dem neuen Entwurfe strenge Drohungen begegnen, auch seiner Seits gegen eine etwa durch zu knappe Ausrüstung oder gar durch Uebelwollen herbeigefügte Schmälerung der Rationen einigen Schutz zu Theil würde.*[494]

Auch in Hamburg und Bremen wurden bei den Neufassungen der seerechtlichen Bestimmungen die Bedürfnisse der Seeleute nicht aus den Augen verloren. Während die traditionellen Seerechte den Kapitän lediglich dazu verpflichteten, für ausreichenden Proviant von angemessener Qualität an Bord zu sorgen, setzte man in den Seemannsordnungen beider Städte sowohl den Speiseplan, als auch Quantität und Qualität der mitzuführenden Verpflegung detailliert fest.[495] In Hamburg regelte man darüber hinaus sogar die Arbeitszeiten der Seeleute während der Hafenaufenthalte und begrenzte die tägliche Arbeitsdauer inklusive Pausen auf zwölf Stunden. Auf See konnte eine solche Regelung natürlich nicht greifen, hier richtete sich die Arbeitszeit nach den tatsächlichen Gegebenheiten der Reise.[496]

Anläßlich der Beratungen zur Revision der Hamburger Musterrolle von 1849 bemühte man sich ebenso in der Frage der mehrjährigen Reisen, die Belange der Besatzungen bei einer Neufassung der Heuerbestimmungen mit einzubeziehen. Unter anderem versuchte der Hamburger Wasserschout als der mit Heuer- und Musterungsangelegenheiten betraute Beamte der Stadt, eine für die Mannschaft günstigere Lösung bei mehrjährigen Auslandsreisen durchzusetzen und bemerkte: *... es erscheine unbillig, die Leute zu zwingen auf unbestimmte Zeit im Dienst zu bleiben. Es seien Fälle vorgekommen, wo Schiffe 5 Jahre abwesend geblieben, und da sei es doch hart, daß in so langer Zeit die Jungmänner und Jungen nicht avanciren sollten*[497]

Allerdings konnte sich der Schout mit seinen recht weitgehenden Forderungen, die u.a. das Recht auf Entlassung oder aber eine obligatorische Nachverhandlung über die Heuer nach zwei Jahren vorsah, in Hamburg nicht durchsetzen. So richtete sich in Hamburg und Bremen die Dauer der Dienstpflicht, sofern der Heuervertrag keine diesbezüglichen Bestimmungen enthielt, in erster Linie nach dem jeweiligen Fahrtgebiet des Schiffs, so daß die Seeleute in der europäischen Fahrt schon nach einem wesentlich kürzeren Zeitraum als die Matrosen auf Schiffen in der außereuropäischen Fahrt ihre Entlassung fordern konnten. Allerdings wurde versucht, die längere Dienstpflicht der letzteren durch eine automatische Heuererhöhung wie auch durch eine obligatorische Beförderung nach einem gewissen Zeitraum zu kompensieren.[498] Daraus wird deutlich, daß man sich bemühte, trotz der im Grunde ökonomischen Intention der Rechtsänderungen einen für beide Seiten tragbaren Kompromiß zu finden: *Wenngleich es nicht in Abrede zu stellen sein wird, daß einzelne Fälle vorkommen können, in denen einen anderweitige Bestimmung in Rücksicht der Rheder oder der Mannschaft den speciellen Umständen billiger und entsprechender gewesen wäre; so dürfte doch die gewählte Fassung in der großen Mehrzahl der Fälle als den Interessen beider Theile entsprechend angesehen werden.*[499]

Ähnliche Erwägungen finden sich auch in einem Schreiben des Bremer Konsuls Alreich aus New York aus dem Jahre 1856, in denen er sich auch für eine Neuregelung der Heuerbedingungen zugunsten der Seeleute einsetzte.[500] Auch bei den Anhörungen eines »Select Committee« des britischen Parlaments über die Handelsschiffahrt spielten soziale Belange, wenn auch mit einer deutlichen handelspolitischen Zielsetzung, durchaus eine Rolle, wie die Anmerkungen des gehörten Kapitäns Benjamin Sproule deutlich machen: *With a reference to a decayed seamen's fund; you recollect the old fund which there was in London, out of which a sick sailor was taken care of for a time, and sometimes had a pension, but now a man in the merchant service has no means whatever? – He has no means whatever. ... You recommended a deduction from the wages for the ultimate benefit of sailors? – Yes; I think that that is the proper plan if it is to be done. As I said before, I am afraid that if you make it voluntarily, as sailors never look before them one day before another, you could not get the money. ... Looking only at the sailor, you think that if a system of that sort were carried out, it would render the sailor a steady man, and bind him more to his country than is the case now? – It is my firm conviction that it would.*[501]

Zugleich gab es im stark religiös geprägten Großbritannien der ersten Hälfte des 19. Jahrhunderts eine Unzahl privater Wohlfahrtsorganisationen. So wurden 1861 allein in London 640 wohltätige Organisationen gezählt, deren jährliches Gesamtbudget auf mehr als zwei Millionen Pfund Sterling geschätzt wurde. Diese Summe übertraf die staatlichen Sozialausgaben für die englische Hauptstadt erheblich. Die Motivation für diese vielfältige Wohltätigkeitsarbeit war eine komplexe Mischung aus Philantrophie, christlicher Nächstenliebe und Eigeninteresse. Neben dem Wunsch, den Bedürftigen zu helfen, spielte aber auch das Bestreben, durch Wohltätigkeiten soziale Konflikte zu entschärfen, eine wichtige Rolle. Dabei orientierte sich die frühviktorianische Wohltätigkeit meist an dem Prinzip der Hilfe durch Selbsthilfe und vertrat die Auffassung, daß staatliche Stellen nur dann eingreifen sollten, wenn es unbedingt notwendig war. Dies ließ privaten Hilfsinitiativen sehr viel Freiraum.[502]

Besonders die Arbeits- und Lebensverhältnisse der Seeleute standen im Mittelpunkt des öffentlichen Interesses, da sie sowohl für die Handelschiffahrt, einen der wichtigsten britischen Wirtschaftszweige, als auch für die Royal Navy als Rekrutierungsreserve im Kriegsfall von eminenter Bedeutung waren. Daher gab es nicht nur zahlreiche Parlamentsausschüsse und Kommissionen, die sich mit der Lage der Seeleute beschäftigten, sondern sie waren auch eine wichtige Zielgruppe für private Wohltätigkeitinitiativen. So gab es Missionsgesellschaften, die den Seeleuten das Wort Gottes näherzubringen und sie zu einem moralischen Lebenswandel anzuhalten suchten, Organisationen zur Rettung Schiffbrüchiger, private Seemannsheime und viele andere karitative Einrichtungen.[503]

Aber auch viele Schiffsbesitzer bemühten sich um die Seeleute. So gründete ein Reeder aus Blackwall, George Green, 1841 auf eigene Kosten ein Seemannsheim, das zunächst nur den bei ihm beschäftigten, später aber allen Seeleuten offenstand. Der sicherlich nicht unerwünschte Nebeneffekt von Greens paternalistischer Sorge für die Seeleute war, daß nicht allein die in seinen Diensten stehenden Matrosen eine ungewöhnliche Loyalität zur seiner Reederei an den Tag legten, sondern die Reederei überdies niemals Probleme hatte, qualifizierte Seeleute zu finden; zugleich gab es auch kaum Konflikte an Bord ihrer Schiffe.[504]

Der Nachteil dieser privaten Sozialfürsorge war jedoch, daß sie sich nicht in erster Linie um eine generelle Verbesserung der Lebensbedingungen der unteren Schichten, sondern um die »Bedürftigen« kümmerte – wobei die Auswahl dieser »Bedürftigen« allein im Ermessen der jeweiligen Organisation lag. Daher ist es wenig verwunderlich, daß sich die Wohltätigkeit im Bereich der Schiffahrt in der Regel mit den Interessen der Reeder deckte. Ein Seemann, der beispielsweise vor Gericht gegen seine Reederei vorging, durfte kaum auf eine Unterstützung rechnen. Aufgrund dieser Unzulänglichkeiten der frühviktorianischen Wohlfahrtspflege versuchte man daher in den 1860er Jahren, sie rationaler und effektiver zu gestalten. Trotz gewisser Ansätze in der Mitte des 19. Jahrhunderts wurde die Sozialfürsorge in Großbritannien erst zu Beginn des 20. Jahrhunderts eine Aufgabe des sich allmählich entwickelnden Sozialstaats.[505]

493 Schulz, S. 195. Zu den Seeleutegilden vgl. Mollat du Jourdin, S. 213f. In Deutschland entwickelte sich die Gewerkschaftbewegung nach ersten Anläufen im Zuge der Revolution 1848/49 erst in den 60er Jahren des 19. Jahrhunderts. Die ersten Gewerkschaften entwickelten sich jedoch nicht in den neuen Industriebetrieben, sondern hatten ihre Wurzeln vor allem in Zusammenschlüssen von gelernten Arbeitern mit handwerklicher Tradition. Zudem waren die Ergebnisse dieser Organisation zunächst relativ bescheiden. So wurde die Gesamtzahl der organisierten Arbeiter im Bereich des Deutschen Reichs für das Jahr 1870 auf etwa 50000 geschätzt. Vgl. Reinhard Rürup: Deutschland im 19. Jahrhundert 1815–1871, Deutsche Geschichte Bd. 3: 19. und 20. Jahrh., Göttingen 1985, S. 194ff., und Wolfram Siemann: Gesellschaft im Umbruch, Deutschland 1849-1871, Moderne Deutsche Geschichte Bd. 6, hrsgg. von Hans-Ulrich Wehler, Frankfurt /M. 1990, S. 257f.

494 AHL, ASA Interna/Seesachen, Nr. 39/1.

495 Vgl. z.B. das Schwedische Seerecht von 1667, 1. Abt., 11. Kap.: Von der Schiffsleute Speisung, und die Obrigkeitliche Verordnung Bremen 1852, § 49, ebenso § 18 der Hamburgischen Musterrollen von 1849 und 1854.

496 Hamburger Musterrolle von 1849 und 1854, § 8.

497 Entwurf zu einer Revidierten Seemanns-Ordnung, Hamburg 1853, S. 10.

498 Ebd., S. 8ff., und Antrag, betreffend Hamburgische Seemanns-Ordnung 1854, S. 6.

499 Antrag, betreffend Hamburgische Seemanns-Ordnung 1854, S. 4ff.

500 STAB 2 - R. 11. l. 2. (Manualakten betr. die Revision der Verordnung vom 15.11.1852 (brem. Seemannsordnung) 1855–1868).

501 Minutes of Evidence, S. 251.

502 Jon Press: Philantrophy and the British Shipping Industry, 1816–1860, in: International Journal of Maritime History, Vol. I, 1989, S. 107–127, hier S. 107–111.

503 Press, S. 107–111. Vgl. auch Ville: Transport, S. 48–113, und Paul Kennedy: Aufstieg und Fall der großen Mächte – ökonomischer Wandel und militärischer Konflikt von 1500 bis 2000, Frankfurt/M. 1991, S. 240–251.

504 Press, S. 111.

505 Press, S. 125ff., und Kurt Kluxen: Englische Geschichte, Stuttgart 1991, S. 578 und 674ff.

Daß trotz des Ziels der Gewinnmaximierung und des Fehlens einer direkten Interessenvertretung die Belange der Seeleute nicht völlig vernachlässigt wurden, wird auch an der Einführung einer verbindlichen Höchstladelinie durch das englische Parlament im »Merchant Shipping Act« von 1876 deutlich.[506] Die nach ihrem Erfinder, dem englischen Parlamentsabgeordneten Samuel Plimsoll, benannte Plimsoll Linie legte den für die Seetüchtigkeit eines Schiffs erforderlichen Mindestfreibord fest, der nicht überschritten werden durfte, um so ein Überladen und damit eine vorsätzliche Gefährdung von Schiff und Besatzung zu verhindern. Zuvor waren zahlreiche Verluste zumeist hochversicherter sogenannter »coffin-ships«, schwimmender Särge, in erster Linie auf die rücksichtslose Überladung durch die Reeder zurückzuführen.[507] Gegen den erbitterten Widerstand der Reeder gelang es Plimsoll durch die Mobilisierung der Öffentlichkeit und nach der staatlichen Anerkennung der Gewerkschaften als Arbeitnehmervertretung im Jahre 1871 auch mit Unterstützung des Trade Union Congress sowie liberaler Abgeordneter, im Parlament ein Gesetz über Sicherheitsstandards bei der Beladung von Schiffen zu verabschieden. Seit 1876 ist die Plimsoll-Linie für alle britischen Handelsschiffe verbindlich vorgeschrieben.[508]

Ähnlich wie bei den Verhandlungen der Revidierten Seemanns-Ordnung in Hamburg 1853, den Anhörungen des englischen Parlaments 1860 oder den Beratungen zum Allgemeinen Deutschen Handelsgesetzbuch von 1861 wurden auch in diesem Fall die Interessen der Seeleute geschützt, ohne daß diese direkt oder über Vertreter daran beteiligt waren.[509]

Bei den Seerechtsänderungen des 19. Jahrhunderts wird deutlich, daß es hierbei nicht nur um die Sicherung des reibungslosen Ablaufs der Handelsschiffahrt entsprechend dem alten Motto »Die Fracht ist die Mutter der Gage« ging, sondern auch um die Beseitigung von Mißständen in der Seefahrt. Ob es sich um eine Revision der als kontraproduktiv erkannten hohen Strafen für Desertion oder die Frage des Rechtes auf Entlassung bei mehrjährigen Reisen in Hamburg handelte oder um die in den Anhörungen des englischen Parlamentsauschusses aufgeworfene Frage, ob es dem Kapitän gestattet sein sollte, Logbucheintragungen über Strafen ohne Wissen des betreffenden Seemanns zu machen, man unterzog in einem empirischem Trial and Error-Verfahren alle Regelungen, die den gewandelten Anforderungen nicht länger genügten, einer Überprüfung.

Obwohl bei den Seerechtsänderungen wohl eher das Interesse der Reeder nach einem ungestörten Seefahrtsbetrieb Beachtung fand, wurden dabei auch die Belange der Seeleute, sei es aus reinen Nützlichkeitserwägungen, um beispielsweise die Gefahr von Desertionen zu verringern, sei es aus sozialen Erwägungen und paternalistischem Verantwortungsgefühl, nicht ignoriert. So wurden bei der Revision des Seerechts im 19. Jahrhundert nicht nur die Interessen der Reeder und Kapitäne, sondern auch die Belange der Seeleute berücksichtigt und gegeneinander abgewogen, obwohl diese über keinerlei Interessenvertretung verfügten, um einen für beide Seiten annehmbaren Kompromiß zu finden.[510]

Dennoch kann nicht geleugnet werden, daß mit diesen Rechtsänderungen zum Teil auch eine partielle Schlechterstellung der Mannschaften verbunden war. Trotzdem greift die in einigen Darstellungen immer wieder anklingende Behauptung, es handele sich bei diesen Vorgängen um eine gezielte Entrechtung der Seeleute seitens des Gesetzgebers im Interesse der Reeder, viel zu weit.[511] Vielmehr stand der Prozeß der Seerechts-Neuordnung in einem engen Zusammenhang mit dem sich seit dem 18. Jahrhundert in steigendem Maße intensivierenden Prozeß der sozialen Disziplinierung von oben, durch den das Leben der Menschen zunehmend zentral gelenkt und einer strengeren Kontrolle unterworfen wurde.[512] Die spezifischen Entwicklungen in der Seefahrt standen dabei allerdings nicht so sehr in einem Zusammenhang mit der Entfaltung einer von oben verordneten Arbeitsmoral und -mentalität aufgrund der in Folge der Industriellen Revolution entstandenen Forderungen nach neuen, rationalen, den veränderten Bedingungen angepaßten Arbeitsformen. Die traditionelle vorindustrielle Arbeitsweise, die von vielen mit der eigentlichen Arbeit nicht unmittelbar in Zusammenhang stehenden Unterbrechungen, wie Zunftversammlungen oder Gottesdiensten, gekennzeichnet war, genügte den veränderten Anforderungen industrieller Produktionsweisen nicht länger, da jetzt Leistung, Effizienz und die Ökonomisierung der Zeit die wesentlichen Grundlagen der modernen Arbeits- und Produktionsmethoden bildeten.[513] Während sich diese Arbeitsformen an Land erst mit der Industriellen Revolution ausprägten, war an Bord eine effiziente und arbeitsteilige Form des Schiffsbetriebs bereits durch die Komplexität eines Segelschiffs als notwendig vorgegeben und durch das Wachsystem schon seit langem etabliert.[514] Die besonderen Bedingungen der Seefahrt und der Betrieb des Schiffs erforderten die Koordination komplizierter Vorgänge, wozu neben einer strikten Befehlshierarchie eine klare Kommandokette und die effiziente Organisation der Arbeit einer disziplinierten Mannschaft an Bord vonnöten war. Damit nahm die Seefahrt durch die ihr immanenten Sachzwänge die spätere industrielle Arbeitsweise voraus.

2.7 Der Kapitän – Master next God?

Im traditionellen europäischen Seerecht waren sowohl die Rolle des Kapitäns wie auch seine Aufgaben juristisch genau bestimmt. Es unterschied in seiner rechtlichen Definition deutlich zwischen dessen nautisch-administrativen und ökonomisch-kaufmännischen Tätigkeitsbereichen. Denn während der Kapitän mit seinem Kommando zugleich auch die obligatorischen Herrschaftsbefugnisse erhielt, bestimmte, von Notfällen abgesehen, allein der Reeder den Umfang seiner geschäftlichen Kompetenzen.[515]

Durch einen Vertrag wurden dem Kapitän unteilbare und umfassende Befugnisse übertragen, die für Schiff, Ladung und Besatzung galten und die er im Auftrag seiner Reeder wahrnahm. Die daraus resultierenden Kompetenzen gaben dem Kapitän in Notsituationen auch ohne eine Ermächtigung seitens der Reeder das Recht, die zur Rettung des Schiffs notwendigen Maßnahmen zu ergreifen und Entscheidungen über Schiff und Ladung zu treffen, die auch für die Reeder verbindlich waren. Erst nach der Rückkehr konnten die Reeder gegen die Entscheidungen des Kapitäns vorgehen. Daher war der Kapitän trotz seiner prinzipiellen Verantwortlichkeit für sein Handeln, sei es vor seinem Reeder, sei es durch eine Klage vor Gericht, in seinen Entscheidungen auf See weitgehend souverän.[516]

Die Kommandogewalt des Kapitäns ergab sich aus dem Heuervertrag. Dieser bildete in Analogie zur Herrschaftsgewalt eines Hausvaters zu seinem Gesinde bzw. zur Patriarchalgewalt eines Vaters über seine Kinder die juristische Grundlage seiner Herrschafts- und Disziplinarbefugnisse. Mit Abschluß des Heuervertrags wurde ein wechselseitiges Verhältnis begründet, durch das der Kapitän verpflichtet wurde, als Gegenleistung für die Erfüllung der Dienst- und Gehorsamspflicht seitens der Seeleute für das Wohl seiner

506 K. Theodore Hoppen: The Mid-Victorian Generation, Oxford 1998, S. 615f., und G.D.H. Cole: A short History of the British Working Class Movement 1789–1947, London 1966, S. 221f. Vgl. auch Kemp: Companion, S. 653.

507 Hoppen, S. 615f.; Cole, S. 205ff., und Kemp: Companion, S. 653.

508 Hoppen, S. 615f.; Cole, S. 205ff. und 221f.; Kluxen, S. 623f., sowie Kemp: Companion, S. 653. In Großbritannien waren infolge der industriellen Revolutionen bereits gegen Ende des 18. Jahrhunderts gewerkschaftsähnliche Zusammenschlüsse von Arbeitern entstanden, gegen die jedoch als Reaktion auf die Französische Revolution 1794, 1795 und 1799 durch Regierungsdekrete ein Versammlungs-, Vereins- und Agitationsverbot verhängt wurde. Dennoch kam es durch die wirtschaftlichen Probleme während und nach den Napoleonischen Kriegen wiederholt zu Unruhen, wie den Ludditen-Aufständen von 1811–1814, und auch zu spontanen, gegen akute Mißstände gerichteten Arbeitsniederlegungen, wobei größere Ausstände wie der Weberstreik von 1813 allerdings die Ausnahme darstellten. Nach dem »Peterloo-Massaker« von 1819, als bei Manchester eine friedliche Demonstration von etwa 60000 Arbeitern gewaltsam aufgelöst wurde, wobei es zahlreiche Tote und Verletzte gab, wurden diese Dekrete noch verschärft. 1824 wurden die Gesetze gelockert und die Bildung von Gewerkschaften in England erlaubt, die jedoch noch bis Ende des 19. Jahrhunderts im wesentlichen lokale Vereinigungen bestimmter Handwerksberufe blieben und daher nur die Elite der Handwerkerschaft organisierten. Vgl. Kluxen, S. 540–548, und Michael Maurer: Kleine Geschichte Englands, Stuttgart 1997, S. 324ff. und 398ff.

509 Schulz, S. 195, vgl. ebenso Minutes of Evidence, S. 248f.; ferner: Entwurf zu einer Revidierten Seemanns-Ordnung, Hamburg 1853, und den Antrag, betreffend Hamburgische Seemanns-Ordnung 1854.

510 Ebd.

511 So z.B. in Gerstenberger u. Welke: Vom Wind zum Dampf, S. 141-159.

512 Van Dülmen: Kultur und Alltag, Bd. 3., S. 225 und 280; Dipper, S. 189 und 197ff.; Wyduckel, S. 16 und 30f.; Michel Foucault: Überwachen und Strafen, Die Geburt des Gefängnisses, Frankfurt/M. 1994, S. 287ff., und Andreas Wirsching: Arbeit und Fest/Neuzeit, in: Europäische Mentalitätsgeschichte, Hauptthemen in Einzeldarstellungen, hrsgg. von Peter Dinzelbacher, Stuttgart 1993, S. 351f.

513 Akos Paulinyi: Die Umwälzungen der Technik in der Industriellen Revolution zwischen 1750 und 1840, in: Akos Paulinyi, und Ulrich Troitzsch: Mechanisierung und Maschinisierung, 1600 bis 1840, Propyläen Technikgeschichte Bd. 3, hrsgg. von Wolfgang König, Berlin 1991, S. 269–495, hier S. 487f.; Dipper, S. 189 und 197ff.; Foucault, S. 287ff.; Wirsching, S. 351f.; Frank Mc Lynn: Crime & Punishment in Eighteenth Century England, Oxford 1991, S. 301 und 315f.

514 Earle, S. 70f., und Weibust, S. 49–53.

515 Abbott, (1802), S. 72f.; von Sahme, S. 8ff.; Weibust, S. 340, und Davies, S. 168.

516 Jacobsen: Seerecht, S. 115ff., Abbott (1802), S. 82ff., und Engelbrecht, S. 10f.

Untergebenen zu sorgen. Prinzipiell besaß der Kapitän also die im europäischen Seerecht verankerte Befugnis, die Disziplin und Ordnung an Bord notfalls auch mit Gewalt durchzusetzen, wozu ihm ein weites Spektrum an Sanktionen, von der Entlassung eines Seemanns bis hin zur Körperstrafe, zur Verfügung stand.[517] Bei der Verhängung von Strafen hatte der Kapitän nach dem Prinzip der Verhältnismäßigkeit zu verfahren. Da seine Disziplinarbefugnisse nur auf See und im direkten Zusammenhang mit dem Schiffsbetrieb galten und den Seeleuten zudem die Möglichkeit offenstand, gegebenenfalls Kapitän und Offiziere wegen Mißhandlung anzuzeigen, war die Kommando- und Strafgewalt des Kapitäns an Bord nicht unumschränkt.[518]

Insgesamt läßt sich auch für die rechtliche Stellung des Kapitäns eine prinzipielle Kontinuität im Seerecht feststellen, da die seerechtlichen Neukodifikationen des 19. Jahrhunderts hier kein neues Recht schufen, sondern lediglich die traditionellen Normen den Anforderungen der neuen kontinentalen Rechtsdogmatik anzupassen versuchten. Dies gilt auch für die übrigen Bereiche des Seerechts.[519] Obwohl diese Neufassung vor allem im disziplinarischen Bereich detailliertere Bestimmungen enthält und einige Änderungen, wie z.B. die Abschaffung der Führung oder neue Bestimmungen über die Erleichterung der Entlassung von Seeleuten im Ausland, den Anschein erwecken, daß die Mannschaft gegenüber den Kapitänen sukzessive schlechter gestellt wurde, fanden auch die Interessen der Mannschaften in den verschiedenen Beratungen zur Revision des Seerechts durchaus Beachtung. Dies gilt auch für die Ausweitung der staatlichen Kontrollbefugnisse im Bereich der Seefahrt, die zwar einerseits die Seeleute einer verstärkten obrigkeitlichen Kontrolle unterwarf, diesen aber zugleich durch die neuen Qualifikationsnachweise auch neue berufliche Chancen eröffnete.

Die herausgehobene Position des Kapitäns an Bord wird auch in der Bezeichnung *Schiffer nächst Gott, Master next God* oder *seul maitre après Dieu* deutlich, die sich in allen europäischen Seefahrtsnationen wiederfindet.[520] Obwohl der Kapitän eine umfassende Disziplinargewalt besaß, um die Ordnung an Bord notfalls auch mit Gewalt durchsetzen zu können, waren ihm durch das Seerecht deutliche Grenzen gesetzt. So wurde beispielsweise im »General-Reglement« des bremischen Schiffs VISURGIS ausdrücklich angemerkt, daß etwa die dem Kapitän zur Verfügung stehenden *Zwangsmittel ... nicht der Willkühr überlassen* werden dürfen.[521] Deshalb hatten sich die Kapitäne im Hafen und spätestens ihren Reedern gegenüber für alle Handlungen und Maßnahmen zu rechtfertigen. Dies zeigt, daß der Kapitän zwar auf See der unangefochtene Herrscher an Bord war, daß aber seine Stellung aufgrund dieser deutlichen Grenzen weder als absolutistisch und schon gar nicht als despotisch bezeichnet werden kann. Die Bezeichnung Master next God bezieht sich daher nicht auf eine gottähnliche oder absolutistische Herrschaftsfunktion des Kapitäns an Bord, sondern auf seine rechtlich verankerte Verfügungsgewalt über das Schiff während der Reise.[522]

517 Surland, S. 17; Abbott (1802), S. 123ff.; Brarens, S. 77f.; Steel, S. 23f., Dana: The seaman's friend, S. 192f., und Nizze, S. 370.
518 Surland, S. 69f.; Abbott (1802), S. 126ff., Brarens, S. 10f., u. Steel, S. 23.
519 Morisset, S. 120; Lau, S. 243, und Schulz, S. 193.
520 Ole Degn und Erik Gøbel: Skuder og Kompagnier, Dansk Søfarts Historie, Bd. 2, 1588 – 1720, Kopenhagen 1997, S. 73 (Reproduktion eines Connossements von 1726); Engelbrecht, S. 133 und 164 (Musterformulare in Niederländisch und Deutsch); LASH, Abt. 65.2, Nr. 834 II. (Connossement eines amerikanischen Schiffs auf Niederländisch) und Broeze, Bruijn u. Gaastra (Hrsg.): Maritieme Geschiednis der Nederlanden, Bd. 3, S. 130 (Reproduktion eines Connossements von 1828).
521 General-Reglement ... VISGURIS, Bremen 1795, Einleitung.
522 von Gierke, S. 436.

3 Der Kapitän an Bord

3.1 Kapitän und Reeder

Wie im vorhergehenden Kapitel festgestellt, war die rechtliche Position des Kapitäns im europäischen Seerecht klar definiert. Dabei unterschied das europäische Seerecht deutlich zwischen dem obligatorischen nautisch-administrativen, also seemännischen und dem fakultativen, dem Kapitän nach Ermessen des Reeders übertragenen ökonomisch-kaufmännischen Tätigkeitsbereich. Doch zwischen juristischer Theorie und Seefahrtspraxis können Welten liegen. Dementsprechend stellt sich die Frage, ob und in welchem Umfang es bei den ökonomischen und administrativen Aufgaben des Kapitäns gravierende Diskrepanzen zwischen der Sichtweise des Seerechts und der Lebenswirklichkeit an Bord gab.

Während also der Kapitän mit seinem Kommando zugleich auch die dazu notwendigen nautisch-administrativen Befugnisse erhielt, benötigte er als Setzschiffer für eine ökonomisch-kaufmännische Tätigkeit außer im Ausnahme- oder Notfall einen expliziten Auftrag seines Reeders.[523] Sofern der Kapitän nicht Schifferreeder war oder einen Anteil am Eigentum des von ihm geführten Schiffs besaß, stand er durch seine direkte Vertragsbindung in einem Mandatsverhältnis zu seinen Reedern und war den Reedern gegenüber für Schiff, Ladung und das Verhalten der Besatzung verantwortlich.[524]

Die Zahl der Schifferreeder hatte seit dem Mittelalter stetig abgenommen. Diese Entwicklung beschleunigte sich vor allem durch den im 18. Jahrhundert einsetzenden Trend zur Spezialisierung im Reedereigeschäft. Die traditionelle Partenreederei, d.h. die Verteilung des Schiffseigentums auf verschiedene Anteilseigner, die noch im 18. und beginnenden 19. Jahrhundert die vorherrschende Reedereiform darstellte, wurde allmählich von Firmen abgelöst, die die Reederei nicht länger nur als Teil- oder Nebengeschäft oder nur als reine Geldanlage betrieben. Diese reinen Reedereifirmen verdienten nun ihr Geld mittels einer größeren Zahl von allein in ihrem Besitz befindlichen und von Setzschiffern kommandierten Schiffen ausschließlich mit der Reederei und konzentrierten sich dabei mehr und mehr auf das Frachtgeschäft.[525]

Bei der Frachtfahrt wurden die Schiffe nicht länger für die Beförderung von Handelswaren des Schiffseigners genutzt, sondern für den Transport von Waren im Auftrage Dritter, der sogenannten Befrachter, eingesetzt. Dieses reine Speditionsgeschäft entwickelte sich

523 Engelbrecht, S. 5ff.; Abbott (1802), S. 82ff.; Abbott (1856), S. 127f.; Jacobsen: Seerecht, S. 115ff.; Gemeinfaßliche Darstellung des Europäischen Seerechts, S. 17; Steel, S. 13ff.; Manual of Maritime Law, S. 28. Vgl. auch Landwehr: Lübisches Seerecht, S. 153, und Feldbæk: Storhandelens tid, S. 158.

524 Engelbrecht, S. 5ff.; Abbott (1802), S. 82ff.; Gemeinfaßliche Darstellung des Europäischen Seerechts, S. 17; Steel, S. 13ff., und Manual of Maritime Law, S. 28.

525 Ville: Transport, S. 74ff.; Broeze: Rederij, S. 113f.; Link, S. 26f.; Franz Josef Pitsch: Die wirtschaftlichen Beziehungen Bremens zu den Vereinigten Staaten von Amerika bis zur Mitte des 19. Jahrhunderts, Veröffentlichungen aus dem Staatsarchiv der Freien Hansestadt Bremen Bd. 42, Bremen 1974, S. 91ff.; Dagmar Jestrzemski: Altonas Blütezeit und ihr jähes Ende, Die Reederei Hinrich Dultz 1756–1807, Schriften des Deutschen Schiffahrtsmuseums Bd. 52, Hamburg 2000, S. 46–48 und 139ff., und Kenneth Morgan: Bristol and the Atlantic trade in the eighteenth century, Cambridge 1993, S. 34.

im Verlauf des 18. und 19. Jahrhunderts allmählich zur Hauptform des Reedereigeschäftes.[526] Diesem Bild entsprechen auch die Untersuchungen über verschiedene Reedereien im 18. und beginnenden 19. Jahrhundert. So betrieb die Reederei Otte in Eckernförde in erster Linie Frachtfahrt und beschäftigte ausschließlich Setzschiffer. Auch die Schiffe der ebenfalls hauptsächlich in der Frachtfahrt tätigen Reedereien Donner in Visby und Henley and Son in London waren zumeist im Alleinbesitz der Firma, obwohl es in diesen Reedereien noch gelegentlich die Besitzbeteiligung eines langgedienten und bewährten Kapitäns an dem von ihm geführten Schiff gab.[527] Diese Firmen waren die Wegbereiter dieser Neustrukturierung des Reedereigeschäfts, und zum Teil, wie etwa die Reederei Otte, ihrer Zeit weit voraus. Dagegen betrieb Hinrich Dultz, zwischen 1781 bis 1793 der größte Reeder Altonas, sein Geschäft noch bis in die 1790er Jahre als traditionelle Partenreederei.[528] Im Zuge der technologisch-ökonomischen Umwälzungen der Industriellen Revolution setzte sich allerdings der Trend zur geschäftlichen Spezialisierung in Form von großen Reedereifirmen immer weiter durch.[529]

Der Wandel der Besitzverhältnisse und des Reedereigeschäfts führte auch zu einem grundlegenden Wechsel in den Handelsbräuchen in der Seefahrt. Da die Reeder ihre Geschäfte jetzt zumeist von ihrem Heimatort aus führten, war es unbedingt erforderlich, eine Möglichkeit zu finden, auch während der Reise des Schiffs mit dem Kapitän Kontakt zu halten. Nur so konnten die Reeder ihre Kapitäne unterwegs kontrollieren oder ihnen bei einem Wechsel der wirtschaftlichen Konjunkturlage die notwendigen Informationen übermitteln, damit diese den veränderten Gegebenheiten Rechnung tragen und sachgerecht darauf reagieren konnten. Dabei stellten allerdings die unzureichenden Kommunikationsverbindungen der Frühen Neuzeit ein erhebliches Problem dar. Auch wenn im Verlauf des 17. und 18. Jahrhunderts die Kommunikationsverbindungen allmählich besser, schneller und vor allem auch berechenbarer wurden und damit den Ausbau und die immer engere Vernetzung des europäischen und seit dem beginnenden 19. Jahrhundert zunehmend globalen Handels ermöglichten, blieb der Informationsfluß noch lange Zeit zu langsam für eine unmittelbare Einflußnahme des Reeders auf die Geschicke seines Schiffs bei größeren Entfernungen.[530] So benötigte beispielsweise ein Briefwechsel zwischen Leipzig und Venedig trotz der für ihre Zeit vorbildlichen Postverbindung im Jahre 1703 etwa drei Wochen, bis die Antwort den Verfasser des ersten Briefes wieder erreichte.[531]

Da aufgrund dieser unzulänglichen Kommunikationsbedingungen ein direkter Informationsaustausch zwischen Reeder und Kapitän nur in Ausnahmefällen möglich war, mußte man versuchen, diesen Mangel zu kompensieren. Hatte im Mittelalter in der Regel entweder der Kaufmann selbst oder einer seiner Angestellten die verfrachteten Waren begleitet[532], gingen in späteren Jahrhunderten die Kaufleute mehr und mehr dazu über, der Fracht einen eigenen Ladungsbeauftragten, einen sogenannten Supercargo oder Cargadeur, beizugeben, der im Auftrag des Ladungseigentümers alle Ladungsgeschäfte, etwa den Verkauf der Waren am Bestimmungsort, den Kauf einer Rückfracht usw., erledigte und dem Kapitän gegenüber in allen ökonomisch-kaufmännischen Belangen weisungsberechtigt war.[533] Richter beschreibt den Supercargo und seine Aufgaben mit folgenden Worten: *Supercargo heißt auf Kauffahrern derjenige, welcher den Verkauf oder die Vertauschung der geladenen Waaren an fremden Orten besorgt, mithin auch auf der Reise über alles, was die Ladung betrifft, die Oberaufsicht führt.*[534]

Allerdings wurde die Begleitung der Waren durch einen Supercargo im 18. Jahrhundert durch die Entwicklung eines dichten Netzwerks von angestellten Bevollmächtigten der Kaufleute, Agenten und Korrespondenten zunehmend überflüssig, obwohl Supercargos an Bord von Handelsschiffen bis ins 19. Jahrhundert hin und wieder anzutreffen waren.[535] Korrespondenten waren Geschäftsfreunde oder befreundete Firmen im Ausland, mit denen die Reederei oder die Befrachter dauernde Verbindungen unterhielten und die durchaus auch in deren Auftrag geschäftliche Vereinbarungen treffen konnten. Dagegen waren Agenten, auch Faktoren oder Handelsvertreter genannt, selbständige Geschäftsleute, die ständig damit betraut waren, für einen anderen, also die Reederei oder den Befrachter, Geschäfte zu vermitteln und zu schließen. Korrespondenten und Agenten waren aber generell keine Angestellten der Reederei oder des Befrachters, im Gegensatz zu den Beauftragten oder auch dem

Supercargo, der durchaus auch der Arbeitnehmer seines Auftraggebers sein konnte. Diese Beauftragten hatten auch den Markt und Konjunkturen zu beobachten und die Reeder darüber auf dem laufenden zu halten.[536] Sie dienten darüber hinaus auch während der Reise eines Schiffs als Verbindungsglied zwischen Reeder und Kapitän, das es beiden ermöglichte, Informationen auszutauschen und Anweisungen zu geben bzw. zu empfangen. Oftmals fungierten die Korrespondenten bei Bedarf auch als Bankhaus und in Notfällen als Kreditgeber für den Kapitän.[537]

Trotz aller Vorteile für die Reeder waren diese Geschäftsverbindungen nicht ohne Risiko, wie sowohl Nettelbeck als auch Eastwick berichten. Während Nettelbeck nach einer Schiffskollision von seinem Korrespondenten, der, wie sich später herausstellte, der Reeder des anderen Schiffs war, betrogen wurde, erzählt Eastwick von einem befreundeten Kapitän, dessen Agenten, die sogar mit ihm verwandt waren, die von ihm gezahlten Versicherungsprämien unterschlagen hatten, so daß er nach einem Schiffsverlust vor dem völligen Ruin stand.[538]

Auch die Entsendung eines Supercargos war nicht immer unproblematisch, da die an ihre Kommandogewalt an Bord gewöhnten Kapitäne sich nicht immer freudigen Herzens damit abfanden, auf die Anweisungen eines Supercargos zu hören. Daher verwundert es kaum, daß das Verhältnis zwischen Kapitän und Supercargo an Bord nicht immer ohne Spannungen blieb. Einen solchen Fall beschreibt beispielsweise Barlow in seinen Memoiren: *While we stayed here at Canton our superacargoes and our captain could not agree, but had many feuds and heart-burnings, and some time before we came to China, insomuch they had parted eating together, for our captain ... was an ill tempered man and abominably proud and unreasonable in his dealings ...*[539] Ein noch schwererer Konflikt zwischen Kapitän und Supercargo ereignete sich 1821 auf dem von Kapitän Meyer geführten Bremer Schiff GRAF ZINZENDORFF. Nachdem durch die Nachlässigkeit des Kapitäns das Schiff mehrfach aufgelaufen war, befahl der mehr und mehr beunruhigte Cargadeur Johannes Tiedemann, der Sohn des Befrachters, dem Steuermann Franz Bellmer laut dessen Aussage gegen seinen Willen, das Kommando des Schiffs zu übernehmen: *Als der Cargadeur nun aber befürchten mußte, durch die grobe Unwissenheit und Nachlässigkeit des Capitains das Schiff nebst der ganzen Ladung zu verliehren, forderte er mich auf, den Capitain zu binden und das Commando über das Schiff zu übernehmen, und als ich mich dessen standhaft weigerte, zwang der Cargadeur mich mit Gewalt dazu, indem er sagte, wenn ich seinem Befehl nicht gehorchen wolle, so mache er mich für jedes Unglück verantwortlich, welches durch die Nachlässigkeit des Capitains entstehen könne.*[540]

Laut seiner Aussage gab Bellmer auf den ausdrücklichen Befehl Tiedemanns nach und ergriff das Kommando über das Schiff. Nach der Ankunft in Charleston wurde die Sache vor Gericht untersucht, das schließlich Kapitän Meyer freisprach und diesen zur Bestrafung der Mannschaft berechtigte. Bellmer, der wie der Rest der Mannschaft vom Kapitän entlassen worden war, bemühte sich nach seiner Rückkehr nach Bremen, die mittlerweile verfügte Streichung aus dem nach 1805 eingeführten Verzeichnis der bremischen Seefahrer auf dem Gnadenweg aufheben zu lassen.

Dieser Fall zeigt deutlich die potentiellen Konfliktlinien zwischen Kapitän und Supercargo und damit zwischen dem nautisch-administrativen und dem ökonomisch-kaufmännischen Bereich. Inwieweit war ein Supercargo berechtigt, bei einer scheinbaren Gefährdung der Sicherheit der von ihm beaufsichtigten Ladung in die nautische Kommandogewalt des Kapitäns

526 Abbott (1802), S. 82f., und Jacobsen: Seerecht, S. 115ff.; ebenso Ville: Transport, S. 74ff.; Henningsen, S. 130f., und Link, S. 26f.
527 Henningsen, S. 130f.; Ville, S. 85, und Robert Bohn: Das Handelshaus Donner in Visby und der Gotländische Aussenhandel im 18. Jahrhundert. Eine Studie zur Handels- und Seefahrtsgeschichte des Ostseeraums im Spätmerkantilismus (Quellen und Forschungen zur hansischen Geschichte; N.F. Bd, 33), Köln 1989, S. 226f.
528 Jestrzemski, S. 46–48 und 139ff.
529 Ville: Transport, S. 74ff.; Broeze: Rederij, S. 113f.; Link, S. 26f., und Pitsch, S. 91ff.
530 Ville: Henley and Son, S. 68; Schulze: Staat und Nation, S.157ff.; Dipper, S. 175, und Bohn, S. 269f.
531 Dipper, S. 175.
532 Heinsius, S. 228f.
533 Chitty, S. 46 und 51; Jacobsen: Seerecht, S. 174, und Gemeinfaßliche Darstellung des Europäischen Seerechts, S. 17. Vgl. auch Henningsen, S. 127.
534 Richter, Bd. 10, S. 195.
535 Davis, S. 130 und Link, S. 26.
536 Chitty, S. 46 und 51; Jacobsen: Seerecht, S. 174, und Gemeinfaßliche Darstellung des Europäischen Seerechts, S. 17. Vgl. auch Link, S. 26.
537 Bohn, S. 269ff.
538 *Nettelbeck*, S. 337, und Robert William *Eastwick*: A Master Mariner. Being the Life and the Adventures of Captain Robert William Eastwick, hrsgg. von Herbert Compton, London 1891, S. 117.
539 *Barlow*, S. 539.
540 STAB 2 - R.11.1.8 (Desertion und Meuterei Bd. 1, 1771–1860).

einzugreifen? Hatte der Supercargo das Recht, einen Kapitän gegebenenfalls auch abzusetzen? In diesem Fall entschied das Gericht offenkundig gegen ein solches Eingriffsrecht, aber dennoch blieb die Möglichkeit eines grundlegenden Interessenkonflikts zwischen Kapitän und Supercargo bestehen.

Nicht nur angesichts der möglichen Probleme, die die Übertragung der ökonomischen Verantwortung für eine Reise an Korrespondenten, Beauftragte und Supercargos mit sich bringen konnten, erwies es sich oftmals als praktisch, wenn die Reeder oder Befrachter ihre Handelsgeschäfte dem Kapitän übertrugen und diesen zugleich als Supercargo einsetzten, also den Schiffsführer nicht nur mit den obligatorischen nautisch-administrativen Aufgaben betrauten, sondern ihm auch die ökonomisch-kaufmännische Verantwortung für die Reise übertrugen.[541] Da die Kapitäne bereits im Rahmen ihrer nautisch-administrativen Funktion eine gewisse ökonomische Verantwortung besaßen, war es eine logische Konsequenz, einen Kapitän bei ausreichender Befähigung auch mit weiterreichenden ökonomischen Befugnissen auszustatten. So hatten die Kapitäne aufgrund ihrer Kommandogewalt auch auf den wirtschaftlichen Betrieb des Schiffs zu achten und die Betriebskosten, wie Lohn- und Proviantkosten usw., möglichst gering zu halten, wobei sie bei allen betriebswirtschaftlichen Erwägungen jedoch die Sicherheit von Schiff, Ladung und Mannschaft nicht vernachlässigen durften.[542] Ebenso war der Kapitän auch für die Sicherheit der von ihm beförderten Fracht haftbar. Von dem Zeitpunkt, an dem die Güter an Bord waren, bis zur Ablieferung an die Empfänger trug er die Verantwortung für die Ladung und war auch für Beschädigung oder Verlust der Fracht durch seine oder seiner Mannschaft Nachlässigkeit schadenersatzpflichtig.[543] Obwohl es natürlich auch von den Kapitänen als ihre Pflicht aufgefaßt wurde, die Waren wohlbehalten abzuliefern, sahen sie nicht ein, generell für jegliche Form der Beschädigung oder des Verlustes haftbar gemacht zu werden, wie aus einer erbosten Protestnote mehrerer Bremer Kapitäne gegen eine bremische Verordnung aus dem Jahre 1802 »Zur Beförderung getreuer und wohlbehaltener Ueberbringung der Kaufmannsgüter zur See und auf der Weser, sodann wegen des Wasserschouts« hervorgeht, die den Kapitänen eben diese generelle Schadenersatzpflicht

Hinrich Dultz war von 1781 bis 1793 der größte Reeder Altonas.

aufzuerlegen beabsichtigte. So beklagten die Kapitäne vor allem: *Wenn gleich den See-Schiffern die in sein Schiff geladenen Güter so wie sie ihm überliefert sind, an den Empfänger abzuliefern verbunden ist, auch wegen aller Beschädigung und anscheinenden Vernachlässigung wie billig zur Verantwortung gezogen werden kann, so ist es im Gegentheil eine mehr als unbillige Aufbürdung wenn er für Beraubungen, Dieberevyen und sonstige Veruntreuungen an den Gütern, ohne Unterschied einstehen und den Befrachter vollkommen schadlos halten soll. Besitzt der See-Schiffer mehr als menschliche Kräfte um eine deligentia auszuwenden, die alles dasjenige ihm unterordnet, wofür er einstehen soll? Denn wenn das nicht ist, wenn es nicht in seiner Macht steht, alles das in jedem Fall und auf jeder Reise zu verhindern, wofür er einstehen und schadlos halten soll, so läuft er Gefahr in einer Reise am Bettelstab zu kommen.*[544] Dabei sahen sich die Kapitäne vor allem in ihrer Ehre gekränkt und ihre Vertrauensstellung zu den Reedern untergraben.

Wie bei allen geschäftlichen Verbindungen war auch im Verhältnis zwischen Kapitän und Reeder gegensei-

Der Reeder Friedrich Wilhelm Otte

Jugendbildnis des Reeders Christian Otte

tiges Vertrauen eine der wichtigsten Voraussetzungen. Vor allem im Ausland waren die Reeder darauf angewiesen, ihren Kapitänen und deren Urteilsfähigkeit nicht nur in den rein nautischen, sondern auch in allen ökonomischen Aspekten zu vertrauen. Dies galt besonders in Fällen, wo weder sie noch die Befrachter geschäftliche Verbindungen in den Zielhäfen unterhielten.[545] Während der Reise konnten die Reeder den Kapitän und seine Handlungen kaum kontrollieren und mußten sich letztlich auf dessen Ehrlichkeit und Integrität verlassen, zumal die Kapitäne laut Seerecht befugt waren, in Notfällen auf den Namen ihrer Reeder Wechsel zu ziehen, um damit etwaige Reparaturen zu bezahlen oder andere dringend notwendige Ausgaben zu tätigen.[546] So sah sich beispielsweise Nannings 1795 gezwungen, einen Wechsel auf seinen Reeder auszustellen, um frischen Proviant zu kaufen: *... Ich habe mich hieselbst durch Hr. Simon & Ludendörfs Assisentie bedient; u. habe von Ihnen zum behuf des Schiffes benöthigtes in Constant aufgehoben 188 Pessos Duros ...*[547]

Gerade in solchen Notfällen waren die Möglichkeiten zum Betrug zahlreich. So konnten etwa Kapitäne in betrügerischer Weise auf den Namen des Reeders Gelder aufnehmen und diese veruntreuen oder auch Teile der Ladung und/oder Ausrüstungsgegenstände verkaufen, um sich zu bereichern.[548] Einige dieser unzähligen Möglichkeiten zur Baratterie bzw. *Unterschleif,* d.h. der

541 Broeze: Rederij, S. 128.
542 Ville, S. 111.
543 Nizze, S. 361; Abbott (1802), S. 82f.; Engelbrecht, S. 3 und 22, und Manual of Maritime Law, S. 33. Vgl. auch das Preußische Allgemeine Landrecht, 2. Teil, 8. Titel, §§ 1461 und 1462, und das Handels-Gesetzbuch für das Königreich der Niederlande, 2. Buch, 3. Teil, § 2.
544 STAB 2 - R. 11. h. (Wasserschout Bd. 3. 1807–1854).
545 Broeze: Rederij, S. 128.
546 Sammlung der Hamburgischen Gesetze, S. 78f.; Engelbrecht, S. 5ff.; Abbott (1802), S. 82ff.; Abbott (1856), S. 127f.; Jacobsen: Seerecht, S. 115ff.; Gemeinfaßliche Darstellung des Europäischen Seerechts, S. 17; Steel, S. 13ff., und Manual of Maritime Law, S. 28ff.
547 Ferring-Stiftung/Föhr: Briefe des Föhrer Kapitäns Jürgen Nannings zwischen 1794 und 1816: Cadix, 30.8. 1795.
548 Ville, S. 68ff., und Broeze: Rederij, S. 118.

Unredlichkeit von Kapitän und Besatzung in Bezug auf die Ladung[549], und zur Veruntreuung von Geldern erwähnt auch Theodor Friedrich Maximilian Richter in seiner Reisebeschreibung: *Wie viel Pech, Theer und hundert andre Dinge, die weder verbraucht noch angeschafft wurden, stehen nicht bisweilen auf den Rechnungen, welche man dem Kaufmann in der fernen Heimath zuschickt. Wie oft werden nicht im Auslande die geschicktesten Matrosen aus dem Dienst entlassen, und ihre Stellen mit unnützen Leuten, wenn sie nur mit geringerem Lohn zufrieden sind, besetzt, um den dadurch gewonnenen Geldüberschuß in die Tasche zu stecken. Doch – die Menge der Schleifwege, die einem unredlichen Schiffskapitän offen stehen, ist zu groß, als daß sie alle sich aufzählen ließen.*[550]

Ebenso berichtet auch Joachim Nettelbeck von seinen Erfahrungen mit den Betrügereien und Veruntreuungen eines krankheitshalber von ihm angestellten Kapitäns, die ihn eine erhebliche Summe Geld kosteten. Dieser Martin Steinkraus veruntreute nicht allein die ihm von Nettelbeck mitgegebenen Gelder, sondern hatte zudem unter dem Vorwand der Havarie in Göteborg auch Geld auf Nettelbecks Namen aufgenommen. Als die Nachrichten von Steinkraus' unredlichem Verhalten endlich nach und nach Nettelbeck erreichten, wurde dieser nervös: *Im Januar 1765 liefen Briefe aus Gothenburg an mich ein, mit der Hiobs-Post: Schiffer Steinkraus sey dort eingelaufen, habe die Einleitung zu einer Havarey gemacht und, zu dem ende, gleich anfänglich 2000 Gulden aufgenommen. Im Februar wiederum Briefe aus Gothenburg; Schiffer Steinkraus habe sich genöthigt gesehen, die zur Ausbesserung nöthigen Gelder bis auf 6000 Gulden zu vermehren und sich auszahlen zu lassen.*[551] Daraufhin reiste Nettelbeck nach Amsterdam, um Kapitän Steinkraus zur Rede zur stellen, nach einiger Wartezeit lief sein Schiff dort ein. Steinkraus desertierte jedoch und wurde kurze Zeit später ertrunken aufgefunden. Nun blieb Nettelbeck nur noch, die Havarie mit der Versicherung zu klären: ... *Nach einigem Hin- und Wiederreden und Streiten, kam es denn auch endlich zu einem Vergleich, dessen Billigkeit wir sammt und sonders anerkannten und guthießen. Ich ließ nemlich die Hälfte meiner Forderungen nach und zeichnete 4000 Gulden Bodmerey auf mein schiff; wogegen meine Herren Assecuradeurs die andere Hälfte mit gleicher Summe an die Bodmerey-Geber in Gothenburg abzuzahlen über sich nahmen. So kam ich bei diesem schlimmen Handel noch glücklich genug mit einem blauen Auge davon; behielt mein Schiff als freies Eigenthum, unter den Füßen und konnte damit fahren nach Lust und Belieben, um meine Scharte wieder auszuwetzen.*[552] Bereits dieses Beispiel zeigt, daß all diese Betrügereien für die Reeder große finanzielle Verluste zur Folge haben konnten. Deshalb waren die Vertrauenswürdigkeit und ein guter Leumund wichtige Kriterien bei der Auswahl eines Kapitäns.[553]

Für eine Übertragung der kaufmännischen Verantwortung an einen Kapitän durch seine Reeder war neben seiner Ehrlichkeit natürlich auch seine kaufmännische Befähigung von großer Bedeutung.[554] Ebenso waren für einen erfolgreichen Kapitän neben den kaufmännischen auch gewisse rechtliche Kenntnisse notwendig. Dies galt nicht nur für Havariefälle oder bei Aufbringungen, die umfangreiche und langwierige Prozesse zur Folge haben konnten, sondern auch für die alltäglichen Geschäfte.[555] So erwähnt beispielsweise Coggeshall 1814 in einem Brief an seine Reeder die frachtvertragswidrige Weigerung der Frachtempfänger, die von ihm gelieferte Ladung Baumwolle entgegenzunehmen, und erwähnt die Möglichkeit, nötigenfalls die Annahme der Waren und damit die Einhaltung des Vertrages vor Gericht zu erklagen: *Gentlemen: I arrived here on the 20th of last month, after a rough passage of 37 days. No sale at all can be had for cotton, and no security for any thing; the agents and owners of the cotton are unwilling to receive it, and one and all refuse to pay the freight. As soon as I can obtain permission, I shall discharge the vessel, and forward the cargo all up Bordeaux by land, and endeavor to force by law the consignees of the cotton to receive it and pay the freight. In fine, I shall be happy if they do not throw the cotton on my hands for the freight. ...*[556]

Aber auch andere Kapitäne sahen sich mit rechtlichen Problemen und Gerichtsprozessen konfrontiert, wie etwa Eschels, der sich mit unberechtigten Forderungen eines Schiffsausrüsters auseinanderzusetzen hatte[557], oder auch Jürgen Nannings, der 1795 in Hamburg gegen Ladungsempfänger, die Fracht- und Liegegelder nicht zahlen wollten, nach erfolglosen Vermittlungsversuchen Dritter rechtliche Schritte einleiten mußte, um so sein Geld zu erhalten.[558]

Wurden Kapitäne als Setzschiffer mit weitergehenden kaufmännischen Befugnissen ausgestattet, handelten sie normalerweise entsprechend den Anweisungen ihrer Reeder und waren verpflichtet, wenn möglich, ihre Reeder brieflich über alle wichtigen Ereignisse auf dem laufenden zu halten und um Instruktionen zu bitten. Aus den erhaltenen Briefen des Föhrer Kapitäns Jürgen Nannings geht dieses deutlich hervor, wenn er 1796 aus Hamburg an seinen Reeder Lars Larsen in Kopenhagen schreibt und um Anweisung bezüglich einer ihm angebotenen Fracht bittet:

An Herrn Hr. Patron Lars Larsen geschrieben.

Hamburg, d. 1sten Märtz 1796.

u. einberichtet von einer gebotenen Fracht von Petersburg nach Mallaga zu BMP 100 pr: 126 Diehlen (oder Lst Holtz) mit 10 pr. Ct. avery & Capl: nebst 5 pr. Cent Gratifikation p. in Erwartung mit umgehender Post Antwort zu haben.

J. Nannings[559]

Doch nicht nur in bezug auf Frachtabschlüsse, auch in Fragen, die den Verkauf von Ladungen angingen, waren die Kapitäne gehalten, wann immer möglich, ihre Reeder zu kontaktieren, und um deren Handlungsanweisungen zu bitten. Wiederum Nannings schreibt etwa 1803, in Hamburg auf Reede liegend, an seinen Reeder in Kopenhagen bezüglich einer von ihm transportierten Weinladung: ... *Hoffete mit heutiger Post bestimte Ordre von alles benöthigte, aber habe nichts erhalten, doch durch Hr. Paaschen erfahren, das Hr. Söböthen an Ihn geschrieben, die 80 Oxhofd Wein zu besten preis an zu bringen, zu solches (welche Hr. Paaschen schon vor 2 Tagen von mir abholen lassen, laut Connossement mit alles daraufstehende pp.) Ich hoffe das ich doch mit nächster Post EE: resulution von vernehme, hinführo erhalten werde; oder wenigstens auf empfang dieses alsdann bin Ich vielleicht und, gewiß ausgeloschet, und dahero nicht nöthig mit die Equipage zu liegen und zu beköstigen – übrigens weis EE nichts bestimmtes zu melden. ...*[560]

Auch in den Memoiren von Coggeshall ist ein Brief enthalten, in dem er seine Reeder 1814 aus Bordeaux um Rat und Anweisungen für sein weiteres Vorgehen bittet, da er seine Ladung Baumwolle nicht absetzen kann und auch keine Rückfracht findet: *As I am now situated, I know not what to do. Should I send my vessel home by my first officer, and should he be captured on the way, you would perhaps blame me, and say »Why did he not come home in the vessel himself?« To leave the freight and cargo here in the hands of strangers, I cannot, and dispose of the cotton at a ruinous sacrifice, I will not; and, on the other hand, to keep the vessel here upon expense is very painful; and thus the whole business is beset with difficulties on every side. You may however rely upon my best exertions to promote your interest, and come what will, you may rest assured, gentlemen, that I shall act from pure motives, and strive to do justice to the utmost of my abilities.*[561]

Da die Verkehrsverbindungen jedoch, wie erwähnt, noch äußert langsam waren (besonders wenn die Briefe dazu noch den Atlantik überqueren mußten), konnten solche Briefwechsel erhebliche Verzögerungen und damit lange Hafenliegezeiten zur Folge haben.[562] Da, wie auch bei Nannings anklingt, im Hafen liegende Schiffe nur Geld kosteten, ohne welches einzubringen, konnte die Übertragung von kaufmännischen Entscheidungsbefugnissen an die Kapitäne für die Reeder von Vorteil sein, da die Kapitäne, ohne erst auf Instruktionen warten zu müssen, schnell und unmittelbar auf günstige Gelegenheiten oder aber auch auf kurzfristige Konjunkturschwankungen reagieren und so langwierige Wartezeiten vermieden werden konnten.

Bewährten Kapitänen, die ihren geschäftlichen Sachverstand bewiesen hatten, wurden von den Reedern oftmals im Laufe der Zeit größere kaufmännische Befugnisse eingeräumt.[563] So erhielten sie beispielsweise die Erlaubnis, selbständig Frachten anzunehmen oder sogar solche zu suchen. Entsprechendes berichtet beispielsweise Samuel Kelly: *After our vessel was discharged, having liberty from my owners to embrace a freight for any part most eligible, I agreed to take a cargo of wheat and flour to Barcelona in Spain.*[564] Ebenso berichtet Nettelbeck

549 Abbott (1802), S. 129ff.; Brarens, S. 161, und Engelbrecht, S. 77 und S. 120ff., Nizze, S. 436f.
550 Richter, Bd. 9, S. 30.
551 *Nettelbeck*, S. 131–137.
552 *Nettelbeck*, S. 140.
553 Ville: Shipowning, S. 68ff., und Broeze: Rederij, S. 118.
554 Brarens, S. III f.; Earle, S. 43f.; Davis, S. 161, und Ville: Shipowning, S. 69 und 76.
555 Engelbrecht, Vorrede sowie Jacobsen: Seerecht, S. 109–161; Sammlung der Hamburgischen Gesetze, S. 78f.; Abbott (1802), S. 82f., und Manual of Maritime Law, S. 32.
556 *Coggeshall*, S. 41f.
557 *Eschels*, S. 217.
558 Nannings: Hamburg, 30.11. 1795 und 4.12. 1795.
559 Ders., 1. 3. 1796.
560 Ders., 27. 3. 1803.
561 *Coggeshall*, S. 41f.
562 Ville, S. 68, und Bohn, S. 269f. Vgl. auch Schulze: Staat und Nation, S. 157ff.
563 Ville, S. 68; Morgan: Bristol, S. 82ff., und Henningsen, S. 125.
564 Samuel *Kelly:* An Eighteenth Century Seaman, whose days have been few and evil, to which is added remarks etc. on places he visited during his pilgrimage in this wilderness, hrsgg. von Crosbie Garstin, London 1925, S. 170.

von einem lukrativen Frachtgeschäft, das er entgegen seinen ursprünglichen Anweisungen im Namen des Reeders abschloß: *Übrigens macht' ich in Memel für meinen Patron ein noch besseres Geschäft, als ich gehofft hatte, indem ich, anstatt eine Ladung für eigene Rechnung einzunehmen, Gelegenheit fand, mit Hrn. Kaufmann Wachsen (auch einem Colberger) eine leidlich gute Fracht auf Lissabon über eine Parthie Schiffsmasten, fichtene Balken und Stangeneisen abzuschließen.*[565] Auch Marten Schaap erzählt von einem lukrativen Frachtangebot, das er, da keine Anweisung seiner Reeder einer Annahme entgegenstand, akzeptierte, allerdings nicht, ohne sich zunächst im Interesse seiner Reeder zur Bezahlung der Frachtgelder vom Befrachter einen Wechsel ausstellen zu lassen.[566] Doch auch bei ihren selbständigen kaufmännischen Entscheidungen hatten Kapitäne stets das Interesse ihrer Reeder und deren Vorteil im Auge zu behalten.[567]

Manchen Kapitänen, die sich besonders befähigt zeigten und das spezielle Vertrauen der Reeder genossen, wurde sogar eine unbeschränkte Handlungsvollmacht eingeräumt, so daß sie nicht nur die seemännische, sondern auch die volle ökonomische Verantwortung für Schiff und Reise trugen. Dies konnte durchaus soweit gehen, daß ihnen sogar die Wahl der Korrespondenten übertragen wurde, wie das Beispiel einer Anweisung der Reederei Bixby, Valentine & Company, and Humphrey & Clark aus Boston an den von ihnen beschäftigten amerikanischen Kapitän Elijah Cobb aus dem Jahr 1811 belegt:

Sir,
you being Master of the Ship William Tell, we wish you as soon as you get your cargo on board to proceed the first fair wind to Lisbon on your arrival at Lisbon you will apply to Messrs Gould, Brothers & co and if you with them think it for our interest you will dispose of your cargo to the best advantage or proceed to Cadiz or Gibraltar as you may think best. Should you proceed to Cadiz we should recommend the house of the Widow of morace Roberts & Co to you to do your business if you should proceed to Gibraltar we should recommend the House of George Allardyce & Co but in all cases should you think best you will value on any other house you may think most for our interest, after discharging your cargo you will remit the proceeds of our goods and the amount of your freight to Samuel Williams Esqr London payable to the order of Bixby Valentine & Co in favour of Humphrey & Clark except such amount as you think proper to invest for a return cargo on our accounts after discharging your cargo you will in case it is at Lisbon or Cadiz ballast your ship with salt and proceed to the Havana if at Gibraltar you will ballast with stone or sand as you may be able to obtain, and, if any cheap Red Wine or Malaga Wine can be obtained or any freight you will take and proceed to the Havana with all possible dispatch ...[568]

In diesem Brief finden sich neben detaillierten Anweisungen der Reeder an den Kapitän auch weitgehende Ermächtigungen, in gewissen Fällen, wenn er es im Interesse seiner Reeder für vorteilhaft halte, selbständig zu handeln. So war er u.a. befugt, gegebenenfalls die Korrespondenten seiner Reeder zu wechseln oder auch eine gewisse Summe der eingenommenen Frachtgelder im Namen der Reeder in eine neue Fracht zu investieren. Ähnliches erzählt auch George Coggeshall, der ein ebenfalls amerikanisches Schiff als Parteigner, also als Teilbesitzer des Schiffs, führte und auch mit der Wahl eines Agenten, dem Verkauf der Ladung und dem Abschluß, bzw. Kauf einer neuen Fracht betraut war.[569]

Auch Jens Jensen Berg berichtet in seinen Memoiren von einer Reise nach Ostindien, auf der er, von seinen Reedern mit unbeschränkten kaufmännischen Befugnissen ausgestattet, die volle Verantwortung für das ökonomische Gelingen der Reise trug: *Efter uindskrænket Fuldmagt begyndtes Forhandlingen af Skibets Cargo paa Cap god Haab, og fortsattes derefter fra Tranquebar, Porto Novo, Pontichery, Madrass, Vizagapatnam &c., langs med Coromandel og Golconda Kysten til Bengalen, hvor Resten afsat, og en meget betydelig vel asorteret Cargo indkiøbtes, hvormed endelig Hiemrejsen tiltraaddes efter særdeles lykkelig ført Handel.*[570]

Andere Reeder wiederum hatten soviel Vertrauen in die kaufmännischen Fähigkeiten ihrer Kapitäne, daß sie diese entsandten, um selbständig, ohne weitere Anweisungen aus dem heimatlichen Kontor, auf Frachtfahrt zu gehen, wie es Schaap unmittelbar nach dem Ende der Napoleonischen Kriege geschah: *Schaap, zegde mijn patroon, nu zullen wij maar vergeten wat achter ons is en maar weer van nieuw aan beginnen. Ik zal U naar Gibraltar sturen met een lading en vandaar kunt U zeilen volgens de berichten, die U daar hort.*[571]

Das Vertrauen der Reeder in die Kapitäne und ihre Zuverlässigkeit konnte soweit gehen, daß sie nicht nur mit Fracht- und Ladungsgeschäften, sondern sogar mit dem Verkauf des Schiffs betraut wurden, wie zum Beispiel im Fall von Elijah Cobb, der einen entsprechenden Auftrag in seinen Memoiren zitiert:

From Messrs. Joshua Wall, John Baxter, Jacob Tidd and William Hayden.
Boston Nov 27th 1801
Capt E Cobb,
Sir,
We expect that Peace in Europe, will make considerable differance both in the prices, of the articles, with which you were to load, and also in the demand for them, in this Country; by the time you could return; from these considerations we think it best for you to sell the ship Monsoon, if you can get from Eight to Ten Thousand dollars, clear of the Mates and People, and all other expences: if you cannot sell the Vessel and the prices of goods ordered have not considerably fallen you will please take a freight to any part of America or elsewhere if to be obtain'd on terms that you think will answer, in either of the above mentioned Cases you will place the proceeds of your outward cargo, (and ship if sold) in the hands of some safe House in London, say Thos Dickerson & Co if they still remain good – in addition to the above we have only to say that feeling much confidence in your judgement, we leave it to you to do as you think will be most for our Interests. – ...[572]

Daß dies durchaus kein Einzelfall war, zeigt der Bericht von Samuel Samuels, der ebenfalls von seinen Reedern mit den Verhandlungen zum Verkauf des von ihm geführten Schiffs betraut wurde.[573] Ähnliches findet sich auch in den Briefen des Föhrer Kapitäns Jürgen Nannings, so in einem Schreiben an seinen Reeder Lars Larsen aus dem Jahre 1795, das die Managementfunktion des Kapitäns deutlich macht: ... *EE. geEhrtes Schreiben vom 3t. dieses, ist Mir von H. Bode richtig u. wohl geworden; – Mit die Verkauffung des Schiffes läßt sich wohl nichts machen. – u. mit Ausfracht zu erhalten siehet es auch nicht aus – es sind hir nur zweie Frachten zu haben, mit Ballast von hier nach Charleston, in America. u. dann mit einer Lahdung auf hier zurück, aber sehr schlechte Frachten; (wobey nichts zu verdienen übrig bleibt) ...*[574] Diese Aufgabe geht auch aus anderen Schreiben Nannings hervor. In einem Brief aus dem Jahre 1796 berichtet er seinem Reeder aus Riga, daß er nicht allein in Ermangelung einer geeigneten Fracht auf Rechnung des Reeders eine Ladung Holz gekauft, sondern auch selbständig die Reparatur des Schiffs verfügt hat: ... *Mein voriges Schreiben den 5ten dieses hoffe wardt EE. erhalten haben; u. daraus die Zeit u. Umstände mit Frachten ersehen haben, seitdem ist es nicht besser geworden. Ich habe es dahero nur für Rathsahmst angesehen nun eine Lahdung Holtz für EE: Rechnung zu kauffen. ... Beym Ausloschen des Saltzes, haben die Lekagie am schiffe gefunden, u: selbige ist itzo dichte gemacht, daß Ruder aber haben abheben, u: am Zimmerplatz bringen müssen zur reparation; hauptsächl. an Eysen, u: Schmiede Arbeit ...*[575]

Wenn man die ökonomisch-nautischen Befugnisse des Kapitäns betrachtet, läßt sich deutlich feststellen, daß deren Umfang durchaus variieren konnte. Neben dem bereits genannten Grad der Vertrauenswürdigkeit und der kaufmännischen Qualifikation des Kapitäns war sein Aufgabenfeld auch abhängig vom Fahrtgebiet. Ein Kapitän auf einem Küstenschiff, das nur auf festen Routen verkehrte und dessen Reeder relativ leicht erreichbar war, benötigte weit weniger kaufmännische Kompetenz und Befugnisse, als ein Kapitän, der beispielsweise in der Asien- oder auch nur der europäischen Fahrt beschäftigt war. Auf diesen Routen verlangten die damaligen unzureichenden Kommunikationsverbindungen weitreichendere ökonomische Entscheidungsbefugnisse.[576]

565 *Nettelbeck*, S. 325.
566 *Schaap*, S. 69f: ... *Het aanbod was aanlokkelijk. Geen orders van mijn patroon stonden in de weg en om die te krijgen, waren zo'n acht à tien dagen nodig. Ik bedacht nog eens en zegde: »Ja, Mijnheer, ik zal het aannemen. Allereerst geeft U mij een wissel voor de verdiende vracht naar Tönning voor de heer A. van Hoboken. Darnaast vraag ik voor mijn risico f 200 hier in contanten.«*
567 Sammlung der Hamburgischen Gesetze, S. 78f.; Jacobsen: Seerecht, S. 115ff., und Abbott (1802), S. 82ff., sowie Abbott (1856), S. 127f. Vgl. auch das schwedische Seerecht von 1667, 1. Abt., 1. Kap.; Code de Commerce, 2. Buch, 4. Titel, § 221, und das Handels-Gesetzbuch für das Königreich der Niederlande, 2. Buch, 3. Teil, § 4.
568 Elijah *Cobb:* Elijah Cobb, 1768–1848, a Cape Cod Skipper, with a foreword by Ralph D. Paine, Reprint der Ausgabe von 1925, London 1974, S. 87ff.
569 *Coggeshall*, S. 37f: *On my arrival at Charleston, I appointed Mr. John Marshall our consignee and commercial agent. We disposed of our cargo at a good profit, the salt at $ 150 per bushel, and the other articles at like good rates. After disposing of my cargo, I found no difficulty in obtaining a freight for France; but before I could commence Taking in my cotton, I was obliged to purchase about 25 tons of pig-iron at $ 65 per ton, and some other small iron ballast. The whole amounted to $ 1700; but it was indispensable, and I could not take a cargo of cotton safely without it.*
570 Jens Jensen *Berg*: Skibskaptajn og Grosserer Jens Jensen Bergs Selvbiografi, hrsgg. von H.W. Harbou, in: Personalhistorisk Tidsskrift, 4. Reihe, Bd. 3., Kopenhagen 1900, S. 204.
571 *Schaap*, S. 91.
572 *Cobb*, S. 85f.
573 Samuel *Samuels:* From the Forecastle to the Cabin, Reprint der Ausgabe von 1887, London 1974, S. 240f.
574 Nannings: Hamburg, den 30.11. 1795.
575 Nannings: Riga, 15.7. 1796.
576 Brarens, S. III f., und Nizze, S. 332f. Vgl. auch Davis, S. 161; Wossidlo, S. 72, und Ville: Shipowning, S. 69f. und 76.

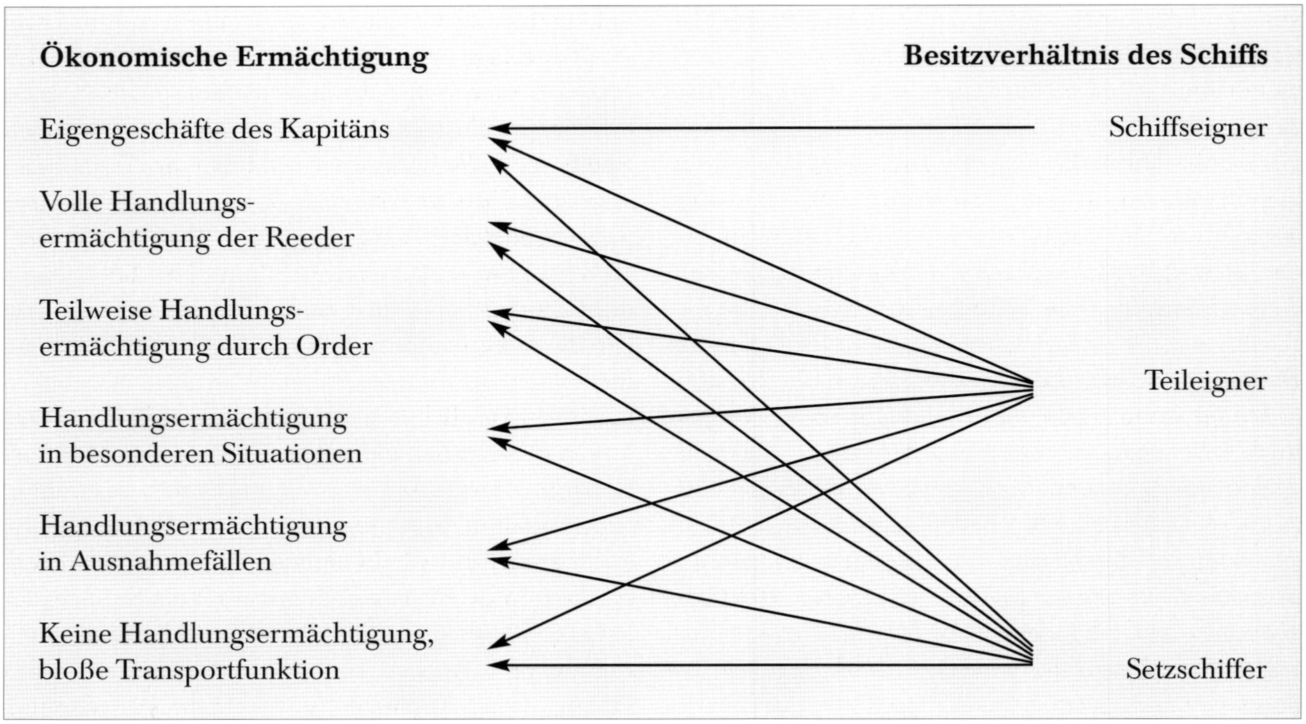

Graphik 1

Aber auch die Eigentumsverhältnisse des von einem Kapitän geführten Schiffs konnten erheblichen Einfluß auf dessen ökonomisch-kaufmännische Befugnisse haben. Während ein Schifferreeder die volle kaufmännische Verantwortung besaß, war der Umfang der ökonomischen Kompetenzen eines Setzschiffers prinzipiell abhängig vom Reeder und den Besitzverhältnissen des von dem Kapitän geführten Schiffs.[577] Daher ergibt sich für die ökonomisch-kaufmännischen Befugnisse der Kapitäne ungefähr das folgende Bild:

Innerhalb dieser Koordinaten lassen sich zahllose Varianten im Umfang der ökonomisch-kaufmännischen Kompetenzen denken. Während also auf der einen Seite der Kapitän, der auf einem eigenen Schiff Handels- oder Frachtfahrt auf eigene Rechnung betrieb, den einen Extrempunkt bildet, ist dieses auf der anderen Seite der Setzschiffer, der im Auftrag seines Reeders eine bloße Transporttätigkeit ohne jegliche ökonomische Entscheidungsgewalt ausübte. Der Kapitän war in diesem Fall, wie es Henningsen in seiner Untersuchung über die Firma Otte ausdrückt, *blot fragtkusk*, ein bloßer Frachtkutscher.[578] Dazwischen gab es unzählige Varianten, auch wenn der völlig selbständige Kaufmannsschiffer, wie erwähnt, im Verlauf des 18. Jahrhunderts allmählich verschwand und zumeist nur noch in der Küstenfahrt anzutreffen war.[579]

Wurden dem Kapitän durch den Reeder ökonomische Aufgaben übertragen, übernahm er damit eine große Verantwortung. Denn seine kaufmännischen Fähigkeiten konnten durchaus über Erfolg oder Mißerfolg einer Reise bzw. über die Wirtschaftlichkeit eines Schiffs entscheiden. Erfahrung und ökonomische Kompetenz waren daher wichtige Qualifikationen für einen Kapitän.[580] Daß ein Reeder seinen Kapitän nach einer verlustreichen Reise freundlich begrüßte, wie es Marten Schaap widerfuhr, stellt sicherlich die Ausnahme dar.[581] George Little dagegen konnte sich nach einer zweijährigen ruinösen Reise der Kritik seiner Reeder und den daraus möglicherweise resultierenden Konsequenzen nur durch den Nachweis, sich an die ihm gegebenen Anweisungen gehalten zu haben, und eine detaillierte Abrechnung entziehen: *Of course I came in for a share of the blame, and yet there was no transaction connected with this voyage (except the fact of my assuming the responsibility to return home with the ship), for which I could be justly censured, having acted in all respects according to the letter of my instructions, and also having written orders from Mr. V. for all that had been done.*[582] Dabei bestand jedoch vor allem die Verpflichtung der Kapitäne, stets das Interesse seiner Reeder und deren Vorteil im Auge zu behalten und auch ohne Anweisungen dementsprechend zu handeln.[583]

Überdies waren die Kapitäne ihren Reedern gegenüber verpflichtet, nach der Rückkehr über ihre Handlungen während der Reise Rechenschaft ablegen. Für eine richtige und gewissenhafte Abrechnung mußten die Kapitäne über alle Einnahmen und Ausgaben, alle Frachtgeschäfte usw. genauestens Buch führen und alle Frachtpapiere, wie Ladungslisten, Lade- und Löschquittungen und Frachtverträge in Kopie der Abrechnung beilegen. Zudem waren sie seit dem 18. Jahrhundert in zunehmendem Maße gehalten, ein Schiffsjournal oder Logbuch zu führen.[584] So führt Brarens über die richtige Abrechnung der Kapitäne aus: *»Notire deine Ausgaben richtig und fordre die gerechte Vergütung.« Daher schreibe der Schiffer sogleich eine jede zu leistende Ausgabe in sein Memorienbuch: über bedeutende Ausgaben lasse er sich Quitungen geben, und diese Quitungen bei Havarien, oder in anderen ausserordentlichen Fällen, obrigkeitlich fidimiren. Auch lasse er seine Mannschaft, wenn er hnen Vorschuß leistet, sogleich eigenhändig dafür zeichnen.*[585]

Hinweise auf Abrechnungen finden sich auch in Briefen und Memoiren. So legte Nannings seinem Reeder Larsen in Kopenhagen brieflich regelmäßig eine Abrechung über die von ihm getätigten Geschäfte vor, beispielsweise während der Fahrtpause im Winter 1795/96 von seiner Heimatinsel Föhr aus: *Hiebey folget nun die Specificierte rechnung von die Ausgabe oder verbrauchten gelder. Zu Hamburg u. auch zu Cadix. die dabey gehörigen Quitungen habe des postporte halber bey behalten.*[586] Ähnliches berichtet auch Nettelbeck über seine detaillierte Abrechnung mit seinem Reeder: *Sobald dies Stück Arbeit fertig war, schickte ich es, mit sämmtlichen Belägen über Einnahme und Ausgabe, an ihn ein, und machte ihm bemerklich, wie ich mit seinem Schiffe, nach Abzug aller Ausrüstungs- und Unterhaltungskosten, aller Volkslöhnungen, angeschafften und verbrauchten Provisionen, Assecuranz-Prämien, außerordentlichen Kosten u.s.w., reine 35,000 Taler für ihn verdient habe. ... Diesen Rechnungen schloß ich nun zugleich eine Übersicht meiner eigenen, bei ihm gut habenden Forderungen bei, die sich auf 1771 Thaler und einige Groschen beliefen, mit der Bitte, mir darüber einen Revers zukommen zu lassen, den ich, um Lebens, und Sterbewillen, bei Joh. Daniel Klefecker in Hamburg niederzulegen gedächte.*[587] ... Offenkundig war der Reeder mit Nettelbecks Geschäftsführung zufrieden, da er Nettelbeck nicht nur brieflich seine Befriedigung über den geschäftlichen Erfolg von Schiff und Kapitän, sondern überdies auch eine beachtliche Summe als Gratifikation übersandte: *Mein lieber Sohn, ich bin mit Ihnen, wie mit Ihren Rechnungen und Handlungen herzlich zufrieden. Für Ihre treuen und ehrlichen Dienste übersende ich Ihnen hierneben, als Geschenk, einen Wechsel von 1000 Mark Hamb. Banco, den Sie sogleich ziehen mögen, damit Sie Geld für sich in Händen haben.*[588]

Solche zusätzlichen Gratifikationen und Prämien erhielten die Kapitäne zusätzlich zu ihrer vertraglich vereinbarten Heuer, wobei einige Kapitäne ihre Stellung auch für Handelsgeschäfte auf eigene Rechnung nutzten, teilweise mit erheblichem Erfolg. Für diese Eigengeschäfte war jedoch die Zustimmung der Reeder zwingend erforderlich.[589] So berichtet Eschels beispielsweise über seine Eigengeschäfte, daß er nur im Einvernehmen mit seinen Reedern und unter Zahlung der vollen Frachtgebühren Waren auf eigene Rechnung an Bord genommen habe und betont, daß sich seine Ehrlichkeit gegenüber seinen Reedern unbedingt ausgezahlt habe.[590]

Somit besaßen diese Kapitäne eine Stellung, die man heute mit dem Begriff Leitender Angestellter oder Manager bezeichnen könnte. Obwohl Arbeitnehmer, waren sie mit der Wahrnehmung von Unternehmerfunk-

577 Engelbrecht, S. 5ff.; Abbott (1802), S. 82ff.; Gemeinfaßliche Darstellung des Europäischen Seerechts, S. 17, und Manual of Maritime Law, S. 28. Vgl. dazu auch Broeze: Rederij, S. 113; Henningsen, S. 131f., und Feldbæk: Storhandelens tid, S. 158, sowie die Kurzbiographien im Anhang.
578 Henningsen, S. 127.
579 Henningsen, S. 131f., und Broeze: Rederij, S. 129.
580 Ville, S. 68, Morgan: Bristol, S. 82ff.
581 *Schaap*, S. 103.
582 George *Little:* Life on the Ocean, or Twenty Years at Sea, with an introduction by W. Clark Russell, London o.J., S. 280.
583 Sammlung der Hamburgischen Gesetze, S. 78f.; Jacobsen: Seerecht, S. 115ff., und Abbott (1802), S. 82ff., sowie Abbott (1856), S. 127f. Vgl. auch das schwedische Seerecht von 1667, 1. Abt., 1. Kap.; Code de Commerce, 2. Buch, 4. Titel, § 221, und das Handels-Gesetzbuch für das Königreich der Niederlande, 2. Buch, 3. Teil, § 4.
584 Brarens, S. 161ff.; Engelbrecht, S. 118ff.; Abbott (1802), S. 82f., und Jacobsen: Seerecht, S. 102ff.; 120ff. und 157.
585 Brarens, S. 161f.
586 Nannings: Föhr, den 6.1. 1796.
587 *Nettelbeck*, S. 313f.
588 *Nettelbeck*, S. 313f.
589 Engelbrecht, S. 21f.; Jacobsen: Seerecht, S. 174, und Gemeinfaßliche Darstellung des Europäischen Seerechts, S. 17.
590 *Eschels*, S. 304.

Schleswig-Holsteinische Brigg, wahrscheinlich aus Blankenese, gemalt um 1811 als Kaper.

tionen betraut und handelten, dem im Heuervertrag konstituierten Mandatsverhältnis entsprechend, stellvertretend und rechtlich verpflichtend für ihre Reeder. Auch Ville bezeichnet in seinem Buch »English Shipowning during the Industrial Revolution« den Kapitän als eine frühe Form des Managers im heutigen Sinne: *The shipmaster's contribution to the success of a venture was of critical importance. His responsibilities form an exception to the normal concentration of ownership and control, with the early development of a form of salaried managerial class, albeit heterogenous.*[591]

Dabei war die Stellung eines Kapitäns bei seinen Reedern neben seiner Vertrauenswürdigkeit vor allem von seinem wirtschaftlichen Erfolg abhängig. Dies wird besonders deutlich in der Untersuchung von t'Hart und van Royen über die Rentabilität des niederländischen Schmackschiffs De Neufville van der Hoop im 18. Jahrhundert. Während das Schiff zunächst unter der Führung des wenig Initiative zeigenden Kapitän Nap vorwiegend Verlust machte, konnte dessen Nachfolger, der wesentlich findigere und geschäftstüchtigere Kapitän Bartels, während der Zeit seines Kommandos durchweg solide Gewinne von fast 20% erwirtschaften. Bartels erreichte dies vor allem durch eine Steigerung der Fahrtfrequenz und die damit verbundene Verringerung der unproduktiven Hafenliegetage sowie durch bessere Marktbeobachtung und geschäftliche Eigeninitiative. Durch seinen geschäftlichen Erfolg gewann Bartels in steigendem Maße das Vertrauen seiner Reeder, die ihn daher nicht allein mit immer größerer Handlungsfreiheit betrauten, sondern ihn auch zum Partreeder des Schiffs machten.[592]

Die Karrieren von bewährten Setzschiffern waren oft von einer erstaunlichen Stetigkeit. Vielfach blieben sie ihre gesamte Fahrtzeit hindurch bei einer einzigen Reederei oder wechselten diese nur sehr selten.[593] So erhielten manche Kapitäne im Verlauf der Jahre, nachdem sie sich auf kleineren Schiffen bewährt und ihre Vertrauenswürdigkeit bewiesen hatten, das Kommando auf einem größeren Schiff und damit zumeist auch eine größere Verantwortlichkeit im ökonomisch-kaufmännischen Bereich. Dieses Karrieremuster findet sich sowohl in Untersuchungen über Reedereien als auch in den Memoiren einiger Kapitäne, die diesen Aufstieg mit Recht als Beförderung betrachteten, nicht zuletzt, da der Führer eines Seeschiffes auf der sozialen Leiter um einiges höher als ein bloßer Küstenschiffer stand.[594] Offenkundig bemühten sich die Reeder, fähige und vertrauenswürdige Kapitäne möglichst lange in ihren Diensten zu halten. Selbst Schiffsverluste konnten dieses Vertrauensverhältnis meist nicht erschüttern.[595]

Allerdings veränderte sich im Laufe des 19. Jahrhunderts das Berufsbild des Kapitäns. Dies ging zum einen auf die Verstärkung der staatlichen Kontrolle und des obrigkeitlichen Einflusses in der Seefahrt zurück.[596] Dabei gab es durchaus auch Widerstand gegen die vermehrte staatliche Einflußnahme in die Belange der Seefahrt. So erfolgte beispielsweise im Jahre 1817 eine Eingabe gegen die Einführung einer generellen Journalpflicht für alle Handelsschiffe in den Herzogtümern Schleswig und Holstein mit Hinweis auf geringen Nutzen und die starke Einschränkung der persönlichen Handlungsfreiheit von Reeder und Kapitän. Die Journalpflicht wurde daher von den an der Seefahrt Beteiligten als ein nicht akzeptabler, unzulässiger Versuch der Einwirkung in den ausschließlich privaten Handlungsbereich der Handelsschiffahrt und die Eigentumsrechte der Reeder betrachtet und strikt abgelehnt:

Die Committen räumt zwar ein, daß die Führung von Schiffsjournalen, in welchen alle Begebenheiten der Reise genau einzutragen wären, bei den schwierigen Verhältnissen zwischen den Rhedern, Schiffern und Assecuradeuren nothwendig, und deshalb bei allen seefahrenden Nationen gebräuchlich sey, ist jedoch der Meinung, daß eine gesetzliche Bestimmung über die Art und Weise der Führung dieser Journale weder den Rhedern noch den Assecuradeuren Nutzen gewähre. Bei dem jetzigen Standpuncte der Cultur sei anzumahnen, daß jeder selbst am besten beurtheilen kann, was in seiner Stellung zu seinem Nutzen diene und es scheine daher am zweckmäßigsten, den Rhedern zu überlassen, sich des vorgeschriebenen oder irgend eines anderen, vielleicht noch angenehmeren Mittels zu bedienen, um sich gegen die schädlichen Folgen des von ihnen in ihre Schiffer gesetzten Zutrauens zu sichern, und den größtmöglichen Nutzen aus den Geschäften zu ziehen, welche sie denselben auftrügen. Im Interesse der Rheder gewisse Formen gesetzlich vorzuschreiben, die diesen Zweck erreichen, streite gegen die Freiheit in der Verwaltung des Eigenthums, welche jeder rechtlich besitzen müsse, und welche in allen Handelsverhältnissen besonders wichtig sey.[597]

Zugleich fühlten sich Kapitäne auch in ihrer professionellen Ehre gekränkt, da sie die Journalpflicht vor allem als Mißtrauen der Obrigkeit gegenüber ihrer Aufrichtigkeit und Ehrlichkeit verstanden. In einem Beruf, in dem der persönliche Ruf und der gute Leumund eines Mannes neben seinen fachlichen Fähigkeiten das wichtigste Qualifikationsmerkmal darstellte, konnte ein solcher Zweifel an der Vertrauenswürdigkeit der Kapitäne, selbst wenn er seitens der Obrigkeit nicht intendiert war, ein erhebliches Widerstandspotential mobilisieren: *Daß das Zutrauen, welches die dänische Flagge sich erworben, durch die Verordnung nicht vermehrt sey, gehe daraus hervor, daß den Schiffen der Herzog-*

591 Ville: Shipowning, S. 68.

592 W.G. t'Hart und P.C. van Royen: Het smackschip »De Neufville van der Hoop«. Een onderzoek naar de rendabiliteit van de Nederlandse vrachtvaart in de achttiende eeuw, in: Economischen Sociaal-Historisch Jaarboek, Bd. 48 (1985), 's-Gravenhage 1985, S. 164ff.

593 Ein ähnliches Bild ergibt sich auch aus der Auswertung der Liste der Kapitäne der Firma Otte von ca. 1740–1770 in Tabelle 1, S. 248. Siehe dazu auch Henningsen, S. 131f.

594 Ville: Shipowning, S. 76; Bohn, S. 219f., und Henningsen, S. 131ff. Erst gegen Ende des 19. Jahrhunderts wurde auch formal durch die Erteilung von entsprechenden Patenten zwischen Kapitänen auf »Kleiner Fahrt« und »Großer Fahrt« unterschieden. Vgl. dazu: Gerstenberger und Welke: Vom Wind zum Dampf, S. 254f. Vgl. auch die Kurzbiographien im Anhang von *Eide, Schaap, Uring, Berg* und von Georg Wilhelm *Kroß:* Die Fahrten eines deutschen Seemannes um die Mitte des 19. Jahrhunderts, Aufzeichnungen des Segelschiffs-Kapitäns Georg Wilhelm Kroß, in: Meereskunde, 5. Jg., Heft 10, Berlin 1911. Siehe auch Ville, S. 76; Bohn, S. 219f., und Henningsen, S. 131ff.

595 Bohn, S. 271f.

596 Schulz, S. 193, Morisset, S. 120, und Kresse: Hamburger Seemannsrecht.

597 LASH, Abt. 65.2, Nr. 831 II.

thümer eben so leicht als die hiesigen Schiffe Frachten erhielten, ja vielleicht rücksichtlich der Frachtschiffahrt im mittelländischen Meer in diesem Augenblick vor den dänischen Schiffen den Vorzug hätten. So wie es aber auffallend sey, daß Schiffe, welche dieselbe Flagge führten, und dieselben Rechte genossen, ungleiche Lasten und Verpflichtungen unterworfen wären, so erscheine es herabwürdigend und demütigend für die dänischen Rheder und Schiffer daß eine strenge Controlle, als die für die Rheder und Schiffer der Herzogthümer geltend, für nothwendig gehalten werde.[598] Daher war der Prozeß der Verstaatlichung und Verrechtlichung auch mit der Überwindung solcher mentalen Probleme verbunden. Letztlich entscheidender für die Veränderung der Funktion des Kapitäns an Bord waren jedoch die rasanten Veränderungen der Kommunikationsmöglichkeiten.

Überdies veränderte sich seit der Mitte des 19. Jahrhunderts infolge der verbesserten Nachrichtenverbindungen durch die Kommunikationsrevolution, besonders aber nach der Einführung der Telegraphie die Verknüpfung der nautisch-administrativen Aufgaben des Kapitäns mit mehr oder weniger umfangreichen ökonomisch-kaufmännischen Kompetenzen, wie sie seit dem Mittelalter bestanden hatte, grundlegend. Insbesondere war jetzt eine schnelle und direkte Verbindung zwischen Kapitän und Reeder möglich. Nun konnte der Kapitän seinen Reeder während der Fahrt um Instruktionen bitten und dieser kurzfristige Anweisungen aus dem heimatlichen Kontor übermitteln.[599]

Im gleichem Maß, wie der sukzessive Ausbau der weltweiten telegraphischen Verbindungen vonstatten ging, verlor die Erfordernis, kaufmännisch-ökonomische Befugnisse an den Kapitän zu übertragen, an Bedeutung, da deren zwingende Notwendigkeit durch die Verbesserung der Kommunikationswege jetzt nicht mehr gegeben war. Doch auch nach der Einführung der Telegraphie griffen viele Reeder weiterhin auf die Erfahrung und kaufmännische Kompetenz ihrer Kapitäne zurück.[600] Der amerikanische Kapitän Samuel Samuels hat diesen ökonomischen Kompetenzverlust des Kapitän selbst miterlebt, wie er in seinen Memoiren berichtet: *The ship-master is now no longer a merchant. At that time, with prudence, he could amass a fortune. Telegraphy now precludes any possibility of a trading voyage. ... Sitting at the head of the table, or walking the quarter-deck, he is a perfect picture of nonchalance and jollity; but the canker-worm of anxiety is in the heart of this man, who runs so many risks, and hazards so much, for the poor pittance of an underpaid first-class clerk.*[601] Bei diesem Vorgang handelte es sich um einen durch die technische Revolutionierung des Kommunikationswesens bedingten Strukturwandel und nicht, wie teilweise behauptet, um den Versuch der Reeder und Kaufleute, den Kapitän zu disziplinieren und unter deren direkte Kontrolle zu bringen.[602] Auch wenn rechtstheoretisch die ökonomischen Kompetenzen des Kapitäns weitgehend erhalten geblieben waren, hatte der technische Fortschritt in der Praxis die Aufgaben des Kapitäns im wesentlichen auf den nautisch-administrativen Kernbereich seiner Tätigkeit reduziert. Dennoch stand er rechtlich weiterhin in einem Mandatsverhältnis zu seinem Reeder und war berechtigt, alle Geschäfte und Rechtshandlungen zu tätigen, die im Verlauf der Reise notwendig wurden, auch wenn seine Kompetenzen in Geldgeschäften nun auf Notfälle beschränkt wurden.[603]

3.2 Kapitän und Besatzung

Die ursprüngliche und wichtigste Aufgabe des Kapitäns war aber nicht der ökonomische Bereich der Seefahrt, sondern die nautische Führung des Schiffs. Ihm oblag daher das seemännische Kommando über das Schiff und die Disziplinargewalt über die Besatzung während der Reise. Daher muß angenommen werden, daß außer den Normen des Seerechts auch die Person des Kapitäns einen entscheidenden Einfluß auf das Leben an Bord gehabt hat. Dementsprechend soll im folgenden geprüft werden, welchen Regeln das tägliche Zusammenleben und die Aufrechterhaltung der Disziplin an Bord folgte.

3.2.1 Anmusterung der Mannschaft

Eine der wichtigsten Voraussetzungen für den Erfolg einer Reise war eine gute und fähige Besatzung in ausreichender Stärke. Dabei war die Sorgfalt der Auswahl natürlich bei einer langen Überseereise von mehreren Monaten Dauer wichtiger als bei einer bloßen Küstenfahrt von wenigen Tagen. Daher stellte auch die Anmusterung der Seeleute eine der wichtigsten Vorbereitungen einer Reise dar und war in erster Linie dem Kapitän vorbehalten.[604] Dazu führt Dana exemplarisch aus:

In the ordinary course of short voyages, where crews are shipped frequently, and there is not much motive for making a selection, the procuring a crew may be left entirely to the agency of a faithful shipping-master; but upon long voyages, the comfort and success of which may depend much upon the character of a crew, the master or ower should interest himself to select able-bodies and respectable men, to explain to them the nature and length of the voyage they are going upon, what clothing they will want, and the work that will be required of them, and should see that they have proper and sufficient accomodations and provisions for their comfort.[605]

Wie in diesem Zitat bereits anklingt, gab es für die Anmusterung von Seeleuten zahlreiche Möglichkeiten, sowohl für Kapitäne, die eine Mannschaft suchten, als auch für Seeleute, die eine Heuer suchten. Die älteste Methode bestand darin, entweder selbst auf die Suche nach geeigneten Seeleuten zu gehen oder direkt bekannte Seeleute anzusprechen und ihnen eine Heuer anzubieten. Wenn ein Seemann auf der Suche nach einer Heuer war, konnte er entweder auf einem Schiff vorsprechen oder die Kapitäne direkt an Land ansprechen.[606] Besonders in der Küsten- und Saisonfahrt, wo Kapitäne und Seeleute sich oftmals persönlich kannten, war diese Form der Verheuerung üblich. Vielfach schlossen die Seeleute bereits am Ende einer Saison einen Heuervertrag für das kommende Jahr und blieben oft auch über längere Zeit bei einem Kapitän. Allerdings scheint die Saisonfahrt im 18. und 19. Jahrhundert nur noch in der Nord- und Ostsee sowie in der Küstenfahrt üblich gewesen zu sein, wie aus den Memoiren hervorgeht.[607]

Eine andere Möglichkeit, eine Besatzung zu finden, war die Einschaltung eines sogenannten Heuerbaas, im Englischen Crimp genannt, also eines professionellen privaten Heuervermittlers. Deren Dienste nutzten nicht nur Kapitäne auf der Suche nach Seeleuten, sondern auch Seeleute auf der Suche nach einer Heuer. Diese Vermittler, die oftmals auch eine Seemannsherberge führten, erhielten für ihre Tätigkeit von der beauftragenden Seite eine Provision für ihre Tätigkeit, die allerdings oftmals am Rande oder auch schon außerhalb der Legalität stattfand. So zwangen sie manchmal den Seeleuten zweifelhafte und überhöhte Provisionsverträge auf, die einen erheblichen Teil der Heuern den Vermittlern überschrieben. Eine besonders berüchtigte Praxis vieler Heuervermittler war das sogenannte Shanghaien, also das gewaltsame Anwerben von Seeleuten durch Betäuben oder durch die Anwendung von Waffengewalt.[608] Auch in den Memoiren wird über solche fragwürdigen Rekrutierungsmethoden berichtet, wobei im 19. Jahrhundert besonders die Häfen der USA und hier San Francisco für das Shanghaien berüchtigt waren.[609]

Seit dem 18. Jahrhundert erfolgte die Anmusterung der Seeleute in zunehmendem Maße auch über die Vermittlung staatlicher Stellen. Wie bereits erwähnt, hatte sich seit dem ausgehenden 17. Jahrhundert mit dem Wasserschout in vielen europäischen Staaten

598 LASH, Abt. 65.2, Nr. 831 II.

599 Wolfhard Weber: Verkürzung von Zeit und Raum, Techniken ohne Balance zwischen 1840 und 1880, in: Propyläen Technikgeschichte, Bd. 4: Netzwerke, Stahl und Strom, 1840 bis 1914, hrsgg. von Wolfgang König und Wolfhard Weber, 1990, S. 214ff., sowie Schulze: Staat und Nation, S. 24f.

600 William McFee: The Law of the Sea, Philadelphia/New York 1950, S. 24f.; Broeze: Rederij, S. 118, und Schulz, S. 193.

601 *Samuels*, S. 1f.

602 Gerstenberger und Welke: Vom Wind zum Dampf, S. 270, und Welke: Der Kapitän, S. 104 und 126.

603 Vgl. z.B. Lewis, S. 78–133, und von Gierke, S. 436f.

604 Hansische Schiffsordnung, 1. Titel, §§ 2 und 3; Danske Lov von 1683, 4. Buch, 1. Kap. § 2, Ordonnance de la Marine, 2. Buch, 1. Titel, § 5. Vgl. auch Surland, S. 16; Abbott (1802), S. 123ff.; Brarens, S. 9f.; Dana: The seaman's friend, S. 132f., und Gemeinfaßliche Darstellung des Europäischen Seerechts, S. 20ff.

605 Dana: The seaman's friend, S. 132.

606 Earle, S. 30ff.; Ville: Shipowning, S. 79; Wossidlo, S. 9ff.; Weibust, S. 44ff., und Piet Boon: Bouwers van de Zee: zeevarenden van het Westfriese platteland, c. 1680 – 1720, Hollandse Historische Reeks XXVI, Den Haag 1996, S. 177ff.

607 Vgl. die Kurzbiographien im Anhang: Für die Saisonheuerung z.B. Paul *Frercksen:* Aus den Lebenserinnerungen des Grönlandfahrers und Schiffers Paul Frercksen, mitgeteilt von Friedrich Pauls, kommentiert von Pieter Dekker, in: Friesisches Jahrbuch, Aurich 1973; Søren N. *Rasch:* En dansk Bondeskippers Historie; Fra englandskrigen og skudehandelens tid, Søren N. Raschs optegnelser ved H.K. Kristensen, udgivet af historisk Samfund for Ribe Amt, o.O. 1977, oder auch *Eschels* und *Illum;* für die Saisonfahrt vgl. z.B. William *Richardson:* A Mariner of England, An Account of the Career of William Richardson from Cabin Boy in the Merchant Service to Warrant Officer in the Royal Navy (1780 to 1819) as told by himself, hrsgg. von Childers, Spencer, London 1908; Hermann *Sandmann:* Lebenserinnerungen eines alten Seefahrers oder Erlebnisse und Beobachtungen von frühester Jugend bis zum 78. Lebensjahre, Emden 1896; Jan *Wever:* Jornaal der merkwaardige reizen van Jan Wever, ingeleid door A.B. van Deinse, 's-Gravenhagen 1946, sowie *Jepsen; Kroß* und *Nettelbeck.*

608 Kemp: Companion, Stichworte »Crimps«, S. 213, und »shanghai«, S. 776. Siehe auch Wossidlo, S. 9ff., und Weibust, S. 44ff.

609 Vgl. die Kurzbiographien im Anhang von *Hansen*, *Samuels* sowie Johann Heinrich *Arnecke:* Fahrten eines alten Bremer Seemannes zu Wasser und zu Land von ihm erzählt und mit seinem Bildnisse versehen, Bremen 1868, und Carl Wolfgang *Petersen:* Lebensgeschichte, Hamburg 1880. Vgl. auch Wossidlo, S. 9ff., und Weibust, S. 44ff.

nach niederländischem Vorbild eine staatliche Heuerstelle etabliert, die nicht zuletzt die Aufgabe hatte, Mißständen bei der Anmusterung der Matrosen vorzubeugen. So gab es seit 1691 in Hamburg einen Wasserschout, in Kopenhagen seit 1695, in Lübeck seit 1782, in Bremen allerdings erst seit 1805.[610] In Großbritannien wurde erst 1850 mit dem sogenannten Shipping Office und dem diesem vorstehenden Shipping Master eine dem Wasserschout ähnliche Einrichtung etabliert, um die An- und Abmusterung der Seeleute zu regulieren.[611]

Doch nicht nur der zunehmende staatliche Einfluß auf die Seefahrt, auch Veränderungen in der Handelsschiffahrt wirkten sich auf die Heuerbedingungen der Seeleute aus. Das im Verlauf des 18. und 19. Jahrhunderts erhöhte Handelsvolumen hatte nicht nur eine Ausweitung der Fahrtgebiete, sondern auch die Aufhebung der traditionellen jahreszeitlichen Beschränkungen der Schiffahrt zur Folge. Insbesondere der Handel mit Häfen in Übersee erforderte es, sich den dortigen Jahreszeiten anzupassen, etwa um der berüchtigten Hurrikansaison in der Karibik zu entgehen. Daher wurde es notwendig, auch in den für die Schiffahrt ungünstigen Jahreszeiten, etwa im Herbst oder gar im Winter, auszulaufen. Die in der europäischen Handelsfahrt seit dem Mittelalter übliche Begrenzung der Schiffahrt auf die Saison von Mitte März bis Ende November blieb nun in zunehmendem Maße auf die Fahrt in der Nord- und Ostsee sowie auf die Küstenfahrt beschränkt. Doch auch hier fand der Warentransport auf gewissen Routen unabhängig von saisonalen Beschränkungen statt. So wurde z.B. Getreide aus dem Ostseeraum gerade im Herbst und frühen Winter verschifft, während die Kohlenfahrt an der englischen Ostküste zwischen Newcastle und London das ganze Jahr über betrieben wurde.[612]

Durch diese Veränderung der Seefahrtspraxis wurden die traditionellen Gegebenheiten des nautischen Arbeitsmarktes, wie z.B. die Saisonheuer, zu einer Belastung für den Seehandel, da die Reeder angesichts der Verlängerung der Fahrtzeiten darauf angewiesen waren, ihre Besatzungen länger als bisher üblich an Bord zu behalten, da sie sonst Gefahr liefen, Frachtaufträge an die ausländische Konkurrenz zu verlieren. Daher wandten sich beispielsweise die Kaufleute und Reeder der Stadt Eckernförde im Jahre 1748 an die für die Regierung des Herzogtums Schleswig zuständige »Deutsche Kanzlei« in Kopenhagen und baten um Hilfe gegen den Brauch der Seeleute, zu Beginn des Herbstes die Schiffe zu verlassen, um auf Heringsfang zu gehen, so daß infolgedessen die Schifffahrt vorzeitig zum Erliegen kam und den Reedern und Kaufleuten erhebliche wirtschaftliche Nachteile entstanden: *... das Commercium ungemein leidet, weil die mehrste Zeit bey Herbst-Tagen die beste Frachten mit den Schiffen zu machen sind, nur auch wegen dieses Umstandes fast kein Kauffmann mit Sicherheit zur Herbst-Zeit eine Fracht annehmen kann ...*[613] Die Reeder empfanden es daher als eine: *... Unbilligkeit, daß die See-Leute, wann die den Sommer hindurch mit einem Schiffer gefahren, sie denselben zu einer etwas rauheren Jahrs-Zeit nach ihrem Willkühr zu verlassen Befugniß haben sollen.*[614] Deshalb baten sie um staatliche Hilfe gegen diesen Brauch der Seeleute und verlangten, letzteren in Zukunft nicht mehr zu erlauben, vorzeitig abzumustern. Auch hier gab der internationale Konkurrenzdruck in der Seefahrt den Ausschlag, denn um weiterhin wettbewerbsfähig zu bleiben, mußten sich auch die dänisch-gesamtstaatlichen Reeder den neuen Bedingungen in der Seefahrt anpassen und ihre Schiffe über die alten Saisongrenzen hinaus in Betrieb halten. Daher war es notwendig, auch die Heuerbedingungen, notfalls gegen den Willen der Seeleute, an die Erfordernisse der Handelsschiffahrt anzupassen.

Durch den Heuervertrag stand die Besatzung in einem Dienstverhältnis, in dem der Seemann für eine Vergütung seine Arbeitskraft zu Verfügung stellte. Dieser Vertrag endete erst mit der Entlassung des Seemanns durch den Kapitän, in der Regel am Ende der Reise, gelegentlich auch während der Fahrt. Die Vertragsbedingungen waren, von gewissen Ausnahmen abgesehen, zudem nach Abschluß der Vereinbarung nicht mehr veränderbar.[615] Zugleich war auch das Kündigungsrecht der Seeleute auf wenige Ausnahmen, etwa nach einem Schiffbruch, begrenzt.[616] So wurden beispielsweise in Bremen 1734 einer Schiffsbesatzung, die sich nach einer Verurteilung zu Schadenersatz wegen Unterschleifs unter Beschimpfung des Kapitäns weigerte, die Reise vertragsgemäß fortzusetzen, aufgrund ihrer eigenmächtigen Kündigung des Heuerverhältnisses die Mehrkosten des Kapitäns für die Anmusterung neuer Leute von ihrer Heuersumme abgezogen: *Daß dem Schiffer frei zu stellen, die 3 rC. von der rückständigen Heuer zu decoutiren.*[617]

Die Höhe der Heuer bemaß sich vor allem nach der beruflichen Qualifikation des jeweiligen Seemannes und seinem Rang.[618] Dabei stellten die Heuern durchaus einen attraktiven Anreiz für die Ergreifung des Seemannsberufes dar. Sowohl in England als auch in Deutschland verdienten Seeleute im Durchschnitt wesentlich mehr Geld als vergleichbare Berufsgruppen an Land. Zum Beispiel verdiente im deutschen Seefahrtsraum ein Vollmatrose mehr als die bestbezahlten Handwerksgesellen, während die Offiziersränge, wie Bootsmann, Zimmermann oder Steuermann, auf einer vergleichbaren Einkommensstufe wie Maurer- oder Zimmermannsmeister standen. Auch in der englischen Marine des 18. Jahrhunderts, deren Heuern wesentlich geringer waren als die in der Handelsfahrt gezahlten, konnte ein Vollmatrose oder able seaman mit mehr als £ 14 Heuer pro Jahr das Vier- bis Fünffache des Jahreseinkommens eines Landarbeiters verdienen.[619] Zählt man zu der reinen Heuersumme noch die eingeschränkten Lebenshaltungskosten hinzu, die Seeleute während der Fahrt aufgrund ihres Anspruchs auf freie Kost und Logis an Bord hatten, so erhöht sich ihr relatives Einkommen im Vergleich zu den an Land gezahlten Löhnen noch mehr.[620] Allerdings änderte sich die Situation nach 1815 allmählich, da die Lohndifferenz zwischen den Seeleuten und den an Land beschäftigten Handwerkern und Arbeitern allmählich abnahm, wodurch die Seeleute einem deutlichen Sinken des relativen Lohns unterlagen.[621]

Dabei hatte sich in dem hier behandelten Zeitraum allmählich – mit gewissen Ausnahmen – neben freier Kost und Logis die grundsätzliche Vergütung in Geld durchgesetzt. Diese Entwicklung hing vor allem mit dem allgemeinen Übergang zur Geldwirtschaft während des 16. und 17. Jahrhunderts und den dadurch veränderten ökonomischen Voraussetzungen der Seefahrt zusammen und, im Fall der bereits erwähnten Führung, auch mit dem Mißbrauch dieses Rechtes durch die Seeleute.[622] Mit dem Übergang zur Lohnarbeit erhielt Arbeit jetzt die Eigenschaft einer Ware auf einem freien, expandierenden Markt. Die Vorstellung, daß Lohnarbeit und die damit erworbenen Mittel die Freiheit und Selbständigkeit des Individuums ermöglichten, wurde zur Grundlage der modernen Arbeitsmoral.[623] Zwar blieb die durchschnittliche Heuerhöhe während des 18. Jahrhunderts erstaunlich konstant, konnte aber durchaus in einem gewissen Rahmen durch konjunkturelle Schwankungen sowie durch Angebot und Nachfrage in den einzelnen Häfen variieren.[624] Über eindeutig marktorientierte Heuerverhandlungen, bei denen die Seeleute zwar nicht die verlangte höhere Heuer, aber wenigstens eine einmalige Prämie in Höhe von 1 1/2 Monatsheuern bei der Anmusterung erhielten, berichtet Marten Schaap in seinen Memoiren aus den 1830er Jahren: *Ik monsterde het volk af met tien maanden en één dag. De 1ste maart werd het schip weder bevracht door de Nederlandsche Handel-Maatschappij naar Batavia. De 26ste monsterde de equipage. Het was zeer schaars het volk. Het volk verlangde hogere gage. De reders wilden daarin niet bewilligen, maar besloten aan iedere volle of bevaren matroos een premie bij de monstering te schenken van f 30 boven de gewonen huur van f 20 per maand.*[625]

610 Feldbæk: Storhandelens tid, S. 162f., und Gerstenberger und Welke: Vom Wind zum Dampf, S. 25. Vgl. auch das Reglement und Verordnung Betreffend Was die commercirende Unterthanen sämmtlicher Sr. Königl. Majestät Reichen, Fürstenthümer, Graffschaften und Landen zu Kriegszeiten zwischen Seemächten in Ansehung der Schiffahrt zu beachten haben. Friedensburg, den 6. August Anno 1756, und STAB 2 - R. 11. h. (Wasserschout Bd. 3. 1807–1854).

611 Mercantile Marine Act 1850, § 35.

612 Link, S. 80ff.; Feldbæk: Storhandelens tid, S. 176ff.; Davis, S. 189f.

613 LASH, Abt. 10, Nr. 247.

614 Ebd.

615 Abbott (1802), S. 124f.; Jacobsen: Seerecht, S. 180ff.; Abbott (1856), S. 136, und Steel, S. 26f. Vgl. auch die Hamburger Musterrollen von 1849 und 1854, §§ 21–23, und die Obrigkeitliche Verordnung Bremen 1852, § 6.

616 Mercantile Marine Act 1850, §§ 46 und 98; Hamburger Musterrollen von 1849; Revidierte Seemannsordnung von 1854, §§ 22, sowie die Obrigkeitliche Verordnung Bremen 1852, §§ 6 und 54. Vgl. auch Engelbrecht, S. 78; Brarens, S. 11; Manual of maritime Law, S. 36ff.; Abbott (1856), S. 135f.; Nizze, S. 388f., und Steel, S. 28f.

617 STAB 2 - R. 11. b. 7. (Schiffergilde, auch Seegericht: 7. Protokolle des Seegerichts).

618 Earle, 31f.; Davis, S, 135ff.; Rediker, S. 122ff. und 305ff.; Ville: Shipowning, S. 91–118, und Brockstedt: Wirtschaftlicher Aufstieg, S. 141ff.

619 Earle, 31f.; Davis, S, 135ff.; Rodger, S. 125ff., und Brockstedt: Wirtschaftlicher Aufstieg, S. 142ff. Vgl. auch die Angaben bei *Kelly*, S. 186f.; *Bechervaise*, S. 72, und *Jepsen*, S. 55f.

620 Earle, S. 33f.; Davis, S. 135ff., und Brockstedt: Wirtschaftlicher Aufstieg, S. 145.

621 Brockstedt: Wirtschaftlicher Aufstieg, S. 144f.

622 Surland, S. 78f.; Engelbrecht, S. 107; Jacobsen: Seerecht, S. 191, und Feldbæk: Storhandelens tid, S. 176. Vgl. auch Heinsius, S. 240; Ville: Transport, S. 48f. und 73 – 80; Henningsen, S. 451–464; Link, S. 26f.; Pappenheim: Seehandel, S. 186f.; Kellenbenz, S. 302ff., und Parker, S. 335 – 379.

623 Vgl. unda. Dipper, S. 189 und 197ff.; McLynn, S. 301 und 315f., sowie Wirsching, S. 351f.

624 Earle, 31f.; Davis, S, 135ff.; Rediker, S. 122ff. und 305ff.; Ville: Shipowning, S. 91–118, und Brockstedt: Wirtschaftlicher Aufstieg, S. 141ff.

625 *Schaap*, S. 163.

Vor allem die zahlreichen Kriege des 18. und beginnenden 19. Jahrhunderts hatten teilweise erhebliche Steigerungen der Heuerhöhen in der Handelsschiffahrt zur Folge, was vor allem durch die Verknappung an qualifiziertem Personal durch den erhöhten Bedarf der Kriegsflotten an Seeleuten zusammenhängt. Besonders in England wurden viele Seeleute in die Royal Navy gepreßt, also für die Dauer des Kriegs zum Dienst in der Marine zwangsverpflichtet. Daher mußten die Reeder in Kriegszeiten zum Teil sehr hohe Heuersummen für die wenigen verfügbaren Handelsschiffsmatrosen zahlen, um ihre Schiffe überhaupt bemannen zu können.[626] Ebenso gibt es aber auch deutliche Hinweise, daß die Heuern in London durch das größere Angebot an verfügbaren Seeleuten geringer waren als in anderen Häfen, in denen weniger Seeleute zur Verfügung standen.[627] Auch Bechervaise berichtet in seinen Memoiren über solche konjunkturellen Schwankungen in der Heuerhöhe: *A new ship called the Duke was to be launched a day or two before my sailing, men were very scarce and as much as £ 30 were offered for the run home.*[628]

Vor allem unterwegs war die Anmusterung von Seeleuten zur Ergänzung der Besatzung oftmals mit erheblichen Kosten verbunden, da sich die Kapitäne in solchen Fällen oft genötigt sahen, Seeleute auch zu überhöhten Heuern anzuwerben, um ihre Mannschaft zu komplettieren.[629] Daher ermahnte der britische Reeder Robert Barry 1845 seinen Kapitän John Luck in einem Brief, während der Reise möglichst keine Seeleute zu entlassen: *Do not if possible discharge any of your Crew on the Voyage which could compell you to these others at a higher Rate of Wages as this increases much the amount of the Portage Bill.*[630]

Folglich lassen sich bereits früh Ansätze zu einem angebotsorientierten Arbeitsmarkt für Seeleute feststellen, auf dem je nach Ort und Angebotslage oftmals Heuern unterschiedlicher Höhe gezahlt wurden.[631] Durch die konjunkturell bedingten unterschiedlichen Heuerhöhen in verschiedenen Häfen wurde die jeweilige Zahl der zur Verfügung stehenden Seeleute und damit auch die Wettbewerbsfähigkeit der betreffenden Handelsflotte mit beeinflußt. So galten im allgemeinen die Heuern auf englischen und amerikanischen Schiffen als vergleichsweise hoch, während auf skandinavischen, mit der Ausnahme von dänischen Schiffen, eher geringere Heuern gezahlt worden sind. Auch zahlreiche Kapitäne erwähnen in ihren Memoiren diese internationalen Heuerunterschiede.[632] Damit gehörte die regionale Mobilität von Seeleuten und deren Bereitschaft, ohne weiteres auf ausländischen Schiffen zu dienen, zu den Charakteristika des übernational orientierten Seemannsberufes.[633]

Während dieser angebotsorientierte nautische Arbeitsmarkt den regional mobilen Seeleuten durchaus zugute kam, entsprach er jedoch nicht immer den Interessen der Reeder und Kaufleute. Da die Heuern einen der wichtigsten Betriebskostenfaktoren in der Seefahrt darstellten, waren die Reeder natürlich in erster Linie daran interessiert, hier durch Einsparungen ihren Gewinn zu erhöhen. Deshalb setzte durch technische Verbesserungen im 18. und 19. Jahrhundert und die ökonomischen Zwänge der betriebswirtschaftlichen Kosten-Nutzenrechnung ein deutlicher Trend zur Rationalisierung der Handelsschiffahrt durch die Verringerung der Mannschaftsgröße bei gleicher Tragfähigkeit der Schiffe ein, wodurch aber zugleich die Arbeitsbelastung der Seeleute erheblich erhöht wurde.[634]

Ein anderer Weg, die Heuerkosten möglichst gering zu halten, war der Versuch, den Staat zu einer obrigkeitlichen Regulierung der Heuern zu bewegen. So ist aus der schleswigschen Stadt Eckernförde eine Eingabe aus dem Jahre 1748 überliefert, in der von seiten der Kaufmannschaft gefordert wurde, daß den dänisch-gesamtstaatlichen Seeleuten erst dann erlaubt werden sollte, auf fremden Schiffen anzuheuern, wenn die einheimischen Schiffe ausreichend bemannt waren. Da im Ausland, vor allem aber in den Hansestädten, oftmals höhere Heuern als im dänischen Gesamtstaat gezahlt wurden, zogen die Seeleute natürlich die Fahrt auf fremden Schiffen vor, zum großen Nachteil der einheimischen Reeder, die daher oft Probleme hatten, ausreichende Besatzungen zu finden.[635] Der Wunsch, in den freien Arbeitsmarkt der Seeleute im Sinne der Reeder und Kaufleute regulierend einzugreifen, findet sich auch in anderen Staaten. So wünschte auch das lübische Commerz-Collegium im

◀ *Vorhergehende Doppelseite:* Bei harter Arbeit und einem entbehrungsreichen Leben verdienten die Seeleute, sei es im Walfang oder in der Kauffahrtei, durchschnittlich erheblich mehr Geld als Handwerker und Arbeiter an Land. Im Bild Walfänger bei Spitzbergen. Gemälde von Franz Wilhelm Stuhr, um 1865. (Stiftung Bruhn, Hamburg)

Jahre 1820, die Lohnkosten in der Seefahrt durch die Regulierung der Heuerhöhe zu beschränken[636], und auch in Bremen bemühte man sich im 19. Jahrhundert, wenn auch nur vermittelnd, in den Heuermarkt einzugreifen, wie aus einem Bremer Bericht über den Wasserschout aus dem Jahr 1843 hervorgeht:

Die schwierigste Aufgabe des Schout ist wohl die Frage von der Höhe der Gage.

Der Kaufmann oder Rheder, will oft die Gage herunter gesetzt haben, z.B. weil die Frachten schlecht sind, und anderen Orten die Gage vielleicht niedriger wie hier.

Der Matrose will die Gage höher haben, und so entsteht ein Conflict, bei dem es oft entscheidet, wer von den Contrahenten des Andern nicht entbehren kann.

Daß der Schout nicht die Gage b e s t i m m e n kann, weil es sich um Dienste freier Menschen handelt, ist manchen Leuten nicht begreiflich zu machen, doch ist der Schout angewiesen, sich nach den Umständen zu richten, und die Gage sich nach dem jeweiligen Mangel oder Ueberfluß an Matrosen richten zu lassen, und es gelingt ihm im Ganzen sehr, die Harmonie zu erhalten.[637] Hier wurde sowohl die Vergeblichkeit der staatlichen Eingriffsversuche als auch die konjunkturbedingte Orientierung der Heuerhöhe nach dem Prinzip von Angebot und Nachfrage deutlich.

Daß sich der Übergang zu einem übernationalen, konjunkturabhängigen nautischen Arbeitsmarkt nicht zwangsläufig zum Nachteil der Seeleute auswirken mußte, zeigte sich auch bei den Verhandlungen zur Neufassung der Hamburgischen Seemannsordnung 1853/54, bei denen der internationale Wirtschaftsaufschwung für die Seeleute zu Verbesserungen bei den Heuerbedingungen auf langen Reisen führte.[638] Insgesamt bleibt festzustellen, daß die Seeleute trotz der konjunkturellen Schwankungen der Heuern und, seit dem Beginn des 19. Jahrhunderts, dem deutlichen Sinken ihres relativen Lohns im Vergleich zu den an Land beschäftigten Handwerkern und Arbeitern gut verdienten.[639] Daher ist zumindest für das 18. und die erste Hälfte des 19. Jahrhunderts die von einigen Autoren geäußerte Annahme einer generellen Ausbeutung der Matrosen durch den Kapitän und die Reeder wenig stichhaltig.[640]

Durch diesen Strukturwandel infolge des Übergangs zu einem reinen Lohnarbeitsverhältnis und die Internationalisierung des Arbeitsmarktes kam es zugleich mehr und mehr zu einer Anonymisierung der Arbeitsverhältnisse in der Seefahrt. In zunehmendem Maß fuhren Kapitän und Besatzung nicht mehr über einen längeren Zeitraum miteinander, sondern zumeist nur noch für eine Reise. Die Heuer und der Dienst an Bord waren mithin für beide Seiten nur noch ein Geschäft und ein Mittel zum Zweck. Weitere tiefere Bindungen wurden an Bord zunehmend seltener, wie beispielsweise aus dem Bericht des bremischen Konsuls in Konstantinopel aus dem Jahre 1856 deutlich hervorgeht: *Häufiger als sonst wird meine Entscheidung in Streitigkeiten zwischen Capitainen und Mannschaft in Anspruch genommen, und leider muß ich gestehen, daß das väterliche Familienverhältniß, welches früher auf unseren Schiffen bestand, sich immer mehr lockert und allmählich in einen Zustand auszuarten droht, wo die einzelnen Mitglieder der Mannschaft sich völlig fremd sind und nur so lange zusammen halten, als das Interesse des Einzelnen es erfordert. Durch eigene Beobachtungen sowohl als durch Besprechung mit verständigen Seeleuten ergeben sich mir folgende Ursachen dieses betrübenden Zustandes.*[641] In den deutschen Seefahrtsgegenden blieben die traditionellen Beziehungen allerdings noch bis 1850 relativ eng und die aus dem Strukturwandel resultierenden Probleme vergleichsweise gering.[642]

626 Earle, S. 33ff.; Davis, S. 133–158, und Ville: Shipowning, S. 91–118. Zum Pressen von Seeleuten vgl.: Rodger, S. 164–182; Baugh, S. 135ff., und Kemp: Companion, Stichwort »Impressment«, S. 415f.
627 Davis, S. 133–158, und Ville: Shipowning, S. 91–118.
628 *Bechervaise*, S. 72.
629 Weibust, S. 10ff.
630 North Yorkshire County Record Office ZW II 5/7/3.
631 Rediker, S. 103ff.
632 Brockstedt: Wirtschaftlicher Aufstieg, S. 142ff. Vgl. auch *Kelly*, S. 186f.
633 Brockstedt: Wirtschaftlicher Aufstieg, S. 119ff.
634 Earle, S. 27; Ville, S. 94ff.; Davis, S. 70ff., sowie Gerstenberger und Welke: Vom Wind zum Dampf, S. 116, und Ulrich Troitzsch: Technischer Wandel in Staat und Gesellschaft zwischen 1600 und 1750, in: Akos Paulinyi und Ulrich Troitzsch: Mechanisierung und Maschinisierung, 1600 bis 1840, Propyläen Technikgeschichte Bd. 3, hrsgg. von Wolfgang König, Berlin 1991, S. 11–270, hier S. 134.
635 LASH, Abt. 10, Nr. 247. Vgl. auch Henningsen, S. 128.
636 AHL, ASA Interna/Seesachen, Nr. 39/1.
637 STAB 2 - R. 11. h. (Wasserschout Bd. 3. 1807–1854).
638 Kresse: Hamburger Seemannsrecht, S. 114f.
639 Earle, 31f.; Davis, S, 135ff.; Rodger, S. 125ff., und Brockstedt: Wirtschaftlicher Aufstieg, S. 142ff.
640 Rediker, S. 293.
641 STAB 2 - R. 11. l. 2. (Manualakten betr. die Revision der Verordnung vom 15.11. 1852.
642 Brockstedt: Wirtschaftlicher Aufstieg, S. 131ff.; Rediker, S. 104ff., und Gerstenberger und Welke: Vom Wind zum Dampf, S. 149f.

Trotz der extrem harten und gefährlichen Arbeit im Walfang zog der Seemann Carl Wolfgang Petersen das Leben dort dem auf einem Kauffahrer vor, weil er nach eigenem Bekunden wenigstens darauf hoffen konnte, gut behandelt zu werden. Im Bild Walfangszene, 18. Jahrhundert. (Stiftung Bruhn, Hamburg)

3.2.2 Desertion

Da die Seeleute nicht das Recht hatten, während der Reise zu kündigen und das Schiff zu verlassen, versuchten viele Matrosen aus verschiedenen Gründen, das Schiff heimlich zu verlassen, obwohl jegliche unerlaubte Entfernung von Bord als Desertion unter schwerer Strafandrohung stand.[643] Der Tatbestand der Desertion setzte die klar erkennbare Absicht eines Seemanns, sich dauerhaft seiner Dienstpflicht zu entziehen, voraus, während das stunden- oder tageweise Verlassen des Schiffs ohne Wissen und Einwilligung des Kapitäns relativ milde, etwa durch Geldbußen oder Heuerabzüge, bestraft wurde.[644] Die Merkmale einer Desertion waren das heimliche Verlassen des Schiffs, etwa direkt vor dem Auslaufen oder unter Mitnahme aller Effekten, das Anheuern auf einem anderen Schiff oder das Aufsuchen eines Verstecks.[645] Dabei gab es sowohl in der Bewertung wie auch in den Gründen für die Desertion in der Handelsfahrt gewisse Parallelen zur Marine, da beide Professionen konjunkturbedingt unter Arbeitskräftemangel litten und oftmals entweder disziplinarische, etwa Mißhandlungen durch Vorgesetzte, oder ökonomische Erwägungen, etwa höhere Sold- oder Heuerangebote, die Ursache für den Entschluß zur Desertion bildeten. Vor allem die regionale und berufliche Mobilität der Seeleute, die schließlich in jedem Hafen ohne weiteres Arbeit finden konnten, konnte deren Bereitschaft zu desertieren, Vorschub leisten.[646] So führte beispielsweise der englische Schriftsteller Henry Fielding im 18. Jahrhundert anläßlich einer Reise nach Lissabon über die Desertion und den Charakter der Seeleute aus: *To guard against these inconveniences the prudent captain takes every precaution in his power; he makes the strongest contracts with his crew, and thereby binds them so firmly, that none but the greatest or least of men can break through them with impunity; but for one of these two reasons, which I will not determine, the sailor, like his brother fish the eel, is too slippery to be held, and plunges into his element with perfect impunity. To speak a plain truth, there is no trusting to any contract with one whom the wise citizens of London call a bad man; for, with such a one, though your bond be ever so strong, it will prove in the end good for nothing.*[647]

Abgesehen von Seeleuten, die sich heimlich von ihrem Schiff entfernten, um auf eine ausgedehnte Zechtour zu gehen, und die in der Regel nach einigen Tagen oder Wochen an Bord zurückkehrten, waren es oftmals ökonomische Erwägungen, nämlich das Angebot höherer Heuern in einem fremden Hafen, die die Seeleute veranlaßten, unter Bruch ihres Heuervertrags das Schiff zu verlassen.[648] Manche Seeleute desertierten schon vor Beginn der Reise des Schiffes, da in diesem Fall der Heuervorschuß eine recht beachtliche Summe Geld ohne Gegenleistung einbrachte.[649] In einigen Städten, so in Hamburg, haftete daher der Wasserschout bis zum Auslaufen für Desertionen und war verpflichtet, dem Kapitän ohne zusätzliche Kosten neue Seeleute zu stellen.[650] Solche Vorfälle stellten für Kapitäne nicht nur ein bloßes Ärgernis, sondern auch ein erhebliches Problem dar, wenn Teile oder gar komplette Mannschaften bereits im Auslaufhafen oder unterwegs desertierten, um bessere Heuerangebote wahrzunehmen.[651] Zu welchen Problemen die Desertion für einen Kapitän führen konnte, mußte auch Nathaniel Uring leidvoll erfahren, als ihm kurz vor dem Auslaufen ein erheblicher Teil seiner ohnehin schon geschwächten Mannschaft entlief: *Before I was ready to sail, Eight of my Men deserted me, and having buried Eight more, it diminished my Strength considerably ...*[652] Auch in einem Antrag zur Änderung der Hamburgischen Seemanns-Ordnung aus dem Jahre 1854 werden derlei Schwierigkeiten beklagt: *Es hat in den letzten Jahren die in dem Art. 17 besprochene Desertion von Hamburgischen Schiffen außerordentlich zugenommen. Der Grund dieser Thatsache ist nicht in dem zufälligen Zusammentreffen des Erlasses der jetzt revidirt werdenden Disciplinar-Ordnung, wie von Einzelnen angenommen worden, sondern vielmehr in dem allgemeinen Verhältnisse zu suchen, daß, abgesehen von den speciellen Verlockungen in Californien und Australien, die Gagen der Matrosen auf den Englischen und Amerikanischen Schiffen ansehnlich höher sind, als auf den Deutschen und daß in manchen transatlantischen Häfen eine systematisch betriebene Verleitung zur Desertion Statt hat.*[653]

Manchmal gingen Seeleute auch in einem fremden Hafen unerlaubt vom Schiff oder drohten mit Desertion, um so von ihrem Kapitän die Zahlung höherer Heuern für die Rückfahrt zu erpressen.[654] Ein besonderes Problem bildeten aber auch mehrjährige Reisen, bei denen es kaum eine andere Möglichkeit gab, das Schiff vorzeitig zu verlassen. So berichtete der Apenrader Magistrat 1845 in einem Rechtsstreit an das Kopenhagener Admiralitäts- und Commissariats-Collegium, ... *daß kein Apenrader Schiffer z.B. einen nordamerikanischen Hafen anlaufe, ohne durch Desertion von der Mannschaft zu verlieren und daß Fälle vorgekommen seien, wo fast die ganze Mannschaft desertirt sei, nachdem sie aber wieder ergriffen und an Bord gebracht worden, noch Jahre lang mit demselben Capitain ohne Klage gefahren haben. Der Grund davon liege theils darin, daß fremde Nationen zum Theil höhere Häuergelder bewilligten und daß Nichtseegewohnte nach Ablauf einer Zeit in einer anderen Eigenschaft sich vermiethen könnten, theils darin, daß nach den hiesigen Gesetzen der Schiffer seine Leute im Ausland nicht abmustern*

643 Hansische Schiffsordnung, 4. Titel, § 25; Rotterdamer Ordonnanz, § 36; Danske Lov, 4. Buch, 1. Kap., § 6; Hamburgische Musterrolle von 1849 und 1854, § 17; Preußisches Allgemeines Landrecht, 2. Teil, 8. Titel, §§ 1546 und 1547. Vgl. auch von Sahme, S. 24; Abbott (1802), S. 124; Jacobsen: Seerecht, S. 180ff.; Steel, S. 26f., und Nizze, S. 429.

644 Hansische Schiffsordnung, 4. Titel, § 25; Danske Lov, 4. Buch, 1. Kap., § 6; Hamburgische Musterrolle von 1849 und 1854, § 17; Preußisches Allgemeines Landrecht, 2. Teil, 8. Titel, §§ 1546 und 1547. Vgl. auch von Sahme, S. 24; Abbott (1802), S. 124; Jacobsen: Seerecht, S. 180ff.; Steel, S. 26f.; Nizze, S. 429, und Dana: The seaman's friend, S. 207f.

645 Abbott (1856), S. 136f. Hier werden auch diverse Fälle angeführt, bei denen solche Vorgänge eindeutig nicht als Desertion betrachtet werden.

646 Earle, S. 167ff.; van der Ven, S. 121ff., sowie Burschel, S. 72ff.

647 Fielding, S. 287.

648 Earle, S. 167f.

649 Rediker, S. 125.

650 Jacobsen: Seerecht, S. 181f., und Antrag, betreffend Hamburgische Seemanns-Ordnung 1854, hier: Entwurf zu einem revidirten Reglement des Wasserschout, S. 27, § 8 (alte und vorgeschlagene neue Fassung).

651 Ville: Shipowning, S. 105, und Earle, S. 167ff. Vgl. auch den Entwurf zu einer Revidierten Seemanns-Ordnung, Hamburg 1853, S. 7.

652 *Uring*, S. 252.

653 Antrag, betreffend Hamburgische Seemanns-Ordnung 1854, S. 4ff.

654 Ville: Shipowning, S. 105.

könne und dadurch die Leute, wenn das Schiff keinen inländischen Hafen anläuft, oft Jahre lang von der Heimath entfernt gehalten würden. Dies seien allerdings Uebelstände; aber so lange dem Schiffer gegen die Mannschaft Verpflichtungen obliegen, wie die in der Seeenrollirungsverordnung § 7 und § 67 g. und i. vorgeschriebenen, sei es nothwendig, daß auch die Schiffsmannschaft entsprechende Verbindlichkeiten erfüllen müssen indem, wenn selbe in Massen ihre Entlassung erzwingen könne, der Schiffer ihr gegenüber ganz rechtlos und alle Schiffsdisciplin aufs höchste gefährdet sey.[655]

Ebenso wie in den Beratungen zur Revidierung der Hamburger Musterrolle im Jahre 1853 sah man auch hier das Problem der mehrjährigen Reisen und die damit verbundenen Unannehmlichkeiten für die Seeleute. Doch trotz dieser verständnisvollen Haltung betonte man die grundsätzliche Pflicht der Seeleute, für die gesamte Dauer der Reise an Bord zu bleiben.[656] Dennoch stellte die Desertion auch für den Apenrader Magistrat in erster Linie ein für den ungestörten Ablauf des Seehandels schwerwiegendes Hindernis dar, dem im Interesse eines ungestörten Ablaufs der Handelsschiffahrt entschieden begegnet werden mußte.

War die Anmusterung einer neuen Crew in Europa, besonders aber in den Häfen Nordeuropas, relativ einfach, konnte die Suche nach neuen Matrosen in Übersee ein erhebliches Problem darstellen. Fanden sich überhaupt Leute, waren dies oftmals schlechte und unzuverlässige Seeleute, die überdies aufgrund der Mangelsituationen überhöhte Heuerforderungen stellten.[657] Daher entschieden sich die Kapitäne oftmals, auf eine Strafverfolgung zu verzichten und die entlaufenen Seeleute ohne große Umstände wieder an Bord zu nehmen. So berichtet beispielsweise Hermann Sandmann von seiner Rückkehr auf sein altes Schiff, nachdem er zuvor von einem Heuervermittler zu Desertion verleitet worden war. Dabei sicherte ihm der Kapitän nicht allein Straffreiheit zu, sondern unterzeichnete auch ein diesbezügliches Schriftstück, in dem er auf eine Strafanzeige nach der Rückkehr verzichtete.[658] Doch nicht alle Kapitäne waren so nachsichtig. Samuel Kelly berichtet als Kapitän von einem Desertionsfall, bei dem er den Beteuerungen der Seeleute wesentlich weniger Glauben schenkte als Sandmanns Kapitän. Als Kelly von der Desertion erfuhr, stellte er die Seeleute zur Rede. Obwohl sie erklärten, nur wegen der schlechten Behandlung durch den Steuermann desertiert zu sein und um Verzeihung für ihre Tat baten, sperrte Kelly sie bis zur Rückkehr auf das Schiff an Land ein: *As I perceived their intention I called to them to come back or I would severely punish them. They begged for mercy and returned. On questioning them about their desertion they gave me a bad account of the mate's behaviour, whose cruelty had forced them from the ship. Not being inclined to trust much to their promises, I tied them together with a cord and got them lodged in the workhouse till I could convey them to the ship.*[659]

Andere Kapitäne sahen sich sogar gezwungen, härter gegen Deserteure vorzugehen, als sie eigentlich vorhatten. So erzählt Nagle von einem Kapitän, der durch das freche und uneinsichtige Verhalten eines entlaufenen Seemanns derart in Wut geriet, daß er alle Deserteure, darunter Nagle, auspeitschen ließ. Nagle schildert diesen Vorfall nicht ohne ein gewisses Verständnis für das Verhalten des Kapitäns: *The capt*[ain] *not wishing to punish us gave us a lecture in respect of our conduct. When he was going to pronounce the word that he forgave us all, one Jack Robinson, American, burst out a laughing before the capt*[ain's] *face, which enraged Capt. Gray in such a maner that he ordered us all to be flogged. I got a leven lashes, which was the least, and the rest from one dozen to two dozen. We ware then dismissed.*[660]

John Bechervaise dagegen berichtet von seinen unangenehmen Erfahrungen mit Seeleuten, die vom Schiff desertierten, nachdem sie nicht nur den üblichen Heuervorschuß empfangen, sondern auch Kredite aufgenommen hatten.[661] Ohne Leute an Bord war es für Bechervaise aussichtslos, seine entlaufene Mannschaft wiederzufinden. Auch wenn viele Kapitäne sich bemühten, ihre desertierten Seeleute aufzuspüren und an Bord zurückzubringen, waren diese Anstrengungen bei weitem nicht immer von Erfolg gekrönt.[662] Auch Kelly, Kroß und Jaski berichten in ihren Memoiren von Desertionen von Seeleuten, die sich an Bord anderer Schiffe eine höhere Heuer erhofften, wobei Jaski sogar in einem Fall seiner Mannschaft einen Bonus versprach, wenn sie nicht desertierte.[663]

Doch es gab auch andere verständliche Gründe als bloßes Gewinnstreben, die Seeleute dazu brachten, das Schiff widerrechtlich zu verlassen. Oftmals war Unzufriedenheit mit den allgemeinen Zuständen an Bord, etwa der Qualität des Essens oder ähnlichem, der Grund für die Desertion.[664] Friedrich Jepsen zum

Beispiel erzählt im Zusammenhang mit einem ihm widerfahrenen Fall von Desertion von solchen, wie er zugesteht, oftmals berechtigten Klagen über die Lebensbedingungen an Bord: *In Charleston hatte ich viele Unannehmlichkeiten mit meiner Schiffsequipage, da 5 derselben desertierten. Wenn solche Menschen sehr schlecht behandelt werden, kann ich es noch verstehen, aber ein altes Sprichwort sagt; auch wenn die Matrosen tagtäglich Hühnerfleisch zu essen bekommen, wollen sie es noch besser haben und sind nicht zufrieden. Habe es auch selber in meiner Matrosenzeit erfahren, dass das Essen selten zufriedenstellend ist. Oft ist es zu fett, dann wieder zu mager und die Köche sind auch sehr verschieden. Ich nahm daselbst wieder 4 Matrosen zu 26–30 spanische Thaler im Monath und musste dazu noch sehr gut Wache halten, dass auch diese nicht wieder desertierten.*[665]

Ähnliches erlebte auch der Schiffsjunge Franz von Wahlde. Im Hafen von Buenos Aires mußte die Mannschaft beim Löschen des Schiffes helfen. Nicht nur war die Arbeit ungewöhnlich hart, auch die Qualität der Bordverpflegung ließ stark zu wünschen übrig, wie Wahlde erzählt: *Dazu kommt das abscheuliche Essen, daß uns der Koch vorsetzt, frische Suppe, ungenießbar zu nennen, wegen des eklen schmierigen Fettes, gekocht aus dem schmutzigen schwarzen von Fliegen umschwärmten Fleisch wie es überall zu fabelhaft billigen Preisen in den Markthallen verkauft wird ...*[666] Angesichts dieser Umstände entschlossen sich einige Seeleute zur Desertion. Eines Nachts gingen zwei der Seeleute nicht in die Koje. Statt dessen *... kleideten sich warm an, so daß ich dachte, daß sie auf Wache müßten. Am andern Morgen fehlten sie, und hatten auch gar nichts vergessen von ihren Sachen. Der Capitän war wütend, aber sie blieben verschwunden. In der nächsten Nacht wurde ich geweckt, Julius, stand bei mir und gab mir die Hand um Abschied zu nehmen von mir, da wir uns wohl vertragen hatten, andere dunkle Gestalten schlüpften hin und her, ich hörte wie Kisten und Säcke über Bord gelassen wurden. Bald war alles still, und am nächsten Morgen fand der »Zweite« nur den Zimmermann, Karl, Fritz und mich vor.*[667] Von Wahlde selbst blieb an Bord.[668]

William Jackman dagegen berichtet in seinen Memoiren über seine Desertion von einem seiner Meinung nach nicht seetüchtigen Schiff in Australien im Jahre 1836. Obwohl sich nach Jackmans Darstellung ein Teil der Mannschaft erst zur Desertion entschloß, nachdem sich der Kapitän entgegen dem Verlangen der Mannschaft nachdrücklich geweigert hatte, das Schiff überholen zu lassen, wurde er mit seinen Kameraden von dem zuständigen Gericht wegen Vertragsbruchs verurteilt und vor die Wahl gestellt, entweder auf das Schiff zurückzukehren oder Zwangsarbeit zu leisten. Jackman wählte die Zwangsarbeit.[669]

Auch Carl Wolfgang Petersen desertierte von einem Schiff, auf dem er, weil shanghait, nur unfreiwillig diente. Aufgrund der anhaltenden Mißhandlungen durch den Kapitän und dessen Offiziere, deren Führungsstil vor allem durch die regelmäßige Anwendung körperlicher Gewalt als dem wichtigsten Herrschafts- und Disziplinierungsmittel beruhte, entschloß er sich zusammen mit einem Bordkameraden, das Schiff bei der ersten sich bietenden Gelegenheit heimlich zu verlassen. Er fand Zuflucht auf einem Walfänger, wobei er die Lebens- und Dienstbedingungen an Bord als wohltuenden Gegensatz zu seinen Erfahrungen auf seinem vorigen Schiff beschreibt.[670]

Ähnliches berichten auch Kelly und Little in ihren Memoiren. Während bei Kelly das Verhalten des Maats Schuld war, desertierte im Fall Littles ein Teil der Besatzung des Schiffs, auf dem er als Erster Maat diente, vor allem wegen der schlechten Behandlung durch den Kapitän.[671] Jepsen dagegen berichtet auch

655 LASH, Abt. 65.2, Nr. 836 I.
656 Antrag, betreffend Hamburgische Seemanns-Ordnung 1854, S. 4ff.
657 Wossidlo, S. 10ff., und der Bericht des bremischen Geschäftsträgers in Konstantinopel aus dem Jahre 1856 STAB 2 - R. 11. l. 2. (Manualakten betr. die Revision der Verordnung vom 15.11. 1852.
658 *Sandmann*, S. 28ff. und 36f.
659 *Kelly*, S. 297.
660 Jacob *Nagle:* The Nagle Journal, A Diary of the Life of Jacob Nagle, Sailor, from the Year 1775 to 1841, hrsgg. von John C. Dann, New York 1988, S. 178.
661 *Bechervaise*, S. 72: *My crew had two months advance before leaving home, and since that had taken up some clothing, so that most of them were in debt. It is not therefore to be wondered at that the temptation was so great, and one morning, on awakening, I found myself left with one man and a black lad who was apprenticed to me; my anger was as great as it was useless, I endeavoured to trace the fugitives but without success, and thus left in a vessel of 195 tons with only one man and one lad, I scarcely knew how to act.*
662 Earle, S. 171.
663 *Kelly*, S. 186f.; *Kroß*, S. 8, und F.C. *Jaski:* Met Barken en Klippers wereld rond, Memoirs van F.C. en C.J. Jaski, hrsgg. von S.J. van der Molen, Bussum 1975, S. 39 und 49.
664 Earle, S. 168.
665 *Jepsen*, S. 55f.
666 *Von Wahlde*, S. 73f.
667 Ebd., S. 73f.
668 Ebd., S. 74ff.
669 William *Jackman:* The Australian Captive or, an Authentic Narrative of Fifteen Years in the Life of William Jackman, hrsgg. von Rev. I. Camberlayne, Auburn 1853, S. 79ff.
670 *Petersen*, S. 46ff. und 52ff.
671 *Kelly*, S. 295ff., und *Little*, S. 263.

von Seeleuten, die trotz der guten Behandlung an Bord entliefen.[672]

Auch Konflikte mit dem Kapitän oder den Offizieren an Bord konnten ein Grund für das heimliche Verlassen des Schiffs sein. So desertierten manche Seeleute, um einer drohenden Bestrafung zu entgehen[673], wie Jepsen berichtet: *Den 16. des Morgens war an Bord etwas Ungewöhnliches passiert. Mein Leichtmatrose H.B. Früdden und der Kajütenwächter L. Napollon waren des Nachts mit dem kleinen Boot an Land geflüchtet ... Es war wahrscheinlich eine ausgesponnene Spekulation von dem H.B. Früdden, um zu seinem Vater in New Orleans zu kommen und ohne Zweifel hatte ihn der Kajütenjunge dazu verleitet, der ein ausgekochter Spitzbube war und diese Arbeit schon einmal zu Vlissingen auf einem Bremer Schiff gemacht hatte. ... Aber dieser Plan war ihnen nun für dieses Mal vereitelt und welche Strafe sie, oder auch ich, in Antwerpen nach vollendeter Reise dafür erhalten würde, wird die Zeit lehren, denn der Leichtmatrose hatte gegen mich vorgebracht, dass er diese Tat nur wegen der Bestrafungen am Bord während der Reise verübt hätte.*[674]

Auch Jan Wever berichtet von einem Bootsmann, der während seiner Wache die Desertion des Schiffskochs verschlafen hatte und wegen der drohenden Konsequenzen daher selbst das Weite suchte.[675] Für einen Matrosen war es sicherlich der einfachere Weg, nach einem solchen Streit zu flüchten, als nach der Rückkehr den teuren und langwierigen Rechtsweg zu beschreiten, obwohl ihm dieser prinzipiell offenstand.[676] So beschreibt beispielsweise John Cremer die Situation an Bord eines Schiffs, nachdem sich Mannschaft und Kapitän zerstritten hatten: ... *Hielt mich stets aus allen Streitigkeiten drauß, hatte vielmehr vor, mich dünn zu machen, indem hoher Lohn für Seeleute geboten wurde und es wenige gab; und zwei von uns verpflichteten sich.*[677]

Hier wird zudem deutlich, daß der Anstoß zur Desertion auch durchaus von anderer Seite ausgehen konnte. Obwohl es den Kapitänen verboten war, Seeleute von anderen Schiffen abzuwerben[678], kam es in der Praxis öfter vor, daß Kapitäne die Seeleute anderer Schiffe zur Desertion verleiteten, wie es Samuel Kelly in seinen Memoiren beschreibt: ... *Others employed attorneys and I was obliged to pay them their wages and had trouble enough to get men in their room, as American ships gave more wages. I do not know anything so disagreeable to ship-masters as sailor-hunting, for as they are generally half drunk, they do not care what trouble they give, and may be justly compared for obstinacy to the wild ass of the wilderness.*[679]

Dabei wurden Seeleute oftmals mit großzügigen Heuerversprechen regelrecht geködert, wie z.B. Jacob Nagle berichtet, dem, gerade in die Royal Navy gepreßt, mit Hilfe eines lukrativen Angebots das Entlaufen nahegelegt wurde.[680] Nagle entschloß sich jedoch angesichts der bei Desertion aus der Marine drohenden Todesstrafe, dieses Angebot abzulehnen.

In anderen Fällen waren allerdings die Heuervermittler, auch Runner genannt, nicht zimperlich in der Wahl ihrer Mittel, wenn es galt, Seeleute für ein Schiff anzuwerben[681], wie z.B. auch Hermann Sandmann Mitte des 19. Jahrhunderts berichtete: *Als ich ans Land gefahren, das Schiff zu klariren, machte mein Consignateur mich darauf aufmerksam, daß in letzter Zeit das Desertiren der Matrosen gewissermaßen epidemisch geworden und würden die Leute halbwegs mit Gewalt durch die Runner von Bord geholt.*[682]

Auch Jaski mußte ähnliche Erfahrungen mit solchen Abwerbemethoden machen, als zwei englische Matrosen versuchten, mit Hilfe von Runnern von seinem Schiff zu desertieren. Der Steuermann konnte zwar den einen Deserteur noch an Bord niederschlagen, der andere entkam aber mit seinen Helfershelfern.[683] Andere Seeleute wurden von kriminellen Anwerbern betäubt oder betrunken gemacht, um dann auf hoher See an Bord von fremden Schiffen wieder zu erwachen, oder einfach mit Waffengewalt auf ein neues Schiff gezwungen.[684] So beschreibt auch Johann Heinrich Arnecke seine Erlebnisse mit der gewaltsamen Anwerbung in New York im Jahre 1859: ... *Dort angekommen, ging ich an Land, fiel den Runnern in die Hände und unter Drohung mit ihren Revolvern brachten sie mich nach einem Logirhause, wo sie mich drei Tage festhielten, bis ich mich endlich entschloß, mich für ein nach Vera-Cruz fahrendes Schiff zu verheuern.*[685]

Besonders die amerikanischen Häfen um die Mitte des 19. Jahrhunderts, vor allem aber San Francisco, waren für diese Formen der gewaltsamen Anwerbung von Seeleuten berüchtigt. Auch wenn diese Form des Heuervertragsbruchs oftmals unfreiwillig war, galt sie dennoch rechtlich als Desertion, sofern der betreffende Seemann seine Entführung nicht überzeugend nachweisen konnte oder, wie im Fall von Arnecke, einen

Fürsprecher besaß. Amecke erzählt über den Ausgang seines Abenteuers: *Später hat man mir diese kleine Abschweifung in Bremen als Desertion angerechnet. ... Wasserschout Harms wollte mich sofort als Deserteur behandeln, weil ich von Bord der ‚Norma' weggelaufen war. Ich setzte ihm aber auseinander, daß nicht ich, sondern die Runner daran Schuld gewesen seien. Aber ein Buch wollte er mir nicht wiedergeben, er schrieb mir indeß einen Schein auf. Capitain Schilling legte noch ein Wort für mich ein und erklärte offen, er habe noch keinen bessern Seemann als ich sei, an Bord gehabt.*[686]

Andere Matrosen desertierten erst in Folge der Desertion anderer Seeleute, da durch die Verringerung der Besatzung die Arbeitslast der verbliebenen Mannschaftsmitglieder stark stieg, wenn die fehlenden Matrosen nicht durch neue ersetzt wurden.[687] Eine solche Situation beschreibt Franz von Wahlde in seinem Tagebuch: *Eine böse Zeit begann, die Weggelaufenen wurden ungenügend ersetzt, und die übrige Arbeit auf uns verteilt.*[688] Auch hier desertierte später noch ein weiterer Seemann, von Wahlde selbst blieb allerdings an Bord des Schiffs.[689]

Unter Umständen waren Kapitäne aber auch erleichtert, wenn gewisse Seeleute desertierten, z.B. wenn besonders unangenehme Unruhestifter das Schiff verließen. Andere Kapitäne provozierten auch Desertionen, um so Heuergelder einzusparen.[690]

Neben diesen Gründen für eine Desertion wurde die Entscheidung, das Schiff zu verlassen, auch spontan getroffen, eine impulsive und irrationale Handlung, die ohne Erwägung der möglichen Konsequenzen aus einer konkreten Situation heraus ohne tieferes Motiv erfolgte.[691]

Die Desertion konnte für einen Kapitän aber auch unangenehmere Folgen haben als den bloßen Verlust von Seeleuten. So ist z.B. im Landesarchiv Schleswig ein Fall aus dem Jahre 1810 überliefert, der von einem Matrosen berichtet, der wegen schlechter Behandlung durch seinen Kapitän David Elliot desertierte und Elliot in Eckernförde denunzierte. Seine Aussage führte zur Aufbringung des mit englischen Kolonialwaren beladenen amerikanischen Handelsschiffs CHARLOTTE wegen Verstoßes gegen die Embargobestimmungen der Kontinentalsperre: *Der Matrose Gillmann wiederholte mit einiger Aenderung seine Denunciation, erklärte ferner, daß er durch die harte Behandlung des Capitains Elliot und des Steuermanns Joseph Snow und besonders durch den Umstand, daß sie ihm seine americanische Protection abgenommen hatten, er mithin befürchten müsste, von englischen Kriegs Schiffen gepresst zu werden, zu der Desertion gezwungen wäre.*[692]

Dabei schlug die besondere Mentalität der Seeleute, ihre Unabhängigkeit und ihre hohe regionale Mobilität, auf dem internationalen Arbeitsmarkt ohne Frage ein Wettbewerbsvorteil, in dieser Situation für den Kapitän in einen Nachteil um. Die gleichen Mentalitätsmerkmale, die einen Seemann bewogen, ohne weiteres auf einem fremden Schiff anzuheuern, konnten ihn auch bewegen, ohne zu Zögern ein Schiff wieder zu verlassen, wenn es ihm in den Sinn kam.[693] Diese Erkenntnis spricht auch aus den Überlegungen des amerikanischen Kapitäns Samuels über die Unbekümmertheit und Sorglosigkeit, mit der Seeleute von ihren Schiffen desertierten, ohne an die möglichen Folgen auch nur einen Gedanken zu verschwenden: *The sailor's roving disposition costs him dear. I have known men to quit first-rate ships, leaving behind money due to them and a good chest of clothes, for the sake of having a very short spree. And they knew, too, that after the spree they would be picked*

672 *Jepsen,* S. 55f.
673 Earle, S. 168.
674 *Jepsen,* S. 100f.
675 *Wever,* S. 4.
676 Earle, S. 167f.
677 *Cremer,* S. 77.
678 Hansische Schiffsordnung, 1. Titel, § 3; Manual of Maritime Law, S. 33, und Feldbæk: Storhandelens tid, S. 162f.
679 *Kelly,* S. 186f. Ähnliches berichten auch *Bechervaise,* S. 72, *Jepsen,* S. 55f., und *Jaski,* S. 48.
680 *Nagle,* S. 190: *During this time Mr. Smith, that I came home with in the Indiaman, sent the pusser [purser] after me, he going capt[ain] of the same ship, that if I would desert, he would send me into the country till the ship was ready for sea and give me 10 Lb. sterling pr. month. I told the pusser I knew the danger and death would be my portion if caught again, therefore I would not atempt it.*
681 Wossidlo, S. 9ff., und Weibust, S. 44ff.
682 *Sandmann,* S. 72.
683 *Jaski,* S. 48: *... toen he heer Sneltjes, de 1ste stuurmann, dit bemerkte, sprong hij fluks op hem toe, dat de man voor dood op het dek blief liggen. Nu zoude men gedacht hebben dat de anderen hunne revolvers op den stuurmann zouden losbranden, doch neen, ze namen de verslagene doodbedard op, bragten hem in een hunner booten en roeiden allen naar wal.*
684 Kemp: Companion, Stichwort »shanghai«, S. 776
685 *Arnecke,* S. 18ff.
686 *Arnecke,* S. 18ff.
687 Earle, S. 168.
688 *Von Wahlde,* S. 74
689 Ebd., S. 74ff.
690 Earle, S. 171, und Rodger, S. 197f.
691 Rodger, S. 199.
692 LASH, Abt. 65.2, Nr. 835 IV.
693 Rodger, S. 200f., und Rediker, S. 288ff.

up and shipped off without a cent in their pockets. They never profit by experience.[694]

Besonders im 19. Jahrhundert wurde es für die Kapitäne immer schwerer, eine gute Besatzung zu finden und zusammenzuhalten. Die Neigung der Seeleute zur Desertion wurde nicht allein durch ihre besondere Mentalität, sondern auch durch die gelockerten Bindungen zwischen Kapitän und Besatzung aufgrund des Übergangs zur Lohnarbeit und zu einem internationalen nautischen Arbeitsmarkt noch zusätzlich begünstigt.[695] Dementsprechend scheiterten auch Bemühungen, mit Hilfe härterer Strafen Seeleute abzuschrecken und so die extrem hohe Zahl der Desertionen einzuschränken, wie etwa aus den Beratungen zur Revision der Hamburgischen Musterrolle von 1854 hervorgeht: *Daß dem Uebel durch die Strenge der dagegen verfügten Strafen nicht vorzubeugen sei, hat die Erfahrung gelehrt, da das Disciplinar-Gesetz von 1849 dafür eine Zuchthausstrafe von 1–2 Jahren bestimmt hat.*[696]

Erst infolge der neuen kontinentalen Rechtsdogmatik wandelte sich allmählich auch die rechtliche Bewertung der Desertion[697], obwohl es noch über einen längeren Zeitraum umstritten blieb, ob es sich bei der Desertion um ein *See-Privatverbrechen*[698] und damit um ein dem Vertragsrecht zugehöriges Vergehen oder um ein strafrechtlich zu ahndendes Verbrechen handelte. Erst bei Nizze findet sich 1857 die allgemeine Ansicht, daß es sich bei der Desertion, mit Ausnahme des englischen Rechts, um ein strafrechtlich zu ahndendes Verbrechen handelt.[699] Dennoch nahmen sich zunehmend staatliche Stellen der Desertion und der Verfolgung der Deserteure an, ebenso wie auch Reeder und Kaufleute ein generelles Interesse daran hatten, das Auslaufen der Schiffe nicht unnötig zu verzögern, und deswegen ihren Einfluß zur Eindämmung der Desertion geltend machten.[700] Im Fall des 1731 von einem Bremer Schiff desertierten und auf einem anderen Schiff angeheuerten Matrosen Cordt Meyer griff das zuständige Bergener Gericht eindeutig zu Gunsten des klagenden Kapitäns Johann Ahlers ein und versuchte bei Androhung eines Gefängnisaufenthalts, den Deserteur zu bewegen, auf sein Schiff zurückzukehren.[701] Nach dem preußischen Seerecht waren die preußischen Konsuln verpflichtet, den Kapitänen im Ausland bei der Ergreifung von Deserteuren behilflich zu sein.[702] Im 19. Jahrhundert wurden zudem vermehrt internationale Verträge über die Ergreifung und Rückführung von desertierten Seeleuten an Bord ihrer Schiffe geschlossen, so etwa die 1852 zwischen Bremen und Großbritannien getroffene und bald auf alle Hansestädte ausgedehnte Vereinbarung.[703]

Da im traditionellen Seerecht die als Vertragsbruch geltende Desertion zugleich mit Freiheits- und Körperstrafen belegt war und innerhalb der neuen Rechtsdogmatik die Frage, ob es sich bei der Desertion um ein strafrechtlich zu ahndendes Verbrechen oder lediglich um einen zivilrechtlich einzuklagenden Vertragsbruch handelte, noch lange umstritten war, erwies sich auch die gerichtliche Ahndung der Desertion als eine Kreuzung zwischen zivil- und strafrechtlichen Prozessen. So wurde z.B. 1824 der Bremer Matrose Friedrich August Franke wegen Desertion und Diebstahls neben der Streichung aus der Liste der Bremer Seefahrer und damit dem Verbot, weiterhin auf Bremer Schiffen zu fahren, zu ... *dreymonathlicher Gefängnißstrafe unter Anrechnung der bisherigen Haft, zu fünf und zwanzig Ruthenstreichen und zum Kostenersatze, so wie zur Erstattung des empfangenen Lohnes*[704] verurteilt. Dabei wurde die Tatsache, daß es sich hierbei nicht nur um bloße Desertion, sondern auch um Diebstahl handelte, als strafverschärfend angesehen. In diesem Urteil finden sich neben den strafrechtlichen Sanktionen der Haft- und Körperstrafe auch zivilrechtliche Strafmaßnahmen, wie Schadenersatz und die Heuerrückzahlung. Dabei fällt auf, daß trotz der allgemeinen Tendenz zur Milderung von Strafrecht und -sanktionen, in deren Verlauf die traditionellen Körperstrafen in zunehmendem Maße durch Freiheitsstrafen ersetzt wurden, immer noch körperliche Strafen verhängt wurden, da der Gedanke der ständischen Rechtsprechung noch nicht völlig von dem neuen Prinzip der Rechtsgleichheit verdrängt worden war und die körperliche Strafe eine ausgesprochen ständische Strafe für Angehörige der Unterschichten darstellte.[705] Zehn Jahre später dagegen ist die körperliche Strafe durch eine Gefängnisstrafe ersetzt worden. 1835 wurde der Matrose Hinrich Osterloh wegen Desertion zum Verlust seiner Heuer und Ersatz der Prozeßkosten, zur Streichung aus der Liste der Bremer Seefahrer sowie zu einer einmonatigen Gefängnisstrafe verurteilt. Bei dieser Strafzumessung wurde zudem die Tatsache, daß sich Osterloh freiwillig gestellt hatte, als mildernder Umstand gewertet.[706] In solchen Fällen erscheinen Heuerverlust, Kostenersatz und Fahrtverbot auf Bremer Schiffen als zusätzliche Sanktionen zu der verhängten Gefängnisstrafe. Ähnlich wurde 1857 der Fall des Untersteuermanns Christian Köhnekamp aus Bremen rechtlich bewertet. Dieser war in New York während der Abwesenheit von Kapitän und Obersteuermann desertiert, hatte sich aber später freiwillig gestellt. Während nun die besonderen Umstände seiner Desertion als erschwerend betrachtet wurden, bewertete das Gericht die positiven Gutachten und daß er sich freiwillig gestellt hatte, als strafmildernd. Letztlich wurde Köhnekamp zu drei Monaten Gefängnis sowie den üblichen zusätzlichen Strafen verurteilt.[707] Ebenso erhielt der Untersteuermann Franz Tyd für ein ähnliches Delikt neben den üblichen Zusatzstrafen eine achtwöchige Gefängnisstrafe.[708]

Neben dieser sehr individuellen Würdigung des Einzelfalls durch die Bremer Gerichte sind besonders die Reaktionen der Gerichte bzw. des Senats als Appellationsinstanz auf die regelmäßigen Gnadengesuche der verurteilten Seeleute interessant. Auch hier wird die ausgewogene, die besonderen spezifischen Umstände erwägende Beurteilung der jeweiligen Fälle deutlich. So wurde z.B. der Matrose Julius August Schumacher im Jahre 1834 aufgrund eines Gnadengesuchs seines Vaters Jacob Schumacher wieder in die Liste der Bremischen Seefahrer aufgenommen, wobei der Bremer Senat seine Entscheidung explizit mit den besonderen Gegebenheiten des Falls begründete: *Daß vorkommenden besonderen Umständen nach dem Gesuche zu deferiren, daher die Inspection des Wasserschouts – welcher desends Extractus Protocolli zuzufertigen – hirdurch ermächtiget wird, den Julius August Schuhmacher in die Liste der Bremischen Seefahrer wiederum aufzunehmen.*[709]

Doch vor allem für die Angeklagten positive Aussagen oder Gutachten von Kapitänen und/ oder anderen gut beleumundeten und angesehenen Bürgern konnten das Gericht bewegen, etwaige mildernde Umstände oder die allgemeine gute Führung der Beschuldigten in ihre Urteilsfindung und bei der Festsetzung des Strafmaßes oder auch bei der Entscheidung über Straferlasse mit einzubeziehen. Dies geht deutlich aus den überlieferten Fällen hervor.

Ähnlich wie im Fall des shanghaiten Bremer Seemanns Arnecke im Jahre 1856 die Anklage wegen Desertion aufgrund der positiven Aussage seines Kapitäns über sein Betragen fallen gelassen wurde[710], setzte sich 1852 auch der Bremer Kapitän Johann Dannemann zugunsten seines Schiffsjungen Johann Himbeck ein, der zwar in New Orleans desertiert war, sich aber nach seiner Verhaftung und Rückkehr an Bord nach Aussage Kapitän Dannemanns stets untadelig verhalten hatte. Aufgrund dieser Angaben wurde vom Senat beschlossen, dem Antrag des Kapitäns, das Verfahren einzustellen und ihm zu erlauben, Johann Himbeck als Leichtmatrose anzumustern, stattzugeben.[711] Auch in den Fällen der Untersteuerleute Tyd und Köhnenkamp tritt diese individuelle Bewertung deutlich zutage. Während Franz Tyd die erbetene Strafminderung mit dem Hinweis auf die durch seinen Offiziersrang besondere Schwere der Strafe durch ein Gutachten des Criminalgerichts verwehrt wurde, entschied das Obergericht im Fall Köhnekamp aufgrund positiver Gutachten und seiner allgemeinen guten Führung, ihm einen Monat seiner dreimonatigen Gefängnisstrafe zu erlassen.[712]

Die Desertion wurde, wie oben gezeigt, auch in Lübeck als strafwürdiges Vergehen betrachtet, aber ähn-

694 *Samuels*, S. 72.
695 Brockstedt: Wirtschaftlicher Aufstieg, S. 131ff., und Rediker, S. 104ff. Zur Zunahme der Desertion im 19. Jahrhundert vgl. auch den Entwurf zu einer Revidierten Seemanns-Ordnung, Hamburg 1853, S. 7, den Antrag, betreffend Hamburgische Seemanns-Ordnung 1854, S. 4ff., und STAB 2 - R. 11. l. 2. (Manualakten betr. die Revision der Verordnung vom 15.11. 1852: Brief des Bremer Gesandten in Konstantinopel aus dem Jahre 1856.
696 Antrag, betreffend Hamburgische Seemanns-Ordnung 1854, S. 4ff.
697 Kresse: Hamburger Seemannsrecht, S. 110f.
698 Von Cancrin, S. 157f.
699 Nizze, S. 429.
700 Earle, S. 171ff.
701 STAB 2 - R. 11. b. 7. (Schiffergilde, auch Seegericht 7. Protokolle des Seegerichts)
702 Nizze, S. 314.
703 STAB 2 - R. 11. 1. 8. (Desertion und Meuterei Bd. 1, 1771–1860.) und Entwurf zu einer Revidirten Seemanns-Ordnung; Anlage zu dem betreffenden Antrage der Commerz-Deputation an Einen Hochedlen Rath vom 23. September 1853.
704 STAB 2 - R. 11. l. 8., ebd.
705 Wesel, S. 388f.; Foucault, S. 14ff.; Van Dülmen: Theater des Schreckens, S. 184ff.; Schild: Gerichtsbarkeit, S. 106, und Sievers: Prügelstrafe, S. 195ff.
706 STAB 2 - R. 11. l. 8., (Desertion und Meuterei Bd. 1 und Entwurf ... (wie Anm. 703).
707 Ebd.
708 Ebd.
709 Ebd.
710 *Arnecke*, S. 18–22.
711 STAB 2 - R. 11. l. 8. (Desertion und Meuterei Bd. 1).
712 Ebd.

lich wie in Bremen behielt die lübische Obrigkeit ebenfalls die Rechte und Interessen der Seeleute im Auge. So stellte man in Lübeck 1854 in der Frage, ob auch Seeleute, die nach einer Desertion an Bord zurückkehrten, der ganzen Heuer verlustig gehen sollten, fest: *Die gewünschte Verordnung, wie auch das gleichzeitig erlassene Reglement für den Wasserschout und die neue Musterrolle sind zu übersenden, und der Generalconsul Rücker auf das Zweifelhafte des Falles, ob nämlich die Bestimmungen der Hamburgischen Verordnung, infolge die Mannschaft nach der Hamburgischen Musterrolle angemustert sei, oder diejenigen der hiesigen Verordnung maaßgebend seien, aufmerksam zu machen, zugleich indeß die Ansicht auszusprechen, daß nur der bis zur Zeit der Desertion verdiente Lohn als verwirkt zu betrachten sei, nicht aber auch der spätere Lohn, wenn die Mannschaft nach diesem Zeitpunkte in das Dienstverhältniß wieder eingetreten sey.*[713]

Sicherlich steht eine abschließende und vollständige Untersuchung dieser Gerichtsprotokolle und Gnadengesuche noch aus, aber dennoch können die hier erwähnten Fälle schon einen gewissen Hinweis auf die durchaus individuelle und ausgewogene rechtliche Bewertung der Desertion vor Bremer Gerichten geben.

3.3 Rangordnung und Autorität an Bord

Unzweifelhaft stand der Kapitän nicht nur in der juristischen Theorie, sondern auch in der Lebenswirklichkeit an der Spitze des Schiffs und dessen sozialer Ordnung. 1807 beschrieb Brarens diese Hierarchie wie folgt: *Vom ersten Officier bis zum Schiffsjungen sind die Leute als die Gehülfen des Schiffers zur Vollführung seiner Reise anzusehn: zu dem Zweck sind sie ihm sämmtlich ohne alle Widerrede zu gehorchen verpflichtet.*[714] Auch Richard Dana charakterisiert um die Mitte des 19. Jahrhunderts die Rangordnung an Bord in ähnlicher Weise: *The captain, in the first place, is lord paramount. He stands no watch, comes and goes when he pleases, is accountable to no one, and must be obeyed in everything, without a question even from his chief officer. He has the power to turn his officers off duty, and even to break them and make them do duty as sailors in the forecastle.*[715]

Die hierarchische Organisation an Bord war, wie bereits ausgeführt, in erster Linie durch das jederzeit zu erwartende Auftreten von Naturgefahren erforderlich.[716] 1786 führten einige Lübecker Honoratioren in einer Klageschrift gegen einen ungehorsamen Seemann aus, welche Folgen eine undisziplinierte und aufsässige Besatzung für die Sicherheit von Schiff, Ladung und Besatzung haben konnte: *Und dieses wegen der Folgen, welche nothwendig aus einem solchen Aufruhr im Schiff entstehen müsse, wenn der Schiffer, dem von seinen Rhedern und Befrachtern Schiff und Gut anvertraut ist, seines Lebens nicht sicher seyn sollte, oder auch nur seine Befehle nicht pünktlich befolgt würden.*[717] Angesichts des Zwecks der Handelsschiffahrt richtete sich das Augenmerk der Kaufleute natürlich vor allem auf die Sicherheit der Ladung. Um Gefährdungen von Schiff und Ladung durch Befehlsverweigerung und Widersetzlichkeit der Besatzung entgegenzutreten und die für den auch kommerziellen Erfolg der Reise notwendige Autorität und Kommandogewalt des Kapitäns aufrechtzuerhalten, war es nötig, diesem durch das Seerecht die notwendigen Mittel an die Hand zu geben, sich und seine Befehle gegenüber seinen Seeleuten auch durchsetzen zu können.[718] Daß dieses nicht nur juristische Theorie war, wird in dem »General-Reglement« des Bremer Schiffs VISURGIS aus dem Jahre 1795 deutlich sichtbar, wo unter Hinweis auf die Verhältnisse der Lebensrealität in der Seefahrt nicht nur die Unerläßlichkeit der Disziplin an Bord, sondern auch die Notwendigkeit von Zwangsmitteln zu deren Durchsetzung und Aufrechterhaltung explizit betont wurde:

Wenn nun auch die Direction das volle Zutrauen auf ihren erfahrnen Capitaine und Super Carga, wie auch auf alle übrige Ober- und Unter-Officiers setzen darf, dass diese unablässig für gute billige Mannszucht und gute Ordnung sorgen werden: so müssen dieselben Zwangs-Mittel in Händen haben, bey der zahlreichen Equipage eine gute und vollkommne Ordnung zu erhalten, Mishandlungen und Thätlichkeiten zu steuern, jeden zu seiner Schuldigkeit anzuhalten, und den Widerspänstigen und Nachlässigen zu seiner Schuldigkeit zu nöthigen, um auf die Art in dieser sich selbst überlassenen Zusammenlebung ohne obrigkeitliche Hülfe Ruhe und Einigkeit und das gemeinschaftliche Hinwürken zu einem Zweck dergestalt zu bewirken, dass weder Nachlässigkeit, noch Muthwille, noch Bosheit, an der Wohlfahrt eines jeden Einzelnen noch an der Wohlfahrt des Zwecks freveln kann. Diese Zwangs-Mittel kann die Direction aber nicht der Willkühr überlassen, theils damit ein jeder positiv wisse wornach er sich zu achten, was er zu thun und zu unterlassen habe, theils da-

mit eine gleiche Handhabung derselben gegen jeden Frevler eintrete.[719]

Gerade in Notsituationen war die Aufrechterhaltung der Disziplin besonders wichtig, aber zugleich besonders schwer aufrechtzuerhalten. Im Gegensatz zur Ansicht einiger Autoren[720] war ein diszipliniertes Verhalten der Besatzung in solchen Fällen mitnichten selbstverständlich, sondern manchmal nur sehr schwer aufrechtzuerhalten.[721] Zu keinem Zeitpunkt war es für das Überleben einer Mannschaft wichtiger, diszipliniert und koordiniert zusammenzuwirken, als nach einem Schiffbruch, aber zu keinem Zeitpunkt war auch die Disziplin schwieriger durchzusetzen.[722] Auch Nathaniel Uring mußte nach einem Schiffbruch die Erfahrung machen, daß alle Ordnung und Disziplin zusammenbrach. Viele der Seeleute betranken sich und weigerten sich, den Befehlen Urings nachzukommen und auch nur einen Handschlag zu ihrer Rettung zu tun: *Tis hard to represent the Trouble, Pain and Anxiety I endured amongst this ungovernable Crew, who often insulted me; and I verily believe, if the Arms and Ammunition had not been in my Possession, they would have used me worse. Indeed my Carpenter, one William Robinson, was very diligent, and never refused to do any thing I desired; there were two or three more sober Fellows who were ready to obey my Commands, or I should have been in great Danger of my Life, being often obliged to handle my Arms in my Defence; which Mutineers my Pilot under hand encouraged ...*[723] Statt mit dem Rest der Besatzung zusammenzuarbeiten, setzte sich der unfolgsame Teil der Besatzung heimlich mit dem reparierten Boot ab und überließ Uring mit seinen Getreuen ihrem Schicksal, diese wurden aber schließlich durch ein Suchschiff gerettet. Auch Bechervaise und Boelen berichten von dem Zusammenbruch der Disziplin an Bord von Schiffen in Gefahrensituationen, weil die Crew entweder betrunken war oder sich sinnlos betrank, anstatt die notwendigen Maßnahmen zu ergreifen.[724]

Eide dagegen erzählt von einem Kapitän, der nach einem Schiffbruch im Dezember gegen die Verzweiflung der Seeleute ankämpfen mußte. Nachdem sich die Besatzung in Booten hatte retten können, geriet die Disziplin durch einige an der vermeintlichen Hoffnungslosigkeit ihrer Situation verzweifelnde Seeleute in Gefahr. Allein die Autorität des Kapitäns konnte die Situation mit Mühe retten, indem er ihnen durch strenge und aufmunternde Worte neue Hoffnung einflößen konnte: *Ut på dagen begynte et par av folkene å tape alt håp, de beklaget sig over at det hele var til ingen nytte, de kunde ikke holde ut lenger og begynte å kjekle og stri om hvem dom skulde øse vannet ud. Både kaptein Erbe og jeg sa da til dem: »Folk, nu er det ikke tiden til å bli uens, vi er jo folk nok til å øse vannet ut, og ennu er det jo håp om frelse.« De mente at når natten kom, var det vel forbi, og deri lot det dessverre til at de hadde rett. Vi hørte dog siden ikke mere knurr, og alt blev tyst som i graven.*[725]

Richter wiederum berichtet von abergläubischen Seeleuten, die während eines Sturms einen auf dem Schiff befindlichen Juden über Bord werfen wollten, um so, quasi dem biblischen Beispiel der Jonas-Erzählung folgend, die Elemente zu beruhigen: *Alle vernünftigen Vorstellungen von Seiten des Kapitäns und der übrigen Offiziere waren vergebens. Strenge konnte zu einer Zeit, wo Subordination ohnehin auf schwachen Füßen steht, noch weniger fruchten; der Jude würde daher gewiß der härtesten Behandlung ausgesetzt worden sein, hätte sich nicht das Schicksal in's Mittel geschlagen und ein Übel mit dem andern vertrieben.*[726] Alle Befehlsgewalt und Autorität versagten, nachdem die Seeleute in Panik geraten waren. Erst als die Koje des Juden unter Wasser stand, wurde das Mitleid der Matrosen erregt, und sie kamen letztlich zur Besinnung. Bei solchen Panikreaktionen in Notfällen gelang es den Kapitänen oftmals nur mit größter

713 AHL, ASA Interna/Seesachen, Nr. 39/1.
714 Brarens, S. 77ff.
715 Dana: Two years, S. 12f.
716 Weibust, S. 251ff., und Rodger, S. 205–211.
717 AHL, ASA Interna/Seesachen, Nr. 44/1.
718 Surland, S. 17; Abbott (1802), S. 123ff.; Jacobsen: Seerecht, S. 201ff., und Nizze, S. 408ff.
719 General-Reglement ... VISGURIS, Bremen 1795.
720 Welke: Der Kapitän, S. 250.
721 Earle, S. 114, und Rodger, S. 208.
722 Earle, S. 114, und Rodger, S. 208.
723 *Uring,* S. 346f.
724 *Bechervaise,* S. 36f., und Jacobus *Boelen* Jzn.: Het merkwaardig Dagboek van een Nederlandsch Zeeman 1795–1860, naar het memoriaal van Vice-Admiral J. Boelen Jzn., Bewerkt en aantekeningen voorzien door Kapt. J. Oderwald, 2. Bde, Amsterdam 1942/43, S. 148f.
725 *Eide,* S. 125.
726 Richter, Bd. 1, S. 150. Vgl. auch die Bibel, Prophet Jona, Kap. 1, Vers 11, 12 und 15, in: Die Bibel, nach der Übersetzung Martin Luthers, Stuttgart 1985, S. 877: *Da sprechen sie zu ihm: was sollen wir denn mit dir tun, daß das Meer stille werde und von uns ablasse? Denn das Meer ging immer ungestümer. Er sprach zu ihnen: Nehmt mich und werft mich ins Meer, so wird das Meer still werden und von euch ablassen. Denn ich weiß, daß um meinetwillen dies große Unglück über euch gekommen ist. ... und sie nahmen Jona und warfen ihn ins Meer. Da wurde das Meer still und ließ ab von seinem Wüten.*

Der Pirat Bartholomew Roberts hatte als Kapitän seine Mannschaft stets fest im Griff. Im Bild Roberts vor der Küste Guineas mit zwei seiner Schiffe.

Anstrengung, die Ordnung wieder herzustellen und der Auflösung der Disziplin Herr zu werden.

Eine klare Bordhierarchie wurde aufgrund der besonderen Bedingungen der Seefahrt daher auch von den Seeleuten grundsätzlich für notwendig gehalten.[727] So betont beispielsweise Friedrich Gottlob Köhler, *der wahre Seemann ist von selbst schon bedacht, die Ordnung zu erhalten, ohne welche das Zusammenleben auf der See nicht möglich sein würde ...*[728] Offenkundig gab es selbst an Bord von Piratenschiffen eine gewisse Hierarchie, wie der englische Kapitän Snelgrave berichtet, der 1719 eine längere Zeit als Gefangener von Piraten vor der Westküste Afrikas verbrachte: *Upon mentioning this, I think it necessary to observe in this place, that the Captain of a Pirate Ship, is chiefly chosen to fight the Vessels they may meet with. Besides him, they chuse another principal Officer, whom they call Quarter-master, who has the general Inspection of all Affairs, and often controuls the Captain's Orders: This Person is also to be the first Man in boarding any Ship they shall attack, or go in the Boat on any desperate Enterprize. Besides the Captain and the Quarter-master, the Pirates had all other Officers as it is usual on board Men of War.*[729] Wie nötig eine klare Kommandostruktur auch auf Piratenschiffen war, zeigt das Beispiel des von Robert Culliford geführten Piratenschiffs RESOLUTION. Während der Verfolgung eines Ostindienfahrers herrschte an Bord ein heilloses Chaos, das ein von den Seeräubern entführter Seemann mit den Worten beschrieb: *Hell was never in a greater Confusion then there was aboard ...*[730] Aus diesem Grund weigerte sich Culliford, das Kommando weiterzuführen, bis sich die Mannschaft auf ein geordnetes Handeln verständigte. Auch Piratenschiffe benötigten offenbar – und nicht nur im Gefecht oder in Notsituationen – eine kompetente Führung. So hatten andere Piratenkapitäne ihre Besatzungen besser im Griff und konnten – wenn auch nicht immer zur Freude ihrer Leute – ein gewisses Maß an Disziplin an Bord der von ihnen geführten Schiffe aufrechterhalten, wie z.B. Bartholomew Roberts[731] oder Howell Davis, über den Snelgrave sagt: ... *for in their Hearts they hated Captain Davis, because he kept his Ship's Company in good order ... and being a brave generous Man, they dreaded his Resentment.*[732]

Demnach herrschte an Bord aller Schiffe generell ein ausgeprägt hierarchisches System strikter Disziplin mit einer klaren Befehlsstruktur. Bei diesem Organisationsprinzip stand der Kapitän deutlich herausgehoben an der Spitze der sozialen Stufenleiter, wobei sich der soziale Status der einzelnen Besatzungsmitglieder im wesentlichen in ihrem Rang und ihrer Funktion an Bord ausdrückte. So wurde bereits bei den Steuerleuten deren herausgehobene Stellung auch dadurch unterstrichen, daß sie in der Regel nicht länger die »schmutzigen« und daher weniger angesehenen körperlichen Arbeiten der einfachen Seeleute erledigen mußten, sondern als Assistenten des Kapitäns vor allem mit »sauberen« und daher mit einem höheren Sozialprestige verbundenen Leitungs- und Kontrollfunktionen beauftragt waren.[733]

Allerdings stellt sich die Frage, nach welchen Gesetzmäßigkeiten und Regeln das soziale System an Bord des Schiffs funktionierte. Dabei ist vor allem zu beachten, daß sich Verhalten in einer Gesellschaft nicht nur an dem staatlich gesetzten positiven Recht, sondern auch an anderen, zum Teil sehr unterschiedlichen Normen, wie Sitte, Tradition, Moralvorstellungen orientiert, die zugleich bei der weiteren Entwicklung des geschriebenen Rechts auch als Rechtsquellen dienen.[734] Auch heutzutage wird der Alltag in erster Linie nicht durch staatliche Gesetze, sondern durch außerrechtliche Verhaltensnormen bestimmt. Wenn dies sogar noch für die rechtlich stark durchnormierte Gesellschaft des beginnenden 21. Jahrhunderts gilt, dann um so mehr für die wesentlich weniger durch die Allgegenwart staatlichen Rechts geprägte Gesellschaft der Frühen Neuzeit, in der der Staat erst begann, seinen normativen Kompetenzbereich in Bereiche auszudehnen, die zuvor »staatsfrei« gewesen waren.[735]

Seit dem ausgehenden Mittelalter hatte sich in wachsendem Maße die Tendenz zur fortwährenden Erweiterung des staatlichen Herrschaftsbereiches durch die Übernahme neuer Aufgaben verstärkt, und der frühneuzeitliche Staat drang daher, besonders im Zeitalter des Absolutismus, in wachsendem Maße auch in Bereiche vor, die früher weitgehend autonom von anderen Institutionen, wie etwa Zünften oder der Dorfgemeinde, normiert und reguliert worden waren. Dabei war jedoch die Herrschaft nie in dem Maße vollständig, wie es der Begriff der absoluten Herrschaft suggerieren mag. Vor allem auf den unteren Ebenen der Gesellschaft konnte der frühneuzeitliche Staat seinen umfassenden Gestaltungsanspruch niemals vollständig

727 Rodger, S. 207; Dening, S. 142f., und Weibust, S. 251f.

728 Friedrich Gottlob *Köhler:* Die »Reise ins Eismeer und nach den Küsten von Grönland und Spitzbergen im Jahre 1801« des Friedrich Gottlob Köhler, Seilermeister in Pirna, Leipzig 1820, Textauszüge und kritischer Kommentar von Harald Voigt, in: Nordfriesisches Jahrbuch, neue Folge, Bd. 18/19, 1982/83, S. 155–179, hier S. 163

729 Captain William Snelgrave: a new account of the Guinea and Slave Trade, London 1734, S. 199f.

730 Aussage des Seemanns William Willock, PRO – Colonial Office (CO) 323/2, f. 361.

731 Johnson: History of the Pyrates, S. 173f. Obwohl die Angaben von Johnson im allgemeinen als zuverlässig angesehen werden können, ist aufgrund des journalistisch-populären Charakters und der zeitlichen Distanz zwischen den Ereignissen und der Veröffentlichung des Werks dennoch nicht auszuschließen, daß sich in einigen Fällen Fakten und Fiktion vermischt haben. Vgl. dazu Arne Bialuschewski: Daniel Defoe, Nathaniel Mist und die Seeräuber. Eine Studie zur Verfasserschaft und Entstehungsgeschichte der *General History of the Pyrates,* Diss., Kiel 1999, S. 101–124.
Angesichts der angeführten Notwendigkeit einer nautischen Hierarchie an Bord aller Schiffe ist fraglich, ob die von Marcus Rediker in »Between the Devil and the Deep Blue Sea« auf S. 261–269 vertretene These einer strikt egalitären Sozialstruktur an Bord von Piratenschiffen, in der die Anführer nur im Gefecht Kommandogewalt besaßen und ansonsten bei der Erteilung ihrer Befehle auf den Konsens der Mannschaft angewiesen waren, wirklich zutreffend ist – schließlich benötigten auch Piratenschiffe eine kompetente seemännische Führung. Zudem haben neuere Forschungen ergeben, daß die vielfach geäußerte Annahme, die Kapitäne von Piratenschiffen seien grundsätzlich durch die Mannschaft gewählt worden, möglicherweise revidiert werden muß. Wie Arne Bialuschewski in seinem Vortrag »The Golden Age of Piracy, 1695–1725: A Reassessment« im März 2000 auf der Tagung »Europe an the Sea« in Gent, Belgien, dargelegt hat, handelte es sich bei der überwiegenden Mehrzahl der Piratenmannschaften um ehemalige Kaperschiffsbesatzungen, die zur Seeräuberei übergewechselt waren. In diesen Fällen gab es zumeist keine Veränderung in der Führung der betreffenden Schiffe. Zu einem Kommandowechsel kam es in der Regel nur, wenn die erhoffte Beute ausblieb und die unzufriedene Besatzung deshalb meuterte. Einen solchen Fall an Bord des Piratenschiffs RESOLUTION beschreibt Arne Bialuschewski auch in: Piratenleben – Die abenteuerlichen Fahrten des Seeräubers Richard Sievers, Frankfurt/M. 1997, S. 64–67.

732 Snelgrave (wie Anm. 10), S. 226.

733 Weibust, S. 259; Mollat du Jourdin, S. 197f., und van Dülmen, Kultur und Alltag, Bd. 2, S. 181ff.

734 Reinhold Zippelius: Allgemeine Staatslehre, München 1994, S. 47f., und Berman, S. 30ff.

735 Zippelius, S. 47f.; Berman, S. 30ff., und Althoff, S. 288. Vgl. auch: van Dülmen: Entstehung des frühneuzeitlichen Europa, S. 350–367; Schulze: Staat und Nation, S. 73ff.; Wesel, S. 359ff.; Köstlin, S. 144ff.; Oestreich, S. 195, und Müller: Herrschaft/Neuzeit, S. 476f.

durchsetzen.[736] Trotz der intensiven Bemühungen des Staates, die Herrschaft zu zentralisieren und wichtige Macht- und Lenkungsbefugnisse, wie das Gewaltmonopol und die Steuererhebung, an sich zu ziehen und zu monopolisieren, konnten sich die unteren Ebenen des Staatsgebildes, Städte oder Institutionen eine weitgehende Autonomie erhalten. Daher blieb auch in der Frühen Neuzeit der Einfluß des Staates auf die ungeschriebenen, mündlich tradierten Regeln des Zusammenlebens gering und diese Form der Selbstorganisation allgegenwärtig.[737] Allerdings war diese Gesellschaft in zunehmendem Maße hierarchisch organisiert. So traten allmählich seit dem Ausgang des Mittelalters überall, besonders früh und ausgeprägt aber in den absolutistischen Staaten, die Prinzipien von Herrscher und Untertan, von Befehl und Gehorsam an die Stelle der wechselseitigen Treueverpflichtungen, die den mittelalterlichen Feudalstaat geprägt hatten.[738] Wie Gerd Althoff am Beispiel des Mittelalters deutlich gemacht hat, ergaben sich viele Verhaltensregeln bereits aus der einfachen Tatsache, daß eine Gesellschaft hierarchisch durch eine Rangordnung gegliedert war.[739]

Da auch die Seefahrt nur ein Teil der Gesamtgesellschaft in der Frühen Neuzeit war, gab es wie in der Gesellschaft an Land auch an Bord eine strikt hierarchische Gesellschaftsstruktur. Dabei wurden die gesellschaftlichen Normen nicht nur durch das positive Recht, sondern auch durch Brauch und Tradition bestimmt. Daher existierte nicht nur an Land, sondern auch auf See neben dem gesetzten Recht ein umfangreicher Kodex an traditionellen, ungeschriebenen Regeln und Verhaltensmustern, die Vorgesetzte wie Untergebene in ihren Beziehungen definierten und diese in eine genau bestimmte Sozialstruktur mit bestimmten Rechten und Pflichten banden.[740]

Die soziale Hierarchie an Land wie an Bord wurde auch von kirchlicher Seite ausdrücklich theologisch gerechtfertigt.[741] So begründete beispielsweise das seit 1705 in unzähligen Nachdrucken erschienene Traktat »The Seaman's Monitor« Hierarchie und Disziplin an Bord ausgiebig mit geistlichen Argumenten: *But, secondly, you should consider that you are Christians; that with the Dictates of natural Religion you have the Precepts of the moral Law, and the Commands of the Gospel Grace, which teaches us, »to live soberly, righteously, and godly in this present World,« so that you are obliged to demean yourselves respectfully and subissively towards your Superiors, and to avoid all Murmurings and Mutinies; not only because the well-being of Society depends thereupon: but because it is the Command of your God.*[742]

Darüber hinaus weist die Sozialstruktur an Bord einige Besonderheiten auf. Da die gesamte Dauer der Reise als Arbeitszeit galt[743], war unterwegs die strikte Trennung von Arbeit und Freizeit aufgehoben und an Bord schon aus Gründen der Arbeitsorganisation keiner dem anderen im Rang gleich.[744] Die strikte Bordhierarchie definierte vielmehr die Befehlskette und gab jedem Besatzungsmitglied eine genau umrissene Aufgabenstellung, so daß die Mannschaft unter allen Umständen und auch bei plötzlich auftretenden Krisensituationen schnell und ohne Koordinationsschwierigkeiten reagieren konnte.[745] Diese, auch als Totale Institution bezeichnete zweckgebundene Form der sozialen Organisation setzte neben positiven Rechtsnormen auch einen allgemein gültigen, informellen Verhaltenskodex zwingend voraus.[746] Auch wenn diese Regeln nirgendwo schriftlich fixiert waren, bedeutet dies nicht, daß sie deswegen weniger verpflichtend gewesen sind.[747]

In ihrer Bedeutung für das tägliche Zusammenleben an Bord waren die informellen Regeln möglicherweise sogar wichtiger als die abstrakten Normen des positiven Seerechts. Die informellen Regeln besaßen in der gesamten Seefahrt Gültigkeit, denn wie Rodger und Byrn bemerken, beruhte auch die Disziplin der Royal Navy im 18. und beginnenden 19. Jahrhundert nicht ausschließlich auf einem Normengefüge positiven Rechtes, sondern auch auf einem informellen, aus den besonderen Bedingungen der Seefahrt resultierenden Übereinkommen.[748] Vor allem das zur sicheren Beherrschung des Schiffs erwartete Rollenverhalten war allen Besatzungsmitgliedern allgemein bekannt. Jedem war klar, was in einer bestimmten Situation von einem Kapitän erwartet wurde oder was die Aufgaben eines Steuermanns waren. Ein Seemann, der sich im Rahmen seiner Aufgaben nachweislich als inkompetent erwies, mußte entsprechend den Bestimmungen der Seerechtsregelungen mit einer Bestrafung rechnen.[749] Deshalb wußten alle Seeleute an Bord genau, was ihre Aufgaben waren und wie sie sich an Bord zu verhalten hatten.[750]

Ein Beispiel bei Dana illustriert diese Erwartung eines bestimmten Verhaltens an Bord: *Whatever the captain does is right, ipso facto, and any opposition to it is wrong on board ship; and every officer and man knows this when he signs the ship's articles. It is a part of the contract. Yet there has grown up in merchant vessels a series of customs which have become a well understood system, and have somewhat the force of prescriptive law. To be sure, all the power is in the captain, and the officers hold their authority only during his will, and the men are liable to be called upon for every service; yet, by breaking in upon these usages, many difficulties have occurred on board ship, and even come into courts of justice, which are perfectly unintelligible to any one not acquainted with the universal nature and force of these customs. Many a provocation has been offered, and a system of petty oppression pursued towards men, the force and meaning of which would appear as nothing to strangers, and doubtless do appear so to many »long-shore« juries and judges.*[751]

Viele Kapitäne machten daher die wichtigsten Verhaltensregeln vor Beginn der Reise durch eine Ansprache an die Besatzung öffentlich bekannt und unterstrichen bei dieser Gelegenheit die wesentlichen Erwartungen, die sie an ihre Mannschaft stellten, wie z.B. Dana erzählt: »*Now, my men, we have begun a long voyage. If we get along well together, we shall have a comfortable time; if we don't, we shall have hell afloat. All you have got to do is to obey your orders, and do your duty like men – then you will fare well enough; if you don't, you will fare hard enough, I can tell you. If we pull together, you will find me a clever fellow; if we don't, you will find me a bloody rascal. That's all I've got to say. Go below, the larboard watch.*«[752] Auch Little berichtet von einer solchen Ansprache: »*Now, my men, we are under way for a long and perhaps a perilous voyage, and I expect every man on board will obey the discipline of this ship by conducting himself with the proper respect toward the officers, and do his duty.« Then, adressing himself particularly to the old sailors, said: »I cannot allow you to take advantage or impose upon the boys; for they have come on board this ship without any pretensions to seamanship, and are as green as you were before them.« And, turning to the lads, he said: »be obedient. endeavour to become good seamen, and if there are any who desire to learn navigation, the gentlemen aft will instruct you, and you have permission to come aft in your watch below whenever the weather will permit;« and raising his voice said: »You are to have watch and watch, and it will be your own fault if that regulation is altered during the voyage.*«[753]

Eine andere Funktion fester Regeln an Bord lag in der exakten Definition der Rechte und Pflichten aller an Bord befindlichen Personen. Regeln und Verhaltensvorgaben bedeuteten nicht nur die Kontrolle der Untergebenen durch die Vorgesetzen, sondern zugleich auch eine Kontrolle und Begrenzung der Vorgesetzten. Wenn ein solches Regelwerk funktionieren sollte, setzte dies zum einen die allgemeine Akzeptanz und zum anderen die Einhaltung der darin enthaltenen Normen voraus. Damit ermöglichten die Regeln an Bord eine Voraussagbarkeit des Handelns und der Reaktionen und boten dadurch zugleich Schutz vor Willkür. Ein Leben in einem solchen festgefügten Regelwerk war ohne Frage hart, es war aber nicht zwangsläufig eine Form der Unterdrückung.[754] Allerdings gab es anscheinend regionale Unterschiede in der Ausprägung dieses Regelwerks. So machte der deutsche Rei-

736 Oestreich, S. 185 und 195; Wyduckel, S. 18; Schulze: Staat und Nation, S. 73ff.; Müller: Herrschaft/Neuzeit, S. 476f., und van Dülmen: Entstehung des frühneuzeitlichen Europa, S. 350–359, und ders.: Kultur und Alltag, Bd. 2, S. 225.

737 Oestreich, S. 185ff.; Wyduckel, S. 18; Müller: Herrschaft/Neuzeit, S. 476f.; van Dülmen: Kultur und Alltag, Bd. 2, S. 225; Schulze: Staat und Nation, S. 73ff., und Martina Kessel: Individuum/Familie/Gesellschaft (Neuzeit), in: Europäische Mentalitätsgeschichte, hrsgg. von Peter Dinzelbacher, Stuttgart 1993, S. 38ff.

738 Oestreich, S. 187ff.; van Dülmen: Kultur und Alltag, Bd. 2, S. 225 und 280, und Wyduckel, S. 16 und 30f.

739 Althoff, S. 287; Schulze: Staat und Nation, S. 64–88; van Dülmen: Entstehung des frühneuzeitlichen Europa, S. 350–359, und Rodger, S. 207.

740 Althoff, S. 287f.; Schulze: Staat und Nation, S. 64–88; Zippelius, S. 47f.; Berman, S. 30ff.; Weibust, S. 359, und Kessel, S. 38ff.

741 Kessel, S. 38ff.

742 Josiah Woodward, D.D.: The Seaman's Monitor or, Advice to seafaring Men with Reference to their Behaviour Before, in and after their Voyage etc., published by His Majesty's Special Command, the Seventeenth Edition, London 1806, S. 67ff.

743 Deggim, Seemannsarbeit, S. 32f., und Osten, S. 106.

744 Feldbæk: Storhandelens tid, S. 192, und Earle, S. 42f. Vgl. auch Oestreich, S. 187ff., und van Dülmen: Kultur und Alltag, Bd. 2, S. 225.

745 Aubert/Arner, S. 209.

746 Ebd., S. 11f. und 97, und Dening, S. 82f.

747 Althoff, S. 287.

748 Rodger, S. 207, und John D. Byrn: Crime and Punishment in the Royal Navy, Discipline on the Leeward Islands Station 1784–1812, Studies in Naval History Bd. 2, Aldershot 1989., S. 98ff.

749 Vgl. z.B.: Danske Lov von 1683, 1. Kap. § 4; Preußisches Allgemeines Landrecht, Teil 2, Titel 8, § 1544; Das Niederländische Handelsgesetzbuch von 1826, 2. Buch, 4. Titel, §§ 12 und 13, oder die Bremer Verordnung für Seeleute von 1852, § 5. Bei von Cancrin, S. 157f., fällt dieses Vergehen unter die Kategorie »See-Privatverbrechen«.

750 Althoff, S. 286; Weibust, S. 359, und van Dülmen: Kultur und Alltag, Bd 3, S. 154f.

751 Dana: Two years, S. 356f.

752 Dana: Two years, S. 6.

753 *Little*, S. 15.

754 Dening, S. 82.

sende Richter anläßlich einer Reise auf einem sizilianischen Küstenfahrer einige Bemerkungen über die Unterschiede zur übrigen europäischen Schiffahrt, die ihm hier besonders auffielen: *Von dem hochfahrenden und gebieterischen Ton der Vorgesetzten, und der sklavischen Unterwürfigkeit oder trotzigen Widerspenstigkeit der Untergebenen, woraus die unangenehmen Verhältnisse entstehen, die unter den Mannschaften auf den Schiffen der nördlichen Europäer so häufig Statt finden, ließ sich hier keine Spur bemerken.*[755] Bei Richter klingt bereits einer der wesentlichen Faktoren für die spezifische Ausprägung von Herrschaft und Disziplin an Bord eines Schiffs an, wenn er betont, daß das Verhalten der Vorgesetzten einen direkten Einfluß auf das der Besatzung besaß und er besonders das Gebaren der Offiziere kritisiert. Denn nicht nur die Seeleute, auch die Offiziere und vor allem der Kapitän hatten an Bord eine Rolle entsprechend dieses allgemeinen Verhaltenskodexes zu erfüllen.[756]

Von der Mannschaft wurde in erster Linie Gehorsam gegenüber dem Kapitän und seinen Offizieren gefordert. Ob an Bord eines Schiffs mit einem guten oder einem schlechten Kapitän, mit fähigen oder unfähigen Offizieren zu rechnen war, also ungeachtet der spezifischen Verhältnisse an Bord, galt für die Seeleute als grundlegende Verhaltensnorm, auf See jederzeit und unter allen Umständen den Befehlen ihrer Vorgesetzten zu gehorchen und ihre Pflicht zu tun. Diese Grundbedingung des sozialen Gefüges an Bord formulierte der Altonaer Advokat Jacobsen in seinen Ausführungen zum europäischen Seerecht explizit aus: *Was Ungehorsam gegen gesetzliche Befehle betrifft; so ist dies ein Vergehen der gröbsten Art. Das Gericht wird in hohem Grade aufmerksam seyn, Disciplin und Subordination am Borde eines Schiffes, welche so unumgänglich nothwendig für die Erhaltung des ganzen Dienstes und jeder dabei interessirten Person ist, zu beschützen.*[758] Ebenso betont auch Dana bei der Definition der Obliegenheiten der Matrosen an Bord diese unbedingte Gehorsamspflicht: *Yet, as I have said before, if ordered, the seaman must do the thing, under any circumstances, and a refusal would be a refusal of duty.*[759]

Daß Disziplin und Gehorsam die unbedingte Voraussetzung und wesentliche Grundlage der Sozialordnung an Bord waren, wurde auch von den Seeleuten prinzipiell anerkannt.[760] Dieser Gedanke der grundsätzlichen Pflicht zum Gehorsam findet sich auch in den Aussagen der Memoiren. So erzählt beispielsweise Eastwick von einem Gespräch mit einem alten Seemann: *... an old man of sixty-five, which was his age. I found him to be amiable and kind-hearted, though unwilling to show it ... which encouraged me to speak out and tell him my troubles, and how unjustly I was treated by the chief mate, and bullied and knocked about. To all of which he would listen very gravely, and then slowly and digestively reply: »There is no justice or injustice on board a ship, my lad. There are only two things: Duty or Mutiny – mind that. All that you are ordered to do is duty. All that you refuse is mutiny. And the punishment for mutiny on a king's frigate is the yard arm. In the merchant service you only get rope's-ended. Lads have to learn: discipline is good for them; and you will come some day to feel quite grateful to Mr. Horton for his trouble in teaching you your profession. There was not much comfort in this, but a great deal of sound sense. I was learning to be a sailor, and though the task-master was cruel, I perceive now he made a man of me in less time than many others would have done.«*[761]

Diese Einstellung läßt sich also mit den Worten zusammenfassen: Auf See muß ein Seemann unter allen Umständen den Befehlen des Kapitäns gehorchen und seine Pflicht tun oder, wie bei Eastwick, ganz kurz auf die Formel bringen, auf See gibt es nur *Duty or Mutiny*. Diese Haltung findet sich beispielsweise auch bei Jan Wever wieder, der, von seinem Kapitän bei schwerer See in den Mast geschickt, um eine überflüssige Arbeit zu verrichten, diesen Befehl ohne zu zögern und unter Lebensgefahr ausführte.[762]

Doch auch das alltägliche Zusammenleben an Bord war durch diesen traditionellen Verhaltenskodex genauestens geregelt, etwa der Umgang untereinander oder die Austragung von Konflikten zwischen den Matrosen.[763] So beschreibt z.B. Dana das allgemein übliche Verhalten von Seeleuten während der Arbeit und während der Freizeit, das sich an solchen strikten, durch Übereinkommen und Tradition herausgebildeten Regeln orientierte: *In working ship, when the men are at their stations, ... silence and decorum is observed. But during the dog-watches, and when the men are together on the forecastle at night, and no work is going forward, smoking, singing, telling yarns &c., are allowed; and, in fact, a considerable degree of noise and skylarking is permitted, unless it amounts to positive disorder and disturbance.*[764]

Hier werden sowohl die erwarteten Verhaltensmuster als auch die Freiräume und Grenzen innerhalb des sozialen Gefüges an Bord deutlich: Während der Arbeit herrschte Ruhe und Ordnung, während der Freizeit jedoch standen den Seeleuten bis zu einer gewissen Grenze Freiheiten zu. Aufgrund der beengten Lebensverhältnisse an Bord war es notwendig, daß sich jeder Seemann an diese Verhaltensnormen hielt. Bei Verstößen gegen die Verhaltensregeln im täglichen Umgang der Seeleute miteinander sahen sich die Seeleute im Rahmen einer gewissen Selbstorganisation auf dem Vordeck bisweilen gezwungen, selbst gegen Bordkameraden vorzugehen, wenn die Ordnung an Bord gefährdet schien, und dabei auch zur Gewalt zu greifen.[765] So schlug sich Jacob Nagle während einer Reise mit einem Matrosen, der an Bord randalierte: *The capt*[ain] *said, »You have kild him.« »I hope not, Sir,« said I, and got to my nees to bring him two. In the meantime the Dean had got up and came behind me and hit me in the back of the neck. I got up. »Now you raskal,« said I, »there is no quarters« and I nocked him down and then jump'd upon him and he crying out for quarters, but I gave him what he deserved. By this time the other came to himself but said nothing. The capt*[ain] *and mate took me in the cabin and we had some grog, but ever after they both repect'd me, or at least pretended so.*[766]

Der Streit zwischen Seeleuten an Bord endete oftmals mit Toten und Verwundeten. Während 1807 der Seemann John Robinson für den Todschlag eines anderen Seemanns freigesprochen wurde[767], war ein gewisser Acow 1806 für eine solche Tat zum Tode verurteilt worden: *The Country Jury say guilty no goods to be hanged by the neck on Monday next the 14th instand until he be dead ...*[768] 1826 dagegen wurde ein Seemann namens Samuel Libbey für den von ihm verschuldeten Tod eines Seemanns lediglich zur lebenslänglichen Deportation verurteilt.[769]

Aber auch Herkunft und Zusammenhalt der Besatzung spielten eine wichtige Rolle für das Verhalten der Seeleute. Ob eine Mannschaft schon lange zusammen fuhr oder ob die Seeleute alle aus einem Ort oder einer Region stammten oder ob es sich um eine bunt zusammengewürfelte Besatzung handelte, konnte erhebliche Auswirkungen auf die Disziplin und die Verhältnisse an Bord haben. So herrschte in einer einheitlichen Crew eine wesentlich größere soziale Kontrolle, besonders natürlich, wenn alle Seeleute einschließlich der Offiziere aus dem gleichen Heimatort stammten, während in einer gemischten Besatzung allein schon durch die unterschiedliche Herkunft gewisse Konflikte auftreten konnten.[770] Allerdings brachten einheitliche Besatzungen auch Probleme mit sich, insbesondere, wenn Außenstehende versuchten, eingeschliffene Gewohnheiten zu ändern oder die Disziplin zu verschärfen. Daß dies zumeist nicht ohne Schwierigkeiten vonstatten ging, mußte auch James Silk Buckingham als englischer Maat auf einem amerikanischen Schiff feststellen: *The crew of the* RISING STAR, *who were all from Marblehead, in Massachusetts, remained attached to the ship during all our period of detention. They were almost all related to each other by blood or inttermarriage, all descended from the Puritan fathers who founded New England ... They were in general excellent seamen, never shrinking from thear duty, though sometimes a little democratically inclined to consider themselves as good as their officers, requiring to be led rather than be driven; and sometimes they tried the patience of the officers so far as to bring out an oath now and then, involuntarily.*[771]

Diese Erfahrung machte auch ein Onkel von Hans Bruhn, als er das Kommando auf einem Schiff übernahm, dessen Crew seit vielen Jahren zusammen fuhr. Die etwas schleppende Disziplin sollte gestrafft werden, wobei der neue Kapitän aber auf den Widerstand seiner Mannschaft stieß.[772]

Auch von den Offizieren wurden bestimmte Verhaltensregeln erwartet. Die Offiziere, vor allem der Steuermann, waren die Assistenten des Kapitäns. Sie gaben dessen Befehle an die Seeleute weiter und überwach-

755 Richter Bd. 4, S. 137f.
756 Dening, S. 155ff., und Welke: Der Kapitän, S. 243.
757 Earle, S. 67, und Weibust, S. 188.
758 Jacobsen: Seerecht, S. 205f.
759 Dana: The seaman's friend, S. 162.
760 Rodger, S. 207; Dening, S. 142f., und Weibust, S. 251f.
761 *Eastwick*, S. 24f.
762 *Wever*, S. 39ff.: *... het schip slingerde verschrikkelijk. De stuurman nam het roer en ik de vetslof en ging naar boven en smeerde de steng en kwam gelukkig weer goed beneden. Ik liep naar de stuurman en zei tegen hem: heb ik dat er niet mooi afgebracht? Het was dan ook een gevaarlijk werk, maar ik wou geen werk weigeren zoolang wij op zee waren.*
763 Weibust, S. 187–207.
764 Dana: The seaman's friend, S. 172.
765 Weibust, S. 187–207.
766 *Nagle*, S. 274f.
767 PRO-HCA 1/27 Pt. 1 No 68.
768 PRO-HCA 1/27 Pt. 1 No. 62.
769 PRO-HCA 1/27 Pt. 2.
770 Weibust, S. 195.
771 James Silk *Buckingham:* Autobiography of James Silk Buckingham, including his Voyages, Travels, Adventures, Speculations, Successes and Failures, Bd. 1, London 1855, S. 264f.
772 Hans *Bruhn:* Kaptajn Hans Bruhns Erindringer, hrsgg. von Erland Møller und Johan Hvidtfeldt, Apenrade 1957, S. 92f.

Die Beherrschung der Steuermannskunst und kompetenter Umgang mit nautischen Instrumenten waren für den Kapitän wesentliche Voraussetzungen, um von der Mannschaft respektiert zu werden. Im Bild eine Kompaßrose aus der Werkstatt von de Jong und Bruyn, Amsterdam, ca. 1850.

ten die Arbeit der Mannschaft. Damit fungierten sie als Verbindungsglied zwischen dem Kapitän und der Besatzung[773], wie auch Dana erklärt: *The prime minister, the official organ, and the active and superintending officer is the chief mate. He is first lieutenant, boatswain, sailing-master, and quarter-master. The captain tells him what he wishes to have done, and leaves to him the care of overseeing, of allotting the work, and also the responsibility of its being well done. ... The second mate's is proverbially a dog's berth. He is neither officer nor man. He is obliged to go aloft to reef and furl the topsails, and to put his hands into the tar and slush with the rest, and the men do not respect him as an officer.*[774]

Um diese Aufgaben erfüllen zu können, mußten auch die Schiffsoffiziere über bestimmte Eigenschaften verfügen und gewisse Verhaltensnormen beachten. So konnte ein Offizier ohne ausreichende seemännische Fähigkeiten nicht darauf rechnen, von der Mannschaft respektiert und als Vorgesetzter akzeptiert zu werden, wie Kelly in einer Beschreibung einiger Offiziere darlegt: *The chief officer, Mr. L., was a man of some intelligence, master of his profession, but very passionate and vindictive – he would make every man toe the mark, as the sailors used to say; he acted rather as a sailing-master, and great confidence was reposed in him by the captain. The second officer, Mr. C., of whom I have had occasion to speak, was as we might say of a diamond, as salt of the first water. ... he was about forty-five years of age, with a constitution that had not yielded to the hardships of a sailor's life, and, as the sailors used to say, he was as good a seaman as ever took a marlinspike in hand. The third officer, Mr. K., about twenty-six years of age, had served a regular apprenticeship to the sea, and was an active seaman, rather intelligent, but exceedingly jealous of his authority, and used it on every occasion; although he was obsequious to the last degree to his superior officers.*[775]

Mangelte es einem Offizier an dieser grundlegenden Qualifikation, so war seine Autorität dementsprechend schwach. Auch hier führt Kelly ein Beispiel aus seiner Erfahrung an: *Mr. R., the chief mate, was about thirty years of age, diametrically opposite in his character to captain L. He was a man of education, but not much of a seaman; pleasant and agreeable in his manners, but exceedingly slow in his movements; just such a one as commands but little respect from a sailor.*[776]

Daneben wurde von den Offizieren vor allem erwartet, daß sie für Ordnung an Bord sorgten und die Mannschaft disziplinierten. Ein Steuermann, der dazu nicht in der Lage war, wurde als Vorgesetzter von der Besatzung nicht geachtet, welche Fähigkeiten er sonst auch haben mochte. So berichtet Bruhn beispielsweise von einem solchen Steuermann: *Han var en ret god Navigateur, men ingen Officeer ombord i et Skib som Creole kunde slet ingen Diciplin holde, og ingen af Mandskabet adlød tilsidst hans Ordre, og især hvor saa mange Mennesker vare forsamlede som her ombord, kunde virkelig al Orden gjøres nødig.*[777]

Insbesondere waren die Offiziere gehalten, eine gewisse Distanz zu ihren Untergebenen zu wahren, da sonst die Disziplin an Bord untergraben werden konnte. Die schmale Grenze zwischen Kameradschaft und Kameraderie einzuhalten, war für viele Offiziere schwierig, obwohl es auch Ausnahmen gab. Little erzählt von einem Steuermann, der zwar durchaus private Gespräche mit der Mannschaft führte, aber während der Dienstzeit strikte Distanz zu halten wußte: *It may be proper to observe here, that although Mr. C. laid aside the distinction of the officer on these occasions when below* [Private Gespräche mit Crew], *yet he never deviated from the strict discipline of the ship when on deck, for on these occasions I knew him only as Mr. C., second officer.*[778] Dies beschreibt auch Dana in seinen Erinnerungen, in denen er über die Gründe für die Absetzung eines Zweiten Maats berichtet: ... *he was »not of the stuff that they make sailors of«. He used to hold long yarns with the crew, and talks against the captain, and play with the boys, and relax discipline in every way. This kind of conduct always makes the captain suspicious and is never pleasant, in the end, to the men; they preferring to have an officer active, vigilant, and as distant as may be with kindness.*[779]

So galt für die Offiziere, daß, wenn der Vorgesetzte nicht die notwendigen seemännischen Voraussetzungen aufwies, nach denen sich die soziale Ordnung an Bord und der berufliche Status der Seeleute zu einem wesentlichen Teil definierte, der Verlust seiner Autorität und Schwierigkeiten mit einer Mannschaft geradezu vorherbestimmt waren. Professionelle Kompetenz war demnach die wichtigste Grundlage der Auto-

773 Von Cancrin, S. 31, und Ville: Shipowning, S. 47.
774 Dana: Two years, S. 12f.
775 *Little*, S. 12f.
776 *Little*, S. 146.
777 *Bruhn*, S. 101.
778 *Little*, S. 24.
779 Dana: Two years, S. 21.

rität an Bord. Bloßen Gehorsam konnte man befehlen und nötigenfalls auch erzwingen, die Achtung der Seeleute und die notwendige Autorität mußte sich der Offizier aber, wie gezeigt, durch den Nachweis guter Seemannschaft erwerben.

Seiner herausgehobenen Stellung in der Schiffshierarchie entsprechend war der Kapitän aufgrund seiner rechtlich verankerten Verfügungsgewalt über das Schiff während der Reise[780] weitestgehend souverän in der Gestaltung seiner Schiffsführung, wie auch aus einer Klageschrift aus Lübeck hervorgeht, die 1804 explizit erklärte: *Jeder Schiffer ist während der Reise Monarch des Schifs.*[781] Dieses Recht des Kapitäns bestand auch nach dem informellen Verhaltenskodex. So berichtet James Buckingham von diesem Privileg anläßlich seiner Beförderung zum Kapitän: *There was one great advantage and pleasure, however, which I derived from my new position. It was that of being able to make the discipline of the crew more comfortable to my own notions than was practicable when acting under another.*[782]

Ähnliches erzählt der amerikanische Kapitän George Little von der Übernahme seines ersten Kommandos: *Having now the sole control of vessel and cargo, of course I was at liberty to adopt such regulations as my judgment dictated; and as the religion of the Bible is an expansive principle and breathes good will to all men, so I determined to institute its forms on board of my vessel, and disseminate its percepts among the seamen under my command.*[783] Es lag also vor allem in der Verantwortung des Kapitäns und an seinen Fähigkeiten in der Menschenführung, ob er eine zufriedene oder eine unzufriedene Besatzung an Bord hatte. So beschreibt Dana die ambivalente Rolle des Kapitäns für die Lebensumstände an Bord: *He make his ship almost anything he chooses, and may render the lives and duties of his officers and men pleasant and profitable to them, or may introduce disagreements, discontent, tyranny, resistance, and, in fact, make the situation of all on board as uncomfortable as that in which nay human beings can well be placed.*[784]

Dennoch hatten in einem Lebensbereich wie der Seefahrt, in der die traditionellen, informellen Verhaltensregeln eine solch große Rolle spielten, auch die Kapitäne gewisse Verhaltensregeln im Umgang mit ihrer Besatzung zu beachten. Dabei waren auch für einen Kapitän seine nautischen und seemännischen Qualitäten wichtige Voraussetzungen, um als Vorgesetzter anerkannt zu werden.[785] In einer sozialen Hierarchie, in der die beruflichen Kenntnisse und Fähigkeiten wesentlich für den sozialen Status des einzelnen Individuums bestimmend waren, war es natürlich besonders wichtig, daß vor allem der Kapitän in diesem Bereich eine ausreichende Qualifikation besaß. So berichtet z.B. Joachim Nettelbeck über einen Kapitän, unter dem er als Steuermann diente, daß dieser, obwohl er ein guter Seemann war, kaum Navigationskenntnisse besaß und deswegen an Bord nur wenig respektiert wurde.[786]

Ebenso waren Führungsqualitäten gegenüber der Mannschaft für einen guten Kapitän wichtig, denn die Stimmung an Bord eines Schiffs hing in allererster Linie von dem Kapitän und seinem individuellen Verhalten gegenüber der Besatzung ab.[787] Zwar war dem Kapitän vom Seerecht umfassende Macht an die Hand gegeben[788], doch gab es, wie Dening am Beispiel der BOUNTY festgestellt hat, einen wesentlichen Unterschied zwischen Macht und Autorität. Während die Macht durch das Recht verliehen wurde, damit objektiv definierbar und im Zweifelsfall auch gewaltsam durchsetzbar war, beruhte die Autorität allein auf der Persönlichkeit und dem Verhalten eines Individuums und der Art und Weise, in der es seine Macht gebrauchte oder auch mißbrauchte. So konnte ein Mann an Bord Macht ohne Autorität besitzen, aber ebenso auch Autorität ohne reale Macht. Ebenso konnte ein Mann durch den falschen Gebrauch seiner Macht seine Autorität einbüßen. Im Idealfall gingen also Macht und Autorität in einer Person konform.[789]

Die wichtigste Aufgabe des Kapitäns an Bord war die Aufrechterhaltung der Schiffsdisziplin. Dies bestätigt auch Brarens in seinen Ausführungen über das richtige Verhalten eines Kapitäns gegenüber seiner Besatzung: *Er sorge für Ordnung in seinem Schiffe. Zu festgesetzten Stunden muß gegessen, – zu gewissen, jedoch gelegnen Zeiten das Gebet verrichtet, – des Abends um 8 Uhr die Wache aufgesetzt, der Mannschaft bei gutem Wetter Spiel und Tanz und jede magre Belustigung gerne erlaubt werden. Kurz, er sehe dahin, daß sich eine Art Heiterkeit im Schiff finde, und seine Leute muthig und gesund bleiben.*[790]

Wie hier deutlich wird, hatte der Kapitän zugleich die Verpflichtung, seine Mannschaft anständig zu behandeln. Die erste und wichtigste Verantwortung des Kapitäns bestand dabei in der Sicherung des körperlichen Wohlergehens seiner Besatzung. Dabei stand natürlich eine ausreichende Verpflegung von guter Qualität an erster Stelle, wie Brarens weiter ausführt: *Seinen Leuten gutes Essen und Trinken reichen. Die Kost ist die erste und beste Belohnung der Matrosen: die Leute bemerken es bald, ob ihnen diese gut und ungeschmälert gereicht und gegönnt wird. Anmerkung: Hier verdient erinnert zu werden, daß noch niemals ein Schiff wegen der besser gegebenen Kost, oft aber aus Vernachlässigung- aus Mangel an nöthiger Wachsamkeit, Muthlosigkeit u.s.w. in Unfall gekommen ist.*[791] Auch Engelbrecht führt in seiner Beschreibung eines »wohlunterwiesenen Schiffers« die überragende Bedeutung guten und reichhaltigen Proviants für eine zufriedene Mannschaft an: *Ein Schiffer ist gehalten, für gute und hinlängliche Lebensmittel zu sorgen, und diese zu rechter Zeit anzuschaffen, damit durch verdorbene oder schlechte Speisen, die Gesundheit des Schiffsvolkes nicht leide.*[792]

Daß besonders die Frage der Verpflegung für die Stimmung an Bord eine große Rolle spielte, wird auch bei Jan Wever deutlich, der sich über die Ungleichbehandlung von Mannschaft und Offizieren bei der Verpflegung beklagte. Während die Offiziere gut speisten, bekam die übrige Besatzung nur Verpflegung von zweifelhafter Qualität vorgesetzt: *Zij aten stokvisch met aardappels en wij kregen harde grauwe erwten, zoo hard, dat wij ze niet konden bijten en een stukje spek zoo geel als goud.*[793] Auch in anderen Memoiren gehören die Klagen wegen schlechten Proviants an Bord mit zu den häufigsten Ursachen für die Unzufriedenheit von Seeleuten.[794] Von einer grundsätzlich anderen Form der Behandlung berichtet dagegen der mecklenburgische Kaufmann Theodor Cordua in seinen Erinnerungen. Er erzählt anläßlich einer Schiffsreise im Jahre 1826, daß ... *der Capt., ein verständiger Mann, der nie ohne Ursache strafte, selbst von dem nämlichen Essen, welches für ihn bereitet ward, seinen Untergebenen reichen ließ.*[795]

Weiter ermahnt Brarens die Kapitäne, ihre Leute nicht unnötig zu schinden, sondern ihnen ausreichend Gelegenheit zur Erholung zu geben: *Auch gönnt er seinen Leuten die nöthige Ruhe. Findet er die erforderliche Arbeit verrichtet, so lasse er die Wache wiederum fortgehn. Dann werden die Leute um desto geschwinder zu seinem Dienste auf dem Verdeck stehn, wenn es heißt: ›Überall! Überall!‹*[796] Ebenso gab Brarens den Kapitänen den Rat, sich ihren Leuten freundlich und ohne Arroganz, aber aufgrund ihrer herausgehobenen Stellung als Alleinverantwortliche für Schiff und Ladung mit der gebotenen Distanz zu nähern, um sich so den Respekt ihrer Mannschaft zu erhalten und ihre Autorität nicht zu gefährden: *In Betreff des täglichen Umgangs mit seinen Matrosen hat er sich klüglich nach ihrer Gemüthsart zu richten. Dieser Umgang darf auf keinen Fall familiair sein. Der Schiffsführer freue sich aber, wenn er seine Gefährten auf einem freundschaftlichen Fuß nehmen kann. Ist dies der Fall, und hat er wirklich gute Leute um sich, so ist es dann auch von seiner Seite eine große Schwachheit, wenn er, aus einem bloßen sich Vornehmdünken, den Matrosen kaum einer Anrede würdigt: denn eben dadurch verursacht er nicht nur sich selbst einsame Stunden, sondern verbreitet auch dadurch eine dumpfe, melancholische Stille über die ganze Gesellschaft.*[797]

Die Folge dieser Distanz war eine gewisse Einsamkeit und Isolation des Kapitäns an Bord seines Schiffs.[798] Dabei war mit dieser Tendenz zur Isolation des Kapitäns aber neben der Unterstreichung seiner alleinigen Kommandogewalt auch die Verdeutlichung der sozialen Distanz zwischen ihm und der übrigen Besatzung beabsichtigt, was angesichts der Tatsache, daß die Kapitäne in der Regel aus den Mannschaftsdienstgraden aufgestiegen waren, für eine klare hierarchische Abgrenzung zur Mannschaft notwendig sein konnte.[799] Auch nach Dana war diese Absonderung des Kapitäns die logische Folge seiner besonderen sozialen Stellung als Inhaber des alleinigen Kommandos

780 Von Gierke, S. 436.
781 AHL, ASA Interna/Seesachen, Nr. 44/1.
782 *Buckingham*, S. 270f.
783 *Little*, S. 281.
784 Dana: The seaman's friend, S. 137f.
785 Hansische Schiffsordnung, 3. Titel: Von des Schiffers Ampt, § 1; Brarens, S. IV ff., und Jacobsen: Seerecht, S. 108f.
786 *Nettelbeck*, S. 83.
787 Hansische Schiffsordnung, 3. Titel: Von des Schiffers Ampt, § 1; Brarens, S. IV ff.; Jacobsen: Seerecht, S. 108f.; Davis, S. 131f., und Thrower, S. 87.
788 Surland, S. 17; Abbott (1802), S. 123ff.; Brarens, S. 77f.; Steel, S. 23f.; Gemeinfaßliche Darstellung des Europäischen Seerechts, S. 22f.; Dana: The seaman's friend, S. 192f.; Nizze, S. 370.
789 Dening, S. 80f.
790 Brarens, S. 77ff.
791 Ebd.
792 Engelbrecht, S. 5f.
793 *Wever*, S. 38.
794 Vgl. z.B. *Eide*, S. 25; *Jepsen*, S. 54, und *Kelly*, S. 29, 86, 101f. und 123, sowie Robert *Hay:* Landsman Hay, The memoirs of Robert Hay, 1789–1847, hrsgg. von M.D. Hay, London 1953, S. 202.
795 Theodor Cordua: Von Mecklenburg nach Übersee, Mitteilungen aus dem Leben eines Kaufmanns und Reeders 1796–1857, hrsgg. von Ursula Feldkamp, Hamburg 1996, S. 87.
796 Brarens, S. 177ff.
797 Ebd., S. 77ff.
798 Weibust, S 252.
799 Aubert/Arner, S. 218.

an Bord: *Where there are no passengers and no supercargo, as in our vessel, he has no companion but his own dignity, and few pleasures, unless he differs from most of his kind, beyond the consciousness of possessing supreme power, and, occasionally, the exercise of it.*[800] Die Notwendigkeit dieser Distanz zeigen die kritischen Äußerungen über Kapitäne, die sich an diese Verhaltensregel nicht hielten, in den Memoiren. So berichtet Kelly von einem Kapitän, der durch sein wenig distanziertes Verhalten gegenüber der Besatzung deren Respekt verlor: *The captain had lost his respectability entirely with the crew by familiarity, and I now found it necessary to keep a tight rein on them that they might feel who was their master.*[801] Diese Durchlässigkeit der Schiffshierarchie entgegen den traditionellen Verhaltensnormen hatte eine gewisse Auflösung der Disziplin an Bord zur Folge, so daß Kelly daraus für sich den Schluß zog, daß im Interesse der persönlichen Autorität des Kapitäns und der Disziplin an Bord ein solches Verhalten schädlich war: *Our captain spent much of his time playing cards with the crew, both day and night, but they never could prevail on me to associate familiarly with the seamen, as I was well aware that by so doing I should loose my respectability.*[802]

Dieses Verhalten stieß jedoch nicht allein auf die Kritik Kellys. Auch ein an Bord befindlicher Lotse sah in dem engen Umgang des Kapitäns mit der Crew ein falsches Verhaltensmuster: *The gambling being carried after the pilot came on board caused him to remark privately to me that (though he was a man in years) he never saw a captain so degrade himself before.*[803]

Einige Beispiele zeigen deutlich die Funktion und Bedeutung dieser sozialen Distanz in den Augen der Matrosen. Petersen etwa spricht in den höchsten Tönen von einem Kapitän, der Distanz und Fürsorge miteinander zu verbinden wußte: *Der Capitän desselben, Dahl war ein tüchtiger Seemann, welcher die größte Fürsorge für seine Mannschaft und Schiffspassagiere trug, aber es dabei zugleich verstand, den ihm gebührenden Respekt als ernster, und, wo es galt, auch als strenger Befehlshaber, sowohl unter der Mannschaft wie unter den Passagieren zur Geltung zu bringen.*[804] Fielding beschrieb in seinem Bericht über eine Reise nach Lissabon einen ähnlichen Kapitän: *To say truth, notwithstanding the strict rigour with which he preserved the dignity of his station, and the hasty impatience with which he resented any affront to his person or orders, disobedience to which he could in no instance brook in any person on board, he was one of the best-natured fellows alive. He acted the part of a father to his sailors; he expressed great tenderness for any of them when ill, and never suffered any the least work of supererogation to go unrewarded by a glass of gin.*[805] Auch Köhler berichtet von einem Kapitän, der trotz guter Stimmung an Bord und obgleich er mit der Mannschaft scherzte, die gebotenen Grenzen einzuhalten wußte und sich so den Respekt seiner Seeleute bewahrte: *Immer aber wußte er sich so zu benehmen, daß er bei Niemand die Achtung verlor, und oft wenn er lange Possen mit uns getrieben hatte, durfte er nur plötzlich einen Befehl geben, und konnte des pünktlichsten Gehorsams und der Ehrerbietung eines Jeden versichert sein.*[806] Aus diesen Zitaten geht deutlich hervor, daß die Mannschaft eine gewisse Distanz vom Kapitän geradezu erwartete. Ob damit auch ein bewußter sozialer Ausschluß des Kapitäns seitens der Crew verbunden war, bleibt aber gerade angesichts des letzten Zitats fraglich.[807]

Besonders im Verhalten gegenüber seinen Offizieren hatte der Kapitän gewisse Grundsätze zu beachten. So sollte der Kapitän auch im Konfliktfall unter allen Umständen die Würde und das Amt seiner Offiziere im Auge behalten, um deren Autorität nicht zu untergraben: *Seinen Officieren gebe er niemals einen Verweis im Beisein der Matrosen. Vermag Einer seinem Posten nicht vorzustehn, so gelte dem Schiffer die Regel: »Ich muß ihn entweder absetzen oder unterstützen und ihm das Wort reden.«*[808] Seinen Offizieren sollte der Kapitän also mit Respekt begegnen und gewisse Umgangsformen beachten. So berichtet Jaski aus seiner Zeit als Steuermann von einem Streit mit seinem Kapitän, in dessen Verlauf der Kapitän ihn beleidigte. Als Jaski daraufhin zusammen mit dem Zweiten und Dritten Steuermann abmustern wollte, sandte ihm der Kapitän den Schiffsarzt hinterher, um ihn wieder an Bord zu holen.[809] In diesem Fall hatte der Kapitän dem Anschein nach eine gewisse implizite Grenze überschritten, die eine Entschuldigung seinerseits erforderte.

Eine der wichtigsten Voraussetzungen für Ordnung und Disziplin an Bord war das gute und einvernehmliche Verhältnis zwischen dem Kapitän und seinen Offizieren.[810] Ein Streit zwischen dem Kapitän und seinen Offizieren konnte zu ernsthaften Problemen für die Ordnung an Bord führen, da die Seeleute in einem solchen Fall in ihrer Loyalität hin- und hergerissen sein oder gar eine dritte Partei bilden konnten.[811] Die aus der Uneinigkeit der Schiffsführung entstehenden Konflikte an Bord beschreibt auch Dana: *If the chief officer wants force, discipline slackens, everything gets out of joint, and the captain interferes continually; that makes a difficulty between them, which encourages the crew, and the whole ends in a three-sided quarrel.*[812] Wiederum Dana verdeutlicht die aus solchen Konflikten resultierenden Schwierigkeiten an Bord anhand eines konkreten Beispiels: *The captain had several times found fault with the mate, in presence of the crew; and hints had been dropped that all was not right between them. When this is the case, and the captain suspects that his chief officer is too easy and familiar with the crew, he begins to interfere in all the duties, and to draw the reins more taut, and the crew have to suffer.*[813]

Doch nicht immer war das Verhalten der Kapitäne allein die Ursache für solche Schwierigkeiten. Bereits charakterliche Unterschiede zwischen Kapitän und Offizieren konnten zu nachhaltigen Schwierigkeiten an Bord führen, wie Bechervaise erzählt: ... *the Captain and myself had very much disagreed, so much that I determined never again to sail with him, and although he was nearly related to me, I must candidly confess that every particle of the fault was mine, for during the whole of my service with him he treated me with the greatest kindness; but a certain unconquerable temper caused us to disagree.*[814]

So kann man also über die Rechte und Pflichten des Kapitäns feststellen, daß es offenkundig zwischen seinen Herrschaftsbefugnissen und seiner Fürsorgepflicht ein enges, wechselseitiges Verhältnis gab, da von ihm als Gegenleistung für die Erfüllung der Dienst- und Gehorsamspflicht erwartet wurde, für das Wohl seiner Untergebenen zu sorgen und diese gut zu behandeln. So stellte Brarens in seinem Buch »System der praktischen Schifferkunde« den Kapitänen als Grundsatz der Menschenführung anheim, ihre Seeleute in allen Fällen anständig und fair zu behandeln, da dies die wichtigste Voraussetzung für eine tüchtige und disziplinierte Besatzung war: *Da nun zur glücklichen Fahrt so sehr Vieles daran gelegen ist, daß ein Jeder seiner Mannschaft dem Posten, auf den er gestellt ist, wachsam, treu und willig vorstehe, so fließt hieraus für den Vorsteher eines Schiffes die wichtige Pflicht: »Verhalte dich gegen deine Untergebenen also, daß sie dich achten und lieben: damit du auf ihren treuen Dienst rechnen kannst.«*[815]

Daß die patrimonale Stellung des Kapitäns nicht bloße Theorie, sondern auch praktische Verpflichtung war, wird auch aus den Diskussionen über die Revidierung des hamburgischen Seearbeitsrechtes zwischen 1845 und 1854 deutlich, in denen wesentliche Verbesserungsvorschläge, etwa zur Verpflegung, gerade von Kapitänen kamen.[816] Diese Haltung spricht auch aus den Aussagen des englischen Kapitäns Sproule vor einem Untersuchungsausschuß des englischen Parlaments bezüglich der Handelsschiffahrt im Jahre 1860: *With a reference to a decayed seamen's fund; you recollect the old fund which there was in London, out of which a sick sailor was taken care of for a time, and sometimes had a pension, but now a man in the merchant service has no means whatever? – He has no means whatever. ... You recommended a deduction from the wages for the ultimate benefit of sailors? – Yes; I think that that is the proper plan if it is to be done.*[817]

Diese Erkenntnis bildete auch die Grundlage der Personalpolitik der englischen Admiralität im 18. Jahrhundert. Auch hier galt der Grundsatz, daß ein unglückliches Schiff kein effektives Schiff sein kann, so daß sich die Admiralität bemühte, eine gut harmonierende Crew nicht auseinanderzureißen und Beschwerden von Seeleuten über ihre Offiziere ernst zu nehmen.[818]

Einige Kapitäne haben ihre Prinzipien der Menschenführung in ihren Memoiren beschrieben. So berichtet etwa James Silk Buckingham von seinen Grundsätzen in der Behandlung seiner Besatzungen. An erster Stelle steht bei ihm das Verbot von Alkohol, dann folgen strikte Ansichten über Ruhe und Ordnung, Sauberkeit und friedliches Betragen an Bord:

800 Dana: Two years, S. 12f.
801 *Kelly*, S. 146.
802 Ebd., S. 152.
803 Ebd., S. 152.
804 *Petersen*, S. 29.
805 Fielding, S. 303.
806 *Köhler*, S. 166.
807 Vgl. zu dieser These Rediker, S. 155.
808 Brarens, S. 177ff.
809 *Jaski*, S. 36f.: *Hij liet den Docter komen en zeide dat hij ziek was, haalde dezen over ons te overtuigen, dat hij het zoo niet gemeend had, dat het hem speet, maar we het toe moesten schrijven aan zijn ongesteldheid; kortom, we lieten ons bepraten en bleven; van dien tijd af werden we althans wat meer fatsoenlijk behandeld, en meermalen trachtte hij zelfs aardig te zijn.*
810 Earle, S. 162f.
811 Ebd., S. 162f.
812 Dana: Two years, S. 196.
813 Ebd., S. 64.
814 *Bechervaise*, S. 49.
815 Brarens, S. 77ff.
816 Kresse: Hamburger Seemannsrecht, S. 115.
817 Minutes of Evidence, S. 251.
818 Rodger, S. 119ff.

1. *To abstain from drinking spirits, as it was the source of nearly all the accidents, quarrels, and breaches of discipline that occurred at sea; and never benefited but always injured men in proportion to its excess.*
2. *To suppress all rising murmurs or feelings of dissatisfaction at their first birth, as they only gained strength by indulgence.*
3. *To abstain from oaths or coarse language to each other, as an ill word often provoked a blow; and the harmony in which men should live who were shut up in so confined a space, and could never escape from each other for many months at least, ought to be preserved as much as possible; and nothing could effect this so much as kind words and mutual good will and assistance.*
4. *To preserve cleanliness in their berths, their persons, and their clothes, as favourable to health, good temper, and order: for which purpose one washing-day, free from all other duty, would be granted in the middle of each week, to wash their own clothes, besides the daily washing of decks in the morning, and the cleaning out the berths when hammocks were brought on deck for airing.*
5. *To attend divine service on Sundays in the forenoon, whenever the weather admitted, each man to present himself clean-shaved, washed and combed, and with his best apparel, the afternoon and evening at their own disposal for writing letters, reading, or conversation. ...*

And, lastly, I promised to keep a faithful register of the conduct of every one on board during the voyage; and at the termination of it, to give to those who most nearly conformed to the regulations prescribed, who were most approved by the officers for the faithful discharge of their duty, and most liked by the crew for their general good-nature and agreeable qualities, some handsome presents for their wives and sweethearts, as prizes for good conduct, which could not fail to make their meeting additionally agreeable, – a promise that was received with three hearty cheers, such as seamen alone can give.[819]

Ebenso bescheibt Jens Jensen Berg in seinen Memoiren seine Grundsätze der Menschenführung. Auch er beschwört den menschlichen Umgang mit seinen Seeleuten statt der damals vorherrschenden Härte an Bord und betont, vor allem mit dem Prinzip der Führung durch Vorbild durchweg gute Erfahrungen gemacht zu haben.[820]

Auch Kelly hatte konkrete Vorstellungen über die richtige Behandlung der Mannschaft, angefangen bei guter und ausreichender Verpflegung über die anständige Behandlung der Crew durch die Offiziere bis hin zur strikten Beachtung der Sonn- und Feiertage:

As I have not yet mentioned anything relative to my treatment of seamen, I will now do it. First with regard to their provisions. I always endeavoured to get the best quality, and laid no restrictions on the quantity, unless I found some wasted, and then two or three days' short allowance taught them its value. In addition to the usual articles of bread, beef, pork, peas and flour, I procured a hundredweight of cheese to supply the crew when the weather would not permit boiling meat on the deck. I also allowed them oatmeal, or Indian meal, with treacle for breakfast. When the weather was severe and their clothes wet I gave them each a dram, and a bottle of rum on Saturday nights, provided their behaviour merited it.

Secondly, after being the humble servant to the crew during their shipment on shore, I conversed little with them at sea, issuing my orders through the medium of the mate, which kept up his respectability, and as I neither made use of swearing, nor allowed any, the mate had instructions from me to discountenance all improper language, by giving additional work to those who made use of profane words, and also plenty of work to those who manifested a disposition to shrink from duty. I allowed no unnecessary work on the Sabbath, and encouraged the boys to read their Bibles and sometimes lent mine when wanted. ... Sick men I also treated with humanity, and even when I thought them otherwise, often winked at it, fearing my penetration might deceive me. When I issued orders in working the ship I was generally obeyed with promptitude, but at times when the person did not move so quick as I wished, I speedily passed him and performed the work myself, giving a reprimand.

Having been brought up to labour, I could not stand idle and see others hauling at the ropes when additional strength was required, this always kept my hands hard in the palms, and encouraged the men in their work. Industrious able seamen, I kept from too much labour, and when such a man was at the helm at night and no others in sight, I occasionally gave him a glass of grog to certify that his behaviour was not unnoticed. This treatment always kept me popular with brave seamen, but backward lazy people seldom offered themselves the second voyage.[821]

Kapitäne, die ihre Seeleute menschlich, anständig und fair behandelten, machten in der Regel damit nur gute Erfahrungen. Dies geht auch aus den Memoiren vieler Kapitäne deutlich hervor. So berichtet beispielsweise der amerikanische Kapitän George Little über

Kapitän Jens Jacob Eschels (1757–1842)

seine Erfahrungen in der Menschenführung: *I had no reason to regret having established a well-considered course of humane treatment and regulations with the crew at the commencement of this voyage; on the contrary, every man did his duty cheerfully, and in a seaman-like manner...*[822]

Ähnliche Erfahrungen machte auch der Däne Jens Jensen Berg. Er kommt in seinen Memoiren zu dem Schluß, daß ein menschliches Regiment an Bord nach dem Prinzip Aufmunterung statt Strafe wesentlich effektiver war als bloße Antreiberei.[823] Auch der Niederländer Jaski faßt seine Erkenntnisse in der Menschenführung an Bord in ähnlicher Weise zusammen und betont vor allem die Vorbildfunktion des Kapitäns im Umgang mit seinen Untergebenen, da sein Auftreten das Verhalten der Offiziere gegenüber den Seeleuten bestimmte.[824] Auch bei den Seeleuten fanden Kapitäne, die ihre Mannschaft gut und fair behandelten, durchaus positive Resonanz. So berichtet Köhler anerkennend von seinem Kapitän: *In Gefahren theilte er die beschwerlichste Arbeit mit dem Geringsten von der Mannschaft.*[825] Ähnlich positiv beschreibt auch Jacob Nagle einen Kapitän, mit dem er gute Erfahrungen gemacht hat: *Capt. Tompson treated his ships crew extremely well. Likewise the chief mate was always my friend.*[826] Allein Little führt kritisch an, daß einige Seeleute auch durch eine gute Behandlung an Bord nicht zufriedenzustellen waren: *... yet notwithstanding all these regulations and care for their welfare, there were some of the sailors who never manifested anything else but the basest ingratitude.*[827]

Die Tatsache, daß sich viele Kapitäne um einen menschlichen Umgang mit ihrer Mannschaft bemühten, schließt jedoch nicht aus, daß einzelne Seeleute auch schlechte Erfahrungen während ihre Fahrenszeit machten. So erinnert sich der englische Seemann Richardson bei der Schilderung seines unfreiwilligen Eintritts in die Royal Navy an seine Zeit in der Handelsfahrt: *And thus ended my services of near thirteen years in the merchants employ, a period of poverty, hardships, dangers, and disappointments such as few, I believe, have experienced.*[828]

Daß das Erlernen der wesentlichen Grundsätze der Menschenführung zuweilen auch mit einem erheblichen Lernprozeß verbunden war, berichtet Jens Jacob Eschels in seinen Memoiren: *Die Holländer hielten aber derzeit ihre Matrosen sehr scharf unter Commando, besonders auf den Kriegsschiffen und ihren Ost- und Westindienfahrern. Fluchen und Toben war an derzeit an der Tagesordnung, und das allgemeine Sprichwort hieß: wer einem Matrosen Gutes thut, der thut dem Teufel einen Wohlgefallen. Ich war leider*

819 *Buckingham*, S. 270–273
820 *Berg*, S. 188: ... *Exempler virker mere end Haardhed; hvilken Maade jeg stedse har fulgt siden den Tid som Commanderende, hvorved dannet mange brave og dygtige Søe Mænd!*
821 *Kelly*, S. 225–227.
822 *Little*, S. 244.
823 *Berg*, S. 188: *Thi Erfarenhed har lært mig, at Opmuntring og fortrolig, blid Tale til Hiertet virker ulige heldigere paa den Unges Selvfølelse om Pligter og sin Dannelse sande Værd end Frygt og Straffe.*
824 *Jaski*, S. 55: ... *verbeeld U eens dat ik braaf uit mijn humeur geraakte; iedereen norsch en barsch behandelde, dan waren de stuurlieden zeker weer het eerst uit hun humeur, deze, die zich niet jegens mij zouden wreken, behandelden evenzoo de onderofficieren en matrozen, deze de jongens, die weder koelden hunne wraak op honden en kippen, varkens, zoodat tenslotte de heele boel in't honderd zoude loopen.*
825 *Köhler*, S. 166.
826 *Nagle*, S. 291f.
827 *Little*, S. 250.
828 *Richardson*, S. 99.

Im Hafen von Amsterdam, um 1800. Stich von D. de Jong

auch von diesem bösen Irrthume angesteckt, daß man nemlich die Matrosen nicht regieren könne, ohne zu fluchen und sie mitunter etwas zu plagen. Es war mir zwar immer zuwider, und mein Gewissen sagte es mir auch laut genug, daß es nicht recht sey, allein der Gedanke: was werden die andern Capitaine von dir sagen, wenn du nicht thust wie sie? Sie werden sagen: du bist ein Schafskopf etc. ...[829] Erst als Eschels von einem als Passagier mitreisenden Major auf sein falsches Verhalten angesprochen wird, fängt er an, seine Führungsmethoden zu überdenken: ... *Ich ergriff des Majors Hand und sagte zu ihm: Herr Major, ich danke ihnen, daß sie so mit mir gesprochen; denn ist es ihnen keine Schande, der sie Kriegsmann sind, und viel mehr Leute unter ihrem Befehl gehabt haben, als ich, so ist es auch für mich keine Schande, den Matrosen freundlich zu begegnen. ... Ich fühlte mich nach dieser Unterredung leicht, denn der Herr Major hatte so gesprochen, wie mein inneres Gefühl und Gewissen es mir schon längst gesagt hatte: daß man nemlich, ohne sich etwas zu vergeben, auch seine Untergebenen freundlich behandeln kann, und dann desto mehr geachtet wird. Von dieser Zeit an habe ich meinen Leuten ihren Dienst so leicht als möglich zu machen gesucht, so daß die Seeleute immer gern mit mir fahren wollten, und oft mehrere Reisen nach einander bei mir an Bord geblieben sind.*[830]

Zugleich fühlten viele Kapitäne bei ihrem Kommando auch die Last der Verantwortung für Schiff und Besatzung. So berichtet James Silk Buckingham von seinen Gefühlen bei der Übernahme seines ersten Kommandos: *I began, for the first time in life, to feel the full weight of responsibility. As chief officer, it was sufficient for me to discharge my duty, obey orders, or to see those of my commander carried into execution, and leave the responsibility with him. But here I could not transfer this from my own shoulders to those of a superior; and I was at first dejected at the thought.*[831] Ebenso betrachtete der Amerikaner George Little die Beförderung zum Kapitän durchaus mit gemischten Gefühlen: *How different was now my situation; I had passed through the various gradations of a sea life, and now the commander of a fine ship; and yet it would be difficult to say which was the happier period of my life.*[832] In diesen Ausführungen wird deutlich, daß es trotz der schlechten Erfahrungen, die viele Seeleute mit ihren

Die Reede vor der Insel Onrust. Hier, in unmittelbarer Nachbarschaft zu Batavia, unterhielten die Kaufleute große Magazine, wo sie Waren aus aller Welt horteten, hier konnten die Kapitäne ihre Schiffe in der ortsansässigen Werft reparieren lassen. Stich von M. Sallieth

Kapitänen gemacht hatten, viele Kapitäne gab, die ihre Besatzungen nach den genannten Regeln des informellen Verhaltenskodes behandelten und Grundlagen der Menschenführung verinnerlicht hatten. Diese Kapitäne führten ihre Schiffe ebenfalls straff und diszipliniert, aber auch mit Wohlwollen ihren Seeleuten gegenüber und machten damit meist nur gute Erfahrungen.

Allerdings war nicht nur der Charakter des Kapitäns für die Verhältnisse an Bord verantwortlich, denn es gab auch nationale Unterschiede in der Frage der Aufrechterhaltung der Disziplin. So erklärte der englische Kapitän Sproule, als er vor dem Parlamentsausschuß über die disziplinarischen Unterschiede zwischen der englischen Schiffahrt und der anderer Länder befragt wurde: *From your experience in other services, do you know whether foreigners have greater facilities afforded them of enforcing discipline upon their crews? – Yes; foreigners have greater discipline, because they are not restricted by the laws of their country so much as we are. ... Have the foreigners greater powers of enforcing discipline on board; can they inflict punishment by their own authority on board their own ships? – I do not know that is anything to prevent them enforcing any proper punishment on board their ships; the Americans can, and the French can, and the Dutch can.*[833]

Auch der Amerikaner Samuel Samuels berichtet von diesen Unterschieden in der Disziplin, die ihn letztlich bewogen, die englischen Dienste zu verlassen: *The English service did not suit me; neither did the pay and discipline. In an English ship Jack is good as his master, and he is a chronic growler. This does not suit American ideas. I was in a constant turmoil with the men, and the captain generally sided with them. An Englishman's prerogative is to grumble, but we break him of the habit after his head has come in contact with a belaying-pin a few times.*[834] Dabei waren besonders die amerikanischen Schiffe um die Mitte des 19. Jahrhunderts für ihre harte Disziplin und die regel-

829 *Eschels*, S. 158ff.
830 Ebd.
831 *Buckingham*, S. 270f.
832 *Little*, S. 245.
833 Minutes of Evidence, S. 248f.
834 *Samuels*, S. 135.

mäßigen Mißhandlungen durch die Kapitäne und Offiziere bekannt und berüchtigt. Ob nun in erster Linie der Druck des harten Wettbewerbs oder die schlechte Qualität der oftmals shanghaiten Seeleute dafür verantwortlich waren, in jedem Fall standen die *Bully Captains* und die *Bucko Mates* geradezu sprichwörtlich für eine strikte und rücksichtslose Durchsetzung der Disziplin an Bord von Segelschiffen.[835]

3.3.1 Die Durchsetzung von Disziplin und Gehorsam

Die wesentliche Voraussetzung für ein gut geführtes Schiff und eine sichere Reise war eine disziplinierte Besatzung, die die erteilten Befehle schnell und fachgerecht ausführte. Die Aufrechterhaltung von Disziplin und Ordnung an Bord war daher eine wichtige Aufgabe des Kapitäns bei der Führung seines Schiffs. So schrieb der britische Reeder Robert Barry im Jahre 1845 an seinen neuernannten Kapitän John Luck und gab ihm die wesentlichen Grundsätze der nautisch-administrativen Pflichten eines Kapitäns beim Kommando des Schiffs an die Hand: *I must now call you attending to the management of the Ship as you have hitherto had no experience as a Commander & in the first place you must be careful always, to keep the Crew in a State of discipline & subordination taking care that they on no occasion be suffered to step beyond the proper bounds which should be observed in well regulated Ships. You must also pay strict attention to exercise every economy in the use of & consumption of Stores belonging to the Ship of all descriptions taking once that be an instance is any waste or extravagance allowed either for the Ship or Cuddy* [die Kajüte].[836]

Die Frage nach dem Grad der an Bord von Handelsschiffen aufrechterhaltenen Disziplin wird durchaus unterschiedlich bewertet. Während Rodger davon ausgeht, daß die Disziplin auf Handelsschiffen generell schlecht war[837], nimmt Thrower dagegen an, daß die Kapitäne in der Handelsfahrt in der Regel durchaus in der Lage waren, die Ordnung an Bord ihrer Schiffe aufrechtzuerhalten.[838] In jedem Fall ist der Bewertung von Ville zuzustimmen, daß die Disziplin an Bord von Handelsschiffen nicht so hart wie die an Bord von Kriegsschiffen war.[839] Dennoch ist die sozialromantische Annahme, daß die Seeleute im 18. Jahrhundert ihr Zusammenleben an Bord im wesentlichen autonom und ohne Eingriffe von oben organisiert haben und daher der Beaufsichtigung durch den Kapitän nicht bedurften[840], vor dem Hintergrund der geschilderten strikten Hierarchie an Bord wenig stichhaltig.

Wie bereits gesehen, räumten viele Kapitäne einer strikten Disziplin an Bord in ihrem persönlichen Führungsstil oberste Priorität ein, wie z.B. Little bei der Charakterisierung eines Kapitäns bemerkt, unter dem er auf seiner ersten Reise als Zweiter Maat diente: *Captain L. was a man of about forty-five years of age, a thorough-bred seaman, of limited education, coarse and blunt in his manners, and, as may be seen from his speech, demanded every respect for himself and officers. He was not the one to make any allowance if a man was not able to perform the duty he shipped for.*[841]

Entsprechend ihrer Führungsposition an der Spitze der Bordhierarchie trugen die Kapitäne auch die Verantwortung für schlechte Disziplin an Bord. So beschreibt Bruhn seine Erfahrungen auf einem Schiff, dessen Kapitän die Zügel recht locker gelassen hatte und auf dem ein anderer Kapitän, der dessen Vertretung übernahm, auf einige Probleme an Bord stieß: ... *at der herskede saa daarlig Diciplin ombord. Captainen selv var en rask og dygtig Mand, men vi havde været for længe ombord i Creole og vare for godt vant af Capt. Jacob Bendixen, og da Styding vidste, at han kuns beholdt Skibet for denne ene Reise, saa vilde han ikke gjøre væsentlige Forandringer, omendskjønt meget feil handlet og til stor Skade for us unge Mennesker. ... og blev om Aftenen i Lugaret spillet Kort og drukket Viin og Punch, saa nogen af Mandskabet sjelden kom nygtern i sin Køie, og om Dagen kunde defor disse ikke udrette noget ordentlig Arbeide. Anden Styrman tog gjerne Deel heri ... alt Frugter af den slette Diciplin ombord.*[842] Dagegen zog Little als Kapitän in einer solchen Situation die Konsequenz und setzte den Zweiten Maaten kurzerhand ab: *In consequence of the unofficer-like conduct of the mates, matters continued to go on worse and worse, until, at length, the disrespect and ignorance of duty of the second mate authorised me to break him and confine him to his state-room.*[843] Auch Cremer erzählt in seinen Memoiren über einen Kapitän, mit dem es aufgrund der Einmischung von an Bord befindlichen Verwandten in die Schiffsangelegenheiten zu Streitigkeiten mit Cremer als Erstem Maat kam: *Nun war unser Käpten Moggeredge der gutmütigste Mann, den man sich denken kann, und ließ sich von seinen Verwandten alles gefallen, was manchen Zank zwischen uns beiden hervorrief.*[844]

Daß solche Umstände nicht dazu angetan waren, ein effektives Schiff und ein friedliches und ruhiges Leben an Bord zu gewährleisten, ist wohl kaum zweifelhaft. Dabei mußten sich jedoch strikte Disziplin an Bord und gute Behandlung nicht zwangsläufig ausschließen, wie zum Beispiel Niels Martin Nielsen berichtet.[845] Auch Dana erzählt in seinen Erinnerungen, daß strikte Disziplin an Bord nicht notwendigerweise auch die schlechte Behandlung der Crew zur Folge hatte: ... *though strict discipline was kept, and the utmost was required of every man in the way of duty, yet, on the whole, there was good usage on board. Each one knew that he must be a man, and show himself such when at his duty, yet all were satisfied with the treatment; and a contented crew, agreeing with one another, and finding no fault, was a contrast indeed with the small, hard-used, dissatisfied grumbling, desponding crew of the ›Pilgrim.‹*[846]

Allerdings waren die Sanktionsmöglichkeiten für Verstöße gegen die Borddisziplin auf Schiffen allein schon durch die besonderen Gegebenheiten an Bord eng begrenzt. Eine Möglichkeit, geringe Disziplinarverstöße zu ahnden, waren Strafarbeiten, die von den Seeleuten als unter ihrer Würde betrachtet wurden, wie beispielsweise Dana beschreibt: ... *to single out an able seaman and keep him at turning the spunyard winch, knotting yarn or picking oakum, while there are boys on board, and other properly seaman's work going forward at the same time, would be looked upon as punishment ...*[847] Doch waren solche Strafen nur bei relativ geringen Verfehlungen anwendbar, bei schwerwiegenden Regelverstößen waren dagegen härtere Sanktionen erforderlich.

Die einfachste Möglichkeit für Kapitäne, auf schwerere Disziplinverstöße zu reagieren, bestand darin, sich des oder der betreffenden Seeleute im nächsten Hafen durch Entlassung zu entledigen. Auch Nettelbeck beschreibt in seinen Memoiren, wie er eine renitente Besatzung, die sich an der Weinladung des Schiffs vergriffen und alkoholisiert durch Befehlsverweigerung das Schiff in Gefahr gebracht hatte, kurzerhand in Hamburg entließ, ohne auf eine weitere Ahndung durch die örtlichen Gerichte zu dringen: ... *Ich brauche wohl nicht hinzuzusetzen, wie sehr ich, sobald ich Hamburg erreicht hatte, beeilt war, mir all dies widerspenstige Gesindel vom Halse zu schaffen. Es ist wahr, ich hätte Fug gehabt, sie wegen ihrer schlechten Aufführung vor den dortigen Seegerichten anzuklagen; und so wie ich mich nach den dort geltenden Rechten erkundigte, würde Staupbesen und Brandmark Ihrer gewartet haben. Das wollt' ich aber nicht, weil einige darunter in und um Stettin zu Hause gehörten und Frau und Kinder hatten. Ich machte ihnen also nur die Hölle tüchtig heiß; gab ihnen eine scharfe Ermahnung mit auf den Weg und ließ sie in Gottes Namen laufen. Sie schienen gerührt: aber wer weiß, wie lange es mag vorgehalten haben.*[848]

Ob die soziale Verantwortung, die Nettelbeck als Hauptmotiv anführt, der einzige Grund für seine verhältnismäßige Milde war, kann durchaus bezweifelt werden. Schließlich wäre eine Anklage und ein anschließender Prozeß mit einem längeren Aufenthalt in Hamburg wohl auch mit einigen Kosten verbunden gewesen. Da das Hauptinteresse Nettelbecks zweifellos darin bestand, die Querulanten von Bord zu bringen, war dies auch durch eine bloße Entlassung, verbunden mit einigen kräftigen, wahrscheinlich aber sinnlosen Ermahnungen zu erreichen.

Dabei stellte jedoch die Haftstrafe an Bord nur in sehr begrenztem Rahmen eine Alternative dar. Da die Mannschaftsgröße, allein schon um die Heuerkosten zu minimieren, zumeist die zur sicheren Bedienung des Schiffs notwendige Zahl von Leuten nicht oder nur geringfügig überschritt, schied eine Haftstrafe in den

835 William Armstrong Fairburn: Merchant Sail, Vol. IV: United States Merchant Sail in the China, Australia, Manila, and India Trades, Developement of the Schooner Rig and its use in Coastwise Service, Last days of deep-sea sail, Center Lovell/Maine 1945–1955, S. 2662ff., und Kemp: Companion, Artikel » ›Bucko‹ mate«, S. 116.
836 North Yorkshire County Record Office ZW II 5/7/3.
837 Rodger, S. 117.
838 W.R. Thrower: Life at Sea in the Age of Sail, London 1972, S. 97.
839 Ville: Shipowning, S. 97.
840 Zu dieser Annahme vgl. Welke: Der Kapitän, S. 251.
841 *Little,* S. 146.
842 *Bruhn,* S. 113f.
843 *Little,* S. 257.
844 *Cremer,* S. 233.
845 Niels Martin *Nielsen:* Særdeles Hændelser og mærkelige Tildragelser med en dansk Sømand i et Tidsrum af 18 Aar, fra 1798 til 1816, skrevet af himselv, Kopenhagen 1821, S. 18: *Vores gode Commanderende behandlede os stedse vel, den største Orden herskede inden Borde, ved Reisens Begyndelse blev alting saaledes ordnet, at alt hvad der kunde forstyre Orden og Rolighed, blev der afværget, saa enhver med største Fornøielse kunne opfylde sine Pligter.*
846 Dana: Two years, S. 189f.
847 Dana: The seaman's friend, S. 160f.
848 *Nettelbeck,* S. 281.

meisten Fällen aus, da nicht nur die zum Betrieb des Schiffs notwendige Arbeitskraft des Inhaftierten ausfiel, sondern die übrigen Seeleute auch durch die notwendige Kompensation der weggefallenen Arbeitskraft ein vermehrtes Arbeitspensum zu tragen hatten und damit als Unschuldige für die Tat ihres Bordkameraden mitbestraft wurden.[849]

Daher waren Körperstrafen an Bord weit verbreitet, zu deren Verhängung der Kapitän unter bestimmten Voraussetzungen durch das Seerecht ermächtigt war.[850] Gegenüber den anderen Strafformen hatten sie vor allem den Vorteil, daß die Sanktion schnell und problemlos der Tat folgen konnte, die nach erfolgter Bestrafung und Wiederherstellung der Ordnung an Bord ebenso schnell wieder vergessen werden konnte. Damit stellte die Körperstrafe eine für die besonderen Bedingungen eines Schiffs übliche und auch effiziente Form der Sanktion dar. Daher verwundert es kaum, wenn die körperliche Züchtigung von Seeleuten durch die Offiziere an Bord bis weit ins 19. Jahrhundert auch nach deren offizieller Abschaffung gang und gäbe blieb.[851]

Ebenso konnte es vorkommen, daß die Anwendung körperlicher Gewalt die einzige Möglichkeit darstellte, die Ordnung an Bord aufrechtzuerhalten oder wiederherzustellen. Dies galt in besonderem Maß, wenn unter den Seeleuten ausgesprochene Unruhestifter waren, die die Autorität ihrer Offiziere bei jeder Gelegenheit anfochten und denen nicht anders Einhalt geboten werden konnte. Davon erzählt beispielsweise Coggeshall in seinen Memoiren: *This day I was compelled to perform a most disagreeable duty, that of punishing one of my men, the Dutch carpenter, whose violation and gross insubordination of language and manner, especially when my situation was most critical and perilous, were such as to leave me no alternative but that of making an example of him, or of abandoning all discipline. He was of quick and fiery temper, and had in some way obtained liquor, and with its added fury became a most dangerous man. He foamed at the mouth, but after being severely chastised, and being literally drenched with water, which I found it necessary to have thrown upon him to cool him, he became orderly and continued so during the rest of the voyage.*[852]

Von einem ähnlichen Fall erzählt der sächsische Seiler Köhler. Ein betrunkener Matrose sorgte nachts für Unruhe an Bord. Da er die Mannschaft beim Schlafen störte, befahl ihm der Steuermann, Ruhe zu geben. Doch trotz dieser Standpauke lärmte der Seemann so lange weiter, bis der Steuermann erneut im Mannschaftsquartier erschien, der ... *im heftigen Wortwechsel ... dem fröhlichen Zecher einen so derben Faustschlag ... versetzte ..., daß er ihm mit dem großen meßingenen Ringe, den er am Finger trug, eine tiefe Wunde beibrachte.*[853] Zwar beschimpfte der Matrose zunächst den Steuermann und drohte ihm Rache an, doch schließlich gab er Ruhe: *Die Kopferschütterung hatte ihn jedoch etwas zur Besinnung gebracht, und als er seinen Kopf verbunden hatte, legte er sich ruhig auf die Dielen zum Schlafen nieder.*[854]

Vergleichbares berichtet auch Hermann Sandmann, der als Matrose an Bord eines Schiffs diente, dessen Kapitän als Ersatz für einige desertierte Seeleute neue Männer anheuerte, die sich wenig geneigt zeigten, sich der Borddisziplin zu unterwerfen, denn es ... *stellte sich heraus, daß es richtige Rowdies waren, die sich vor jedweder Arbeit zu drücken verstanden und sogar dem Steuermann in brutaler Weise trotzten, so daß derselbe, nach Ueberlegung mit dem Kapitän, sich veranlaßt sah, diese Leute nach amerikanischem System zur Räson zu bringen. Die Gelegenheit bot sich bald, denn als dieselben beim Deckwaschen eines Morgens sich widerspenstig zeigten, ergriff der Steuermann, ohne vorher ein Wort zu sagen, einen eichenen Coffey-Nagel (Pinnen, woran die Taue aufgerollt werden) und bearbeitete damit zwei von ihnen derart, daß sie heulend nach dem Logis liefen ... Noch einige Male war der Steuermann genötigt, dieses amerikanische Mittel anzuwenden und hatte die Wirkung, daß diese Rowdies nach einigen Wochen ganz brauchbare Matrosen wurden. Ich muß gestehen, daß ich später auch öfters die Erfahrung gemacht habe, daß bei solchen Leuten ein ganz energisches Auftreten besser hilft, die Disciplin an Bord aufrecht zu erhalten, als alle guten Worte und Ermahnungen.*[855]

Demnach hatten körperliche Züchtigungen auch die Funktion einer Disziplinierung. Dies galt an Bord besonders für die unmittelbare Bestrafung von kleineren Vergehen während des normalen Dienstbetriebs durch einige Schläge, im Englischen als *starting* bezeichnet. Sie hatten neben der Bestrafung des Vergehens vor allem den Zweck, eine Änderung des Verhaltens herbeizuführen. Diese Regulierungsfunktion der Strafe galt an Bord im wesentlichen für die Bestrafung von Verfehlungen wie Alkoholmißbrauch oder Aufsässigkeit, die unmittelbar an Bord geahndet wurden und mit denen die Kapitäne und Offiziere ihre Autorität wiederherzustellen suchten.[856] Noch im Jahre 1845 stellte daher der Apenrader Magistrat in einem Rechtsstreit wegen der angeblichen Mißhandlung eines Seemanns durch einen Vorgesetzten fest, ... *ein ertheilter Schlag von einem Vorgesetzten könne ferner auch nie fortgesetzte Mißhandlungen beweisen und Drohungen endlich fielen unter Seeleuten aber so häufig, wie Verwünschungen, die auch als Drohungen aufgefaßt werden könnten, vor* ...[857] Ein gelegentlicher Schlag, beispielsweise durch einen Offizier, war also auch nach Ansicht des Gerichts im täglichen Umgang an Bord durchaus üblich und legitim, um kleinere Disziplinarverstöße umgehend zu ahnden oder sich den Respekt der Seeleute zu erhalten.

Diese Begründungen finden sich auch in den Gerichtsakten. Zwar galt zum Beispiel in England die körperliche Züchtigung der Seeleute durch die Maate als rechtlich nicht zulässig, wurde andererseits aber im Bordalltag durchaus als notwendig erachtet. Dies illustriert ein Fall aus England aus dem Jahre 1735, in dem es um die Mißhandlungen des Schiffskochs Corliss durch den Steuermann Hart ging. Dabei sagte der Kanonier des Schiffs über die Strafbefugnis der Offiziere aus: *That this Resp. thinks that no Mate has the power to beat a Cook of the ship he belongs to or any foremast man on board such ship but saith that some times for the sake of keeping peace on board the ship they are compelled to do it* ...[858] Das gleiche Argument wurde 1799 auch von Schwenne Petersen Sansberg, dem Obersteuermann eines Kopenhagener Schiffs, in einem Untersuchungsverfahren gegen ungehorsame Seeleute in Flensburg vorgebracht: *Er läugne nicht daß er die beiden Matrosen Ole Petersen und Peter Jansen geschlagen, daß er aber durch ihre Aufsätzigkeit dazu gereizt wurde und es nicht habe entgehen können, um sich in einigem höchst nothwendigen Respect zu erhalten.*[859] Das Königliche Obergericht stellte zu den Ausführungen Sansbergs fest: *So viel das Gericht bemerkt scheint der Obersteuermann ein guter und vernünftiger Mann zu seyn und gar nicht die Vermuthung zu einer ungebührlichen Härte wieder sich zu haben.*[860]

Körperstrafen dienten sowohl zur Abschreckung als auch als Sanktionen einer bereits vollbrachten Tat.[861] In der Frühen Neuzeit wurden die Straftaten nicht allein als Verstoß gegen die gesellschaftliche Ordnung, sondern auch als Sünde wider das göttliche Gebot aufgefaßt. Daher mußte mit der Strafe neben der Wiederherstellung der Ordnung auch Gottes Zorn besänftigt werden. Demenstprechend dürfte auch bei den in der Seefahrt üblichen Formen der Bestrafung die frühneuzeitliche Vorstellung, durch die Strafe nicht nur die durch die Tat erfolgte Störung der gesellschaftlichen und damit auch der göttlichen Ordnung zu beheben, sondern damit auch die Tat selbst wieder aus der Welt zu schaffen, eine Rolle gespielt haben.[862] Dabei darf im Zusammenhang mit den Körperstrafen nicht vergessen werden, daß die Strafformen jeweils auch ein Ausdruck der jeweiligen herrschenden gesellschaftlichen Konventionen waren. Im 18. und beginnenden 19. Jahrhundert war im Vergleich zu heute die körperliche Gewalt in allen Gesellschaftsschichten alltäglich.[863] Zwar gab es seit dem ausgehenden 17. Jahrhundert eine allmähliche Entwicklung zur Humanisierung des Strafens und eine deutliche Tendenz zur spürbaren Befriedung der Gesellschaft, die einen gewalttätigen Umgang mit Konflikten in zunehmendem Maße diskriminierte, doch blieb die Anwendung von Körperstrafen bis weit ins 19. Jahrhundert hinein gerade für die Angehörigen der unteren Schichten üblich.[864]

Ob bei dieser Entwicklung der wesentliche Anstoß von einem »Prozeß der Zivilisation« entsprechend der Theorie Norbert Elias' oder den Bemühungen des frühneuzeitlichen Staats zur Monopolisierung der körperlichen Gewalt in staatlichen *besonderen Gewaltverhältnissen,* wie etwa der Armee, ausging, bleibt hierbei

849 Weibust, S. 362; Dening, S. 115f., und Byrn, S. 124f.
850 Surland, S. 17; Abbott (1802), S. 123ff.; Brarens, S. 77f.; Steel, S. 23f.; Dana: The seaman's friend, S. 192f.; Abbott (1856), S. 131f., und Nizze, S. 370.
851 Weibust, S. 217 und 361; Dening, S. 115f., und Byrn, S. 124f.
852 *Coggeshall,* S. 118.
853 *Köhler,* S. 160
854 Ebd.
855 *Sandmann,* S. 54.
856 Foucault, S. 231ff.; Byrn, S. 77ff., und Dening, S. 177.
857 LASH, Abt. 65.2, Nr. 836 I.
858 PRO-HCA 13/88f. 426.
859 LASH, Abt. 65.2, Nr. 833 I.
860 Ebd.
861 Weibust, S. 366.
862 Van Dülmen: Theater des Schreckens, S. 10ff., und Wolfgang Schild: Recht / Neuzeit, in: Europäische Mentalitätsgeschichte, Hauptthemen in Einzeldarstellungen, hrsgg. von Peter Dinzelbacher, Stuttgart 1993, S. 544ff. Vgl. auch Schild: Gerichtsbarkeit, S. 103.
863 Rodger, S. 212, und van Dülmen: Theater des Schreckens, S. 180ff.
864 Wesel, S. 388; van Dülmen: Kultur und Alltag, Bd. 2, S. 280, ders.: Theater des Schreckens, S. 184f., und Sievers: Prügelstrafe, S. 195ff.

zunächst zweitrangig.[865] Dennoch finden sich auch in den Memoiren deutliche Hinweise auf diese Entwicklung. Während Barlow am Ende des 17. Jahrhunderts die Anwendung körperlicher Züchtigungen an Bord noch als unabdingbares Disziplinarmittel rechtfertigte, betrachtete Samuel Samuels um die Mitte des 19. Jahrhunderts das Auspeitschen von Seeleuten als barbarischen Akt, den er strikt ablehnte.[866]

Allerdings war die Rezeption von Gewalt, bzw. die Grenze der als legitim akzeptierten Gewalt in erster Linie vom jeweiligen kulturellen Kontext abhängig. Was uns heute als grausam erscheint, wurde damals als gegeben hingenommen und akzeptiert. Ein Beispiel dafür ist etwa die Prügelstrafe an Bord, die von den Seeleuten trotz des oft geäußerten Mitleids für ihre ausgepeitschten Kameraden grundsätzlich akzeptiert wurde, da entsprechend dem geltenden Konsens mit dem Ende der Bestrafung die Schuld beglichen war und die Sache damit vergessen werden konnte.[867] Sowohl in der Kriegsmarine als auch in der Handelsfahrt existierten entsprechend den traditionellen Verhaltensregeln genaue Vorstellungen über das Ausmaß körperlicher Gewalt, das an Bord geduldet wurde.[868] Zwar hatten Seeleute eine recht hohe Toleranzschwelle, was die Anwendung körperlicher Gewalt betraf, doch auch hier gab es gewisse inoffizielle oder traditionelle Rahmenbedingungen, die Berechtigung, Umfang und Ausgestaltung einer Körperstrafe deutlich definierten.[869] So galten bei Prügelstrafen Tauenden, Rohrstöcke oder andere Gegenstände, die gerade zur Hand waren, als angemessen, während Knüppel, dicke Taue o.ä. als unangemessene, weil zu brutale Strafwerkzeuge empfunden wurden. Ebenso galt ein Strafmaß, das den Delinquenten danach für mehrere Tage an die Koje fesselte oder dienstunfähig machte, als nicht gerechtfertigt.[870]

Oftmals wurden die Bestrafungen jedoch auch von seiten der Besatzung als rechtmäßig und notwendig anerkannt. So schildert Dana einen Fall, in dem der Streit zwischen dem Stewart und dem Ersten Maat mit einer Bestrafung endete: *In the midst of this the captain came on deck, separated them, took the steward aft, and gave him half a dozen with a rope's end. The steward tried to justify himself, but he had been heard to talk of spilling blood, and that was enough to earn him his flogging; and the captain did not choose to inquire any further. Mr. Brown was satisfied to let him alone after that, as he had, on the whole, vindicated his superiority in the eyes of the crew.*[871] Hier stand die Bestrafung des Stewarts deutlich im Einklang mit den an Bord geltenden Verhaltensnormen, da dieser durch den Streit die Autorität des Ersten Maats in Frage gestellt hatte, die erst durch das Eingreifen des Kapitäns und die auf dem Fuße folgende Prügelstrafe wiederhergestellt wurde.

Von einer ähnlichen Reaktion seines Kapitäns berichtet auch der notorische Querulant Jackman anläßlich seiner offenen und dreisten Mißachtung eines direkten Befehls: *I went up, and, seating myself on the fore royal-yard, kept scraping the mast in one place, till seven bells. On coming down, the mate inquired if I had done, and was answered that I had not. Upon this, he went aloft to see how matters stood, and immediately informed the skipper that I had spoiled the mast. »If you spoiled the mast,« said the skipper, adressing himself to me »I will spoil your back,« and suiting the action to the word, seized the end of the fore-brace, and though he did not quite spoil it, it was not because he did not make a very snug application of the rope. This done, he said he would make me pay for the mast, and take »welve-water-grog« for a month.*[872] Auch hier waren das Verhalten des Kapitäns und das verhängte Strafmaß, das neben den direkten Prügeln durch den Kapitän des Schiffs auch die Bezahlung des verdorbenen Mastes und den Entzug der Rumration für einen Monat umfaßte, angesichts des frechen Verhaltens Jackmans und seiner eindeutigen Befehlsverweigerung mit aller Wahrscheinlichkeit in den Augen der übrigen Seeleute an Bord angemessen oder zumindest vertretbar – wobei sich natürlich die Frage stellt, ob für einen Seemann die unfreiwillige Abstinenz dabei nicht die schwerste Strafe darstellte.

Anders sah es aus bei Fällen, wo die Grenze zur ungerechten Bestrafung eindeutig überschritten worden war. Dies war vor allem der Fall, wenn sie ohne angemessenen Grund oder ohne Provokation durch einen Seemann oder für die Verweigerung eines unangemessenen Befehls verhängt wurde oder wenn ein Mann bestraft wurde, der aufgrund von Krankheit nicht in der Lage war, seine Aufgaben zu erfüllen.[873] Wurde die Grenze zur Mißhandlung so deutlich, wie im nachstehenden Fall, überschritten, zeigten die Seeleute oftmals ihr Mißfallen. So berichtet wiederum Dana von den Reaktionen einiger Seeleute auf eine regelrechte

Auspeitschung an Bord eines amerikanischen Handelsschiffes in den 1830er Jahren: *They inquired about our vessel, the usage on board, etc., and were not a little surprised at the story of the flogging. They said there were often difficulties in vessels on the coast, and sometimes knock-downs and fightings, but they never heard before of a regular seizing-up and flogging. »Spread eagles« were a new kind of bird in California.*[874] Auch Richardson berichtet von einem Kapitän, der seiner Mannschaft gegenüber mit unmäßiger Härte auftrat und Seeleute für Nichtigkeiten mit grausamen Strafen belegte: *I was obliged to be very cautious in this business, for our captain began now to show himself in his proper colours, and would flog a man as soon as look at him, and assumed as much consequence as if he had been captain of a line-of-battleship: all we four mates had to attend him with hats off at the gangway in going out or coming in to the ship; he flogged a good seaman for only losing an oar out of the boat, and the poor fellow soon after died.*[875]

Auch Hans Bruhn berichtet von einem Fall, in dem Vergehen und Strafe in einem nicht angemessenen Verhältnis zueinander standen. Hier wurde der Kapitän von dem Segelmacher des Schiffs, der an Deck einen Streit vom Zaum gebrochen hatte, bei dem Versuch, die Ordnung an Bord wiederherzustellen, tätlich angegriffen. Daraufhin ließ ihn der Kapitän an das Gangspill binden, um ihn mit einem Tauende zu verprügeln. Doch obwohl der Segelmacher zu den unbeliebteren Mannschaftsmitgliedern zählte, griff die Mannschaft nach 50 verabreichten Schlägen in die Bestrafung ein und bat den Kapitän um Gnade: ... *Imidlertid havde det øvrige Mandskab forholdt sig ganske roelige og forbleve i deres Arbeide, men da de fandt Straffen temmelig haard omendskjøndt enhver af dem undte kam godt Pryglene, saa kom de nu forud at bede Captainen om at lade det være godt for denne Gang.*[876] Dabei war eindeutig nicht die Prügelstrafe an sich, sondern das Übermaß der ausgeteilten Schläge der Grund für dieses Eingreifen. Mit seiner unnötigen Härte verstieß der Kapitän offensichtlich gegen ein ungeschriebenes Gesetz an Bord. Als der Kapitän zudem diese Intervention als Aufruhr betrachtete, daraufhin an Land ging, mit sechs Soldaten zu seinem Schutz an Bord zurückkehrte und einen Teil der Mannschaft inhaftieren ließ, hatte er damit allen Respekt und alle Autorität an Bord verloren, wie die Ereignisse bei der Rückkunft der Inhaftierten zeigten: *Den første, der kom over Reilingen, var Jacob Jebsen, som gik forud uden at tage Hatten af, og sprang Captainen, som stod paa Agterdækket, forud og gav ham en dygtig Lussing sigende: Du Skurk, kan du ikke sige Goddag til din Captain? Han taug stille dertil, og gik de tre igjen i deres Arbeide, men Seilmageren gik forud paa Bakken, knappede sine Buxer ned og gjordte sig ureen i vores Paasyn. Captainen og jeg toge ham derpaa ned i Mellemdækket, surrede ham rundt om Fokkemasten og gav ham igjen circa 50 Slag af en Ende, tog ham derpaa sammt hans Kiste og Køie og satte ham ind paa Landet ...*[877]

Solange die Härte mit Fairneß verbunden war und sich innerhalb des tolerierten Verhaltensmusters bewegte, hatte sie offenbar keine negative Auswirkung auf die Bewertung eines Kapitäns. War die Härte der Behandlung jedoch mit Schikane, Mißhandlung, Ungerechtigkeit und mangelnder Selbstkontrolle verbunden, waren dies offenkundige Merkmale für einen schlechten Kapitän.[878] Allerdings gab es auch Kapitäne, die ihre Mannschaften grundlos schikanierten. Solch einen Fall schildert z.B. Illum in seinen Memoiren: *Vi havde en Fransk Matros ombord, som Kaptainen altid fandt noget at usætte paa skjøndt uden Aarsag, denne var til Rors og det var næsten stille saa det var let at fraa noget at usætte Styrenet, Kaptainen efter at [have] skjældet, jagede ham forud, tog sin Sabel, i den ene Haand og en Line i den anden og pryglede ham med, siden sprank han ned gjorte sine Geværer klar ifald vi skulde gjøre Modstand.*[879] Auch Kelly berichtet von einem Kapitän, der seine Mann-

865 Norbert Elias: Über den Prozeß der Zivilisation, soziogenetische und psychogenetische Untersuchungen, Frankfurt/M. 1997, Bd. 1: Wandlungen des Verhaltens in den weltlichen Oberschichten des Abendlands, S. 369ff., und Bd. 2: Wandlungen der Gesellschaft, Entwurf zu einer Theorie der Zivilisation, S. 331ff., sowie Thomas Lindenberger und Alf Lüdtke: Einleitung: Physische Gewalt – eine Kontinuität der Moderne, in: Physische Gewalt, hrsgg. von Thomas Lindenberger und Alf Lüdtke, Frankfurt/M. 1995, S. 20f.
866 *Barlow,* S. 451f., und *Samuels,* S. 145f.
867 Elias, Bd. 1, S. 369ff.; Rodger, S. 212; Dening, S. 115f., und Byrn, S. 73.
868 Rodger, S. 212.
869 Dening, S. 62.
870 Earle, S. 153f.
871 Dana: Two years, S. 328.
872 *Jackman,* S. 46.
873 Earle, S. 43.
874 Dana: Two years, S. 117. Da bei einer Auspeitschung der betreffende Seemann mit gespreizten Armen an die Wanten gebunden wurde, war diese Art der Bestrafung im Seemannsjargon auch als *spread eagle,* also als *Adler mit gespreizten Flügeln* bekannt.
875 *Richardson,* S. 51.
876 *Bruhn,* S. 121–123.
877 Ebd.
878 Vgl. dazu auch Dening, S. 123–133.
879 *Illum,* S. 47.

schaft ohne ausreichenden Grund verbal wie körperlich unsanft behandelte, sie beschimpfte und prügelte: *... When hauling on a rope one day on deck with one hand only, our master abused me severely and insisted on my using both hands, and he not only used his tongue but handled me very roughly also.*[880] Ähnliches widerfuhr auch Jacob Nagle, dessen Kapitän nicht müde wurde, seine Mannschaft zu schikanieren: *By the time the yard rope was taken off by the men that was aloft, and sheets, buntlins, and clewlins all bent ready for setting the sail, the brave capt[ain] would be standing in the companion to see the sail set. Then he would be abusing the man at the wheel, finding fault with his stearage. When tired with giving abuse, he would go down to his cabin for about 20 or 30 minutes, then come up to see if it rain'd, and if so, too hands must go aloft and send the top gall*[an]*t yard down again.*[881]

Noch gut hundert Jahre später berichtet der Schiffsjunge Franz von Wahlde in seinem Tagebuch von den Schikanen des Kapitäns. Besonders die unnötige Sonntagsarbeit sorgte für Umut unter den Seeleuten, wie von Wahlde weiter erzählt: *Meiner Ansicht nach, war es ungesetzlich, uns arbeiten zu lassen, da kein Grund vorlag; wenn z.B. Noth da war, oder die Ladung nicht schnell genug übernommen würde, wäre der Befehl zur Arbeit berechtigt, auch dann aber verkündet jeder anständige Mann dies vorher. Die Arbeit muß dann extra bezahlt werden. Unser Capitän that dies nicht, sondern der Beweggrund ist der, daß derselbe zwei Tage Ruhe in ihrem gewiß schweren Beruf, den Matrosen nicht gönnt. Darum werden bei uns Arbeiten, die sehr wohl in der Woche Zeit zur Erledigung hätten, aber Sonntags nie verweigert werden dürfen, wie Segel aufschlagen etc. oft am Sonntage gemacht.*[882] Ähnlich wurden auch zu den Essenszeiten unnötige Manöver gefahren. Die schlechte Stimmung an Bord machte sich dann Luft im Mannschaftsquartier: *In der Frühstücks und Mittagspause ward dann geflucht und geschimpft auf den Tyrannen.*[883]

Schlimmer noch waren die Erfahrungen, die William Richardson an Bord eines Schiffs machen mußte, dessen Kapitän seine Mannschaft aus den geringsten Gründen mit unangebrachter Härte behandelte: *We were all aloft at this time, furling the sails; and seeing what was going on, set up a loud laugh, which provoked the captain more, who had been bawling out for us quartermasters to come down to seize poor Willy. Knowing this, we were in no hurry to come down; but the first that did was Bill Martin, who had no sooner set his feet on the deck than received a blow from the fist of the captain, which set his face all in a gore of blood; then several of the people were selected out and got a severe flogging before he was pacified.*[884] Richardson zog dementsprechend seine Konsequenzen und verließ das Schiff bei der ersten sich bietenden Gelegenheit.

Patterson dagegen machte mit einem Kapitän unangenehme Erfahrungen, nachdem er zusammen mit einem anderen Matrosen unfreiwillig über Nacht an Bord eines anderen Schiffs geblieben war. Nachdem sie an Bord zurückgekehrt und auf Befehl ihres Kapitäns in Eisen gelegt worden waren, bekam Patterson die ganze Wut seines Kapitäns zu spüren: *He then was going aft without speaking to me but I called to him to know what I had done that he had me thus in irons? he then flew at me in a rage with a rope and beat me until he was tired, and then catched up a hand spike and struck me over the head and left me speechless; but the mate came forward and knocked off my irons. My principal design in mentioning this is, that the reader may have some view how sailors often fare; and what miscreants there are in human shape, when possessing even but a small degree of power.*[885] Andere Seeleute hatten dagegen wie Coxere das Glück, von den Schikanen ihrer Kapitäne verschont zu bleiben, während der Rest der Mannschaft unter deren Übergriffen zu leiden hatte.[886]

Doch nicht nur Seeleute litten unter solchen tyrannischen und ungerechten Kapitänen. Auch einige Steuerleute empfanden solche Verhältnisse an Bord als unerträglich und waren nicht bereit, ihren Dienst unter solchen Bedingungen weiter zu versehen. So geriet beispielsweise Peter Illum in einen Streit mit seinem Kapitän über dessen Form der Menschenführung, der damit endete, daß Illum abgesetzt wurde und für den Rest der Reise als einfacher Matrose vor dem Mast fuhr. Bei einer späteren Gelegenheit verließ Illum sogar sein Schiff, da ihm der Führungsstil seines Kapitäns nicht gefiel und er als Maat nicht bereit war, wie dieser die Mannschaft grundlos zu schikanieren: *Den 7d. December var jeg atter i Trætte med Kaptainen; det er kummerligt bestandig at gaae saaledes og høre paa Grovheder for Uskyldighed; ingen Time gaaer hen uden der forefalder et eller andet; var jeg slet nok til at kunde Plage Folk, da havde jeg det vist nok bedre; men det kan jeg ikke ihvordan det end gaaer.*[888]

Ebenso berichtet Little, daß er als Maat nur unwillig den Anweisungen seines Kapitäns folgte und die Disziplin mit Hilfe der Anwendung körperlicher Gewalt durchsetzte: *My situation now became exceedingly unpleas-*

Absender:

Telefon:

Ich interessiere mich für maritime Literatur.

Bitte informieren Sie mich unverbindlich über Ihre Neuerscheinungen.

Bitte freimachen

CONVENT VERLAG GmbH
Abteilung MARITIM
Conventstraße 1-3

22089 Hamburg

ant, compelled as I was to enforce the orders of Captain L. – which in my judgment were sometimes very unjust – with a set of men whom, I must acknowledge, were treated rather like slaves than freemen. In order therefore to have the duty of the ship carried on, and the orders of Captain L. executed with promptness, and to preserve the discipline of the ship, I was necessarily compelled, much against my own feelings, to resort to corporal punishment. This mode of enforcing obedience, however, was resorted to but once; after which the duties of the ship were executed without any more grumbling.[889]

Dabei wird deutlich, daß die Mannschaft sich über die ihnen zustehenden Rechte wie auch das angemessene Verhalten beider Seiten im klaren war. In dem Moment, in dem der Kapitän gegen diesen Verhaltenskodex verstieß und sein Verhalten der Situation unangemessen wurde, stieß er auf den Widerstand der Seeleute. Dementsprechend konnte eine unangemessen harte Durchsetzung der Disziplin also die Ordnung an Bord noch weiter unterminieren.[890] Andererseits konnte auch eine lediglich angedrohte, aber nicht an Bord ausgeführte Bestrafung die Situation erschweren. So gab der englische Kapitän Sproule bei einer Anhörung vor einem Ausschuß des englischen Parlaments 1860 zu bedenken, daß eine bloße Strafankündigung an Bord eines Schiffs mit unruhiger Besatzung durchaus auch den gegenteiligen Effekt haben könnte und statt einer Beruhigung der Situation vielmehr zu deren Eskalation beitragen könnte: *Have you ever heard of a case of a master having omitted to read out a charge recorded against a seaman for misconduct, and alleging as his reason for that omission, that it was much as his life was worth to do so? – I have never seen it done, but I have heard it said; I have heard many men say that they have been placed in such positions that they dare not to do it; that it would have created a mutiny on board the ship in a moment, when the ship has been in such a state of insubordination; that the very act of reading such an entry in the official log-book would have created a mutiny, and have cost the captain his life.*[891] Auch in diesem Fall scheint der Gedanke eine Rolle gespielt zu haben, daß mit der Bestrafung an Bord die Schuld beglichen war und die Sache damit vergessen werden konnte, während bei einem Aufschub der Strafmaßnahme bis zur Rückkehr die Verfehlung das Verhältnis zwischen Kapitän und Delinquent während der ganzen Reise belastete.[892] Eine Strafe mußte daher einen für die Seeleute nachvollziehbaren Grund haben und in einem angemessenen Verhältnis zu der begangenen Verfehlung stehen und auch in Art und Umfang dem informellen Verhaltenskodex entsprechen.[893]

Wie in der rechtlichen Untersuchung über die Befugnisse des Kapitäns zur Aufrechterhaltung von Ruhe und Ordnung an Bord festgestellt worden ist, hatte dieser unzweifelhaft das Recht, die Disziplin und Ordnung an Bord im äußersten Falle auch mit Hilfe der Anwendung körperlicher Gewalt durchzusetzen. Auf der anderen Seite waren die Seeleute bei hoher Strafandrohung zum Gehorsam gegenüber den Befehlen des Kapitäns und seiner Offiziere verpflichtet, wobei es ihnen zugleich strengstens verboten war, gegen den Kapitän tätlich zu werden.[894] Die Anwendung dieser Zwangsmittel unterlag aber nicht dem Belieben des Kapitäns, da sich seine Disziplinargewalt entsprechend den Bestimmungen der Seerechtsverordnungen auf kleinere Vergehen gegen die Schiffsordnung bezog und er bei schweren Verbrechen, wie z.B. Mord, nur das Recht und die Pflicht hatte, den Täter festzusetzen,

880 *Kelly,* S. 124f.
881 *Nagle,* S. 257.
882 *Von Wahlde,* S. 147.
883 Ebd.
884 *Richardson,* S. 81–83.
885 Samuel *Patterson:* A Narrative of the Adventures, Sufferings and Privations of Samuel Patterson, a native of Rhode Island, experienced by him in several voyages to various parts of the world, embracing a short account of the numerous places visited by him in his eventful life, Second Edition, enlarged, Providence 1825, Facsimile, Fairfield/Washington 1967, S. 47.
886 Edward *Coxere:* Adventures by Sea by Edward Coxere, hrsgg. von E.H.W. Meyerstein, London 1946, S. 31: *This master was a stern man. For small matter of difference he caused my consort to be brought to the capstan at Newfoundland and had a basket with iron shot to be hung about his neck, his hands seized out to the bar, till he thought he had endured enough, and then turned him ashore in a strange land; but he got passage home in a ship for England. This grieved us Dover men to the heart; upon which we went to the master to be cleared. He ordered us to come for our wages in the cabin. We thought he meant it in earnest, but instead of money he ordered the officers to bring some to the capstan, but took no notice of me, as if I was not considered in the broil. In that he showed his kindness, and proved so to me all the voyage.*
887 *Illum,* S. 48f.
888 Ebd., S. 83.
889 *Little,* S. 149f.
890 Dening, S. 114f., und Rodger, S. 210f.
891 Minutes of Evidence, S. 248f.
892 Elias, Bd. 1, S. 369ff.; Rodger, S. 212; Dening, S. 115f., und Byrn, S. 73.
893 Dening, S. 128ff. Hier wird das Strafverhalten Blighs als mögliche Ursache für die folgende Meuterei bezeichnet, da er zwar entgegen der landläufigen Meinung kein brutaler Leuteschinder war und relativ milde Sanktionen verhängte, aber dem Strafverständnis der Seeleute gegenüber unsensibel war und Strafen verhängte, die diesem widersprachen.
894 Surland, S. 17; Abbott (1802), S. 123ff.; Brarens, S. 77f.; Steel, S. 23f.; Dana: The seaman's friend, S. 192f.; Abbott (1856), S. 131f., und Nizze, S. 370.

um ihn dem nächsten Gericht zu übergeben. Allein in extremen Notfällen, wie einer offenen Meuterei, besaß er das Recht, alle zur Wiederherstellung der Ordnung notwendigen Mittel anzuwenden.[895] Dies geht auch aus den Ausführungen des englischen Kapitäns Sproule vor dem englischen Parlamentsausschuß hervor: *You are of opinion, as an old shipmaster, that there ought to be more stringent laws for the punishment of assaults, drunkenness, and disobedience on board ships? – I think that there ought to be; they are not sufficiently punished by the law. I am not anxious to get punishment extended to a great degree on board the ship itself. I would extend to the master of a vessel the power of confining men until he gets to a place where they can undergo a proper trail for anything like assault. ... You would like to have it more clearly defined what the powers of a master on board a ship are? – Yes, I know very well that a master can flog a man, but it is a very dangerous thing to do. Under certain circumstances, he can inflict corporal punishment after an investigation. ... To what Act do you refer where the master of a ship is empowered to inflict corporal punishment? – If the man is anything like a ringleader in an open mutiny.*[896]

Das Strafrecht des Kapitäns war nicht allein durch die rechtlichen Normen beschränkt. Auch die Tradition und der allgemeine Konsens zogen eine enge Grenze, was die Strafbefugnisse des Kapitäns anging. Dabei waren allerdings beide Normengefüge nicht zwangsläufig deckungsgleich.[897] Die Grenzen der seerechtlichen Disziplinargewalt des Kapitäns waren durchaus nicht so klar umrissen, wie es vielleicht zunächst den Anschein hat, da Begriffe und Tatbestände wie Widersetzlichkeit oder Ungehorsam der Seeleute einerseits und Grausamkeit und Tyrannei der Kapitäne andererseits kaum je allgemeingültig definiert werden konnten und der Interpretation durch Juristen, Seeleute und Kapitäne unterlagen, zumal die der Anwendung von Zwangsmaßnahmen zugrunde liegende Einschätzung der Situation an Bord allein im Ermessen des Kapitäns lag.[898] Über diese Unterschiede zwischen Rechtstheorie und Lebenswirklichkeit berichtet auch Samuel Kelly, indem er über die mögliche Konsequenz der disziplinarischen Maßnahme, die er gegenüber einem Untergebenen verhängt hatte, reflektierte: *By urging my carpenter to his duty I had now laid myself open to the discipline of the gentlemen residing in Doctors Commons, who give no allowance for any situation a master of a ship may be placed in to save the ship and cargo as well as the lives of the crew. But they keep close to the letter of the law, embracing every advantage of the harassed and perplexed situation of the poor shipmaster.*[899]

Ähnlich wie bei den Heuerstreitigkeiten konnten die Seeleute auch in Fällen von Mißhandlungen oder unverhältnismäßigen Bestrafungen an Bord durch den Kapitän und die Offiziere nach dem Ende der Reise vor Gericht gegen diese vorgehen.[900] Allerdings galt auch hier der alte Satz »Wo kein Kläger, da ist auch kein Richter«, da die gerichtliche Ahndung der Verfehlungen des Kapitän nicht von Amts wegen erfolgte, sondern notwendigerweise eine Anzeige der betroffenen Seeleute voraussetzte, wie auch Theodor Richter beschreibt:

Es giebt indessen unter den Schiffskapitänen nicht wenige, auf welche die eben gemachte Schilderung der Matrosen nicht unpassend seyn würde. Besonders lassen sie sich nicht selten eine schlechte Behandlung ihrer Leute zu Schulden kommen, und ich habe oft bemerkt, daß die Freundlichkeit, welche sie, um Leute in ihren Dienst zu bekommen, am Lande annehmen, in ein entgegengesetztes gebieterisches Betragen übergeht, so bald das Schiff den Hafen verlassen hat. Es ist daher zu verwundern, daß sie bei ihrer Zurückkunft nicht öfters zur Rechenschaft gezogen werden. Allein der Leichtsinn des gemeinen Seemannes kommt ihnen hierin sehr zu Statten; denn einen gemißhandelten Matrosen zu besänftigen und sein erlittenes Unrecht vergessen zu lassen, ist es oft hinreichend, wenn sie ihm auf der Rückreise, zu welcher Zeit sie überhaupt gelinde Saiten aufzuziehen pflegen, einige schmeichelhafte Worte sagen, und ein paar Gläser Rum zu trinken reichen. Der Matrose, dessen Kopf bei der Annäherung an's Land schon vor den Freuden, die ihn dort erwarten, schwindelt, ist dann leicht zur Versöhnung geneigt; und fühlt er erst das feste Land unter seinen Füßen, so hat er keine Zeit, auf Rache zu sinnen, sondern eilt, das Andenken an das ausgestandene Ungemach durch geistige Getränke und betäubende Vergnügungen aus seiner Seele zu vertilgen.[901]

Auch in Heuerstreitfällen waren Klagen über Mißhandlungen gang und gäbe, so daß die in den Gerichtsakten überlieferten Klagen über Schläge oder ungerechtfertigte Bestrafungen mit einer gewissen Skepsis gelesen werden müssen. Zum einen handelte es sich dabei wohl des öfteren lediglich um Übertreibungen seitens der klagenden Seeleute, die damit ihre Sache zu fördern suchten – so existierte dem Vernehmen nach eine ganze Branche von Anwälten, die sich auf solche

Fälle, in denen es in der Regel vor allem um eine kleinere oder größere Schadenersatzsumme ging, spezialisiert hatte[902], zum anderen stellten auch die wirklichen Übeltaten tyrannischer Kapitäne zweifelsohne Extremfälle dar, die weit außerhalb der dem Kapitän zugestandenen sowohl rechtlichen wie auch der traditionellen Befugnisse des Kapitäns lagen.[903] Solche Fälle von Mißhandlung wurden nicht nur von den Seeleuten, sondern offenbar auch von den Gerichten als nicht tolerabel betrachtet. Wenn eine solche Klage vorlag, bestand daher eine gewisse Wahrscheinlichkeit, daß der Kapitän oder der Offizier für seine Verfehlungen zur Verantwortung gezogen wurde.

Mitunter wurde ein Kapitän sogar von seinen Kollegen wegen seiner Verfehlungen zur Rechenschaft gezogen. So ist etwa aus dem Jahre 1699 der Fall eines englischen Kapitäns überliefert, der in Spanien in einer Art Kollegialgerichtsbarkeit von einem aus anderen Kapitänen bestehenden Gericht wegen der körperlichen Mißhandlung eines Seemanns verurteilt wurde, da der Kapitän mit der Züchtigung des Seemanns eindeutig seine Strafkompetenz überschritten hatte, als er ihn so lange prügeln ließ, bis der Matrose nicht mehr gehen konnte: ... *and the said Mr. Hopkins and an other Gentleman of that name and 3 or 4 Masters of Ships nett al.s* [?] *there and the sd. Mr. Hopkins the Mercht. did in ye presence of ye all ask the said Produc.t tell his Story and the said Produc.t did relate this same truly and faithfully upon w.ch the said Mercht. and Masters blam'd the sd. Scott* [der fragliche Kapitän] *and cry'd out Shame on him* ...[904] In der Regel blieb den Seeleuten jedoch nur die Anzeige des betreffenden Kapitäns oder Offiziers vor Gericht nach ihrer Rückkehr.

Im Jahre 1705 wurde der englische Kapitän Ranson wegen des Todes des Seemanns Valentine Arrison an Bord des von ihm geführten Sklavenschiffs THOMAS AND JOHN angeklagt. Der Schiffszimmermann Jonathan Yates sagte über den Hergang aus, daß Arrison mit einem gezogenen Entermesser die Sklaven bewachte und ihnen entgegen dem Befehl des Kapitäns Wasser gegeben hatte, als dieser, darüber wütend, vom Achterdeck lief und ihm den Säbel entriß, um ihn damit zu schlagen: ... *Valentine Arrison was standing Sentry with a cutlass in his hand on the Larboard Side of the Ship and Capt. Ranson Mr. of ye said Ship coming off the Quardor Deck, fore the Negros drinking some water they ought not to drink, and said to the said Valentine Arrison, You Dog, what do you let the Negros drink this water for, and took the Cutlass out of his hand, and struck him sev.ll blows with it, and said you Dog I will murther you if yoou do, And as the said Arrison went from the Captain he the said Arrison said the Captain hath murthered me and went and lay down on a Chest in the Fore Castle and died the fifth of March following* ...[905] Während Valentine Arrison krank in seiner Koje lag, wurde er von Yates mehrfach besucht und nach seinem Befinden gefragt, worauf ihm dieser zur Antwort gab, daß er bald sterben würde und daß Kapitän Ranson an seinem Tod die Schuld trüge: ... *the said Valentine answered that capt. Ranson had murthered him, that he had given him his deaths wound, and with all bid me the first Christian land I came to, to declare ye some the first opportunity I had, and ye said Deponent doth further declare that ye said Valentine had a wound or Cutt on his temple at the time of his Death wch* [which] *he rcd* [received] *by the Captain the time when he was beaten abovesaid.*[906]

Diese Version der Ereignisse wurde im wesentlichen von James Bottick bestätigt, während andere Besatzungsmitglieder, wie William Mackett, der Maat, Edward Arnal, der Steward und der Seemann Francis Averell, betonten, daß Arrison, nachdem er geschlagen worden sei, weder sichtbare Wunden gehabt noch krank in seiner Koje gelegen habe und daß sein Tod nicht durch die Schläge des Kapitäns verursacht worden sei. So erklärte Arnal beispielsweise: *That some small time before the s.d.* [said] *Valentine Arrison dyed he saw Capt. Rob.t Ranson strike the said Valentine Arrison with a Cutlass & one blow with his hand wch* [which] *made his nose bleed, but he saw no wounds the sd.* [said] *Valentine had or over heard him make any Complaint of the Captain.*[907]

895 Surland, S. 69f.; Abbott (1802), S. 124ff.; Steel, S. 23, und Nizze, S. 437ff.
896 Minutes of Evidence, S. 248f.
897 Dening, S. 62; Weibust, S. 361, und Rodger, S. 212.
898 Earle, S. 147f.
899 *Kelly*, S. 312.
900 PRO - CO 412 / 22: An Act for punishing mutinous and disobedient Seamen for the now speedy determination of Controversy arising between Masters of ships and their Crews. Virginia 1722 May 4. Vgl. auch Abbott (1802), S. 123ff., und Steel, S. 24f.
901 Richter, Bd. 2, S. 190f.
902 Davis, S. 154.
903 Ebd., und Earle, S. 147f.
904 PRO - HCA 13/82f. 227.
905 PRO - CO 5/1315 Part 1. No. 32.
906 Ebd.
907 Ebd.

Auch der Schiffsarzt William Hurnard bot eine andere Erklärung für den Tod von Arrison und führte ihn auf ein Fieber und übermäßigen Alkoholgenuß zurück: ... *Valentine Errison* [sic!] *deceased had a continual fever a distemper incident to people in that Country especially such as drink to liberally of Palm Wine of which the aforesaid Valentien Errison was drunk for several days before his Sickness, and that in the presence of several of the Ships Company he was warned by the Captain and my self of Drinking too much of the aforesd. Palme Wine and that during the time of his Sickness in my frequent visits to him he never complained to me of any misusage from the Captain, neither had he to my knowledge any wound or blood about him at or before his death* ...[908] In Anbetracht der hohen Sterblichkeit durch Fieber und andere Krankheiten in tropischen Häfen[909] ist diese Erklärung durchaus glaubwürdig. Dennoch bleibt es bemerkenswert, daß offensichtlich die Anzeige einiger Seeleute ausreichte, um ein Untersuchungsverfahren wegen Tötung gegen einen Kapitän in Gang zu setzen.

Offenbar waren solche Untersuchungsverfahren gegen Kapitäne nichts Ungewöhnliches. Im Jahre 1808 wurde der englische Kapitän William Chapman wegen Mordes an einem Seemann angeklagt, den er mit einer Handspake zusammengeschlagen hatte. Chapman wurde vorgeworfen, daß er: ... *then and there feloniously wilfully and of his Malice aforethought did beat and strike the said Robert Dunn in and upon the head back Stomach and Sides of the said Robert Dunn then and there with the said handspike divers Mortal Strokes and Bruises in and upon the Head Back Stomach and Sides of the said Robert Dunn* ...[910] Nachdem das Opfer Dunn noch etwa zwei Wochen lebte, starb er schließlich an seinen Wunden, der Kapitän wurde jedoch schließlich freigesprochen.

1751 wurde der Kapitän des Schiffs MOLLY wegen des durch Mißhandlung verursachten Todes des Seemanns Kennith Hossack angeklagt. Laut der Aussagen des Ersten Maats, James Gadderar, hatte Lowry während der Rückreise von Jamaica begonnen, die Besatzung und besonders Hossack zu mißhandeln: ... *the said Cap.n Lowry began to use his crew very ill particularly one Kennith Hossack then a Foremast Man belonging to the said Ship whom he frequently beat very much* ...[911] Als Gadderar am Nachmittag des 24. Dezember 1750 an Deck kam, um seine Wache anzutreten, fand er den Matrosen Hossack an die Wanten des Großmasts gebunden und wurde Zeuge, wie Kapitän Lowry ihn mehr als eine Stunde lang mit einem Tau schlug und dann, als Hossack bereits auf die Knie gesunken war, diesen eine weitere halbe Stunde lang wiederholt schlug, bis er tot war: ... *Kennith Hossack was seized to the Main Shrouds by the Rail of the Quarter Deck one of his Hands being fastened to the Main Shrouds and the other to the standing part of the Main Top Sail Hallyards and when this Informant had been upon Deck about an Hour and a Quarter (to his best Remembrance as to the Time) the said Cap.n Lowry came upon the Quarter Deck and took up the Bile of a Rope (but of what Rope this Informant can not say, nor of what Thickness the said Rope was but beleives it was about an Inch or an Inch & half thick) and the said Cap.n Lowry then struck the said Kennith Hossack several Blows with the said Rope with a great Force and Violence over his Had Shoulders back & several parts of his Body & saith that about a Quarter of an Hour after the said Cap.n Lowry had begun beating the said Kennith Hossack he fell upon his Knees and thereupon the said Cap.n Lowry beat him for some Minutes upon his Knees and then took him under the arm and made him stand upon his Feet and then beat him again, and saith that the said Cap.n Lowry continued beating the said Kennith Hossack for about half an Hour excepting that he would some times take a Turn round the Quarter Deck for two or three Minutes and then return & beat him again and saith that about three or four and twenty Minutes after the said Cap.n Lowry came upon Deck as aforesaid this Informant went down from the Quarter deck upon the Main Deck in order to set the Main Top Sail and when he had been there about six or eight Minutes the said Cap.n Lowry called to this Informant and said Mr. Gadderar Kenny is dead* ...[912] Auch Gadderar konnte nur noch den Tod Hossacks feststellen, der laut seiner Aussage bereits zuvor krank gewesen war. Dennoch sagte Gadderar aus, daß seiner Ansicht nach allein die Behandlung durch den Kapitän für den Tod des Matrosen verantwortlich war.

Diese Aussage wurde vom Zweiten Maat Humphry Roberts bestätigt[913], ebenso von den Seeleuten Cornelius Clark und John Hunt, der zudem erklärte, daß Kapitän Lowry Hossack allein deswegen bestraft hätte, da dieser wegen seiner Krankheit nicht fähig gewesen war, seinen Dienst zu versehen: ... *Kennith Hossack was ordered to take the Helm, this Informant being wanted to lend a Hand to sway the Main Yard up, and the said Kennith Hos-*

sack having been ill for some time before & being then very weak not taking the Helm very readily the said Cap.n Lowry who stood behind him the said Kennith Hossack knock'd him down with the Handle of a Hammer he then had in his Hand and when he got up again he beat him for abaout a Quarter of an Hour with an Inch Rope without any other Cause or Provocation whatsoever ...[915] Ferner sagte Hunt aus, daß sich Gadderar zwar bemüht hätte, Hossack zu Hilfe zu eilen und ihn aus seiner Lage zu befreien, ihm aber von Kapitän Lowry befohlen wurde, Hossack wieder festzubinden: ... *this Informant by the orders of Mr. Gadderar the Chief Mate of the said Ship cast him loose when he was so cast loose he was not able to go forwards on to to set one Foot before the other but was obliged to hold by the Rail of the Quarter Deck to prevent him from falling and saith that thereupon the said Mr. Gadderar went down to the Captain to inform him of the Condition the said kennith Hossack was in and he the said Cap.n Lowry then ordered the said Kennith Hossack to be seized up again and this Informant (who from the Time he was first seized was some times upon the Main Deck & sometimes upon the Quarter Deck) in Pursuance of the said orders seized up the said Kennith Hossack in the Manner aforesaid and just as he had seized him up the said Cap.n Lowry came again upon Deck and immediately began beating him again without any Cause or Provocation ...*[916]

Wie sich aus der Aussage Kapitän Lowrys, der im übrigen nicht zu den Vorwürfen Stellung nahm und zudem seine völlige Unschuld beteuerte, ergab, hatte die Crew ihn offenbar nach diesem Vorfall des Kommandos enthoben und das Schiff nach Lissabon gesegelt, wo die Besatzung verhaftet und als Gefangene nach England geschickt worden war, während Lowry auf andere Weise nach England zurückkehrte. Erst hier erfuhr Lowry nach eigenen Angaben, daß ein Verfahren gegen ihn eröffnet worden war und wurde schließlich verhaftet, um vor Gericht gestellt zu werden.[917] Auch wenn leider das Urteil in diesem Fall nicht vorliegt, wird hier zumindest deutlich, daß offensichtlich die Aussagen der Offiziere und Mannschaften der MOLLY ausreichten, um ein Ermittlungsverfahren gegen Kapitän Lowry wegen Mißhandlung mit Todesfolge in Gang zu bringen.

Doch nicht nur Kapitäne, auch Maate wurden von Seeleuten wegen Mißhandlung angezeigt. So verklagte 1734 der Schiffskoch Gouch Corliss den Steuermann Thomas Hart auf Schadenersatz, da er von diesem mit einem Stück Holz verprügelt worden war, weil er sich geweigert hatte, in Jamaica beim Verladen der Ladung zu helfen. Bei der gerichtlichen Untersuchung sagte der Schiffsarzt James Cramond aus, daß ihm der Kläger berichtet habe, daß Hart die Seeleute die ganze Reise hindurch aus disziplinarischen Gründen körperlich gezüchtigt, er selbst aber solches nie beobachtet habe: ... *and this prod. Gouch Corliss was Cook of the said shipduring all the said voyage and the he saithe that he hath soon the said Thomas Hart angry with some of the sailors on board the said Ship when they have not done their Duty, but never saw him beat any of them and otherwise he knows not.*[918]

Weiter sagte Cramond aus, daß Corliss mit Verletzungen zu ihm gekommen sei, die ihm angeblich durch die Schläge Harts zugefügt worden wären.[919] Auf weiteres Befragen gab Cramond allerdings an, daß er selber nicht Augenzeuge der angeblichen Mißhandlung gewesen, ihm aber berichtet worden sei, daß sich Corliss geweigert hätte, beim Verladen von Zuckerfässern zu helfen, und daß über den Ersten Maat Hart erzählt wurde, er habe auf einer anderen Reise einen Seemann getötet. Abschließend sagte er noch aus, daß die Blessuren Corliss zu keiner Zeit bei der Ausübung seiner Pflicht gehindert hätten: *Respondent does not know that the producent was at any time disabled from doing his work during the voyage but saith that the work was done but so better the prod. did it himself or any body for him the Respondent knows not and farther he cannot answer.*[920]

In dieser Angelegenheit sagten auch noch andere Zeugen aus, etwa James Dowey, der Kanonier des Schiffs, der Hart als guten und fairen Offizier, Corliss

908 Ebd.
909 Earle, S. 133–137.
910 PRO - HCA 1/27 Pt. 1 No 85 (dto No 84).
911 PRO - HCA 1/58f. 13ff.
912 Ebd.
913 Ebd., 15ff.
914 Ebd., 17b ff.
915 Ebd., 16ff.
916 Ebd.
917 PRO - HCA 1/58f. 39.
918 PRO - HCA 13/88f. 394.
919 Ebd.: ... *that the said Thomas Hart the Chief Mate had been beating him and that such beating was the Occasion of his swolled face and his pain in his side and he also told the Deponent that the said Chief Mate had struck him on the side with a Billett of wood and farther saith that about three weeks since the said prod. applyed to the Dep. for his Assistance and complained that he had got a Cough and the Dep. gave him proper Medicines for the Cure of this Cough and farther on othrwise he knows not.*
920 Ebd.

dagegen als Querulanten beschrieb.[921] Weiterhin sagte Dowey aus, daß er während der Reise nie beobachtet hätte, daß Hart die Mannschaft geschlagen oder schlecht behandelt hätte. Weiter erklärte Dowey, daß ein Maat zwar formal nicht das Recht habe, einen Seemann zu schlagen, dieses aber in gewissen Situationen unumgänglich sei, um die Disziplin an Bord aufrechtzuerhalten. Eine ähnliche Aussage machte auch der Kapitän des Schiffs, Hugh Crawford, der ebenfalls Hart als guten Offizier beschrieb.[922] Ebenso bestätigte auch der Schiffszimmermann Benjamin Hughes die vorangegangenen Aussagen und betonte die schlechte Führung Corliss': ... *unless the said Mate would promise to give him something to drink and the Deponent hath several times heard the said Corliss insult the producent by saying that he had killed a Man on board the Ship in a former voyage bur that he should not kill him or to that effect – tho' this Deponent believes that the same was absolutely false and untrue.*[923] Hughes war zudem Zeuge der Weigerung Corliss', bei der Verladung von Zuckerfässern zu helfen, obwohl es dabei durch Windböen erhebliche Schwierigkeiten gab und die Hilfe des Kochs dringend erforderlich war.[924] Da sich der Zimmermann zu diesem Zeitpunkt außenbords in einem Boot befand, beobachtete er zwar nicht, wie Hart Corliss schlug, sah ihn aber am folgenden Tag mit einem blauen Auge: ... *the dep. saw no other signs of beating on him the said Corliss than one of his Eyes being a little black but he did his Duty and eat his allowance as he had usually done before.*[925] Weiter sagte Hughes aus, daß er auch während der Reise an Bord gewesen war, auf der Hart angeblich einen Schiffskoch getötet hätte. Diese Anschuldigung wies er aber zurück und bemerkte dazu: ... *the said Cook died on Shoar six weeks after the ship came home and the Resp. has heared that he died of his foul diseases ...*[926]

Trotz dieser zahlreichen Aussagen zugunsten des Maats Thomas Hart und der übereinstimmenden negativen Schilderung des Charakters des Schiffskochs entschied der High Court of Admiralty 1736 zugunsten von Corliss und verurteilte Hart zur Zahlung von Schadenersatz: ... *that the said Gouche Corliss his Agent had suffered damage by the reason of the blows and other ill usage mentioned in the aforesaid Libell to the Sum of One Mark, to wit, Thirteen Shillings and four Pence of lawful money of Great Britain and therefore comdemn the said Thomas hart Smiths Agent in the said Sum of thirteen Shillings and four pence as for the Damages aforesaid and also in Expences due by Law ...*[927] Da diese Summe lediglich ungefähr ein Drittel einer Monatsheuer betrug[928], liegt der Schluß nahe, daß anscheinend auch das Gericht von der Unschuld Corliss' nicht vollständig überzeugt war, aber dennoch auch das Verhalten des Ersten Maats als unangemessen beurteilte.

Auch auf dem Kontinent war es möglich, nach dem Ende der Reise gegen den Kapitän eines Schiffes vorzugehen.

1735 kam es zur Klage des königlich portugiesischen Hoftrompeters Johann Jeremias Hanemann gegen den Lübecker Kapitän Hans Weede, der ihn während der Reise von Lissabon nach Lübeck mißhandelt hatte. Laut Aussagen des Steuermanns Andreas Bruhn, des Bootsmanns Peter Goldt, des Seemanns Hans Christoffer Jansen und des Schiffsarztes Johann Chr. Spiller hatte Kapitän Weede den Trompeter Hanemann nicht nur beschimpft:

2. hat er Ihn blutig geschlagen, daß sein Gesicht und Camisohl damit beflecket

3. hat er Ihm einen entblößten Hauer auff die linke Brust gesetzet, weilen der Capitain sehr truncken wenn nicht der Steuermann dazu kommen, solches verhindert ...[929]

Darüber hinaus hatte Weede dem Trompeter seinen Degen abgenommen und ihn damit nach Aussage der Besatzung zum Gefangenen gemacht.[930]

Kapitän Weede dagegen warf seiner Mannschaft Beschimpfungen, Drohungen, Arbeitsverweigerung, tätlichen Angriff und meuterische Zusammenrottung vor, unter anderem:

1. Den 13. Juny a.i. hat sein Volck unter dem Eyland Londay wegen des Eßens gemurret, da dann der Koch ihnen gegeben, wie es haben wollen.

2. Wie das Volck dem Schiffer, wie er davon gesprochen, gotlose Worte gegeben, und an einer davon, mit Nahmen Bastian Moßbach, der dem Schiffer an die Gurgel gegriffen, an Hals geschlagen ist.

3. Das Volck aufs Deck mit Hand-Picken in den Händen zusammengeschlossen, daß

4. der Schiffer nach die Cajüte reteriren müßen, welchen das Volck

5. verfolget biß unter dem halben Deck vor die Cajüte, dabey

6. Hinrich Westphal dem Schiffer gedräuet, daß sie ihm mit Hand Picken den Kopf wollten einschlagen, und seinen Sohn viertheilen. ...[931]

Die Auseinandersetzung endete vor Gericht, wo Kapitän Weede schließlich zu einer Gefängnisstrafe sowie einer *Abbitte und Ehren-Erklärung,* allerdings nicht zur Erstattung aller Kosten verurteilt wurde. Prinzipiell mit diesem Strafmaß einverstanden, bat der Bevollmächtigte des Trompeters Hanemann in einem Schreiben die Lübecker Obrigkeit, Weede auch die Erstattung der Unkosten und Auslagen Hanemanns aufzuerlegen.[932]

Bei diesem Fall stellt sich allerdings die Frage, inwieweit allein die Aussagen der Besatzung zur Verurteilung Weedes beigetragen hatten, oder ob es nicht möglicherweise die Androhung diplomatischer Verwicklungen durch den Bevollmächtigten Hanemanns in Hamburg gewesen war, die letztlich den Ausschlag zugunsten von Hanemann gab: *Gleichwie ein dergleichen atrocissima Injuria dafern sie von E. HochEdl. Rath nicht mit Nachdruck gegen den Schiffs-Capitain geahndet und der königl. Trompetter mit völliger Satisfaction befriediget würde, die allerempfindlichste Ahndung gegen diese gute Stadt und deßen Commercium nach sich ziehen könte; So kan nicht umbhin gegenwärtiges an Mjst: abzulaßen, und vorauß zu versichern, daß dieser Schiffs-Capitain handfest gemachet, und biß zu Außtrag der Sache in Arrest aussbehalten werden möge.*[933]

Ein anderer Fall der Mißhandlung ereignete sich auch 1736 an Bord des englischen Ostindienfahrers LONDON, als der Seemann Andrew Anderson, der angeblich vom Vierten Offizier des Schiffs, William Blinston, mißhandelt worden war, eine Klage auf Schadenersatz einreichte. Die Anwälte von Anderson gaben an, daß ihr Mandant, obwohl er seine Pflicht während der ganzen Reise treu erfüllt hatte, wiederholt von dem Beklagten geschlagen worden war, unter anderem mit einem *Elephants dry'd Pizle,* also dem getrockneten Schwanz eines Elefanten.[934] Weiter gaben die Anwälte an, daß Anderson infolge dieser Behandlung für einen Monat starke Schmerzen gehabt habe und dienstunfähig gewesen sei und forderten daher die Summe von *Eighty Six or at least Fifty Pounds Sterling* als Kompensation.

In den Aussagen anderer Zeugen dagegen erscheint Anderson als Querulant, der des öfteren betrunken gewesen war, während der Vierte Maat Blinston übereinstimmend als guter und zuverlässiger Offizier geschildert wird. So gab der Zimmermann Robert Crosby an *... the said Anderson frequently behaved in a surly troublesome and quarrelsome Manner & was often drunk within the term of the said voyage, And believes the said Prod.t to be a very good officer & that he behaved very well to the Mariners during all the said voyage ... And does not believe or remember to have heard that the said Anderson ever made any complaint to the said Thomas Case or any other person on board the said ship within the term of the said voyage.*[935] Im Gegensatz zu

921 PRO - HCA 13/88f. 426: *Thomas Hart was Chief Mate and the arlato Gouch Corliss was Cook of the said ship and saith that he the said producent was a careful skillful and experienced officer on board and as far as the dep.t oberved alsways obedient to the Commands of his Captain and saith that it is the Duty of a Mate to see that the several Mariners on board perform their duty and also saith that the said prod. used fear means and gentle Expressions to persuade the Men to do their duty and was no ways morose or severe but was always esteemed to be a good natur'd compassionate man and farther saith that the arlate Gouch Corliss during the Voyage aforesaid was a Man of a grumbling & discontented Temper & Behaviour and frequently quarrelled with several of the s. Ships Company ...*

922 PRO - HCA 13/88f. 436: *That the prod. is not of a cruel barbarous or passionate temper and behaviour and the Resp. never knew him quarrel with and beat or abuse any of the Mariners belonging to the Respondents Ship and otherwise he knows not to answer.*

923 PRO-HCA 13/88f. 438.

924 Ebd.: *... the said mate replyed that the sugar might be sunk before he had done washing his dishes for the wind then blow very hard and it was with great Difficulty that the Boat was kept alongside off the Ship and the Dept. then hearing his people call out at the Capstane went and assisted them in heaving in the said Sugar ...*

925 PRO - HCA 13/88f. 438.

926 Ebd.

927 HCA 3/ 72, f. 35. Vgl auch f. 247, 249, 250, 251, 454, 464, 510.

928 Vgl. dazu Rediker, S. 123. Er gibt die monatliche Heuer eines Schiffskochs während der ersten Hälfte des 18. Jahrhunderts mit ungefähr £ 2 oder 40 Shilling an.

929 AHL, ASA Interna/Seesachen, Nr. 26/5.

930 Ebd.: *... mit dem Hauer der H. Hanemans Degen und Stock, so oben am Verdeck der Cajute fest gebunden, loß gehauen und verschloßen, dadurch Ihm zum gefangenen zu machen, welches er aber nach Verwahrung 6. tagen, wieder an seinen Ohrt geleget. ...*

931 Ebd.

932 Ebd.

933 Ebd.

934 PRO - HCA 24/139: *... the said William Blinston did then and there upon the High and open Sea and within the Jurisdiction of the High Court of Admiralty of England without any just Provocation strike the said Andrew Andrewson otherwise Anderson upwards of nine blows upon the head with an Elephants dry'd Pizle which was about four Foot long and about three inches round and cutt him therewith over the Eyes and under the left Ear and caused a great Effusion of blood the Sears of which blows or Cutts have ever since remained and not content with such inhumanous and barbarous usage he afterwards struck him several blows upon the head with the buttend of the said Elephants Pizle and stun'd him with the blows and deprived him of his Sences for some time and this was and is true public and notorious and well known to the said William Blinston and others and the Party Proponent doth alledge of any other time place number of blows Weapon and feet & inches and joyntly and severally and as before. ...*

935 PRO - HCA 13/89f. 66. Auch der Schiffsarzt Thomas Case (f. 66 l.), der Zahlmeister Matthew Bootle (f. 68), Robert Bootle, der Kapitän des Schiffs (f. 70), der Seekadett Thomas Mead (f. 72) machten ähnliche Aussagen ebenso wie der Passagier John Butler, der sich allerdings nicht über Andersons Charakter äußerte, sondern nur zugunsten Blinstones sprach. Butler gab überdies zu Protokoll, daß Anderson seines Wissens nie dienstunfähig war (f. 67).

Corliss scheiterte Anderson mit seiner Klage und wurde seinerseits zur Zahlung von 40 Schilling an Blinston verurteilt.[936] Dieser Fall wurde in der Literatur trotz oder gerade wegen des etwas bizarren Tatwerkzeugs als charakteristischer Fall von Mißhandlung angesehen.[937] Allerdings deuten die übereinstimmenden Zeugenaussagen wie auch die Entscheidung des Gerichts darauf hin, daß es sich bei diesem Fall lediglich um eine ungerechtfertigte Anzeige zur Erlangung von Schadenersatz handelte.

An diesen Fällen wird deutlich, daß auch die Kapitäne gewisse Grenzen nicht überschreiten durften, ohne mit rechtlichen Konsequenzen rechnen zu müssen. In jedem Fall gab es die Möglichkeit für unzufriedene Seeleute, vor Gericht gegen ihre Kapitäne und Offiziere vorzugehen. Trotz eines möglichen Vorbehalts gegen die Aussagen der klagenden Seeleute gab es keine grundsätzlich ablehnende Haltung der Gerichte gegen solche Anzeigen.[938] Allerdings scheint es für einen erfolgreichen Ausgang einer solchen Klage notwendig gewesen zu sein, daß die klagenden Seeleute nicht allein über einen guten Leumund, sondern auch über ausreichend glaubwürdige Zeugen für die Mißhandlung verfügten. Auch hier scheint den Aussagen der Offiziere und Kapitäne im Zweifelsfall mehr Glauben geschenkt worden zu sein als denen der klagenden Seeleute. Dies lag möglicherweise an der Tatsache, daß, wie erwähnt, der Vorwurf der Mißhandlung auch zum Repertoire einer jeden Heuerklage gehörte. Zumindest wurden aber solche Anzeigen wegen Mißhandlung von der Justiz nicht ignoriert, sondern untersucht und auch geahndet. Ob es allerdings immer gelang, die betreffenden Kapitäne auch wirklich zur Rechenschaft zu ziehen, ist eine andere Frage.

3.3.2 Konflikte und Strafen

Durch die strikte Hierarchie an Bord war die Person des Kapitäns, seine Führungsqualitäten und sein Charakter, entscheidend für die Verhältnisse an Bord. Disziplin und ihre Durchsetzung waren damit unmittelbar abhängig von der Art und Weise, wie der Kapitän seine Macht innerhalb des sozialen Gefüges des Schiffs gebrauchte.[939] Zwar gab es, wie gezeigt, gewisse traditionelle Grenzen der Kapitänsgewalt, doch waren diese natürlich auf See nur schwer einklagbar. Wenn sich ein Kapitän an Bord als Tyrann erwies, gab es für die Mannschaft nur wenig, was sie dagegen tun konnte, wie z.B. Dana beschreibt: *But besides the numbers, what is there for sailors to do? If they resist, it is mutiny; and if they succeed, and take the vessel, it is piracy. If they ever yield again, their punishment must come; and if they do not yield what are they to be for the rest of their lives? If a sailor resists his commander, he resists the law, and piracy or submission is his only alternative. Bad as it was, they saw it must be borne. It is what a sailor ships for. Swinging the rope over his head, and bending his body so as to give it full force, the captain brought it down upon the poor fellow's back.*[940]

Das Seerecht war ebenso wie der Verhaltenskodex in diesen Fällen eindeutig: Der Seemann war verpflichtet, auf See seinem Kapitän zu gehorchen. Bei allen Verstößen gegen diese Grundpflicht, seien sie noch so berechtigt, mußten die Seeleute als Meuterer mit einer schweren Ahndung rechnen. Solche Vorfälle waren im 18. Jahrhundert an Bord von Handelsschiffen keine Seltenheit. Allerdings war der Tatbestand der Meuterei in früheren Jahrhunderten wesentlich unbestimmter als heute, denn erst im Laufe des 19. Jahrhunderts setzte sich die moderne Definition durch, nach der eine Meuterei einen kollektiven Akt der Widersetzlichkeit unter Beteiligung von zwei oder mehr Personen darstellte. Ebenso nannte man auch Verstöße gegen die Disziplin oder Handlungen, die man heute eher als Streik bezeichnen würde, Meuterei.[941] Bereits im 18. und beginnenden 19. Jahrhundert gab es in England Formen der kollektiven Arbeitsverweigerung von Seeleuten, für die der Begriff »Streik« im heutigen Sinne zutreffend wäre. So kam es 1768 in London zu einem Ausstand der Seeleute, die Heuererhöhungen forderten, um einen Reallohnverlust durch rasant angestiegene Preise auszugleichen. Unter Vermeidung von Aufruhr und Gewalt wandten sich die Seeleute lediglich mit einer Petition an das englische Parlament. Den Seeleuten wurden zeitweilig Zugeständnisse gemacht, und es gelang, sie durch die Zusage erhöhter Heuern

◀ *Vorhergehende Doppelseite:* Der Neue Kran. Gemälde von Elias Galli, um 1680. Das Bild zeigt geschäftiges Treiben am Nikolaifleet in Hamburg mit einer Vielzahl von Schiffern, Fuhrleuten und Lastträgern. Rechts im Bild die Neue Waage an der Hohen Brücke.

zu bewegen, die Arbeit der gleichzeitig streikenden Kohlenschauerleute zu übernehmen. Als es darauf zu tätlichen Angriffen der Schauerleute auf arbeitende Matrosen kam, wurde die Armee zu Hilfe gerufen, die durch Anwendung von Gewalt die öffentliche Ordnung wiederherstellen konnte.[942]

Auch im Seeleutestreik des Jahres 1815 in Nordostengland ging es vor allem um die ökonomische und soziale Lage der Matrosen, die insbesondere durch die Seeleutearbeitslosigkeit in England nach dem Ende der Napoleonischen Kriege verschärft worden war. Auch hier zeigten die Seeleute wieder eine bemerkenswerte Zurückhaltung bei der Durchsetzung ihrer Forderungen, wie auch die örtliche Obrigkeit eher gelassen auf die Ausstände reagierte.[943] Bei diesen Streiks ist umstritten, ob es sich bei der an den Tag gelegten Disziplin der Seeleute bei der Durchsetzung ihrer Forderungen bereits um Formen politischer Willensbildung handelte, die die Arbeiterbewegung des 19. Jahrhunderts vorwegnehmen, wie es etwa Rediker behauptet.[944] Demgegenüber stehen Erkenntnisse, daß solche politischen Implikationen für die Zeit zwischen 1740 und 1819 kaum feststellbar sind und erst danach neben die rein ökonomischen Forderungen treten.[945] Ungleich häufiger als solche kollektiven Auseinandersetzungen im Hafen gab es während der Reise, abgesehen von individuellen Fällen von Insubordination, kollektive Formen der Befehlsverweigerung, die von relativ harmlosen Vorfällen bis zur »klassischen« Form der Meuterei, also der gewaltsamen Übernahme des Schiffs durch die Besatzung, reichten. Während des 18. Jahrhunderts kann aber auch bei diesen Meutereien an Bord noch nicht von politischen Zielsetzungen gesprochen werden, dieses Phänomen zeigte sich erst im 19. Jahrhundert.[946]

Neben kleineren Disziplinarproblemen, mit denen der Kapitän tagtäglich an Bord konfrontiert war, konnten Spannungen zwischen den Seeleuten und der Schiffsführung aber auch zu wesentlich kritischeren Situationen und im Extremfall sogar zum Zusammenbruch des sozialen Konsenses führen. All diesen Fällen ist gemeinsam, daß es sich dabei um einen vertikalen Konflikt innerhalb der Bordhierarchie handelte, in dem die Untergebenen versuchten, ihre Interessen und Forderungen gegen ihre Vorgesetzten durchzusetzen. Dabei sind jedoch zwei grundsätzlich in ihren

Segelschiffsmatrose, erste Hälfte des 19. Jahrhunderts. Volkstümlicher Bilderbogen aus Neu-Rupin.

Zielsetzungen divergierende Ausprägungen dieses Konfliktes zu unterscheiden. Die erste Form hat lediglich die Durchsetzung eines eigenen Gruppeninteresses zum Ziel, etwa die Verbesserung der Verpflegung

936 PRO - HCA 3/72f. 120.
937 Rediker, S. 217.
938 Earle, S. 149f.
939 W.R. Thrower: Life at Sea in the Age of Sail, London 1972., S. 188, und Dening, S. 155ff.
940 Dana: Two years, S. 104f.
941 Rodger, S. 221; Byrn, S. 169, und Bruijn: Meutereien, S. 262f. Vgl. auch Erler, Sp. 531f. Zu den ambivalenten frühneuzeitlichen Verbrechensvorstellungen siehe auch van Dülmen: Theater des Schreckens, S. 10ff. Vgl. zur heutigen Rechtsaufassung z.B. Wehrstrafgesetz der Bundesrepublik Deutschland, in der Fassung vom 24. Mai 1974, geändert durch Gesetz vom 21. Dezember 1979, § 27.
942 McLynn, S. 228f., und Rediker, S. 110. Rediker verweist unter anderem auf die interessante Tatsache, daß auch das Wort »Strike« etymologisch auf das Streichen der Segel durch die Seeleute, engl. »to strike«, also deren Weigerung, während ihrer Arbeitsniederlegung 1768 die Segel zu setzen, zurückzuführen ist.
943 Norman McCord: The Seamen's Strike of 1815 in North-East England, in: The Economic History Review, 2nd Series, Vol. XXI, No. 1, 1968, S. 142f.
944 Rediker, S. 288f.
945 McCord, S. 142f.
946 Bruijn: Meutereien, S. 252f.

oder die Abschaffung eines akuten Mißstandes an Bord. Die zweite zielte auf die Übernahme der Kommandogewalt und damit auf die Abschaffung oder die Ablösung der alten Bordhierarchie ab. Beide Arten der Widersetzlichkeit wurden jedoch im 18. und 19. Jahrhundert unterschiedslos als Meuterei oder Aufruhr bezeichnet.[947]

Die Memoiren vieler Seeleute aus dem Berichtszeitraum der Frühen Neuzeit berichten von Unruhen an Bord von Handelsschiffen, ebenso finden sich auch in deutschen und ausländischen Archiven zahlreiche Akten über solche Vorfälle.[948] Marcus Rediker hat in den Akten des High Court of Admiralty für den Zeitraum zwischen 1700 und 1750 Hinweise auf sechzig Meutereien an Bord englischer Handelsschiffe gefunden. Zwar gab es in diesem Zeitraum Perioden, in denen sich die Meutereien häuften, und es sind möglicherweise auch nicht alle Meutereien aktenkundig geworden, doch ergibt sich insgesamt ein Durchschnitt von einer Meuterei pro Jahr. In ungefähr der Hälfte der Fälle übernahmen die Meuterer, von denen sich etwa ein Drittel später der Piraterie zuwandte, das Schiff.[949] Angesichts der Größe der englischen Handelsflotte, 1702 ingesamt 323 000 tons und 1751 insgesamt 421 000 tons, ist diese Zahl jedoch relativ gering.

Um sich ein etwas genaueres Bild von der Häufigkeit von Meutereien auf englischen Handelsschiffen zum machen, mag eine spekulative Rechnung hilfreich sein: 1788 gab es in England 9355 Schiffe mit insgesamt 1 055 000 tons; dies ergibt eine Durchschnittstonnage von 112,77 tons. Legt man diese Größe zugrunde, so hätte es 1702 in England etwa 2860 Schiffe, 1751 immerhin 3730 Schiffe gegeben.[950] So vage dieser Anhaltspunkt auch ist, macht er zumindest deutlich, daß Meutereien relativ selten waren.

Zu einem ähnlichen Ergebnis kommt auch Jaap Bruijn in bezug auf Meutereien auf niederländischen Ostinidenfahrern. Bei einer Gesamtzahl von 8088 Fahrten nach Ostasien und zurück zwischen 1602 und 1795 fanden sich in den Archiven Akten über 45 Meutereien. Auch hier ist es wahrscheinlich, daß es mehr Fälle von Meuterei gab, dennoch scheint die Zahl der Fälle schwerer Insubordination an Bord niederländischer Ostindienfahrer relativ gering gewesen zu sein.[951]

Bereits Rediker und Bruijn weisen in ihren Untersuchungen darauf hin, daß Meuterei nicht gleich Meuterei war. Dies zeigen auch die Quellen. Die Bandbreite der unter diesem Begriff zusammengefaßten Vorfälle reicht von Insubordination, Aufwiegelung und Widersetzlichkeit mit einer großen Vielfalt der Motive und Ausprägungen. Diese erstreckten sich vom impulsiven Widerstand gegen vermeintliche oder tatsächliche ungerechte Behandlung und andere Mißstände an Bord über fortgesetzte Widersetzlichkeit und Angriffe auf die Autorität des Kapitäns und der Offiziere bis hin zur gewaltsamen Übernahme des Schiffs durch die Besatzung.[952]

3.3.2.1 Formen des Protests der Seeleute

Oftmals entstanden Konflikte zwischen Kapitän und Besatzung, wenn vermeintliche traditionelle Rechte der Seeleute angegriffen wurden. Obwohl der allgemeine Verhaltenskodex prinzipiell die Rechte und Pflichten aller Besatzungsmitglieder vom Kapitän bis zum Schiffsjungen definierte, standen die traditionellen Rechte, auf deren Beachtung die Seeleute Anspruch erhoben, den Interessen der Kapitäne und Kaufleute mitunter deutlich entgegen, die sich wiederum bemühten, solche in ihren Augen unrechtmäßigen Gepflogenheiten abzustellen. Ein Beispiel dafür waren Unterschlagungen und kleinere Ladungsdiebstähle der Seeleute, die diese als ihr gutes Recht betrachteten, wie Richter in seinen Reisebeschreibungen berichtet:

Die Seeleute sind überhaupt weit von dem Gedanken entfernt, daß sie einen Diebstahl begehen, wenn sie auf der Reise genießbare Artikel zu ihrem eigenen Gebrauch entwenden; auch sind sie der Meinung, der Kaufmann könne sich's wohl gefallen lassen, wenn sie sich auf seine Kosten etwas zu gute thäten, da sie mit Wind und Wellen kämpfen müßten, um ihm Reichthümer zuzuführen, während er zu Hause in größter Ruhe und im Ueberflusse lebe. Obschon in vielen Gegenden die Seeleute, nach geschehener Uebergabe der Ladung, einen gerichtlichen Eid ablegen (oder, wie man zu sagen pflegt, Verklarung thun) müssen, daß sie nichts veruntreuet haben, so glauben sie es doch mit gutem Gewissen thun zu können, wenn sie die entwendeten Waaren selbst verbraucht und nicht veräußert haben. Solche kleinen Diebereien finden auch bei den Kaufleuten leicht Entschuldigung; und selbst die Obrigkeit rügt dieselben, im Fall sie klagbar werden, selten so streng, als geschehen würde, wären sie auf dem festen Lande begangen worden. Dagegen wird die Entwendung solcher Güter, die nicht zum Genusse dienen, besonders wenn es in der Absicht geschieht, sie zu verkaufen, nach den Gesetzen des Landes bestraft; doch verfährt man zuweilen auch in diesem Fall mit auffallender Schonung. Im Ganzen verabscheuen die Seeleute dergleichen Diebstähle, besonders aber ist ein Geld- oder Kleiderdieb ein Gegenstand ihrer tiefsten Verachtung.[953]

Auch in diesem Fall galt offenkundig ein eindeutiger Verhaltenskodex. Der Unterschleif an der Ladung wurde von seiten der Matrosen als Kompensation für ihre Mühen betrachtet und auch von den Kaufleuten in einem gewissen Rahmen toleriert, wenn der Verlust nicht überhand nahm. Allerdings konnte es durchaus zu Konflikten zwischen den Befrachtern und den Kapitänen und Reedern kommen, wenn dieser Diebstahl über das akzeptierte Maß hinausging. Frercksen berichtet beispielsweise von Schwierigkeiten mit den Empfängern der Ladung wegen des Unterschleifs der Seeleute.[954]

Manchmal führten solche Auseinandersetzungen sogar zu einer Anklage gegen die Seeleute. So wehrte sich beispielsweise 1734 der Seemann James Chapman in einem Rechtsstreit mit den Reedern eines Schiffs gegen den Vorwurf, daß sich die Seeleute an der Ladung von Zucker und Rum vergriffen hätten.[955] Ein ähnlicher Fall ist im gleichen Jahr auch in Bremen verhandelt worden. Kapitän Hans Jaspers war mit einer Ladung Roggen in einen Sturm geraten, in dessen Verlauf die Ladung feucht geworden war. Während eines Aufenthalts in Brake war das Korn von der Besatzung eigenmächtig und auf eigene Rechnung verkauft worden, woraufhin die Versicherer von Kapitän Jaspers Schadenersatz forderten. Jaspers wiederum verklagte seine Besatzung, die daraufhin vom Bremer Seegericht zur Zahlung des geforderten Schadenersatzes verurteilt wurde.[956]

Manche Seeleute betrachteten überdies die Befehlsgewalt des Kapitäns offenkundig als nur auf den Zeitraum der tatsächlichen Fahrt des Schiffs beschränkt. Daß seine Kommandogewalt dagegen im Hafen durchaus nicht so unumstritten war, zeigt sich in einem Streitfall aus Lübeck aus dem Jahr 1786. Hier gab der Schiffszimmermann seinem Kapitän auf dessen Frage, warum er nicht um Erlaubnis gebeten habe, bevor er in einem fremden Hafen das Schiff verlassen habe, die Antwort: ... *sie fahren nicht mit ein Orlof Schif. Wahren auch sowohl kein Unterthan von mir, um nicht alle zeit mit ihn in Streit zu Leben habe ich ihn nachgegeben und still geschwiegen und sie sein an Land gegan ohne zu fragen wowohl in Franckreich, Engeland Russ Land wo wir gewesen sein.*[957]

Daß es sich hierbei nicht um eine grundsätzliche Ablehnung der Befehls- und Disziplinarbefugnisse handelte, wie teilweise angenommen[958], sondern nur um deren Beschränkung auf die Zeit der Seereise des Schiffs, wird bereits im selben Fall deutlich, denn bei einer tätlichen Auseinandersetzung zwischen dem Steuermann des Schiffs und zwei Matrosen alarmierte derselbe Zimmermann den Kapitän zur Schlichtung des Streits, den dieser, wenn auch mit Mühe, beenden konnte. Hier wird die prinzipielle Autorität des Kapitäns besonders deutlich, da der Zimmermann trotz seines Konflikts mit dem Kapitän sich wie selbstverständlich an diesen wandte, um für die Wiederherstellung von Ruhe und Ordnung an Bord zu sorgen und nicht versuchte, dieses Problem selber zu lösen, was bei einer korporativen Sozialordnung an Bord nahegelegen hätte. Auch die meisten anderen Schwierigkeiten mit der Besatzung ereigneten sich, mit Ausnahme einer zweiten tätlichen Auseinandersetzung zwischen Zimmer- und Steuermann, fast ausschließlich im Hafen.[959]

Ebenso oft resultierten Konflikte an Bord aber auch aus einem Verstoß des Kapitäns gegen Normen des

947 Ebd. Vgl. auch Das Grosse Universallexikon aller Wissenschaften und Künste, Bd. XXX: Q und R – Reh, Halle und Leipzig 1741, Sp. 1458.

948 Siehe beispielsweise STAB 2 - R. 11.1.8 (Desertion und Meuterei, Bd. 1, 1771–1860); AHL, ASA Interna/Seesachen, Nr. 39/1 und Nr. 44/1, oder LASH, Abt. 65.2, Nr. 836 I. Vgl. auch die Kurzbiographien, z.B. *Hansen, Nettelbeck,* oder *Wever* im Anhang.

949 Rediker, S. 227f., und Earle, S. 175ff.

950 Tonnagezahlen nach Davis, S. 27 und 79.

951 Bruijn: Meutereien, S. 251ff.

952 Vgl. z.B. die dokumentierten Fälle im Staatsarchiv Bremen (STAB) 2 - R. 11.1.8 (Desertion und Meuterei, Bd. 1, 1771–1860); im Archiv der Hansestadt Lübeck (AHL), Altes Senatsarchiv (ASA) Interna/Seesachen, Nr. 39/1 und Nr. 44/1; im Schleswig-Holsteinischen Landesarchiv (LASH), Abt. 65.2, Nr. 836 I. oder PRO – HCA 1/58, f. 7ff.

953 Richter, Bd. 2, S. 186f.

954 *Frercksen*, S. 115.

955 PRO - HCA 13/88fol. 393.

956 STAB 2 - R. 11. b. 7. (Schiffergilde, auch Seegericht 7. Protokolle des Seegerichts).

957 AHL, ASA Interna/Seesachen, Nr. 41/1.

958 Vgl. dazu Welke: Obrigkeit auf dem Achterdeck, S. 71. Hier wird behauptet, im 18. Jahrhundert hätten Herrschaftsbefugnisse des Kapitäns allein auf dem Konsens der Besatzung beruht.

959 AHL, ASA Interna/Seesachen, Nr. 41/1.

Seerechts oder den informellen Verhaltenskodex, wobei die Chancen, während der Reise gegen einen tyrannischen Kapitän vorzugehen, nur sehr gering waren. Während den Kapitänen aufgrund ihrer Straf- und Disziplinarbefugnisse ein reichhaltiges Repertoire an Zwangsmitteln zur Verfügung stand, mußte sich die Unzufriedenheit der Seeleute andere Wege des Widerstandes suchen. Zwar bestand theoretisch die Möglichkeit, sich an einen Konsul oder den Kommandanten eines Kriegsschiffes zu wenden, praktisch jedoch ergaben sich hierbei gewisse Schwierigkeiten, da in den meisten Fällen der Kapitän in der Lage war, zuerst vor dem Konsul oder dem Kriegsschiffskommandanten seine Version der Ereignisse darzulegen. Erst nach der Rückkehr hatten die Seeleute die Möglichkeit, Kapitäne und Offiziere zu verklagen.[960] So berichtet auch Richardson von einem Versuch einer Besatzung, sich bei dem Kommandanten einer englischen Fregatte über seinen Kapitän zu beschweren: *The* PERSEVERANCE, *an English 36-gun frigate, was lying here and some of our people wrote a letter to her captain, stating, that if he would sent a boat with an officer in her they would enter into his ship. But of this our captain had got notice, and had described our crew as bad and dishonest set to him, so that he would have nothing to do with them, and our captain was so asperated that he soon had an opportunity to show it.*[961]

Der englische Marinehistoriker Rodger hat für die Royal Navy in der Mitte des 18. Jahrhunderts festgestellt, daß Meutereien zur Durchsetzung eines kollektiven Gruppeninteresses an Bord englischer Kriegsschiffe recht häufig waren und auch von der Obrigkeit als legitimes Mittel betrachtet wurden, solange sie einem informellen und traditionellen Regelkodex folgten. Nach Rodger lauteten diese Regeln ungefähr:

1. Keine Meuterei sollte auf hoher See oder in der Nähe des Feindes stattfinden.
2. Keinerlei körperliche Gewalt durfte angewendet werden, obwohl ein gewisses Maß Tumult zulässig war.
3. Meutereien waren nur zulässig zur Durchsetzung von Forderungen und Ansprüchen, die durch die Tradition der Royal Navy als legitim anerkannt waren.[962]

Auch wenn diese Bedingungen nicht ohne weiteres auf die Handelsschiffahrt übertragen werden können, geben sie dennoch gewisse Anhaltspunkte über legitime und illegitime Formen des Widerstandes gegen wirkliche oder vermeintliche Mißstände an Bord. Auch an Bord von Handelsschiffen gab es gewisse Regeln für das Vorgehen der Besatzung gegen die Autorität des Kapitäns und seiner Offiziere. So galten beispielsweise Befehlsverweigerungen auf hoher See nur in Ausnahmefällen als legitime Form des Protestes. Dementsprechend führte auch Jan Wever trotz der Schikanen seines Kapitäns auf See alle ihm gegebenen Befehle aus und ging erst nach dem Einlaufen im nächsten Hafen zu einem Konsul, um seine Entlassung zu verlangen, die er nach längeren Verhandlungen auch erhielt.[963] Bei dieser Gelegenheit beschreibt Wever in seinen Memoiren noch einmal explizit das Prinzip, daß auf See jeder Befehl zu befolgen ist: *Toen begon ik te vertellen, hoe het daar aan boord gelegen was en dat wij ons leven niet veilig waren en wat wij te eten kregen, zou een varken laten staan. Dus het was onmogelijk dat wij daar naa aan boord konden blijven en wij waren nu aan land en ik wou mijn recht zoeken. Op zee hadden wij ons plicht volbracht en ik vertelde de consul, wat er nu dan gebeurd was, maar hij liet mij niet uitpraten.*[964]

Ähnlich wie in der Royal Navy war auch in der Handelsschiffahrt nicht jeder Beschwerdegrund gewichtig genug, um einen organisierten Protest der Besatzung zu rechtfertigen. So setzt beispielsweise Dana für die Rechtmäßigkeit eines organisierten Widerstandes an Bord von Handelsschiffen zwingend voraus, daß auch hier ein schwerwiegender, objektiv nachvollziehbarer Grund dafür vorhanden gewesen sein muß: *In all these cases of revolt, mutiny, endeavors to commit the same, and confinement of the master, it is to be remembered that the acts are excusable if done from a sufficient justifying cause. ... But an excuse of this kind is received with great caution, and the crew should be well assured of the necessity of such a step, before taking it, since they run a great risk so interfering.*[965] Ebenso führt Jacobsen über die Berechtigung des Widerstands an Bord an, daß dafür gewichtige Gründe vorhanden sein müssen: *Ein herrischer und harter Ton und eine übertriebene Art in Ausübung der Gewalt, wird von dem Gerichte nie für einen Grund gehalten werden, Widerstand zu rechtfertigen. Es wird nicht hinreichend seyn, dass ein Mangel der Höflichkeit und Aufmerksamkeit, welche bei anderen Gelegenheiten gewöhnlich ist, und die bei jeder Ausübung der Auctorität wünschenswerth wäre, eintrete. Die Natur des Dienstes erfordert, dass Personen, die sich darauf ein-*

lassen, sich in die Umstände fügen die damit verknüpft sind, und diese Umstände sind nicht selten dringend, und erwecken heftige Empfindungen, die ihren Ausweg in starken Ausdrücken und heftigem Benehmen finden. Personen, welche dieser Art Auctorität unterworfen sind, müssen nicht launisch seyn, und den Mangel eines formellen und ceremonieusen Betragens übel nehmen.[966]

Ein rüder Umgangston des Kapitäns mit der Besatzung war vielleicht nicht der beste Stil, aber auf See durchaus üblich.[967] Vor allem war ein solches Verhalten keinesfalls eine Rechtfertigung für Insubordination, wie auch das Bremer Criminalgericht 1834 anläßlich eines solchen Falls ausführte: *Dem gesetzt, auch Sekermann und Degerick wären vom Capitain oder Steuermann auf eine nicht zu billigende Weise behandelt worden, so könnten sie sich dem am leichtesten entziehen, wenn sie an ihre Arbeit gingen, wogegen dieses Zusammentreten der Matrosen, welches die auf dem Schiffe unentbehrliche Subordination auf das äußerste gefährdete, die Sache nur noch schlimmer machen müßte. Auch läßt sich nicht verkennen, daß wenigstens von dem Augenblicke, wo Sekermann und Degerick die Matrosen und sich versammelt hatten, nicht mehr von einem Angriffe des Capitains und des Steuermanns auf sie, sondern nur umgekehrt von einem Angriff ihrerseits auf Jene die Rede sein kann.*[968] Aus diesen grundsätzlichen Erwägungen über die Gehorsamspflicht der Seeleute und die Notwendigkeit der Aufrechterhaltung der Disziplin an Bord wurde Degerick zu einer mehrwöchigen Gefängnisstrafe verurteilt.

Die übliche Form des Protestes gegen Mißstände an Bord von Handelsschiffen war eine in aller Form geäußerte Beschwerde durch einen gewählten Sprecher der Besatzung.[969] Dieser vertrat die Besatzung dem Kapitän gegenüber, wie es z.B. Nagle in einem Heuerstreit mit dem Reeder eines Schiffs tat: *The crew wished me to be spokesman, as they ware of different languages and not able to speak for themselves.*[970]

Einen ähnlichen Vorfall beschreibt auch der Schiffsjunge Franz von Wahlde. Eines Morgens, so erzählt er, hatte der Schiffskoch erklärt, *auf Kapitänsbefehl fiel der Kaffe von jetzt an fort. Da gab es ein Spektakel, »Herr du meines Lebens«. Einstimmig ward verweigert vor dem Frühstück Arbeit zu thun.*[971] Die Mannschaft blieb daraufhin in ihrem Quartier. Als der Erste Steuermann erschien, weigerten sich die Seeleute, das Deck zu waschen. Als schließlich der Kapitän an Deck erschien, versammelte sich die Besatzung an Deck, um ihre Beschwerden vorzubringen, wobei der Segelmacher als Mannschaftssprecher das Wort ergriff: *Der Capitän ließ den Segelmacher kommen, dieser machte den Capitän offiziell bekannt, außerdem beschwerte er sich mit laut vernehmbarer Stimme, daß der »Zweite« sich bei dem Abwiegen des Fleisches stets des englischen Gewichtes bediente, das leichter sei wie das deutsche.*[972] Nachdem sich der Kapitän die Beschwerden der Mannschaft angehört und sich mit seinem Ersten Steuermann beraten hatte, erklärte der Steuermann ... *daß der Capitän gesonnen sei, ihren Beschwerden nachzugeben. Alle Leute gingen alsbald ruhig zur Arbeit, als ob nichts ungewöhnliches sich ereignet habe.* Damit war der Konflikt friedlich beigelegt.

Auch Carl Wolfgang Petersen berichtet von einem vergleichbaren Ereignis. Während einer Reise von Hamburg nach Ostindien weigerten sich der Kapitän und die Offiziere trotz eines erheblichen Mangels an Proviant und zahlreicher Kranker an Bord, einen Nothafen anzulaufen. Daher entschloß sich die Mannschaft, sich direkt an den Kapitän zu wenden und von diesem zu verlangen, den nächstgelegenen Hafen anzusteuern: *Die Mannschaft berieth sich, was zu thun sei, um der lebensgefährlichen Lage, sowohl ihrer sterbenden Kameraden wie ihrer eigenen abzuhelfen. Der Beschluß wurde unter der ganzen Mannschaft am Vordermast angenommen und sogleich zur Ausführung gebracht. Der erste Zimmermann Clemandt und ein ältlicher tüchtiger Seemann an der Spitze, marschirte die Hälfte der noch gesund gebliebenen Mannschaft an Steuerbordseite, die andere Hälfte an Backbordseite das Deck entlang nach der Kajüte hin. Auf die Aufforderung der Mannschaft erschienen Capitän Koch und der erste Steuermann, Carl Blackschmidt, auf dem Kajütdeck. Es wurde jetzt ernstlich hin und her discutirt und das Resultat war, daß der Curs unverzüglich von Genua ab auf Cartagena gerichtet*

960 Vgl. z.B. Mercantile Marine Act 1850, §§ 102 und 115, Obrigkeitliche Verordnung Bremen 1852, § 67, und Abbott (1856), S. 132.
961 *Richardson*, S. 81f.
962 Rodger, S. 238.
963 *Wever*, S. 37ff.
964 Ebd., S. 39f.
965 Dana: The seaman's friend, S. 215.
966 Jacobsen: Seerecht, S. 205f.
967 Dening, S. 55.
968 STAB 2 - R.11.1.8 (Desertion und Meuterei Bd. 1, 1771–1860).
969 Earle, S. 177f.
970 *Nagle*, S. 276f.
971 *Von Wahlde*, S. 43f.
972 Ebd, S. 44.
973 Ebd, S. 44.

wurde.[974] Auch in diesem Fall konnte das letztlich vernünftige und einlenkende Verhalten des Kapitäns und der Offiziere eine weitere Eskalation der Situation verhindern.

Daß die kollektive Widersetzlichkeit der Besatzung aber durchaus auch einen anderen Ausgang nehmen konnte, beschreibt dagegen Dana. Hier sorgte die Weigerung des Kapitäns, auf die Beschwerde seiner Besatzung zu reagieren, für eine nachhaltige Verstimmung an Bord: *So much for our petition for the redress of our grievances. The matter was, however, set right, for the mate, after allowing the captain due time to cool off, explained it to him, and at eight we were called aft to hear another harangue, in which, of course, the whole blame for the misunderstanding was thrown upon us. We ventured to hint that he would not give us time to explain; but it wouldn't do. We were driven back discomfited. Thus the affair blew over, but the irritation caused by it remained; and we never had peace or a good understanding again so long as the captain and the crew remained together.*[975]

Einen ähnlichen Konflikt an Bord beschreibt auch Jacob Nagle. Obwohl der Kapitän den Ruf eines Leuteschinders besaß, hatte er sich zunächst seiner Mannschaft gegenüber gut benommen. Erst als er im Ankunftshafen seinen Leuten befahl, trotz der großen Hitze unter Deck zu schlafen, um sie an der Desertion zu hindern, kam es durch diese Schikane zum Streit, als der Kapitän durch die Entgegnung der Seeleute, daß sie keinesfalls entlaufen wollten, in Wut geriet. Er bewaffnete sich mit zwei Pistolen, und auch die Mannschaft griff zu Handspaken als Schlagwaffen. Allein durch ein klärendes Gespräch zwischen dem Kapitän und Nagle als dem Sprecher der Besatzung konnte die Lage entspannt und die Ordnung an Bord wiederhergestellt werden. Der Rest der Reise verlief in so guten Einvernehmen, daß ein großer Teil der Crew nach dem Ende der Fahrt erneut auf dem Schiff anheuerte.[976]

Peter Hansen berichtet ebenfalls von einem Fall, in dem das Verhalten des Kapitäns, hier bezogen auf schlechten Proviant, einen schweren Konflikt an Bord provozierte, den Hansen sogar explizit als Meuterei bezeichnet: *Wir waren bereits auf der Höhe der azorischen Inseln angekommen, als unter der Schiffsmannschaft Meuterei ausbrach. Die Veranlassung zu derselben gab der schlechte Schiffsproviant. So wurde an einem Donnerstag Budding gereicht aus Mehl, in dem es von fingerlangen Würmern wimmelte. Wir stellten dem Capitain vor, daß dieses Gericht ungenießbar, erhielten aber zur Antwort, daß dasselbe noch viel zu gut für uns sei.*[977] Es kam in der Folge zu einer körperlichen Auseinandersetzung zwischen Hansen, dem Kapitän und dem Zweiten Maat. Weitergehende Konsequenzen hatte dieser Vorfall zwar nicht, doch der Kapitän erklärte Hansen zu guter Letzt, er würde Hansen nun nicht die nur mündlich vereinbarte Heuer auszahlen, weswegen Hansen bei nächster Gelegenheit das Schiff verließ.[978]

Wie die bislang geschilderten Fälle deutlich machen, waren viele »Meutereien« lediglich spontane Reaktionen auf akute Mißstände, die entweder durch ein energisches Einschreiten oder durch das Einlenken der Schiffsführung beigelegt wurden. Jedoch waren die Beschwerden der Seeleute nicht immer gerechtfertigt oder durch die Tradition legitimiert, sondern häufig offensichtliche Versuche, dem Kapitän auf unzulässige Weise zusätzliche Gratifikationen abzunötigen. Der englische Kapitän Kelly etwa erzählt von einer Reise in die Karibik, bei der sich seine Besatzung unter der Führung des Ersten Maats weigerte, auszulaufen, bevor er ihnen nicht eine Prämie für das Nicht-Desertieren ausgezahlt habe: *At 5 p.m. I ordered the anchor to be lifted, but the mate and crew refused to do anything till I gave notes for the ›run‹ money. The mate, I found, was at the head of the mutiny, and was a most barefaced rogue ingrain.*[979] Sollte Kelly sich nicht zur Zahlung dieser Prämie bereit erklären, würde die Crew desertieren. Dieser Erpressung konnte sich Kelly nicht entziehen, da es einen erheblichen Mangel an Seeleuten gab und die Bezahlung dieser vertragswidrigen Gratifikation die einzige Chance war, die Reise mit einer ausreichenden Besatzung zu beenden, worüber sich Kelly bitter beklagt.

Scheiterte der Versuch der Seeleute, den Kapitän durch eine Beschwerde zum Einlenken zu bewegen, griff die Mannschaft zu anderen Formen des Widerstandes. Beliebt war beispielsweise langsames, schlechtes Arbeiten.[980] Diese Form der indirekten Arbeitsverweigerung beschreibt auch Dana: *When there is danger or necessity, or when he is well used, no one can work faster than he; but the instant he feels that he is kept at work for nothing, or, as the nautical phrase is, »humbugged,« no sloth could make less headway. He must not refuse his duty, or be in any way disobedient, but all the work that an officer gets out of him he may be welcome to. Every man who has been three months at sea knows how to »work Tom Cox's traverse« – »three turns round the longboat, and pull at the scuttled butt.« This morning everything went in this way. ... Send a man below to get a block, and he would capsize everything before finding it, then not bring it up till an officer had called him twice, and take as much time to put things in order again.*[981] Mitunter griffen die Seeleute aber auch zu härteren Mitteln, wie der direkten Arbeitsverweigerung, um den Kapitän zu einer Änderung seines Verhaltens zu bewegen. So berichtet Jan Wever, daß die Mannschaft während eines Sturms an den Pumpen arbeiten mußte, die Steuerleute dagegen auf Befehl des Kapitäns davon ausgenommen waren. Daher beschloß die Mannschaft, so lange nicht zu pumpen, bis auch die Offiziere ihren Teil an der Arbeit taten: ... *Toen besloten wij, dat de stuurlui, ook mee zouden pompen. ... Ik zei als jullie niet pompen, dan pompen wij ook niet meer en dan zinkt het schip om mijn part. ... Zij gingen an de pompen en toen pompten ze altijd mee en wij kregen goed weer.*[982]

Auch der Seemann Broder Feddersen von der Halbinsel Eiderstedt im Herzogtum Schleswig berichtet von einem Fall, bei dem die Seeleute ihre Interessen durchsetzen konnten. Nachdem der Koch des Schiffs während der Reise nach einer tätlichen Auseinandersetzung mit dem Kapitän seines Amtes enthoben worden war, befahl dieser Feddersen, dessen Aufgaben zu übernehmen. Als er sich weigerte, wurde er, wie später auch drei andere Matrosen, an Land gesetzt. Daraufhin weigerte sich die Mannschaft jedoch weiterzufahren, bevor nicht Feddersen und seine Kameraden wieder an Bord waren. Nachdem der Kapitän vergeblich versucht hatte, durch einen Gefängnisaufenthalt den Willen seiner Leute zu brechen, sah er sich zu guter Letzt gezwungen, nachzugeben: *Der Kapitän welcher merkte, daß im Bösen nichts mit uns zu machen sei, sagte jetzt, daß alles vergessen und vergeben sei wenn wir jetzt alle an Bord und an unsere Arbeit gingen. Weiter konnten wir nichts verlangen, gingen also an Bord und hatten es seit der Zeit auch wirklich viel besser, wenigstens hatte ich keine Ursache mich ferner zu beklagen. Hier in Hamburg aber hat der Kapitän sein Wort gebrochen, als wir beim Wasserschout unser Geld erhielten, wurde ungefähr die Hälfte zurückbehalten.*[983] Zumindest während der Fahrt war es den Seeleuten gelungen, den Kapitän zu einer Änderung seines Verhaltens zu bewegen, auch wenn er sein Wort später brach.

Eine gute oder schlechte Behandlung der Mannschaft machte sich jedoch nicht nur durch eine schlechte Stimmung an Bord, Proteste oder Desertionen der Seeleute während der Reise bemerkbar. Offenkundig gab es ein informelles Kommunikationsnetzwerk innerhalb der Seefahrtskreise, so daß z.B. Informationen über Kapitäne, die ihre Mannschaften schlecht behandelten, im Umlauf waren und diese es mitunter schwer hatten, eine Besatzung zu finden.[984] So erzählt Edward Barlow von einem solchen schlecht beleumundeten Kapitän, auf dessen Schiff er nur mit gewissen Bedenken anheuerte: *But yet our commander, named John Smith, had none of the clearest report for his civil and his honest carriage towards his men and servants; nevertheless I shipped myself and intended to go the voyage with him* ...[985] Nagle dagegen berichtet von einem Heuerangebot, das er aufgrund mangelnder Informationen über den Kapitän und dessen Behandlung der Mannschaft ausschlug: ... *he was very desirous for me to go, but I was doubtful in that case what the capt*[ain] *might be. The mate offered me 18 doll*[ar]*s in advance. I had a nother seaman with me, but we concluded not to go.*[986]

Allerdings konnte der schlechte Ruf eines Kapitäns auch in die Irre führen und sich ein Kapitän trotz seines schlechten Leumunds in Seemannskreisen als tüchti-

974 *Petersen*, S. 25f.
975 Dana: Two years, S. 54f.
976 *Nagle*, S. 294–296: ... *He then plead that he was afraid we ware going to leave him and then he would be in distress. I told him to treat us as he had done heretofore and there was no danger of loosing a man of us. Therefore it was all settled for that night. ... When we came to the merchants counting house to be paid our wages, the merchant asked the boatswain and myself particularly how we liked the capt. We told him we liked the capt verry well, and the Capt Johne was standing by. »It is surprising,« says the merchant, »this three voiges that he has been in my vessel, what did not runaway complained greatly against him.« I answered, »That might be, but where good seamen is, they will force him to be good and have their rights,« which the capt confessed he would wish to have us all again, which they did except myself, who was desirous to come to America.*
977 *Hansen*, S. 20f.
978 Ebd., S. 21.
979 *Kelly*, S. 303f.
980 Weibust, S. 388.
981 Dana: Two years, S. 75f.
982 *Wever*, S. 38f.
983 Broder Feddersen: Ein Friese auf dem Sklavenschiff, Erlebnisse des Seemannes Broder Feddersen aus Wester-Schnatebüll in Nordfriesland in den Jahren 1843 bis 1852, von ihm selbst geschildert in 42 Briefen an seine Eltern, transkribiert und in einer einmaligen Auflage von 120 Exemplaren gedruckt von seinem Großneffen Berend Harke Feddersen, Kleiseerkoog (Niebüll Land) für die Freunde der Familie, o.O., o.J., Brief 11a: 6. Juni 1845, S. 15f.
984 Rediker, S. 134, und Feldbæk: Storhandelens tid, S. 172.
985 *Barlow*, S. 352.
986 *Nagle*, S. 258.

ger und fairer Schiffsführer erweisen. In den Memoiren finden sich auch dafür zahlreiche Hinweise. So berichtet beispielsweise Jacob Nagle von einer solchen Erfahrung: *Though the capt bore the name of a tarter, I never wished to sail with a better capt.*[987] Auch William Richardson berichtet von einem Kapitän, der den Ruf eines harten Kommandanten hatte, sich aber während der Reise als durchaus erträglich erwies.[988]

Vielfach konnten die an Bord vorgefallenen Streitigkeiten zwischen Seeleuten, Reedern und Kapitänen, etwa um Heuerzahlungen, nicht direkt geregelt werden. In diesen Fällen stand allen Beteiligten der Rechtsweg offen, wenn andere Möglichkeiten der Schlichtung versagt hatten. Allerdings mußte eine solche Sache nicht immer vor Gericht verhandelt werden. So zog mancher Reeder bereits aufgrund von Beschwerden der Mannschaft seine Konsequenzen, wie Nagle über einen Kapitän berichtet, der zuwenig Mannschaftsverpflegung an Bord hatte, so daß die Mannschaft fast verhungert wäre: ... *and the last supply was a bisquit a day for 21, and one young sailor eat what he had in half time and must of perished if we had not broken a small piece off of our allowance each of us, by that means he had equal to what we had, but ariving in Philadelphia* [29 March 1803], *the mate informing the merchant, the capt[ain] was turned out of the ship.*[989]

Andere Streitfälle konnten durch eine Schlichtung oder eine Vermittlung Dritter beigelegt werden, ohne daß die Sache vor Gericht ging. So berichtet beispielsweise Edward Barlow von einer Klage, die die Witwe eines Seemanns gegen Barlow anstrengte, da dieser ihrer Meinung nach durch übermäßige Schläge den Tod ihres Mannes verursacht hatte. Letztlich konnte sich Barlow mit einem Vergleich aus der Sache herauswinden: ... *rather than put it to a trial they agreed for me to give the widow fifty pounds, and five pounds to the lawyer for his advice and pain: and so I had a discharge from the widow and her executors ... having then gone to sea thirty-six years; and I had many times before met with several knaves and rogues but never with any that accused me in that nature before, I always being reckoned rather too mild than too harsh to bear command over a parcel of seamen, for they are troublesome and unruly many times.*[990]

Ähnlich wurde, wenn auch mit erheblichen Mühen, 1799 ein Streit zwischen Kapitän Axien vom Kopenhagener Schiff HIESING und seiner Schiffsmannschaft nach mehreren vergeblichen Schlichtungsversuchen durch einen Kompromiß beigelegt. Die Seeleute hatten sich unerlaubt vom Schiff, das eingefroren im Hafen lag, entfernt, nachdem ihr Versuch, von Kapitän Axien Geld zu erhalten, das sie angeblich für ihre Schulden bei diversen Wirten benötigten, gescheitert war. Obwohl Kapitän Axien seiner Mannschaft zugesichert hatte, Geld für die Bezahlung ihrer Schulden zu hinterlegen, damit es nach dem Auslaufen des Schiffes an die Wirte weitergegeben werden könnte, weigerten sich die Seeleute bis auf drei, wieder an Bord zu gehen und die Reise fortzusetzen. Alle Vermittlungsversuche scheiterten, wie auch alle Ermahnungen, an Bord zurückzukehren, vergeblich waren. Die Seeleute verweigerten sogar notwendige Schiffsarbeiten wie das sogenannte *Aufeisen,* also das Freischlagen einer Rinne um das eingefrorene Schiff herum, und hatten sich allem Anschein nach auch an der Kajütfracht vergriffen.

Auch der Ältermann des Flensburger »Schiffergelags« Knudt, der auch für die nautische Schiedsgerichtsbarkeit zuständigen Flensburger Schiffergesellschaft[991], an den sich die Mannschaft gewandt hatte, konnte sie mit seiner eindringlichen Aufforderung nicht dazu bewegen, wieder an Bord zurückzukehren. Vielmehr versuchten die Seeleute, nachdem sie sich auf dem Weg zum Schiff betrunken hatten, ihren persönlichen Besitz unter dem Vorwand, ihren Dienst wieder aufzunehmen, vom Schiff zu holen, was Kapitän Axien nur mit Hilfe einiger ortsansässiger Männer verhindern konnte. Neben Axien bestätigte auch der Obersteuermann Schwenne Petersen Sansberg diese Darstellung der Dinge, während die Mannschaft behauptete, an Bord mißhandelt worden zu sein. Die Angelegenheit wurde schließlich mit einem Kompromiß beigelegt. Die Seeleute wechselten zur königlich-dänischen Flotte, und Kapitän Axien erklärte sich bereit, sie zu entlassen und ihnen die zustehende Heuer auszuzahlen: ... *daß ausser dem, bereits enrollirten Matrosen Hyttmann, Acht andere zur Besatzung des Schiffes Hiesing gehörig Gewesene sich nach Auslieferung ihrer Sachen und Vergütung, des bis zum eigenmächtlichen Abgang vom Schiffe verdienten Lohnes beym Commandeur von Thurah für den Königl. Seedienst enrolliren lassen, frey aber, ihr Vergehen bereut und gut willig wieder an Bord gegangen und der Schiffs-Capitain Axien selbst erkläret: Sich mit erstern nicht weiter befassen* [zu wollen] ...[992]

Es gab aber auch berechtigte Fälle, die Weiterfahrt zu verweigern. 1761 weigerte sich eine Bremer Schiffsmannschaft in Altona, mit einem lecken Schiff auszulaufen, bevor dieses nicht repariert wäre. Die Seeleute sagten aus: ... *daß das Schiff wäre leck geworden, und hatten sie das Wasser biß so a 11 Fuß darauspumpen müßen; Nun wäre das Schiff dabey oben dem Wasser zwar repariert, unter Wasser aber mußte auch ein Leck gewesen seyn, welches der Schiffer nicht repariren lassen wollen. Und hatten sich Bekl. offerirt die Reiße mit Kl. zu thun, wenn das Schiff behörig reparirt würde, und es auch ein Jahr und noch länger dauern solte.*[993]

Der Kapitän des Schiffs, Johann Wischhußen, bestätigte den Zustand des Schiffs, gab aber zugleich an, daß er Sachverständige zur Begutachtung des Schadens herangezogen und diesen anschließend repariert habe. Dennoch hatte die Besatzung wegen des Schadens beim Oberpräsidenten in Altona vorgesprochen, der seinerseits Sachverständige an Bord schickte und aufgrund deren Aussage angeblich entschied, die Besatzung dürfe selber entscheiden, ob sie die Reise fortsetzen oder lieber abmustern wolle: ... *Diese hetten auch das Schiff besichtigt in ihrer und des Klägers Gegenwart; und wie dieße ihren raport erstattet, wären Sie und Kläger vor dem HE Ober Praesidenten wieder vorgelaßen, der dan ihnen die resolution gegeben, daß derjenige, der mitfahren wolte mitfahren konte, der aber nicht wolte, es lassen konte.*[994]

Kapitän Wischhußen erklärte dagegen, daß es eine solche Entscheidung seitens des Oberpräsidenten nicht gegeben hätte. Daraufhin entschied das Gericht, daß die Seeleute, sofern es ihnen nicht gelänge nachzuweisen, daß ihnen die Abmusterung durch den Oberpräsidenten in Altona tatsächlich gestattet worden war, die bereits erhaltene halbe Heuer zurückzahlen müßten:

Daß Bekl. die empfangene halbe Heuer zu restituiren schuldig, es wäre den daß sie innerhalb 14 Tagen erweisen könten, daß der HE Ober Praesident zu Altona die Sache dergestalt entschieden, daß wer von Ihnen mitfahren wolte, solcheres thun, wer aber nicht wolte, es lassen konte; als in welchem Falle anderweitig in der Sache ergehen solte.[995]

Neben den zur Schlichtung von Streitereien zwischen Kapitän und Besatzung angerufenen Schiedsinstanzen bemühten sich mitunter auch die örtlichen Behörden um Matrosen, die Schwierigkeiten mit Kapitänen hatten oder im Dienst verletzt worden waren. So wandte man sich 1847 von Flensburg aus wegen des Matrosen Boy Wilhelm Boysen aus Sonderburg um Hilfe an das Königliche Admiralitäts und Commissariats Collegium in Kopenhagen. Boysen hatte sich bei einem Unfall an Bord des vom Kieler Kapitän Kröger geführten Schoners KOMET im Jahre 1845 einen Arm gebrochen, der ihm später wegen unterlassener Behandlung amputiert werden mußte.[996]

Bereits 1842 war es zu einem umfangreichen Briefwechsel wegen der Erkrankung des Föhrer Matrosen Volkert Paul Volkerts zwischen seiner Heimatgemeinde und den übergeordneten Behörden gekommen. Volkerts war von dem Blankeneser Kapitän Schaade krank auf einem Londoner Hospitalschiff zurückgelassen worden. Ursprünglich wegen anderer Krankheiten eingeliefert, stellte sich schließlich heraus, daß Volkerts an Syphilis litt. Da letztere als selbstverschuldete Krankheit bewertet wurde, für die Kapitän und Reeder die Heilungskosten zu übernehmen nicht verpflichtet waren, entstand ein Streit über die Frage, wer die von dem dänischen Generalkonsul Wilson in London ausgelegten Gelder zu tragen hätte. Während Kapitän Schaade sich unter Hinweis auf die syphilitische Erkrankung weigerte, die Kosten zu übernehmen, wies ein von Volkerts vorgelegtes Attest des behandelnden Arztes aus, daß diese Krankheit nicht der Grund seiner Einlieferung gewesen war, obwohl die danach festgestellte Geschlechtskrankheit seinen Aufenthalt wesentlich verlängert hatte.

Die Königlich Schleswig-Holsteinische Regierung auf Schloß Gottorf stellte schließlich fest, daß, obwohl eine endgültige Entscheidung noch nicht getroffen

987 *Nagle,* S. 287. Das Wort »tarter« ist eine Verballhornung von »Tartar« und hatte die Bedeutung von »Tyrann«. Vgl. auch Max Harris (Hrsg.): The 1811 Dictionary of the Vulgar Tongue – Buckish Slang, University Wit and Pickpocket Eloquence, London 1994, Stichwort »Tartar«.

988 *Richardson,* S. 46: *Our captain, they said, was a sharp hand, had been many years in the Guinea trade out of Liverpool, and had paid some hundreds in course of law for bad treatment to the men; and that Mason, our second mate, was one of the same stamp, and bad impudence enough to do anything if encouraged. Mr. Scot, our third mate, was a fine young man, but not much of a sailor; he, like myself, had never before been in the Guinea trade to get corrupted, and, like myself, hated tyranny; however, as yet none of us had reason to complain, the duty went on well, and I believe all were satisfied.*

989 *Nagle,* S. 252.

990 *Barlow,* S. 451–453.

991 Kraack, S. 15–21 und 34ff.

992 LASH, Abt. 65.2, Nr. 833 I.

993 STAB 2 - R. 11. b. 7. (Schiffergilde, auch Seegericht 7. Protokolle des Seegerichts).

994 Ebd.

995 Ebd.

996 LASH, Abt. 65.2, Nr. 836 I.

werden könne, auf jeden Fall klar sei, daß aufgrund des besonderen Charakters der Erkrankung Volkerts' der Kapitän nicht verpflichtet werden könnte, die gesamte Summe zu tragen, und daß die Staatskasse unter Vorbehalt einer späteren Rückforderung die Kosten vorläufig übernehmen werde: ... *Die Sache ist also zur bestimmten Beurtheilung noch nicht hinreichend aufgeklärt und dürfte nur so viel jetzt schon ausgemacht sein, daß der Schiffer oder Rheder jedenfalls nur zur partiellen Kostenbestreitung dürfte verpflichtet werden können. Inzwischen kann es nicht zweifelhaft sein, daß der Generalconsul Wilson unter allen Umständen seine Auslagen ersetzt erhalten muß und es eben so unbestritten, daß sich in Fällen der vorliegenden Art die Staats-Cassa unter Vorbehalt der rechtlichen Ausführung der Regresses gegen Schiffer oder Rheder zunächst zur Kostendeckung als verpflichtet anzusehen habe.*[997] Auch in diesem besonderen Fall wird wieder deutlich, daß bei der Bewertung solcher Vorfälle vor allem der Einzelfall betrachtet wurde und man sich offenkundig durchaus bemühte, alle Sachverhalte umfassend zu klären, bevor eine Entscheidung gefällt wurde.

Waren alle Versuche einer friedlichen Streitbeilegung gescheitert, stand den Seeleuten grundsätzlich der Weg vor die staatlichen Gerichte offen.[998] Eine der wichtigsten Streitfragen waren ohne Zweifel die Heuern. In Großbritannien hatten die Seeleute seit alters her das Recht, direkt vor den High Court of Admiralty zu gehen, wo sie vor allem ihre Heuer gegen das Schiff, oder wie die juristische Formulierung lautete: *against her Tackle, Apparol and Furniture* einklagen konnten.[999] Dieses Recht wurde sogar höchstrichterlich festgestellt: *Mariners may sue for their wages in the court of admiralty, notwithstanding they let themselves by a written contract made at land.*[1000]

Für die Angehörigen verstorbener Seeleute war es möglich, die Zahlung der noch ausstehenden Heuern zu erklagen.[1001] Oftmals war die Klage der einzige Weg für die Seeleute, um an ihre Heuer zu kommen, wie explizit anläßlich einer Klage vor dem High Court of Admiralty festgestellt wurde: ... *and this Deponent says that he and as he believes the marring schedultates have no other way or hopes of recovering the wages, due to to them as Schedule but by arresting the said ship and condemning her by the Authority of the High Court of Admiralty of England for the same.*[1002] Wenn auch mit einem gewissen Risiko verbunden, zeigt sich zumindest für die englische Seerechtsprechung anhand der erhaltenen Prozeßakten deutlich, daß die Seeleute, entsprechend dem rechtsstaatlichen Prinzip »Rule of Law«, durchaus eine reelle Chance hatten, vor Gericht ihr Recht zu bekommen.[1003] So berichtet z.B. Barlow von einem Heuerprozeß: *And so refusing our wages at £ 3 loss and having but small wages, I having but nineteen shillings the month and none of the poor seamen having above twenty, we all consented to try the law and see what that would do for us. So putting our cause into Doctor Commons Court, we overthrew them and recovered all our wages, only an angel apiece that it cost us in law ...*[1004]

Ein bemerkenswerter Fall wurde im Jahre 1737 vor dem High Court of Admiralty in London verhandelt. Hier verklagte der Maat des Schiffs CHARMING ANN oder auch CHARMING NANCY Richard Hudson, der während der Fahrt von Kapitän Henry Curling aller Aufgaben an Bord enthoben worden war, nachdem während seiner Wache das Schiff durch eine plötzliche Windbö in eine gefährliche Lage geraten war, den Schiffsführer, da ihm dieser die Heuer nur für die Zeit bis zu seiner Dienstenthebung zahlen wollte. Dagegen erhob Hudson Anspruch auf die Zahlung der Heuer über den gesamten Zeitraum der Reise. Nach der Vernehmung mehrerer Zeugen stellte das Gericht zwar das prinzipielle Recht des Kapitäns zur Absetzung seiner Offiziere nicht in Frage, kam aber zugleich zu dem Schluß, daß der Maat Hudson trotz seines Fehlverhaltens während der Bö prinzipiell seine Pflicht erfüllt und daher Anspruch auf die gesamte Heuersumme hatte, abzüglich des Schadenersatzes für die durch die Bö beschädigte Ladung. Zugleich wurden dem Kapitän die Kosten des Verfahrens auferlegt.[1005]

Hudson erhielt daher an Heuergeldern zugesprochen: ... *at the rate of three Pounds per Month amounting in the whole to the Sum of twenty Pounds but decreed to be deducted thereout one Months Wages as a Recompence for the Damage done to the said Ships Cargo So that there remains due to the said Richard Hudson the Sum of seventeen Pounds And did condemn the said Henry Curling Sayers Clyent in the said Sum of seventeen Pounds for Sort principal and also in Expences due by Law ...*[1006] Ähnlich erklagte sich im Jahre 1734 der Maat James Darby von den Reedern des Schiffs, den Kaufleuten John Hewer und Robert Friggs aus Plymouth, seine Heuer trotz eines durch seine Nachlässigkeit verursachten Totalverlustes des Schiffs, wobei die Reeder die Kosten des Verfahrens zu tragen hatten.[1007]

Nicht nur in England, auch auf dem Kontinent waren gerichtliche Streitigkeiten zwischen Besatzung, Kapitänen und Reedern durchaus häufig. Wie erwähnt, war in Hamburg oder Lübeck bei Streitigkeiten der Wasserschout die erste Beschwerdeinstanz für die Seeleute. War hier kein Ausgleich zu erreichen, bildeten die Schifferältesten die nächste Instanz, bevor die Streitsache schließlich vor einem staatlichen Gericht anhängig wurde.[1008] Auch in den Memoiren finden sich zahlreiche Hinweise auf solche Auseinandersetzungen. Wie Barlow klagte auch Kuipers erfolgreich wegen seiner Heuer, während Eschels und Cremer ihre Prozesse in dieser Sache verloren.[1009] Schaap wiederum berichtet von einer Besatzung, die ihn um Entlassung verklagte und, als die Klage abgewiesen wurde, kurzerhand desertierte.[1010]

Peter Illum erzählt dagegen von einem Maat, der wegen seines Mißverhaltens unter Alkoholeinfluß entlassen, mit seinem Versuch, eine Abfindung vor Gericht zu erstreiten, scheiterte, da diese Entlassung durch das Verhalten des Klägers in jedem Fall gerechtfertigt erschien: *Da Kaptainen kom ombord slog han ham og jagede ham i Land. Styrmanden gik til Nyport Hovedstaden paa Øen og forklagede Kaptainen, de kom vel for Retten, men det hjalp ikke stort da han havde været saa usvævendes; og sagt mere i sin Fuldskab, en han kunde svare til.*[1011] Auch in den Archiven finden sich solche Heuerstreitigkeiten. So ist zum Beispiel in Bremen u.a. der Fall des Steuermanns Peter Gustavus erhalten, der 1778 zusammen mit den übrigen Matrosen des Schiffs JUNGFRAU ELISABETH seinen Kapitän Peter Jessen wegen Zahlung einer zu geringen Heuer vor dem Seegericht der Schiffergilde verklagte. Dieses entschied in einem Kompromiß, daß den Klägern die allgemein übliche Heuer zu zahlen sei, die durch ein Gutachten dreier Kapitäne bestimmt werden sollte: ... *daß Klägern, gestalte einer von 3 Schiffern, welche mit ihren Schiffen in der nehmlichen Fahrt gewesen, gegeben habe, rechtliche Gebühr nach zu erweisen schuldig, und mit diesem ihrem Beweiß an das löbliche Gastgerichte zu verweisen.*[1012]

Allerdings war ein Prozeß durchaus mit einem gewissen Risiko verbunden, wie z.B. aus den Erinnerungen Jens Jacob Eschels' hervorgeht, der zusammen mit anderen Matrosen nach einer Überwinterung und für über den Heuervertrag hinausgehende Leistungen eine zusätzliche Vergütung in Höhe der halben Gesamtheuer forderte: ... *Der Capitain sagte uns, mit Güte kann ich euch nichts geben, ihr müßt mich vor Gericht verklagen; nehmt euch einen Advocaten an, und je mehr ihr bekommt, desto besser ist es auch für mich, denn dann bekomme ich auch mehr. Wir gingen also unser sechs, der Steuermann, Koch, drei Matrosen und der Schiffsjunge, nach einem Advocaten. ... und wie er aus der Gerichtsstube kam (wir sechs Leute waren mit auf dem Stadthause), sagte er uns, euch ist eine viertel Reise-Gage bewilligt, 14 Gülden 10 Stüver. Wir ließen bei diesem Urtheile unsere Ohren gewaltig hängen; denn daß wir weniger, als gebräuchlich war, bekommen würden, daran dachten wir nicht, und konnten es auch nicht begreifen.*[1013]

997 LASH, Abt. 65.2, Nr. 831 II.
998 Schwedisches Seerecht, 1. Abt., 22. Kap.; Revidiertes Reglement des Wasser-Schouts, Hamburg 1786, §§ 13–14; Mercantile Marine Act 1850, § 53; Hamburgische Revidierte Seemannsordnung von 1854, § 28, und Obrigkeitliche Verordnung Bremen 1852, § 66. Vgl. auch Surland, S. 69f.; Abbott (1802), S. 126f., und Abbott (1856), S. 132, sowie Feldbæk: Storhandelens tid, S. 162f.
999 Abbott (1856), S. 132; Regulation Act 1729, § 8; Abbott (1802), S. 375ff.; Chitty, S. 166, und Steel, S. 25ff. Für die Formulierung vgl.: PRO - HCA 3/72f. 428 (1736–1741) John Campbell [Erbe von] Michael Randall deceased late mariner of the Ship the Mary (whereof Jacob Linskill is Master) and Company also late Mariners of the said ship against her Tackle Apparol and Furniture and against William Randall and Company intervening for their Interest herein (1740).
1000 Reports of Cases argued and adjudged in the Corts of King's Bench and Common Pleas, Vol. II, S. 1206
1001 PRO - HCA 3/72f. 428 (1736–1741).
1002 PRO - HCA 24/136: Henry Topping of Liverpool in the County of Lancaster Mariner, late Mate [against] the Ship Seaflower (whereof Lancelot alias Lawrence Cosson was or is Master).
1003 Hattenhauer, S. 621ff., und Harvie, S. 473f. und 491. Beispielsweise PRO HCA 24 /136: Heuerklage von Henry Topping und Henry Howard gegen das Schiff SEA FLOWER. Vgl. auch *Cremer,* S. 206f., *Eschels,* S. 88, und *Illum,* S. 51f.
1004 *Barlow,* S. 90.
1005 PRO - HCA 3/72f. 78, f. 81 und f. 103.
1006 PRO - HCA 3/72f. 315.
1007 PRO - HCA 24/139 und PRO - HCA 13/72 , f. 153
1008 Surland, S. 69f.; Revidiertes Reglement des Wasser-Schouts, Hamburg 1786, § 13, Antrag, betreffend Hamburgische Seemanns-Ordnung 1854, hier: Entwurf zu einem revidirten Reglement des Wasserschout, S. 28, § 9 (alte und vorgeschlagene neue Fassung), und »Des Herrn Sen. Dr. Droste dem Herrn Sen. Behrens in Lübeck über die hiesige Wasserschout-Ordnung ertheilte Auskunft«, STAB 2 - R. 11. h. (Wasserschout Bd. 3. 1807–1854).
1009 K.J. *Kuipers:* Een Groninger Zeeman in Napoleonische Tijd, Zee- en Landreizen van K.J. Kuipers, kleine Handelsvaart contra Continental Stelsel, met een inleiding van Drs. J. Klatter, Zutphen 1980, S. 50f., sowie *Cremer,* S. 206–212, und *Eschels,* S. 88f.
1010 *Schaap,* S. 127.
1011 *Illum,* S. 56.
1012 STAB 2 - R. 11. b. 7. (Schiffergilde, auch Seegericht, 7. Protokolle des Seegerichts).
1013 *Eschels,* S. 88f.

Doch nicht nur die Möglichkeit eines ungünstigen Prozeßausganges stellte für die Seeleute ein Risiko dar. Ebenso konnte die durch den Gang vor Gericht verlorene Zeit bedeuten, daß den Seeleuten dadurch lukrative Heuern entgingen. Von einem solchen Fall berichtet Cremer: *Indes waren die Eigentümer entschlossen, den Leuten nur einen geringen Lohn zu zahlen, und beriefen sich darauf, daß die Mannschaft unser Schiff, das in Treppeni* [Trapani auf Sizilien] *Salz laden sollte, in Zivita Vecka* [Cività Vecchia] *zum Stilliegen gebracht hatte. Für jeden Mann zwei Monate Lohn. Also unterstellten sie das Schiff dem Gerichtshof, und alle Offiziere auf ihrer Seite. Und folgte ein langer Rechtsstreit, der uns daran hinderte, wieder auf See zu gehen.*[1014] Von einem ähnlichen Fall berichtet auch Peter Illum. Sein Kapitän verweigerte ihm in Bremen seine nach Beendigung der Fahrt zustehende Heuer, so daß Illum sich gezwungen sah, zunächst den Bremer Wasserschout, dann den dänischen Konsul und einen Advokaten einzuschalten. Nach längeren Auseinandersetzungen, die vor allem durch die Tatsache erschwert wurden, daß der betreffende Kapitän kein Bremer, sondern ein Oldenburger war, gelang es Illum schließlich mit Hilfe einer Klageschrift, über den Reeder an sein Geld zu kommen.[1015]

Angesichts solcher Schwierigkeiten ist durchaus anzunehmen, daß viele Seeleute auf ihr Recht verzichteten und sich statt dessen lieber eine neue Heuer suchten.[1016] So berichtet auch Barlow aus eigener Anschauung von einem solchen Fall: *So not long after, our men were paid their wages, yet there was damage for loss of sugar, which the poor men were forced to pay; and likewise, when I did expect my wages, our master, being a knavish fellow, dealt very basely by me, depriving me of what was my due, which caused me to fall out with him, and I never would sail with him again.*[1017]

Manchmal zogen es Seeleute daher vor, sich auf eigene Faust Genugtuung zu verschaffen. So ließ beispielsweise Jackman aus Rache wegen einer ihm übertragenen unangenehmen Aufgabe mit voller Absicht einen Eimer mit Mastschmiere aus der Takelage fallen, dessen Inhalt den Kapitän traf.[1018] Andere Seeleute zogen dagegen in Erwägung, sich erst nach dem Ende der Reise an mißliebigen Vorgesetzten zu rächen, wie Köhler erzählt. Ein betrunkener Matrose war vom Steuermann niedergeschlagen worden und drohte diesem Vergeltung an: *Der Matrose fuhr mit der Hand über den Kopf und als er Blut sah, sprach er »Steuermann, jü hem mik schlahn, dat Blaud all leb; jü kann sick all vor mick wahren (Steuermann, ihr habt mich geschlagen, daß das Blut läuft, ihr könnt euch vor mich in Acht nehmen) – Drohworte, die er vielleicht zu erfüllen dachte, wenn er ihn einmal auf dem festen Lande treffen würde.*[1019] Daß es sich dabei nicht immer nur um leere Drohungen handelte, zeigt das Beispiel John Cremers, der als Zweiter Maat von desertierten Besatzungsangehörigen verprügelt wurde.[1020]

3.3.2.2 Alkoholische Exzesse und Insubordination

Doch nicht nur Verstöße der Schiffsführung gegen die Verhaltensnormen an Bord führten zu Störungen des Bordfriedens und zu Angriffen auf die Autorität des Kapitäns und der Offiziere. Auch die Besatzung, sowohl einzelne Seeleute als auch Gruppen, verstieß oft genug gegen die Bordordnung und ihre Gehorsamspflicht. Daher ist fraglich, ob es wirklich, wie der englische Seemann Richardson annahm, vor allem das Fehlverhalten der Offiziere war, das letztlich zu Konflikten an Bord führte: *I don't wonder that mutinies happen on board ships, but do wonder that they don't happen oftener, where men are driven to such extremities, that they don't care whether they life or die: well might Lord Collingwood say that when a mutiny took place on board a ship it must be the fault of the captain or officers!*[1021] Die Ursachen für diese Konflikte waren vielfältig und reichten von persönlichem Haß bis zu unkontrollierten Aggressionsausbrüchen.

Eine der wichtigsten Einzelursachen für die Gefährdung der Disziplin an Bord war der Mißbrauch von Alkohol. Unter dem Einfluß von Alkohol stieg die Wahrscheinlichkeit von Konflikten an Bord ebenso wie die von ernsthaften Disziplinproblemen.[1022] Betrunkene Seeleute begannen zu streiten, woraus sich oftmals Kämpfe entwickelten, die durchaus mit Toten und Verwundeten enden konnten. Ebenso war ein betrunkener Matrose eher geneigt, einen Befehl zu verweigern, als ein nüchterner Seemann.[1023]

Alkoholische Getränke hatten in der Frühen Neuzeit in der Form von Bier und Wein aufgrund ihres Kaloriengehalts einen wichtigen Anteil an der täglichen Ernährung, insbesondere wenn die Ernährung eintönig und wenig abwechslungsreich war. Da Nahrungsmittel überdies oftmals nur mit Hilfe von Salz konserviert werden konnten, stieg dadurch natürlich auch das Verlangen nach Trinkbarem. Allerdings stellte die Versorgung mit unbedenklich trinkbarem Wasser bis weit in das 19. Jahrhundert hinein ein großes Problem dar, so daß die alkoholische Vergärung oder die Beimischung von Alkohol vor allem dazu diente, Wasser genießbar zu machen. Dementsprechend war der durchschnittliche Alkoholkonsum zum Teil wesentlich höher als heutzutage, obwohl das damalige Bier zumeist einen niedrigeren Alkoholgehalt besaß als die heute üblichen Sorten. So trank man z.B. in Schweden im 16. Jahrhundert etwa 40mal soviel Bier wie heute, und in England lag der tägliche Pro-Kopf-Verbrauch

Nach außergewöhnlich harten Arbeiten gab es zur Belohnung eine Sonderration Schnaps. Dann hieß es: »Basanschot an!«

bei etwa drei Litern.[1024] Dies galt natürlich in besonderem Maße für die Seefahrt, da hier die Abhängigkeit von konservierten Nahrungsmitteln besonders hoch war und durch die Probleme der Lagerung auch die Qualität des Wasser an Bord oftmals gesundheitlich bedenklich war. Da das Wasser relativ schnell in den Holzfässern zu faulen begann, waren Bier und Wein oftmals die wichtigsten Getränke an Bord. Auch Spirituosen dienten dazu, das übelriechende Wasser genießbar zu machen, oder als Belohnung für besonders anstrengende oder gefährliche Tätigkeiten.[1025]

Darüber hinaus diente der Alkohol natürlich auch als Rauschmittel. Im England des 18. Jahrhundert stellte der exzessive Alkoholkonsum breiter Teile der Bevölkerung nicht nur ein großes gesellschaftliches, sondern auch ein erhebliches strafrechtliches Problem dar. Der Alkoholismus der unteren Volksschichten war zeitweise sogar eine Gefahr für die öffentliche Sicherheit, so daß sich die Obrigkeit um die Mitte des Jahrhunderts gezwungen sah, massiv gegen den Alkoholmißbrauch vorzugehen. Doch obwohl sich die Situation gegen Ende des Jahrhunderts langsam entspannte, war der Kampf nie völlig zu gewinnen.[1026] Da auch die Seefahrenden nur ein Teil der Gesellschaft sind, verwundert es kaum, daß es diese Probleme auch an Bord von Schiffen gab – der Durst der Seeleute ist ja geradezu sprichwörtlich. Besonders in der Royal Navy war ein überhöhter Alkoholkonsum endemisch, nicht zuletzt durch die Tatsache, daß ein gewisses Quantum an Spirituosen bis 1970 zur täglichen Verpflegungsration der Seeleute gehörte.[1027] Einen interessanten Einblick in das Ausmaß des Alkoholkonsums an Bord englischer Kriegsschiffe gegen Ende des 18. Jahrhunderts geben die Erinnerungen des englischen Seeoffiziers James Anthony Gardener aus dem Jahre 1786: *I shall mention a few strange fellows we had on board, and first Mr. Quinton the mate. This gentleman was a very good sailor, and was very fond of gin grog, and used to say it agreed with him so well and made his flesh so firm. It was determined one day to count how many glasses he drank from morning until evening; and, if I remember correctly, twenty-six tumblers of good Hollands and water mede the number; for in the good old times we never sported Cockney gin. I must in justice declare that Mr. Quinton was no drunkard; I never saw him disguised with liquor the whole time I belonged to the ship.*[1028]

Obwohl das tägliche Quantum des erwähnten Gentleman schon als durchaus unüblich betrachtet wird, gibt die Erwähnung, daß es sich bei diesem trotz der großen Menge täglich genossenen Alkohols keinesfalls

1014 *Cremer,* S. 206f.
1015 *Illum,* S. 51f.
1016 Earle, S. 167ff.
1017 *Barlow,* S. 326.
1018 *Jackman,* S. 44f.
1019 *Köhler,* S. 160
1020 Cremer, S. 128.
1021 *Richardson,* S. 79.
1022 Earle, S. 99, und Ville, S. 97.
1023 Earle, S. 99, und Ville, S. 97.
1024 Massimo Montanari, Der Hunger und der Überfluß, Kulturgeschichte der Ernährung in Europa, München 1999, S. 145ff.
1025 Klaus Volbehr, Gesundheit an Bord, Kleine Geschichte der Hygiene und Arzneimittelversorgung auf Schiffen, Hamburg 1987, S. 47ff. und 56ff., sowie Earle, S. 98f.
1026 McLynn, S. 11ff.; Montanari, S. 145ff., und Rodger, S. 262.
1027 Davis, S. 155; Earle, S. 98f.; Thrower, S. 134f., und Byrn, S. 125.
1028 James Anthony Gardner: Recollections of James Anthony Gardner, Commander R.N., 1775–1814, hrsgg. von R. Versey Hamilton und John Knox Laughton, London 1906, S. 60f.

um einen Säufer gehandelt habe, einen Hinweis auf die zeitgenössische Beurteilung der Grenze zum Alkoholismus. Dies galt aber nicht nur für die Kriegsmarine, denn auch in der Handelsfahrt gehörte ein Vorrat an alkoholischen Getränken zur Grundausstattung der meisten Schiffe.[1029] Ebenso brachten viele Seeleute private Alkoholvorräte an Bord oder sie vergriffen sich gelegentlich an der Ladung, wenn diese aus alkoholischen Getränken bestand.[1030] Solche Fälle von Ladungsdiebstahl finden sich auch in den Memoiren, wie bei Little[1031] oder bei Nettelbeck: *Mein Schiffsvolk nemlich, durchaus dem Soff ergeben, wollte an der Gelegenheit nichts versäumen, den Weinfässern, die einen Theil unsrer Ladung ausmachten, auf's fleißigste zuzusprechen.*[1032]

Am schlimmsten war die Situation zweifelsohne im Hafen, wo der Alkohol leicht zugänglich war und die Matrosen überdies genug Zeit und Geld hatten, sich ausgiebig zu betrinken. So berichtet Petersen von den Schwierigkeiten der Offiziere mit Seeleuten, die betrunken vom Landgang kamen und begannen, an Bord zu randalieren. So konnte in einem Fall ein Matrose nach einer heftigen Schlägerei mit dem Obersteuermann erst durch gutes Zureden der übrigen Offiziere beruhigt werden.[1033] Auch im Archiv in Bremen ist ein solcher Fall aus dem Jahre 1779 überliefert, in dem der englische Kapitän John Burleigh: ... *über drey seiner Matrosen, welche ganzer 8 Tage lang von seinem Schiffe abwesend und am Lande gewesen, endlich aber, in Begleitung von drey holländischen Matrosen, besoffen wieder an Bord gekommen wären, und in dieser Völlerey und Tollheit das Vordersegel und zwey Topsegel des besagten Schiffs entzwey geschnitten hätten, heftige Klage führet ...*[1034] Die Bremer Obrigkeit übergab daraufhin die betreffenden Seeleute an das englische Kriegsschiff COUNTESS OF SCARBOROUGH zur Bestrafung entsprechend der englischen Kriegsartikel.

Daß dieses Verfahren zur Bestrafung durchaus üblich war, bestätigt auch Richter in seinen Memoiren. Einen ähnlichen Fall beschreibt ebenfalls Samuel Samuels in seinen Memoiren.[1035] Allerdings versuchte der Kapitän hier, rigoros durchzugreifen und die betreffenden Seeleute festzusetzen: *The crew have broached the cargo, and all are drunk. The captain immediately came aboard, followed by his passengers, and he and his officers started forward. As I was the only one of the crew on deck, I was seized, hustled aft, and put in irons und the coachhouse, where Kelso had preceded me. ... I had been in limbo but a few minutes when I saw the crew coming aft in a half-drunken and determined manner, headed by my chum and a herculean Irishman, nicknamed »Dublin Jim«. They demanded my release. ... The captain ordered the men forward, but they refused to go without me. Upon this the captain seized a capstan bar from under the rail and raised it aloft. It caught in the awning, and his blow was stopped. In less time than I can tell it there was a general fight. ... and with my manacled hands struck the mate a downward blow with the irons, laying his face open from his forehead to his chin. ... Upon the decks, which were covered with blood, some of the men were stretched senseless. The fight still continued. ... »Guards!« and »help!« had been called, and in a few moments the American Consul with a number of soldiers came on board, and we were overpowered, manacled, and sent to prison. ...*[1036] Hay wiederum erzählt, daß sich eine Crew weigerte, auszulaufen, bevor ihr nicht eine Extraration Rum gegeben würde. Als sich der Kapitän jedoch weigerte, verließ die Besatzung im Streit das Schiff.[1037]

Die Probleme mit Seeleuten, die sich an Land betrunken hatten, entspannten sich in den meisten Fällen nach dem Auslaufen des Schiffes, wenn die harte Arbeit für die notwendige Ausnüchterung gesorgt hatte.[1038] Allerdings kam es auch vor, daß sich die Seeleute während der Reise betranken. Beispielsweise erzählt der sächsische Seiler Köhler von einem Matrosen, der ... *auf einer Kiste mit einem halben Anker Branntwein auf dem Schoße ...*[1039] saß, sich vollaufen ließ und schließlich laut wurde. Erst nachdem ihn der Steuermann niedergeschlagen hatte, gab der Seemann Ruhe, und ... *als er seinen Kopf verbunden hatte, legte er sich ruhig auf die Dielen zum Schlafen nieder.*[1040]

Doch während alkoholische Exzesse der Mannschaft im Hafen relativ harmlos waren, konnte ein übermäßiger Alkoholkonsum auf See die Sicherheit von Schiff, Ladung und Besatzung erheblich gefährden.[1041] Daher stellt auch Jacobsen fest: *Trunkenheit am Borde eines Schiffes ist ein Vergehen, welches vorzüglich auf Schiffen schädlich ist, woselbst die nüchterne und wachsame Aufmerksamkeit jedes Mannes, und vorzüglich der Officire erforderlich ist.*[1042]

Dementsprechend betrachtete auch das Seerecht den Alkoholmißbrauch an Bord als schweres Vergehen. So machten sich betrunkene Seeleute, die nicht die vereinbarten Dienste leisten konnten, des Vertrags-

Der berühmte Seefahrer Joachim Nettelbeck (1738–1824)

bruchs schuldig und verstießen im Fall der Befehlsverweigerung zudem gegen die Gehorsamspflicht der Besatzung.[1043] Daher besaß der Kapitän bei durch Alkoholmißbrauch und daraus resultierenden Auseinandersetzungen und Tätlichkeiten verursachten Unfällen und Verwundungen von Seeleuten das Recht zur deren vorzeitiger Entlassung. Zugleich verloren sie ihren Anspruch auf Heilfürsorge auf Kosten von Schiff und Reeder.[1044]

Obrigkeitliche Eingriffe blieben allerdings die Ausnahme. In den meisten Fällen blieb dem Kapitän nur die Möglichkeit, selbst gegen die betrunkenen Querulanten vorzugehen, die seine und seiner Offiziere Autorität anfochten oder Befehle mißachteten. Ein energischer Kapitän konnte zumeist durch die Anwendung körperlicher Gewalt, etwa durch das Ineisenlegen der betreffenden Seeleute, Ruhe und Ordnung an Bord wiederherstellen.[1045] So berichtet Sandmann von einer Unruhe an Bord, die er als Meuterei bezeichnete und die durch den übermäßigen Alkoholgenuß eines Teils der Besatzung eskalierte. Der Steuermann, der die Seeleute wegen ihres Verhaltens zur Rede stellen wollte, wurde von einem Matrosen angegriffen, den er deshalb niederschlug. Darauf reagierten die übrigen Seeleute mit einem bewaffneten Angriff auf den Steuermann, der sich daraufhin zurückzog und den in seiner Kajüte schlafenden Kapitän zu Hilfe rief. Dieser versuchte nun, mit einer Pistole bewaffnet, die Männer zu beruhigen, allerdings ohne Erfolg, da die Seeleute sich aufgebracht über die Tätlichkeit des Steuermanns beschwerten. In dieser Situation rechtfertigte der Kapitän die Handlung seines Steuermanns, konnte aber erst durch die Androhung von Gewalt die Meuterei beenden. Am folgenden Morgen baten die ausgenüchterten Seeleute um Verzeihung für ihr Verhalten, was von seiten des Kapitäns auch gewährt wurde: *Am andern Morgen hatten die Leute ihren Rausch ausgeschlafen und kamen nun, den Kapitän wegen ihres strafwürdigen Betragens um Verzeihung zu bitten, die ihnen dann auch in Anbetracht ihrer früheren guten Führung nach vorheriger eindringlicher Ermahnung zu teil wurde.*[1046]

War der Kapitän allerdings weniger energisch, konnte die Situation an Bord durchaus eskalieren und zu einem dauerhaften Problem werden. So beschreibt auch Cremer die disziplinarischen Probleme durch überhöhten Alkoholkonsum der Mannschaft und einen zu nachsichtigen Kapitän: *Indem nun unser Käpten und Mr. Bentley sehr gutmütige Leute waren, kam's zuweilen vor, daß die Mannschaft lärmte, wenn der Korsikawein ihnen zu Kopf gestiegen war, und wollten sich nicht zeitig schlafen legen. Und der Käpten sowie Mr. Bentley achteten kaum dar-*

1029 Earle, S. 98f.
1030 Ebd., und Vollbehr, S. 47f. Vgl. auch Marquardt: Handbuch für Schiffsführer, S. 5f.
1031 *Little,* S. 99.
1032 *Nettelbeck,* S. 281.
1033 *Petersen,* S. 162.
1034 STAB 2 - R. 11. l. 8. (Desertion und Meuterei Bd. 1, 1771–1860.).
1035 Richter, Bd. 4, S. 122.
1036 *Samuels,* S. 99f.
1037 *Hay,* S. 199f.
1038 Earle, S. 99, und Rodger, S. 207.
1039 *Köhler,* S. 160.
1040 Ebd.
1041 Earle, S. 96–100.
1042 Jacobsen: Seerecht, S. 204.
1043 Von Sahme, S. 24; Surland, S. 77ff.; Jacobsen: Seerecht, S. 201ff.; Chitty, S. 184; Nizze, S. 397f., und Gemeinfaßliche Darstellung des Europäischen Seerechts, S. 22f. Zur Gehorsamspflicht vgl. auch Abbott (1802), S. 123ff.; Brarens, S. 10f.; Steel, S. 23f.; Dana: The seaman's friend, S. 213ff., und Abbott (1856), S. 129ff.
1044 von Sahme, S. 24, Chitty, S. 184; Jacobsen: Seerecht, S. 201ff.; Surland, S. 77ff.; Nizze, S. 397f., und Gemeinfaßliche Darstellung des Europäischen Seerechts, S. 22f.
1045 Earle, S. 176.
1046 *Sandmann,* S. 18f.
1047 *Cremer,* S. 227f.

auf, nur Stromer-Jack und der Bootsmann. Also drohten uns die Leute, daß sie's uns bei guter Gelegenheit heimzahlen würden, wenn wir's nicht erwarteten. Das konnten wir oft hören; und einem von ihnen gab ich's dann tüchtig.[1047]

Es gelang den Kapitänen also nicht in allen Fällen alkoholischer Exzesse ihrer Mannschaft, die notwendige Ruhe und Ordnung an Bord wiederherzustellen. Auch Nettelbeck fand sich in einer solchen Lage wieder, nachdem seine Mannschaft sich an der Weinladung vergriffen und sinnlos betrunken hatte. Alle Versuche Nettelbecks, Herr der Lage zu werden, scheiterten, weder Nettelbeck noch sein Steuermann konnten die betrunkenen Matrosen zur Räson bringen: *Als ich dem zu wehren gedachte, rottirten sich die Kerle zusammen, schlugen mit Gewalt die Luken auf, zapften die Oxhöfte an und ließen den Wein stromweise in ihre Wassereimer und Hüte rinnen. In wenig Stunden hatte sich Alles toll und voll gesoffen. Von nun an hatt' es aber auch mit allem Kommando ein Ende. Die Vollzapfe waren wie wüthend und ich und der Steuermann unsres Lebens nicht mehr sicher. ... Wir Beide mochten zusehen, wie wir konnten, damit das Schiff wenigstens einigermaaßen seinen Kurs hielt. War es auch geradezu nicht Rebellion zu nennen, so blieb es doch ein wüstes Tollmanns-Leben und wir paar Vernünftige die größte Gefahr und Noth vor Augen sahen, so oft Segel sollten beigesetzt oder eingenommen werden. ...*[1048] Nach seiner Ankunft in Hamburg schickte Nettelbeck daher die Seeleute schnellstens von Bord.

Betrunkene Seeleute verweigerten also nicht nur den Gehorsam, sondern brachten durch ihr Verhalten darüber hinaus auch oftmals das Schiff in Gefahr. Solche Vorfälle waren nicht selten, wie in den Erinnerungen von Jürgen Jacobsen deutlich wird, der von Matrosen berichtet, die bei dem Versuch, auf hoher See an die Alkoholladung des Schiffs zu gelangen, durch den unvorsichtigen Umgang mit offenem Licht fast das Schiff in Brand setzten. Nachdem es der übrigen Besatzung mit Mühe gelungen war, das Feuer zu löschen, konnte nur die Ankündigung, die Schuldigen nach der Rückkehr nach Recht und Gesetz zu bestrafen, diese davon zurückhalten, sich an den Übeltätern zu rächen.[1049] Aber nicht nur die illegale Beschaffung von Alkohol konnte für Schwierigkeiten sorgen, wie Little erzählt. Um das Weihnachtsfest angemessen feiern zu können, hatte die Mannschaft ihre Alkoholration aufgespart und sich vollständig betrunken, als dringende Schiffsarbeiten notwendig wurden. Nur die Androhung körperlicher Gewalt konnte die betrunkenen Seeleute dazu bewegen, die für die Sicherheit des Schiffs notwendige Arbeit durchzuführen.[1050]

Aber auch Offiziere und Kapitäne neigten mitunter dazu, zu tief ins Glas zu schauen.[1051] So geriet Jürgen Jacobsen für vier Jahre in die nordafrikanische Sklaverei, weil der betrunkene Kapitän das Schiff, auf dem er als Matrose fuhr, dieses vor Marokko auf Grund setzte.[1052] Die besondere Problematik eines auf hoher See übermäßig dem Alkohol zusprechenden Kapitäns beschäftigt auch Little in seinen Memoiren: *The evil consequences of drinking to excess, particularly with a captain of a ship, are incalculable, for he has not only the absolute control of both vessel and cargo when at sea, but also the lives of all on board are in his hands. It is a matter of astonishment, therefore, that so great a responsibility should be given to one who, perhaps, two-thirds of his time may be under the influence of the intoxicating draught; and I have no doubt that it has been owing to this miserable vice that so much property, and the lives of so many human beings have been sacrificed.*[1053]

Der überhöhte Alkoholkonsum des Kapitäns und/oder seiner Offiziere stellte aber nicht nur durch die möglicherweise daraus resultierenden Navigationsfehler ein Risiko dar, ebenso konnte ein trinkender Schiffsführer einen erheblichen negativen Einfluß auf die Ordnung und Disziplin an Bord haben, wie z.B. Hansen beschreibt: *Der Capitain sowohl als der Steuermann waren dem Trunke sehr ergeben. Jeden Tag waren sie besoffen und geriethen dann gewöhnlich miteinander in Prügelei. Die Leitung des Schiffes war daher in der Tat allein mir (als Maat) aufgebürdet. Nach unserer Ankunft auf Cuba nahm die Trunksucht dieser Leute in dem Maße zu, daß sie gar nicht mehr zu Geschäften zu gebrauchen waren. Da nun auch ein Theil der Schiffsmannschaft dieser Leidenschaft fröhnte, so hörte alle Ordnung an Bord des Schiffes auf.*[1054] Das schlechte Vorbild des Kapitäns und der Offiziere ließ die Disziplin an Bord völlig zusammenbrechen, so daß Hansen als Zweiter Maat nicht länger in der Lage war, die Ordnung an Bord aufrecht zu erhalten.

Auch Petersen beschreibt einen solchen Fall auf einem amerikanischen Robbenfänger: *Der Kapitän und die Officiere waren fast den ganzen Tag in der Kajüte und nur selten sah man einen derselben. Wenn wir sie aber zu sehen bekamen, erkannten wir deutlich, daß sie sich dem Genusse gei-*

stiger Getränke sehr hingegeben hatten; denn entweder begrüßten sie die Mannschaft mit höhnischem Grinsen, oder mit schrecklichen Schimpfwörtern. Wer aber hatte den Muth, bei einer uneinigen und aus höchst verschiedenartigen Nationalitäten bestehenden Besatzung vor dem Mast, mit den unter sich durchaus einigen Officieren des Schiffes den Kampf zu eröffnen, oder sich auch nur gegen dieselben zu vertheidigen? Es wurde Abend, wir steuerten zu nahe der Küste entlang; da plötzlich rief ein Neger: Der Kapitän und alle Officiere sind betrunken und wollen das Schiff auf den Strand jagen, weil wir nichts gefangen haben. Auf diesen Ruf versammelte sich die ganze Mannschaft auf dem Vorderdeck. ...[1055]

Nachdem die Offiziere durch ihren Alkoholkonsum, ihr schlechtes Vorbild und ihr unfreundliches und rüpelhaftes Verhalten den Respekt und das Vertrauen der Mannschaft verloren hatten, kam es zu Handgreiflichkeiten und fast zu einer Meuterei der Besatzung. Die Mannschaft stand den mit Revolvern bewaffneten Offizieren gegenüber, und nur durch einen Zweikampf des Ersten Maats mit dem Wortführer konnte die Situation entspannt werden.[1056]

Aus dem Jahr 1735 ist aus Lübeck der bereits erwähnte Fall des Kapitäns Weede überliefert. Dieser wurde von seinem Passagier Hanemann wegen unter Alkoholeinfluß begangener Mißhandlungen verklagt und auch verurteilt: *Es ist Monsr. Johann Jeremias Hanemann, Trompetter von Sr. königl: May: von Portugal bey mir gewesen, und hat mit empfindlichster Clage angezeiget, wie daß er durch große Irrwege durch einen besoffenen Schiffs-Capitain, nahmnes Hans Weede mit dem Schiffe die Perle genant, von Lissabon nach Lübeck überführt. zwischen tages mit äußerst injurioser und fast mördlicher Ahrt begegnet ...*[1057] Dabei beschränkten sich die Konflikte an Bord jedoch nicht nur auf das Verhältnis zwischen Kapitän Weede und Hanemann, sondern sein Verhalten sorgte laut der Aussagen des Trompeters Hanemann und der Besatzung auch innerhalb der Mannschaft für Streit und Zwietracht.

Coxere dagegen beschreibt in seinen Memoiren einen Kapitän, der in einem Moment höchster Gefahr betrunken in seiner Koje lag, während die Mannschaft an Deck buchstäblich um ihr Leben kämpfte: *We were very badly fitted with an old vessel and materials, as sails and rigging, as also a drunken master, for in the night our mainsail blew to pieces, our blocks fell down obout our ears, the ropes and strops being rotten, so that we were in a very great strait. The master lay then drunk in his cabin and did not turn out. ... We through God's providence, without the help of our brandy-drinking master, kept from suffering shipwreck and being whelmed uo in raging seas, this being in the night-time, in the morning we were by the storm drove on the French coast near Guernsey. ... The meanwhile our master sat down at the cabin door with a stone bottle of brandy between his legs to give us a dram when we came down; but a fortunate sea, as I may call it, hove him and the bottle to leeward and broke it to pieces. So then for want of brandy our master kept sober, so that then we had some help of him, for he was able enough when sober.*[1058]

Dabei war dies nicht der einzige dem Alkohol ergebene Kapitän, unter dem Coxere diente. Auch später fuhr er auf Schiffen, dessen Kapitäne tranken. So erzählt er von einem Kapitän, der, völlig betrunken, seine Selbstkontrolle verlor.[1059] Coxere berichtet weiterhin von seinen Erlebnissen auf einem Schiff, dessen Kapitän und Erster Maat so oft betrunken waren, daß er als Zweiter Maat fast allein für das Schiff verantwortlich war.[1060] Ebenso hatte Kroß als Steuermann zeitweilig über mehrere Tage das eigentliche Kommando an Bord, während der Kapitän betrunken und daher dienstunfähig war.[1061] Auch Hansen erzählt von einem solchen Kapitän: *Der Capitain hatte sich eben einen tüchtigen Rausch getrunken und war ganz unfähig, das Schiff zu führen. Dagegen war der erste Steuermann ein besonnener Mann, welcher beim Ausbruch des Sturmes den Capitain in seine Kajüte führte und ihn dort einschloß* [....].[1062]

1048 *Nettelbeck*, S. 281.
1049 *Jacobsen*, S. 413ff.
1050 *Little*, S. 258.
1051 Earle, S. 100.
1052 Jürgen *Jacobsen:* Beschreibung meiner unglüklichen Seefahrten in einer Zeit von 17 Jahren, meiner Schiksale während meiner Gefangenschaft in Afrika und nachher ausgestandener Gefahren nebst Bemerkungen über Afrika's Einwohner und deren Sitten von mir selbst geschrieben und herausgegeben, Flensburg 1821, S. 15ff.
1053 *Little*, S. 148.
1054 *Hansen*, S. 58.
1055 *Petersen*, S. 107f.
1056 Ebd.
1057 AHL, ASA Interna/Seesachen, Nr. 26/5.
1058 *Coxere*, S. 37f.: *He then was like a bedlam, commands me to give him a cutlass. I, knowing how to keep a sword out of a madman's hand, locked the gun-room door and kept out of his sight. He chased the men fore and aft like a flock of sheep, which was sport for the seamen. he was a very stout big man, but withal he was in a great rage, so that everyone endeavoured to scape out of his hands. After this mad fit was over and we had wind, we got up the anchor ...*
1059 *Coxere*, S. 51ff.
1060 Ebd., S. 118.
1061 *Kroß*, S. 6.
1062 *Hansen*, S. 279ff.

Zwar versuchte der Kapitän, sich nach dieser Demütigung durch die Entlassung des Steuermanns zu rächen, mußte aber diesem aufgrund der Entscheidung des für die Entlassung während der Reise zuständigen Konsuls eine zusätzliche Vergütung in Höhe von zwei Monatsheuern zahlen. Wie Hansen bemerkt, deutet dies eindeutig auf ein schuldhaftes Verhalten des Kapitäns, da eine solch hohe Abfindung ansonsten unüblich war.[1063] Besonders problematisch waren solche Vorfälle natürlich, wenn kein guter Maat an Bord war, der für Ordnung sorgen oder, solange Kapitän dienstunfähig war, das Schiff führen konnte. Noch schwieriger war die Lage, wenn der Maat selber über die Maßen dem Alkohol zusprach.[1064]

Die mit dem überhöhten Alkoholkonsum der Schiffsführung verbundenen Probleme, insbesondere wenn zugleich den Seeleuten der Genuß von alkoholischen Getränken an Bord verboten war, beschreibt auch der Amerikaner Richard Henry Dana in seinen Erinnerungen über seine Erfahrungen auf einem amerikanischen Schiff in den 1830er Jahren: *The sailor, who only takes his one glass as it is dealt out to him, is in danger of being drunk; while the captain, upon whose self-possession and cool judgement the lives of all depend, may be trusted with any amount, to drink at his will. Sailors will never be convinced that rum is a dangerous thing by taking it away from them and giving it to the officers; nor can they see a friend in that temperance which takes from them what they always had, and gives them nothing in the place of it. By seeing it allowed to their officers, they will not be convinced that it is taken from them for their good; and by receiving nothing in its place, they will not believe that it is done in kindness. On the contrary, many of them look upon the change as a new instrument of tyranny.*[1065]

Daher stellte ein überhöhter Alkoholkonsum durchaus ein Karrierehindernis dar. Jacob Nagle erzählt ähnlich wie Illum von einem Maat, der wegen seiner Trinkerei entlassen wurde[1066], wie auch Samuel Samuels von einem Steuermann berichtet, dessen Alkoholprobleme einen weiteren Aufstieg verhindert hatten.[1067] So konnte der Alkohol sowohl direkt, z.B. durch rauschbedingte Streitereien und Insubordinationen oder durch trinkende Vorgesetzte, aber auch indirekt, etwa in der Form des »Futterneids«, das friedliche Zusammenleben an Bord erheblich stören und die Disziplin untergraben.

Ebenso wie eine dem Alkohol über die Maßen zugeneigte Besatzung konnten auch persönliche Animositäten oder gar Haßgefühle die Disziplin an Bord erheblich gefährden und sogar zu Tätlichkeiten und Mord führen. So griffen manche Seeleute z.B. zu einer besonders hinterhältigen Methode, um sich an unliebsamen Maaten und Kapitänen zu rächen, und ließen »versehentlich« Gegenstände aus der Takelage fallen.[1068] Einen solchen Fall beschreibt auch Jackman in seinen Memoiren: *... one evening in the dog watch, when I was not on duty, I received his orders to take a bucket of grease and slush down the main-top-gallant, and mainmast. Knowing that it was a work-up job, I determined to make the captain pay for it. ... The captain was walking the quarter-deck, and when I thought his position was about right, the bucket – accidents will happen – the bucket capsized. Unwilling to hurt any one, however, I threw the empty vessel against the top-mast rigging, and, in the same moment, sung out with all my might: ›Stand from under.‹ But the contents – it was unlucky for the skipper; but, happening to be exactly right for it, and looking up for the purpose of wondering what it was – the heavy mass of ointment struck him full in the face.*[1069] Der Kapitän stellte Jackman daraufhin wütend zur Rede, der auf die Vorhaltungen mit Frechheit reagierte: *... an order to the boatswain to seize me up, and give me the benefit of a couple of dozen. ... I took occasion to remark to the captain, that he could do as he pleased about the flogging, provided he was wiling to stand by the consequences, and hintet something about launceston and law. He said the law was in his own hands. I reminded him that, not being captain of a man-of-war, he had no right to flog me, nor any man on board the brig. Upon this he inclined to haul off a little, remarking: »If I thought the lanyard parted accidentally, I would not flog you.« To which, however, I only answered, that he could please himself as to that, for I should make no apology. Upon this, with a volley of the hard words, so well known in a sailor's vocabulary, including a threat as to what I might expect if I did not toe the line, I was let off, and sent forward.*[1070] Allerdings bleibt fraglich, ob die von Jackman gewählte Methode, Probleme mit seinen Vorgesetzten zu lösen, allgemein üblich war. Schließlich erscheint Jackman in seinen Memoiren als Querulant, der regelmäßig in Konflikte mit Autoritäten aller Art geriet.[1071]

In anderen Fällen griffen Seeleute, meistens im Streit, unliebsame Vorgesetze direkt tätlich an. So erzählt z.B. Coggeshall von einem Seemann, der den

Zweiten Maat in einem Streit niederstach. Doch da die Wunde nicht tödlich war und sich der Täter in der Folgezeit reuig zeigte, beließ es Coggeshall im nächsten Hafen mit dem Einverständnis des dortigen Konsuls bei einer bloßen Entlassung des Seemanns.[1072]

Schwerwiegendere Folgen hatte der Streit eines Maats mit seinem Kapitän auf dem englischen Indienfahrer DUKE OF LORRAINE im Jahre 1741. Als der Zweite Maat William Brown, der die Aufgaben des krank zurückgelassenen Ersten Maats übernommen hatte, wegen einer navigatorischen Entscheidung vom Kapitän des Schiffs, Jonathan Wilson, der mit einem schweren Rheumaanfall in seiner Koje lag, durch den Quartermaster Andrew Smith neue, seiner Entscheidung zuwider laufende Anweisungen erhielt, geriet er deswegen derart in Wut, daß er nicht nur den Kapitän, sondern auch Teile der Mannschaft heftig beschimpfte. Wie Smith und ein anderer Seemann namens Daniel Lowth übereinstimmend aussagten, hatte es schon zuvor Schwierigkeiten mit Brown gegeben: ... *that the said Cap.t. Willson was a civil wellbehaved good natured man and that the said William Brown is a person very abusive and quarrelsome* ...[1073] Als der Kapitän aufgrund dieser Beschimpfungen trotz seiner Krankheit an Deck erschien, um Brown zur Rede zu stellen, griff ihn dieser tätlich an: ... *William Brown without any other provocation given him by the said Master or any person he immediately took hold of the said Captain Jonathan Wilson with both his hands by the Collar under his Chin and jostled pulled and shoved the said Captain Wilson til he got his Back against the Barricade upon the Quarter Deck near the Main Mast and then with his Fist punched and struck the said Captain Wilson many times in his Throat for about the Space of three or four Minutes and the Informant saith that during the time the said William Brown was shoving beating and abusing the said Captain Wilson* ...[1074]

Während dieses Handgemenges vom Kapitän aufgefordert, ihm zu gehorchen, gab Brown zur Antwort: ... *that if he saw him (meaning the said Captain Jonathan Wilson) do any thing on board the said Ship that he the said William Brown did not like he would contradict it and likewise expressed himself in these or the like Words to the said Cap.t Wilson to wit God damn your Soul I will drive your Soul out or any Captains in England for that no Captain in England should lay hands on or strike him* ...[1075] Nachdem es gelungen war, Brown zu überwinden und vom Deck zu bringen, schien die Situation wieder unter Kontrolle zu sein. Doch als am nächsten Morgen Kapitän Wilson zunächst über heftige Schmerzen klagte und kurze Zeit darauf verstarb, übernahm Brown als ranghöchster Offizier an Bord das Kommando. Sowohl Smith, der Quartermaster, als auch der Seemann Daniel Lowth verließen, da sie wegen Brown um ihr Leben fürchteten, auf der Rückreise in St. Helena das Schiff und brachten den Vorfall nach ihrer Rückkehr nach England zur Anzeige. Der weitere Verlauf der Sache ist leider nicht überliefert.[1076]

Ähnliche Folgen hatte auch der Wutausbruch eines abgesetzten Ersten Maats auf dem englischen Schiff THOMAS AND DIANAH im Jahre 1743. Nachdem der Kapitän des Schiffs, James Nelson, den Maat Andrew Miller seines Amtes enthoben und den Zweiten Maat Hugh Couch an dessen Stelle gesetzt hatte, kam es zu einem heftigen Wortwechsel zwischen Nelson und Miller, in dessen Folge der abgesetzte Maat in seiner Wut Kapitän Miller mit einer Waffe angriff, wie Couch in seiner Aussage angab: ... *the said Andrew Miller immediately jumped out of his own Cabbin with a Sword in his Hand and with the said Sword stabbed the said James Nelson the Master in several Parts of his Body And the Informt. and the said John Appleton seeing the said Andrew Miller stabbing the said James Nelson as aforesaid rushed in upon the said Andrew Miller and took the said Sword from him and secured him and put him in Irons.*[1077] Nachdem Miller durch Couch festgesetzt worden war, fragte dieser ihn, weswegen er den Kapitän angegriffen habe, worauf Miller antwortete, ... *I have done nothing but what I would do again if it was in my power.*[1078] Kapitän Nelson erlag am nächsten Morgen seinen Wunden, Miller dagegen wurde in Smyrna verhaftet und an Bord eines englischen Handelsschiffes nach England zurückgeschickt.

1063 Ebd., S. 280ff.
1064 Earle, S. 100.
1065 Dana: Two years, S. 323f.
1066 *Nagle*, S. 308.
1067 *Samuels*, S. 218.
1068 Weibust, S. 393, und Rediker, S. 235f.
1069 *Jackman*, S. 44f.
1070 Ebd., S. 44f.
1071 Vgl. seine Kurzbiographie im Anhang.
1072 *Coggeshall*, S. 120.
1073 PRO - HCA 1/57, f. 75f. und 78f.
1074 Ebd. 75f.
1075 Ebd.
1076 Ebd. und 78f.
1077 Ebd. 65f.
1078 Ebd. 65f.

Bei der Untersuchung des High Court of Admiralty gab Miller in seiner Aussage an, daß er zwar von dem Kapitän mißhandelt worden sei und auch heftig mit ihm gestritten habe. Dann sei er von ihm niedergeschlagen worden und erst wieder erwacht, als er bereits in Eisen gelegen habe. Daher wisse er nicht, wie Kapitän Nelson zu seinen tödlichen Wunden gekommen sei. Auch in diesem Fall ist der Ausgang des Verfahrens leider nicht bekannt.[1079]

Wie bei der von Coggeshall berichteten Attacke eines Seemanns auf den Zweiten Maat und der Tat des Steuermanns Brown scheint auch hier der tätliche Angriff auf mangelnde Selbstkontrolle des Täters während eines heftigen Streites zurückzuführen zu sein, sozusagen eine Handlung im Affekt. Daß tätliche Angriffe aber nicht immer so glimpflich für den Täter ausgingen, wie in dem von Coggeshall geschilderten Fall, belegen einige Urteile des englischen High Court of Admiralty. So wurden 1829 die Seeleute John Toy, George Stephenson und John Johnson wegen tätlichen Angriffs auf Kapitän Thomas Summer angeklagt. Ihnen wurde vorgeworfen, sie hätten: ... *in and on board of a certain Vessel called* THE ANN *of which he the said Thomas Summers was Master and Commander then and there being unlawfully did make an Assault and him the said Thomas Summers did then and there beat wound and illtreat and other wrongs to him the said Thomas Summers then and there did To the great damage of the said Thomas Summer and against the peace of our said Lord the King his Crown and Dignity.*[1080] Obwohl alle drei auf »nicht schuldig« plädierten, wurden Toy und Stephenson im Sinne der Anklage für schuldig befunden und zu sechs bzw. vier Monaten Haft verurteilt, während Johnson freigesprochen wurde.

Insubordination gegen die Autorität der Vorgesetzten an Bord ging jedoch nicht nur von einzelnen Seeleuten aus, ebenso gab es ein gemeinsames Vorgehen der Besatzung gegen Kapitän und Offiziere. Oft, aber nicht immer waren solche Fälle die Folge eines gescheiterten Protests der Seeleute. Verweigerte ein Kapitän die Anhörung der Beschwerden seiner Seeleute, konnte die Situation erheblich eskalieren. Ein Alarmzeichen für einen Kapitän, daß sich Unheil an Bord zusammenbraute, war neben Zusammenrottungen von Seeleuten vor allem das Geräusch von rollenden Kanonenkugeln nachts an Deck.[1081] Dana wiederum berichtet von einer Reise, die wegen der langsamen Fahrt des Schiffs mit erheblichen Entbehrungen für die Besatzung verbunden war. Daher wandte sich der Zimmermann an die Besatzung und versuchte, diese zu bewegen, die gemeinsame Forderung, mehr Segel zu setzen, an den Kapitän zu richten. Nach einer Beratung entschloß sich die Besatzung, noch ein wenig zu warten. Nach einiger Zeit überlegte man, welche Maßnahmen zu ergreifen seien, um die Situation zu ändern, wobei einige Seeleute vorschlugen, den Kapitän abzusetzen und das Kommando dem Ersten Steuermann zu übergeben. Dabei gaben allerdings Dana und ein anderer Matrose den aufgebrachten Seeleuten zu bedenken, daß es sich bei diesem Vorgehen um offene Meuterei handelte, die unweigerlich schwerwiegende Folgen nach sich ziehen würde: *And so irritated and impatient had the crew become, that even this proposition, which was open mutiny, was entertained, and the carpenter went to his berth, leaving it tacitly understood that something serious would be done if things remained as they were many hours longer. When the carpenter left, we talked it all over, and I gave my advice strongly against it. Another of the men, too, who had known something of the kind attempted in another ship by a crew who were dissatisfied with their captain, and which was followed with serious consequences, was opposed to it.*[1082]

Während die Mannschaft sich noch beriet, hatte sich der Zimmermann bereits an den Maat gewandt, der wiederum den Kapitän alarmiert hatte, der die Besatzung zusammenrief und, obwohl die Besatzung aufgrund ihrer Erfahrungen mit dem Kapitän ein härteres Vorgehen erwartet hätte, mit einer ruhigen und überlegten Ansprache, in der er die Gründe für seine Handlungsweise deutlich zu machen suchte, nicht allein die Lage entspannen konnte, sondern auch erklärte, daß damit die Sache für ihn beigelegt sei und er der Mannschaft nichts nachtrage.[1083] In dieser kritischen Situation gelang es dem Kapitän durch eine wohldosierte Mischung aus Verständnis und Drohung, die Seeleute zu beruhigen, eine weitere Eskalation zu verhindern und die Lage zu entspannen. Auch im Fall kollektiver Widersetzlichkeit hing viel vom Charakter und Verhalten des Kapitäns ab. War er in der Lage, die Situation zu entschärfen, etwa durch Verständnis und ein offenes Gehör für die Wünsche und Forderungen seiner Besatzung oder durch ein energisches Auftreten gegenüber den Seeleuten, hatte er gute Aussichten, seine Autorität wiederzuherstellen, ohne daß es zu einer weiteren Eskalation der Situation kam.

Es konnte aber auch grundsätzlichere Schwierigkeiten mit den Seeleuten geben. So klagten 1755 zahlreiche Hamburger Kapitäne in einem Schreiben an die Commerzdeputation der Stadt über die generell nachlassende Disziplin der Seeleute:

Insonderheit kann ich mitunterschriebener Schiffer Johann Albert Eggers es aus Actis und Zeugnissen, die ich in meiner letzten Reise zu Bourdeaux aufgenommen, darthun, daß sich mein Volk und darunter sogar mein Steuermann an meiner Person solchergestalt vergriffen, daß ich in Lebensgefahr gewesen bin, das Schiff und Gut fast ruiniret und verloren gegangen wäre, weil er seiner Pflicht und meinen Befehlen nachzukommen sich geweigert, und daß gewiß die Gerichte zu Bourdeaux ein scharfes Exempel würden statuiret haben, wenn ich nicht lieber eine hiesige Verfügung dereinsten suchen wollen.

Da nun Ew. pp. Ihre verehrungswürdige Bemühung so heilsam auf die Erhaltung des Schiffs- und Seewesens bishero zu richten sich angelegen seyn lassen, so schmeicheln wir uns, daß selbige auch durch eine strenge Disciplin des rohen Schiffsvolks zu befördern gewiß nicht unnöthig finden, und deßfalls auf diese unsere geziemende Vorstellung bey E. H. Rath es auszuwirken suchen werden, daß eine neue scharfe und zur schleunigen scharfen Strafe gegen die Verbrecher und Freveler eingerichtete Verordnung und Verfügung fordersamst zum Besten des Commercii und Sicherheit der Schiffahrt ergehen möge.

Am 5. Mai empfahlen Comm.-Dep. dem Rat dies Gesuch und fügen hinzu: ›Da nun ein solcher Frevel allgemein ist und täglich mehr und mehr Überhand nimmt, da auch über dieses, wie leider die Erfahrung bezeuget, das Volk auf Hamburgischen Schiffen insonderheit seine geleisteten theuren Eyde so gewissenloser Weise hindansetzet, daß es sich der Beraubung der eingeladenen Güter ungleich häufiger und stärker schuldig machet, als von irgend einer andern Nation kann gesaget werden, so kann solches nicht anders als der hiesigen Schiffahrt, an deren Erhaltung und Erweiterung dieser guten Stadt jedoch ein so großen gelegen ist, zum äußersten Nachteil gereichen.‹[1084] Mehr als 100 Jahre später äußerte sich auch der englische Kapitän Sproule über ähnliche Erfahrungen mit den Seeleuten, die seiner Meinung nach immer schlechter und undisziplinierter geworden waren, wobei seine Beschwerde allerdings ein wenig an die allseits bekannten Klagen der älteren Generation über die jüngere oder der Arbeitsgeber über die Arbeitsmoral der Angestellten erinnert: *I do not know that by law there was any greater force of discipline then than there is now; but I am sorry to say, that from the laxity of the laws, the sailors have so much deteriorated from what they were in former years, that now you will not find two able seaman out of 20.*[1085]

Dennoch sind solche Bemerkungen nicht völlig von der Hand zu weisen, wie die Erfahrungen verschiedener Kapitäne zeigen. So hatte beispielsweise der amerikanische Kapitän Samuel Samuels während einer Reise eine im gesamten Nordatlantik als disziplinlos und aufmüpfig berüchtigte Gruppe von Seeleuten an Bord, die als »Bloody Forties« bekannt waren und unterwegs eine Meuterei anzettelten.[1086] Auch Little mußte eine ähnliche Erfahrung machen. Nachdem er schon zuvor Probleme mit seiner Crew gehabt und den Zweiten Maat wegen dessen Unfähigkeit und Respektlosigkeit abgesetzt hatte, steigerte sich der Konflikt an Bord zum offenen Widerstand, als Little seine Mannschaft, die sich zu Weihnachten mit zu diesem Zweck aufgespartem Alkohol betrunken hatte, zur notwendigen Schiffsarbeit befahl. Ohne die Hilfe des Ersten Maats, aber mit der Unterstützung eines Passagiers, des Kochs und des Stewards konnte er mit Waffen- und körperlicher Gewalt die Seeleute wieder zur Räson bringen: *The men were now quite humble, and returned to their duty with submission. They promised, if this affair were overlooked, that for the future they would give no occasion for*

1079 Ebd., 67f.
1080 PRO - HCA 1/94f. 9.
1081 Earle, S. 167.
1082 Dana: Two years, S. 328–330.
1083 Ebd.: *Instead of violent measures, or, at least an outbreak of quarter-deck bravado, threats, and abuse, which they had every reason to expect, a sense of common danger and common suffering seemed to have tamed his spirit, and begotten in him something like a human fellow-feeling; for he received the crew in a manner quiet, and even almost kind. He told them what he had heard, and said that he did not believe that they would try to do any such thing as was intimated; that they had always been good men – obedient, and knew their duty, and he had no fault to find with them, and asked them what they had to complain of; said that no one could say that he was slow to carry sail (which was true enough), and that, as soon as he thought it was safe and proper, he should make sail. He added a few words about their duty in their present situation, and sent them forward, saying that he should take no further notice of the matter; but, at the same time, told the carpenter to recollect whose power he was in, and that if he heard another word from him he would have cause to remember him to the day of his death. This language of the captain had a very good effect upon the crew, and they returned quietly to their duty.*
1084 Ernst Baasch: Quellen zur Geschichte von Hamburgs Handel und Schiffahrt im 17., 18. und 19. Jahrhundert, Hamburg 1910, S. 5–7.
1085 Minutes of Evidence, S. 248f.
1086 *Samuels*, S. 267–291.

a repetition of the same punishment. In reply I stated that their behaviour and good conduct should govern me in my future course towards them. During the remainder of the passage they conducted themselves with propriety, and although we encountered intense cold weather, and many hard gales, yet every man did his duty cheerfully, without murmuring or flinching.[1087]

Hier bestimmte das Motiv der Vergebung das weitere Verhalten von Kapitän und Besatzung. Nachdem sich der Kapitän durchgesetzt hatte, bat die Besatzung förmlich um Verzeihung, die ihr unter der Bedingung der weiteren guten Führung auch gewährt wurde.[1088] Diese Unterwerfungszeremonie erforderte vor der Konfliktbeilegung und damit der Wiederherstellung der rechtmäßigen Ordnung an Bord das offene Bekenntnis der Seeleute, falsch gehandelt zu haben. Daher scheint bei dem Ritual der Vergebung neben dem praktischen Erfordernis, so schnell wie möglich die zur sicheren Fortführung der Reise notwendigen Herrschafts- und Koordinationsstrukturen erneut zu etablieren, auch die frühneuzeitliche Vorstellung, daß zur Beilegung eines Vergehens und der Wiederherstellung der gestörten gesellschaftlichen Ordnung ein öffentliches Schuldeingeständnis notwendig war, eine Rolle gespielt zu haben.[1089] Oft genug wurden die Kapitäne jedoch nicht allein mit ihrer Mannschaft fertig und mußten um die Hilfe der Obrigkeit bitten. So wurde 1783 der Lübecker Kapitän Emanuel Christian Spieckermann von seiner Besatzung genötigt, die Reede von Travemünde anzulaufen, worauf er im Namen der Reederei einen Antrag an die Lübecker Obrigkeit stellte, für den Fall, daß sich die Matrosen weigern sollten, die Reise fortzusetzen, den dortigen Stadthauptmann anzuweisen, ... *daß er im Fall der Noth dem Schiffer allen erforderlichen Beystand leisten, und besonders dafür sorge, daß das Volck angehalten werde, am Schiffe zu bleiben, und die Reise ungesäumt fortzusetzen.*[1090] Der Lübecker Senat entschied in diesem Fall, daß der Travemünder Stadthauptmann dem Kapitän und der Reederei allen möglichen Beistand leisten solle.

Waren alle Versuche, die Situation an Bord oder mit Hilfe eines Vermittlers vor Ort zu klären, gescheitert, blieb den Kapitänen als letzter Ausweg nur noch eine formelle Anzeige und ein gerichtliches Strafverfahren. Ein solcher Fall ereignete sich 1804, wiederum in Lübeck. Auch hier weigerte sich die Mannschaft eines Schiffs, die Reise, für die sie sich verheuert hatte, anzutreten und wurde daher vom Travemünder Stadthauptmann Sibeth in Haft genommen. Währenddessen hatte der Kapitän eine neue Mannschaft gefunden, worauf ihm Sibeth erklärte, daß er nun seine alte Mannschaft abmustern und die ihnen zustehende Heuer auszahlen solle. Obwohl sich der Kapitän zunächst einverstanden zeigte, weigerte er sich kurze Zeit später, ihnen ihr Geld auszuzahlen. Als daraufhin auch die neue Mannschaft erklärte, sie wolle erst auslaufen, wenn die alte Besatzung ordnungsgemäß verabschiedet worden sei, und auch Sibeth aus diesem Grund dem Schiff das Auslaufen nicht gestattete, entschied der Senat, die Angelegenheit durch ein Schiedsverfahren der Schifferältesten entscheiden zu lassen.[1091]

Auch Joachim Nettelbeck hatte auf einer Reise erhebliche Probleme mit der Besatzung und deren fortdauernder Widersetzlichkeit gegen seine Autorität. Obwohl das Schiff wegen der Nachlässigkeit des Steuermanns fast gestrandet wäre, trafen Nettelbecks Ermahnungen dennoch nur auf taube Ohren: *Was aber meinen Unmuth noch höher steigerte, was der dünkelvolle und widerspenstige Sinn meines Schiffsvolks, der sich, je länger, je ungescheuter offenbarte. Kam es zu verdienten Verweisen und Ermahnungen, so hieß es immer. »Pah! Wir sind Hamburger, und keine Preußen! Wir kennen unsre Gesetze und Rechte, und so muß man uns nicht kommen!« – Was mich jedoch am meisten verschnupfte, war eine, gegen allen Seemannsbrauch streitende Gewohnheit, die sie unter sich, und gegen meinen Willen, in Gang zu bringen suchten. Sie lagen nemlich bei Tag und Nacht über ihren Thee- und Kaffee-Kesseln; und so oft ich in die Combuse sah, hiengen oder standen 8 oder 10 solcher Maschinen bei einem Feuer, woran man vielleicht einen Ochsen hätte braten können.*[1092]

Doch während sich die Mannschaft bei der Verteidigung ihrer Rechte auf das positive Seerecht berief, verstieß sie zugleich gegen die an Bord geltenden traditionellen Verhaltensnormen, da sie nicht nur die Kohlenvorräte des Schiffs im Übermaß beanspruchte, sondern auch durch die damit verbundene Feuergefahr gegen die Prinzipien der guten Seemannschaft verstieß. Als Nettelbeck sich zu guter Letzt nur noch durch das Überbordwerfen der Teekessel und das Löschen des Kochfeuers zu helfen wußte, kam es zu einer tätlichen Auseinandersetzung, in deren Folge sich Nettelbeck mit Mühe in seine Kajüte retten konnte. In dieser kritischen Situation versuchte Nettelbeck auf zweifache Weise, Lage Herr zu werden und konfrontierte seine Besatzung entsprechend ihrer Argumentation mit den betreffenden Normen des positiven Seerechts, eines Seerechtskompendium, das er für solche Zwecke erworben hatte: ›*Einem Schiffer steht es frei, seine Leute zu züchtigen; und es darf keine Gegenwehr geschehen. Sollte aber ein Schiffsmann sich unterstehen, seinen Schiffer zu schlagen oder sonst zu mißhandeln: so wartet seiner der Galgen; nach Hamburger Recht. – Ebenso nach Englischem und Holländischem Seerecht. – Nach Dänischen und Schwedischen Gesetzen wird der Verbrecher mit der Hand an den Galgen genagelt, um 6 Stunden daran zu stehen, bis ihm das Messer, womit der angenagelt ist, wieder herausgezogen worden. – Nach Preußischem Seerecht wird er 6 Monat in Eisen an die Karre geschmiedet.*‹[1093]

Nachdem er seiner rechtlichen Argumentation mit Hilfe körperlicher Gewalt zusätzlichen Nachdruck verliehen hatte, konnte Nettelbeck die Situation allmählich wieder in den Griff bekommen und stellte die Disziplin mit der Drohung, die Mannschaft im nächsten Hafen vor Gericht zu stellen, wieder her. Daraufhin bat ihn die Mannschaft unter der Führung des Bootsmanns um Verzeihung: *Der Bootsmann nahm für sie das Wort, dem sie nach und nach Alle beifielen und gestand mit Zerknirschung: Sie hätten sich übereilt und vergangen; bäten mich um Vergebung, und versprächen, sich hinführo besser gegen mich zu betragen*[1094] Allerdings betrachtete Nettelbeck die Vergehen der Mannschaft als zu schwerwiegend, um sie allein mit dieser Anerkennung seiner Autorität beizulegen und erklärte seiner Besatzung: ›*Respect und Gehorsam gegen mich verstehen sich wohl von selbst. Aber was ich wegen des Vergangenen über euch beschließe, darüber werde ich allerdings noch besinnen müssen. Jetzt an die Arbeit!*‹[1095] Und so zeigte Nettelbeck bei seiner Ankunft im Bestimmungshafen Memel seine Mannschaft bei den dortigen Behörden an. Die Sache wurde von dem zuständigen Gericht untersucht, das die Seeleute schließlich nach dem dort gültigen Königlich Preußischen Seerecht von 1727 entsprechend der Schwere ihrer Schuld zu Geld- und Körperstrafen verurteilte: *Obwohl nie ein Freund tyrannischer Härte in meinem Kommando, und auch hier nicht von einer besondern Rachsucht getrieben, glaubte ich es doch sowohl mir selbst, als dem gemeinen Besten, schuldig, meine Schiffsmannschaft bei dem Seegericht in Memel, sofort nach meiner Ankunft, anzuklagen. Die Sache ward untersucht, und der Spruch fiel dahin aus, daß dem Bootsmann, als Rädelsführer, hundert Stockprügel in zwei Tagen, dem Koch funfzig, und noch einem Matrosen fünfundzwanzig zugezählt werden und sie ihrer verdienten Gage verlustig gehen sollten, welche den seefahrenden Armen zuerkannt wurde. ... Ich meines Theils erachtete es für gut und wohlgethan, mein übriges Schiffsvolk mit herbeizuführen, um Zeugen der Execution zu seyn und sich daran zu spiegeln.*[1096]

Dieser Fall zeigt deutlich, daß es eine klare Grenze der Toleranz bei Insubordination und Widersetzlichkeit an Bord gab. Offensichtlich war die hartnäckige und andauernde Aufsässigkeit seiner Mannschaft in den Augen Nettelbecks nicht mit dem bloßen Ritual einer Entschuldigung der Matrosen und der anschließenden Vergebung seitens des Kapitäns beizulegen, sondern erforderte eine härtere Bestrafung.

1786 ereignete sich in Lübeck ein ähnlicher Fall. Auf Anzeige des Kapitäns Joachim Rahlff kam es zu einem Gerichtsverfahren gegen den Schiffszimmermann Hinrich Bollau wegen fortgesetzter Insubordination und tätlichen Angriffs auf den Kapitän. Bereits in Kronstadt war Bollau wegen Befehlsverweigerung und Beleidigung mit Gefängnis bei Wasser und Brot bestraft worden, und obwohl der Angeklagte ein friedliches Verhalten für den Rest der Reise versprochen hatte, kam es auch auf der Rückreise zu erheblichen Schwierigkeiten und tätlichen Auseinandersetzungen. Laut Anklage hatte: ... *der Schiffszimmer Meister auf dem Schiff* AFRICA, *Hinrich Bollau nicht nur zu Cronstadt, sondern auch auf der Herreise von Königsberg nach Lübeck seinen Schiffer nicht allein mit Worten aufs äußerste beleidigt, sondern auch sogar mördlich angefallen und vermuthlich ums*

1087 *Little*, S. 258.
1088 Ebd.
1089 Zur Bedeutung des Geständnisses in der Gerichtspraxis der Frühen Neuzeit vgl. van Dülmen: Theater des Schreckens, S. 36f.; Schild: Gerichtsbarkeit, S. 158, und Schild: Recht, S. 539f. Vgl. auch Bruijn: Meutereien, S. 263.
1090 AHL, ASA Interna/Seesachen, Nr. 39/1.
1091 Ebd. Zu diesem Vorgehen der Vorgesetzten bei Fällen fortgesetzter Insubordination vgl. auch Bruijn: Meutereien, S. 258 und 263.
1092 *Nettelbeck*, S. 316f.
1093 Ebd., S. 319f.
1094 Ebd., S. 320f.
1095 Ebd., S. 321f.
1096 Ebd., S. 324. Da das von Nettelbeck geführte Schiff einem Stettiner Kaufmann gehörte und damit in Preußen beheimatet war, fiel die Sache eindeutig unter preußische Jurisdiktion. Daher konnte das zuständige Memeler Gericht ein Urteil nach Kap. 4, § 32 des Königlich Preußischen Seerechts von 1727 fällen.

Leben gebracht haben würde, wenn nicht der Steuermann alle Mühe angewendet hätte ihn zu retten, und aus deßen Händen zu befreyen.[1097] Der Angeklagte brachte zu seiner Verteidigung vor, er sei von Kapitän Rahlff beleidigt worden. Er leugnete die Tätlichkeiten gegen den Kapitän nicht, behauptete aber auch hier, sich lediglich gegen einen Angriff verteidigt zu haben. Er konnte aber letztlich nicht viel zur Rechtfertigung seines Verhaltens anführen und bat daher um die Gnade des Gerichts: *Ob er nun noch wohl mehr zu seiner Entschuldigung und Rechtfertigung anführen könne, so bereue er doch ernstlich den Vorgang und wolle wegen der dem Klr. zugefügten Beleidigung denselben hirmit im Verzeihung gebethen und sich der Richterlichen Gnade und Milde anempfohlen haben.*[1098]

Diese entschied, daß der Angeklagte der ihm vorgeworfenen Taten schuldig sei und verurteilte ihn zu einer Geldstrafe und zur Gerichtskostenerstattung sowie zu einer förmlichen Entschuldigung: *Daß Bekl.ter schuldig dem Kl.r wegen der demselben zugefügter grausamer Mishandlung eine christliche Abbitte und Ehren Erklährung zu leisten und nebst Erstattung der Kosten, dem Gerichte 25 Rthlr. Strafe zu erlegen mit der Verwarnung sich dergleichen Verbrechen bey Vermeidung ohnausbleiblicher Zucht Haus Strafe künftighin nicht wieder zuschulden kommen zu laßen. Hierauf hat Bekl. sogleich declariret, wie er es hertzlich bereue und es ihm leid sey Kl.rn so gröblich und bös beleidiget zu haben und ihn solcherwegen hirmit um Christliche Verzeihung gebethen haben wolle, auch denselben für einen ehrlichen und ungescholtenen Mann halte, und nichts, als was Ehre und guthen Nahmen gemäs auf ihn zu sagen wiße ...*[1099]

Diese Geldstrafe machte etwa ein bis zwei Monatsheuern aus[1100], erschien jedoch den Vertretern der Kaufleutekompagnie, der Schonenfahrer-, Novgorodfahrer-, Bergenfahrer-, Rigafahrer-, Stockholmfahrer- und Gewandschneiderkompagnie ebenso wie der Schiffergesellschaft und der Brauerzunft, kurz der gesamten Honoratiorenschaft der Stadt Lübeck, in Anbetracht der Schwere der Tat zu gering: *Wir wollen deswegen von der Größe des gegenwärtigen Verbrechens nichts weiter gedenken ob es gleich ex actis klahr zu Tage liegt, daß der Bösewicht und Aufwiegler Bollau würklich mördliche Absichten gegen seinen Schiffer gehabt habe, auch in seiner unbändigen Wuth diese gottlose Absicht vielleicht ausgeführt hätte, wenn er nicht von dem beßer denkenden Steuer Mann davon wäre verhindert worden. Imgleichen daß dieses mit 25 Rtlr. bestrafte Verbrechen ein wiederhohltes Verbrechen gewesen sey: indem Derselbe bereits vorher eines ähnlichen Frevels halber zu Cronstadt auf Waßer und Brodt gefangen gesessen, und nur unter der Angelobung einer friedlichen Aufführung auf Fürbitte seines beleidigten Schiffers seine Freyheit wieder erhalten hatte, weswegen Wir nicht geglaubt hätten, daß ein solches criminelles wiederholtes Verbrechen mit einer bloßen Geld Strafe würde geahndet worden seyn.*[1101]

Dementsprechend forderten sie eine wesentlich härtere Bestrafung des Schiffszimmermanns, während das Gericht damit erst für den Fall der Wiederholung gedroht hatte: ... *wolle gerechtest geruhen fürs künftige die Verfügung an die Gerichts Stube zu machen, daß dergleichen boßhafte Frevel, wie der gegenwärtige fernerhin mit keiner Geld Strafe, sondern andern zum Schrecken mit Leibes und Gefängniß Strafe geahndet werden mögen.*[1102]

Ein ähnlicher Fall ereignete sich 1804, wiederum in Lübeck. Der Schiffskoch Friedrich Hansen hatte versucht, von seinem Kapitän Hans Bünning die Auszahlung seiner Heuer zu erstreiten, doch kamen im Lauf des Verfahrens auch die zahlreichen Verfehlungen des Schiffskochs während der Reise zur Sprache. So hatte Hansen laut der Aussage Kapitän Bünnings nicht nur Schiffsproviant vergeudet und verderben lassen und sich auch des öfteren gegenüber dem Kapitän im Ton vergriffen, sondern auch bewußt dessen Befehle mißachtet. Obwohl es bereits in St. Petersburg zu einem Vermittlungsversuch durch den dortigen Korrespondenten gekommen war und Hansen sich bei Bünning entschuldigte, woraufhin die Sache als beigelegt gelten sollte, gab es auch weiterhin Probleme. So gab sich Hansen im Sund an Bord des dänischen Wachtschiffes als Däne aus, um so seine Entlassung zu erwirken und mißachtete auch weiterhin die Befehle des Kapitäns, um durch seinen fortdauernden Widerstand Kapitän Bünning zu veranlassen, ihn noch vor dem Ende der Reise abzumustern: *So gesteht er selbst, daß er sehnlichst gewünscht, vor vollendeter Reise vom Schiffe loszukommen, daß er in St. Petersburg wegen grober Vergehungen zur Verantwortung gezogen worden, daß er den Befehlen des Schiffers zuwider ein Tau losgemacht und anders angelegt und auf die ihm desfalls gemachten Vorwürfe grob geantwortet, daß er sich aus Rache gegen den Schiffer für einen Dänen ausgegeben, und dadurch Schif und Ladung in die größte Gefahr gebracht habe.*[1103] Der Koch Hansen leugnete zwar nicht, daß er das Heuerverhältnis vorzeitig beenden wollte, rechtfertigte sein Verhalten aber zugleich mit angeblichen Mißhandlungen durch Kapitän Bünning: *Der Schiffer Bünning habe ihm auf der ganzen Reise seit 1802 auf alle mögliche Weise genekt und gehudelt und könne denunciat nicht läugnen, daß es in jedem Hafen wo sie angekommen sein sehnlichsten Wunsch gewesen sey, aus der würklich für ihn martervollen Lage heraus zu kommen.*[1104]

Allerdings fanden diese Behauptungen nur wenig Glauben. So stellten die als Schiedsgericht von Hansen angerufenen Ältesten der Schiffergesellschaft nach der Untersuchung eindeutig fest, daß das Verhalten des Kochs Hansen unangemessen und strafbar gewesen war und verurteilten ihn daher zu einer Geldstrafe: *Daß Kläger, seiner Widerspenstigkeit halber, und daß er ein Unruhestifter auf dem Schiffe gewesen, in 20 Rthl. Strafe verfallen sey.*[1105] Mit diesem Strafmaß, das immerhin eine Summe ausmachte, die zwischen 3/4 und 1 1/3 Monatsheuern lag[1106], war Bünning allerdings nicht einverstanden, und auch Hansen beschloß, mit der Sache vor Gericht zu gehen. Auch hier wurde die Schuld des Klägers eindeutig festgestellt und dieser dazu verurteilt, sich bei Kapitän Bünning zu entschuldigen und neben den Gerichtskosten eine Geldstrafe zu zahlen: *Daß er dem Schiffer Bünning eine Abbitte zu leisten, die Untersuchungs Kosten zu erstatten, und dem Gericht 5 Rthl. Strafe zu erlegen schuldig sey.*[1107] Obwohl Hansen bereit war, dieses Urteil anzunehmen und sich zu entschuldigen, war Kapitän Bünning dazu nicht bereit und behielt sich weitere Schritte vor: *Nach diesem eröfneten Erkenntnisse war auch Denunciat Hansen erbötig dem Schiffer Bünning die erkannte Abbitte zu leisten. Letzterer weigerte sich aber die Abbitte anzunehmen, indem er vorgab, wegen dieses Erkenntnisses erst mit seiner Rhederey Rücksprache halten zu müssen.*[1108]

Da auch die Reeder mit dem Ausgang des Verfahrens nicht zufrieden waren, reichten sie daraufhin eine Eingabe an den Lübecker Senat mit der Bitte um eine Strafverschärfung ein und begründeten ihren Antrag mit der in ihren Augen unangebrachten Milde für ein schweres Vergehen gegen die Ordnung und Disziplin an Bord: *Da wir aber glauben, daß gedachter Koch von beiden Behörden wegen seiner groben Vergehungen gar zu gelinde behandelt worden, und daß sowohl uns, als dem ganzen commercirenden Publico daran gelegen sey, daß jedes subordinationswidrige Betragen eines Matrosen gegen den Schiffer auf der See noch mehr aber jede dem Schiffer von einem seiner Leute auf der Reise widerfahrenen Mishandlung auf das nachdrücklichste, und nicht etwa mit einigen Thalern Geld bestraft werde, so sind wir so frey, uns an Einen Hochweisen Rath zu wenden, und von Hochdemselben eine schärfere Bestrafung des Kochs Hansen zu erbitten. Gewöhnlich bittet man nur um Gnade, und daher schmerzt es uns um so mehr, daß wir auf geschärftfte Strafe antragen müssen. Allein in die Aufrechthaltung der bestehenden Ordnung und die Beförderung der allgemeinen Sicherheit scheint uns die Ergreifung dieser Maasregeln nothwendig zu machen.*[1109] Daher baten sie den Senat, den Schiffskoch Hansen nicht nur mit einer Geldstrafe zu belegen, sondern ihn: ... *zur wohlverdienten Strafe theils zur Warnung für andere, nachdrücklicher, als geschehen, und zwar körperlich zu bestrafen, ihn auch in alle verursachten Kosten zu verurtheilen.*[1110]

Auch in Bremen kam es 1826 an Bord eines auf der Weser segelfertig liegenden Schiffs zu einem Konflikt zwischen dem Kapitän und seinen Offizieren und den Seeleuten, namentlich Johann Conrad Jacobsen, der ... *wegen Meuterey auf einem segelfertigen Schiffe verurtheilt worden ...*[1111] war. Den Anlaß dazu gab offenbar das Verhalten der Offiziere, wie Jacobsen anführte: *Sogleich, wie der Capitain an Bord des Schiffes kam, fragte ihn der Obersteuermann, wie man die Leute behandeln solle. Die Antwort war: ›bey der geringsten Widerrede sollten sie, mögten sie alt oder jung seyn, geprügelt werden.‹ In diesem ersten, widerrechtlichen Auftreten der Vorgesetzten lag der Keim zu den späteren Unordnungen. Auch äußerten sie späterhin zu verschiedenen Malen gegen das Schiffspersonal: ›auf der See sollten sie erst recht gepisackt werden‹ – für diese Umstände und ihre Bewahrheitung fehlt es nicht an Zeugen.*[1112]

1097 AHL, ASA Interna/Seesachen, Nr. 44/1.
1098 Ebd.
1099 Ebd.
1100 Laut Brockstedt: Wirtschaftlicher Aufstieg, S. 143, erhielt ein Schiffszimmermann 1775 in Hamburg und Altona eine Heuer von monatlich 70,2 bzw. 33,8 Mark Courant, umgerechnet 23,4 bzw. 11,3 Reichstaler. Zur Umrechnung vgl.: Rolf Hammel-Kiesow: Das Zahlungsmittel der Kaufleute – Kurzer Umriß einer Lübekker Geldgeschichte, in: Gerhard Gerkens und Antjekathrin Graßmann (Hrsg.): Der Lübecker Kaufmann, Aspekte seiner Lebens- und Arbeitswelt bis zum 19. Jahrhundert, Lübeck 1993, S. 35.
1101 AHL, ASA Interna/Seesachen, Nr. 44/1.
1102 Ebd.
1103 Ebd.
1104 Ebd.
1105 Ebd.
1106 Laut Brockstedt: Wirtschaftlicher Aufstieg, S. 143, erhielt ein Schiffskoch 1801 in Hamburg und Altona eine Heuer von monatlich 78,3 bzw. 43,3 Mark Courant, umgerechnet 26,3, bzw. 14,3 Reichstaler.
1107 AHL, ASA Interna/Seesachen, Nr. 44/1.
1108 Ebd.
1109 Ebd.
1110 Ebd.
1111 STAB 2 - R. 11. l. 8. (Desertion und Meuterei Bd. 1, 1771–1860).
1112 Ebd.

Als es in der Folge zu einem Streit zwischen dem Obersteuermann und dem Koch kam, ergriffen die Seeleute die Partei des Kochs, wobei Jacobsen offenbar einer der Wortführer war, in eine verbale Auseinandersetzung mit dem Steuermann geriet und erklärte, *... arbeiten wollen wir, nur soll man uns nicht schlagen ...*[1113] Vergeblich um seine Entlassung bittend, blieb Jacobsen an Bord und wurde schließlich verhaftet, vor Gericht gestellt und wegen *Widersetzlichkeit und Aufwiegelung auf einem segelfertigen Schiffe*[1114] zu einer sechsmonatigen Zuchthausstrafe, dem Verlust der Heuer und der Streichung aus der Liste der Bremer Seefahrer verurteilt. Damit hatte das Gericht die nach der Ersetzung der Leibesstrafen schwerste Form der Freiheitsstrafe für dieses Vergehen für angemessen gehalten[1115], was auf die in den Augen des Gerichts besondere Schuld des Angeklagten schließen ließ. Daraufhin richtete Jacobsen ein Bittgesuch an den Bremer Magistrat, in dem er seine Schuld eingestand, aber zugleich unter Verweis auf einen Fall, bei dem ein Seemann, der von einem auslaufbereiten Schiff desertiert war und nur mit sechs Wochen Gefängnis bestraft worden war, um die Umwandlung der entehrenden Zuchthausstrafe in eine Gefängnisstrafe und um deren Verkürzung bat. Dabei argumentierte er vor allem mit den sozialen Folgen, die diese Strafe habe, da er nicht nur als einziger Ernährer seiner Familie für eine längere Zeit ausfiele, sondern wegen der Ehrrührigkeit der Strafe auch nach seiner Entlassung aus der Haft kaum mit einer neuen Heuer rechnen dürfe, denn *Was nun ihn, was seine Gattin, seine Kinder und Angehörige fast bis zur Verzweiflung bringt, ist der schreckliche Gedanke an die entehrende Strafe des Zuchthauses. Was durch sie ihnen Allen verloren geht, kann keine Gottheit wiedergeben; vernichtend werden sich die Folgen derselben in alle Verhältnisse ihres Lebens drängen, sie werden ihren Untergang herbeyführen!*[1116]

Es kam zu einer erneuten Untersuchung des Falles. In einem amtlichen Gutachten wurde dem Verurteilten zugute gehalten, daß der Ober- und der Untersteuermann des Schiffs *... vielleicht ... zu rauh und barsch mit dem Schiffsvolke umgegangen ...*[1117] waren. Ebenso wurde in diesem Gutachten zugunsten Jacobsens angeführt, daß dieser *... sich auf früheren Reisen als Matrose tadellos betragen, und er daher noch mehr das Ansehen gewinnt, daß im vorliegenden Falle äußere Umstände, als namentlich eine unangemessene Behandlung von Seiten seiner Vorgesetzten einen nachtheiligen Einfluß auf sein Betragen geübt und ihn zu Handlungen verleitete haben, die er jetzt ernstlich bereut, und deren er sich unter anderen Umständen wahrscheinlich nicht schuldig gemacht habe.*[1118] Daher empfahl das Gutachten, Jacobsens Bitte zu entsprechen, woraufhin der Senat beschloß, *Daß dem Gesuche dahin zu willfahren, daß die dem Supplicanten zuerkannte sechsmonatliche Zuchthausstrafe in eine Gefängnißstrafe von gleicher Dauer, wie hiedurch geschieht, zu verwandeln, im übrigen aber es bei dem Erkenntnisse des Obergerichtes vom 14.ten November 1825 sein Bewenden behalte.*[1119]

In all diesen Fällen zeigt sich, daß bei der Beurteilung von Insubordinationen nicht allein nur grundsätzliche Erwägungen, sondern durchaus auch der Einzelfall eine wichtige Rolle spielte.

Dieses Bewertungsmuster zeigt sich auch in der rechtlichen Wertung anderer Formen der Widersetzlichkeit an Bord, wie etwa dem unerlaubten Verlassen des Schiffs im Hafen, ein anderes, typisches Beispiel für die Mißachtung der Autorität der Kapitäne. Nicht nur Nannings klagte über dieses Verhalten[1120], es fand auch seinen Niederschlag in gerichtlichen Auseinandersetzungen. So klagte 1761 der Bremer Kapitän Lattenau gegen seine Mannschaft, die trotz gegenteiliger Befehle das Schiff verlassen hatte, so daß er die notwendigen Arbeiten von anderen Arbeitern hatte ausführen lassen müssen. Das Gericht entschied in dieser Sache im Sinne des Kapitäns: *Daß das Schiffs Volk dadurch, daß Sie ohne Urlaub des Schiffers vom Schiffe gegangen, wieder rechtlich gehandelt, und schuldig seyn, vor den accordirten Heuer die reiße anzutreten und zu vollenden, und hier nechst dem befinden nach von dem Schiffer Lattenau eine beliebige Douceur* [Geschenk, Trinkgeld] *gewärtigen mögte.*[1121] Zwar wurde in diesem Fall gegen die Seeleute entschieden und explizit festgestellt, daß die Matrosen sich widerrechtlich vom Schiff entfernt hatten, zugleich wurden ihnen aber die ihnen zustehenden Gelder zugesprochen.

In einem anderen ähnlichen Fall aus Bremen wurde zugunsten der Besatzung entschieden. Hier hatte Kapitän Johann Lehman 1733 seine Mannschaft wegen unrechtmäßigen Verlassens die halbe Heuer streichen wollen, um so die durch das Verhalten seiner Seeleute entstandenen Kosten zu kompensieren. Die Seeleute verklagten ihn daraufhin mit der Begründung, sie hätten den Steuermann um Erlaubnis gefragt und seien auch rechtzeitig wieder an Bord gewesen, gegen diese Lohnkürzung. Sie erhielten schließlich Recht, und das Gericht entschied, daß Kapitän Lehman die ausstehende Heuer zu zahlen habe.[1122]

In Lübeck kam es 1787 zu einem ähnlichen Fall. Auch hier gab es erhebliche Probleme mit der Besatzung des Schiffs, ... *welche nicht nur demselben* [dem Kapitän] *den schuldigen Gehorsam versagt, sondern auch mit Schimpfworten und Drohungen äußerst beleidigt und allerhand Unfug angerichtet, sogar eigenmächtig das Schiff verlassen hat und gantze Nächte auf dem Baum* [an Land] *geblieben ist* ...[1123] In diesem Fall ersuchten neben der Kaufleutekompagnie auch die Schonenfahrer-, Novgorodfahrer-, Bergenfahrer-, Rigafahrer- und Stockholmfahrerkompagnie den Lübecker Senat um eine Strafverschärfung, da den Seeleuten nicht einmal die Heuer gekürzt worden war, und begründeten ihren Antrag mit ... *der Nothwendigkeit einer strengen Subordination beym See Wesen, und ... den gefährlichen Folgen solcher Widersetzlichkeiten und Meutereyen* ...[1124]

Im Jahre 1780 bekam auch der Lübecker Kapitän Johann Georg Warncke auf einer Reise nach Reval erhebliche Probleme an Bord. Der Schiffskoch Johann Kelhusen brachte ... *durch seine trotzige Aufführung, Zanksucht, und Aufwiegeley alles Schiffsvolk in Unordnung, und* [setzte] *den Schiffer wegen der Zukunft in Furcht und Verlegenheit* ...[1125] Bereits vor der Ausfahrt gab es Schwierigkeiten mit Kelhusen, der entgegen dem geschlossenen Vertrag neue Heuerbedingungen forderte und auch mit der Besatzung in Streit geriet. So gaben zwei von dem Schiff desertierte und wieder gefaßte Matrosen an, nur wegen Kelhusen entlaufen zu sein. In ihrem Verhör gaben sie an, daß sie gerne bereit wären, die Reise zu machen, sie bäten nur darum, vor Kelhusen geschützt zu werden. Der Stadthauptmann von Travemünde machte nun einen Vermittlungsversuch, leider ohne Erfolg, denn Kelhusen ... *lies Uns dieserwegen nicht lange in Zweifel, sondern machte sogleich wie Er kaum mit dem ersten Fuß das Schif betrat, mit neuen Händeln den Anfang, indem Er dem einen Matrosen nicht nur auf die muthwilligste Art an der Arbeit hinderte, und beständig nekte, sondern auch so gar dem Schifsjungen ausdrücklich verboth demjenigen was ihm der andre befohlen, zu gehorchen. In welcher unglücklichen Lage befand sich nicht hier der Schiffer? Mit wie vieler Gefahr für Ihn, für das Schif und für die Ladung war es nicht verknüpft mit diesem Zänker und Aufwiegeler in See zu gehen, der die hier nothwendige Subordination nicht erkennen wollte.*[1126]

Daher sah Kapitän Warncke keine andere Möglichkeit mehr, als Kelhusen verhaften zu lassen und einen neuen Koch anzuheuern. Die Reederei des Schiffs dagegen sah sich veranlaßt, Anzeige gegen Kelhusen zu erstatten und eine strenge Bestrafung desselben zu fordern: *Was die nothwendige und ernstliche Bestrafung solcher Frevelthaten betrift, so hoffen Wir daß amplissimus Senatus solche nach Beschaffenheit derer Verbrecher, welche gemeiniglich rohe wilde Leute sind, die aus kleinen Strafen nicht viel machen, nach der Wichtigkeit der Sache, und davon besorgliche Folgen, und nach der Absicht, daß andere ihrer gleichen dadurch von ähnlichen Verbrechen abgehalten werden sollen gerechtest ein Zurichten geruhen werden. Welcher, solchen bösen Leuten auf ofner See, ohne menschliche Hülfe preis gegebne Schiffer würde wohl seines Lebens sicher, oder auch im Stande seyn das Beste seiner Rhederey und seiner Befrachter gehörig wahrzunehmen. Wenn dergleichen unglücklichste und muthwilligste Zänker, wie unser Beklagter ist, Mäutereyen unter das Volk anrichten, wenn der eine dem andern muthwillig in seiner Arbeit hindert, und dieser desjenigen, was ein andrer befohlen hat, verbiethet, wo bleibt hier die auf deren Schiffen wie bey der milice gleich nothwendige Subordination?*[1127]

Hier wird erneut die besondere Bedeutung der Subordination und der Disziplin für den störungsfreien Betrieb eines Schiffs betont. Auch in diesem Fall sah sich die Kaufleutekompagnie wie auch die Schonenfahrer-, die Novgorodfahrer-, Bergenfahrer-, Rigafahrer- und Stockholmfahrerkompagnie aufgerufen, sich mit der Bitte um eine möglichst harte Bestrafung des Schiffskochs Kelhusen an den Lübecker Senat zu wenden. Die Honoratioren begründeten ihren Antrag mit der

1113 Ebd.
1114 Ebd.
1115 Thomas Krause: Zuchthaus, in: Adalbert Erler und Ekkehard Kaufmann (Hrsg.): Handbuch zur deutschen Rechtsgeschichte, Bd. V, Berlin 1998, Sp. 1777ff., und Wesel, S. 388ff.
1116 STAB 2 - R. 11. l. 8. (Desertion und Meuterei Bd. 1, 1771–1860).
1117 Ebd.
1118 Ebd.
1119 Ebd.
1120 Nannings: Hamburg, den 21. Juni 1803.
1121 STAB 2 - R. 11. b. 7. (Schiffergilde, auch Seegericht, 7. Protokolle des Seegerichts).
1122 STAB 2 - R. 11. b. 7. (Schiffergilde, auch Seegericht, 7. Protokolle des Seegerichts).
1123 AHL, ASA Interna/Seesachen, Nr. 39/1.
1124 Ebd.
1125 Ebd.
1126 Ebd.
1127 Ebd.

Ansicht, daß nur eine konsequente Bestrafung diesem Vergehen gerecht werden und die Täter zur Besserung bewegen könne: *Durch gelinde Mittel läßt sich der wilde und rohe Matrose nicht zur Vernunft bringen, und die nothwendige Subordination und Ordnung auf den Schiffen nicht erhalten.*[1128] Daher baten sie die Obrigkeit, zur Abschreckung zukünftiger Insubordination, den Schiffskoch mit einigen Wochen Zuchthaus zu bestrafen.[1129] Da das Zuchthaus als schärfste Form der Freiheitsstrafe galt[1130], wird aus diesem Antrag deutlich, daß das Vergehen Kelhusens nicht als bloßes Vergehen gegen die Schiffsordnung verstanden, sondern als wirkliche Bedrohung der Sicherheit und Ordnung an Bord des Schiffs empfunden wurde.

Doch auch in solchen Fällen gab es nicht nur Anträge auf Strafverschärfung, sondern auch auf Gnadenerweise, so daß man auch hier von einer durchaus differenzierten Behandlung der Materie anhand der spezifischen Einzelfälle sprechen kann. So wurde der Matrose Johann Giering, der wegen Insubordination für ein Jahr aus der Liste der Bremer Seefahrer gestrichen worden war, im Jahr 1832 aufgrund eines Gnadengesuchs und des Nachweises seiner guten Führung durch einen Beschluß des Senats wieder in diese Liste aufgenommen.[1131]

Auch der 1859 wegen Arbeitsverweigerung und Insubordination zu einer Gefängnisstrafe von vier Wochen, Verlust der Heuer und $2^1/_2$ Talern Geldstrafe verurteilte Matrose Ludwig Tümler wandte sich an den Bremer Senat und bat um eine Umwandlung der Gefängnis- in eine Geldstrafe oder um einen Strafaufschub. Daraufhin wurde dem eingeholten Gutachten des Criminalgerichts entsprochen und seitens des Senates beschlossen, daß eine Strafumwandlung aufgrund der Schwere der Schuld nicht in Frage komme, da Tümler auch andere Seeleute aufgewiegelt habe, gab aber zugleich dem Ersuchen um einen Strafaufschub statt.[1132]

Solche Gnadenerweise hingen nicht allein von der Schwere der Tat, sondern auch von dem sozialen Status und dem Leumund des Delinquenten ab. Nur selten wurde das Delikt völlig abgestritten. Dafür wurde in den Gnadengesuchen oftmals auf die üblichen »mildernden Umstände«, wie Alkoholeinfluß, Jugendlichkeit usw., eingegangen, doch für eine Strafmilderung ausschlaggebend waren zumeist andere, rationale Gründe, vor allem der Hinweis auf die ökonomischen Folgen für die Familie und den Schaden für die Staatskasse, die durch die Strafverfolgung entstehen konnten, etwa durch den Verlust von Arbeitskraft oder die Kosten der Sozialfürsorge für die Angehörigen des Delinquenten. Diese Gnadengesuche wurden oftmals auch von Honoratioren unterstützt oder sogar verfaßt. Damit wurde nicht nur die Aussicht auf Erfolg erhöht, sondern zugleich die Einbindung des Delinquenten in ein System der informellen sozialen Kontrolle und seine zukünftige gute Führung signalisiert.[1133]

Die Gewährung von Gnade und Strafmilderungen war zwar nicht selten, aber keineswegs die Regel. 1834 wurden der Schiffszimmermann Bernhard Degerick und die Matrosen Friedrich Sekermann, Nicolaus Schmidt, Hinrich Michaels, Hermann Schwier und Nicolaus Ahlers vor dem Bremer Criminalgericht wegen Insubordination angeklagt. Es war während der Reise nach Nordamerika auf dem Schiff ANNE & EMILIE auf hoher See zu einem Streit zwischen dem Ersten Steuermann und Sekermann gekommen, der sich unbefugt im Zwischendeck aufgehalten hatte und vom Steuermann an Deck befohlen worden war. Degerick hatte sich daraufhin auf Sekermanns Seite in den Streit eingemischt, worauf es zu einem heftigen Wortwechsel kam, der wiederum zu Tätlichkeiten führte. Die genannten Matrosen, vor allem aber Nicholas Schmidt, stellten sich nun auf die Seite der beiden Angeklagten, und es kam zu weiteren Auseinandersetzungen, in die schließlich auch der Kapitäns des Schiffs, Lüder Hindrichsen, hineingezogen wurde.

Das Criminalgericht verurteilte daher Degerick zu drei Monaten Gefängnis und lebenslänglicher Streichung von der Liste der Bremer Seefahrer, Nicolaus Schmidt zu einem Monat Gefängnis und einem Jahr Sperre und beide darüber hinaus zum Verlust ihrer Heuer und zum Kostenersatz. Die übrigen Angeklagten wurden mit einem Verweis freigesprochen, Sekermann dagegen war noch während der Reise desertiert. Degerick stellte daraufhin ein Gnadengesuch und bat um seine Wiederaufnahme in die Bremer Seefahrerliste, dem wurde allerdings seitens des Senates nicht entsprochen.[1134]

Hier zeigt sich wieder sehr deutlich die Wertung des Einzelfalls durch die Bremer Gerichte. Offenkundig wog im Fall Bernhard Degerick die Schwere der

Schuld zu stark, um ihm den gewünschten Gnadenerweis zu gewähren.

Auch auf dem von Kapitän Claus Schröder geführten Lübecker Schiff NEUE FREUNDSCHAFT kam es 1785 zu Konflikten zwischen Schröder und seiner von dem Schiffszimmermann Moritz Ludwig Wieck angeführten Besatzung, die zu einer gerichtlichen Untersuchung in Lübeck führten. Abgesehen von Vorwürfen der Seeleute über ihre schlechte Behandlung schien aber die Frage angeblich gemachter Zusatzversprechungen zum Heuervertrag die eigentliche Ursache des Zerwürfnisses an Bord gewesen zu sein, wie der in Kopenhagen als Vermittler herangezogene Agent der Hansestädte Meinig nach Lübeck berichtete: ... *daß nicht sowohl die Beschwerden, die sie überhaupt über sein Betragen gegen sie angeführt haben, sondern vielmehr das ihnen bey Unterzeichnung der Muster Rolle von dem Schoute dieses in Lübeck mündlich gegeben und nachher unerfüllt geblieben Versprechen die wahre Ursache ihrer Erbitterung gegeneinander sey.*[1135]

In seiner Klageschrift gegen seine Besatzung berichtet Kapitän Schröder, daß es bereits kurz nach dem Auslaufen zu ersten Schwierigkeiten mit der Besatzung gekommen war. So geriet Schröder wegen des Proviantverbrauchs schon bald in einen Streit mit dem Koch namens Kock, der deshalb zum Seemann degradiert wurde, während sich die Besatzung in Bordeaux weigerte, die Holzladung zu löschen. Dabei gab die Besatzung dem Kapitän auf seine Aufforderung, die Ladung zu löschen, die Antwort ... *wir Arbeiten nicht als Balaster ich ihn solches selber thue sagen sie wir arbeiten von dage nicht und thaten es auch nicht.*[1136]

Die Situation wurde jedoch noch schlimmer. Auf der Rückreise von Bordeaux nach St. Petersburg weigerte sich die Mannschaft in Helsingör weiterzufahren, ohne einen Heuervorschuß bekommen zu haben. Auf den Einwand des Kapitäns, er sei dazu nicht bereit, da ein Vorschuß nicht im Heuervertrag vereinbart sei, erklärten die Seeleute, daß es sich bei der an Bord befindlichen Musterrolle nicht um diejenige handele, die sie unterzeichnet hätten: ... *daß ist nicht den Münster Rohl was uns für gelesen sey ...*[1137] Schröder wandte sich daraufhin an den Kommandanten des dänischen Wachtschiffes, der nach der Begutachtung der vorgelegten Musterrolle und der Anhörung der Mannschaft entschied, die Seeleute sollten: ... *mit mir zu fahren Laut Mein Münster Rohl die sie Unter gezeichnet haben ...*[1138] Doch auch nach dieser eindeutigen Entscheidung waren die Seeleute nur widerwillig bereit, die Reise fortzusetzen, wie auch nach der Rückkehr an Bord Zimmermann Wieck Kapitän Schröder erklärte, *Er fahrde beyde Reisen in der Ostsee und ich solte gedencken kein tag solte friede in Schif sein und was noch mehr schlegte Wörter aus bracht.*[1139] Dieser Drohung entsprechend, gab es auch weiterhin erhebliche disziplinarische Schwierigkeiten an Bord des Schiffs. So geriet der Steuermann Derlin bei einem Segelmanöver mit einem Matrosen und dem Koch in Streit, der in einer tätlichen Auseinandersetzung mündete, die nur durch das Eingreifen des von Zimmermann Wieck alarmierten Kapitäns beigelegt werden konnte: ... *der Timmerman nimt das Rohr und sagte S. Her mus voraus gehen halten friede oder sie schlagen den Stüerman todt, also bin ich voraus gegangen und habe friede gehalten, und sie hatten der Stäurmann das Gesicht gantz in Stücken geschlagen. daß er gantz mit Blut bezeut wahr.*[1140] Die Bemühungen Schröders, das zerrüttete Vertrauensverhältnis an Bord wieder zu verbessern, gingen ins Leere. So hatte er auf eigene Verantwortung seiner Mannschaft bei der Rückreise von St. Petersburg einen Heuervorschuß gewährt, was die Seeleute auch annahmen, mit Ausnahme Kocks, dem Kapitän Schröder nur die Heuer eines Matrosen berechnet hatte. Auf den Protest des Kochs antwortete Schröder: *Ihr hab mir nicht als Kock gedienet sondern als Matros, wen wir wils Gott in Lübeck komen wolten wir die Sache mit ein Ander ab machen was die Obrigkeit auch dem zu Erkennet solte auch bezahlet werden.*[1141]

Auch in der Folgezeit kam es zu Schwierigkeiten mit Kock, der offenkundig mit diesem Vermittlungsangebot des Kapitäns nicht zufrieden war. Bei einem Aufenthalt in Dover verlangte er erneut Geld von Kapitän Schröder. Als dieser ablehnte, verließ Kock ohne Er-

1128 Ebd.
1129 Ebd.
1130 Krause, Sp. 1777ff., und Wesel, S. 388ff.
1131 STAB 2 - R.11.1.8 (Desertion und Meuterei Bd. 1, 1771–1860).
1132 Ebd.
1133 Härter: Strafverfahren, S. 478ff.
1134 STAB 2 - R.11.1.8 (Desertion und Meuterei Bd. 1, 1771–1860).
1135 AHL, ASA Interna/Seesachen, Nr. 41/1.
1136 Ebd.
1137 Ebd.
1138 Ebd.
1139 Ebd.
1140 Ebd.
1141 Ebd.

Dreimastgaliot aus Apenrade, um 1780, von Jes Jessen.

laubnis für mehrere Tage das Schiff und reiste nach London. Auch nach seiner Rückkehr zeigte sich Kock widerspenstig. Als der Kapitän erklärte, er würde ihm nur dann Geld geben, wenn er gerichtlich dazu verpflichtet würde, und zudem von ihm verlangte, ein notariell beglaubigtes Schriftstück zu unterzeichnen, in dem er seine unerlaubte Abwesenheit gestand, verließ Kock das Schiff erneut, kehrte dieses Mal jedoch nicht wieder zurück. Doch auch ein zweiter Matrose begann in Dover wiederholt eine tätliche Auseinandersetzung mit dem Steuermann und verlangte seine Entlassung. Als ihm diese verweigert wurde, verließ er ohne Erlaubnis das Schiff und desertierte. Auch mit dem Rest der Mannschaft gab es während des weiteren Verlaufs der Reise erhebliche Schwierigkeiten. So gerieten der Zimmer- und der Steuermann in Streit, worauf sich letzterer an den Kapitän wandte und um seine Entlassung bat, ... *um Ursache der Timmerman hat zu ihn gesagt wen wir in See komen schmeist ich in noch über Bord, welches Gott verhütet hat.*[1142]

Als das Schiff wiederum Helsingör erreichte, kam es erneut zu einem Konflikt wegen der angeblichen Zusatzversprechen zum Heuervertrag. Zimmermann Wieck weigerte sich zusammen mit drei anderen Seeleuten erneut, die Reise fortzusetzen, wenn ihre Forderungen nicht erfüllt würden. Sie wiederholten zudem den Vorwurf, die Musterrolle sei gefälscht. Auch hier trat Wieck als Wortführer auf und bedrohte den Kapitän, als der sich weigerte, den Forderungen nachzugeben: ... *so fing der Timmerman wieder an zu fluchen und schandiren was ich meinte oder was ich in sie hätze sie wolten nach Lübeck Rede, ich antworte ihn da wolten wir erstlich neu spielen so zagte er zu mir ihr Zeit ein lügner: Ihr hab und nicht gehalten was uns ist versprochen Ich sagte darauf was auch ich versprochen In der Münster Rohl habe ich auch gehalten, und mehr habe ich nicht versprochen, daß ihr solches läugnet und saget daß ist nicht den Münster Rohl die uns für gelesen sey daß gehet mir nicht an. Die sache müste in Lübeck aus gemacht werden kurtz der Timmerman komt gegen mir laufen bis der Grose Mast und sagte wen ich ein Kehrdel wahr solte ich ihn man den Ersten Schlag bieten. Und der Stäurman rechnet er nicht mehr als ein Jung. Dieses habe mit sampt muth* [Sanftmut] *übersehen, und mit schmertzen hatte daß mahlör.*[1143]

Auch wenn Kapitän Schröder diese Provokationen des Zimmermanns zu ignorieren versuchte, eskalierte der Streit weiter, als die vier Seeleute sich nicht allein weigerten auszulaufen, sofern das Schiff nicht zurück nach Lübeck segelte, um die Angelegenheit dort endgültig beizulegen, sondern die Notsituation des Schiffs bei einem mißglückten Auslaufmanöver, das Kapitän Schröder mit dem loyal gebliebenen Rest der Mannschaft versucht hatte, ausnutzten, um Kapitän Schröder so zu ihrer Entlassung zu nötigen: ... *so wolten sie frey sein daß wolten sie schriftlich von mir haben, daß Schif nicht auf der Orond treiben zu lassen kein Ancker Thau zu kappen wenn ich geschwungen zu versprechen auch schriftlich an sie geben müßen.*[1144] In dieser Situation gab Kapitän Schröder endlich nach und entließ Wieck und die übrigen vier Seeleute unter Auszahlung der ihnen zustehenden Heuer, die sie auch quittierten. Nach seiner Rückkehr zeigte Kapitän Schröder Wieck und die anderen Seeleute jedoch bei dem zuständigen Gericht an, das eine Untersuchung der Sache verfügte. Dabei wurde auch dem Wasserschout und dessen Gehilfen die fragliche Musterrolle vorgelegt, die diese eindeutig als die von ihnen ausgestellte und bei der Unterzeichnung der Besatzung vorgelesene identifizierten. Die im Original erhaltene und der Akte beigegebene Musterrolle bestand aus einem gedruckten Formular, das neben den Angaben über Schiff und Besatzung lediglich den folgenden handschriftlichen Zusatz enthielt: *Solte daß Schiff nach St. Hubes segeln so bekompt Ein jeder 3 Rht. mehr pro Mohnath.*[1145]

Bei seinem Verhör mußte Wieck schließlich gestehen, daß es sich bei der Musterrolle tatsächlich um das von ihm unterschriebene Exemplar handelte, worauf sich der Wasserschout wegen der von Wieck behaupteten Urkundenfälschung, bzw. -unterschlagung eine Schadenersatzklage wegen Verleumdung vorbehielt, so daß das Gericht zu folgender Entscheidung in der Sache kam: *Wieck blieb anfangs zwar dabei, daß ihm etwas anders, als er unterschrieben, vorgelesen worden, mußte aber gestehen, die ihm vorgehaltene Rolle unterschrieben zu haben. Da nun derselbe sich jetzt bei Schiffer Bendfeld zu einer kleinen Reise engagirt und keine andre Sicherheit wegen der von dem Schouten erbotenen und ihm vorbehaltenen Satisfaction, als seine ausgehende und einkommende Häuer stellen konnte, es sich auch gefallen lies, daß auf die erstere auch ein Arrest bei dem Schiffer gelegt werden könne, so haben die wohlverordneten Herren des Gerichts vors erste auch seine Häuer und Führung bei Schiffer Bendfeld bis zum weiteren Austrag der Sache per Nuncium Judicii Arrest legen laßen.*[1146]

Dieser Fall zeigt deutlich, daß nicht zwangsläufig das Verhalten des Kapitäns für Spannungen an Bord verantwortlich sein mußte. Hier erscheint vielmehr der Zimmermann Wieck als die treibende Kraft hinter dem eskalierenden Konflikt an Bord des Schiffs NEUE FREUNDSCHAFT, der mit seinen haltlosen Behauptungen wegen angeblich gemachter Versprechen die Mannschaft gegen den Kapitän aufgebracht hatte.

Was jedoch das Motiv hinter dieser Agitation gewesen ist, bleibt unklar. Daß Wieck zumindest seinen Namen schreiben konnte, zeigt seine eigenhändige Unterschrift unter Heuerquittung und Heuervertrag, daß er wahrscheinlich auch lesen konnte, geht aus seinem Verhör hervor. Daher scheint ein bloßes Mißverständnis aus reiner Unkenntnis als Grund auszuscheiden. Allerdings gibt das sonstige Verhalten des Zimmermanns an Bord einen möglichen Hinweis auf dessen Motivation. Die zahlreichen Auseinandersetzungen

1142 Ebd.
1143 Ebd.
1144 Ebd.
1145 Ebd.
1146 Ebd.

mit dem Steuermann und dem Kapitän wie auch seine zahlreichen Drohungen deuten auf einen problematischen Charakter hin, so daß letztlich die Annahme naheliegt, daß es sich bei Wieck einfach um einen Querulanten gehandelt hat. Auf jeden Fall scheidet aber der Gedanke aus, es habe sich dabei um eine fundamentale Ablehnung der schriftlichen Heuervereinbarungen durch die Seeleute gehandelt.[1147] Schließlich wird ja auch von seiten der Seeleute betont, es sei ihnen: ... *von dem Schouten Diener Johann Pein zu Lübeck ausser der mit uns, nach der angenommenen und von uns unterzeichneten Musterrolle veraccordirten Monathlichen Gage à respective 30 und 18 Mark Lübsch annoch versprochen worden, daß wir bey der Fahrt in der Ostsee, nach dern alten Lübschen Rechten behandelt werden sollten ...*[1148]

Es ging also mitnichten um die grundsätzliche Weigerung, einen schriftlichen Heuervertrag als gültig anzuerkennen, sondern allein um die Frage, ob es ein Zusatzversprechen gegeben habe oder nicht. Dies ergibt sich auch aus der Behauptung der Seeleute, die an Bord befindliche Musterrolle sei nicht das von ihnen unterzeichnete Exemplar, da die angeblich gemachten zusätzlichen Versprechen fehlten. Damit handelt es sich bei diesen Auseinandersetzungen lediglich um einen gewöhnlichen Heuerstreit und nicht um eine Form der Fundamentalopposition gegen eine Neuerung in der Seefahrt.

Auch auf dem von Kapitän Jesper Thomsen geführten Apenrader Schiff COURIER kam es 1842 zu Konflikten mit der Besatzung. Diese wandte sich in Antwerpen an den dortigen Konsul und beschwerte sich über den Kapitän, der angeblich den Proviant mit einem zu geringen Gewicht ausgegeben hatte. Obwohl der Konsul die Gewichte des Schiffs überprüfte und für korrekt befand, weigerte sich die Mannschaft dennoch, die Reise fortzusetzen. Daraufhin vom Konsul in Haft gesetzt, wurde sie erst kurz vor dem Auslaufen wieder an Bord gebracht, weigerte sich aber auch weiterhin, mit dem Kapitän zu fahren. Daher musterte Kapitän Thomsen die Seeleute ab, nachdem er sie eine Erklärung hatte unterschreiben lassen, daß er sie entlassen hätte, ... *da dieselben Gehorsam und Arbeit verweigert hätten und die Reise nicht fortsetzen wollten, er aber nicht wagen könne, mit solchem Schiffsvolk in See zu gehen.*[1149]

Daraufhin wurde die den Seeleuten zustehende Heuer dem Konsul übergeben, der mit diesem Geld deren Rückreise nach Kopenhagen bezahlte. Von dort gelangten die Seeleute zurück nach Apenrade, wo sie vom örtlichen Magistrat vorgeladen wurden und auf die eingereichte Beschwerde Kapitän Thomsens zugeben mußten ... *daß die Anführungen im Protest des Schiffers Thomsen richtig sein und namentlich, daß sie sich geweigert hätten, die Reise fortzusetzen. Sie erklärten jedoch zugleich, daß sie es nicht gewagt hätten, mit dem Schiff weiter zu gehen, weil der erste Steuermann den Koch geprügelt und den übrigen Componenten eine noch schlimmere Behandlung angedroht, auch der Schiffer Thomsen dem Steuermann die Erlaubniß gegeben habe, sie zu schlagen wenn er sie auch todt schlagen sollte. Zugleich bemerkten sie, daß sie schon auf der letzten Reise von Rio nach Antwerpen schlecht behandelt seien, und sie auch dem Consul in Antwerpen gesagt hätten, der jedoch kein dänisch verstanden und ihre Klagen nicht berüksichtigt habe.*[1150] Daraufhin wurden die Seeleute vom Magistrat zu einer Geld- oder alternativ einer Gefängnisstrafe verurteilt und die ihnen noch zustehende Heuer als Sicherheit vorläufig einbehalten.

Gegen diese Entscheidung reichte der Matrose Jacob Nielsen in Vollmacht der übrigen Matrosen beim Kopenhagener Admiralitäts- und Commissariats-Collegium ein Gesuch ein und forderte darin unter Berufung auf die erwähnte angebliche Mißhandlung durch Kapitän Thomsen nicht nur die noch ausstehenden Heuergelder, sondern auch die Zahlung von Schadenersatz für die Zeit ihres Verdienstausfalls. Zur Erhärtung seiner Vorwürfe gegen Kapitän Thomsen führte Nielsen zudem zwei Zeugenaussagen an, nach denen ... *der Obersteuermann den Koch, so wie auch den Decks- und Kajütjungen erheblich geschlagen und den und anderen Schiffsleuten mit gleicher und noch schlimmerer Behandlung gedroht habe.*[1151] An das Königliche Obergericht in Schleswig verwiesen, entschied dieses nach reiflicher Erwägung der Rechtslage und der Feststellung formalrechtlicher Mängel der Apenrader Entscheidung: *Zwar haben die Supplicanten sich über das Erkenntniß des Apenrader Magistrats vom 2. Nov. 1842 nicht richtig beschwert, sondern sich vielmehr demselben unterworfen und insofern kommt es jetzt nicht so sehr auf die rechtliche Begründung, als vielmehr auf die materielle Richtigkeit des Erkenntnisses an. Gegen diese letztere möchte nun freilich nichts eingewandt werden können, da die Supplicanten durch ihr Betragen auf dem Schiffe Courier eine ernstliche Ahndung ohne Zweifel verwirkt haben, es scheint mir aber doch sehr bedenklich wie von einem incompetenten Gericht abgegebene Erkenntniß durch Zurückweisung des jetzt eingereichten Begnadigungsgesuchs als vollgültig anzuerkennen; ich glaube mich daher für die Aufhebung der Brüche aus allerhöchster Gnade aussprechen und jedenfalls darauf meinen gehorsamsten Antrag richten zu müssen, daß dem Apenrader Magistrat eine Belehrung in dieser Beziehung ertheilt werden möge.*[1152] Obwohl sich die Seeleute auch nach Ansicht des Obergerichts strafbarer Handlungen schuldig gemacht hatten, entschied es, daß ihnen die Strafe wegen formaler Mängel auf dem Gnadenweg erlassen werden solle.

Offenkundig gab es in Fällen von Unbotmäßigkeit und Widersetzlichkeit an Bord einen erheblichen Ermessensspielraum für den Kapitän, der sich nach der konkreten Situation, dem Verhalten der Seeleute und natürlich nach dem Charakter des jeweiligen Kapitäns und nach der Schwere des Vergehens richtete. Oftmals waren Kapitäne wegen der ansonsten guten Führung der Seeleute und dem Umstand, daß Alkohol im Spiel gewesen war, bereit, die Sache zu vergessen, vorausgesetzt, daß das Verhalten der Männer in Zukunft keinen Anlaß zur Beschwerde mehr geben würde. In anderen Fällen dagegen wurden die betreffenden Seeleute angezeigt, vor Gericht gestellt und verurteilt. Die Ursachen für diese schweren Störungen der Schiffsordnung reichten von unkontrollierten Aggressionen aufgrund von Wut oder mangelnder Selbstkontrolle bis zur systematischen Befehlsverweigerung und offenen Mißachtung der Autorität des Kapitäns durch die ganze Besatzung.

Wo jedoch genau die Grenze zwischen dem nach den informellen Verhaltensnormen noch tolerierbaren und dem nicht mehr akzeptablen Verhalten der Seeleute lag, ist kaum genau zu fassen, da offensichtlich nicht nur die jeweiligen Umstände, sondern auch das Verhalten der Seeleute wie auch der Charakter des Kapitäns eine Rolle gespielt haben. Viele Kapitäne konnten die Lage durch ein entschiedenes Vorgehen wieder unter Kontrolle und damit ihre Seeleute wieder zur Räson bringen und waren bereit, bei einer entsprechenden Entschuldigung die Sache auf sich beruhen zu lassen, während andere das Verhalten ihrer Seeleute als nicht entschuldbar ansahen und diese daher bei nächster Gelegenheit anzeigten und vor Gericht stellen ließen. Daß diese Entscheidung vorwiegend situationsbedingt war, zeigen die beiden erwähnten Fälle von Widersetzlichkeit, von denen Nettelbeck berichtete. Während er die eine Besatzung nach einem solchen Vorfall lediglich mit einer Ermahnung entließ, stellte er die andere in Memel vor Gericht. Doch auch bei Fällen des kollektiven Widerstandes wurde zu diesem letzten Mittel nur dann gegriffen, wenn der Kapitän nicht in der Lage war, aus eigener Kraft und Autorität den Konflikt beizulegen und die Ordnung an Bord wiederherzustellen. Dabei wurde von den Gerichten durchaus untersucht und in die Strafbemessung mit einbezogen, ob die Seeleute berechtigte Beschwerden vorgebracht hatten oder lediglich versuchten, dem Kapitän zusätzliche Leistungen abzupressen. Obwohl die Schwere des Vergehens außer Frage stand, zeigten sich die Gerichte auch in diesen Fällen unter entsprechenden Umständen durchaus zur Milde und Gnade geneigt.

3.3.2.3 Meuterei

Die schlimmste Form der Widersetzlichkeit war die Meuterei, die mit Rebellion und Aufruhr gleichgesetzt und daher als Angriff auf die rechtmäßige Herrschaftsordnung betrachtet wurde.[1153] Im Gegensatz zu den bislang untersuchten Formen der Widersetzlichkeit ging es bei der Meuterei oftmals nicht mehr nur um die Abschaffung tatsächlicher oder vermeintlicher Mißstände, sondern darum, die Befehlsgewalt des Kapitäns über das Schiff zu beeinträchtigten, was im Extremfall zur Übernahme der Kommandogewalt durch Mitglieder der Besatzung führte. Dabei war jedoch der juristische Tatbestand der Meuterei in der Frühen Neuzeit wesentlich unbestimmter als heutzutage, da sowohl Versuche zur Abschaffung eines akuten Mißstandes an Bord als auch zur Übernahme der Kommandogewalt im 18. und 19. Jahrhundert als Meuterei oder Aufruhr bezeichnet wurden.[1154]

1147 Vgl. dazu Welke: Obrigkeit auf dem Achterdeck, S. 69ff.
1148 AHL, ASA Interna/Seesachen, Nr. 41/1.
1149 LASH, Abt. 65.2, Nr. 836 I.
1150 Ebd.
1151 Ebd.
1152 Ebd.
1153 Das Grosse Universallexikon aller Wissenschaften und Künste, Bd. XX, Stichwort, »Meuterei«, Sp. 1458. Bd. XXX, Stichwort »Rebellion«, Sp. 1233ff.
1154 Rodger, S. 221; Bruijn: Meutereien, S. 252f. Vgl. auch Erler, Sp. 531f. Zu den ambivalenten frühneuzeitlichen Verbrechensvorstellungen siehe auch van Dülmen: Theater des Schreckens, S. 10ff. Vgl. zur heutigen Rechtsauffassung z.B. Wehrstrafgesetz der Bundesrepublik Deutschland, in der Fassung vom 24. Mai 1974, geändert durch Gesetz vom 21. Dezember 1979, § 27.

1757 ereignete sich im Eckernförder Hafen ein Fall von Arbeitsverweigerung auf der Galiot BIENEBEK[1155] des Eckernförder Reeders Otte, der von den zuständigen Stellen als Meuterei bezeichnet wurde.[1156] Die drei aus Flensburg stammenden Matrosen Michel Bring, Matthias Henningsen und Peter Hinrichsen weigerten sich, wie es die Eckernförder Obrigkeit am 4. März 1757 in einem an das *Landes-Oeconomie und Commerz-Collegium* der für Wirtschaftsfragen zuständigen Landesbehörde gerichteten Schreiben formulierte: ... *in rebellischer und höchststrafbarer Weise ..., mit gedachtem Schiffe diejenige Reise, zu welcher sie sich gleichwohl laut des in Copia rudimentia angelegten Contractes verbindlich gemacht, zu prosequiren und abzulegen.*[1157] Über den konkreten Anlaß und die Gründe, die die Seeleute zum Bruch des Heuervertrags bewogen hatten, schweigen sich die Quellen leider aus.

Weil mit den drei Matrosen fast die Hälfte der insgesamt sieben Mann starken Besatzung die Arbeit verweigerte, konnte das Schiff nicht auslaufen. Da sich die BIENEBECK bei Ausbruch der Meuterei noch im Heimathafen befand, verständigte Kapitän Petersen entsprechend den Bestimmungen des Seerechts, nach denen die umfassende Kommandogewalt des Kapitäns an Bord allein auf die Zeit, in der sich das Schiff auf See befand, beschränkt war, umgehend seinen Reeder, Friedrich Wilhelm Otte, und die zuständige Eckernförder Obrigkeit.[1158]

Angesichts der Tatsache, daß es sich bei Weigerung der Seeleute um einen eindeutigen Bruch des Heuervertrags handelte, griff die Eckernförder Obrigkeit umgehend ein. Zunächst versuchte man, die Seeleute mit einer Ermahnung zur Einhaltung der Vertragsvereinbarung zu bewegen: ... *was gestalt 3 aus Flensburg gebürtiger und auf einem der Schiffe des hiesigen Herrn Kanzley-Raths Otte engagirten Matrosen sich rebellischer und höchststrafbarer Weise entleget, mit gedachtem Schiffe diejeniger Reise, zu welcher sie sich gleichwohl laut des in Copia rudimentia angelegten Contractes verbindlich gemacht, zu prosequiren und abzulegen.*[1159] Dem Seerecht entsprechend wurde offensichtlich versucht, den Streit in einem Schiedsverfahren beizulegen.[1160] Doch da dieser Versuch zur gütlichen Streitbeilegung offenbar gescheitert war, sah sich die Eckernförder Obrigkeit gezwungen, die betreffenden Seeleute festzusetzen: *Wann nun allen diesen Leuten gethane gütliche Vorschläge und Ermahnungen bei ihren nicht den mindesten Eingang gefunden, sondern sie vielmehr bei ihrem halsstarrigen und remnanten Sinn beharrt, und rein heraus declaritet: Sie gingen nicht mit, man möchte mit ihnen anfangen, was man wolle. So haben wir, sowohl zur wohlverdienten Bestrafung einer so höchst frevel- und boshaften Widersetzlichkeit, als auch, damit wir in Ansehung dieser Meutmacher nähere Verhaltungs-Befehle einziehen möchten, für nöthig befunden, selbige in bürgerlichen Verwahrsam bringen und auf Wasser und Brod hinsezzen zu lassen.*[1161]

In Eckernförde gelang es auch nach der Verhaftung der drei Seeleute zunächst nicht, sie zur Räson und zur Erfüllung ihres Heuervertrags zu bringen. Durch die hartnäckige Weigerung der Seeleute, auszulaufen, bekam der Reeder der BIENEBECK, Friedrich Wilhelm Otte, jetzt auch noch Schwierigkeiten mit den Befrachtern des Schiffs. Seefahrt war schließlich kein Selbstzweck, sondern ein hartes Geschäft, und so verlangten die Befrachter natürlich, daß ihre Ladung, wie im Frachtvertrag vereinbart, so schnell wie möglich an ihren Bestimmungsort gelangte: *Da inzwischen der Herr Kanzley-Rath Otte durch den Ungehorsam dieser Leute in große Verlegenheit gesezzt worden, weilen die Befrachter der Absendung des Schiffes äußerst pressirt, und Hr. Kanzley-Rath dahero mit vielen Kosten anderes Volk hat häuren müßen.*[1162] Da Otte über einen erheblichen Einfluß in der Stadt Eckernförde verfügte[1163], kann kaum Zweifel bestehen, daß er seine Verbindungen nutzte, um diese für ihn sehr unangenehme Situation so schnell wie möglich beizulegen und ähnliches für die Zukunft zu verhindern. Daher wandte sich die Eckernförder Obrigkeit an das General Landes-Oeconomie- und Commerz Collegium als die für Wirtschafts- und damit Seefahrtsangelegenheiten zuständige Instanz mit dem Ersuchen, die Matrosen mit Zwangsarbeit in Kopenhagen zu bestrafen. Die Honoratioren baten, ... *daß die 3 obmemorirte Matrosen als Fahrdiers nach dem Holm in Copenhagen gebracht würden, um daselbst so lange zu dienen, bis man ihre bereits zum voraus genossene Häuer wieder beisam hätte.*[1164]

In ihrem Strafantrag betonten die Eckernförder Honoratioren vor allem die schwerwiegenden Folgen für

◀ *Vorhergehende Doppelseite:* Die hamburgische Admiralitätsyacht im Bau an der Themse. Ölgemälde von R. Cleveley, 1787.

Handel und Seefahrt, wenn sich Matrosen öfter oder gar regelmäßig die Freiheit nehmen würden, eigenmächtig ihren Heuervertrag zu kündigen, da es ... *auch zum äußersten Nachteil und Ruin des Commercii gereichen würde, wenn dergleichen Frevel ungeahndet hingehen, und es dem See-Volke frey stehen sollte, ihr Schiff pro lubite zu verlassen ...*[1165] Zwei der Matrosen ließen sich allerdings nach einem mehrtägigem Gefängnisaufenthalt schließlich doch noch überzeugen, die Reise an Bord der BIENEBECK anzutreten und ... *so liessen heute nachmittag die 2 Matrosen Michel Bring und Matthias Henningsen, durch den Gerichts-Diener Lämmers anzeigen, wie sie ihre vorige Widerspenstigkeit bereuth, und um ihres Arrestes erledigt zu werden, entschloßen wären, ihrem Engagement nachzukommen, beym Schiffe zu bleiben, und die Reise fortzusezen.*[1166] Nur ein Matrose weigerte sich auch jetzt noch, die Reise vertragsgemäß zu beginnen: ... *nur der eine Matrose Peter Hinrichsen bey seinem halsstarrigen Ungehorsam, und boshafter Widersetzlichkeit beharret ...*[1167] Der Strafantrag der Eckernförder Obrigkeit wurde jedoch von seiten des Commerz-Collegium am 25. März 1757 mit der Begründung abgelehnt, die Entscheidung über diese Sache fiele nicht in ihren Kompetenzbereich, da es sich um eine reine Justizangelegenheit handelte: *Auf derenselben Schreiben vom 4ten hui. betreffend den Matrosen Peter Hinrichsen, welcher sich entleget, mit dem Schiff, BIENEBECK, die Reise, zu welcher er sich engagirt hat, abzulegen, erwidern wir hiedurch in Antwort, daß da dieses eine pure Justiz – und Polizei-Sache zum Vorwurf hat, die diesfällige Verfügung zu hiesigem Collegio nicht gehöret.*[1168] Ob die Sache aber damit endgültig entschieden war, ist leider nicht bekannt.

In Lübeck ereigneten sich im Jahr 1765 zwei eng miteinander verknüpfte Fälle von Meuterei, die die gesamte, etwas diffuse Bandbreite dieses Deliktes umfassen. Ausgangspunkt der ganzen Affäre war eine Anklage gegen einige Seeleute des von Kapitän Hinrich Christoffer Mackeprang geführten Lübecker Schiffs CONCORDIA wegen Meuterei und Desertion. Wie gesehen, waren solche Konflikte nichts Ungewöhnliches, doch in diesem Fall führten die Anklage und das anschließende Gerichtsverfahren im März 1765 zu einer kollektiven Arbeitsniederlegung der übrigen Lübekker Matrosen, die eine ungerechte Behandlung der Angeklagten durch die Obrigkeit argwöhnten.[1169] Anlaß für die Anklage gegen die Seeleute war ein Streit zwischen Kapitän Mackeprang und seiner Mannschaft. Kapitän Mackeprang hatte im Dezember 1764 auf einer Winterreise nach Lissabon wegen des schlechten Wetters mit dem Einverständnis der Besatzung den Kurs nach Neustadt in Holstein geändert, um dort zu überwintern. Hier angekommen, forderte die Besatzung ihre Entlassung, was Kapitän Mackeprang jedoch entschieden verweigerte.

Durch die Insubordination und unerlaubte Abwesenheit des Schiffskochs, eines gewissen Lorentz Hiesing, und eines Matrosen namens Daniel Marcus Petersen eskalierte die Angelegenheit. Dem schlechten Vorbild folgend, verließen auch die übrigen Seeleute ohne Erlaubnis das auf Reede vor Anker liegende Schiff über die Weihnachtstage. Mit nur noch zwei Mann an Bord lief die CONCORDIA kurz darauf während eines Sturmes auf Grund, allerdings ohne

1155 Die Galiot war ein im 18. und beginnenden 19. Jahrhundert in Nordeuropa weit verbereiteter Schiffstyp holländischen Ursprungs von 18–30m Länge und einer Tragfähigheit von bis zu 130t. Die Galiot war zumeist als Anderthalbmaster getakelt, d.h. das Schiff fuhr hinter dem mit einem Gaffel- und Rahsegeln getakelten Großmast noch einen kleinen Besanmast mit einem weiteren Gaffelsegel. Obwohl es sich bei der Galiot um einen relativ kleinen Schiffstyp handelte, der vorwiegend in der Nord- und Ostsee sowie im Walfang eingesetzt wurde, sind dennoch Fahrten von Galioten über den Atlantik und um das Kap der Guten Hoffnung bis nach Indien bezeugt. Vgl. Alfred Dudszus, Ernest Henriot und Friedrich Krumrey, Das große Buch der Schiffstypen, Schiffe, Boote, Flöße unter Riemen und Segel, Historische Schiffs- und Bootsfunde, Berühmte Segelschiffe, Berlin (Ost) 1988, S. 123f.

1156 Stadtarchiv Eckernförde, Abt. VI C 19/1757: Meuterei auf dem Eckernförder Schiff BIENEBECK. Vgl. zu diesem Vorfall auch: Henningsen, S. 133.

1157 Stadtarchiv Eckernförde, Abt. VI C 19/1757: Meuterei auf dem Eckernförder Schiff BIENEBECK.

1158 Surland, S. 69f.; von Sahme, S. 25; Abbott (1802), S. 126ff., und Brarens, S. 10f.

1159 Stadtarchiv Eckernförde, Abt. VI C 19/1757.

1160 Surland, S. 69f.; Abbott (1802), S. 126f., und Feldbæk: Storhandelens tid, S. 162f.

1161 Stadtarchiv Eckernförde, Abt. VI C 19/1757.

1162 Ebd.

1163 Henningsen, S. 253–261.

1164 Stadtarchiv Eckernförde, Abt. VI C 19/1757: Meuterei auf dem Eckernförder Schiff BIENEBECK. Diese Form der Zwangsarbeit war Teil einer Zuchthausstrafe. Häftlinge, die als *Fahrdiers*, also *zur Karre* verurteilt wurden, mußten z.B. in der Festung Rendsburg oder, wie in diesem Fall gefordert, in Kopenhagen Zwangsarbeit leisten, etwa bei der Instandhaltung von Festungswerken. Vgl. dazu Klaus-Joachim Lorenzen-Schmidt: Strafjustiz, in Schleswig-Holstein Lexikon, hrsgg. von Klaus-Joachim Lorenzen-Schmidt und Ortwin Pelc, Neumünster 2000, S. 493f.

1165 Ebd., Abt. VI C 19/1757.

1166 Ebd.

1167 Ebd.

1168 Ebd.

1169 AHL, ASA Interna/Seesachen, Nr. 26/6 und Nr. 26/7.

größeren Schaden zu nehmen. Kapitän Mackeprang setzte umgehend seine Lübecker Reeder Gaedertz und Wildfang über diesen Vorfall in Kenntnis. Diese versuchten zunächst, den Konflikt gütlich beizulegen. Doch trotz des Angebotes der Reeder, auf jegliche Schadenersatzforderung zu verzichten und den Seeleuten ihr Verhalten zu verzeihen, weigerten sich diese, auf das Schiff zurückzukehren und die Reise fortzusetzen. Auch die als Schlichtungsinstanz angerufene Schiffergesellschaft, traditionell und seit 1669 durch die nun schriftlich niedergelegte Lübecker Verfassung auch offiziell für die nautische Schiedsgerichtsbarkeit in der Hansestadt zuständig[1170], stellte in ihrer Bewertung des Vorganges eindeutig fest, daß sich die Seeleute durch ihr Verhalten strafbar gemacht hatten, denn ... *in ihrer Abwesenheit ist das Schiff im Strandt gekommen, da nun dieses ein grosses Verbrechen nach den Seerechten wären sie nicht allein Schuldig den veruhrsachten Schaden zu bezahlen, sondern noch da zu in Straffe verval-len.*[1171] Daher stellten die Schifferältesten in dieser Sache fest, daß die Seeleute kein Recht auf Entlassung besäßen und wegen ihrer eigenmächtigen Handlung auch ihren Anspruch auf eine zusätzliche Vergütung für das Überwintern des Schiffs verwirkt hätten: *Wier haben den See-Rechten und der Usance nach dem Volck die Reise mit zu fahren zu erkant und der Sr. müste ihm kein Winter Lager geben weil sie solches nicht verdiene ...*[1172]

Trotz der Feststellung, daß die Matrosen verpflichtet seien, die Reise fortzusetzen, weigerten sie sich weiterhin, an Bord des Schiffs zurückzukehren, so daß Kapitän Mackeprang gezwungen war, neue Leute anzuheuern, um das Schiff in Sicherheit zu bringen. Darüber hinaus legte die Besatzung, namentlich der Schiffskoch Hiesing, ein solch provokatives Verhalten an den Tag, daß ihm der Kapitän eine Ohrfeige gab. [1173] Diese Ohrfeige nahmen Hiesing und Petersen zum Anlaß, um sich nun an ein lübisches Gericht zu wenden und die Weiterfahrt, nun mit dem Hinweis auf die Mißhandlungen des Kapitäns, erneut zu verweigern: *Supplicati, Hiesing, und der Matrose Petersen, gingen hierauf wieder heimlich von Schiff, und declarirten Supplicantibus: daß Sie durchaus mit dem Schiffer, der Sie mördlich begegnet hätte, nicht fahren wolten.*[1174]

Erneut zur Weiterfahrt ermahnt, wurden die beiden nach wiederholter Weigerung schließlich inhaftiert, und die Reeder des Schiffs beantragten vor dem Gericht, Hiesing wegen Meuterei anzuklagen, da sie und Kapitän Mackeprang keine andere Möglichkeit mehr sahen, den Streit friedlich beizulegen: *Obwohl Sr. Mackprang sein Schiffs Volck vielen Frevel und Muthwillen ausgeübet, den man nach aller Gelindigkeit übersehen: So haben ein Theil derselben es doch so weit getrieben, daß man in die äusserste Nothwendigkeit gesetzt worden solche dem Richter zu überliefern.*[1175]

Anscheinend betrachteten Kapitän wie Reeder diesen Gang vor Gericht als letzte Möglichkeit, diesen Streit beizulegen, nachdem alle anderen Versuche, zu einer Einigung zu gelangen, gescheitert waren. In ihrer Klageschrift führten die Reeder ihre Vorwürfe gegen die Seeleute detailliert aus, wobei sie den Schiffskoch Hiesing explizit als Meuterer bezeichneten, und forderten zum Schluß eine strenge Bestrafung Hiesings und der anderen an der Sache beteiligten Seeleute: *Supplicantes sehen sich demnach, nachdem diese Sache zur weiteren Verfügung an Einen Hochweisen Rath von dem wohlverordneten Herren Praesidibus judicii verwiesen worden, Amplisimum Senatum ganz gehorsamst zu ersuchen, da Supplicatorum, besonders des Supplicati Hiesing Bosheit nicht seines gleichen hat, und dieser Vorfall pressimi exempli, Supplicatum, Hiesing, als einen Meute-Macher, allen andern Aufrührern zum Abscheu, nach Verordnung unsers Stadt-Rechts exemplariter zu bestrafen, übrige Supplicatos in Fall es möglich, daß deren Pläze durch andere wieder ersetzt werden könten, exemplarisch ihrem Verbrechen gleichfals gemäß zu bestrafen ...*[1176] Während für Hiesing als den mutmaßlichen Rädelsführer eine exemplarische Strafe zur Abschreckung gefordert wurde, sollte die Bestrafung der übrigen Seeleute nach dem Willen der Reeder von dem Umstand abhängig gemacht werden, ob sie Ersatz finden konnten. Sollte dies nicht gelingen, sollten sie: *... ans Schiff nach Neustadt gebracht, Ihnen dabey Obrigkeitlich injungiret werden möge, bey Vermeidung der schärfst- und höchsten Leibes-Strafe, sich willig und gehorsahm aufzuführen, und zu bezeigen, als nunmehro alle vorgedachte Schaden und Kosten bezahlen müßen.*[1177]

Seitens der Justiz wurde dieser Fall also durchaus ernst genommen, wobei bei dessen rechtlicher Beurteilung vor allem die fortgesetzte Widersetzlichkeit auch nach dem Schiedsgerichtsurteil als erschwerend betrachtet wurde, denn Aufwiegelung wie Ungehorsam an Bord waren nach der in Lübeck gültigen Hansischen Schiffsordnung von 1614 unter schwerer Strafe stehende Kapitalverbrechen.[1178] Daher wurden die übrigen Matrosen des Schiffs ebenfalls verhaftet und verhört. Dabei brachten die Seeleute als Grund für ihre Weigerung, die Reise fortzusetzen, wiederum Klagen wegen Mißhandlungen durch Kapitän Mackeprang vor und behaupteten, daß sie in einem Gasthaus von dem Steuermann vor der Fortsetzung der Fahrt gewarnt worden seien, der einigen von ihnen angeblich sogar das Verlassen des Schiffs erlaubt hätte: ... *In Ansehung der Aussage des Steuer-Manns beharrten sie sämptl. dabi, daß gedachter Steuer-Mann in einem Wirths-Hause zu Neustadt in Gegenwart mehrerer Leute und am Schiffe zu ihnen gesagt, er wolte, daß sie nicht migingen, er müste sie sonst plagen und quälen wie die Hunde, wie wohl sie nicht sagen könten ob er von dem Schiffer würkl. hirzu Order gehabt.*[1179] Ferner bestritten die Seeleute energisch, daß es irgendeine Form der Verschwörung und Aufwiegelung zur Insubordination an Bord gegeben habe, denn dies wäre ein wesentlich schwereres Vergehen als bloße Insubordination gewesen. Aufgrund der Verhöre der Angeklagten und der übrigen Beteiligten stellte das Gericht schließlich fest, daß die Seeleute ... *nicht läugnen konnten, daß sie sich, weil der Schr. sie mit einem bloßen Gewehr zu Leibe gehen wollen, sämptl. entschloßen und zwar* e i n i e d e r *vor sich selbst die Reise mit dem Schiffer nicht zu vollführen, iedoch durchaus nicht an sich kommen lassen wolten, daß sie sich solcherwegen unter* e i n a n d e r v e r e i n b a h r e t *oder einer unter ihnen sie besonders dazu verogt und aufgewiegelt. Wieder die Aussage und deposition des Schiffers wußten sie nichts erhebliches einzuwenden und der Koch Lorentz Hiesing muste gestehen, daß wieder Schiffer einen Hacken ergriffen und ihn damit schlagen wollen, er sich demselben mit einer Hand Speek entgegen gesetzet.*[1180] Nach umfangreichen Untersuchungen, in denen der Kapitän, vom Steuermann gestützt, bei seiner ursprünglichen Aussage geblieben war, verurteilte das Gericht schließlich am 27. März 1765 Hiesing und die anderen Seeleute zu einer Gefängnisstrafe und zur Zahlung von Schadenersatz: *So will ich des dahin haltens, daß Hiesing et Consorten, außer den bereits erlittenen detentia, dieser mit 8 tägigen, u. jene mit 4 tägiger Gefängnis Strafe auf den bürgerl. Gehorsam zu bestrafen, demnechst zur Entschädigung der Rheder und dem Schiffer zu anzuhalten* ...[1181] Dabei betrachtete offenkundig auch das Gericht Hiesing als Rädelsführer und belegte ihn daher mit dem doppelten Strafmaß.

Doch noch während diese Untersuchungen liefen, war es in Lübeck zu Unruhen der Lübecker Seeleute gekommen. Am 14. März versuchte eine aufgebrachte Menge von Seeleuten, das Schiff von Kapitän Sietam am Auslaufen zu hindern. Dazu stellte die gerichtliche Untersuchung fest: *Erschien coram Protocollo Schr. Hans Sietam und zeigte an, wie er gestern mit seinem Schiffe, welches auf Befehl der Wohlverordneten Herren Praesidium Judicii seine Leute durch die Wache am Bord gebracht, aus dem Baum legen wollen, habe er eine große Anzahl Matrosen bey der ersten Baum-Brücke vorgefunden, wovon einige sein Schif angehalten und gedrohet ihm ins Schif zu fallen auch ihn nebst seinen Leuten aus dem Schif zu nehmen und zu Schanden zu schlagen. Deponent habe um sich wieder diesen Überfall zu wehren ein Rehm ergriffen und damit unter ihnen geschlagen, wiewohl er nicht wiße ob er ein ander getroffen, wobei er zugleich der Wache beim Burg-Thor zu gerufen ihm zu Hülfe zu komen, die sich aber nicht daran gekehret, Schr. Kruse hingegen, Schr. Thiessen, Holst, Draguhn und andere hatten ihm beigestanden, daß er mit seinem Schiffe fortkomen könne. Die Aufrührer hätten ihn hierauf nach geschrien, daß Donnerwetter soll auch ihn Canaille erschlagen, Gott gebe, daß ihr an Galgen und Rad fahret. Wen es erforderlich, wolle er die Nahmen einiger von diesen Meuth Machern und Aufwieglern angeben.*[1182]

Es war also in Lübeck zu einer kollektiven Arbeitsniederlegung der Seeleute gekommen, die, als sie das Schiff Sietams ablegen sahen, in Unkenntnis der Tatsache, daß dessen Besatzung zwangsweise durch die Wache an Bord gebracht worden war, vermuteten, daß diese sich dem Ausstand entzogen hätte. Daher beschimpften und bedrohten die Seeleute Kapitän Sietam und seine Besatzung und versuchten nach der Darstellung des Kapitäns sogar, das Schiff mit Gewalt aufzuhalten, wogegen er sich mit Hilfe eines Riemens gewehrt habe. Erst durch das Eingreifen einiger ande-

1170 Siehe Brück, S.143–150.
1171 AHL, ASA Interna/Seesachen, Nr. 26/6.
1172 Ebd.
1173 Ebd.
1174 Ebd.
1175 Ebd.
1176 Ebd.
1177 Ebd.
1178 Hansische Schiffsordnung, 3. Titel, § 8.
1179 AHL, ASA Interna/Seesachen, Nr. 26/6.
1180 Ebd.
1181 Ebd.
1182 Ebd.

rer Kapitäne und die Verhaftung einiger mutmaßlicher Rädelsführer konnte die Situation, explizit als Aufruhr bezeichnet, wieder unter Kontrolle gebracht werden, wobei Sietam von den wütenden Seeleuten noch Verwünschungen nachgerufen wurden. Die als mutmaßliche Anführer des Seeleute-Aufruhrs verhafteten Matrosen Joachim Lange und Hinrich Falck dagegen erklärten, nur durch Zufall in diese Angelegenheit hineingezogen worden zu sein und als Unschuldige von den ihrem Kollegen zu Hilfe geeilten Kapitänen willkürlich aus der Menge herausgegriffen und festgenommen worden zu sein. So gab Lange über den Hergang an: *Der Schr. Kruse habe ihn gestern angegriffen und nach der Wache gebracht, wiewohl ihm nicht bewußt, woher dazu vor Ursache gehabt. Er habe als er ins Thor gekommen eine Menge Matrosen auf der Baum Brücke vorgefunden, der dann er sich beigesellt, und wie eben Schr. Sietam sein Schiff aus dem Baum legen wollen habe er nebst den anderern die Leute auf dem Schiffe gefraget, warum sie ans Schiff gegangen.*[1183]

Diese Angaben machte auch Falk, der zudem erklärte, daß er keinesfalls versucht hätte, das Schiff aufzuhalten, sondern im Gegenteil Kapitän Sietam bei dem Ablegemanöver hatte helfen wollen: *Er sey nebst einigen seiner Cammeraden gestern auf der Kuhle gewesen, und wie er ans Ufer gekommen, sey der schr. Sietam im Begrif gewesen, sein Schiff aus dem Baum zu legen, weswegen er demselben dabei zu Hülfe komen und mit verhüten wollen, daß weder das Schiff noch der Baum möge beschädiget werden, zu welchem Ende er das Anker angefaßt, Schr. Sietam aber sey darüber so erboßt geworden, daß er nicht allein sehr auf sie gescholten, sondern auch einen Rehm ergriffen und damit auf sie zu geschlagen. er habe die Leute gar nicht gefragt, warum sie am Bord gegangen.*[1184]

Als Motiv für die Arbeitsverweigerung gaben die beiden übereinstimmend an, es ginge um die Behandlung der verhafteten Seeleute des Kapitäns Mackeprang. Falck erklärte dazu: *Die Ursache warum die Matrosen sich zu arbeiten geweigert, sey, daß sie vorher wißen wolten, ob die arretirte leute von Schr. Mackeprangen Schif Schelme und Diebe wären oder nicht. Wären sie Schelme und Diebe, so wolten sie sich ihrer nicht annehmen, hätten sie aber nur blos mit dem schr. Streit gehabt und wären deswegen arretirt, so wolten sie nicht arbeiten.*[1185]

Der Anlaß für die Arbeitsverweigerung war demnach die Befürchtung der Lübecker Matrosen, die Mackeprangschen Seeleute seien wegen des Streits mit ihrem Kapitän von diesem in Mißkredit gebracht und unschuldig angeklagt worden. Stein des Anstoßes war offenbar die Verhaftung der Seeleute, deren Rechtmäßigkeit durch die Lübecker Matrosen hinterfragt wurde, da diese eine Festnahme nur im Fall eines wirklichen Vergehens akzeptierten, bei einer bloßen Streitigkeit zwischen Kapitän und Besatzung aber als unverhältnismäßig ablehnten. Auch in diesem Fall wird wieder die Bedeutung der auf gesellschaftlichem Konsens beruhenden Verhaltensnormen deutlich. Während die Verhaftung der Mackeprangschen Seeleute, wie erwähnt, seitens der Obrigkeit angesichts der ihnen zur Last gelegten Verfehlungen unter rein rechtlichen Gesichtspunkten als notwendig und gerechtfertigt angesehen wurde, stieß dieses Vorgehen bei den Seeleuten offenkundig auf Ablehnung, die sie in der Folge durch ihre Arbeitsverweigerung lautstark artikulierten. In diesem Fall waren der Ordnungsfunktion der Schiffergesellschaft, die sonst eine wichtige Rolle beim Ausgleich zwischen Seeleuten und Kapitänen spielte, enge Grenzen gesetzt. Ihre Kompetenz beschränkte sich auf eine reine Schiedsgerichtsbarkeit. Da es sich bei dem Ausstand der Lübecker Seeleute aber sowohl nach der Hansischen Schiffsordnung als auch nach dem Lübecker Stadtrecht um ein schweres strafrechtliches Vergehen handelte, lag der Fall eindeutig in der Zuständigkeit der Lübecker Obrigkeit. Der Lübecker Rat sah in den Ereignissen eine ernste Bedrohung des Stadtfriedens, weshalb die Situation ernst genug erschien, um eine gerichtliche Untersuchung der Ereignisse zu rechtfertigen.[1186] Daher veranlaßte der Rat der Stadt als oberste Gerichtsinstanz gegen die Matrosen Joachim Lange, Hinrich Falck und Christoph Schroeder eine Ermittlung in *pto Meuterey u.w.d.a.*[1187]

Dazu wurde neben anderen Kapitänen und Seeleuten auch die Besatzung von Sietam, namentlich der Steuermann Asmus Hinrich Pruesman, der Zimmermann Hinrich Willers, der Koch Friderich Fridricksen sowie die Matrosen Friderich Siemsen und Hinrich Stoffers, verhört. Dabei erklärten der Koch und die zwei Matrosen übereinstimmend, sie wären mit Drohungen gezwungen worden, ihre Arbeit niederzulegen und zu einer Versammlung zu erscheinen. So sagte beispielsweise Fridricksen aus, ihnen wäre von einigen ihm nicht bekannten Seeleuten gesagt worden: ... *sie sollten ihre Arbeit dahllеggen, und keine Handt am Werck legen und Klock 3 auff dem Ein hause wesen und wo sie nicht ihre Arbeit dahllegten, wolten sie ihnen vom Schiffe abholen.*[1188] Weiter erklärte er, daß die Matrosen diese Aufforderung auch mit Drohungen bekräftigt hätten: *Sie hätten ihrer mehrere gesagt der allererste, der an Bord Arbeiten würde, sollte ein Schelm, und Canaille sein, sie wollten ihm Arm und Bein zerschlagen.*[1189] Diese Angabe wurde auch von anderen Seeleuten und auch von Kapitänen bestätigt. Dagegen gaben sowohl der Steuermann wie auch der Zimmermann an, sie hätten von nichts gewußt. Der Zimmermann sagte dazu: *Er sey ein Schiffes Zimmer Mann, ihn gehe der Matrosen Krahm nichts an, da wüste er nicht von, er habe auch niemand deswegen mit ihm gerehdet.*[1190] Im übrigen erklärten die Seeleute übereinstimmend, es hätte zwar mehrfach Versammlungen, jedoch keine schriftliche Vereinbarung über diese Arbeitsniederlegung oder sonstige schriftliche Absprachen, ähnlich etwa dem aus der englischen Seefahrt bekannten »Round Robin«, gegeben.[1191] So sagte z.B. der Koch Fridericksen auf die Frage, ob es eine schriftliche Übereinkunft der Matrosen gegeben habe, aus: *Er hätte keine Schrift, des ersten Tages gesehen. Ob sie aber der andern Tages eine Schrift gehabt wisse er nicht, den er sey nicht da gewesen.*[1192] Auch die an den Unruhen beteiligten Seeleute stritten also ebenso wie die Mackeprangschen Seeleute eine Verschwörung zum Ungehorsam ab, denn dies wäre im Gegensatz zu einer spontanen Arbeitsniederlegung ein vorsätzlicher Angriff auf die Herrschaft der Lübecker Obrigkeit und damit ein Kapitalverbrechen gewesen.[1193] Alle Zeugen führten zudem den Grund für die Unruhen allein auf die Frage nach der Schuld oder Unschuld der Mackeprangschen Seeleute zurück. Lediglich der Matrose Friedrich Siemsen nannte auch soziale Beweggründe für die Arbeitsniederlegung: *Sie hätten gesagt, sie wolten 5 oder 6 mann zu den Herren senden, und fragen Ob die Schiffern befugt wären daß Schiffs Volck mit schlechtem Essen und Trincken zu unterhalten, so wie öfters die Schiffer theils ausser Landes thäten, und also mit dem Schiffs Volck machen konten, waß sie wolten, und werfen sie ins Loch wen sie wolten, den die Schiffern geben öfters nicht daß jenige waß die Reehder dazu hergeben.*[1194]

Diese übereinstimmenden Aussagen machen deutlich, daß es im Gegensatz zu den bereits erwähnten englischen Seeleutestreiks von 1768 und 1815 hier offenbar nicht um die Durchsetzung ökonomischer Forderungen ging, auch wenn es gewissen Parallelen gab, da es sowohl in England als auch Lübeck gelungen war, die Seeleute zu einem gemeinsamen Handeln zu bewegen. Ob aber, wie teilweise angenommen, dahinter, quasi als Vorform der Arbeiterbewegung des 19. Jahrhunderts, bereits eine politische Bewußtwerdung der Seeleute stand, muß bezweifelt werden.[1195] Es handelte sich aber in diesem Fall offenkundig nicht um einen Streik im modernen Sinne, bei dem es um die Durchsetzung einer gemeinsamen Forderung ging, sondern vielmehr um eine spontane Reaktion auf eine vermeintliche Unrechtssituation, vergleichbar einem Mob. Wie in den Aussagen der Seeleute deutlich wird,

1183 Ebd.
1184 Ebd.
1185 Ebd.
1186 Hansische Schiffsordnung, 3. Titel, § 8, und Das Lübeckische Stadt-Recht, nach der letzten, im Jahre 1728 erschienenen Ausgabe, Lübeck 1829, 4. Buch, 13. Titel: Von ungebührlichen und ungebührlichen Zusammenkünfften und Versammlungen, § 1: *Würde jemand binnen oder ausserhalb der Stadt, heimliche oder öffentliche ungebührliche, verbotene Zusammenkunft und Versammlung machen und anstellen, der, oder dieselbige sollen der Stadt verwiesen werden, und darin wiederum nicht kommen, sie haben denn nach gestalt der Sachen, und Erkäntniß des Raths, Willen und Abtrag gemacht; § 2: Also auch, würde jemand, Reich oder Arm, hohes oder niedriges Standes, etwas thätliches und freventliches vornehmen, damit dieser Stadt Recht gekräncket, durch sich und seine Versammlung, daß an Blut gehen möchte, der, oder dieselbigen sollen gefänglich angenommen, und auff Erkäntnis des Raths, an ihrem freyen Höchsten gestrafft werden.* Zur Rolle der Schiffergesellschaft vgl. auch Deggim, Seemannsarbeit, S. 24f., und Brück, S. 143–150.
1187 AHL, ASA Interna/Seesachen, Nr. 26/7. Vgl. zum Lübecker Justizwesen auch Erich Hoffmann: Lübeck im Hoch- und Spätmittelalter: Die große Zeit Lübecks, in: Antjekathrin Graßmann: Lübeckische Geschichte, Lübeck 1989, S. 236ff.
1188 AHL, ASA Interna/Seesachen, Nr. 26/7.
1189 Ebd.
1190 Ebd.
1191 Ein *Round Robin* war eine spezielle Form der schriftlichen Abmachung unter Meuterern in Gestalt eines Stücks Papier, auf dem zwei konzentrische Kreise gezeichnet waren. In den inneren Kreis schrieben die Verschwörer ihre Absichten und die Bedingungen, auf die man sich geeinigt hatte, während der Raum zwischen den Kreisen zum Unterzeichnen der Vereinbarung benutzt wurde, so daß nicht feststellbar war, wer als erster und wer als letzter unterzeichnet hatte. Damit sollte zum einen die Entdeckung der Rädelsführer erschwert und zum anderen verhindert werden, daß die zuletzt Unterzeichneten mit der Behauptung, zur Unterschrift gezwungen worden zu sein, den Plan verraten oder sich aus der gemeinsamen Verantwortung ziehen konnten. Vgl. dazu Earle, S. 177f., und Rediker, S. 234f.
1192 AHL, ASA Interna/Seesachen, Nr. 26/7.
1193 Hansische Schiffsordnung, 3. Titel, § 8, und Das Lübeckische Stadt-Recht, 1829, 4. Buch, 13. Titel: § 1 und § 2. Siehe auch Die Peinliche Gerichtsordnung Kaiser Karl's V., § 127.
1194 AHL, ASA Interna/Seesachen, Nr. 26/7.
1195 Vgl. dazu McLynn, S. 228f., und Rediker, S. 288ff.

waren zunächst nicht die Durchsetzung konkreter Forderungen, sondern die Bekundung der Unzufriedenheit die wesentliche Ursache und Motivation für die Arbeitsniederlegung. Ob in der Folge, etwa bei den Versammlungen, auch soziale Mißstände angesprochen wurden und diesbezügliche Forderungen erhoben wurden oder werden sollten, wie bei der Aussage von Siemsen anklingt, geht aus den erhaltenen Verhörprotokollen nicht hervor.[1196]

Insgesamt ergaben die Befragungen der beteiligten Seeleute und Kapitäne, daß eine große Anzahl aufgebrachter Seeleute Kapitän Sietam und seine Besatzung beschimpft hatte, wobei Lange und Falck anscheinend eine führende Rolle spielten. Auch wenn die Frage, ob Falck an Bord des Schiffs hatte springen wollen, um es am Auslaufen zu hindern, nicht eindeutig geklärt werden konnte, da es hier widersprüchliche Aussagen gab, befand das Gericht die Angeklagten im Sinne der Anklage für schuldig. Die Angeklagten Lange und Falck reichten daraufhin ein Gnadengesuch ein und baten um eine milde Behandlung. Auch hier erklärten sie wieder, daß allein die Frage der Mackeprangschen Seeleute der Grund für die Arbeitsniederlegung der Matrosen und das Auslaufen des Schiffs von Sietam der Anlaß für den Aufruhr gewesen sei: *Die Mißhelligkeiten zwischen dem Schiffer Mackeprang und seinen Leuten hatten bekanntlich sämmtliche allhier anwesenden Matrosen strafbahrer Weise veranlaßt ihre Arbeit niederzulegen; Wir waren zu unserm Unglück mit unter diesen, und da wir nebst einigen andern vors Burgthor gegangen, würden wir wieder alles Vermuthen gewahr, daß Schiffer Sietam mit seinen Leuten aus dem Baum ging. Weil es uns unbegreiflich war, wie diese Leute an Bordt gehen können, davon aber, daß sie mit Wache darzu gezwungen worden nichts wußten, ließen wir uns nebst andern beykommen, ihnen die Frage, wie sie an Bordt gegangen, zu zurufen.*[1197]Dabei gaben die beiden ihre Beteiligung an den Ereignissen zwar zu, betonten jedoch zugleich, daß sie nicht, wie behauptet, die treibenden Kräfte hinter den Aktionen gegen Sietam gewesen waren, sondern allein aufgrund eines kollektiven Zwangs an diesen Ereignissen beteiligt waren: *Wir verhelen unser Verbrechen nicht: Doch haben wir aber auch an dem Aufstande von der Arbeit nicht unseren Antheil, als andere. Eine jugendliche Übereilung hat wohl hinzu einzig und allein Anlaß gegeben. Wie ungerne ich, Lange meine Arbeit verlassen, wird auf Erfordern der Steurmann Claus Kruse allemahl bezeugen müsen. Da alle andern den Dienst verließen, so sind wir fast gezwungen worden uns ihnen gleich zu stellen.*[1198]

Da Lange zudem angeblich früher mit einem Kapitän Kruse Probleme gehabt hatte, führte er seine Verhaftung allein auf dessen Wunsch, sich an ihm zu rächen, zurück: ... *indem er den andern, den er bereits ergriffen fahren lassen, und mich mit denen Worten erhaschet: Auf dich Kräutzgen habe ich längst gelauert!*[1199] Falck dagegen erneuerte seine Behauptung, daß er lediglich beim Ablegen habe behilflich sein wollen, und leugnete überdies alle Beschimpfungen und Übergriffe. Dennoch bewertete das Gericht diese Angaben offenbar lediglich als Schutzbehauptungen und stützte sich bei seiner Bewertung des Sachverhaltes trotz der Widersprüche in einigen Details im wesentlichen auf die Aussagen der übrigen Zeugen. Ungeachtet der Unschuldsbeteuerungen der Angeklagten kam das Gericht schließlich zu der Auffassung, daß die Angeklagten durch ihr Verhalten *wieder den Bürger-Eid gehandelt*[1200] und dem *commercio* der Stadt geschadet hatten. Damit handelte es sich nicht um ein *delictum maritimum, sed commune;* das Vergehen der Seeleute fiel also nicht in die Zuständigkeit des hansischen See-, sondern des Lübecker Stadtrechts. Doch auch nach dessen Auslegung war das Verhalten der Seeleute ein schweres Delikt[1201], so daß das Gericht schließlich am 12. April 1765 zu folgendem Urteil kam: *So solte es des ernstlichen Dafürhaltens seyn, daß eine vierteljährige Zucht Haus Strafe die Belohnung des von den arrestaten unternommenen Unfugs seyn, allenfals dieselbe, wenn A.s. geneigt seyn solte, auf das Supplicatia derselben zu reflectiren in eine nur 6 wöchige Gefängis Strafe auf dem Marstall, Arrestati die erste Woche mit Wasser und Brodt zu senken convertiert werden könne.*[1202]

Das im Vergleich zu den acht Tagen Haft für Hiesing hohe Strafmaß von drei Monaten Zuchthaus zeigt, daß das Verhalten der Seeleute ungeachtet eventueller legitimer Beschwerdegründe der Matrosen seitens des Lübecker Rats als Angriff auf die öffentliche Ordnung betrachtet wurde. Als Hafenstadt war Lübeck vom Seehandel abhängig[1203], jede Störung konnte die wirtschaftliche Position der Travestadt gefährden und mußte deshalb unterbunden werden. Da sich die Ordnungsfunktion der Schiffergesellschaft, die sonst eine wichtige Rolle beim Ausgleich zwischen Seeleuten und Kapitänen spielte, auf eine reine Schiedsgerichtsbarkeit beschränkte, war in Fällen von Meuterei nicht sie zuständig, sondern die Lübecker Obrigkeit. Diese sah sich angesichts der Ereignisse gefordert, ein Exempel zu statuieren. So wurde sowohl gegen Hiesing als auch gegen Lange und Falck explizit wegen *Meuterey*, eines der Rebellion gleichgestellten Delikts, ermittelt.

Trotz der eindeutigen Bewertung der Schuld der Angeklagten Lange und Falck behielt sich das Gericht vor, im Falle eines Gnadenerweises seine Strafzumessung erheblich zu verringern. Daher ist die juristische Behandlung dieser kollektiven Arbeitsniederlegung lübischer Seeleute durchaus im Kontext mit der generellen Beurteilung von Insubordination durch die Lübecker Obrigkeit zu betrachten. Wie in den anderen Fällen auch wurde das Fehlverhalten der Seeleute ernst genommen und als Bedrohung der öffentlichen Ordnung betrachtet, wie das relativ hohe Strafmaß von drei Monaten belegt. Dennoch war das Lübecker Gericht geneigt, die Strafe für Lange und Falck auf dem Wege der Gnade zu verringern, nachdem die Seeleute sich der Herrschaft der Obrigkeit unterworfen und deren Rechtmäßigkeit anerkannt hatten; auf diese Weise war die öffentliche Ordnung wiederhergestellt. Auch in diesem Fall kann man also nicht von einer unnachsichtigen Durchsetzung des obrigkeitlichen Interesses sprechen, vielmehr bildet auch hier die individuelle Bewertung der Tat und der dazu führenden Umstände die Grundlage der richterlichen Entscheidung nach dem Prinzip der Verhältnismäßigkeit von Schuld und Strafe.[1204]

Bei den bisher geschilderten Fällen von Insubordination und Meuterei handelte es sich um relativ harmlose Verstöße gegen die Bordordnung. Zwar wurde die Autorität und Kommandogewalt der Kapitäne über Schiff und Besatzung von den Seeleuten angefochten, ebenso hatte es Konspirationen der Besatzung oder Handgreiflichkeiten zwischen Offizieren und der Mannschaft gegeben, doch war es in keinem Fall zu einem ernsthaften Versuch einer Schiffsübernahme durch die Meuterer gekommen. Wie gezeigt, waren diese Vorfälle oft lediglich Proteste gegen Mißstände an Bord, die meist ebenso schnell beendet wurden, wie sie aufgetreten waren.

Im Gegensatz dazu zielte die extremste Form der Meuterei bewußt auf die Übernahme der Kommandogewalt über das Schiff durch einen Teil der Besatzung oder die gesamte Mannschaft ab. Spätestens seit der Meuterei auf der BOUNTY gilt diese Art der kollektiven Widersetzlichkeit einer Schiffsbesatzung gegen die Autorität des Kapitäns als die klassische Form der Meuterei. Ein solches Vorhaben war jedoch kaum aus einer spontanen Reaktion der Seeleute heraus denkbar, sondern setzte ein hohes Maß an krimineller Energie voraus: So mußte die Tat minutiös geplant werden, denn bei einer Schiffsübernahme war ein schnelles und überraschendes Handeln notwendig, um die Schiffsführung und die unbeteiligten Besatzungsmitglieder überrumpeln und vor vollendete Tatsachen stellen zu können. Beispielsweise berichtet Dana von einer unzufriedenen Besatzung, die neben anderen möglichen Maßnahmen auch über die Absetzung des Kapitäns diskutierte: *A consultation was held again, and it was proposed to take the ship from the captain and give the command of her to the mate, who had been heard to say that if he could have his way the ship would have been half the distance to the cape before night ...*[1205]

Auch der Schutz vor Verrat machte die gemeinsame Entschließung der beteiligten Seeleute ratsam, vor allem angesichts der bereits auf den bloßen Versuch solche Meuterei angedrohten strafrechtlichen Konsequenzen.[1206] Oftmals verfaßten die an der Verschwörung beteiligten Seeleute daher eine Art Vertrag, der in der

1196 Zu den frühneuzeitlichen Ermittlungsmethoden, bei denen die Suche des Tatmotivs keine Rolle spielte, vgl. van Dülmen: Theater des Schreckens, S. 24ff., und Härter: Strafverfolgung, S. 468–475.
1197 AHL, ASA Interna/Seesachen, Nr. 26/7.
1198 Ebd.
1199 Ebd.
1200 Seit der zweiten Hälfte des 16. Jahrhunderts bestand in Lübeck die Tendenz zur Ausweitung des Bürgerrechts auf die unteren Schichten der Bevölkerung, um auch sie stärker an Stadt und Rat zu binden. Daher konnten nun auch Seeleute, Tagelöhner und Angehörige ähnlicher Berufsgruppen ein eingeschränktes Bürgerrecht erwerben, wobei sie ebenso wie die Vollbürger den Bügereid leisten mußten, mit dem sie sich zu Loyalität und Gehorsam gegenüber dem Stadtregiment verpflichteten. Vgl. dazu Graßmann, S. 443f.
1201 Das Lübeckische Stadt-Recht, 1829, 4. Buch, 13. Titel: Von ungebührlichen und ungebührlichen Zusammenkünfften und Versammlungen, § 1 und § 2.
1202 AHL, ASA Interna/Seesachen, Nr. 26/7.
1203 Franklin Kopitzsch: Das 18. Jahrhundert: Vielseitigkeit und Leben, in: Lübeckische Geschichte, hrsgg. von Antjekathrin Graßmann, Lübeck 1989, S. 490–527, hier S. 494ff.
1204 Zur Machtsicherung durch das Strafrecht und Gnadenerweis in der Frühen Neuzeit vgl. van Dülmen: Theater des Schreckens, S. 42f. und 44ff.
1205 Dana: Two years, S. 328.
1206 Bruijn: Meutereien, S. 258ff.

englischen Seefahrt gelegentlich die Form eines sogenannten »Round Robin« hatte, bei dem eine kreisförmige Anordnung der Unterschriften die Entdeckung der Rädelsführer und einen Verrat der Mitunterzeichner erschweren sollte.[1207] Doch nicht nur in England waren schriftliche Verschwörungsvereinbarungen bekannt, wie der bereits erwähnte Fall Mackeprang/Sietam aus Lübeck zeigt. Auch hier wurde beim Verhör der wegen Meuterei angeklagten Seeleute explizit nach einer mündlichen oder schriftlichen Vereinbarung zur Meuterei gefragt, was aber von allen Beteiligten entschieden zurückgewiesen wurde.[1208]

Von einer solchen Verschwörung seiner Mannschaft berichtet der englische Kapitän Nathaniel Uring in seinen Memoiren. Nach einem Schiffbruch im Jahre 1714 stieg in Uring der Verdacht auf, daß ein Teil der Besatzung mit dem Gedanken spielte, das Schiff zu übernehmen, um auf Piratenfahrt zu gehen. Er vermutete weiter, daß die am Komplott beteiligten Seeleute darüber ein geheimes Dokument in Gestalt eines »Round Robin« verfaßt hatten. Vor der versammelten Mannschaft verlangte Uring die Aushändigung des Schriftstücks, wobei er seinen Worten Nachdruck verlieh, indem er einen der mutmaßlichen Rädelsführer verprügelte: ... *in order to search for the Round Robin, that I might know who to fix upon, I began with one of the Men whom I knew to be a seditious Fellow, which I suspected to be the chief Conspirator: He had been my Gunner, but I had put another in his room by reason of his Negligence and Disobedience. I ordered him with his chest upon the Quarter Deck; pulling off my Hat, and making him a low Bow, I gave him the Title of Captain, and desired he would be pleased to let me have a Sight of the Round Robin, and caused his Chest to be searched for it; at which he gave me a snearing Laugh, and said I was mistaken; but I gave him two or three such Strokes with a Stick I had prepared for that purpose, that he soon changed his Note; the Blood running about his Ears, he pray'd for God's sake that I would not kill him, and he would discover the whole Thing.*[1209] Schließlich wurde ihm das Papier durch einen an der Verschwörung unbeteiligten Seemann übergeben: ... *one of 'em, who had not signed the Paper, called to another, telling him, he knew where the Paper was, and bid him fetch it, which he did. Looking it over, I found not above half the Ship's Company had signed it, they not having had Time to compleat it, some of them being as yet not so hardy to enter into it. I found the Names of all those People whom I had punished in it, and put some of them in Irons. Some others, whom I looked upon to be the honestest Men I had, and who had been most serviceable in the Voyage, had signed it also: To these I said, that above all men, I little expected that they would have been Mutineers; and let them know what they had done would be deemed Piracy, which was a hanging matter, if I would prosecute them; but that I believed they were persuaded into it against their Inclinations. They heartily begged to be forgiven, and said, that they had no ill Design. I bid them be very diligent for the future, and I would take no farther Notice of it. The Conspiracy being thus detected, the Seamen were exactly diligent and obedient, during the Rest of the Voyage.*[1210] Anschließend ließ Uring die vermeintlichen Rädelsführern in Eisen legen; für den reuigen Teil der Besatzung endete die Affäre dagegen mit einer Entschuldigung und der anschließenden Vergebung ihrer Verfehlungen durch den Kapitän.[1211] Uring hatte also durch ein entschiedenes Auftreten seine Mannschaft einschüchtern und damit letztlich die Meuterei verhindern können.

Mehr als ein Jahrhundert später, Mitte der 1850er Jahre, sah sich auch der amerikanische Kapitän Samuel Samuels auf einer Reise von England nach New York mit einer aufrührerischen Besatzung konfrontiert. Diese bestand zu einem großen Teil aus einer Gruppe berüchtigter Seeleute, die als die »Bloody Forties« bekannt waren und angeblich geschworen hatten, Samuels während der Reise über Bord zu werfen. Schon bald kam es zu Schwierigkeiten mit der Besatzung, als Samuels einen Rudergänger zurechtwies, der entgegen dem seemännischen Brauch die Ruderkommandos nicht wiederholte. Dieser gab seinem Kapitän nicht nur eine unverschämte Antwort, sondern griff ihn obendrein mit einem Messer an. Ohne lange zu zögern, schlug Samuels den Seemann nieder und ließ ihn in Eisen legen. Als daraufhin die Mannschaft die Befehle Samuels verweigerte und die Freilassung des Seemanns forderte, antwortete Samuels ihnen: ›*From this time, men, you shall see who is master. You have acted so insolently that I see no kind treatment on my part will deter you from carrying out the compact made with your pals in Liverpool. For the remainder of the voyage I shall stop your watch and watch, and treat you as you deserve. Again I repeat, Haul taut the weather main-brace. The refusal to obey an order given places you in mutiny.*‹[1212] Dennoch kam es bald zu Aufsässigkeiten seitens der Seeleute und schließlich zu einer nächtlichen Meuterei der »Bloody Forties«. In einem heftigen Handgemenge gewann Samuels, der außer von einigen wenigen Getreuen nur von einer Gruppe deutscher Auswanderer sowie von vier der Meuterer, die auf seine Seite übergetreten waren, unterstützt wurde, die Oberhand und konnte schließlich die Meuterer zu Räson bringen. Deren Anführer erklärte daraufhin: *›Captain,‹ he said, ›I have had enough. To say this does not make a coward of a man when he has found his master.‹ – ›This won't do. You must take back your insulting language,‹ I replied. – ›Well, then, captain, whoever calls you a coward is a d-d liar.‹*[1213] Mit diesem Eingeständnis der Niederlage und der Anerkennung seiner Autorität war die Meuterei für Samuels beendet. Für den Rest der Reise gab es keinerlei disziplinarische Probleme mehr mit der Besatzung. Bei der Ankunft in New York fanden die Ereignisse an Bord mit der expliziten Vergebung des Vorgefallenen durch Samuels einen endgültigen Abschluß: *›And now,‹ I said, ›I forgive you as freely for what has passed as I hope to be forgiven in the world to come ...*[1214] Später auf die Meuterei angesprochen, antwortete Samuels: *›Shall I arrest the men?‹ – ›No. I would ship them to-morrow, if I wanted a crew.‹*[1215] Auch in diesem Fall stellte also die förmliche Vergebung durch den Kapitän einen endgültigen Schlußstrich unter alles Vorgefallene dar, sofern sich die andere Seite an die daran geknüpften Bedingungen hielt.

Doch nicht immer nahmen Verschwörungen zur Meuterei ein solch relativ glimpfliches Ende. 1750 kam es auf dem englischen Guineafahrer ANTELOPE zu einer offenen Meuterei, in deren Folge Kapitän Thomas Sanderson mit einigen Getreuen, darunter der Schiffsarzt William Steel, in einem Boot auf dem offenen Meer ausgesetzt wurde.[1216]

Bereits zuvor war es zur Arbeitsverweigerung zweier Matrosen gekommen, die der Kapitän daraufhin in Eisen gelegt und auf einem anderen Schiff zurück nach England geschickt hatte. Kurz danach waren drei andere Matrosen mit einem Boot desertiert. Zehn Monate nach der Abreise aus England verweigerte die Mannschaft mit dem Bootsmann John Oxnam als Mannschaftssprecher an der Spitze vor Cape Coast an der westafrikanischen Küste den Befehl des Kapitäns, den Anker zu lichten, und bewaffnete sich. Der vom Schiffsarzt zu Hilfe geholte Kapitän eines anderen Schiffs mußte, von der Besatzung der ANTELOPE bedroht, unverrichteter Dinge das Schiff wieder verlassen. Erst ein wiederum vom Schiffsarzt zu Hilfe geholtes Enterkommando zweier holländischer Schiffe konnte die Meuterer, namentlich die vermeintlichen Rädelsführer Edward Suttle, Michael Simpson, John Punner, William Perkins und Nicholas Barnes überwältigen und in Eisen legen. Nachdem die Meuterer, an Land gebracht, vor dem örtlichen englischen Gouverneur Besserung gelobt hatten und an Bord zurückgekehrt waren, konnte das Schiff endlich auslaufen. In der Nacht erwachte Kapitän Sanderson durch ungewöhnliche Geräusche und fand sich in seiner Kajüte eingesperrt. Als er schließlich doch an Deck gelangen konnte, wurde er sogleich niedergeschlagen. Nachdem Sanderson wieder auf die Beine gekommen war, sah er sich seiner meuternden, mit Handspaken bewaffneten Besatzung unter der Führung von Edward Suttle und Konsorten gegenüber. Nachdem er den Meuterern das Zugeständnis abgerungen hatte, mit einigen Getreuen das Schiff verlassen zu können, wurde er zusammen mit dem Bootsmann Oxnam und dem Schiffsarzt Steel auf offener See in einem Boot ausgesetzt. Für ihr Überleben erhielten sie nur wenig Proviant und kaum Wasser, denn, so sagten die Meuterer, es sei ein langer Weg nach Madagaskar, und sie bräuchten daher die Vorräte für sich selbst. Bei diesem Fahrtziel scheint es sich aber um ein Täuschungsmanöver gehandelt zu haben, denn wie Steel später aussagte, hatte ihm einer der Meuterer anvertraut, sie hätten in Wirklichkeit vorgehabt, mit dem Schiff nach Brasilien zu segeln, um es dort mitsamt der Ladung zu verkaufen. Das Boot mit den Ausgesetzten wurde wenige Stunden später von dem englischen Schiff SPEEDWELL geborgen. Da das Schiff den neuen Gouverneur von Cape Coast Castle Roberts und eine Anzahl Soldaten an Bord hatte, wurde beschlossen, die ANTELOPE zu verfolgen.

Nach 36 Stunden entdeckten die Verfolger das Schiff. Ein Enterversuch konnte durch Artilleriebeschuß

1207 Earle, S. 177f., und Rediker, S. 234f. Vgl. dazu auch Anm. 1165.
1208 AHL, ASA Interna/Seesachen, Nr. 26/6 und Nr. 26/7.
1209 *Uring*, S. 260f.
1210 Ebd., S. 260ff.
1211 Earle, S. 178.
1212 *Samuels*, S. 268f.
1213 Ebd., S. 282.
1214 Ebd., S. 290f.
1215 Ebd., S. 291.
1216 PRO - HCA 1/58, f. 7ff.

zurückgeschlagen werden, doch als die SPEEDWELL das Feuer mit ihren Geschützen eröffnete, ergaben sich die Meuterer. Der Erste Maat der SPEEDWELL übernahm daraufhin die ANTELOPE, legte die Meuterer, die ausgiebig die Alkoholvorräte und -ladung des Schiffs geplündert hatten, in Eisen und brachte das Schiff zurück nach Cape Coast, wo sie das englische Kriegsschiff HUMBER vorfanden, dessen Kapitän sowohl die Gefangenen als auch die Untersuchung der Angelegenheit übernahm.

Obwohl es anscheinend schon zuvor zum Ungehorsam der Crew und auch zur Plünderung der Alkoholladung gekommen war, lag die Ursache dieser Meuterei dennoch allem Anschein nach vorwiegend in der Verantwortung des Kapitäns. Laut der Aussage des Schiffsarztes trug dieser durch sein Verhalten gegenüber seiner Besatzung einen Großteil der Schuld für die Eskalation zum offenen Aufruhr der Besatzung. So führte Steel in seiner Vernehmung über die Hintergründe der Ereignisse aus: ... *and the Informant beleives that the said pilfering and stealing might have been prevented by the said Captain Sanderson's behaving to the Crew in a different manner from what he did and farther saith that whilst the said Ship lay at Chamaboo three of her Crew ran away with the said Ship's Long Boat and never returned on board the said Ship afterwards and the Informant beleives that all the rest of the Crew of the said Ship (except the Boatswain and carpenter) would then have quitted the sd. Ship and gone away in the long Boat if they had not been prevented and also saith that the Reason they assigned for their Intention of quitting the said Ship was on Account of the uneasy & unsettled Life they lived on board the said Ship by the said Captain's Behaviour to them ...*[1217]

Für die Annahme des Schiffsarztes spricht auch die Aussage von Kapitän Sanderson, der das Kommando über sein Schiff nicht zurückerhalten hatte und als Gefangener an Bord der HUMBER nach England zurückkehrte, bei dessen Kommandanten er mit seiner Bitte, sein Schiff und einige Matrosen zu dessen Bedienung zu erhalten, nicht gerade auf Verständnis gestoßen war, denn ... *the said Captain Pye told the Informant that he was a Rascal and that he should have none of the Kings Subjects ...*[1218] Offenkundig war es auch nach Ansicht Kapitän Pyes das Verhalten des Kapitäns gewesen, das seine Mannschaft zur Meuterei veranlaßt hatte. Die gefangenen Meuterer wurden ebenfalls an Bord der HUMBER nach England gebracht, doch gelang es ihnen, in London aus dem Marshalsea-Gefängnis zu entkommen, noch bevor ihnen der Prozeß gemacht werden konnte.[1219]

Nicht immer war die schlechte Behandlung der Besatzung durch die Kapitäne allein schuld an einer Meuterei. Bereits der Fall ANTELOPE zeigt deutliche Merkmale der Piraterie. Die Hintergründe dieser Meuterei sind allerdings nicht mehr eindeutig zu klären. Das ursprüngliche Motiv war in diesem Fall wohl in erster Linie das Begehren, sich Kapitän Sandersons zu entledigen. Möglicherweise hat aber auch Habgier eine gewisse Rolle gespielt; schließlich beabsichtigten Suttle und seine Mitverschwörer, Schiff und Ladung zu verkaufen.[1220]

Noch deutlicher wird der seeräuberische Charakter mancher Meutereien in Fällen, in denen eine Meuterei allein aus Habgier angezettelt wurde. So war bei einer Meuterei auf dem englischen Schiff DOVE im Jahre 1736 der Plan, sich des Schiffs zu bemächtigen und dessen Ladung zu verkaufen, sogar Ausgangspunkt und Anlaß der Verschwörung an Bord.[1221] Laut Aussage des Apprentice Richard Walter war das Schiff bereits seit mehreren Jahren auf einer ununterbrochenen Handelsreise im Mittelmeer gewesen, so daß nur noch Kapitän Benjamin Snawes und der genannte Apprentice von der ursprünglichen Besatzung an Bord waren. Einige Wochen zuvor hatte Kapitän Snawes in Marseille einen gewissen Nicholas Williams als Maat angeheuert und danach in Livorno einige englische und irische Seeleute sowie einen gewissen William O'Meara als Passagier als Ersatz für seine abgeheuerten italienischen und französischen Matrosen an Bord genommen, die allesamt von einem spanischen Kriegsschiff desertiert waren. Eines Nachts hörte Richard Walter, der Apprentice, der ebenso wie der Rest der Besatzung, mit Ausnahme des Kapitäns, wegen der großen Hitze an Deck schlief, aus der Kajüte des Kapitäns ungewöhnliche Geräusche. Er weckte Williams, den Maat, und zusammen fanden sie Kapitän Snawes tot in seinem Blut liegend. Als sie an Deck zurückkehrten, sah Walter einen der neuen Seeleute, einen gewissen Edward Johnson, mit einem blutbefleckten Klappmesser. Als Walter den Maat aufforderte, Johnson als den mutmaßlichen Mörder des Kapitäns in Eisen zu legen, wurde er von diesem angegriffen und konnte sich nur mit einem beherzten Sprung über Bord retten. Obwohl Johnson ihn mit einem Messerwurf aufzuhalten suchte und die Verschwörer zudem ein Boot zu seiner Verfolgung aussetzten, konnte Walter sich an Bord eines anderen in Quarantäne liegenden Schiffs retten. Während mit Hilfe eines Wachboots die örtliche Obrigkeit alarmiert wurde, versuchten die Meuterer unter Führung von Williams, mit dem Schiff unter Segel zu gehen, wurden jedoch beim Verlassen des Hafens von einem hastig zusammengestellten Enterkommando gefangen genommen.[1222]

Während in den Verhören der Maat und andere Seeleute alle Kenntnisse von dem Mord an Kapitän Snawes leugneten und das vermeintliche Auslaufen mit dem angeblichen Kappen des Ankertaus durch einen Unbekannten zu erklären versuchten[1223], sagten andere Besatzungsmitglieder, darunter der an der Verschwörung beteiligte William O'Meara wie auch der laut seiner Aussage unbeteiligte Pierce Butler und der als blinder Passagier an Bord befindliche John Byron übereinstimmend aus, daß es ein Komplott an Bord gegeben habe, in dem sich mit dem Maat als Rädelsführer etliche Seeleute in einem schriftlichen Vertrag verschworen hätten, sich Kapitän Snawes und des Apprentice Walter zu entledigen, die Ladung zu verkaufen und dann das Schiff zu zerstören, um sich so aller Beweise für ihren Piratenakt zu entledigen.[1224] So berichtet O'Meara in seiner Aussage über das Komplott an Bord der DOVE: ... *And the sd. Williams perceiving him to be sick gave him a dram & then the sd. Williams & one Andrew Downing & the sd. John Bryon & Lawrence Sinnet or some or one of them told the Informant that the sd. Dove was a Dutch Vessel & that the Capt. of her was a silly rawless Man & they then consulted about running away with her & and carrying her to the Coast of Galitia & in their Passage thither to put the Captain on Shoar upon the Island of Galito & to dispose of her cargo upon the Coast & then to destroy her, And then they all went to a publick house on Shoar at the Sign of the Ship & Mermaid & there they signed Articles to that purpose, by which it was agreed that the sd. Williams should be Comander of her the sd. John Bryon mate, Lawrence Sinnet Boatswain, Peirce Butler (who was then present) Super Cargo, & the sd. Andrew Downing & the Informant were to be foremast man, And they were all to go equally Shares in the Cargoe* ...[1225] Weiter führt O'Meara in seiner Aussage an, daß es offenbar nicht das erste Mal war, daß Williams einen solchen Plan gefaßt und zur Ausführung gebracht hatte: ... *And then he speaking to the Inform.t expressed these or the like Words (I hope you dont think I have been asleep all this time and that I have laid aside the former Design for I never undertook any such Project in my Life without going through with it, I have brought in Johnson who is a special good Fellow for this purpose and has been several times upon the Account and I have got another good Fellow one Nicholas Woolf)*[1226] Ob, wann und wo sich der Maat Williams und seine Mitverschwörer für ihre Taten vor Gericht verantworten mußten, ist leider nicht bekannt.

Bei manchen Meutereien war die Absicht, das Schiff zum Piratenschiff zu machen, alleiniger Anlaß für die Übernahme des Schiffs durch eine Gruppe von Verschwörern. Das wohl bekannteste Beispiel für solche Schiffsübernahme ist die von Henry Avery angezettelte Meuterei auf dem mit 46 Kanonen ausgerüsteten englischen Schiff CHARLES II auf der Reede von La Coruña im Jahre 1694. Ursprünglich sollte es die Spanier in der Karibik im Kampf gegen die Franzosen unterstützen, doch lag das Schiff mehrere Monate untätig im Hafen, ohne das den Seeleuten die versprochene Heuer ausgezahlt wurde. Daher hatte Henry Avery, der Erste Offizier, ein leichtes Spiel, einen Großteil unzufriedene Besatzung auf seine Seite zu bringen und die heimliche Übernahme des Schiffs zu planen, um mit diesem auf Piratenfahrt zu gehen. Hilfreich war bei diesem Komplott auch der ausgeprägte Hang von Kapitän Gibson zu geistigen Getränken, so daß es den Meuterern in der Nacht zum 8. Mai 1694 ohne Schwierigkeiten gelang, mit dem Schiff ankerauf zu gehen. Als der Kapitän bemerkte, was geschehen war, war es zu spät.[1227] Auf die Fragen des Kapitäns soll Avery lediglich geantwortet haben: ... *don't be in fright, but put on*

1217 Ebd.
1218 Ebd.
1219 PRO - HCA 1/20/35.
1220 Vgl. Molloy, S. 50ff., und Surland, 4. Titel: Von den See-Räubern, §§ 633–639.
1221 PRO - HCA 1/57, f. 1ff. bis f. 10ff.
1222 PRO - HCA 1/57, f. 1ff.
1223 PRO - HCA 1/57, f. 4ff.
1224 PRO - HCA 1/57, f.8ff.; f. 9ff. und f. 10ff.
1225 PRO - HCA 1/57, f.8ff.
1226 Ebd.
1227 Johnson: History of the Pyrates, S. 25ff.; PRO - HCA 1/29f. 73 (The Examination of John Dann of Rochester, Mariner, taken the 3rd of August 1696; das Verhörprotokoll eines Teilnehmers der Meuterei auf der CHARLES), und Bialuschewski: Piratenleben, S. 40ff.

your Cloaths, and I'll let you into a Secret: – You must know, that I am Captain of this ship now; and this is my Cabin ...[1228] Nach dieser völlig unblutigen Machtübernahme wurden Kapitän Gibson und die Mannschaft nun vor die Wahl gestellt, entweder an Bord zu bleiben oder an Land zu gehen, was außer Kapitän Gibson nur 16 von den fast hundert Mann an Bord taten. Die Meuterer dagegen nahmen unter dem Kommando Averys Kurs auf den Indischen Ozean, wo sie mit dem Schiff des Großmoguls eine der reichsten Prisen aller Zeiten aufbrachten.[1229]

Ähnlich wie der berühmte Seeräuber Henry Avery übernahm 1721 George Lowther vor der afrikanischen Küste an der Spitze einer Meuterertruppe das Kommando über den Guinea-Fahrer GAMBIA CASTLE. Lowther, ursprünglich Zweiter Maat des Schiffs, rechtfertigte diese Tat mit der angeblichen Vernachlässigung der Gesundheit der Seeleute durch die in Afrika ansässigen Kaufleute. Auch in diesem Fall wurden der Kapitän und einige Seeleute, die sich nicht an der Meuterei beteiligt hatten, an Land gesetzt. An der Meuterei beteiligte sich auch der Kommandeur der an Bord eingeschifften Soldaten, John Massey. Lowther hatte Massey bei der Planung und Durchführung des Komplotts in dem Glauben gelassen, er wolle mit dem Schiff nach England zurückzukehren, um sich dort über die schlechte Behandlung zu beschweren. Doch kaum hatte der das Schiff in seiner Gewalt, ließ er seine Maske fallen und verkündete der versammelten Mannschaft: *... it was the greatest Folly imaginable, to think of returning to England, for what they had already done, could not be justyfied upon any Pretence whatsoever, but would be look'd upon, in the Eye of the Law, as a capital offence ... for his part he was determined not to run such a Hazard ... they had a good ship under them, a parcel of brave Fellows in her ... they should seek their Fortune upon the Seas, as other Adventures had done before them.*[1230] Mit anderen Worten: Lowthers eigentliche Motivation war Piraterie. Daran wollte sich Massey jedoch nicht beteiligen. Er trennte sich daher von Lowther, stellte sich den englischen Behörden und wurde für seine Beteiligung an der Schiffsübernahme zum Tode verurteilt und hingerichtet.[1231] Lowther und seine Besatzung dagegen gingen auf einen blutigen Raubzug, wobei sie sich durch eine bis dahin kaum bekannte Brutalität auszeichneten. Nach zwei Jahren wurden sie beim Überholen ihres Schiffs auf einer kleinen Karibikinsel von einem englischen Schiff überrascht und angegriffen. Lowther und vier seiner Komplizen konnten entkommen; später fand man seine Leiche am Strand. Der Rest seiner Mannschaft wurde entweder im Gefecht getötet oder gefangen genommen; letztere wurden später in St. Kitts zum Tode verurteilt und hingerichtet.[1232]

Eine ähnliche Schiffsübernahme ereignete sich 1766 auf dem englischen Sklavenschiff POLLY.[1233] Der Matrose Peter Jordan berichtete bei seiner Vernehmung vor dem High Court of Admiralty, daß vor der Küste Westafrikas während der Abwesenheit des Kapitäns ein Seemann namens John Wynne mit Hilfe von sechs weiteren Matrosen in einem Akt der Piraterie das Kommando über das Schiff an sich gerissen hatte und in der Nacht heimlich ankerauf gegangen war: *... that he the said John Wynne then took upon himself the Command of the said Ship and was called Captain Power the Bravo ...*[1234] Hierauf bewaffnete Wynne seine Leute und ließ den Ersten Maat des Schiffs an Deck kommen, schoß ihn zur Abschreckung für den Rest der Besatzung nieder. Dann zwang er die Seeleute, ihm als dem neuen Kapitän Treue zu schwören. Um die Begeisterung seiner Mannschaft anzufeuern, ließ Kapitän »Power the Bravo« freigiebig Alkohol ausschenken: *he ... made some Rum and Water for the People.*[1235] Allerdings scheint dies nicht besonders viel genützt zu haben, denn Einschüchterung und nackte Gewalt blieben die wichtigsten Herrschaftmittel des neuen Kapitäns. So ließ er einen an Bord befindlichen Schwarzen buchstäblich in Stücke hacken, wie Jordan aussagte: Wynne *... flogged him as long as he could with a Cat and then called for a Cutlass wherewith he gave the said Bassan seven or eight Cuts but called for another Cutlace saying that would not cut wherewith he gave him the said Bassan several other Cuts all over his Body and then called Robert Fitzgerald and giving him the Cutlace ordered him to cut him also who gave him two or three Strokes and then John Putt took the broad Axe and cut off the said Bassan's Head and threw the said Head & Body overboard into the Sea ...*[1236]

Diese Gewaltexzesse deuten an, daß sich der offenbar sadistische Wynne der Loyalität seiner »Mannschaft« über seine engsten Komplizen hinaus nicht sicher war und daher versuchte, die Seeleute durch Brutalität gefügig zu machen. Auch zwischen den Meuterern gab es Spannungen, denn kurz nach der Schiffsübernahme entstand unter ihnen ein Streit über die Frage, ob Wynne überhaupt qualifiziert genug sei, um das Schiff zu führen: ... *the said seven Men beforementioned consulted amongst themselves whether the said John Wynne otherwise Power had Navigation enough to conduct the said Ship* ...[1237] Der Versuch der Meuterer, sich als Piraten zu profilieren, als sie versuchten, ein niederländisches Schiff aufzubringen, scheiterte kläglich: ... *but could not beat up to Windward* ...[1238] Zudem forderte Wynne, bzw. »Power the Bravo« mutwillig das Schicksal heraus, indem er wiederholt ohne besonderen Grund, als rechtmäßiger Kapitän verkleidet, die Gouverneure verschiedener Kolonien aufsuchte. Bei einer solchen Gelegenheit konnte Jordan mit zwei anderen Seeleuten heimlich an Land flüchten und den Gouverneur der nächstgelegenen englischen Niederlassung von den Ereignissen an Bord der POLLY in Kenntnis setzen, worauf es gelang, das Schiff zu entern und die Meuterer gefangenzunehmen. Was anschließend mit den Piraten geschah, ist leider unbekannt.[1239] Im Gegensatz zu Avery, Lowther oder den Meuterern von der DOVE, die ihre Schiffsübernahmen minutiös geplant hatten, scheint Wynnes Meuterei eher dilettantisch vorbereitet gewesen zu sein. Der geltungsbesessene Wynne war offensichtlich mit der gesamten Situation völlig überfordert, wie seine irrationalen Handlungen deutlich zeigen.

Der Fall Lowther wie auch die Vorgänge an Bord der DOVE und der POLLY beleuchten einen Aspekt des Phänomens Meuterei, der der sozialromantischen Ansicht, Meuterei sei in erster Linie die äußerste Form des Widerstandes gegen tyrannische Kapitäne und ausbeuterische Kaufleute gewesen, diametral entgegensteht.[1240] Zwar interpretiert Rediker die Meuterei Lowthers als einen Akt des Widerstands gegen die Ausbeutung englischer Seeleute, doch zeigt die weitere Karriere Lowthers mehr als deutlich, daß er sich kaum als Musterbild eines Vorkämpfers für die entrechteten Massen eignet: Die von ihm und seiner Besatzung begangenen Akte viehischer Grausamkeit, wie die Folterung von Gefangenen, zeigen vielmehr, daß er kein aufrechter Widerstandskämpfer, sondern lediglich ein psychopatischer Verbrecher war.[1241]

Möglicherweise hat es tatsächlich Fälle gegeben, in denen der Besatzung eine Schiffsübernahme als der letzte Ausweg erschien. Doch wie die hier untersuchten Vorfälle belegen, nutzten die Seeleute eher den Weg des Protestes oder auch Arbeitsverweigerung, um die Konflikte mit dem Kapitän oder den Offizieren gütlich beizulegen, entzogen sich durch Desertion den schlechten Verhältnissen an Bord eines Schiffs oder brachten nach der Rückkehr bei den zuständigen Stellen eine Beschwerde vor. Kam es dennoch zu einer Meuterei, so endete diese in den meisten Fällen mit der Wiederherstellung der Ordnung an Bord – ohne Gewalttätigkeiten oder Blutvergießen.[1242] Meutereien mußten also nicht notwendigerweise mit Toten und Verwundeten an Bord verbunden sein. Selbst Schiffsübernahmen, wie die von Avery oder die des für seine Brutalität berüchtigten Lowther verliefen ohne Gewalttätigkeiten, ja fast friedlich.[1243] Bei vielen Meutereien scheint die Ermordung von Besatzungsmitgliedern die eigentliche Schwelle zur Piraterie dargestellt zu haben. So konnte zwar der Kapitän Gewalttätigkeiten verzeihen, Mord jedoch nicht. Dies war ein Kapitalverbrechen, auf das die Todesstrafe stand. In solchen Fällen waren die Kapitäne nach dem Seerecht verpflichtet, die betreffenden Seeleute der Justiz zu übergeben.[1244] War dagegen niemand zu Tode gekommen, konnten tätliche Auseinandersetzungen an Bord mit einer gütlichen Streitbeilegung beendet werden – schließlich kam es auch in dem von Hansen geschilderten Fall oder bei der Meuterei der »Bloody Forties« zu Handgreiflichkeiten.[1245] Zum Mord kam es bei Meutereien zumeist entweder im Affekt oder aus

1228 Johnson: History of the Pyrates, S. 28.
1229 Bialuschewski: Piratenleben, S. 40ff.
1230 Johnson: History of the Pyrates, S. 269f.
1231 Ebd., S. 273ff.
1232 Johnson: History of the Pyrates, S. 276–281, und Jennifer G. Marx, Das Goldene Zeitalter der Piraten, in: Piraten, Furcht und Schrecken auf den Weltmeeren, hrsg. von David Cordingly, Köln 1999, S. 109f.
1233 PRO - HCA 1/58, f. 107ff. und 109ff.
1234 PRO - HCA 1/58, f. 107ff.
1235 Ebd.
1236 Ebd.
1237 Ebd.
1238 Ebd.
1239 PRO - HCA 1/58, f. 107ff. und 109ff.
1240 Rediker, S. 292.
1241 Ebd., S. 231. Vgl. zu Lowthers Brutalitäten auch Johnson: History of the Pyrates, S. 276–281, und Marx, S. 109f.
1242 Vgl. z.B. die von *Barlow*, S. 90; *Hansen*, S. 20f; *Nagle*, S. 294ff.; *Petersen*, S. 48ff.; *Samuels*, S. 46ff. *Uring*, S. 260ff., oder *Wever*, S. 38f., geschilderten Vorfälle.
1243 Johnson: History of the Pyrates, S. 25ff., und S. 269–275.
1244 Earle, S. 179f. Vgl. auch Surland, S. 69f.; Abbott (1802), S. 124ff.; Steel, S. 23, und Nizze, S. 437ff.
1245 *Hansen*, S. 20ff.; *Samuels*, S. 268–291; *Uring*, S. 260ff., und *Wever*, S. 38f.

Rache an einzelnen Besatzungsmitgliedern, sofern er nicht, wie auf der DOVE, ein kaltblütig einkalkulierter Teil des Plans war.[1246] Hatte es bei einem Aufstand an Bord Tote gegeben, konnten die Meuterer bei einer Gerichtsverhandlung kaum auf milderne Umstände rechnen, weshalb die Entscheidung, sich der Piraterie zuzuwenden, geradezu die logische Konsequenz einer solchen Tat war, denn den Meuterern blieb kaum eine andere Möglichkeit, um ihren Lebensunterhalt zu bestreiten. Außerdem hatten sie ohnehin nicht mehr viel zu verlieren – man kann schließlich nur einmal gehängt werden.

Insgesamt war eine Schiffsübernahme durch die Besatzung keinesfalls der letzte Ausweg für geschundene Seeleute, sondern ein Akt der Piraterie, der nicht auf die Abstellung irgendwelcher Mißstände abzielte und als Verbrechen aus niederen Beweggründen eine erhebliche kriminelle Energie voraussetzte. Nicht der Widerstand gegen vermeintliches oder tatsächlich erlittenes Unrecht war die Ursache für Meutereien, sondern Habgier, gepaart mit absoluter Skrupellosigkeit in der Wahl der Mittel. So machen die geschilderten Ereignisse, vor allem aber die Beispiele des Verschwörers Nicholas Williams von der DOVE, des Meuterers John Wynne von der POLLY sowie der Seeräuber Henry Avery und George Lowther deutlich, daß es in der Seefahrt ebenso wie in der Gesellschaft an Land, neben ungezählten ehrlichen Seeleuten auch solche mit ausgeprägten kriminellen Neigungen gab, die sich, von der Aussicht auf üppige Beute und schnellen Reichtum verlockt, der Piraterie zuwandten.

Die Annahme, daß Habgier das ausschlaggebende Motiv für Piraterie gewesen ist, wird ebenfalls durch den Umstand erhärtet, daß im Gegensatz zu den erwähnten Protestaktionen niemals die gesamte Besatzung an einer gewaltsamen Schiffsübernahme teilgenommen hat. So ließ sich beispielsweise John Oxnam, der Bootsmann der ANTELOPE, lieber zusammen mit dem Kapitän und dem Schiffsarzt aussetzen, als sich an der Schiffsübernahme zu beteiligen, obwohl er während des ersten Aufruhrs an Bord als Mannschaftssprecher fungiert hatte.[1247] Auch die von Avery angezettelte Schiffsübernahme und die Fälle der DOVE und der POLLY belegen, daß es immer Besatzungsmitglieder an Bord gab, die nicht in die Verschwörung verwickelt waren. Dabei handelte es sich in der Regel wohl um die Offiziere und Unteroffiziere der Schiffe, die bereits etwas älter als die übrigen Matrosen waren und daher besser abschätzen konnten, was letztlich das Ende eines Piraten war, und die zudem aufgrund ihrer Stellung mehr zu verlieren hatten als die jungen, ungebundenen Seeleute, denen Träume von schnellem Reichtum durch die Köpfe spukten.

Wie die dargestellten Fälle belegen, scheint die Wahrscheinlichkeit einer gewaltsamen Kommandoübernahme auf Schiffen, die nach Afrika oder Westindien fuhren, wesentlich höher gewesen zu sein als auf Schiffen, die in europäischen Gewässern fuhren.[1248] Dies hängt einerseits sicherlich mit der größeren Entfernung zum Heimathafen zusammen, wo eine Beschwerde bei den zuständigen Stellen möglich gewesen wäre. Doch gegen Ende des 17., Anfang des 18. Jahrhunderts, im »Goldenen Zeitalter der Piraterie«, war vermutlich auch die Verlockung durch Nähe zu den Schiffahrtswegen, auf denen die wertvollen Ladungen aus Ost- und Westindien transportiert wurden und zum Greifen nahe schienen, ein potentielles Motiv für den Ausbruch von Meutereien. Die Aussicht auf schnellen Reichtum konnte offenbar die Phantasie der Matrosen derart anheizen, daß sie den Einflüsterungen gewissenloser Anstifter leichter verfielen und das Schiff mit dem Ziel der Piraterie an sich brachten.

So bestand zumindest im 17. und frühen 18. Jahrhundert ein unübersehbarer Zusammenhang zwischen Meutereien in Gestalt einer gewaltsamen Schiffsübernahme und Piraterie. Allerdings scheint die Seeräuberei nach ihrer Ausmerzung durch die englische Obrigkeit in den ersten Jahrzehnten des 18. Jahrhunderts erheblich an Attraktivität verloren zu haben.[1249] Jedenfalls wird die Zahl der Fälle, in denen die Meuterer zu Piraten wurden, im späteren 18. und vor allem im 19. Jahrhundert deutlich geringer.

Allerdings galt, wie erwähnt, bereits eine versuchte oder tatsächliche Schiffsübernahme durch die Besatzung als Seeräuberei.[1250] Daher wurden noch im Jahr 1826 in einem vor dem High Court of Admiralty verhandelten Fall einer versuchten Meuterei auf dem englischen Handelsschiff ALERT die Handlungen der Besatzung explizit als piratischer Akt bezeichnet. Sie wurde jedoch freigesprochen: *... then and there piratically and Feloniously did betray their Trust as such mariners as last as aforesaid and turn pirates and did piratically and* *feloniusly endeavour to make a revolt in the said ship called the Alert the said James Cuthbertson the Master thereof then and there being in and on board the same Ship against the form of the Statute in such case made and provided and against the peace of our said Lord the King his Crown and Dignity.*[1251]

Auch bei Meutereien lag es also in vielen Fällen im Ermessen des Kapitäns, nach schwerwiegenden disziplinarischen Verfehlungen seinen Seeleuten zu verzeihen und die Sache damit auf sich beruhen zu lassen. Dabei gab es natürlich keine Garantie, daß sich die Kapitäne auch wirklich an ihr Versprechen hielten. Doch wie schon bei Samuels anklingt, scheint ein Kapitän, der das Versprechen der Vergebung brach, seinen Ruf nachhaltig geschädigt zu haben, so daß es ihm nun unter Umständen schwerfallen konnte, Seeleute zu finden. Andererseits konnte sich, wie zahlreiche Beispiele andeuten, ein Kapitän, der sich gegenüber seiner aufrührerischen Besatzung durchgesetzt und dieser dann großzügig verziehen hatte, einer gewissen Loyalität der Seeleute sicher sein.

3.4 Noch einmal: Der Kapitän – Master next God?

Den Kapitänen oblag die betriebswirtschaftliche Verantwortung für die Seereise. Ebenso wurden sie oft nach Ermessen ihrer Reeder auch mit weitergehenden kaufmännischen Aufgaben betraut. Demnach kann die ökonomische Funktion der Kapitäne an Bord durchaus mit der moderner Manager verglichen werden.[1252] Der Umfang der auf die Kapitäne übertragenen ökonomischen Aufgaben konnte entsprechend dem Vertrauen, das die Reeder in den kaufmännischen Sachverstand ihrer Kapitäne setzten, erheblich variieren und reichte vom Setzschiffer, der lediglich eine Transporttätigkeit ohne jegliche ökonomische Entscheidungsgewalt zu erledigen hatte, bis hin zum Kapitän, der auf einem eigenen Schiff Handels- oder Frachtfahrt auf eigene Rechnung betrieb. Letzterer war allerdings im 18. Jahrhunderts meist nur noch in der Küstenfahrt anzutreffen.[1253]

Im Verhältnis zwischen Kapitän und Reeder war gegenseitiges Vertrauen eine wichtige Voraussetzung. Da die Handlungen der Kapitäne während der Reise weit-

Ein Seemann am Bratspill, auf dem der Anker aufgewunden wird. Stich von F. Lindner, 19. Jh.

gehend der Kontrolle durch die Reeder entzogen waren, mußten sich diese voll und ganz auf die Ehrlichkeit und Integrität ihrer Schiffsführer verlassen können.[1254] Die Karrieren von bewährten Setzschiffern waren daher oft von einer erstaunlichen Stetigkeit. Viele Reeder waren bemüht, fähige und vertrauenswürdige Kapitäne möglichst lange in ihren Diensten zu halten. Diese blieben daher vielfach ihre gesamte Fahrtzeit hindurch bei einer einzigen Reederei und stiegen manchmal auch vom Küstenschiffer zum Kapitän eines Handelsschiffs in der europäischen oder gar internationalen Handelsfahrt auf.[1255]

Im 19. Jahrhundert veränderten sich jedoch Umfang

1246 Earle, S. 179f. Vgl. auch PRO - HCA 1/57, f. 1ff. bis f. 10ff.
1247 PRO - HCA 1/58, f. 7.
1248 Rediker, S. 227f., und 308f.
1249 Marx, S. 121–125, und Bialuschewski: Piratenleben, S. 163ff.
1250 Vgl. z.B. Molloy, S. 50ff., und Surland, 4. Titel: Von den Seeräubern, §§ 633–639.
1251 PRO - HCA 1/94, f. 28.
1252 Engelbrecht, S. 5ff.; Abbott (1802), S. 82ff.; Jacobsen: Seerecht, S. 115ff.; Steel, S. 13ff., und Manual of Maritime Law, S. 28. Vgl. auch Landwehr: Lübisches Seerecht, S. 153, und Feldbæk: Storhandelens tid, S. 158.
1253 Henningsen, S. 131f., und Broeze: Rederij, S. 129.
1254 Sammlung der Hamburgischen Gesetze, S. 78f.; Engelbrecht, S. 5ff.; Abbott (1802), S. 82ff.; Abbott (1856), S. 127f.; Jacobsen: Seerecht, S. 115ff.; Gemeinfaßliche Darstellung des Europäischen Seerechts, S. 17; Steel, S. 13ff., und Manual of Maritime Law, S. 28ff.
1255 Ville: Shipowning, S. 76; Bohn, S. 219f., und Henningsen, S. 131ff.

und Ausgestaltung der ökonomischen Aufgaben des Kapitäns durch die Verstärkung der staatlichen Kontrolle und des obrigkeitlichen Einflusses in der Seefahrt sowie durch technische Innovationen erheblich.[1256] In Folge der verbesserten Nachrichtenverbindungen durch die Einführung der Telegraphie seit der Mitte des 19. Jahrhunderts wurde die Kommunikation zwischen den Kapitänen und ihren Reedern erheblich erleichtert, so daß die Kapitäne jetzt unterwegs um Instruktionen bitten und die Reeder kurzfristig Anweisungen aus dem heimatlichen Kontor übermitteln konnten.[1257]

Unabhängig von seinen ökonomischen Tätigkeiten war die Hauptaufgabe des Kapitäns jedoch die Führung des Schiffs. Das Leben an Bord war in der gesamten europäischen Seefahrt außer durch die Normen des Seerechts vor allem durch einen allgemeingültigen informellen Verhaltenskodex geregelt, der im wesentlichen auf dem Prinzip der Gegenseitigkeit beruhte. So gab es ein enges, wechselseitiges Verhältnis zwischen Kapitän und Besatzung, durch das die Seeleute zum Gehorsam und zum Schiffsdienst verpflichtet waren, aber zugleich vom Kapitän eine angemessene und respektvolle Behandlung erwarten durften. Auf seiten des Kapitäns stand daher dessen Herrschaftsbefugnissen seine Fürsorgepflicht gegenüber. Dieser Gedanke findet sich auch in den betreffenden Artikeln des europäischen Seerechts wieder.[1258] Der Kapitän besaß jedoch im europäischen Seerecht eindeutig eine rechtlich herausgehobene Stellung, wobei allerdings weder seine Kommando- noch seine Strafgewalt unumschränkt waren. Seine weitgehenden Disziplinarbefugnisse galten nur auf See und beschränkten sich allein auf die Angelegenheiten, die in direktem Zusammenhang mit dem Schiffsbetrieb standen.[1259]

Ungeachtet der notwendigen nautischen und seemännischen Qualifikation, die ein Kapitän besitzen mußte, bestimmte vor allem sein Verhalten gegenüber der Besatzung deren positive oder negative Beurteilung ihres Kapitäns. Interessant ist dabei, daß die Härte der Behandlung, solange sie mit Fairness verbunden war, allein noch nicht für die Charakterisierung eines schlechten Kapitäns ausreichte. Aufgrund der aus dieser sozialen Beziehung erwachsenden hierarchischen Distanz stand der Kapitän zudem in einem isolierten Verhältnis zu seiner Besatzung, das von ihr sogar erwartet wurde. Ein Kapitän konnte daher diese hierarchische Grenze kaum überschreiten, ohne einen Autoritätsverlust zu riskieren. So gab es in der Regel keine Probleme. Es galt, wie es Dening ausdrückt: *Any captain could have known what Admiral Collingwood knew: that he would be the cause of his own mutiny. Any captain could have known how much he was the cause of the pain of those he flogged, how much he was the hangman of those that mutinied.*[1260]

Aber wie Rediker davon auszugehen, daß der Kapitän in aller Regel wie ein Despot an Bord geherrscht habe, dürfte dennoch zu weit gehen.[1261] Allerdings berichtet auch Barlow in seinen Memoiren vorwiegend negativ über das angeblich dichotome Verhältnis von Kapitän und Besatzung: *I saw by daily experience that and if I went to sea when I should be grown in years, that then I should be little better than a slave, being always in need, and enduring all manners of misery and hardship, going with many a hungry belly and wet back, and being always called ›old dog‹, and ›old rogue‹, and ›son of a whore‹, and suchlike terms, which is a common use amongst seamen.*[1262] Diese negative Betrachtung des Verhältnisses zwischen Seeleuten und Kapitänen findet sich auch an anderen Stellen seiner Memoiren, beispielsweise als er sich über die Umstände der Seefahrt im allgemeinen und die Behandlung der Seeleute im besonderen ausläßt: ... *what great extremities poor seamen must endure, many times meeting with cross winds and long passages, enduring all manners of wants and necessaries, I always thinking it was one of the hardest and dangerousest callings I could have entered upon, wishing many times I had never meddled with it; all the men in the ship except the master being little better than slaves, being under command, and unless they had it of their own, must endure much hardship ...*[1263] Bei der Bewertung dieser Aussagen darf jedoch nicht vergessen werden, daß Barlow trotz all seiner Anstrengungen nie eine dauerhafte Beförderung zum Kapitän erreichte. Daß er diese Hürde nicht meistern konnte, hat zu einer gewissen Verbitterung geführt, die nicht allein in diesen Bemerkungen durchklingt, sondern geradezu den Grundton seiner gesamten Autobiographie darstellt.[1264]

Zugleich ist die These, daß eine hierarchische Sozialordnung und die daraus resultierende herausgehobene Stellung des Kapitäns erst eine Kreation der rechtlichen Neuordnung des 19. Jahrhundert darstellt[1265], angesichts der Erkenntnisse über die Entwicklung des Seerechts und die informellen Verhaltensregeln in der Lebenswelt der Seefahrt nicht aufrechtzuerhalten. Vielmehr wurden durch diese Verrechtlichung im 19. Jahrhundert die traditionellen Normen der Seefahrt lediglich juristisch definiert und in positives Recht umgewandelt.[1266]

Allerdings war das Ideal einer gegenseitigen Verpflichtung von Kapitän und Mannschaft auf See kaum anzutreffen, so daß es oft genug zu Problemen und Konflikten an Bord kam, sei es durch ungehorsame Seeleute oder tyrannische Kapitäne, die ihre Besatzungen schikanierten und schlecht behandelten. Die meisten Verstöße gegen die Ordnung und Disziplin an Bord geschahen auf relativ niedrigen Eskalationsstufen und stellten zudem in den meisten Fällen den Versuch dar, akute Mißstände an Bord zu beseitigen. Ob es nun allein die Furcht vor Strafe war oder ob einfach nur die stereotypen Schilderungen der Seeleute als ein undisziplinierter und durch das harte Leben an Bord brutalisierter Menschenschlag gewaltig übertrieben waren, es läßt sich wohl kein überzeugender Beleg finden, daß Seeleute wirklich krimineller und gewalttätiger waren als ihre Zeitgenossen an Land.[1267]

Besonders unterschiedliche Ansichten über die genauen Vertragsbedingungen sorgten oftmals für Streit zwischen den Seeleuten und den Kapitänen.[1268] In diesem Fall waren Streitereien und Unruhen der Seeleute in erster Linie ökonomisch bedingt. In den meisten Fällen ging es um Fragen der Heuerhöhe oder der Arbeitsbedingungen. Ob sich allerdings daraus ein »Klassenbewußtsein« oder ein »kollektiver Geist« der Seeleute ableiten läßt, bleibt fraglich, da sich diese Streitereien zumindest in England auch auf Konflikte mit Seeleuten anderer Häfen erstreckten.[1269]

Während des gesamten Zeitraums zwischen der zweiten Hälfte des 17. und der Mitte des 19. Jahrhunderts gibt es weder in den Ausprägungen und Motiven für die Widersetzlichkeit noch in der Bewertung durch Kapitäne, Reeder und Gerichte sichtbare Veränderungen. Sowohl die Fälle, wie auch deren Einschätzung ähneln sich über den gesamten Zeitraum geradezu frappierend, so daß man durchaus von einer Kontinuität der disziplinarischen Bedingungen der Seefahrt und des damit verbundenen Verhaltenskodex sprechen kann. Die Ursachen für Konflikte an Bord waren vielfältig: Sowohl Seeleute wie auch Kapitän und Offiziere konnten die Ursache für die Gefährdung der Disziplin an Bord sein. Dabei waren die Meutereien oftmals nicht viel mehr als spontane Reaktionen auf akute Mißstände, die entweder durch energisches Eingreifen oder durch Nachgeben der Schiffsführung beigelegt wurden und dann ebenso schnell auch wieder vergessen waren.[1270] So gab es einerseits spontane Arbeitsverweigerungen aufgrund der Unzufriedenheit der Besatzung mit den Lebensbedingungen oder der Behandlung an Bord, wie z.B. Petersen, Wever oder Hansen erzählen, die friedlich wieder beigelegt wurden. Oft handelte es sich dabei um gerechtfertigte Beschwerden aufgrund realer Mißstände an Bord.[1271] Dennoch stellten manche Seeleute auch unabhängig von berechtigten Beschwerden, sei es nüchtern oder unter dem Einfluß von Alkohol, durch ihr provokatives Verhalten die Geduld und Nachsicht des Kapitäns auf die Probe[1272], bisweilen sogar bewußt, nur um zu sehen, wie weit sie gehen konnten.[1273] Ebenso stellten Konflikte innerhalb der Schiffsführung einen wichtigen Grund für eine nachhaltige Störung der Ordnung an Bord dar. Zerstritt sich der Kapitän mit seinen Offizieren, konnte dies durch eine mögliche Parteienbildung an Bord schwerwiegende Auswirkungen auf das gesamte Schiff haben. Auch konnten Panikreaktionen in Notfällen, in denen es den Kapitänen oftmals nur mit größter Mühe gelang, die Ordnung wieder herzustellen, die Auflösung der Disziplin zur Folge ha-

1256 Schulz, S. 193, Morisset, S. 120, und Kresse: Hamburger Seemannsrecht.
1257 Weber: Verkürzung von Zeit und Raum, S. 214ff., sowie Schulze: Staat und Nation, S. 24f.
1258 Vgl. z. B. Abbott (1802), S. 13; Brarens, S. 77ff., und Engelbrecht, S. 5f.
1259 Von Sahme, S. 25; Brarens, S. 10f., und Steel, S. 23.
1260 Dening, S. 156.
1261 Rediker, S. 84.
1262 *Barlow,* S. 162f.
1263 *Barlow,* S. 339.
1264 Zur Karriere *Barlows* vgl. seine Kurzbiographie im Anhang.
1265 Vgl. dazu Welke: Obrigkeit auf dem Achterdeck, S. 74f., und Gerstenberger und Welke: Vom Wind zum Dampf, S. 274.
1266 Vgl. u.a. Schulz, S. 193; Morisset, S. 120, und Kresse: Hamburger Seemannsrecht, S. 110f.
1267 Vgl. auch Earle, S. 181f.
1268 Ville: Shipowning, S. 97.
1269 Ville: Shipowning, S. 98f. Zum vermeintlichen »Klassenbewußtsein« der Seeleute vgl. Rediker, S. 288f.
1270 Earle, S. 178.
1271 So z.B. bei *Petersen,* S. 25f., Wever, S. 38f., und *Hansen,* S. 20f.
1272 Siehe *Sandmann,* S. 18f., oder *Little,* S. 258.
1273 So z.B. bei *Jackman,* S. 44ff., oder im Fall Hansen, AHL, ASA Interna / Seesachen 44/1.

ben.[1274] Allerdings widersetzten sich in vielen Fällen die Seeleute auch ohne besonderen Anlaß der Autorität ihres Kapitäns, wie z.B. die Besatzungen von Samuels und Nettelbeck, oder sie entschlossen sich gar, wie im Fall der POLLY, das Schiff aus Habgier in ihre Gewalt zu bringen – manche Seeleute, wie Nicholas Williams von der DOVE, musterten schon mit dieser Absicht an.[1275]

Insgesamt kann man die vielfältigen Formen der Insubordination und Meuterei an Bord kaum auf einen gemeinsamen Nenner bringen. Monokausale Erklärungsansätze für die Ursachen von Meutereien, die die Schuld einseitig bei den Offizieren vermuten oder Meutereien gar als Ausprägung eines »Klassenkonfliktes« zwischen Kapitän und Besatzung und damit als die Organisation einer Gegengewalt von unten auffassen, wie im Fall Rediker[1276], greifen eindeutig zu kurz. Meuterei war keinesfalls immer der gerechtfertigte Protest unterdrückter Seeleute gegen die kaltherzigen Ausbeuter auf dem Achterdeck. Diese Annahme wird durch den Umstand erhärtet, daß, im Gegensatz zu den erwähnten Protestaktionen, niemals die gesamte Besatzung an einer gewaltsamen Schiffsübernahme teilgenommen hat. Daher ist hier der Feststellung von Davis zuzustimmen, daß Insubordination und Meutereien vielfältige, rechtmäßige wie unrechtmäßige Gründe hatten: *But there are, again, endless cases of crews, either as a whole or in groups, refusing duty for good, but often for bad reasons.*[1277]

Ähnlich unterschiedlich wie Anlaß und Ausprägung der Insubordination war auch die Art der Konfliktbeendigung. Charakteristisch für die Beilegung von Meutereien auf den niedrigeren Eskalationsstufen war das Ritual der Verzeihung, die von der Mannschaft bei gleichzeitigem Eingestehen ihres Fehlverhaltens erbeten und vom Kapitän großzügig gewährt wurde. Dabei hat es allerdings den Anschein, daß diese Form der Streitbeilegung zum einen aus der Not eine Tugend machte, da es gerade auf hoher See kaum eine Alternative zum großzügigen Vergessen einer solchen Angelegenheit gab, insbesondere wenn ein größerer Teil der Mannschaft an der Auseinandersetzung beteiligt gewesen war. Dabei wurde aber die Vergebung nur unter der Bedingung gewährt, daß das Verhalten der Seeleute während des weiteren Verlaufs der Reise tadellos und friedlich war.

Ein besonders gutes Beispiel bietet die Schilderung Urings.[1278] Auch in diesem Fall war der größte Teil der Besatzung in das Komplott verstrickt, doch nach der Aufdeckung der Verschwörung differenzierte der Kapitän deutlich zwischen den vermeintlichen Rädelsführern und den Seeleuten, die er dennoch für vertrauenswürdig hielt. Während er erstere in Eisen legen ließ, gewährte er den übrigen entsprechend dem bekannten Ritual nach einer Entschuldigung Vergebung unter der Bedingung der zukünftigen guten Führung. Ähnliches gilt für Samuels. Nachdem er die Meuterei der »Bloody Forties« mit Waffengewalt niederschlagen hatte, akzeptierten die Seeleute seine Autorität und baten um Verzeihung. Bis zum Ende der Reise hatte Samuels keine Probleme mehr mit den Seeleuten und erklärte nach seiner Ankunft in New York sogar, daß er die Seeleute jederzeit wieder anheuern würde.[1279]

Der Grund für diese Entscheidung liegt nahe: Da der Kapitän die für die Bedienung des Schiffs notwendige Besatzung auf See oder während der Reise weder vor Gericht stellen noch in größerer Zahl einsperren oder entlassen konnte, blieb nur die Möglichkeit, die Seeleute körperlich zu bestrafen oder die Sache so schnell wie möglich zu vergessen. Dabei barg die Bestrafung jedoch immer die Möglichkeit, daß die gerade wiederhergestellte Ordnung an Bord erneut zusammenbrach und die gerade entschärfte Situation wiederum zu einer offenen Auseinandersetzung führte, die möglicherweise auf eine höhere Konfliktstufe eskalierte. Ebenso konnte das gebrochene Versprechen der Vergebung zweifellos den Ruf eines Kapitäns schädigen, von dem, wie gezeigt, besonders beim Anheuern einer Besatzung viel abhing, so daß es ihm schwerfiel, Seeleute zu finden. Auch dieser Umstand mag dazu beigetragen haben, daß sich die Kapitäne an die Absprachen hielten. Daher liegt der Schluß nahe, daß die Kapitäne, wenn es angeraten schien, lieber eine Meuterei vergaßen, als eine erneute und möglicherweise schärfere Auseinandersetzung mit der Besatzung zu riskieren.

Jedoch war neben den jeweiligen Umständen auch der Charakter des Kapitäns für die Frage entscheidend, bis zu welchem Eskalationsgrad er bereit war, eine solche Angelegenheit einfach zu vergessen. Während Nettelbeck sich beispielsweise entschied, seine Seeleute nach niedergeschlagener Meuterei anzuzeigen und vor Gericht zu stellen, verzichtete Kapitän Samuels trotz der tätlichen Auseinandersetzungen mit seiner Mannschaft auf weitere Maßnahmen und beschränkte sich allein auf einige Mahnworte.[1280]

Letztlich war die Vergebung offenkundig ein traditionelles und allgemein anerkanntes Mittel der Streitbeilegung, bei dem neben praktischen Erwägungen wohl auch die Vorstellung eines zur Wiederherstellung der gestörten Ordnung notwendigen öffentlichen Schuldeingeständnisses der Frevler eine Rolle spielte.[1281] Denn bevor die Kapitäne den Streit für vergessen erklärten, hatten die Seeleute in diesem Ritual ihr Fehlverhalten zu bereuen und Besserung zu geloben. Dabei hatte der Kapitän letztlich die stärkere Position, da diese inoffizielle Schlichtung seitens des Kapitäns ein Versprechen war, das ihn nicht rechtlich band. Dennoch wird aus den geschilderten Fällen deutlich, daß die traditionellen Verhaltensnormen auch hier eine erhebliche Durchsetzungskraft besaßen.

Daher erscheint der Gang vor Gericht als letztes Mittel zur Streitbeilegung, zu dem Kapitäne vorwiegend dann griffen, wenn entweder die Streitigkeiten im Hafen oder in der Nähe einer geeigneten Obrigkeit stattfanden und auch nach Vermittlungsversuchen nicht beigelegt werden konnten, oder wenn das Verhalten der Besatzung während der Reise eine Vergebung unmöglich gemacht hatte und eine weitergehende Ahndung erforderte. Ebenso besaßen aber auch die Seeleute das Recht und die Möglichkeit, nach ihrer Rückkehr mit einer gewissen Aussicht auf Erfolg gerichtlich gegen ihre Kapitäne und Offiziere vorzugehen. Bei den Gerichtsverfahren, insbesondere bei Verstößen gegen die Ordnung an Bord, war es das Ziel der Untersuchung, den tatsächlichen Hergang des begangenen Verbrechens aufzuklären und die Missetäter ihrer Schuld zu überführen.[1282]

Da jedoch nach der damaligen Prozeßordnung Zeugenaussagen und Indizienbeweise allein für eine Verurteilung und Bestrafung nicht ausreichten, versuchte man, die Angeklagten durch intensive Verhöre zu einem Geständnis zu bewegen, wie die angeführten Gerichtsfälle aus Lübeck, Bremen und Großbritannien deutlich zeigen. Diese machen ebenfalls deutlich, daß in ganz Nordeuropa bei den Kriminalprozessen die Frage nach dem Motiv und den Intentionen das entscheidende Kriterium bei der Bewertung von Schuld und Unschuld der Angeklagten war, die Gerichte mithin um eine Aufklärung des Sachverhalts und um ein gerechtes Urteil bemüht waren.[1283] So wurde, wie bereits erwähnt, im Jahr 1826 ein Fall versuchter Meuterei vor dem High Court of Admiralty verhandelt, die explizit als piratischer Akt bezeichnet wurde.[1284] Im Gegensatz zu den anderen Meutereien ist in diesem Fall der Urteilsspruch erhalten, der die Angeklagten laut Votum der Jury in allen Punkten freisprach. Dieses Bemühen um Sachlichkeit bei der Klärung von Streitfragen findet sich auch bei Zivilprozessen, etwa bei Prozessen um Schadenersatz.[1285]

Zugleich veränderte sich seit dem 18. Jahrhundert durch den zunehmenden Einfluß naturrechtlicher Vorstellungen und die Rationalisierung der Rechtsvorstellungen allmählich auch der Sinn und Zweck der Strafe. Bei den durch die Gerichte verhängten Sanktionen stand nun nicht mehr allein die Vergeltung für ein begangenes Unrecht, sondern vielmehr die Verhinderung von weiteren Straftaten durch Unschädlichmachung des Verbrechers und Abschreckung im Mittelpunkt. Dabei diente diese Versachlichung der Strafverfolgung, aber auch der Stärkung der obrigkeitlichen Kontrolle und Disziplinierung der Untertanen.[1286]

1274 So z.B. die von Dana in Two years, S. 196, oder von *Cremer,* S. 233, beschriebenen Konflikte an Bord oder die von *Eide,* S. 125, oder *Uring,* S. 346f., geschilderten Notfälle.

1275 *Samuels,* S. 267–291; *Nettelbeck,* S. 316–322, und AHL, ASA Interna / Seesachen 39/1 (Kelhusen) sowie PRO - HCA 1/58, f. 107ff. und 109ff. (POLLY) und PRO - HCA 1/57, f. 1ff. bis f. 10ff. (DOVE). Vgl. auch Earle, S. 179–182.

1276 Rediker, S. 233.

1277 Davis, S. 155.

1278 *Uring,* S. 260ff.

1279 *Samuels,* S. 267–291.

1280 Ebd., S. 290f.

1281 Zur Bedeutung des Geständnisses in der Gerichtspraxis der Frühen Neuzeit vgl. van Dülmen: Theater des Schreckens, S. 11 und 36f. Schild: Recht, S. 539f., und ders.: Gerichtsbarkeit, S. 158.

1282 Hattenhauer, S. 621ff.; Byrn, S. 168, und van Dülmen: Theater des Schreckens, S. 36f.

1283 Hattenhauer, S. 621ff.; Byrn, S. 168; Schild: Gerichtsbarkeit, S. 103, und van Dülmen: Theater des Schreckens, S. 36f. Vgl. z.B. den Fall Mackeprang/Sietam aus Lübeck, AHL, ASA Interna / Seesachen 26/6 und 26/7; den Fall Conrad Jacobsen in Bremen, STAB 2 R. 11.1.8. (Desertion und Meuterei Bd. 1, 1771–1860.) oder die Untersuchung wegen des Todes des Matrosen Kenneth Hossack, PRO - HCA 1/58.

1284 PRO - HCA 1/94, f. 28. Vgl. zur Piraterie Molloy, S. 50ff., und Surland, 4. Titel: Von den Seeräubern, §§ 633–639.

1285 Zu den Zivilprozessen im Bereich des lübischen Seerechts vgl. Ebel, S. 102. Vgl. z.B. die Klage wegen Schadenersatz gegen die Besatzung Kapitän Jaspers in Bremen, STAB 2 - R. 11. b. 7. (Schiffergilde, auch Seegericht 7. Protokolle des Seegerichts).

1286 Foucault, S. 93–170, Härter: Strafverfahren, S. 478ff., und Wesel, S. 388ff.

Infolge der rationaleren Betrachtung des Strafrechts versuchten die Gerichte zugleich, nach dem Prinzip der Verhältnismäßigkeit von Schuld und Strafe die Härte der frühneuzeitlichen Gesetze zu lindern und, wenn möglich, leichtere Strafen als gesetzlich angedroht zu verhängen. Durch die zunehmende Verbreitung der Gefängnisstrafe verfügten die Richter, die zuvor bei der Ahndung von Verbrechen meist nur die Wahl zwischen verschiedenen Formen der Körper- und Todesstrafe hatten, jetzt über eine Möglichkeit, bei leichteren Vergehen eine der Tat und deren Umständen entsprechende, angemessene Freiheitsstrafe zu verhängen, um den Täter zu bestrafen und zu bessern und so weitere Vergehen zu verhindern.[1287] Obwohl die Gerichte bei Desertion und Insubordination neben Gefängnis- auch Körperstrafen und in schweren Fällen von Meuterei auch die Todesstrafe verhängten, wurde bei der gerichtlichen Ahndung auch schwerer Vergehen regelmäßig die Gnade oder die gnadenweise Strafmilderung gewährt, um den Schrecken der sehr harten zeitgenössischen Strafgesetze zu mildern, aber auch, um die Milde und damit die Legitimation der Herrschaft zu unterstreichen.[1288] In England beispielsweise wurden in der Zeit von 1770 bis 1830 etwa 35000 Personen zum Tode verurteilt, aber nur ein Fünftel der Urteile, also 7000 Exekutionen, wirklich vollstreckt. Obwohl diese Hinrichtungsquote immer noch deutlich über der zu Beginn des 18. Jahrhunderts lag, wird angesichts der hohen Zahl von Begnadigungen deutlich, daß auch zu Zeiten des berüchtigten »Bloody Codes«, des englischen Strafgesetzes, das um die Mitte des 18. Jahrhunderts mehr als 150 Delikte unter die Todesstrafe stellte, Strafmilderungen regelmäßig gewährt wurden. Nach 1815 wurde auch das englische Strafgesetz allmählich humanisiert und die Gefängnisstrafe trat mehr und mehr an die Stelle der Todesstrafe.[1289]

Dabei diente in der englischen Marinerechtsprechung des 18. und beginnenden 19. Jahrhunderts, wie auch im übrigen britischen Justizwesen dieser Zeit, die Anwendung von Gnade explizit als Herrschaftsmittel.[1290] Ein ähnliches Vorgehen findet man auch bei kontinentaleuropäischen Gerichten. Auch hier wurde die Gnade oder die gnadenweise Strafmilderung oft und gern eingesetzt, wie die erhaltenen Akten in den Archiven belegen.[1291] Ebenso fanden die englischen und kontinentalen Gerichte auch vielfältige Wege, die Strenge der Strafgesetze zu mildern oder besonders drakonische Strafandrohungen zu umgehen, etwa durch die Veränderung der Einstufung eines Verbrechens zu einem mit einer geringeren Strafe bedrohten Vergehen oder durch die Verhängung eines verringerten Strafmaßes. Zugleich sollte aber auch die regelmäßige Gewährung von Gnade dafür sorgen, daß die abschreckende Wirkung der Strafen nicht durch eine zu häufige Anwendung gemindert wurde und damit der Sinn und Zweck der »terrorisierenden« Strafen erhalten blieb. Das Gnadenrecht lag dabei im allgemeinen allein beim König, bzw. beim Landesherrn.[1292]

1287 Foucault, S. 93–170; van Dülmen: Theater des Schreckens, S. 111–120; Schild: Gerichtsbarkeit, S. 208ff., und Wesel, S. 388.

1288 Foucault, S. 44 und 64ff.; McLynn, S. XII ff.; Byrn, S. 60f.; Earle, S. 174–182; Schild: Gerichtsbarkeit, S. 168; van Dülmen: Theater des Schreckens, S. 111–120; Bruijn: Meutereien, S. 260f., und Wesel, 386f. Vgl. auch die Verurteilung der Seeleute John Toy und George Stephenson zu Haftstrafen wegen tätlichen Angriffs auf den Kapitän Thomas Summer, PRO - HCA 1/57f., 67f., und die Verurteilung des Matrosen Friedrich August Franke wegen Desertion und Diebstahl zu einer Gefängnis- und Körperstrafe, STAB 2 - R. 11. 1. 8. (Desertion und Meuterei, Bd. 1, 1771–1860).

1289 Peter Wettmann-Jungblut: Von Robin Hood zu Jack the Ripper, Kriminalität und Strafrecht in England vom 14. bis 19. Jahrhundert, in: Kriminalitätsgeschichte – Beiträge zur Sozial- und Kulturgeschichte der Vormoderne, Konstanz 2000, S. 69–85, hier S. 74f. Vgl. auch McLynn, S. IX–XVI.

1290 Foucault, S. 44ff.; McLynn, S. XII ff.; van Dülmen: Theater des Schreckens, S. 44ff., und Byrn, S. 60f.

1291 Foucault, S. 44 und 64ff.; Schild: Gerichtsbarkeit, S. 168, und Wesel, 386f. Vgl. z.B. die Fälle Mackeprang/Sietam in Lübeck, AHL, ASA Interna / Seesachen 26/6 und 26/7 oder die zahlreichen Gnadenerweise in Bremen, STAB 2 - R. 11. 1. 8. (Desertion und Meuterei Bd. 1, 1771–1860.).

1292 Foucault, S. 44 und 64ff.; Schild: Gerichtsbarkeit, S. 168; McLynn, S. XII ff.; Byrn, S. 60f.; Bruijn: Meutereien, S. 260f., und Wesel, 386f.

4 Karriere an Bord

Eine Karriere in der Seefahrt begann in der Regel mit der ersten Fahrt als Schiffsjunge und führte über verschiedene Stufen allmählich in höhere Ränge. Seit dem Mittelalter erfolgten Aufstieg und Beförderung in der Seefahrt nach diesem generellen Prinzip der »unbroken line of promotion«.[1293] Dabei orientierte sich auch der soziale Status der einzelnen Besatzungsmitglieder im wesentlichen an ihrer seemännischen Qualifikation, wobei die höheren Ränge zugleich mit einem gesteigerten Sozialprestige an Bord verbunden waren.[1294] Keine dieser Beförderungen war, für sich genommen, besonders hoch oder schwer zu erreichen, insgesamt waren sie aber dennoch Ausdruck einer verbesserten Berufsqualifikation und bedeuteten jeweils einen Zuwachs an Verdienst, Verantwortung und Prestige. Ein direkterer Weg vom Schiffsjungen zum Kapitän war zwar möglich, aber sehr selten.[1295]

Dabei wich diese Form der Ausbildung und des langsamen Aufstiegs mit Ausnahme der Apprentices auf britischen Schiffen durchaus von dem üblichen traditionellen Muster der Handwerksausbildung ab. Während der Lehrling in der traditionellen Form der Ausbildung bei einem Meister lernte und seine Lehrzeit mit einer Prüfung abschloß, folgte die Ausbildung der Seeleute im allgemeinen einem Muster, bei dem die Ausbildung durch verschiedene, hierarchisch gegliederte Zwischenschritte unterteilt wurde. Damit nahm die nautische Berufsausbildung bereits zukünftige Formen der Ausbildung vorweg, die sich an Land erst durch die Pädagogik des 18. Jahrhunderts durchsetzten.[1296]

4.1 Vom Schiffsjungen zum Vollmatrosen

Die Seefahrt war ein Beruf für junge Männer. Daher erfolgte der Eintritt in das Seemannsleben zumeist bereits in sehr jungen Jahren. Der Grund dafür lag vor allem in den hohen körperlichen Anforderungen, die die Handhabung der Segelschiffe an die Besatzungen stellte.[1297] Dementsprechend beschrieb auch der Föhrer Geistliche Boysen 1793 die notwendigen körperlichen Voraussetzungen für einen angehenden Seemann: *Nicht leicht fängt einer später als im 13ten oder 14ten Jahre an, die See zu befahren, weil die dem Seefahrer so nothwendige Geschmeidigkeit und Gewandtheit des Körpers nicht leicht von demjenigen erlangt wird, welcher sich erst dann der See widmet, wenn er schon erwachsen ist.*[1298] Auch

1293 Aubert/Arner, S. 216ff.; Davis, S. 126f., und Boon, S. 174ff. Nach Deggim, Seemannsarbeit, S. 14, deutet auch die Bestimmung der älteren Seerechte darauf hin, daß ein Seemann bei Übernahme eines eigenen Kommandos ein Recht auf Entlassung hatte, so daß diese Form des beruflichen Aufstiegs seit dem Mittelalter in der Seefahrt wohl allgemein üblich war. Vgl. dazu auch Jacobsen: Seerecht, S. 188.

1294 Weibust, S. 259; Mollat du Jourdin, S. 197f., und van Dülmen, Kultur und Alltag, Bd. 2, S. 181ff.

1295 Davis, S. 126f., und Boon, S. 174ff., sowie Aubert/Arner, S. 216ff., und Lisch, S. 98.

1296 Foucault, S. 205ff. Zur traditionellen Ausbildung im Handwerk vgl. auch: Reinhold Reith: Arbeits- und Lebensweise im städtischen Handwerk, Zur Sozialgeschichte Augsburger Handwerksgesellen im 18. Jahrhundert (1700–1806), Göttinger Beiträge zur Wirtschafts- und Sozialgeschichte, Bd. 14, Göttingen 1988, S. 101–109.

1297 Zur Altersstruktur in der Seefahrt vgl. Earle, S. 18, Rediker, S. 156ff. und 299f., sowie Konrad Grunsky: Kapitäne, Steuerleute und Matrosen von der Insel Föhr – Eine Liste von 1798 als sozialgeschichtliche Quelle, Husum 1990, S. 30–35. Vgl. dazu auch Tabelle 3 und 4, S. 249.

der Föhrer Pastor Posselt bemerkte 1796, daß ... *auf Kauffahrteischiffen nur rasche und gewandte Matrosen ...* dienten.[1299] Die meisten Seeleute gingen in England wie auf dem Kontinent schon im Alter zwischen 10 und 15 Jahren auf ihre erste Reise.[1300]

Die Hauptrekrutierungsgebiete für angehende Seeleute waren die Hafenstädte und deren Hinterland sowie traditionell mit der Seefahrt verbundene Regionen. Für England wurde für das 18. Jahrhundert festgestellt, daß die große Mehrzahl der Seeleute, sofern sie nicht aus London stammten, in Regionen, die eng mit dem Meer und der Seefahrt verknüpft waren, geboren wurde.[1301] Ähnliches gilt auch für Hamburg sowohl im 18. als auch im 19. Jahrhundert: Auch hier kamen die Seeleute entweder aus der Stadt selbst oder aus den umliegenden Territorien, etwa aus der traditionellen Seefahrtsregion der nordfriesischen Inseln, aber auch aus dem restlichen Herzogtum Schleswig, aus Holstein und den Gebieten südlich der Elbe. Bis zur Mitte des 19. Jahrhunderts änderte sich daran wenig. Nur die Zahl der Hamburger Seeleute ging zugunsten von Matrosen aus Schleswig und Holstein prozentual zurück.[1302]

Familiäre Vorbilder gaben in vielen Fällen einen starken Anreiz, den Seemannsberuf zu ergreifen.[1303] Dies galt auch für England: Obwohl durch den Mangel an entsprechenden Quellen der direkte Beweis schwerfällt, liegt auch hier der Schluß nahe, daß die meisten aus Seefahrtsregionen stammenden Seeleute entsprechend dem Vorbild des Vaters den Seemannsberuf ergriffen.[1304]

Von den 43 Seeleuten, deren Memoiren ausgewertet wurden, stammten 23 aus Familien, in denen schon der Vater oder Großvater zur See gefahren war. Ebenso gaben für den Zeitraum von 1808 bis 1827 insgesamt 95 von den 163 aus der Stadt stammenden Schülern und 12 von 16 der nicht aus der Stadt stammenden Schüler der Lübecker Seefahrtsschule an, daß ihre Väter in der Seefahrt oder in einem damit eng verknüpften Beruf tätig waren, wie Tabelle 2 zeigt.

In den traditionellen Seefahrtsregionen scheint es zudem neben wirtschaftlichen Gründen auch einen gewissen sozialen Druck gegeben zu haben, der junge Männer bewog, den Seemannsberuf zu ergreifen, wie Sievers für die Insel Föhr festgestellt hat.[1305] Dies bestätigt auch der Föhrer Lorens Friedrich Jepsen, der

Tabelle 2 *Beruf des Vaters*

Memoiren		Navigationsschule Lübeck (1808-27)			
		aus Lübeck		von außerhalb	
Kapitän	9	Kapitän	55	Kapitän	6
Küstenschiffer	4	Seemann	26	Seemann	6
Seemann/Fischer	10	Maritimes Handwerk	14	–	
Privatier	1	Handwerk/Meister	13	–	
Angestellter	2	Handwerk/Gesell	20	–	
Handwerk/Gewerbe	5	Kaufmann	12	Kaufmann	2
Landwirtschaft	5	Bedienter	2	–	
Armer	1	Tagelöhner	19	Tagelöhner	1
Keine Angabe	5	Keine Angabe	2	Keine Angabe	1

über seine Erfahrungen während seiner ersten Reise als Schiffsjunge im Jahr 1817 berichtet: *Dein Vater ist strenge und erhält er dieses zu hören, dass der Doktor gesagt hat, dass du wegen Heimweh nach Hause gegangen bist, schreibt er vielleicht deiner Mutter, dass sie dich in Dienste stellet bei Paul Olufs. Und wenn du dann zum Winter im Halbdunkeln zu den anderen Gästen kommst, musst du hinter dem Ofen sitzen und kannst – und wahrlich darfst – nicht mitsprechen. Solltest du etwas sagen wollen, dann heisst es gleich, du bist ja nach Hause gegangen, du magst ja nicht fahren, hast ja Heimweh gefühlet, der Doktor hat es ja gesagt. Ich thäte es nicht, wenn ich an deiner Stelle wäre, denn nach abgelegter Reise vermagst du auch mitzusprechen in eurer Gesellschaft.*[1306]

Neben einem familiären und regionalen Hintergrund stellten auch die Heuern einen erheblichen Anreiz für die Ergreifung des Seemannsberufes dar, denn Seeleute verdienten in England wie auch im deutschsprachigen Raum im Durchschnitt mehr als vergleichbare Berufsgruppen an Land. So erhielten Vollmatrosen an Bord deutscher Handelsschiffe einen höheren Lohn als Handwerksgesellen, und Schiffsoffiziere wie Boots- oder Steuerleute standen auf einer Einkommensstufe mit Maurer- oder Zimmermannsmeistern. Selbst der vergleichsweise schlecht bezahlte Dienst in der englischen Marine des 18. Jahrhunderts brachte einem Vollmatrosen oder *able seaman* mit mehr als £ 14 Heuer pro Jahr das Vier- bis Fünffache des Jahreseinkommens eines Landarbeiters ein, mögliche Prämien und Prisengelder für aufgebrachte Schiffe nicht mit eingerechnet.[1307]

Da die Seeleute zudem durch freie Kost und Logis wesentlich geringere Lebenshaltungskosten hatten und sich dadurch ihr relatives Einkommen im Vergleich zu den an Land gezahlten Löhnen noch zusätzlich erhöhte[1308], war, wie Rodger richtig bemerkt, die Profession des Seemanns bei allen damit verbundenen Risiken für einen Angehörigen der unteren Schichten sicherlich durchaus eine ernstzunehmende Alternative bei seiner Berufswahl.[1309] Am Beispiel der Insel Föhr spricht der Kieler Volkskundler Sievers in diesem Zusammenhang von bedeutsamen ökonomischen Push- und Pull-Motiven. So machten laut Sievers die relativ gute Bezahlung und die Aufstiegschancen in der Seefahrt den Seemannsberuf für die jungen Föhrer sehr attraktiv, während die wenig ertragreiche Föhrer Landwirtschaft kaum berufliche Alternativen bot.[1310]

Auch für die Verlockung durch die Romantik der Seefahrt, den sprichwörtlichen »Drang zur See«, ein in der Literatur sehr häufiges Motiv für die Entscheidung, zur See zu gehen, finden sich gerade in den Memoiren zahlreiche Hinweise, wie z.B. bei Samuel Samuels: *At the age of eleven I took French leave from home. ... I had devoured the works of Cooper and Marryat, which had so stimulated my romantic imagination that I determined on a sea-life ...*[1311] oder auch bei James Silk Buckingham, der bemerkte ... *it kindled in me an irrepressible desire to become a sailor ...*[1312] Andere, so etwa George Little[1313], berichten von den faszinierenden Geschichten alter Seefahrer. Diesen Grund für die Wahl des Seemannsberufs erwähnt auch der Föhrer Geistliche Boysen 1793: *Schon in der frühen Jugend entsteht ihnen durch das Beispiel und die Erzählungen der Erwachsenen und die Großsprecherei der Knaben, welche schon ein Par Seereisen gethan haben, eine so große Lust dazu, daß sie nur mit Ungeduld die Zeit abwarten können, bis ihre Jahre und Größe es ihnen mögliche machen mitzukommen.*[1314]

Dabei ist jedoch zu überlegen, inwieweit es sich bei diesen Berichten lediglich um einen Topos handelt, der, von der einschlägigen Romanliteratur inspiriert, einer beliebten literarischen Konvention folgt oder einfach nur einer gewissen rückblickenden Verklärung entspringt. Allerdings gehen Sievers und Rodger davon aus, daß Abenteuerlust und die Verlockungen der Seefahrtsromantik durchaus einen gewissen Einfluß bei der Berufswahl junger Männer gehabt haben könnten. Ihrer Auffassung nach erscheinen solche Bemerkungen viel zu oft, als daß man sie als Motivation vollständig vernachlässigen könnte.[1315] Da ebenfalls mehr als die Hälfte der untersuchten Memoiren von dem expliziten Wunsch der Verfasser, zur See zu gehen, sprechen, ist es zumindest nicht völlig unwahrscheinlich, daß Seeleute tatsächlich durch schriftliche und/oder mündliche Berichte von Seeabenteuern bei der Wahl des Seemannsberufes beeinflußt worden sind, auch wenn sich dafür endgültige Beweise kaum finden lassen werden.[1316]

Nicht nur die Herkunft der Seeleute, auch die Methoden der Nachwuchsrekrutierung ähnelten sich in der europäischen Seefahrt sehr stark. Die signifikante Häufigkeit der Vererbung des Seemannsberufs innerhalb der Familie deutet bereits an, daß familiäre Beziehungen zur Seefahrt wie auch Kontakte zu einem Kapitän oder anderen Personen, die Verbindungen zur See besaßen, offenbar einen erheblichen Wettbewerbsvorteil gegenüber angehenden Seeleuten ohne

1298 Jacob Boysen: Beitrag zur Beschreibung der Insel Föhr, in: Schleswig-Holsteinische Provinzialberichte, Altona und Kiel 1793, 1 Buch, 3. Heft, S. 316.
1299 C.F. Posselt: Ueber den grönländischen Wallfischfang, in: Schleswig-Holsteinische Provinzialberichte, Kiel und Altona 1796, 1 Buch, 1. Heft, S. 4f. Dagegen gehörten nach Posselt im Gegensatz zur Handelsfahrt auf Walfangschiffen auch zahlreiche ältere Leute zur Besatzung.
1300 Rediker, S. 299, und Rodger, S. 114, sowie die Kurzbiographien im Anhang. Auch die Jungen in der Föhrer Walfangfahrt begannen ihre Seekarriere bereits im Alter von 10 bis 14 Jahren, vgl. dazu: Kai Detlev Sievers: Nordfriesische Kinderarbeit auf Walfangschiffen im 18. Jahrhundert, in: Konrad Köstlin u.a. (Hrsg.): Kinderkultur, 25. Deutscher Volkskundekongreß in Bremen vom 7. bis 25. Oktober 1985, Hefte des Focke-Museums Nr. 73, Bremen 1987, S. 97.
1301 Earle, S. 18f.
1302 Jürgen Brockstedt: Herkunft und Aufstiegsmöglichkeiten der Seefahrenden in Norddeutschland 1774–1845, Historische Statistik 7, in: Rundbrief des Arbeitskreises für Wirtschafts- und Sozialgeschichte Schleswig-Holsteins Nr. 9, 1980, S. 6., und Sievers: Kinderarbeit, S. 95ff.
1303 Ortwin Pelc: Herkunft und Ausbildung der Schüler der Lübecker Navigationsschule 1808–1827, in: Zeitschrift des Vereins für Lübeckische Geschichte und Altertumskunde, Bd. 62, Lübeck 1982, S. 205ff., und Brockstedt: Wirtschaftlicher Aufstieg, S. 129f.
1304 Earle, S. 19f., und Davis, S. 153.
1305 Sievers: Kinderarbeit, S. 96.
1306 *Jepsen*, S. 12.
1307 Earle, 31f.; Davis, S, 135ff.; Rodger, S. 125ff., und Brockstedt: Wirtschaftlicher Aufstieg, S. 142ff. Vgl. auch die Angaben u.a. bei *Kelly*, S. 186f.; *Bechervaise*, S. 72, und *Jepsen*, S. 55f.
1308 Earle, S. 33f., und Davis, S. 135ff., und Brockstedt: Wirtschaftlicher Aufstieg, S. 145.
1309 Rodger, S. 125f.
1310 Sievers: Kinderarbeit, S. 96f.
1311 *Samuels*, S. 1.
1312 *Buckingham*, S. 12.
1313 *Little*, S. 3.
1314 Boysen, S. 316.
1315 Sievers: Kinderarbeit, S. 96, und Rodger, S. 115 und 255. Vgl. auch Earle, S. 17.
1316 Vgl. die Kurzbiographien im Anhang und Earle, S. 17.

Ausrüstung zur ersten Seereise. Stich von F. L. Mayer, 19. Jh.

solche Verbindungen darstellen konnten. Die persönliche Fürsprache eines älteren Familienmitglieds oder eines Bekannten konnte einem angehenden Seemann den Berufseintritt erheblich erleichtern und zu einer ersten Heuer als Schiffsjunge verhelfen. Dementsprechend begannen viele Seeleute ihr Berufsleben an Bord von Schiffen, die vom Vater oder von Verwandten geführt wurden oder fuhren zusammen mit Verwandten auf dem gleichen Schiff oder fanden ihre erste Heuer über die Vermittlung von Freunden und Verwandten[1317], wie z.B. Robert William Eastwick: *When it was finally settled that I should go to sea, my godfather, Mr. English, who had some interest amongst people connected with shipping, exerted himself on my behalf, and presently obtained for me an introduction to the house of Messrs. Enderby and Sons, one of the best and opulent firms in the city of London, who owned several vessels trading in the southern whale fishery. By them I was accepted as an apprentice.*[1318] Wem solche Verbindungen fehlten, dem blieb nichts anderes übrig, als sich selbst um eine Heuer zu kümmern.[1319]

Mit einer neuen, fremden Lebensrealität konfrontiert, waren die ersten Erfahrungen an Bord nicht immer freundlich, wie Samuel Samuels ausführt: *When a poor little fellow craves a sea-life, he knows little of the hardships he will have to endure. He is kicked and cuffed by every one on board. ... Sailors have a strange idea that the rougher a boy is treated the better man he will make.*[1320] Von ähnlichen Erfahrungen schreibt auch Franz von Wahlde, der 1884 als 16jähriger Gymnasiast ausriß, um in Bremerhaven als Schiffsjunge anzuheuern.[1321] Beim Auslaufen wurde Wahlde unsanft aus seinen romantischen Träumen geweckt, als ihn ein Seemann anfuhr: *»Na war steihst du da, hest nix to dauhn, Wullt du rupp up de back willen den Klüverboom utsetten!« Da war ich aus meinen Träumen gerüttelt.*[1322] Manch ein junger Mann dürfte daher seine Entscheidung, zur See zu gehen, bitter bereut haben. So wünschte sich z.B. der unter Seekrankheit leidende Hans Bruhn auf seiner ersten Reise, auf den Rat seines Vaters gehört zu haben und an Land geblieben zu sein.[1323]

Anscheinend war die Ansicht, daß nur eine harte Ausbildung geeignet sei, aus Jungen gute Seeleute zu machen, weit verbreitet.[1324] In den Memoiren finden sich zahlreiche Hinweise auf eine allgemein rauhe Behandlung, Schikanen und sogar Mißhandlungen der Jungen an Bord. Doch nicht allein die Schikanen der älteren Seeleute, auch harte Kapitäne konnten den Jungen ihre ersten Schritte in ihren Beruf verleiden.[1325] So machte etwa Peter Hansen mit einem englischen Kapitän, bei dem er als Apprentice diente, die folgende Erfahrung: *Ich war bei der Ankunft in Lübeck fast ganz entblößt von Kleidungsstücken und ersuchte daher meinen Capitain, mir entweder selbst Kleider zu kaufen, oder mir das nöthige Geld zum Einkaufe zu übergeben. Er that aber weder das Eine noch das Andere, sondern speiste mich mit den Worten ab: Er müsse wissen, wann ich Kleidungsstücke bedürftig sei.*[1326]

Andererseits findet man aber auch, etwa bei Elijah Cobb ebenso wie bei Edward Coxere oder bei Robert William Eastwick und H. Sandmann, zahlreiche Hinweise auf Seeleute und Kapitäne, die sich der Jungen annahmen und diese vor den schlimmsten Schikanen schützten.[1327] Wie auch sonstiges Verhalten scheint aber die Behandlung der Jungen an Bord der Schiffe im wesentlichen vom Vorbild und der Führung der Kapitäne und Offiziere abhängig gewesen zu sein, obwohl laut Aussage der Quellen die rauhe und schlechte

Der Segelmacher bei der Arbeit. Graphik von G. Krickel, 19. Jh.

Behandlung der Jungen an Bord während des gesamten behandelten Zeitraums in der europäischen Seefahrt durchaus häufiger als das Gegenteil gewesen sein dürfte.[1328]

Daher ist es nicht verwunderlich, daß viele Eltern dem Wunsch ihrer Kinder, den Seemannsberuf zu ergreifen, durchaus skeptisch betrachteten, wenn sie diese Berufswahl nicht von vornherein vollständig ablehnten. Diese Vorbehalte vieler Eltern finden sich auch in einem Artikel über den Beruf des Seemanns im »Flensburgisches Wochenblatt für Jedermann« aus dem Jahre 1788: *Wie manche Mutter hat ihren Sohn aus Zärtlichkeit abgehalten, diesen Stand nicht zu wählen! Wie manchen Vater hört man sagen: Mein Sohn mag alles werden, nur kein Schiffer!*[1329] Auch in den Memoiren findet man, ähnlich wie bei Hans Bruhn[1330], Hinweise, daß Jungen von der Wahl des Seemannsberufes dringend abgeraten wurde. So gibt der Vater von Christiaan Jan Jaski, selbst Kapitän, seinem Sohn bei der Frage nach dessen Berufswunsch zu bedenken, daß er hoffe, Jaski werde sich nicht für die Seefahrt entscheiden, da dieses der undankbarste Beruf sei, den er kenne.[1331] Ähnliche Erfahrungen machte auch George Little, dem sein erster Kapitän folgendes zu bedenken gab: *›Young man,‹ he replied, ›you have chosen a life full of toil and hazard; and, as this voyage will perhaps one of great peril, it would be well for you to reflect maturely upon the measure you are about to adopt; consult your friends, and if you are still determined to go to sea, come on board to-morrow and I will give you an answer.‹*[1332]

Wie Jaski entschied sich letzlich auch George Little trotz warnender Worte für die Seefahrt. Für etliche Jungen dürfte der Widerstand ihrer Eltern, besonders der Mütter, die erste Hürde gewesen sein, die es auf ihrem Weg zur See zu meistern galt, wie zum Beispiel Paul Frercksen berichtet: *... hatte ich solches Verlangen und Trieb zur See, obschon meine liebe Mutter mich noch gerne ein Jahr länger wollte zu Hause behalten, durch Furcht, weil sie ihren lieben Ehemann und ältesten Sohn zugleich im Wasser verloren hatte. Und mich doch nicht konnte davon abhalten.*[1333] Gelegentlich griffen Familien in ihrer Verzweiflung auch zu härteren Mitteln, um ihren Sprößlingen den Gedanken an eine Karriere auf See auszutreiben – allerdings nicht immer mit Erfolg: Im Fall von James Silk Buckingham brachte eine Seereise zur Probe, auf die er von seinen Eltern zur Abschreckung geschickt worden war, nicht den erwünschten Erfolg – er ging dennoch zur See.[1334]

Manchmal stand sogar eine spontane Entscheidung hinter dem Entschluß zur See zu gehen. So entschloß sich der sächsische Seiler Friedrich Gottlob Köhler aus reiner Neugier, zur See zu gehen: *Endlich war ich der Landreisen müde, und da ich nirgends ein Ruheplätzchen gefunden hatte, wollte ich mein Glück zur See und in fernen Himmelsgegenden suchen.*[1335] 1801 er heuerte in Altona

1317 Vgl. z.B. die Kurzbiographien von *Bruhn, Illum, Kroß* oder *Nettelbeck*.
1318 *Eastwick*, S. 20f.; vgl. auch *Frercksen*, S. 98.
1319 So z.B. *Cobb, Coggeshall* oder *Jackman*.
1320 *Samuels*, S. 20.
1321 *Von Wahlde*, Einleitung, S. 7f.
1322 Ebd., S. 28f.
1323 *Bruhn*, S. 102: *... jeg kan godt erindre, at jeg selv var saa søesyg, at jeg saa haardt fortrød paa, at jeg ikke havde fulgt min Faders Raad og var blevet paa Landjorden.*
1324 *Berg*, S. 188.
1325 Vgl. z.B. die Kurzbiographien von *Berg, Kelly, Richardson* und *Petersen* im Anhang.
1326 *Hansen*, S. 5.
1327 Vgl. die Kurzbiographien im Anhang.
1328 Ebd.
1329 Flensburgsches Wochenblatt für Jedermann, Jg. 1788, S. 205f. Zum »Flensburgschen Wochenblatt für Jedermann« auch Horst Windmann: Elemente und Tendenzen der Spätaufklärung in Flensburg, in: Flensburg 700 Jahre Stadt - eine Festschrift, Bd. 1: Flensburg in der Geschichte, Flensburg 1984, S. 257–267.
1330 Vgl.: *Bruhn*, S. 102.
1331 *Jaski*, S. 19: *Wat wil je gaarne worden, Christiaan? Alles mag je kiezen, jongen, mits het maar een eervolle en eerlijke betrekking is de Ge wenscht; echter hoop ik niet dat Ge zin in het zeevaren zult hebben of krijgen; dat is het ondankbaarste vak wat ik ken.*
1332 *Little*, S. 7.
1333 *Frercksen*, S. 97. Weitere Beispiele sind u.a. John *Nicol:* The Life and Adventures of John Nicol, Mariner, Edinburgh 1822, *Jackman* oder *Richardson*. Vgl. dazu die Kurzbiographien im Anhang.
1334 *Buckingham*, S. 58.
1335 *Köhler*, S. 158.

Der Walfänger GRÖNLAND der Reederei Dultz. Aquarell

als unbefahrener Matrose auf dem von der Altonaer Reederei Dultz bereederten Walfänger GRÖNLAND an.[1336] Allerdings war es nicht immer der eigene freie Wille, sondern mitunter schlicht die Verzweiflung des im Leben Gescheiterten, die Menschen an Bord eines Schiffs trieb, wie Charles Campbell über den Beginn seiner Seefahrtszeit schreibt: *I now turned my thoughts on going to sea – the usual resort of the unfortunate.*[1337] Andere gingen an Bord, um sich drohenden Strafen oder einfach der Autorität anderer zu entziehen. Ebenso bildete die Seefahrt aber auch manchmal eine Gelegenheit, sich aufsässiger und unkontrollierbarer Jugendlicher zu entledigen, wohl nicht zuletzt in der Hoffnung, das rauhe und harte Leben an Bord werde dort korrigierend eingreifen, wo Erziehung und Strafe versagt hatten, und den Jungen zudem eine gewisse Aussicht für einen beruflichen Aufstieg bieten.[1338] Samuels bringt diesen »erzieherischen« Aspekt der Seefahrt auf den Punkt: *There are some incorrigible young rascals who are better at sea than ashore. It is a kill-or-cure sort of profession. If a boy is bright and daring, can stand the hard usage, is not carried off by a malignant fever, does not fall from aloft and become crippled for his life, or does not loose his life by shipwreck, and can pass through the ordeal of the degrading influence of forecastle life, he may become a master of a ship.*[1339]

Grundlage der beruflichen Qualifikation der angehenden Seeleute und damit ausschlaggebend für ihren Aufstieg an Bord waren die seemännischen Fähigkeiten und das nautische Fachwissen. In der hier behandelten Epoche wurden diese durchaus komplexen Kenntnisse, wie auch an Land, vor allem mündlich tradiert. Während des allgemeinen Schiffsbetriebs an Bord erwarben die Jungen Grundkenntnisse in Seemannschaft, Beherrschung der Takelage und des Schiffs, Steuern usw. Dabei handelte es sich nicht um statisches Wissen, sondern um praktische Kenntnisse, die sich entsprechend veränderter Bedingungen weiterentwickelten.[1340]

Auf dem Kontinent begannen die Jungen zuerst als Kajütsjungen, d.h. als Diener des Kapitäns oder der Offiziere, und fuhren später als Decksjungen und wechselten auch durchaus öfter ihre Schiffe und Kapitäne. Daher erhielten die Jungen an Bord in der Regel keine geregelte Ausbildung, sondern lernten die Grundlagen ihres Berufs allmählich und unsystematisch während des normalen Schiffsbetriebes.[1341] Manchmal gab es allerdings ältere Seeleute, die sich der Jungen und ihrer Ausbildung annahmen, wie sich z.B. Samuel Samuels erinnert: *Jack* [ein älterer Seemann] *used to say to me, My idea is to make a sailor of you. This can only be done by sailing in many ships, and seeing how work is carried on in each; by setting and taking in sails, carrying on and reefing, handling yards and masts, setting up rigging, etc., so that you get to be an officer you will know something.*[1342]

Zwar gab es gewisse Mindestanforderungen, die ein Schiffsjunge beherrschen mußte, wenn er zum Leichtmatrosen aufsteigen wollte, doch waren Umfang und Qualität der an Bord erworbenen Kenntnisse stark unterschiedlich und die Ergebnisse dieser Form der Ausbildung nicht immer überzeugend, wie der Kapitän des hannoverschen Elbwachtschiffes, Christian Gottlieb Daniel Müller, 1786 in einer Preisschrift der Hamburgischen Patriotischen Gesellschaft ausführte: *Der gegenwärtige Kauffartheischiffer, in Deutschland, Holland und vielleicht kan ich sagen dem größten Theil der nordischen Nationen, dient, wenn er glücklich ist, zuerst einige Jahre bei einem Anverwandten als Kajütenwächter, oder nur auf einem Schiffe, auf dem irgend ein zu ihm oder seinen Eltern bekanter Mensch fährt, und lernt in dieser Zeit von der Schiffahrt gerade Nichts. Endlich sucht er, der oft unvernünftige Behandlung seines Schiffers oder Capitains überdrüßig, nicht allezeit aus Wahl, seine Zuflucht bei der Schiffsarbeit.*[1343]

Diese unsystematische Ausbildungsform gab es auch in England und Schottland, allerdings erfolgte hier der Einstieg in die Seefahrt oftmals in der Form des Apprentice. Dabei stellte diese Ausbildung zumindest in Schottland ein formelles Lehrverhältnis, ähnlich der im Handwerk, dar.[1344] Nach englischem Recht dienten die Jungen bei einem Mindestalter von zehn Jahren nach Abschluß eines Vertrages gegen die Zahlung einer gewissen Summe Geldes für einen Zeitraum von sieben bis neun Jahren als Lehrlinge bei einem Kapitän, um bei diesem die Grundlagen ihres Berufes zu erlernen.[1345]

Da bis in die Mitte der 1850er Jahre jeder englische Kapitän verpflichtet war, je nach Größe des Schiffs eine gewisse Anzahl von Apprentices an Bord zu nehmen, eröffnete dieses Ausbildungssystem eine stete Quelle geschickter Seeleute für die englische Seefahrt.[1346] Um ihre Ausbildung zu gewährleisten, waren die englischen Apprentices bis zum 18. Lebensjahr von der Zwangsrekrutierung durch die Royal Navy, dem sogenannten Pressen, ausgenommen.[1347]

Seit der Mitte des 18. Jahrhunderts gab es in Großbritannien mehrere private Organisationen, die sich um die Ausbildung des Seeleutenachwuchs für Handelschiffahrt und Royal Navy bemühten. So bildete das Royal Hospital in Greenwich die Söhne von Seeleuten mit dem Ziel aus, das auch diese den Seemannsberuf ergriffen, während die 1756 gegründete Marine Society den Söhnen armer Familien in der Seefahrt ein Auskommen zu verschaffen suchte.[1348]

Bedingungen und Dauer der Apprentice-Ausbildung waren jedoch durchaus unterschiedlich. So gab es Jungen aus gutem Hause, deren Eltern mehr als £ 100 für eine Ausbildung an Bord eines Indienfahrers bezahlten, aber auch die Söhne armer Familien, die aufgrund eines Gesetzes von 1705 nur als billige Arbeitskräfte an Bord genommen worden waren und wenig mehr als die umfassenden Grundfertigkeiten eines Seemanns erwarben.[1349] In der letzten Form war die

1336 Jestrzemski, S. 86.
1337 Charles *Campbell:* Memoirs of Charles Campbell, at present prisoner in the jail of Glasgow, including his adventures as a seaman, and as an overseer in the West Indies, written by himself, Glasgow 1828, S. 7.
1338 Earle, S. 5.
1339 *Samuels,* S. 21.
1340 Earle, S. 22f.; Sievers: Kinderarbeit, S. 98f.; Welke: Der Kapitän, S. 140, und van Dülmen: Kultur und Alltag, Bd. 3, S. 152ff.
1341 Welke: Der Kapitän, S. 140; Boon, S. 173ff., und Feldbæk: Storhandelens tid, S. 189.
1342 *Samuels,* S. 72f.
1343 Christian Gottlieb Daniel Müller: Vorschlag zu einem vollständigen Unterricht in der Schiffahrt, darinn auch die nähere Anwendung der neueren Erfindungen aus der Sternkunde den Ort des Schiffs zu bestimmen begriffen wäre, Hamburg 1786., S. 14. Christian Gottlieb Daniel Müller (1753 bis 1814) war 35 Jahre lang Kapitän des Königlich Britischen und Kurfürstlich Braunschweig-Lüneburgischen Wachtschiffs auf der Elbe und verfaßte mehrere Werke über Seefahrt und schiffbauliche Themen. Vgl.: Karl Heinz Marquardt: Schoner in Nord und Süd, Bielefeld 1989, S. 248.
1344 Earle, S. 22ff., und Chitty, 167ff. Für Schottland vgl. Riis: Navigations et Formations, S. 296ff.
1345 Earle, S. 22ff., und Chitty, 167ff.
1346 Chitty, S. 168; Minutes of Evidence, S. 248f. Vgl. auch *Samuels,* S. 51ff.
1347 Chitty, S. 168. Zum Pressen von Seeleuten vgl. auch: Rodger, S. 164–182, Baugh, S. 135ff., und Kemp: Companion, Stichwort »Impressment«, S. 415f.
1348 Press, S. 116f.
1349 Earle, S. 22ff.

Ausbildung nicht viel mehr als eine Einführung in die unteren Ränge der Seefahrt. So klagt auch Edward Barlow in seinen Memoiren über die Defizite seiner Zeit als Apprentice: *Although he was to learn me the mariner's art, he did not strive much to show me nor I much to learn, giving myself to learn that which would pleasure others, though myself little or no gain, namely drawing and carving toys and fancies, and neglecting that which would have done me most good: yet if I had given my mind to have learned it from another, my master, I do think, would have been willing to have paid. But being I had but small learning and could not write, having learned to write I thought that enough, having nobody that was willing to learn more.*[1350] Wenn den Kapitänen dagegen die Ausbildung der Jungen am Herzen lag, sie kompetente und fähige Lehrer waren und die Apprentices gute Schüler, konnten die Jungen während ihrer Lehrzeit über die reinen Grundlagen ihres Berufes hinaus wichtige Kenntnisse und Kompetenzen erwerben, die eine gute Basis für den weiteren erfolgreichen Verlauf ihrer Karriere bildeten.[1351]

Das englische Apprenticesystem hatte, auch wenn es alles andere als perfekt war, gegenüber der kontinentalen Form der Ausbildung deutliche Vorteile. So bemerkte Müller 1786 über die Rekrutierung von Kapitänen in der deutschen Schiffahrt: ... *man sucht fremde ausländische Schiffer, besonders Englische (Ich kan hinzusetzen: oder solche die nach Engländern, oft auf englischen Schiffen selbst gebildet wurden), deren Erziehung ohne Ausnahme die beste ist.*[1352] Auch Theodor Friedrich Maximilian Richter, der lange auf englischen Schiffen gefahren war, betont die Vorteile der englischen Form der Seeleuteausbildung: *Diese jungen Leute werden meistens auf sieben Jahre in die Lehre genommen, während welcher sie nichts als die Kost und eine kleine Geldsumme erhalten, die den Bedarf an Kleidern und an Wäsche nur spärlich befriedigt; allein, nach Verlauf der Lehrzeit haben sie meistens auch den Vortheil errungen, zu irgend einem seemännischen Geschäfte tüchtig zu seyn, und, in der That, es sind die geschicktesten englischen Seefahrer, wie z.B. der berühmte Weltumsegler Cook, aus ihnen hervorgegangen. Man sieht hieraus, daß diese Kohlenschiffe eine der beßten seemännischen Pflanzschulen, und, da der Wohlstand Englands hauptsächlich auf der Schiffahrt beruht, die vorzüglichsten Grundlagen desselben sind.*[1353]

Dementsprechend wurde von Reformern die Einführung eines solchen Ausbildungssystems auch immer wieder für die kontinentale Schiffahrt gefordert, wie z.B. 1815 vom Altonaer Juristen Jacobsen in seiner Abhandlung über das europäische Seerecht: *Es würde ferner für jeden Staat sehr gut seyn, wenn die, zu künftigen Schiffscapitainen bestimmte Jugend auf bestimmte Zeit förmlich auf einem Schiffe in die Lehre gegeben, und zur Ausdauer ihrer Lehrzeit angehalten würde.*[1354]

Doch auch noch 1854 wurde auf eine Verbesserung der Schiffsjungenausbildung gedrungen mit dem Ziel, die Zahl der heimischen Seeleute zu vergrößern. In der Diskussion um die Neufassung der hamburgischen Seemannsordnung wurde auf dieses Problem deutlich hingewiesen: *Eine wesentliche Verbesserung wird darin gefunden werden müssen, daß die Vorschrift des § 5, jedenfalls einen Hamburger als Jungen anzumustern, weiter ausgedehnt, und namentlich darauf Bedacht genommen ist, daß die angemusterten Jungen jederzeit die Möglichkeit haben, auch nach Ablauf des ersten Jahres im Schiffsdienste zu verbleiben. Es wird auf diese Weise Sorge getragen, daß die Zahl der Hamburgischen Seeleute sich vermehre und unsere Rhederei immer größere Selbständigkeit erlange.*[1355] Auch hier wird deutlich, daß die traditionelle, unsystematische Form der Ausbildung der Seeleute an Bord erhebliche Nachteile besaß, da der Erwerb einer umfassenden beruflichen Qualifikation, die die Grundlage für den weiteren beruflichen Aufstieg der jungen Seeleute bildete, in manchen Fällen nicht gewährleistet war und ihre Ausbildung daher lückenhaft blieb.

Beförderungen an Bord orientierten sich vor allem an der seemännischen Qualifikation des betreffenden Seemanns und waren auch mit einem erhöhten Sozialprestige verbunden.[1356] Diese Qualifikationen konnten die Jungen auf vielfältige Art erwerben: Sei es in einem Fahrtbereich, sei es als Apprentice bei einem Kapitän, sei es auf Schiffen verschiedener Nationalität. Da die Seefahrt bereits im 18. und 19. Jahrhundert ein internationales Gewerbe mit einem internationalen Arbeitsmarkt war, fuhren viele Seeleute bereits als Schiffsjungen auf Schiffen fremder Nationalität, wie z.B. Hansen auf einer schottischen Brigg oder Edward Coxere auf einem niederländischen Schiff.[1357] Wie Joachim Nettelbeck bemerkt, gab es sogar einen gewissen Druck auf die Jungen, Erfahrungen in der internationalen Fahrt zu sammeln, da zu seiner Zeit die allgemeine Meinung herrschte, daß nur Seeleute, die auf niederländischen Schiffen gefahren waren, als vollgültige Matrosen gelten könnten. Diese Erwartung an die jungen Seeleute erinnert in gewisser Weise an den Wanderschaftszwang im Handwerk.[1358] Für Seeleute von den friesischen Inseln war es sogar die Regel, daß sie ihre Karriere auf niederländischen Schiffen begannen. Die Verbindung zur niederländischen Schiffahrt war so stark, daß die meisten friesischen Seeleute ihr Leben lang und in allen Rängen auf diesen Schiffen fuhren.[1359]

Der erste Karriereschritt war die Beförderung des Jungen zunächst zum Leicht- und dann zum Vollmatrosen, im Englischen *ordinary* bzw. *able seaman.* Dieser Schritt war relativ leicht zu erreichen, da er im Grunde nur ausreichende Kenntnisse der Seemannschaft erforderte, die jeder Schiffsjunge nach einer gewissen Zeit erwerben konnte. Nizze beschreibt in seiner Seerechtsabhandlung diese Anforderungen: *Von den Matrosen und Leichtmatrosen wird verlangt, daß sie den Compaß kennen, und fähig sind, das Schiff zu steuern, und daß sie die bei Stellung und Veränderung der Segel vorkommenden Arbeiten verstehen; von ersteren auch, daß sie die am Takelwerk nöthige Ausbesserung ausrichten können.*[1360]

Sobald ein Schiffsjunge ausreichende Kenntnisse und Erfahrung erworben hatte, suchte er sich, der wenig formalisierten Form der Ausbildung entsprechend, eine Heuer als Leichtmatrose und, sobald er seine Seemannschaft entsprechend weiterentwickelt hatte, um den Anforderungen zu genügen, als Vollmatrose. In der Regel standen die Seeleute am Ende ihres zweiten oder am Beginn ihres dritten Lebensjahrzehnts, wenn sie diesen Rang erreicht hatten, denn die Seefahrt war allein schon aufgrund der hohen körperlichen Anforderungen vorwiegend ein Beruf für junge Menschen.[1361]

Wie dieses System funktionierte, beschreibt u.a. Richard Henry Dana: *The crews are not rated by the officers after they get to sea, but, both in the merchant service and in the navy, each man rates himself when he ships. ... Notwithstanding this license, there are very few instances of its being abused; for every man knows that if he is found incompetent to perform the duty he contracts for, his wages can not only be reduced to the grade for which he is fitted, but that something additional will be deducted for the deception ... But, still more than this, the rest of the crew consider it a fraud upon themselves; as they are thus deprived of a man of the class the vessel required, which makes her short-handed for the voyage, and increases the duty put upon themselves.*[1362]

Diese geradezu beiläufige Form der Beförderung, in der die Seeleute ihre Stellung an Bord nach eigener Einschätzung ihrer Qualifikation festlegten, beruhte allerdings nicht allein auf der Ehrlichkeit der Seeleute. Gelegentlich wurden neue Seeleute auch regelrecht examiniert, wie es beispielsweise Samuel Kelly widerfuhr: *... and at the close of my examination ... pronounced me to be no sailor because I had not served an apprenticeship in the coal trade. I was therefore put under the denomination of an ordinary seaman. ... I was not altogether sorry for, as less ability would be expected, and my disposition was inclinable to difference, having been in the packets almost confined to a particular kind of duty, but now I was to be traversing from mast-head to mast-head, and from one end of the ship to the other.*[1363]

Wie Kelly erwähnt, hatte er seine seemännischen Erfahrungen vorwiegend auf sogenannten Paketschiffen gesammelt, die regelmäßig im Regierungsauftrag als Postschiffe zwischen zwei Häfen hin- und herfuhren und ebenso wie Kriegsschiffe eine ausreichend große Besatzung hatten, um nach einem streng arbeitsteiligen System organisiert zu werden.[1364] Das heißt, daß jeder Seemann an Bord nur bestimmte Aufgaben zu erfüllen hatte, während in der übrigen Handelsfahrt die Seeleute aufgrund der aus vorwiegend ökonomischen Gründen wesentlich kleineren Mannschaften quasi als Generalisten alle anfallenden Aufgaben zu erfüllen

1350 *Barlow,* S. 49. Vgl. auch *Bechervaise,* S. 16.
1351 Earle, S. 22ff., und Davis, S. 118f.
1352 Müller: Vorschlag, S. 18.
1353 Richter, Bd. 4, S. 18.
1354 Jacobsen: Seerecht, S. 108f. Vgl. auch Müller: Vorschlag, S. 18f.
1355 Antrag, betreffend Hamburgische Seemanns-Ordnung 1854, S. 7.
1356 Weibust, S. 259; Mollat du Jourdin, S. 197f., und van Dülmen, Kultur und Alltag, Bd. 2, S. 181ff.
1357 *Hansen,* S. 4, und *Coxere,* S. 9f.
1358 *Nettelbeck,* S. 23f. Vgl. zum Wanderschaftszwang im Handwerk: Ingwer E. Momsen: Die wandernden Handwerksgesellen in Schleswig-Holstein 1830–1867, in: Silke Göttsch, Nils Hansen, Outi Tuomi-Nikula und Harm-Peer Zimmermann (Hrsg.): Volkskundliche Streifzüge, Kiel 1994, S. 215–247, hier S. 216–222, und Reith, S. 109f.
1359 *Frercksen,* S. 97f., und *Eschels,* S. 27ff. Zur engen Verbindung der friesischen Inseln mit der niederländischen Schiffahrt vgl. auch Albrecht Sauer: in *Eschels,* Nachwort, S. 350ff.
1360 Nizze, S. 377.
1361 Earle, S. 18; Rediker, S. 156ff. und 299, und Sievers: Kinderarbeit, S. 98f.
1362 Dana: The seaman's friend, S. 158ff.
1363 *Kelly,* S. 73.
1364 Rodger, S. 40ff., und Gerstenberger und Welke: Vom Wind zum Dampf, S. 56f. Paketschiffe oder engl. »Packet-Boats« waren schnelle Fahrzeuge, die regelmäßig zwischen zwei Häfen verkehrten und dabei Post und Passagiere beförderten. Vgl. Kemp: Companion, Stichwort »Packet«, S. 625.

hatten.[1365] Durch die kleineren Besatzungen auf den Handelsschiffen war die Arbeitsbelastung für den einzelnen Seemann wesentlich höher als auf Paket- oder Kriegsschiffen. Daher galten Handelsschiffsmatrosen als die besseren Seeleute, die alle seemännischen Aufgaben beherrschten.[1366] Überdies hatte sich seit dem 18. Jahrhundert die Arbeitsbelastung der Seeleute auf Handelsschiffen noch weiter erhöht. Aufgrund technischer Verbesserungen, wie einer übersichtlicheren und daher leichter zu handhabenden Takelage, und ökonomischer Zwänge – schließlich stellten die Heuern einen erheblichen Kostenfaktor in der Handelsfahrt dar – wurden die Mannschaftsgrößen auf Schiffen gleicher Tragfähigkeit im 18. und 19. Jahrhundert erheblich verringert, so daß die einzelnen Seeleute an Bord ein erhöhtes Arbeitspensum zu bewältigen hatten. Dementsprechend stellte ein Ausfall an Arbeitskraft, sei es durch Krankheit oder durch Unfähigkeit, an Bord von Handelsschiffen ein wesentlich größeres Problem dar als auf Kriegs-oder Paketschiffen mit ihrer zahlreicheren Besatzung[1367], wie es Richard Henry Dana explizit formuliert: *Our merchant ships are always under-manned, and if one man is lost by sickness, they cannot spare another to take care of him.*[1368] Daher war es zwingend notwendig, daß ein Seemann für seine Arbeit ausreichend qualifiziert war. Ein Seemann, der sich für einen bestimmten Rang verheuerte und sich nach Dienstantritt nachweislich als dafür inkompetent erwies, hatte daher entsprechend den Bestimmungen des Seerechts in jedem Fall mit einer Degradierung und dem Verlust eines Teils seiner Heuer zu rechnen, einzelne Seerechtsveordnungen erlaubten auch noch weitergehende Bestrafungen.[1369]

Darüber hinaus hatten solche Seeleute auch mit Sanktionen ihrer Schiffskameraden zu rechnen, die letztlich die Inkompetenz eines Mannes durch eine vermehrte Arbeitsbelastung direkt zu spüren bekamen, wie Dana oben bereits erwähnte, und auch Henrik Olsen Eide berichtet: *Det gikk ikke så hurtig å bli forfremmet i den tid, ungdommer henved 20 år ansåes kun for gutter, eller som man sa jungmanns-gutter, en mellemting gutter og voksne menn. For å få full matroshyre måtte man være duelig til all slags sjømannsarbeide, var man doven uskikkelig, ryktes det fra skib til skib, og man fikk mangt et sneiord fra kameratene.*[1370]

Die Beförderungen an Bord spiegelten zwar in erster Linie die wachsende Erfahrung und die Kompetenz des jeweiligen Seemannes wider, allerdings gab es andere Faktoren, die für den Aufstieg an Bord hilfreich sein konnten. Viele Kapitäne nutzten Empfehlungen, um Seeleute, die ihnen positiv aufgefallen waren, zu fördern, warnten aber auch Kollegen vor Unruhestiftern oder unwilligen Matrosen.[1371] So berichtet beispielsweise Jacob Nagle, daß er aufgrund der Empfehlung seines alten Kapitäns Schiffskanonier auf einem anderen Schiff wurde, während John Nicol aufgrund seiner Bekanntschaft mit einem Kapitän eine Heuer als Küfer erhielt. Bei Marquardt findet sich ebenfalls ein deutlicher Hinweis auf die Wertschätzung, die ein guter und erfahrener Matrose bei den Kapitänen genoß: *Ein befahrener Matrose ist ein äusserst schätzbarer Mann ... wodurch er sich hauptsächlich hervorthut, ist seine Schnellheit und Entschlossenheit in Gefahren, sein gegen jedes Wetter abgehärteter Körper und der Fleiss, den er auf jede Arbeit legt.*[1373]

Auch berichten viele Seeleute in ihren Memoiren, daß ihnen besonderes Engagement und Dienstwilligkeit die weiteren Schritte auf der Karriereleiter erleichtert hätten, wie z.B. Jens Jacob Eschels, ... *daß, wenn einer seine Arbeit flink und gut verrichtet, es oft bemerkt wird, ohne daß man daran denkt; denn, wäre ich bei meiner Arbeit schläfrig, langsam und träge gewesen, oder wie manche sich zeigen: komme ich heute nicht komme ich morgen, so würde Capitain Warden gar keine Notiz von mir genommen oder auf mich gemerkt und meiner gegen meinen Capitain gar nicht erwähnt haben; also seid immer flink und fleißig in eurem Beruf, dies wird euch gewiß auf dem Schiffe, mit dem ihr fahrt, nützen. Ich habe dieses auf allen meinen Fahrten gethan, und bin auf allen Schiffen, mit denen ich gefahren, von dem Capitain, Officieren, ja selbst von meinen Kammeraden, den Matrosen geachtet worden.*[1374]

Auch Robert Hay berichtet in ähnlicher Weise von seinen Erfahrungen: *In all my engagements I have studied to render myself as generally useful as possible. When requested to perform any service I never stopped to inquire whither it fell within the line of my engagement, but rather considered how I could perform the service in the way best suited to promote the interest of my employers. I have ever found this disposition of essential service. It has often been the means of securing to me the good will and confidence of my employers, thus smoothering down some of the asperties that we all more or less doomed to meet with in the path of life.*[1375]

Vergleichbare Aussagen findet man auch bei John Cremer und John Bechervaise.[1376] Edward Coxere dagegen fand trotz seiner Bekanntschaft mit zahlreichen Kapitänen über Monate hinweg keine Heuer, da er nach seiner Bekehrung zum Quäkertum das Kämpfen, auch zur Verteidigung, ablehnte.[1377]

4.2 Der Weg aufs Achterdeck

Für den Aufstieg innerhalb der Mannschaftsdienstgrade war in erster Linie die berufliche und seemännische Qualifikation ausschlaggebend, wobei die Beförderung entsprechend der Fahrzeit und der Erfahrung des betreffenden Seemanns eher beiläufig bei einem Heuerwechsel erfolgte. Mit dem Erreichen des Ranges eines Vollmatrosen hatten die Seeleute allerdings das Ende der allein auf seemännischer Qualifikation beruhenden Karrierestufen erreicht.[1378] Er konnte auf größeren Schiffen mit einer differenzierteren Hierarchie zwar noch in gewisse Stellungen aufsteigen, die man vielleicht entsprechend der Marineterminologie als Decks- oder Unteroffiziersstellen bezeichnen könnte.[1379] Hier war es z.B. möglich, zum Quartiermeister, englisch *Quartermaster,* dem die besondere Aufsicht über Ruder und Rudergänger oblag, befördert zu werden. Er konnte vielleicht auch Bootsmann werden oder im Falle zusätzlicher handwerklicher Fähigkeiten Segelmacher oder Zimmermann.[1380]

Seeleute ohne diese Kenntnisse konnten nicht damit rechnen, einen höheren Rang als Zweiter Steuermann zu erreichen, es sei denn auf einem kleineren Küstenschiff.[1381] Die Position des Zweiten Steuermanns war eine ambivalente Stellung, die in erster Linie seemännisch-handwerkliche und weniger navigatorische Aufgaben umfaßte. Daher fungierten die Zweiten Steuerleute oftmals gleichzeitig als Bootsmann oder, wie etwa Henrik Olsen Eide, als Zimmermann und Kanonier. Der Zweite Steuermann führte zwar eine eigene Wache, stand aber ansonsten nicht viel höher als ein etwas herausgehobener und besser bezahlter Vorarbeiter, für den gute Seemannschaft die wichtigste Voraussetzung darstellte.[1382] Andererseits bot dieser Posten aber auch die Gelegenheit für jüngere Seeleute, Erfahrungen zu sammeln und sich als Offizier zu bewähren, bevor sie den wesentlich verantwortungsvolleren Posten des Ersten Steuermanns übernahmen.[1383] Die Beförderung zum Ersten Steuermann oder Chief Mate setzte vor allem Kenntnisse in der Navigation voraus, da die Steuerleute an Bord oftmals für die Navigation verantwortlich waren und im Falle des Todes des Kapitäns fähig sein mußten, das Schiff wohlbehalten an den Bestimmungsort oder zumindest sicher in den nächsten Hafen zu bringen.[1384] Dies fand auch Niederschlag in den Seerechtsbestimmungen, wie z.B. in der Rotterdamer Ordonnanz, § 31, der Sammlung der Hamburgischen Gesetze und Verfassungen von 1769[1385] oder auch im dänischen Seerecht von 1683, wo in § 5 navigatorisch unqualifizierte Steuerleute schadenersatzpflichtig gemacht werden. Die Bedeutung der Navigationskenntnisse für den Aufstieg an Bord macht Jens Jacob Eschels in einer Ermahnung an seine Nachfahren deutlich: *Denn ohne diese kannst du ja nie höher avanciren als zum Bootsmann oder wenn du ein Handwerk gelernt hast, kannst du auch nicht höher kommen als Zimmermann, Küper oder Segelmacher; hast du aber die Steuermannskunst gelernt, dann kannst du in allen Fällen des Schiffsdienstes dich empfehlen.*[1386] Genauso beschreibt mehr als sechzig Jahre später der amerikanische Kapitän Samuel Samuels die Bedeutung von Navigationskenntnissen: *By applying myself to the study of navigation, which the captain had offered to teach me, I could raise myself from a Jack in the fore-*

1365 Rodger, S. 40ff.; Ville: Shipowning, S. 94ff., und Earle, S. 186f.
1366 Rodger, S. 40ff., und Earle, S. 186f.
1367 Earle, S. 27; Ville, S. 94ff., und Davis, S. 70ff. Vgl auch Gerstenberger und Welke: Vom Wind zum Dampf, S. 116, und Troitzsch, S. 134.
1368 Dana: Two years, S. 331.
1369 Vgl. z.B. Danske Lov von 1683, 1. Kap., § 4; Preußisches Allgemeines Landrecht, Teil 2, Titel 8, § 1544; Niederländisches Handelsgesetzbuch von 1826, 2. Buch, 4. Titel, §§ 12 und 13 oder die Obrigkeitliche Verordnung Bremen 1852, § 5.
1370 *Eide,* S. 25.
1371 Rediker, S. 135.
1372 *Nagle,* S. 287, und *Nicol,* S. 46.
1373 Marquardt: Handbuch für Schiffsführer, S. 2.
1374 *Eschels,* S. 111.
1375 *Hay,* S. 208.
1376 *Cremer,* S. 220f., und *Bechervaise,* S. 108.
1377 *Coxere,* S. 134.
1378 Earle, S. 45.
1379 Weibust, S. 301ff.; Rediker, S. 83ff., und Earle, S. 44ff. Für die Marine vgl. auch Brommy, S. 90ff.
1380 Weibust, S. 301ff.; Rediker, S. 83ff., und Earle, S. 44ff.
1381 Davis, S. 122.
1382 *Eide,* S. 86ff.; Dana: The seaman's friend, S. 146ff., und Earle, S. 42ff.
1383 Dana: The seaman's friend, S. 146ff., und Earle, S. 42ff.
1384 Rediker, S. 84, Earle, S. 2, und Welke: Der Kapitän, S. 140f.
1385 Sammlung der Hamburgischen Gesetze, S. 110.
1386 *Eschels,* S. 15.

castle to a captain on the quarter-deck, and instead of being ordered could I order others.[1387] Auch Jürgen Jacobsen erhielt zu Beginn seiner Karriere von einem erfahrenen Kapitän den Rat, Navigation zu lernen.[1388] Doch wie Jacobsen weiter ausführt, war eine grundlegende formale Bildung die Voraussetzung für das Erlernen der Navigation: ... *da ich in meiner Jugend gut Rechnen und Schreiben gelernt hatte, so kam mir dies sehr zu statten, so daß ich in einer Zeit von ohngefähr vier Monaten mir alle nöthigen Kenntnisse dieser Wissenschaft erwarb* ...[1389]

Demnach war ein gewisses Maß an formaler Bildung und an Kenntnissen der Navigation unerläßlich für die Beförderung zum Steuermann, wie auch Bruhn über die deutlichen Defizite eines Steuermanns schreibt, der aufgrund mangelnder Bildung ein schlechter Navigator und fast Analphabet war und damit, obwohl ein guter Mensch und ein tüchtiger Seemann, kaum für seinen Posten geeignet.[1390]

4.2.1 Formale Bildungsvoraussetzungen

Mit der allgemeinen Zunahme der Schriftlichkeit im 18. Jahrhundert waren auch die Anforderungen an die intellektuellen Fähigkeiten der Schiffsoffiziere gestiegen, so daß eine zumindest grundlegende formale Bildung in erhöhtem Maße zur Voraussetzung für die Beförderung wurde[1391], wie etwa bei Samuel Samuels deutlich wird, dem ein alter Seemann erklärte: *›I must stay forward,‹ Jack would say, ›as I can neither read nor write.‹*[1392]

Auch ein Bootsmann mußte in der Lage sein, Ladungspapiere zu lesen oder auch den Empfang von Gütern zu quittieren, während Schiffszimmerleute die Grundzüge der Mathematik beherrschen mußten. Die Maate und Steuerleute wiederum hatten das Journal, bzw. Logbuch zu führen[1393], und die Pflichten der Kapitäne setzten ausreichende Kenntnisse im Lesen, Schreiben und Rechnen voraus, um die ihnen aufgetragenen Aufgaben im ökonomisch-kaufmännischen Bereich erfüllen zu können. In jedem Fall war spätestens gegen Ende des 18. Jahrhunderts die Schriftlichkeit eine zwingende Voraussetzung für die Beförderung zum Maat oder Kapitän.[1394] Im »Flensburger Wochenblatt für Jedermann«, einer typischen Zeitschrift der Aufklärung, die sich der Förderung des wirtschaftlichen und gesellschaftlichen Fortschritts widmete[1395], wurden Umfang und Bedeutung der für die Seeleute und ihr berufliches Fortkommen notwendigen Kenntnisse 1788 so umrissen: *Wie vieles muß ein guter Schiffer, Steuermann, ja selbst der Matrose wissen. (Und die Kenntnisse, die der lezte nicht gleich braucht, muß er doch lernen und haben, weil er doch denkt weiter zu kommen, und weil der ein schlechter Matrose ist, der nicht hofft einst Schiffer zu werden!) Rechenkunst, Mathematik, Kentniß der Gestirne, der Gewässer, der Untiefen, der Sandbänke, der Klippen, und so manches, was ihr besser wißt, als ichs euch sagen kan, alles das müßt ihr wissen und verstehen. Es sind nicht blos körperliche Arbeiten, sondern auch Arbeiten des Geistes, die euch beschäftigen, die euch also gewissermaßen einen Platz geben unter den Gelehrten, und euren Stand über viele andere erheben.*[1396]

Die Grundlage aller Bildung waren Kenntnisse im Lesen, Schreiben und Rechnen. In der Zeit zwischen der Reformation und der Aufklärung hatten die Möglichkeiten zum Erwerb von Bildung stark zugenommen. Bildung war mehr und mehr eine der wichtigsten Voraussetzungen für den sozialen Aufstieg geworden. Besonders durch den Einfluß der Ideen und Vorstellungen der Aufklärung, die in der Verbesserung der Bildung in den unteren Schichten der Gesellschaft die Chancen zur Emanzipation des Menschen von seiner Beschränktheit und zur Hebung des allgemeinen materiellen Wohlstands sahen, wurden im Verlauf des 18. Jahrhunderts die Möglichkeiten zum Erwerb einer zumindest grundlegenden Bildung auch den unteren Schichten zunehmend zugänglich.[1397] Dieses erweiterte Bildungsangebot stand zunächst in engem Zusammenhang mit den Versuchen der Obrigkeit, in einem Prozeß der sozialen Disziplinierung das Leben der Untertanen zentral zu lenken und einem den staatlichen Interessen entsprechend formulierten Gemeinwohl und einer strengen Kontrolle zu unterwerfen. Die Schulen dienten dabei nicht nur der Hebung des allgemeinen Bildungsstandes, sondern waren auch ein wichtiges staatliches Integrationsmittel und sollten die Erziehung der Bevölkerung zu fleißigen und pflichttreuen Untertanen gewährleisten.[1398]

Nicht zuletzt als Reaktion auf die von England ausgehende Dynamisierung der Wirtschaft in Folge der Industriellen Revolution entstanden gegen Ende des 18. Jahrhunderts zunehmend Forderungen nach neuen, rationalen, den veränderten Bedingungen angepaßten Arbeitsformen. Die vorindustrielle Arbeitsweise, die von vielen mit der eigentlichen Arbeit nicht unmittelbar in Zusammenhang stehenden Unterbrechungen, wie Zunftversammlungen oder Gottesdiensten, gekennzeichnet war, genügte den veränderten Anforderungen industrieller Produktionsweisen nicht mehr. Leistung und Effizienz, die Ökonomisierung der Zeit standen nun im Vordergrund und wurden zum Ausgangspunkt einer von oben verordneten Arbeitsmoral und -mentalität.[1399] Man versuchte, diese Ziele durch eine verbesserte Bildung gerade der niedrigeren Schichten zu erreichen und diese nicht allein in die gewünschte Richtung zu lenken, sondern ihnen damit auch im Sinne einer Emanzipation durch Bildung die Mittel an die Hand zu geben, ihre Lage zu verbessern.[1400] Dieser Gedanke findet sich noch in einem Bericht des bremischen Konsuls in Konstantinopel aus dem Jahre 1856, in dem dieser seine Ansichten über mögliche Wege zur Behebung der disziplinarischen Probleme in der Seefahrt darlegt und u.a. ausführt, daß es gut wäre, ... *noch im Allgemeinen dahin zu wirken, daß die Rohheit, welche ein traditionelles Attribut der Seebevölkerung ist, durch sorgfältige Jugendbildung so viel als möglich gemildert werde.*[1401]

Wie Rediker ausführt, konnten in der anglo-amerikanischen Handelsschiffahrt der ersten Hälfte des 18. Jahrhunderts alle Kapitäne, Maate bzw. Steuerleute und Schiffsärzte lesen und schreiben, von den einfachen Seeleuten allerdings nur zwei Drittel zumindest ihren eigenen Namen schreiben. Die Fähigkeit, den eigenen Namen zu schreiben, stellt jedoch einen recht unsicheren Indikator für die tatsächlichen Lese- und Schreibfähigkeiten der betreffenden Personen dar.[1402] So gab es von der Fähigkeit zur Leistung einer Unterschrift bis hin zum hoch gebildeten Literaten erhebliche Unterschiede in Alphabetisierungsgrad und Schriftlichkeit.[1403] Dennoch deckt sich die von Rediker genannte Zahl in etwa mit der Alphabetisierungsrate Englands in der Mitte des 18. Jahrhunderts (1670: 30% der Männer; 1750: 60% der Männer, 35% der Frauen). Zu ähnlichen Ergebnissen kommt auch Ville bei der Auswertung von Heuerquittungen der Reederei Henley and Son im Zeitraum von 1770 bis 1830. Er kommt hier zu dem Schluß, daß wenigstens 40% der Seeleute Analphabeten waren.[1404] Für das deutsche Sprachgebiet hatte man dagegen um 1770 erst eine durchschnittliche Alphabetisierungsrate von etwa 15 Prozent erreicht, die sich bis um 1800 in einem starken Schub auf etwa 25 Prozent erhöhte. Allerdings haben neuere detailliertere Untersuchungen für den deutschen Sprachraum ergeben, daß im 18. Jahrhundert die Alphabetisierung in einzelnen Regionen, z.B. in der oldenburgischen Küstenmarsch, wesentlich weiter vorangeschritten war als in anderen Teilen Deutschlands und zum Teil nicht weit von 100 Prozent entfernt lag. Dennoch ist davon auszugehen, daß der größte Teil der europäischen Regionen erst mit der Verbesserung des Schulwesens im Laufe des 19. Jahrhunderts nachhaltig und schließlich fast vollständig alphabetisiert wurde.[1405] Für Mitteleuropa werden dementsprechend als potentielle Konsumenten von Literatur um 1800 etwa 25%, um 1830 etwa 40% und um 1870 etwa 75% der Bevölkerung angenommen, wobei die Alphabetisierungsrate nach 1830 durch Verbesserungen im Schulsystem und das zunehmende staatliche Engagement in diesem Bereich, vor allem aber durch die Durchsetzung der Schulpflicht erheblich schneller anstieg.[1406]

1387 *Samuels,* S. 123.
1388 *Jacobsen,* S. 5: *Der alte Capitain ... ertheilte mir hiernächst den Rath, die Navigationskunst zu lernen; denn durch diese Wissenschaft würde ich vermögend, mich von einer Ehrenstelle zur anderen zu erheben.*
1389 *Jacobsen,* S. 6.
1390 Earle, S. 43f., und Davis, S. 122. Vgl. auch *Bruhn,* S. 140.
1391 Earle, S. 20, Brockstedt: Wirtschaftlicher Aufstieg, S. 12, und van Dülmen: Kultur und Alltag, Bd. 3, S. 168ff.
1392 *Samuels,* S. 72f.
1393 Earle, S. 20.
1394 Ville: Shipowning, S. 68f. und 93, sowie Earle, S. 20f.
1395 Zum »Flensburgschen Wochenblatt für Jedermann« vgl. Windmann, S. 257–267.
1396 Flensburgsches Wochenblatt, S. 204f.
1397 Dipper, S. 82, und Lothar Gall: Von der ständischen zur bürgerlichen Gesellschaft, Enzyklopädie Deutscher Geschichte, Bd. 25, München 1993, S. 147, sowie van Dülmen: Kultur und Alltag, Bd. 3., S. 161f.
1398 Van Dülmen: Kultur und Alltag, Bd. 3., S. 168ff.
1399 Van Dülmen: Kultur und Alltag, Bd. 3., S. 225 und 280; Dipper, S. 189 und 197ff.; Foucault, S. 287ff.; Wirsching, S. 351f., und Wyduckel, S. 16 und 30f.
1400 Dipper, S. 194f., und Gall, S. 147.
1401 STAB 2 - R. 11. l. 2. Manualakten betr. die Revision der Verordnung vom 15.11.1852 (brem. Seemannsordnung) 1855–1868.
1402 Van Dülmen: Kultur und Alltag, Bd. 3., S. 152ff., und Requate, S. 391f.
1403 Van Dülmen: Kultur und Alltag, Bd. 3., S. 160, und von Ungern-Sternberg, S. 386ff.
1404 Ville: Shipowning, S. 93, und Requate, S. 391f.
1405 Van Dülmen: Kultur und Alltag, Bd. 3, S. 168ff.; Requate, S. 391f., und Wolfgang von Ungern-Sternberg: Medien, in: Handbuch der deutschen Bildungsgeschichte, Bd. III., 1800–1870, München 1987, S. 386ff.
1406 Gerd Friederich: Das niedere Schulsystem, in: Handbuch der deutschen Bildungsgeschichte, Bd. III., 1800–1870, München 1987, S. 123–131; Schulze: Staat und Nation, S. 161ff., und von Ungern-Sternberg, S. 386ff.

Tabakdose mit immerwährendem Kalender von Pieter Holm, Amsterdam 1755. Der gebürtige Schwede betrieb in Amsterdam seit 1737 als »Lehrmeister der Seekunst« eine kleine Schule für praktische Navigation. Die Tabelle auf dem Deckel diente der Bestimmung der Schiffsgeschwindigkeit. Auf der Sekundentabelle (links) las man die Zeit ab, die ein Stück Holz brauchte, um eine Strecke von 40 rheinl. Fuß am Schiff vorbeizuschwimmen. Rechts konnte man finden, wie viele Meilen à 7155 m das Schiff in einer Wache zurücklegte. Die Figur mit der Jahreszahl 1497 zeigt Amerigo Vespucci. (Foto: Egbert Laska)

Über die Bildungsvoraussetzungen wie auch den Erwerb und Umfang von Schulbildung in der Seefahrt können die Angaben der Verfasser der Memoiren einige Anhaltspunkte geben: Von Dorfschulen über das Königlich Dänische Waisenhaus in Kopenhagen und Schulunterricht in militärischen Institutionen bis hin zum englischen Internat und zur Jesuitenschule zeigt die Schulbildung der Verfasser der Memoiren eine große Bandbreite der besuchten Bildungseinrichtungen.[1407]

Ob die Verfasser allerdings als Indikator für den Grad der Schriftlichkeit und Ausdrucksfähigkeit zeitgenössischer Seeleute dienen können, ist fraglich. Zum einen ist die Zahl der Verfasser von derartigen Memoiren zu gering, um als repräsentativ für den Bildungsgrad von Seeleuten ihrer Zeit gelten können, zum anderen dürften sie eher die gebildeteren, wortgewandteren unter den Seeleuten gewesen sein. Darüber hinaus sind einige der genannten Memoiren entweder eindeutig oder sehr wahrscheinlich von erfahrenen Lektoren zumindest überarbeitet worden. Beispielsweise wurden die Erinnerungen von Jürgen Jacobsen wahrscheinlich vom örtlichen Pastor orthographisch und stilistisch überarbeitet, während diese Arbeit bei Joachim Nettelbeck der Herausgeber übernommen hatte.[1408]

Samuel Pattersons Werk dagegen wurde anscheinend aufgrund seiner äußerst begrenzten Schulbildung nach Vorgaben von einem Ghostwriter verfaßt[1409], während James Silk Buckingham, ein hochgebildeter Mann, in seinen späteren Jahren sogar zeitweise in Kalkutta eine Zeitung herausgegeben hat.[1410]

Es scheint aber, daß bereits geringe Grundkenntnisse durchaus ausreichend für den Aufstieg in der Seefahrt waren. Zumindest stellte eine schlechte Schulbildung kein Hindernis für die Beförderung in höhere Ränge dar, denn von den Verfassern von Memoiren, die explizit ihre, wegen der Armut der Eltern schlechte Schulbildung erwähnen, haben immerhin vier einen Offiziersrang erreicht und zwei sind sogar Kapitän geworden.[1411] Daß die Anforderungen an die Schriftlichkeit von Kapitänen und Offizieren allerdings für heutige Maßstäbe nicht besonders hoch waren, zeigt ein Blick auf die Briefe des Föhrer Kapitäns Jürgen Nannings vom Ende des 18. Jahrhunderts:

HE.HE. Lars Larsen *auf der Elbe für Glückstadt den 20 Octobr. 1795*

Hoch geEhrter H. Patron

Hiemit lasse EE unser glückl. u. behaltenes Arivement bis hiezu wissen. – Hoffe das wir bald unsere reise völlig zu hamburg Endigen mögen; (G.G.G.) – Mein Schreiben aus cadis vom 30 August wird EE. wohl eingehändigt seyn. mit dem gezogenen wechsel auf EE. – welchen ich izo selber hieselbst von H. Simon zu Hamburg auszahlen tue. – unsere Reise ist dismal überdi maßen lange u. beschwerl.: gewesen p. – vom Verlauf des Schiffes auch haben von Cadix bis hiezu öfters Lekageie in die Lahdung verspürt bey die Pompen, hatte doch von keine große belang Hieauf gewöhnl. beschlossen.

J. Nannings.[1412]

Orthographisch richtiges Schreiben stellte in einer Zeit ohne feste und verbindliche Rechtschreibregeln ebenso wie Wortwahl und Ausdruck ein Problem dar.[1413] Dennoch war Nannings offenkundig ausreichend qualifiziert, um die ihm übertragenen Aufgaben zur Zufriedenheit seines Reeders zu erfüllen. Weder in Deutschland noch im übrigen Europa stellt Nannings eine Ausnahme dar, der Blick in die betreffenden Archivalien macht dies deutlich.[1414] So waren auch in der englischen Seefahrt phonetische Schreibweisen und eine unklare Grammatik an der Tagesordnung und in den meisten Fällen wohl ausreichend.[1415]

Wichtig war für Schiffsoffiziere aber auch ein grundlegendes kaufmännisches Wissen, vor allem für die Obersteuerleute bzw. Ersten Maate. Besonders in England existierten Schulen, die ein über die grundlegende formale Bildung hinausgehendes, an den praktischen Anforderungen der seemännischen und kaufmännischen Tätigkeiten orientiertes Wissen ver-

1407 Vgl. die Kurzbiographien im Anhang.
1408 *Jacobsen,* S. IIIf., und *Nettelbeck,* S. 9. Auch *Jackmans* Memoiren wurden von einem Herausgeber überarbeitet, *Jackman,* S. Iff.
1409 *Patterson,* Introduction, III.
1410 »James Silk Buckingham«, in: Dictionary of National Biography, edited by Leslie Stephen, Vol. VII., Brown-Burthogge, London 1886, S. 202f.
1411 So hat *Patterson* den Rang eines Bootsmanns erreicht, *Barlow, Jacobsen* und James *Choyce:* The Log of a Jack Tar, Reprint der Ausgabe von 1891, Maidstone 1973, haben es bis zum Steuermann/Maat gebracht, *Cobb* und *Rasch* dagegen sogar zum Kapitän. Vgl. die Kurzbiographien im Anhang.
1412 Nannings: vor Glückstadt, 20. 10. 1795.
1413 Van Dülmen: Kultur und Alltag, Bd. 3., S. 160, und von Ungern-Sternberg, S. 386ff.
1414 So z.B. der Bericht von Schiffer Claus Schröder, AHL, ASA Interna/Seesachen, Nr. 41/4.
1415 Earle, S. 20, und Ville: Shipowning, S. 69.

mittelten und damit ihren Schülern eine wesentlich höhere Chance des Aufstiegs in ihrem Beruf eröffneten.[1416] Andere Seeleute nutzten ihre Zeit als Steuermann, um sich das notwendige kaufmännische Fachwissen anzueignen, wie Jens Jensen Berg[1417], oder es von ihren Kapitänen zu lernen, wie z.B. Søren N. Rasch. Er berichtet über den Kapitän, bei dem er mehrere Jahre blieb: ... *der alt skærpede min forstand og eftertanke tilmed omhu og overlæg, at varetage lastens udsalg, dets beløb pr. kasse at berigtige, så jeg derfor kunne aflægge det mig som pligt pålagde og for en håbefuld ungdom anstændige regnskab.*[1418]

Die Anforderungen an die Bildung der Kapitäne variierten allerdings entsprechend der Fahrtgebiete, in denen sie eingesetzt waren, da beispielsweise die Überseefahrt und die damit verbundenen Aufgaben, etwa Verhandlungen mit Kaufleuten oder die Korrespondenz mit dem Reeder, wesentlich größer und komplexer waren als die Anforderungen, die an einen Kapitän in der Küstenfahrt gestellt wurden. Allerdings konnte auch innerhalb dieser Hierarchie durch eine Verbesserung der formalen Qualifikation ein Aufstieg stattfinden. Ville nennt zumindest einen Fall, in dem ein Kapitän sich durch eine Vervollkommnung seiner schriftlichen Fähigkeiten vom Küstenschiffer zum Kapitän in der Überseefahrt verbessern konnte.[1419]

Über diese formalen Anforderungen hinaus erscheinen auch Fremdsprachenkenntnisse, vor allem natürlich in der Überseefahrt als wichtige Bildungsvoraussetzung für eine Seefahrtskarriere. Daher mahnt auch Müller in seinen Ausführungen über eine Verbesserung der Seeleuteausbildung die Einbeziehung von Fremdsprachenunterricht in eine zukünftige Ausbildung an.[1420] Nicht nur bei Verhandlungen mit Kaufleuten und Behörden in fremden Ländern, die vor allem den Kapitän und die Schiffsoffiziere betrafen, auch beim Dienst auf ausländischen Schiffen, der durch den internationalen Charakter des nautischen Arbeitsmarktes für Seeleute aller Ränge geradezu alltäglich war, waren Fremdsprachenkenntnisse erforderlich.[1421] Vor allem eine Beförderung in höhere Ränge setzte dabei ausreichende Kenntnisse der betreffenden Sprache voraus. So mußte Niels Martin Nielsen wegen mangelnder sprachlicher Fähigkeiten auf eine Beförderung zum Quartermaster auf einem englischen Chinafahrer verzichten.[1422] Seeleute mit guten Sprachkenntnissen dienten dagegen auch als Offiziere auf ausländischen Schiffen, wie z.B. Hansen, der als Bootsmann auf einem niederländischen und als Steuermann auf einem amerikanischen Schiff fuhr.[1423] Auch andere Verfasser von Memoiren erwähnen ihre Fremdsprachenkenntnisse. So sprachen Coxere und John Bechervaise französisch[1424], Eschels beherrschte das Englische und Niederländische[1425], und Georg Wilhelm Kroß wechselte auf ein amerikanisches Schiff, um seine Englischkenntnisse zu verbessern.[1426]

4.2.2 Die Navigationsausbildung

Neben den rein seemännischen Fähigkeiten und einer grundlegenden Bildung des Kapitäns und seiner Offiziere stellte der Erwerb von Navigationskenntnissen die entscheidende Qualifikationshürde auf dem Weg zum Achterdeck dar, wie auch Davis bemerkt, war dies: ... *the true dividing line between the skills of the seaman and the officer.*[1427]

Ausreichende Kenntnisse in der Kunst der Navigation waren die Voraussetzung für eine sichere Reise des Schiffs. Dies galt natürlich um so mehr, wenn das Schiff nicht nur in der Küsten-, sondern in der Überseefahrt fuhr. Allerdings war die Navigation im 18. Jahrhundert weniger eine Wissenschaft als eine Kunst, die mehr auf Mutmaßungen als auf Wissen über die genaue Schiffsposition beruhte. Erhebliche Navigationsfehler waren daher eher die Regel als die Ausnahme.[1428] So berichtet Rodger beispielsweise aus dem Jahre 1743 von einem niederländischen Handelsschiff auf dem Weg von Cadiz nach Oostende, dessen zwei Steuerleute nach vierzehn Tagen auf hoher See den Schiffsstandort mit einer Differenz von 150 Seemeilen bestimmten. Der eine ermittelte eine Position nördlich der Scilly-Inseln, der andere südlich davon.[1429]

Nur in der Küstenfahrt war durch die Zuhilfenahme traditioneller Methoden, die bereits im Mittelalter zu großer Zuverlässigkeit entwickelt worden waren und im wesentlichen auf der Erfahrung und den geographischen Kenntnissen des Navigators beruhten, wie dem Loten oder der sogenannten terrestrischen Navigation, d.h. der Standortbestimmung des Schiffs unter Benutzung landfester Orientierungspunkte, wie z.B. charakteristischer Landmarken, Kirchtürme, etc., ein relativ sicheres Navigieren möglich.[1430] Wesentlich schwieriger gestaltete sich dagegen die Navigation auf hoher See, wo diese Methoden nicht anwendbar sind und die genaue Bestimmung des Schiffsstandortes allein mit den Mitteln der astronomischen Navigation, d.h. der Ortsbestimmung durch die Beobachtung von Himmelskörpern, wie der Sonne oder anderer Gestirne, möglich ist.[1431] Während jedoch eine ausreichend genaue Breitenbestimmung mit Hilfe einer Messung der Gestirnshöhe über dem Horizont relativ einfach möglich ist, stellte die Längenbestimmung über einen langen Zeitraum ein wesentlich komplexeres Problem dar. Diese beruht im Prinzip auf der Berechnung der Differenz zwischen der genauen Zeit eines festen Bezugspunktes, z.B. Greenwich, als Referenzzeit und der Ortszeit des Schiffs. Während die Ortszeit schon damals durch einen erfahrenen Navigator relativ einfach zu bestimmen war, stellte die exakte Bestimmung der Referenzzeit ein erhebliches Problem dar, da die damaligen mangelhaften technischen Möglichkeiten keine genaue Zeitmessung gestatteten.[1432] Aufgrund dieser Probleme erfolgte die Ortsbestimmung auf hoher See bis zum Ende des 18. Jahrhunderts im wesentlichen durch die sogenannte Koppelnavigation, d.h. die Bestimmung des wahrscheinlichen Schiffsstandortes durch die Einberechnung des Kurses und der zurückgelegten Segelstrecke. Daß hierbei durch unzureichende Meßmethoden, Abtrieb und Abdrift durch Strömungen usw. erhebliche Fehlkalkulationen auftraten, dürfte kaum verwundern.[1433]

Der übliche Weg zum Erwerb von Navigationskenntnissen war bis weit ins 19. Jahrhundert hinein der Unterricht durch private Navigationslehrer oder der Besuch einer Navigationsschule. Diese Form des Unterrichtes war in ganz Europa, vor allem aber in den Niederlanden, Dänemark, Deutschland, aber auch in Schottland verbreitet.[1434] Der Navigationsunterricht erfolgte oftmals durch navigatorisch ausgebildete Seeleute, häufig durch alte Kapitäne, die sich im Ruhestand ein wenig Geld dazu verdienten, oder auch im Verlauf des 18. Jahrhunderts in zunehmendem Maße durch akademisch vorgebildete Lehrer.[1435] In England gab es neben zahlreichen, teilweise für die gute Ausbildung berühmten privaten Navigationslehrern und -schulen, wie z.B. der 1715 gegründeten Neale's Mathematical School in London oder der Charlton's Mathematical School in Whitby, bereits gegen Ende des 17. und Anfang des 18. Jahrhunderts Ansätze zu einer staatlich geförderten Navigationsausbildung, wie die 1716 gegründete Royal Hospital School, in der Waisen von Marineangehörigen in der Navigation unterrichtet wurden. Über den reinen Navigationsunterricht hinaus mußten die englischen Lehranstalten ihren Schülern oftmals auch die notwendigen mathematischen Grundkenntnisse vermitteln, da bis zum Ende des 17. Jahrhunderts nur wenige englische Schulen Mathematikunterricht anboten. Neben diesen privaten und staatlichen Navigationsschulen unterhielt auch die englische Seefahrtsbehörde Trinity House Navigationsschulen, u.a. in Hull, und nahm auch Prüfungen ab.[1436] So besuchte beispielsweise Richardson während des Winters 1781/82 den Navigationsunterricht

1416 Earle, S. 20f.
1417 *Berg*, S. 190.
1418 *Rasch*, S. 25f.
1419 Ville: Shipowning, S. 69.
1420 Müller: Vorschlag, S. 18f.
1421 Vgl. die Kurzbiographien im Anhang, z.B. *Eide, Jacobsen, Kroß, Wever.*
1422 *Nielsen*, S. 26.
1423 *Hansen*, S. 22f., und 167ff.
1424 *Coxere*, S. 3, und *Bechervaise*, S. 10.
1425 *Eschels*, S. 157f.
1426 *Kroß*, S. 5.
1427 Davis, S. 122.
1428 Rodger, S. 51f., und Earle, S. 73ff.
1429 Rodger, S. 47.
1430 Heinsius, S. 170–189, und Martin Krotz: Die Kogge – Herkunft, Konstruktion und Funktion eines mittelalterlichen Schiffs, (Manuskript - M.A.), Kiel 1993, S. 74–83. Zur allgemeinen Entwicklung der Navigation vgl. auch Hans-Christian Freiesleben: Geschichte der Navigation, Wiesbaden 1976.
1431 Uwe Schnall: Schiffbau und Navigation vom Spätmittelalter bis zum Beginn des 19. Jahrhunderts, in: Gerhard Bott (Hrsg.): Focus Behaim Globus, Bd. 1, Nürnberg 1992, S. 327f.
1432 Schnall: Navigation, S. 327f., und ders.: Theorie und Praxis bei der Einführung von sicherheitstechnisch relevanten Neuerungen in der Schiffahrt am Beispiel des Chronometers, in: Heide Gerstenberger und Ulrich Welke (Hrsg.): Das Handwerk der Seefahrt im Zeitalter der Industrialisierung, Bremen 1995, S. 78ff.
1433 Rodger, S. 48f., und Earle, S. 73ff.
1434 Davis, S. 122ff.; Feldbæk: Storhandelens tid, S. 189; Brockstedt: Wirtschaftlicher Aufstieg, S. 12, und Lothar Mehl: Die Anfänge des Navigationsunterrichts unter besonderer Berücksichtigung der deutschen Verhältnisse, in: Paedagogica Historica, Bd. VIII (1968), Gent 1968, S. 378f. sowie David Gavine: Navigation and Astronomy teachers in Scotland outside the Universities, in: Mariners Mirror, Vol. 76 / No. 1, 1990, S. 5, und Bruijn: Zeevarenden, S. 187. Auch in den Autobiographien berichten viele Seeleute, daß sie ihre meist in der Winterpause erworbenen Kenntnisse an andere Seeleute weitergaben, so u.a. *Eschels*, S. 78, *Illum*, S. 90f.; 92 und 105, und *Rasch* (nach seinem Examen), S. 24 und 26. *Nettelbeck*, S. 253ff., war sogar eine Zeitlang hauptberuflich als Navigationslehrer in Kolberg tätig.
1435 Davis, S. 122ff., und Mehl, S. 378f.
1436 Davis, S. 123–126.

34. Schatt Kaamer

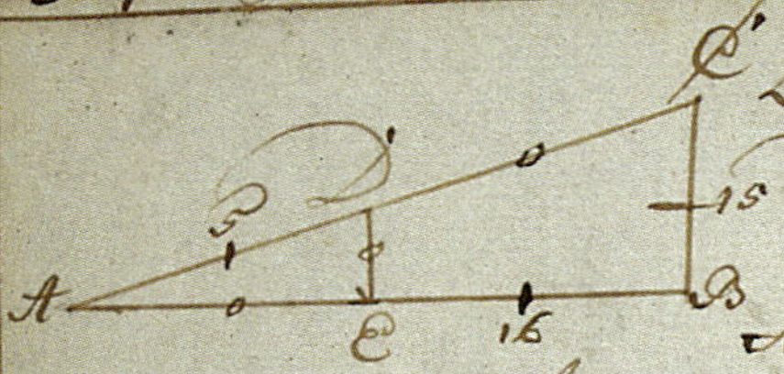

Laet in den selven recht hoeckigen Trian
de linie DE paralelgetrocken zijn met
vooren waer van AD doet 5. EB 16. BC
vraage na AE, DE, en DC, ijder be
Antwoort AE 4. DE 3. en DC 20 roeden

16 mijll voor BE — 256 mijll het quadraet BE.
2. — 225 mijll het quadraet AB.

256 mijll is het quad. 32 mijll — 481 mijll voor BC en BE. 16 mijll
25 mijll het quad. AD 25 mijll — 25 mijll het quadraet AD. 2.

4/6400 mijll — 4800. — 456 mijll — 32.
1600 mijll
800.
4/2400 mijll
600 mijll
456 mijll
4/144 mijll
36 mijll
32.

4 mijll voor AE, en sult vinden na de 47 propositie de 1 Boe
Euclides voor DE 3. en voor DC 20 roeden na begeeren

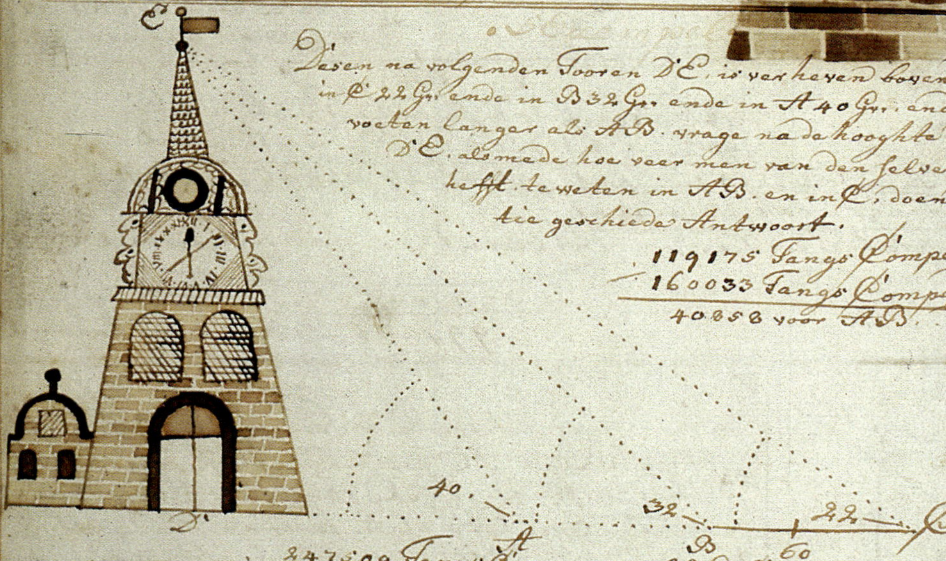

Desen na volgenden Tooren DE, is van heven boven den
in C 22 Gr. ende in B 32 Gr. ende in A 40 Gr. ende BC
voeten langer als AB. vrage na de hoghte des T
DE. alsmede hoe veer men van den selven geo
hefft te weten in AB. en in C, doen dese
tie geschiede Antwoort.

119175 Tangs Compe van
160033 Tangs Compe. van
40858 voor AB.

247509 Tangs Compe. van 22 Gr. CD
160033 Tangs Compe. van 32 Gr. BD
87476 voor BC — 10 Gr.
40858 voor AB — 8 Gr.
46618 verschiel — 2 Gr.

Om de Toorens hoghte DE te vinden.

46618 Tangs — Tot 60 voeten BC — alsoo Radius — tot des
1 — 100000. — hog
6000000
128 voeten voor de hoghte des Toorens D

Om de Zijde DA te vinden. DA

...ius ... tot de Tooren D'C ... allso Tangs de L D'CA 50 ... tot de basis D'A

999 ... 12 roeden ... 119175

1525 4466

153 roeden voor D'A.

...en C D' kan men op de selfde manier vinden, als door de hoecken B en D'C door Tangs.

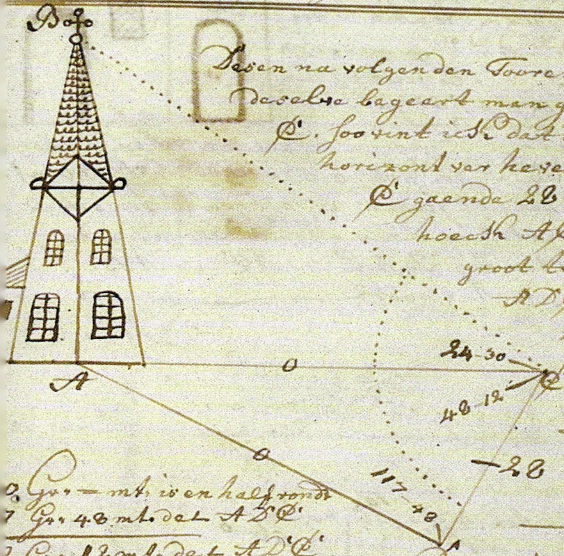

Desen na volgenden Tooren AB. staende voor een Reviere deselve begeert men gemeten te hebben staende in C. soo vint ick dat de Spits des Toorens B boven den horizont verheven was 24 Gr. 30 mt. maer uijt C gaende 28 roeden tot in D'. en alldaer den hoeck ACB waer genomen hebbende groot te zijn 48 Gr. 12 mt. ende den L AD'C 117 Gr. 48 mt. vraghe na de hoghte der Toorens AB. als mede hoe ver men in C en in D' van den selven gestaan heeft

Antwoort

117 Gr. 48 mt. de L AD'C
48 Gr. 12 mt. de L AC'D'
166 Gr. — mt. de 2 hoecken
180 Gr. — mt. is en half rondt
14 Gr. — mt. voor de L D'AC

...0 Gr. — mt. is en half rondt
...7 Gr. 48 mt. de L AD'C
...2 Gr. 12 mt. de L AD'C.

Om de Zijde AC te vinden

...ius ... tot de Zijde D'C ... allso Sinus de L D' 62-12 ... tot de Zijde AC

...0 ... 28 roeden ... 88458

2476824

102 4/10 roeden voor den basis AC

Om de Zijde AD' te vinden

... tot de Zijde D'C ... allso Sinus de L ACD' 48-12 ... tot AD'

...3 ... 28 roeden ... 74548

2087344

86 2/10 roeden voor de Zijde AD'

Om de Toorens hoghte AB te vinden

...dius ... tot de basis AC ... allso Tangs de L ACB 24-30 ... tot de Toorens hoghte AB

999 ... 102 4/10 roeden ... 45573
1024

4666652

46 6/10 roeden voor de Toorens hoghte AB

Martihn Jochim Sievers van Lubeck

1751 1/30

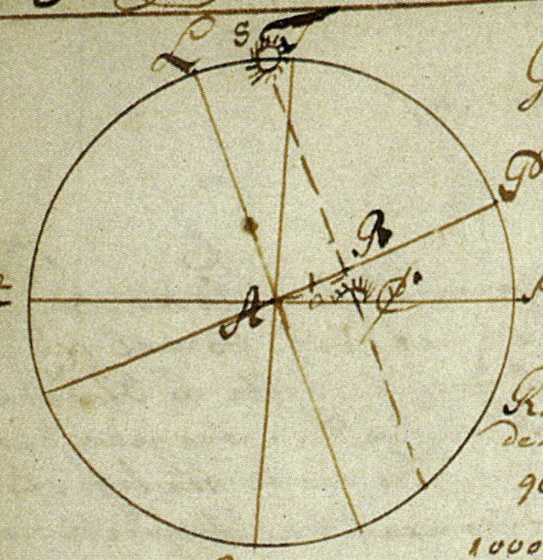

Genoomen Ao 1752. doen de Sons Noorder De
die was 18 Gr. 26 mt. werdt de Son gepeil
den horizont in't ondergaan 12 Gr. 16 mt
Noorden het West. op 24 Gr. 48 mt. N
Polus hooghte. vrage naa de miswyzin
Compas Antwoordt 8 Gr. 6 mt. Noord Oost

Om de Sons ware op en ondergangh AC te

Radius ... tot Sinus van ... allos Secans ... tot
de ∠B ... de Sons Decl. ... de Polus hoogte
90 ... AB ... ∠A
... 18–25 ... 24–48
1000000 ... 949958 ... 1004202
+1004202
1954160
1000000
954160 Sinus Logr. van 20 Gr. 22 mt.
be Noorden het Ware Oost en West op en onder g

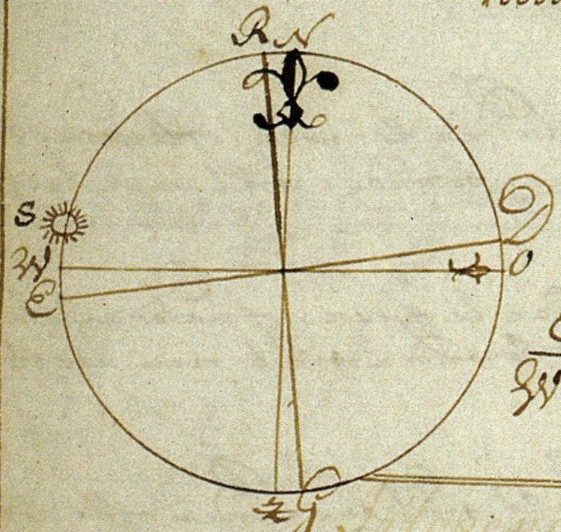

Om de Miswysingh te vinden

NS 12 Gr. 16 mt. de Son be N. het W. gepe
ES 20 Gr. 22 mt. de Sons ware op en onder
WE 8 Gr. 6 mt. of NR. Noord Ooste
dit Compas.

1 Exempel.

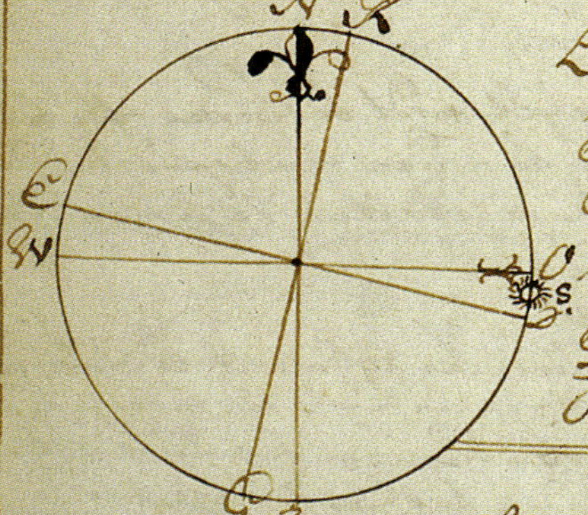

Laat de Son in het op Koomen 5 Gr. 12 mt. be Zu
het Oost gepeyllt Syn. en de waeren op gang
door Rakeningh bevonden 7 Gr. 10 mt. be
den het Oost. vraege naa de miswysinge v
Compas. Antwoort 12 Gr. 22 mt. Noord West
OS 5 Gr. 12 mt. de Son be Z. het O. gepayllt
DS 7 Gr. 10 mt. de Sons waare
OD 12 Gr. 22 mt. of NR Noord Westeringe

2 Exempel.

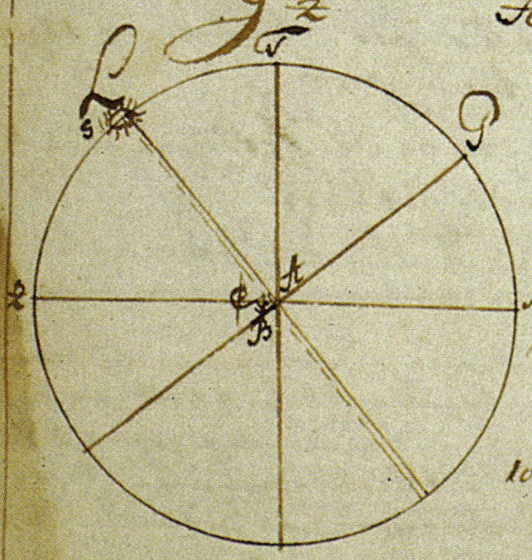

Ao 1755 den 25 Septemb. op 40 Gr. 35 mt. Noorder
hoghte. is de Son gepeyllt in het op Koman aen
horizont 15 Gr. 12 mt. be Zuyden het Oost. v
na de miswysinge van 't Compas. Antwoort
2 mt. Noord Westering.

Om de Sons ware op en ondergang AC te vi

Radius ... tot Sinus van ... allos Secans ... tot S
de ∠B ... de Sons Decl. ... van de Polus hoogte ∠A ... AC
90 ... AB
... 0–53 ... 40–36
1000000 ... 818798 ... 1011949
+1011949
1830747
1000000
830747 Sinus Logr. van 1 Gr. 10 mt. da
Son be Zuyden het ware Oost en West op en ondergaet.

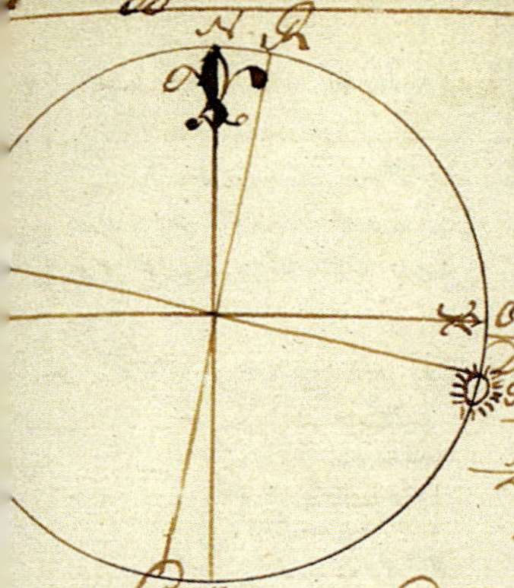

Om de Miswysingh te vinden.

OS 15 Gr. 12 mt. de Son be Zuyd. het O. gepeillt
DS 1 Gr. 10 mt. de Sons ware

OD 14 Gr. 2 mt. of N.R. Noord Westeringh
dit Compas.

Ao 1760 den 21 Juny. heeft er Piloot zynde op 29 Gr. 52 mt. Zuyder Latitudo. peylt de Son aldaer in 't op Komen aen den horizont 31 Gr. 42 mt. be Noorden het Oost vraege naa de miswysinge van 't Compas. Antwoort 4 Gr. 17 mt. Noord Oosteringh.

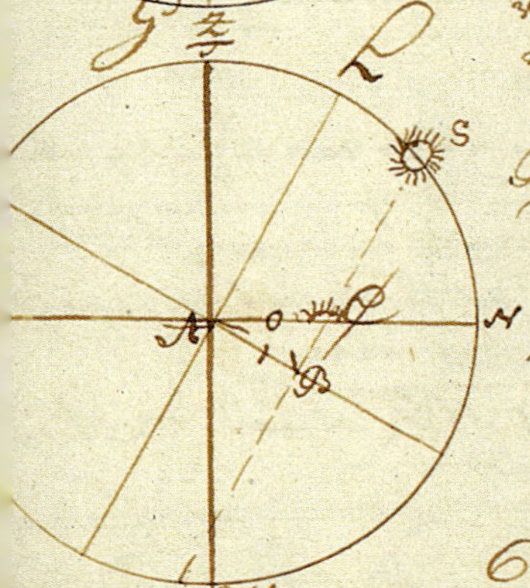

Om de Sons ware op en ondergang AC te vinden.

Radius de LB	tot Sinus van de Sons Decl. AB	alsoo Secans van de Polus hoghte LA	tot Sinus AC
90	23–32.	29–52.	
1000000	960128	1006188	

+ 1006188
1966316
1000000

966316 Sinus Logr. van 27 Gr. 25 mt. dat de Son be N. het ware O. en W. open ondergaat

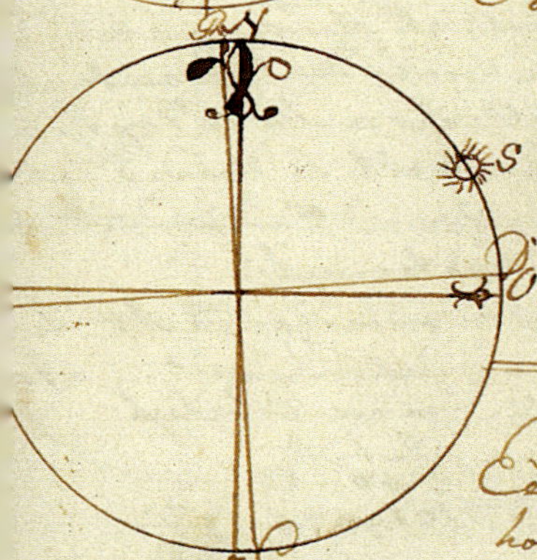

Om de Miswysing te vinden.

OS 31 Gr. 42 mt. de Son be N. het O. gepeylt
DS 27 Gr. 25 mt. de Sons ware

OD 4 Gr. 17 mt. of N.R. Noord Oosteringh
dit Compas.

Exempel.

Een Stuyrman zynde op 39 Gr. 10 mt. Noorder Polus hooghte, doen de Sons Noorder declinatie was 6 Gr. 55 mt. peillt de Son aldaer in 't op komen aen den horizont 4 Gr. 28 mt. be Zuyden het Oost. vrage nae de miswysing van 't Compas Antwoordt 13 Gr. 24 mt. Noord Westeringh.

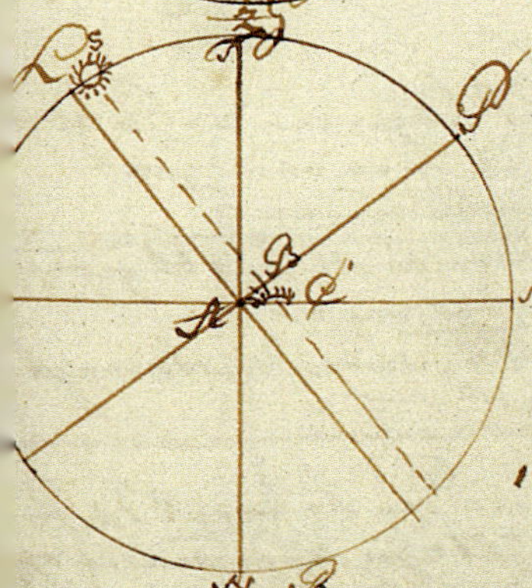

Om de Sons ware op en ondergang AC te vinden

Radius de LB	tot Sinus van de Sons Decl. AB	alsoo Secans van de Polus hoghte LA	tot Sinus AC
90	6–55	39–10	
1000000	908071	1011052	

+ 1011052
1919123
1000000

919123 Sinus Logr. van 8 Gr. 56 mt. dat de Son be Noord het ware O. en W. op en ondergaet.

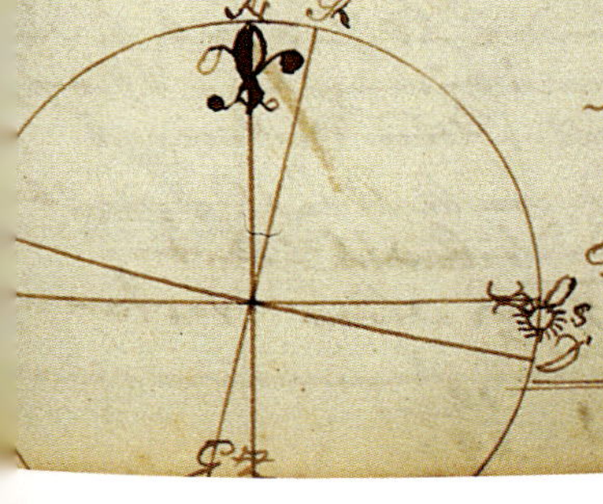

Om de Miswysingh te vinden.

OS 4 Gr. 28 mt. de Son be Z. het O. gepeillt.
DS 8 Gr. 56 mt. de Sons ware

OD 13 Gr. 24 mt. of N.R. Noord Westeringh
dit Compas

1750. 12/29

an einer Lehranstalt des Trinity House in Newcastle.[1437]

Der Unterrichtsstoff beschränkte sich zumeist auf die Nautik sowie das dazu notwendige Hilfswissen und wurde anhand von Lehrbüchern, den sogenannten »Schat-Kamern«, gelehrt.[1438] Die ersten dieser Lehrbücher erschienen bereits in der zweiten Hälfte des 16. Jahrhunderts[1439], und eine ganze Anzahl weiterer folgten im 17. Jahrhundert, vorwiegend in den Niederlanden. Das in ganz Europa bekannteste dieser Lehrbücher war das von dem niederländischen Navigationslehrer Gietermaker verfaßte »Schat-Kamer ofte Konst der Stuer-Lieden«, das dieser Gattung den Namen gab und nach seinem Erscheinen im Jahr 1660 in den mehr als hundert Jahren bis 1774 vierzehn Auflagen erlebte.[1440] Noch 1863 erschien in Bremen der »Katechismus der Steuermannskunst und Seemannschaft« von Arthur Breusing und Bermpohl, in dem alle Bereiche der Navigation in Form von Frage und Antwort in knappen Sätzen zum Auswendiglernen behandelt werden, so z.B.: *Welches sind die Aufgaben der astronomischen Steuermannskunst? – Breiten- und Längenbestimmungen, Bestimmung der Mißweisung und Berechnung der Hochwasserzeit.*[1441]

Wie hier deutlich wird, stand also nicht das logische Begreifen nautischer Probleme und das Verstehen der Lösungsansätze im Mittelpunkt des Navigationsunterrichts. Dieser bestand vielmehr im Regelfall aus dem bloßen Auswendiglernen von Verfahrenswegen mit Hilfe der erwähnten Lehrbücher und dem Durchrechnen von vorgegebenen Standardbeispielen. Damit sollte der Schüler in die Lage gesetzt werden, auf bestimmte Navigationsprobleme entsprechend den eingeübten Lösungswegen zu reagieren. Diese Art des Unterrichtes beruhte also in erster Linie auf dem Eintrichtern von quasi reflexartigen Reaktionen zur Lösung bestimmter standardisierter Navigationsprobleme und nicht auf deren intellektueller Durchdringung.[1442]

Dementsprechend erzählt Søren N. Rasch über seinen Navigationsunterricht: *Med årets begyndelse begyndte jeg og broder Peder navigationslærdom hjemme hos vor moder, hvor nu sal. skipper Anders Grønberg informerede os tilligemend Chr. Grønberg, det blev uafbrudt fortsat i de 3 vintermåneder til d. 23. marts, da vi havde det alt gennemgået og lært samt i samme tid fik det ganske indskreven i min regnebok, jeg alt i de foregående vintre havde afskrevet til lærdom og øvelse, således kan jeg da også oftere gennemtænke og praktisk øve mig i styrmandskunstens vigtige kundskaber.*[1443] Die Bewältigung des Lehrstoffes erforderte nach dieser Methode in der Regel nur wenige Monate, wie neben Rasch auch Jürgen Jacobsen berichtet.[1444] Daher nutzten die meisten Seeleute wie Søren N. Rasch die Wintermonate, während derer sie zu Hause waren, um die Navigation zu erlernen.[1445] So berichtet neben Niels Martin Nielsen[1446] auch Lorens Friedrich Jepsen, wie er im Winter Navigationsunterricht erhielt: *Diesen Winter, als ich zu Hause war, ging ich in die Steuermannsschule bei dem Navigationslehrer Ocke Petersen in Oldsun und lernte bey ihm vollständig die Navigation.*[1447]

Einige Seeleute erwarben ihre Navigationskenntnisse auch an Bord, sofern sich Steuerleute oder Kapitäne bereit fanden, ihre Kenntnisse weiterzugeben. Samuel Samuels berichtet beispielsweise, daß er durch das Angebot eines Kapitäns, seine Seeleute in Navigation zu unterrichten, bis zum Ende der Reise ein für die Beförderung zum Schiffsoffizier ausreichendes Maß an Navigationskenntnissen erwerben konnte.[1448] Ähnliche Erfahrungen machte auch Lorens Friedrich Jepsen: *Auch hatte der Steuermann mir schon die Reise zuvor das Besteck-Rechnen gelernt und erleichtert ich ihn des Mittags damit, dass Ich schon das Besteck aufgemacht und fertig hatte.*[1449] Theodor Friedrich Maximilian Richter wiederum berichtet von einem Kapitän, der seine Söhne an Bord in Navigation unterrichtete[1450], und auch Jens Jacob Eschels gab als Kapitän seine Navigationskenntnisse gern an seine Seeleute weiter: *Verschiedenen, die dazu Lust hatten, lehrte ich die Steuermannskunst, welche sie am Bord zugleich practisch ausüben lernten, und das Practische ist doch bei weitem besser, als das Theoretische, welches Jeder am Lande lernen kann.*[1451] Andere Kapitäne bemühten sich auch, die Qualifikationsdefizite ihrer Steuerleute zu beheben, wie z.B. Henrik Olsen Eide berichtet.[1452] Allerdings gab es auch Kapitäne, die ihr navigatorisches Wissen für sich behielten und es nicht einmal an ihre Apprentices weitergaben.[1453]

◀◀ *Vorhergehende zwei Doppelseiten:* Handschriftliche Aufzeichnungen aus dem Navigationsunterricht des 18. Jahrhunderts: Schatt Kammer offte Konst der Styrlieden von Sievers, Lübeck 1748–1751.

Der Erwerb der für einen Aufstieg in der nautischen Hierarchie notwendigen Navigationskenntnisse war also nicht Teil der allgemeinen seemännischen Ausbildung. Aus Form und Umfang der traditionellen Navigationsausbildung wird jedoch deutlich, daß der Erwerb dieser Kenntnisse prinzipiell jedem offenstand, der die erforderlichen formalen Bildungsvoraussetzungen und den nötigen Ehrgeiz mitbrachte. Da viele der genannten Seeleute aus den unteren Gesellschaftsschichten stammten[1454] und trotzdem die notwendigen Mittel für diese Ausbildung aufbringen konnten, dürften sich die Kosten in einem überschaubaren Rahmen gehalten haben, wie auch Jens Jacob Eschels erwähnt: *Die Steuermannskunst kostet ja nur wenig zu erlernen, und kaum soviel, als mancher Matrose in ein paar Tagen unnütz durchbringt.*[1455] Zugleich war jedoch auch ein gewisses Maß an Eigeninitiative der Seeleute notwendig, um die hindernden Bildungsschranken zu überwinden.[1456] Jens Jacob Eschels beispielsweise beschreibt seinen Wunsch nach beruflichem Aufstieg so: *Das Matrosenleben hatte ich satt, und dachte, der Boots- und Steuermann haben es doch viel besser als die Matrosen, und der Capitain noch weit mehr; ich betete deshalb bei mir selbst daß der liebe Gott mich auch avanciren lassen möchte.*[1457] Auch Edward Barlow berichtet mit Bedauern aus seiner Zeit als Apprentice über die Notwendigkeit der Eigenmotivation: *But though my master did but show me little concerning navigation, yet if I had given my mind to have learned it from another, my master would not have been unwilling to have paid them for it, and I thought myself in the most fault.*[1458]

Doch nicht nur Motivationsschwierigkeiten standen dem Erwerb von Navigationskenntnissen entgegen, sondern auch Vorbehalte gegen eine Fortbildung und die Möglichkeit eines sozialen Aufstiegs, auch die Ausgrenzung von ehrgeizigen Seeleuten durch ihre Bordkameraden wurde befürchtet. Jens Jacob Eschels berichtet, es ... *wurde oft darüber gespottet, wenn Einer in die Steuermannsschule ging; es hieß dann: siehe, dieser denkt auch noch was zu werden; selbst einzelne meiner Cameraden, die ich überreden wollte mit in die Steuermannsschule zu gehen, sagten mir: nein, wir wollen die Steuermannskunst nicht lernen, es müssen auch Leute auf den Schiffen seyn, die den großen Hals niederziehen ... wie es sich gehört; sie haben auch ihre Lebenszeit daran ziehen müssen.*[1459] Ähnlich berichtet auch Kapitän Müller über den Druck seitens der anderen Seeleute, über den ... *Spott und die hämischen Gesichter seiner Mitmatrosen, mit denen sie den Vielwisser bestürmen ...*[1460] Diese sozialen und mentalen Hemmnisse galt es zusätzlich zum Erwerb des notwendigen Wissens auch zu überwinden und auszuhalten.[1461] Obwohl in Form und Inhalt durchaus beschränkt, reichten die traditionellen Formen des Navigationsunterrichtes bis weit ins 18. Jahrhundert offenkundig aus, um Seeleute ausreichend als Steuerleute und Kapitäne zu qualifizieren.[1462]

Erst um 1800 hatte die Navigation einen Stand erreicht, der mit Hilfe wissenschaftlicher Methoden eine genauere Positionsbestimmung erlaubte. Grundlegend hierfür waren erhebliche Fortschritte in der astronomischen Navigation, zum einen durch verbesserte Navigationsgeräte, wie den Oktanten oder den Sextanten, die eine wesentlich genauere Beobachtung der Gestirne ermöglichten, zum anderen durch die Entwicklung von Methoden zur genauen Längenbestimmung auf See. Während die eine Methode auf komplizierten Berechnungen mit Hilfe der beobachteten Monddistanzen beruhte und ein hohes Maß an mathematischen Kenntnissen voraussetzte, basierte die letztlich erfolgreichere Methode der Längenbestimmung mit Hilfe eines exakten Chronometers auf der Überwindung der technischen Probleme der präzisen Anzeige einer Referenzzeit bei langen Seereisen.[1463]

1437 *Richardson*, S. 6ff.
1438 Mehl, S. 399, und Müller: Vorschlag, S. 14ff.
1439 Schnall: Navigation, S. 328.
1440 Mehl, S. 393ff.
1441 A. Breusing und A. Bermpohl: Katechismus der Steuermannskunst und Seemannschaft, Bremen 1863, Reprint, Hamburg 1998, S. 155.
1442 Mehl, S. 399, und Müller: Vorschlag, S. 14ff.
1443 *Rasch*, S. 23.
1444 *Jacobsen*, S. 5f.
1445 Welke, S. 140f., und Feldbæk: Storhandelens tid, S. 189.
1446 *Nielsen*, S. 18.
1447 *Jepsen*, S. 17.
1448 *Samuels*, S. 123.
1449 *Jepsen*, S. 14f.
1450 Richter, Bd. 3, S. 14f.
1451 *Eschels*, S. 160.
1452 *Eide*, S. 92f.
1453 Weibust, S. 55, und Müller: Vorschlag, S. 14ff.
1454 Vgl. Tabelle 2.
1455 *Eschels*, S. 15.
1456 Brockstedt: Wirtschaftlicher Aufstieg, S. 156f.
1457 *Eschels*, S. 98.
1458 *Barlow*, S. 30.
1459 *Eschels*, S. 160.
1460 Müller: Vorschlag, S. 14ff.
1461 Zu solchen mentalen Hemmnissen vgl. auch Köstlin, S. 112f.
1462 Mehl, S. 399, und Welke, S. 140ff.
1463 Schnall: Navigation, S. 327, und ders.: Theorie und Praxis, S. 78ff.

Zunächst dürften die wissenschaftlichen Methoden der Navigation aber kaum mehr als eine kleine Elite von Seefahrern erreicht haben.[1464] Für die Küstenfahrt waren diese Navigationstechniken kaum von Bedeutung, da die traditionellen Methoden der Ortsbestimmung hier immer noch ausreichten. Im Bereich der europäischen und internationalen Handelsfahrt sah die Lage jedoch seit dem ausgehenden 18. Jahrhundert völlig anders aus:[1465] Mit der Ausdehnung der Fahrtgebiete über Europa hinaus, der zunehmenden Zahl der Überseereisen sowie dem kontinuierlichen Tonnagezuwachs der europäischen Schiffahrt und dem damit verbundenen wachsenden Konkurrenzdruck stieg auch das Bedürfnis nach einer besseren Ausbildung von Steuerleuten und Kapitänen. Die traditionellen Formen der Navigation stießen damit mehr und mehr an ihre Grenzen.[1466] 1781 schickte der preußische Gesandte in Kopenhagen von Bismarck einen Bericht an seinen König Friedrich II., in dem er den unzureichenden Ausbildungsstand der preußischen Kapitäne und Steuerleute beklagte: *... Aber da ich schon bei verschiedenen Gelegenheiten bemerkt habe, daß die Kapitäne und Steuerleute von preußischen Schiffen nicht immer die erforderlichen Kenntnisse für den Beruf haben, den sie ausüben, halte ich es für meine Pflicht, Euer Majestät, meine Ansicht zu unterbreiten, daß man in Ihren Staaten die Führung der Handelsschiffe jedem anvertraute, der sich erbot, ohne daß man einen solchen Untertan vorher ein Examen über die Kenntnisse der Schiffahrt im allgemeinen und derjenigen durch den Sund und das Kattegat im besonderen ablegen ließe, die so notwendig für jeden Kapitän und Steuermann sind und daß man ohne Schwierigkeit einen Steuermann zum Kapitän befördert, obgleich die Verrichtungen des Steuermannes und die Kenntnisse, die für den Beruf des Steuermannes notwendig sind, sich in vielen von den Kenntnissen unterscheiden, die ein Kapitän sich verschaffen muß ...*[1467]

Ein reines Auswendiglernen des Lehrstoffes genügte den tatsächlichen Erfordernissen immer weniger, so daß allmählich eine Reform der Navigationsausbildung unumgänglich wurde. So beklagt der Tönninger Navigationslehrer Brarens 1807 in einem von ihm verfaßten Lehrbuch die mangelnde Qualifikation von angehenden Steuerleuten und Kapitänen: *In den Navigationsschulen wird ihm gewöhnlich nur die Steuermannskunde, und auf seinen Seereisen höchstens die Seemannschaft erklärt: es bleiben mithin dem Jünglinge so manche Obliegenheiten eines Schiffers ganz unbekannt, und erst dann, wenn er jetzt alles selbst zu besorgen hat, dann erst sieht er den Mangel seiner Kenntnisse, als Schiffsführer, ein: – eine Wahrheit! welche die mehresten Schiffer unterschreiben werden.*[1468] Auch der lübische Kaufmann Friedrich Boldemann machte sich zu Beginn des 19. Jahrhunderts Gedanken über den Ausbildungsstand der Kapitäne: *Wie der Schiffer sein Schiff regiert, das lernt er auf dem Schiffe, aber wie er findet, auf welchem Fleck des Meeres sein Schiff schwimmt, wenn er wochen- und monatelang kein irdisch Zeichen sieht, wonach er sich richten kann, das lernt er durch die Schule, auch wenn er nie den Fuß an Bord gehabt hat. ... Aber wir dürfen nicht bei der Fahrt in der Ostsee stehen bleiben. Größere Meere erfordern weitergreifende Hülfsmittel, welche man, sofern sie von der Schule ausgehen, rein theoretisch begreifen kann, um sie dann praktisch anzuwenden.*[1469]

Die Anforderungen an die navigatorischen Fähigkeiten waren also deutlich gestiegen. Neben die nach wie vor grundlegende praktisch-seemännische Ausbildung trat ein erhöhter Bedarf an die theoretischen Kenntnisse der Steuerleute und Kapitäne, um den navigatorischen Problemen der Überseefahrt gewachsen zu sein. Dementsprechend unterzog der bereits erwähnte Kapitän Müller in seiner Abhandlung auch die traditionelle Navigationsausbildung einer vernichtenden Kritik: *Von der Steuermannskunst etwas an Bord zu lernen, dazu fehlt ihm gewöhnlich (Auf einzelnen Schiffen mag sehr gute Gelegenheit dazu seyn, allein sie sind sehr selten) alle Gelegenheit. ... Schiffer und Steuermann, sind gewöhnlich die einzigen an Bord, welche Einsichten in die Schiffahrt besitzen, allein sie verwahren diese, zehn gegen einen, als tiefe Geheimnisse, für jeden, der nicht die ausserordentliche und höchst seltene Gnade genießt, Zutritt in der Kajüte zu haben. ... Nach einigen Reisen, während welchen er seine dunkeln Begriffe von der Regierung des Schiffes bis zur Dämmerung aufgekläret, und sich einige Kenntnisse vom Stauen eines Schiffes, nebst einer grösseren Fertigkeit in der Schiffsarbeit erworben hat; vielleicht auch durch überstandene Gefahren abgehärtet und zum Seeleben gewöhnt, faßt er den Entschluß, sich den Tiefen der Geheimnisse der Steuermannskunst zu nähern. Sein Lehrmeister ein Dorfschulmeister, lehrt ihn für einen billigen Preis, nach einer alten so genanten Schatkamer (die er ihm zu Zeiten über den doppelten Wert verkauft) die ganze Steuermannskunst in einer vielleicht nicht beträchtlich langen Zeit, während welcher er sich von seinen Reisen erholt. Höchst wahrscheinlich zeigt er ihm einige Geheimnisse worauf er schwört, es wisse sie niemand, ausser seinem Lehrmeister, als er.*

Alles das wird ihm gewöhnlich nicht gelehrt, sondern er wird, wenn mir der Ausdruck erlaubt ist, dazu abgerichtet, bei diesem und jenem Worte eine Handlung vorzunehmen, z.B. eine Zahl aufzusuchen in einer Tafel, sie auszuschreiben etc. Mit vieler Mühe, doch gewöhnlich ohne sonderliches Kopfbrechen lernt er endlich was zum alltäglichen Gebrauch unumgänglich gehört: Nach einem Koppelbrett die Pinnen einer Wache auf einen Strich bringen, oder gar die Kurse eines ganzen Etmals koppeln; er weiß viel, wenn er es auf einem Koppelblat thun kan. Noch lernt er aus der Mittagshöhe die Breite finden, auch allenfals das Alter des Mondes berechnen. Wenn er bis zur Stromkaveling gelangt seyn sollte, so ist zehn gegen eins zu wetten, daß er sie für ein Geheimnis hält. (Daß alles dies noch Folge des schlechten Unterrichtes ist, bedarf keiner Erwähnung. Daß alle die, die guten, und mittelmäßigen Unterricht genossen haben, dies nicht treffen kan, eben so wenig.)

Er kauft nun allenfalls, wenn ihn nicht vorher ein Vorurtheil gegen Bücher beigebracht ist, ein Besteck Boekje, und verheuert sich voll Freude über sein Wissen auf ein Schiff. Er hat vielleicht Gelegenheit, einen alten Gradbogen, oder Davisquadranten, oder wenn er dem Glück im Schoos sizt, einen Spiegeloctanten mit Transversalen von fünf zu fünf Minuten, oder gar von zehn zu zehn Minuten getheilt, zu erhalten. Nun geht er in See, mit dem festen Vorsatz, selbst ein Journal zu führen, und kauft dazu eine Charte, gewöhnlich eine Platte. ...

Ein glücklicher Zufall führt ihn entweder einem Schiffer zu, der anfängt es gut mit ihm zu meinen, oder erhebt ihn unverhofft zum Steuermann. Nun arbeitet er mit seinem Beförderer gemeinschaftlich, und sollte man es glauben, oft fängt sich hier erst ein wechselseitiges Mißtrauen an, das beiden höchst beschwerlich ist, beide in Verlegenheit setzt, zu lauten Klagen reizt, und höchst gewöhnlich keinen andern Grund hat, als beiderseitige Unwissenheit. Warlich ich schäme mich, diese Erzählung weiter fortzusetzen, weil ich mich fürchte, jemanden gegen meine Absicht zu beleidigen.

Sehr ist es zu bewundern, wie Leute bei dieser Behandlung noch so ziemlich oft zu den Kentnissen gelangen, die sie besitzen. Allemahl zeugt es in diesen Fällen, wozu Leute von solchen Fähigkeiten, bei einigermassen gehöriger Behandlung hätten gelangen können.[1470]

Die Ansatzpunkte in Müllers Kritik sind eindeutig: Zum einen bemängelt er die zahlreichen Hindernisse beim Erwerb navigatorischer Kenntnisse, sei es durch die verschlossene Haltung der Offiziere, ihr Wissen mit anderen zu teilen, sei es durch den bereits erwähnten sozialen Druck seitens der Mitmatrosen. Ebenso beklagt er schlecht qualifizierte Lehrer und die ungenügenden Lehrinhalte und -methoden, die auf ein bloßes Anwenden und nicht das Verstehen der Materie abzielen, sowie das Fehlen einheitlicher Ausbildungsstandards. Von einer navigatorischen Grundqualifikation auch der Matrosen im Rahmen der allgemeinen Seeleuteausbildung konnte unter diesen Umständen kaum die Rede sein.

Das stetige Wachstum von Handel und Seefahrt erforderte aber eine große Anzahl gut ausgebildeter Schiffsoffiziere, die zumindest im deutschsprachigen Raum nicht ohne weiteres verfügbar, für den sicheren Transport der Waren und die Minimierung der Schiffsverluste durch schlechte Navigation aber unerläßlich waren.[1471] Daher hatten vor allem die Kaufleute und Reeder ein großes Interesse daran, den Bildungsstand der Seeleute und damit zugleich auch die Transportsicherheit zu erhöhen. Neben diesen rein ökonomischen Beweggründen dürfte aber auch hier wiederum ein, entsprechend den Ideen der Aufklärung, allgemeines Interesse an der Hebung des Bildungsniveaus mit hinein gespielt haben. Ebenso gab es auch von staatlicher Seite ein erhebliches Interesse an der Förderung der Seeleuteausbildung, die nicht nur auf ökonomischen Erwägungen beruhte, sondern auch in einem engen Zusammenhang mit dem bereits erwähnten Prozeß der sozialen Disziplinierung des gesamten Staatswesens stand.[1472] Dies geht auch aus den Ausführungen Müllers hervor, der über verbesserte Bildungsmög-

1464 Davis, S. 122f., und Freiesleben, S. 3.

1465 Bruijn: Zeevarenden, S. 187; Davis, S. 122ff., und Mehl, S. 381 und 433f.

1466 Bruijn: Zeevarenden, S. 187; Davis, S. 122ff., und Mehl, S. 381. Vgl. zu den Veränderungen in der europäischen Handelsschiffahrt Ville: Transport, S. 48–113.

1467 Zitiert nach: Mehl, S. 412.

1468 Brarens, S. V. f.

1469 Zitiert nach: Franz Schulze: Die Navigationsschule zu Lübeck und ihre Beziehungen zur Schwesteranstalt in Hamburg, Lübeck 1899, S. 20f.

1470 Müller: Vorschlag, S. 14–18.

1471 Ville: Transport, S. 48–113, Mehl, S. 433f., und Rüdiger Schmidt: Die Professionalisierung der nautischen Fachbildung. Die Seefahrtschule in Bremen 1799–1869, in: Seefahrt an deutschen Küsten im Wandel 1815–1914, Studien zur Wirtschafts- und Sozialgeschichte Schleswig-Holsteins Bd. 22, hrsgg. von Jürgen Brockstedt, Neumünster 1993, S. 119ff.

1472 Mehl, S. 433f., und Schmidt, S. 119ff. Siehe auch: Dipper, S. 194f., und Gall, S. 147.

lichkeiten für Seeleute anmerkte, daß *Allein der gegenwärtige Kajütwächter ... würde ungleich grössere Neigung zu seinem künftigen Gewerbe erhalten, und es dadurch höchst wahrscheinlich in seiner künftigen Einsicht einige Stufen höher bringen, wenn er zu seiner Kunst früh angeführt würde, und nicht erst in den Jahren, wo Leute von mittelmäßiger bürgerlicher Erziehung, gewöhnlich den größten Theil dessen wieder vergessen haben, was sie aus den Schule brachten, wenn ihm seine Kunst als das, wofür sie von allen Leuten von Einsicht gehalten wird, als leicht, und nicht als eine tiefe Weisheit, die erst reifere Jahre nothwendig erforderte, um sie begreifen zu können, bekant gemacht würde ...*[1473]

Dieser ökonomisch-politischen Motivation entsprechend war der naheliegende Schluß, das Niveau der nautischen Ausbildung durch die Etablierung von öffentlichen, jedermann zugänglichen Ausbildungsstätten zu heben und durch die Einführung von Navigationsprüfungen einen annähernd einheitlichen Ausbildungsstand angehender Steuerleute und Kapitäne zu gewährleisten und diese mit den neuen wissenschaftlichen Navigationsmethoden bekannt zu machen.[1474]

Bereits in der französischen Ordonnance de la marine von 1681 war ein Qualifikationsnachweis durch Examinierung für Kapitäne vorgeschrieben.[1475] Auch in Dänemark war die Kopenhagener Schiffergilde seit 1675 verpflichtet, einen Navigationsunterricht anzubieten und Steuerleute sowie fremde Kapitäne zu examinieren. Bereits 1685 wurde in Kopenhagen die erste Navigationsschule, die nachweislich Handelsschiffsoffiziere ausbildete, eröffnet. Die endgültige rechtliche Regelung der Ausbildung erfolgte 1707, nun waren alle Kopenhagener Schiffer und Steuerleute zur Ablegung eines Examens verpflichtet. Diese Regelung war allerdings auf Kopenhagener Seeleute beschränkt, sie galt nicht für die dänischen Provinzen.[1476] Seit 1767 sah eine königliche Verfügung auch für die übrigen Teile des dänischen Gesamtstaates eine Steuermannsprüfung vor. Allerdings unterzogen sich dieser nur wenige Seeleute, da sie nicht obligatorisch war und nur in Kopenhagen abgenommen wurde.[1477]

In den Herzogtümern Schleswig und Holstein besaß seit 1796 Hinrich Brarens zunächst in Wyk auf Föhr und seit 1799 in Tönning für seine Navigationsschule die Prüfungsberechtigung. Brarens war selbst lange Jahre zur See gefahren und hatte in Kopenhagen seine Steuermannsprüfung abgelegt, bevor er sich der Navigationsausbildung widmete.[1478] Er verfaßte auch mehrere Lehrbücher, in denen er deutlich über den bis dato üblichen Umfang der Seeleuteausbildung hinausging. Brarens erörterte nicht nur die neuesten Errungenschaften auf dem Gebiet der wissenschaftlichen Navigation, sondern behandelte auch die Bereiche Seerecht und Ökonomie und war damit seiner Zeit weit voraus.[1479] 1807 beschreibt Brarens seinen Lehransatz im Vorwort seines »System der praktischen Schifferkunde« wie folgt: *Die Steuermannskunde ist ein Inbegriff von Kenntnissen, wie der Weg eines Schiffes nach Grundsätzen, hergeleitet aus der Trigonometrie, der Hydrographie und der Astronomie, mittelst des Compasses, der Logge und des Okt- oder Sextanten, durch den großen Ozean gefunden wird; – sie ist mithin eine Wissenschaft, welche der Jüngling sich eigen machen kann, ohne daß er eine Seereise macht. Die Schifferkunde muß ausgebreiteter sein: sie schließt nicht allein die Seemannschaft, das ist, die Matrosen- und Bootsmanns-Geschicklichkeit, als das Steuren des Schiffs, die Stellung der Segel und der Takelage, kurz, diejenigen praktischen Kenntnisse, welche nur auf Seereisen erworben werden können, mit ein, sondern sie erstreckt sich auch auf die Kenntnis der Meere, der Winde, der Ströme, der See-Gesetze und See-Gebräuche ...*[1480]

Mit Brarens Schule existierte nun für die Seeleute des dänischen Gesamtstaats eine zweite Möglichkeit, das Steuermannsexamen abzulegen. Dieses wurde um so wichtiger, da seit 1802 auch für schleswig-holsteinische Seeleute die Steuermannsprüfung vorgeschrieben war.[1481] Es blieb zwar auch danach den dänischen Reedern bis weit ins 19. Jahrhundert hinein freigestellt, auch nichtexaminierte Steuerleute und Kapitäne anzuheuern, allerdings waren mit dem Examen erhebliche Privilegien während der Ableistung der Dienstpflicht in der dänischen Marine verbunden: Neben der Möglichkeit der Rückstellung bei einer Einberufung wurden examinierte Steuerleute in der Marine entsprechend ihrer Qualifikation eingesetzt, während examinierte Kapitäne völlig von der Dienstpflicht ausgenommen waren.[1482] Damit bestand ein erheblicher Anreiz von staatlicher Seite zur Weiterbildung der Seeleute.

Ebenso gab es in den Niederlanden im 18. Jahrhundert Bestrebungen, die Navigationsausbildung zu verbessern. Die Steuerleute der Vereinigten Ostindischen Kompagnie mußten bereits im 18. Jahrhundert ihre

Kenntnisse in einer Prüfung nachweisen. Zusammen mit der niederländischen Vereinigten Ostindischen Kompagnie war die Stadt Amsterdam federführend in der Förderung der Navigationsausbildung für Seeleute. Seit 1737 existierte hier die Navigationsschule von Pieter Holm, und 1748 gründeten die Admiralität und der Senat der Stadt Amsterdam gemeinsam mit der Vereinigten Ostindischen Kompagnie eine Navigationsschule, die bis 1795 Bestand hatte.[1483]

1749 wurde auch in Hamburg seitens der Admiralität eine Navigationsschule begründet, an der Gerlof Hiddinga, ein Mathematiklehrer, Rechnen, Geometrie, Astronomie und Navigation lehrte, 1764 folgte ihm einer seiner Schüler, Johann Jürgen Früchtnicht, nach. Seit 1785 hatten die Bewerber eine Aufnahmeprüfung abzulegen.[1484] Auch die 1765 gegründete Hamburger Patriotische Gesellschaft bemühte sich entsprechend ihrer Zielsetzung, Bildung und Gewerbefleiß zu fördern, um eine Hebung des Ausbildungsstandes der Seeleute zu erreichen. 1782 wurde ein Preis für den besten Vorschlag für eine Verbesserung des Unterrichtes für Seeleute und Kapitäne ausgeschrieben, den der bereits erwähnte Kapitän Müller mit seinem Beitrag gewann. 1783 eröffnete er auch eine Navigationsschule, die außer der Ausbildung auch freiwillige Prüfungen anbot. Da nur wenige Schüler diese Schule besuchten und noch weniger das Prüfungsangebot wahrnahmen, wurde der Schulbetrieb bereits 1797 wieder eingestellt.[1485]

Auch in Bremen gab es Versuche, eine Navigationsschule zu etablieren. Diese ging auf die private Initiative Daniel Braubachs zurück, eines gebürtigen Bremers, der über langjährige Seefahrtserfahrungen verfügte und 1789 dem Bremer Senat vorschlug, eine staatlich unterstützte Navigationsschule in privater Trägerschaft zu gründen. Dieser erste Versuch zeigte allerdings wenig Erfolg, da, ähnlich wie im Fall der Navigationsschule der hamburgischen Patriotischen Gesellschaft, die Annahme seitens der Seeleute eher schleppend war. Ein günstigeres Schicksal war jedoch einem erneuten Versuch im Jahre 1798 beschieden.[1486] In Lübeck wurde dagegen erst zu Beginn des 19. Jahrhunderts eine Navigationsschule gegründet. Seit 1805 gab es Bestrebungen der Gesellschaft zur Beförderung gemeinnütziger Tätigkeit, eine solche Anstalt zu begründen, die im Jahre 1808 zum Erfolg führten, als Johann Hinrich Sahm, der bereits seit 1793 privat in Lübeck unterrichtet hatte, seine Lehrtätigkeit an der Schule in privater Trägerschaft verschiedener bürgerlicher Kollegien aufnahm.[1487] Neben den hier erwähnten Schulen entstand in verschiedenen anderen Seestädten Deutschlands und Nordeuropas eine große Anzahl weiterer Navigationsschulen.[1488]

Allerdings fanden diese Bildungseinrichtungen nicht sofort eine breite Akzeptanz. Seeleute wie Reeder zeigten sich zunächst sehr skeptisch, was Sinn und Nutzen dieser neuen Formen der Seeleuteausbildung anging, zumal die Prüfungen, wenn überhaupt angeboten, nicht obligatorisch waren. Es existierten auch nur in den seltensten Fällen Vorschriften, wie etwa im bereits erwähnten französischen Seerecht oder in der niederländischen Ostindischen Kompagnie, die eine Navigationsprüfung zur Voraussetzung für die Fahrt als Steuermann oder Kapitän machten.[1489] Kapitän Müller macht die Vorbehalte und das Mißtrauen gegen die Bemühungen der Verbesserungen der Navigationsausbildung deutlich: *Und wie würde es möglich seyn, die ganze Rhederei eines einigermassen beträchtlichen Handlungsortes, dahin zu vereinigen, gemeinschaftlich zu einer Erziehung und Bildung der von ihr abhängigen Schiffer, sich die Hände zu bieten? Würden sie selbst überredet werden können, daß eine solche Vereinigung zum allgemeinen Besten ihrer ganzen Schiffahrt abzwecke? Würden sie nicht jede Antwort auf ihre*

1473 Müller: Vorschlag, S. 29.
1474 Mehl, S. 381.
1475 Ordonnace de la marine, Titel 1, Art. 1, S. 127.
1476 Mehl, S. 379; Feldbæk: Storhandelens tid, S. 189ff., und Albert Olsen: Handels- og Søfartsforhold i XVII og XVIII Aarhundrede, in: Danmarks Søfart og Søhandel, fra ældste tider til vore dage, hrsgg. von Bering Liisberg, Kopenhagen 1919, S. 367f.
1477 Mehl, S. 386f.
1478 Hans Rohde: Die Navigationsschule in Tönning - Ausbildung des seemännischen Nachwuchses im 18. und 19. Jahrhundert, in: Schleswig-Holstein 3/1966, S. 71ff., sowie Mehl, S. 395ff.
1479 Mehl, S. 395ff.
1480 Brarens, Vorbericht, S. III.
1481 Mehl, S. 386f.; Schmidt, S. 126f., sowie Rohde, S. 71–74.
1482 Patent zur Aufrechterhaltung und nähern Bestimmung des See-Enrollirungswesens, für die dazu gehörigen Städte und Districte der Herzogthümer, 11. März 1796 und Verordnung, betr. das Seeenrollirungswesen vom 17. April 1838.
1483 Mehl, S. 378f., und Bruijn: Zeevarenden, S. 187.
1484 A. Hagedorn: Die Hamburgische Navigationsschule in den ersten Jahrzehnten ihres Bestehens, in: Festschrift zum 150jährigen Bestehen der Hamburgischen Navigationsschule, Hamburg 1899, S. 9ff.
1485 Mehl, S. 408f.; Hagedorn, S. 13, und Dipper, S. 194.
1486 Mehl, S. 417–427, und Schmidt, S. 122f.
1487 Pelc, S. 196ff., und Mehl, S. 427ff.
1488 Mehl, S. 378f.
1489 Hagedorn, S. 15, und Schmidt, S. 122f.

Davisquadrant zur Messung der Sonnenhöhe, hergestellt von James Halfy, Boston, New England, 1751. (Foto: Egbert Laska)

Einwürfe: ›Wir und unser Väter haben uns bei Schiffern von der gegenwärtigen Erziehung und den gewöhnlichen Fähigkeiten Reichthümer erworben, sie sind zu unserer Schiffahrt hinreichend. Werden Schiffer, die mehr auf ihre Ausbildung gewendet haben als andre, nicht auch grössere Bezahlung fordern? Und wird uns dadurch ein Pfennig in den gewöhnlichen Assecuranz-Prämien erspart werden?‹ Würden sie nicht, sage ich, jede Beantwortung dieser Einwürfe verlachen?[1490]

Angesichts dieser nur zögerlichen Akzeptanz der neuen Form der Navigationsausbildung aufgrund konservativen Beharrungssinns und der Befürchtung höherer Kosten seitens der Reeder schätzte Müller den bis zur endgültigen Durchsetzung notwendigen Zeitraum durchaus realistisch ein: *Der gewöhnliche Gang aller Aufklärung geht Stuffenweise; es gehören erst Vorbereitungen dazu, und diese zu veranlassen, scheint mir unumgänglich nothwendig. ... Man ermüde nicht, die zu wiederholen, die nächste Generation wird schon mehr Geschmack daran finden, als ihre Väter, und Aufklärung wird ihr zum Bedürfnis werden.*[1491] Noch 1842 konstatiert Marquardt trotz der im Laufe des 19. Jahrhunderts gestiegenen Anforderungen an die fachliche Qualifikation der Schiffsführer durch die Ausdehnung der Fahrtgebiete und den gewachsenen Konkurrenzdruck das fortgesetzte Widerstreben einiger Reeder, die nach den neuen Methoden ausgebildeten Kapitäne einzustellen: *Auch mag es wohl noch hie und da einen Reeder oder Kaufmann geben, der behauptet, dass ein Schiffsführer alten Schlages, wenn derselbe nur glücklich fährt und in seinen Ausgaben sparsam ist, ihm lieber sei, als mancher erfahrene, kentnissreiche junge Mann der neuen Schule. Diese Behauptung kann aber aufs Höchste nur da etwas für sich haben, wo die Schiffahrt einfach betrieben wird ... Ein anderes aber ist es mit einem Schiffsführer, der vielfältige Fahrten nach entfernteren Weltgegenden unternimmt.*[1492]

Doch nicht allein Sparsamkeit und konservative Gesinnung erschwerten die Etablierung der neuen Formen der Navigationsausbildung. So sorgten die Verwirrungen der Napoleonischen Kriege und die seit 1806 etablierte Kontinentalsperre für einen schweren Rückschlag für die kontinentale Seefahrt, die für mehrere Jahre fast völlig zum Erliegen kam. So wurden allein etwa 1400 unter dänischer Flagge segelnde Schiffe aufgebracht, die übrigen verrotteten in den Häfen vor Anker liegend. Viele Reeder gingen bankrott, wie Firma Hinrich Dultz & Söhne in Altona, zweitweilig die größte Reederei in der zweitgrößten Stadt des dänischen Gesamtstaats. Bereits durch die englische Blockade der Elbe seit Wiederausbruch des Kriegs zwischen Großbritannien und Frankreich im Jahre 1803 hatten die Altonaer Reeder erhebliche wirtschaftliche Einbußen erlitten. Bereits bei Ausbruch des Kriegs mit Dänemark 1807 hatte die Reederei Dultz vier schwer beladene Grönlandfahrer verloren, die von einer britischen Fregatte als Prise genommen wurden. 1811 schließlich mußte die Firma, durch das Handelsembargo in den Ruin getrieben, Konkurs anmelden. In vielen der übrigen Staaten auf dem Kontinent sah es ähnlich aus.[1493]

Doch nicht nur die wirtschaftlichen Folgen der Kontinentalsperre waren verheerend, sie erschwerte auch die Ausbildung des seemännischen Nachwuchses. Junge Männer, die den Seemannsberuf ergreifen wollten, wie etwa Uwe Jens Lornsen, der aus einer alten Seefahrerfamilie stammte[1494], wurden daran gehindert, während anderen die Gelegenheit genommen wurde, sich weiterzuqualifizieren. So wurde 1810 auf Befehl der französischen Besatzungsmacht die Hamburger Navigationsschule geschlossen. Zwei Jahre später, 1812, mußten sowohl die Bremer Schule als auch die Lübecker Schule die Navigationsausbildung einstellen, da wegen der hohen Kosten der französischen Besatzung die notwendigen Mittel zum weiteren Erhalt fehlten[1495], so daß nach 1815 ein erhebliches Defizit an ausgebildeten Seeleuten bestand.

Doch schon 1814 wurde der Lehrbetrieb an der Lübecker Navigationsschule wieder aufgenommen, 1816 folgte Hamburg. Die Bremer Schule wurde dagegen erst im Jahre 1825 wieder eröffnet.[1496] Der Lübecker Schule entstand jedoch in den folgenden Jahren durch private Navigationslehrer eine zunehmende Konkurrenz. Um ihren Bestand zu sichern, wurde die bis dahin in privater Trägerschaft befindliche Schule 1825 durch die Stadt Lübeck übernommen. 1827 erließ der Lübecker Senat eine Verordnung, die eine Prüfung für Seeleute, die auf lübischen Schiffen als Steuerleute fahren wollten, zwingend vorschrieb. Die Prüflinge mußten zudem mindestens 21 Jahre alt und wenigstens vier Jahre zur See gefahren sein.[1497]

Inzwischen hatten auch die Reeder die Vorteile des neuen Ausbildungs- und Prüfungswesens erkannt. Man betrachtete nun die nautischen Qualifikationsnachweise als Wettbewerbsvorteil, wie die Beschwerde des Friedrichstädter Reeders Stuhr aus dem Jahre 1815 über die Verweigerung der Schifferpatente an seine Kapitäne trotz abgelegter Steuermannsprüfung belegt: *Ob ein Schiffer, der, in der Mittelländischen See, Westindien, Lissabon und Rio Janeiro, wohin einem eines Schiff die wahrscheinliche Bestimmung hat, bei seinem Consul oder Befrachter, mit einem Matrosen Patent erscheint, dasselbe Zutrauen genießt als wenn er sein regelmäßiges Schiffer-Patent besitzt, brauche ich wohl nicht zu erläutern und ob ihm dieses in seiner Befrachtung oder Geschäften nützlich oder unnützlich ist.*[1498] Obwohl den Kapitänen das Führen eines Schiffs ohne das Schifferpatent nach dänischem Recht ja

1490 Müller: Vorschlag, S. 20f.
1491 Ebd., S. 22f.
1492 Marquardt: Handbuch für Schiffsführer, S. 7.
1493 Kennedy, S. 206ff., und 264f.; Feldbæk: Storhandelens tid, S. 196–201, und Jestrzemski, S. 11f.
1494 Alexander Scharff: Schleswig-Holstein und die Auflösung des dänischen Gesamtstaates 1830–1864/67, Geschichte Schleswig-Holsteins, Bd. 7/1, Neumünster 1975, S. 18.
1495 Mehl, S. 427 und 433, und Schmidt, S. 119ff.
1496 Pelc, S. 196ff.; Hagedorn, S. 22, und Schmidt, S. 126ff.
1497 Pelc, S. 199 und 205.
1498 LASH, Abt. 65.2, Nr. 835 III.

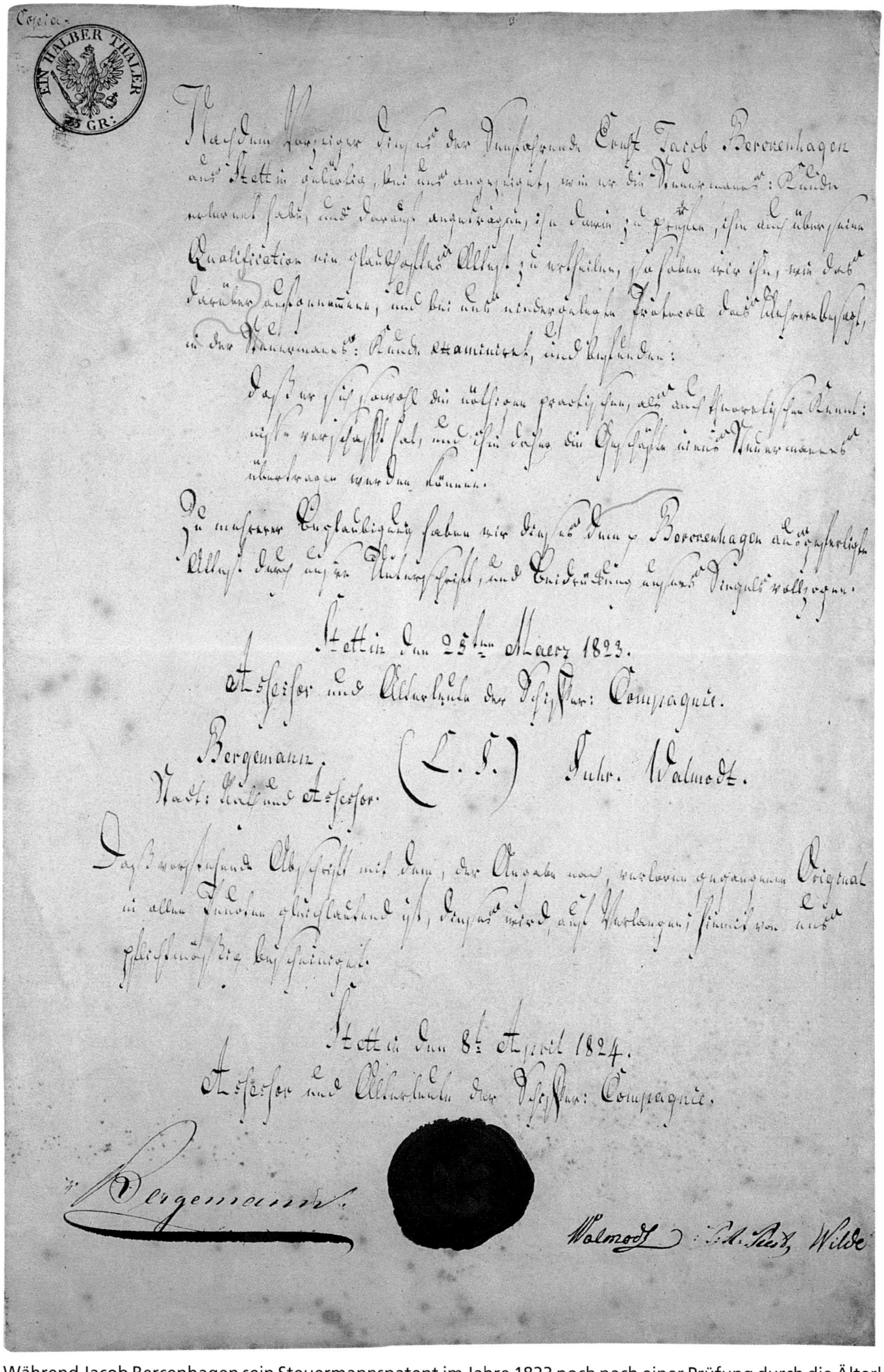

Copia.

EIN HALBER THALER 15 GR.

Stettin den 25ten Maerz 1823.

Assessor und Aelterleute der Schiffer: Compagnie.

Bergemann (L. S.) Walmodt.

Stettin den 8t April 1824.

Assessor und Aelterleute der Schiffer: Compagnie.

Bergemann. Walmodt Wilde

Während Jacob Bercenhagen sein Steuermannspatent im Jahre 1823 noch nach einer Prüfung durch die Älterleute in Stettin erhielt, bekam der Seemann Christoph Osterloh sechs Jahre später bereits ein Zeugnis der Navigationsschule in Bremen. (Foto: Egbert Laska)

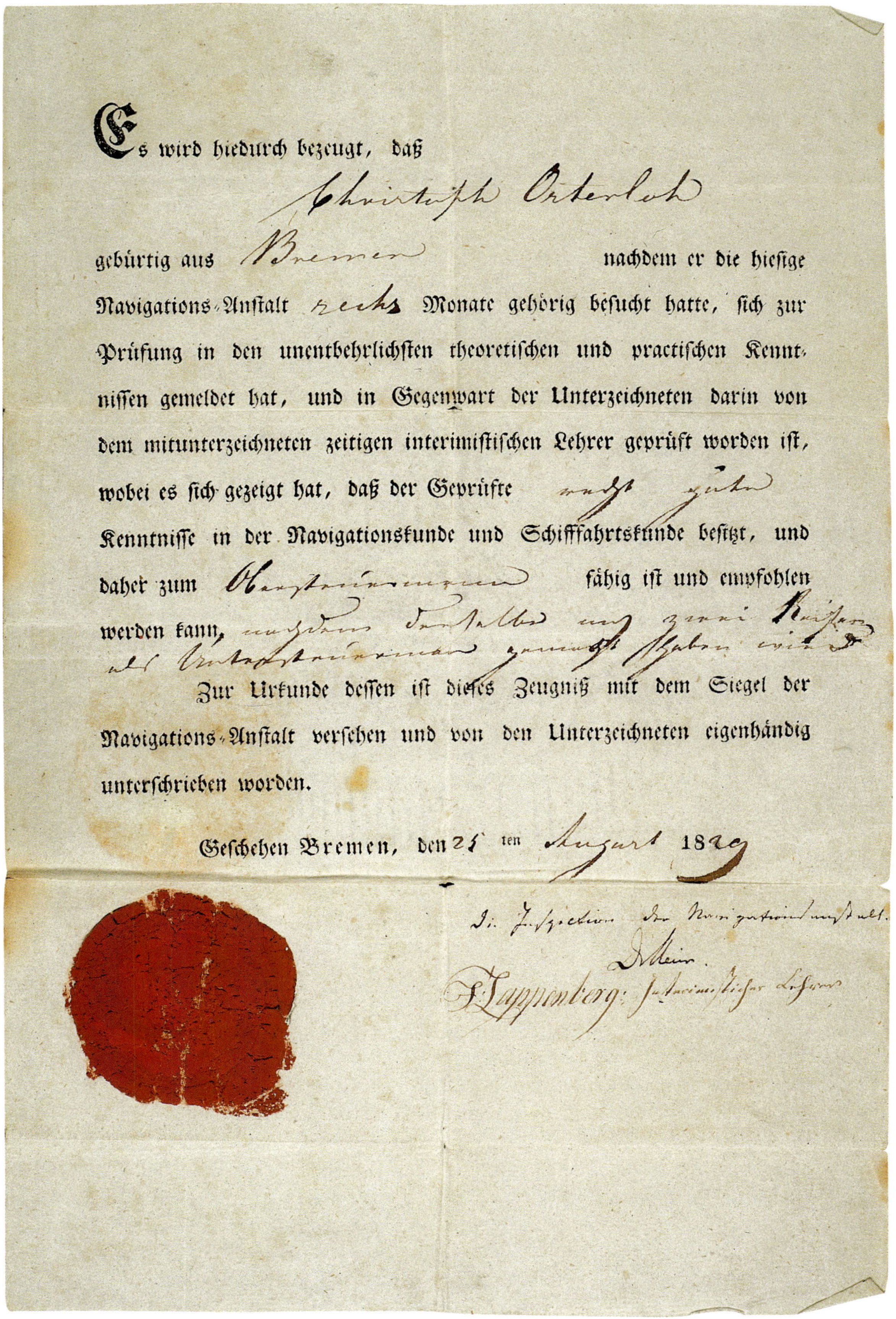

Es wird hiedurch bezeugt, daß

Christoph Osterloh

gebürtig aus Bremen nachdem er die hiesige Navigations-Anstalt sechs Monate gehörig besucht hatte, sich zur Prüfung in den unentbehrlichsten theoretischen und practischen Kenntnissen gemeldet hat, und in Gegenwart der Unterzeichneten darin von dem mitunterzeichneten zeitigen interimistischen Lehrer geprüft worden ist, wobei es sich gezeigt hat, daß der Geprüfte recht gute Kenntnisse in der Navigationskunde und Schifffahrtskunde besitzt, und daher zum Obersteuermann fähig ist und empfohlen werden kann, nachdem derselbe noch zwei Reisen als Untersteuermann gemacht haben wird.

Zur Urkunde dessen ist dieses Zeugniß mit dem Siegel der Navigations-Anstalt versehen und von den Unterzeichneten eigenhändig unterschrieben worden.

Geschehen Bremen, den 25ten August 1829

Die Inspection der Navigationsanstalt.

D. Meier

J. Lappenberg: Interimistischer Lehrer

durchaus erlaubt war[1499], genossen die Inhaber eines solchen Patentes durch den damit verbundenen objektiven Qualifikationsnachweis in den Augen der Befrachter offenbar einen Vertrauensvorschuß, der unter den harten Wettbewerbsbedingungen in der Seefahrt einen nicht unerheblichen Vorteil bedeutet haben dürfte.

Die Neuordnung der Navigationsausbildung stellte durch die den gewachsenen Anforderungen und dem neuesten Stand der Wissenschaft entsprechende Verbesserung der allgemeinen wie nautisch-theoretischen Kenntnisse der Schiffsführer und -offiziere sowie die gleichzeitige Einführung von Prüfungen vor allem eine fachliche Professionalisierung der Seefahrt dar.[1500] Dieser Prozeß bot aber nicht allein die Möglichkeit, den Mangel an qualifizierten Seeleuten zu beheben, sondern auch die Chance zu einer gewissen Formalisierung der nautischen Qualifikationsnachweise, wie auch Jürgen Jacobsen 1815 ausführt: *Fast überall sind jetzt Navigationsschulen, um Steuerleute zu bilden. ... und in fast allen Ländern müssen die Steuerleute als solche examinirt seyn, und ein Steuermannspatent aufzuweisen haben.*[1501]

Diese Entwicklung hin zu einer generellen Regulierung und Formalisierung der Seeleuteausbildung und der damit verbundenen Qualifikationsnachweise entsprach durchaus einem internationalen Trend. Wie erwähnt, war für Schleswig-Holstein das Steuermannsexamen bereits seit 1802 neu geregelt worden, seit 1824 verpflichtete eine Vorschrift in Preußen die Steuerleute, eine Prüfung abzulegen, seit 1826 galt die Anweisung auch in Hamburg, die Großherzogtümer Oldenburg und Mecklenburg-Schwerin folgten 1832 bzw. 1833, Hannover 1845.[1502] Auch in den Niederlanden war 1823 eine Prüfungsvorschrift in Kraft getreten, die allerdings ähnlich wie in Dänemark den Reedern freistellte, auch weiterhin Steuerleute und Kapitäne ohne Examen anzuheuern.[1503] Obwohl die englische Seefahrtsbehörde Trinity House bereits gegen Ende des 17. Jahrhunderts Navigationsexamen abhielt[1504], etablierte sich in England und Schottland erst in den 1850er Jahren durch die mit dem Mercantile Marine Act 1850/51 und dem Merchant Shipping Act von 1854 verbundene Einführung von Prüfungen und Qualifikationsnachweisen für Steuerleute und Kapitäne eine formalisierte Navigationsausbildung. Jetzt waren Steuerleute und Kapitäne verpflichtet, bei Annahme einer Heuer einen durch den Board of Trade erteilten Befähigungsnachweis vorzulegen.[1505] Doch auch zuvor war in Großbritannien zumindest für den Kapitän eine ausreichende nautische Qualifikation erforderlich gewesen: *... but if the master be not of competent skill, the vessel will not be deemed seaworthy.*[1506]

Vielfach blieben diese neuen Ausbildungs- und Nachweismodalitäten zunächst noch durchlässig. So wurde z.B. 1834 einer Bitte an den Rat der Stadt Lübeck um Dispens von der seit 1827 obligatorischen Steuermannsprüfung für Lübecker Kapitäne und Steuerleute durch einen Kapitän, der früher von Memel aus ein Schiff geführt hatte und nun, nach einer mehrjährigen Pause, in der er als Gastwirt in Lübeck tätig gewesen war, ein Schiff unter Lübecker Flagge führen wollte, ohne weiteres stattgegeben.[1507]

Die allmähliche Verstaatlichung des Navigationsausbildungs- und Prüfungswesens hatte neben den bereits erwähnten Bestrebungen, den Bildungsstand zu heben, auch andere Gründe. Neben der allgemeinen Tendenz der Ausdehnung des staatlichen Regelungs- und Normierungsbereiches hatte sie zumindest in den deutschen Küstenländern auch das Ziel, die eigenen Seeleute vor der ausländischen Konkurrenz zu schützen, da die jeweiligen Prüfungen von anderen Staaten nicht anerkannt wurden.[1508]

Die mit dieser Entwicklung verbundenen Push- und Pull-Faktoren, d.h. einerseits bewußt gewollte Weichenstellungen in bestimmte Richtungen und andererseits die von außen einwirkenden Anpassungszwänge, denen man sich nicht entziehen konnte, erzeugten einen erhöhten Bedarf an navigatorischer Ausbildung. Je höher die Anforderungen an die Steuerleute durch die entsprechende Gesetzgebung wurden, desto höher wurde auch der Druck auf die staatlichen Stellen, die dazu notwendigen Ressourcen bereit zu stellen. Seit 1830 war die Bremer Navigationsschule aufgrund stark gestiegener Schülerzahlen gezwungen, einen ganzjährigen Unterricht anzubieten, während in Schleswig-Holstein die 1827 für den dänischen Gesamtstaat verfügte Beschränkung der Prüfungen auf Kopenhagen zu unhaltbaren Zuständen führte, so daß 1833 durch ein Kanzlei-Patent erneut eine Examinationsbehörde für die Herzogtümer, wiederum mit Sitz in Tönning, etabliert wurde. Besonders in den diesbezüglichen Archivalien kommen die großen Probleme und Schwierigkeiten bei der Erlangung des notwendigen Qualifikationsnachweises für die schleswig-holsteinischen Seeleute, die durch die Einstellung der Prüfungen vor Ort entstanden, deutlich zum Ausdruck.[1509]

Trotz verschiedener Versuche, eine gegenseitige Anerkennung der Steuermannsexamen zumindest in den drei Hansestädten durchzusetzen[1510], kam es erst 1869 mit dem Erlaß der Gewerbeordnung für den Norddeutschen Bund, zu einer einheitlichen Prüfungsregelung in der deutschen Seefahrt. Danach waren Kapitäne und Steuerleute verpflichtet, den Besitz der notwendigen Kenntnisse durch einen Qualifikationsnachweis zu belegen. Mit den »Vorschriften über den Nachweis der Befähigung als Seeschiffer und Seesteuermann auf Deutschen Kauffahrteischiffen« wurden noch im gleichen Jahr die dazu notwendigen Bestimmungen erlassen.[1511]

Allerdings fiel nur das Prüfungswesen in den ausschließlich staatlichen Kompetenzbereich, in der Frage der Ausbildung blieb es den Prüflingen weiterhin möglich, die notwendigen Kenntnisse entweder auf einer der staatlichen Navigationsschulen oder privat zu erwerben. Auch von den acht dänischen, deutschen und niederländischen Verfassern von Memoiren, die nach 1815 ihr Steuermannsexamen ablegten, besuchte nur Sandmann eine staatliche, nämlich die hamburgische Navigationsschule, alle anderen erwarben ihre Kenntnisse auf privater Basis.[1512] So stand bis weit in die zweite Hälfte des 19. Jahrhunderts hinein die Navigationsausbildung auch den unteren Bevölkerungsschichten prinzipiell offen. Aus den genannten Memoiren geht dies deutlich hervor, denn obwohl zwei Verfasser, Hans Bruhn und Christiaan Jan Jaski, aus Kapitänsfamilien stammten und die Väter von zwei anderen, Peter Illum und Georg Wilhelm Kroß, Küstenschiffer waren, konnten sich auch Söhne von einfachen Seeleuten, Grobschmieden und armen Zimmerleuten qualifizieren. Ebenso deuten Untersuchungen zur Geschichte der Bremer Navigationsschule darauf hin, daß auch zahlreiche Schüler mit niedriger Schulbildung den Unterricht besuchten, um die für das berufliche Fortkommen notwendige Qualifikation zu erwerben.[1513]

Allerdings verlief die Neuordnung des nautischen Ausbildungswesens nicht ohne gewisse Anpassungsprobleme. Grundlegende Bedingung für einen erfolgreichen Erwerb von Navigationskenntnissen war nach wie vor nicht etwa die soziale Herkunft o. ä., sondern eine ausreichende formale Bildung, wobei allerdings die Anforderungen an das vorauszusetzende Wissen mit der zunehmenden Komplexität des fachlichen Stoffes immer größer wurden. Ein solides Grundmaß an Schulbildung war jetzt die Voraussetzung für die Navigationsausbildung, und deren Mangel konnte zu einem erheblichen Karrierehindernis werden, wie Marquardt bestätigt: *Aber wünschenswerth bleibt es immer noch, dass der practische Seemann die Navigations-Schule mit solchen Vorkenntnissen ausgerüstet betrete, dass es ihm möglich werde, auf festem Fundamente fortbauend, dem Vortrage zu folgen. Es fehlen der Mehrzahl der angehenden Steuerleute nur zu häufig die nothwendigsten Schulkenntnisse, welche zu erwerben sie während der Erlernung der Steuermannskunde keine Zeit erübrigen können.*[1514]

Gleichermaßen zeigten auch an der Lübecker Navigationsschule viele Schüler solche Defizite in den notwendigen formalen Bildungsvoraussetzungen, daß zusätzlicher Unterricht in Deutsch gegeben wurde. Zudem besuchten viele Schüler die Navigationsschule zweimal. Dies deutet einerseits darauf hin, daß sie das Unterrichtspensum aus verschiedenen Gründen nicht bewältigen konnten, zugleich macht dieser wiederholte Besuch deutlich, daß es dennoch einen starken Bedarf an Qualifizierung gab. Ähnliches galt auch für die Navigationsschule in Bremen.[1515]

1499 Vgl. das Patent zur Aufrechterhaltung und nähern Bestimmung des See-Enrollirungswesens, für die dazu gehörigen Städte und Districte der Herzogthümer, 11. März 1796 und Verordnung, betr. das Seeenrollirungswesen vom 17. April 1838.
1500 Gerstenberger und Welke: Vom Wind zum Dampf, S. 82f.
1501 Jacobsen: Seerecht, S. 165.
1502 Pelc, S. 199; Schmidt, S. 126ff., und F.K.J. Zedel: Geschichte der Navigations-Schule der Patriotischen Gesellschaft in Hamburg, in: Geschichte der Hamburgischen Gesellschaft zur Beförderung der Künste und nützlichen Gewerbs (Patriotische Gesellschaft), Teil III.: Das Wirken der Patriotischen Gesellschaft, Heft 1, Hamburg 1913, S. 181.
1503 Bruijn: Zeevarenden, S. 189.
1504 Davis, S. 123–126.
1505 Gavine, S. 86f.
1506 Manual of Maritime Law, S. 27.
1507 AHL, ASA Interna/Seesachen, Nr. 30/9.
1508 Schmidt, S. 126ff. und 133, und Schulze: Navigationsschule zu Lübeck, S. 35f.
1509 Schmidt, S. 133, und Rohde, S. 73f. Vgl. dazu auch: LASH, Abt. 65.2, Nr. 831 II.
1510 Schulze: Navigationsschule zu Lübeck, S. 35ff.
1511 Ebd., S. 41, und Rohde, S. 74.
1512 Schulze: Navigationsschule zu Lübeck, S. 41, und Rohde, S. 74. Die anderen examinierten Verfasser waren: *Bruhn, Eide, Illum, Jaski, Jepsen, Kroß* und *Rasch*. Vgl. auch die Kurzbiographien im Anhang.
1513 Kurzbiographien im Anhang sowie Schmidt, S. 137f.
1514 Marquardt: Handbuch für Schiffsführer, S. 3.
1515 Welke: Der Kapitän, S. 154ff., und Pelc, S. 201, sowie Schmidt, S. 137f.

Hölzerner Pinnkompaß, Anfang 19. Jahrhundert. Alle halbe Stunde (1 Glas) wurde mit Steckhölzchen der gesteuerte Kurs in der Rose abgesteckt, in der unteren Tafel Geschwindigkeiten. Nach jeder Wache (8 Glas) konnte der Kurs dann zur Positionsbestimmung und Übertragung in die Seekarte abgelesen werden. (Stiftung Bruhn). (Foto: Egbert Laska)

Doch nicht allein die erwähnten Bildungsdefizite komplizierten die Ausbildung der Steuerleute, denn viele angehende Steuerleute verfügten aufgrund der veränderten Bedingungen der Seefahrt nur über unzureichende seemännische Kenntnisse, wie ein Bericht des bremischen Konsuls in Konstantinopel aus dem Jahre 1856 zeigt: *Die Bremer Schiffer beklagen sich (und die Musterrollen liefern den Beweis dazu) daß die Anforderungen welche an die Steuerleute bei dem Examen gemacht würden, einerseits den Bedürfnissen der practischen Schifffahrt überstiegen, andererseits die in der Schule der Praxis gebildeten Anwohner der Wesergegenden vom Examen abhielten, so daß größtentheils nur Leute aus dem Inneren Deutschlands das Steuermanns-Examen machten, daß aber diese Leute unbrauchbar wären, weil ihnen die practische Schule fehlte und besonders ihnen das Verständniß der Seebevölkerung abginge.*[1516] Auch Marquardt weist deutlich darauf hin, daß bei aller theoretischen Bildung die seemännische

Praxis nicht vergessen werden dürfe und angehende Steuerleute und Kapitäne deshalb eine ausreichende Fahrzeit aufweisen müßten.[1517] Andererseits klagten die Seeleute und auch die Reeder über die neuen Prüfungsverordnungen, unqualifizierte Lehrer und vieles mehr.[1518]

Doch trotz dieser Probleme setzte sich die Neuordnung und Verstaatlichung der Navigationsausbildung durch ihre genannten, unbestreitbaren Vorteile gegenüber den traditionellen, unstrukturierten Formen des Unterrichtes weiter durch. So schreibt beispielsweise Marquardt 1842 in seinem Schifferhandbuch über die neuen Navigationsschulen in Preußen: *Navigationsschulen zu Memel, Pillau, Danzig, Stettin und Stralsund verbreiten das Licht der Wissenschaft heutzutage in einem Stande, der früher als Vorbild der Roheit berüchtigt war, und nur dankend können Preussens Seeleute die Bemühungen des Staates anerkennen, der keine Ausgaben scheute, die Seemannschaft aus ihrem Nichts auf den jetzigen Standpunkt zu erheben, indem er die Schulen mit den besten Hilfsmitteln ausrüstete und diese successive zu vervollständigen und zu ergänzen bemüht ist.*[1519] Demnach wurde die neue Art der Ausbildung offenkundig den Anforderungen nach einer verbesserten, umfassenderen Qualifikation der Schiffsoffiziere besser gerecht als die traditionellen Formen, zumal der Zugang auch weiterhin prinzipiell allen interessierten Seeleuten offen stand. Ebenso ermöglichte die Verstaatlichung der Navigationsausbildung die Etablierung von einheitlichen Qualifikationsstandards und deren objektiven Nachweis.

Dies bedeutete zugleich den Übergang von einer persönlichen Qualifikation, die auf direkter Beurteilung der Fähigkeiten und des Charakters eines Seemanns durch den Kapitän oder sonstigen Vorgesetzten beruhte, zu einer abstrakten Form der Qualifikation durch die Prüfung und das darüber ausgestellte Zeugnis einer staatlichen und damit neutralen Behörde. Diese konnte entsprechend den spezifischen Vorgaben und Anforderungen der Prüfungen zumindest in einem gewissen Rahmen die beruflich-fachliche Qualifikation des Examinierten objektiv nachweisen.

Die Einführung des sogenannten Paßports als individuelles Arbeitszeugnis im 16. Jahrhundert durch verschiedene nordeuropäische Seerechtsverordnungen hatte diese Entwicklung bereits in gewisser Weise vorausgenommen. Diese Paßporte hatten teilweise schon früh eine standardisierte Form und waren eine unerläßliche Voraussetzung für die Anmusterung eines Seemanns, da sie bei der Anmusterung vorgelegt werden mußten – der persönliche Eindruck allein war also nicht ausreichend. Die Paßporte durften den Seeleuten nur unter bestimmten Bedingungen, z.B. bei schwerwiegenden Verstößen gegen die Schiffsdisziplin, verweigert werden. In einem solchen Fall deutete das Fehlen eines Paßports auf einen unzuverlässigen Seemann hin [1520], so daß man die Paßporte durchaus als eine frühe Form des abstrakten Qualifikationsnachweises bezeichnen kann.

Durch den stark gestiegenen Bedarf der Mannschaften und Offiziere infolge der rasanten Aufwärtsentwicklung der Handelsschiffahrt in den Jahrzehnten nach 1815, der damit verbundenen Tonnagezuwächse und dem grundlegenden Wandel in den Betriebsformen durch die Ausweitung der Fahrtgebiete hatten sich die engen persönlichen Verbindungen der traditionellen Seefahrt zwangsläufig aufgelöst. Folglich erwiesen sich auch die traditionellen Rekrutierungsformen schon bald als überholt und den veränderten Anforderungen nicht länger gewachsen.[1521] In dieser Situation konnten neue, abstrakte und wenigstens bedingt objektivierbare Qualifikationsnachweise eine gewisse Abhilfe schaffen. Dies galt nicht nur in Hinsicht auf die Professionalisierung der Ausbildung für Kapitäne und Steuerleute, sondern im gleichen Maß für die einfachen Seeleute, für die sogenannte Seefahrtsbücher als Qualifikationsnachweis eingeführt wurden, wie aus einem Gutachten des Bremer Wasserschouts hervorgeht: *Vor vielleicht 50 Jahren waren die Schiffe gewöhnlich während der Sommermonate beschäftigt. Den Winter über lagen sie im Hafen und der Capitain hatte Muße genug sich eine gute Mannschaft gegen die Zeit der Ausrüstung*

1516 STAB 2 - R. 11. l. 2. (Manualakten betr. die Revision der Verordnung vom 15.11.1852 (brem. Seemannsordnung) 1855–1868).
1517 Marquardt: Handbuch für Schiffsführer, S. 8f.
1518 Welke: Der Kapitän, S. 154ff., sowie Gerstenberger und Welke: Vom Wind zum Dampf, S. 82ff.
1519 Marquardt: Handbuch für Schiffsführer, S. 1.
1520 Deggim, Seemannsarbeit, S. 24ff.
1521 Ville: Transport, S. 48–113. Vgl auch Kennedy, S. 229f., und S. 251ff.; Theodor Schieder: Staatensystem als Vormacht in der Welt 1848-1918, Propyläen Geschichte Europas Bd. 5., Berlin / Frankfurt/M. 1980, S. 64ff. Siehe auch Rolf Engelsing: Die Häfen an der südlichen Ostsee und der Ostwestverkehr in der ersten Hälfte des 19. Jahrhunderts, in: Vierteljahresschrift für Wirtschafts- und Sozialgeschichte, Bd. 58, 1971, S. 24–31 sowie Pitsch, S. 87ff.

im Frühjahr zu besorgen. Es war ihm daher möglich Erkundigungen über den Charakter und die Fähigkeiten eines anzunehmenden Seemannes einzuziehen, namentlich war er dazu im Stande weil damals noch die Mannschaften Bremischer Schiffe meistentheils Bremische Staatsangehörige waren. Dem Capitain war es möglich Nachfrage anzustellen; eine einmal gemusterte Mannschaft blieb Jahrelang bei einander, wodurch der Capitain genau mit dem Character und den Dienstleistungen seiner Leute bekannt wurde ...

Dieses änderte sich, als Bremens Schiffahrt größere Ausdehnung erhielt, als man auf den Winter keine Rücksicht mehr nahm, als die Expeditionen schneller beschafft wurden, so daß manchmal in einer Zeit von wenigen Tagen eine neue Schiffsmannschaft eintreten mußte. Erkundigungen einzuziehen war den Capitainen nicht möglich; die Seeleute wurden wählerisch, fremde Elemente traten hinzu. Es war daher nothwendig etwas zu schaffen, was den Capitainen Ersatz gab für die persönlich gemachten Erkundigungen; was sie in den Stand setzte, ein zuverlässiges Zeugniß über den Mann zu erhalten, der angenommen werden sollte. So entstanden im Jahre 1837 die ersten Seefahrtsbücher, in welche die Zahlungen an den Inhaber und das Zeugniß über ihn eingetragen wurden. Bald genügten auch diese Bücher nicht mehr, weil die Zeugnisse zu allgemein gehalten waren. Es wurde in denselben nur auf das Betragen Rücksicht genommen; der Diensttüchtigkeit, der Nüchternheit wurde nicht gedacht; die Abrechnung fehlte ganz; die Zeit, wie lange ein Seemann auf einem Schiffe gedient hatte, war nicht daraus ersichtlich. Trotz allem diesem wurden diese Bücher von den Seeleuten mit Freude begrüßt; sie überhoben sie der Mühe, den Schoutenschein mit sich herum zu schleppen; sie boten doch im Allgemeinen ein fortlaufendes Register der gemachten Reisen dar und dienten somit als Legitimation und Empfehlung. ... Ebenso groß, ja noch bedeutsamer ist der Nutzen für die Capitaine, die bei gewissenhaft ausgefüllten Büchern sich eine genaue Personalkenntniß dadurch erwerben. Auch die verschiedenen Behörden, die sich mit dem Seewesen beschäftigen, finden dadurch Stütze und Erleichterung in ihren Obliegenheiten. Namentlich die Behörde für die Navigationsschule: sie ersieht aus den Büchern, wie weit die seemännischen Fähigkeiten reichen; wie lange der Seemann in den verschiedenen dienstlichen Stellungen beschäftigt war; ob er den gesetzlichen Vorschriften genügt hat, um zur Steuermannsprüfung zugelassen werden zu können. Großen Einfluß üben die Seefahrtsbücher im Allgemeinen auf den Character der Seeleute. Anerkannt ist es, daß unsere Seeleute den Seeleuten fremder Nationen als Muster aufzustellen sind. Die Disziplin auf unseren Schiffen ist im allgemeinen gut; die Furcht vor schlechten Zeugnissen hält von manchen Vergehungen am Bord der Schiffe ab. ...[1522]

Ähnliche Funktionen hatten die Seefahrtsbücher auch in Oldenburg und Hamburg.[1523] Auch wenn sicherlich der Wunsch nach einer verbesserten Kontrolle der Seeleute ihre Einführung mitbestimmt haben wird[1524], dürften doch die in den Ausführungen des Bremer Wasserschouts genannten Gründe die eigentliche Motivation für diese Neuerung dargestellt haben: Die Veränderungen in der Seefahrt und der Zuwachs an Seeleuten machte die Einführung eines abstrakten Qualifikationsnachweises notwendig. Ebenso wird deutlich, daß dies sowohl für die Reeder und Kapitäne als auch für die Seeleute von erheblichem Vorteil sein konnte.

Denn während sich die einen von der beruflichen Qualifikation des Anheuernden überzeugen konnten, hatten die Seeleute durch die abstrakten Qualifikationsnachweise eine bessere Chance, auch dann gute Heuern und vielleicht eine Beförderung zu finden, wenn sie den Kapitänen nicht persönlich bekannt waren.

Die Bedeutung von Navigationskenntnissen für einen beruflichen Aufstieg an Bord spiegeln sich ebenso wie die verschiedenen in diesem Kapitel beschriebenen Möglichkeiten zu deren Erwerb auch in den Memoiren wieder.

Von den neun Verfassern, die als Matrose oder Unteroffizier gefahren sind, erwähnen nur vier ihre Navigationskenntnisse, dagegen aber 29 von 34 Steuerleuten und Kapitänen. Davon erwarben neun Verfasser ihr Wissen an Bord bzw. als Apprentice, während die Hälfte ihre Ausbildung auf Navigationsschulen oder bei privaten Lehrern erhalten hatte. Vier Autoren hatten ihre Kenntnisse bereits in der Schule erworben und einer während seiner Ausbildung zum Marineoffizier.[1525]

Obwohl die Navigationsausbildung nicht Teil der üblichen nautischen Ausbildung war, standen den Seeleuten demnach sowohl mit den traditionellen als auch mit den neuen Formen des Navigationsunterrichts ausreichende Möglichkeiten zur Verfügung, um diese für die Beförderung zum Steuermann notwendigen Kenntnisse zu erwerben.

Tabelle 3
Höchster erreichter Rang und Navigationskenntnisse der Memoirenverfasser

Höchster Rang		Navigations-kenntnisse	Wie erworben? (teilweise Mehrfach-nennung)	
Seemann	5	3	Privater Unterricht	1
			Keine Angabe	2
Unteroffizier	4	1	Keine Angabe	1
Maat/Steuermann	4	4	Apprentice	1
			Privater Unterricht	2
			Keine Angabe	1
Kapitän	30	25	Privater Unterricht	12
			An Bord	6
			Allgemeine Schule	4
			Navigationsschule	3
			Apprentice	2
			Marineoffizier	1
			Keine Angabe	2

4.2.3 Beförderung zum Steuermann

Der erste Schritt auf das Achterdeck war oftmals eine Heuer als Zweiter oder sonstiger Steuermann auf größeren Schiffen. Von den 34 Verfassern von Memoiren, die den Rang eines Steuermanns oder Kapitäns erreicht haben, geben 21 an, zuerst als Untersteuermann, bzw. Zweiter Maat oder in einem sonstigen Steuermannsrang gefahren zu sein.[1526] Obwohl dem Obersteuermann in Rang und Verantwortlichkeit nachgeordnet, trugen die Untersteuerleute als Wachführer und Vorgesetzte ein gewisses Maß an Verantwortung. Daher konnten die jungen Steuerleute hier die ersten Erfahrungen als Schiffsoffizier sammeln, ohne von der Fülle der Pflichten und Aufgaben überfordert zu werden. Dementsprechend begannen viele Verfasser von Memoiren ihre Offizierskarriere als Zweiter Steuermann, bzw. Second Mate, so daß der Weg auf das Achterdeck über die Beförderung zum Zweiten Steuermann geradezu als Regelfall erscheint.[1527] Allerdings war es auch nicht ungewöhnlich, daß junge Leute auf kleineren Schiffen gleich zum ersten und einzigen Steuermann befördert wurden, da hier die Aufgaben der Steuerleute eher begrenzt waren.[1528]

Der Steuermann war Assistent und Vertreter des Kapitäns, er überwachte die Arbeit der Mannschaft und war sowohl für Seetüchtigkeit des Schiffs als auch für das Ein- und Ausladen der Ladung sowie deren sichere Stauung verantwortlich.[1529] Daher setzte die Beförderung zum Steuermann ein gewisses Maß Erfahrung und auch eine gewissen Reife der Steuerleute voraus, um den neuen Aufgaben gerecht zu werden, wie es z.B. bei John Bechervaise deutlich wird, der über seine Erfahrungen als angehender Schiffsoffizier durchaus selbstkritisch berichtet: *I had neither age or experience sufficient to be second in command of a vessel where probably no one else could read or write his name, however small she might be; and even now I feel assured that if a correct account of the loss of merchant vessels, and the circumstances attending such loss could be got at, it would be found out that two out of five of those vessels were stranded or lost for want of practical knowledge at sea, by the masters and mates of such vessels. Besides, by placing a mere youth on a vessel's quarter deck, in command of a body of men, however small that number may be, it raises his pride beyond bounds, and nine cases out of ten, makes him unfit for his station; sincerely I should regret to fix a stain on a valuable body of men, but has not the result proved the justice of my assertion?*[1530]

Die Steuerleute besaßen als Verbindungsglied zwischen Kapitän und Besatzung eine herausgehobene Stellung in der Schiffshierarchie, in der sie in besonderer Weise dem Vertrauen des Kapitäns gerecht werden mußten, von dem sie letztlich abhängig waren. Zugleich aber war es für den Schiffsführer wichtig, sich in jeder Situation auf die Integrität und Loyalität seines Steuermanns oder seiner Steuerleute verlassen zu können. Für einen reibungslosen und effektiven Schiffsbetrieb war es notwendig, daß Kapitän und Steuermann einigermaßen miteinander auskamen.[1531] Allerdings

1522 STAB 2 - R. 11. h. (Wasserschout Bd. 4. 1857–1873).
1523 Ebd.
1524 Gerstenberger und Welke: Vom Wind zum Dampf, S. 150f.
1525 Vgl. die Kurzbiographien im Anhang.
1526 Die übrigen Seeleute sind entweder gleich als Obersteuermann gefahren, meist auf kleineren Schiffen, oder geben keine genaueren Angaben. Vgl. auch die Kurzbiographien im Anhang.
1527 Dana: The seaman's friend, S. 146ff., und Earle, S. 42ff. Vgl. auch *Barlow*, S. 308; *Bechervaise*, S. 34; *Berg*, S. 189; *Bruhn*, S. 115; *Hansen*, S. 53, und *Jaski*, S. 30.
1528 Vgl. z.B. die Kurzbiographien von *Buckingham, Frercksen* oder *Jacobsen*.
1529 von Cancrin, S. 31, und Ville: Shipowning, S. 47. Vgl. auch *Barlow*, S. 327.
1530 *Bechervaise*, S. 45
1531 Earle, S. 162f. Vgl. auch Brarens, S. 177ff., und Dana: Two years, S. 64.

konnte der gute Charakter eines Steuermanns dessen schlechte Seemannschaft kaum aufwiegen, wie Theodor Friedrich Maximilian Richter erzählt: *Der Obersteuermann des Schiffes zeichnete sich durch sein aufgewecktes, mit Gutmüthigkeit verbundenes Temperament aus, so wie durch seine geringe Fähigkeit zu seemännischen Verrichtungen, worin er einen auffallenden Kontrast mit dem Untersteuermann machte. Dieser war ein Däne, etwas roh in seinen Sitten, aber von einem festen, unerschütterlichen Charakter. Seine Geistesgegenwart, die ihn nie verließ, wußte in den bedenklichsten Fällen augenblicklich Rath zu schaffen und aus vielen Mitteln das beßte zu wählen; man konnte ihn daher als die Seele der ganzen Mannschaft betrachten.*[1532]

Ähnliches berichtet auch Carl Wolfgang Petersen.[1533] Ebenso wichtig wie die fachliche und charakterliche Qualifikation waren für einen Steuermann ein guter Ruf und Leumund, da Kapitäne teilweise auch vor schlechten Offizieren gewarnt wurden, wie George Little berichtet: *From the captain of a Newburyport ship, I learned that Mr. P., my mate, had sailed with him on the last voyage, and that he had been detected in embezzling the cargo and in comitting forgery. It was necessary therefore, as there was no alternative but to keep him, to use great precaution, and to keep a good look-out upon his conduct.*[1534]

Aber auch die Fähigkeit, die Mannschaft ausreichend zu disziplinieren, war für einen guten Steuermann zwingend erforderlich, wie Richard Henry Dana erläutert: *Our mate ... was a worthy man – a more honest, upright, and kind-hearted man I never saw – but he was too easy and amiable for the mate of a merchantman. he was not the man to call a sailor a ›son of a bitch‹, and knock him down with a handspike.*[1535]

Aufgrund der Notwendigkeit gegenseitigen Vertrauens und guter Zusammenarbeit lag es daher nahe, daß die Beförderung oder das Anheuern der Steuerleute zumeist durch den Kapitän selbst erfolgte und dieser darauf achtete, daß die betreffenden Seeleute über den fachlichen wie charakterlichen Anforderungen an diese Position und der Verantwortung dieser Vertrauensstellung gewachsen waren. Die Bedeutung der richtigen Auswahl der Steuerleute betont auch Nathaniel Uring in seinen Memoiren: *... and sure it is, that it is not enough for the Commander of a Ship to be himself careful, but his Officers must be also, or Ships at Sea will liable to a thousand Accidents; and therefore great Regard ought to be had to the Choice of good and sober Mates, as well as diligent and careful Commanders.*[1537] Die Möglichkeiten des Aufstiegs vom Matrosen zum Steuermann waren vielfältig. Die besten Aussichten hatten zweifellos Seeleute, die mit einem Kapitän oder einem Reeder verwandt waren. Da dies auch für die Kapitäne eine gute Gelegenheit darstellte, einen vertrauenswürdigen und verläßlichen Steuermann zu bekommen, war diese Form des Nepotismus in der Seefahrt durchaus weit verbreitet.[1538] So erzählt John Bechervaise, daß er eine Heuer als Zweiter Maat an Bord eines von seinem Cousin kommandierten Schiff bekommen konnte, und auch George Little berichtet von einem Schiff, auf dem der Maat der Neffe des Kapitäns war.[1539]

Eine andere Chance zum Aufstieg waren plötzlich auftretende Vakanzen an Bord, sei es, daß der Kapitän mit seinem Steuermann nicht mehr zufrieden war oder dieser aus anderen Gründen das Schiff verließ, wie z.B. im Fall von Lorens Friedrich Jepsen: *... als wir eine kleine Strecke vom Schiff ab waren, fragte Capt. Petersen mich: ›Willst du dich verbessern?‹ ›Ja, gern‹ sagte ich, denn ich dachte, dass er vielleicht eine Stelle für mich hätte. Darauf sagte er, ›willst du dann Steuermann sein bei mir, denn ich behalte diesen Steuermann doch nicht‹. Ich war wie vor den Kopf geschlagen, da ich diese Frage nicht vermuthet hatte. Zuletzt sagte ich ›Ja‹: ›Du musst es selber wissen‹ sagte Capt. Petersen darauf, ›denn es können ja bisweilen harte Wörter fallen, ein Mensch ist nicht immer guter Laune‹. Darauf sagte ich zu ihm, dass ich mich bemühen wollte, mein Bestes zu thun und ihm zu dienen. ›So magst du nun nach Hause reisen, keinem Menschen etwas davon sagen und Ich werde dir rechtzeitig schreiben‹. Damit hatte ich die Vorsetzen erreicht und Capt. Petersen verliess mich. Ich wrickte wieder seelenvergnügt an Bord, dass ich Steuermann sein sollte.*[1540]

Ebenso kam es vor, daß ein Kapitän sich bei Bedarf an einen anderen wandte und diesen bat, ihm einen geeigneten Mann als Steuermann zu überlassen, wie es Jens Jacob Eschels beschreibt: *Er war eines Tages wie gewöhnlich bei uns an Bord und sagte zu meinem Capitain: der Jan (er meinte mich) glaube ich, ist ein fixer; und nun strich mich mein Capitain noch mehr heraus gegen Capitain Warden, daß ich nicht nur ein flinker Matrose, sondern auch ein Meister in der Steuermannskunde sei; so sagte Capitain Warden zu meinem Capitain: o gieb ihn mir als Bootsmann und Untersteuermann, denn ich muß einen Untersteuermann haben. Nein, sagte mein Captain, ich will Jan nicht missen ...*[1541] In Jens Jacob Eschels Fall allerdings weigerte sich sein

Kapitän zunächst, ihn gehen zu lassen, es gelingt ihm nur durch die Fürsprache anderer Kapitäne. William Richardson dagegen wurde von seinem Kapitän nach Ablauf seiner Zeit als Apprentice zum Zweiten Maaten befördert[1542], während Jaski nach einer Reise als Zweiter Steuermann von seinem Kapitän, der mit ihm zufrieden gewesen war, die Stelle des Ersten Steuermanns angeboten wurde.[1543]

Ohne direkte persönliche Verbindungen konnten der gute Ruf, die Befähigung und Leistung sowie die Empfehlung durch einflußreiche Freunde und Bekannte das entscheidende Mittel zum Aufstieg sein. So erhielt Jens Jacob Eschels, nachdem er zum Untersteuermann aufgestiegen war, aufgrund der Empfehlung seines Kapitäns gleich mehrere Heuern als Obersteuermann angeboten.[1544] Ebenso wurde Edward Coxere aufgrund der Empfehlung des Ersten Maats durch den neuen Kapitän eines Schiffs in die vakante Stelle des Zweiten Maat befördert.[1545] Auch George Little, Lorens Friedrich Jepsen, Samuel Kelly und Barlow erhielten Heuern als Steuerleute durch die Empfehlung von Kapitänen, unter denen sie gedient hatten, oder von Freunden und Bekannten.[1546]

Schwieriger war es dagegen, ohne persönliche Beziehungen und allein aufgrund eines Mangels an Steuerleuten eine Vakanz zu finden. Joachim Nettelbeck beispielsweise fand in Danzig eine Steuermannsheuer, da wegen der beginnenden Schiffahrtssaison qualifizierte Steuerleute knapp waren. Auch Paul Frercksen beschreibt, daß er mehrfach bei günstigen Gelegenheiten freie Steuermannsstellen finden konnte.[1547]

Die verschiedenen Möglichkeiten der Beförderung spiegeln sich auch in den Quellen wieder. In den Memoiren etwa berichten die Verfasser wie folgt über ihre Beförderungen zum Steuermann: Elf wurden Steuermann durch Empfehlung, bzw. Bekanntschaft mit Kapitänen, Reedern oder anderen einflußreichen Bekannten, vier an Bord von Schiffen, die von Verwandten kommandiert oder bereedert wurden, einige auch durch Vakanzen an Bord, etwa durch den Tod des Vorgängers oder durch das Glück, eine freie Steuermannsheuer zu finden. Ähnliche Hinweise gibt auch die Föhrer Enrollierungsliste von 1798.[1548] Für den Aufstieg in die höheren Ränge an Bord spielten demnach die persönlichen Verbindungen zu Kapitänen und Reedern bzw. deren Fürsprache eine wichtige Rolle. Diese Art von Netzwerken läßt sich am ehesten mit dem Begriff Patronage umschreiben. Sie stellte ein grundlegendes Charakteristikum der Gesellschaft der Frühen Neuzeit dar und beruhte auf einem Geflecht von gegenseitigen Beziehungen und der persönlichen Verbindung zu höhergestellten Persönlichkeiten, die sich für treue Dienste und Loyalität durch Gunsterweisungen und Belohnungen erkenntlich zeigten.[1549] Da auch die Welt der Seefahrt ein Teil der frühneuzeitlichen Gesellschaft war, verwundert es kaum, daß dieses gesellschaftliche Phänomen auch in der Seefahrt, vor allem bei der Beförderung von Seeleuten, die gute Dienste geleistet hatten, zu finden war, besonders, da es für einen Kapitän wichtig war, vertrauenswürdige und bewährte Steuerleute an Bord zu haben.

Allerdings bedeutete die Beförderung zum Steuermann nicht zwangsläufig, daß der betreffende Seemann nun ausschließlich als Offizier fuhr. Aus verschiedenen Gründen konnten Heuern als Steuermann mit solchen in untergeordneteren Positionen wechseln, wie auch aus den Memoiren hervorgeht. In der ganzen behandelten Epoche gibt es dafür zahlreiche Beispiele[1550], sei es, daß wie bei Paul Frercksen und Edward Coxere[1551] ein Mangel an vakanten Steuermannsstellen die Seeleute zwang, eine Heuer als Matrose anzunehmen, sei es, daß ein Streit mit dem Kapitän während der Fahrt die Rückstufung zum ein-

1532 Richter, Bd. 3, S. 77.
1533 *Petersen,* S. 36.
1534 *Little,* S. 250f.
1535 Dana: Two years, S. 95.
1536 Ville: Shipowning, S. 106, Dana: The seaman's friend, S. 138f., und Weibust, S. 335.
1537 *Uring,* S. 258.
1538 Ville: Shipowning, S. 106.
1539 *Bechervaise,* S. 34, und *Little,* S. 208.
1540 *Jepsen,* S. 27.
1541 *Eschels,* S. 111f.
1542 *Richardson,* S. 34.
1543 *Jaski,* S. 31.
1544 *Eschels,* S. 120.
1545 *Coxere,* S. 50.
1546 *Little,* S. 144; *Jepsen,* S. 36; *Kelly,* S. 57, und *Barlow,* S. 308.
1547 *Nettelbeck,* S. 69, und *Frercksen,* S. 105f.
1548 Vgl. die Kurzbiographien und Tabelle 4, S. 249.
1549 Ilja Mieck, Wirtschaft und Gesellschaft Europas von 1650 bis 1850, in: Europäische Wirtschafts- und Sozialgeschichte von der Mitte des 17. Jahrhunderts bis zur Mitte des 19. Jahrhunderts; Ilja Mieck (Hrsg.): Handbuch der Europäischen Wirtschafts- und Sozialgeschichte, Bd.4, Stuttgart 1993, S. 1–286, hier S. 191 und 194ff.
1550 Vgl. die Kurzbiographien im Anhang, z.B. *Coxere, Eide, Frercksen, Hansen, Illum, Jacobsen, Kelly* oder *Kuipers.*
1551 *Frercksen,* S. 105ff., und *Coxere,* S. 66–70.

fachen Matrosen zur Folge hatte, wie es Peter Illum geschah.[1552]

Hatte ein Seemann sich als Untersteuermann bewährt, konnte er zum Obersteuermann bzw. Ersten Maat aufsteigen. Diese Beförderung erfolgte nach ähnlichen Mustern wie die zum Untersteuermann, sei es durch persönliche Beziehungen, indem man bei einer Reederei oder einem Kapitän blieb und diesem auch auf andere Schiffe nachfolgte, oder durch Empfehlungen von Kapitänen und Reedern, durch Verwandte oder aufgrund von Vakanzen, dem Tod von Vorgesetzten usw.[1553] Lorens Friedrich Jepsen beispielsweise fuhr insgesamt $6^{1}/_{2}$ Jahre mit einem Kapitän, davon fünf Jahre als Steuermann, bevor er sich wegen zunehmender Differenzen mit seinem Kapitän eine neue Heuer suchte.[1554] Einige schafften allerdings nie den Aufstieg zum Obersteuermann, wie z.B. Carl Wolfgang Petersen, oder fielen sogar nicht nur zeitweilig, sondern dauerhaft in den Rang eines einfachen Seemannes zurück, wie etwa William Richardson oder Jan Wever.[1555]

Aus den Angaben der Memoiren und der Föhrer Enrollierungsliste von 1798 ergibt sich, daß die Beförderung zum Steuermann frühestens am Ende des zweiten, meistens aber bis zur Mitte des dritten Lebensjahrzehntes erfolgte.

Beförderungen vor dem Erreichen des 20. Lebensjahres waren zwar im Bereich des Möglichen, aber eher ungewöhnlich, da der Erwerb des für einen Steuermann nötigen Wissens und der dafür erforderlichen Erfahrung zumeist eine gewisse Fahrzeit in untergeordneten Rängen voraussetzte, so daß die Beförderung zum Steuermann in der Regel erst nach dem 20. Lebensjahr erfolgte.[1556] Eine schnellere Beförderung unter Auslassung einer längeren Fahrzeit als Matrose, etwa direkt vom Apprentice zum Zweiten Steuermann, kam allerdings durchaus vor. So wurde z.B. William Richardson direkt nach Ablauf seines Apprenticeship durch seinen Kapitän zum Zweiten Steuermann befördert, und auch Robert Eastwick war bereits mit 17 Jahren, also kurz nach Ablauf seiner Lehrzeit, ausreichend für eine Beförderung zum Ersten Steuermann qualifiziert.[1557]

Diese Erkenntnisse über das Alter bei der Beförderung zum Steuermann werden im wesentlichen auch durch Rediker bestätigt, der die Akten des englischen High Court of Admiralty auf Angaben über die Altersstruktur von Schiffsoffizieren untersucht hat.[1558] Im Vergleich mit den Angaben in den Memoiren und der Föhrer Seenrollirungsliste ergibt sich folgendes Bild über die Altersverteilung bei Schiffsoffizieren:

Tabelle 4 *Die Altersverteilung bei Schiffsoffizieren*

<table>
<tr><th></th><th>Memoiren (1650 – 1875)</th><th>Liste/Föhr (1798)</th><th>Rediker (1700 – 1750)</th></tr>
<tr><td>jünger als 20</td><td>20</td><td>12</td><td>50</td></tr>
<tr><td>20-25</td><td>15</td><td>9</td><td rowspan="2">39</td></tr>
<tr><td>26-30</td><td>2</td><td>12</td></tr>
<tr><td>älter</td><td>3</td><td>2</td><td>51</td></tr>
</table>

Hierbei wird deutlich, daß in der Seefahrt ein relativ rascher Aufstieg zu einer verantwortungsvollen Position durchaus möglich war.

Dabei gab es für die Beförderung zum Steuermann vielfältige Möglichkeiten, von einer zufällig vakanten Stelle bis hin zu einem direkten Angebot durch einen Kapitän oder Reeder. Die rein seemännischen Qualifikationen bildeten zwar die Basis für die Beförderung zum Schiffsoffizier, der Aufstieg in die höheren Ränge hing aber von anderen Voraussetzungen ab, wie auch Ville bemerkt: *Their hopes for promotion to mate were based largely upon personal connections and their ability to transcend educational barriers.*[1559]

4.3 Der Aufstieg zum Kapitän

Der letzte und bedeutendste Schritt auf der Karriereleiter war für einen Seemann die Beförderung zum Kapitän. Dabei waren die nautisch-fachlichen Anforderungen an Steuerleute, eine umfassende seemännische Ausbildung und Erfahrung sowie eine grundlegende formale Bildung und ausreichende Navigationskenntnisse, weitestgehend identisch mit denen an Kapitäne. Faktisch ebnete daher der Erwerb der für die Beförderung zum Steuermann notwendigen Fähigkeiten und Kenntnisse auch den Weg zu einem eigenen Kommando.[1560] Anders als bei den vorherigen Karriereschritten übernahm ja der Kapitän die alleinige Verantwortung für sein Schiff, dessen Ladung und Mannschaft und war seinem Reeder gegenüber für alle Vorkommnisse während der Fahrt Rechenschaft schuldig.[1561] Doch wie bei der Beförderung zum Steuermann entschieden die fachlichen Fähigkeiten nicht allein über den Aufstieg zu einem eigenen Kommando.

Bei der Auswahl des Kapitäns hatten die Reeder weitestgehend freie Hand. Es gab zunächst keinerlei gesetzliche Beschränkungen außer den in einigen Seerechtsverordnungen rechtlich festgelegten fachlichen Grundanforderungen, die allerdings, wie erwähnt, seit Beginn des 19. Jahrhunderts im Rahmen der Neugestaltung der Navigationsausbildung zunahmen.[1562] Die grundsätzlichen Anforderungen an die nautische Qualifikation der Kapitäne wurden bereits früh auch in den einzelnen Seerechtsbestimmungen formuliert. Danach mußten sie auf jeden Fall über eine ausreichende seemännische Qualifikation und auch über Führungsqualitäten gegenüber der Mannschaft verfügen.[1563] So stellte bereits die Hansische Schiffsordnung über die notwendigen Fähigkeiten des Kapitäns eindeutig fest: *Ein jeglicher Schiffer sol des Compass / der See- und Fahrwasser kundig seyn / und das Schiff zu führen und zu steuren / zu laden und zu lossen / und das Volck zu führen und zu regieren wissen / gebe sich jemand dafür auß / und köndte dafür nicht bestehen / der sol nach befind und Ermässigung gestrafft werden.*[1564] Ihrer umfassenden Aufgabe entsprechend wurden an die Kapitäne aber Anforderungen gestellt, die über die rein nautischen, wie sie etwa für die Beförderung zum Steuermann im Vordergrund standen, noch hinausgingen.[1565] Chitty faßt daher die Rolle des Kapitäns wie folgt zusammen: *A master of a ship is appointed by the owners under a supposition of his having sufficient capacity and integrity to discharge the trust reposed in him, by a faithful, prudent, and discreet management of the ship, and affairs committed to his care.*[1566] Die dafür notwendigen Fähigkeiten und Kenntnisse des Kapitäns wie auch dessen Haftungspflicht im Falle seiner Inkompetenz erläuterte von Sahme 1747: *Ueberhaupt muß ein jeglicher Schiffer, der seinem Amt wohl vorstehen will, des Compasses, wie auch der See- und Fahrwaßer kundig seyn, und die Wissenschaft haben, ein Schiff gut zu führen und zu steuren, zu laden und zu lossen, wie auch das Volck anzuführen und zu regieren: denn wenn derselbe sich davor ausgiebet, und nachhero nicht bestehet, wird er nach Befinden billig mit Straffe und Erstattung des verursachten Schadens, wie auch mit Verlust seines Lohns angesehen.*[1567]

Die Funktion des Kapitäns beinhaltete neben der rein nautisch-administrativen Aufgabe, das Schiff sicher vom Abfahrts- zum Bestimmungsort zu bringen, auch die ökonomisch-kaufmännischen Pflichten, die mit seiner Funktion eines Bevollmächtigten und Vertreters des Reeders während der Reise einhergingen.[1568] Um diese Aufgaben zur Zufriedenheit seines Reeders erfüllen zu können, mußte ein angehender Kapitän außer Navigation, Seemannschaft und Führungseigenschaften auch ein ausreichendes kaufmännisches Wissen mitbringen. Diese Notwendigkeit geht auch aus den Memoiren hervor, wenn John Cremer die Wichtigkeit von Kenntnissen über kaufmännische Rechnungsführung, Handelsgesellschaften und ähnliches als für das berufliche Fortkommen überaus wichtig beschreibt.[1569] Und so faßt Brarens die für einen Kapitän notwendigen Kenntnisse zusammen: *Die Schifferkunde muß ausgebreiteter sein: sie schließt nicht allein die Seemannschaft, das ist, die Matrosen- und Bootsmanns-Geschicklichkeit, als das Steuren des Schiffs, die Stellung der Segel und der Takelage, kurz, diejenigen praktischen Kenntnisse, welche nur auf Seereisen erworben werden können, mit ein, sondern sie erstreckt sich auch auf die Kenntnis der Meere, der Winde, der Ströme, der See-Gesetze und See-Gebräuche; ja was noch mehr ist, der Schiffsführer muß wissen: F r a c h t z u s c h l i e ß e n – d i e K a u f m a n n s g ü t e r v e r a n t w o r t l i c h z u f ü h r e n, u n d d i e G e r e c h t s a m e s e i n e s S c h i f f e s, i n j e d e r H i n s i c h t, z u b e o b a c h t e n.*[1570]

1552 *Illum,* S. 49ff.
1553 Ville: Shipowning, S. 106. Vgl. auch die Kurzbiographien im Anhang.
1554 *Jepsen,* S. 32ff.
1555 Vgl. die Kurzbiographien, S. 248.
1556 Grunsky, S. 30-35. Vgl. auch Tabelle 3 und 4 im Anhang.
1557 *Eastwick,* S. 29, und *Richardson,* S. 34ff.
1558 Rediker, S. 300.
1559 Ville: Shipowning, S. 111.
1560 Brockstedt: Wirtschaftlicher Aufstieg, S. 12.
1561 Brarens, S. 161ff.; Surland, S. 14; Engelbrecht, S. 118ff.; Abbott, S. 82f., und Jacobsen: Seerecht, S. 157.
1562 Brockstedt: Wirtschaftlicher Aufstieg, S. 12 und 4.2.3
1563 Von Cancrin, S. 23; Brarens, S. IV ff., und Jacobsen: Seerecht, S. 108f. Zu den seerechtlichen Bestimmungen vgl. z.B.: Engelbrecht, S. 3; Das Lübeckische Stadt-Recht, Liber Sextus Nautica: von Seehändeln, Lübeck 1829, Titel 1, § 1 und Ordonnance de la marine, 2. Buch, Titel 1, § 1.
1564 Hansische Schiffsordnung, 3. Titel: Von des Schiffers Ampt, § 1.
1565 Von Sahme, S. 14f.; Brarens, S. IV ff., und Jacobsen: Seerecht, S. 108f.
1566 Chitty, S. 155f.
1567 von Sahme, S. 14f.
1568 Earle, S. 43f., und Morgan: Bristol, S. 83.
1569 *Cremer,* S. 147.
1570 Brarens, S. III f.

Auch Samuel Samuels beschreibt in seinen Erinnerungen, daß die Anforderungen an Kapitäne weit über die für die See- oder Steuerleute erforderlichen Kenntnisse hinausgingen: *A ship-master is called upon to act many parts in the drama of life, and if he is a thorough sailor he acts well in every emergency. The first-class ship-masters of years gone by, when America claimed supremacy on the seas, combined the sailor, sail-maker, rigger, carpenter, painter and, in fact, cook, doctor, lawyer, clergyman, navigator, merchant and banker. This education fitted him to do anything except enter Wall Street profitably.*[1571]

Allerdings variierten die erforderlichen Kenntnisse und Fähigkeiten durchaus mit dem Einsatzgebiet des Kapitäns. So waren die Anforderungen, die an einen Kapitän im Überseehandel gestellt wurden, sicherlich am höchsten. Hier, wo direkte Verhandlungen mit Befrachtern und eigenständige Frachtabschlüsse durchaus häufig vorkamen, war ein ausgeprägter kaufmännischer Sachverstand unerläßlich, wie auch ausreichende Fremdsprachenkenntnisse überaus hilfreich waren.[1572] Nach Marquardt mußte ein in der europäischen und Überseefahrt eingesetzter Kapitän wenigstens ... *im Rechnungsfache so bewandert sein, dass er nicht nur seine Einnahme und Ausgabe gehörig zu buchen wisse, sondern auch im Stande sein eine Münzsorte nach verschiedenen Wechselcoursen in eine andere zu verwandeln.*[1573]

Aufgrund der umfangreichen rechtlichen Verpflichtungen des im Heuervertrag konstituierten Mandatsverhältnisses, also der Beauftragung des Kapitäns mit der Wahrnehmung der Interessen der Reeder, waren darüber hinaus für einen Kapitän auch gewisse Grundkenntnisse des Seerechts unentbehrlich.[1574] Dieses erforderliche juristische Wissen beschreibt der Seerechtler Marquardt: *Von den See-Gesetzen und Gebräuchen, so wie von dem Strandrechte der seehandeltreibenden Staaten, suche er* [der Kapitän] *sich die nöthigen Kenntnisse zu verschaffen.* Die Notwendigkeit gewisser juristischer Grundkenntnisse betont auch Samuels: *The first-class ship-masters of years gone by ... combined the sailor ... and, in fact ... lawyer ...*[1576] Dies galt insbesondere für Havariefälle oder Aufbringungen, bei denen es zu umfangreichen und langwierigen Prozessen kommen konnte.[1577] So hatte z.B. Marten Schaap durch seinen Mangel an seerechtlichen Kenntnissen wegen einer Bergung nach einer Havarie erhebliche juristische Probleme.[1578]

Weit weniger hoch dagegen waren die kaufmännischen Kenntnisse, die von den Führern eines Küstenschiffes verlangt wurden, die, in der Regel mit genauen Anweisungen versehen, in erster Linie einer reinen Routinetätigkeit nachgingen.[1579] Dies beschreibt auch Edward Coxere, der, zum Kapitän befördert, sein Kommando zurückgab, da er sich den kaufmännischen Anforderungen nicht gewachsen fühlte und daher auf eine Hoy, einen Küstenfrachtsegler, wechselte.[1580]

Wie im Fall des Navigationsunterrichts bestanden auch im ökonomisch-kaufmännischen Bereich erhebliche Ausbildungsdefizite. Diese beschreibt der Lübecker Kaufmann Friedrich Boldemann so: *Daß aber die Bildung des Seemannes als Schiffskapitän, nicht bloß als Steuermann, ein Gegenstand sei, welcher die Aufmerksamkeit der Behörde verlangt, die der Navigationsschule vorsteht, wird gewiß niemand bestreiten, der die Fälle beurtheilen kann, in denen der Schiffskapitän die Stelle des Rheders und Kaufmannes zu vertreten hat. Nicht selten werden für Ladungen nach entfernten Gegenden, wo man keine Korrespondenten hat, junge, unerfahrene Leute als Supercargo mitgegeben, um der Unwissenheit der Kapitäne in manchen Dingen auszuhelfen. Es ist nicht blos die Kenntnis der Waaren, welche den Supercargos auch oft mangelt, sondern die Art und Weise, mit den fremden Menschen zu verkehren, welches man dem Kapitän nicht zutraut und was gerade die Hülfsperson nöthig macht.*[1581]

Doch der Erwerb dieser kaufmännischen Kenntnisse war nicht immer leicht. Wenn die angehenden Kapitäne nicht wie Søren N. Rasch oder Jens Jensen Berg[1582] selbst oder durch wohlmeinende Kapitäne die notwendigen Kenntnisse erlernten, gab es in der Regel nur wenige Möglichkeiten, diese zu erwerben. So beklagte 1786 der Kapitän des hannoverschen Elbwachtschiffes, C.D.G. Müller, die Mängel in der Ausbildung deutscher Seeleute und Kapitäne im Vergleich mit England: *Schiffer, die ihr Fach ganz kennen, sind in Deutschland noch immer selten, man sucht fremde ausländische Schiffer, besonders Englische [Ich kan hinzusetzen: oder solche die nach Engländern, oft auf englischen Schiffen selbst gebildet wurden], deren Erziehung ohne Ausnahme die beste ist, ob sie gleich auch, wie alles Menschliche ihre Fehler hat, zu beinahe allen großen Unternehmungen, die auf weite Reisen gehen. Ich bescheide mich sehr gern, daß auch unter deutschen Schiffern, mancher weit über dies häßliche Bild erhaben ist; aber diese selbst werden ihre vernachläßigten Brüder in dem gezeichneten Bilde nicht verkennen, und es sicher nicht übertrieben finden.*[1583]

Brarens forderte 1807 angesichts der Wissenslücken vieler Kapitäne, das Augenmerk verstärkt auf die Ausbildungsdefizite im ökonomisch-kaufmännischen Bereich zu richten: *Hierüber findet nun aber der junge Seefahrer einen sehr sparsamen Unterricht. In den Navigationsschulen wird ihm gewöhnlich nur die Steuermannskunde, und auf seinen Seereisen höchstens die Seemannschaft erklärt: es bleiben mithin dem Jünglinge so manche Obliegenheiten eines Schiffers ganz unbekannt, und erst dann, wenn er jetzt alles selbst zu besorgen hat, dann erst sieht er den Mangel seiner Kenntnisse, als Schiffsführer, ein: – eine Wahrheit! welche die mehresten Schiffer unterschreiben werden.*[1584] Ähnlich beschreibt auch der Altonaer Advokat Jacobsen 1815 in seiner seerechtlichen Abhandlung die Ausbildungsdefizite in der Handelsschiffahrt: *In keinem Staate geschieht bis jetzt genug, Schiffscapitaine zu bilden. Ihre einzige Schule ist die Erfahrung. Sie ist zwar die beste, sie sollte aber nicht die einzige seyn. Diejenigen, welche sich bestreben einst Schiffscapitaine zu werden, sollten in der Moral, im Rechnen, in Sprachen, im Seerechte, so wie in der theoretischen Nautick (Letzteres geschieht zwar einigermassen, aber nicht hinreichend, bei Erlernung der Steuermannskunst) unterrichtet werden. Da künftige Schiffscapitaine indess die mehrste Zeit ohne Vermögen sind, so würden sie dazu aus eigenen Kräften keinen Rath schaffen können. Entweder müßte der Staat zutreten, oder der Gemeinsinn dergestalt, dass Sonntags- oder Winterschulen für die Seeleute (wie sie in England und Dänemark für Handwerker existiren) angelegt würden.*[1585] Wie die Klagen ähnelten sich auch die Lösungsvorschläge für dieses Problem. Wie Jacobsen forderte schon Müller ein stärkeres Engagement privater gemeinnütziger Organisationen oder des Staates zur Hebung und Systematisierung des Bildungs- und Ausbildungsstandes der Seeleute.[1586]

Doch nicht nur die fachliche Kompetenz war für einen Kapitän wichtig, auch und vor allem die charakterlichen Eigenschaften spielten bei der Beförderung eine sehr wichtige Rolle, wie Richard Henry Dana über die Rolle des Kapitäns ausführt: *He should remember, too, that, in taking command of a vessel, he not only convenants that he will act honestly and with the best of his judgment, but also holds himself out as having a reasonable degree of skill and prudence.*[1587] Diese Anforderungen an Seriosität und Untadeligkeit der Schiffsführer werden bei Jacobsen in seinen Ausführungen zum Seerecht noch genauer beschrieben: *Nächst der Seetüchtigkeit kommt die Rechtlichkeit der Capitaine, vorzüglich in Betrachtung. ... Den Betrügereien der Capitaine, wenn sie unmoralische Leute sind, kann man beinahe unmöglich vorbeugen, vorzüglich in unseren Tagen, da die Rheder wegen der nothwendigen Simulationen, ganz von den Capitainen abhängig gewesen sind. Schlechte Capitaine bedingen sich z.B. in auswärtigen Häfen, von allen Ausgaben gewisse Procente, und lassen dafür die Rechnung so viel höher schreiben.*[1588]

Da die Reeder während der Reise den mit weitreichenden Verfügungsrechten über Schiff und Ladung ausgestatteten Kapitän und seine Handlungen kaum kontrollieren konnten, mußten sie sich letztlich voll und ganz auf dessen Ehrlichkeit und Integrität verlassen können. Möglichkeiten zur Barraterie und zum Betrug gab es genug: Neben den von Jacobsen bereits beschriebenen Gaunereien wurden beispielsweise Kapitäne bestochen, damit sie an ihrem Schiff Reparaturen zu überhöhten Preisen ausführen ließen, wie es Jens Jacob Eschels berichtet.[1589] Ebenso kam es vor, daß Kapitäne in betrügerische Weise auf den Namen des Reeders Gelder aufnahmen und diese veruntreuten oder auch Ausrüstungsgegenstände verkauften, um sich zu bereichern, wie es Peter Hansen und Joachim Nettelbeck als Reedern wiederfuhr.[1590] All diese Betrügereien hatten für die Reeder große finanzielle

1571 *Samuels*, S. 237.
1572 Davis, S. 161; Ville: Shipowning, S. 69 und 76. Siehe auch Schulze, S. 22f.
1573 Marquardt: Handbuch für Schiffsführer, S. 6.
1574 Engelbrecht, Vorrede, und Jacobsen: Seerecht, S. 109–161; Sammlung der Hamburgischen Gesetze, S. 78f.; Abbott (1802), S. 82f.; Manual of Maritime Law, S. 32; Lau, S. 120ff.; Schulz, S. 113. Vgl. auch das Königlich-Preußische Seerecht von 1727, 3. Kap., § 26, und das Preußische Allgemeine Landrecht, 2. Teil, 8. Titel, §§ 1526 und 1534.
1575 Marquardt: Handbuch für Schiffsführer, S. 6.
1576 *Samuels*, S. 237.
1577 Engelbrecht, S. 45–102, und Jacobsen: Seerecht, S. 482–743.
1578 *Schaap*, S. 66f.
1579 Davis, S. 161, und Ville: Shipowning, S. 69 und 76.
1580 *Coxere*, S. 162f.
1581 Zitiert nach: Schulze, S. 22f.
1582 *Rasch*, S. 25f., und *Berg*, S. 188ff.
1583 Müller: Vorschlag, S. 18f.
1584 Brarens, S. III f.
1585 Jacobsen: Seerecht, S. 108f.
1586 Müller: Vorschlag, S. 20ff.
1587 Dana: The seaman's friend, S. 185.
1588 Jacobsen: Seerecht, S. 110.
1589 *Eschels*, S. 267.
1590 *Hansen*, S. 217ff., und *Nettelbeck*, S. 131–140.

Tabelle 1 *Die Kapitäne der Reederei Otte in Eckernförde zwischen 1740 und 1770*

Dienstjahre	Anzahl der Schiffer	Herkunft	Anzahl der Schiffer	Zuvor Steuermann
1	15	Unbekannt	25	2
2	6	Sylt	35	(1 evtl.)
3	5	Eckernförde	15	
4	9	Rendburg	1	
5	5	Sonderburg	1	
6	2	Kopenhagen	1	
7	6	Ålborg	2	
8	4	Hannover	1	
9	6			
10	5			
11	5			
12	1			
13	2			
14	2			
15	5			
länger	3			

Nach: Henningsen, S. 397–400.

Tabelle 2 *Kapitäne der Reederei Otte mit 15 oder mehr Dienstjahren*

Classen, Daniel
1750-66: Catharina Sophia 1-Mast Galiot; 20-25 CL*

Classen, Peter Boy
1750-60: Ulrica Augusta 1-Mast Galiot; 48-53 CL
1760 -67: Mutter Elschen Fregatte; 96 CL

Frahm, Henrich
1722-30: Galiot, 14 Last
1739: Nordstern, 15 Last
1734-45: Die Sonne, 1-Mast Galiot; 45 CL
1746: Halbmond, 1-Mast Galiot; 30 CL

Hansen, Peter
1754-61: Ebenetzer, 1-Mast Galiot; 44 CL
1763-65: Charlotte Friderica, Schnau; 74-84 CL
1765-67: Türckenstein, Schnau; 92 CL
1768: Mutter Elschen, Fregatte; 96 CL

Meinerts, Peter
1740-41: Stadt Eckernförde, Schiff; 54 Last
1742-47: Johannes, Schiff; 90 CL
1746: Die Sonne, 1-Mast Galiot; 45 CL
1747-56: Johannes, Schiff; 90 CL

Meinerts, Reincke
1742-47: Einigkeit, Galiot; (16-) 24 Last
1749-61: 3 Freunde, Fregatte; 93 CL
1764-66: Olpenitz, Schnau; 87 CL

Oven, Peter Dirk
1756-59: Sophia Elisabeth, 1-Mast Galiot; 35 Last
1760-62: Stubbe, Galiot; 47 CL
1763-66: Freund Carl, 1-Mast Galiot; 44 CL
1768-70: Louise Christina, Schiff (Huker); 60 CL

Petersen, Sven
1753-55: Brigitta, Jagt; 12 Last
1756-67: Bienebeck, 1-Mast Galiot; 44 CL
(Schiffer während der Bienebeck-Meuterei)

Anmerkungen: Der hier genannte Peter Hansen ist nicht identisch mit dem Memoirenverfasser. Zwischen 1747 und 1766 beschäftigte Otte insgesamt vier Kapitäne mit dem Namen Meinerts, die alle von der Insel Sylt stammten. (Vgl. Henningsen, S. 398.)
* Eine Commerzlast (CL) ~ 3000 kg
Nach: Henningsen, S. 342–400.

Tabelle 3 *Liste der Föhrer Kapitäne 1795*

Alter	Alter der Seeleute	Alter bei der Beförderung (wenn bekannt)	Grund der Beförderung (wenn angegeben)	
20			Schifferreeder	5
21		1	Kgl. Direction	1
22			Handelskompagnie	1
23			Durch Fremde	3
24	1	3	Gute Führung	1
25	25	3	Besondere Befähigung	7
26				
27	2		zum Steuermann degradiert	1
28	1	2		
29	2			
30				
31		1		
32	1	3		
33		1		
34	2			
35	1			
36	3	1		
37				
38	4			
39	1			
40	5			
41				
42	1			
43	1			
44	1			
45	1			
46	5			
47	1			
48	2			
49	2			
50				
älter	1			

Anmerkung: Von den insgesamt 63 Kapitänen waren 32 verheiratet.
Nach: Grunsky, S. 27–29.

Tabelle 4 *Liste der Föhrer Steuerleute 1795*

Alter	Alter der Seeleute	Alter bei Steuermannsexamen	Alter bei der Beförderung	Grund der Beförderung	
18	1			Auf dem Schiff des Vaters	1
19	1	1	2	Kgl. Direction	1
20	3		3	Durch Freunde	1
21	1		1	Gute Führung	2
22	4		2	Besondere Befähigung	5
23	1		2	Durch Fremde	1
24			3		
25	1		1	Degradierter Kapitän	1
26	2		2		
27	3		1		
28	1	2	5		
29	1		4		
30	5	1			
31	5				
32	5				
33	1				
34	1				
35			1		
36	2				
37	3				
38	1				
39					
40	2		1		
41	2				
42	2				
43	3				
44	2				
45	1				
46					
47	1				
48	1				

Anmerkung: Von den insgesamt 56 Steuerleuten waren 31 verheiratet.
Nur 14 Steuerleute hatten das Steuermannsexamen abgelegt.
Nach: Grunsky, S. 30–35.

Verluste zur Folge.[1591] Daher waren Vertrauenswürdigkeit und Leumund von eminenter Bedeutung bei der Auswahl eines Kapitäns, denn ein unehrlicher oder auch nur unfähiger Schiffsführer konnte eine Reise – nicht nur in finanzieller Hinsicht – zur Katastrophe werden lassen.[1592] Bei Nizze werden diese charakterlichen Anforderungen genau beschrieben: *Die Schiffscapitaine übernehmen mit der Ausübung ihres Berufs eine Anzahl von Pflichten, an deren getreuer Erfüllung nicht bloß denjenigen gelegen ist, gegen welche sie sich contractlich dazu verpflichtet haben – den Schiffseigenthümern und Befrachtern –, sondern auch Allen, welche sonst noch an Schiff und Ladung direct oder indirect betheiligt sind, – Ladungsempfänger, Asscuradeure, Schiffsmannschaft etc. ... Allen ist daran gelegen, daß das Amt der Schiffscapitaine nur von sorgsamen und zuverlässigen Männern verwaltet wird. Denn es ist nicht nur ein Capital von großer Bedeutung, welches den Händen der Capitaine anvertraut ist, sondern auch Menschenleben haben sich auf gefährlichem Elemente dem Schutze des Capitains übergeben, und hoffen mit allen ihren Angehörigen, von seiner Einsicht, Geschicklichkeit und Sorgfalt, daß er sie trotz Stürme und Klippen glücklich durch die Wogen des Meeres hindurch führen werde. ... Der Schiffer, welcher sich daher z.B. der Trunkfälligkeit hingäbe, oder Unredlichkeit, ungewöhnliche Rohheit, Härte und Grausamkeit gegen Untergebene, in seiner Handlungsweise bekunde, würde, wenn dies auch außerhalb seiner amtlichen Thätigkeit zu Tage getreten wäre, dennoch auf geschehene Anzeige das Einschreiten der vorgesetzten Schiffahrtsbehörde verwillkührt haben. Die Strafen bestehen, wie die Disciplinarstrafen überhaupt, in Verweis, Geld- und Gefängnißstrafe, zeitweilige Suspension vom Amte, und gänzliche Unfähigkeitserklärung zum Schiffer.*[1593]

Ebenso waren die Ehe und die Bürgerschaft eines Kapitäns in einer Stadt ein wichtiger zusätzlicher Vertrauensfaktor für die Reeder. Die Ehe war in der Frühen Neuzeit mehr als nur die Verbindung von Mann und Frau, sie sicherte vor allem den Status der Eheleute als achtbare und vertrauenswürdige Mitglieder der Gesellschaft.[1594] Es liegt daher nahe anzunehmen, daß auch unter den Reedern die Ansicht bestand, daß ein Kapitän, der Besitz und Familie in der Stadt hatte, den Versuchungen unerlaubter Bereicherung oder der Barratterie, die sich ihm während der Fahrt möglicherweise boten, eher widerstehen konnte als ein Kapitän, der in jeglicher Hinsicht ungebunden war.[1595] Dementsprechend waren auch 27 der zum Kapitän aufgestiegenen 30 Memoirenverfasser und 32 der 63 in der Föhrer Seeleuteliste von 1798 verzeichneten Kapitäne verheiratet.[1596]

Oftmals war die Übernahme der Bürgerschaft in einer Stadt bzw. die Annahme der Staatsbürgerschaft des Flaggenstaates eine grundsätzliche Bedingung für eine Tätigkeit als Kapitän. Der Idee des Merkantilismus entsprechend, versuchten alle europäischen Staaten, insbesondere aber die absolutistisch regierten Monarchien durch eine protektionistische Wirtschaftspolitik die eigene Wirtschaft zu schützen und zu fördern. Um dieses Ziel zu erreichen, wurde, wie die gesamte Wirtschaft, auch die Handelsschiffahrt einerseits bewußt gefördert, andererseits aber zugleich der staatlichen Kontrolle und Lenkung unterworfen.[1597] So durften britische Schiffe nur von Kapitänen britischer Nationalität geführt werden, während in Dänemark nur Kapitän werden durfte, wer Bürger einer dänischen Stadt war.

Ähnliches galt auch für Schweden und Hamburg.[1598] So erwarb beispielweise Eide bei seiner Beförderung zum Kapitän in Trondheim die »Skipperborgerskap«.[1599]

Die Übernahme der Bürgerschaft sollte auch den Handel der jeweiligen Stadt vor Konkurrenz schützen. Ein Beispiel für diesen Städteprotektionismus ist Søren N. Rasch, der 1833 erhebliche Probleme hatte, da er auf seiner Jacht Seehandel betrieb, ohne Bürger einer dänischen Stadt zu sein. Um das Schifferzertifikat zu erhalten, wurde er deshalb Bürger in der Stadt Varde.[1600] Ähnliches galt auch für die Hansestädte. So wurde in Lübeck 1848 auf Anzeige der Schiffergesellschaft ein aus Flensburg stammender Kapitän, der ein Lübecker Schiff führte, bei Strafandrohung verpflichtet, das Lübecker Bürgerrecht zu erwerben, da nicht länger geduldet werden könne, daß er, ohne Lübecker Bürger zu sein, den Schutz und die Privilegien der Lübecker Flagge genieße.[1601]

Wie sehr Vertrauenswürdigkeit die Karriere eines Kapitäns beeinflussen konnte, hat beispielsweise Joachim Nettelbeck am eigenen Leib erlebt. Nachdem er unterwegs nach dem Tod des Kapitäns als Steuermann das Kommando übernommen hatte, wurde Joachim Nettelbeck nach seiner Rückkehr, da bei einer Inventur einige Wertgegenstände nicht aufzufinden waren, der Unterschlagung bezichtigt und nicht, wie sonst allgemein üblich, als Nachfolger des Verstorbenen eingesetzt. Erst als ein Jahr später die verschwundenen Sachen durch Zufall hinter der Kajüttäfelung, wo der verstorbene Kapitän sie versteckt hatte, wiedergefunden wurden, konnte Joachim Nettelbeck seinen guten Ruf wiederherstellen.[1602]

Auch Nathaniel Uring erzählt von einem Vorfall, der seinen guten Ruf beeinträchtigte. Nach der Aufbringung des von ihm kommandierten Postschiffs wurde Nathaniel Uring verklagt, um ihm die alleinige Schuld an diesem Vorfall zuzuschieben. Mit Verbitterung erzählt er von seinen Unannehmlichkeiten: *This was an ungenerous Way of Proceeding, when it was not in his Power to injure me; otherways he endeavour'd to blast my Reputation, in relation to the Loss of the Pacquet Boat, which put me upon petitioning the Post-Master General, in order to clear my self of those Aspersions ...*[1603]

Ähnlich wie bei der Beförderung zum Steuermann waren auch für den Aufstieg zum Kapitän nicht nur die fachliche, in diesem Fall ökonomisch-kaufmännische Kenntnisse vonnöten, sondern auch die charakterliche Eignung entscheidend. Vor allem Vertrauenswürdigkeit, berufliche Erfahrung, Führungsqualitäten und ein guter Leumund bildeten grundsätzlich die wesentlichen Anforderungen an einen künftigen Kapitän.

Voraussetzung für eine Beförderung zum Kapitän war natürlich in erster Linie eine freie Kapitänsstelle. Seit dem Ende des Mittelalters hatte die Zahl der Schiffsreeder, also der Kapitäne, die zumindest einen Anteil an dem von ihnen geführten Schiff besaßen, gegenüber den Setzschiffern, d.h. der Kapitäne, die als bloße Angestellte fuhren, stetig abgenommen, so daß spätestens seit dem ausgehenden 18. Jahrhundert der Setzschiffer der Normalfall war.[1604]

Auch im Fall der Setzschiffer konnte der passende familiäre Hintergrund den Aufstieg eines jungen Seemanns zum eigenen Kommando durchaus beschleunigen, denn der einfachste Weg, einen vertrauenswürdigen Kapitän zu finden, war sicherlich die Beförderung eines Verwandten, eines Sohnes oder Neffen, oder des Sohnes eines guten Bekannten.[1605] Eine solche Empfehlung konnte zwar in der Regel die notwendige Vertrauenswürdigkeit des Kapitäns sichern, allerdings war sie, besonders bei engen Verwandten der Reeder keine Garantie für eine ausreichende berufliche Qualifikation. Auch Joachim Nettelbeck hatte als Steuermann unter einem solchen Kapitän gedient, über den er in seinen Memoiren erzählt: ... *denn mit des Mannes Steuerkunst war es herzlich schlecht bestellt, indem er zwar einige Reisen nach Ostindien, aber nur als Zimmermann, gemacht hatte. Seine Anstellung als Schiffer hatte er lediglich der Gunst einiger Rheder in Königsberg, den Verwandten seiner Frau, zu danken.*[1606] Nettelbeck macht deutlich, daß auch bei einem Höchstmaß an Vertrauenswürdigkeit die seemännischen Qualifikationen eines Kapitäns die wichtigste Voraussetzung für eine erfolgreiche Reise war.

1591 Zu den vielfältigen Betrugsmöglichkeiten siehe auch Marquardt: Handbuch für Schiffsführer, S. 7f.
1592 Wossidlo, S. 72, und Ville: Shipowning, S. 70.
1593 Nizze, S. 332f.
1594 Kessel, S. 39ff.
1595 Bereits zur Hansezeit galt aus diesen Gründen die Regel, daß nur verheiratete und daher vertrauenswürdige Seeleute das Kommando über ein Handelsschiff führen durften. Vgl. Dollinger, S. 202.
1596 Vgl. die Kurzbiographien und Tabelle 3, S. 249.
1597 Link, S. 44–56; Feldbæk: Storhandelens tid, S. 10–13, und Kurt Kluxen: Englische Geschichte, Stuttgart 1991, S. 480ff. Beispielsweise legte die berühmte englische Navigationsakte von 1651, die zwei Jahrhunderte lang in Kraft blieb, fest, daß außereuropäische Waren ausschließlich auf englischen Schiffen, Waren aus europäischer Produktion dagegen nur auf englischen oder Schiffen des Herkunftlands nach England eingeführt werden durften, womit das holländische Transportmonopol gebrochen werden sollte. Vgl. dazu Kluxen, S. 333.
1598 Verordnung wider die Scheinbürger, für die Städte und Flecken in den Herzogthümern Schleswig und Holstein, die Herrschaft Pinneberg und Graffschaft Ranzau nebst der Stadt Altona, Friederichsberg, den 23sten September 1796; Patent zur Aufrechterhaltung und nähern Bestimmung des See-Enrollirungswesens, für die dazu gehörigen Städte und Districte der Herzogthümer, 10. März 1796; Kanzleipatent, betr. die Zulassung fremder Schiffer zur Gewinnung des Bürgerrechts in der Städten und deren Aufnahme in die Seerolle, etc., 4. Sept. 1824, in: Chronologische Sammlung der im Jahre 1824 ergangenen Verordnungen und Verfügungen für die Herzogthümer Schleswig und Holstein, Kiel 1825; Verfügung, daß allen ausländischen Schiffern verboten seyn solle, inländische Schiffe als Setzschiffer zu führen, 29. Nov. 1793, in: Systematische Sammlung der für die Herzogthümer Schleswig und Holstein erlassenen, annoch gültigen Königlichen, Fürstlichen, Großfürstlichen und gemeintschaftlichen Verordnungen und Verfügungen, Bd. 7, Kiel 1834; Verordnung, betr. das Seeenrollirungswesen, 17. April 1838, in: Chronologische Sammlung der im Jahre 1838 ergangenen Verordnungen und Verfügungen für die Herzogthümer Schleswig und Holstein, Kiel 1839, und Sammlung der Hamburgischen Gesetz, S. 82. Vgl. auch Chitty, S. 53f., und Bohn, S. 219f.
1599 *Eide*, S. 73ff.
1600 *Rasch*, S. 132ff.
1601 AHL, ASA Interna/Seesachen, Nr. 30/9.
1602 *Nettelbeck*, S. 90 und 115.
1603 *Uring*, S. 106f.
1604 Abbott (1802), S. 82f.; Jacobsen: Seerecht, S. 108–120; Abbott (1802), S. 82f.; Abbott (1856), S. 127f., und Jacobsen: Seerecht, S. 115ff.; Feldbæk, S. 158, und Broeze: Rederij, S. 113ff.
1605 Davis, S. 125ff.; Boon, S. 179f., und Feldbæk: Storhandelens tid, S. 191.

Aus diesem Grund hatten neben Verwandten von Reedern auch andere qualifizierte Seeleute durchaus eine Chance, zum Kapitän aufzusteigen. Doch auch ein hoch qualifizierter Seemann blieb bei der Beförderung allein von der Entscheidung seiner Reeder abhängig. Dementsprechend waren auch in diesem Fall gute persönliche Verbindungen zu Kapitänen und Reedern oder im Idealfall deren Patronage von großer Bedeutung für den beruflichen Aufstieg eines Seemanns.[1607] Solche auf gegenseitigen Beziehungen und der persönlichen Verbindung zu höhergestellten Persönlichkeiten beruhende Patronage-Netzwerke waren, wie bereits im Fall der Beförderung zum Steuermann dargelegt, nicht nur in der Seefahrt ein grundlegendes Charakteristikum der Gesellschaft der Frühen Neuzeit. Besonders in England bildete die Patronage eine der Grundlagen des politischen Systems der Epoche und durchzog gleichsam alle gesellschaftlichen Bereiche.[1608]

Patronage läßt sich daher in verschiedenen Ausprägungen überall bei der Beförderung zum Kapitän finden, etwa in der Beförderung von Steuerleuten, die gute Dienste geleistet hatten. So beförderten Reeder gerne Seeleute, die sich in ihrem Dienst bereits bewährt hatten und deren Fähigkeiten sie zu schätzen wußten, wie z.B. Marten Schaap berichtet: *Zo sprak de Heer Van Hoboken: ›Marten Schaap, wilt U schipper worden?‹ ›Ik weet het niet Mijnheer‹, was mijn antwoord, waarop Z. Ed. zegde: ›Kan U dan de bom niet over zee brengen.‹ ›ja, Mijnheer, dat zal mijn schipper U best kunnen zeggen.‹ Toen zegde Mijnheer: U bent dan schipper op de bom de* HOFFNUNG *en zal met de Papenburger vlag varen, ik feliciteer U. maakt Uw schip nu maar klar en zorgt voor volk: ›U zal direct laden naar Leith in Schotland.‹ Ik was toen oud 21 jaar en 7 maanden.*[1609] Auch Jaski hoffte zu Recht, daß bei gutem Erfolg als Steuermann im Dienst seiner Reeder eine Beförderung zu einem eigenen Kommando folgen würde.[1610]

Hier wird zudem deutlich, daß auch die Kapitäne bei den Beförderungen durchaus ein Wort mitzureden hatten, da sie sich auf ihren Reisen von den Fähigkeiten und Qualifikationen ihrer Seeleute ein gutes Bild machen konnten.[1611] So wurde Jens Jensen Berg wegen seiner guten Dienste als Steuermann von seinem Kapitän zur Beförderung empfohlen[1612], während Lorens Friedrich Jepsen seinen Bruder für eine Kapitänsstelle vorschlug: *Den 15. Juli selbigen Sommers hatte ich das Vergnügen, meinen Bruder Jürgen bei Herren Grisar & Marsyly in Antwerpen als Capitän für sein Schooner-Kof* CLEMENCE *zu rekommandieren.*[1613] Ebenso wurde Jens Jacob Eschels von seinen Reedern bei der Neubesetzung von Kapitänsstellen um seine fachliche Meinung gefragt: *Meine Herren fragten mich: wem geben wir nun das Schiff zu führen? Ich antwortete: der alte Capitain Joh. Diederich Steen, hat so viele Jahre für sie gefahren, geben sie seinem Sohn Joh. Diederich Steen jun. das Schiff; er ist ein flinker junger Mann, ich kenn ihn, und weiß daß er sich gut aufführt und auf seine Sachen Achtung giebt. Die Herren v.d. Smissen sagten: nun ja, wir wollen ihm das Schiff zu führen anvertrauen, lassen sie ihn zu uns kommen.*[1614]

Viele Reeder wußten, was sie an ihren erfahrenen und zuverlässigen Steuerleuten hatten. Doch nicht allein aus nur persönlicher Bindung, auch aus geschäftlichen Gründen beförderten sie diese gern zum Kapitän. Schließlich trug der Kapitän nicht nur die nautische, sondern oft auch die ökonomische Verantwortung für die Reise. Die Wahl des Kapitäns konnte daher durchaus auch Einfluß auf die Rentabilität eines Schiffes haben.[1615] Ein bewährter und vertrauenswürdiger Steuermann war für manche Reeder eine Art personelles Kapital, einen solchen Mann beförderten sie gerne zum Kapitän, und wenn sie kein Schiff für ihn hatten und ohnehin expandieren wollten, kauften sie ein Schiff, ließen mitunter sogar eines bauen, um es ihm zur Führung zu geben, wie z.B. bei Paul Frercksen und bei Nathaniel Uring[1616] oder auch im Falle Jepsens: *Im ersten Brief von Herrn Retsin an Capt. Rickmers, schrieb er an mich selbst, dass er für mich einen neuen Schooner bauen liesse, worauf ich wiederum in einem Brief meines Capt. mich freundschaftlich bedankte.*[1617] Im Fall der Reedereien Otte und Henley and Son läßt sich allerdings die direkte Beförderung von Steuerleuten zu Kapitänen nicht explizit nachweisen.[1618]

Hatten die Reeder kein Schiff für einen begabten Seemann oder benötigten andere befreundete Reeder einen guten Mann, so wurden bewährte Leute auch gerne weiterempfohlen[1619], wie es auch Lorens Friedrich Jepsen widerfuhr: *Ich hielt mich nur aufrecht, trotz aller Versuchungen, in der Hoffnung, bald wieder ein Employ zu finden, welches auch nach langem Bereuen am 1. Februar 1837 auf Rekommandation des Herrn Grisar und Kempeneers geschah und zwar erhielt ich bei Herrn Dansart zu*

Brüssel das Kofschiff LEOPOLD *zur Führung.*[1620] Auf ähnliche Weise erhielt auch Sandmann sein erstes Kommando, nachdem er sich bereits als Steuermann in Reederkreisen einen guten Namen gemacht hatte: *Einige Wochen nachher, im Spätherbst, wurde ich auf Empfehlung von hier von einem in Leer wohnenden Rheder eingeladen, zur Besprechung über die Führung eines seiner Schiffe. Als ich mich dem Herrn vorgestellt, ihm meine Befähigungsnachweise u.s.w. zur Prüfung vorgelegt hatte, stellte er dann noch einige Fragen betreffs meiner Kenntnisse im Befrachtungsgeschäft u.s.w. Da meine Antworten auch hierauf ihn befriedigten, bot er mir die Führung eines seiner in Antwerpen in Winterlage liegenden, fünf Jahre alten Schiffes, zu der gewöhnlichen Gage und sonstigen Bedingungen an, welche Offerte ich dankend acceptirte.*[1621] In diesem Fall, um 1850, war jedoch nicht mehr die Empfehlung allein ausreichend, da nun auch die objektiven Qualifikationsnachweise bei der Annahme eines Kapitäns bereits eine wichtige Rolle spielten. Es wandten sich Reeder aber auch von selbst an Kapitäne und Seeleute, von deren gutem Leumund und Fähigkeiten sie gehört hatten, wie es Joachim Nettelbeck erlebte: *Im folgenden Jahre 1778 erhielt ich vom Kaufmann, Herr Höpner zu Rügenwalde eine schriftliche Aufforderung, Eines seiner Schiffe unter meine Führung zu nehmen. Ich schlug ein, weil sich nicht gleich ein besseres Engagement für mich finden wollte.*[1622]

Doch auch der Tod, die Entlassung oder die Versetzung des Vorgängers auf ein anderes Schiff konnte für einen bewährten Steuermann die Chance zur Beförderung zum Kapitän sein. So brachte Jens Jacob Eschels als Steuermann das Schiff nach dem Tod des Kapitäns wohlbehalten zurück nach Altona und wurde, da die Reeder mit seiner Leistung sehr zufrieden waren, als Kapitän des Schiffs bestätigt.[1623] Robert William Eastwick dagegen erhielt sein erstes, wenn auch nur zeitweiliges Kommando, nachdem sein Kapitän ein weiteres Schiff gekauft hatte. Dabei wies Robert William Eastwick auch auf die Bedeutung von Glück und Zufall bei der Beförderung zum Kapitän hin: *The appointment was only an acting one for me, but it made me a master when I had only just completed my twenty-first year; wheras I saw around me scores of older and more experienced men who had to contend themselves with mates' berths, and many whom professed no hopes of rising higher.*[1624]

Da die Schiffahrt während des 18. und 19. Jahrhunderts seit Ende der Napoleonischen Kriege ständig zunahm, bestand ein steigender Bedarf an fähigen Schiffsführern. Dadurch erhielten auch qualifizierte Außenseiter ohne Beziehungen zu Reedern und Kapitänen eine Chance.[1625] Dies beschreibt auch Henrik Olsen Eide: *Ingen uten erfarne folk blev antatt til styrmenn, enn mindre til skibsførere, og av disse var de fleste i Trondhjem jyder eller siltringer av fødsel.*[1626]

Daß eine Beförderung zum Kapitän trotz ausreichender Qualifikation und Erfahrung an fehlenden Beziehungen scheitern konnte, mußte Barlow am eigenen Leib erfahren. Obwohl er nach dem Tod des Kapitäns das Schiff erfolgreich nach Hause brachte, wurden seine Hoffnungen auf die Übertragung des Kommandos bitter enttäuscht, da ihm die dazu notwendigen Beziehungen fehlten, die ein anderer Kandidat allerdings trotz möglicherweise geringerer Qualifikation aufzuweisen hatte: *But instead of that, for self interest, they put another man commander over my head: I, not having money enough to buy their good will and few friends to stand by me, was put by although I put in a petition, making my case known to the Comittee for the affairs of the East India Company. But all signified nothing, although he that was put in was no seaman, nor fitting to manage any command.*[1627]

1606 *Nettelbeck,* S. 83.
1607 Davis, S. 126f.
1608 Vgl. Mieck, S. 191 und 194ff.; Dipper, S. 82f., und Rodger, S. 344.
1609 *Schaap,* S. 66.
1610 *Jaski,* S. 36: *Kapitein Haasnoot was immers iemand bij wien niemand het goed konde maken; kapitein Arendsklaauw had denzelfen naam; nu, bij den 1ste had ik geheel voldaan, bij de 2de zoude dit ook wel gaan; en voldeed ik hier ook, zoo redeneerde mijn Vader, dan kon ik gerust rekenen, dat de Heer Hulser, de Patroon, mij spoedig tot kapitein zou bevoerderen.*
1611 Ville: Shipowning, S. 74.
1612 *Berg,* S. 192f.: *Captn. Kocks Tilfredshed med mine svære Pligters nøyagtige Opfyldelse paa denne Rejse, som havde vedvaret 2 1/2 Aar, foreenet med den Kongl: Directions Biefald og Skiønsomhed, bevirkede, at man strax gratulerde mig som Commanderende benævnte Fregat Skib.*
1613 *Jepsen,* S. 59.
1614 *Eschels,* S. 287.
1615 Vgl. dazu z.B. t'Hart und van Royen: »De Neufville van der Hoop«, S. 164ff.
1616 *Frercksen,* S. 110, und *Uring,* S. 315f.
1617 *Jepsen,* S. 40f.
1618 Ville: Shipowning, S. 106. Für die Firma Otte vgl. Tabelle 1, S. 248.
1619 Ville: Shipowning, S. 72.
1620 *Jepsen,* S. 49.
1621 *Sandmann,* S. 58.
1622 *Nettelbeck,* S. 265.
1623 *Eschels,* S. 130 und 141f. Das Schiff war die Fregatte HINRICUS DER VIERDE, die von der Firma Hinrich van Smissen Söhne als Hauptreeder bereedert wurde und an der auch der Altonaer Reeder Hinrich Dultz einige Anteil gehörten. Vgl. dazu: Jestrzemski, S. 141.
1624 *Eastwick,* S. 68.
1625 Davis, S. 128; Boon, S. 179ff., und Ville: Shipowning, S. 71.
1626 *Eide,* S. 25.
1627 *Barlow,* S. 501.

Es gab aber auch gelegentlich junge Seeleute, die eine Beförderung zum Kapitän ablehnten, da sie sich dieser Aufgabe aufgrund ihrer mangelnden Erfahrung noch nicht gewachsen fühlten. So lehnte z.B. Jens Jensen Berg ein eigenes Kommando ab, denn ... *saa troede jeg det rigtidere at vinde større Erfarenhed og giøre mig meere bekiendt paa Rejser in andere Verdens Deele og derfor frabad mig denne Commando.*[1628] Ähnlich reagierte auch Marten Schaap, als ihm mit 19 Jahren von seinem Reeder ein Schiff angeboten wurde.[1629] Beiden gereichte diese Entscheidung nicht zum Nachteil, denn sowohl Jens Jensen Berg wie auch Marten Schaap wurden kurze Zeit später Kapitäne mit einer langen, erfolgreichen Karriere auf See.[1630]

Auf eher ungewöhnliche Art und Weise dagegen »beförderte« sich der mecklenburgische Kaufmann Cordua selbst zum Kapitän: *Ich hatte mein Fahrzeug unter holländische Flagge gebracht und machte mich zu dessen Capitain, während ein in diesen Gewässern seit vielen Jahren bekannter, braver Mann, namens Preis, mir als Navigations Capitain zur Seite stand.*[1631] Da Cordua die notwendigen seemännischen Kenntnisse fehlten, fungierte er nur im rechtlichen Sinne als Kapitän, während ein qualifizierter Navigator die nautische Leitung des Schiffs erhielt.

Eine weitere Möglichkeit zum Aufstieg war die Karriere im Ausland, vor allem in den Niederlanden, deren Seeschiffahrt einen ständigen Bedarf an qualifizierten Seeleuten aufwies. Auch wenn die meisten dieser ausländischen Seeleute, vor allem Deutsche und Skandinavier eher in den niederen Rängen dienten, war auch ihnen durch Glück und Befähigung der Aufstieg zum Kapitän möglich.[1632] Eine solche Karriere beschreibt z.B. Søren N. Rasch: *Men tid efter anden er denne velstand og skipperfart gået af sigte, da ungdommen siden rejste til Holland for der at komme i søfart, hvilket også har gerådet mange til forfremmelse og er blevet skibsførere på Ost- og Vestindien, bl. a. min morbroder Jens Sørensen i Amsterdam, der siden 1803 førte en dejlig fregat ›Brudes Lüst‹ kaldet med 8 kanoner, og flere her fra egnen kom i lignende flor. Men fra 1791 og med Napoleonskrigene skete rasende omvæltninger.*[1633] Ebenso wurden auch Paul Frercksen und Samuel Samuels auf niederländischen Schiffen zum Kapitän befördert.[1634] Besonders die inselfriesischen Seeleute waren im In- und Ausland als hochqualifizierte und regional mobile Seeleute bekannt, die dem Dienst sowohl in der einheimischen, dänischen und schleswig-holsteinischen, wie auch in der ausländischen, vorwiegend niederländischen Schiffahrt prinzipiell zugeneigt waren und nicht nur als Matrosen, sondern auch als Kapitäne und Steuerleute gefragt waren.[1635]

Gelegentlich kam es auch zu einem gewissen Austausch zwischen Handels- und Kriegsmarine, doch während in Dänemark nur Handelsschiffskapitäne auch Seeoffizierspatente erhielten, gab es in den Niederlanden nach den Napoleonischen Kriegen auch Seeoffiziere, die zeitweise als Handelsschiffskapitäne fuhren, wie das Beispiel Jacobus Boelen Jzn. zeigt.[1636]

Insgesamt waren für den Aufstieg eines Schiffsoffiziers zu einem eigenen Kommando neben der notwendigen fachlichen Qualifikation vor allem persönliche Verbindungen zu Reedern die wichtigste Voraussetzung, da Patronage und Empfehlung für die Beförderung zum Kapitän eine wesentliche Rolle spielten. Ohne solche Beziehungen war der Weg zu einem eigenen Kommado zwar nicht völlig unmöglich, aber erheblich schwieriger.

Die zahlreichen Möglichkeiten einer Beförderung zum Kapitän spiegeln sich auch in den Lebensläufen der Memoiren wider. Allerdings wurde nur ein Seemann aufgrund der Verwandtschaft mit einem Reeder befördert, dagegen 14 durch die Reeder, bei denen sie als Steuermann dienten bzw. durch ein direktes Angebot durch einen Reeder. Zwei erreichten ihr Kommando durch eine Empfehlung und drei folgten, nachdem sie als Steuerleute gedient hatten, auf demselben Schiff dem vorherigen Kapitän nach. Fünf Seeleute erreichten ihre Stellung als Eigner bzw. Parteigner eines Schiffs, wobei es sich allerdings, wie z.B. im Falle Søren N. Raschs oder Johann Heinrich Arneckes, nur um sehr kleine Küstenfahrer handelte.[1637]

Tabelle 5 *Beförderung zum Kapitän*

Angebot eines Reeders	7
Beförderung durch Reeder	7
Kauf eines Schiffs/Parteigner	5
Nachfolger des vorherigen Kapitäns	3
Von Bekannten als fähig empfohlen	1
Beförderung durch Reeder auf Empfehlung	1
Kapitän auf einem Schiff des Vaters	1
Keine Angabe	5

Wie im Falle der Steuerleute waren auch die Kapitäne bei ihrer Beförderung relativ jung. Viele Seeleute erreichten die Spitze ihrer Profession oft schon am Beginn des dritten Lebensjahrzehntes, die meisten vor dem Erreichen des 25. Lebensjahres.[1638]

Dieses wird auch durch die Memoiren bestätigt: Acht Verfasser waren bereits in einem Alter von 22 Kapitän, weitere neun mit 25. Bis zum Erreichen des 30. Lebensjahres hatten vier, bis 35 weitere acht ein eigenes Kommando erreicht. Nur ein Seemann war bei seiner Beförderung zum Kapitän bereits 39 Jahre alt.[1639] Ähnliche Ergebnisse zeigt die Föhrer Enrollierungsliste von 1798. Bis zum 25. Lebensjahr hatten hier sieben Föhrer den Rang eines Kapitäns erreicht, weitere zwei bis zum 30. und fünf bis zum 35. Lebensjahr, nur einer war mit 36 Jahren älter.[1640] Demnach war also ein Aufstieg vom Schiffsjungen bis zum Kapitän in der europäischen Seefahrt innerhalb von nur zehn Jahren durchaus nicht ungewöhnlich. Möglicherweise hing das relativ junge Alter bei der Beförderung zum Kapitän, abgesehen von dem generell niedrigen Durchschnittsalter der Personen in der Seefahrt, auch mit dem erhöhten Bedarf an qualifiziertem Personal durch den allgemeinen Aufschwung in der Seeschiffahrt zusammen.[1641]

4.4 Kapitänskarrieren

Genauere statistische Angaben über die weitere Karriere von Kapitänen sind leider kaum zu finden. Allein die Angaben aus den Memoiren und Untersuchungen zur Geschichte von Reedereifirmen können hier einigen Aufschluß geben.[1642] Demnach blieben die meisten Kapitäne während ihrer gesamten Fahrzeit als sogenannte Setzschiffer die Angestellten einer Reederei. Sie waren damit reine Funktionäre ohne Eigentum an den von ihnen geführten Schiffen.[1643] Einige wechselten je nach Konjunkturlage und wirtschaftlichem Erfolg zwischen der Fahrt auf eigenen und fremden Schiffen. Die wenigsten jedoch waren während ihrer ganzen Karriere Kapitäne auf Schiffen, die ihnen zum Teil oder ganz gehörten.[1644]

Im 18. Jahrhundert war die Partenreederei, d.h. die Verteilung des Schiffseigentums auf verschiedene Anteilseigner, die vorherrschende Reedereiform gewesen. In der Regel wurde die Reederei als Teilgeschäft von Handelshäusern oder als reine Geldanlage betrieben, es gab nur wenige Unternehmen, wie etwa die Ottes in Eckernförde oder die Firma Henley and Son in London, die sich vorwiegend der Reederei und dem damit verbundenen Frachtgeschäft widmeten.[1645]

So betrieb die zeitweilig größte Reederei des Herzogtums Holstein, die 1765 in Altona gegründete Firma Hinrich Dultz, ihr Geschäft noch bis zum Ende des 18. Jahrhunderts vorwiegend in Form der traditionellen Partenreederei. Bei Schiffen, die Dultz als Hauptreeder besaß, betrug sein Anteil meist nur um etwa ein viertel Part, der Rest der Schiffe gehörte Mitreedern, von denen die meisten nur Sechzehntel-Parten hielten. Zugleich investierte Hinrich Dultz auch als Mitreeder in Schiffe anderer Reedereien. Erst seit etwa 1790 begann Dultz, neu erbaute oder gekaufte Schiffe ganz auf eigene Rechnung fahren zu lassen, ohne die Beteiligung von Mitreedern. Der Grund dafür war aber wohl nicht in dem Wunsch zu suchen, seine Geschäftsführung zu »modernisieren«, sondern die zunehmende Schwierigkeit, Interessenten für die Übernahme von Schiffsparten zu finden. Das lag unter anderem an den 1793 ausgebrochenen Feindseligkeiten zwischen England und dem revolutionäre Frankreich.

1628 *Berg*, S. 190.
1629 *Schaap*, S. 64: *Waarop ik Z. Ed. antwoordde, dat ik veel te jong was, zijnde negentien jaar en negen maanden, Z. Ed. zegde mij van het zelfde gevoelen te zijn, en dat ik maar voor hem moest blijven varen; dat Z. Ed. mij, as ik tot jaren was gekomen, schipper maken zou ...*
1630 Vgl. die betreffenden Kurzbiographien im Anhang.
1631 Cordua, S. 100.
1632 P.C. van Royen: Foreigners aboard the Dutch merchant marine around 1700, in: From Dunkirk to Danzig, Shipping and Trade in the North Sea and the Baltic, 1350–1850, Festschrift für J.A. Faber, hrsgg. von W.G. Heeres, L.M.J.B. Hesp, L. Nordegraaf, R.C.W. van der Voort, Hilversum 1988, und Pieter Dekker: Föhrer Seeleute, S. 113–160.
1633 *Rasch*, S. 121.
1634 *Frercksen*, S. 110, und *Samuels*, S. 138.
1635 Henningsen, S. 128; Brockstedt: Wirtschaftlicher Aufstieg, S. 157, und *Eschels:* Nachwort, S. 350ff.
1636 Feldbæk: Storhandelens tid, S. 169. Vgl. auch die Kurzbiographie von *Boelen Jzn.* im Anhang.
1637 Vgl. *Rasch* 64ff., und *Arnecke*, 6ff.
1638 Earle, S. 44f.
1639 Vgl.: Kurzbiographien im Anhang
1640 Vgl.: Tabelle 3, S. 249.
1641 Ville: Shipowning, S. 72, und Rediker, S. 299f.
1642 Hier sind zu nennen: Bohn, Henningsen, Jestrzemski und Ville: Shipowning.
1643 Henningsen, S. 131f.; Bohn, S. 226f., und Ville: Shipowning, S. 85.
1644 Vgl. auch Tabelle 3, S. 249.
1645 Ville: Transport, S. 74ff.; Broeze: Rederij, S. 113ff. Vgl. auch Henningsen, S. 451–464.

Der Seekrieg hatte der neutralen dänisch-gesamtstaatlichen Schiffahrt zwar erneut eine Zeit der Hochkonjunktur beschert, doch zugleich wuchs die Gefahr der Aufbringung durch Kriegs- und Kaperschiffe. Vor allem die Briten nahmen, wie schon im Amerikanischen Unabhängigkeitskrieg, nur wenig Rücksicht auf die neutrale Schiffahrt.[1646] So bemerkte Jens Jacob Eschels in seinen Memoiren über seine Fahrten während der Revolutionskriege bezeichnenderweise: *Vor den Kapern hatte ich viel mehr Furcht, wie vor Seegefahren.* 1798 gab er deshalb die Seefahrt auf.[1647]

Der grundlegende Strukturwandel im Reedereigeschäft wirkte sich auch auf die Besitzverhältnisse in der Seefahrt aus. Das im Mittelalter vorherrschende Prinzip, nach dem der Schiffer in den meisten Fällen zumindest Teileigner des von ihm geführten Schiffs war[1648], hatte in dem hier betrachteten Zeitraum keine Gültigkeit mehr. Es war zwar bis weit ins 19. Jahrhundert nicht ungewöhnlich, daß einem Kapitän Anteile an dem von ihm geführten Schiff gehörten, wie etwa bei Sandmann ersichtlich[1649], aber schon im Verlauf des 18. Jahrhunderts nahm die Zahl der Kapitäne als Schifferreeder oder Parteigner stetig ab. Im 19. Jahrhundert setzte im Zusammenhang mit den ökonomischen Umwälzungen endgültig ein Trend zur geschäftlichen Spezialisierung ein, und das Reedereigeschäft entwickelte sich mehr und mehr in Richtung großer Reedereifirmen, die mit eigenen Schiffen ausschließlich oder zumindest hauptsächlich im Seetransportgeschäft tätig waren.[1650]

Diesem Bild entsprechen auch die Untersuchungen verschiedener Reedereien des 18. und beginnenden 19. Jahrhunderts. Die Reederei Otte in Eckernförde beispielsweise beschäftigte bereits zu einem früheren Zeitpunkt ausschließlich Setzschiffer, d.h. angestellte Kapitäne. Auch die Reederei Donner war zumeist im Alleinbesitz der Schiffe, aber ebenso wie bei der Reederei Henley and Son gab es auch hier gelegentlich die Besitzbeteiligung eines Kapitäns an dem von ihm geführten Schiff. Für die Firma Henley hat Ville festgestellt, daß diese Geschäftsverbindungen nicht, wie man eventuell annehmen könnte, zur festeren Bindung der Kapitäne an die Reeder diente, sondern ihnen erst nach einem längeren Zeitraum Parten angeboten wurden, wenn sie sich als Geschäftspartner bewährt und das in sie gesetzte Vertrauen gerechtfertigt hatten.[1651]

Am Ende des 18. Jahrhundert stellte daher der Setzschiffer die Regel, der Kapitän als Schiffs- oder Parteigner dagegen die Ausnahme dar, wie aus den Memoiren und Untersuchungen zu einzelnen Reedereifirmen hervorgeht.[1652] Nur vier Kapitäne fuhren ausschließlich, acht zumindest zeitweise auf eigenen Schiffen. Bei den Schiffen, die vollständig im Besitz des Kapitäns waren, handelte es sich zumeist um Küstenfahrer.[1653]

Tabelle 6 *Karriereverlauf als Kapitän*

Nur Setzschiffer	16
Nur Schifferreeder	4
Wechsel Setzschiffer/Schifferreeder	8
Als Setzschiffer	
bei einer Reederei	8
bei zwei Reedereien	5
bei mehreren Reedereien	8
mehr als zehn Jahre bei einer Reederei	10
keine Angabe	1
Als Schiffseigner	7
Parteigner	5
Abstieg aus Kapitänsstellung	1

Daß die Eignerschaft für die Kapitäne nicht ohne geschäftliches Risiko war, zeigen die schlechten Erfahrungen, die beispielsweise Peter Hansen, Robert William Eastwick und Joachim Nettelbeck mit Schiffsverlusten, Kaperungen, Betrügereien durch Befrachter und Korrespondenten und ähnlichem machten und die Joachim Nettelbeck in seinen Erinnerungen zu der Bemerkung veranlaßten: *Es taugt auch für keinen Schiffer, sein eigener Rheeder zu seyn, wenn er gleichwohl die Correspondenz und was dazu gehört, einem Fremden überlassen muß.*[1654]

Nach der ersten Beförderung waren die Karrieren der Kapitäne, die als Setzschiffer fuhren, oft von einer erstaunlichen Stetigkeit: Von den Verfassern der Memoiren blieben viele Kapitäne ihre gesamte Fahrzeit bei einer einzigen Reederei oder wechselten diese nur einmal. Ebenso blieben immerhin zehn Verfasser mehr als zehn Jahre bei einer Reederei.[1655] Ähnliches ergibt auch die Auswertung der Liste der Kapitäne der Firma Otte von ca. 1740–1770. Von insgesamt 81 Kapitänen, die während dieses Zeitraumes im Dienst der Firma gestanden hatten, verblieben 21 nur ein oder

Grabstein des Walfangkommandeurs Rörd Peters, 1701–1776. Auf den Grabsteinen wurde sehr genau unterschieden, ob der verstorbene Seefahrer »Schiffer« der Kauffahrtei oder »Commandeur« im Walfang gewesen war. (Foto: Gerd Quedens, Amrum)

zwei Jahre, 37 zwischen drei und neun Jahren in der Firma, während 23 Kapitäne den Ottes mehr als zehn Jahre treu blieben. Drei Kapitäne fuhren sogar länger als 15 Jahre im Dienst der Firma Otte, die sich offenkundig bemühte, gute und bewährte Kapitäne möglichst lange in ihren Diensten zu behalten.[1656] Gleiches gilt für die gotländische Reederei Donner in Visby, die fähige Kapitäne ebenfalls lange in ihren Diensten zu halten suchte. Das Vertrauen und der Respekt, die den langjährigen und bewährten Schiffsführern seitens der Firma entgegengebracht wurden, schwanden selbst nach Schiffsverlusten nicht.[1657]

Auch Ville hat für die Reederei Henley and Son festgestellt, daß die Kapitäne der Firma in der Regel über einen langen Zeitraum treu blieben, obwohl die Reederei eine im Vergleich geringe Heuer zahlte. Aber wie Ville annimmt, dürfte die Tatsache, daß es sich um verhältnismäßig sichere Anstellungen handelte, und die Fürsorge, die die Firma ihren Kapitänen und deren Familien angedeihen ließ, ein gewichtiges Argument für die beachtliche Firmentreue ihrer Kapitäne gewesen sein.[1658] Die langjährige Tätigkeit für einen Reeder konnte zudem durchaus mit einer Karriere innerhalb der Firma verbunden sein. So stellt Ville für Henley and Son fest, daß zahlreiche Kapitäne mit Erfahrung und der Bewährung nicht nur im nautisch-administrativen, sondern vor allem im ökonomisch-kaufmännischen Bereich allmählich vom Küstenschiffer zum Kapitän in der Überseefahrt aufstiegen.[1659] Solche Reedereikarrieren lassen sich ebenso für die Reederei Otte feststellen. Ein Blick auf die acht Kapitäne, die der Reederei am längsten, d.h. zwischen 14 und 24 Jahren, dienten, zeigt deutlich, daß diese im Verlauf der Jahre mit einer Ausnahme nach und nach größere Schiffe anvertraut bekamen, mit denen in der Regel auch ein Zuwachs an Verantwortlichkeit im ökonomisch-kaufmännischen Bereich verbunden war, da auch bei Otte die kleineren Schiffe vorwiegend in der Küsten- und Regionalfahrt, die größeren dagegen in der internationalen Frachtfahrt eingesetzt wurden.[1660]

Auch die Karrieren der Verfasser der Memoiren weisen dieses Aufstiegsmuster auf: Nachdem sie sich auf kleineren oder älteren Schiffen bewährt hatten, wur-

1646 Jestrzemski, S. 46–48; Feldbæk: Storhandelens tid, S. 193ff., und Rolf Gehrmann: Handelskonjunkturen in Schleswig-Holstein zur Zeit der Kontinentalsperre, 1807–1813, in: Jürgen Brockstedt: Wirtschaftliche Wechsellagen in Schleswig-Holstein vom Mittelalter bis zur Gegenwart, Neumünster 1991, S. 145–173, hier S. 145ff.
1647 *Eschels,* S. 285ff.
1648 Heinsius, S. 230ff.
1649 *Sandmann,* S. 58.
1650 Ville: Transport, S. 74ff.; Broeze: Rederij, S. 113ff. Vgl. auch Henningsen, S. 451–464.
1651 Henningsen, S. 130f.; Bohn, S. 226f., und Ville: Shipowning, S. 85.
1652 Vgl. Tabelle 6 sowie Henningsen, S. 451–464; Bohn, S. 226f., und Ville: Shipowning, S. 85f.
1653 Vgl. Tabelle 6.
1654 *Nettelbeck,* S. 269.
1655 Vgl. Tabelle 1, S. 248.
1656 Vgl. Tabelle 1, S. 248, und Henningsen, S. 131f.
1657 Bohn, S. 271f.
1658 Ville: Shipowning, S. 74 und 85f. Über die Kapitäne der Reederei Dultz ist leider nur wenig bekannt, außer das die meisten von den nordfriesischen Inseln oder der dänischen Insel Röm stammten. Vgl. dazu: Jestrzemski, S. 47.
1659 Ville: Shipowning, S. 76.
1660 Vgl. Tabelle 2, S. 248, und Henningsen, S. 131ff.

den vielen neue oder größere Schiffe angeboten, was das gewachsene Vertrauen der Reeder in ihre Kapitäne deutlich zum Ausdruck bringt: Jens Jensen Berg, Henrik Olsen Eide, Georg Wilhelm Kroß, Marten Schaap und Nathaniel Uring wechselten alle nach und nach auf neue Schiffe und empfanden diesen Schritt durchaus als eine Beförderung, wie es z.B. Jens Jensen Berg zum Ausdruck brachte: *Mine Pligters nøyagtige Opfyldelse frembragte saavel Capitainens Anbefaling som mine Rehderes Hr. Kammerraad Post og Linds Tillid samt fulde Biefald, hvorfore de tilbød mig Commando af det nye Fregat Skib Havfruen til West Indien; men uagtet mine Kundskaber og Dueligheden som Søe Mand, fuldkommen dyrket til at overtage ethvært Skib, saa troede jeg det rigtidere at vinde større Erfarenhed og giøre mig meere bekiendt paa Rejser in andere Verdens Deele og derfor frabad mig denne Commando.*[1661]

Ein größeres Schiff bedeutetete also nicht nur mehr Verantwortung und erhöhte Verdienstmöglichkeiten, sondern vor allem auch ein erhöhtes Sozialprestige. Der Kapitän auf einem großen Seeschiff stand auf der sozialen Leiter um einiges höher als ein bloßer Küstenschiffer und genoß daher auch ein weit höheres Ansehen bei seinen Kollegen. Daher kann man bei diesen sozialen Unterschieden zwischen den reinen Küstenschiffern und den Kapitänen auf Großer Fahrt durchaus von zwei unterschiedlichen, allerdings noch nicht formal voneinander getrennten und auch in beide Richtungen durchlässige Klassen von Schiffsführern sprechen.[1662]

Auch Richter berichtet von einem Kapitän, der durch widrige Umstände gezwungen wurde, das Kommando auf einem Küstenfahrer zu übernehmen: *Die Schiffer von den in der Nähe liegenden kleinen Fahrzeugen kamen häufig in unsre Kajüte, um die Bekanntschaft des Herrn Feddersen zu machen, den sie gegenwärtig, weil er nur eine Galeasse befehligte, zu ihres Gleichen zählten. ... Am unerträglichsten aber waren uns ihre Gespräche; denn diese Leute machen in Rücksicht der Bildung und Weltkenntniß einen auffallenden Kontrast mit den Seefahrern, die weite Reisen unternommen haben, und ihre Ideen schweben in einem sehr beschränkten Kreise. ... noch unangenehmer müßte ihr Umgang für den einsichtsvollen Feddersen seyn, weil er dadurch zugleich an sein Schicksal erinnert wurde, das ihn zu dieser niedrigsten Klasse von Seefahrern herabsetzte.*[1663]

Doch nicht nur ein größeres Schiff konnte das Vertrauen und die Zufriedenheit des Reeders mit seinem Kapitän zum Ausdruck bringen. Für manche Kapitäne wurden Schiffe neu erbaut, wie z.B. im Falle von Sandmann, der auch als Berater am Bau des Schiffs beteiligt wurde[1664], oder Samuel Samuels, der den Entschluß seiner Reeder, für ihn einen Klipper erbauen zu lassen, als den Höhepunkt seiner Karriere empfand.[1665] Eine zuverlässige und erfolgreiche Berufsausübung sowie der gute Ruf eines Kapitäns konnten aber auch zu einer Abwerbung durch andere Reeder führen, wie beispielsweise im Falle Cobbs oder Jaskis, dem als Anreiz für den Wechsel zu einer anderen Reederei bessere Konditionen geboten wurden.[1666] Bei einigen Reedereien gab es allerdings auch die bereits erwähnte Beteiligung des Kapitäns am Besitz des Schiffs als Anreiz und Belohnung für treue Dienste.

Bei all diesen Möglichkeiten zum weiteren Aufstieg eines Kapitäns durch Kompetenz und Erfahrung blieb aber die Zufriedenheit des Reeders mit seinen Leistungen als Schiffsführer das entscheidende Kriterium, wie Lorens Friedrich Jepsen eindrücklich darlegt: *Sind die Herren mit allem zufrieden, so bekommt man alles, was man haben muss für die nächste Reise. Es ist schon wahr, was jener Capt. sagte: Hat man einige Reisen glücklich zurückgelegt, womöglich noch mit Gewinn, so ist der Capt. bei seinem Herrn Prinsepaal Alles und steht in hohem Ansehen. Folgen aber ein oder zwei Reisen ohne Vortheil, womöglich noch mit Verlust, da nimmt auch das Ansehen schnell wieder ab, wenn der Capt. auch wirklich gänzlich schuldlos daran ist. Ich habe es erfahren, obschon ich meinen Herrn als einen sehr guten, braven Mann bezeichne. Doch wenn ich meine Seereisen auch geschwind und glücklich zurücklegte, er jedoch wenig oder gar nichts an der Fracht verdient hatte, äusserte er doch darüber seine Unzufriedenheit mir gegenüber.*[1667] Dementsprechend kam es auch vor, daß Kapitäne, die den Erwartungen des Reeders nicht entsprachen, auch wieder entlassen wurden. Wie Ville für die Reederei Henley festgestellt hat, gab es zwar einen gewissen Spielraum für die Kapitäne, doch wenn diese über einen längeren Zeitraum hinweg nicht den notwendigen ökonomischen Erfolg aufweisen konnten, trennte sich die Reederei von ihnen.[1668] Ebenso zeigen die Untersuchungen von Hart und Royen über die Rentabilität eines niederländischen Schmackschiffs im 18. Jahrhundert deutlich, daß die Stellung des Kapitäns eng mit der wirtschaftlichen Rentabilität seines Schiffs verknüpft war: Auch hier wurde ein Kapitän entlassen, weil er wirtschaftlich nicht erfolgreich genug war.[1669] Die Handelsschiffahrt war in allererster Linie ein hartes Geschäft, in dem ökonomisch inkompetente Kapitäne nur wenig Chancen hatten!

Doch auch charakterliche Defizite konnten für den beruflichen Abstieg von Kapitänen verantwortlich sein, wie es beispielsweise Samuel Kelly von einem Seemann mit einem starken Alkoholproblem berichtet: *The second mate of our ship was a middle-aged man, married in Whitehaven, with a familiy grown up. He had been many years master of a vessel in the coal trade from that port, but turning out a tippler he lost his vessel and credit.*[1670]

Daher verwundert es kaum, daß sich sowohl unter den Föhrer Seeleuten des Jahres 1798 als auch unter den Verfassern der Memoiren Beispiele von Kapitänen finden, die nach einer Zeit an der Spitze ihrer Profession wieder auf untergeordnete Positionen zurückgefallen waren. Auch Jens Jacob Eschels berichtet von ehemaligen Kapitänen, die wieder als Bootsleute oder Matrosen fahren mußten.[1671]

4.5 Seefahrtskarriere und Chancen des sozialen Aufstiegs

In der ständisch geprägten Gesellschaft des 18. und beginnenden 19. Jahrhunderts war ein sozialer Aufstieg durchaus möglich. Vor allem war ein begrenzter sozialer Aufstieg innerhalb der Standesgrenzen auf den unteren Ebenen der Gesellschaft relativ häufig: Aufstiegschancen bot neben dem sich ständig erhöhenden Bedarf an administrativem Personal, was jedoch ein gewisses Maß an Bildung voraussetzte,vor allem der wirtschaftliche Bereich. Dies galt besonders für Großbritannien. In der englischen Gesellschaft des 18. Jahrhunderts waren begabten Aufsteigern aus unteren gesellschaftlichen Schichten weit weniger Hürden gesetzt als auf dem Kontinent, wo sich eine erhöhte soziale Mobilität im größeren Umfang erst im 19. Jahrhundert durchsetzen konnte.[1672]

In ganz Nordeuropa bildete die Seefahrtskarriere besonders für die Angehörigen der unteren Schichten eine gute Möglichkeit zum sozialen Aufstieg. Eine florierende Wirtschaft eröffnete zahlreiche Chancen, die soziale Leiter emporzuklimmen, während schlechte Konjunkturen zu einer sozialen Abschottung nach unten führten, da in diesen Zeiten die gesellschaftlichen Eliten dazu neigten, ihren sozialen Status zu verteidigen und Aufstiegswilligen den Weg nach oben zu erschweren.[1673] Vor allem die Auswirkungen der Industriellen Revolution stimulierten einen allgemeinen wirtschaftlichen Aufschwung Europas im 18. und 19. Jahrhundert. Allerdings geriet die kontinentaleuropäische Schiffahrt Frankreichs, Dänemarks, der Niederlande und der deutschen Territorien durch die Kontinentalsperre bzw. durch die englische Blockade der europäischen Küsten in eine tiefe Krise. Für fast zehn Jahre kam der Seehandel fast völlig zum Erliegen, während Großbritannien seine Führungsposition noch deutlich ausbauen konnte. Doch auch nach dem Ende der Napoleonischen Kriege 1815 blieb die kontinentaleuropäische Schiffahrt trotz einer kurzen Nachkriegskonjunktur durch die überlegene englische Konkurrenz und ein großes Tonnageüberangebot noch in der Krise und sollte sich erst seit der Mitte der 1820er bzw. mit dem Beginn der 1830er Jahre langsam wieder erholen.[1674]

1661 *Berg,* S. 190.
1662 Ville: Shipowning, S. 76; Bohn, S. 219f., und Henningsen, S. 131ff. Erst gegen Ende des 19. Jahrhunderts wurde auch formal durch die Erteilung von entsprechenden Patenten zwischen Kapitänen auf »Kleiner Fahrt« und »Großer Fahrt« unterschieden. Vgl. dazu: Gerstenberger und Welke: Vom Wind zum Dampf, S. 254f.
1663 Richter, Bd. 3, S. 10f.
1664 *Sandmann,* S. 96ff.
1665 *Samuels,* S. 250ff.
1666 *Cobb,* S. 56 und 64. sowie *Jaski,* S. 57.
1667 *Jepsen,* S. 68f.
1668 Ville: Shipowning, S. 69f.
1669 t'Hart und van Royen: »De Neufville van der Hoop«, S. 165ff.
1670 *Kelly,* S. 153.
1671 Grunsky, S. 27–29, und Tabelle 3, S. 249. Vgl. auch Boon, S. 175f. Für konkrete Beispiele siehe *Bechervaise,* S. 83ff., sowie *Eschels,* S. 38, 205 und 214.
1672 Mieck, S. 194ff.; Dipper, S. 82f., und Rodger, S. 344.
1673 Mieck, S. 192f.; Pelc, S. 206 und 213; Brockstedt: Sozialer Aufstieg, S. 111ff., und Ville, S. 71.
1674 Kennedy, S. 206ff., und 264f.; Ivo Schöffer: Die Republik der Vereinigten Niederlande von 1648 bis 1795, S. 98, 104f., und Franz Petrie: Belgien, Niederlande, Luxemburg von der Französischen Revolution bis zum Beginn der deutschen Einigung (1794–1865), beide in: Franz Petrie (Hrsg.): Geschichte der Niederlande, S. 129 und 134f., Theodor Schieder: Handbuch der Europäischen Geschichte, München 1991; Ole Feldbæk: Dansk økonomisk historie 1500–1840, Kopenhagen 1993, S. 107f. und 162f.; G. Hornemann: Handels- og Søfartsforhold i XIX Aahundrede, in: Bering Liisberg: Danmarks Søfart og Søhandel, fra ældste tider til vore dage, Kopenhagen 1919, S. 417; Engelsing, S. 24–31; Pitsch, S. 87ff., und Helmut Festerling: Bremens deutsche und hanseatische Politik in der ersten Hälfte des 19. Jahrhunderts, Veröffentlichungen aus dem Staatsarchiv der Freien Hansestadt Bremen Bd. 33, Bremen 1964, S. 86f.

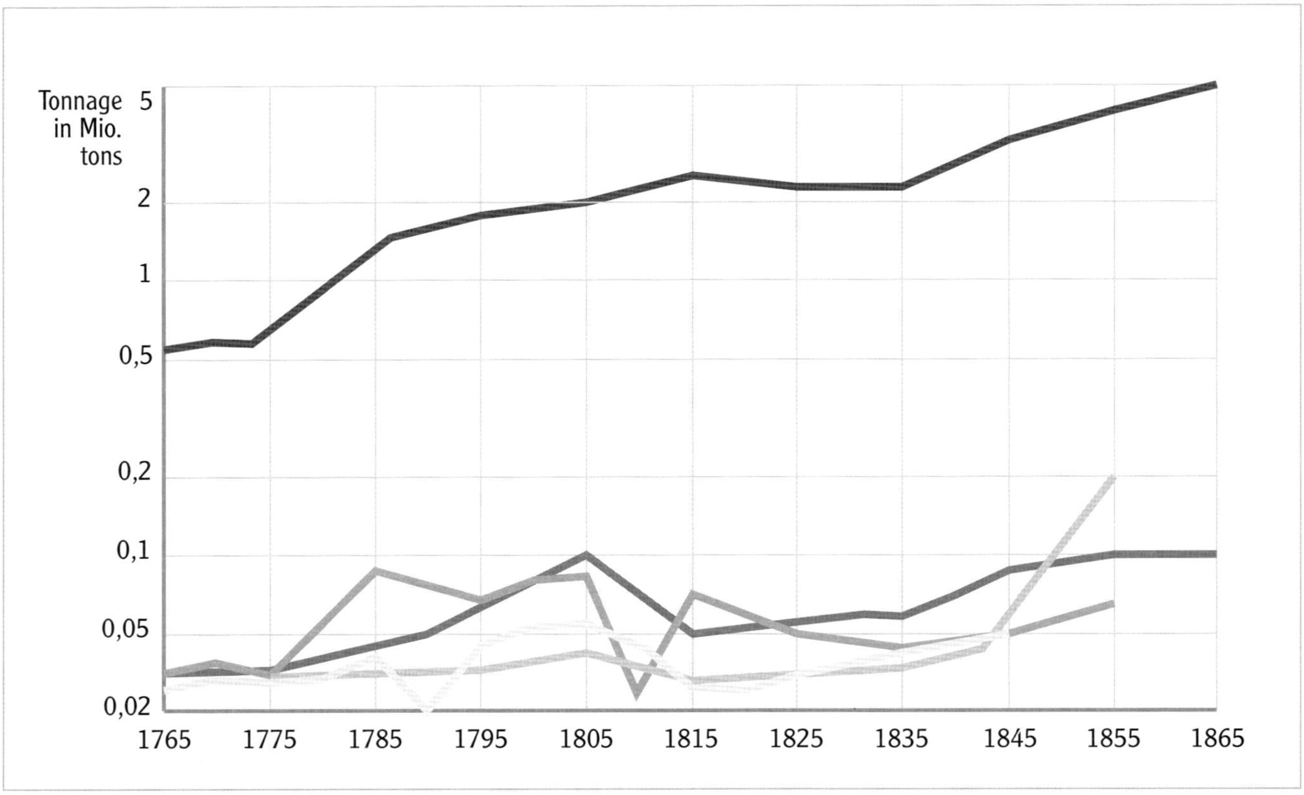

Graphik 2 Die Entwicklung der Tonnage in der nordeuropäischen Handelsschiffahrt von 1765 bis 1865[1676]

Die ökonomische Entwicklung in den Jahrzehnten nach 1815 war von der allmählichen Entwicklung einer britisch dominierten Weltwirtschaft geprägt, die, ausgehend von ihrem Kerngebiet in Westeuropa, immer mehr Länder und Regionen in ein immer dichter werdendes interkontinentales Flechtwerk einband. Dieser Prozeß ging einher mit weittragenden Verbesserungen des Transportwesens und der Verkehrs- und Kommunikationsverbindungen, eines Transfers neuer Technologien, einem enormen Aufschwung des Produktionsvolumens und der zunehmenden Verbreitung der Idee des Freihandels, des Gedankens eines über nationale Grenzen hinausreichenden Wirtschaftraums ohne Zoll- und sonstige Handelsbeschränkungen.[1675] Diese ökonomischen Prozesse hatten auch einen direkten und starken Effekt auf die Seefahrt, wie ein Blick auf die Entwicklung der europäischen Tonnage von 1765 bis 1865 am Beispiel der britischen und einiger nordeuropäischer Handelsflotten deutlich macht.

Der trotz zeitweiliger Stagnationen durchgängige Aufschwung der europäischen Handelsschiffahrt hatte durch den damit verbundenen immensen Tonnagezuwachs seit Mitte des 18. Jahrhunderts einen stark erhöhten Personalbedarf und damit auch verbesserte Aufstiegschancen für die Seeleute zur Folge. Denn nur bei vakanten Kapitänsstellen konnten junge Seeleute befördert werden, und eine Zunahme an Schiffen bedeutete daher natürlich auch eine Zunahme an freien Stellen. Um ihren Bedarf decken zu können, mußten die Reeder zwangsläufig auch auf Aufsteiger aus den unteren sozialen Schichten zurückgreifen.[1677] Enge Kontakte zu maritim interessierten Kreisen, wie Kaufleuten, Reedern und Kapitänen, oder ein entsprechender familiärer Hintergrund waren sicherlich für eine erfolgreiche Karriere in der Seefahrt nicht hinderlich, ebenso wie eheliche Verbindungen einen beruflichen und sozialen Aufstieg fördern konnten. So heiratete z.B. der in einem Waisenhaus aufgewachsene Kapitän Jens Jensen Berg die Tochter eines königlich-dänischen Inspektors, während Edward Coxere die Schwester eines Kapitäns ehelichte. Sandmann dagegen wurde durch die Heirat mit der Witwe eines Kapitäns Anteilseigner und Nachfolger auf dessen Schiff.[1678] Trotzdem blieben aber berufliche Qualifikation und Erfahrung sowie persönliche Integrität die entscheidenden Faktoren bei der Beförderung zum Kapitän. Aus diesem Grund hatten, wie gezeigt, auch Aufsteiger aus den unteren sozialen Schichten durchaus reelle Chancen, das Kommando über ein Schiff zu erlangen, da das nautisch-theoretische Wissen prinzipiell allen interessierten Seeleuten zugänglich war.[1679]

Mit der Beförderung zum Kapitän war ein deutlicher sozialer Aufstieg verbunden. An Bord orientierte sich der soziale Status der einzelnen Besatzungsmitglieder im wesentlichen an ihrem Rang und ihrer Funktion an Bord. So wurde bereits bei den Steuerleuten deren herausgehobene Stellung auch dadurch unterstrichen, daß sie in der Regel nicht länger die »schmutzigen« und daher weniger angesehenen körperlichen Arbeiten der einfachen Seeleute erledigen mußten, sondern als Assistenten des Kapitäns vor allem mit »sauberen« und daher mit einem höheren Sozialprestige verbundenen Leitungs- und Kontrollfunktionen beauftragt waren.[1680] Während noch der Steuermann bzw. Maat nicht mehr als ein untergeordneter Assistent des Schiffsführers ohne eigene Autorität war, fungierte der Kapitän als ein in einer besonderen Vertrauensstellung zu seinem Reeder stehender Manager, als leitender Angestellter mit einer großen Verantwortung.[1681] Dabei stand die soziale Stellung eines Kapitäns auch in einem engen Verhältnis zu der Größe und dem Einsatzgebiet des von ihm geführten Schiffs, da Kapitäne in der Überseefahrt ein erheblich höheres Prestige und Ansehen genoßen als der Führer eines kleinen Küstenfahrers.[1682]

Der Aufstieg zum Kapitän machte sich auch finanziell bemerkbar. Für Kapitäne gab es vielfältige Möglichkeiten, im Verlauf ihrer Karriere teilweise erhebliche Summen zu verdienen und anzusparen. So hinterließ beispielsweise Willem t'Hart bei seinem Tod 1830 mit 20.000 Gulden ein recht beachtliches Vermögen.[1683] Daher war der Kapitänsberuf auch für Angehörige höherer Schichten der Bevölkerung durchaus attraktiv. Selbst das Kommando über ein kleines Schiff bot reichlich Gelegenheit, gutes Geld zu verdienen.[1684] Dabei bildete das Gehalt allerdings nur die grundlegende Einkommensquelle für die Kapitäne. Es wurde im Gegensatz zu den Löhnen der Seeleute konjunkturunabhängig ausbezahlt, was bei Konjunkturkrisen ein Vorteil, in Kriegszeiten allerdings, wenn die Heuern steil in die Höhe schossen, auch ein Nachteil sein konnte.[1685] Neben ihrem Gehalt als festem Einkommen hatten die Kapitäne noch zahlreiche Nebeneinkünfte, etwa durch zusätzliche Vergütungen, Prämien und Gratifikationen. Üblich waren beispielsweise prozentuale Beteiligungen der Kapitäne an Frachtgeldern oder die Berechtigung, in der Kajüte auf eigene Rechnung Frachten zu befördern, wie im Falle von Paul Frercksen, Lorens Friedrich Jepsen und Edward Theaker.[1686] Engelbrecht beschreibt diese Einkünfte genauer: *Es ist gegenwärtig gebräuchlich, daß dem Schiffer über die bedungene Fracht eine Erkenntlichkeit zugestanden wird, welches Kapplacken, und von der Franzosen chapeau du Capitaine, und ein Geschenk zu einer Kappe, Hut oder Kleide bedeuten soll. Auch pfleget an einigen Orten dem Schiffer etwas gewisses als Primage oder Priemgeld, welches so viel als Schreibgeld ist, ausgesetzt zu werden. Beides hat keine bestimmte Taxe, sondern wird, so wie man sich darüber vergleichen kann, in der Chertepartie eingeführt. Es soll aber der Schiffer bey Annahme einer Fracht, so wie in allen andern Schiffsgeschäften*

1675 Kennedy, S. 229f., und Schieder, S. 64ff.

1676 Quellen: Walter Kresse: Materialien zur Entwicklungsgeschichte der Hamburger Handelsflotte, Mitteilungen aus dem Museum für Hamburgische Geschichte, Neue Folge, Bd. III., Hamburg 1966, S. 67ff.; Karl Löbe: Seeschiffahrt in Bremen, Das Schiff gestaltete Hafen und Stadt, Bremen 1989, S. 156ff., und 243ff.; Ole Feldbæk: Dansk økonomisk historie 1500–1840, Kopenhagen 1993; Anders Monrad Møller: Med korn og kul, Dansk Søfarts Historie Bd. 4, 1814–1870, Kopenhagen 1998, S. 50; Ingwer Ernst Momsen: Statistik des schleswig-holsteinischen Schiffsbestandes 1745–1865, in: Rundbrief des Arbeitskreises für Wirtschafts- und Sozialgeschichte Schleswig-Holsteins Nr. 66 (S. 37–51) und Nr. 67 (S. 23–47), 1996, und B.R. Mitchell: British Historical Statistics, Cambridge 1988, S. 534–536. In diesen Werken finden sich genauere Angaben zur Tonnageentwicklung der betreffenden Länder. Da in den verschiedenen Ländern unterschiedliche Maße für die Tragfähigkeit von Schiffen verwendet wurden, sind die Angaben zur besseren Vergleichbarkeit entsprechend den Angaben bei Alfred Dudszus, Ernest Henriot und Friedrich Krumrey: Das große Buch der Schiffstypen, S. 16, nach dem Schlüssel 1 ton (1000 kg) = 0,5 Last (Mittelwert: ~ 2000 kg) = 0,33 Commerzlast (~ 3000 kg) auf das Maß »ton« umgerechnet worden.

1677 Ville: Shipowning, S. 71, und Brockstedt: Sozialer Aufstieg, S. 111f. und 156f.

1678 *Berg*, S. 210; *Coxere*, S. 47 und 77, und *Sandmann*, S. 58f.

1679 Mieck, S. 192ff.; Davis, S. 151; Brockstedt: Wirtschaftlicher Aufstieg, S. 111f. und 156f., und ders.: Herkunft, S. 10ff.

1680 Weibust, S. 259; Mollat du Jourdin, S. 197f., und van Dülmen, Kultur und Alltag, Bd. 2, S. 181ff.

1681 Ville: Shipowning, S. 71, und Davis, S. 150.

1682 Ville: Shipowning, S. 76; Bohn, S. 219f., und Henningsen, S. 131ff.

1683 *t'Hart*, S. 82ff.

1684 Davis, S. 117, und Earle, S. 64.

1685 Ville: Shipowning, S. 81.

1686 Davis, S. 147, und Ville: Shipowning, S. 85f.

vornehmlich auf den Nutzen seiner Rheder sehen, folglich um des Kapplacken oder anderer eignen Vortheile halber keine gute Fracht ausschlagen, noch weniger das Kapplacken, wenn ihm solches von den Rhedern zugestanden worden, so hoch bedingen, daß dadurch den Rhedern an der Fracht Abbruch geschieht.[1687]

Letztlich bestimmten aber allein die Reeder über Gratifikationen zur Motivation ihrer Kapitäne. So stellte der Reeder Bruhn, der Vater des Memoirenverfassers, zwar hohe Anforderungen an seine Kapitäne, bezahlte sie aber mit 32 Reichstalern Monatssalär und 5% Kaplaken auch dementsprechend gut.[1688] Ebenso erhielt Lorens Friedrich Jepsen von seinen Reedern über das Gehalt hinaus eine generelle Beteiligung an den Frachteinnahmen in Höhe von 2%, hatte dafür aber die Kosten für die Mannschaftsverpflegung zu tragen.[1689]

Daß sich die Reeder bemühten, gute und zuverlässige Kapitäne durch eine angemessene Vergütung zu motivieren, geht auch aus einem Schreiben der Reederei Bixby, Valentine & Company, and Humphrey & Clark an den von ihnen beschäftigen Kapitän Cobb aus dem Jahre 1811 hervor, in dem sie die Hoffnung zum Ausdruck bringen, daß Cobb mit der ihm zugestandenen Vergütung zufrieden sei, ansonsten sei man bereit, nachzuverhandeln: *The voyage being different from our expectations when you left Boston, we agree to give you for your services Thirty dollars pr month, Two percent of the nett Sales of your Cargo and half pr cent on your remitting Bills to England or returned Cargo and five pr Ct primage on your Cargo from the Havanna to the United States, We believe all the Shippers except Mr G. Snow consign their goods to you and allow you the same commissions and we understand Mr Snow consigns to you in case you should not sell at Lisbon-Should the terms before mentioned meet your approbation you will acknowledge this agreement to be the terms on which you proceed the voyage – Should you not be satisfied with the Compensation we offer, you will proceed the voyage and we will give you as much as any Master has out of this port on Such a voyage.*[1690] Diese Großzügigkeit mag zwar nicht die Regel gewesen sein, dennoch war es sicherlich das Interesse der meisten Reeder, bewährte Kapitäne auch durch finanzielles Entgegenkommen im Dienst zu halten.

Doch nicht nur durch Gratifikationen konnten Kapitäne ihr Einkommen aufbessern. Einige Kapitäne verdienten auch an Heuervorschüssen, die sie als Kredite unterwegs an ihre Besatzungen gaben, oder an Verbrauchsgütern, die sie mit Preisaufschlägen während der Reise verkauften.[1691] Einige Kapitäne bereicherten sich allerdings, wie bereits erwähnt, auch auf unehrliche Weise, etwa durch Unterschlagungen oder betrügerische Manipulationen, beispielsweise durch die Ausgabe von schlechtem, aber billigem Proviant an ihre Besatzungen.[1692] Viele Kapitäne betrieben zusätzlich Eigenhandel, mit dem sie teilweise erhebliche Summen verdienten, wie es z.B. John Bechervaise und Willem t'Hart taten. Auch Jens Jacob Eschels betrieb eigene Geschäfte in größerem Umfang, wobei er jedoch die Interessen seiner Reeder im Auge behielt: *Hier will ich noch bemerken, daß ich immer eben so viel Fracht für meine Waaren, als alle andern Einlader, bezahlt habe. Auf dem Manifest stand ich als Ablader und meine Frau Anna Dorothea Eschels als Empfänger, oder adressirt an sie ... Da ich immer auf Stückgut anlag und meine Fracht stets nach dem laufenden Preise bezahlte, so war es meinen Herren gleich, ob ich oder ein anderer ins Schiff einlud; ich konnte deshalb dreist meine Waaren löschen, denn ich handelte nie geheim, sondern reell und öffentlich.*[1693]

Allerdings waren diese Eigengeschäfte nicht immer ohne Gefahr für den Kapitän, sei es durch das normale geschäftliche Risiko, wie Hans Bruhn und Nathaniel Uring berichten, die sich bei diesen Geschäften erheblich verspekulierten und große finanzielle Verluste erlitten[1694], oder durch den Verlust des Schiffs, wie Joachim Nettelbeck erfahren mußte: *Meinen Erwerb an festem Gehalt, als Schiffer, hatt' ich stets bei meinem Patron stehen lassen; und dieser war mir nun allerdings unverloren: allein ein Schiffs-Kapitain hat, auf vollkommen rechtmäßige Weise, noch so manche Gelegenheit zu allerlei Nebenverdienst; ihm kommen Kajütenfracht und Kapplaken zu gute; und nicht leicht verläßt er einen Hafen, ohne zugleich auch auf irgend einen kleinen Handel zu seinem Privat-Vortheil speculirt zu haben, und der so besser einschlagen kann, da er ebensowohl die Frachtgelder als die Assecuranzprämie, daran erspart. Alle diese kleinen Ersparnisse hatt' ich immer wieder auf's neue in Waaren angelegt: und so war nach und nach mein Privat-Verkehr zu dem Umfange gediehen, daß ich diesmal beinahe den Werth von 11000 holl. Gulden am Borde führte. Alles dies ging nun mit dem Schiffe unwiederbringlich zu Grunde! ich hatte mir's alle diese Jahre ganz vergeblich sauer werden lassen!*[1695]

Trotz dieser Risiken konnten viele Kapitäne während ihrer Fahrtzeit genügend Besitz erwerben, um sich nach dem Ende ihrer Seekarriere entweder zur Ruhe zu setzen oder durch Investitionen an Land über die möglichen Schiffsbeteiligungen hinaus neue Geschäftsbeziehungen aufzubauen.

Die meisten Kapitäne beendeten ihre Seekarriere entweder aus Altersgründen, wie z.B. Robert William Eastwick, Peter Hansen oder Joachim Nettelbeck, oder wegen Gesundheitsproblemen schon in verhältnismäßig jungen Jahren, wie u.a. Jens Jensen Berg, James Choyce, Henrik Olsen Eide und Samuel Samuels.[1696] Einige wurden auch Reeder, wie Hans Bruhn und Søren N. Rasch, oder wechselten, wie Elijah Cobb, in die Politik.[1697] Etliche Kapitäne, wie etwa James Choyce, Robert William Eastwick, Paul Frercksen und Edward Theaker, hatten ein ausreichendes Vermögen erworben, um während ihres Ruhestandes auskömmlich davon zu leben.[1698] Nicht alle Kapitäne hatten allerdings so viel Glück, wie das Beispiel Henrik Olsen Eide zeigt, der wegen einer schweren Verletzung die Seefahrt aufgeben mußte und im Alter Not litt.[1699]

Einige Kapitäne allerdings gingen nach einer Zeit an Land wieder zur See, wie z.B. Elijah Cobb, der seine Kapitänskarriere mehrfach, so 1798/99 und, wohl wegen des britisch-amerikanischen Krieges, von 1812 bis 1815 unterbrach.[1700] Weitere Gründe für Kapitäne, wieder zur See zu gehen, konnten finanzielle Schwierigkeiten sein, wie im Fall von Robert William Eastwick, der sich aufgrund des Bankrotts des Kaufmanns, bei dem er seine Ersparnisse angelegt hatte, genötigt sah, aus dem Ruhestand zurück an Bord zu gehen.[1701] Ein anderer Grund konnte aber auch ein attraktives Angebot sein, wie es ebenfalls Eastwick im Jahre 1824 durch Hamburger Reeder gemacht wurde, die ihm nach zehn Jahren im Ruhestand wegen seiner Kenntnisse im Chinahandel ein gut dotiertes Schiffskommando offerierten.[1702] George Coggeshall dagegen nutzte seine erworbenen Kenntnisse auch nach der Beendigung seiner aktiven Fahrtzeit und machte an Bord eines von seinem Cousin geführten Schiffs eine letzte Reise als Supercargo.[1703]

Andere nutzten ihr Geld, um sich nach ihrer Seefahrtszeit an Land wirtschaftlich zu betätigen. So investierte Jens Jacob Eschels nach dem Ende seiner Kapitänskarriere in eine Tabakfabrik und wurde selbst Reeder.[1704] Jens Jensen Berg wurde, nachdem er sich von der See zurückgezogen hatte, zunächst für seinen Reeder, später auch für sich selbst im kaufmännischen Bereich tätig. Er investierte in Schiffsparten und Manufakturbetriebe, betrieb Eigen- und Kommissionshandel und wurde nach 1807 sogar Kaperreeder.[1705] Joachim Nettelbeck wurde Bauer und Branntweinbrenner[1706], Hermann Sandmann dagegen fand als Schiffsmakler eine prosperierende Erwerbsquelle.[1707] Auch für die Kapitäne der Firma Otte läßt sich nachweisen, daß sie in der Regel Immobilienbesitz hatten, wie auch niederländische Kapitäne in ihren Wohnorten im allgemeinen zu den wohlhabenderen Einwohnern gehörten.[1708]

Dementsprechend übernahmen viele ehemalige Kapitäne auch Aufgaben in Politik und Verwaltung, wie z.B. Elijah Cobb[1709] oder James Silk Buckingham, der später Parlamentsmitglied wurde[1710], oder Joachim Nettelbeck, der sich in der Kommunalverwaltung seiner Heimatstadt Kolberg engagierte und 1806/7 durch seine Führungsrolle bei der Verteidigung der Stadt gegen die Franzosen berühmt wurde.[1711] Auch Lorens Friedrich Jepsen[1712] und Hermann Sandmann[1713] übernahmen Ehrenämter, während Jens Jacob Eschels seinen erworbenen Sachverstand als Schifferältester und Sachverständiger bei Seeschäden nutzte.[1714]

1687 Engelbrecht, S. 10.
1688 *Bruhn,* S. 36.
1689 *Jepsen,* S. 49.
1690 *Cobb,* S. 87ff.
1691 Earle, S. 33.
1692 Brarens, S. 77ff., und Engelbrecht, S. 5f. und 120ff.
1693 *Eschels,* S. 304.
1694 *Uring,* S. 336.
1695 *Nettelbeck,* S. 347f.
1696 Vgl. Kurzbiographien im Anhang.
1697 *Cobb,* S. 83f.
1698 Vgl. Kurzbiographien im Anhang. Für die Niederlande um 1700 vgl. auch Boon, S. 213f.
1699 *Eide,* S. 9f.
1700 *Cobb,* S. 49f, 54 und 83f.
1701 *Eastwick,* S. 217ff.
1702 *Eastwick,* S. 322.
1703 *Coggeshall,* S. 186.
1704 *Eschels,* S. 288ff. und 313f.
1705 *Berg,* S. 205ff.
1706 *Nettelbeck,* S 351ff.
1707 *Sandmann,* S. 121ff.
1708 Henningsen, S. 131, und Bruijn: Zeevarenden, S. 162f.
1709 *Cobb,* S. 83f.
1710 »James Silk Buckingham«, in: Dictionary of National Biography, S. 202f.
1711 *Nettelbeck,* S. 377f.
1712 *Jepsen,* S. 103ff.
1713 *Sandmann,* S. 121ff.
1714 *Eschels,* S. 297.

In den deutschen Hansestädten gehörten die Kapitäne zu den auch politisch einflußreichen Bevölkerungsgruppen. Allerdings hing ihr tatsächlicher Einfluß vor allem von den politischen und wirtschaftlichen Verhältnissen innerhalb der Städte ab, aber generell besaßen sie einige Möglichkeiten, ihre Interessen auch durchzusetzen. Dies geschah in der Regel durch die Schiffergesellschaften und sonstigen Korporationen, die neben sozialen und politischen Aufgaben vor allem in Form der Selbstverwaltung maritimer Angelegenheiten und einer gewissen Beteiligung an der Stadtregierung auch im sozialen Bereich, etwa in der Armenfürsorge, tätig waren.[1715]

Wie gezeigt, hatten die Kapitäne aufgrund der sich ihnen eröffnenden Verdienstmöglichkeiten durchaus recht gute Chancen, ein gewisses Vermögen zu erwerben. Weniger gut sah es in dieser Hinsicht dagegen für Steuerleute und noch schlechter für die einfachen Seeleute aus, wie 1796 auch der Föhrer Pastor Posselt feststellte: *Bei der Kauffahrteifahrt fällt es freilich häufiger vor, daß die Schiffer reich werden: Steuerleute können nur bei ökonomischer Wirtschaft erübrigen: Matrosen hingegen haben so eben das tägliche Brot für sich und die ihren.*[1716] Besonders von den einfachen Seeleuten gerieten trotz des relativ hohen Einkommens in der Seefahrt viele nach dem Ende ihrer Seefahrtskarriere in wirtschaftliche Not, vor allem wenn sie bereits in relativ jungen Jahren aus gesundheitlichen Gründen, etwa aufgrund von Unfällen, ihren Beruf aufgeben mußten, wie es Niels Martin Nielsen und Samuel Patterson widerfuhr.[1717] Aber auch Seeleute, die bis zum regulären Ende ihres Berufslebens zur See fuhren, konnten kaum mit einer Unterstützung im Alter rechnen. Über ihr wenig erfreuliches Schicksal im Alter führt 1796 auch der Föhrer Pastor Posselt im Hinblick auf die Föhrer Matrosen weiter aus: *Armuth ist das gewöhnliche Loos ihres Alters, wenn sie nicht Kinder haben, die sich ihrer annehmen, und früh werden sie für diesen Seedienst alt, da es bekant ist, daß man auf Kauffahrteischiffen nur rasche und gewandte Matrosen brauchen kan.*[1718]

Allerdings wurde die schlechte Lage vieler Seeleute im Alter nicht nur durch die Härten des Seemannsberufs verschuldet. Auch der Leichtsinn vieler Matrosen trug zu ihrer traurigen Lage im Alter bei. So erzählt Peter Hansen, wie er nach einer Reise von 15 Monaten Dauer seine Heuer von $ 300 in wenigen Tagen durchbrachte: *Doch auch diese, verhältnismäßig große Summe war bald verthan; das Geld schien keine bleibende Wohnung bei mir nehmen zu können. Kaum waren 14 tage verflossen, als ich schon wieder so arm wie eine Kirchenmaus war, und die Noth zwang mich daher, aufs Neue wieder zur See zu fahren.*[1719] Auch Patterson berichtet davon, wie er in nur wenigen Tagen zusammen mit anderen Seeleuten seine Heuer durchbrachte, um sich dann notgedrungen erneut eine Heuer zu suchen.[1720]

Zu dem fast sprichwörtlichen Leichtsinn der Seeleute traten oft genug noch die unredlichen Machenschaften vieler Herbergswirte, die zumeist auch als private Heuervermittler tätig waren und die in vielen Fällen die Lebensumstände und die Achtlosigkeit der Seeleute skrupellos ausnutzten. Oftmals betrogen sie die Seeleute durch übersteigerte Rechnungen für Beherbergung, Bewirtung und Artikel des täglichen Bedarfs, wie z.B. Kleidung, oder sie erhoben für die Vermittlung von Heuern überhöhte Provisionen, die einen erheblichen Teil der Heuern der Seeleute verschlingen konnten. Zudem waren viele Heuervermittler für ihre Beteiligung an der gewaltsamen Anwerbung von Seeleuten, dem »Shanghaien«, berüchtigt.[1721] Beispielsweise wurde Hay durch seine Vermieterin um seinen Heuervorschuß betrogen.[1722] Die zweifelhafte Rolle der Schlafwirte und Heuervermittler beschreibt Jacobsen im Jahr 1815: *Nichts ist trauriger, als dass die Matrosen den sauren Verdienst ihrer Seereisen leichtsinnig vergeuden. Sie geben ihn in den Seehäfen gewöhnlich ihren Schlafwirten in Verwahrung, die ihnen, (es giebt indess viele Ausnahmen) zumal wenn die Matrosen nicht schreiben können, die Rechnung, wie man sprüchwörtlich sagt, mit dreidoppelter Kreide darüber machen und den Matrosen nicht selten Anleitung geben, ihr Geld bei öffenentlichen Frauenzimmern zu verschleudern. Gewöhnlich sind sie wegen ihrer Kleidung beständig in Schulden bei diesen Schlafwirthen, und gewissermassen dadurch ihre beständigen Leibeigenen. Ein Matrose mag auch noch so gute Vorsätze haben, so geht doch sein ganzer Verdienst verloren, wenn er einmal in die Hände eines Schlafwirthes gerathen ist, der ihn nicht ehrlich behandelt.*[1723]

Durch diesen Teufelskreis von betrügerischen Rechnungen und der daraus resultierenden Verschuldung gerieten die Seeleute nicht nur immer tiefer in die Fänge der Heuervermittler, sondern hatten zudem kaum eine Chance, ihre Heuergelder für ihre Versorgung bei Alter und Krankheit anzusparen. Um die Seeleute von der Ausbeutung durch betrügerische Heuervermittler und Herbergswirte zu befreien und den Seeleuten zu ermöglichen, ihre Heuer zu sparen, schlug der Altonaer Advokat Jacobsen bereits 1815 vor, ihnen die Gelegenheit zu geben, bei privaten Kreditinstituten Konten einzurichten, um ihre Heuer zinsbringend anzulegen und sich so ausreichend Geldmittel für ihre Altersversorgung anzusparen.[1724]

Insgesamt gab es für die Seeleute keine Absicherung für Invalidität und Alter. Einige Matrosen hatten im Alter das Glück, eine Altersversorgung zu erhalten. Seeleute wie Johann Heinrich Arnecke, der ab 1867 eine Pension aus der Bremer Seemannskasse erhielt, oder Jan Wever, der als ehemaliger Lotse pensionsberechtigt war, bildeten aber die Ausnahme, nicht die Regel. Für Seeleute allerdings, die ihre Karriere in der Royal Navy beendeten, wie William Richardson oder John Bechervaise, bestanden bessere Chancen auf eine, wenn auch geringe Altersversorgung. Auch Jacob Nagle erhielt eine kleine Pension für Veteranen des Amerikanischen Unabhängigkeitskriegs.[1725] Gelegentlich nahm sich die staatliche Armenfürsorge kranker und notleidender Seeleute an.[1726]

Erst Mitte des 19. Jahrhunderts gab es verstärkte Anstrengungen, auch für Handelsschiffsmatrosen eine Altersversorgung zu etablieren, so in den 1850er Jahren in Hamburg durch die Einrichtung einer »Hamburgischen Seemanns-Pensions-Casse«[1727] oder auch in England, wie die Befragung des ehemaligen Kapitäns Sproule vor einem Komitee des englischen Parlaments im Jahre 1860 ergab: *With a reference to a decayed seamen's fund; you recollect the old fund which there was in London, out of which a sick sailor was taken care of for a time, and sometimes had a pension, but now a man in the merchant service has no means whatever? – He has no means whatever. ... Do you think that if the law enacted such a measure as that, it would have a tendency to make the sailor more provident, and bind him more towards England? – I think so. If the men once got their names down upon the British register, and were told when the money was being stopped from them at the end of the voyage, ›Now you have commenced a fund for yourselves, and when you become old and infirm this fund will protect you,‹ I think that they would universally do it.*[1728]

Bis zur Abschaffung des Rechtes auf Führung bestand darüber hinaus für Matrosen und Offiziere auch die Möglichkeit, in begrenztem Rahmen auf eigene Rechnung Handel zu treiben[1729], wie es beispielsweise auch Edward Barlow tat: ... *but hoping that it might be a profitable voyage, and that if I carried a small venture in some sort of goods I might gain a little money by it, intending if it were possible to get myself a little money beforehand that I might drive some trade or way to live ashore and leave the sea before I came to be old, it being a calling which is accompanied by many crosses and calamities, with perils and great dangers, and if I could but accomplish so much it would be for my good: and likewise I had a mind to the voyage because we were bound to a place where no English ship had been in forty years before ...*[1730]

Bessere Chancen auf einen gesicherten Lebensabend hatten dagegen Seeleute, die ein zusätzliches Handwerk, etwa Schiffszimmermann oder Küfer, wie John Nicol, erlernt hatten oder die verheiratet waren und Familie hatten und aus diesen Gründen gewisse Rücklagen gebildet hatten.[1731] Da die Heuersummen, die im allgemeinen erst nach Beendigung der Reise ausgezahlt wurden, bei längeren Reisen durchaus größere Beträge ausmachen konnten, hatten auch einfache Seeleute die Möglichkeit, einige Ersparnisse anzusammeln.[1732]

1715 Brück, S. 149, 156f. und 172ff., sowie Kraack, S. 15–34.
1716 Posselt, S. 4.
1717 Vgl. Kurzbiographien im Anhang.
1718 Posselt, S. 4f.
1719 *Hansen*, S. 28.
1720 *Patterson*, S. 30: *At this place I was discharged, with others, from the ship; and being but a boy, I roved about with the other sailor boys until my money was all gone.*
1721 Earle, S. 29f., Kemp: Companion, Stichworte »Crimps«, S. 213, und »Shanghai, to«, S. 776. Siehe auch Wossidlo, S. 9ff., und Weibust, S. 44ff.
1722 *Hay*, S. 211ff.
1723 Jacobsen: Seerecht, S. 212f.
1724 Jacobsen, Seerecht, S. 212f.: *Deshalb wäre es gut, wenn allenthalben Privatinstitute wären, (öffentliche sind wegen der Kriegsunfälle für den Sparpfenning der Armuth zu unsicher) wie z.B. in Altona, bei welchen Seefahrer Summen von 25 bis 500 Mk. zinsbar belegen könnten, die dieses Geld wieder mit höheren Zinsen auf sichere Hypotheken in grösseren Summen unterzubringen, und dem Publicum vierteljährlich davon Rechenschaft zu geben hätten. Die Matrosen müssten zu jeder Zeit, ohne Kündigung, gegen Einlassung der Zinsen des letzten Quartals, ihr Geld, wie in Altona, zurückerhalten können.*
1725 Vgl. Kurzbiographien im Anhang, siehe auch Earle, S. 51, und Rodger, S. 60f.
1726 Vgl. z.B. LASH, Abt. 65.2, Nr. 836 I. und 836 II.
1727 Kresse: Hamburger Seemannsrecht, S. 114f.
1728 Minutes of Evidence, S. 251.
1729 Vgl. Kapitel 2.3.5.
1730 *Barlow*, S. 204.
1731 Earle, S. 51f. *Nicol* geriet dennoch im Alter in Not, da er sich während der napoleonischen Kriege vor der Preßgang versteckte und nach Kriegsende zu alt war, um seinen Lebensunterhalt zu verdienen (vgl. seine Kurzbiographie im Anhang).
1732 Earle, S. 64.

Das Ende einer Seefahrtskarriere wurde oftmals durch Alter und Krankheit erzwungen. Während viele Kapitäne in ihrer Fahrenszeit einen gewissen Wohlstand erworben hatten, der ihnen einen auskömmlichen Lebensabend sicherte oder durch eine Investition in neue Geschäfte, wie z.B. Handel oder Reederei, den Wechsel in eine neue wirtschaftliche Tätigkeit an Land ermöglichte, gerieten Seeleute und auch Kapitäne ohne ausreichende Rücklagen oftmals im Alter in Armut und materielle Not, da sich in den meisten europäischen Ländern eine institutionalisierte Altersvorsorge erst allmählich im 19. Jahrhundert entwickelte.

Somit stellte der Seemannsberuf durchaus eine Möglichkeit zum sozialen und ökonomischen Aufstieg für tüchtige, engagierte und motivierte Seeleute dar. Das Prinzip der »Promotion through the ranks« und die vielfältigen und gut zugänglichen Möglichkeiten, sich beruflich zu qualifizieren, ermöglichten ihnen trotz aller Hindernisse grundsätzlich den Weg an die Spitze ihrer Profession. Im Idealfall konnten sie in nur zehn Jahren vom Schiffsjungen zum Kapitän aufsteigen. Diese Karrierebedingungen galten trotz gewisser nationaler Unterschiede innerhalb der gesamten europäischen Seefahrt und für den gesamten Zeitraum vom Ende des 17. bis zur Mitte des 19. Jahrhunderts. Die wichtigsten Voraussetzungen für eine erfolgreiche berufliche Laufbahn waren aber neben der notwendigen fachlichen und charakterlichen Eignung sowie der Eigeninitiative der Seeleute bei ihrer beruflichen Qualifikation auch gute persönliche Verbindungen zu Kapitänen und Reedern oder im Idealfall deren Patronage. Eine große Portion Glück war zudem wohl in jedem Fall unabdingbar.

Erst gegen Ende der in dieser Arbeit behandelten Epoche verschlechterten sich die Chancen auf einen sozialen Aufstieg für Angehörige der unteren Schichten in der Seefahrt. Da die Ausbildungsmöglichkeiten nach wie vor auch Seeleuten mit niedriger Schulbildung prinzipiell offen standen, dürften die Gründe dafür vorwiegend in den zunehmenden wirtschaftlichen Schwierigkeiten verbunden mit steigenden Ausbildungskosten und gleichzeitig sinkenden Heuern zu suchen sein.[1733]

1733 Schmidt, S. 125; Brockstedt: Wirtschaftlicher Aufstieg, S. 157f., und Wossidlo, S. 75.

5 Zusammenfassung

Seit dem beginnenden 18. Jahrhundert wurden die Führer von Handelsschiffen als Kapitän bezeichnet. Zunächst wohl vor allem als Höflichkeitstitel in Analogie zu den Kommandanten von Kriegsschiffen gebraucht, setzte sich diese Bezeichnung umgangssprachlich allmählich durch und verdrängte zu Beginn des 20. Jahrhunderts auch im offiziellen und juristischen Sprachgebrauch die traditionelle Bezeichnung Master oder Schiffer, die sich aber bis heute für den Führer eines Küstenmotorschiffes erhalten hat.

Grundsätzlich galten in der gesamten nordeuropäischen Seefahrt mit geringen nationalen Unterschieden ähnliche Lebens-, Arbeits- und Karrierebedingungen. So existierte seit dem Mittelalter an Bord aller Schiffe eine ausgeprägte hierarchische Organisation und eine klare Befehlsstruktur mit dem Kapitän an der Spitze. Diese ergab sich als Konsequenz aus den besonderen Bedingungen der Seefahrt, da die Koordination des Schiffsbetriebs und die schnelle Reaktion bei Notfällen die notwendige Grundlage für die sichere Beherrschung des komplexen technischen Systems eines Segelschiffs darstellten. Dabei nahm die Seefahrt durch die ihr immanenten Sachzwänge in gewisser Weise bereits die Ansätze der späteren industriellen Arbeitsweise voraus.

Die aus den besonderen Bedingungen der Seefahrt resultierende Notwendigkeit, Ordnung und Disziplin an Bord unter allen Umständen zu gewährleisten, fand auch im europäischen Seerecht ihren Niederschlag, das dem Kapitän die dazu notwendigen Befugnisse übertrug. Dabei wurde die Disziplinargewalt des Kapitäns rechtlich nicht allein als eine der Seefahrt immanente Unerläßlichkeit, sondern auch in Analogie zu der Herrschaftsgewalt eines Hausvaters zu seinem Gesinde bzw. zu der eines Vaters über seine Kinder oder eines Lehrherren über seine Lehrlinge durch das auf dem Abschluß des Heuervertrags beruhende Unterordnungsverhältnis zwischen Kapitän und Mannschaft begründet.

Die herausgehobene Stellung des Kapitäns wird auch in Umschreibungen seiner Funktion an Bord wie »Schiffer nächst Gott«, »Master next God« oder »seul maitre après Dieu« deutlich. Dabei bezogen sich diese Bezeichnungen allerdings nicht auf eine unumschränkte »absolutistische« oder gar »gottähnliche« Herrschaftsbefugnis des Kapitäns an Bord, sondern allein auf seine rechtlich verankerte Verfügungsgewalt über Schiff und Besatzung während der Reise. Der Kapitän stand durch eine direkte Vertragsbindung in einem Mandatsverhältnis zu seinen Reedern, wodurch er die unteilbare und umfassende Verfügungsgewalt über Schiff, Ladung und Besatzung erhielt, die er im Auftrag seiner Reeder wahrnahm. Obwohl der Kapitän verpflichtet war, sich nach dem Ende der Reise für seine Handlungen zu rechtfertigen und seinen Reedern eine genaue Abrechnung vorzulegen, waren seine Befugnisse während der Reise umfassend.

Insgesamt hatte sich seit dem Mittelalter bis zum Ende des 18. Jahrhunderts ein umfassender gesamteuropäischer Seerechtskomplex entwickelt, der auch über die Grenzen Europas hinaus Geltung besaß. Die hier gefundenen Rechtsprinzipien flossen auch in die

Neukodifikationen des 19. Jahrhunderts ein. Diese schufen kein neues Recht, sondern versuchten lediglich, die in der Praxis entstandenen, weitgehend unstrukturierten traditionellen Normen den Anforderungen der neuen kontinentalen Rechtsdogmatik anzupassen, so daß man grundsätzlich von einer prinzipiellen Kontinuität des Seerechts sprechen kann. Dabei stießen die Bemühungen bei der Einordnung neuer Rechtslehren allerdings auf erhebliche Probleme. So war beispielsweise auch das differenzierte durch das traditionelle Seerecht entstandene Rechtsinstitut des Kapitäns nicht ohne Schwierigkeiten in die neue Dogmatik einzuordnen, wie aus dem Streit um die öffentlich- bzw. privatrechtliche Natur der Kapitänsgewalt deutlich hervorgeht.

Das europäische Seerecht unterschied deutlich zwischen dem obligatorischen nautisch-administrativen und dem fakultativen, dem Kapitän nach Ermessen des Reeders übertragenen ökonomisch-kaufmännischen Tätigkeitsbereich. Während also der Kapitän mit seinem Kommando zugleich auch die dazu notwendigen nautisch-administrativen Befugnisse erhielt, bedurfte er als Setzschiffer für eine ökonomisch-kaufmännische Tätigkeit außer im Ausnahme- oder Notfall einer expliziten Ermächtigung durch seine Reeder.

Mit dem allmählichen Übergang zu einem spezialisierteren Reedereigeschäft wurden die ökonomischen Aufgaben in der Handelsschiffahrt zunehmend auf Beauftragte übertragen, da die damaligen stark eingeschränkten Kommunikationsverbindungen einen direkten Informationsfluß nicht gestatteten. Dies änderte sich erst durch die technische Revolutionierung des Kommunikationswesens um die Mitte des 19. Jahrhunderts, als der technische Fortschritt in der Praxis die Aufgaben des Kapitäns allmählich auf den nautisch-administrativen Kernbereich seiner Tätigkeit reduzierte. Den Reedern standen jedoch verschiedene Möglichkeiten zur Verfügung, um die ökonomisch-kaufmännischen Angelegenheiten zu delegieren, etwa an einen Supercargo oder an Handlungsbevollmächtigte, die jedoch auch gewisse Risiken bargen. So konnte es sich für den Reeder als praktikabel erweisen, den Kapitän mit der Wahrnehmung dieser Aufgabe zu betrauen. Seine kommerzielle Funktion an Bord kann dabei mit der eines modernen Managers verglichen werden, da dem Kapitän, abhängig von dem konkreten Ausmaß seiner ökonomisch-kaufmännischen Befugnisse, die betriebswirtschaftliche Verantwortung für die Seereise oblag. Den genauen Umfang der ökonomisch-kaufmännischen Befugnisse eines Kapitäns bestimmten allein die Reeder und ihr Vertrauen in die kaufmännischen Fähigkeiten ihrer Schiffsführer. So gab es Kapitäne, die alle Geschäfte im Ausland für ihre Reeder wahrnahmen, aber auch solche, die von kaufmännischen Aufgaben entbunden waren.

Charakteristisch für die Ständegesellschaft der Frühen Neuzeit waren die sozialen Beziehungen und das Zusammenleben in der Gemeinschaft nicht nur durch positive Rechtsnormen, sondern in besonderem Maß auch durch ungeschriebene und mündlich tradierte, aber dennoch verbindliche Verhaltensregeln bestimmt. Da auch die Seefahrt einen Teil dieser Gesellschaft darstellte, war eine solche soziale Selbstorganisation auch hier allgegenwärtig, zumal in der Frühen Neuzeit der Einfluß des Staates auf das gesellschaftliche Zusammenleben noch recht gering war. Dementsprechend beruhte auch die soziale Bindung zwischen Kapitän und Mannschaft nicht nur auf dem Heuervertrag, durch den allerdings die rechtliche Unterordnung der Besatzung unter die Befehlsgewalt des Kapitäns begründet wurde. Auch in der Seefahrt legte neben dem Heuerkontrakt ein allgemeingültiger, aber informeller Kodex das Verhalten aller an Bord befindlichen Personen fest. Dabei ergaben sich viele dieser Verhaltensregeln bereits aus der ständisch-hierarchischen Gliederung der Gesellschaft, und so galten auf See wie an Land die gleichen Prinzipien der gegenseitigen Verpflichtung, die sich seit dem 18. Jahrhundert zu einem Verhältnis von Herrscher und Untertan, von Befehl und Gehorsam weiter ausprägten. Insgesamt verpflichteten beide Normengefüge die Seeleute zum Gehorsam und zur Erfüllung ihrer vertraglichen Aufgaben, während von den Kapitänen ein menschlicher Umgang mit den Seeleuten und die Fürsorge für ihre Besatzung erwartet wurde.

Durch die deutlich ausgeprägte hierarchische Rangordnung standen die Kapitäne in einem distanziert-isolierten Verhältnis zu ihrer Besatzung, die aber ihrerseits auch eine gewisse Distanz erwartete. Ob die Seeleute den Kapitän als Autorität akzeptierten, hing zum einen von seiner nautischen und seemännischen Qualifikation ab, vor allem aber vom Verhalten des Kapitäns gegenüber der Besatzung, davon, ob er seine Mannschaft mit Respekt und Fairneß behandelte oder ob er zur Schikane, Tyrannei und Mißhandlung der Seeleute neigte. Manchmal trat auch noch Alkoholmißbrauch hinzu, der im Extremfall Schiff und Besatzung gefährden konnte. Selbst wenn Gehorsam befohlen und notfalls erzwungen werden konnte, mußte sich auch ein Kapitän seine Autorität und den Respekt der Seeleute an Bord verdienen.

Allerdings reichte eine harte Behandlung allein noch nicht für die negative Bewertung eines Kapitäns aus. Solange die Härte mit Fairneß verbunden war und sich innerhalb des tolerierten Verhaltensmusters bewegte, hatte sie keine negative Auswirkung auf die Bewertung. So blieb dem Kapitän innerhalb dieses allgemein gültigen Regelwerkes normativer und informeller Verhaltensnormen ein breiter Spielraum bei der Ausgestaltung seiner Führungsposition an Bord. Trotz der schlechten Erfahrungen, die viele Seeleute mit ihren Kapitänen gemacht hatten, gab es offenkundig viele Kapitäne, die die in diesem informellen Verhaltenskodex enthaltenen Grundlagen der Menschenführung verinnerlicht hatten und damit auch gute Erfahrungen machten. Diese Kapitäne führten ihre Schiffe zwar durchaus straff und diszipliniert, aber mit einer zufriedenen Besatzung an Bord.

Dennoch kam es oft genug zu Problemen und Konflikten zwischen Kapitän und Besatzung. Die zahlreichen Fälle von Insubordination, Aufwiegelung und Widersetzlichkeit reichten vom impulsiven Widerstand gegen vermeintliche oder tatsächliche ungerechte Behandlung und andere Mißstände an Bord bis hin zur fortgesetzten Widersetzlichkeit und zu Angriffen auf die Autorität des Kapitäns und der Offiziere. Allerdings gibt es keinerlei Hinweise, daß die Seeleute krimineller waren oder während dieser von der Alltäglichkeit von körperlicher Gewalt geprägten Epoche eher zur Gewalt neigten als ihre Zeitgenossen an Land.

Im gesamten Zeitraum vom 17. Jahrhundert bis 1850 gab es eine starke Übereinstimmung in den Ausprägungen und Motiven der Widersetzlichkeiten, die ebenso wie die trotz der individuellen Schicksale und der nationalen und zeitlichen Besonderheiten erstaunlichen Übereinstimmungen der Schilderungen in den Memoiren deutlich auf eine starke Kontinuität der sozialen und disziplinarischen Bedingungen der Seefahrt wie auch des damit verbundenen Verhaltenskodex hinweist. Zugleich zeigen die vielfältigen Formen der Insubordination und Meuterei an Bord, daß ein monokausaler Erklärungsansatz, der die Ursachen von Meutereien einseitig im Verhalten der Offiziere vermutet oder Meutereien gar als Äußerung eines strukturbedingten Konflikts zwischen Kapitän und Besatzung auffaßt, eindeutig zu kurz greift.

Die meisten Verstöße gegen die Ordnung und Disziplin an Bord geschahen auf relativ niedrigeren Eskalationsstufen in Form von Insubordination oder Widersetzlichkeit von einzelnen oder mehreren Seeleuten, die zudem oftmals lediglich einen Versuch darstellten, akute Mißstände an Bord zu beseitigen. Auch Meutereien waren entsprechend dem damaligen recht unscharfen Sprachgebrauch oftmals nicht viel mehr als spontane Reaktionen auf akute Mißstände, die meistens entweder durch energisches Eingreifen oder durch Nachgeben der Schiffsführung beigelegt wurden und dann oftmals ebenso schnell auch wieder vergessen waren. Dabei stellte der Alhoholmißbrauch durch rauschbedingte Streitereien und Insubordinationen eine der häufigsten Ursachen für solche Störungen der Ordnung an Bord dar. Andere Gründe waren Konflikte innerhalb der Schiffsführung, der Mißbrauch der Befehlsgewalt oder Panikreaktionen in Notfällen, in denen es den Kapitänen oftmals nur mit größter Mühe gelang, die Ordnung wiederherzustellen.

Bei Mißhandlung oder anhaltenden Schwierigkeiten mit Vorgesetzten waren die Desertion oder verschiedene Formen der Widersetzlichkeit der naheliegende Ausweg für die Seeleute. Dagegen war die offene Meuterei mit dem Ziel der Schiffsübernahme in den meisten Fällen kaum ein Akt des Widerstandes gegen schlechte und tyrannische Kapitäne, sondern vielmehr ein Verbrechen, das eindeutig in den Bereich der Piraterie fiel.

In all diesen Fällen besaß der Kapitän jedoch prinzipiell die im europäischen Seerecht verankerte Befugnis, die Disziplin und Ordnung an Bord notfalls auch mit Gewalt durchzusetzen. Dabei stand ihm ein weites Spektrum an Sanktionen von der Entlassung eines Seemanns bis hin zur Körperstrafe zur Verfügung. Diese Zwangsgewalt des Kapitäns galt aber mit wenigen Ausnahmen nur auf See und für Vorfälle, die im direkten Zusammenhang mit dem Schiffsbetrieb standen. Bei an Bord begangenen Straftaten durfte der Kapitän dagegen den Täter lediglich festsetzen oder mit Hilfe von Zwangsmitteln zur Räson bringen, die Verhängung von strafrechtlichen Sanktionen blieb den zuständigen Gerichten an Land vorbehalten. Nur im äußersten Notfall, etwa bei einer offenen Meuterei, war der Kapitän berechtigt, alle notwendigen Maßnahmen zu ergreifen, um die Disziplin an Bord wiederherzustellen.

Auch hatte der Kapitän bei der Verhängung von Strafen nach dem Prinzip der Verhältnismäßigkeit zu verfahren, wobei den Seeleuten gegebenenfalls die Möglichkeit offenstand, Kapitän und Offiziere nach dem Ende der Reise wegen Mißhandlung anzuzeigen. Obwohl Seeleute bei der Anwendung körperlicher Gewalt eine recht hohe Toleranzschwelle besaßen, gab es dennoch gewisse traditionelle Rahmenbedingungen, die Berechtigung, Umfang und Ausgestaltung einer Körperstrafe deutlich definierten. So gab es in der Auffassung der Seeleute eine klare Grenze zwischen legitimer und nicht gerechtfertigter Anwendung von körperlicher Gewalt. Eine Strafe mußte einen für die Seeleute nachvollziehbaren Grund haben, in einem angemessenen Verhältnis zu der begangenen Verfehlung stehen und auch in Art und Umfang dem informellen Verhaltenskodex entsprechen.

Grundsätzlich lag es allein im Ermessen des Kapitäns, ob er seine Seeleute nach schwerwiegenden disziplinarischen Verfehlungen aufgrund seiner Disziplinarbefugnisse bestrafte oder ihnen verzieh, und die Sache damit auf sich beruhen ließ. Charakteristisch für die Beendigung von Konflikten auf den niedrigeren Eskalationsstufen war das Ritual der sogenannten Verzeihung, die von der Mannschaft bei gleichzeitigem Eingestehen ihres Fehlverhaltens erbeten und vom Kapitän unter der Bedingung gewährt wurde, daß das Verhalten der Seeleute während des weiteren Verlaufs der Reise tadellos war. Dabei hat es allerdings den Anschein, daß diese Form der Streitbeilegung zum einen aus der Not eine Tugend machte, da es gerade auf hoher See kaum eine Alternative zum großzügigen Vergessen einer solchen Angelegenheit gab, insbesondere wenn ein größerer Teil der Mannschaft an der Auseinandersetzung beteiligt gewesen war. Dabei gab es natürlich keine Garantie, daß sich ein Kapitän auch wirklich an sein Versprechen hielt, obwohl ein gebrochenes Versprechen seinen Ruf so nachhaltig schädigen konnte, daß es ihm in Zukunft schwerfiel, Seeleute zu finden. Dieser Umstand mag mit dazu beigetragen haben, daß sich die Kapitäne so oft an die Absprachen hielten. Zudem barg eine harte Bestrafung die Gefahr, daß die gerade entschärfte Situation zu einer erneuten Auseinandersetzung eskalierte.

Daher liegt der Schluß nahe, daß die Kapitäne, wenn es angeraten schien, lieber eine Meuterei vergaßen, als eine erneute und möglicherweise schärfere Auseinandersetzung mit der Besatzung zu riskieren. Allerdings spielten natürlich auch die jeweiligen Umstände an Bord und der Charakter des Kapitäns eine erhebliche Rolle dafür, bis zu welchem Eskalationsgrad die Kapitäne bereit waren, eine solche Angelegenheit einfach zu vergessen. So erscheint der Gang vor Gericht als letztes Mittel zur Streitbeilegung, zu dem Kapitäne vorwiegend dann griffen, wenn entweder die Streitigkeiten im Hafen oder in der Nähe einer geeigneten Obrigkeit stattfanden und auch nach Vermittlungsversuchen nicht beigelegt werden konnten oder wenn das Verhalten der Besatzung während der Reise eine Vergebung unmöglich gemacht hatte und eine weitergehende Ahndung erforderte. Dabei wurden von den Gerichten bei ihrer Beurteilung dieser Vorfälle auch die individuellen Umstände und die spezielle der Tat zugrunde liegende Situation, ob etwa die Seeleute berechtigte Beschwerden vorgebracht oder lediglich versucht hatten, dem Kapitän zusätzliche Leistungen abzupressen, untersucht und in die Strafbemessung miteinbezogen. Allerdings galt die schlechte Behandlung durch die Vorgesetzten allein noch nicht als ausreichende Rechtfertigung für Widersetzlichkeit und Insubordination. Auch wenn die Schwere des Vergehens außer Frage stand, zeigten sich die Gerichte unter entsprechenden Umständen durchaus zur Milde und Gnade geneigt. Dabei diente die Anwendung von Gnade explizit als Herrschaftsmittel, um so die rechtliche und moralische Legitimation der geltenden Herrschafts- und Gesellschaftsordnung zu unterstreichen. Ebenso fanden die Gerichte auch vielfältige Wege, die Strenge der Strafgesetze zu mildern oder besonders drakonische Strafandrohungen zu umgehen, etwa durch die Einstufung eines Verbrechens als ein mit einer geringeren Strafe bedrohtes Vergehen oder durch die Verhängung eines verringerten Strafmaßes.

Allen Personen an Bord, Kapitän wie Mannschaft,

stand es zudem offen, sich wegen Streitereien und Zwischenfällen an Bord des Schiffs nach der Reise an die zuständigen Gerichte zu wenden. Auch unzufriedenen Seeleuten war damit die Möglichkeit gegeben, mit einer gewissen Aussicht auf Erfolg vor Gericht gegen ihre Kapitäne und Offiziere vorzugehen, allerdings konnten die Unwägbarkeiten und praktischen Probleme eines Gangs vor Gericht eine faktische Benachteiligung für die Seeleute darstellen. Dennoch war es auch für Seeleute durchaus möglich, mit Erfolg einen Prozeß wegen Mißhandlung zu führen. Trotz eines möglichen Vorbehalts gegen die Aussagen der klagenden Seeleute gab es keine grundsätzlich ablehnende Haltung der Gerichte gegen solche Klagen. Auch hier wird deutlich, daß die Kapitäne gewisse Grenzen nicht überschreiten durften, ohne mit rechtlichen Konsequenzen rechnen zu müssen. Ob es aber oft gelang, einen Kapitän für seine Verfehlungen auch wirklich zur Rechenschaft zu ziehen, bleibt fraglich. Zumindest wurden solche Anzeigen wegen Mißhandlung von der Justiz nicht ignoriert, sondern untersucht und auch geahndet.

Damit waren der Kapitänsgewalt an Bord durch das Seerecht wie auch durch den informellen Verhaltenskodex deutliche Grenzen gesetzt. Zwar besaß der Kapitän auf See weitreichende Kommando- und Disziplinarbefugnisse, dennoch kann seine Stellung an Bord nicht als absolutistisch, und schon gar nicht als despotisch bezeichnet werden.

Der Abschluß des Heuervertrags verpflichtete sowohl den Kapitän als auch die Besatzung prinzipiell für die gesamte Vertragsdauer. Damit war auch das Kündigungsrecht für beide Seiten stark eingeschränkt. Während jedoch der Kapitän die Befugnis besaß, bei erheblichen Verfehlungen gegen die Borddisziplin oder bei Gefährdung der Schiffsordnung durch das weitere Verbleiben der Seeleute an Bord widerspenstige Männer vorzeitig und ohne Entschädigung zu entlassen, hatten die Matrosen nicht das Recht, während der Reise gegen den Willen des Kapitäns ihre Entlassung zu fordern.

Aufgrund ihres beschränkten Kündigungsrechts entschlossen sich die Seeleute daher oftmals zur Desertion, um das Schiff vor Vertragsablauf auch gegen den Willen des Kapitäns zu verlassen. Dabei hatte die Desertion eine Vielzahl von Motiven, die von Leichtsinn über Gewinnsucht bis hin zu dem Versuch, Problemen mit Vorgesetzten oder einer Bestrafung zu entgehen, reichten. Obwohl die Desertion im Seerecht generell seit altersher unter Strafandrohung stand und auch dementsprechend geahndet wurde, ließen die Gerichte oftmals im nachhinein Gnade walten, besonders wenn der betreffende Seemann einen nachweislich guten Leumund besaß. Allerdings wurde auch die Desertion im Verlauf des 19. Jahrhunderts auf dem europäischen Kontinent an die neue Rechtsdogmatik angepaßt und von einem ursprünglich vertragsrechtlichen in einen strafrechtlichen Tatbestand umgewandelt. Daß es sich dabei aber nicht um eine bewußte Kriminalisierung der Desertion handelte, wird vor allem durch die Ähnlichkeit der diesbezüglichen Normen im traditionellen Seerecht wie auch im neuen kontinentalen Rechtssystem und im Vergleich mit der Rechtskontinuität des anglo-amerikanischen Seerechts deutlich.

Auch andere Veränderungen in den Seefahrtsbräuchen stellten sich bei genauerer Betrachtung als notwendige Anpassungen an veränderte reale Gegebenheiten dar. Dies galt vor allem für die Einführung schriftlicher Heuervereinbarungen seit dem 18. Jahrhundert. Trotz gewisser allein aus praktischen Erwägungen geäußerter Einwände setzten sich die schriftlichen Heuerverträge wegen ihrer eindeutigen Vorteile vor allem wegen der erhöhten Rechtssicherheit bei etwaigen Streitigkeiten und Vertragsverletzungen nach und nach in ganz Europa durch, bis sie die mündlichen Heuervereinbarungen fast völlig ersetzt hatten. Zugleich drang der Staat durch die zunehmende Verstaatlichung der Arbeitsvermittlung für Seeleute in einen Bereich der Seefahrt vor, die zuvor nicht der öffentlichen Aufsicht und Regulierung unterworfen gewesen war. Durch die Etablierung von Seeleuteverzeichnissen und der damit verbundenen Überprüfung von Qualifikation und Verhalten der Seeleute diente dieser Eingriff zwar vor allem der Verbesserung der staatlichen Kontrolle der Schiffahrt und dem ökonomischen Interesse der Reeder und Kaufleute, doch boten die neuen abstrakten Qualifikationsnachweise den Seeleuten auch neue berufliche Chancen.

Ähnliches galt auch für die Abschaffung der Führung, die in den veränderten Bedingungen der Seefahrt ebenso wie im Mißbrauch durch die Seeleute begründet lag. Es handelte sich dabei also nicht, wie von einigen Autoren behauptet, um eine soziale Entrechtung der Seeleute durch den Versuch der Reeder, Kaufleute und Kapitäne, die Mannschaft von gleichberechtigten Partnern des Kapitäns, zu Lohnarbeitern herabzudrücken. Das Recht auf Führung war vielmehr zu jeder Zeit ein Teil der Heuerzahlung gewesen, die grundsätzlich im Heuervertrag vereinbart wurde, der zugleich das Unterordnungsverhältnis zwischen Kapitän und Besatzung begründete. Dabei war die Frage, ob die Heuerzahlung in Geld erfolgte oder durch die Berechtigung, ein gewisses Kontingent an Waren kostenlos zu befördern, für das grundsätzliche Wesen des Vertrags unerheblich.

In England und Deutschland wurden die Seeleute während des 18. Jahrhunderts im Vergleich zu ähnlichen Tätigkeiten an Land recht gut bezahlt. Dabei hatte sich bereits recht früh ein ausgeprägter internationaler Arbeitsmarkt nach dem Prinzip von Angebot und Nachfrage entwickelt, der nicht zuletzt von der regionalen und beruflichen Mobilität der Seeleute profitierte, die bei Gelegenheit durchaus bereit waren, eine lukrative Heuer im Ausland anzunehmen. Zählt man zu der reinen Heuersumme noch die verringerten Lebenshaltungskosten hinzu, die Seeleute während der Fahrt aufgrund ihres Anspruchs auf freie Kost und Logis an Bord hatten, so erhöht sich ihr relatives Einkommen im Vergleich zu den an Land gezahlten Löhnen noch mehr. Allerdings änderte sich diese Situation nach 1815 allmählich, da die Lohndifferenz zwischen den Seeleuten und den an Land beschäftigten Handwerkern und Arbeitern zu ungunsten der Seeleute allmählich abnahm. Die Seeleute hatten durch das allgemein gültige Prinzip der »promotion through the ranks« und zusätzlicher Qualifikationsmöglichkeiten auch eine reelle Chance, in ihrem Beruf zum Kapitän aufzusteigen.

Außer den starken materiellen Anreizen und der Möglichkeit zum beruflichen und sozialen Aufstieg waren vor allem das Vorbild in der eigenen Familie oder die Herkunft aus einer mit der Seefahrt verbundenen Region die zweifellos wichtigsten Gründe, den Seemannsberuf zu ergreifen. Allerdings kann auch der Einfluß der bekannten Seefahrtsromantik als Motivation für einen jungen Mann, zur See zu gehen, nicht völlig negiert werden.

Die Ausbildung der angehenden Seeleute erfolgte im seemännischen Bereich in erster Linie direkt an Bord und während des normalen Schiffsbetriebs. Für den Aufstieg innerhalb der Mannschaftsdienstgrade war in erster Linie die berufliche und seemännische Qualifikation ausschlaggebend, wobei die informellen Beförderungen vom Schiffsjungen zum Leicht- und dann zum Vollmatrosen entsprechend der Fahrzeit und der Erfahrung des betreffenden Seemanns meist bei einem Heuerwechsel erfolgte. Für den Aufstieg in höhere Ränge an Bord spielte jedoch auch die Empfehlung durch Kapitäne eine bedeutende Rolle. Allerdings besaß diese traditionelle, aber unsystematische Form der Ausbildung erhebliche Nachteile, da der Erwerb einer umfassenden beruflichen Qualifikation, die die Grundlage für den weiteren beruflichen Aufstieg der jungen Seeleute bildete, nicht immer gewährleistet war und ihre Ausbildung daher lückenhaft blieb. Demgegenüber besaß das englisch/schottische Apprenticesystem trotz einiger Mängel gegenüber der kontinentalen Art der Ausbildung erhebliche Vorteile und zeigte oft bessere Ergebnisse.

Mit dem allgemeinen Aufschwung der Schiffahrt und der Ausweitung der Fahrtgebiete wuchsen auch die fachlichen Anforderungen an die Steuerleute. Die wesentlichen Voraussetzungen für die Beförderung waren nun eine umfassende seemännische Ausbildung und Erfahrung, ausreichende Navigationskenntnisse sowie eine grundlegende formale Bildung, die auch den unteren Schichten während des 18. Jahrhunderts in wachsendem Maße zugänglich wurde. Diese Qualifikationen waren weitestgehend identisch mit den von einem Kapitän geforderten, wobei hier die fachlichen Anforderungen notwendigerweise um ökonomisch-kaufmännische Kenntnisse erweitert waren. Faktisch ebnete daher der Erwerb der für die Beförderung zum Steuermann notwendigen Fähigkeiten und Kenntnisse auch den Weg zu einem eigenen Kommando. Dabei hielten sich die Kosten für diese Ausbildung, die prinzipiell jedem Seemann offenstand, der die notwendigen formalen Bildungsvoraussetzungen und einen gewissen Ehrgeiz mitbrachte, in einem überschaubaren Rahmen.

Während des 18. und vor allem zu Beginn des 19. Jahrhunderts hatte sich immer deutlicher gezeigt, daß die traditionellen Formen der Navigationsausbildung

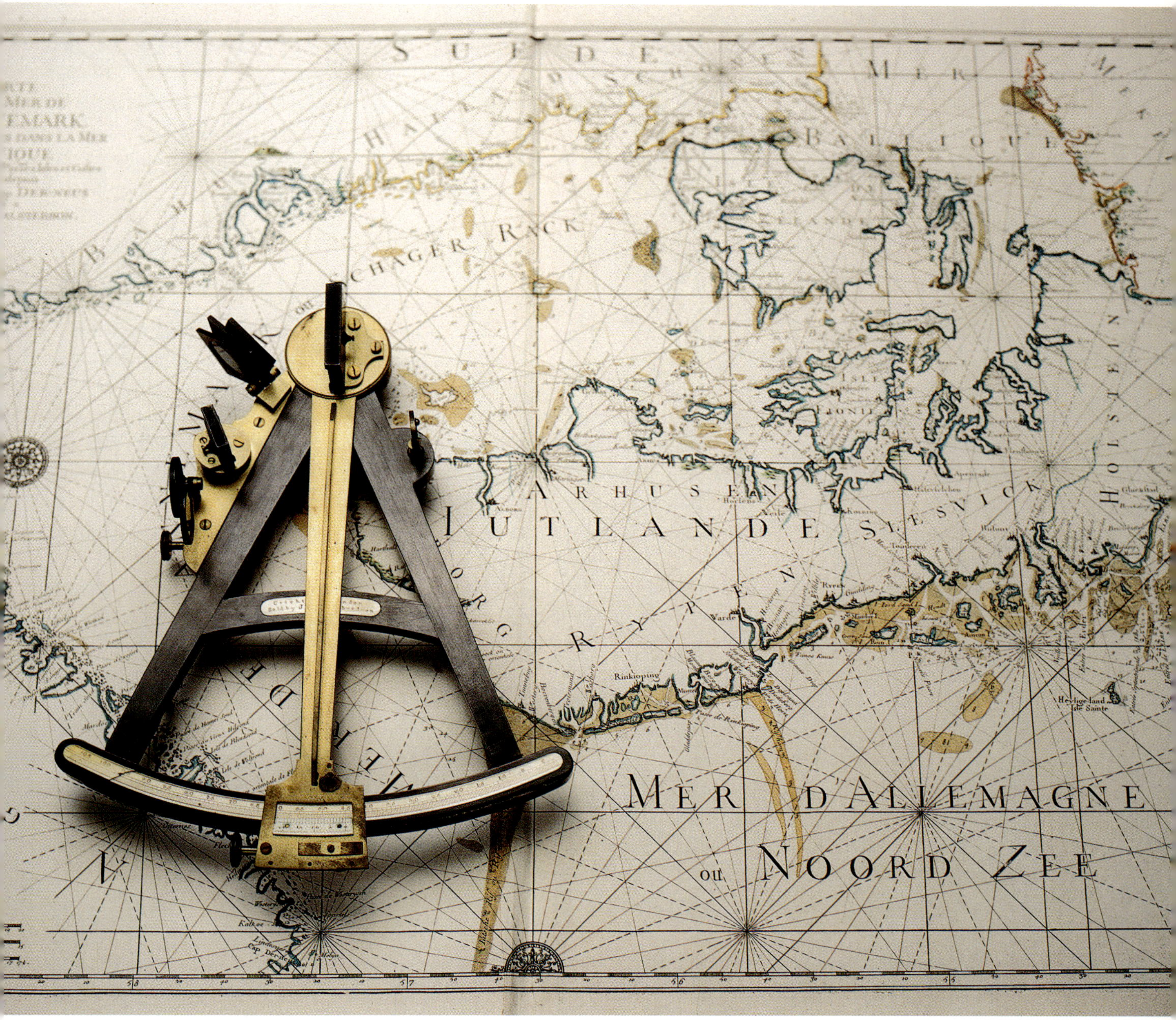

Oktant von Chrighton, London, sold by J. Berry, Aberdeen, um 1800. (Foto: Egbert Laska)

durch private Navigationslehrer und reines Auswendiglernen des Lehrstoffes den tatsächlichen Erfordernissen nicht mehr genügten. Die naheliegende Konsequenz war, das Niveau der nautischen Ausbildung durch die Etablierung von öffentlichen, jedermann zugänglichen Ausbildungsstätten zu heben, die künftigen Schiffsoffiziere mit den neuen wissenschaftlichen Navigationsmethoden bekannt zu machen und durch die Einführung von Navigationsprüfungen einen zumindest annähernd einheitlichen Ausbildungsstand angehender Steuerleute und Kapitäne zu gewährleisten. Trotz einiger Probleme setzte sich die Neuordnung und Verstaatlichung der Navigationsausbildung durch ihre unbestreitbaren Vorteile, wie die Etablierung von einheitlichen Qualifikationsstandards und die Möglichkeit von deren objektivem Nachweis gegenüber den traditionellen, unstrukturierten Formen des Unterrichtes, allmählich durch, da sie offenkundig den Anforderungen nach einer verbesserten, umfassenderen Qualifikation der Schiffsoffiziere besser gerecht wurde. Gleichzeitig machten die Veränderungen in der Seefahrt und der Zuwachs an Seeleuten die Einführung eines abstrakten Qualifikationsnachweises notwendig, der auch für die Seeleute von Vorteil sein konnte, da sie dadurch eine Chance bekamen, auch dann gute Heuern und vielleicht eine Beförderung zu finden, wenn sie den Kapitänen nicht persönlich bekannt waren. Dabei standen auch die neuen Ausbildungseinrichtungen prinzipiell allen interessierten Seeleuten offen.

Für eine Beförderung zum Steuermann gab es von einer zufällig vakanten Stelle bis hin zu einem direkten Angebot durch einen Kapitän oder Reeder zahlreiche Möglichkeiten. Dabei waren aber nicht nur ausreichende fachliche Qualifikationen notwendig, sondern auch ein guter beruflicher und charakterlicher Leumund. Hilfreich waren noch persönliche Verbindungen zu Kapitänen und Reedern und oder etwas Glück.

Diese Bedingungen galten in besonderem Maße auch für die Beförderung zum Kapitän. Dabei richteten sich die fachlichen Anforderungen auch nach dem Fahrtgebiet und den ökonomisch-kaufmännischen Aufgaben, für die der Reeder den Kapitän einsetzte. In einem noch stärkeren Maß wie für den Aufstieg zum Steuermann waren bei der Beförderung zum Kapitän jedoch vor allem gute persönliche Verbindungen zu Reedern wichtig, da Patronage und Empfehlung für den Aufstieg zum Kapitän eine wesentliche Rolle spielten. Das oftmals relativ junge Alter der Steuerleute und Kapitäne bei ihrer Beförderung hing zum einen mit dem relativ niedrigen Durchschnittsalter der Personen in der Seefahrt, zum anderen mit dem erhöhten Bedarf an qualifiziertem Personal durch den allgemeinen Aufschwung in der Seeschiffahrt zusammen. Ein Seemann konnte daher innerhalb eines Jahrzehnts den Aufstieg vom Schiffsjungen zum Kapitän schaffen.

Im 18. und 19. Jahrhundert hatte die Zahl der Kapitäne, die ein Schiff als Schiffs- oder Parteigner führten, kontinuierlich abgenommen. Ebenso beschränkte sich die Eignerschaft zunehmend auf kleine Küstenfahrer, obwohl einzelne Kapitäne auch noch im 19. Jahrhundert an größeren Handelsschiffen in der europäischen oder Überseefahrt beteiligt waren. Die meisten Kapitäne fuhren jedoch während ihrer gesamten Karriere ausschließlich als Setzschiffer. Oft blieben sie bei einer Reederei, die ihnen eine Karriere als Kapitän ermöglichte und ihre Treue – je nach dem ökonomischen Erfolg eines Kapitäns – belohnte. Die soziale Stellung eines Kapitäns dagegen hing nicht nur vom Ausmaß seines Eigentums, sondern auch in hohem Maß von der Größe des von ihm geführten Schiffs ab, da Kapitäne in der Überseefahrt ein wesentlich höheres Prestige und Ansehen genossen als der Führer eines kleinen Küstenschiffs.

Das Ende einer Seefahrtskarriere kam oftmals mit Alter und Krankheit. Viele Kapitäne hatten während ihrer Fahrenszeit einen gewissen Wohlstand erworben, der ihnen entweder einen auskömmlichen Lebensabend sicherte oder ihnen durch eine Reinvestition, z.B. in Handels- oder Reedereigeschäfte, den Wechsel in eine neue Tätigkeit an Land ermöglichte. Seeleute und auch Kapitäne dagegen, die keine ausreichenden Rücklagen hatten bilden können, gerieten im Alter oft in materielle Not, da sich in den meisten europäischen Ländern eine institutionalisierte Altersvorsorge erst im 19. Jahrhundert entwickelte.

Damit läßt sich als Fazit fassen, daß trotz seiner weitreichenden Befugnisse die Verfügungsgewalt des Kapitäns über Schiff, Ladung und Besatzung sowohl durch das Seerecht als auch durch den informellen Verhaltenskodex deutlich beschränkt wurde. Für Schiff und Ladung geschah dies durch die Verantwortlichkeit und Rechenschaftspflicht des Kapitäns gegenüber seinen Reedern. In bezug auf die Mannschaft war die Kapitänsgewalt dagegen durch die dem Seerecht immanenten Schranken und die verbindlichen Normen des genannten Verhaltenskodex begrenzt, wobei durchaus auch unabhängige Kontrollmechanismen, etwa in Form der Gerichte, existierten.

Dabei stellte der Seemannsberuf durchaus eine Möglichkeit zum sozialen und ökonomischen Aufstieg für tüchtige, engagierte und motivierte Seeleute dar. Das Prinzip der »Promotion through the ranks« und die vielfältigen und gut zugänglichen Möglichkeiten, sich beruflich zu qualifizieren, ermöglichte ihnen trotz aller Hindernisse grundsätzlich den Weg an die Spitze ihrer Profession. Wichtige Voraussetzungen waren neben der notwendigen beruflichen und charakterlichen Qualifikation aber auch Eigeninitiative der Seeleute und gute persönliche Verbindungen zu Kapitänen und Reedern oder im Idealfall deren Patronage. Eine große Portion Glück war aber in jedem Fall unabdingbar.

Diese Karrierebedingungen galten für den gesamten Zeitraum vom Ende des 17. bis zur Mitte des 19. Jahrhunderts. Erst am Ende der in dieser Arbeit behandelten Epoche verschlechterten sich die Aufstiegsmöglichkeiten für die Seeleute. Wie und in welchem Maß sich jedoch diese Gegebenheiten veränderten, kann hier nicht weiter geklärt werden.

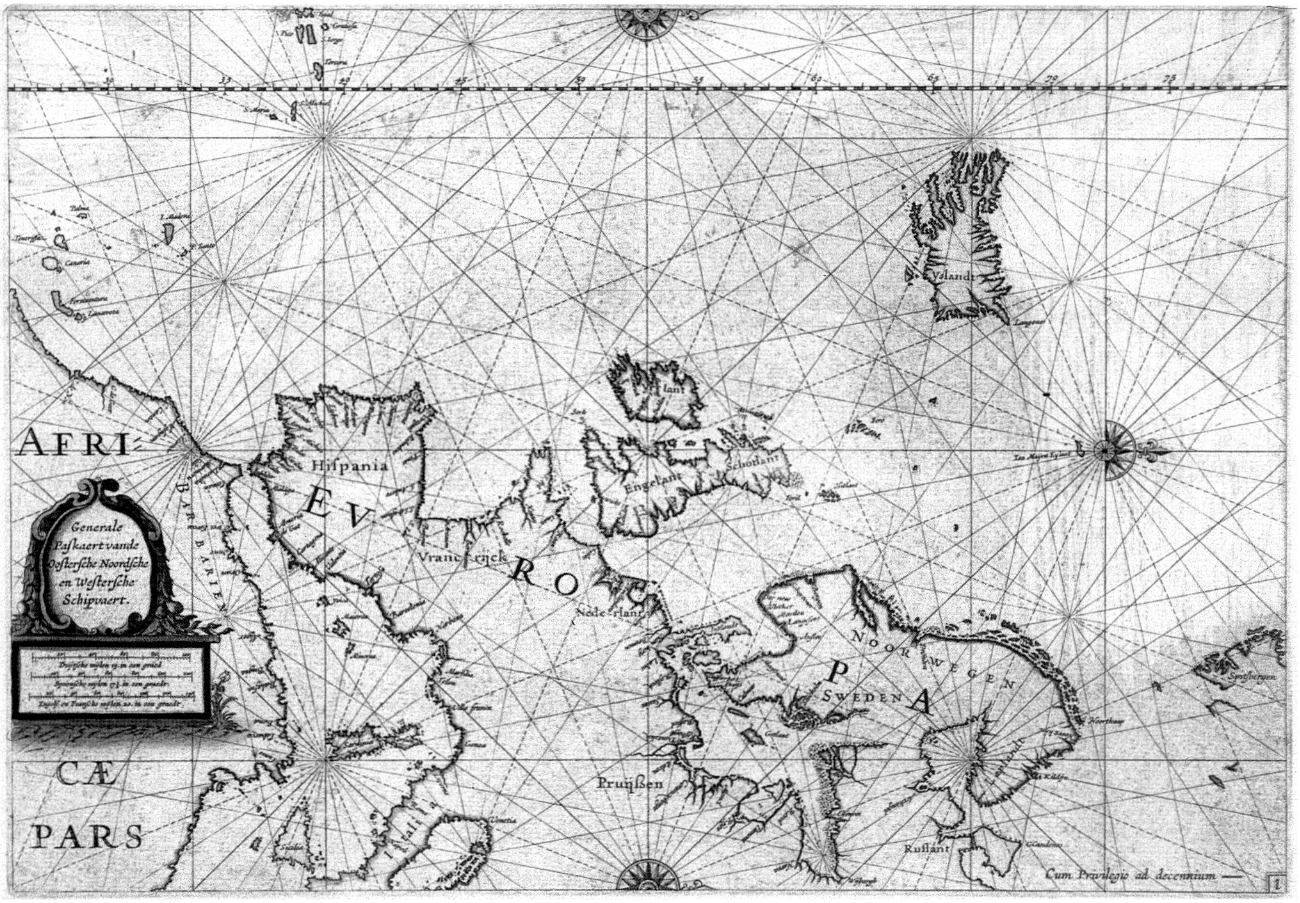

Frühe Seekarte von W.F. Blaeu, um 1610.

Master next God? A Conclusion

Doubtless ship captains are among the best known characters in popular culture. But only since the beginning of the 18th century have the commanders of merchant ships been called "captain". Originally used as a courtesy in analogy to the title of commanders of ships of war, this form of address became more common in all European languages during the following centuries and replaced the former name of "master" or "Schiffer," as the merchant captains had been called in German since the Middle Ages. Only from the beginning of the 20th century onwards, was the new title of "captain" used in legislation and in official documents as well.

Ranging from the notorious Captain Bligh of "Mutiny on the Bounty" to Captain Ahab from Herman Melville's famous novel "Moby Dick" and Captain Smith of the Titanic, the commanders of merchantmen and ships of war figured as main characters in both film and literature. So almost everyone has a certain idea about their role and duties. Only seldom, however, are these ideas and the clichés connected with the character of the captain doubted. Therefore the question arises as to whether there is any truth in these assumptions about the role and duties of ship captains. Starting from this point, the next question is how to approach the historical reality of the captain.

There are several types of potential sources with which to approach the topic: firstly, memoirs of seamen from the personal perspective; secondly, codices of maritime law from a legal point of view and thirdly, the records of maritime court trials preserved in various archives.

But all these types of sources have their respective disadvantages: The memoirs naturally only report from a personal and subjective point of view, while the law codices only inform about the legal principles of the role and duties of a captain. The court records only convey the negative perspective of maritime life, since they inform us mostly about problems and conflicts in navigation. To counterbalance the disadvantages of every type of source I developed a kind of threefold approach by weighing the specific information delivered by one type against reciprocal information of other sources, e.g. I compared legal principles from the codices with cases from the maritime courts to find out whether the two pieces of information correspond or not. Starting from this specific approach I was able to collect 43 memoirs of seamen from Germany, Scandinavia, the Netherlands, Great Britain and the USA dating from the middle of the 17th century to the second half of the 19th century. I also evaluated the maritime laws of the respective countries. Concerning archival records, I mainly relied upon maritime court records from the archives of Lübeck, Bremen and Schleswig in Germany and the Public Record Office in London, as well as information from minor archives. I therefore limited the scope of my analyses temporally and geographically to the boundaries dictated by the source material.

The prominent position of the captain on board was emphasised by certain formulae concerning his role as "master next to god" or, in German, "Schiffer nächst Gott". These phrases do not emphasise his role as being absolutist or even god-like, but as being the sole commander of his ship according to maritime law during the entire voyage.

By the end of the 18th century a complete body of European international maritime law, originating in medieval law codes such as the Roles of Oleron and the Hanseatic maritime law, had been formed. This European maritime law existed in an almost confusing number of law codes and consisted largely of traditional principles of law and non-codified legal usage, similar to British Common Law. But aside from certain differences in national legislation, all these codes were based without exception on the same originally medieval legal principles and sources. These fundamental principles of law influenced not only the further development of European maritime law up to the 20th century but also international maritime law.

Many changes in maritime law and tradition appear on close inspection to be necessary adjustments to a changed reality in merchant navigation. For example, during the 18th century written working contracts became obligatory in all European countries. Despite objections concerning their practicability and the increased expenditure necessary for a written agreement, their main advantage became obvious very soon: It was the growing legal protection for both sides since a written instrument provided concrete evidence in cases of contractual conflicts or law suits. Although verbal working contracts remained valid for a long period of time, the written agreement became the standard procedure for working contracts within only a short time, also in the sense of a standardised form that was issued by many governments. This is indicative of a general tendency towards increased governmental control over affairs formerly not within the boundaries of public supremacy.

Owing to this pragmatic development within European maritime law, even the new codifications of maritime law in the countries of the European continent during the 19th century were still based on these customary legal principles. Thus not a completely new form of maritime law was created, but the traditional legal principles were adjusted to the new forms of jurisprudence, connected with the re-establishment of the principles of Roman law on the continent, as seen, for example in the Code Napoleon. This new form of jurisprudence tried to organise law according to a logical and systematic doctrine and thus divided the law into separate bodies of legal codes. This sometimes split formerly connected legal issues into different codes of law, a circumstance which also affected certain parts of maritime law. Owing to this, in German jurisprudence for example, a legal dispute was created as to whether the disciplinary powers of the captain originated within public or commercial law. Otherwise, however, the continuance of law principles from the earliest codes of the Middle Ages up to the 20th century is a plain fact, clearly revealed by the analysis of norms and principles of maritime law.

Within the captain's fields of activity, international maritime law clearly distinguished between his obligatory nautical-administrative competence and the optional economical-commercial assignments. While the former was the original task of every commander of a ship, whether merchant or naval captain, the latter was left to the free discretion of the owners. By entering a contract with the owners of a ship, he established a direct obligation, by which he was given the complete and indivisible right of disposal over the ship and its cargo, which he exercised as a mandatary for the owners. Thus the captain was obliged to justify himself for every action during his voyage and to give a complete settlement of accounts after his return, but during the journey his competence was unquestioned.

Yet while the captain automatically received the necessary nautical competence together with his command, for his commercial activities he needed the explicit consent of his owners except in emergencies, e.g. for necessary repairs after a shipwreck. Because of the development to a specialised ship-owning trade, the economic aspect of merchant navigation was increasingly transferred towards commercial representatives or agents. This was due to the extremely limited means of communication during the early modern period, which did not allow direct transmission of information from owners to captains. Often the owners employed commercial agents in ports abroad or used networks of befriended merchants for their foreign business. One possibility was to send a supercargo aboard as representative responsible for the commercial side of the voyage. If the captain of the ship was trustworthy and of commercial capacity, it could be a good solution to empower him with the competence of the supercargo as well. In this case, the position of the captain can be compared to that of a modern manager, responsible not only for the voyage and for secure transport of the cargo, but also for the commercial aspect of the journey. The limitations of this commercial competence lay exclusively within the judgement of the owners and their assessment of his commercial capacity, so these could range from total dispense of the captain from the economic side of merchant navigation to an entirely independent commercial mandate.

During the Industrial Revolution in the 19th century, this limitation of communications was ended by the invention of transoceanic cable telegraphs. The control of the owners over ship and commercial activities was strengthened and thus the role of the captain was gradually reduced to mere carrier of goods.

Since the nautical-administrative competence was the original task of every commander of a ship, international maritime law clearly considered the captain's disciplinary power over the crew an unalterable part of his office. By entering a working contract, the seamen submitted themselves to the rule and the authority of the captain.

By agreeing on the conditions of the working contract, both sides – captain and crew – were bound to it for the entire duration of the agreement. The crew's rights of resignation during the voyage were therefore extremely limited. The captain had the right to dismiss a seaman for a disciplinary or, indeed, any reason at all on the condition that he paid all the wages to the sailor along with a compensation. On the other hand, the seaman did not have the right to demand his resignation before the end of the voyage or the expiration of the contract. Except in certain cases, e.g. shipwreck or the sale of the ship, only if the captain agreed to a premature resignation could a seaman leave the ship before the contract expired according to its terms.

For this reason, many seamen preferred to end a contractual relationship to a captain against his will simply by deserting his ship. Desertion had various motives, ranging from frivolity and greed, if other captains offered higher wages, to the attempt to escape a conflict with the captain or the officers or even a punishment. From the Middle Ages on, desertion was considered in all maritime codes to be a serious offence against both the working contract and discipline aboard. But in many cases the law courts tended toward a clement handling of desertion, especially if the seaman concerned had a good reputation. Desertion was judged as a breach of contract and thus was a civil and not a criminal law offence. Not until the reformation of law in the countries of the European continent did desertion of a seaman become a criminal offence analogous to military desertion. This was primarily a matter of theoretical jurisprudence, since neither the degree of punishment nor even the statutes had changed. Again, a continuance of the maritime law from medieval times to the 20th century can be established.

Originating in medieval times, a distinctive hierarchy and a clear chain of command existed on board all ships, with the captain in sole charge of all nautical affairs during the voyage. This hierarchy was due to the particular conditions predominant in navigation: The management of the ship, the co-ordination of its control and immediate reaction in any situation was at all times necessary in order to ensure the efficient operation of so complex a machine as a sailing ship. Especially in cases of emergency, when only the swift response of the entire crew would secure the survival of both ship and crew, this clear chain of command was of vital importance and everyone on board, from the captain downwards, had to know exactly where to go and what to do.

Here we also find the origin of the necessity of maintaining discipline and order on board the ship under any circumstances, a requirement which was acknowledged by international maritime law. This law delegated the necessary authority and competence to the captain. The disciplinary power of the captain was thus not only considered as a means of protecting the lives and security of ship and crew, it was also compared analogically to the powers of a father over his children or of a master over his servants.

Apart from these legal principles, informal rules were also crucial for the seafaring society at all times. One characteristic of early modern society was the organization of social relations and everyday life not only by law but also by traditional and unwritten rules, which were nevertheless as binding as formal laws, especially since the influence of the state was not as omnipotent as in recent times. Many of these rules were simply created by the social hierarchy prevalent in early modern society. Since the seafaring world was part of this society, this form of social self-organization was also present here and formed a set of rules of order and obedience and of mutual obligations between the rulers and the ruled as well.

Consequently the relations between captain and crew were based not only on the working contract, which formed the legal basis for the subordination of the seamen to the rule of the captain and the latter's disciplinary powers, but also by these informal rules of behaviour. Both codes impelled the crew to obedience and the fulfilment of their duties, while the captain was obliged to treat his crew well and to take good care for their welfare.

Due to the marked hierarchy aboard, the captains lived in a somewhat dissociated relation to their crews. On the other hand, the crews expected some form of social distance from their captains, for otherwise the captain risked a loss of respect. To be respected by his crew, the captain required in any case a firm knowledge of seamanship and navigation. Naturally, the behaviour towards the crew also characterised good and bad captains. Only a commander who treated his crew well, fairly and respectfully was considered a good captain. However, there were commanders who tyrannised over or even maltreated their crews. Sometimes alcoholism was also involved. While the crew could be forced into obedience by simple violence or sheer terror, respect and authority had to be earned, and a tyrant captain could never expect to be respected by his crew. A despotic captain and a discontented crew could not only make a journey extremely unpleasant and life on board like hell, but also risk the security of ship and crew. In cases of emergency, the probability of a total loss of obedience and co-operation on such a ship was much higher than on a well-administered one with a good, fair captain and a happy crew.

Nevertheless, a harsh treatment of the crew alone did not make a captain an oppressor, as long as the treatment was considered hard but fair and within the limits of accepted behaviour by the standards of the informal code. Accordingly, the captains had a wide range of possible styles für ruling their ships according to their character and personal style of leadership. Aside from many cases of cruel captains, the memoirs also tell us of many captains who ruled their ships according to this informal code of behaviour and leadership with excellent results. They certainly commanded their ships with strict discipline, but with a happy and content crew aboard.

Yet there were numerous examples of discontent and conflicts between captain and crews. The cases of disobedience and obstinacy range from spontaneous resistance against real or imagined unjust treatment by the captain and his officers to open mutiny and even cases of piracy, when the crew attempted a take-over of the control of the ship. There is a continuance of the forms and motives within these cases of insubordination and obstinacy throughout the entire early modern period. Above and beyond the individuality of every case and probable temporal and national peculiarities and differences, the information from the memoirs clearly points towards a permanent disciplinary and social constitution in navigation and its code of behaviour. All these individual cases also make clear that any attempt to explain mutiny and insubordination solely by citing maltreatment by officers or any form of Marxist-oriented resistance against exploitation is simply wrong. There certainly are cases of maltreatment and exploitation, but also cases of grumbling seamen mutinying or of a purely criminal intention to take over the ship's control.

Most cases of insubordination happened merely on a low level of escalation, e.g. individual seamen or small groups refused to follow the orders of their officers. Mostly these cases were a form of complaint against actual grievances on board. Very often alcohol, e.g. in the form of drunken brawls or intoxicated seamen refusing to obey commands, was the true cause of insubordination. Even "mutinies" according to the somewhat unclear usage of language at the time, was in most cases only one specific form of complaint by the crew. Energetic reaction by the officers or simply giving in to the complaints solved the problem in most cases and the affair was forgotten as quickly as it had arisen. But desertion was the easiest way for a seaman to solve a problem with the captain or the officers. By clandestinely leaving the ship, the seaman easily evaded an oppressive captain or officer and in times of scarcity of sailors could even find a new captain who would probably pay higher wages.

On the other hand, open mutiny aiming at a takeover of the entire ship was in most cases not a form of resistance of a crew in despair, but a cool-minded plot to turn pirate. Insubordinations provoked by conflicts among the officers or even between the captain and one or more of his mates, continuous maltreatment of the crew or the occurrence of panic during emergencies were much riskier situations. In these cases, it was only with great effort that the captains could remain in control of their ships and restore discipline and good order aboard.

In any case of unruliness, maritime law provided the captain with extensive powers to restore good order aboard his ship. To achieve this he had a wide selection of sanctions at his disposal, ranging from simply discharging a seaman to his corporal punishment. On the other hand the disciplinary power of the captain was strictly limited to cases of assaults on his authority that occurred during the voyage upon the high seas and was directly connected to the rule of the ship.

The captain did not possess any form of judicial power and was not allowed to hold trial over his crew. In cases of criminal behaviour of members of his crew, he only had the competence to bring him back to sense, if necessary also by force, and to take the malefactor into custody until the ship arrived at the next port. Here the captain was obliged to hand him over to the proper authorities. Only a law court was authorised to hold trial over criminal affairs occurring upon the high seas. This also applied to crimes such as mutinies. The captain was only authorised to put an end to the insurrection, by which means whatsoever, even the use of lethal force, but the following trial and the eventual legal judgement of the whole affair was the responsibility of the competent law court.

In the use of his disciplinary powers, the captain also had to pay attention to the principle of proportion of crime and punishment. In cases of too harsh a correction with regard to the nature of the crime, the punished seaman had the right of complaint before the proper legal authorities, but only after the end of the voyage. Since the early modern period as a whole was a significantly much more violent age than recent times, the seamen usually had a high degree of tolerance towards physical violence. Nevertheless, there was a clear conception of both the extent of acceptable violence and forms of violence not in correspondence with the informal code of behaviour valid in the seafaring society. Within the nautical world there was a defined boundary between legitimate use of physical violence and punishment on the one hand and brutality or even sadism on the other. An acceptable form of corporal punishment therefore had to be inflicted for a proper cause; it had to be proportional to the committed offence and remain within the boundaries of the informal code of behaviour.

According to his position and disciplinary power, it was at the sole discretion of the captain whether to punish a seaman for an offence or to forgive him and to let the affair rest. Especially in cases of low-level insubordination, but also after some kind of mutiny, a ritual of forgiveness existed within the informal code of behaviour. Often after a breach of discipline had occurred aboard a ship, the malefactors, be it an individual or a group of seamen, begged, or sometimes the captain himself offered forgiveness to settle the disturbance of good order. The ritual required from the malefactors firstly the admission of having done wrong, secondly an excuse for the offence committed and lastly the pledge of their further good conduct, which was the unalterable condition for the grant of forgiveness by the captain. It seems that granting forgiveness to unruly seamen in many cases was not as much an indication of the generous mind of the captain, but a simple necessity, especially upon high seas. Since the crews of merchant ships were only large enough to guarantee a safe handling of the vessel, no captain could spare part of his crew being put in irons for some form of insubordination. Therefore, the captains often took "the easy way out," hoping that the crew really would behave well and remain obedient for the rest of the voyage.

On the other hand, the crew did not have any guarantee that the captain would keep his promise to forget about the affair and not denounce them before the proper legal authorities after his return. Yet a commander who broke a promise of forgiveness certainly lost his reputation among the seamen and in consequence he almost invariably would have problems finding a crew for his vessel, as many of the memoirs report. For there certainly existed some kind of information network within the seafaring community and the seamen often exchanged news about captains and working conditions aboard their vessels. This circumstance may have induced the captains to keep their promise of forgiveness to their crews despite their better knowledge. Consequently, it is a logical conclusion that in many cases the captains preferred to forget about insubordination or even mutiny over risking a new and probably worse conflict with their crews. Ultimately, the specific situations aboard as well as the captain's character determined what degree of escalation of an unruliness and insubordination the commander of a ship would agree to forgive and forget.

The extended disciplinary powers of the captain were strictly limited to the ship's actual journey. If a conflict with the crew occurred in port or near a proper authority and all means of finding an amicable settlement of the affair had failed or if the crew's bad behaviour during the voyage demanded a serious penalty, a legal suit against the crew often appears to have been the captain's last resort. But far from simply being biased towards the captain's side, the law courts in general tended to a somewhat more objective perspective and rated every case individually on the basis of the exposed facts and circumstances. They almost invariably tried to find out whether there were serious grievances the crew had rightfully complained about or whether the crew simply attempted to obtain additional reimbursements, e.g. extra payment, from the captain.

Even in cases where the guilt of the defendants or the severity of the crime were beyond any doubt, the courts often tended towards clemency. By this and other means the courts also found numerous ways of mitigating the harshness of criminal law, e.g. the notorious British "bloody code," or to avoid an extremely brutal punishment, e.g. by rating a certain offence as a minor crime. In certain cases the severity of punishment was also diminished by acts of grace. During the early modern period these acts very often served as a means of rule to the governments, consequently stressing the power of the mighty and the moral and legal legitimacy of the form of administration and society valid at that time.

A law suit likewise provided a legal means for the seamen to introduce a complaint against their commanders. Since any person aboard a ship – captain and crew – had the right to appeal before the proper courts after the end of a voyage, an aggravated and discontented crew thus had an instrument to claim their rights with a certain chance of success against their captains and officers. But practical problems, e.g. if part of a complaining crew already had begun another voyage, together with the usual imponderability of a law suit, could in fact work to the disadvantage the seamen appealing before court. Otherwise, however, they had a chance of winning a lawsuit over maltreatment by the captains, since in general the courts were not biased against such charges. They did not ignore such accusations, but made inquiries and even punished such captains, although it is of course a mystery how often a crew really succeeded in suing a brutal and despotic captain. Nevertheless, these facts clearly indicate that the power of the captain was strictly limited not only by law and tradition, but by the maritime courts of justice as well.

From the 17th to the second half of the 19th century, the career opportunities of seamen remained essentially the same. Within European merchant navigation, the strict principle of "promotion through the ranks" was predominant. This simply means that a seaman had to start his career at the very bottom of the nautical hierarchy and advance gradually until he finally was promoted to captain of a ship. Within this system of promotion, every seaman had a chance of reaching the top of his profession, at least theoretically.

But not only the chance of professional and the accompanying social promotion made the occupation of seamen attractive to many young males. Seamen's wages were also generally higher than wages paid for similar jobs ashore. If one adds to the mere seaman's wages the diminished costs of living, since he was provided with food and accommodation during the voyage, the gap between wages in navigation and ashore widens even more. Only after 1815 did this situation slowly change, because the gap between seamen's and land-based craftsmen's and labourers' wages started to diminish by degrees. Thus the seamen suffered a relative loss of wages.

As soon as an international maritime labour market had emerged in the 18th century, wages were governed by the mechanisms of supply and demand. Especially in times of war, the wages could fluctuate greatly from port to port, particularly in Great Britain where the Royal Navy acted in wartimes as an additional competitor on the nautical labour market. The natural regional and professional mobility of the maritime profession added much to the emergence of this international labour market, since many seamen easily accepted offers by foreign captains if the latter paid good wages.

Apart from these economical inducements for entering the seafaring profession, having one's origins in an area traditionally connected to the sea or seafaring relatives were the most important reasons for deciding in favour a nautical career. The model of the father or any other male relative often turned the scale towards a career in merchant navigation; in many families, the profession of seaman was even hereditary. But the well-known literary motives of "the call of the sea" or romantic inclination towards the sea could not be excluded altogether, since there are many true examples of this motivation for becoming a seaman.

On the continent, a young men aspiring toward a maritime career usually started as cabin boy at the age of 12 to 15 years and worked with the older seamen on deck and up in the rigging later on. Accordingly, their training usually took place directly aboard their ships and they learned their profession in a rather incidental way during the normal everyday operation of the ship. In order to be promoted, primarily nautical skills and qualifications were required. The methods of promotion before the mast were also rather incidental, because a young man who considered himself able enough to receive a higher rating simply applied for such a job. Consequently the seaman rose slowly from cabin boy to ordinary seaman and eventually to able seaman, a rating they usually achieved at an age of 18 to 20 years. The rather unsystematic continental form of training had many disadvantages, because the acquisition of a sufficient degree of nautical qualification was not always guaranteed and instruction sometimes remained fragmentary.

Aside from this traditional form of training, an additional method in British merchant navigation existed, namely apprenticeship. By this procedure, a young man entered into an agreement with a captain to serve him for a period of up to seven years and receive training as a seaman. This form of training clearly was more advantageous and usually had better results than the continental method, but often boys from poorer social backgrounds were taken on as apprentices just to serve as cheap labourers without receiving proper instruction.

Besides the usual nautical skills, promotion to the higher ranks required additional qualifications. During the general rise of European commerce and merchant navigation beginning in the middle of the 18th century, the requirements pertaining to the necessary qualification of ship's officers and captains also increased. Above all, sufficient knowledge of the art of navigation was necessary to be promoted to a higher rank aboard, such as mate or captain. During the 18th century, private instructors such as retired ship captains usually taught navigation. The methods of teaching mainly consisted of learning simple rules of navigation by heart, and were thus based not so much on a real understanding of the whole subject but on a mere reaction to certain navigational tasks. Because of the increased demands on the navigational skills of officers and captains due to the world-wide expansion of merchant navigation, these traditional methods of teaching proved increasingly insufficient. Thus the improvement of navigational qualifications of seamen was a clear necessity and by the end of the 18th century public navigational schools were established, in many European countries either on private initiative or by the governments, to teach the newly developed methods of scientific navigation.

Only during the first decades of the 19th century did governmental influence upon the entire navigational educational system gradually expand, obligatory navigational exams now being introduced to ensure a sufficient degree of qualification for both mates and captains. Thus only after successfully passing an exam could a seaman be promoted to the rank of mate or captain. This reform of navigational education did not succeed undisputed, due to the increased degree of public control over merchant navigation, which was often despised by captains and owners as an inappropriate interference into commercial affairs.

In accordance with this tendency towards extended governmental control over affairs formerly not within the boundaries of public supremacy, by the end of the 17th century a kind of public employment agency had been established in many countries on the European continent by their respective governments. This office of the so called "wasserschout" did not serve only to provide the captains and owners of merchant ships with a sufficient supply of seamen, but also to extend public control over navigation. The invention of public registers of seamen, their qualifications and conduct later supplemented this office in many European countries. This also increased governmental control over merchant navigation and provided a means of abstract control over the qualification of seamen. This was certainly advantageous for captains and owners and their commercial interests, since it made the task of finding a reliable and well-qualified crew much easier.

On the other hand, both navigational exams and public registers of seamen opened new career opportunities for the seamen, since they could now offer a public and therefore reliable proof of qualification while in search of employment.

Aside from the obligatory nautical and navigational qualifications, a certain degree of formal education was necessary because the offices of mate and captain now required the ability to keep the ship's journal and the cargo documents. This degree of education became increasingly accessible to the lower classes of society in the 18th century.

In general, formal and navigational education was accessible to every seaman who was motivated enough to take his career into his own hands, because costs and also the necessary expenditure of time for education were comparatively low and the qualification obtained opened the way to the quarter-deck.

There were numerous possibilities for being promoted to mate, and most seamen became mates in their early twenties. A seaman could find a vacant post by chance, he could be promoted during a voyage if a vacancy arose, e.g. by the death of his predecessor, or a job as mate could be offered directly to him by a captain or an owner. Still, a promotion to ship's mate did not depend upon qualification alone. Since the mate was an assistant to the captain, the latter had a clear interest in promoting someone whom he could work with and who could be relied on in any conceivable situation. Thus, for his ascent to the quarter-deck a seaman also needed a good reputation within the seafaring society. Furthermore, patronage by captains and owners was extremely helpful for a successful career, since a word or letter of recommendation could help a seaman not only in finding a good job but also in getting quick promotion. These career conditions applied particularly to promotion to captain. He needed the necessary nautical and commercial qualifications, the latter depending on whether he was to sail in coastal, European or even international trade. In addition, a captain's post entailed experience, good conduct, ability for leadership, a good reputation and a trustworthy character. For promotion to captain, the patronage of older captains or owners was of great importance, since opportunities for deception and theft were numerous and could easily seduce a man of lesser character. So due to the limited means of control during the voyage, the owners needed captains that could be relied on and trusted in any situation, and in most cases chose men whom they knew for a longer period of time or who were introduced to them by friends or other reliable persons. So becoming a member of such a network almost did the whole job if the seaman concerned had enough qualification to fill the post.

Often the captains were only about 22 to 25 years of age at the point of their promotion, so it was possible to rise from cabin boy to captain in only little more than a decade! Together with promotion to captain the person concerned also increased his social status, since he now belonged to a managerial class of employees with a huge responsibility resting upon him. This relatively young age of the commanders corresponded with the low average age within navigation in general. In addition, the increased demand of qualified personnel due to the general rise of commerce and shipping from the middle of the 18th century onward enhanced this phenomenon. These career opportunities worsened only after the middle of the 19th century, due to economic changes and a world-wide recession.

In the 18th and 19th centuries the number of captains who owned the ships they commanded in whole or in part constantly diminished. Only small coastal ships were still in the ownership of their masters. Most captains were employees throughout their entire careers, which were often marked by strong continuity as many captains sailed for years or even their entire careers for the same owner or shipping company. They could even ascend in status, starting by commanding small coastal ships, later rising to larger ships operating in European or even international trade. So the social status of a captain did not depend so much on whether he owned the ship he commanded or not, but on the size of his ship and the trade he was involved in. His economic status was correspondingly defined. Since every captain had in addition to his wages many opportunities to earn an extra income, e.g. by bonuses or by trading on his own account, the amount of money he could make throughout his career also depended on the size of the ship and the specific trade it was engaged in. Furthermore, even captains of coastal ships had the chance to earn at least a small fortune. So many captains earned enough money to retire as wealthy men and enjoy their last years in comfort. They sometimes also reinvested their wealth, e.g. into a shipping or a trading company, starting a second career as a businessmen or accepting honorary posts within their neighbourhood.

If a captain or, as was much more often the case, a seaman had not had the opportunity to save any money for his old age or had unfortunately lost his wealth, he almost inevitably ended up a poor man. The captain or seaman then depended on private or ecclesiastical relief funds or other welfare institutions, since public old-age pension schemes only developed gradually during the second half of the 19th century.

Master next God?
Résumé

Depuis le début du 18ème siècle, les officiers commandant les navires de commerce étaient désignés en Allemagne sous le nom de capitaines. Tout d'abord utilisée en guise de titre de politesse, par analogie avec les commandants des bâtiments de guerre, cette désignation finit par s'introduire peu à peu dans le langage courant avant de repousser au début du 20ème siècle, dans les termes officiels et juridiques, la désignation traditionnelle de «Schiffer», qui se retrouve encore aujourd'hui pour désigner le patron d'un caboteur.

Valables dans l'ensemble de la navigation de l'Europe du Nord, avec de légères différences selon les pays, les conditions de vie, de travail et de carrière étaient sensiblement les mêmes. Ainsi, depuis le Moyen Âge, existait à bord de tous les navires une organisation hiérarchique prononcée et une structure de commandement claire avec le capitaine à sa tête. Celle-ci résultait des conditions particulières à la navigation, puisque la coordination de la propulsion du navire et des réactions rapides - en cas de force majeure - formaient la base nécessaire au maniement fiable du système technique complexe d'un voilier. En cela, la navigation inaugurait déjà, d'une certaine façon, par ses contraintes matérielles immanentes, les méthodes de travail instaurées par la suite dans l'industrie.

La nécessité de faire régner l'ordre et la discipline en toutes circonstances, procédant des conditions inhérentes à la navigation, eût aussi des répercussions sur le droit maritime européen, qui confia au capitaine l'autorité requise. L'autorité disciplinaire du capitaine ne s'en trouvait pas pour autant uniquement fondée en droit sur une exigence immanente de la navigation, mais tout autant justifiée par le contrat d'engagement sur lequel reposait la relation de subordination de l'équipage au capitaine - par analogie avec l'autorité patriarcale d'un maître de maison vis-à-vis de ses domestiques ou d'un père de famille sur ses enfants, ou bien encore d'un maître sur ses apprentis.

La position prédominante du capitaine ressort aussi clairement dans les expressions de sa fonction à bord, telles que «Schiffer nächst Gott», «Master next God», ou « seul maître après Dieu». Ces désignations toutefois ne se rapportaient pas à une autorité sans limites, absolutiste ou même comparable à celle de Dieu, mais bien uniquement à son autorité ancrée dans son droit à disposer du navire et de l'équipage durant le voyage. Par le lien contractuel direct que représentait la signature du contrat, le capitaine se retrouvait en position de mandataire de ses armateurs, qui lui octroyaient une autorité complète et impartageable sur le navire, le chargement et l'équipage - dont il se chargeait en leur nom. Bien qu'à la fin du voyage, le capitaine ait été obligé de justifier ses actes et tenu de faire minutieusement les comptes avec ses armateurs, durant le voyage, il disposait d'une autorité considérable.

Depuis le Moyen Âge jusqu'à la fin du 18ème siècle s'était - en gros - développé un important complexe de droit maritime, valable pour l'Europe entière et s'étendant même au-delà de ses limites. Les principes de droit rencontrés ici se retrouvent aussi dans les nouvelles codifications du 19ème siècle. Celles-ci ne créaient pas un droit nouveau, mais tentaient seulement d'adapter les normes traditionnelles apparues au cours de la pratique et restées largement sans structure, afin qu'elles répondent aux besoins du nouveau droit continental; on peut ainsi parler d'une continuité fondamentale du droit maritime. Ces tentatives de classement dogmatique des normes se heurtèrent cependant à des problèmes considérables. C'est ainsi que par exemple, le fondement légal et différencié des pouvoirs du capitaine, émanant du droit maritime traditionnel, n'était pas à ordonner sans difficulté dans la nouvelle dogmatique, comme le démontre clairement la querelle autour de la nature - publique ou civile - de l'autorité du capitaine.

Le droit maritime européen établissait clairement une différence entre les fonctions d'ordre nautique et administratif, obligatoires, et celles, facultatives, d'ordre économique, que l'armateur - selon son jugement - transmettait au capitaine. Tandis qu'avec le commandement du navire, le capitaine recevait en même temps l'autorité nautique et administrative nécessaire, pour exercer ses fonctions économiques et commerciales, il avait besoin en tant que «Schiffer» de recevoir de son armateur, sauf exception ou en dernière extrémité, une procuration explicite.

Avec le passage graduel à un marché spécialisé de sociétés d'armement, les tâches commerciales dans la marine marchande furent de plus en plus déléguées à des mandataires, les moyens de communication de l'époque, très réduits, n'autorisant pas la circulation directe d'informations. Ceci ne changea qu'avec la révolution technique apportée dans le système de communications à partir du milieu du 19ème siècle, lorsque le progrès réduisit peu à peu les activités du capitaine à un domaine centré sur les tâches nautiques et administratives. Les compagnies d'armement avaient à leur disposition différentes possibilités afin de déléguer les affaires économiques et commerciales, telles qu'un subrécargue ou des mandataires, ce qui n'était pas sans un certain risque. Il pouvait donc s'avérer praticable pour un armateur de confier ces tâches au capitaine. La fonction commerciale de celui-ci à bord pourrait être comparée à celle d'un cadre moderne, puisque, dépendant de l'ampleur concrète de son autorité économique et commerciale, il était responsable de la gestion du voyage. L'envergure précise de l'autorité économique et commerciale octroyée au capitaine était exclusivement l'affaire des armateurs, et de la confiance qu'ils plaçaient en ses capacités de vente. Elle pouvait ainsi varier indifféremment entre une place où le capitaine avait les mains totalement libres, et sa décharge complète des tâches de négoce.

Sous l'Ancien Régime, dans la société répartie en états, les relations sociales et la vie commune au sein de la communauté n'étaient pas uniquement caractérisées par des normes juridiques positives, mais aussi en grande partie par des règles de comportement qui, bien que non écrites et de tradition orale, équivalaient cependant à un engagement. Étant donné que la navigation représentait également une fraction de cette société, une telle auto-organisation était ici aussi omniprésente, tout du moins au début des Temps modernes, lorsque l'influence de l'état sur la vie commune sociale était encore minime. Ce qui implique que le lien social, établi entre le capitaine et l'équipage, ne reposait pas uniquement sur le contrat d'engagement, duquel se dégageait toutefois la subordination juridique de l'équipage à l'autorité du capitaine. Dans la marine également, à côté du contrat d'engagement, un code général bien qu'informel était valable et fixait la conduite de toute personne se trouvant à bord. En fait, nombre de ces règles de conduite se retrouvaient déjà dans la composition hiérarchique de la société divisée en états, et les mêmes principes – reposant sur des obligations réciproques qui se développaient depuis le 18ème siècle en une relation de seigneur à vassal, de l'ordre à l'obéissance -, étaient valables à terre comme en mer. Dans l'ensemble, les deux structures de normes obligeaient les matelots à la subordination et à remplir les tâches stipulées dans leur contrat, tandis qu'on attendait des capitaines qu'ils traitent leur équipage de manière humaine et se chargent d'en prendre soin.

En raison de cet ordre hiérarchique prononcé, les capitaines se trouvaient dans une situation de distance et d'isolement par rapport à leur équipage, qui, de son côté, attendait aussi une certaine distance. Plus encore que les qualifications nautiques et marines nécessaires, inhérentes à son autorité, c'était tout d'abord le comportement du capitaine vis-à-vis de ses matelots qui déterminait le jugement positif ou négatif qu'un équipage portait sur ses qualités d'officier. Tandis qu'un capitaine traitant son équipage avec respect et loyauté passait pour un bon capitaine, un mauvais capitaine avait tendance à chicaner les marins, à les tyranniser et à les maltraiter. Parfois aussi, un abus d'alcool ajoutait à ces conditions, pouvant menacer le navire et l'équipage en cas extrêmes. Ce code de conduite, même un capitaine ne pouvait se permettre de l'enfreindre sans risquer d'y perdre une part de son autorité, car même si l'obéissance était requise et devait éventuellement être obtenue par force, un capitaine se devait - malgré tout - de gagner son autorité et l'estime des marins à bord.

Cependant, un rude traitement ne suffisait pas à établir un jugement sur le capitaine. Tant que la dureté allait de pair avec le fair-play et se mouvait au sein du modèle de comportement toléré, elle n'avait aucune incidence négative sur ce jugement. Il restait donc au capitaine un large rayon d'action parmi les règles de ce système général, fondé sur ces normes informelles de comportement, pour asseoir son autorité à bord. Malgré les mauvaises expériences que de nombreux marins avaient vécues avec leurs capitaines, un grand nombre de ceux-ci avait aussi apparemment réussi à intérioriser les bases inhérentes à un meneur d'hommes que contenait ce code de conduite informel, et en faisait bon usage. Ces capitaines dirigeaient leurs navires de façon tout à fait sévère et disciplinée, mais l'équipage n'en était pas moins satisfait à bord.

Toutefois, les problèmes et les conflits surgissaient encore bien assez souvent entre capitaine et équipage. Les nombreux cas d'insubordination, de mutinerie et de révolte allaient du simple cas de résistance impulsive à un traitement injuste - ou supposé tel - et à des abus à bord, jusqu'à la rébellion renouvelée et aux attaques contre l'autorité du capitaine et des officiers. Cependant, il n'existe aucun indice indiquant que les matelots étaient des criminels, ou qu'ils étaient plus poussés à la brutalité que leurs contemporains à terre, à une époque où la violence physique était quotidienne.

Dans toute la période située entre le 17ème siècle et 1850, une forte concordance entre le déroulement et les motifs des révoltes se fait jour, indiquant, tout comme le signalent clairement les étonnantes concordances des descriptions dans les mémoires, l'intense continuité des conditions sociales et disciplinaires dans la marine et par-là même, celle du code de conduite qui y était lié – malgré les destins individuels, les particularités nationales et temporelles. De même, les différentes formes de l'insubordination et des mutineries à bord montrent distinctement que vouloir trouver une explication unique aux causes des mutineries dans le seul comportement des officiers ou même de considérer les mutineries comme l'expression d'un conflit structural entre le capitaine et l'équipage, n'est pas suffisamment réaliste.

La plupart des infractions à l'ordre et à la discipline à bord se déroulaient à un degré relativement bas d'escalade – sous forme d'insubordination ou de rébellion d'un ou plusieurs matelots -, et s'avéraient souvent être seulement une tentative pour remédier aux abus flagrants à bord. Même les mutineries, en raison de l'utilisation peu précise de la langue à l'époque, se révélaient souvent n'être pas plus que des réactions spontanées à des injustices cuisantes qui, soit étaient maîtrisées énergiquement, soit étaient calmées par les concessions des officiers et souvent aussitôt oubliées. L'abus d'alcool constituait l'une des causes les plus fréquentes du désordre à bord, en raison des querelles et de l'insubordination dûes à l'ébriété. Parmi d'autres causes encore figuraient des conflits au sein des officiers, l'abus d'autorité ou des réactions de panique en cas de danger, au cours desquelles les capitaines éprouvaient la plus grande peine à rétablir l'ordre.

En cas de mauvais traitements ou de difficultés persistantes avec leurs supérieurs, la désertion ou différentes formes de rébellion restaient les recours les plus employés par les matelots. En comparaison, la mutinerie ouverte avec pour but la mainmise sur le navire, paraît bien plus appartenir au domaine des crimes de piraterie qu'à un acte de rébellion contre de mauvais et tyranniques capitaines.

Toutefois, dans tous ces cas, le capitaine possédait en principe l'autorité ancrée dans le droit maritime européen pour rétablir la discipline et l'ordre à bord et même, le cas échéant, par la force, une vaste palette de sanctions était pour cela à sa disposition. Cette violence coercitive du capitaine n'était valable qu'en mer, sauf à quelques exceptions près et dans des précédents qui avaient directement rapport au commandement du navire. Pour les délits commis à bord, le capitaine avait uniquement le droit d'arrêter le coupable ou de l'amener à la raison par la force, mais l'application de sanctions légales restait du domaine du tribunal concerné à terre. Uniquement en cas extrême, comme dans celui d'une mutinerie ouverte, le capitaine était autorisé à prendre toutes les mesures pour rétablir la discipline à bord.

De même, lors de l'application de sanctions, le capitaine se devait d'agir selon la règle de proportionnalité, les matelots ayant la possibilité de porter plainte contre leur capitaine et leurs officiers pour mauvais traitements à la fin du voyage. Bien que les marins aient fait preuve d'un seuil élevé de tolérance en ce qui concerne la violence corporelle, il existait cependant certaines conditions d'encadrement traditionnelles qui définissaient clairement la justification, l'étendue et l'exécution d'une peine corporelle. Ainsi, dans l'esprit des marins existait une limite bien précise de ce qu'était un châtiment corporel légitime et celui qui devenait injuste. Une sanction devait avoir une raison plausible et se trouver dans une relation mesurée à la faute commise, et répondre au code de conduite informel en ce qui concernait la manière et l'étendue.

En général, il était du seul ressort du capitaine de décider si, après un grave manquement à la discipline, ses marins devaient être punis en raison de son autorité disciplinaire, ou bien s'il leur pardonnait, l'affaire en demeurant là. L'arrêt des conflits au niveau le plus bas de l'escalade était caractérisé par le rituel du «pardon», à la fois demandé par l'équipage reconnaissant sa faute et accordé par le capitaine, à la condition que le comportement des matelots soit impeccable durant la suite du voyage. Cette façon de liquider une querelle peut donner l'impression qu'elle avait avant tout l'avantage de faire de nécessité vertu, puisqu'il n'y avait en haute mer aucune alternative autre que celle d'oublier généreusement une telle affaire, tout particulièrement lorsqu'une grande partie de l'équipage avait été mêlée à la dispute. Il n'y avait là naturellement aucune garantie qu'un capitaine s'en tienne réellement à sa promesse, bien qu'un serment rompu lui aurait été tellement défavorable qu'il aurait eu, à l'avenir, de la peine à trouver des hommes de bord. Cette circonstance pourrait avoir contribué à ce que les capitaines s'en soient souvent tenus à leur serment. De surcroît, un lourd châtiment dissimulait le danger qu'une situation ainsi dédramatisée puisse conduire de nouveau à une escalade du conflit.

C'est pourquoi s'impose presque la conclusion que les capitaines, lorsque cela semblait recommandé, préféraient oublier une mutinerie que de risquer une nouvelle friction avec l'équipage, probablement plus envenimée encore. Il est vrai que les conditions particulières à bord, ainsi que le caractère du capitaine, jouaient naturellement un rôle prépondérant dans le degré de l'escalade auquel le capitaine était disposé à oublier. La voie du tribunal semble ainsi le dernier moyen emprunté pour mettre fin à un conflit, que les capitaines utilisaient de préférence lorsque les querelles avaient lieu dans un port ou à proximité d'une autorité adéquate, et que, même après des pourparlers, la crise n'avait pu être neutralisée, ou bien lorsque le comportement de l'équipage durant le voyage avait rendu impossible le pardon et requérait un châtiment plus conséquent. Dans leurs jugements des incidents et l'établissement de la peine, les tribunaux tenaient compte des circonstances individuelles et la situation spéciale au moment des faits était analysée, afin de savoir si les marins présentaient de véritables griefs ou bien s'ils avaient seulement tenté d'obtenir du capitaine des avantages supplémentaires. Toutefois, de mauvais traitements infligés par des supérieurs ne suffisaient pas à justifier rébellion et insubordination. Même si la gravité du manquement ne restait plus à démontrer, les tribunaux se montraient volontiers enclins à la clémence et à l'indulgence selon les circonstances. Faire preuve de clémence était une manière bien explicite d'utiliser la domination, afin de souligner la légitimité juridique et morale de l'ordre hiérarchique et social ayant cours. De la même façon, les tribunaux trouvaient de nombreux moyens d'atténuer la sévérité des lois pénales ou d'éviter des menaces de peines par trop draconiennes, en mesurant un délit à un manquement de moindre envergure ou en prononçant une sentence amoindrie.

Toutes les personnes se trouvant à bord, le capitaine comme l'équipage, avaient le choix de se tourner vers un tribunal compétent après un voyage, pour y régler les différends ou les incidents qui s'étaient déroulés à bord du navire. Les matelots qui n'étaient pas satisfaits avaient ainsi la possibilité de porter plainte devant le tribunal contre leur capitaine ou leurs officiers, avec un certain espoir de succès. Cependant, les impondérables et les problèmes pratiques d'une démarche devant un tribunal pouvaient représenter un désavantage factuel pour les marins. Il était toutefois possible pour les matelots de gagner un procès engagé contre de mauvais traitements. Malgré une probable réserve envers les témoignages des matelots plaignants, les tribunaux n'opposaient pas une attitude de refus systématique contre de telles plaintes. Il apparaît clairement ici aussi que les capitaines ne devaient pas dépasser certaines limites, sous peine d'avoir à encourir les conséquences juridiques de leurs actes. Il reste encore à démontrer si un capitaine, ayant manqué à ses devoirs, fut souvent réellement amené à rendre des comptes. En tout cas, la justice n'ignorait pas les plaintes portées pour mauvais traitements, au contraire, elle les examinait et les pénalisait aussi.

L'autorité du capitaine à bord connaissait donc de nettes limites dûes au droit maritime ainsi qu'au code de conduite informel. En mer, le capitaine possédait bien l'autorité du commandement et de la discipline, sa position à bord ne peut cependant être qualifiée d'absolutiste, ni même de despotique.

Conclure un contrat d'engagement liait généralement le capitaine autant que l'équipage pour toute sa durée. De ce fait, le droit à la démission s'en trouvait des deux côtés fortement restreint. Toutefois, bien qu'en cas de manquements graves envers la discipline de bord ou au cas où le séjour prolongé des matelots à bord ait menacé l'ordre sur le navire, le capitaine ait eu le pouvoir de renvoyer prématurément et sans dédommagements des hommes récalcitrants, les matelots n'avaient pas le droit d'exiger leur congé – contre la volonté du capitaine - durant le voyage.

En raison de leur droit restreint à la démission, les matelots se décidaient souvent à déserter, afin de quitter le navire contre la volonté du capitaine avant la fin du contrat. La désertion pouvait en ce cas avoir plusieurs motifs, allant de l'imprudence à l'appât du gain, en passant par la tentative d'échapper à des problèmes avec un supérieur ou à un châtiment. Bien que dans le droit maritime, en principe, la désertion ait été de tout temps comminatoire et châtiée comme telle, les tribunaux faisaient souvent montre de clémence rétrospectivement, en particulier lorsque le matelot concerné faisait preuve d'une bonne renommée. Cependant, au cours du 19ème siècle, sur le continent européen, la désertion fut adaptée elle aussi à la nouvelle dogmatique juridique et passa d'une simple rupture de contrat – à l'origine – à un délit de droit commun. Les similitudes que comportent les normes du droit maritime traditionnel et celles du nouveau système juridique continental, en comparaison avec la continuité du droit maritime anglo-saxon, font apparaître clairement qu'il ne s'agissait pas là d'une criminalisation voulue de la désertion.

D'autres modifications dans les us et coutumes de la navigation se révèlent elles aussi, après un examen approfondi, être des adaptations nécessaires aux changements des données réelles. Ceci était principalement valable pour l'introduction d'un contrat d'engagement par écrit à partir du 18ème siècle. Malgré certaines réticences exprimées uniquement sur le plan pratique, le contrat par écrit s'imposa peu à peu dans toute l'Europe en raison de ses nets avantages, concernant surtout l'augmentation de la sécurité juridique en cas par ex. de querelles et de ruptures de contrat, jusqu'à remplacer presque totalement le contrat verbal. En même temps, en raison de l'immixtion de plus en plus importante de l'état dans le placement des marins, celui-ci pénétra dans un domaine de la navigation qui jusqu'alors n'avait pas été soumis aux vérifications et réglementations publiques. Avec l'instauration de registres de matelots et avec le contrôle des qualifications et du comportement qui y était lié, cette intervention parut servir en premier lieu l'amélioration du contrôle de l'état sur la navigation, ainsi que les intérêts économiques des armateurs et des négociants, mais ces nouvelles preuves abstraites de qualifications offrirent aussi aux matelots de nouvelles chances professionnelles.

La même chose était valable en ce qui concerne la suppression du commandement, qui se trouvait justifiée autant par les conditions modifiées de la navigation que par l'abus qu'en faisaient les matelots. Il ne s'agissait donc pas, comme l'ont affirmé certains auteurs, d'une tentative des armateurs, des négociants et des capitaines pour déposséder les matelots de leurs droits, en les rabaissant de leur position de quasi partenaires du capitaine ayant les mêmes prérogatives - celui-ci n'étant au fond qu'un «primus inter pares» -, au rang de simples journaliers. Le droit de commander avait plutôt fait partie, à chaque époque, de la solde fixée délibérément dans le contrat d'engagement, celui-ci justifiant en même temps le rapport de subordination entre le capitaine et les matelots. La question de savoir si la solde était versée en argent ou bien si elle donnait droit à transporter un certain contingent de marchandises gratuitement, était de moindre importance pour l'essence même du contrat.

En comparaison d'activités semblables effectuées à terre, les marins anglais et allemands au 18ème siècle étaient assez bien rémunérés. Un important marché international du travail s'était développé assez tôt déjà, fonctionnant selon le principe de l'offre et de la demande et profitant de la mobilité régionale et professionnelle des matelots, ceux-ci n'hésitant pas, le cas échéant, à aller toucher une solde lucrative à l'étranger. En comptant le peu de frais qu'avaient les marins, ceux-ci ayant droit durant la traversée à être logés et nourris à bord, leur solde moyenne en augmente d'autant, comparée aux salaires versés à terre. Cependant, après 1815, cette situation changea peu à peu, la différence de solde entre les marins et les artisans ou les travailleurs employés à terre diminuant. Les marins firent les frais d'une réelle baisse du salaire moyen. En outre, ce qui est peut-être encore plus important, c'est que les matelots avaient une réelle chance d'accéder au grade de capitaine, grâce au principe généralement valable de «promotion through the ranks» et aux possibilités de qualifications supplémentaires.

Outre les importants avantages matériels, les plus importantes raisons pour embrasser le métier de marin étaient assurément la possibilité de faire carrière et l'ascension sociale, l'exemple dans la propre famille ou la provenance d'une région vivant de la navigation. Cependant, l'influence que le romantisme de la navigation, bien connu, pouvait aussi exercer sur un jeune homme en le poussant à prendre la mer ne doit pas être totalement négligée.

La formation des futurs matelots sur le plan nautique se déroulait en premier lieu directement à bord et pendant le fonctionnement normal du navire. Pour gravir les échelons des grades dans l'équipage, c'étaient tout d'abord les qualifications professionnelle et nautique qui comptaient. Mais la propulsion informelle des mousses au grade de novices, puis de matelots à part entière, se déroulait généralement au moment d'un changement de solde, selon le temps de navigation et l'expérience du marin en question. Pour l'ascension aux rangs supérieurs, la recommandation d'un capitaine jouait aussi un rôle primordial. Cette forme traditionnelle d'apprentissage, qui n'était pas systématique, recelait il est vrai des inconvénients importants puisqu'elle ne garantissait pas une qualification professionnelle sans lacunes et suffisamment approfondie pour permettre aux matelots, par la suite, de gravir les échelons. Le système anglo-écossais «apprenticesystem» était - malgré quelques défauts - en comparaison de celui du continent, plus riche en avantages et faisait souvent preuve de meilleurs résultats.

Avec l'essor général de la navigation et l'élargissement des zones naviguées, les exigences requises augmentèrent aussi pour les timoniers. Les conditions principales pour une ascension étaient dès lors une formation nautique importante et de l'expérience, des connaissances nautiques suffisantes ainsi qu'une bonne éducation générale, qui devenait dorénavant, au 18ème siècle, de plus en plus accessible aux couches sociales défavorisées. Ces qualifications étaient largement semblables à celles que devaient fournir les capitaines, ces derniers devant forcément faire preuve de connaissances économiques et commerciales en sus. C'est pourquoi l'obtention des capacités et des connaissances nécessaires pour devenir timonier ouvrait aussi, de fait, la route vers le patronage. Les frais de cette formation qui, en principe, était ouverte à tous les marins faisant montre d'une éducation formelle préalable et d'un certain orgueil, ne dépassaient pas un cadre raisonnable.

Au 18ème et surtout au début du 19ème siècle, il apparut de plus en plus clairement que les formes traditionnelles de l'apprentissage maritime - consistant en un enseignement dispensé par un professeur privé de navigation et à apprendre par cœur les matières - ne répondaient plus aux besoins réels. Il en résulta que le niveau de l'apprentissage nautique fut amélioré grâce à l'instauration de centres de formation publics, accessibles à chacun, afin de permettre aux futurs officiers de se familiariser avec les nouvelle méthodes scientifiques de navigation et, grâce à l'introduction d'examens, d'assurer un niveau d'apprentissage quasi homogène pour les futurs timoniers et capitaines. Malgré quelques problèmes, la nouvelle réglementation et l'étatisation de l'apprentissage s'affirmèrent peu à peu contre les formes traditionnelles et non structurées des leçons, grâce à ses avantages indiscutables tels que l'établissement de standards de qualifications uniques et la possibilité d'en faire objectivement preuve. Ceux-ci répondaient apparemment mieux aux besoins concernant une amélioration de la qualification, plus conséquente, des officiers nautiques. Les changements dans la navigation et l'afflux de matelots rendaient aussi nécessaire l'apparition d'une preuve objective des qualifications. Celle-ci pouvait s'avérer utile à un matelot ne connaissant pas personnellement le capitaine, lorsqu'il était à la recherche d'une meilleure solde et d'une promotion. Pour peu que les marins s'y soient intéressés, les nouveaux centres d'apprentissage leur étaient en principe ouverts à tous également.

Pour arriver au grade de timonier, les possibilités existantes étaient nombreuses: d'une place soudain devenue vacante à l'offre directe d'un capitaine ou d'un armateur. Les qualifications spécialisées uniquement n'étaient pas suffisantes, une bonne réputation professionnelle et être réputé pour avoir bon caractère étaient nécessaires. Dans un cas de figure idéal, des relations personnelles avec un capitaine ou un armateur, ou tout simplement la chance, ajoutaient encore aux possibilités.

Ces conditions étaient aussi particulièrement valables pour l'ascension au grade de capitaine. Les exigences spéciales auxquelles il devait répondre dépendaient aussi de la région et des tâches économiques et commerciales que lui assignait l'armateur. Dans une plus grande mesure encore que pour le timonier, des relations personnelles avec l'armateur étaient de toute importance, le patronage et la recommandation jouant un rôle considérable dans la carrière du capitaine. Le jeune âge des timoniers et des capitaines au moment où ils accédaient à un grade plus important dépendait, d'un côté, de la moyenne d'âge souvent relativement peu élevée dans la marine et de l'autre côté, des besoins en personnel qualifié allant croissant avec l'essor de la marine. Un marin pouvait donc escompter, avec un peu de chance, gravir les échelons menant du mousse au capitaine en l'espace d'une décade.

Aux 18ème et 19ème siècles, le nombre des capitaines étant leur propre patron ou partageant un navire avait continuellement diminué. Les propriétaires se réduisaient de plus en plus à de petits caboteurs, bien que certains capitaines aient encore été associés à de grands voiliers de la marine marchande européenne ou d'outre-mer. La plupart des capitaines cependant sillonnaient les mers durant toute leur carrière exclusivement en tant qu'employés (»Setzschiffer«); ils demeuraient souvent dans une compagnie d'armement qui leur permettait d'effectuer une carrière en tant que capitaine et qui récompensait leur fidélité d'après leurs réussites économiques. La position sociale du capitaine ne dépendait pas seulement de ses possessions, mais plutôt de la capacité du navire qu'il dirigeait, les capitaines au long cours jouissant d'un prestige et d'un crédit bien plus grands que le patron d'un petit caboteur.

La fin d'une carrière en mer était souvent due à l'âge et à la maladie. De nombreux capitaines avaient atteint durant leur temps de navigation une certaine aisance qui leur assurait soit une retraite suffisante, soit, grâce à une réinvestissement par exemple dans un négoce ou une compagnie d'armement, leur permettait une reconversion dans une nouvelle activité à terre. Les marins et les capitaines qui, par contre, n'avaient pas réussi à amasser de quoi assurer leur retraite, se trouvaient souvent la proie d'une misère matérielle l'âge venu. Il a en effet fallu attendre le 19ème siècle pour qu'une retraite institutionnalisée se développe.

En résumé, il ressort que le capitaine, bien qu'investi de droits importants quant au navire, au chargement et à l'équipage, ne jouissait que d'une autorité limitée par le droit maritime autant que par le code de conduite informel. Pour ce qui touchait au navire et au chargement, cette restriction s'exprimait dans sa responsabilité vis-à-vis des armateurs et son obligation de leur rendre des comptes. Pour ce qui était de l'équipage, son autorité était réduite par les barrières immanentes du droit maritime et par les obligations que comportaient les normes du code de conduite évoqué, mais des mécanismes de contrôle indépendants, sous forme de tribunaux, ont aussi existé.

Indubitablement, pour les marins zélés, engagés et motivés, la profession de marin représentait une possibilité d'ascension sociale et financière. Le principe de «promotion through the ranks» ainsi que les différentes facilités pour obtenir une qualification professionnelle aisément accessible permettaient, malgré tous les obstacles, d'emprunter la voie menant à la tête de leur profession. Les conditions primordiales, à côté des qualifications professionnelles et des qualités humaines, restaient aussi l'initiative personnelle et de bonnes relations avec des capitaines et des armateurs ou, le cas idéal, leur patronage. Une bonne portion de chance, dans tous les cas, était aussi indispensable.

Ces conditions de carrière furent valables durant toute la période comprise entre la fin du 17ème siècle et le milieu du 19ème. C'est seulement à la fin de cette période, traitée dans la recherche ci-dessus, que les chances de promotion pour les matelots se détériorèrent. Comment et dans quelles mesures ces données se modifièrent n'a pu être ici éclairci plus avant.

6 Kurzbiographien der Seeleute und Kapitäne

Die folgenden Kurzbiographien geben einen knappen Überblick über die Karrieren der Memoirenverfasser. Entsprechend der Fragestellung dieser Arbeit beschränken sie sich nicht allein auf die wesentlichen Details ihres beruflichen Werdegangs, sondern nehmen auch Bezug auf die Lebensverhältnisse und die ökonomischen Aufgaben des Kapitäns in der europäischen Handelsschiffahrt. Die bibliographischen Angaben zu den einzelnen Memoiren finden sich im Literaturverzeichnis.

JOHANN HEINRICH ARNECKE wird im Oktober 1807 als Sohn eines Kahnschiffers in Bremen geboren. Arnecke hat zahlreiche Geschwister und besucht die Volksschule.

Da Arnecke Seemann werden will, begleitet er schon als Kind seinen Vater auf dessen Reisen (S. 1ff.). Im Jahr 1823 geht Arnecke im Alter von 15 Jahre als Schiffsjunge auf seine erste Reise (S. 2ff.) und wird bereits auf seiner dritten Reise Leichtmatrose (S. 4). 1829 wird er zum Vollmatrosen befördert und macht in der Folgezeit zahlreiche Reisen, unter anderem auch auf englischen Schiffen (S. 5ff.). Nach einigen Jahren als Seemann kauft Arnecke mit Hilfe einiger Bremer Honoratioren, die ihm den notwendigen Kredit einräumen, einen Kahn und fährt mehrere Jahre als Schifferreeder vor allem in der Frachtfahrt (S. 6ff.).

1854 entschließt sich Arnecke, wieder zur See zu fahren. Er findet eine Heuer als Quartermaster auf einem Dampfschiff (S. 15ff.) und fährt danach als Koch auf einem Segelschiff (S. 18). 1856 wird Arnecke shanghait und bekommt anschließend als angeblicher Deserteur Probleme mit dem Bremer Wasserschout. Dieser will Arneckes Seefahrtsbuch einbehalten (S. 18), doch da sein Kapitän für ihn eintritt und Arneckes gute Führung betont, erhält er schließlich sein Buch zurück. (S. 21). Arnecke fährt längere Zeit mit diesem Kapitän (S. 21), er macht danach weitere Fahrten, u.a. wieder als Quartermaster auf einem Dampfschiff und zieht sich um 1860 aus Altersgründen endgültig von der Seefahrt zurück. Mit der erneuten Unterstützung durch Bremer Honoratioren erwirbt Arnecke wieder einen Kahn und verdient sein Geld vorwiegend mit der Frachtfahrt (S. 24). Mit seinem Kahn macht er Reisen bis nach Schweden und stellt 1867 nach dem vergeblichen Versuch, einen ehemaligen preußischen Zollkutter zu kaufen, einen Antrag auf Pension an die Bremer Seemannskasse. Nach der Bewilligung seines Antrags durch die Unterstützung eines einflußreichen Bremers zieht sich Arnecke endgültig von der Seefahrt zurück (S. 40ff.).

Arnecke war mehrfach verheiratet. Seine erste Frau war Amerikanerin, die anscheinend an einem Alkoholproblem litt (S. 42). Er verfaßt seine Lebenserinnerungen für die Öffentlichkeit (s. Vorwort) und stirbt 1868 (S. 42).

EDWARD BARLOW wird am 6. März 1642 in Prestwich bei Manchester in England als eines von sechs Kindern eines armen Bauern geboren (S. 11–15). Trotz der Armut seiner Eltern besucht Barlow eine Schule (S. 15f.), kann aber nur eine unzureichende Bildung erwerben (S. 49).

Aufgrund abenteuerlicher Erzählungen über die Seefahrt und da er wegen der wirtschaftlichen Situation seiner Eltern keine Lehre machen kann, entschließt sich Barlow, Seemann zu werden (S. 15). Ein Onkel kann ihm 1659 einen Platz als Apprentice bei dem Sailing-Master (Navigationsoffizier) des Kriegsschiffs NASEBY verschaffen. Barlow verpflichtet sich daher für eine siebenjährige Lehrzeit und lernt dort zwar die Grundzüge der Seemannschaft (S. 29ff.), erhält durch seinen Lehrherrn jedoch nur eine unzureichende Ausbildung in der Navigation. Er versäumt es, sich um seine Navigationsausbildung zu bemühen (S. 31 und 49). 1662 nimmt er im Einverständnis mit seinem Lehrherrn eine Heuerstelle auf einem Handelsschiff für eine Reise nach Brasilien an (S. 76). Nach seiner Rückkehr 1664 klagt Barlow erfolgreich gegen eine Heuerkürzung (S. 90) und wird bei der Ausreise an Bord seines neuen Schiffs in die Royal Navy gepreßt (S. 92f.). Barlow beklagt sich über die schlechte Behandlung der Seeleute in der Royal Navy (S. 128), er ist aber dennoch englischer Patriot (S. 244) und betont auch die Vorteile des Dienstes in der Royal Navy gegenüber der Handelsfahrt, wie bessere Verpflegung und leichtere Arbeit an Bord, eine sichere Heuer und die Aussicht auf eine Pension bei Verwundung oder Verletzung (S. 426). Barlow beklagt sich wiederholt über die Verhältnisse und die Behandlung der Seeleute in der Handelsfahrt, besonders aber über schlechtes Essen, Beschimpfungen durch die Vorgesetzten usw. (S. 162, 280 und 541) sowie über die Unterdrückung und Ausbeutung der Seeleute (S. 166). Er klagt ebenfalls über Reeder, die am Proviant sparen (S. 83), spricht aber auch gelegentlich ein Lob für besonders guten Proviant aus (S. 180). Barlow betont die herausragende Machtstellung der Kapitäne an Bord von Handelsschiffen (S. 339). Wiederholt klagt er über unangenehme und unfaire Kapitäne (S. 280, 355). Nach Barlows Meinung sind Kapitäne zumeist Egoisten ohne großes Interesse am Wohl der Crew (S. 529). Dementsprechend gerät er des öfteren mit seinen Kapitänen in Streit (S. 357, 534ff. und 547), doch trotz solcher Konflikte betont Barlow die Notwendigkeit strenger Disziplin an Bord (S. 267).

Im Jahre 1666 endet Barlows Apprenticeship, noch während er im Dienst der Royal Navy steht (S. 129). Nach dem Ende seiner Dienstzeit in der Marine wechselt er 1667 wieder auf ein Handelsschiff (S. 139), wird aber bereits 1668 erneut zum Dienst in die Royal Navy gepreßt (S. 146). Nach seiner Entlassung aus der Royal Navy (S. 174) findet er 1670 eine Heuer auf einem Indienfahrer (S. 179). Da er mit den Verhältnissen an Bord zufrieden ist, geht Barlow nach seiner Rückkehr 1671 mit dem gleichen Schiff auf eine Chinareise (S. 204ff.). Er macht auch als einfacher Seemann eigene Geschäfte mit seiner Führung (S. 194f. und 205f.). Auf der Rückreise wird das Schiff 1672 von den Niederländern aufgebracht, und Barlow gerät an Bord eines niederländischen Kriegsschiffs in Gefangenschaft (S. 224). Nach dessen Rückkehr in die Niederlande wird Barlow 1674 freigelassen und kehrt nach England zurück (S. 248ff.). Er heuert wieder auf einem Handelsschiff an und macht Reisen nach Holland und nach Norwegen (S. 252ff.). Nachdem das Schiff auf der Rückreise verunglückt (S. 260ff.), nimmt Barlow 1675 eine Heuer auf einem Schiff in der Mittelmeerfahrt an (S. 263–286). Nach einer Reise zu den Kanarischen Inseln 1676 (S. 281ff.) findet er 1677 eine Heuer als Bootsmann (S. 301).

Noch im gleichen Jahr 1677 findet Barlow durch Vermittlung und Empfehlung eines Freundes eine Heuer als Zweiten Maat auf einem Schiff in der Westindienfahrt, mit dem er zwei Reisen macht (S. 308). Da sein Kapitän mit ihm zufrieden ist, wird Barlow 1679 zum Ersten Maat befördert (S. 318) und führt während einer Erkrankung des Kapitäns sogar eine Zeitlang das Kommando (S. 320). Nachdem Barlow 1680 bei der Heuerabrechnung von seinem Kapitän betrogen wird, sucht und findet er eine neue Heuer als Zweiter Maat und macht zwei Reisen nach Jamaica (S. 327f.). Hoffnungen auf eigenes Kommando zerschlagen sich, daher sucht sich Barlow 1682 eine neue Stelle als Erster Maat auf einem Chinafahrer, der jedoch unter dem Kommando eines als hart geltenden Kapitäns steht (S. 341ff.). Nach einem Streit mit dem Kapitän verläßt Barlow in China das Schiff (S. 357–361) und kehrt von Indien aus als Erster Maat eines Indienfahrers nach England zurück (S. 361ff.). 1684 macht er als Erster Maat an Bord desselben Schiffs, aber unter einem anderen Kapitän eine weitere Reise nach Indien (S. 266ff.) und geht nach seiner Rückkehr 1687 als Erster Maat auf eine Chinareise. Der Kapitän des Schiffs hat, wie Barlow unterwegs feststellt, zu Recht einen schlechten Ruf unter den Seeleuten (S. 386ff.). Bei der Rückkehr 1690 gerät das Schiff in einen schweren Sturm, so daß Barlow, um das Leben der Besatzung zu retten, das Schiff auf Grund setzen muß (S. 408ff.).

Als Barlow in den Jahren 1690/91 keine Heuer findet, geht er wieder zur Royal Navy (S. 412ff.). Er wird am Ende des Sommers 1691 entlassen und sucht sich, da er in der Royal Navy nicht genug verdienen kann, wieder eine Heuer in der Handelsschiffahrt und findet im November eine Stelle als Erster Maat auf einem Indienfahrer (S. 425ff.). Während dieser Reise verstirbt ein Seemann angeblich durch Schläge, die er von Barlow erhalten hat. Nach der Rückkehr des Schiffs wird Barlow daher von dessen Witwe verklagt. Zwar ist sich Barlow keiner Schuld bewußt, zahlt jedoch £ 55 an die Witwe, um einem Prozeß zu entgehen (S. 451f.). Barlow nutzt Prügel als Mittel zur Durchsetzung seiner Befehlsgewalt und zur Aufrechterhaltung der Disziplin an Bord (S. 451) und rechtfertigt die Anwendung von Gewalt als Diziplinierungsmittel gegenüber den Seeleuten (S. 452). Er bleibt für sechs Monate an Land, sieht sich aber 1694 aus Geldmangel genötigt, wieder eine Heuer als Erster Maat auf einem Indienfahrer anzutreten (S. 455ff.).

Auf dieser Reise übernimmt Barlow 1697 nach dem Tod des Kapitäns das Kommando und führt das Schiff zurück nach England (S. 477ff.). Dort wird ihm jedoch die Bestätigung als Kapitän durch die Ostindienkompagnie verweigert (S. 488), was Barlow auf seine mangelnden finanziellen Mittel und das Fehlen einflußreicher Fürsprecher zurückführt (S. 500ff.). Barlow betont wiederholt die Notwendigkeit von persönlichen Beziehungen zum Erringen eines Kommandos. Ansonsten ist es, so Barlow, nur mit viel Glück oder durch Kauf eines eigenen Schiffs mit Hilfe von wohlhabenden Freunden möglich, Kapitän zu werden (S. 339f. und 530). Nach dem Scheitern seiner Beförderung geht Barlow 1699 wieder als Erster Maat auf eine Chinareise (S. 503f.) und geht nach seiner Rückkehr im Jahr 1701, wiederum als Erster. Maat, auf eine neue Chinareise. Nach einem Streit mit seinem Kapitän heuert er jedoch unterwegs ab (S. 546ff.) und kehrt 1703 als Passagier nach England zurück. Er gibt die Seefahrt auf und setzt sich zur Ruhe (S. 553).

Barlow beklagt, daß es ihm durch Schiffbruch und schieres Pech nicht gelungen ist, ausreichend Mittel für seine Altersversorgung anzusparen, weshalb er gezwungen sei, weiter zur See zu fahren. (S. 263f.). Während seiner Fahrenszeit führt Barlow ein detailliertes privates Journal (S. 11ff.). Anders als viele Seeleute mag Barlow keinen Alkohol (S. 32). 1678 heiratet er ein Dienstmädchen (S. 308f.) und stirbt nach 1703 (S. 11).

JOHN BECHERVAISE wird um 1789 in St. Aubin auf der englischen Kanalinsel Jersey als Sohn eines Kapitäns geboren (S. 9 u. 18f.). Obwohl als Einzelkind aufgezogen, hat Bechervaise einen Halbbruder (S. 9). Er besitzt französische Sprachkenntnisse und geht auf Internate in England, die seinen Vater eine beträchtliche Summe Geld kosten (S. 10). Bereits in der Schule erwirbt er Grundkenntnisse der Navigation (S. 31).

Bechervaise wird kaufmännischer Lehrling bei einer Tante. Dieser Tätigkeit überdrüssig, entschließt er sich 1803, seinem Vater nach Amerika zu folgen, der dort Parteigner und Kapitän eines Schiffs ist (S. 12 f.). Er wird für drei Jahre Apprentice bei einem entfernten Verwandten, der zugleich ein ehemaliger Apprentice seines Vaters ist (S. 14). Da Bechervaise an Bord bevorzugt behandelt wird und sich zudem uninteressiert zeigt, lernt er nur wenig Seemannschaft (S. 16). Statt dessen wird er 1806 mit 17 Jahren Handlungsgehilfe bei einem Indianerhändler (S. 18f.). Nach dem Ende seiner Zeit als Apprentice erhält Bechervaise 1808 von dem Händler den Auftrag, Waren nach England zu begleiten. Das Schiff wird jedoch von einem französischen Kaperschiff aufgebracht (S. 26 f.). Obwohl es Bechervaise gelingt, das Schiff zurückzuerobern, bekommt er nach seiner Rückkehr nach England Ärger mit seinem ehemaligen Arbeitgeber, da von seiten der Royal Navy Ansprüche auf Bergungsgeld erhoben werden (S. 32 f.). Nach diesem Streit entschließt sich Bechervaise 1809, lieber wieder zur See zu fahren (S. 34 ff.).

Bechervaise findet eine Stelle als Zweiter Maat auf dem Schiff eines Cousins (S. 34), hat aber aufgrund seiner Versäumnisse während der Ausbildung nur geringe seemännische Kenntnisse (S. 37). Nach einem Schiffbruch kommt es zur Auflösung der Disziplin an Bord, u.a. ist die Mannschaft betrunken (S. 36f.). Anschließend ist Bechervaise arbeitslos (S. 43), er entkommt der Pressung und heuert wieder als Zweiter Maat bei seinem Cousin an, mit dem er mehrere Reisen macht (S. 46f.). Schließlich überwirft er sich jedoch mit ihm und heuert ab (S. 49). Bechervaise hofft nun, Erster Maat auf dem Schiff seines Vaters zu werden, der jedoch unterwegs verstorben ist. Als die Reeder jedoch vom Tod des Vaters erfahren, wird Bechervaise doch noch zum Ersten Maat auf dessen ehemaligem Schiff befördert (S. 50ff.). Durch die Zahlung übertariflicher Heuern erreichen die Reeder eine große Treue und Loyalität der Offiziere (S. 54f.).

Als der Kapitän um 1811 während der Reise verstirbt, übernimmt Bechervaise mit 22 Jahren das Kommando über das Schiff, er ist als Erster Maat der einzige an Bord, der lesen und navigieren kann (S. 58f.). Nach seiner Rückkehr wird die Beförderung jedoch nicht bestätigt, und ein Verwandter des Reeders übernimmt an Bechervaises Stelle das Schiff. Dieser lehnt das Angebot, weiterhin als Maat auf dem Schiff zu fahren, ab, wobei er zugleich die Bedeutung persönlicher Beziehungen für den beruflichen Aufstieg in der Seefahrt betont (S. 63).

Bechervaise kauft jetzt mit der finanziellen Unterstützung seiner Mutter zusammen mit einem Verwandten seiner Ehefrau einen Schoner, dessen Kommando er übernimmt (S. 64f.). Als Kapitän besticht Bechervaise einen Zollbeamten, um eine Ladung unverzollt an Land zu bringen (S. 71). Er hat nach der Desertion einiger Seeleute, denen auf anderen Schiffen höhere Heuern angeboten wurden, große Probleme, Ersatz zu finden (S. 72f.). Als Kapitän sucht Bechervaise selbständig Frachtaufträge und macht zusätzlich auch Eigengeschäfte (S. 75), in Cadiz nimmt er Verbindung zu einem dortigen Handelshaus auf, da er keine Kenntnisse im spanischen Handel hat (S. 77). Als sein Mitreeder jedoch 1814 Bankrott macht (S. 83ff.), wird Bechervaise für dessen Schulden mit haftbar gemacht, er verliert sein Schiff und kommt in Schuldhaft (S. 86ff.).

Nach seiner Freilassung im selben Jahr sucht er wieder eine Heuer und findet per Zeitungsannonce eine Stelle als Maat, kündigt aber bereits nach kurzer Zeit wegen eines Streits mit dem Sohn des Kapitäns (S. 93). Nach dem Friedensschluß 1814 ist Bechervaise arbeitslos, da die europäische Handelsschiffahrt durch die Konjunkturflaute nach dem Ende der Napoleonischen Kriege völlig am Boden liegt (S. 94f.). Er findet zwar für kurze Zeit eine Heuer als Zweiter Maat auf dem Schiff eines Verwandten seiner Frau und arbeitet später für kurze Zeit als Agent für den Export französischer Agrarproduke nach England, wird aber wegen eines Einfuhrverbots für französische Waren wieder arbeitslos (S. 103). Da die allgemeine wirtschaftliche Lage nur wenig Anlaß zur Hoffnung auf einen Aufschwung der Handelsschiffahrt gibt, tritt Bechervaise schließlich als Unteroffizier in die Royal Navy ein (S. 107ff.), in deren Dienst er bis zum Ende seiner Seefahrtszeit bleibt (S. 335f.).

Danach verfaßt Bechervaise seine zur Veröffentlichung bestimmten Lebenserinnerungen aus der Sicht eines einfachen Seemanns. Er schreibt diese zum Lob der britischen Seeleute (S. 7) und betont die Bedeutung von guter Führung, Nüchternheit und Gehorsam für das eigene Fortkommen (S. 336). Bechervaise hat 1812 geheiratet (S. 51ff.) und stirbt 1839 (S. 9).

JENS JENSEN BERG wird am 29. September 1760 in Dänemark als Sohn eines Kunstschmieds, der noch vor seiner Geburt verstirbt, geboren. Nach dem Tod seiner Mutter kommt er mit seinen Geschwistern zu einer Pflegefamilie. Da aber das Erbe seines Vaters nicht ausreicht, um seine Ausbildung zu finanzieren, wird Berg mit neun Jahren in das königliche Waisenhaus gegeben (S. 185 f.). Hier erhält er eine gute Schulbildung und, da er Seemann werden will, mit Erlaubnis des dänischen Kronprinzen auch freien Navigationsunterricht. Er bekommt zudem die Erlaubnis, im Sommer zur See zu fahren und nur im Winter die Schule zu besuchen (S. 187).

Seinem Berufswunsch entsprechend, geht Berg nach seiner Konfirmation mit 15 Jahren auf seine erste Reise (S. 188). Als Schiffsjunge erhält er eine harte Ausbildung. Obwohl er, wie es nach seiner Aussage damals allgemein üblich ist, mißhandelt und schikaniert wird, bemüht sich Berg, so viel wie möglich an Bord zu lernen (S. 188). Trotz der rauhen Behandlung erwirbt Berg bei seinem Kapitän nicht nur seemännische, sondern auch kaufmännische Kenntnisse und Fähigkeiten. Nicht zuletzt deshalb macht er zwei Reisen mit ihm (S. 188f.). Aufgrund seiner persönlichen Erfahrungen als Schiffsjunge betont Berg ausdrücklich, die Erfahrung gemacht zu haben, daß man mit Aufmunterung, Vertrauen und sanfter Rede zumeist viel bessere Ergebnisse bei der Ausbildung und Aufrechterhaltung der Disziplin an Bord erzielt als mit Strafe und Härte allein (S. 188). Er übt sich an Bord in seiner Freizeit unter Anleitung und Förderung des Ersten Steuermanns in der Kunst der Navigation (S. 189) und versucht, seine nautischen Kenntnisse zu vervollständigen, offenkundig mit Erfolg, denn er weist mit Stolz darauf hin, daß er nie eine Havarie erlitten hat (S. 190).

Weil er die Welt sehen will, heuert Berg anschließend auf einem Ostindienfahrer an (S. 189). Er wird zur Beförderung vorgeschlagen und erhält ein Angebot, Zweiter Steuermann auf einem Indienfahrer zu werden. Aus Furcht vor Krankheiten und um seine Kenntnisse zu vervollständigen, lehnt er jedoch ab (S. 189) und wird statt dessen Zweiter Steuermann und Bootsmann auf einer Brigg (S. 189). Nach zwei Reisen als Zweiter Steuermann wird er zum Ersten Steuermann befördert (S. 189). Sein Kapitän und die Reeder sind mit Berg sehr zufrieden, weshalb ihm ein eigenes Kommandos angeboten wird. Da Berg jedoch zunächst noch sein Wissen vervollständigen will, lehnt er das Angebot ab. Bereits als Matrose und auch als Steuermann hat er sich bemüht, kaufmännische Kenntnisse zu erwerben und Sprachen zu lernen (S. 190). 1782 muß Berg das Angebot, in russische Marinedienste zu treten, ablehnen, da er für eine Stellung als Steuermann auf einem dänischen Kriegsschiff oder auf einem Guineafahrer vorgesehen ist. Berg wählt die Afrikafahrt und ist im Sklavenhandel tätig, wobei er unter anderem längere Zeit als Kommandant eines Tenders vor der afrikanischen Küste dient (S. 191ff.). 1784 kehrt er über Westindien nach Dänemark zurück (S. 192f.).

Da sein Kapitän nach zweieinhalbjähriger Reise mit der Leistung Bergs überaus zufrieden ist, macht er den Vorschlag, ihn zum Kapitän zu befördern (S. 192f.). Daher wird Berg mit 25 Jahren zum Kapitän auf einem in der Guineafahrt eingesetzten Sklavenschiff der dänischen Handelskompagnie befördert (S. 192f.). Weil er sich im Kompagniedienst bewährt, erhält er 1787 ein besseres Schiff, mit dem er weiter im Sklavenhandel fährt (S. 195).

Nach dem Ende des Monopols der Kompagnie im Guineahandels heuert er bei einem Handelshaus als Kapitän für die Ostindienfahrt an. Berg wird zunächst administrativ an Land eingesetzt (S. 199ff.), erhält aber 1792 das Kommando über einen Ostindienfahrer (S. 201). Nach seiner Rückkehr geht Berg 1793 sofort auf eine neue Reise (S. 202). Als Kapitän in der Ostindienfahrt hat er einen großen Spielraum. Er besitzt die uneingeschränkte Handlungsvollmacht seiner Reeder und ist auch mit Handelsgeschäften betraut (S. 201–204). In Indien geht er auf eigene Verantwortung mit seinem Schiff auf Frachtfahrt, da keine Rückfracht nach Europa zu bekommen ist (S. 201). Bei diesen Rückfrachten handelt es sich teils um Waren der Reeder, teils um fremde Fracht (S. 201f.). Bei seiner Rückreise nach Dänemark bekommt Berg im Indischen Ozean Schwierigkeiten mit englischen Kaperschiffen (S. 203f.). Er mag die Engländer nicht und klagt über deren Grausamkeit und Gewinnsucht (S. 192 und 203). Er gibt später die Seefahrt wegen der Kaperei und aus gesundheitlichen Gründen auf, wird im kaufmännischen Bereich für seinen Reeder tätig und verwaltet Schiffsangelegenheiten (S. 205f.). Berg selbst investiert in Schiffsparten und Manufakturbetriebe und betreibt Eigen- und Kommissionshandel (S. 206). Nach dem Ausbruch des dänisch-englischen Kriegs 1807 betätigt er sich auch als Kaperreeder (S. 208ff.).

Berg ist ein dänischer Patriot. Er heiratet 1794 die Tochter eines königlich-dänischen Inspektors (S. 210) und verfaßt seine Memoiren als Lebens- und Erfolgsbeschreibung für seine Nachkommen (S. 185). Er stirbt am 29. Juli 1813 in Kopenhagen (S. 185).

JACOBUS BOELEN JNZ.[1701] wird am 16. Mai 1791 in Amsterdam als eines von acht Kindern (Bd. I, S. 7) eines Kapitäns der niederländischen Ostindienkompagnie geboren (Bd I, S. 7). Da seine Mutter mit ihm nicht zurecht kommt, schickt sie ihn, obwohl er Protestant ist, auf eine Jesuitenschule (Bd I, S. 14). Boelen möchte zur See fahren (Bd I, S. 12) und tritt 1804 als Seekadett in die niederländische Marine ein (Bd I, S. 16ff.). Im Rahmen seiner Ausbildung zum Offizier erwirbt er Navigationskenntnisse (Bd I, S. 16ff.).

Nach dem Ende der Napoleonischen Kriege muß sich Boelen als Marineoffizier ohne Stellung seinen Lebensunterhalt außerhalb der Marine verdienen. Da er als Marineoffizier auch über die formale Qualifikation für eine Kapitänsstelle in der Handelsschiffahrt verfügt, nimmt er 1820 das Angebot eines geachtetem Handelshauses an, als Kapitän und Supercargo ein Handelsschiff in der Ostindienfahrt zu führen (Bd II, S. 130). Trotz einer Meuterei der an Bord befindlichen niederländischen Truppen macht er eine erfolgreiche Reise (Bd II, S. 144f.). Als Kapitän und Supercargo ist Boelen auch für die Frachtschließung und die Zusammenarbeit mit dem ihm von den Reedern angewiesenen Korrespondenten verantwortlich (Bd II, S. 145). Er wird jedoch bei einer Gelegenheit wegen seiner mangelnden Erfahrung in der Handelsfahrt von einem Schiffsausrüster betrogen (Bd II, S. 146ff.). Während einer Gefahrensituation kommt es zum Nachlassen der Disziplin an Bord, da sich ein Teil der Crew betrunken hat (Bd. II, S. 148f.). Nach insgesamt vier Reisen für die Reederei (Bd. II, S. 145) bekommt Boelen von einem Bekannten ein anderes Kommando auf einem Handelsschiff in der Südamerikafahrt angeboten. Während dieser Reise muß er nach einer Havarie eine Bodmerei aufnehmen (Bd. II, S. 157f.). Nach seiner Rückkehr erhält Boelen das Angebot, im Auftrag der Regierung eine Walfangreise in die Südsee zu unternehmen. Der Plan scheitert jedoch, und er muß sich zwischen einer Karriere in der Kriegsmarine und dem Verbleib in der Handelsschiffahrt entscheiden. Boelen wählt die Marinekarriere und wird zum Ersten Offizier einer Korvette ernannt, womit er seine Tätigkeit in der Handelsfahrt beendet (Bd II, S. 160f.).

Boelen, der nie geheiratet hat (Bd. II, S. 130), verstarb nach einer erfolgreichen Karriere in der niederländischen Marine im Jahr 1876 als Vizeadmiral (Bd. I, S. 7).

HANS BRUHN wird am 28. Dezember 1813 in Strågård im Herzogtum Schleswig geboren (S. 85). Er stammt aus einer Seefahrerfamilie. Der Großvater hatte Landbesitz, sein Vater und seine Onkel sind Seeleute und Kapitäne auf eigenen Schiffen (S. 27). Mit sechs Jahren wird Bruhn zur Schule nach Apenrade geschickt (S. 86).

Mit 14 Jahren macht er mit einem seiner Onkel eine erste Reise. Als der Kapitän des Schiffs in St. Petersburg wegen Schmuggels fliehen muß, übernimmt der Onkel das Kommando (S. 88ff.). Nach seiner Konfirmation soll Bruhn eine kaufmännische Ausbildung machen, er will aber lieber zur See gehen und heuert daher als Kajütsjunge bei einem anderen Onkel an (S. 97f.). Trotz seiner Verwandtschaft mit dem Kapitän wird Bruhn an Bord grob behandelt (S. 88f.), ebenso der zweite Schiffsjunge, der schließlich abmustert, um eine Kaufmannslehre zu machen (S. 93). Bruhns Onkel ist ein strenger Kapitän, der auch Prügel zur Disziplinierung und »Motivation« seiner Crew einsetzt (S. 90). Da der vorige Kapitän des Schiffs wenig auf Disziplin gehalten hat, sieht sich Bruhns Onkel gezwungen, mit Schlendrian an Bord aufzuräumen (S. 93). Bruhn rechtfertigt jedoch das Verhaltens seines Onkels mit dem Hinweis, daß ein strenges Regiment an Bord notwendig ist und dieser das Schiff zwar mit harter Hand, aber gerecht führt (S. 92f.). Dagegen bezeichnet Bruhn den Steuermann des Schiffs als schlechten Offizier, da sich dieser in der Crew nicht durchsetzen kann (S. 100f.).

Obwohl er seinen Entschluß zeitweise bedauert, bleibt er in der Seefahrt (S. 102) und macht weitere Fahrten als Matrose (S. 103ff.). Bruhn berichtet von einem anderen Kapitän, der zwar an Bord beliebt ist, aber, da er zu nachgiebig ist, Probleme mit seiner undisziplinierten Mannschaft hat (S. 102 f. und 112f.). Die Seeleute zeigen wenig Respekt für die Offiziere, hinzu kommen der hohe Alkoholkonsum und die schlechte Arbeitsleistung der Mannschaft, die er nach Bruhns Auffassung härter anfassen sollte (S. 112ff.). Da sein Kapitän nach einer Wartezeit nicht länger auf Fracht warten will, nimmt er zuerst Ballast und später eine Ladung auf eigene Rechnung an Bord (S. 110). Während der saisonalen Seefahrtspausen lernt Bruhn Navigation, er besucht im Winter eine private Navigationsschule und macht nach kurzer Zeit sein Steuermannsexamen (S. 114).

Bruhn wird Zweiter Steuermann (S. 115) auf einem von seinem Vater bereederten Schiff (S. 47) und lernt viel von einem harten Kapitän, der auf strenge Disziplin hält. Später wird er auf demselben Schiff unter einem neuen Kapitän Erster Steuermann (S. 115). Als das Schiff an einem Sonntag auslaufen soll, kommt es zu Unruhen unter der Mannschaft, und Bruhn wird zusammen mit dem Kapitän in eine Schlägerei mit dem Segelmacher verwickelt. Daraufhin peitscht der Kapitän den Segelmacher aus. Die Mannschaft bittet den Kapitän schließlich, aufzuhören, wobei jedoch die Seeleute nicht an der Tatsache des Auspeitschens an sich, sondern an der Zahl der Hiebe Anstoß nehmen. Daraufhin läßt der Kapitän den Segelmacher und einige andere Seeleute an Land bringen und ins Gefängnis setzen. Als die Seeleute kurz vor dem Auslaufen wieder an Bord gebracht werden, beleidigt der Segelmacher den Kapitän, worauf er vom Kapitän 50 Hiebe erhält und danach von Bord gejagt wird (S. 122f.). Der Kapitän läßt sich unterwegs von dem an Bord befindlichen Supercargo nicht die Autorität nehmen (S. 124). Kurze Zeit später hört er, wie sich ein Seemann über ihn beklagt, worauf er mit Hilfe des dänischen Konsuls und eines anwesenden dänischen Admirals ein Exempel statuieren und den Seemann auspeitschen lassen will. Als sich Bruhn jedoch weigert, den Seemann zu prügeln, übernimmt der Kapitän selbst diese Aufgabe (S. 129).

Bruhn wird ca. 1836 mit 23 Jahren auf einem Schiff seines Vaters zum Kapitän befördert. Er freut sich auf sein Kommando und fühlt sich trotz seiner Jugend der Aufgabe gewachsen, wobei er bemerkt, daß er in den letzten vier Jahren als Steuermann bei seinem Kapitän durch eine gute Schule gegangen sei. In den folgenden Jahren führt Bruhn verschiedene von seinem Vater bereederte Schiffe (S. 130f. u. 143ff.). Er hat Probleme mit einem Steuermann, der trinkt (S. 132). In seinen Aufzeichnungen weist er auf die Bedeutung einer ausreichenden Bildung für eine erfolgreiche Karriere in der Seefahrt hin (S. 140). Als Kapitän schließt Bruhn selbständig Frachtverträge ab (S. 132), fährt aber auch unter Charter mit einem Supercargo an Bord (S. 133). Nach dem Ende der Charter kauft Bruhn eine Ladung auf eigene Rechnung, verspekuliert sich jedoch, so daß der Erlös gerade die Kosten deckt (S. 136). Nach dem Tod seines Vaters übernimmt Bruhn 1858 die Firma (S. 85).

Bruhn war verheiratet und hat seine privaten Memoiren um das Jahr 1860 herum verfaßt. Er stirbt 1893 in Nymølle bei Apenrade (S. 8).

JAMES SILK BUCKINGHAM wird am 25. August 1786 in Flushing in Cornwall/Großbritannien als jüngstes von sieben Kindern eines Seemanns geboren (DNB, Vol. VIII, S. 202). Obwohl Buckingham aus einer alten Seefahrerfamilie stammt (S. 4f.), soll er nach dem Willen seiner Eltern Theologe werden. Bereits als Kind will Buckingham Seemann werden (S. 9f.). Deshalb wird er auf eine Schule im Binnenland geschickt, die ihn von der See fernhalten soll (S. 12). Hier erwirbt er bereits Grundkenntnisse der Navigation (S. 57).

Die Familie schickt Buckingham an Bord eines Paketschiffs, auf dem sein Onkel als Sailing-Master dient, auf eine Probereise, um ihn durch die Konfrontation mit der Härte des Seelebens von seinem Berufswunsch abzubringen (S. 58). Der Plan mißlingt jedoch (S. 60), und so geht Buckingham 1796 im Alter von neun Jahren auf seine erste Reise als Schiffsjunge (S. 62). Buckingham berichtet dabei von Eigengeschäften, die Offiziere und Mannschaften auf den Paketschiffen tätigen (S. 62ff.). Im Verlauf mehrerer Reisen lernt er Seemannschaft (S. 78ff.). Er erwähnt die allseits an Bord verwendete grobe Sprache (S. 92). Bei einer Verfolgung durch eine französische Korvette wird ein Offiziersrat abgehalten, wobei die Offiziere dem Kapitän zur Kapitulation raten.

Der Kapitän beschließt entsprechend diesem Votum, sich mit seinem Schiff zu ergeben, das daraufhin gekapert und nach Spanien gebracht wird (S. 93f.). Nach kurzer Zeit wird Buckingham aus der spanischen Gefangenschaft entlassen (S. 105ff.) und geht jetzt freiwillig zur Royal Navy. Von der harten Marinedisziplin abgestoßen, desertiert er jedoch nach einiger Zeit (S. 152–159), worauf seine Familie erneut versucht, ihn zu einem Berufswechsel zu bewegen (S. 163f.). Er läßt sich eine zeitlang als Buchhändler in Falmouth nieder (S. 165ff.), entschließt sich letztlich aber, wieder zur See zu fahren (S. 245ff.).

Um 1806 wird Buckingham Maat an Bord eines von seinem Schwager, einem naturalisierten Amerikaner, geführten amerikanischen Schiffs (S. 250ff.). Nach einer kurzer Dienstzeit als Maat wird Buckingham von einer Reederei die Stelle eines Kapitäns auf einem Westindienfahrer angeboten (S. 269). Er nimmt das Angebot an und berichtet von der Einsamkeit und Bürde des Kapitäns, der mit seiner Entscheidungsgewalt über das Schiff vom Rest der Besatzung isoliert ist (S. 270). Als Kapitän duldet Buckingham keinen Alkohol an Bord, da dieser seiner Meinung nach die Sicherheit und Disziplin gefährdet. Ebenso fordert Buckingham Ordnung, Disziplin und Sauberkeit an Bord und hält sogar Sonntags Gottesdienste ab (S. 271ff.).

Buckingham hat im Gegensatz zu anderen Kapitänen nur wenig Interesse an Frachtraten, Marktpreisen und ähnlichen kaufmännischen Dingen. Er zieht die Beschäftigung mit geistigen Dingen vor und wird als Liebhaber von Musik und Literatur von seinen Kapitänskollegen mißtrauisch beäugt (S. 312ff.)

Als Buckingham später von einem anderen Reeder ein neues Schiff angeboten wird, nimmt er dieses Kommando an (S. 321). Buckingham bekommt Probleme mit einem Seeleuteanwerber, der seine Matrosen mit höherer Heuer zur Desertion veranlassen will. Als er diesen an Bord seines Schiffs ohne direkte rechtliche Befugnis von der Mannschaft durchprügeln läßt, erhält er juristische Rückendeckung durch den Anwalt der Reeder (S. 335f.).

1818 gibt Buckingham die Seefahrt auf und wird Zeitungsherausgeber in Kalkutta. Durch seine offene Berichterstattung und durch seine Kritik an der englischen Kolonialregierung gerät er in Schwierigkeiten. Er wird später Parlamentsmitglied und geht verschiedenen literarischen und sozialen Aktivitäten nach (S. DNB, VIII, 202f.). Er verfaßt seine Memoiren als Verteidigungsschrift gegen vermeintliche Verleumdungen (S. 1). In seinen Erinnerungen erweist sich Buckingham als Moralist, der gegen den zu Beginn des 19. Jahrhunderts in der englischen Gesellschaft weit verbreiteten Alkoholmißbrauch und gegen moralische Verworfenheit kämpft (S. 325f. und 332ff.). Buckingham hat im Jahre 1806 geheiratet (S. 185) und stirbt am 30. Juni 1855 (DNB, Vol. VIII, S. 202).

CHARLES CAMPBELL wird am 2. April 1793 als Sohn eines Kaufmännischen Angestellten in Tabert/Argyllshire, Schottland geboren (S. 2). Er erhält bereits in jungen Jahren Unterricht bei seinem Vater sowie in der Schule und lernt Lesen und Schreiben (S. 2). Als sein Vater erkrankt, muß Campbell eine Arbeit in einer Baumwollspinnerei annehmen, um die Familie zu ernähren (S. 2f.).

Da er von seinem Lehrherrn schlecht behandelt wird, geht Campbell 1812 nach dem Tod seines Vaters (S. 6) mit 19 Jahren zur See. Durch die Vermittlung eines Freundes findet er eine Heuer nach Westindien (S. 7). Während der Reise schlägt das Schiff leck, worauf der Kapitän einen Offiziersrat einberuft. Gemeinsam wird beschlossen, die Reise trotz der Havarie wie geplant fortzusetzen (S. 7f.). Kurz darauf kann das Schiff aufgrund des seemännischen Geschicks des Kapitäns der Aufbringung durch ein amerikanisches Kaperschiff entgehen (S. 8). Campbell berichtet, daß Kapitän und Steuermann auf See betrunken sind (S. 9) und ein Seemann aus nichtigem Anlaß vom Kapitän geschlagen wird. Als der Matrose zurückschlägt, wird er mit einer Schlagwaffe niedergeschlagen (S. 10).

In Westindien wechselt Campbell für kurze Zeit auf einen Küstenfahrer (S. 11), beendet das Arbeitsverhältnis aber nach wenigen Tagen wegen der Brutalität des Kapitäns (S. 12). Er bekommt ein Heuerangebot von einem fremden Kapitän, der ihn als Seemann eines ihm bekannten Kapitäns erkennt, und nimmt es an (S. 13). Wegen der von seinem vorherigen Kapitän nicht gezahlten Heuer gerät Campbell mit einem Vertreter der Reederei in Streit, bleibt allerdings mit seinen Forderungen erfolglos (S. 13). Er gibt die Seefahrt wegens eines Angebots, als Plantagenaufseher zu arbeiten, wieder auf (S. 17ff.). Obwohl er sich auf der Plantage wohlfühlt, muß er die Tätigkeit aus gesundheitlichen Gründen wieder aufgeben und kehrt nach Großbritannien zurück. Nach seiner Genesung plant Campbell seine Rückkehr in die Karibik, kehrt aber statt dessen aus Heimweh nach Schottland zurück. Er absolviert ein Medizinstudium und eröffnet eine Praxis in Schottland. Da er jedoch nicht genug verdient, arbeitet er wieder in einer Baumwollspinnerei (S. 22f.). Später wird er wegen eines Frauenmords angeklagt und zu einer Haftstrafe verurteilt (S. 25ff.). Während seiner Haft in Glasgow schreibt und veröffentlicht Campbell seine Memoiren (S. Preface). Campbell war ledig (S. 24ff.) und stirbt 1828 (S. Preface und S. 1).

JAMES CHOYCE wird um 1777 als zweites von sieben Kindern in England geboren. Sein Vater, ein Bauer, stirbt früh und Choyce erhält eine bescheidene Schulbildung auf Wohlfahrtsschulen (S. 3).

Er will Seemann werden und wird 1793 mit 16 Jahren Apprentice auf einem Walfangschiff. Die Reise geht in die Südsee (S. 3). Erst nach zwei Jahren kehrt Choyce zurück und geht 1795 mit demselben Kapitän erneut auf eine Walfangreise in die Südsee (S. 8). Choyce erzählt, daß sich während eines Landgangs die gesamte Besatzung, vom Kapitän über die Offiziere bis hin zur Mannschaft, völlig betrunken hat, und eine Schlägerei unter den Offizieren entsteht (S. 11ff.). Das Schiff wird später in Südamerika von den Spaniern aufgebracht und Choyce gerät in spanische Kriegsgefangenschaft (S. 16ff.). Er unternimmt mehrere Fluchtversuche und erhält später Urlaub auf Ehrenwort, um auf spanischen Schiffen zu fahren (S. 98ff.). Im Jahr 1800 fährt Choyce vor der mittelamerikanischen Ostküste auf einer spanischen Brigg und kann zusammen mit anderen englischen Gefangenen die übrige Besatzung überwältigen und das Schiff übernehmen, um zur nächsten englischen Besitzung zu fliehen. Da Choyce als einziger über Navigationskenntnisse verfügt, wird er zum Kapitän gewählt (S. 106ff.). Choyce hat jedoch große Schwierigkeiten, seine meist alkoholisierte Mannschaft zu disziplinieren. Er schafft es jedoch, einen Teil von ihnen von der Notwendigkeit einer Befehlshierarchie zu überzeugen und kann mit Mühe die Seeleute zur Arbeit bewegen (S. 107ff.). Dennoch kommt es während der Fahrt zu alkoholischen Exzessen und zu Disziplinschwierigkeiten (S. 110). Schließlich wird die Brigg von einem englischen Kaperschiff als Prise aufgebracht. Choyce selbst heuert auf dem Kaperschiff an und und gerät nach dessen Aufbringung erneut in spanische Gefangenschaft. Er kann später fliehen und sich bis zu seinem offiziellen Austausch bei Bekannten verstecken (S. 122ff.). 1801 wird Choyce aus der Gefangenschaft entlassen und auf eine Fregatte der Royal Navy geschickt, wo er sogleich dienstverpflichtet wird (S. 142f.). Er desertiert und nimmt eine Heuer auf einem spanischen Schiff an. In Cadiz lehnt er die Beförderung zum Bootsmann ab, um nach England zurückzukehren (S. 146ff.). Nach seiner Rückkehr 1802 heuert Choyce in England wieder auf einem Walfänger an, der aber von einem französischen Kaper aufgebracht wird. Choyce gerät zum dritten Mal in Gefangenschaft (S. 150ff.). Er gibt sich jetzt als Spanier aus und heuert in der französischen Marine an, um aus dem Gefängnis zu kommen (S. 173ff.). 1808 gelingt ihm die Flucht von einem französischen Kriegsschiff. Er gelangt an Bord eines englischen Kriegsschiffs, wo er sogleich in den Dienst der Royal Navy gepreßt wird (S. 181ff.). 1814 gerät Choyce nach seiner erneuten Desertion aus der Royal Navy nach kurzer Zeit wieder in die Fänge eines Preßkommandos, kauft sich aber vom Dienst in der britischen Marine frei und geht wieder auf eine Walfangreise in die Südsee (S. 195). 1816 findet er eine Heuer als Zweiter Maat auf einer Walfangreise in die Südsee (S. 201). Choyce kann einige Ersparnisse zurücklegen (S. 201), da er aufgrund der bei Walfangreisen üblichen Beteiligung der Mannschaft am Gewinn gut verdient (S. 206). 1818 steigt er zum Ersten Maat auf einem Walfänger auf und erhält 1820 eine Heuer als Kapitän (S. 210ff.). Während der Reise leidet Choyce unter der Desertion eines Teils der Mannschaft und beklagt zudem deren Disziplinlosigkeit und Undankbarkeit (S. 213). Er macht nur eine Reise als Kapitän, da er die Seefahrt wegen Rheumatismus und anderer gesundheitlicher Beschwerden aufgeben muß (S. 214ff.). Er ist ledig und stirbt 1822 (S. 214ff.).

ELIJAH COBB wird 1768 in Cape Cod im amerikanischen Bundesstaat Massachusetts als eines von sechs Kindern eines Kapitäns geboren. Sein Großvater war ebenfalls Kapitän. Als sein Vater während einer Reise stirbt, gerät die Familie in Armut. Da die Kinder deshalb bereits in jungen Jahren zum Unterhalt der Familie beitragen müssen, erhält Cobb nur eine beschränkte Schulbildung (S. 19ff.).

Um seinen Lebensunterhalt zu verdienen, geht Cobb 1783 zur See. Trotz schlechter Konjunktur und einer hohen Arbeitslosigkeit unter den Seeleuten findet er eine Stelle als Schiffsjunge auf einem nach Surinam bestimmten Schiff, auf dem auch ein Onkel als Maat anheuert (S. 22f.). Er berichtet von einer guten und freundlichen Behandlung auf seiner ersten Reise (S. 23). Cobb macht diverse

Reisen als Seemann (S. 24) und besucht im Winter des Jahres 1786 wieder die Schule. Im Frühjahr 1787 findet er eine Heuer auf dem Schiff seines Onkels und wird bereits nach einem Jahr mit ca. 20 Jahren zum Maat befördert (S. 25f.).

Cobb fährt einige Jahre als Maat für eine Reederei unter verschiedenen Kapitänen in der Fahrt nach Europa. Da bei dieser Firma aber keine Aussicht auf ein eigenes Kommando besteht, wechselt er zu einer anderen Reederei. Nach zwei weiteren Reisen als Erster Maat bekommt er endlich um 1792 mit ca. 23 Jahren ein eigenes Kommando, bleibt einige Jahre im Dienst dieser Reederei und geht nach einigen Küstenreisen auf eine Fahrt nach Europa (S. 26). Cobb betont die Bedeutung der Reputation für eine erfolgreiche Karriere als Kapitän (S. 27). Als Kapitän ist Cobb befugt, im Auftrag seines Reeders Handels- (S. 29f.) und auch Wechselgeschäfte abzuschließen (S. 42f.). Seine Reeder sind mit ihm sehr zufrieden, und er genießt einen exzellenten Ruf als Kapitän, wobei auch der verantwortungsvolle Umgang mit den Waren und dem Geld des Reeders zu seiner Reputation beiträgt. (S. 44 und 53). Cobb nutzt die Geschäftsverbindungen zu seinen Korrespondenten auch für eigene Geschäfte (S. 58).

Er setzt in seiner Tätigkeit von 1798 bis 1799 zeitweilig aus, bekommt aber danach wieder ein neues Kommando. Nach seiner Rückkehr von einer Europafahrt erhält er das persönliche Angebot eines anderen Reeders zur Übernahme eines Schiffs (S. 49). Mit seinem neuen Schiff geht Cobb wieder auf eine Europafahrt und erhält von seinen Reedern die Vollmacht, in ihrem Auftrag in Irland eine Ladung Alkohol zu verkaufen. Dazu kann er die persönlichen Verbindungen seiner Reeder in Form eines Einführungsschreibens nutzen (S. 49f.). Als sein Schiff von den Briten wegen Alkoholschmuggels beschlagnahmt wird, sieht er sich gezwungen, es auf einer Auktion zurückzukaufen. Trotz dieser Schwierigkeiten sind die Reeder mit Cobb sehr zufrieden (S. 50ff.). Er geht sogleich auf eine neue Reise nach Hamburg, wobei er auch als kaufmännischer Handlungsbevollmächtigter der Reeder fungiert (S. 53ff.).

Als ein ehemaliger Partreeder Cobb ein neues Schiff anbietet, akzeptiert er und geht erneut auf eine Reise nach Hamburg. Da Hamburg aber unter Blockade steht, ändert Cobb den Kurs nach Kopenhagen und von dort nach Lübeck, wo er seine Ladung verkaufen kann (S. 56ff.). Nach seiner Rückkehr geht er 1807 auf eine Mittelmeerfahrt und kehrt unter Bruch der Blockade mit einer Ladung spanischer Waren nach Amerika zurück. Er erhält aufgrund seines guten Rufs erneut ein persönliches Angebot eines Reeders zur Übernahme eines Schiffs und geht wieder auf eine Reise nach Europa, wobei er wieder die Kontinentalsperre unterläuft (S. 64ff.). 1812 wird Cobb auf der Rückreise von Europa nach Amerika von einem britischen Kriegsschiff aufgebracht und nach Neufundland geführt, wo er im Herbst 1812 aus der Gefangenschaft entlassen wird. (S. 70–83).

Zwischen 1812 und 1815/16 zieht sich Cobb erneut zeitweilig von der Seefahrt zurück. Nach einigen weiteren Reisen, u.a. nach Europa und Afrika, gibt Cobb die Seefahrt 1820 endgültig auf und übernimmt jetzt Aufgaben in Politik und Verwaltung (S. 83f.). Cobb heiratet 1793 (S. 26) und verfaßt seine Memoiren als biographische Skizze für seine Enkel (S. 17). 1848 stirbt Cobb (S. 19f.).

GEORGE COGGESHALL wird um 1784 in den USA geboren. (S. 17) Nach dem Tod seines Vaters 1805 muß er mit seinen Brüdern für den Lebensunterhalt seiner Familie sorgen (S. 24).

Coggeshall geht schließlich zur See und macht 1800 im Alter von 16 Jahren bereits seine zweite Reise. Dabei berichtet er von einem freundlichen Kapitän und Ersten Maat (S. 17ff.). Bis 1805 fährt er als Matrose (S. 25) und verfügt bereits zu diesem Zeitpunkt über Navigationskenntnisse (S. 19).

1805 wird Coggeshall mit ca. 20 Jahren Erster Maat (S. 25). Auf seiner ersten Reise als Erster Maat erhält er detaillierte Wachanweisungen von seinem Kapitän, den Coggeshall als freundlich und umgänglich beschreibt (S. 25 f.). Als sein Kapitän keine weitere Verwendung für ihn hat, trennt er sich einvernehmlich von ihm (S. 32) und macht bis 1806 Reisen als Maat auf anderen Schiffen (S. 33).

Coggeshall wird vor 1813 Kapitän und fährt längere Zeit für eine Reederei, bis diese wegen des Kriegs mit England ihre Schiffe auflegt und ihn entläßt. Coggeshall wird daraufhin Kapitän auf einem Handelsschiff mit Kaperbrief (Letter-of-Marque), das ihm zur Hälfte gehört (S. 33ff.). Er nimmt seinen ehemaligen Steuermann und einen Bruder als Offiziere mit an Bord (S. 34ff.). Als Kapitän ist Coggeshall auch mit der Abwicklung der Eigengeschäfte seiner Mitreeder betraut (S. 38). Als sein Schiff einer englischen Fregatte begegnet, hält Coggeshall einen Offiziersrat ab, entscheidet sich aber gegen den Rat seiner Offiziere und kann dem Feind entkommen (S. 51). Um sich in Frankreich Geschäften zu widmen, tritt Coggeshall sein Kommando zeitweise an den Ersten Maat ab (S. 54f.). Er lobt seine amerikanische Mannschaft ausdrücklich als nüchtern, diszipliniert und gehorsam (S. 55), ebenso wie er seinen Agenten würdigt, der seine Interessen gut wahrgenommen hat (S. 64). Nach dem Verkauf des Schiffs (S. 67) und seiner Rückkehr nach Amerika übernimmt Coggeshall 1814 das Kommando über ein anderes Letter-of-Marque-Handelsschiff, das einem amerikanischen Konsortium gehört (S. 76). Er wird mit seinem Schiff von einer englischen Fregatte aufgebracht, kann aber in Gibraltar fliehen (S. 86 bis 108).

Er kehrt auf einem portugiesischen Schiff nach Amerika zurück, wobei er als Assistent des unerfahrenen Kapitäns fungieren soll, der jedoch eifersüchtig seine Befehlsgewalt zu wahren sucht. (107 ff.). Nach seiner Rückkehr 1815 erhält Coggeshall ein Angebot seiner ehemaligen Reeder, für sie wieder ein Schiff zu führen, welches er annimmt. Wiederholt betont Coggeshall die Bedeutung des Vertrauens der Reeder in den Kapitän für eine gute und erfolgreiche Zusammenarbeit. Coggeshall heuert einen Bekannten als Ersten Maat und seinen jüngeren Bruder als Schreiber an (S. 111). Aufgrund von krankheitsbedingten Ausfällen benötigt Coggeshall eine neue Mannschaft und neue Offiziere. Sein neuer Erster Maat hat zwar einen guten Charakter, ist aber als Offizier unfähig. Er befördert einen seiner Matrosen zum Zweiten Maat, dieser erweist sich als guter Offizier (S. 115). Coggeshall sieht sich zur körperlichen Züchtigung des hitzköpfigen und unter Alkoholeinfluß stehenden Zimmermanns wegen Ungehorsams und zur Statuierung eines Exempels genötigt (S. 118) und entläßt einen Seemann wegen eines bewaffneten, tätlichen Angriffs auf den Zweiten Maat (S. 120).

1821 führt Coggeshall ein Schiff als Kapitän mit Partanteil nach Peru und fungiert auch als Supercargo (S. 126). Wieder heuert er einen Cousin und einen Bruder als Maate an (S. 128). Zu diesem Zeitpunkt hat sein Schiff bereits ein Chronometer an Bord (S. 132). Coggeshall hat Empfehlungsschreiben für örtliche Kaufleute mit an Bord (S. 143). Als Kapitän ist Coggeshall oft mit dem Ladungsverkauf und mit Frachtgeschäften beauftragt, wozu er auch örtliche Handelsfirmen als Agenten beauftragt (S. 37, 143 und 200). Nach dem Verkauf des von ihm geführten Schiffs in Lima kümmert er sich um den Verbleib seiner Offiziere und Mannschaft (S. 144).

Er übernimmt jetzt das Kommando über eine Brigg in der südamerikanischen Küstenfahrt, die einem seiner ehemaligen Passagiere gehört. Dieser hat keine kaufmännische Erfahrung und überläßt daher Coggeshall die Führung der Geschäfte (S. 144ff.). Nach dem Verkauf des Schiffs kehrt Coggeshall 1822 nach Amerika zurück (S. 156ff.). Er reist dabei als Passagier auf einem Küstenschiff, dessen Kapitän völlig unfähig ist. Die eigentliche Schiffsführung liegt in den Händen des ausgezeichneten Bootsmanns, der im Gegensatz zum Kapitän auch über Navigationskenntnisse verfügt (S. 161ff.).

1823 fährt er unter seinem Cousin als Supercargo und lobt die Mannschaft des Schiffs, da die Seeleute ihre Pflicht willig und ohne Klagen erfüllen (S. 186ff.). Als Supercargo macht er auch eigene Geschäfte (S. 192). Obwohl das Schiff auf der Rückreise nach einer Havarie mitsamt der Ausrüstung verkauft wird (S. 209ff.), hat er dennoch gut verdient (S. 212f.).

Coggeshall war verheiratet (S. 183f.) und ist nach 1851 verstorben (S. 7). Seine Memoiren hat er nach eigener Aussage zum *Vergnügen* seiner Freunde veröffentlicht (S. 9).

EDWARD COXERE wird 1633 in Dover, England, als Sohn eines Seemanns geboren (S. XIII). Coxere hatte mehrere Geschwister (S. XXXIII). Nach dem Tod seines Vaters heiratet seine Mutter in zweiter Ehe einen Juristen. Da seine Mutter aus Frankreich stammt, wird Coxere mit 14 Jahren zur Sprachausbildung nach Frankreich geschickt (S. 3f.).

Coxere soll ursprünglich Küfer werden, entschließt sich jedoch, zur See zu gehen, und macht eine erste Reise zur Probe (S. 5). Nach wenig erfreulichen Erlebnissen auf seiner ersten Reise wird Coxere Diener bei seinem Nachbarn, einem Marineleutnant, auf einem englischen Kriegsschiff, auf dem auch sein Bruder als Seemann dient (S. 7ff.). Als der Leutnant das Schiff verläßt, kehrt Coxere nach Hause zurück und nimmt kurz darauf eine Heuer auf einem holländischen Schiff unter dem Kommando eines Bekannten des Vaters an. Dieser ist Ire und naturalisierter Niederländer (S. 9f.). Coxere muß als Schiffsjunge schwer arbeiten und wird von seinem Kapitän hart angefaßt, aber nicht geschlagen (S. 10). Noch als Kajütsjunge erwirbt Coxere bei einem holländischen Steuermann Navigationskenntnisse (S. 43). Später nimmt das Schiff mit einem spanischen Kaperbrief am Krieg gegen Frankreich teil. Nach dem Verkauf des Schiffs kehrt Coxere als Passagier nach England zurück (S. 24f.).

Dort entgeht Coxere der Pressung in den Dienst der englischen Marine, indem er sich als Holländer ausgibt, und nimmt eine neue Heuer auf einem englischen Handelsschiff an (S. 27ff.). Er gerät dabei an einen harten Kapitän, doch da er sich dienstwillig zeigt, wird Coxere zum Coxwain befördert (S. 30). Der Kapitän hält an Bord strenge Disziplin und verhängt auch körperliche Strafen, so etwa bei einem Versuch der Seeleute, sich beim Kapitän zu beschweren (S. 31). Nach dem Ende der Reise geht Coxere aus Angst vor der Pressung freiwillig zur Marine (S. 36ff.). Er wird 1654, am Ende des ersten englisch-niederländischen Seekriegs, wieder entlassen und nimmt danach eine neue Heuer als Matrose bei einem Kapitän an, der ein schweres Alkoholproblem hat (S. 38ff.). Auf dieser Reise wird das Schiff, obwohl zwischen Frankreich und England Frieden herrscht, von einem französischen Kriegsschiff angehalten und ausgeplündert. Coxere hat Navigationskenntnisse und gerät mit seinem Kapitän wegen unterschiedlicher Positionsbestimmungen in Streit (S. 41f.).

Um 1654 wird Coxere im Alter von 21 Jahren von seinem alten irischen Kapitän ein Kommando angeboten. Da Coxere aber die Stelle nicht rechtzeitig vor dem Auslauftermin des Schiffs antreten kann, kommt die Beförderung nicht zustande (S. 46). Er bewirbt sich daraufhin 1655 als Kanonier, erhält stattdessen aber durch die Fürsprache des Ersten Maats des Schiffs eine Heuer als Zweiter Maat (S. 50). Er berichtet von seinem Kapitän, der unter Alkoholeinfluß einen Wutanfall bekommt und mit einem Entermesser auf seine Mannschaft losgeht (S. 51ff.). Das Schiff wird von den Spaniern aufgebracht und Coxere gerät in Gefangenschaft, kann aber fliehen. Er heuert danach auf einem flämischen Schiff als Matrose an. Nach einem Schiffbruch kommt es zum Streit zwischen den Seeleuten und ihrem ehemaligen Kapitän, da diese in ihm nach dem Verlust des Schiffs nicht länger einen Vorgesetzten, sondern einen Gleichgestellten sehen (S. 66–70).

Nach seiner Rückkehr nach England erhält Coxere von dem Schwager eines Kapitäns, unter dem er zuvor gedient hat, das Angebot, auf seinem Schiff als Kanonier zu fahren (S. 72f.). Später findet er bei seinem Schwager eine Heuer als Maat (S. 77 und 85). Das Schiff wird von den Barbaresken-Korsaren aufgebracht, und Coxere gerät in Gefangenschaft, wird aber anläßlich des Friedensschlusses zwischen den nordafrikanischen Korsaren und England freigelassen (S. 84ff.). Er wird an Bord eines englischen Kriegsschiffs geschickt und an Bord dienstverpflichtet. Nach seiner Dienstzeit in der Royal Navy fährt Coxere als Matrose auf verschiedenen Schiffen. Er berichtet von Passagieren, die ebenso wie der Kapitän und der Maat völlig betrunken sind, und daher eine Gefahr für Schiff, Mannschaft und Passagiere darstellen (S. 118). Coxere kehrt schließlich, durch seine Barbareskengefangenschaft und dazu noch um sein Geld betrogen, völlig mittellos nach England zurück (S. 104–120). Hier angekommen, wird er 1659 erneut von seinem Schwager als Erster Maat geheuert, muß sich aber das Geld für die notwendige Ausrüstung leihen (S. 120 und 125). Durch einige Geschäfte mit der ihm zustehenden Führung kann sich Coxere schließlich finanziell sanieren (S. 126). Er macht als Erster Maat mehrere Reisen an Bord dieses Schiffs (S. 127ff.). Anschließend bleibt Coxere eine Zeitlang an Land und konvertiert zum Quäkertum (S. 129ff.). Als er schließlich eine neue Heuer sucht, hat er als Quäker und Pazifist erhebliche Schwierigkeiten, eine Stelle zu finden, da er aus Glaubensgründen nicht bereit ist, das Schiff zu verteidigen. Schließlich verschafft ihm aber ein alter Freund 1662 auf seinem Schiff eine Heuer als Maat (S. 134ff.). Nach dem Ende der Reise erhält Coxere von ihm bekannten Kaufleuten, die viel Gutes über ihn gehört haben, ein neues Angebot. Nach Verhandlungen über die Höhe der Heuer wird Coxere schließlich als Maat eingestellt (S. 145ff.), muß aber aufgrund seines Quäkertums für sieben Monate ins Gefängnis (S. 161ff.).

Nach seiner Freilassung wird Coxere 1664 von seinen Reedern zum Kapitän befördert, er bittet jedoch schon bald um seine Entlassung, da er sich den kaufmännischen Aspekten der Aufgabe und Verantwortung nicht gewachsen fühlt. Man dispensiert ihn aber nur unwillig (S. 162ff.). Nach einer erneuten Haftzeit aufgrund seines Glaubens kauft Coxere ein Küstenfahrzeug (S. 163f.). Coxere ist mehrere Jahre als Schifferreeder tätig und wird 1684 wiederum als Quäker verhaftet (S. 163f.).

1655 hat Coxere die Schwester eines Kapitäns geheiratet (S. 47 und 77). Er stirbt am 8. Oktober 1694 in Scarborough (S. XXIII) und hat seine nicht zur Veröffentlichung bestimmten Memoiren als Seemannsjournal, das zugleich ein Zeugnis seiner Hinwendung zum Quäkertum ist, verfaßt. (S. XXIIIff.).

JOHN CREMER wird 1700 in Rotherif, England, als dritter von vier Söhnen eines Kapitäns geboren, der bereits 1706 stirbt (S. 19ff.). Cremer besucht die Schreibschule in Plymouth (S. 23).

Durch den Bruder seines Vaters, der als Kapitän in der Royal Navy dient (S. 20f.), bekommt Cremer eine Stelle als Schiffsjunge an Bord eines Kriegsschiffs (S. 26f.). Cremer klagt über die schlechte Behandlung an Bord während seiner ersten Reise (S. 28ff.). Er erhält an Bord Unterricht in Lesen, Schreiben und Arithmetik (S. 33). Er möchte an Bord des Kriegsschiffs auch Navigation lernen, doch fehlen dem Schulmeister die nötigen Kenntnisse (S. 37). 1714 wird Cremer aus der Royal Navy entlassen. Er findet aber nach seiner Rückkehr nach Hause durch die Vermittlung seiner Mutter eine neue Heuer auf einem Handelsschiff (S. 50ff.). An Bord wird Cremer als ehemaliger Kriegsschiffsmatrose von den Seeleuten gehänselt (S. 53). Er berichtet von einer guter Behandlung durch den Kapitän (S. 54) und lernt aus eigener Initiative Mathematik (S. 52).

Cremer beginnt nach dem Tod der Mutter für kurze Zeit eine Lehre, wird aber nach einem Streit mit dem Lehrherrn wieder nach Hause geschickt, worauf ihm sein Onkel eine neue Heuer auf einem Handelsschiff in der Mittelmeerfahrt besorgt (S. 56ff.). Unterwegs wiegelt ein unzufriedener Maat die Mannschaft wegen der Heuer auf. Obwohl sich der Kapitän den Forderungen der Seeleute fügt, bleibt die Besatzung renitent (S. 63ff.). Ein Streit zwischen dem Maat und dem Kapitän spaltet schließlich die Mannschaft, wobei aber die Kapitänspartei überwiegt (S. 70). Trotz der Schwierigkeiten mit dem Kapitän bleibt Cremer an Bord und geht auf eine neue Reise ins Mittelmeer und von dort aus nach Nordamerika (S. 69ff.). Er bringt sich im Selbststudium die Navigation bei, wobei er weder vom Kapitän noch von Maaten des Schiffs Unterstützung erhält (S. 73). Der Kapitän erweist sich als Despot, der zudem seine Seeleute schlecht verpflegt (S. 74). Nach einem mißglückten Desertionsversuch kommt Cremer ins Gefängnis (S. 77).

Nach seiner Rückkehr nach England wird er zum Dienst in der Royal Navy gepreßt, kann aber desertieren (S. 80ff.). Er macht verschiedene Reisen als Matrose, danach findet er mit Hilfe seines Onkels eine Heuer als Stückmeister bei einem Kapitän, der Kadett auf dem Schiff des Onkels gewesen ist und erhält einen Schutzbrief, der ihn vor den Preßkommandos der Marine bewahrt (S. 83). Der Kapitän ist jedoch für seine Stellung nicht ausreichend qualifiziert und hat sein Kommando allein durch seine verwandschaftlichen Beziehungen erhalten. Daher fungiert der Erste Maat als Schiffsführer. Die Reise geht ins Mittelmeer (S. 85).

Nach dem Ende der Reise stellt sich Cremer auf Empfehlung eines Verwandten bei dessen Vetter vor und bewirbt sich für eine Stelle als Zweiter Maat oder Stückmeister. Er wird jedoch weggeschickt und findet wenig später selbst eine Heuer als Zweiter Maat auf einem nach Neu-England bestimmtem Schiff, wobei Cremer eingesteht, daß er sich für den Posten eines Ersten Maats noch nicht ausreichend qualifiziert fühlt (S. 94f.). Als das Ziel der Reise in Neu-England geändert wird, geht Cremer von Bord. Er findet für die Rückreise nach England eine neue Heuer als Zweiter Maat und kann zudem einer Heirat entgehen (S. 102ff.). Bei seiner Abmusterung erhält Cremer ein gutes Zeugnis (S. 109), er besitzt in Seefahrtskreisen einen guten Leumund und wird daher weiterempfohlen (S. 111f.). Cremer findet eine Heuer als Zweiter Maat auf dem Schiff eines entfernten Verwandten, das ins Mittelmeer segelt (S. 112). Er entzieht sich erneut einer Heirat (S. 121) und bleibt wie die übrigen Offiziere für eine weitere Reise auf dem Schiff seines Verwandten (S. 122). Er wird von desertierten Besatzungsangehörigen verprügelt (S. 128) und beschreibt die Auspeitschung eines renitenten Seemanns (S. 133). Nachdem Cremer versehentlich seinen Kapitän geschlagen hat, haben beide in der Folge ein gespanntes Verhältnis (S. 133). Cremer berichtet von der erfolgreichen Klage eines mißhandelten Seemanns gegen seinen Kapitän (S. 135).

1720 erhält Cremer eine Heuer als Zweiter Maat auf einem von seinem Cousin geführten Schiff, das auf eine Reise ins Schwarze Meer geht (S. 138 und 147ff.). Als sein Cousin während der Fahrt in Smyrna stirbt (S. 147) wird der Erste Maat trotz des Vorschlags einiger Kaufleute der dortigen englischen Faktorei, Cremer als einen Verwandten des Verstorbenen bevorzugt zu befördern, Nachfolger des verstorbenen Kapitäns. Cremer wird Erster Maat. Bei dieser Gelegenheit berichtet er über die Bedeutung ausreichender kaufmännischer Kenntnisse für das berufliche Fortkommen in der Handelsschiffahrt (S. 147ff.). Es kommt an Bord wegen eines Heuerstreits zu einer Arbeitsniederlegung der Mannschaft unter der Führung des Zweiten Maats. Als die Besatzung schließlich an Land geht, sucht der Kapitän vergeblich um die Hilfe der örtlichen Obrigkeit nach (S. 154–160). Cremer macht als Maat eigene Geschäfte mit seiner Führung (S. 188f.) und berichtet von einem Offiziersrat wegen Seewurfs (S. 198). Später setzt der Kapitän den Zweiten Maat wegen Aufwiegelung der Mannschaft ab, wobei die Besatzung mit guter Verpflegung bei Laune gehalten wird (S. 201). Nach der Rückkehr von der Reise kommt es wegen der Heuerforderungen der Mannschaft zu einem Prozeß, wobei das Gericht gegen die Mannschaft entscheidet (S. 206–212). Cremer erhält eine Heuer als Zweiter Maat (S. 215f.). Als Maat greift er bei einer Unruhe unter der Mannschaft hart durch und wird deshalb vom Kapitän zur Rede gestellt (S. 227f.), mit dem er sich überwirft und schließlich abmustert. Cremer gibt zu, im Unrecht gewesen zu sein, und bezeichnet seinen Vorgesetzten als den besten Kapitän, mit dem er je gefahren ist (S. 228ff.).

Cremer findet nun eine Stelle als Erster Maat an Bord eines Schiffs nach Lissabon, dessen Kapitän mit den Seeleuten von Gleich zu Gleich verkehrt und dazu auch Vetternwirtschaft betreibt, worunter die Disziplin an Bord erheblich leidet (S. 229ff.). Die Reeder wollen die Mannschaft abmustern, daher nimmt Cremer die Seeleute so hart ran, daß sie schließlich freiwillig gehen. Er hat allgemein den Ruf, ein harter Vorgesetzter zu sein (S. 239). Cremer berichtet von dem Heuerbetrug seines Kapitäns, der einen falschen Mann in der Mannschaftsliste führt, dessen Heuer er in die eigene Tasche steckt (S. 251ff.). Cremer wird um 1727 mit 27 Jahren Kapitän, über seine weitere Karriere ist nichts bekannt (S. 260ff.).

Cremer heiratet 1728 und geht nach dem Tod seiner Frau 1754

eine zweite Ehe ein (S. 261). Er stirbt am 19. März 1774 in Plymouth (S. 19ff. und 224), nachdem er seine Erinnerungen verfaßt hat. Das Manuskript befand sich vor seiner Auffindung und Veröffentlichung 130 Jahre im Familienbesitz (S. 9).

ROBERT EASTWICK wird am 25. Juni 1772 in Goodman's Field in Suffolk, England, als Sohn eines Privatiers, der bereits kurz nach Eastwicks Geburt stirbt, geboren (S. 12f.). Er lernt nur widerwillig von seiner Mutter Lesen und Schreiben (S. 4f.), weshalb er schließlich auf ein Internat geschickt wird (S. 15).

Bereits in jungen Jahren ist Eastwick von der See fasziniert (S. 7) und will, u.a. durch Berichte über die Reisen Kapitän Cooks beeinflußt, Seemann werden (S. 11f.). Trotz des Widerstands seiner Mutter (S. 18f.) geht Eastwick 1784 mit 12 Jahren durch die Vermittlung seines Paten als Apprentice an Bord eines Walfängers auf seine erste Reise (S. 20f.). Das Leben an Bord ist hart, und Eastwick leidet unter Schikanen (S. 22f.), erhält aber eine gute seemännische Ausbildung (S. 25). Er berichtet von der strengen Disziplin nach dem Prinzip *Duty or Mutiny* an Bord (S. 25). Nach 16 Monaten kehrt Eastwick zurück und geht mit demselben Schiff, aber unter einem neuen Kapitän auf seine zweite Reise. Der neue Kapitän schützt die Apprentices vor den Schikanen der Maate und ermuntert diese auch, Kenntnisse in höherer Navigation zu erwerben (S. 26ff.). Danach fährt Eastwick auf einem anderen Schiff derselben Reederei unter einem rüden, aber fähigen Kapitän, bei dem er die letzten Feinheiten der Seemannschaft lernt. Daher ist Eastwick bereits im Alter von 17 Jahren ausreichend qualifiziert, um als Erster Maat zu fahren, wobei er diese frühe Beförderung selbst als ungewöhnlich bezeichnet (S. 28f.).

Eastwick findet durch die Empfehlung seines ehemaligen Kapitäns eine Heuer als Erster Maat auf einer Küstenbrigg (S. 29), gerät jedoch, da sein Schutzbrief abgelaufen ist, in die Hände einer Preßgang der Royal Navy (S. 31ff.). Da sich Eastwick bei seiner Pressung als Freiwilliger ausgibt, wird er schließlich durch Vermittlung eines Freundes, der auf demselben Schiff als Zahlmeister dient, zum *Master's Mate* (Steuermannsmaat) in der Royal Navy befördert, aber kurz darauf 1791 aus dem Marinedienst entlassen (S. 86f.). Eastwick lehnt jetzt das Angebot des Onkels seiner Frau, eines Ostindienreeders, ab, Maat auf einem Indienfahrer zu werden, da dafür zu hohe Investitionen nötig sind. Er nimmt stattdessen ein Stelle als Erster Maat auf einem Schiff, das vor der Westküste Afrikas auf eine Such- und Rettungsmission entsandt wird (S. 44ff.). Eastwick wird vom Kapitän bei Fragen der Schiffsführung um seine Meinung gebeten (S. 50f.). Nach der Rückkehr von dieser Reise wird er durch die Vermittlung des Onkels seiner Frau Fünfter Maat auf einem Indienfahrer (S. 60f.), auf dem gute und fähige Gentleman-Offiziere dienen (S. 60f.). Da sich Eastwick an Bord des Indienfahrers aufgrund seiner untergeordneten Position nicht ausreichend gefordert fühlt, wechselt er 1792 in Indien mit Erlaubnis seines Kapitäns als Zweiter Maat auf ein im Asienhandel fahrendes Schiff (S. 68). Durch das Angebot eines Bekannten wechselt er kurze Zeit später auf eine Stelle als Erster Maat (S. 66f.) und erhält von seinem Kapitän das zeitweilige Kommando auf einem von ihm angekauften Schiff (S. 68).

Das von Eastwick kommandierte Schiff wird später von seinem Kapitän wieder übernommen und geht während eines Sturms verloren. (S. 71ff.). Eastwick und ein Teil der Besatzung können sich an Land retten und werden später von einem Schiff aufgenommen (S. 89ff.).

Nach dem Schiffsverlust mittellos, bekommt Eastwick 1793 mit 21 Jahren von einem Geschäftspartner seines ehemaligen Kapitäns ein eigenes Kommando angeboten und führt das Schiff auf Handelsreisen vom persischen Golf bis Malaysia (S. 92ff.). Er berichtet von einem Kapitän, der von Versicherungsagenten betrogen wird (S. 117f.). Bereits nach eineinhalb Jahren als Kapitän hat Eastwick soviel Geld gespart, daß er 1795 ein eigenes Schiff kaufen kann (S. 94), mit dem er Frachtfahrt in Indien und Südostasien betreibt (S. 128f.). Während dieser Reisen werden die Offiziere des Schiffs teilweise von ihren Ehefrauen begleitet (S. 120f.). Um 1799 hat der Krieg die Raten für Versicherungen derart verteuert, daß kaum noch ein Gewinn in der Frachtfahrt zu machen ist (S.131f.), so daß Eastwick schließlich keine Versicherung mehr abschließt. 1799 wird Eastwick mit seinem Schiff von einem französischen Kriegsschiff aufgebracht und an Bord einer französischen Fregatte gefangengehalten (S. 132f.). Als das Schiff nach einem Gefecht von der Royal Navy aufgebracht wird, erhält Eastwick seine Freiheit wieder (S. 145ff.). Da Schiff und Ladung nicht versichert waren, ist Eastwick durch die Kaperung wirtschaftlich ruiniert (S. 148ff.). Dennoch kann er sich nach seiner Rückkehr wieder ein neues Schiff kaufen, weil er aufgrund seines guten Rufs aureichend Kredit bei den Kaufleuten genießt (S. 152f.). Aus familiären Gründen verkauft er dieses Schiff jedoch bald wieder und wird statt dessen Kapitän auf einem portugiesischen Schiff (S. 168). Später übernimmt Eastwick das Kommando auf dem Schiff eines Freundes (S. 172ff.). Er hat Probleme mit seinen Offizieren: Einer gerät in Schuldhaft (S. 187f.) und sein Zweiter Maat ist Alkoholiker (S. 197). Auch sein Erster Maat hat einen hohen Alkoholkonsum, erfüllt aber seine Pflichten trotzdem vorbildhaft (S. 204). Eastwick beherrscht die astronomische Navigation und macht Mondbeobachtungen (S. 203).

1805 kehrt Eastwick nach England zurück. Um das Passagegeld zu sparen, nimmt er für die Reise eine Heuer als Erster Maat an (S. 208). In England angekommen, legt Eastwick sein Geld bei seinem ehemaligen Reeder, einem Kaufmann, an (S. 207) und geht 1807 in den Ruhestand. Da er nach dem Bankrott des Kaufmanns erneut vor dem Ruin steht (S. 217f.), sieht er sich gezwungen, das Angebot eines Freundes anzunehmen und als dessen Geschäftspartner ein Schiff in der Südamerikafahrt zu übernehmen (S. 220ff.). Als Kapitän ist Eastwick bei dieser Reise auch für Frachtschließungen verantwortlich (S. 221), erleidet aber bei einem von ihm mitfinanzierten geschäftlichen Unternehmen empfindliche Spekulationsverluste (S. 240f. und 250f.). Eastwick geht 1809 als Passagier wieder nach Indien (S. 245) und fährt als Kapitän in der Asienfahrt (S. 247f.). Er setzt seinen Maat ab, der sich weigert, bei Gefahr in den Mast zu gehen (S. 245). Während eines Sturms hält Eastwick einen Schiffsrat über die zu ergreifenden Maßnahmen ab (S. 256f.). Später kauft er erneut eine Schiffsparte. Als er mit seinem Schiff nach England zurückkehren will, gerät er nach einem Schiffbruch in französische Gefangenschaft. Er wird von den Franzosen gut behandelt und schließlich als Schiffbrüchiger wieder freigelassen (S. 268ff.). Da er jedoch von seinem Versicherungsagenten um die Schadenersatzsumme betrogen wird, ist Eastwick wieder ruiniert (S. 288ff.). Er kehrt nach Indien zurück, wo er schon bald wieder ein neues Schiff erwirbt, das er allerdings kurz darauf wieder mit gutem Gewinn verkauft (298f.). Eastwick kann in Indien einige erfolgreiche Geschäfte tätigen und geht um 1814 nach seiner Rückkehr nach England erneut in den Ruhestand (S. 300ff.). 1816 begleitet Eastwick seine Tochter auf einer Reise nach Indien und übernimmt, hier angekommen, für kurze Zeit wieder ein Schiffskommando (S. 317). Als das Schiff infolge der mangelhaften Arbeit der Werftzimmerleute unterwegs stark zu lecken beginnt, reagiert sein Erster Maat panisch, worauf die Situation außer Kontrolle zu geraten droht. Nur unter großen Mühen kann Eastwick die Besatzung beruhigen und das Schiff retten (S. 318f.).

Nach seiner Rückkehr nach England wird Eastwick 1824 aufgrund seiner Kenntnisse im Chinahandel von Hamburger Kaufleuten gebeten, in ihrem Auftrag ein Schiff nach Ostasien zu führen (S. 322). Während dieser Reise ist Eastwick auch für den Kauf und Verkauf der Ladung verantwortlich (S. 324ff.). Eastwick hat unterwegs erhebliche Probleme mit seiner Mannschaft. Von einem Passagier zum Trinken verführt, tyrannisieren seine Offiziere unter Alkoholeinfluß die Besatzung, die deshalb kurz vor einer Meuterei steht. Da das Schiff unter Hamburger Flagge fährt, ist die rechtliche Lage für Eastwick unklar. Dennoch setzt er schließlich den Ersten Maat ab. Diese Maßnahme zeigt Erfolg, der Erste Maat bereut sein Verhalten jedoch und gelobt Besserung, weshalb Eastwick ihn schließlich wieder einsetzt. Eastwick nimmt den Passagier in Arrest und setzt ihn schließlich an Land (S. 325ff.). Als das Schiff während der Rückreise in der Nordsee Schiffbruch erleidet, wollen die Maate mit den Seeleuten das Schiff verlassen, Eastwick versucht jedoch, seine Besatzung durch sein Vorbild zum Bleiben zu veranlassen (S. 333). Nachdem er schließlich doch von Bord gehen muß, kehrt Eastwick bereits am nächsten Tag zum Schiff zurück, das bereits durch Fischer, die Anspruch auf Bergelohn erheben wollen, in Besitz genommen wurde. Das Schiff wird schließlich geborgen und repariert, doch Eastwick hat durch das Unglück einen schweren finanziellen Verlust erlitten (S. 335f.).

Nach dieser Reise hat Eastwick genug von der Seefahrt und geht 1825 endgültig in den Ruhestand, um von seinen Rücklagen zu leben (S. 337ff.). Er heiratet 1791 (S. 40f.). Nach dem Tod seiner Ehefrau geht er 1796 eine zweite Ehe ein (S. 96f.) und, nach dem Tod seiner zweiten Frau, 1829 eine dritte (S. 339). Eastwick stirbt am 31. Dezember 1865 in London (S. 351) und hat seine Memoiren als private Erinnerungen, die nicht für die Veröffentlichung bestimmt waren, verfaßt (Xf.).

HENRIK OLSEN EIDE wird am 10. Januar 1786 in Trondheim, Norwegen, geboren (S. 15f.). Sein Vater, ein Matrose, stirbt bereits 1790 (S. 8f.).

Nach seiner Konfirmation 1799 ist Eide zunächst bei einem Kaufmann tätig (S. 16f.), geht aber 1802 mit 17 Jahren als Kajütsjunge zur See (S. 19). Nach einer Frachtfahrt in Nord- und Ostsee geht er 1803 mit demselben Schiff als Koch auf seine zweite Reise, die u.a. ins Mittelmeer führt und insgesamt 23 Monate dauert (S. 20ff.). Da der Aufstieg leistungsabhängig ist und nur langsam erfolgt, wird Eide erst 1806, mit 20 Jahren, Leichtmatrose. Er beklagt den allgemein schlechten Proviant an Bord der damaligen Handelsschiffe und die schlechten Aufstiegschancen in der norwegischen Seefahrt, denn nur wenige Seeleute schaffen die Beförderung zum Steuermann und noch weniger den Aufstieg zum Kapitän. Die Kapitäne sind laut Eide zumeist Trondheimer oder Sylter (S. 25). Eide fährt insgesamt 4 1/2 Jahre mit demselben Kapitän und wird erst durch die Aufbringung des Schiffs bei Ausbruch des Kriegs mit England 1807 durch ein britisches Kaperschiff unfreiwillig von ihm getrennt. Eide ist laut eigener Aussage von seinem Kapitän immer gut und väterlich behandelt worden (S. 30ff.). In Guernsey an Land gesetzt, nimmt Eide 1807 notgedrungen eine Heuer auf einem Kaperschiff vor der englischen Kanalinsel Guernsey an (S. 34ff.) und wird 1808 in die Royal Navy gepreßt (S. 39ff.). Er dient zunächst in einer Geschützmannschaft und wird später an Bord zum Unteroffizier befördert (S. 41). Eide weigert sich jedoch, den Treueeid auf den britischen König zu leisten, da er als norwegisch-gesamtstaatlicher Patriot nicht gegen sein eigenes Land kämpfen will und lieber ins Gefängnis gehen würde (S. 41ff.). Er bittet um seine Entlassung, die ihm durch die Unterstützung eines britischen Marineoffiziers auch gewährt wird (S. 49f.).

Eide heuert 1809 auf einem britischen Schoner für eine zweijährige Seehund-Fangreise in die Südsee an (S. 54–85). Während der langen Reise leidet er unter Entbehrungen und Skorbut, wobei ihn seiner Meinung nach nur die Benutzung von Zahnpulver vor dem Verlust seiner Zähne bewahrt hat (S. 79ff.). Nach der Rückkehr wird der Schoner 1810 von der Regierung als Paketschiff gechartet und Eide zum Zweiten Steuermann befördert, wobei er zugleich als Zimmermann und Kanonier dient (S. 86ff.). 1811 erhält Eide nach dem Verlust des Schiffs (S. 88f.) auf seine Anfrage vom Reeder das Angebot, wieder als Zweiter Steuermann zu fahren. Als das Schiff ausbleibt, bietet ihm der Reeder an, als Kanonier zu fahren. Eide zieht es jedoch vor, sich eine Heuer als Seemann auf einem Kaperschiff zu suchen (S. 91ff.) und wird an Bord zum Steuermann befördert (S. 92). Eide erhält bei seiner Beförderung ein Qualifikationszertifikat als Steuermann, das jedoch nur für das betreffende Schiff gültig ist. Daher nimmt er bei seinem qualifizierten und fähigen Kapitän, einem ehemaligen Sailing-Master der Royal Navy, Navigationsunterricht und lernt Kartennavigation sowie das Führen eines Journals (S. 92ff.). Als das Schiff scheitert, flieht die Besatzung. Nur Eide als Steuermann und der Kapitän bleiben bis zuletzt an Bord, können das Schiff aber nicht retten (S. 95f.). Nach dem Verlust des Schiffs versucht der Kapitän, für Eide eine neue Heuer zu finden (S. 99). Eide lehnt jedoch ein Angebot als Steuermann auf einem Küstenfahrer ab, da ihm hier die Gefahr des Gepreßtwerdens zu hoch ist, er wird lieber Matrose auf längerer Fahrt und fährt 1812 als Seemann auf einer Slup (S. 99ff.). Auch dieses Schiff erleidet unterwegs eine Havarie, kann sich aber auf die Scilly-Inseln retten, wobei Eide einer erneuten Pressung in die Royal Navy dank einem Schutzbrief entgeht (S. 101ff.). Obwohl er auf dem Schiff zufrieden ist, will Eide wieder nach Hause. Er bekommt von seinem Kapitän den Abschied und kehrt an Bord eines Trondheimer Schiffs nach Norwegen zurück (S. 105ff.), wobei er betont, gute Erfahrungen mit englischen Kapitänen und Offizieren gemacht zu haben (S. 108).

Nach seiner Ankunft in Trondheim findet Eide sogleich eine Heuer als Bootsmann und Prisenmeister auf einem Kaperschiff (S. 109ff.). Nach dem Ende des Kriegs 1814 wird Eide Steuermann bei der Reederei des Kaperschiffs (S. 118ff.). Als das Schiff auf See sinkt (S. 123ff.), muß die Mannschaft in die Rettungsboote gehen, wobei die Disziplin zusammenzubrechen beginnt. Der Kapitän und Eide als Steuermann versuchen, mit gutem Zureden die Ordnung wiederherzustellen, bis die Boote endlich Land erreichen (S. 125). Danach fährt Eide als Steuermann und Pro-forma-Kapitän für einen Amerikaner (S. 133). Er bekommt später von diesem ein Kommando angeboten, lehnt aber ab und wird wieder Steuermann bei seinem vorherigen Kapitän. 1816 macht Eide mit 29 Jahren sein Navigationsexamen und fährt anschließend vier Jahre lang als Maat mit demselben Kapitän (S. 135).

Eide erhält 1820 die »Skipperborgerskap« in Trondheim und übernimmt das Kommando von seinem Kapitän, unter dem er zuvor als Steuermann gedient hat, und der zugleich der Eigner des Schiffs ist. Er wechselt 1821 das Schiff und führt nun zwölf Jahre lang einen Schoner in der Nordseefahrt (S. 137ff.). Er erhält als Kapitän eine beschränkte Handlungsvollmacht von seinem Reeder. So soll er die Ladung verkaufen, hat jedoch bezüglich des Verkaufspreises ein Limit. Eide bekommt bei einer Gelegenheit Probleme mit den Käufern seiner Ladung und muß deshalb einen Prozeß führen (S. 138). 1830/31 geht er auf einen Walfänger (S. 141ff.) und führt von 1832 bis 1854 eine Galeasse für dessen Reeder, mit der er in der Mittelmeerfahrt tätig ist, aber auch Winterreisen in der Ostsee macht. Eide übernimmt auch kaufmännische Aufgaben, er kauft und verkauft Ladungen, wobei er teilweise Probleme hat, seine Ladung abzusetzen (S. 165ff.). Als norwegischer Kapitän ist Eide verpflichtet, einmal im Monat vor der versammelten Mannschaft das Seerecht und den Heuervertrag zu verlesen (S. 151). 1854 macht Eide seine letzte Reise, da er sich bei einem Schiffbruch den Arm verletzt hat und daher die Seefahrt aufgeben muß (S. 175ff.).

Eide hat 1817 geheiratet (S. 136), sein Alter ist von Not und Enttäuschung geprägt (S. 9f.), und er stirbt im Oktober 1871 (S. 8f.). Eide hat seine Lebenserinnerungen wohl auf der Basis seiner Journale verfaßt. Diese waren nicht zur Veröffentlichung bestimmt und wurden erst von seiner Enkelin dem Seefahrtsmuseum in Trondheim geschenkt und veröffentlicht (S. 179).

JENS JACOB ESCHELS wird am 12. Dezember 1757 auf der nordfriesischen Insel Föhr in Nieblum / Osterharde im Herzogtum Schleswig als einer von mehreren Söhnen eines Seemanns geboren (S. 9 und 17). Eschels Vorfahren waren Handwerker und Landvögte auf Föhr (S. 18ff.). Er besucht die Schule auf Föhr und lernt Lesen, Schreiben sowie Rechnen (S. 110) und hat englische und niederländische Sprachkenntnisse (S. 157f.).

1769 geht Eschels mit elf Jahren mit einem ihm bekannten Föhrer Kapitän auf einem niederländischen Schiff als Kajütswächter auf seine erste Reise in der grönländischen Walfangfahrt (S. 27ff.). 1770 fährt Eschels wieder mit demselben Kapitän auf Walfang, muß dann aber 1771 seine Heuer wechseln, da dieser die Jungenstelle an Bord seines Schiffs mit einem Verwandten besetzt. Über seinen Vater findet Eschels jedoch eine Heuer als Kochsmaat an Bord eines Schiffs in der grönlandischen Walfangfahrt, das von dessen Cousin kommandiert wird und auf dem er auch 1772 fährt (S. 45f.). Während der Winterpausen besucht Eschels die Schule auf Föhr (S. 43). Auf demselben Schiff und unter demselben Kapitän wird er 1773 zum Leichtmatrosen befördert (S. 54), fährt aber 1774 unter einem anderen Kapitän wieder als Kochsmaat (S. 57). Eschels betont, daß Navigationskenntnisse die Voraussetzung für den Aufstieg zum Steuermann und Kapitän seien (S. 15), und nimmt daher im Winter des Jahres 1774/75 privaten Navigationsunterricht auf Föhr (S. 58) und lehrt sogar später selbst Navigation (S. 78). Er berichtet, daß die Föhrer Seeleute Vorbehalte gegen den Erwerb von Navigationskenntnissen haben und über das ihrer Ansicht nach ungehörige Streben nach Höherem spotten (S. 160).

1775 wird Eschels Matrose. Er macht zunächst eine Reise auf einem Küstenfahrer, dessen Kapitän ein ehemaliger Matrose mit nur wenig Seekenntnissen wird, und berichtet von harter Arbeit bei schlechter Verpflegung (S. 61ff.). Eschels kündigt daher und wechselt auf ein größeres Schiff (S. 63f.) und findet 1776 über die persönliche Bekanntschaft mit einem Kapitän eine Heuer auf dessen Schiff, einem dänischen Grönlandfahrer (S. 66). Eschels betont, daß ein guter Eindruck bei den Schiffsoffizieren für das berufliche Fortkommen in der Seefahrt wichtig sei (S. 68). Er berichtet von einem Schiffsrat während der Walfangreise, wobei der Kapitän den Rat der Offiziere übergeht und mit seiner Entscheidung recht behält (S. 70). Aufgrund seines guten Rufs und seiner Leistung wird Eschels 1777 durch die Empfehlung seiner Vorgesetzten zum Bootssteurer befördert (S. 73f.). 1778 heuert Eschels in Amsterdam auf einem Handelsschiff an. Wegen des schlechten Zustands des Schiffs kündigt er aber nach kurzer Zeit trotz der Bitten des Kapitäns, an Bord zu bleiben (S. 80ff.). Nachdem er mehrfach die Heuerstellen gewechselt hat, geht er als Matrose in die Ostseefahrt (S. 84). Bei einem Streit mit seinem Kapitän um die Heuer rät dieser Eschels und der übrigen Mannschaft, vor Gericht zu klagen. Die Seeleute befolgen den Rat, das Gericht entscheidet aber gegen sie. Eschels beschließt daher, nie wieder zu klagen. (S. 88f.). 1779 macht er verschiedene Reisen als Matrose auf niederländischen Handelsschiffen (S. 89ff.).

Eschels will aufsteigen (S. 98) und versucht daher 1780, eine Steuermannsheuer zu finden (S. 103). Er heuert aufgrund der Zusage des Kapitäns, ihn bei einer auftretenden Vakanz sofort zum Steuermann zu befördern, als Seemann auf einem Westindienfahrer an (S. 104ff.). Als jedoch ein anderer Kapitän, der Eschels Fähigkeiten schätzt, ihm in Westindien eine Stelle als Untersteuermann auf seinem Schiff anbietet, hält der Kapitän sein Versprechen nicht und verweigert ihm die Abmusterung, da er selbst nur über geringe Navigationskenntnisse verfügt und auf Eschels Fähigkeiten angewiesen ist. Erst durch Überredung durch andere Kapitäne gibt Eschels alter Kapitän am Ende widerwillig nach und Eschels wird 1781 Untersteuermann auf dem neuen Schiff (S. 111–115). Auf der Rückreise wird das Schiff von einem englischen Kaperschiff angehalten, aber wieder freigegeben (S. 116f.). Nach seiner Rückkehr kann Eschels, da er von seinem Kapitän sehr gelobt wird, unter mehreren Angeboten freier Steuermannsstellen auswählen und nimmt eine Heuer auf einem Hamburger Westindienfahrer an (S. 120).

Am Beispiel seines Kapitäns, der sich durch Intelligenz, Menschenkenntnis, fremdsprachliche Fähigkeiten sowie durch ein gutes Verhältnis zu seinen Korrespondenten auszeichnet, beschreibt Eschels die Merkmale eines guten Schiffsführers (S. 128). Als der Kapitän während der Reise stirbt, wird Eschels wieder aufgrund seines positiven Eindrucks auf einen anderen Kapitän als Nachfolger empfohlen und erhält für die Rückreise das Kommando über das Schiff. Vor seiner Abreise wird er von einem anderen Kapitän über die kaufmännischen Aspekte der Handelsfahrt unterrichtet (S. 130f.).

Nach seiner Rückkehr wird Eschel durch die Partenreeder in seinem Kommando bestätigt, da er seine Sache nach Ansicht der Eigner gut gemacht hat (S. 141f.). Eschels führt das Schiff von 1781 bis 1798 in der europäischen, transatlantischen und mediterranen Handelsfahrt (S. 130–285). Erst 1784 macht er sein Steuermannsexamen (S. 169). Wiederholt betont Eschels, wie wichtig ein guter Ruf (S. 149 und 288), korrektes Verhalten und genaue Abrechnungen für einen Kapitän sind (S. 144f. und 249f.). Eschels sieht bei einer Gelegenheit seinen guten Ruf durch die Verleumdungen seines Steuermanns gefährdet, kann aber seine Unschuld beweisen und so seinen Leumund ungemindert wiederherstellen (S. 155ff.). Eschels genießt das uneingeschränkte Vertrauen seiner Reeder (S. 203 und 288), das, wie er betont, ebenso wie Empfehlungen für eine erfolgreiche Karriere in der Seefahrt wichtig ist (S. 287). Als Kapitän verhandelt Eschels mit den Korrespondenten seines Befrachters (S. 152) und hat gelegentlich auch einen Supercargo des Befrachters mit an Bord (S. 250). Eschels ist z.T. für die Frachtschließung zuständig (S. 165), erhält andererseits aber auch detaillierte Anweisungen der Reeder (S. 186, 196 und 198). Er kauft auch Ladungen mit Hilfe eines Korrespondenten (S. 190). 1785 überläßt ihm sein Reeder die Entscheidung über eine mögliche Ostindienfahrt, die jedoch nicht zustande kommt (S. 175f.).

Mehrfach betont Eschels die Wichtigkeit schriftlicher Verträge in Handelssachen (S. 132f. und 328f.). So erzählt er von dem mißglückten Betrugsversuch eines Kaufmanns, der versucht, mit Hilfe gefälschter Rechnungen Geld für nie gelieferte Waren einzuklagen (S. 217f.) und ebenso von Versuchen, Kapitäne zu bestechen, damit sie ihre Schiffe auf Kosten der Reeder zu erhöhten Preisen in die Werft schicken (S. 267). Eschels berichtet von Passagiergeldern als Zusatzverdienst für die Kapitäne (S. 153 und 164) und erhält 2% Anteil vom Frachtgeld in der Frachtfahrt (S. 162ff.). Er verdient gut (S. 164ff.) und betreibt erfolgreich Eigenhandel, u.a. mit Kaffee (S. 250f.), wird aber einmal von seinem Korrespondenten betrogen (S. 275). Da er für seine Waren die vollen Frachtraten bezahlt, sind seine Reeder mit seinen Eigengeschäften einverstanden (S. 250 und 304).

Nachdem ihn ein Passagier auf seine unnötige Schikanierung der Mannschaft hinweist, wechselt Eschels seinen Führungsstil, behandelt seine Leute fortan freundlich und sucht ihren Dienst zu erleichtern, wofür er mit der langjährigen Treue seiner Mannschaft belohnt wird (S. 160). Eschels sorgt ebenfalls für gute und frische Verpflegung (S. 173) und motiviert seine Seeleute durch Lob und Anerkennung (S. 275). Er führt sie durch sein Vorbild statt durch das reine Antreiben der Mannschaft (S. 148), bemerkt aber auch, daß Fluchen und Schimpfen an Bord alltäglich sind (S. 158). Eschels bekommt Probleme mit seinem Steuermann wegen dessen Alkoholkonsums (S. 154). 1798 gibt Eschels die Seefahrt wegen der Gefahr der Aufbringung durch französische und besonders englische Kaperschiffe auf (S. 285ff.). Er wird von diesen bei der Suche nach einem Nachfolger um Rat gefragt, und der von Eschels empfohlene junge Steuermann wird kurz darauf als Kapitän angestellt. (S. 287f.). Eschels berichtet auch vom beruflichen und sozialen Abstieg ehemaliger Kapitäne, die wieder als Matrose bzw. Bootsmann fahren müssen (S. 38, 205 und 214).

Nach dem Ende seiner Seefahrtszeit investiert Eschels u.a. in eine Tabaksfabrik. Später wird er selbst als Reeder (S. 288ff. und 313ff.) und auch als Schiffssachverständiger tätig (S. 296f.). Eschels heiratet 1785 (S. 167) und geht nach dem Tod seiner ersten Frau 1787 eine zweite Ehe ein (S. 202f.). Nicht zuletzt wegen der Kaperei hat Eschels eine tiefe Abneigung gegen die Engländer (S. 117 und 126). Er verfaßt seine Lebensbeschreibung hauptsächlich für seine interessierten Enkel, u.a. als Entscheidungshilfe für den Seemannsberuf. Er läßt 1835 seine Memoiren veröffentlichen (S. 9) und stirbt 1842 in Altona (S. 208).

PAUL FRERCKSEN wird am 14. August 1725 auf der Hallig Langeneß im Herzogtum Schleswig als jüngstes von acht Kindern eines Kapitäns geboren. Sein Vater kommt bereits 1728 bei einem Schiffsuntergang ums Leben. Als Kind besucht Frercksen in den Sommermonaten die Schule (S. 97).

Er will bereits in jungen Jahren Seemann werden, wovon ihn seine Mutter nach dem Seemannstod ihres Mannes und eines Sohnes abbringen will. Schließlich läßt sie ihn 1740 noch vor seiner Konfirmation mit 15 Jahren auf seine erste Reise gehen (S. 97). Er bekommt seine erste Heuer durch die Vermittlung seines Schwagers und wird Kajütsjunge in der Walfangfahrt nach Grönland. Frercksen wird an Bord gut behandelt (S. 98). Er bleibt den Winter über zu Hause, spricht 1741 bei einem ihm bekannten Kapitän vor und erhält eine Heuer als Kochsmaat in der Ostsee-Handelsfahrt. Er verbringt den Winter zu Hause und wird konfirmiert (S. 99).

1742 geht Frercksen als Leichtmatrose wieder auf Walfang und wird später zum Bootssteurer befördert. Nach einer erneuten Winterpause geht er im Jahr 1743 wieder auf eine Walfangreise. Frercksen nimmt in der Winterpause 1743/44 und 1748 auf eigene Kosten privaten Navigationsunterricht in Wyk auf Föhr (S. 100–103). Nach der Winterpause geht Frercksen 1744 als Koch auf eine Fahrt in die Ostsee. Frercksen bleibt wieder den Winter über zu Hause und wird 1745 Matrose. In den folgenden Jahren macht er weitere Fahrten als Koch und Matrose (S. 100–104). 1750 fährt er zunächst als Koch bei seinem Schwager, findet aber unterwegs eine freie Stelle als Steuermann (S. 104). 1751 fährt Frercksen zunächst wieder bei seinem Schwager als Koch und Matrose (S. 105), kann aber wieder unterwegs auf eine Steuermannstelle wechseln (S. 105). Dies wiederholt sich 1752 und 1753 (S. 105ff.). Er fährt u.a. als Steuermann unter seinem Schwager und klagt über sein hartes Los, da dieser ein strenger Kapitän ist. Frercksen mustert schließlich ab und fährt 1753 und 1754 als Steuermann unter einem anderen Kapitän, später aber auch wieder unter seinem Schwager (S. 107ff.). Dieser gibt später wegen seiner schlechten Augen die Seefahrt auf und wird ein erfolgreicher Reeder und Kaufmann in Amsterdam. Der Schwager stirbt nach einem beachtlichen sozialen Aufstieg sehr wohlhabend (S. 120f.). Auch nach dem Aufstieg zum Steuermann macht Frercksen gelegentlich eine Reise als Matrose (S. 109).

1756 bekommt Frercksen von zwei Amsterdamer Bekannten, einem Makler und einem Kaufmann, das Versprechen, ihm ein eigenes Schiff zu geben (S. 108). Die Erfüllung dieses Verprechens verzögert sich allerdings zwei Jahre, erst 1758 wird Frercksen zum Kapitän auf einem neu erbauten Schiff in der Ostseefahrt befördert (S. 110). Frercksen muß 1759/60 auf seiner ersten Reise in Kronstadt in Rußland überwintern (S. 110f.) Er bezeichnet die Kaplaken ebenso wie die Kajütfracht als die neben der Heuer wichtigsten Einnahmequellen der Kapitäne (S. 111). Er ist auch für Frachtschließung zuständig (S. 112 und 114) und betreibt Eigenhandel

(S. 112 und 114). 1760 erleidet Frercksen Schiffbruch und verkauft das Schiff und die Ausrüstung. Er bekommt 1761 von seinen Reedern ein neues Schiff, kann aber erst 1762 damit auslaufen (S. 113f.). 1764 hat Frercksen Probleme, Fracht zu finden und muß in St. Petersburg mehrere Monate auf eine Ladung warten. Nach Streitigkeiten wegen eines Ladungsdiebstahls, den wahrscheinlich die Besatzung begangen hat, wechselt Frercksen seinen Reeder. Bei seiner Kündigung wird ihm jedoch ein Teil seiner Kaplaken durch den Reeder vorenthalten. Nach der Beendigung des Beschäftigungsverhältnisses erhält er sofort zwei neue Angebote als Kapitän (S. 115f.). Als er eines der Angebote annimmt, wird ihm über seine Kapitänsheuer hinaus ein Achtel-Anteil an seinem neuen Schiff übertragen, dessen Kauf er beaufsichtigt. Da Frercksen jedoch erst im Herbst ein passendes Fahrzeug findet, kann er 1765 kaum Geld verdienen (S. 116). Seit 1765 hat Frercksen zudem Gesundheitsprobleme (S. 115ff.) und muß deshalb in den Jahren 1768 und 1769 sein Schiff an einen Ersatzkapitän abgeben. Nach dem Bankrott seiner Buchhalter muß Frercksen 1770 das Schiff versteigern lassen und hat zudem auch Probleme mit dem Ersatzkapitän wegen dessen Abrechnung (S. 119). Ein anderer Schwager Frercksens kauft ein neues Schiff, dessen Kommando Frercksen übertragen wird (S. 119). 1772 verliert Frercksen einen Prozeß um die Versteigerung seines alten Schiffs und die Abrechnung des Ersatzkapitäns. Er zieht sich im gleichen Jahr aus gesundheitlichen Gründen im Alter von 45 Jahren von der Seefahrt zurück (S. 120). Frercksen ist seine ganze Seefahrtskarriere hindurch im Frühjahr von Amsterdam aus auf Saisonfahrt gegangen (S. 97–125).

Frercksen bleibt nun an Land (S. 122), er lebt von seinem erworbenen bescheidenen Wohlstand (S. 95f.) und hat auch Landbesitz (S. 125). Er hat 1756 geheiratet (S. 109) und stirbt nach 1784 (S. 97). Frercksen hat seine nicht zur Veröffentlichung bestimmten Memoiren als persönliche Erinnerungen und als Verzeichnis seiner Einkünfte verfaßt (S. 95).

PETER HANSEN wird am 7. Oktober 1787 in Ekenis im Herzogtum Schleswig (S. 1) als Sohn des Besitzers der Fährstelle Sundsacker geboren (S. 180).

Da er schon früh Seemann werden will, geht Hansen nach seiner Konfirmation 1801 als Decksjunge auf seine erste Reise. Er steigt bereits auf seiner zweiten Reise 1801 zum Jungmann bzw. Leichtmatrosen auf (S. 1f.). Er berichtet von einer Mannschaft, die wegen des schlechten Proviants abheuert (S. 2). 1802 wird Hansen wegen Krankheit von seinem Kapitän in Norwegen zurückgelassen und verpflichtet sich nach seiner Genesung für drei Jahre als Apprentice auf einer schottischen Kohlenbrigg. Wegen der schlechten Behandlung durch den Kapitän desertiert er aber nach kurzer Zeit (S. 4ff.). Er findet eine neue Heuer als Koch (S. 7ff.), desertiert aber kurz darauf wegen eines tyrannischen Obersteuermanns. Hansen flieht auf ein anderes Schiff, auf dem er anheuert und bis zum Auslaufen an Bord versteckt wird (S. 8ff.). Er gerät nach der Aufbringung des Schiffs in französische Gefangenschaft (S. 10 ff.), wird aber kurz darauf wieder freigelassen (S. 19). Nachdem er seine Freiheit wiedererlangt hat, fährt Hansen auf einem dänischen Schiff, auf dem es wegen des schlechten Proviants zu einer Meuterei mit Handgreiflichkeiten zwischen den Seeleuten und den Offizieren kommt (S. 20f.). Bei einem Aufenthalt in Guernsey heuert Hansen deshalb auf einem Kaperschiff an, dessen Kapitän die Probleme mit seinem alten Kapitän regelt (S. 20ff.). Nach seiner Abmusterung vom Kaperschiff wird Hansen 1804 Bootsmann auf einem neutralisierten holländischen Schiff, das unter preußischer Flagge fährt (S. 22 f.). Bei Ausbruch des Kriegs zwischen Frankreich und Preußen findet er 1805 eine Heuer auf einem amerikanischem Schiff (S. 23), von dem er in Livorno abheuert, um nun auf einem griechischen Schiff zu fahren (S. 32ff.). In Konstantinopel verläßt er dieses Schiff und heuert auf einem englischen Handelsschiff an (S. 34). In Portsmouth wird Hansen abgemustert und fährt wieder auf einem amerikanischen Schiff (S. 44). In London versucht man, Hansen zu shanghaien, er kann jedoch entkommen (S. 46ff.). Das Schiff wird von einem norwegischen Kaperschiff aufgebracht, aber nach einer Untersuchung in Trondheim unter Zahlung einer Entschädigung wieder freigelassen. Als Hansen in Norwegen zum Dienst in der dänischen Flotte verpflichtet werden soll, kauft ihn sein amerikanischer Kapitän frei (S. 49f.). Nach seiner Entlassung in Lissabon wird Hansen 1808 Zweiter Steuermann auf einem amerikanischen Schiff (S. 53) und wechselt in New York als Kanonier auf ein anderes amerikanisches Schiff (S. 54). Später dient er an Bord eines amerikanischen Schoners, auf dem sich wegen des Alkoholmißbrauchs des Kapitäns, der Offiziere und von Teilen der Mannschaft jegliche Ordnung auflöst, so kommt es u.a. zu Prügeleien zwischen dem Kapitän und dem Steuermann, weshalb er in Havanna desertiert (S. 58ff.).

Von Havanna aus fährt Hansen 1809 unter Angabe einer falschen Nationalität und Religionszugehörigkeit auf einem spanischen Sklavenschiff (S. 57ff.). Nachdem die Meutereipläne des Zweiten Steuermanns auffliegen, wird Hansen im Konsens mit der Mannschaft auf dessen Posten befördert. Die Meuterer werden mit Hilfe von Soldaten verhaftet (S. 60ff.). Es kommt vor der afrikanischen Küste zu einer Sklavenmeuterei, bei der ein Teil der Sklaven fliehen kann. Ein großer Teil der Besatzung erkrankt und stirbt, weshalb sich Hansen schließlich gezwungen sieht, das leck geschlagene Schiff auf Grund zu setzen, um es vor dem Sinken zu bewahren. Nach dem Tod des Kapitäns und dem Verlust des Schiffs wird Hansen von einer englischen Fregatte an Bord genommen und in die Royal Navy gepreßt. Er kann jedoch desertieren und zu einem Eingeborenenstamm fliehen. Erst 1811 findet er eine Heuer auf einem amerikanischen Schoner, mit dem er zurück in die Karibik reist (S. 64–93).

Nach seiner Rückkehr erhält Hansen 1811 in Westindien das Angebot des Sklavenschiffsreeders, selbst ein Sklavenschiff zu führen. Hansen akzeptiert das Angebot und nimmt wegen des dort verhängten Verbots des Sklavenhandels die schwedische Staatsbürgerschaft an. Bis zum Verbot des Sklavenhandels auch in Schweden macht Hansen zwei lukrative Reisen (S. 94ff.). Danach reist er als Zweiter Steuermann auf einem amerikanischen Schoner in die USA. Unterwegs wird das Schiff von Piraten überfallen, die den Proviant plündern. In Kolumbien rettet die Besatzung bei einem Erdbeben die fliehende Bevölkerung (S. 101–109). Da Hansen im Sklavenhandel gut verdient hat (S. 98ff.), kann er 1812 nach dem Ausbruch des britisch-amerikanischen Kriegs zusammen mit einem Teilhaber in Baltimore einen Schoner kaufen. Hansen übernimmt das Kommando über das Schiff, während sein Partner als Steuermann fährt. Bei einem Versuch, unter neutraler schwedischer Flagge Handel zu treiben, wird das Schiff von einer englischen Kriegsbrigg aufgebracht und, obgleich es unter schwedischer Flagge neutralisiert ist, als feindliches Schiff von dem zuständigen Prisengericht kondemniert (S. 109ff.). Nicht zuletzt, um sich für den erlittenen Verlust an der Briten zu rächen, verpflichtet sich Hansen in der US-Navy, wird 1812 Quartermaster auf einer amerikanischen Fregatte und nimmt an einem Gefecht mit einer englischen Fregatte teil (S. 115ff.). Nach einer Reise mustert Hansen jedoch wieder ab, hat aber durch diesen Dienst den Anspruch auf die U.S.-Staatsbürgerschaft erworben (S. 120ff.). Danach fährt er als Kanonier auf einem amerikanischen Schoner (S. 122) und dient 1813 zuerst auf einem französischen, dann auf einem amerikanischen Kaperschiff (S. 134). Da er jedoch von der Kaperei genug hat, wird Hansen 1813 Takelmeister in New Orleans (S. 150ff.). Um einer Ehe zu entgehen (S. 157ff.), nimmt er schließlich eine neue Heuer an. Nach dem Tod seines Vorgängers wird er Steuermann (S. 163) und 1815 erneut Zweiter Steuermann auf einem amerikanischen Schiff (S. 167ff.). Als das Schiff jedoch für den illegalen Sklavenhandel eingesetzt werden soll, mustert Hansen ab. Er reist an Bord eines Lübecker Schiffs nach Europa zurück und kehrt 1816 nach 14 Jahren Abwesenheit wieder nach Hause zurück (S. 177). Hansen läßt sich in Amalienburg an der Schlei nieder und erwirbt 1817 eine alte Jacht, mit der er als Schifferreeder auf Küstenfahrt in die Ostsee geht. 1818 kauft er einen Kutter (S. 182) für die Frachtfahrt in der Nord- und Ostsee. Nach einer Havarie verkauft er den Kutter und baut sich ein neues Schiff (S. 190f.), mit dem er jetzt saisonübergreifend europäische Frachtfahrt (S. 190ff.), aber auch Schmuggel betreibt (S. 182ff. und 195ff.). 1822 kann Hansen günstig ein zweites Schiff erwerben und überträgt seinem Steuermann das Kommando über sein altes Schiff. Kurz darauf verkauft er das Schiff allerdings wieder mit gutem Gewinn (S. 192f.).

1824 kauft Hansen eine Brigg und übergibt sein Schiff an einen Setzschiffer (S. 198ff.). Als das Schiff 1825 in eine Notsituation gerät, hält Hansen einen Schiffsrat ab und legt der Besatzung seinen Plan dar, den diese billigt (S. 202). Bei dem folgenden Schiffbruch gerät die Mannschaft in Panik, Hansen kann die Disziplin allein durch das energische Antreiben der Seeleute aufrechterhalten (S. 203). Obwohl er das Schiff retten und reparieren kann, macht Hansen bei der Havarie Verlust, da er nicht versichert ist (S. 205ff.). Später degradiert Hansen einen trinkenden Steuermann (S. 220f.). Während einer anderen Reise bietet die Arbeitsverweigerung seiner Mannschaft nach einer Havarie Hansen einen willkommenen Anlaß, um einen Nothafen anzulaufen. Die Versicherung übernimmt den Schaden, ebenso wie bei einer kurz darauf erfolgten zweiten Havarie (S. 229ff.).

Zwar macht Hansen auch Eigengeschäfte, doch liegt sein ökonomischer Schwerpunkt in der Frachtfahrt (S. 220 und 240). Hansen wird 1826 von einem Setzschiffer betrogen, der Geld veruntreut und Schulden gemacht hat, wofür letztlich Hansen aufkommen muß (S. 217ff.). 1832 siedelt Hansen nach Kiel über. 1834 verkauft er sein Schiff und erwirbt eine alte Brigg und ein kleineres Schiff, auf dem er wiederum seinen Steuermann als Setzschiffer einsetzt. Später geht Hansen selbst mit einem Supercargo auf eine Reise nach Südamerika (S. 237ff.). 1837 muß Hansen sein Schiff wegen Problemen mit dem Zoll in Mexiko zurücklassen. Es wird später konfisziert, wodurch Hansen einen schweren finanziellen Verlust erleidet (S. 245ff.). Er erleidet einige Rückschläge durch den Verlust bzw. Verkauf seiner Schiffe und wird 1839 nach einer Havarie von einem Makler betrogen, kann sich aber keinen Prozeß leisten. Er baut und verkauft in Kiel ein neues Schiff (S. 250). 1839/40 ist Hansen Schiffsagent in Kiel und fährt 1840 wieder als Setzschiffer (S. 251ff.). 1842 zieht er wieder nach Amalienburg und macht im Herbst mit einer Ladung Äpfel eine Reise nach Newcastle. 1843 dient Hansen als Ostseelotse und bekommt anschließend wieder eine Heuer als Setzschiffer (S. 252ff.). Unterwegs schlägt das Schiff bei einer Winterreise leck, doch durch das Vorbild Hansens und des Steuermanns wagen die Seeleute später die Fahrt mit dem havarierten und nur notdürftig reparierten Schiff, das jedoch schließlich sinkt (S. 254f.). Bei dem Rettungsversuch kann Hansen seine russischen Matrosen nur mit Alkohol und Prügeln motivieren (S. 257f.).

Von 1844 bis 1848 bleibt Hansen zu Hause. Nach der für ihn unrühmlichen »Galathea-Affäre« während der schleswig-holsteinischen Erhebung 1848 geht er nach Amerika. Er kauft 1849 in New Orleans eine alte Brigg und nimmt für die Fracht einen Bodmereikredit auf, verkauft das Schiff aber wieder (S. 264). Hansen verwaltet später den amerikanischen Landbesitz seines verstorbenen Sohnes (S. 266ff.). Er arbeitet anschließend als Hotelkoch und macht schließlich eine Reise zu seinem Sohn nach Australien, wo er kurze Zeit als Kapitän und Wasserschout tätig wird. (S. 289ff.) Auf der Reise nach Australien muß Hansen als Passagier das Kommando des Schiffs übernehmen, da der Kapitän als Navigator unfähig ist, trinkt und zudem Streit mit dem Steuermann hat. Überdies kommt es wegen einer Wasserrationierung zur Meuterei, und bei einer Havarie bricht das Chaos aus. Bei der Ankunft im Hafen wird der Kapitän verhaftet (S. 278–300). Erst 1856 kehrt Hansen nach Schleswig-Holstein zurück und setzt sich zur Ruhe (S. 300f.).

Hansen hat 1817 geheiratet (S. 182). Er verfaßt und veröffentlicht seine Memoiren zur Aufbesserung seines lädierten Rufs (S. 322ff.) und stirbt am 2. Februar 1863 in Sundsacker an der Schlei (S. 308).

WILLEM T'HART wird am 2. September 1750 in St. Maartensbrug in den Niederlanden geboren (S. 13). Da es sich bei seiner Lebensbescheibung um eine auf Archivmaterial basierende Biographie handelt, ist über seine frühe Seefahrtskarriere kaum etwas bekannt. (S. 11f.)

Mutmaßungen über t'Harts beruflichen Werdegang beruhen u.a. auf der Tatsache, daß besonders die Westindienfahrt Chancen zum Aufstieg für niederländische Seeleute bot. Obwohl es sich bei den Seeleuten in der niederländischen Westindienfahrt oftmals um Deutsche und Dänen handelte, waren die Offiziere zumeist Niederländer. Bereits eine Reise als Obersteuermann nach Westindien qualifizierte zur Führung eines eigenen Schiffs. Wenn keine Kapitänsheuer zu bekommen war, waren weitere Reisen als Steuermann denkbar (S. 44f.).

Auch ehemalige Kapitäne waren oft wieder als Steuerleute tätig (S. 76). Mit 25 Jahren wird t'Hart 1775 Kapitän in der Grönlandfahrt. Er besitzt eine 1/2 Part am Schiff (S. 13f.). 1776 gibt er jedoch die Grönlandfahrt auf und wechselt als Setzschiffer in die europäische Handelsfahrt (S. 14). 1780 wird er von einem amerikanischen Kaperschiff aufgebracht, als Neutraler aber wieder freigelassen. Auf seiner nächsten Reise wird t'Hart von den Briten aufgebracht, jedoch nach dem Prisengerichtsverfahren mitsamt seinem Schiff wieder freigelassen (S. 17–26). Er geht danach auf eine Westindienfahrt, wo er auch Eigengeschäfte betreibt. Dabei erweist sich t'Hart als guter Geschäftsmann, der ein gutes Gespür für lukrative Chancen hat (S. 28).

Nach dem Eintritt der Niederlande in den Amerikanischen Unabhängigkeitskrieg wird t'Hart 1783 zwecks Neutralisierung seines Schiffs unter preußischer Flagge Scheinbürger in Emden und wechselt zudem seinen Namen (S. 30ff.). Bei einer Neutralisierung erfolgen komplizierte Umklarierungen und Scheingeschäfte, um auch während eines Krieges unter dem Schutz einer neutralen Flagge Frachtfahrt betreiben zu können (S. 18ff.). Unter neutraler Emder Flagge geht t'Hart wieder auf Frachtfahrt nach Westindien und betreibt zugleich Eigenhandel (S. 33). 1784 macht t'Hart seine erste Reise in die jungen USA. Da er keine Korrespondenten vor Ort hat, ist er auch für den Verkauf der Ladung und den Abschluß der Rückfracht verantwortlich (S. 36f.). Als t'Hart bei einer Reise in Westindien keine Rückfracht findet, fährt er auf eigene Verantwortung nach Charleston, um dort Tabak an Bord zu nehmen (S. 43f.). In der Westindienfahrt ist die Frachtfahrt das Hauptgeschäft. Daher werden die Schiffe nur zum Teil mit Waren des Reeders befrachtet, der größte Teil bleibt für die Fracht anderer Kaufleute vorbehalten (S. 60f.).

1795 erfolgt eine erneute Neutralisierung wegen des Eintritts der Niederlande in die französischen Revolutionskriege (S. 60ff.). T'Hart betreibt von 1798 bis 1801, über drei Jahre hinweg, ununterbrochen Frachtfahrt (S. 70ff.) und wird 1803 von einem englischen Kaperschiff aufgebracht. Sein Schiff wird kondemniert, t'Hart jedoch als vermeintlich neutraler Emder freigelassen (S. 78ff.). Nach seiner Rückkehr in die Niederlande bleibt t'Hart, jetzt 53 Jahre alt, an Land, da die niederländische Schiffahrt am Boden liegt (S. 82). Seine ganze Karriere als Setzschiffer hindurch ist t'Hart bei einer einzigen Reederei gefahren (S. 14–82). Nach 1815 bleibt t'Hart an Land (S. 83), er ist Hausbesitzer und kauft Immobilien (S. 82ff.). Seit 1775 war t'Hart verheiratet (S. 14). Bei seinem Tod am 8. Dezember 1830 hinterläßt er mit 20 000 Gulden ein recht beachtliches Vermögen (S. 82ff.).

ROBERT HAY wird am 27. Oktober 1789 in Kirkintilloch, Schottland, als eines von vier Kindern eines Landpächters geboren. Nach dem Ablauf der Pacht wird sein Vater Bleicher, die Familie lebt in Armut (S. 16f.). Zwar geht Hay zur Schule (S. 19), doch lernt er, da seine Eltern eine rudimentäre Bildung für ausreichend halten, lediglich Lesen, etwas Schreiben und sehr wenig Rechnen. Von seiner ohnehin geringen Schulbildung verlernt Hay jedoch mangels Übung in der Folge wieder viel (S. 20).

Seit 1799 arbeitet Hay widerwillig bei einem Weber (S. 26). Als er 1803 durch eine wirtschaftliche Depression arbeitslos wird (S. 29), will er sein Glück auf See suchen und eine Heuer auf einem Handelsschiff finden, geht dann jedoch freiwillig zur Royal Navy. Wie Hay erläutert, gibt es zwar in der Handelsfahrt höhere Heuern sowie eine bessere Verpflegung und Behandlung an Bord, für die Royal Navy sprechen jedoch die Aussicht auf Prisengeld, die Möglichkeit der Beförderung und zudem eine geringere Arbeitsbelastung durch die größere Besatzungsstärke an Bord. Aus diesen Gründen entscheidet er sich letztlich für den Dienst in der Royal Navy (S. 32ff.). Sein Vater versucht, ihn auszulösen, kann aber die geforderte Summe nicht aufbringen (S. 36). Hay erwirbt erste seemännische Kenntnisse, wie Lesen des Kompaß, Steuern bei gutem Wetter und Loten, er macht auch erste Erfahrungen im Mast (S. 51).

Zu einem späteren Zeitpunkt lernt Hay auch Navigation (S. 243). Hay beschreibt die Nachteile des Dienstes in der Royal Navy, wie die harsche Disziplin, aber auch die Vorteile, wie Aussicht auf Prisengeld und, bei guter Führung, eine gewisse Aussicht auf Beförderung (S. 33). Zudem lobt er die familiäre Atmosphäre und den engeren Zusammenhalt innerhalb der Besatzung auf den kleineren Schiffen der Royal Navy im Vergleich mit größeren Einheiten (S. 49).

Hay will desertieren, kehrt jedoch an Bord des Kriegsschiffs zurück, nachdem es ihm nicht gelingt, eine Heuer auf einem Handelsschiff zu finden (S. 56ff.). Nach mehreren Versetzungen auf andere Schiffe der Navy dient Hay ab 1806 in einer Zimmermannsgang (S. 140ff.). Dadurch genießt er eine bessere Stellung an Bord als die normalen Seeleute (S. 141). Hay dient u.a. in Ostindien (S. 79–172).

Nach einem Schiffbruch desertiert Hay 1811 aus der Royal Navy und sucht sich eine Heuer auf einem Handelsschiff. Nachdem er zunächst einen Freund um Hilfe bei der Suche nach einer Heuer gebeten hatte, wird er schließlich von einem Fährmann vermittelt (S. 191ff.). Sein Kapitän ist zugleich Parteigner des Schiffs, er verhält sich hart und fordernd gegenüber der Besatzung, und es herrscht ein schlechtes Verhältnis zwischen ihm und den Seeleuten, da er am Proviant spart. Die Verpflegung ist schlecht, und es ist zudem kein Alkohol an Bord erlaubt. Für Hay mit seiner Marineerfahrung gibt es dennoch im Vergleich zu den Verhältnissen auf Kriegsschiffen nur wenig Grund zur Klage (S. 194f.). Die Mannschaft des Handelsschiffs verhält sich aufsässig. Die Seeleute weigern sich beispielsweise, ein Boot zu Wasser zu lassen, bevor nicht die traditionelle Ration Rum ausgegeben wird. Der Maat bittet die Mannschaft vergeblich nachzugeben, doch der Streit eskaliert und die Mannschaft verläßt schließlich das Schiff. Obwohl der Kapitän versucht, die Seeleute an Bord zurückzuhalten, muß er schließlich vor der Gewalt der Matrosen weichen und sie gehen lassen. Obwohl Hay ebenfalls mit dem Kapitän unzufrieden ist, bleibt er an Bord, da er krank ist (S. 199f.). Auch eine neu angeheuerte Besatzung ist mit den Verhältnissen an Bord unzufrieden, nicht zuletzt wegen des schlechten Proviants (S. 202).

Trotz seiner relativen Unerfahrenheit wird Hay zum Zimmermann befördert (S. 201). Er folgt dem Grundsatz, seine Pflicht unter Beachtung der Interessen der Arbeitgeber so gut wie möglich zu erfüllen, da dies für das Wohlwollen seitens der Arbeitgeber und damit für einen möglichen beruflichen Aufstieg sorgt. Laut seiner Aussage hat Hay mit diesem Prinzip nur gute Erfahrungen gemacht (S. 203). Da das Schiff stark leckt und daher harte Arbeit an den Pumpen notwendig ist, wollen drei Seeleute in den Dienst der Royal Navy treten. Obwohl der Kapitän geneigt ist, diesem Wunsch nachzugeben, fürchtet der Rest der Besatzung die dadurch erforderliche Mehrarbeit, weshalb sie die Seeleute zum Bleiben überreden (S. 206). Während seiner Reisen macht Hay kleinere Geschäfte mit seiner Führung (S. 210). Nach dem Ende der Reise verläßt er das Schiff. Als während der Reise Rum verschwindet, wird Hay vom Kapitän dafür verantwortlich gemacht, der ihm den Verlust von der Heuer abziehen will. Dagegen wehrt sich Hay jedoch, worauf es zu einem Vertragsstreit mit dem Kapitän kommt, der zunächst die Heuer einbehält, die Hay schließlich nur mit erheblichen Abzügen ausbezahlt bekommt. Da die Seeleute fürchten, in die Royal Navy gepreßt zu werden, wagen sie keine Beschwerde. Hay ist zuvor schon durch seine Vermieterin um seinen Heuervorschuß betrogen worden (S. 211ff.).

1811 wird Hay wieder in die Royal Navy gepreßt (S. 216f.). Er kann jedoch erneut desertieren (S. 227) und kehrt nach acht Jahren Abwesenheit nach Haus zurück (S. 235ff.). Da seine Mutter ihn nicht wieder zur See gehen lassen will, besucht Hay nun wieder die Schule und bewirbt sich schließlich als Steuermann auf einem Binnenkanalschiff. Kurz darauf wird er Kanalschiffer und wechselt ab 1813 in die Kanalverwaltung (S. 243ff.).

Hay heiratet 1815 (S. 244) und verfaßt seine ursprünglich nicht für die Veröffentlichung bestimmten Memoiren als Lebenserinnerungen für seine Kinder (S. 11). 1847 stirbt Hay (S. 248).

PETER ILLUM wird am 29. April 1804 in Fåborg auf der Insel Fünen in Dänemark als eines von neun Kindern eines Seemanns, der als Eigenschiffer eine Jacht führt, geboren. Von seinem vierten Lebensjahr an besucht Illum die Schule (S. 12).

Nach väterlichem Vorbild will auch Illum Seemann werden und begleitet seinen Vater schon mit zwölf auf einer Reise (S. 12). Nach seiner Konfirmation geht Illum 1818 mit seinem Vater auf seine erste Reise als Schiffsjunge und besucht im Winter für einen Monat die Steuermannschule (S. 13). Ab 1819 geht Illum mehrere Jahre lang mit demselben Kapitän zunächst als Schiffs- und später als Kochsjunge auf Saisonfrachtfahrt in der Nord- und Ostsee (S. 13). 1822 fährt Illum auf einem dänischen Schoner in der europäischen Frachtfahrt (S. 15 ff.) und geht danach mit demselben Schiff auf eine Ostindienreise (S. 18). Illum berichtet, daß der Kapitän des Schiffs als Setzschiffer fährt (S. 15) und bei Frachtschließung einen großen Ermessensspielraum besitzt, da er in Livorno Fracht nach St. Petersburg ablehnt und statt dessen eine Fracht nach Ostindien annimmt (S. 18). Sein Kapitän ist streng und mürrisch und mustert den Koch ab, da er sich mit diesem nicht versteht (S. 16). Anläßlich eines Streits zwischen dem Steuermann und einem Seemann will der Kapitän letzteren ins Gefängnis stecken. Der Konflikt findet ein Ende, als der Seemann das Angebot erhält, auf einem anderen Schiff Steuermann zu werden. und deshalb abmustert (S. 18). Um dem übelgelaunten Kapitän zu entgehen, entschließt sich die Mannschaft, darunter auch Illum, 1823 in Indien, vom Schiff zu desertieren, nachdem ihnen an Land eine neue Heuer versprochen wurde (S. 23f.). Illum heuert daraufhin unter falschem Namen auf einem englischen Ostindienfahrer an (S. 24ff.). 1824 kehrt das Schiff nach Europa zurück. Da Illum keine andere Heuer finden kann, macht er, obwohl er von der Asienfahrt genug hat, notgedrungen eine neue Reise nach Südostasien an Bord eines Antwerpener Schiffs. Unterwegs bekommt Illum Streit mit seinem Kapitän und dem Steuermann, von dem er als Lügner bezeichnet und geschlagen wird (S. 29ff.). Wegen des Streits verläßt Illum nach der Ankunft im Bestimmungshafen das Schiff und heuert für die Rückreise nach Europa auf einer Flensburger Galeasse an. Er wird in Kopenhagen abgemustert, da er nicht *enrollirt* ist (S. 31ff.). Nach Hause zurückgekehrt, bekommt Illum erneut Schwierigkeiten wegen seiner fehlenden Enrollierung (S. 33ff.). Er nutzt die freie Zeit, um seine Navigationskenntnisse zu vertiefen und erhält schließlich die Erlaubnis, auch auf ausländischen Schiffen anzuheuern (S. 34).

1825 arbeitet Illum zunächst für Tagelohn als Takler und geht danach von Bremen aus an Bord einer Brigg auf eine Reise nach Westindien und Mittelamerika (S. 36f.). Nach der Rückkehr und der Beendigung des Heuerverhältnisses soll Illum dennoch an Bord Arbeiten verrichten. Dies verweigert er jedoch, worauf ihm Gefängnis angedroht wird. Als der bei dem Streit abwesende Kapitän an Bord zurückkehrt, wird Illum aber entlassen (S. 37f.). Illum geht danach mit einem amerikanischen Schiff auf internationale Frachtfahrt, dessen Besatzung zwar qualifiziert ist, aber unter Alkoholgenuß streitlustig wird. Der Kapitän schlägt und schikaniert sowohl die Seeleute als auch den Steuermann, der daraufhin abmustert. Die Mannschaft versucht dagegen, den Kapitän mittels einer Anzeige wegen Schmuggelns loszuwerden. Man einigt sich schließlich auf eine Beendigung des Heuerverhältnisses, doch der Kapitän weigert sich, seine Seeleute zu entlassen, so daß diese keine neue Heuer annehmen können, und betrügt die Mannschaft zudem bei der Lohnabrechnung (S. 38ff.).

1826 wechselt Illum auf ein kolumbianisches Schiff. Obwohl sich auch dieser Kapitän als Antreiber erweist und seine Seeleute schikaniert, heuert die Mannschaft erneut bei ihm an (S. 46ff.), und Illum wird für eine kurze Zeit Untersteuermann. Nach einem Streit mit dem Kapitän verzichtet Illum aber auf den Posten und fährt für den Rest der Reise wieder als einfacher Seemann (S. 49). Der Kapitän verprügelt seinen Steuermann während eines Streits, dieser mustert daraufhin ab (S. 50). Auch Illum gerät nach seiner Absetzung als Untersteuermann wegen seiner Heuer in Streit mit dem Kapitän, er gibt sich aber letztlich mit der angeboteten Summe zufrieden, da seine Chancen, mehr zu bekommen, nur sehr gering sind (S. 51). Nach der Rückkehr 1827 wird der Kapitän allerdings wegen der Klagen der Seeleute durch den Reeder abgesetzt (S. 52). Illum geht nun von Bremen aus auf eine Reise nach Westindien. Der Steuermann des Schiffs ist wegen seines hohen Alkoholkonsums unterwegs wiederholt dienstunfähig. Als er nach einem Landausflug betrunken an Bord zurückkehrt und randaliert, wird der Maat vom Kapitän verprügelt und von Bord gejagt. Als der Steuermann daraufhin wegen ungerechtfertigter Entlassung gegen den Kapitän klagt, wird die Klage aber wegen seines Alkoholkonsums abgewiesen (S. 52ff.). 1828 wechselt Illum auf eine Oldenburger Galiot und geht auf eine Reise nach Bordeaux (S. 56ff.)

1829 kehrt Illum nach Hause zurück und verheuert sich für ein ganzes Jahr in der Ostseefahrt. Er macht noch im gleichen Jahr sein Steuermannsexamen in Kopenhagen und wird danach Steuermann auf einer Jacht in der Ostseefahrt (S. 60ff.). Später gibt Illum während der Winterpause selbst Navigationsunterricht (S. 90f., 92 und 105). 1831 muß er das briefliche Angebot eines Kapitäns, als Steuermann bei ihm anzuheuern, ablehnen, da er bereits einen Heuervertrag auf einem Paketschiff zwischen Kiel und Kopenhagen abgeschlossen hat (S. 64). 1832 findet Illum eine Heuer als Steuermann in der Südamerikafahrt (S. 70 und 82). Der Kapitän prügelt seine Matrosen (S. 71), er trinkt zudem und wird unter Alkoholeinfluß äußerst unangenehm (S. 74ff.). Illum hält den Kapitän für einen schlechten Menschen und mißbilligt dessen Behandlung der Seeleute, kann aber als Steuermann nichts dagegen tun (S. 74 und 83). Als Illum 1834 die Heuer wechseln will, läßt ihn sein Kapitän nicht gehen, obwohl er einen Ersatzmann stellen kann (S. 81ff.). Illum ist froh, als er 1835 bei seiner Rückkehr abmustern kann (S. 86).

Nach einer erfolglosen Heuersuche wird Illum 1836 Steuermann und mit einer halben Part Anteilseigner auf der Jacht seines Vaters, mit dem er in der Nord- und Ostsee auf Saisonfahrt geht (S. 89ff.). Nach dem Untergang des Schiffs baut Illum eine neue Jacht (S.

91ff.) und kauft ein Haus (S. 92). 1843 erhält Illum die Bürgerschaft und sein Schifferpatent. Er folgt seinem kranken Vater als Kapitän auf der Jacht nach (S. 95ff.) und betreibt saisonale Frachtfahrt mit einer Winterpause (S. ab 96ff.). Als Kapitän hat Illum Probleme mit einem alkoholisierten Matrosen (S. 102). Sein Sohn wird auch Seemann und fährt auf dem Schiff eines Geschäftsfreunds (S. 106), ertrinkt aber 1854 bei einem Schiffsunglück (S. 108). 1855 kauft Illum eine neue Jacht (S. 108). Als er 1864 erkrankt, übernimmt sein Bruder zeitweilig das Kommando über die Jacht (S. 131). 1875 geht Illum in den Ruhestand (S. 218ff.).

Illum ist dänischer Patriot (S. 131). Er heiratet 1835 (S. 87) und auch seine Söhne gehen zur See (S. 214–217). Er führt seit 1822 ein privates, nicht zur Veröffentlichung bestimmtes Tagebuch (S. 8ff.). Illum stirbt am 18. Oktober 1893 (S. 318).

WILLIAM JACKMAN wird am 19. Dezember 1821 in Detson in Devonshire, England, als Sohn eines Seemanns geboren (S. 2). Nach dem Besuch der Schule (S. 2ff.) beginnt er eine Lehre als Müller (S. 19).

Jackman will bereits als Kind Seemann werden (S. 2). Er entläuft deshalb 1833 aus der Lehre und heuert als Schiffsjunge an. Nach der Rückkehr von seiner ersten Reise gibt seine Mutter doch noch ihr Einverständnis zu seiner Berufswahl. Jackman wird jedoch von seinem tyrannischen Kapitän trotz seines gegenteiligen Versprechens geschlagen und schikaniert, bis ein Seemann eingreift. Dieser droht dem Kapitän Prügel an, wenn er nicht aufhört, Jackman zu schikanieren (S. 19). Jackman desertiert schließlich und kehrt zeitweise zu seiner Müllerlehre zurück. Er läuft jedoch 1835 erneut weg und nimmt in der Folge Heuern auf verschiedenen Schiffen an (S. 22ff.). Noch im gleichen Jahr heuert Jackman auf einem Gefangenenschiff nach Australien (S. 28ff.), wobei er berichtet, daß die Befugnisse des Kapitäns auf dem Gefangenenschiff allein auf die nautischen Aufgaben beschränkt sind und die eigentliche Schiffsführung bei einem *Surgeon Superintendant* liegt (S. 28f.). Unterwegs planen die Gefangenen eine Meuterei, die jedoch verraten wird (S. 38f.).

Nach der Ankunft in Australien 1836 wird Jackman von einem anderen Kapitän abgeworben und desertiert (S. 41ff.). Jackman fühlt sich an Bord von seinem Kapitän schikaniert. Als Jackman während seiner Freiwache vom Kapitän zur Arbeit eingeteilt wird, rächt er sich an ihm, indem er aus der Takelage dem Kapitän einen Eimer auf den Kopf fallen läßt (S. 44f.). Obwohl der Kapitän laut Jackman keine rechtliche Ermächtigung zur Verhängung der Prügelstrafe hatte, will er ihn mit der Bemerkung: *the law was in his own hand* auspeitschen lassen, beläßt es aber letztlich bei der Beschimpfung (S. 45). Jackman ist als Seemann auch weiterhin renitent und verweigert die Arbeit, weshalb er vom Kapitän bestraft wird (S. 46f.). Jackman desertiert schließlich 1836 und heuert auf einem nach London bestimmten Schiff an. Nachdem die Besatzung den Kapitän vergeblich aufgefordert hat, das Schiff vor dem Auslaufen zu überholen, desertiert Jackman zusammen mit anderen Seeleuten wegen der angeblichen Seeuntüchtigkeit des Schiffs. Die Seeleute werden an Land verhaftet und wegen Vertragsbruchs entweder zu drei Monaten Zwangsarbeit in der Tretmühle oder zur Rückkehr auf das Schiff verurteilt, wobei Jackman wie einige andere Seeleute die Zwangsarbeit wählt (S. 79ff.). Nach seiner Entlassung heuert Jackman 1837 auf einem Walfänger an (S. 89ff.) und gerät nach dem Untergang des Schiffs in der Südsee bei einem Eingeborenenstamm in Gefangenschaft (S. 95–218). In den 1840er Jahren befährt Jackmann auf verschiedenen Schiffen die Südsee (S. 226–260) und dient eine kurze Zeit in der brasilianischen Marine (S. 262ff.). Jackman bemerkt ironisch, daß auf allen gut geführten Schiffen allein die Vorgesetzten das Recht haben, ihre Untergebenen zu beschimpfen (S. 267). Jackman wird Matrose auf einem Sklavenschiff (S. 274ff.) und dient anschließend in der Royal Navy (S. 283ff.) und in der argentinischen Marine (S. 314ff.).

Später fährt er auf einem britischen Chinafahrer und in der Südamerikafahrt und läßt sich um 1850 in den USA nieder (S. 143ff.). In Amerika stirbt Jackman nach 1853 (S. VI), nachdem er mit Hilfe eines Herausgebers seine zur Veröffentlichung bestimmten Lebenserinnerungen verfaßt hat (S. I).

JÜRGEN JACOBSEN wird am 15. Mai 1778 in Gelting im Herzogtum Schleswig geboren (S. 1). Jacobsen erhält nur eine geringe Schulbildung (S. Vorbericht), kann aber schreiben und rechnen (S. 6).

Jacobsen will Seemann werden und findet nach der Beendigung der Schule 1795 durch die Vermittlung eines alten Kapitäns seine erste Heuer für eine Reise in die Ostsee und ins Mittelmeer (S. 2). Er berichtet von detaillierten brieflichen Anweisungen eines Kaufmanns an den Kapitän (S. 3). Da das ursprüngliche Ziel der Reise geändert wird, heuert die Besatzung mit dem Einverständnis des Kapitäns in Kopenhagen ab (S. 5). Jacobsen kehrt nach Hause zurück und befolgt nun den Rat des alten Kapitäns, Navigation zu lernen, da diese Kenntnisse eine wichtige Voraussetzung für eine Beförderung an Bord sind. Er wird von ihm an einen Navigationslehrer vermittelt, bei dem er in vier Monaten das notwendige Fachwissen erwirbt (S. 5f.). Aus Reiselust versucht Jacobsen 1799 in Hamburg, eine neue Heuer in der internationalen Fahrt zu finden, stößt dabei aber wegen des Überangebots an Seeleuten auf Schwierigkeiten (S. 6f.). Jacobsen findet schließlich eine Heuer auf einem englischen Schiff für eine Reise in den Senegal und von dort über Westindien zurück nach England (S. 8ff.). Da jedoch der Kapitän und der Steuermann ständig alkoholisiert sind und die Führung des Schiffs vernachlässigen, läuft das Schiff durch ihre Schuld vor der nordafrikanischen Atlantikküste auf Grund (S. 9ff.). Jacobsen kann sich zwar mit anderen Besatzungsmitgliedern an Land retten, wird aber von einem dort ansässigen Berberstamm gefangengenommen und zum Sklaven gemacht (S. 15ff.).

Erst 1803 wird Jacobsen im Auftrag der britischen Reeder des gescheiterten Schiffs durch einen englischen Kaufmann freigekauft (S. 290ff.). Er verläßt Nordafrika an Bord eines Schoners der US-Navy. Er ist zunächst nur Passagier, da er aber völlig mittellos und ohne Paß ist und zudem fürchtet, von den Briten zum Dienst in der Royal Navy gepreßt zu werden, heuert er schließlich auf dem Schoner an (S. 300ff.). Als Angehöriger der US-Navy nimmt Jacobsen am Krieg der USA gegen die Barbareskenstaaten teil (S. 302ff.). Nach der Rückkehr des Schiffs in die USA verläßt Jacobsen 1804 den Dienst in der US-Navy und heuert für eine Reise nach Gibraltar und Spanien auf einem amerikanischen Handelsschiff an (S. 328ff.). Dessen Kapitän besitzt ein stark reizbares Temperament, das bereits früher zu schweren Konflikten mit seiner Mannschaft geführt hat. Unbetrauert von seiner Besatzung verstirbt der Kapitän unterwegs, und der Erste Maat übernimmt das Kommando (S. 331f.). Nach seiner Rückkehr nach Amerika geht Jacobsen auf eine Schmuggelfahrt nach Südamerika (S. 334ff.). 1807 findet er eine Heuer auf einem Schiff nach Spanien (S. 341ff.).

Durch Heimweh motiviert, sucht er sich nach der Rückkehr in die USA eine Heuer nach Hamburg (S. 345f.). Da Hamburg jedoch unter britischer Blockade steht, wird das Schiff von den Briten aufgebracht, wobei sich Jacobsen über die schlechte Behandlung seitens der Engländer beklagt. Wegen der Aufbringung kommt es zu einem langwierigen Rechtsstreit, doch da es sich um ein amerikanisches und daher neutrales Schiff handelt, werden die Seeleute freigelassen und erhalten von dem amerikanischen Konsul Reisegeld. Sie wollen nicht auf den Ausgang des Prisengerichtsverfahrens warten und bitten den Kapitän um ihre Entlassung. Da sich dieser jedoch weigert, die Seeleute auszuzahlen und zu entlassen, klagen die Matrosen schließlich vor Gericht. Zwar entscheidet der Richter im Sinne der Seeleute, doch hat das Verfahren diese viel Geld gekostet (S. 362ff.).

In England findet Jacobsen 1809 einen ostfriesischen Kapitän, bei dem er für eine Reise nach Memel anheuert, wobei er plant, von dort aus nach Hause zurückzukehren (S. 368ff.). Aufgrund der politischen Lage ist die Rückkehr nach Schleswig aber nicht möglich, weshalb Jacobsen mit dem Schiff nach London zurückkehren muß. Da er nicht auf einem englischen Schiff dienen will, heuert er als Steuermann bei dem zum Kapitän beförderten ehemaligen Steuermann seines vorigen Schiffs an, der eine unter Bremer Flagge in der Ostsee fahrende Brigg führt (S. 372ff.). Das Schiff wird nach einer Überwinterung in Memel verkauft und Jacobsen in Leith abgemustert. Da Jacobsen auf Grund der politischen Lage immer noch nicht nach Hause zurückkehren kann, nimmt er 1810 eine Heuer als Seemann auf einem Westindienfahrer an (S. 376ff.). 1811 heuert er auf einem Seelenverkäufer für eine Reise nach Wismar an, um erneut die Heimreise zu versuchen. Als aber die Reiseroute nach Portugal geändert wird, verweigert die Mannschaft wegen des schlechten Zustands des Schiffes und der Gefahr, durch die Barbareskenkorsaren aufgebracht zu werden, die Weiterreise. Auch Jacobsen beendet gegen den Willen des Kapitäns das Heuerverhältnis (S. 388ff.) und geht 1811 an Bord eines englischen Schiffs auf eine Reise nach Jamaika. (S. 390ff.). Als das Schiff vor Jamaika untergeht und die Seeleute mit einem anderen Schiff nach Liverpool zurückkehren (S. 394ff.), weigert sich der Reeder jedoch trotz eines schriftlichen Nachweises des Kapitäns, ihnen die Heuer zu bezahlen. Daraufhin strengt die Mannschaft eine erfolgreiche Klage gegen den Reeder an, doch wegen der langen Prozeßdauer ist das Geld schnell wieder verbraucht (S. 398f.). Deshalb nimmt Jacobsen eine neue Heuer bei einem ihm bekannten Kapitän an. Als das Fahrtziel geändert wird, bietet dieser von sich aus den Seeleuten die Entlassung an, woraufhin Jacobsen das Schiff verläßt (S. 400f.).

In den Jahren 1814 und 1815 fährt Jacobsen wieder auf englischen Schiffen nach Jamaika (S. 404ff.). Dabei berichtet er, daß während einer Reise einige Seeleute versucht hätten, heimlich an die Alkoholladung des Schiffs zu gelangen, was fast zum Abbrennen des Schiffs geführt habe. Nur die Ankündigung des Kapitäns, die Missetäter nach der Rückkehr in London nach dem Gesetz zu bestrafen, hält die aufgebrachte Mannschaft von einer Vergeltungsaktion zurück (S. 413ff.). Nach dem Ende der Napoleonischen Kriege 1815 berichtet Jacobsen von einer hohen Seeleutearbeitslosigkeit in England (S. 416ff.).

1816 kehrt Jacobsen endlich nach Hause zurück. Da er von der Seefahrt genug hat, gibt er seinen Beruf auf (S. 419ff.) und wird Gast- u. Landwirt. Jacobsen heiratet 1817 und stirbt am 4. April 1855 in Neukirchen im Herzogtum Schleswig.[1702] Auf Wunsch seiner Freunde und Bekannten schreibt und veröffentlicht Jacobsen seine Lebensgeschichte mit Hilfe eines Pastors (S. IIIf.).

CHRISTIAAN JAN JASKI wird am 1829 in Schiermonnikoog in den Niederlanden als Sohn eines Kapitäns geboren (S. 6). Er stammt aus einer alten Seefahrerfamilie (S. 19).

Obwohl ihm sein Vater dringend davon abrät, möchte Jaski Seemann werden. Zwar soll er nach dem Willen seiner Eltern Theologie studieren, da jedoch die Mittel für einen Universitätsbesuch fehlen, wird beschlossen, ihm seinen Berufswunsch zu erfüllen (S. 19). Daher geht Jaski 1844 im Alter von 15 Jahren als Kajütsjunge an Bord des von seinem Vater kommandierten Schiffs auf seine erste Reise, die nach Südostasien führt (S. 20). Jaski mag die Arbeit als Kajütsjunge nicht sonderlich und wird an Bord das Opfer übler Scherze (S. 20ff.). Nach 13 Monaten kehrt er zurück und dient ab Januar 1847 als Leichtmatrose. Er wird später zum Bootsmannsmaat befördert. Jaski lernt nun die Feinheiten der Seemannschaft, so daß er ab 1848 auf einer erneuten Reise nach Südostasien als Vollmatrose fahren kann (S. 24f.). Nach fünf Jahren Ausbildung unter den Fittichen seines Vaters gilt Jaski als fertiger Seemann (S. 30).

Er nimmt nun Unterricht bei einem bekannten privaten Navigationslehrer. Nach acht Monaten besteht er sein Steuermannsexamen und findet, noch keine 21 Jahre alt, eine Heuer als Zweiter Steuermann (S. 30) bei einem ihm bekannten Kapitän. Dieser sucht einen kompetenten Steuermann für die Asienfahrt, da weder er noch sein Erster Steuermann jemals dort gewesen sind (S. 30). Der Kapitän ist sehr zufrieden mit Jaski und bietet ihm nach der Rückkehr eine Stelle als Erster Steuermann an (S. 31). Jaski bekommt aber zugleich ein Angebot von dem Neffen seines Kapitäns, der Jaski unbedingt als Ersten Steuermann haben möchte. Obwohl der Kapitän als jähzornig und schwierig im Umgang bekannt ist, entscheidet sich Jaski für dieses Angebot. Dabei erweist sich seine Offenheit bezüglich seiner Bedenken in einem Gespräch mit dem Kapitän als solide Grundlage zur Zusammenarbeit, so daß Jaski in der Folge gut mit seinem Kapitän auskommt (S. 31ff.), der ihn auch seinem Vater gegenüber als guten Steuermann lobt (S. 35).

Jaski wechselt 1852 zu der Reederei, für die auch sein Vater fährt, und dient wiederum unter einem schwierigen Kapitän (S. 36). Als Jaski nach einem Streit mit dem Kapitän zusammen mit dem Zweiten und Dritten Steuermann um seine Entlassung nachsucht, bittet sie der Kapitän, an Bord zu bleiben. Sie willigen ein und haben von nun an keine Probleme mehr mit ihm (S. 37). Jaski verabscheut das Fluchen an Bord und treibt auch seine Leute nicht unnötig an, solange der Dienstbetrieb zufriedenstellend läuft (S. 33). Wegen der häufigen Desertion der Seeleute ist das Schiff zeitweise unterbemannt (S. 39). Während einer Reise nach Australien verspricht der Kapitän den übrig gebliebenen Seeleuten, die dadurch eingesparten Heuergelder als Prämie und Ausgleich für ihre erhöhte Arbeitsleistung zu zahlen, doch weigert sich die Reederei nach der Rückkehr, den vom Kapitän versprochenen Bonus auszuzahlen (S. 41).

Bereits bei seinem Wechsel zur Reederei seines Vaters stellen die Reeder Jaski ein eigenes Schiff in Aussicht, sofern er sich als Steuermann bewähre (S. 36). Er bekommt in der Folge mehrere Offerten anderer Reeder, lehnt diese aber ab, u.a. da ihm eines der angebotenen Schiffe zu alt ist. Als er schließlich 1854 doch ein Angebot von anderer Seite annimmt, entlassen ihn seine Reeder, die ihm leider kein Kommando anbieten können, mit Bedauern. Die Reeder geben Jaski aber die Zusage, daß er später jederzeit wieder für sie fahren könne und lösen dieses Versprechen auch ein (S. 43).

Im Alter von etwa 25 Jahren wird Jaski 1854 Kapitän in der internationalen Frachtfahrt (S. 44ff.). Seine erste Reise als Kapitän führt ihn nach San Francisco und später nach Südamerika. Jaski hat unterwegs Schwierigkeiten mit der Mannschaft und verspricht daher einen Bonus für treue Dienste und Desertionsverzicht (S. 49). In San Francisco bekommt Jaski Ärger mit Abwerbern, die Matrosen mit lukrativen Heuerangeboten zur Desertion verführen wollen (S. 47f.), wobei die verheirateten Leute diesen Verlockungen leichter widerstehen. Bei einem Desertionsversuch greift der Steuermann ein und schlägt einen Deserteur nieder (S. 48). Später mustern die Seeleute bei einem Fahrtzielwechsel ab (S. 48). Nach Jaskis Auffassung sollte ein Kapitän die Seeleute und Offiziere immer höflich und korrekt behandelt, da im Zweifelsfall der Druck von oben immer nach unten weitergegeben wird und nur durch gute Behandlung der gesamten Mannschaft ein gutes Schiffsklima zu erhalten ist (S. 55).

Als Jaski 1858 durch einen Reeder persönlich ein neuerbautes Schiff sowie bessere Konditionen angeboten werden, wechselt er zu der anderen Reederei und wird in der Chinafahrt tätig. Dabei fungiert Jaski nicht nur als Kapitän, sondern auch als Supercargo (S. 57ff.), weshalb er auch für den Verkauf der Waren zuständig ist, z.T. erhält er aber auch genaue Handlungsanweisungen seiner Reeder. Für seine Dienste als Supercargo wird Jaski mit 10% Gewinnbeteiligung entlohnt. (S. 67). Nach einer erfolgreichen Reise geben die zufriedenen Reeder Jaski zu Ehren ein Festessen (S. 67), doch dient er nach Mißlingen eines anderen Unternehmens auch als Sündenbock für die Reeder (S. 67). Als ein anderer Schiffseigner versucht, Jaski abzuwerben, machen ihm seine Reeder erhebliche Zugeständnisse, um ihn so in ihren Diensten zu halten (S. 68). Nach einer Havarie während einer Südostasienreise bekommt Jaski Schwierigkeiten mit seinen Reedern, die ihm vorwerfen, er habe sich durch die Manipulation der Reparaturrechnung bereichert (S. 71), weshalb er 1865 wieder zur Reederei seines Vaters wechselt und für diese wieder in der internationalen Frachtfahrt tätig wird (S. 72ff.). Ab 1874 führt Jaski das Kommando auf Dampfschiffen (S. 75ff.). Jaski setzt sich 1879 zur Ruhe, nachdem er 25 Jahre als Kapitän gefahren ist (S. 82).

Jaski war verheiratet (S. 67) und stirbt 1884 in Delft (S. 6). Er hat seine Memoiren als private Lebenserinnerung für seine Kinder verfaßt (S. 19).

LORENS FRIEDRICH JEPSEN wird am 21. November 1802 auf der nordfriesischen Insel Föhr in dem zur dänischen Westerharde gehörigen Dorf Oldsum[1703] als ältester Sohn eines Seemanns geboren und hatte mehrere Geschwister (S. 1). Auch Jepsens Großvater war Kapitän (S. 5).

Jepsen besucht die Dorfschule, wo er laut eigener Aussage einen guten Unterricht erhalten hat (S. 1) und dient zunächst bei einem Bauern. Nach seiner Konfirmation 1817/18 geht er mit 15 Jahren als Kajütsjunge auf Grönland- bzw. Walfangfahrt (S. 6ff.). Die Lebensverhältnisse in der Seefahrt sind zunächst ein Schock für Jepsen, und er leidet zunächst an starkem Heimweh und denkt daran, nach Hause zurückzukehren. Doch da die Seefahrt eine wichtige Karrierechance darstellt und Nichtseeleute zudem auf Föhr schlecht angesehen sind, lastet auch ein gewisser sozialer Druck auf ihm. Daher überwindet er sich schließlich und bleibt an Bord (S. 10ff.). Jepsens Kapitän ist zwar streng (S. 8), doch kommt Jepsen später besser mit ihm zurecht. Daher fährt er auch im folgenden Jahr wieder mit demselben Kapitän (S. 14). Schon auf seiner ersten Reise hat Jepsen vom Steuermann die Grundlagen der Navigation gelernt. Auf der zweiten Reise erfüllt er bereits navigatorische Aufgaben und führt zudem das Journal für den Kapitän (S. 14f.). Jepsen macht auch seine dritte und vierte Fahrt mit demselben Kapitän und fährt jetzt als Leicht-, bzw. Vollmatrose (S. 16f.). Später erinnert sich Jepsen an das schlechte Essen, das er als Matrose häufig erhalten hat (S. 55f.).

Im Winter 1820/21 nimmt Jepsen privaten Navigationsunterricht in seinem Heimatort Oldsum (S. 17). 1822 heuert er in der Handelsfahrt an und wird Leichtmatrose auf einem russischen Schiff, wechselt aber in Kopenhagen das Schiff (S. 18ff.). 1824 geht er wieder auf Walfang (S. 21), besteht nach seiner Rückkehr im Winter 1823/24 sein Steuermannsexamen in Tönning und wird als Steuermann enrolliert (S. 24). 1825 wird Jepsen aufgrund der Empfehlung durch einen ehemaligen Kapitän Matrose auf einem Altonaer Handelsschiff (S. 26). 1826 erhält Jepsen von seinem Kapitän das Angebot, bei ihm Steuermann zu werden. Er nimmt die Stelle an (S. 26ff.) und macht 1827 seine erste Reise als Steuermann, zunächst in der Ostsee und dann in der europäischen Frachtfahrt im Mittelmeer (S. 28). Nach 6½ Jahren Dienst als Matrose und Steuermann bei seinem Kapitän hat er keine Lust mehr, noch länger mit ihm zu fahren. Nach einem Konflikt trennt er sich 1829/30 freundschaftlich von dem Kapitän (S. 32ff.). Jepsen kehrt nach Hause zurück und wird von einem Kapitän als Zweiter Steuermann empfohlen, verläßt das Schiff nach wenigen Tagen aber wieder, da er sich an Bord nicht wohlfühlt (S. 36). Jepsen erhält von dem Kapitän eine weitere Empfehlung als Zweiter Steuermann auf einer Hamburger Brigg, doch muß das Schiff über einen längeren Zeitraum im Hafen auf Fracht warten, weshalb sich Jepsen eine neue Heuer als Erster Steuermann auf einem unter dänischer Flagge segelnden Schiff sucht, mit dem er auf eine Reise ins Mittelmeer und in die Karibik geht (S. 38ff.).

Um 1836 wird Jepsen von einem Reeder, unter dem er zuvor als Steuermann gedient hat, ein eigenes Schiff versprochen. Obwohl sich diese Hoffnung zunächst zerschlägt (S. 39f.), erfüllt der Reeder später sein Versprechen, und Jepsen erhält 1836 sein erste Kommando (S. 45). Er kündigt jedoch kurz darauf wieder wegen eines Streits mit einem Mitreeder, der über Jepsens Kopf hinweg den Steuermann entlassen hat. Allerdings bereut Jepsen seinen Entschluß schon am folgenden Tag (S. 47). 1837 erhält Jepsen durch eine Empfehlung ein neues Kommando auf einem belgischem Schiff und geht auf europäische Frachtfahrt. Er erhält neben seinem festen Heuerverdienst generell 2% Frachtanteil, hat dafür aber die Kosten für die Mannschaftsverpflegung zu tragen. (S. 49ff.). Jepsen entläßt seinen Steuermann, nachdem dieser seinen Bruder mißhandelt hat (S. 52). Er empfiehlt seine Brüder bei Gelegenheit als Steuerleute und Kapitäne weiter (S. 55 und 59).

1838 wechselt Jepsen Schiff und Reeder und wird jetzt in der europäischen und internationalen Frachtfahrt tätig, die er vorwiegend über Agenten und Korrespondeten seiner Reeder betreibt (S. 53ff.), er erhält aber teilweise auch die Vollmacht zum Frachtschluß im Auftrag seines Reeders (S. 75). Jepsen betont, daß der wirtschaftliche Erfolg für das Ansehen des Kapitäns bei seinen Reedern sehr wichtig sei (S. 68f.). Jepsen beklagt, daß seine Besatzung in Charleston trotz seiner guten Behandlung desertiert (S. 55f.), ebenso desertieren die Seeleute seines Schiffs 1845 in Havanna (S. 100). Als sich seine Mannschaft während eines Sturms weigert, in den Mast zu gehen, muß Jepsen als Kapitän selbst aufentern (S. 56). 1846 gibt Jepsen aus gesundheitlichen Gründen die Seefahrt auf. Sein Schwager und Steuermann wird auf Jepsens Empfehlung hin Nachfolger als Kapitän (S. 101ff.)

Jepsen hat 1829 geheiratet (S. 30) und stirbt am 7. März 1892 in Oldsum auf der nordfriesischen Insel Föhr (S. 194). Seine Lebenserinnerungen waren nicht zur Veröffentlichung bestimmt und befinden sich im Familienbesitz (S. Vorwort).

SAMUEL KELLY wird im Juni 1764 in St. Ives, England, als Sohn eines von sieben Kindern eines Handelsschiffskapitäns geboren (S. 18). Sein Vater stirbt 1783 (S. 80). Bis zum 14. Lebensjahr geht Kelly zur Schule (S. 18)

Er macht bereits 1774 eine Reise mit seinem Vater zur Rekonvaleszenz nach einer Krankheit und will, nicht zuletzt aufgrund dieser Erfahrung, Seemann werden (S. 18f.), weshalb ihm sein Vater 1778 eine Stelle auf einem in die Karibik bestimmten Paket-Schiff[1704] besorgt (S. 19). Bereits auf seiner ersten Reise erhält Kelly vom Sailing-Master des Schiffs Navigationsunterricht (S. 20), den er später mit der Hilfe der Navigationsoffiziere an Bord anderer Schiffe vertieft (S. 27f.). Kelly hat auf seinen ersten Reisen Empfehlungsschreiben seines Vaters an dessen Freunde dabei (S. 19f. und 23f.). Er wird auf seiner ersten Reise trotz Schmiergeldzahlungen seines Vaters an die Schiffsoffiziere schikaniert und schlecht behandelt (S. 19ff.), weshalb ihm sein Vater 1780 eine neue Heuer auf einem anderen Paketschiff sucht, mit dem er zwei Reisen nach Lissabon macht (S. 23). Auch an Bord dieses Schiffs wird Kelly schlecht behandelt. Nach einigen Wochen zu Hause heuert Kelly daher erneut auf seinem ersten Schiff an und geht wieder auf Reisen in die Karibik (S. 23f.). Kelly wird nun der Protegé des Sailing-Masters des Schiffs und wechselt mit diesem später auf ein anderes auf der Karibikroute verkehrendes Paketschiff (S. 27f.). Kelly klagt wiederholt über das schlechte Essen an Bord (S. 29, 86, 101 f. und 123) und findet allgemein wenig Gefallen an der Seefahrt. Weil sein Vater aber keine Lehre bezahlen kann, bleibt er an Bord (S. 30). Da die Besatzung auf Paketschiffen das Recht auf Führung hat (S. 45), macht Kelly im Auftrag des Sailing-Masters Geschäfte mit Eigenwaren (S. 32). Später lehnt Kelly im Einvernehmen mit seinem Vater das Angebot eines Kapitäns ab, als Midshipman in die Royal Navy zu wechseln. Da Kelly innerhalb der Royal Navy über keinerlei Patronage verfügt, hat er nur geringe Aussicht auf eine erfolgreiche Karriere als Marineoffizier (S. 38). Auf seiner zweiten Reise mit dem neuen Schiff wird Kelly von einem ehemaligen Maat seines Vaters schikaniert (S. 40ff.). Auf der dritten Reise wird Kellys Schiff 1782 von den Amerikanern aufgebracht, aber später von einem englischen Kriegsschiff zurückerobert (S. 46ff.).

Als es 1782 zu einem Wechsel des Kapitäns auf seinem Schiff kommt, wird Kelly zum Zweiten Maat befördert (S. 50), aber von seinem Kapitän schlecht behandelt und heuert schließlich ab (S. 56). Bei seiner Rückkehr wird er von Bekannten für eine Stelle als Maat auf einem Indienfahrer empfohlen. Da aber die notwendigen Investitionen für die Ausrüstung zu hoch sind, muß Kelly das Angebot ablehnen (S. 57). Da er keine Lust hat, noch länger auf Paketschiffen zu fahren (S. 58ff.), wechselt er 1783 als Seemann vom Paketdienst auf ein königliches Transportschiff. Da Kelly nicht als Apprentice auf den nord-englischen Kohlenschiffen gefahren ist, wird er an Bord nicht als echter Seemann angesehen. Wie Kelly zugibt, hat er aufgrund des spezialisierten seemännischen Dienstes auf Paketschiffen einige Defizite in der allgemeinen Seemannschaft (S. 72). Als das auf Reede liegende Schiff während eines Sturms in eine kritische Situation gerät, ruft der Kapitän die Mannschaft zu einer Beratung zusammen. Man beschließt, das Ankertau zu kappen, doch noch bevor dies in die Tat umgesetzt wird, flaut der Sturm ab (S. 78). An Bord kritisiert Kelly den zu engen Umgang eines Maats mit den einfachen Seeleuten (S. 79). Bei einer Reise quartiert der Kapitän seine Seeleute in schlechte Unterkünfte ein, um Passagiere mitzunehmen (S. 121). Der Kapitän behandelt seine Seeleute recht unfreundlich und auch Kelly wird von ihm beschimpft und geschlagen (S. 124f.). Nach zahlreichen Reisen an die amerikanische Ostküste und in die Karibik kehrt Kelly 1785 mit dem Transportschiff nach England zurück und wird abgemustert (S. 126).

1786 findet Kelly an Bord eines von seinem Cousin geführten Küstenfahrers eine Heuer als Erster Maat (S. 133). Nach einem Streit mit ihm verläßt Kelly das Schiff. Er will nun wieder auf internationale Fahrt und findet 1787 eine Heuer als Erster Maat, indem er einen Reeder anspricht, nachdem er von der Vakanz gehört hat (S. 139). Das Schiff segelt nach Amerika und von dort ins Mittelmeer. Der Kapitän des Schiffs ist zwar ein exzellenter Seemann und von gutmütigem Charakter, aber zugleich nach Kellys Auffassung ein recht vulgärer Mensch (S. 140). Da der Kapitän zu familiär mit der Mannschaft umgeht, verliert er den Respekt der Seeleute, so daß es Kelly als Maat schwer hat, die Disziplin an Bord wiederherzustellen (S. 146 und 152). Nach einiger Zeit kommt ein ehemaliger Kapitän, der sein Kommando wegen eines Alkoholproblems verloren hat, als neuer Zweiter Maat an Bord (S. 153). Während einer Reise wird ein Fall von Ladungsdiebstahl durch die Mannschaft aufgedeckt (S. 160). Später heuert der Bruder des Kapitäns als Zweiter Maat an. Dieser hat ebenfalls einen Hang zum Alkohol und nutzt überdies sein Verwandtschaftverhältnis aus, so daß er Kelly an Bord keine Hilfe ist (S. 163f.)

1789 wird Kelly das Kommando auf einer Küstenbrigg angeboten, nachdem sein Vorgänger auf ein Überseeschiff gewechselt ist. Kelly akzeptiert und bekommt bereits kurz darauf von seinen Reedern das Kommando über einen Amerikafahrer übertragen (S. 166ff.) Er führt dieses Schiff bis 1792 (S. 243) in der internationalen (S. 166ff.) und europäischen (S. 172ff.) Frachtfahrt, klagt aber über das schlechte Gehalt, das er von seinen Reedern erhält (S. 168). Kelly besitzt als Kapitän volle Handlungsfreiheit bei der Frachtschließung (S. 170 und 209), hat dabei zuweilen Schwierigkeiten, Fracht zu bekommen (S. 217 und 288f.). Kelly hat oft Handlungsfreiheit bezüglich der Ladung und der Route (S. 270) und geht auch auf freie Frachtfahrt (S. 233f.), erhält aber gelegentlich genaue Anweisungen des Reeders über Ladung und Route (S. 175). 1790 macht Kelly eine Winterreise von Liverpool nach New York (S. 194ff.). Neben seiner Heuer wird Kelly auch an den Passagegeldern beteiligt (S. 205). Seine Reeder geben ihm Empfehlungsschreiben mit (S. 227 und 233), die ihn als Kapitän bei Kaufleuten einführen, von denen er sehr gut behandelt wird (S. 227). Kelly wird bei einer Gelegenheit von dem Käufer der Ladung betrogen (S. 300), und man versucht, ihn zu bestechen, damit er das Schiff in Dover überteuert reparieren läßt (S. 316f.).

Nach dem Ende des Heuervertrags wird Kellys Besatzung durch das Versprechen höherer Heuern von anderen Kapitänen abgeworben und desertiert. Es gibt kaum Ersatz für die entlaufenen Seeleute (S. 186f.). Kelly macht 1794 eine Winterreise nach Amerika, wobei es ihm aufgrund des Kriegs und der daraus resultierenden Matrosenpreßung seitens der Royal Navy ebenfalls schwerfällt, genügend Seeleute zu finden (S. 194ff.). Als unterwegs eine Rationskürzung notwendig wird, gilt diese auch für Kelly als Kapitän (S. 197). Kelly navigiert mit Hilfe von Büchern und macht auch Navigationsfehler (S. 201). Auf einer Reise sieht er sich gezwungen, die Seekisten der Seeleute wegzuschließen, um sie von der Desertion abzuhalten (S. 223). Er hat auch Probleme mit einer faulen Besatzung, die die Autorität des Maats mißachtet (S. 225). Kelly beschreibt detailliert seinen Führungsstil. So sorgt er als Kapitän für gute Verpflegung, von der er, solange nichts vergeudet wird, soviel wie gewünscht austeilen läßt. Er verteilt auch Sonderrationen bei schlechtem Wetter. Kelly überläßt die Ausführung seiner Befehle auf See den Maaten und erläßt ein striktes Verbot zu fluchen und zu schimpfen, er führt durch Vorbild und Lob und vermeidet Überforderungen der Crew. So kann Kelly gute Seeleute an Bord behalten und macht im allgemeinen gute Erfahrung mit seiner Führungsmethode (S. 225ff.). Gelegentlich übergibt er aber Unruhestifter an die Royal Navy (S. 232).

1792 ist Kelly in der Mittelmeerfahrt tätig (S. 223ff.), doch als das Schiff 1793 in ein Kaperschiff verwandelt werden soll, gibt er das Kommando auf und übernimmt für kurze Zeit wieder eine Küstenbrigg (S. 244ff.). 1793 wird Kelly Kapitän auf einem als Flottentender vercharterten Schiff (S. 254ff.) und greift bei Disziplinproblemen auch gegen die an Bord befindlichen Marineoffiziere hart durch (S. 255ff.). Später wird das Schiff von einem Preßkommando unter dem Befehl eines Fähnrichs der Royal Navy, den Kelly bei einer Gelegenheit zurechtgewiesen hat, geentert und einige von Kellys Seeleuten zum Dienst in der Marine preßt. (S. 258f.)

Da die Vercharterung als Flottentender nur wenig Gewinn einbringt, entscheiden die Reeder 1794, das Schiff wieder in der Westindienfahrt einzusetzen (S. 270ff.). Der Erste Maat des Schiffs ist eitel und unfähig, doch sind wegen des Kriegs gute Offiziere und Seeleute nur schwer zu finden (S. 273). Als Kelly unterwegs erkrankt, beginnt der Erste Maat die Mannschaft zu schikanieren, weshalb die Seeleute das Schiff verlassen. Allerdings gelingt es Kelly, die Matrosen wieder an Bord zurückzuholen, er verzeiht ihnen die Desertion und überwacht fortan ihre gute Behandlung (S. 295ff.). Als Kelly schließlich die Rückreise nach England antreten will, kommt es zu einer »Meuterei«. Die Crew unter der Führung des Ersten Maats will erst auslaufen, nachdem Kelly ihnen eine Prämie für ihr Nicht-Desertieren ausgezahlt hat (S. 303f.). Während eines Sturms zwingt Kelly seine Mannschaft zur Arbeit. Dabei begibt er sich nach seinen Angaben auf ein juristisch unsicheres Terrain, wobei er zugleich die schwierige Rechtslage für Kapitäne beklagt (S. 312f.).

1795 gibt Kelly wegen gesundheitlicher Probleme die Seefahrt auf, wobei er betont, seinen Reedern nie Verluste verursacht, nie Schulden hinterlassen und immer ehrlich gehandelt zu haben (S. 318ff.). Kelly verfaßt seine Memoiren als private, nicht für die Öffentlichkeit bestimmte Lebenserinnerungen (S. 9ff.), die sehr stark religiös geprägt sind, weshalb der Herausgeber der Memoiren ihn als »Psalm-singer« bezeichnet (S. 10ff.). Kelly stirbt nach 1795 (S. 320).

GEORG WILHELM KROSS wird am 9. August 1818 in Lemkenhafen auf Fehmarn im Herzogtum Schleswig als drittjüngstes von elf Kindern eines Küstenschiffers und Bootsführers geboren. Er hat sieben Brüder und drei Schwestern (S. 2).

Kroß befaßt sich bereits früh mit der Seefahrt und geht mit zwölf Jahren mit seinem Vater auf Küstenhandelsfahrt (S. 2). Nach seiner Konfirmation 1834 geht er an Bord eines von seinem Bruder kommandierten Schiffs auf seine erste größerer Reise (S. 2f.). In Amsterdam wechselt er auf eine Wismarer Brigg, die während eines Sturms in der Biskaya sinkt, wobei sich die Mannschaft in die Boote retten kann (S. 3).

1835 findet Kroß eine neue Heuer in der Nord- und Ostseefahrt, er bleibt 1836 und 1837 den Winter über zu Hause und nimmt Navigationsunterricht (S. 4). 1837 mustert er auf dem Schiff seines Schwagers in der Bergenfahrt an (S. 4). Da das Schiff wegen notwendiger Reparaturen aufgelegt wird, geht Kroß 1837 mit einem Hamburger Schiff auf eine Reise nach Buenos Aires. Er muß wegen einer Erkrankung das Schiff auf der Rückreise in Rotterdam verlassen und geht nach seiner Genesung mit einem niederländischen Schiff auf eine Reise nach Südostasien (S. 4f.). 1839 geht Kroß auf einem Hamburger Schiff auf eine Reise nach Lissabon und Rio de Janeiro, er wechselt danach auf ein amerikanisches Schiff (S. 5), um Englisch zu lernen, und fährt später auf einem Hamburger Schiff (S. 5).

1842 besucht Kroß die Navigationsschule in Tönning und macht sein Steuermannsexamen. Da er seine Ersparnisse aufgebraucht hat, muß er während des Winters eine Heuer als Matrose auf einem Hamburger Schiff annehmen (S. 5f.). Während der Reise wird Kroß zum Zweiten Steuermann befördert und folgt später seinem Kapitän auf ein neues Schiff (S. 5f.). 1845 besucht Kroß die Hamburger Navigationsschule und macht dort sein Schifferexamen (S. 6). Da er wiederum seine Ersparnisse aufgebraucht hat, nimmt er eine Heuer als Steuermann auf einem norwegischen Schiff an. Kroß berichtet von einer exzellenten Besatzung an Bord dieses Schiffs. Diese besteht aus Seeleuten verschiedener Nationalität, weshalb die Kommandosprache an Bord Englisch ist. Wie Kroß weiter erzählt, ist der Kapitän des Schiffs ein guter Seemann, aber dem Alkohol über Gebühr zugeneigt, so daß Kroß als Steuermann mehrfach über Tage hinweg das eigentliche Kommando über das Schiff führt (S. 6f.). Als das Schiff von der Reederei in den Heimathafen zurückberufen wird, will Kroß entsprechend seinem Heuervertrag abmustern, bleibt aber gegen eine besondere Vergütung bis zum Heimathafen an Bord. 1846 kehrt er nach achteinhalb Jahren Abwesenheit wieder nach Hause zurück (S. 7). Er soll nun seinen Wehrdienst in der dänischen Marine leisten, findet jedoch noch rechtzeitig eine Heuer als Steuermann auf dem Schiff seines Nachbarn, die Reise endet mit dem Untergang des Schiffs (S. 7). Aufgrund einer Konjunkturflaute hat Kroß Probleme, eine neue Heuer zu finden, wird aber nach längerer Arbeitslosigkeit Steuermann auf einem Hamburger Auswandererschiff (S. 8). In New York desertieren fünf Seeleute. Da Seeleute knapp und die Heuern hoch sind, werden nur drei Ersatzleute angeheuert. Danach geht Kroß mit dem Schiff auf Reisen in der europäischen Frachtfahrt und nach Mittelamerika (S. 8). 1849 wechselt er in Hamburg als Steuermann auf ein Altonaer Schiff und fährt wieder in der internationalen Frachtfahrt (S. 11). Während der schleswig-holsteinischen Erhebung von 1848 bis 1852 berichtet Kroß von starken Beeinträchtigungen der Schiffahrt (S. 10f.). Er wechselt 1852 auf ein anderes Schiff derselben Reederei und wird 1853 von den Reedern zum Kapitän eines Schoners befördert (S. 12).

Mit dem Schoner geht Kroß zunächst auf Frachtfahrt nach Südamerika (S. 12f.). Als Kapitän ist Kroß unter anderem auch für Frachtschließung zuständig (S. 12, 23, 26 und 34f.). 1854 wird das Schiff von der Reederei für mehrere Jahre nach China verchartert (S. 13–19), wobei Kroß u.a.von Piratenüberfällen in chinesischen Gewässern berichtet. (S. 15). Nach 37 Monaten Charterfahrt in Asien entschließt sich Kroß zur Rückkehr nach Europa. Nach seiner Ankunft 1858 wünschen die Reeder zunächst, daß Kroß wieder nach China geht, er willigt nach einigem Zögern schließlich in eine Frachtfahrt nach Australien ein, wobei er unter der Order der Befrachter steht (S. 14ff.). Während dieser Reise fahren seine Neffen bei ihm an Bord (S. 20). In Australien schließt Kroß eine Monatscharter ab (S. 22) und geht eine Zeitlang in der Südsee auf Frachtfahrt, da keine Rückfracht nach Europa zu finden ist (S. 24). Er kauft schließlich eine Ladung Kohlen auf Rechnung seines Reeders (S. 24), mittels seiner Korrespondenten kann die Ladung bereits vor seiner Ankunft verkauft werden. Aufgrund von Krankheit und anderen Umständen hat Kroß bei dieser Reise zu wenig Leute an Bord (S. 25).

1861 kehrt Kroß aus der Südsee zurück (S. 28). Da er offensichtlich ein Kapitän von gutem Ruf ist, bekommt er verschiedene Angebote anderer Reedereien, bleibt jedoch bei seiner alter Reederei, weil die Reeder ein neues und größeres Schiff für ihn gekauft haben. Kroß übernimmt 1861 das Kommando über sein neues Schiff, mit dem er wieder in der Indien- und Chinafahrt tätig wird (S. 28ff.), er geht auf der Suche nach Fracht auch auf Ballastfahrten (S. 32). Kroß entläßt seinen Ersten Steuermann, nachdem dieser eine Kollision verursacht hat, und befördert statt dessen den Zweiten Steuermann (S. 31f.). Dieser Steuermann bleibt sehr lange bei Kroß (S. 38f.) und wird später sein Nachfolger als Kapitän (S. 41).

1864 kehrt Kroß von Hongkong über New York und Bristol nach Hamburg zurück (S. 33). Danach geht er wieder auf eine Reise nach Australien. Da aber zu wenig Fracht an Bord ist, kaufen die Reeder zusätzliche Waren, um die Ladung zu komplettieren (S. 33f.). Nach dem Ende des deutsch-dänischen Kriegs erfolgt ein Flaggenwechsel von der dänischen zur preußischen Flagge (S. 33). Später geht Kroß erneut auf eine Frachtreise nach Melbourne (S. 33) und ist auch weiterhin in der internationalen Frachtfahrt, u.a. zwischen Südamerika und China, tätig. Er geht in Südostasien auf Frachtsuche und kehrt schließlich über England nach Hause zurück (S. 33ff.). 1867 geht Kroß wieder auf eine Reise nach Australien. Unterwegs beginnt das Schiff zu lecken. Da jedoch die Pumpen die eindringenden Wassermengen bewältigen können, entscheidet Kroß zusammen mit dem Steuermann, den Bestimmungsort wie geplant anzusteuern und auf das Anlaufen eines Nothafens zu verzichten (S. 38f.). Dort angekommen, muß das Schiff in die Werft, er deckt Kosten mit dem Frachtertrag, später werden die Auslagen durch die Versicherung ersetzt (S. 39). Nach der Rückreise nach Europa gibt Kroß 1868 in Liverpool sein Kommando wegen seines schlechten Gesundheitszustands ab, auf seine Empfehlung hin wird sein langjähriger Steuermann sein Nachfolger als Kapitän (S. 41).

Kroß hat sich bereits 1858 verlobt (S. 20), heiratet aber erst 1861 nach dem Ende seiner langen Auslandscharter (S. 28). Er erwähnt, daß alle seine Schwestern Kapitäne geheiratet haben (S. 2). Er verfaßt seine Memoiren als private, nicht zur Veröffentlichung bestimmte Lebenserinnerungen (S. 1) und stirbt am 19. Juni 1910 in Burg auf Fehmarn (S. 1).

K. J. KUIPERS wird um 1778 in Obergum in den Niederlanden geboren (S. 7 und 21).

Kuipers will bereits in jungen Jahren Seemann werden. Er fährt zunächst drei Jahre auf einem Binnenschiff und macht ca. 1793, mit 15 Jahren, seine erste Seereise in der europäischen Frachtfahrt nach London und Irland. Er wechselt 1794 auf ein Schiff unter neutraler Flagge (S. 21ff.), mit dem er auf Saisonfahrt in der Ostsee geht (S. 23). Da nach dem Kriegsausbruch zwischen Großbritannien und den Niederlanden 1795 die Schiffahrt am Boden liegt, leistet Kuipers als Pontonnier auf dem Rhein auf Seiten Frankreichs Kriegsdienst gegen Österreich (S. 25ff.). Nach seiner Rückkehr nach Rotterdam fährt Kuipers wieder als Seemann in der europäischen Frachtfahrt (S. 29f.). Nach einer Winterpause trifft er 1797 einen ihm bekannten Kapitän, der ihn als Matrose in der Ostseefahrt anheuert (S. 31ff.). 1798/99 überwintert Kuipers mit seinem Schiff in Frankreich und macht 1799 wieder Reisen nach Norwegen und in die Ostsee (S. 35f.) 1800/01 nimmt er an einer Winterreise in der Nordsee teil (S. 40ff.). 1801 macht Kuipers wieder eine Winterpause und findet 1802 eine Heuer als Steuermann auf einem kleineren Schiff in der Ostseefahrt. Er mustert jedoch ab, um Steuermann auf einem größeren Schiff zu werden. An Bord stellt Kuipers fest, daß der Mast des Schiffs beschädigt ist. Es soll nach der Reparatur auf eine Winterreise in die Ostsee gehen. Dazu ist die Mannschaft aber nicht bereit und heuert ab, weshalb die Reise schließlich ausfällt. Kuipers selbst bleibt an Bord und geht 1803 wieder auf Ostseefahrt (S. 44ff.). Bei einem Heuerstreit will der Reeder die Mannschaft trotz einer schriftlichen Bestätigung ihrer Ansprüche durch den Kapitän nicht auszahlen. Die Seeleute verklagen den Reeder vor dem Handelsgericht und bekommen recht (S. 50f.). Kuipers wird später von seinem Kapitän für ein eigenes Kommando vorgeschlagen, er lehnt das Angebot aber wegen einer Krankheit ab und bleibt zunächst Steuermann bei seinem Kapitän (S. 54ff.). Das Schiff wird jedoch 1805 aufgelegt und Kuipers abgemustert. (S. 56).

1805 wird Kuipers Steuermann auf einem neutralisierten Schiff unter preußischer Flagge (S. 57ff.), nach dem Kriegsausbruch zwischen Frankreich und Preußen kommt aber auch die neutralisierte Fahrt zum Erliegen, und Kuipers gerät, da er unter preußischer Flagge gefahren ist, in französische Kriegsgefangenschaft (S. 59ff.). 1807 kommt er frei, sucht eine neue Heuer und findet eine Stelle als Steuermann auf einem neutralisierten Schiff unter Papenburger Flagge. Auch mit der Fahrt unter neutraler Flagge ist wegen des Kriegs ein hohes Risiko verbunden. Das Schiff wird von einem englischen Kaperschiff aufgebracht, Kuipers aber mit seinem Schiff aufgrund der Entscheidung des Prisengerichts wieder freigelassen (S. 75ff.). Kuipers findet nach seiner Rückkehr wieder eine neue Heuer und erhält unterwegs als Vertretung seines Kapitäns das zeitweilige Kommando. Nach seiner Rückkehr bekommt Kuipers das Kommando auf einem Kaperschiff angeboten, er lehnt aber dankend ab, da ihm dieses Geschäft nicht liegt (S. 78). Nach einer Winterpause 1807 bleibt Kuipers 1808 wegen der Kontinentalsperre zu Hause, fährt aber 1809 wieder als Steuermann auf einem niederländischen Schiff für englische Rechnung und unter britischem Konvoischutz in der Ostseefahrt (S. 80ff.). 1809/10 überwintert er mit dem Schiff in London und fährt mit diesem auch im folgenden Jahr als Steuermann in der Nordseefahrt, wobei der Kapitän des Schiffs sich mit Kuipers über den besten Kurs berät (S. 82ff.). Später geht er mit einem anderen Schiff als Erster Steuermann auf eine Reise nach Archangelsk (S. 84).

Wegen des Kriegs in England abgemustert, geht Kuipers 1811 als Matrose auf ein englisches Schiff, da die Fahrt unter niederländischer Flagge nicht länger sicher ist (S. 87ff.). Er lernt an Bord Englisch und wird daher zum Zweiten Steuermann befördert, wechselt aber später, ebenfalls als Zweiter Steuermann, auf ein anderes englisches Schiff (S. 90ff.). Nachdem der Kapitän wegen des schlechten Zustands des Schiffs nach London geschrieben hat, befragt ein Vertreter der Reeder die Seeleute über die Seetüchtigkeit des Schiffs (S. 92). Noch im gleichen Jahr heuert Kuipers als Seemann auf einem amerikanischen Schiff in der Guineafahrt an (S. 93). Kuipers und ein Kamerad verlassen das Schiff nach einem Streit mit dem Kapitän, doch als dieser sie bittet, zurückzukommen, kehren die beiden an Bord zurück (S. 94f.). 1812 fährt Kuipers auf einem französischen, mit einem Kaperbrief versehenen Handelsschiff, einem sogenannten Letter-of-Marque, von den USA nach Frankreich (S. 99ff.) und heuert nach seiner Rückkehr in die Niederlande wieder auf einem niederländischen Schiff an (S. 100f.). 1813 wird Kuipers abgemustert, findet aber eine neue Heuer als Matrose auf einem Schiff, das durch eine Sondergenehmigung, eine sogenannten »Lizenz«, Handelsbeziehungen mit dem Feind unterhalten darf (S. 103). Erst 1814 findet Kuipers wieder eine Heuer als Erster Steuermann (S. 107ff.) und erhält 1815 ein Heuerangebot von einem ihm bekannten Kapitän als Steuermann auf einem Westindienfahrer (S. 112). Erst 1816, nach dem Ende des Kriegs, kehrt Kuipers nach acht Jahren wieder nach Hause zurück (S. 115) und geht 1817 und 1818 als Steuermann wieder auf Saisonfahrt in die Ostsee (S. 115ff.). 1819 kauft Kuipers einen Anteil an einem Küstenfahrer und führt diesen 21 Jahre als Kapitän (S. 121).

Kuipers heiratet 1819 (S. 120f.). Er stirbt nach 1844 (S. 7), nachdem er seine Memoiren veröffentlicht hat (S. 7 und 19).

GEORGE LITTLE wird am 13. September 1792 in Roxbury im amerikanischen Bundesstaat Massachusetts als Sohn eines Seemanns der US-Navy geboren (S. 1). Mit neun Jahren kommt Little auf eine Grammar School (S. 2).

Er hört sich gerne die Geschichten eines alten Seemann an und möchte, obwohl sein Vater ihn davon abbringen will, ebenfalls diesen Beruf ergreifen (S. 3). Little wird zunächst Kaufmannsgehilfe bei einem entfernten Verwandten, ist aber in diesem Beruf unzufrieden (S. 4f.). Er sucht sich daher eine Heuer, doch ist seine Familie wenig erfreut über seine Entscheidung. Obwohl auch der Kapitän Little bittet, sich seinen Entschluß noch einmal genau zu überlegen, geht dieser 1807 auf seine erste Reise nach China (S. 6ff.). Er berichtet, daß die Seeleute stolz auf die Ordnung und Sauberkeit an Bord des Schiffs sind (S. 10). Der Kapitän, laut Little ein guter Mensch und ein fähiger Kommandant, ist für die Besatzung mehr Vater als Herr an Bord und hat ein enges Vertrauensverhältnis zum Ersten Maat (S. 12). Bei Reisebeginn hält der Kapitän eine Ansprache vor seiner Mannschaft und ruft die Seeleute zum Gehorsam, zur Pflichterfüllung, zum Respekt vor den Offizieren und zu einer guten Behandlung der Schiffsjungen auf und bietet den Seeleuten an, sie in Navigation zu unterrichten (S. 15). Auch die Offiziere geben ihre Navigationskenntnisse an die Besatzung weiter (S. 23). Trotz außerdienstlicher Kontakte des Zweiten Maats mit der Mannschaft herrscht strikte Disziplin an Deck (S. 24). Der Kapitän genießt den Respekt und das Vertrauen seiner Seeleute (S. 32), die seinen Befehlen willig gehorchen (S. 46). Während einer Schmuggelfahrt an die peruanische Küste berät sich der Kapitän mit seinen Offizieren über die Möglichkeiten, der Kontrolle der spanischen Behörden zu entgehen und faßt zusammen mit diesen den gemeinsamen Beschluß, einen kleinen Hafen anzulaufen (S. 43). Nach einem Konflikt zwischen dem Ersten und dem Dritten Maat setzt der Kapitän letzteren wegen Insubordination ab (S. 111).

Erst nach 28 Monaten kehrt Little zurück (S. 141) und findet 1810 über einen Bekannten sogleich eine Heuer als Zweiter Maat für eine Reise nach Südamerika. Obwohl er ein Empfehlungsschreiben seines vorigen Kapitäns besitzt, hat er Bedenken wegen seiner mangelnden Qualifikation, wird aber dennoch angemustert (S. 143f.). Der Kapitän des Schiffs ist zwar ein kompetenter und guter Seemann und erwartet gute Seemannschaft von seiner Besatzung, hat aber nur eine geringe Bildung, rauhe Manieren und eine Neigung zum Alkohol (S. 146ff.). Der Erste Maat dagegen ist gebildet, wird aber, da er ein schlechter Seemann ist, von der Mannschaft nur wenig geachtet (S. 146). Von Little als Zweitem Maat wird erwartet, daß er mit in den Mast geht und alle seemännischen Arbeiten erledigen kann (S. 146ff.). Als durch die Schuld des Kapitäns unnötige Arbeiten erforderlich werden, gibt es Unfrieden an Bord, wodurch die Offiziere in eine unangenehme Situation geraten (S. 149f.). Als Maat muß Little zur Aufrechterhaltung der Disziplin widerwillig körperliche Gewalt einsetzen (S. 150). Little macht während der Reise auch eigene Geschäfte mit seiner Führung (S. 152). Er beendet später in Brasilien im gegenseitigen Einvernehmen mit dem Kapitän das Arbeitsverhältnis (S. 152f.).

Er wird zunächst Kaufmannsgehilfe bei einigen Bekannten in Rio de Janeiro und erhält danach das Kommando auf einer Brigg, die Bekannte von ihm in der südamerikanischen Küstenfahrt bereedern (S. 152f.). Als wegen der Schulden der Reeder das Schiff verkauft wird, muß Little sein Kommando jedoch wieder aufgeben. Da Little seinen Reedern auch sein eigenes Geld anvertraut hatte, verliert er bei deren Bankrott all seine Ersparnisse (S. 153ff.). Nach seiner Rückkehr bei Ausbruch des englisch-amerikanischen Krieges 1812 wird Little Erster Maat auf einem amerikanischen Kaperschiff. Er wechselt als Erster Maat auf ein Handelsschiff mit Kaperbrief (S. 172ff.). Nach dessen Aufbringung heuert er aus materieller Not wieder auf einem Kaperschiff als Prisenmeister an (S. 180ff.). Als das Schiff ein englisches Kaperschiff sichtet, berät sich der Kapitän mit seinen Offizieren, handelt aber entgegen ihrer Empfehlung (S. 186f.). Da der Kapitän jedoch die Situation falsch eingeschätzt hat, wird das Schiff aufgebracht, und Little gerät in englische Kriegsgefangenschaft (S. 188ff.). Durch einen Gefangenenaustausch kommt Little wieder frei und reist als Passagier an Bord eines amerikanischen Schiffs nach Hause. Als der Kapitän den Ersten Maat unterwegs wegen Unfähigheit entläßt, wird Little als Nachfolger angeheuert (S. 204ff.). Bei seiner Rückkehr verläßt Little das Schiff und muß feststellen, daß er durch den Betrug seines Prisenagenten sein in der Kaperfahrt erworbenens Vermögen verloren hat (S. 206). 1815 geht Little als Zweiter Maat auf eine Reise nach Europa, wobei der Erste Maat ein Neffe des Kapitäns ist (S. 208). Der Kapitän ist bei einem Sturm mehrere Tage an Deck, hat aber die Lage unter Kontrolle (S. 213). Später erhält Little verschiedene Angebote als Maat (S. 217), bleibt aber bei seinen Reedern (S. 225). 1817 tritt Little eine ihm persönlich versprochene Stelle als Erster Maat auf einem Indienfahrer an (S. 232).

1818 wird er durch seine Reeder zum Kapitän des Indienfahrers befördert (S. 240). Little behandelt seine Seeleute als Kapitän gut und human, die Mannschaft ist willig und gehorsam, und er macht fast ausschließlich gute Erfahrungen mit diesem Führungsstil (S. 244f.). Little wechselt 1819 das Schiff, bleibt aber bei derselben Reederei (S. 247). Little fungiert gleichzeitig als Kapitän und Supercargo. Der Grad seiner Verantwortung ist daher so groß wie nie zuvor und sorgt für eine beträchtliche psychische Belastung (S. 247ff.). Little bekommt trotz der guten Behandlung seiner Mannschaft Disziplinprobleme an Bord, da seine Offiziere unfähig und die Seeleute widerspenstig sind (S. 249). Little wird von einem anderen Kapitän vor seinem Ersten Maat gewarnt, der bei Ladungsdiebstahl und Fälschungen ertappt wird (S. 250f.). Später hat Little wieder Probleme mit seinen Offizieren. Sein Zweiter Maat ist so unfähig und respektlos, daß er ihn schließlich absetzt (S. 257). Zu Weihnachten haben sich die Seeleute Alkohol aufgespart und sind daher völlig betrunken. Als die Mannschaft die notwendige Schiffsarbeit verweigert, oder, wie Little es ausdrückt, meutert, kann er sich nur durch die Anwendung körperlicher Gewalt durchsetzten. Nachdem er seine Autorität unter Beweis gestellt hat, hat Little keinerlei Probleme mehr mit den Seeleuten (S. 258). Little beendet schließlich das Arbeitsverhältnis, da er mit seiner Entlohnung unzufrieden ist. Er hat keinen schriftlichen Vertrag, und die Reederei zahlt weit unter dem üblichen Tarif (S. 261ff.). Little bemerkt, daß für die Beförderung zum Kapitän gute Verbindungen, aber auch eine gute Reputation wichtig sind (S. 262).

Er findet 1822 keine Kapitänsheuer und fährt daher wieder als Erster Maat, wenngleich ihm nach seiner Rückkehr ein eigenes Kommando in Aussicht gestellt wird. An Bord herrscht schlechte Stimmung. Obwohl Little ihn auf die knappen Vorräte hinweist, beharrt der Kapitän darauf, daß der Proviant ausreichend sei. Nachdem aber unterwegs die Rationen gekürzt werden müssen, kommt es deshalb und wegen der allgemein schlechten Behandlung der Seeleute an Bord zur Desertion der Besatzung (S. 262ff.). Wie versprochen, bekommt Little eine neue Kapitänsstelle und geht auf eine Reise in den Pazifik (S. 263ff.). Er bekommt nach einer verlustreichen Fahrt Schwierigkeiten mit seinen Reedern, obwohl er strikt nach deren schriftlichen Anweisungen gehandelt hat, und wird nur dank der von ihm vorgelegten Ladungsquittungen nicht in Regreß genommen (S. 280).

Wegen des Streits mit seinen Reedern kauft er 1824 einen eigenen Schoner, mit dem er auf Westindienfahrt geht. Dabei trägt er die Verantwortung sowohl für das Schiff als auch für die Ladung. Little führt sein Schiff nach biblischen Prinzipien. Er behandelt seine Seeleute gut, hält aber zugleich strikte Disziplin an Bord (S. 281ff.). Little hat mit seinem Führungsstil Erfolg und über mehrere Fahrten eine fähige und treue Crew an Bord (S. 285). Bei einer Reise wird Littles Schiff von als Passagiere getarnten Piraten überfallen. Es gelingt der Besatzung, die Seeräuber zu überwältigen, die nach der Ankunft in New Orleans den dortigen Behörden übergeben werden (S. 282ff.). Später muß Little das Schiff wegen einer Augenkrankheit wieder verkaufen. Nach seiner Genesung fährt Little wieder als Setzschiffer (S. 289ff.); 1826 zwingen ihn seine Augenprobleme endgültig zur Aufgabe der Seefahrt (S. 302ff.).

Little ist religiös und seine Haltung von Gottvertrauen geprägt (S. 304), er heiratet 1818 nach seiner Beförderung zum Kapitän (S. 240) und stirbt nach 1848 (S. X).

JACOB NAGLE wird am 15. September 1761 in Reading in der damaligen englischen Kolonie Pennsylvania (S. 346) als eines von vier Kindern einer deutschstämmigen Familie geboren (S. XVII). Sein Vater dient als High Sheriff und Offizier im amerikanischen Unabhängigkeitskrieg (S. 5ff.)

Nagle tritt während des amerikanischen Unabhängigkeitskriegs 1777 in die amerikanische Armee ein (S. 5ff.). Da er aber zur See gehen will, heuert er 1780 auf einem amerikanischen Kaperschiff an (S. 17ff.). Ein Seemann beklagt sich wegen der schlechten Behandlung durch einen Prisenmeister beim Eigner des Schiffs. Die anschließende Untersuchung durch die örtlichen Behörden, bei der auch die Besatzung des Schiffs verhört wird, kommt zu dem Schluß, daß die Beschwerde des Seemanns berechtigt ist, worauf der Prisenmeister zur Strafe seinen Anteil am Prisengeld verliert (S. 28f.). Nagle wechselt das Schiff und klagt über den rohen Kapitän, der seine Seeleute schlägt und sich nach dem Untergang des Schiffs unter Zurücklassung seiner Mannschaft rettet. An Land angekommen, wird der Kapitän von einem Seemann verprügelt (S. 29ff.).

Nagle heuert jetzt auf einem Handelsschiff an (S. 29ff.) und berichtet wiederholt, daß er sich wegen der alltäglichen Gewalt unter den Seeleuten auch hier an Bord körperlich durchsetzen muß (S. 49, 70 und 306). Ebenso erzählt er von der Streitbeilegung unter Seeleuten durch einen fairen Kampf (S. 69f. und 274f.). Nach der Aufbringung des Schiffs kommt Nagle auf St. Kitts in englische Gefangenschaft (S. 46ff.). Obwohl die Insel von den Franzosen erobert wird, wird Nagle als vermeintlicher Brite weiter gefangengehalten, später im Rahmen eines Gefangenenaustauschs auf ein britisches Kriegsschiff gebracht und an Bord sogleich dienstverpflichtet (S. 57ff.). Nagle berichtet von der schlechten, harten und teilweise brutalen Behandlung der Seeleute in der Royal Navy (S. 58, 62 und 73), aber auch von einer guten Behandlung durch britische Marineoffiziere (S. 172ff.). 1787 nimmt Nagle an einer Australienreise teil (S. 85ff.). 1792 aus der Royal Navy entlassen, will Nagle wieder nach Amerika zurückkehren, wird aber bei Ausbruch des Kriegs mit Frankreich erneut zum Marinedienst gepreßt (S. 160ff. und 172ff.). 1794 desertiert Nagle aus der Royal Navy und findet eine Heuer auf einem englischen Indienfahrer. Nach einem Desertionsversuch wird er mit seinen Kameraden in Eisen gelegt, der Kapitän des Indienfahrers will den Seeleuten zwar vergeben, doch als ihn einer der Deserteure auslacht, läßt er die Seeleute auspeitschen (S. 177ff.). 1795 meldet sich Nagle freiwillig zum Dienst auf einem Transportschiff der Royal Navy und erhält eine Protektion, die ihn vor den Preßkommandos der Royal Navy schützt (S. 184ff.). Als ihn ein Bekannter zur Desertion und zur Annahme einer neuen Heuer bewegen will, lehnt Nagle ab (S. 190). Er wird gegen seinen Willen an Bord zum Bootsmannsmaaten befördert

(S. 196). Später wird Nagle auf eine Fregatte der Royal Navy versetzt (S. 199). Als ein neuer Kapitän mit dem Ruf eines Schinders an Bord versetzt wird, kommt es zu einer Meuterei. Erst Kommodore Horatio Nelson gelingt die Beilegung des Konflikts, nachdem er die Mannschaft für ihre gute Leistung und ihren ausgezeichneten Ruf lobt und ihr verspricht, persönlich die Behandlung der Seeleute zu überwachen (S. 209ff.). Nach dem Einlaufen in einen englischen Hafen richtet die Mannschaft jedoch eine Petition an die Admiralität, in der sie um die Ablösung des Kapitäns bittet (S. 211). 1798 wird Nagle auf einen Schoner der Royal Navy versetzt und zum Quartermaster und Prisenmeister befördert (S. 218ff.). Er berichtet von der außergewöhnlich guten Behandlung an Bord des Schoners, dessen Kommandant trotz des Kriegs keine Probleme hat, Seeleute zu finden (S. 237). 1801 tut er Dienst als Master's Mate und erhält das Angebot, Sailing-Master auf einem britischen Linienschiff zu werden. Da es aber Aussicht auf Frieden gibt, lehnt Nagle den Vorschlag ab. Nagle besitzt höhere Navigationskenntnisse und kann mit einem Sextanten umgehen (S. 311).

1802 wird Nagle aus der Royal Navy entlassen (S. 244) und kehrt nach 24 Jahren Abwesenheit nach Amerika zurück (S. 249ff.). Er findet Heuern in der Handelsschiffahrt und macht Reisen auf verschiedenen Schiffen (S. 252ff.). Ein Handelsschiffskapitän teilt zu geringe Proviantrationen aus. Nach der Rückkehr zeigt ihn der Maat deswegen bei dem Reeder an, der den Kapitän daraufhin entläßt (S. 252). Nagle macht mehrere Reisen mit demselben Kapitän (S. 250f. und 254ff.), fährt einmal aber auch mit einem üblen Schinder (S. 257f.). Einmal lehnt Nagle ein Heuerangebot ab, da er im Zweifel über den Charakter des Kapitäns ist (S. 258). 1806 findet er in London über einen Heuerbaas eine Stelle auf einem englischen Indienfahrer (S. 262ff.), danach, wieder über einen Heuerbaas, eine Stelle auf einem Handelsschiff (S. 274). Die Mannschaft erweist sich als aufsässig und der Zimmermann, Anführer der renitenten Seeleute, prügelt sich sogar mit dem Ersten Maat. Als die Mannschaft nach Ablauf des Heuervertrags noch eine Fahrt machen soll, verlangen die Seeleute eine Extralöhnung und verweigern das Auslaufen. Der Kapitän schickt die Seeleute daraufhin zum Reeder des Schiffs, wobei Nagle als Sprecher für die Seeleute fungiert. Während des Gesprächs mit den Matrosen wird der Reeder wütend und will Nagle pressen lassen. Er läßt Nagle auf einen Preßtender der Royal Navy bringen, doch da Nagle über einen Schutzpaß verfügt, wird er am folgenden Tag wieder an Land gebracht. Der Streit endet mit einer Vorladung des Reeders vor Gericht; nun erst werden die Seeleute ausbezahlt. Nachdem der Reeder vom Kapitän des Schiffs erfährt, daß Nagle nur der Sprecher und nicht der Rädelsführer der Seeleute gewesen ist und überdies während der Reise das Schiff gerettet hat, entschuldigt er sich bei Nagle. (S. 276ff.). Anschließend fährt Nagle zur Verwunderung seiner Kameraden als Kanonier auf einem Handelsschiff mit Kaperbrief, dessen Kapitän einen ausgesprochen schlechten Ruf unter Seeleuten hat (S. 282ff.). Er ist jedoch nach Nagle der beste Kapitän, mit dem er je gefahren ist (S. 287). Nagle wird später von seinem Kapitän weiterempfohlen (S. 287 und 298) und fährt wieder in der englischen Handelsschiffahrt (S. 287ff.). Obwohl er Differenzen mit einem Maat hat (S. 288), ist die Behandlung an Bord sehr gut (S. 291f.). Um endlich nach Amerika zurückzukehren, wechselt Nagle schließlich auf ein amerikanisches Schiff (S. 296). Nach seiner Ankunft in New York 1810 heuert Nagle für eine Reise nach Südamerika an (S. 302ff.). Unterwegs wird ein Maat wegen seines Alkoholkonsums und eines Streits mit dem Kapitän entlassen (S. 308). Das Schiff fährt unter anderem in der Küstenfahrt in Südamerika, da die Heuer zu niedrig ist, heuert Nagle schließlich ab (S. 316ff.) und bleibt bis 1819 in Brasilien (S. 310ff.). Er fährt für eine geringe Heuer in der brasilianischen Küstenfahrt und kehrt 1822 an Bord einer amerikanischen Fregatte nach Amerika zurück (S. 317f.).

Nach seiner Rückkehr in die USA macht Nagle Reisen auf verschiedenen Schiffen (S. 318ff.), er verläßt u.a. ein Schiff wegen der schlechten Behandlung durch den Kapitän (S. 320). 1824 gibt er mit 63 Jahren die Seefahrt wegen Alters und Krankheit auf (S. 323ff.), er zieht zunächst umher und erhält dann eine Pension als Veteran des amerikanischen Unabhängigkeitskriegs. Dennoch stirbt Nagle am 17. Februar 1841 verarmt in Canton im amerikanischen Bundesstaat Ohio (S. 321ff. und 347f.). Er hat seine Memoiren als private, nicht für die Veröffentlichung bestimmte Lebenserinnerungen verfaßt (S. XI).

JOACHIM NETTELBECK wird am 20. September 1738 in Kolberg, Preußen, als Sohn eines Brauers und Branntweinbrenners geboren (S. 13). Er besucht die Schule in Kolberg (S. 18ff.).

Bereits in jungen Jahren will Nettelbeck Seemann werden (S. 13 und 19) und beginnt deshalb schon als Kind, Navigation zu lernen (S. 19ff.). 1750 wird er mit elf Jahren Kajütsjunge auf dem von seinem Onkel geführten Schiff (S. 23f.). Da nach allgemeiner Meinung nur Seeleute, die auf niederländischen Schiffen gefahren haben, als erfahrene Matrosen gelten können, desertiert Nettelbeck noch während der ersten Reise in Amsterdam auf ein niederländisches Sklavenschiff. Um den Kapitän des Sklavenschiffs von einer Rücksprache mit seinem Onkel abzuhalten, erzählt Nettelbeck, er sei von diesem mißhandelt worden (S. 23f.). Nach seiner Rückkehr meldet sich Nettelbeck brieflich bei seinen Eltern, die ihn für tot gehalten haben. 1752, nach seiner Konfirmation, geht Nettelbeck auf verschiedenen Kolberger Schiffen auf Frachtfahrt in der Nord- und Ostsee (S. 30ff.).

1754 wechselt Nettelbeck auf ein niederländisches Schiff und geht auf eine Reise nach Surinam. Beim Tod des Steuermanns wird Nettelbeck zum Untersteuermann befördert (S. 31f.). Nach seiner Rückkehr 1755 geht er mit einem anderen niederländischen Schiff für eine Reise nach Curaçao (S. 34f.). Dann kehrt er auf Wunsch seiner Eltern nach Kolberg zurück und fährt später als Steuermann bei seinem Onkel (S. 36ff.). Trotz des hohen Risikos geht Nettelbeck auf eine Winterfahrt. Das Schiff scheitert vor der niederländischen Küste, wobei Nettelbecks Onkel ertrinkt. Zwar kann er selbst kaum mehr als sein Leben retten, doch gilt Nettelbeck aufgrund des guten Leumunds, den seine Familie genießt, als kreditwürdig und kann sich daher bei dem Agenten seines Reeders Geld für die Rückreise leihen (S. 49ff.). Von Kolberg flieht Nettelbeck 1757 vor dem Dienst in der preußischen Armee (S. 61ff.) und findet aufgrund eines Mangels an qualifizierten Steuerleuten eine Heuer als Steuermann auf einer Jacht in der Nordseefahrt (S. 69f.); das Schiff wird unterwegs von einem englischen Kaperschiff angehalten und ausgeplündert (S. 71ff.). 1760 findet Nettelbeck eine Heuer als Zweiter Steuermann auf einem niederländischen Schiff, das von den Briten aufgebracht und als gute Prise kondemniert wird. Daher muß Nettelbeck notgedrungen auf einem englischen Schiff in der Ostseefahrt anheuern. In Danzig kann Nettelbeck das Schiff verlassen und nach Kolberg zurückkehren (S. 79f.).

1760 wird Nettelbeck Steuermann auf einem Schiff, dessen Kapitän nur unzureichende Navigationskenntnisse besitzt und sein Kommando allein aufgrund verwandtschaftlicher Beziehungen erhalten hat (S. 83ff.). Nach dem Tod des Kapitäns übernimmt er das Kommando für den Rest der Reise (S. 86ff.). Er wird der Unterschlagung verdächtigt und deshalb nicht als Nachfolger des verstorbenen Kapitäns eingesetzt. Aufgrund seiner ruinierten beruflichen Reputation wird Nettelbeck jetzt mit Hilfe seines Schwiegervaters, von dem er die Hälfte eines Kahns kauft, notgedrungen Schifferreeder in der Küstenfahrt (S. 90ff.) und kauft später ein kleines Seeschiff, mit dem er auf Frachtfahrt geht (S. 94ff.). Durch einen glücklichen Zufall werden die vermißten Wertsachen wieder aufgefunden und Nettelbeck kann seinen Leumund wieder herstellen. Nach dem Verkauf seines Schiffs läßt sich Nettelbeck 1763 ein größeres Fahrzeug bauen, mit dem er ebenfalls auf Frachtfahrt geht (S. 115ff.).

Nach dem Ende des Siebenjährigen Kriegs 1762 herrscht eine Konjunkturflaute, es ist kaum Fracht zu finden (S. 130). Als Nettelbeck erkrankt, muß er einen Setzschiffer für sein Schiff anheuern. Dieser stellt sich jedoch als Betrüger heraus, der unterwegs Ausrüstungsteile verkauft, Kredite und Bodmereien aufnimmt und das dadurch eingenommene Geld veruntreut. Nettelbeck muß als Besitzer des Schiffs für den entstandenen Schaden aufkommen (S. 131–140). Auch mit der Besatzung des Schiffs hat Nettelbeck Schwierigkeiten. Die Seeleute sind unwillig und wollen nach seinem Versuch, sie zu disziplinieren, desertieren. Nettelbeck kann die Seeleute zwar an Bord zurückbringen und versucht, sie durch gutes Zureden und das Versprechen, alles Vorgefallene zu verzeihen, zur Kooperation zu bewegen, (S. 140ff.), als er jedoch von Bord geht, schlagen die Seeleute den Steuermann nieder und desertieren, nachdem sie das Schiff ausgeraubt haben (S. 142ff.).

Nettelbeck hebt hervor, daß für einen Schifferreeder neben den notwendigen seemännischen Qualifikationen vor allem kaufmännische Kenntnisse und erhebliches Geschick notwendig seien (S. 149). Nach einer Havarie wird Nettelbeck durch seinen Versicherungskorrespondenten betrogen, der die Prämienzahlungen unterschlagen und keine Versicherung abgeschlossen hat. Zur Deckung der für die Reparatur des Schiffs aufgenommenen Kredite wird das Schiff verkauft und Nettelbeck wirtschaftlich ruiniert (S. 154ff.).

Nettelbeck wird, da er wegen der anhängigen Prozesse nicht auf Große Fahrt gehen kann, Setzschiffer auf einem Leichter in der Küstenfahrt (S. 157ff.). 1769 dient er für kurze Zeit als Kapitän in königlich preußischen Diensten (S. 158ff.). Aus dem königlichen Dienst entlassen, lehnt er mehrere Angebote, eine Jacht zu führen, ab und wird für kurze Zeit Navigationslehrer in Kolberg (S. 162ff.). Da er dort keine adäquate Heuer finden kann, geht Nettelbeck 1771 wieder in die Niederlande und fährt als Erster Steuermann auf einem niederländischen Sklavenfahrer (S. 164). Nettelbeck bemerkt, daß auf niederländischen Schiffen die Bestrafung von Seeleuten in einem geordneten Verfahren erfolge, während auf englischen Schiffen durch die direkte Disziplinierung von Seeleuten Willkür herrscht (S. 166f.). Unterwegs gerät er nach einem erfolglosen Versuch, ein infolge einer Sklavenmeuterei ohne Besatzung vor Anker liegendes englisches Sklavenschiff als Prise aufzubringen, mit seinem dem Alkohol zugeneigten Kapitän in Streit, da dieser mit Nettelbecks Verhaltensweise nicht einverstanden ist (S. 219ff.). In Surinam angekommen, übernimmt Nettelbeck gegen den Willen seines Kapitäns auf Befehl des niederländischen Gouverneurs das Kommando auf einem Sklavenschiff, dessen Kapitän erkrankt ist (S. 225ff.). Um die Sklaven zu verkaufen, reist Nettelbeck mit dem Schiff in die Karibik. Hier trifft er auf das Schiff seines befreundeten Kapitäns, der jedoch unterwegs verstorben ist. Da sich der Steuermann nicht zutraut, das Schiff selbst in die Niederlande zurückzuführen, übernimmt Nettelbeck mit der Erlaubnis seines wieder genesenen Kapitäns das Kommando (S. 251f.). Obwohl die Reederei des Schiffs ihn gern weiter beschäftigt hätte, lehnt Nettelbeck ab und wird statt dessen 1774 Offizier in der Royal Navy. Er ist aber von der Brutalität des Dienstes abgestoßen und erbittet bereits nach kurzer Zeit wieder seine Entlassung (S. 251ff.).

In Kolberg wird Nettelbeck 1775 erneut Navigationslehrer und geht später auf Anraten einiger Freunde wieder mit einem eigenen Schiff auf Küstenfahrt. Da seine Reisen jedoch nur wenig einbringen, verkauft er das Fahrzeug schließlich (S. 254ff.). 1776 und 1777 gibt Nettelbeck wieder in seiner Heimatstadt Navigationsunterricht (S. 260). Ab 1778 fährt er wieder als Setzschiffer in der europäischen Frachtfahrt und bekommt anschließend von einem anderen Reeder den Auftrag, in England ein Schiff für ihn zu kaufen (S. 265ff.). Obwohl er ein passendes Fahrzeug findet, kommt der Kauf nicht zustande, da seinem Auftraggeber der notwendige Kredit verweigert wird. Ein Angebot, das Schiff auf eigene Rechnung zu kaufen, lehnt Nettelbeck mit der Bemerkung ab, er sei bereits früher Schifferreeder gewesen und habe damit nur schlechte Erfahrungen gemacht, nicht zuletzt, da er bei seinen Geschäften weitgehend von seinen Korrespondenten abhängig gewesen war (S. 269).

Bei seiner Rückreise von England trifft Nettelbeck 1779 in Stettin auf einen Reeder, der ihm sofort ein Kommando anbietet. Da der Reeder jedoch als schwieriger Mensch gilt, nimmt Nettelbeck das Angebot erst nach Rücksprache mit einigen Bekannten an und geht mit dem Schiff wieder auf europäische Frachtfahrt (S. 272ff.). Unterwegs wird durch den hohen Alkoholkonsum seiner Mannschaft die Sicherheit des Schiffs gefährdet. Zwar kommt es nicht zur offenen Meuterei, doch bricht die Disziplin an Bord zusammen (S. 279). Im Hafen angekommen, mustert Nettelbeck die Seeleute ab, verzichtet aber auf eine offizielle Anklage und beläßt es bei einer bloßen Ermahnung (S. 281). Bei einer Winterreise kann Nettelbeck dagegen seine Mannschaft mit einer Ansprache motivieren, die Reise trotz Eisgangs wie geplant fortzusetzen (S. 296f.). Als Setzschiffer ist Nettelbeck auch für die Frachtschließung zuständig (S. 276ff.). Als Setzschiffer erhält Nettelbeck 10% Kaplaken und die Kajütfracht als zusätzliche Einnahmen (S. 288 und 348). Bei seiner Abrechnung mit dem Reeder ist dieser so zufrieden mit dem Geschäftsgebahren Nettelbecks, daß er ihm eine hohe Gratifikation zahlt (S. 312ff.). Mit Erlaubnis des Reeders betreibt Nettelbeck auch Eigenhandel (S. 314f.). 1782 bekommt er erneut Probleme mit einer renitenten und unwilligen Besatzung. Ermahnungen erweisen sich als nutzlos, Nettelbeck wird sogar tätlich angegriffen und kann seine Autorität nur durch den Einsatz von körperlicher Gewalt wiederherstellen. Er droht der Mannschaft mit einer Anzeige, worauf die Seeleute um Verzeihung bitten. Dennoch läßt Nettelbeck die Seeleute angesichts der Schwere der Vergehen in Memel wegen Meuterei vor Gericht stellen, worauf diese zu Körper- und Geldstrafen verurteilt werden (S. 315–324). In Lissabon kündigt Nettelbeck 1783 seinem Korrespondenten, da dieser bei einer strittigen Havariesache nach einer Kollision in Nettelbecks Namen unterzeichnet, obwohl er der Reeder des anderen Schiffs ist (S. 336ff.). Er leidet unter der Desertion eines Teils der Mannschaft (S. 338) und läßt einen wieder eingefangenen Deserteur zur Strafe von den übrigen Seeleuten verprügeln (S. 343). Auf der Rückreise von Lissabon geht das Schiff während eines Sturms im Kattegat durch Strandung verloren. Die Mannschaft kann sich retten. Da das Schiff versichert war, erleidet der Reeder im Gegensatz zu Nettelbeck, der seine gesamten in Handelswaren investierten Ersparnisse verloren hat, keinen Verlust. Ihm bleiben jedoch noch seine auf einem Konto angesammelten Heuergelder (S. 344ff.). Nettelbeck gibt die Seefahrt auf. Er bekommt zwar noch einige Angebote als Kapitän, doch scheitern diese an der schlechten Konjunkturlage nach dem Ende des amerikanischen Unabhängigkeitskrieges. Nach dem Ende seiner Seefahrtszeit wird Nettelbeck Bauer und Branntweinbrenner in Kolberg (S. 351ff.).

Obwohl er bei einer Gelegenheit vor dem preußischen Militärdienst flieht, ist Nettelbeck ein preußischer Patriot (S. 35f. und 284ff.) und wird durch seine Beteiligung an der Verteidigung Kolbergs gegen die napoleonischen Truppen 1806/07 zum Nationalhelden (S. 378). Er heiratet 1762 (S. 90), doch wird die Ehe 1775 geschieden. 1799 heiratet Nettelbeck zum zweiten Mal, doch wird auch diese Ehe nach kurzer Zeit wieder geschieden. 1814 heiratet Nettelbeck zum dritten Mal (S. 378). Nachdem er mit Hilfe eines Herausgebers seine Memoiren verfaßt und 1821 veröffentlicht hat (S. 7ff.), stirbt Nettelbeck am 29. Januar 1824 in Kolberg (S. 378).

JOHN NICOL wird 1755 in Currie, Schottland, als eines von fünf Kindern (S. 3) eines Küfer (S. 4) geboren. Sein Vater sorgt für die Schulbildung (S. 4). Nicol ist von der Seefahrt fasziniert, er sieht jedoch nur die abenteuerlich-romantische Seite der Seefahrt, und sein Vater versucht vergeblich, ihn gegen die Seefahrt einzunehmen (S. 5f.). Nicol macht widerwillig eine Lehre als Küfer (S. 7ff.)

1776 heuert er auf einem Tender der Royal Navy an (S. 8ff.) und wird dort als Küfer eingesetzt, hält zugleich aber Distanz zu den einfachen Seeleuten (S. 11), da er sich aufgrund seiner religiöse Erziehung von den Flüchen und Obszönitäten der Crew abgestoßen fühlt. Im Laufe der Zeit verroht Nicol aber ebenfalls (S. 11f.). 1783 wird er abgemustert, und kehrt nach Haus zurück (S. 37ff.). Dank eines ihm bekannten Kapitäns findet er eine Heuer als Küfer in der Grönlandfahrt (S. 46f.). Später geht Nicol mit einem freundlichen Kapitän auf eine Reise nach Westindien (S. 50). Er berichtet über die *long-shorers,* Seeleute, die über eine längere Zeit an Land leben, nur gelegentlich Heuern annehmen und, da sie meist arbeitsunwillig sind, oft für Probleme an Bord sorgen (S. 62f.).

Nach seiner Rückkehr wird Nicol 1785 in London von einem ihm bekannten Marineoffizier für eine Entdeckungs- und Handelsreise rund um die Welt angeheuert (S. 65ff.). In China bekommen die Seeleute die Erlaubnis zu Eigengeschäften (S. 92). Nach seiner Rückkehr 1788 nimmt Nicol ein erneutes briefliches Heuerangebot desselben Kapitäns an (S. 107ff.) und geht auf einen Sträflingstransport nach Australien. Dabei kann Nicol zwischen dem Dienst auf Kriegs- und Transportschiffen auswählen und entscheidet sich, da ein freies Abmustern bei einem Kriegsschiff nicht unbedingt gewährleistet ist, für ein Transportschiff (S. 109f.). Nicol lobt seinen Kapitän, der sich während des Sträflingstransports sehr human verhält und versucht, den Sträflingen das Leben so leicht wie möglich zu machen (S. 110ff.). Er verliebt sich auf der Reise in einen weiblichen Sträfling (S. 119ff.). Nach seiner Rückreise nach England, zu deren Beginn die unwillige Mannschaft mit Hilfe von Soldaten an Bord gebracht werden muß (S. 130f.), versucht Nicol, wieder in die Südsee zu kommen. Da er jedoch kein nach Australien bestimmtes Schiff findet, nimmt er eine Heuer auf Anteilbasis auf einem Walfänger an (S. 134f.). Bei der Ausreise strandet das Schiff. Die notwendige Reparatur des Schiffs verzögert die Abreise (S. 135f.). Nicol erfährt unterwegs, daß sich seine Geliebte jetzt in Indien befindet (S. 140). Daher verläßt er das Schiff bereits in Rio de Janeiro und heuert auf einem portugiesischen Schiff an, um schneller nach England zurückzukehren (S. 150ff.). Nicol klagt über die Portugiesen und bezeichnet diese als schlechte Seeleute, da sie im Seenotfall lieber beten als den britischen Seeleuten bei der Rettung des Schiffs zu helfen (S. 151). 1793 geht Nicol wieder als Küfer auf eine neue Reise nach China, um seine Geliebte zu finden (S. 160ff.).

Bei seiner Rückkehr wird Nicol zum Dienst in der Royal Navy gepreßt (S. 171). Nicol dient anschließend auf verschiedenen Schiffen in der Royal Navy und nimmt an den Seeschlachten von St. Vincent und Aboukir teil. Wie er berichtet, kommt es auf einem Kriegsschiff wegen des zu dünnen Grogs an Bord zu einer Meuterei (S. 173f.). Nicol erzählt aber auch von einem von seinen Seeleuten geliebten und verehrten Kapitän, den Nicol als einen der besten Kapitäne beschreibt, mit denen er je gesegelt ist (S. 183f.). Ebenso berichtet Nicol von der Streitbeilegung auf dem Unterdeck durch einen fairen Kampf (S. 190ff.). Später wird er zum Schiffskorporal befördert (S. 195), er wird 1802 abgemustert und kehrt nach 25 Jahren Abwesenheit nach Edinburgh zurück. Nicol hat eine gute Summe an Heuer- und Prisengeld zurückgelegt und läßt sich als Küfer nieder (S. 196ff.). Später flieht er vor der Preßgang und kann daher seinen Lebensunterhalt nicht verdienen. Nach dem Ende des Kriegs 1815 ist er bereits zu alt für harte Arbeit. Er leidet deshalb im Alter Armut und versucht vergeblich, eine Pension zu erhalten (S. 198–211).

Nicol heiratet 1802 (S. 198f.). Er ist neugierig und dem Neuen und fremden Ländern gegenüber aufgeschlossen (S. 96f.). Er ist trotz seiner Armut ein britischer Patriot (S. 204ff.). Er stirbt nach 1831 nach dem Verfassen seiner zur Veröffentlichung bestimmten Lebenserinnerungen (S. 1f.).

NIELS MARTIN NIELSEN wird am 22. August 1785 in Kopenhagen/Dänemark als Sohn eines Seemanns geboren (S. 5). Er besucht ab seinem 13. Lebensjahr die Königliche Unteroffiziersschule und soll nach dem Willen seines Vaters den Beruf des Seemanns ergreifen, was auch seinem eigenen Wunsch entspricht (S. 5).

1798 macht Nielsen seine erste Reise an Bord einer königlich-dänischen Fregatte (S. 5). 1799 dient er wieder auf einer Fregatte (S. 5f.), da er jedoch lieber auf Große Fahrt gehen möchte, ersucht er um die Erlaubnis der dänischen Admiralität, bei der dänischen Asiatischen Kompanie anheuern zu dürfen (S. 6ff.). Die Genehmigung wird erteilt, und so geht Nielsen auf seine erste Reise nach Indien, die insgesamt 18 Monate dauert (S. 10ff.). Nach seiner Rückkehr beginnt Nielsen im Winter 1803 seine zweite Indienfahrt (S. 14), die insgesamt 23 Monate dauert (S. 16). Nach seiner Rückkehr macht Nielsen eine kurze Ostseereise, um Geld für den Besuch der Navigationsschule und seinen Lebensunterhalt zu verdienen und nimmt danach, im Winter 1805, Navigationsunterricht (S. 17f.). 1806 geht Nielsen wieder auf eine Reise nach Indien (S. 18). Er lobt seinen Kapitän für dessen gute Behandlung der Seeleute, die gute Ordnung und die ausgezeichnete Stimmung an Bord, so daß alle Mann an Bord freudig ihre Pflicht erfüllen (S. 18). Das Schiff wird nach dem Ausbruch des englisch-dänischen Kriegs 1807 aufgebracht, Nielsen kann aber aus der Gefangenschaft auf ein holländisches Schiff fliehen (S. 20f.). Nielsen befindet sich jetzt in einer schwierigen Lage, da er weder in englische Gefangenschaft gehen, noch als dänischer Patriot auf einem englischen Schiff fahren will. Zu guter Letzt findet er eine Heuerstelle auf einem schwedischen Schiff (S. 22ff.), wird aber von seinem Herbergswirt wider Willen auf einen englischen Chinafahrer verheuert und an Bord sogleich zum Quartermaster befördert (S. 24f.).

Dennoch will Nielsen desertieren, da er nicht an Bord eines feindlichen Schiffs dienen möchte, worauf der britische Kapitän versucht, ihn durch Überredung und Druck zum Bleiben zu veranlassen (S. 25). Wegen des Kriegs besteht die Mannschaft des Indienfahrers zu einem großen Teil aus nicht-britischen Matrosen (S. 26f.) Nielsen wird, ebenso wie die anderen ausländischen Seeleute an Bord, von den britischen Matrosen schikaniert. Nielsen wehrt sich gegen die Schikanen und auch der Kapitän greift zugunsten der Dänen ein (S. 28f.). Wegen seiner mangelnden Kenntnisse der englischen Sprache sieht sich Nielsen gezwungen, den Quartermasterposten wieder aufzugeben, bleibt aber Rudergänger. Er lehnt eine Beförderung zum Stückmeister ab, da er nicht gegen Dänen kämpfen will, eine Entscheidung, die vom Kapitän des Schiffs auch akzeptiert wird (S. 26). Trotz des Entgegenkommens des Kapitäns will Nielsen nicht länger in englischen Diensten bleiben und desertiert daher in Indien bei der ersten sich bietenden Gelegenheit (S. 31). Er heuert zunächst für kurze Zeit auf einer englischen Kolonialbrigg an (S. 35) und bleibt später eine zeitlang an Land. Ihm wird von einer in Indien lebenden wohlhabenden Portugiesin die Eheschließung angeboten, doch da Nielsen nicht bereit ist, zum katholischen Glauben zu konvertieren und auch wieder nach Hause will, sucht er sich, statt zu heiraten, eine Heuer auf einem amerikanischen Schiff (S. 41ff.). Als er zum Dienst in der Royal Navy gepreßt wird, kann ihn sein Kapitän glücklicherweise befreien (S. 42). Da es Nielsen nach der Ankunft in den USA nicht gelingt, ein nach Dänemark bestimmtes Schiff zu finden, akzeptiert er eine Heuer auf einem amerikanischen Schiff nach Westindien. Dieses wird unterwegs von den Briten aufgebracht, aber wieder freigelassen (S. 42f.). 1809 macht Nielsen auf einer amerikanischen Brigg eine Reise nach Spanien (S. 43ff.). Er wird in Spanien abgemustert, findet aber nur eine Heuer auf einem nach London bestimmten englischen Schiff und nimmt diese widerwillig an (S. 46ff.).

In London findet Nielsen endlich eine Heuer auf einem norwegischen Schiff (S. 48f.) und wird später in Norwegen Bootsmann auf einem Kaperschoner (S. 49ff.). Das Kaperschiff wird von den Briten aufgebracht, und Nielsen gerät in britische Kriegsgefangenschaft (S. 52f.). Er hat Glück, wird ausgetauscht (S. 56f.) und kehrt nach sieben Jahren Abwesenheit zu seiner Familie zurück. Nielsen geht erneut auf Kaperfahrt und nimmt danach eine Heuer auf einem nach Norwegen bestimmten Handelsschiff an (S. 58ff.). Nachdem er abgemustert hat, macht Nielsen eine Reise nach Cadiz und geht danach auf eine Ostseefahrt (S. 60). Während dieser Reise hat Nielsen einen schweren Unfall. Auch nach seiner Genesung hat er Probleme mit seinen Beinen und muß daher 1816 auf ärztlichen Rat die Seefahrt aufgeben. Mit 32 Jahren arbeitsunfähig, versucht Nielsen, seinen Lebensunterhalt mit dem Verkauf seiner Memoiren zu bestreiten (S. 61ff.). Nielsen stirbt nach 1821 (S. 1).

SAMUEL PATTERSON wird am 16. August 1785 in armen Verhältnissen als eines von sechs Kindern (S. 13) in North Providence im amerikanischen Bundesstaat Rhode Island geboren (S. 2). Patterson kann nur eine geringe Bildung erwerben, ein Umstand, dem er seine schlechte Lebenssituation zuschreibt.

Er kommt bereits in jungen Jahren bei verschiedenen Lehrherren in Dienst, die ihn jedoch alle schlecht behandeln. Daher heuert er 1798 bei einem Kapitän aus der Nachbarschaft an, der einen Apprentice sucht (S. 17). Als der Kapitän auf eine Reise nach Holland gehen soll, verläßt Patterson das Schiff und beginnt mit dem Einverständnis seines Vaters für kurze Zeit eine Lehre bei einem Schmied, die er aber wieder abbricht. Jetzt arbeitslos, heuert Patterson im Jahr 1800 ohne Wissen seiner Eltern für eine Reise nach Algier auf einer Fregatte der US-Navy an (S. 17ff., 19ff.). Da er nach seiner Rückkehr seine gesamte Heuer durchbringt, muß Patterson bald eine neue Heuer annehmen. Da das Schiff aber nicht seetüchtig ist, desertiert er (S. 30ff.). Patterson wird gefaßt und ins Gefängnis gebracht, aber von einem Navy-Leutnant befreit und geht im Anschluß wieder an Bord einer US-Fregatte auf eine weitere Reise nach Algier (S. 32ff.).

Nach seiner Entlassung aus der Marine wird er für kurze Zeit Farmarbeiter. Da jedoch die Heuern hoch sind, entschließt sich Patterson wieder, zur See zu gehen und macht eine Sklavenfahrt nach Guinea (S. 38ff.) Als das Schiff auf Grund läuft, zwingt der Kapitän seine Leute unter Androhung von Waffengewalt, das Schiff mit Hilfe der Boote freizuschleppen, wobei die Seeleute ohne Pause und ohne Nahrung oder Wasser arbeiten müssen. Patterson selbst wird später vom Kapitän angegriffen. Obwohl er nach Rat des Ersten Maats von der Gegenwehr absieht, läßt ihn der Kapitän in Eisen legen und prügelt ihn mit einem Tauende. Zwar beklagt Patterson das Schicksal der Seeleute, stellt aber die Autorität oder Strafbefugnis des Kapitäns während der Reise nicht in Frage. Allerdings hat der Kapitän bei der Rückkehr des Schiffs seitens der Seeleute eine Beschwerde oder Klage zu erwarten (S. 44ff.).

Da Patterson nach dem Ende der Reise wiederum die verdiente Heuer verschwendet, muß er sich ein neues Schiff suchen und findet eine Stelle für eine Reise in die Karibik bei seinem ehemaligen Ersten Maat (S. 49ff.). Nach zwei weiteren kurzen Karibikreisen mit einem neuen Schiff (S. 51ff.) geht Patterson 1804, wieder an Bord eines anderen Schiffs, auf eine dreijährige Reise in den Pazifik (S. 53ff.). Der Kapitän verkauft sein Schiff in Alaska an die Russen und erhält als Teil des Kaufpreises eine alte Brigg, die er unter dem Kommando des Ersten Maats nach Hawaii schickt. (S. 63ff.) Da das Schiff stark leckt, heuert Patterson im Einvernehmen mit dem Kapitän auf Hawaii ab (S. 65). Nach einem Aufenthalt auf Hawaii sucht sich Patterson eine neue Heuer und geht wieder auf eine Reise an die Nordwestküste Amerikas (S. 73ff.). Wegen eines Streits um eine Heuererhöhung verläßt er das Schiff aber wieder und nimmt in der Folge verschiedene Heuern im Pazifik an (S. 76ff.). Patterson wird schließlich zum Bootsmann befördert (S. Appeal 9) und erleidet 1808 Schiffbruch bei den Fidschi-Inseln (S. 82ff.). Bereits vor dem Schiffbruch krank, verschlimmern sich seine Beschwerden durch die erlittenen Entbehrungen (S. 93). Patterson und seine Kameraden reisen mit Booten auf andere Inseln, um dort ein Schiff für die Heimreise zu finden (S. 101ff.). Sie treffen schließlich auf ein Schiff, mit dessen Kapitän und Erstem Maat Patterson bereits früher gefahren ist (S. 106f.). Sie werden 1809 an ein nach Kanton in China bestimmtes Schiff übergeben, um nach Hause zurückzukehren. In Kanton dient Patterson kurze Zeit als Kanoniersmaat an Bord eines von den Chinesen gecharterten Kriegsschiffs (S. 111).

1810 kehrt Patterson nach sechs Jahren Abwesenheit in die USA zurück (S. 116f.). Obwohl er zur Genesung drei Monate in einem Hospital verbringt, bleibt er aufgrund seiner Beschwerden arbeitsunfähig und muß die Seefahrt aufgeben. Er kann allerdings durch einen Lotteriegewinn von $ 500 seinen Lebensunterhalt eine Zeitlang sichern (S. 117ff.). Infolge eines Erweckungserlebnisses bekehrt sich Patterson zum christlichen Glauben (S. 121 ff.) und verfaßt mit Hilfe eines Ghostwriters seine vor moralischer Erbauungen strotzenden Lebenserinnerungen, die er zur Unterstützung seines Lebensunterhalts zu verkaufen hofft (Appeal und S. III). Patterson stirbt nach 1825 (Appeal 9).

CARL WOLFGANG PETERSEN wird an einem 11. März um 1840 in Apenrade im Herzogtum Schleswig als eines von fünf Kindern eines Bauern geboren, (S. 1), der bereits 1843 stirbt (S. 2). Petersens Mutter heiratet 1847 zum zweiten Mal, doch versteht sich Petersen nicht mit seinem Stiefvater, der 1853 verstirbt.

Nach seiner Konfirmation 1854 geht Petersen auf einem dänischem Schiff auf internationale Frachtfahrt (S. 1ff.) und berichtet von Schikanen und Prügel während seiner ersten Reise. Unterwegs kommt es aufgrund nationaler Ressentiments zu einem Streit zwischen dem deutschen Lotsen und der dänischen Besatzung (S. 2). Wegen einer Krankheit muß Petersen in New Orleans zurückbleiben. Da er aber von seinem Kapitän weiterempfohlen wird, bekommt er nach der Genesung eine neue Heuer als Leichtmatrose auf einem Hamburger Schiff (S. 8f.). Obwohl ihn sein Kapitän an Bord behalten möchte, läßt sich Petersen in Liverpool zu einem Heuerwechsel auf ein nach Lübeck bestimmtes Sonderburger Schiff überreden (S. 10). Er geht anschließend mit dem Schiff auf europäische Frachtfahrt, bis er in Kopenhagen abgemustert wird. Petersen betont am Beispiel seines als Kapitän fahrenden Bruders die Bedeutung eines guten Rufs für das berufliche Fortkommen in der Seefahrt (S. 15).

Um 1858 wird Petersen mit 17 Jahren Vollmatrose. Er heuert auf einem neuerbauten Schiff an, das er zunächst für Tagelohn auftakelt und macht anschließend mit diesem Schiff eine Reise von Hamburg nach Ostindien. Unterwegs hat er einen Unfall, wobei er sich den rechten Arm bricht (S. 16ff.). Aufgrund der geringen Wasserrationen verweigert die Mannschaft die Arbeit, der Protest der Seeleute bleibt jedoch ohne Erfolg (S. 19f.). Als sich der Kapitän und die Offiziere auf der Rückreise nach Genua trotz einiger an Bord aufgetretener Fälle von Skorbut weigern, die Reise zu unterbrechen, versammelt sich die Mannschaft und protestiert unter der Führung des Ersten Zimmermanns erneut. Der Kapitän und der Steuermann geben schließlich nach, worauf das Schiff Cartagena als Nothafen anläuft (S. 25ff.). Trotz der harten Behandlung der Seeleute durch den Kapitän lobt Petersen diesen als exzellenten Seemann (S. 24).

Nach seiner Rückkehr geht Petersen von Hamburg aus als Vollmatrose auf eine Reise nach Australien (S. 29ff.). Er lobt seinen wissenschaftlich gebildeten Kapitän als fürsorglichen Vorgesetzten, der sich aber dennoch gegenüber seinen Seeleuten durchsetzen kann und von diesen respektiert wird (S. 29). Nach dieser Fahrt nimmt Petersen eine neue Heuer als Vollmatrose auf einem Apenrader Schiff an, dessen Kapitän zugleich Reeder des Schiffs ist und in Hamburg einen guten Ruf genießt (S. 35ff.). Er geht auf eine Reise um Kap Horn nach Kalifornien, wo er shanghait und auf einen amerikanischen Klipper verschleppt wird (S. 43ff.). Dieses Schiff wird von einem tyrannischen Kapitän kommandiert, die Behandlung der Seeleute an Bord ist schlecht, Prügel und andere Mißhandlungen sind an der Tagesordnung, und Petersen wird vom Dritten Steuermann mit einer Waffe bedroht. In der Südsee desertiert Petersen zusammen mit einigen Kameraden (S. 46ff.) und heuert auf einem Walfänger aus New Bedford/USA an (S. 48ff.). Obwohl die Seeleute auf diesem Schiff aus zahlreichen verschiedenen Nationen stammen, ist die Behandlung auf dem Walfänger von einem ruhigen Professionalismus geprägt (S. 52ff.), und der Kapitän sorgt sich um das Wohl seiner Mannschaft (S. 70). Allerdings bekommt Petersen Schwierigkeiten mit einem Kameraden, der sich ihm gegenüber nach der Beförderung zum Steuermann arrogant aufführt (S. 71). Später wechselt Petersen auf ein anderes Schiff in der pazifischen Fahrt (S. 106ff.), auf dem der Kapitän und die Offiziere fast ständig unter Alkoholeinfluß stehen und die Mannschaft beschimpfen. Als es aufgrund eines Gerüchts an Bord zu Unruhen kommt, die Mannschaft sich versammelt und sich ebenso wie die Offiziere bewaffnet, droht die Situation zu eskalieren. Schließlich gelingt es aber, den Konflikt durch einen fairen Boxkampf zwischen dem Ersten Maat und dem Rädelsführer der Mannschaft beizulegen. Letzterer wird bewußtlos geschlagen, womit die Unruhe an Bord beigelegt ist (S. 107ff.).

Später gerät Petersen auf Neuguinea in die Gefangenschaft von Eingeborenen. Nach seiner Flucht heuert Petersen auf einem Schiff an, das sich in schlechtem Zustand befindet. Da Petersen einige Kenntnisse im Zimmermannshandwerk besitzt, ist der Kapitän froh, ihn an Bord zu haben. Petersen betont dabei erneut, daß zusätzliche Qualifikationen hilfreich für den beruflichen Aufstieg eines Seemanns sein können (S. 154ff.). 1860 wird das Schiff in Shanghai für seeuntüchtig erklärt und die Mannschaft abgemustert, Petersen findet daraufhin eine Heuer als Matrose auf einer oldenburgischen Bark (S. 156) und wechselt in Amsterdam aufgrund von Problemen mit dem Zweiten Steuermann auf einen niederländischen Ostindienfahrer, obwohl ihm der Kapitän gewogen ist (S. 161ff.). Da Petersen kein Niederländisch kann und die Matrosen an Bord sehr streitlustig sind, ist die Reise für ihn wenig angenehm. Unterwegs geht ein Seemann alkoholisiert auf den Steuermann los, es kommt zu einer Prügelei, die aber keinerlei Konsequenzen nach sich zieht (S. 162). Nach seiner Rückkehr sucht sich Petersen sogleich wieder eine Heuer auf einem niederlänischen Indienfahrer (S.164ff.). Später fährt Petersen als Segelmacher auf einem Hamburger Schiff nach Singapur (S. 172ff.). Er heuert hier ab und nimmt eine neue Heuer auf einem amerikanischen Schiff (S. 172ff.). In

Shanghai wechselt er auf ein anderes amerikanisches Schiff, das nach Kalifornien segelt. Von Kalifornien fährt Petersen nach Hamburg, um von dort nach New York zu reisen (S. 174f.). Hier dient er als Steuermann auf einem Dampfer in der Küstenfahrt (S. 175) und geht dann wieder nach Kalifornien, wo er mit verschiedenen Schiffen auf Küstenfahrt geht, aber auch Tätigkeiten an Land übernimmt und sich als Erfinder versucht (S. 176ff.). Er kehrt nach Europa zurück, bleibt eine Zeitlang in London, wo er erfolglos versucht, einige seiner Erfindungen zu verkaufen (S. 180ff.). 1871 arbeitet er als Taucher (S. 188ff.), endet aber schließlich in Armut (S. 191).

1868 hat Petersen in Altona die Tochter eines Arztes geheiratet (S. 185). Er stirbt nach 1880 (S. 1), nachdem er seine zur Veröffentlichung bestimmten Lebenserinnerungen geschrieben hat (S. Vorwort).

SØREN N. RASCH wird am 20. November 1783 in Ho bei Ripen in Dänemark als eines von elf Kindern eines armen Hauszimmermanns geboren, der 1802 verstirbt (S. 12). Er besucht die örtliche Dorfschule, wo er eine rudimentäre Schulbildung erhält (S. 12f.).

Rasch wird 1792 mit neun Jahren zu einem Bauern in den Dienst gegeben und ist gern in der Landwirtschaft tätig (S. 13 f.). Da er aber sein Glück auf See suchen will, heuert Rasch 1794/95 in Altona für eine Heringsfangreise an, wechselt aber später in die Küstenfahrt. Da er noch nicht konfirmiert ist, darf er nicht auf Auslandsreisen gehen (S. 14). Wie Rasch bemerkt, hätte ihm die Auslandsfahrt eventuell eine Karriere als Kapitän eröffnen können. Da er trotzdem zu Wohlstand gelangt ist, bedauert er seinen Lebensweg nicht (S. 14). 1799 wird Rasch konfirmiert und enrolliert, wegen einer Krankheit kann er seinen Militärdienst aber nicht antreten und geht statt dessen, da ihm die Fischerei nicht liegt, 1800 mit einer Jacht auf Küstenfrachtfahrt und muß während der Reise durch den Schleswig-Holstein-Kanal mit dem Schiff in Rendsburg überwintern (S. 16ff.). 1801 heuert Rasch auf einer Hamburger Schaluppe in der Nordsee-Frachtfahrt an und schließt, da er in der Saisonfahrt fährt, bereits im Winter auf einer Kopenhagener Slup eine Heuer für die nächste Saison ab (S. 18f.). Als er von seinem Onkel, der Kapitän auf einem Fregattschiff ist, ein Heuerangebot erhält, will er es nur mit der Zustimmung seines vorigen Kapitäns annehmen. Obwohl dieser ablehnt, bleibt er bei ihm an Bord und desertiert nicht (S. 19ff.). 1802/03 nimmt Rasch drei Monate lang Navigationsunterricht bei einem Kapitän und will bei dieser Gelegenheit das Steuermannexamen ablegen, er hat jedoch zunächst keine Chance, zum nächsten Prüfungsort zu gelangen (S. 22f.). Obwohl noch nicht examiniert, findet Rasch dennoch eine Heuer als Steuermann (S. 23) und gibt bereits ab 1804 selbst Unterricht in Navigation (S. 24 und 26).

Rasch fährt auch weiterhin in der Saisonfahrt und schließt jeweils bereits im Winter die Heuer für die nächste Saison ab (S. 23ff.). Auf ein persönliches briefliches Angebot hin wechselt Rasch 1805 seine Stelle als Steuermann. Trotz seiner Dankbarkeit gegenüber seinem alten Kapitän, der an ihn als Steuermann bereits hohe Anforderungen gestellt hat und ihn in alle Bereiche des Kapitänsberufs, vor allem aber in die kaufmännischen Aspekte wie Rechnungsführung und anderes eingeführt hat, nimmt er die angebotene Heuer als Steuermann an, da sein Vorgänger dem Alkohol verfallen ist (S. 25f.). Rasch fährt nun zwei Jahre lang in der Saisonfahrt mit demselben Kapitän in der nordeuropäischen Frachtfahrt (S. 26ff.). Er nimmt dann wegen eines höheren Heuerangebots eine neue Stelle an. Wegen der Kriegsgefahr lehnt er ein Angebot seines alten Kapitäns ab, dessen Schiff für eine Reise zu führen (S. 28f.).

1807 wird Rasch Steuermann auf einer neuerbauten *Jagt* (S. 30ff.), und wechselt, da er trotz des Kriegs mit England vom Wehrdienst befreit ist, 1808 als Steuermann auf eine *Jagt* der dänischen Grönlandhandelskompagnie (S. 34ff.). Aufgrund seiner schlechten Erfahrungen beklagt sich Rasch über die räuberischen Engländer (S. 33). Im gleichen Jahr legt er trotz der damit verbundenen hohen Ausgaben für die Reise und die Prüfung in Bergen das Steuermannsexamen ab und besitzt damit die notwendige Qualifikation zum Kapitän (S. 37). Leider muß Rasch ein eigenes Kommando ablehnen, da ihn sein Kapitän nicht freigibt. Dieser Kapitän kann nur leidlich schreiben und kaum navigieren. (S. 37). 1809 wird Raschs Schiff von einem dänischen Kaperschiff angehalten und wegen des Verdachts, mit England Handel getrieben zu haben, aufgebracht und mit einer Prisenbesatzung nach Norwegen geschickt (S. 38ff.). Rasch reist nach seiner Freilassung als Passagier nach Dänemark, doch wird das Schiff während der Reise von den Engländern aufgebracht (S. 40ff.). Als Passagier wird Rasch jedoch freigelassen und fährt erneut als Steuermann für die dänische Grönlandhandelskompagnie, wobei er auch Eigenhandel betreibt (S. 42ff.), bis die Kompagnie 1810 wegen der Kapereigefahr ihre Tätigkeit einstellt (S. 44f.). 1811 wird Rasch trotz eines Heuervertrags zum Militärdienst eingezogen. Rasch dient als Bootsmann, Segelmacher und Prisenmeister in einer Ruderkanonenboot-Flottille, allerdings recht unwillig, da er im Marinedienst keine Chancen zum beruflichen Fortkommen sieht. Er fühlt sich zudem in seiner Freiheit stark eingeschränkt und stellt daher erfolglose Anträge auf Freistellung (S. 46ff.). Rasch bleibt bis 1812 im Marinedienst, wo er jetzt auch Offiziersdienst leistet und zum Kommandanten eines Kanonenboots ernannt wird. Als ihm die Beförderung zum Leutnant zur See der Reserve (Månedsløjtnant)[1705] angeboten wird, zieht Rasch die Entlassung vor (S. 46–61).

Nach seiner Entlassung aus dem Dienst in der dänischen Marine im März 1812 übernimmt Rasch eine Bauernstelle bei Ho und betreibt zugleich, da der Ertrag aus der Landwirtschaft nicht für seinen Lebensunterhalt ausreicht, mit einem offenen Boot Küstenhandel (S. 64ff.). Rasch erleidet beim dänischen Staatsbankrott 1813 erhebliche Verluste (S. 68ff.), erwirbt aber dennoch 1813 ein größeres gedecktes Fahrzeug, da seine bisherige Ladekapazität zu klein ist und die Reisen in einem offenen Boot zudem seine Gesundheit angreifen. Er verkauft von seinem neuen Schiff einen Anteil von 50% weiter und erwirbt kurz darauf noch eine kleine Jolle, die er ebenfalls in der Küstenfahrt einsetzt (S. 69). 1815 erwirbt Rasch die Bürgerschaft der Stadt Varde. Er leistet den Bürgereid, erhält das Schifferzertifikat und wird Kapitän einer Jagt, die ihm zunächst zu 50% gehört. Später erwirbt er auch das restliche Eigentum an dem Schiff und betreibt in der Nordsee Eigenhandel und Frachtfahrt in der Küstenfahrt zwischen Dänemark und Altona, da dies die einzige Möglichkeit ist, seine Familie zu ernähren. (S. 73ff.). Dabei unternimmt er trotz des großen Risikos auch Winterfahrten (S. 77ff.), beschränkt sich aber im allgemeinen auf die Saisonfahrt (S. 97 und 99). Bereits 1816 verkauft er die Jagt wieder und kauft neues, größeres Schiff (S. 74ff.), das er 1817 um ein Drittel vergrößern läßt (S. 80f.). Rasch heuert 1819 einen Seemann für Lohn und Führung an (S. 86), seine Seeleute fahren zum Teil jahrelang bei ihm an Bord (S. 88ff.). 1830 läßt sich Rasch eine Galeasse bauen

(S. 118ff.). Als er 1832 erkrankt, übergibt er sein Schiff unter amtlicher Bestätigung offiziell an seinen Steuermann und gibt die Seefahrt auf, bleibt aber als Reeder tätig (S. 126). 1833 bekommt Rasch Probleme mit den dänischen Behörden, da sein Eigenhandel den Städten Konkurrenz macht (S. 132ff.). 1832 läßt Rasch zusätzlich ein größeres Fahrzeug bauen, um sein Fahrtgebiet nach Frankreich und England auszuweiten (S. 134ff.), und knüpft mit Hilfe von Korrespondenten ein europaweites Netz von Kontakten für sein Reedereigeschäft (S. 136). 1834 verliert Rasch seine Galeasse und seinen einzigen Sohn bei einem Schiffbruch. Mit diesem schweren Verlust schwindet ein Teil seines Interesses an der Seefahrt (S. 142ff.), und er zieht sich in den folgenden Jahren allmählich aus dem Reedereigeschäft zurück (S. 149ff.).

Rasch ist sehr gläubig. Er besitzt ein festes Gottvertrauen, neigt aber manchmal zum Moralisieren. Dennoch steht er mit beiden Beinen fest im Leben (S. 22f.). Er heiratet 1812 (S. 64) und stirbt 1848 in seinem Geburtsort Ho (S. 5). Er hat seine Lebenserinnerungen in Form eines privaten Tagebuchs hinterlassen (S. 11).

WILLIAM RICHARDSON wird am 22. Juli 1768 in South Shields bei Durham in England als ältester Sohn eines Seemanns und Kapitäns geboren. Richardson hat sieben Geschwister, er ist das zweitälteste Kind (S. 40). Da er ein schlechter Schüler ist, schickt ihn sein Vater auf ein Internat (S. 1f.).

Obwohl seine Mutter dagegen ist, will Richardson Seemann werden. Dennoch wird er als Junge für ein Jahr zu einem Navigationslehrer geschickt und macht anschließend einige Reisen zur Probe auf dem Schiff seines Vaters. Zwar bekommt Richardson Zweifel an seiner Berufswahl, bleibt aber an Bord, da er fürchtet, seinen Vater zu enttäuschen (S. 3ff.). 1781 verpflichtet er sich auf sieben Jahre als Apprentice und dient die ersten 14 Monate als Kajütsjunge in der nordeuropäischen Kohlenfahrt. Während des Winters 1781 besucht Richardson den Navigationsunterricht auf einer Schule des Trinity House, der englischen Seefahrtsaufsichtsbehörde in Newcastle (S. 6ff.). Als Apprentice erfährt Richardson eine rauhe Behandlung an Bord und wird vom Kapitän verprügelt (S. 7f.). Nach dem Ende der Seefahrtssaison wird das Schiff aufgelegt, die Mannschaft abgemustert und Richardson wie die übrigen Apprentices nach Hause geschickt. Auch im folgenden Jahr fährt Richardson wieder in der nordeuropäischen Kohlenfahrt (S. 14). Vor der Winterreise gehen die Matrosen, die das Schiff nicht für seetüchtig halten, von Bord, weshalb eine neue Besatzung angeheuert wird (S. 16f.). 1785 macht Richardson keine Winterpause, sondern geht auf eine Kohlenfahrt nach Nordeuropa und ins Mittelmeer (S. 19f.). Er berichtet bei dieser Gelegenheit von der allgemein schlechten Behandlung der Apprentices auf den englischen Kohlenschiffen. Da normalerweise der Maat die Strafen verhängt, greift der Kapitän nur bei schweren Disziplinarverstößen ein (S. 21). 1786 geht Richardson wieder auf eine Reise ins Mittelmeer, bei der ein für die kaufmännischen Angelegenheiten zuständiger Supercargo mitfährt (S. 20ff.). Auch 1787 geht Richardson wieder auf Frachtfahrt. Das Schiff fährt zuerst wieder im Mittelmeer, macht dann eine Reise nach Amerika (S. 27ff.) und kehrt über Spanien nach England zurück (S. 30ff.).

Nach dem Ende seiner Apprenticeship wird Richardson 1788 auf demselben Schiff zum Zweiten Maat befördert (S. 34) und fährt in der europäischen und transatlantischen Frachtfahrt (S. 34ff.). Später bekommt er in den USA eine neue Steuermannsstelle angeboten. Da er der Meinung ist, lange genug auf diesem Schiff gefahren zu sein, will er das Angebot annehmen. Als er den Kapitän um die Abmusterung bittet, will ihn dieser nicht gehen lassen. Richardson verläßt dennoch das Schiff, der Kapitän lockt ihn aber wieder an Bord und läßt ihn ins Gefängnis werfen. Erst kurz vor dem Auslaufen wird Richardson wieder zurück an Bord gebracht. Nach dem Ende der Reise heuert er in London trotz eines Angebots seines Kapitäns, bei ihm zu bleiben, endgültig ab (S. 35–39). Er fährt den Winter hindurch als Matrose auf dem Kohlenschiff seines Onkels (S. 39f.). Da in der Kohlenfahrt wegen der zahlreichen Verwandtschaft der Reeder kaum eine Aussicht auf Beförderung besteht, wird Richardson 1790 nach Vorsprache bei dem Kapitän eines Sklavenschiffs als Vierter Maat geheuert. Nachdem er seinem Onkel fälschlicherweise erzählt, daß er auf dem Schiff seines Vaters anheuern möchte, erhält er von diesem die Erlaubnis, das Schiff zu verlassen (S. 41f.). Der Kapitän des Sklavenfahrers hat einen Ruf als harter Vorgesetzter und ist mehrfach wegen schlechter Behandlung der Crew verklagt worden. Der Erste Maat ist genauso hart, Richardson wird aber gut behandelt und hat keinen Grund zur Klage über seine Vorgesetzten (S. 46). Der Kapitän läßt seine Seeleute auch für geringe Vergehen auspeitschen, wobei ein Seemann stirbt (S. 51). Da er mit seiner Besatzung unzufrieden ist, mustert der Kapitän die Seeleute nach dem Verkauf der Sklaven in Jamaica ab (S. 65). Nach der Entlassung der übrigen Maate ist Richardson der einzige Offizier an Bord (S. 65). Als seine Seeleute bei der Rückkehr des Schiffs nach England 1791 zum Dienst in der Marine gepreßt werden, versucht der Kapitän, die Matrosen um ihre Heuer zu betrügen (S. 66). Auch Richardson wird zum Dienst in der Royal Navy gepreßt, doch da er recht abenteuerlustig ist, akzeptiert er seine Zwangsverpflichtung ohne Widerstand. Allerdings gefällt ihm trotz guter Behandlung an Bord die straffe Disziplin in der Marine nicht (S. 67ff.).

Nachdem er nach kurzer Zeit zusammen mit vielen anderen Seeleuten wieder aus der Royal Navy entlassen wird (S. 70), hat Richardson aufgrund des Überangebots an Seeleuten Schwierigkeiten, eine neue Heuer zu finden, (S. 72). Er stellt sich schließlich bei dem Reeder eines Sklavenschiff vor und erhält das Angebot, wieder als Vierter Maat zu fahren. Trotz seiner Abneigung gegen den Sklavenhandel nimmt Richardson die Stelle an, mustert aber nach einer Havarie ab und will von nun an nicht mehr auf Sklavenfahrt gehen (S. 72ff.). Richardson klagt über geizige Reeder, die ihre Seeleute schlecht bezahlen (S. 73). Als er nach seiner Rückkehr 1792 keine Heuer als Maat findet und sich auch das Versprechen eines Bekannten, ihm eine Stelle zu verschaffen, nicht erfüllt, heuert er schließlich als Quartermaster auf einem österreichischen Indienfahrer unter Genueser Flagge an (S. 76ff.). Er klagt über die buntgemischte, multinationale Besatzung des Schiffs (S. 77). Als es an Bord zu einem Diebstahl kommt, greift der Kapitän hart durch und kürzt die Rationen, worunter die gesamte Mannschaft leidet. Richardson wundert sich angesichts dieser Vorfälle über die Seltenheit von Meutereien, wobei er die Schuld am Ausbruch einer Meuterei generell schlechten Offizieren gibt (S. 79). Ein Teil der Besatzung will angesichts der Behandlung an Bord lieber in den Dienst der Royal Navy treten und schreibt deshalb einen Brief an den Kommandanten einer britischen Kriegsfregatte. Allerdings kann der Kapitän dies verhindern, indem er seine Seeleute gegenüber dem Kommandanten der Fregatte als unfähig und unehrlich verleumdet. Als ein Zimmermannsmaat eine Arbeit verweigert, die nicht in sein Aufgabengebiet fällt, ordnet der Kapitän eine Bestrafung an. Er läßt wahllos Seeleute auspeitschen, bis er sich endlich beruhigt (S. 81). Nach der Ankunft des Schiffs in Kalkutta richtet die Besatzung eine Petition an den Gouverneur und bittet darin um ihre Entlassung. Der Gouverneur entspricht ihrer Bitte, doch verweigert der Kapitän die Heuerzahlung. Er stellt die Seeleute vor die Alternative, entweder an Bord zu bleiben und ihre Heuer zu erhalten oder ohne die Heuer gehen. Trotz der Bitte des Maats, an Bord zu bleiben, entschließt sich auch Richardson, das Schiff zu verlassen (S. 83).

In Indien findet er eine Heuer auf einem Opiumschiff. Doch da das Schiff drei Monate in Kalkutta liegenbleibt (S. 83ff.), sucht sich Richardson eine Heuer auf einer Brigg, die im indischen Lokalhandel fährt (S. 88ff.). 1793 wird er in Indien Zweiter Maat auf einem dänischen Schiff (S. 92ff.) und wird nach dem Untergang des Schiffs in Indien erneut in die Royal Navy gepreßt. Er macht einen Desertionsversuch, doch nachdem dieser scheitert, bleibt Richardson im Dienst der Royal Navy. Er steigt in der Marine zum Unteroffizier auf und wird 1793 zum Quartermaster und 1797 zum Stückmeister befördert. Bis zu seiner Pensionierung 1819 dient Richardson auf verschiedenen Schiffen der Royal Navy (S. 97–312).

Richardson stirbt um 1865, nachdem er seine privaten Lebenserinnerungen verfaßt hat (S. Preface).

SAMUEL SAMUELS wird um 1825 in den Vereinigten Staaten geboren (S. 10).

Um 1835 läuft er mit elf Jahren nach einem Streit mit seiner Stiefmutter von zu Hause weg, um, von der Romantik der Seeromane beeinflußt, Seemann zu werden (S. 1 und 10). Er heuert unter falschem Namen auf einem Schoner an und dient als Koch und Kajütsjunge, wobei er von einem harten Leben an Bord berichtet (S. 2ff.). Samuels desertiert schließlich und sucht sich eine neue Heuer auf einem anderen Schoner (S. 15f.). Der Kapitän seines neuen Schiffs spart an Quantität und Qualität des Proviants (S. 17). Zudem werden die Seeleute an Bord schlecht behandelt und vom Kapitän auch beschimpft (S. 19). Zugleich herrscht an Bord die allgemeine Meinung: je härter die Ausbildung, desto besser der Seemann (S. 20). Samuels bemerkt über die Aufstiegschancen in der Handelsschiffahrt, daß ein Kajütsjunge, sofern er und seine Gesundheit den Härten des Seelebens gewachsen seien, prinzipiell eine gewisse Chance habe, Kapitän zu werden (S. 21). Er verläßt das Schiff bereits nach kurzer Zeit wieder (S. 23) und findet 1836 eine neue Heuer (S. 24f.). Da der Kapitän des Schiffs jedoch aus Habgier das Schiff gefährdet (S. 28ff.), desertiert Samuels schließlich und findet in Mobile auf einer Zollbrigg eine Stelle als Vollmatrose (S. 32ff.).

An Bord des Kutters zeigt Samuels seemännische Defizite und soll deswegen ausgepeitscht werden. Da die Mannschaft jedoch ihren Unwillen bekundet, wird ihm die Strafe erlassen (S. 37ff.). Zusammen mit anderen Matrosen wird Samuels als Deserteur an Bord der Brigg verhaftet und ins Gefängnis gesteckt, kann sich aber schließlich freikaufen (S. 36ff.). Auf das Zollschiff zurückgekehrt, wird Samuels zum Bootssteurer befördert (S. 39f.) und auch Protegé eines älteren Seemanns (S. 40). Zusammen mit seinem neuen Freund desertiert Samuels von dem Kutter, und beide werden kurz darauf schanghait (S. 43ff.). Auf ihrem neuen Schiff herrscht ein brutales Regiment des Kapitäns und der Offiziere. Prügel sind das wichtigste Mittel zur Disziplinierung der Seeleute, die zudem schlecht verpflegt werden. Die Mannschaft steht kurz vor einer Meuterei und will die Offiziere umbringen, entschließt sich letztlich aber, einfach zu desertieren (S. 46ff.). Samuels kann in Liverpool eine Heuer für eine Reise in die Karibik auf einem englischen Schiff finden (S. 51ff.). Bei dieser Gelegenheit bemerkt er, daß englische Schiffe, um den seemännischen Nachwuchs zu sichern, zur Ausbildung einer gewissen Zahl von Apprentices verpflichtet sind (S. 57f.). Samuels desertiert erneut und findet nun eine Heuer in der Marine der Republik Texas (S. 63ff.). Auch von diesem Schiff desertieren er und sein Freund, sie werden erneut shanghait und desertieren bei der ersten sich bietenden Gelegenheit (S. 69ff.). Auf seinem neuen Schiff empfiehlt ihm sein Freund, ein alter Seemann, Schiffsoffizier zu werden und macht dabei deutlich, daß dieser Aufstieg von einem gewissen Bildungsgrad abhängig sei, da ein Offizier lesen und schreiben können müsse (S. 72ff.).

Zusammen mit seinem Freund nimmt Samuels 1840 an einer Reise um die Welt teil (S. 75ff.). Während jedoch der Kapitän des Schiffs die Seeleute gut behandelt, herrscht der tyrannische Maat allein durch Brutalität, so daß die Seeleute darüber nachdenken, ihn über Bord zu werfen (S. 76ff.). Da die Mannschaft heimlich von der Alkoholladung des Schiffs trinkt, läßt der Kapitän Samuels in Eisen legen. Als die Seeleute ihn befreien wollen, kommt es zu einer tätlichen Auseinandersetzung an Bord, so daß der amerikanische Konsul mit der Hilfe von Soldaten eingreifen muß. Die Seeleute werden ins Gefängnis gesteckt, kehren nach einer Einigung mit dem Kapitän aber an Bord zurück (S. 100ff.). Da Samuels aufsteigen will, nimmt er das Angebot seines Kapitäns an, ihn in der Navigation zu unterrichten, da diese Kenntnisse die wesentliche Bedingung für den Aufstieg zum Offizier darstellen (S. 123f.). Dabei hat Samuels wahrscheinlich auch höhere Navigationskenntnisse erworben, da er später als Kapitän ein Chronometer an Bord mitführt (S. 170).

Nach dem Erwerb von Navigationskenntnissen und der Rückkehr von der Weltumsegelung findet Samuels mit Hilfe der Empfehlung seines alten Kapitäns eine Heuer als Zweiter Maat (S. 132), wechselt aber bald mit dem Einverständnis seines neuen Kapitäns als Erster Maat auf ein britisches Schiff (S. 132). Auch von diesem Kapitän wird Samuels auf ein anderes Schiff weiterempfohlen (S. 133). Samuels muß seine britische Crew disziplinieren (S. 132). Dabei betont er, daß die Seeleute auf englischen Schiffen mehr Rechte als in der amerikanischen Handelsschiffahrt besitzen. Samuels bevorzugt die klare Hierarchie und die härtere Disziplin an Bord amerikanischer Schiffe, auf denen der Kapitän und die Offiziere die Befugnis haben, nötigenfalls auch Gewalt zur Disziplinierung ihrer Besatzung anzuwenden (S. 135). Da ihm die disziplinarischen Bedingungen in der englischen Handelsschiffahrt nicht gefallen, verläßt Samuels in New Orleans das Schiff und nimmt in der Folge verschiedene Heuern als Erster Maat an (S. 135ff.).

Samuels wird schließlich mit 21 Jahren in Amsterdam von seinem Kapitän bei dessen Aufgabe seines Kommandos zum Nachfolger vorgeschlagen und wird so Kapitän auf einem niederländischen Schiff. Da ein so schneller Aufstieg nicht alltäglich ist, gesteht Samuels ein, viel Glück gehabt zu haben (S. 138). Samuels erläutert den Wandel in der Stellung des Kapitäns mit dem Wegfall des kaufmännischen Aspektes durch die moderne Kommunikation, die seinen Handlungsspielraum einschränkt und ihn auf die Rolle eines bloßen Angestellten des Reeders reduziert (S. 1ff.). Er betont auch, daß für einen Kapitän die Aufrechterhaltung seines guten Leumunds und eines exzellenten professionellen Rufs für die weitere Karriere existentiell sei (S. 21). Nach Samuels werden von einem Kapitän neben der rein seemännischen Qualifikation Kenntnisse als Kaufmann, Bankier und der Gesetze gefordert (S. 237). Samuels besitzt darüber hinaus auch Fremdsprachenkenntnisse (S. 138ff. und 218). Als Kapitän hat Samuels während einer Mittelmeerfahrt freie Hand, je nach Frachtmarktlage über die Route des Schiffs zu entscheiden (S. 138). Er klagt über Kapitäne, Reeder und Befrachter, die aus reiner Gier ihre Schiffe überladen und dadurch Schiff und Mannschaft leichtsinnig gefährden (S. 197f.). Als seine Besatzung an Land randaliert, bemüht sich Samuels, seine Seeleute unbeschadet aus der Affäre herauszuholen (S. 144ff.). Er lehnt das Auspeitschen als barbarisch und unmenschlich ab (S. 145f.). Samuels bemerkt bei einer Gelegenheit, daß er eine ausgesuchte Mannschaft an Bord hat. Einige Seeleute sind, ebenso wie die Offiziere, bereits vorher mit ihm gefahren (S. 202). Der Reeder ist sehr zufrieden mit Samuels (S. 201). Sein Erster Maat ist allerdings dem Alkohol zugeneigt, was sich als Hindernis bei seiner Beförderung erweist (S. 218).

Samuels erhält 1849 von seinem Reeder die schriftliche Instruktion nebst der erforderlichen Vollmacht, sein Schiff in Hamburg zu verkaufen, weshalb er Schäden und verrottetes Holz am Schiff mit frischer Farbe tarnt (S. 240ff.). Er lehnt 1849 das Angebot einer Hamburger Firma zu einer Firmenbeteiligung ab (S. 242f.). Samuels verläßt später seine niederländische Reederei, um sich ein neues Betätigungsfeld zu suchen. Mit Hilfe eines Empfehlungsschreibens findet er in New York eine neue Heuer und macht eine Reise als Erster Maat (S. 247ff.), danach führt er über drei Jahre, bis 1852, das Kommando auf einem Paketschiff zwischen New York und Amsterdam, muß aber wegen einer Krankheit pausieren (S. 249ff.). Nach seiner Genesung lassen einige Partreeder 1854 extra für ihn ein Klipperschiff bauen. Dieses Kommando stellt für Samuels den Höhepunkt seiner Karriere dar (S. 250ff.). Unter dem Einfluß seiner Frau nimmt er einen neuen Führungsstil an. So lehnt er als Kapitän das Fluchen ab, besteht auf einer gerechten Behandlung der Crew und hält Sonntags an Bord Gottesdienste ab (S. 254ff.). Dennoch hat er Probleme mit rauhen Seeleuten, die sehr schwer zu disziplinieren sind (S. 265ff.). Bei einer Reise hat er eine Besatzung von in der ganzen Nordatlantikfahrt berüchtigten Seeleuten an Bord. Er wird von ihnen angegriffen, schlägt selbst einen Mann nieder und legt ihn in Eisen. Als dessen Kumpane daraufhin meutern, schwebt Samuels in Lebensgefahr. In dieser Situation erhält er nur wenig Hilfe von seinen Offizieren, kann die Meuterei schließlich aber mit Hilfe eines Teils der Besatzung sowie einiger deutscher Passagiere mit Waffengewalt niederschlagen. Die Meuterer akzeptieren jetzt seine Autorität und bitten ihren Kapitän um Verzeihung, die ihnen Samuels in einer Ansprache gewährt. Bis zum Ende der Reise hat Samuels keine Probleme mehr mit seinen Seeleuten. Nach seiner Ankunft in New York wird Samuels gefragt, ob er die Meuterer anzeigen will, worauf Samuels nicht nur auf die Anzeige verzichtet, sondern sogar erklärt, die Seeleute jederzeit wieder anzuheuern (S. 267–291). Er führt das Schiff etwa zehn Jahre, bis er ca. 1864 bei einem Unfall einen Beinbruch erleidet (S. 294ff.). Aufgrund seiner langsamen Genesung und anhaltender Beschwerden gibt Samuels jetzt endgültig die Seefahrt auf (S. 306).

Samuels heiratet um 1845 (S. 135) und wird später, von seiner Frau beeinflußt, zum gläubigen Christen (S. 254ff.). Nachdem er seine zur Veröffentlichung bestimmten Lebenserinnerungen verfaßt hat, stirbt Samuels nach 1887 (S. Preface).

HERMANN SANDMANN wird am 7. Februar 1818 in Papenburg im Königreich Hannover als eines von zehn Kindern eines Grobschmieds geboren. Bereits mit zwölf Jahren ist er verwaist (S. 1). Sandmann ist römisch-katholisch (S. 3). Er besucht die Elementarschule (S. 2) und wechselt nach seiner Firmung 1830 und dem Tod seiner Mutter auf eine Privatschule (S. 3).

Da Sandmann Seemann werden will, geht er 1831 mit 13 Jahren durch die Vermittlung seines Vormunds als Kajütsjunge ohne Lohn auf einem Papenburger Schiff auf seine erste Reise. Das Schiff überwintert in Harlingen (S. 4f.). An Bord gibt Sandmann dem ebenfalls an Bord als Kajütsjunge dienenden Sohn des Kapitäns Rechenunterricht (S. 6). Er besticht als Schiffsjunge die Crew, um dem »Hänseln« zu entgehen (S. 10), wird aber entgegen damaligem Brauch an Bord gut behandelt. Er wird von den Offizieren nicht geschlagen, sondern nur ermahnt, bekommt aber gelegentlich eine Ohrfeige von den Seeleuten (S. 15). Als sich die Mannschaft betrinkt, will sie der Maat zur Rede stellen. Er wird jedoch angegriffen und schlägt einen Mann nieder, woraufhin er von dessen Kameraden attackiert wird. Als es dem Maat gelingt, den Kapitän zu Hilfe zu holen, bringt dieser seine Mannschaft mit der Waffe in der Hand zur Räson und nimmt für den Maat Stellung. Nach ihrer Ausnüchterung bitten die Seeleute den Kapitän um Verzeihung, die ihnen dieser auch gewährt (S. 18f.). Im Winter wird das Schiff aufgelegt, die Mannschaft sucht über Winter eine neue Heuer (S. 21). Sandmann verbringt den Winter zu Hause und besucht wieder die Schule (S. 21f.)

Im folgenden Frühjahr will sich Sandmann auf Anraten seines Kapitäns auf einem niederländischen Schiff verheuern. Er findet mit Mühe und gegen den Willen seines Vormunds eine Heuer als Leichtmatrose auf einem holländischen Schiff nach Westindien (S. 22ff.). Nach seiner Rückkehr geht Sandmann auf eine Südamerikareise und wird mit 17 Jahren Vollmatrose (S. 27). Nach einer Urlaubsüberziehung bekommt Sandmann Ärger mit dem Steuermann (S. 28) und wird später von einem Heuerbaas zur Desertion überredet und dabei betrogen (S. 28ff.). Sandmann fährt auf einem spanischen Schiff, desertiert aber erneut, da er Schwierigkeiten mit den spanischen Seeleuten und auch Angst vor dem Kapitän hat. Dieser hat seine Seeleute zwar unter Kontrolle, es gibt aber sofort Streit, wenn er nicht an Bord ist. Als Sandmann nach seiner Desertion verhaftet wird, zeigt sich der Kapitän verständnisvoll und willigt in seine Entlassung ein (S. 32ff.). Sandmann trifft durch Zufall den niederländischen Kapitän wieder. Dieser verzeiht ihm die Desertion, und so kehrt Sandmann auf das niederländische Schiff zurück (S. 36f.).

Nach der Rückkehr geht Sandmann auf einem Hamburger Schiff auf eine Australienreise, wobei er an Bord auch als Steuermannsgehilfe dient (S. 41ff.). Das Schiff geht in Südostasien auf Frachtsuche (S. 47). Nach seiner Rückkehr besucht Sandmann im Winter für zwei Monate die Hamburger Navigationsschule. Er wird von seinem ehemaligen Kapitän als Untersteuermann empfohlen und geht auf eine Westindienfahrt mit einem Hamburger Schiff (S. 52f.). Er wird von dessen Kapitän weiterempfohlen und wechselt in Westindien auf ein dänisches Schiff, wo er ebenfalls als Untersteuermann fährt (S. 53f.). Bei dieser Reise befindet sich eine aus Rowdies bestehende Besatzung an Bord. Als die Seeleute den Gehorsam verweigern, kann sie der Erste Steuermann nur nach, wie er sich ausdrückt, »amerikanischem System«, d.h. mit Hilfe von körperlicher Gewalt wieder zur Räson bringen. Sandmann erklärt, in gewissen Fällen ebenfalls zu diesem Mittel gegriffen zu haben, da er generell die Erfahrung gemacht hat, daß bei dieser Art von Seeleuten ein energisches Auftreten besser zur Aufrechterhaltung der Disziplin geeignet ist als alles gute Zureden (S. 54).

Nach seiner Rückkehr und weiteren drei Monaten auf der Navigationsschule besteht er im Winter 1842 sein Navigationsexamen in Hamburg und erhält das Steuermanns- und Schifferzeugnis (S. 55). Nach seinem Examen bemüht sich Sandmann um den Erwerb von englischen Sprachkenntnissen und macht mehrere Fahrten als Obersteuermann, darunter auch Winterreisen, mit einem Kapitän, unter dem er schon zuvor gefahren ist (S. 55ff.). Seine Hoffnung auf ein eigenes Kommando wird zunächst enttäuscht, da die Schiffseigner die Reederei aufgeben. Nach elf Jahren Abwesenheit macht Sandmann wieder einen Besuch zu Hause (S. 57).

Durch eine Empfehlung wird Sandmann 1845 von einem Reeder zu einem Vorstellungsgespräch eingeladen und, nachdem er seine kaufmännischen Kenntnisse unter Beweis gestellt hat, im Alter von 27 Jahren zum Kapitän befördert. Durch die Heirat der Witwe seines Vorgängers wird er auch Anteilseigner an dem von ihm geführten Schiff (S. 58). Sandmann beschreibt den Lebenslauf eines ebenfalls in Papenburg geborenen Kapitäns, eines Ostindienfahrers, als Musterkarriere: Vom einfachen Seemann steigt dieser nach seiner Ausbildung an der Navigationsschule, wo er mit 25 Jahren sein Steuermannsexamen macht, zum Steuermann auf und ist wegen seiner Tüchtigkeit, Ordnung und strengen Disziplin ein gesuchter Mann. Mit 34 Jahren wird er zum Kapitän befördert und ist bei seinen Reedern sehr angesehen (S. 20). Sandmann wird in der Mittelmeerfahrt und in der europäischen Frachtfahrt in der Saisonfahrt tätig (S. 58ff.). Während der schleswig-holsteinischen Erhebung und des Kriegs von 1848 bis 1852 wird das Schiff unter russischer Flagge neutralisiert (S. 64f.).

1850 übergibt er im Auftrag seines Reeders das Kommando an seinen Steuermann und überwacht den Neubau eines Schiffs, das er später führen soll (S. 65ff.). Sandmann fährt mit seinem neuen Schiff zunächst in der transatlantischen Auswandererfahrt (S. 70ff.). In New York hat er Probleme mit der Desertion von Seeleuten und bemerkt, daß in New York Desertionen zeitweilig massenhaft vorkommen. Teilweise würden die Seeleute sogar mit Gewalt von Bord geholt, wogegen es aufgrund der amerikanischen Gesetzeslage keinerlei behördliche Handhabe gebe (S. 72). Später wird Sandmann wieder in der Mittelmeerfahrt tätig (S. 73ff.) und führt während des Krimkriegs Transporte für die Alliierten durch, wobei er mit seinem Schiff vor Odessa unter Beschuß gerät (S. 82ff.). Erneut lassen seine Reeder ein neues Schiff für ihn bauen. Sandmann ist am Bau des Schiffs beratend beteiligt und führt anschließend das entsprechend den Anforderungen der internationalen Fracht- und Trampfahrt gebaute Schiff insgesamt elf Jahre (S. 96ff.), unter anderem in der internationalen Frachtfahrt nach Indien und Südamerika (S. 98ff.). Als Kapitän ist Sandmann dabei auch für die Frachtschließung zuständig (S. 103ff.). 1868 gibt er im Alter von 50 Jahren die Seefahrt aus gesundheitlichen Gründen auf, er empfiehlt einen jungen Kapitän als Nachfolger. Er ist insgesamt 38 Jahre zur See gefahren, davon 24 Jahre als Kapitän. Schließlich wird er Schiffsmakler mit einem prosperierenden Geschäft und hat diverse Ehrenämter inne (S. 121ff.).

Sandmann geht nach dem Tod seiner Frau 1859 eine zweite Ehe ein (S. 100). Seine Schwestern sind ebenfalls mit Kapitänen verheiratet (S. 1). Sandmann hat wegen der Blockade der Niederlande im Jahre 1831 eine Abneigung gegen Engländer (S. 13) und besitzt ein tiefes Gottvertrauen (S. 124) Er verfaßt seine Lebenserinnerungen zunächst für seine Familie, später werden diese auch veröffentlicht (S. Vorwort). Sandmann stirbt nach 1896 (S. 1).

MAARTEN SCHAAP wurde im März 1782 als eines von zwölf Kindern eines Seemanns in Katwijk in den Niederlanden geboren und am 24. März 1782 getauft (S. 11 und 59). Sein Vater stirbt bereits 1791 (S. 11).

1794 geht Schaap mit zwölf Jahren auf Fischfang (S. 11) und wechselt 1795 als Schiffsjunge in die Handelsfahrt auf einem von seinem Bruder geführten Schiff. Er fährt mehrere Jahre mit seinem Bruder in der nordeuropäischen Frachtfahrt (S. 59ff.). 1798 wird das Schiff aufgebracht, und Schaap gerät zusammen mit seinem Bruder eine zeitlang in englische Gefangenschaft. Obwohl das Schiff neutralisiert war und unter preußischer Flagge segelte, wird es als niederländisches Schiff beschlagnahmt, die Besatzung aber mit Hilfe des preußischen Konsuls freigelassen (S. 60ff.). Da ihr alter Reeder nach Wiedererlangung ihrer Freiheit kein neues Schiff für Schaaps Bruder hat, wechseln die beiden mit Hilfe einer Empfehlung ihres ehemaligen Reeders zur Reederei Hoboken. Schaaps Bruder erhält dort das Kommando über ein Schiff, auf dem Schaap wieder als Junge fährt (S. 63f.). Auch ein anderer Bruder der Schaaps fährt später als Kapitän bei Hoboken (S. 81). Das Schiff ist jedoch nicht besonders gut für die Handelsfahrt geeignet, weshalb Schaaps Bruder vom Reeder den Auftrag erhält, es zu verkaufen und ein neues Fahrzeug zu erwerben. Schaap nutzt diese Zeit, um Navigationsunterricht zu nehmen, da er darüber in der Schule nur wenig gelernt hat (S. 64f.).

Als sein Bruder 1801 stirbt, wünschen die Reeder, daß Schaap dessen Nachfolger als Kapitän wird. Schaap lehnt jedoch ab, da er sich mit 19 Jahren noch zu jung für diesen Posten und die damit verbundene Verantwortung fühlt. Der Reeder Hoboken bietet ihm daraufhin an, zunächst als Steuermann für ihn zu fahren und Schaap später zum Kapitän zu machen (S. 64). Schaap fährt nun einige Jahre für Hoboken als Steuermann in der Saisonfahrt mit Winterpause (S. 64f.) und erhält 1803 von seinem Reeder das Angebot, ein eigenes Schiff zu führen. Schaap fragt seinen Kapitän um Rat, und dieser empfiehlt ihm dringend die Annahme des Angebots, worauf Schaap mit 21 Jahren Kapitän wird (S. 66). Während seiner ersten Reise bekommt Schaap nach einer Havarie mit anschließender Bergung des Schiffs rechtliche Probleme, da ihm die nötigen juristischen Kenntnisse fehlen. Ebenso hat er Probleme bei Verhandlungen mit einem Makler (S. 66f.). Trotz dieser Schwierigkeiten ist Hoboken mit Schaap als Kapitän zufrieden (S. 68). Sein Reeder räumt Schaap eine recht große Handlungsfreiheit ein. So entscheidet er sich, ohne vorher seinen Reeder zu befragen, eine riskante Fracht anzunehmen, da keine direkte Order des Reeders diesem Entschluß entgegensteht (S. 70ff.). Von 1807 bis 1814/15 muß das Schiff wegen der Napoleonischen Kriege neutralisiert werden, es sind nur Fahrten unter Lizenz möglich, und es herrscht allgemein eine schwierige Lage für die Seefahrt (S. 68ff.). Während des Kriegs hat Schaap erhebliche Probleme bei der Bemannung seines Schiffs, ist aber als Kapitän durch ein Zertifikat von der Aushebung durch die Franzosen befreit (S. 71ff.).

Nach 1815 dehnt Schaap im Auftrag Hobokens das Fahrtgebiet der Reederei von der Nordsee bis ins Mittelmeer aus (S. 77ff.). 1816 wird Schaaps Schiff von den Barbareskenkorsaren aufgebracht und ausgeplündert. Schaap und seine Besatzung werden ins Gefängnis geworfen und wenden sich an den niederländischen Konsul. Schließlich werden sie freigelassen, und Schaap erhält sein Schiff sowie einen Teil des Plünderguts zurück. (S. 80–89). Nach seiner Rückkehr geht Schaap 1817 wieder ins Mittelmeer und betreibt dort freie Frachtfahrt *auf gut Glück* (S. 91f.), ebenso im Jahr 1819. Er tätigt bei Gelegenheit auch Eigengeschäfte seines Reeders (S. 93 und 127). Im gleichen Jahr erhält Schaap von seinem Reeder Hoboken ein größeres Schiff, während sein Steuermann das Kommando über Schaaps altes Schiff erhält (S. 94f.). Während Schaap gern zur Winterfahrt bereit ist, lehnen die Befrachter dieses Angebot ab (S. 96).

Schaap macht in den folgenden Jahren zahlreiche Fahrten (S. 96ff.) bei nur kurzem Heimataufenthalt zwischen den einzelnen Reisen (S. 111, 114 und 151). Obwohl er 1825 von einer verlustreichen Reise mit einem beschädigten Schiff zurückkehrt, wird er von seinem Reeder freundlich begrüßt (S. 103). Schaap hat 1830 seinen Sohn als Zweiten Steuermann mit an Bord (S. 114), und er lobt seine Besatzung, die fleißig und willig bei der Arbeit ist (S. 118). 1832 erhält Schaap von Hoboken wieder ein neues Schiff (S. 122). Schaap zeigt Eigeninitiative, als er während der Kriegsgefahr infolge des belgischen Aufstands 1832 eigenmächtig den Kurs nach New York ändert und erst im nachhinein seinen Reeder von seiner Entscheidung in Kenntnis setzt, der aber damit vollauf einverstanden ist. Vor seiner Entscheidung berät er sich auch mit seinen Offizieren, die Schaaps Vorschlag, den Kurs nach New York zu ändern, zustimmen (S. 124ff.). Auf derselben Reise hat Schaap auch Probleme mit seiner Mannschaft, die gegen ihn klagt, um so ihre Entlassung zu erwirken. Als die Klage jedoch abgewiesen wird, desertieren die Seeleute (S. 127). Schaap investiert in ein Fischerboot, dessen Kapitän sein Bruder wird. Wegen der mangelnden Rentabilität gibt er diese Investition aber später wieder auf (S. 49 und 130). Als Kapitän erhält Schaap auch Order von den Korrespondenten (S. 132).

1834 erhält Schaap wieder ein neues Schiff. Er ist bei diesem Wechsel aber eher widerwillig, da er mit seinem alten Schiff zufrieden war. Schaaps Steuermann erhält wiederum das Kommando über sein altes Schiff. Schaap macht eine Fahrt nach Indien für die Nederlandsche Handel-Maatschaappij. Wegen der erfolgreichen Reise erhält seine Mannschaft einen Heuerbonus in Naturalien (S. 135ff.). Nach seiner Rückkehr geht Schaap sogleich im Auftrag der Nederlandsche Handel-Maatschaappij auf eine neue Reise nach Indien (S. 140ff.), ebenso 1836 (S. 147ff.). Im Winter 1837/38 bleibt Schaap zum ersten Mal seit 1802 wieder zu Hause (S. 151) und geht 1838 wieder auf eine Indienreise, wobei er diesmal keinerlei ökonomische Verantwortung für die Ladung trägt, da es sich um eine bloße Transportaufgabe handelt (S. 151ff.). Auch 1839 fährt Schaap wieder nach Indien. Im gleichen Jahr erhält er die Nachricht, daß sein Sohn verstorben ist. Dieser war ebenfalls Seemann und wurde bereits mit 27 Jahren zum Kapitän befördert (S. 156ff.). Während der Reise verliert sich nach dem vermutlichen Selbstmord des Ersten Steuermanns die gute Stimmung an Bord (S. 154).

1840 geht Schaap auf seine letzte Indienreise, nachdem er seinem Reeder angekündigt hat, daß er sich nach dieser Fahrt zur Ruhe setzen will. Während eines Seeleutemangels verlangen die Seeleute bei ihrer Anheuerung einen höheren Lohn. Obwohl sich der Reeder weigert, dieser Forderung nachzukommen, wird den Seeleuten bei der Anmusterung eine Prämie gezahlt (S. 163ff.). Als ein Seemann unterwegs behauptet, von Offizieren mißhandelt worden zu sein, wird die Mannschaft befragt. Da die Beschwerde nach deren Aussage grundlos zu sein scheint und der Matrose zudem einen geistig verwirrten Eindruck macht, wird der Seemann in Arrest genommen (S. 166ff.). Schaap hat ein sehr gutes, über eine bloße Geschäftsbeziehung hinausgehendes Verhältnis zu einem seiner Korrespondenten (S. 165). 1841 beendet Schaap seine berufliche Laufbahn, da er hat keine Lust mehr hat, weiter zur See zu fahren. Obwohl ihn sein Reeder zunächst nicht gehen lassen will und ihm ein gutes Angebot macht, zieht sich Schaap nach 43 Jahren im Dienst der Reederei Hoboken, die mit seinen Diensten sehr zufrieden ist, von der Seefahrt zurück. Schaap ist insgesamt 46 Jahre zur See gefahren, davon 38 Jahre als Kapitän (S. 172f.) und lebt als Pensionär von seinem erworbenen Kapital (S. 53ff.).

Schaap hat 1805 geheiratet (S. 175). Er hat ein privates Tagebuch geführt (S. 7) in dem er sich zur Selbstkritik fähig zeigt und auch über eigene Nachlässigkeiten als Kapitän berichtet (S. 151). Schaap besitzt ein starkes Gottvertrauen und ist kirchlich aktiv (S. 172f. und 51). Am 25. Februar 1870 stirbt Schaap (S. 54).

EDWARD THEAKER wird am 25. November 1786 in England als eines von mehreren Kindern eines aus einer alten Seefahrerfamilie stammenden Fischers geboren (S. 19). Theaker hat eine gute Schulbildung genossen (S. 21).

Da es sich bei seiner Lebensbescheibung um eine auf Archivalien basierende Biographie handelt, ist über seine frühe Seefahrtskarriere kaum etwas bekannt. Er ist wahrscheinlich im Alter von zehn bis elf Jahren zur See gegangen und hat seine ersten Reisen auf einem Küstenfahrer gemacht (S. 21ff.).

Theaker wird 1807 mit 20 Jahren Kapitän in der Mittelmeerfahrt bei einer Partenreederei und bereits 1809 zum Kapitän auf einem Westindienfahrer eines Reeders aus Hull befördert (S. 23). 1812 wird er Kapitän auf einem anderen Schiff desselben Reeders (S. 24) und wechselt 1813 zur Firma Barry aus Whitby, die bis 1824 neben dem Reedereigeschäft auch eine Werft betreibt. Theaker bleibt für 34 Jahre, bis 1847, in den Diensten Barrys (S. 29ff.). Er fährt von 1813 bis 1828 in der Indienfahrt (S. 35ff.) und erhält 1829 das Kommando auf dem Flaggschiff der Reederei (S. 37ff.), was auf die ausgezeichnete berufliche Reputation und den guten Ruf Theakers in Schiffahrtskreisen hinweist (S. 38 und 100f.). Diese Annahme wird durch einen lobenden Brief über sein Verhalten nach einem Schiffsbrand bestätigt (S. 49).

Nach einem Schiffbruch fehlen für 3 1/2 Jahre jegliche Nachweise über den Verbleib Theakers, er führt 1838 aber wieder für die Reederei Barry ein Schiff auf einem Sträflingstransport nach Australien (S. 62ff. und S. 69ff.). 1842 wird Theaker von der Reederei Barry bei einem Konflikt zwischen einem anderen Kapitäns der Reederei und dessen Besatzung erfolgreich als *Troubleshooter* eingesetzt. Während der Reeder das Zutrauen in den alten Kapitän verloren hat (S. 82ff.), setzt er sein volles Vertrauen in die Fähigkeiten Theakers, der ein guter und erfahrener Kapitän ist, der auch in Krisensituationen Ruhe und Überblick behält (S. 100f.). Um 1844 setzt sich Theaker zur Ruhe (S. 98). Er erhält neben seinem Gehalt auch zusätzliche Gratifikationen, auch bildet ein Anteil von Zweidrittel der Passagiergelder eine wichtige Ergänzung seines Einkommens. Bei einer sparsamen Lebensführung reichen diese Einkünfte für einen komfortablen Lebensabend aus (S. 98f.). Theaker war ein frommer Puritaner (S. 100) und hat 1813 geheiratet (S. 25). Er stirbt im Jahr 1865 (S. 19).

NATHANIEL URING wird um 1682 in England als Sohn eines Seemanns und späteren Ladeninhabers geboren (S. 1ff.). Von den Seegeschichten seines Vaters beeinflußt, will Uring Seemann werden. Bereits vor seiner ersten Reise erhält er daher Unterricht in den Grundlagen der Navigation. Mit 14 Jahren wird Uring von einem Verwandten, der Parteigner mehrerer Schiffe ist, als Apprentice vermittelt (S. 1ff.).

Uring macht seine erste Reise als Probefahrt. Trotz der erfahrenen Entbehrungen will er auch weiterhin Seemann werden. Er wird durch Verwandte einem Kapitän in der Westindienfahrt empfohlen, wobei Uring an Bord lieber die Stellung eines Seekadetten, statt, wie allgemein üblich, eines Kajütsjungen einnimmt. Uring wird als Schiffsjunge an Bord gut behandelt (S. 2ff.). Er wechselt dennoch 1697 das Schiff (S. 5ff.) und geht nach einem erneuten Heuerwechsel 1699 wegen Problemen mit den Schiffsoffizieren freiwillig zur Royal Navy (S. 21ff.).

1701 aus dem Dienst der Royal Navy entlassen, wird Uring Zweiter Maat auf einem Sklavenschiff. Als der Erste Maat nach dem Tod des Kapitäns während der Reise dessen Nachfolge antritt, rückt Uring als Erster Maat nach (S. 29f.). Das Schiff wird von einem französischen Kriegsschiff angehalten, kann jedoch entkommen, da das französische Schiff vor einem plötzlich auftauchenden englischen Geschwader flieht. Nach seiner Rückkehr nach England wird Uring zum Dienst in der Royal Navy gepreßt und im Rang eines Midshipman dienstverpflichtet (S. 72ff.). 1703 kann er mit Hilfe eines ihm bekannten Admirals seine Entlassung aus der Royal Navy erreichen und findet eine Heuer als Kapitän auf einem Paketschiff[1706] (S. 83 ff.).

Uring führt ab 1703 nacheinander zwei Westindien-Paketschiffe in staatlichem Auftrag (S. 83ff.). 1707 wird sein Schiff durch ein französisches Kaperschiff aufgebracht, wobei Uring gefangengenommen wird. Nach seiner Entlassung auf Ehrenwort und seinem Freispruch in dem obligatorischen Seegerichtsverfahren nach dem Verlust des Schiffs gerät Uring in einen Streit mit dem Reeder des Schiffs wegen seines noch ausstehenden Gehalts. Uring klagt ohne Erfolg gegen die Reeder und sorgt sich um seine berufliche Reputation, da sein Verhalten bei der Aufbringung kritisiert wird. Als er das Angebot von Bekannten erhält, ein extra für ihn angekauftes Schiff zu übernehmen, verläßt Uring im Jahr 1709 den Postdienst (S. 106ff.). Auf einer Westindienreise wird Uring mit seinem Schiff erneut von einem französischen Schiff gejagt, entkommt aber (S. 108ff.). Nach Urings Rückkehr 1710 wird das Schiff verkauft. Uring erwägt nun, auf eigene Rechnung Handel in Westindien zu treiben, da er über gute Beziehungen zu den dortigen Kaufleuten verfügt, entschließt sich letztlich aber zur einer Reise nach Guinea als Begleiter eines anderen Kapitäns (S. 128ff.). 1711 geht Uring nach Westindien und macht als Mitreisender von Jamaica aus mehrere Handelsfahrten in Mittelamerika (S. 164ff.). Als Passagier auf einer Sloop muß Uring für den Kapitän die Navigation übernehmen, da dieser selbst dazu nicht in der Lage ist. Bei der Rückkehr nach Jamaica wird ihm das Kommando des Schiffs angeboten, welches er aber ablehnt (S. 240ff.).

1712 bekommt Uring in Jamaica das Kommando über ein größeres Schiff in der Westindien- und Europafahrt angeboten, das er zwei Jahre führt (S. 243ff.). Bei einer Reise hat er einen Supercargo seines Reeders an Bord (S. 245ff.). Bei einer Westindienreise bekommt Uring unterwegs Probleme wegen Desertion seiner Seeleute (S. 252). Als das Schiff während einer Reise auf Grund läuft, setzt er eine Offiziersbesprechung an, um zu überprüfen, ob die Mißachtung seiner Befehle der Grund für die Havarie war (S. 255f.). Dabei betont er die Bedeutung der Auswahl guter Kapitäne und Offiziere (S. 258). Nach dem Auflaufen befürchtet Uring die Auflösung der Disziplin unter den Seeleuten und deren Desertion (S. 255ff.). Zudem droht eine Meuterei, da ein »Round Robin« gefunden wird. Uring vermutet, daß einige Seeleute planen, Piraten zu werden. Er kann die aufkeimende Meuterei jedoch durch die Anwendung von Gewalt zerschlagen, worauf die Seeleute nach einer Ansprache um Vergebung bitten. Diese wird von Uring auch gewährt, der danach keinerlei Probleme mehr mit seiner Mannschaft hat (S. 259ff.). Danach geht er auf eine Mittelmeerreise (S. 268ff.). Als Kapitän betreibt Uring im Auftrag seiner Reeder sowohl Fracht- als auch Handelsfahrt (S. 267) und ist gelegentlich für den Kauf und Verkauf der Ladung zuständig (S. 121 und 246), wobei er auch den besten Preis für die Waren zu ermitteln hat (S. 266). Ebenso werden ihm Kaufleute als mögliche Korrespondenten empfohlen, an die er sich wegen der Ladung wenden soll (S. 263ff. und 266).

1714 pausiert Uring für ein Jahr und läßt im Jahr 1715 zusammen mit einigen Parteignern ein kleines Schiff bauen, mit dem er, da ihm eine gute Fracht in Aussicht gestellt wird, eine Winterreise nach Portugal unternimmt (S. 315ff.). Mit dem Schiff fährt Uring in der internationalen Frachtfahrt (S. 317), überwirft sich jedoch als Kapitän und Parteigner mit dem Haupteigner des Schiffs. Er empfiehlt einen Nachfolger als Kapitän und kauft ein eigenes Schiff, mit dem er Eigenhandel betreibt (S. 322ff.). Bei diesen Eigengeschäften geht Uring ein hohes Risiko ein, da immer die Gefahr von Verlusten durch Fehlspekulation besteht (S. 336). Uring kombiniert daher Eigenhandel und Frachtfahrt, um so die Ladungskapazität des Schiffs voll zu nutzen (S. 341). Er heuert einen ehemaligen Kapitän als Lotsen an. Seine Mannschaft hat das Recht auf Führung als Teil der Heuerentlohnung (S. 342).

Als Schifferreeder geht Uring ein hohes Risiko ein und erleidet einen fast ruinösen Verlust, als das Schiff durch Schiffbruch verloren geht. Nach einem Auflaufen des Schiffs bricht die Disziplin an Bord zusammen. Die Mannschaft ist völlig alkoholisiert, und nur wenige Getreue, die Uring zur Selbstverteidigung bewaffnet, stehen zu ihm. Der Maat hintertreibt die Rettungsanstrengungen durch seinen Defätismus und desertiert schließlich mit einem Teil der Mannschaft, wobei sie die restliche Besatzung beim Wrack zurücklassen (S. 343ff.). Nach diesem empfindlichen Verlust betreibt Uring noch einige Zeit Eigenhandel auf gecharterten Schiffen (S. 361ff.) und kehrt 1721 als Passagier nach England zurück (S. 364). Uring veröffentlicht einige Jahre später seine Lebenserinnerungen und stirbt nach 1726 (S. Vorwort).

JAN WEVER wird 1835 als Sohn eines Küstenschiffers auf West-Terschelling in den Niederlanden geboren.

Nach dem Besuch der Schule geht Wever 1847 auf dem Küstenschiff seines Vaters auf seine erste Reise. Mit 14 Jahren findet Wever eine Heuer als Kajütsjunge auf einem Schiff, dessen Reeder der Ehemann der Nichte seines Vaters ist. Die Reise geht ins Mittelmeer (S. 1 ff.). Er folgt dem Kapitän 1850 auf ein neues Schiff, das eine Reise nach Indien, China und über Südamerika zurück nach Europa macht (S. 3ff.). Während der Reise desertiert der Koch ebenso wie der Bootsmann, der auf seiner Wache geschlafen hat (S. 4). Der Kapitän entläßt einen neu angeheuerten Steuermann, da ihm dieser nicht gefällt (S. 5). Wever berichtet von seinen englischen Sprachkenntnissen und von der guten Behandlung an Bord, die besser ist als auf anderen Schiffen (S. 6). Ebenso lobt er den Kapitän und den Steuermann als gute Seeleute und Navigatoren (S. 9). Wever wird unterwegs zum Koch befördert (S. 9). Die Reise dauert insgesamt 37 Monate. Nach seiner Rückkehr heuert Wever auf einem anderen Schiff als Koch für eine erneute Indienfahrt an (S. 11). Als er an Bord eine unpassende Bemerkung macht, bekommt er eine Ohrfeige vom Steuermann (S. 13).

Nach seiner Rückkehr bleibt er nur einen Tag zu Hause, um sich danach gleich eine neue Heuer als Matrose auf einem nach Indien bestimmten Schiff zu suchen (S. 15ff.). Wever führt bei guter Verpflegung ein angenehmes Leben an Bord, die Jungen aber werden bei der Verteilung von den Matrosen ungerecht behandelt. Wever setzt sich für die Jungen ein und gerät in Streit mit den anderen Seeleuten, sein Gegner geht aber nicht auf das Angebot eines fairen Kampfes ein (S. 15f.). In der Folge nimmt er verschiedene Heuern in der europäischen Frachtfahrt an (S. 21ff.). Da kein Steuermann zu finden ist, wird Wever für eine Reise zum Steuermann befördert (S. 21ff.), er fährt danach aber wieder als Matrose und wechselt 1860 in die Grönlandfahrt (S. 22ff.). Nach seiner Rückkehr sucht er sogleich eine neue Heuer und geht erneut auf eine Indienreise (S. 30f.). 1862 geht Wever wieder auf Grönlandfahrt (S. 32f.) und nach seiner Rückkehr auf eine Mittelmeerreise, da es noch zu früh ist, um für die Winterpause zu Hause zu bleiben (S. 36f.). Wever gerät dabei an einen ausgesprochen unangenehmen Kapitän, er wundert sich zunächst über dessen ungewöhnliche Freundlichkeit, doch stellt er sich schnell als Schinder heraus, der Essen von erbärmlicher Qualität austeilen läßt (S. 37ff.). Wever wird wie der Rest der Mannschaft von seinem Kapitän schikaniert. Da das Schiff stark leckt, müssen die Seeleute trotz reduzierter Mannschaftsstärke ständig pumpen. Die Matrosen verweigern jedoch diese Zusatzarbeit, solange die Offiziere nicht ebenfalls zum Pumpen herangezogen werden und haben damit Erfolg (S. 38f.). Wever muß während eines Sturms unter Lebensgefahr in den Mast gehen, um eine unnötige Arbeit auszuführen. Er gehorcht dem Befehl, da es seiner Meinung nach auf See keine Arbeitsverweigerung geben darf (S. 39f.). Im nächsten Hafen weigert sich die Crew jedoch zu arbeiten und will sich beim Konsul beschweren. Der Kapitän ruft die Polizei zu Hilfe, schließlich kann die Besatzung jedoch ihre Beschwerde vor dem Konsul vorbringen, wobei sie betont, auf See stets ihre Pflicht erfüllt zu haben. Obwohl der Konsul zunächst entscheidet, daß die Mannschaft wieder an Bord zurückkehren soll, bleiben die Seeleute an Land. Wever kann als Wortführer der Besatzung schließlich ihre Entlassung erreichen (S. 41ff.). Anschließend macht Wever eine Reise auf einem englischen Schiff, mustert nach einem Streit mit dem Kapitän aber wieder ab, wobei er betont, daß diese Reise eine Ausnahme gewesen und er ansonsten an Bord seiner Schiffe immer gut behandelt worden sei (S. 42ff.).

Nach dieser Reise nimmt er wieder Heuern in der europäischen Frachtfahrt an (S. 44ff.) und bewirbt sich schließlich vor einer Kommission als Lotse. Er wird angenommen und dient vor Terschelling als Lotse im Öffentlichen Dienst. 1904 wird er als Schiffer 1. Klasse pensioniert (S. 49–63). Wever verfaßt seine Erinnerungen auf Wunsch des Herausgebers (S. VI) und stirbt 1926 in seinem Geburtsort Terschelling (S. V).

7 Synoptischer Überblick über das europäische Seerecht

	Die Stellung des Kapitäns	Disziplinarbestimmungen	Desertion
Hansische Schiffsordnung von 1614	*Wir wollen auch die Schiffs-Freunde unnd Rehder / alles Fleißes ermahnet haben / daß sie zu jederzeit / bey erster Annehmung der Schiffer / oder da das nicht geschehen were / bey erster nechstkünftiger Außrehdung / richtige klare und deutliche Abred / Geding und Vergleichung mit ihnen machen / und sie unter andern / vermittelst ihres Eydes angeloben / und darüber offene Instrument, oder sonst glaubliche Schrifft aufrichten lassen, daß sie nemlich / ihrem Ampt getrewlich vorseyn / der Erb: Städte Ordnung gehorsamlich geleben / den Freunden und Rehdern mit erbarer richtiger Rechnung jedesmal fürkommen / und da deßwegen Streit zwischen ihen fürfallen solte / ohne alles appeliren und reduciren sich gänzlich begnügen lassen wollen / Dann damit gedencken wir / mit GOttes Hülff / der wachsenden Untrew und aller Gelegenheit derselben zu begegnen / alle gefährliche Außzüge zu verhüten / und auffrichtigen Handel und Wandel / zu gemeinem besten / zu befordern.* (2. Titel, § 3)	*Wurde sich der Schiffs-Kinder einer oder mehr gegen den Schiffer muthwillig stellen / oder Untrew erzeigen / welches mit zween andern Schiffs-Kindern zu beweise / Den / oder dieselbige mag der Schiffer zu gelegener Zeit / wol an land / jedoch daß Leute darauff wohnen / setzen / dawider sich die übrigen Schiffs-Kinder nicht aufflehnen / sondern dem Schiffer nichts weniger die Reyse vollenden helffen sollen / bey Verlust ihrer Hewr / und hoher straff der Obrigkeit.* (3. Titel, § 8) *Die Schiffs-Kinder sollen bey ihrer annehmung angeloben / dam Schiffer getrew / hold und gehorsam zu seyn / und sich alles frevels / meuterey und Zusammen-verstrickung zu enthalten / bey straffe / wie unterschiedlich hernach folge.* (4. Titel, § 3)	*Wurde einig Boßmann oder Officier, wann er die halbe hewre empfangen / vom Schiff entlauffen / dem sol / da er betretten / ein Boßhaecke auff die Backen gebrandt werden.* (4. Titel, § 25)
Ordonnanz von Rotterdam 1655		*Soo eenige Officieren, ofte Matroosen, ofte die haer tot eenigen anderen dienst verhuyrt hebben, binnen Scheepsboort, aen lant, ofte elders in haer Schippers ofte Bevelhebbers qualyck quame te dragen, ofte onder malcanderen eenige moeyte maeckten sullen soodaningen 't elckens comen te verbeuren, soo het geschiedt jegens den schipper, bevelhebber ofte eenich Officier, tien der voorsz. guldens, ende soo 't geschiet jegens een matros zes gelycke guldens, minder ofte meer-*	*De Schepen van dese stadt zynde vertrocken sal nyemant van Officieren ofte Matroosen, ofte die sich tot eenigen anderen dienst verhuyrt heeft, 'tsy binnen ofte buyten s'Lants, uyt het schip vermogen te gaen, ofte varen, ende veel min aen Lant te vernachten, sonder expres consent van den schipper, ofte Bevelhebber, ofte by afweseb van deselve, die in desselfs plaets sal commanderen, op een peyne van zes der voorsz. guldens t'elckens by de contraveneurs te verbeuren,*

	Die Stellung des Kapitäns	Disziplinarbestimmungen	Desertion
		der, naer exigentie van saeken tot arbitrage van Commissiarien. (§ 41)	*... ende in cas yemant buyten s'Lants zynde, het schip 't eenmale quame te verlaten, ofte sich geheel daervan quame te absenteeren, sal wyders verbeuren ..., soo hy een Officier is vyffthien der voorsz. guldens, ende andere thien gelycke guldens, sullende in cas door alle t' gunt voorsz. is de reyse verachtert werde, daerenboven noch aritralyck naer exigentie van saeken gestraft werden.* (§ 36)
Schwedisches Seerecht von 1667	*... Kein Schiffer soll ermächtigt seyn, Schiffsvolk anzunehmen, ehe er selbst gehörig bestellt worden, bey sechs Thalern Strafe. und wenn die Rehder dieses vorher zulassen, so erlegen auch sie, so viel ihrer darin gewilligt haben, zusammen dreißig Thaler. Die heuer des Schiffsvolks bedingt der Schiffer, so gut und genau er kann; auch muß er einem jeden bey seiner Annahme Miethgeld, wenigsten eine Mark, auf die Hand geben, so wie auch eines Jeden, den er miethet, Vor- und Zunamen, Wohnort und Herberge genau aufzeichnen.* (1. Abt., 1. Kap.)	*... Alle Schiffsleute, hohe und niedrige, sie mögen entweder für eine gewiße heuer oder einen Theil der Schiffsfracht segeln, sollen dem Schiffer gehorsam und unterwürfig seyn, sich seinen Befehlen nicht mit Gewalt widersetzen, was er ihnen auch anbefehlen möge, ohne Halsstarrigkeit und Bosheit, bei Strafe an ihrem Eigentum Leib und Leben, je nach dem die Sache beschaffen ist; doch vor dem behörigen Gericht.* (1. Abt., 7. Kap.)	
Ordonnance de la marine von 1681	*Es ist dem Schiffer überlassen, die Mannschaft des Schiffs zusammenzustellen und den Steuermann, den Schiffsersten, die Matrosen und die sonstigen Schiffsleute auszuwählen; er muß dieses in Übereinstimmung mit den Reedern tun, wenn er sich im Hafen ihres Wohnortes befindet.* (2. Buch, 1. Titel, §. 5) *Die Schiffseigner sind für die Handlungen des Schiffers verantwortlich, sie bleiben jedoch von der Verantwortung befreit, wenn sie Schiff und Frachtgeld abtreten.* (2. Buch, 8. Titel, § 2)	*Durch Anweisung des Steuermannes oder des Schiffsersten (im Original: Pilote et Contre-Maistre) können Meuterern, Betrunkenen oder Befehlsverweigerem Dunkelhaft, Fesselung oder andere vergleichbare Strafen auferlegt werden; ebenso werden diejenigen bestraft, die ihre Kameraden mißhandeln oder andere vergleichbare Delikte oder Verfehlungen während der Reise begehen.* (2. Buch, 1.Titel, § 22)	
Dänisches Seerecht / Danske Lov von 1683	*Naar Reedere ville antage een Skipper, som skulle føre deris Skib, de skulle de oprette med ham skriftlig Contract, hvilken hegge Parter skulle underskrive, og siden ubrødelig holde. Derefter antager Skipperen hvis Skibsfolk band agt; er fornøden til Skibet, og hans Reedere i Længden kunde være forvarede med.* (4. Buch, 1. Kap., §. 1)	*Fordrister negen sig til at giøre Mytterj, Oprør, eller Forbund imod Skipperen, eg det kand skielligen bevisis, da skal det straffis som anden Halsløs Gierning, som og de skulle straffis, som ville nøde og tvinge Skipperen til at segle andenstæds med dennem, end deris Beskeed er, Skipperen og Reederne til Skade.* (4. Buch, 1. Kap., § 10)	
Königlich Preußisches Seerecht von 1727 / Preußisches Allgemeines Landrecht von 1794	*Zu Verhütung alles Streites muß mit dem Schiffer, wegen der Heuer und anderer Conditionen, ein schriftlicher Heuervertrag geschlossen werden.* (2. Teil, 8. Titel, § 1450) *Der Schiffer ist schuldig, der Rheder Vortheil in allen Schiffsgeschäften möglichst zu*	*Gleichwie das Schiffs-Volck jederzeit schuldig ist, sich gegen den Schiffer gehorsam und ohne Wiederspenstigkeit zu bezeugen, also muß solches insonderheit in der See auf der Reise geschehen, und soll demnach alle Gewaltthätigkeit, Zwang, Meuterey oder Auffstand gegen den schiffer, oder gegen*	*Sollte ein Schiffsmann vor vollendeter Reise eigenmächtig aus dem Dienste treten: so kann er zu dessen Fortsetzung durch Zwangsmittel engehalten werden.* (Preuß. Allg. Landrecht, 2. Teil, 8. Titel, § 1546)

	Die Stellung des Kapitäns	Disziplinarbestimmungen	Desertion
	befördern und allen besorglichen Nachtheil nach seinen Kräften abzuwenden. (2. Teil, 8. Titel, § 1461) *Dabey muß er die Versehen vertreten, die ein vorsichtiger und erfahrner Schiffer sich nicht würde zu Schulden kommen lassen.* (Preuß. Allg. Landrecht, 2. Teil, 8. Titel, § 1462)	*einander, bey Vermeidung harter Leibes- und Lebens-Straffe unterlassen, auch, da sich dergleichen zutrüge, von einem jeden im Schiffe, so viel an ihm ist, verhütet und gesteuret werden. Würde es dannenhero auf gepflogene See-Mannschafft nöthig befunden, einen aufrührigen frevelhaften Schiffsmann unterwegs fest zu nehmen, oder aus dem Schiffe an Land zu schaffen, so soll alles Schiffs-Volck hierinnen dem Schiffer hülffliche Hand leisten, bey Verlust der gantzen Heuer, und anderer nachdrücklicher Ahndung.* (Königlich Preußisches Seerecht von 1727, Kap. 4, § 32)	
An Act for the better Regulation and Government of Seamen in the Merchant Service, Anno 2° Georgii II c. 36.(1729)			*And be it enacted and declared by the Authority aforesaid, That in case any Seaman or Mariner shall desert or refuse to proceed on the Voyage on board any Ship or Vessel, bound to Parts beyond the Seas as aforesaid, or that shall desert from the Ship or Vessel to which he or they shall belong, in Parts beyond the Seas, after he or they shall have signed such Contract or Agreements, he or they shall forfeit to the Owners of such Ship or Vessel the Wages which shall be due to him or them at the Time of his or their deserting from such Ship or Vessel, or obstinately refusing to proceed on such Voyage.* (§ 3)
Handelsgesetzbuch der Niederlande 1826	*Ein Schiffer ist der, welcher zur Führung eines Schiffs, unter Befolgung der ihm dazu ertheilten Befehle, beuftragt worden, entweder für einen bedungenen Lohn, oder einen Antheil im Gewinn.* (2. Buch, 3. Teil, § 1) *Art. 2: Er ist verpflichtet allen möglichen Fleiß, Aufmerksamkeit und Seemannskunst anzuwenden, und den Eignern oder der Rhederey alle Kosten, Schaden und Zinsen zu erstatten, welche dem Schiffe, oder dessen zubehör, durch seine Unkunde, Versäumniß, oder Untreue verursacht werden, oder die die Eigner, oder die Rhederey aus diesem Grunde an einen Dritten haben zu zahlen müssen.* (2. Buch, 3. Teil, § 2)	*Art. 4: Die Musterrolle muß enthalten: ... Die Verpflichtung, jeder in seiner Eigenschaft, dem Schiffer und den Offizieren zu gehorchen, und sich des Trunks und der Schlägerei zu enthalten ...* (2. Buch, 4. Teil, § 4)	*Die Musterrolle muß enthalten: ... Die Verordnung, daß der, welcher desetirt und das Schiff vor der Abdankung verläßt, seinen gut habenden Lohn verwirkt. ...* (2. Buch, 4. Teil, § 4)

	Die Stellung des Kapitäns	Disziplinarbestimmungen	Desertion
Obrigkeitliche Verordnung, die Pflichten und Rechte der auf bremischen Seeschiffen fahrenden Seeleute und die Musterrolle betreffend. Publicirt am 15. November 1852		*Sobald die Mannschaft den Dienst auf dem Schiffe angetreten hat, ist sie der Disciplin des Capitains und der Officiere unterworfen und verbunden, allen Anweisungen derselben in Betreff des Schiffsdienstes ohne Widerrede pünktlich Folge zu leisten, hat dagegen von dem Capitain und den Officieren eine ordentliche und angemessene Behandlung und Gewährung aller ihr zugesicherten Vortheile zu erwarten.* (§ 7) *Wer sich an dem Capitain oder an seinem sonstigen Vorgesetzten thätlich vergreift, sich ihm thätlich widersetzt, oder auch nur mit thätlichem Widerstande droht, wird mit Gefängniß von einem Monat bis zu zwei Jahren bestraft.* (§ 28)	*Wer vom Schiff entweicht (desertirt) verliert seine ganze Gage, sowie seine an Bord befindlichen Effecten, ist zum Schadensersatze nach Maßgabe der Gesetze verpflichtet, wird mit 6 Wochen bis 1 Jahr Gefängniß bestraft und unter erschwerenden Umständen aus der Liste der bremischen Seefahrer gestrichen.* (§ 21)
Revidirte Hamburgische Seemannsordnung von 1854		*Sobald die Mannschaft in Folge des Heuer-Vertrages den Dienst auf dem Schiffe angetreten hat, ist sie der Disciplin des Capitains unterworfen. Dieselbe ist nicht nur schuldig, allen Anweisungen desselben in Betreff des Schiffsdienstes ohne Widerrede pünktlich Folge zu leisten, sondern hat auch Alles zu vermeiden, was zur Störung der Ordnung und Eintracht führen könnte. Dagegen hat die Mannschaft von dem Capitain und den Officieren eine ordentliche und angemessene Behandlung zu erwarten.* *In allen Fällen, wo der Capitain das Commando nicht selbst ausübt, liegen der Mannschaft gegen den Officier, welcher die Stelle des Capitains vertritt und den Befehl hat, die nämlichen Pflichten ob, wie gegen den Capitain selbst, und gilt dies durchweg für alle dahin gehörigen Vorschriften dieser Verordnung.* (§ 3)	*Wer desertirt, geht seiner Gage, sowie seiner am Bord befindlichen Effecten verlustig. Wenn man seiner habhaft wird, so soll er außerdem mit angemessener Freiheitsstrafe von 1–12 Monaten belegt werden; auch ist er schuldig, die durch seine Desertion veranlaßten Kosten zu ersetzen. Unter erschwerenden Umständen kann die Strafe bis zur Zuchthausstrafe erhöht werden, und soll ein auf letztere Weise bestrafter Seemann nie wieder auf einem Hamburger Schiff in Dienst genommen werden.* *Jedes direct nach Hamburg zurückkehrende Hamburgische Schiff ist verpflichtet, auf Verlangen eines Hamburgischen Consulats auswärts verhaftete, von Hamburgischen Schiffen desertirte Seeleute, nach Maaßgabe der im Artikel 19 angeführten Bedingungen, mitzunehmen.* (§ 17)

8 Quellen- und Literaturverzeichnis

Rechtsquellen

Act for the better Regulation and Government of Seamen in the Merchant Service, Anno 2° Georgii II c. 36. (1729) (Regulation Act 1729).

An Act for improving the Condition of Masters, Mates, and Seamen, and maintaining Discipline in the Merchant Service, 14. August 1850 (Merchantile Marine Act 1850).

Allgemeines Landrecht für die Preußischen Staaten von 1794. Hrsgg. von Hans Hattenhauer. Frankfurt/ Main und Berlin 1970.

Antrag, betreffend Hamburgische Seemanns-Ordnung und Reglement des Wasserschouts. Hamburg 1854.

Code de Commerce. In: Les Cinq Codes. Die fünf französischen Gesetzbücher. Hrsgg. von Johann Cramer. Koblenz o.J.

Compendium Juris Maritim oder: Kurtzer Auszug des See-Rechts, aus denen Wißbyschen, Dänischen, Hansischen, Lübischen, Hamburgischen und anderen See- und Wasser-Rechten genommen. Lübeck 1648.

Entwurf zu einer Revidirten Seemanns-Ordnung. Anlage zu dem betreffenden Antrage der Commerz-Deputation an Einen Hochedlen Rath vom 23. September 1853. Hamburg 1853.

Der Erbaren Hansee-Städte Schiffs-Ordnung und See-Recht, Deren sich ihre Bürger sonderlich die Schiffs-Rhedere, Befrachtere, Schiffer und Schiffs-Volck zu verhalten. Lübeck 1647.

Der Erbaren Hansee-Städte Schiffs-Ordnung und See-Recht, Wornach ihre Bürger sonderlich die Schiffs-Rhedere, Befrachter, Schiffer und Schiffsvolck sich zu verhalten haben. Von neuem übersehen und gebessert, und unter gewisse Titul augetheilt. Am 16. Maji Anno 1614. Lübeck 1726.

General-Reglement für das nach Indien bestimmte Schiff VISGURIS. Bremen 1795.

Hamburgische Musterrolle von 1849. Hamburg 1849.

Hamburger Revidirte Seemannsordnung von 1854. Hamburg 1854.

Handels-Gesetzbuch für das Königreich der Niederlande, nach der amtlichen Bekanntmachung in den Haager Staats-Zeitungen von 1826. Mit einer Vorrede von P.D.W. Tonnies. Altona 1827.

Kanzleipatent, betr. die Zulassung fremder Schiffer zur Gewinnung des Bürgerrechts in den Städten und deren Aufnahme in die Seerolle, etc., 4. Sept. 1824. In: Chronologische Sammlung der im Jahre 1824 ergangenen Verordnungen und Verfügungen für die Herzogthümer Schleswig und Holstein. Kiel 1825.

Kong Christian den Femtes Danske Lov af 15. April 1683. Udgivet paa grundlag af V.A. Sechers tekstudgave ved Stig Iuul. Kopenhagen 1949.

Königlich Preußisches Seerecht von 1727. In: Reinhold Friderich von Sahme: Einleitung zum See-Recht des Königreich Preußen, worinnen das Königliche Preußische See-Recht in einer richtigen Ordnung vorgestellet und erleutert wird. Königsberg 1747.

Liber Sextus Nautica. Von Seehändeln. In: Das Lübeckische Stadt-Recht. Lübeck 1829.

Das Lübeckische Stadt-Recht. Nach der letzten, im Jahre 1728 erschienenen Ausgabe unverändert abgedruckt. Lübeck 1829.

The Merchant Shipping Act, 1894. Hrsgg. von James Dundas White. London 1894.

Navigation Laws of the United States of America, 1886.

Neue Verordnung für Schiffer und Schiffs-Volk, Auf Befehl eines Hochedlen Raths der Kayserl. freyen Reichs-Stadt Hamburg, zuerst publicirt den 5ten December 1766 und, revidirt, den 23 März 1786.

Obrigkeitliche Verordnung, die Pflichten und Rechte der auf bremischen Seeschiffen fahrenden Seeleute und die Musterrolle betreffend, Publicirt am 15. November 1852.

Ordonnance de Rotterdam du 16 Mats 1655. In: Pardessus, J.M.: Collection de Lois Maritimes antérieures au XIII.e siècle. Paris 1845, Bd. 6, S. 513–534.

Ordonnance de la marine 1681. In: Jean-Nicolas Morisset: Der Frachtvertrag in der Ordonnance de la marine von 1681. (= Rechtshistorische Reihe Bd. 146) Frankfurt/M. 1996.

J.M. Pardessus: Collection de Lois Maritimes antérieures au XIII.e siècle. Paris 1828 – 1845.

Patent wegen der mit dem Schiffsvolk bei Seefahrten nach Ost- und Westindien oder anderen langen Reisen zu errichtenden Häuercontrachte, etc, 12. März 1783. In: Systematische Sammlung der für die Herzogthümer Schleswig und Holstein erlassenen, annoch gültigen Königlichen, Fürstlichen, Großfürstlichen und gemeintschaftlichen Verordnungen und Verfügungen. Bd. 7, Kiel 1834.

Patent zur Aufrechterhaltung und näheren Bestimmung des See-Enrollierungswesens, etc., 10. März 1796. In: Chronologische Sammlung der im Jahre 1796 ergangenen Verordnungen und Verfügungen für die Herzogthümer Schleswig und Holstein. Kiel 1797.

Die Peinliche Gerichtsordnung Kaiser Karl's V., nebst der Bamberger und der Brandenburger Halsgerichtsordnung sämmtlich nach den ältesten Drucken, und mit den Projecten der peinlichen Gerichtsordnung Kaiser Karl's V., von 1521 und 1529 beide zum erstenmale vollständig nach Handschriften herausgegeben von H. Zoepfl. Giessen 1787.

Reglement und Verordnung Betreffend Was die commercirende Unterthanen sämmtlicher Sr. Königl. Majestät Reichen, Fürstenthümer, Graffschaften und Landen zu Kriegszeiten zwischen Seemächten in Ansehung der Schiffahrt zu beachten haben. Friedensburg, den 6. August Anno 1756.

Revidiertes Reglement des Wasser-Schouts nebst der revidierten Muster-Rolle, auf Befehl eines Hochedlen Raths der Kayserl. freyen Reichs-Stadt Hamburg, zuerst publicirt den 5ten December 1766 und, revidirt, den 15ten May 1786.

Sammlung der Hamburgischen Gesetze und Verfassungen in Bürger- und Kirchlichen, auch Cammer-Handlungs- und den übrigen Policeyangelegenheiten und Geschäften samt historischen Einleitungen. Der siebente Theil, in welchem der dritten Abtheilung der Handels-Rechte zwote Unterabteilung vom Schiffs- und See-Rechte etc. Hamburg 1769.

Schleswigsches Stadtrecht vom Jahre 1155. In: Sammlung der Statute, Verordnungen und Verfügungen welche das bürgerliche Recht des Herzogthums Schleswig betreffen. Hrsgg. von Esmarch. Schleswig 1846.

Schwedisches Seerecht von 1667. In: Wolfgang-Peter Osten: Das schwedische Seerecht von 1667. Entstehung und Inhalt der seearbeitsrechtlichen Vorschriften (Skepmanna Balk) (= Juristische Schriftenreihe Bd. 28) Münster/Hamburg 1992.

Der uralten Hansischen verwantnuß Städten, auff dero anno 1591 binnen Lübeck gehaltenem allgemeinem Hansetage bewilligte Schiffs-Ordnung, Deren sich die Schiffs-Redere, Schiffer und Boetsleute hinfürder verhalten sollen. In: Das Lübeckische Stadt-Recht. Lübeck 1829.

Verfügung, daß allen ausländischen Schiffern verboten seyn solle, inländische Schiffe als Setzschiffer zu führen, 29. Nov. 1793. In: Systematische Sammlung der für die Herzogthümer Schleswig und Holstein erlassenen,

annoch gültigen Königlichen, Fürstlichen, Großfürstlichen und gemeintschaftlichen Verordnungen und Verfügungen. Bd.7, Kiel 1834.
Verfügung für das Herzogthum Schleswig, betr. die Auszahlung des Lohns an die Matrosen auf Kauffahrteischiffen, 18. Jan. 1799. In: Systematische Sammlung der für die Herzogthümer Schleswig und Holstein erlassenen, annoch gültigen Königlichen, Fürstlichen, Großfürstlichen und gemeintschaftlichen Verordnungen und Verfügungen. Bd. 7, Kiel 1834.
Verordnung und Privilegia für die Seeleute im Herzogtum Schleswig, welche sich in Unseren Seediensten auf die Kriegs-Flotte gebraucht zu werden, enrolliren lassen, Hirschholm, den 30. september Ao. 1739.
Verordnung wider die Scheinbürger, für die Städte und Flecken in den Herzogthümern Schleswig und Holstein, die Herrschaft Pinneberg und Graffschaft Ranzau nebst der Stadt Altona, Friederichsberg, den 23sten September 1796.
Verordnung, betr. das Seeenrollirungswesen, 17. April 1838. In: Chronologische Sammlung der im Jahre 1838 ergangenen Verordnungen und Verfügungen für die Herzogthümer Schleswig und Holstein. Bd. 7, Kiel 1839.
Wehrstrafgesetz der Bundesrepublik Deutschland, in der Fassung vom 24. Mai 1974, geändert durch Gesetz vom 21. Dezember 1979.

Kommentare

Charles Abbott: A Treatise of the Law relative to Merchant Ships and Seamen. London 1802.
Charles Abbott: A Treatise of the Law relative to Merchant Ships and Seamen. Hrsgg. Von William Shee. London 185610.
Hinrich Brarens: System der praktischen Schifferkunde. Friedrichstadt 1807.
Franz Ludwig von Cancrin: Abhandlung von dem Wasserrechte, sowol dem natürlichen, als positiven, vornemlich aber dem deutschen. Halle 1800.
Joseph Chitty: Lex Mercatoria: or, a Complete Code of Commercial Law; being a general guide to all men in Business. London 18136.
Richard Henry Dana: The Seaman's Friend: Containing a Treatise on Practical Seamanship, with Plates, A Dictionary of Sea Terms; Customs and Usages of the Merchant Service; Laws Relating to the Practical Duties of Master and mariner. Facsimile von 18516, Delmar/N.Y. 1979.
Johann Andreas Engelbrecht: Der wohl unterwiesene Schiffer, oder Unterricht was derselbe vor, während und nach abgelegter Reise zu beachten hat. Lübeck 1792.
Nicolaus Falck: Handbuch des Schleswig-holsteinischen Privatrechts. Altona 1831.
Gemeinfaßliche Darstellung des Europäischen Seerechts, insbesonderheit der Havarie, Assecuranz und Bodmerei, von einem praktischen Juristen. Hamburg 1853.
Julius von Gierke: Handelsrecht und Schiffahrtsrecht. Grundrisse der Rechtswissenschaft, Bd. 6, Berlin und Leipzig 1921.
Conrad Glashoff: Sammlung einiger bey der Schiffahrt und dem Assecuranz-Geschäfte vorkommenden Fälle, durch Fleiß und aus der Erfahrung zusammengetragen, erstes Heft, Hamburg 1792.
Friederich Johann Jacobsen: Seerecht des Friedens und des Krieges in Bezug auf die Kauffahrteischiffahrt. Altona 1815.
Carl von Kaltenborn: Grundsätze des praktischen Europäischen Seerechts, besonders im Privatverkehre, mit Rücksicht auf alle wichtigeren Partikularrechte. Berlin 1851.
Leone Levy: Commercial Law, Its Principles and Administrations; or, the Mercantile Law of Great Britain compared with the Codes and Laws of Commerce of the Following Mercantile Nations etc., Bd. 1 u. 2, London 1850/1852.
William Lewis: Das Deutsche Seerecht. Ein Kommentar zum V. Buch des Allgemeinen Deutschen Handelsgesetzbuches. Leipzig 1877.
A Manual of Maritime Law, being a digest of the laws of Shipping an Insurance, for the use of merchants, shipowners, shipmasters and the legal profession, by a Member of the Faculty. Edinburgh 1842.
J.F. Marquardt: Handbuch für Schiffsführer und Schiffs-Rheeder. Danzig 18422.
Charles Molloy: De jure Maritimo et navali: Or, a Treatise of Affairs Maritime and of Commerce... . London 1688.
Reinhold Nizze: Das allgemeine Seerecht der civilisierten Nationen. Mit besonderer Hervorhebung des Hanseatischen, Mecklenburgischen Particular und Rostockschen Statutar-Seerechts. In: Das öffentliche Seerecht, Bd. 1, Rostock 1857.
P.D. Christian Paulsen: Lehrbuch des Privat-Rechts der Herzogthümer Schleswig und Holstein, wie auch des Herzogthums Lauenburg, 2. Auflage, verbessert, und mit dem lauenburgischen Rechte vermehrt. Kiel 1842.
Lord Robert Raymond: Reports of Cases argued and adjudged in the Courts of King's Bench and Common Pleas, in the Reigns of The late King William, Queen Anne, King George the First, and King George the Second. Taken and collected by the Right Honourable Robert Lord Raymond late Lord Chief Justice of the Court of King's Bench. Bd. 1, London 17904.
Reinhold Friderich von Sahme: Einleitung zum See-Recht des Königreich Preußen, worinnen das Königliche Preußische See-Recht in einer richtigen Ordnung vorgestellet und erleutert wird. Königsberg 1747.
Matthaeo Schlütern: Historisch- und Rechtsbegründeter Tractat von dem Verlassungsrecht, wie selbiges nicht nur in Hamburg und Lübeck etc. Hamburg 1703.
Scriptorum de iure nautico et maritimo etc. Hrsgg. von Gottlieb Heineccius. Magdeburg 1740.
Steel's Ship-Master's Assistant and Owners manual, containing Information necessary for Persons connected with Mercantile Affairs. London 1837.
Johannes Julius Surland: Grund-Sätze des Europäischen See-Rechts. Hannover 1750.
Vollständige Sammlung der vom Ober-Appellations-Gerichte zu Lübeck im Jahre 1856 in hamburgischen Rechtssachen abgegebenen Urtheile sammt Motiven, mit den Vorentscheidungen der verschiedenen Unterinstanzen. Leipzig 1859.

Biographische Quellen

Johann Heinrich Arnecke: Fahrten eines alten Bremer Seemannes zu Wasser und zu Land von ihm erzählt und mit seinem Bildnisse versehen. Bremen 18682.
Edward Barlow: Barlow's Journal, Of His Life at Sea in King's Ships, East & West Indiamen & Other Merchantmen from 1659 to 1703. Hrsgg. von Basil Lubbock. London 1934.
John Bechervaise: Thirty-Six Years of a Seafaring Life, by an old Quartermaster. Portsea 1839.
Jens Jensen Berg: Skibskaptajn og Grosserer Jens Jensen Bergs Selvbiografi.Hrsgg. von H.W. Harbou. In: Personalhistorisk Tidsskrift, 4. Reihe, Bd. 3., Kopenhagen 1900.
Jacobus Boelen Jzn.: Het merkwaardig Dagboek van een Nederlandsch Zeeman 1795–1860, naar het memoriaal van Vice-Admiral J. Boelen Jzn.. Hrsgg. von J. Oderwald. Amsterdam 1942/43.
Hans Bruhn: Kaptajn Hans Bruhns Erindringer. Hrsgg. von Erland Møller und Johan Hvidtfeldt. Apenrade 1957.
James Silk Buckingham: Autobiography of James Silk Buckingham, including his Voyages, Travels, Adventures, Speculations, Successes and Failures. London 1855.
Charles Campbell: Memoirs of Charles Campbell, at present prisoner in the jail of Glasgow, including his adventures as a seaman, and as an overseer in the West Indies, written by himself. Glasgow 1828.
James Choyce: The Log of a Jack Tar. 1891, Reprint, Maidstone 1973.
Elijah Cobb: Elijah Cobb, 1768–1848, a Cape Cod Skipper. Hrsgg. von Ralph D. Paine, 1925, Reprint, London 1974.
George Coggeshall: Voyages to Various Parts of the World, Made between the Years 1799 and 1844, selected from his Ms. Journal of eighty voyages. New York 1851.
Theodor Cordua: Von Mecklenburg nach Übersee. Mitteilungen aus dem Leben des Kaufmanns und Reeders 1796–1857. Hrsgg. von Ursula Feldkamp. Hamburg 1996.
Edward Coxere: Adventures by Sea by Edward Coxere. Hrsgg. von E.H.W. Meyerstein. London 1946.
John Cremer: See-Stromer Jack. Die großmäulige Geschichte meines Lebens. Erzählt von Kapitän John Cremer in seinem achtundsechtzigsten Jahr 1768. Hrsgg. von Reynell Bellamy. Berlin 1936.
Richard Henry Dana: Two Years before the Mast. New York 1936.

Robert William Eastwick: A Master Mariner. Being the Life and the Adventures of Captain Robert William Eastwick. Hrsgg. von Herbert Compton. London 1891.

Henrik Olsen Eide: Tilsjøs under Napoleonskrigene, en norsk sjømanns oplevelser 1802–1854. Hrsgg. von Henry Berg. Olso 1936.

Jens Jacob Eschels: Lebensbeschreibung eines Alten Semannes, von ihm selbst und zunächst für seine Familie geschrieben, Altona 1835. Hrsgg. von Albrecht Sauer. Hamburg 1995.

Broder Feddersen: Ein Friese auf dem Sklavenschiff. Erlebnisse des Seemannes Broder Feddersen aus Wester-Schnatebüll in Nordfriesland in den Jahren 1843 bis 1852, von ihm selbst geschildert in 42 Briefen an seine Eltern. Hrsgg. von Berend Harke Feddersen. o.O., o.J.

Paul Frercksen: Aus den Lebenserinnerungen des Grönlandfahrers und Schiffers Paul Frercksen, mitgeteilt von Friedrich Pauls, kommentiert von Pieter Dekker. In: Friesisches Jahrbuch. Aurich 1973.

James Anthony Gardner: Recollections of James Anthony Gardner, Commander R.N., 1775–1814. Hrsgg. von Sir R. Versey Hamilton und John Knox Laughton. London 1906.

Peter Hansen: Biographie des Schiffscapitains Peter Hansen von Amalienburg bei Arnis im Herzogthum Schleswig. Lebensbilder aus Schleswig-Holstein, Bd. 3, Nachdruck, Flensburg 1989.

Pieter Dekker: Willem 't Hart 1750–1830. Een Zijper zeevaarder in de nadagen der Republiek. Zaltbommel 1966.

Robert Hay: Landsman Hay. The memoirs of Robert Hay, 1789–1847. Hrsgg. von M.D. Hay. London 1953.

Peter Illum: Skipper P. Illums Dagbog 1804–1893. Hrsgg. von Ole Mortensøn. Faaborg 1992.

William Jackman: The Australian Captive or, an Authentic Narrative of Fifteen Years in the Life of William Jackman. Hrsgg. von Rev. I. Camberlayne. Auburn 1853.

Jürgen Jacobsen: Beschreibung meiner unglüklichen Seefahrten in einer Zeit von 17 Jahren, meiner Schiksale während meiner Gefangenschaft in Afrika und nachher ausgestandener Gefahren nebst Bemerkungen über Afrika's Einwohner und deren Sitten von mir selbst geschrieben und herausgegeben. Flensburg 1821.

F.C. Jaski: Met Barken en Klippers wereld rond. Memoirs van F.C. en C.J. Jaski. Hrsgg. von S.J. van der Molen. Bussum 1975.

Lorens Friedrich Jepsen: Die vornemsten Lebensremittenden. Neuenhain/Ts. 1976.

Samuel Kelly: An Eighteenth Century Seaman, whose days have been few and evil, to which is added remarks etc. on places he visited during his pilgrimage in this wilderness. Hrsgg. von Crosbie Garstin. London 1925.

Friedrich Gottlob Köhler: Die »Reise ins Eismeer und nach den Küsten von Grönland und Spitzbergen im Jahre 1801« des Friedrich Gottlob Köhler, Seilermeister in Pirna. Leipzig 1820. Textauszüge und kritischer Kommentar von Harald Voigt in: Nordfriesisches Jahrbuch, neue Folge, Bd. 18/19, 1982/83, S. 155–179.

Georg Wilhelm Kroß: Die Fahrten eines deutschen Seemannes um die Mitte des 19. Jahrhunderts. Aufzeichnungen des Segelschiffs-Kapitäns Georg Wilhelm Kroß. In: Meereskunde, 5. Jg., Heft 10, Berlin 1911.

K.J. Kuipers: Een Groninger Zeeman in Napoleonische Tijd. Zeeen Landreizen van K.J. Kuipers, kleine Handelsvaart contra Continental Stelsel. Hrsgg. von Drs. J. Klatter. Zutphen 1980.

George Little: Life on the Ocean, or Twenty Years at Sea. With an introduction by W. Clark Russell, London o.J.

Jacob Nagle: The Nagle Journal. A Diary of the Life of Jacob Nagle, Sailor, from the Year 1775 to 1841. Hrsgg. von John C. Dann. New York 1988.

Joachim Nettelbeck: Lebensbeschreibung des Seefahrers, Patrioten und Sklavenhändlers Joachim Nettelbeck, von ihm selbst aufgezeichnet und herausgegeben von J.C.L Haken, 1821, Reprint, Frankfurt/M. 1992.

John Nicol: The Life and Adventures of John Nicol, Mariner. Edinburgh 1822.

Niels Martin Nielsen: Særdeles Hændelser og mærkelige Tildragelser med en dansk Sømand i et Tidsrum af 18 Aar, fra 1798 til 1816, skrevet af himselv. Kopenhagen 1821.

Samuel Patterson: A Narrative of the Adventures, Sufferings and Privations of Samuel Patterson, a native of Rhode Island, experienced by him in several voyages to various parts of the world, embracing a short account of the numerous places visited by him in his eventful life. Providence 1825, Facsimile, Washington 1967.

Carl Wolfgang Petersen: Lebensgeschichte. Hamburg 1880.

Søren N. Rasch: En dansk Bondeskippers Historie. Fra englandskrigen og skudehandelens tid, Søren N. Raschs optegnelser. Hrsgg. von H.K. Kristensen. Historisk Samfund for Ribe Amt. o.O. 1977.

William Richardson: A Mariner of England. An Account of the Career of William Richardson from Cabin Boy in the Merchant Service to Warrant Officer in the Royal Navy (1780 to 1819) as told by himself. Hrsgg. von Spencer Childers. London 1908.

Theodor Friedrich Maximilian Richter: Reisen zu Wasser und zu Land in den Jahren 1805–1817. Dresden 1821.

Samuel Samuels: From the Forecastle to the Cabin. 1887, Reprint, London 1974.

Hermann Sandmann: Lebenserinnerungen eines alten Seefahrers oder Erlebnisse und Beobachtungen von frühester Jugend bis zum 78. Lebensjahre. Emden 1896.

Maarten Schaap: Maarten Schaap, een Katwijker ter koopvaardij (1782–1870). Een biografie en een dagboek. Verhandlingen der Koninklijke Nederlandse Akademie van wetenschapen, Afd. Letterkunde, Nieuwe Reeks, deel 135. Hrsgg. von J.R. Bruijn und E.S. van Eyck van Heslinga unter Mitwirkung von E.M. Jacobs. Amsterdam 1988.

John Howard: Master Mariner extraordinary. The Life and Times of Captain Edward Theaker of Staithes 1786–1865. Hull 1995.

Nathaniel Uring: The Voyages and Travels of Captain Nathaniel Uring. London 1726.

Franz von Wahlde: Ausgebüxt. Das Tagebuch des Schiffsjungen Franz von Wahlde über seine Reise mit der Bark PALLAS nach Südamerika, Mauritius, Indien und Java 1884 bis 1886. Unter Mitarbeit von Ursula Feldkamp eingeleitet, mit Anmerkungen versehen und herausgegeben von Uwe Schnall. Hamburg 1999.

Jan Wever: Jornaal der merkwaardige reizen van Jan Wever. Hrsgg. von A.B. van Deinse. 's-Gravenhagen 1946.

Literatur

Percy G. Adams: Travelers und Travel Liars 1660 – 1800. Berkeley/Los Angeles 1962.

Gerhard Ahrens: Von der Franzosenzeit bis zum Ersten Weltkrieg 1806–1914: Anpassung an die Forderungen der neuen Zeit. In: Antjekathrin Graßmann (Hrsg.): Lübeckische Geschichte. Lübeck 1989, S. 529– 675.

Die Bibel. Nach der Übersetzung Martin Luthers. Stuttgart 1985.

Akveld, Bosscher, Bruijn und van Oosten: Vier Eeuwen Varen. Bussum 1973.

Gerd Althoff: Spielregeln der Politik im Mittelalter. Darmstadt 1997.

Vilhelm Aubert und Oddvar Arner: On the social structure of the ship. In: Vilhelm Aubert: The Hidden Society. Totowa, N.J. 1965, S. 200–219.

Hermann Avenarius: Die Rechtsordnung der Bundesrepublik Deutschland. (= Schriftenreihe der Bundeszentrale für Politische Bildung Bd. 333) Bonn 1995.

Ernst Baasch: Quellen zur Geschichte von Hamburgs Handel und Schiffahrt im 17., 18. und 19. Jahrhundert. Hamburg 1910.

Daniel A. Baugh: The eighteenth century Navy as a national institution. In: J.R. Hill (Hrsg.): The Oxford illustrated History of the Royal Navy. Oxford 1995, S. 120–160.

Harold J. Berman: Recht und Revolution. Die Bildung der westlichen Rechtstradition. Frankfurt/M. 1995.

Karl Hamilkar Bernsten: Die Schiffsgewalt. Jur. Diss., Göttingen 1904.

Arne Bialuschewski: Piratenleben: Die abenteuerlichen Fahrten des Seeräubers Richard Sievers. Frankfurt/M. 1997.

Arne Bialuschewski: Daniel Defoe, Nathaniel Mist und die Seeräuber. Eine Studie zur Verfasserschaft und Entstehungsgeschichte der »General History of the Pyrates«. Diss., Kiel 1999.

Arne Bialuschewski: The Golden Age of Piracy, 1695–1725: A Reassessment. Vortrag, Gent, März 2000.

Jan Bill, Bjørn Poulsen, Flemming Rieck und Ole Ventegodt: Fra stammebåd til skib, dansk søfarts historie I, indtil 1588. Kopenhagen 1997.

Robert Bohn: Das Handelshaus Donner in Visby und der Gotländische Außenhandel im 18. Jahrhundert. Eine Studie zur Handels- und Seefahrtsgeschichte des Ostseeraums im Spätmerkantilismus. (= Quellen und Forschungen zur hansischen Geschichte, N.F., Bd. 33) Köln 1989.

Piet Boon: Bouwers van de Zee: zeevarenden van het Westfriese platteland, c. 1680–1720. Hollandse Historische Reeks XXVI, Den Haag 1996.

Jacob Boysen: Beitrag zur Beschreibung der Insel Föhr. In: Schleswig-Hol-

steinische Provinzialberichte, 1 Buch, 3. Heft, Altona und Kiel 1793, S. 316–322.
S.W.P.C. Braunius: Zeerecht. In: F.J.A. Broeze, Jaap R. Bruijn und F.S. Gaastra (Hrsg.): Maritieme Geschiednis der Nederlanden. Bd. 3: Achtiende eeuw en eerste helft negentiende eeuw, van ca. 1680 tot 1850 - 1870. Bussum 1977, S. 142–145.
Arthur Breusing und A. Bermpohl: Katechismus der Steuermannskunst und Seemannschaft. 1863, Reprint, Hamburg 1998.
Jürgen Brockstedt: Herkunft und Aufstiegsmöglichkeiten der Seefahrenden in Norddeutschland 1774–1845. Historische Statistik 7. In: Rundbrief des Arbeitskreises für Wirtschafts- und Sozialgeschichte Schleswig-Holsteins Nr. 9, 1980, S. 3–12.
Ders.: Wirtschaftlicher Aufstieg und soziale Mobilität in deutschen Seefahrerregionen vom 17. bis 19. Jahrhundert. Probleme einer partiellen und abgebrochenen Modernisierung. In: Arbeit, Mobilität, Partizipation, Protest–Gesellschaftlicher Wandel in Deutschland im 19. und 20. Jahrhundert. (= Schriften des Zentralinstituts für sozialwissenschaftliche Forschung der Freien Universität Berlin Bd. 47) Opladen 1986, S. 99–158.
F.J.A. Broeze: Rederij. In: F.J.A. Broeze, Jaap R. Bruijn und F.S. Gaastra (Hrsg.): Maritieme Geschiednis der Nederlanden. Bd. 3: Achtiende eeuw en eerste helft negentiende eeuw, van ca. 1680 tot 1850 - 1870. Bussum 1977, S. 92–141.
Rudolf Brommy: Die Marine. Berlin 1848.
Thomas Brück: Korporationen der Schiffer und Bootsleute–Untersuchungen zu ihrer Entwicklung in den Seestädten an der Nord- und Ostseeküste vom Ende des 15. bis zum Ende des 17. Jahrhunderts. Abhandlungen zur Handels- und Sozialgeschichte. Bd. 29, Weimar 1994.
Jaap R. Bruijn: Zeevarenden. In: F.J.A. Broeze, Jaap R. Bruijn und F.S. Gaastra (Hrsg.) Maritieme Geschiednis der Nederlanden. Bd. 3: Achtiende eeuw en eerste helft negentiende eeuw, van ca. 1680 tot 1850–1870. Bussum 1977, S. 146–190.
Ders.: Meutereien an Bord niederländischer Ostindienfahrer im 17. und 18. Jahrhundert. In: Jürgen Schneider (Hrsg.): Wirtschaftskräfte und Wirtschaftswege, Bd. V (= Beiträge zur Wirtschaftsgeschichte Bd. 8), Stuttgart 1981, S. 251–265.
Peter Burschel: Die Erfindung der Desertion. Strukturprobleme in deutschen Söldnerheeren des 17. Jahrhunderts. In: Ulrich Bröckling und Michael Sikora (Hrsg.): Armeen und ihre Deserteure, vernachlässigte Kapitel einer Militärgeschichte der Neuzeit. Göttingen 1998, S. 72–85.
John D. Byrn: Crime and Punishment in the Royal Navy. Discipline on the Leeward Islands Station 1784–1812. (= Studies in Naval History Bd. 2) Aldershot 1989.
Helmut Coing: Allgemeine Züge der privatrechtlichen Gesetzgebung im 19. Jahrhundert. In: Helmut Coing (Hrsg.): Handbuch der Quellen und Literatur der neueren europäischen Privatrechtsgeschichte. Bd. 3.1: Das 19. Jahrhundert. Gesetzgebung zum allgemeinen Privatrecht. München 1982, S. 3–16.
G.D.H. Cole: A short History of the British Working Class Movement 1789–1947. London 1966.
Ralph Davis: The Rise of the English Shipping Industrie in the Seventeenth and Eighteenth Centuries. Newton Abbot 1972.
Christina Deggim: Seemannsarbeit in der Handelsschiffahrt Norddeutschlands und Skandinaviens vom 13. bis zum 17. Jahrhundert. In: Hansische Geschichtsblätter, 117 Jg., Köln/Weimar/ Wien 1999, S. 1–37.
Dies.: Schiffer, Schiffsleute und Hafenbetrieb. Seehandel und Arbeitsregelungen in Hamburg und Kopenhagen vom 13. bis zum 17. Jahrhundert. Diss. Hamburg 2000.
Ole Degn und Erik Gøbel: Skuder og Kompagnier. Dansk Søfarts Historie. Bd. 2: 1588 – 1720. Kopenhagen 1997.
Pieter Dekker: Föhrer Seeleute bei der niederländischen Walfangfahrt besonders im 18. Jahrhundert. In: Nordfriesisches Jahrbuch, Neue Folge, Bd. 14, 1978, S. 113–160.
Rudolf Dekker: Ego-Dokumente in den Niederlanden vom 16. bis zum 17. Jahrhundert. In: Winfried Schulze (Hrsg.): Ego-Dokumente, Annäherung an den Menschen in der Geschichte. Selbstzeugnisse der Neuzeit: Quellen und Darstellungen zur Sozial- und Erfahrungsgeschichte. Berlin 1996, S. 33–59.
Greg Dening: Mr. Bligh's Bad Language, Passion, Power and Theatre on the Bounty. Cambridge 1992.
Gert Uwe Detlefsen: Reeder und Kapitän von drei »Seeschlangen«. In: Eckernförder Zeitung, 11. Februar 1999.
Dictionary of National Biography. Hrsgg. von Leslie Stephen. London 1886.
J. Diederichsen: Ein Angliter in der Sklaverei. In: Jahrbuch des Heimatbundes Angeln, 9. Jg., Süderbrarup 1938, S. 27–39.
Christof Dipper: Deutsche Geschichte 1648 – 1789. Moderne Deutsche Geschichte, Bd. 3, Frankfurt/M. 1991.
Barbara Dölemeyer: Kodifikationsbewegung. In: Helmut Coing (Hrsg.): Handbuch der Quellen und Literatur der neueren europäischen Privatrechtsgeschichte, Bd. 3.2: Das 19. Jahrhundert – Gesetzgebung zum allgemeinen Privatrecht und zum Verfahrensrecht. München 1982, S. 1420–1431.
Philippe Dollinger: Die Hanse. Stuttgart 1989.
Alfred Dudszus, Ernest Henriot und Friedrich Krumrey: Das große Buch der Schiffstypen. Schiffe, Boote, Flöße unter Riemen und Segel, Historische Schiffs- und Bootsfunde. Berühmte Segelschiffe. Berlin (Ost) 1988.
Richard van Dülmen: Entstehung des frühneuzeitlichen Europa 1550–1648. Fischer Weltgeschichte, Bd. 24, Augsburg 1998.
Richard van Dülmen: Kultur und Alltag in der Frühen Neuzeit. Bd. 2: Dorf und Stadt 16.–18. Jahrhundert. München 1992.
Ders.: Historische Anthropologie in der deutschen Sozialgeschichte.–Ein Bericht. In: ders.: Gesellschaft der Frühen Neuzeit: kulturelles Handeln und sozialer Prozeß. Köln 1993, S. 372–401.
Ders.: Kultur und Alltag in der Frühen Neuzeit. Bd. 3: Religion, Magie, Aufklärung 16.–18. Jahrhundert. München 1994.
Ders.: Theater des Schreckens. Gerichtspraxis und Strafrituale in der Frühen Neuzeit. München 1995.
Wilhelm Ebel: Hansisches Seerecht um 1700. In: Hansische Geschichtsblätter, 70. Jg., Marburg/Lahn 1951, S. 84–102.
Peter Earle: Sailors. English Merchant Seamen 1650-1775. London 1998.
Norbert Elias: Über den Prozeß der Zivilisation. Soziogenetische und psychogenetische Untersuchungen. Bd. 1: Wandlungen des Verhaltens in den weltlichen Oberschichten des Abendlands. Bd. 2: Wandlungen der Gesellschaft. Entwurf zu einer Theorie der Zivilisation. Frankfurt/M. 1997.
Svend Ellehøj: Christian 4.s Tidsalder 1596–1660. Danmarks Historie, Bd. 7, Kopenhagen 1977.
Rolf Engelsing: Die Häfen an der Südküste der Ostsee und der Ostwestverkehr in der ersten Hälfte des 19. Jahrhunderts. In: Vierteljahresschrift für Wirtschafts- und Sozialgeschichte, Bd. 58, Wiesbaden 1971, S. 24–66.
Adalbert Erler und Ekkehard Kaufmann (Hrsg.): Handbuch zur deutschen Rechtsgeschichte. Berlin 1984.
William Armstrong Fairburn: Merchant Sail. Vol. IV: United States Merchant Sail in the China, Australia, Manila, and India Trades, Developement of the Schooner Rig and its use in Coastwise Service, Last days of deep-sea sail. Maine 1945–1955.
Fritz Joachim Falk: Grönlandfahrer der Nordseeinsel Römö. Ein Beitrag zur Wirtschafts- und Sozialgeschichte der schleswigschen Westküste. Bredstedt 1983.
Ole Feldbæk: Dansk økonomisk historie 1500–1840. Kopenhagen 1993.
Ders.: Storhandelens tid. Dansk Søfarts Historie. Bd. 3: 1720 –1814. Kopenhagen 1997.
Helmut Festerling: Bremens deutsche und hanseatische Politik in der ersten Hälfte des 19. Jahrhunderts. (= Veröffentlichungen aus dem Staatsarchiv der Freien Hansestadt Bremen Bd. 33) Bremen 1964.
Henry Fielding: The Journal of a Voyage to Lisbon. In: The Works of Henry Fielding. London 1903.
Flensburgsches Wochenblatt für Jedermann, Flensburg 1788 ff.
Michel Foucault: Überwachen und Strafen. Die Geburt des Gefängnisses. Frankfurt/M. 1994.
Hans-Christian Freiesleben: Geschichte der Navigation. Wiesbaden 1976.
Eva-Christine Frentz: Das Hamburgische Admiralitätsgericht (1623–1811) (= Rechtshistorische Reihe Bd. 43) Frankfurt/M. 1985.
Gerd Friederich: Das niedere Schulsystem. In: Handbuch der deutschen Bildungsgeschichte. Bd. 3: 1800–1870. München 1987, S. 123–131.
Klaus Friedland: Schiff und Besatzung – Seemännische Berufsgemeinschaften im spätmittelalterlichen Nordeuropa. In: Antjekathrin Graßmann, Rolf Hammel-Kiesow und Hans-Dieter Loose (Hrsg.): Mensch und Seefahrt zur Hansezeit. (= Quellen und Darstellungen zur hansischen Geschichte, N. F., Bd. 42) Köln 1995, S. 256–267.
Lothar Gall: Von der ständischen zur bürgerlichen Gesellschaft. Enzyklopädie Deutscher Geschichte, Bd. 25, München 1993.
David Gavine: Navigation and Astronomy teachers in Scotland outside the

Universities. In: Mariners Mirror, Vol. 76 / No. 1, 1990, S. 5 -12.
Clifford Geertz: Dichte Beschreibung. Beiträge zum Verstehen kultureller Systeme. Frankfurt/M. 1997.
Rolf Geffken: Jammer & Wind. Eine alternative Geschichte der deutschen Seefahrt vom Mittelalter bis zur Gegenwart. Hamburg 1985.
Rolf Gehrmann: Handelskonjunkturen in Schleswig-Holstein zur Zeit der Kontinentalsperre, 1807–1813. In: Jürgen Brockstedt (Hrsg.): Wirtschaftliche Wechsellagen in Schleswig-Holstein vom Mittelalter bis zur Gegenwart. Neumünster 1991, S. 145– 173.
Heide Gerstenberger und Ulrich Welke: Vom Wind zum Dampf. Sozialgeschichte der deutschen Handelsschiffahrt im Zeitalter der Industrialisierung. Münster 1996.
Antjekathrin Graßmann: Lübeck im 17. Jahrhundert: Wahrung des Erreichten. In: Antjekathrin Graßmann (Hrsg.): Lübeckische Geschichte. Lübeck 1989, S. 435–488.
Grosses Universallexikon aller Wissenschaften und Künste. Halle und Leipzig 1733, 1739 und 1741.
Konrad Grunsky: Kapitäne, Steuerleute und Matrosen von der Insel Föhr. Eine Liste von 1798 als sozialgeschichtliche Quelle. Husum 1990.
Karl Härter: Strafverfahren im frühneuzeitlichen Territorialstaat: Inquisition, Entscheidungsfindung, Supplikation. In: Andreas Blauert und Gerd Schwerhoff (Hrsg.): Kriminalitätsgeschichte. Konstanz 2000, S. 459– 480.
A. Hagedorn: Die hamburgische Navigationsschule in den ersten Jahrzehnten ihres Bestehens. In: Festschrift zum 150jährigen Bestehen der Hamburgischen Navigationsschule. Hamburg 1899, S. 7–22.
Rolf Hammel-Kiesow: Das Zahlungsmittel der Kaufleute – Kurzer Umriß einer Lübecker Geldgeschichte. In: Gerhard Gerkens und Antjekathrin Graßmann (Hrsg.): Der Lübecker Kaufmann. Aspekte seiner Lebens- und Arbeitswelt bis zum 19. Jahrhundert. Lübeck 1993, S. 34–36.
Dieter Hanses: Die rechtliche Stellung des Kapitäns auf deutschen Seeschiffen unter besonderer Berücksichtigung der historischen Entwicklung. (= Schriften zum Sozial- und Arbeitsrecht Bd. 65) Berlin 1983.
John Harland: Seamanship in the Age of Sail: An Account of the Shiphandling of the sailing Men-of-War 1600–1800. London 1984.
Christopher Harvie: Revolution and the Rule of Law (1789–1851). In: The Oxford History of Britain, 1993, S. 470–517.
Max Harris (Hrsg.): The 1811 Dictionary of the Vulgar Tongue – Buckish Slang. University Wit and Pickpocket Eloquence. London 1994.
W.G. t'Hart und P.C. van Royen: Het smackschip »De Neufville van der Hoop«. Een onderzoek naar de rendabiliteit van de Nederlandse vrachtvaart in de achttiende eeuw. In: Economischen Sociaal-Historisch Jaarboek, Bd. 48 (1985), 's-Gravenhage 1985, S. 150–168.
Hans Hattenhauer: Europäische Rechtsgeschichte. Heidelberg 1992.
Paul Heinsius: Das Schiff der hansischen Frühzeit. Weimar 1986.
Lars N. Henningsen: Provinsmatadorer fra 1700-Årene, Reder-, købmands- og fabrikantfamilien Otte i Ekernførde i økonomi og politik, 1700-1770. Flensburg 1985.
Johann Gottfried Herder: Journal meiner Reise im Jahre 1769. Hrsgg. von Katharina Mommsen unter Mitarbeit von Momme Mommsen und Georg Wackerl. Stuttgart 1976.
Max-Paul Herding: Die Machtbefugnisse des Kapitäns auf deutschen Kauffarteischiffen, insbesondere seine Befehlsgewalt über die Schiffsmannschaft und sein Verhältnis zu den Reisenden. Jur. Diss., Hamburg 1938.
Erich Hoffmann: Lübeck im Hoch- und Spätmittelalter: Die große Zeit Lübecks. In: Antjekathrin Graßmann (Hrsg.): Lübeckische Geschichte. Lübeck 1989.
Ernst Holthöfer: Das Handelsrecht der Niederlande. In: Helmut Coing (Hrsg.): Handbuch der Quellen und Literatur der neueren europäischen Privatrechtsgeschichte. Bd. 3.3: Das 19. Jahrhundert – Gesetzgebung zu den privatrechtlichen Sondergebieten. München 1986, S. 3280–3472.
K. Theodore Hoppen: The Mid-Victorian Generation Oxford 1998.
G. Hornemann: Handels- og Søfartsforhold i XIX Aahundrede. In: Bering Liisberg (Hrsg.): Danmarks Søfart og Søhandel, fra ældste tider til vore dage. Kopenhagen 1919, S. 400–451.
Richard Humble: Geschichte der Seefahrt. Wien 1993.
Dagmar Jestrzemski: Altonas Blütezeit und ihr jähes Ende. Die Reederei Hinrich Dultz 1756–1807. (= Schriften des Deutschen Schiffahrtsmuseums Bd. 52) Hamburg 2000.
Captain Charles Johnson: A General History of the Robberies and Murders of the Most Notorious Pyrates. London 1724, Facsimile, London und New York 1972.
Hermann Kellenbenz: The Rise of the European Economy. An economic history of continental europe 1500–1750. New York 1976.
Peter Kemp: The Oxford Companion to Ships and the Sea. Oxford 1988.
Paul Kennedy: Aufstieg und Fall der großen Mächte. Ökonomischer Wandel und militärischer Konflikt von 1500 bis 2000. Frankfurt/M. 1991.
Martina Kessel: Individuum/Familie/Gesellschaft (Neuzeit). In: Peter Dinzelbacher (Hrsg.): Europäische Mentalitätsgeschichte. Stuttgart 1993, S. 38–53.
Kurt Kluxen: Englische Geschichte. Stuttgart 1991.
Konrad Köstlin: Die Verrechtlichung der Volkskultur. In: Konrad Köstlin und Kai Detlev Sievers (Hrsg.): Das Recht der kleinen Leute. Beiträge zur rechtlichen Volkskultur. Berlin 1976, S. 109– 117.
Franklin Kopitzsch: Das 18. Jahrhundert: Vielseitigkeit und Leben. In: Antjekathrin Graßmann (Hrsg.): Lübeckische Geschichte. Lübeck 1989, S. 490–527.
Gerhard Kraack: Das Flensburger Schiffergelag in Vergangenheit und Gegenwart. (= Kleine Reihe der Gesellschaft für Flensburger Stadtgeschichte, Heft 3) Flensburg 1979.
Peter Krahé: Literarische Seestücke. Darstellungen von Meer und Seefahrt in der englischen Literatur des 18. bis 20. Jahrhunderts. (= Schriften des Deutschen Schiffahrtsmuseums Bd. 31) Hamburg 1992.
Walter Kresse: Materialien zur Entwicklungsgeschichte der Hamburger Handelsflotte. (= Mitteilungen aus dem Museum für Hamburgische Geschichte, Neue Folge Bd. 3) Hamburg 1966.
Walter Kresse: Die Diskussion über das Hamburger Seemannsrecht um 1850 – nebst Vorgeschichte. In: Zeitschrift des Vereins für Hamburgische Geschichte, Bd. 67, Hamburg 1981, S. 107– 115.
Martin Krotz: Die Kogge – Herkunft, Konstruktion und Funktion eines mittelalterlichen Schiffes. Magisterarbeit, Kiel 1993.
Siegbert Lammel: Die Gesetzgebung des Handelsrechts. In: Helmut Coing (Hrsg.): Handbuch der Quellen und Literatur der neueren europäischen Privatrechtsgeschichte. Bd. 2.2: Neuere Zeit (1500- 1800). Das Zeitalter des Gemeinen Rechts – Gesetzgebung und Rechtsprechung. München 1976, S. 600–1068.
Walther Lammers: Das Hochmittelalter bis zur Schlacht von Bornhöved. Geschichte Schleswig-Holsteins, Bd. 4.1, Neumünster 1981.
Götz Landwehr: Die Bedeutung des Lübischen Seerechts während des 18. Jahrhunderts. In: Schiffe und Seefahrt in der südlichen Ostsee. (= Mitteldeutsche Forschungen Bd. 91) Köln 1986, S. 129–173.
Ulrich Lange: Stände, Landesherr und große Politik – Vom Konsens des 16. zu den Konflikten des 17. Jahrhunderts. In: Ulrich Lange (Hrsg.): Geschichte Schleswig-Holsteins – Von den Anfängen bis zur Gegenwart. Neumünster 1996, S. 153–265.
Gerd Lau: Das Hamburgische Seehandelsrecht im 18. Jahrhundert. Jur. Diss., Hamburg 1975.
Hans-Joachim Lieber: Zur Theorie der totalitären Herrschaft. In: Hans-Joachim Lieber (Hrsg.): Politische Theorien von der Antike bis zur Gegenwart. Bonn 1991, S. 881–932.
Thomas Lindenberger und Alf Lüdtke: Physische Gewalt – eine Kontinuität der Moderne. In: Thomas Lindenberger und Alf Lüdtke (Hrsg.): Physische Gewalt. Frankfurt/M. 1995, S. 7–30.
Theodor Link: Flensburgs Überseehandel von 1755 bis 1807, seine wirtschaftliche und politische Bedeutung im Rahmen des dänisch-norwegischen Seehandels. (= Quellen und Forschungen zur Geschichte Schleswig-Holsteins Bd. 38) Neumünster 1959.
Ralf Lisch: Totale Institution Schiff. (= Soziologische Schriften Bd. 20) Berlin 1976.
Karl Löbe: Seeschiffahrt in Bremen. Das Schiff gestaltete Hafen und Stadt. Bremen 1989.
Klaus-Joachim Lorenzen-Schmidt: Strafjustiz. In: Klaus-Joachim Lorenzen-Schmidt und Ortwin Pelc: Schleswig-Holstein Lexikon. Neumünster 2000.
Norman McCord: The Seamen's Strike of 1815 in North-East England. In: The Economic History Review, 2nd Series, Vol. XXI, No. 1, 1968, S. 127–143.
William McFee: The Law of the Sea. Philadelphia/New York 1950.
Frank McLynn: Crime & Punishment in Eighteenth Century England. Oxford 1991.
Karl Heinz Marquardt: Schoner in Nord und Süd. Bielefeld 1989.
Jennifer G. Marx: Das Goldene Zeitalter der Piraten. In: David Cordingly (Hrsg.): Piraten. Furcht und Schrecken auf den Weltmeeren. Köln 1999, S. 102–125.

Michael Maurer: Kleine Geschichte Englands. Stuttgart 1997.
Lothar Mehl: Die Anfänge des Navigationsunterrichts unter besonderer Berücksichtigung der deutschen Verhältnisse. In: Paedagogica Historica, Bd. VIII (1968), Gent 1968, S. 372–441.
Ilja Mieck: Wirtschaft und Gesellschaft Europas von 1650 bis 1850. In: Ilja Mieck (Hrsg.): Europäische Wirtschafts- und Sozialgeschichte von der Mitte des 17. Jahrhunderts bis zur Mitte des 19. Jahrhunderts. Handbuch der Europäischen Wirtschafts- und Sozialgeschichte, Bd. 4, Stuttgart 1993, S. 1–286.
Minutes of Evidence... (siehe unter Benjamin Sproule)
B.R. Mitchell: British Historical Statistics. Cambridge 1988.
Anders Monrad Møller: Med korn og kul. Dansk Søfarts Historie. Bd. 4: 1814 – 1870. Kopenhagen 1998.
Michel Mollat du Jourdin: Europa und das Meer, München 1993.
Ingwer Ernst Momsen: Hinrich Brarens. In: Biographisches Lexikon für Schleswig-Holstein und Lübeck. Neumünster 1982.
Ders.: Die wandernden Handwerksgesellen in Schleswig-Holstein 1830–1867. In: Silke Göttsch, Nils Hansen, Outi Tuomi-Nikula und Harm-Peer Zimmermann (Hrsg.): Volkskundliche Streifzüge. Kiel 1994, S. 215–247.
Ingwer Ernst Momsen: Statistik des schleswig-holsteinischen Schiffsbestandes 1745–1865. In: Rundbrief des Arbeitskreises für Wirtschafts- und Sozialgeschichte Schleswig-Holsteins Nr. 66 u. 67, 1996, S. 37–51 u. S. 23–47.
Massimo Montanari: Der Hunger und der Überfluß. Kulturgeschichte der Ernährung in Europa. München 1999.
Kenneth Morgan: Bristol and the Atlantic trade in the eighteenth century. Cambridge 1993.
Jean-Nicolas Morisset: Der Frachtvertrag in der Ordonnance de la marine von 1681. (Rechtshistorische Reihe Bd. 146) Frankfurt/M. 1996.
Christian Gottlieb Daniel Müller: Vorschlag zu einem vollständigen Unterricht in der Schiffahrt, darinn auch die nähere Anwendung der neueren Erfindungen aus der Sternkunde den Ort des Schiffes zu bestimmen begriffen wäre. Hamburg 1786.
Johann Baptist Müller: Herrschaft/Neuzeit. In: Peter Dinzelbacher (Hrsg.): Europäische Mentalitätsgeschichte. Hauptthemen in Einzeldarstellungen. Stuttgart 1993, S. 476–488.
Klaus-Detlef Müller: Autobiographie und Roman. Studien zur literarischen Autobiographie der Goethezeit. Tübingen 1976.
Bernd Neumann: Identität und Rollenzwang. Zur Theorie der Autobiographie. Frankfurt/M. 1970.
Michael North: Das Geld und seine Geschichte. München 1994.
Gerhard Oestreich: Strukturprobleme des europäischen Absolutismus. In: Gerhard Oestreich: Geist und Gestalt des frühmodernen Staates. Ausgewählte Aufsätze. Berlin 1969, S. 179–197.
Albert Olsen: Handels- og Søfartsforhold i XVII og XVIII Aarhundrede. In: Bering Liisberg (Hrsg.): Danmarks Søfart og Søhandel, fra ældste tider til vore dage. Kopenhagen 1919, S. 322–399.
Wolfgang-Peter Osten: Das schwedische Seerecht von 1667. Entstehung und Inhalt der seearbeitsrechtlichen Vorschriften (Skepmanna Balk). (=Jurist. Schriftenreihe Bd. 28) Münster/Hamburg 1992.
Max Pappenheim: Die geschichtliche Entwicklung des Seehandels und seines Rechts, mit besonderer Berücksichtigung des Arbeitsvertrages. In: Die Lage der in der Seeschiffahrt beschäftigten Arbeiter, Bd. 1, Schriften des Vereins für Socialpolitik CIII., Leipzig 1903, S. 129–196.
Max Pappenheim: Styrimenn und Hásetar im älteren nordischen Seeschiffahrtsrecht. In: Deutsche Islandforschung 1930. Bd. 1: Kultur. Breslau 1930, S. 246–282.
Geoffrey Parker: Die Entstehung des modernen Geld- und Finanzwesens in Europa 1500–1730. In: Europäische Wirtschaftsgeschichte, Bd. 2, 1978, S. 335–379.
Roy Pascal: Die Autobiographie. Gehalt und Gestalt. Stuttgart/Berlin/Köln/ Mainz 1965.
Akos Paulinyi: Die Umwälzungen der Technik in der Industriellen Revolution zwischen 1750 und 1840. In: Propyläen Technikgeschichte, Bd. 3, Berlin 1991, S. 269–495.
Dietmar Peil: Untersuchungen zur Staats- und Herrschaftsmetaphorik in literarischen Zeugnissen von der Antike bis zur Gegenwart. (= Münstersche Mittelalterschriften Bd. 50) München 1983.
Ortwin Pelc: Herkunft und Ausbildung der Schüler der Lübecker Navigationsschule 1808 – 1827. In: Zeitschrift des Vereins für Lübeckische Geschichte und Altertumskunde, Bd. 62, Lübeck 1982, S. 195–213.
Franz Petri: Belgien, Niederlande, Luxemburg von der Französischen Revolution bis zum Beginn der Deutschen Einigung (1794–1865). In: Handbuch der Europäischen Geschichte. München 1991, S. 88–144.
Franz Josef Pitsch: Die wirtschaftlichen Beziehungen Bremens zu den Vereinigten Staaten von Amerika bis zur Mitte des 19. Jahrhunderts. (= Veröffentlichungen aus dem Staatsarchiv der Freien Hansestadt Bremen Bd. 42) Bremen 1974.
C.F. Posselt: Ueber den grönländischen Wallfischfang. In: Schleswig-Holsteinische Provinzialberichte, 1. Buch, 1. Heft, Altona und Kiel 1796, S. 1–55.
Jon Press: Philantrophy and the British Shipping Industry, 1816– 1860. In: International Journal of Maritime History, Vol. I, 1989, S. 107–127.
Marcus B. Rediker: Between the Devil and the Deep Blue Sea. Merchant Seamen, pirates and the Anglo-American Maritime World 1700–1750. Cambridge 1993
Rolf Reinemuth: Master next God. Das Buch der Kapitäne. Herford 1979.
Reinhold Reith: Arbeits- und Lebensweise im städtischen Handwerk. Zur Sozialgeschichte Augsburger Handwerksgesellen im 18. Jahrhundert (1700–1806). (= Göttinger Beiträge zur Wirtschafts- und Sozialgeschichte Bd. 14) Göttingen 1988.
Jörg Requate: Kommunikation/Neuzeit. In: Peter Dinzelbacher (Hrsg.): Europäische Mentalitätsgeschichte. Hauptthemen in Einzeldarstellungen. Stuttgart 1993, S. 390–399.
Martin Rheinheimer: Professor Kortholt und der besessene Knabe oder: Der Historiker, das historische Subjekt und die Fallen der Subjektivität. In: Subjektive Welten – Wahrnehmung und Identität in der Neuzeit. (= Studien zur Wirtschafts- und Sozialgeschichte Schleswig-Holsteins Bd. 30) Neumünster 1998, S. 11–49.
Thomas Riis: Navigation et formations des marins en Ecosse vers 1600. In: Henri Dubois, Jean-Claude Hocquet und André Vauchez (Hrsg.): Horizons marins itinéraires spirituels (Ve–XVIIIe siècles). Vol II: Marins, Navires et affaires. Histoire ancienne et médiéval. Paris 1987, S. 295–304.
Thomas Riis: Should Auld Acquaintance Be Forgot... . Scottish-Danish Relations c. 1450–1707, Bd. 1, Odense 1988.
N.A.M. Rodger: The Wooden World. An Anatomy of the Georgian Navy. London 1986.
Hans Rohde: Die Navigationsschule in Tönning. Ausbildung des seemännischen Nachwuchses im 18. und 19. Jahrhundert. In: Schleswig-Holstein, Heft 3, Neumünster 1966, S. 71–74.
P.C. van Royen: Foreigners aboard the Dutch merchant marine around 1700. In: W.G. Heeres, L.M.J.B. Hesp, L. Nordegraaf, und R.C.W. van der Voort (Hrsg.): From Dunkirk to Danzig. Shipping and Trade in the North Sea and the Baltic, 1350 – 1850. Hilversum 1988, S. 391–404.
Reinhard Rürup: Deutschland im 19. Jahrhundert 1815–1871. Deutsche Geschichte. Bd. 3: 19. und 20. Jahrhundert. Göttingen 1985.
Alexander Scharff: Schleswig-Holstein und die Auflösung des Dänischen Gesamtstaats 1830–1864/67. Geschichte Schleswig-Holsteins, Bd. 7/1, Neumünster 1975.
Alexander Scharff: Geschichte Schleswig-Holsteins – Ein Überblick. Freiburg/Würzburg 1991.
Karl Otto Scherner: Die Wissenschaft der gemeineuropäischen Wissenschaft vom Handelsrecht. In: Helmut Coing (Hrsg.): Handbuch der Quellen und Literatur der neueren europäischen Privatrechtsgeschichte. Bd. 2.1: Neuere Zeit (1500–1800). Das Zeitalter des Gemeinen Rechts – Wissenschaft. München 1977, S. 797–998.
Theodor Schieder: Staatensystem als Vormacht in der Welt 1848-1918. Propyläen Geschichte Europas, Bd. 5, Berlin/Frankfurt/ Main 1980.
Werner Schiege: Die Schiffsgewalt. Jur. Diss, Leipzig 1910.
Wolfgang Schild: Recht/Neuzeit. In: Peter Dinzelbacher (Hrsg.): Europäische Mentalitätsgeschichte. Hauptthemen in Einzeldarstellungen. Stuttgart 1993, S. 534–554.
Wolfgang Schild: Die Geschichte der Gerichtsbarkeit. Vom Gottesurteil bis zum Beginn der modernen Rechtsprechung. Hamburg 1997.
Rüdiger Schmidt: Die Professionalisierung der nautischen Fachbildung. Die Seefahrtschule in Bremen 1799–1869. In: Seefahrt an deutschen Küsten im Wandel 1815–1914. (= Studien zur Wirtschafts- und Sozialgeschichte Schleswig-Holsteins Bd. 22) Neumünster 1993, S. 119–138.
Uwe Schnall: Schiffbau und Navigation vom Spätmittelalter bis zum Beginn des 19. Jahrhunderts. In: Gerhard Bott (Hrsg.): Focus Behaim Globus. Bd. 1: Aufsätze. Nürnberg 1992, S. 321– 330.
Uwe Schnall: Theorie und Praxis bei der Einführung von sicherheitstech-

nisch relevanten Neuerungen in der Schiffahrt am Beispiel des Chronometers. In: Heide Gerstenberger und Ulrich Welke (Hrsg.): Das Handwerk der Seefahrt im Zeitalter der Industrialisierung. Bremen 1995, S. 77–85.
Ivo Schöffer: Die Republik der Vereinigten Niederlande von 1648 bis 1795. In: Handbuch der Europäischen Geschichte. München 1991, S. 49–87.
Rüdiger Schulz: Die Entstehung des Seerechts des Allgemeinen Deutschen Handelsgesetzbuches unter besonderer Berücksichtigung der Bestimmungen über die Reederei, den Schiffer und die Schiffsmannschaft. (= Rechtshistorische Reihe) Frankfurt/ Main 1987.
Franz Schulze: Die Navigationsschule zu Lübeck und ihre Beziehungen zur Schwesteranstalt in Hamburg. Lübeck 1899.
Hagen Schulze: Staat und Nation in der europäischen Geschichte. München 1999.
Winfried Schulze: Ego-Dokumente: Annäherung an den Menschen in der Geschichte? Vorüberlegungen für die Tagung "EGO-DOKUMENTE". In: Ego-Dokumente. Annäherung an den Menschen in der Geschichte. Selbstzeugnisse der Neuzeit: Quellen und Darstellungen zur Sozial- und Erfahrungsgeschichte. Berlin 1996, S. 1–32.
Heimdal Segger: Entwicklung des Seerechts unter besonderer Berücksichtigung der Schiffahrt Bremens. Jur. Diss., Bremen 1952.
Wolfram Siemann: Gesellschaft im Umbruch. Deutschland 1849–1871. Moderne Deutsche Geschichte, Bd. 6, Frankfurt/M. 1990.
Kai Detlev Sievers: Prügelstrafe als Zeichen ständischer Ungleichheit. In: Konrad Köstlin und Kai Detlev Sievers (Hrsg.): Das Recht der kleinen Leute. Beiträge zur rechtlichen Volkskultur. Berlin 1976, S. 195–206.
Ders.: Nordfriesische Kinderarbeit auf Walfangschiffen im 18. Jahrhundert. In: Konrad Köstlin u.a. (Hrsg.): Kinderkultur. (= Hefte des Focke-Museums Nr. 73) Bremen 1987, S. 95–100.
Capt. Benjamin Sproule, called in; and Examined. Minutes of Evidence taken before the Select Committee on Merchant Shipping, 29. März 1860.
Captain William Snelgrave: A New Account of the Guinea and Slave Trade. London 1734.
Staatslexikon. Recht – Wirtschaft – Gesellschaft. Freiburg 1995.
A. Stenzel: Deutsches Seemännisches Wörterbuch. Berlin 1904.
Heinrich Stettner: »Um sich in vorkommenden besondern Fällen selber rathen zu können, was rechtens (sey)...« – »Der wohl instruierte Schiffer«: ein bordpraxisnahes deutschsprachiges Handbuch des Seerechts aus der zweiten Hälfte des 18. Jahrhunderts. In: Deutsches Schiffahrtsarchiv 16, 1993, S. 81–85.
W.R. Thrower: Life at Sea in the Age of Sail. London 1972.
Ulrich Troitzsch: Technischer Wandel in Staat und Gesellschaft zwischen 1600 und 1750. In: Propyläen Technikgeschichte, Bd. 3, Frankfurt/M. 1991, S. 11–267.
Franz Ulffers: Handbuch der Seemannschaft von 1872. Reprint, Hannover 1993.
Wolfgang von Ungern-Sternberg: Medien. In: Handbuch der deutschen Bildungsgeschichte, Bd. III., 1800–1870, München 1987, S. 380–399.
Frans van der Ven: Sozialgeschichte der Arbeit. Bd. 2: Hochmittelalter und Neuzeit. München 1972.
Rudolf Vierhaus: Deutschland im Zeitalter des Absolutismus. Deutsche Geschichte. Bd. 2: Frühe Neuzeit. Göttingen 1985.
Rudolf Vierhaus: Die Rekonstruktion historischer Lebenswelten – Probleme der modernen Kulturgeschichtsschreibung. In: Hartmut Lehmann (Hrsg.). Wege zu einer neuen Kulturgeschichte. Göttinger Gespräche zur Geschichtswissenschaft, Bd. 1, Göttingen 1995, S. 7–25.
Simon P. Ville: English Shipowning during the industrial revolution. Michael Henley and Son. London Shipowners, 1770 –1830. Manchester 1987.
Simon P. Ville: Transport and the Developement of the European Economy 1750–1918. London 1990.
Walther Vogel: Geschichte der Deutschen Seeschiffahrt. Berlin 1915.
Klaus Volbehr: Gesundheit an Bord. Kleine Geschichte der Hygiene und Arzneimittelversorgung auf Schiffen. Herausgegeben von Klaus-Peter Kiedel. Hamburg 1987.
Otto Weber: Die Schiffsgewalt des Kapitäns und ihre geschichtlichen Grundlagen. Jur. Diss., Bonn 1907.
Wolfhard Weber: Verkürzung von Zeit und Raum. Techniken ohne Balance zwischen 1840 und 1880. In: Propyläen Technikgeschichte, Bd. 4, Berlin 1990, S. 9–261.
Hermann van der Wee: Monetary, Credit and Banking Systems. In: Cambridge Economic History of Europe, Bd. 5, Cambridge 1977, S. 306 ff.
Ulrich Welke: Obrigkeit auf dem Achterdeck. In: Heide Gerstenberger und Ulrich Welke (Hrsg.): Das Handwerk der Seefahrt im Zeitalter der Industrialisierung. Bremen 1995, S. 68–77.
Ulrich Welke: Der Kapitän. Die Erfindung einer Herrschaftsform. Münster 1997.
Knut Weibust: Deep Sea Sailors. A Study in Maritime Ethnology. Stockholm 1969.
Uwe Wesel: Geschichte des Rechts. München 1997.
Peter Wettmann-Jungblut: Von Robin Hood zu Jack the Ripper. Kriminalität und Strafrecht in England vom 14. bis 19. Jahrhundert. In: Andreas Blauert und Gerd Schwerhoff (Hrsg.): Kriminalitätsgeschichte – Beiträge zur Sozial- und Kulturgeschichte der Vormoderne. Konstanz 2000, S. 69–85.
Horst Windmann: Elemente und Tendenzen der Spätaufklärung in Flensburg. Die ersten Jahrgänge der Zeitschrift »Flensburgsches Wochenblatt für Jedermann« (1788ff.). In: Flensburg 700 Jahre Stadt. Bd. 1: Flensburg in der Geschichte. Flensburg 1984, S. 257– 269.
Andreas Wirsching: Arbeit und Fest/Neuzeit. In: Peter Dinzelbacher (Hrsg.): Europäische Mentalitätsgeschichte. Stuttgart 1993, S. 349–361.
Jann M. Witt: Lübeck als Haupt der Hanse im 15. und 16. Jahrhundert, dargestellt an ausgewählten Beispielen. Magisterarbeit, Kiel 1995.
Jann M. Witt: »Vor den Kapern hatte ich viel mehr Furcht wie vor Seegefahren«. Eine kurze Einführung in die Geschichte der Kaperei. In: Hartmut Roder (Hrsg.): Piraten – Die Herren der sieben Meere. Bremen 2000, S. 90–100.
Wörterbuch zur Deutschen Militärgeschichte, Bd.1, Berlin (Ost) 1985.
Josiah Woodward: The Seaman's Monitor or, Advice to sea-faring Men with Reference to their Behaviour Before. In and after their Voyage etc. By Josiah Woodward, D.D., published by His Majesty's Special Command. London 180611.
Richard Wossidlo: Reise, Quartier, in Gottesnaam. Das Seemannsleben auf den alten Segelschiffen im Munde alter Fahrensleute. Rostock 1956.
Dieter Wyduckel: Princeps Legibus Solutus. Eine Untersuchung zur frühmodernen Rechts- und Staatslehre. (= Schriften zur Verfassungsgeschichte Bd. 30) Berlin 1979.
F.K.J. Zedel: Geschichte der Navigations-Schule der Patriotischen Gesellschaft in Hamburg. In: Geschichte der Hamburgischen Gesellschaft zur Beförderung der Künste und nützlichen Gewerbs (Patriotische Gesellschaft), Teil III: Das Wirken der Patriotischen Gesellschaft, Heft 1, Hamburg 1913, S. 164–182.
Reinhold Zippelius: Allgemeine Staatslehre. München 1994.

Archivalien

Staatsarchiv der Freien Hansestadt Bremen (StAB): 2–R.11.b.7. (Schiffergilde, auch Seegericht 7. Protokolle des Seegerichts)
StAB: 2–R. 11-h (Wasserschout, Bd. 3. 1807–1854)
StAB: 2–R. 11-h. 2. (Wasserschout, Bd. 2. 1805–1806)
StAB: 2–R. 11.l.2. (Manualakten betr. die Revision der Verordnung vom 15.11.1852 (Bremische Seemannsordnung) 1855–1868)
StAB: 2–R. 11. l. 8 (Desertion und Meuterei, Bd. 1, 1771–1860)
StAB: Bremer Wöchentliche Nachrichten, 28.2.1825.
Stadtarchiv Eckernförde: Abt. VI C 19/1757: Meuterei auf dem Eckernförder Schiff BIENEBECK.
Ferring-Stiftung / Föhr: Briefe des Föhrer Kapitäns Jürgen Nannings zwischen 1794 und 1816
Public Record Office London (PRO): High Court of Admiralty 1/20/35; 1/27; 1/57; 1/58; 1/94; 3/72; 13/72; 13/82; 13/88; 13/89; 24/136, 24/139.
PRO: Colonial Office CO 412/22; 5/1315 Part 1.
Archiv der Hansestadt Lübeck (AHL): Altes Senatsarchiv ASA–Interna/ Seesachen, Nr. 26/5; 26/6; 26/7; 30/9; 38/1; 39/1; 41/1; 44/2; 44/1; 44/2.
AHL: Vordrucke von Musterrollen aus den 1830er Jahren aus den Städten Lübeck, Wismar, Stettin, Rostock und Hamburg.
Landesarchiv Schleswig-Holstein (LASH): Abt. 10 (Königliche Statthalterschaft): Nr. 247: Eingabe der Stadt Eckernförde vom 16. Mai 1748.
LASH: Abt. 65.2 (Deutsche Kanzlei in Kopenhagen), See-und Handlungssachen: Nr. 831 II, Nr. 833 I; 834 II; 835 III; 836 I; 836 II.
LASH: Abt 401 (Königliche Verordnungen), Nr. 1756 6.8.
North Yorkshire County Record Office: ZW II 5/7/3.

9 Register

Namenregister der Kapitäne, Reeder, Memoirenautoren und Schiffe
Von Ursula Feldkamp

Schiffsnamen erscheinen in Großbuchstaben, Namen von Memoirenautoren kursiv.

Sachregister

Bildnachweis

Altonaer Museum, Norddeutsches Landesmuseum 30, 38, 96, 178
Atlas van de Zeehavens Bataafsche Republiek, 1805 130, 131
Bremer Landesmuseum, Fockemuseum 34
Deutsches Schiffahrtsmuseum 10, 46, 47, 102, 106, 122, 149, 161, 218, 222ff., 232, 234/235, 238, 273, 275
Flensburger Schiffahrtsmuseum 210
Horn, Privatbesitz 129, 304
Meyer/Acerra: Segelschiffe im Pulverdampf, 1990 23
Museum für Hamburgische Geschichte 32, 88, 146, 182
National Maritime Museum, Greenwich 116
Otte, Privatbesitz 89
Quedens, Amrum 257
Stettner, Emden 12, 26, 28
Von Henk: Zur See, ca. 1895 199, 208, 209
Die Porträts der abgebildeten Seeleute wurden, sofern nicht anders angegeben, den biographischen Quellen entnommen. Siehe S. 336